Mohr Siebeck Lehrbuch

Stefan Korioth
Deutsche Verfassungsgeschichte

Stefan Korioth

Deutsche Verfassungsgeschichte

Mohr Siebeck

Stefan Korioth, geboren 1960; Inhaber des Lehrstuhls für Öffentliches Recht und Kirchenrecht an der Ludwig-Maximilians-Universität München.

ISBN 978-3-16-162069-0 / eISBN 978-3-16-162070-6
DOI 10.1628/978-3-16-162070-6

ISSN 2568-4566 / eISSN 2568-924X (Mohr Siebeck Lehrbuch)

Die Deutsche Nationalbibliothek verzeichnet diese Publikation in der Deutschen Nationalbibliographie; detaillierte bibliographische Daten sind über *http://dnb.dnb.de* abrufbar.

© 2023 Mohr Siebeck Tübingen. www.mohrsiebeck.com

Das Werk einschließlich aller seiner Teile ist urheberrechtlich geschützt. Jede Verwertung außerhalb der engen Grenzen des Urheberrechtsgesetzes ist ohne Zustimmung des Verlags unzulässig und strafbar. Das gilt insbesondere für die Verbreitung, Vervielfältigung, Übersetzung und die Einspeicherung und Verarbeitung in elektronischen Systemen.

Das Buch wurde von Gulde-Druck aus der Minion gesetzt, in Tübinen auf alterungsbeständiges Werkdruckpapier gedruckt und von der Buchbinderei Nädele in Nehren gebunden.

Printed in Germany.

„… und weil es kein Zurück gibt, kann die Frage nur lauten: Wie geht es weiter voran? Können wir im kollektiven Gedächtnis unserer vergangenen Erfahrungen die Kräfte finden, die uns helfen könnten, die Hindernisse auf unserem Weg in die Zukunft zu überwinden?"

Harold Berman, Recht und Revolution, 1991, S. 11.

„Freilich ist nicht bloß bei Philosophen der Irrtum gang und gäbe: unsere Zeit sei die Erfüllung aller Zeit oder doch nahe daran, und alles Dagewesene sei als auf uns berechnet zu betrachten, während es, samt uns, für sich, für das Vorhergegangene, für uns und für die Zukunft vorhanden war. […] Die Geschichtsphilosophen betrachten das Vergangene als Gegensatz und Vorstufe zu uns als Entwickelten; – wir betrachten das sich Wiederholende, Konstante, Typische als ein in uns Anklingendes und Verständliches."

Jacob Burckhardt, Weltgeschichtliche Betrachtungen (1905),
Ausgabe Kröner 1955, S. 5 f.

Vorwort

Das Grundgesetz ist ein erfolgreiches normatives Dokument zeitgebundener und zeitbezogener Fundierung legitimer Herrschaft. Ob es auf seine Weise ein allgemeingültig-universales Legitimationsmodell ausprägt, ist eine ebenso fundamentale wie facettenreiche Frage. Sie betrifft die Verfassungstheorie, die Verfassungsvergleichung und in der zeitlichen Dimension die Verfassungsgeschichte.

Das vorliegende Lehrbuch stellt im Schwerpunkt die Geschichte der geschriebenen Verfassungen in Deutschland dar, also die Entwicklung vom Beginn des 19. Jahrhunderts bis zur Gegenwart. Es behandelt aber auch rechtliche Regelungen der zeitlich noch weiter zurückliegenden Epochen politischer Ordnungen. Die Wurzeln der in besonderer Weise legalistischen europäischen Kultur legitimer Herrschaftsausübung reichen tief und mindestens bis in das Hochmittelalter zurück; das seit zwei Jahrhunderten unentbehrliche Instrument der geschriebenen Verfassungen steht in der Tradition vorausliegender Entwicklungen. Diese wie auch die Stufen des Verfassungsstaates in den letzten zwei Jahrhunderten sind nicht einfach nur Auftakt zum Heutigen, zu dem sie scheinbar zwangsläufig hinführen mussten. Sie waren eigenständige Gestaltungen politischer Entscheidungsgewalt. Die Geschichte der Verfassungen ist, indem sie Kontinuitäten und Brüche freilegt, wie andere Gegenstandsbereiche der Geschichte eine Vergewisserung, Erklärung, Bestätigung und Kritik der Gegenwart.

Alles, was einmal begonnen hat, kennt ein Ende. Das wird auch für den Geltungszeitraum des Grundgesetzes so sein, so merkwürdig oder befremdlich uns diese Vorstellung angesichts einer akzeptierten Verfassungsordnung scheinen mag. Im Zuge historischer Reflexion über den eigenen Standort wird Geschichte zur Gegenwart und Gegenwart zur Geschichte. Auch die Entfaltungen und Wandlungen des Grundgesetzes in den letzten siebzig Jahren sind inzwischen Teil der Verfassungsgeschichte.

Sehr herzlich danke ich meinen Münchner Mitarbeitern. Lisa-Marie Schmidt hat eine frühere Fassung des Textes sorgfältig und kritisch gelesen und mir viele Anregungen zu Überarbeitungen gegeben. Markus Kern, Michael Rapp, Leopold Heckel, Max Hopp und wiederum Lisa-Marie Schmidt haben sich um die Korrekturen gekümmert. Esther Massaccesi, Gabriele Steiger und Joyce Marmonti haben mit Sorgfalt meine handschriftlichen Seiten und Anmerkungen in eine lesbare Form gebracht.

Oldendorf/München, im Januar 2023　　　　　　　　　　　　　　Stefan Korioth

Inhaltsübersicht

Vorwort VII
Inhaltsverzeichnis XI
Literaturverzeichnis XXV

Teil I: Zur Einführung – was ist Verfassungsgeschichte? Und: eine Zeitleiste 1

§ 1   Gegenstand und Methoden der Verfassungsgeschichte 1
§ 2   Einige Jahreszahlen zur deutschen Verfassungsgeschichte 8

Teil II: Vom Imperium Romanum zum Sacrum Imperium Romanum Germanicae Nationis – ein Jahrtausend Reichsgeschichte (800 bis 1806) 15

§ 3   Vom fränkischen Reich zum Sacrum Imperium Romanum der sächsischen, salischen und staufischen Kaiser 16
§ 4   Entwicklung, Gestalt und Zwecke politischer Herrschaft im Früh- und Hochmittelalter: pax et iustitia 25
§ 5   Die Organisation des Reiches (Das Königtum, Königswahl, Wahlkapitulation, Goldene Bulle, Kaiserwürde) 28
§ 6   Die Versuche zur Herausbildung einer „Reichsverfassung" im 15. und 16. Jahrhundert; Reformziele 39
§ 7   Reich und Reformation – von der Verfassungskrise zum „Augsburger Religionsfrieden" (1555) und zum „Westfälischen Frieden" (1648) 43
§ 8   Das Ende des Heiligen Römischen Reiches 59

Teil III: Der deutsche Territorialstaat vom 15. Jahrhundert bis zum Ende des 18. Jahrhunderts 79

§ 9   Von der spätmittelalterlichen Landesherrschaft zur Landeshoheit und zum Ständestaat 79
§ 10 Absolutismus und aufgeklärter Absolutismus 83

§ 11 Staatstheorie im 18. Jahrhundert: Gesellschaftsvertrag,
       Gewaltenteilung und Grenzen des Staates   94

Teil IV: Die konstitutionelle Verfassungsbewegung in den deutschen Staaten im 19. Jahrhundert   99

§ 12 Die Idee der geschriebenen Verfassung   99
§ 13 Die Gründung der USA und die Französische Revolution 103
§ 14 Die Verfassungsbewegungen in den deutschen Ländern 111
§ 15 Die Verfassunggebung zu Beginn des 19. Jahrhunderts 124
§ 16 Staatsrechtliche Fragen der ersten Hälfte des 19. Jahrhunderts:
       Repräsentation, Gesetzgebung, gesellschaftliche Freiheit 132
§ 17 Zwischen Reaktion und Reform: die Entwicklung Preußens bis 1850 . 143

Teil V: Die Verfassungsentwicklung auf gesamtdeutscher Ebene von 1815 bis 1918 159

§ 18 Der Deutsche Bund (1815 bis 1866) 159
§ 19 Die Reichsverfassung von 1848/49 und ihr Scheitern 168
§ 20 Die Verfassung des Deutschen Reiches von 1871 189

Teil VI: Vom Ende des Ersten Weltkriegs bis zur Gegenwart 245

§ 21 Die Verfassung des Deutschen Reichs vom 11. August 1919
       (Weimarer Verfassung) 245
§ 22 Die Entwicklung der Weimarer Republik 1919 bis 1933 277
§ 23 Das nationalsozialistische Regime 324
§ 24 Die Verfassungsentwicklung vom Ende des Zweiten Weltkriegs
       bis zur Gründung der Bundesrepublik Deutschland und der DDR . . . 349
§ 25 Die ersten Jahre der Bundesrepublik 412
§ 26 Deutschland bis zur nationalen Einigung 1990 440
§ 27 Verfassungsentwicklungen seit 1990 452

Stichwortverzeichnis 483

Inhaltsverzeichnis

Vorwort	VII
Inhaltsübersicht	IX
Literaturverzeichnis	XXV

Teil I: Zur Einführung – was ist Verfassungsgeschichte? Und: eine Zeitleiste ... 1

§ 1 Gegenstand und Methoden der Verfassungsgeschichte ... 1
    I. Die geschriebene Verfassung als kopernikanische Wende 1
    II. Verfassung als Ordnung politischer Herrschaft ... 2
    III. Zwischen Geschichte und Recht ... 3
    IV. Verfassungsgeschichte im juristischen Studium ... 5
    V. Deutsche und europäische Verfassungsgeschichte ... 6
    VI. Geschichte als Erzählung ... 7

§ 2 Einige Jahreszahlen zur deutschen Verfassungsgeschichte   8

Teil II: Vom Imperium Romanum zum Sacrum Imperium Romanum Germanicae Nationis – ein Jahrtausend Reichsgeschichte (800 bis 1806) ... 15

§ 3 Vom fränkischen Reich zum Sacrum Imperium Romanum der sächsischen, salischen und staufischen Kaiser ... 16
    I. Die Kaiserkrönung Karls des Großen ... 17
    II. Otto der Große und die Kaiserwürde des Jahres 962 ... 19
    III. Konflikte zwischen Kaiser und Papst im Hochmittelalter 20
        1. Sacerdotium et Regnum ... 20
        2. Staufische Reichs„reform" – Universitäten ... 22

§ 4 Entwicklung, Gestalt und Zwecke politischer Herrschaft im Früh- und Hochmittelalter: pax et iustitia ... 25
    I. Ein „Reich" ... 25

	II.	Politische Herrschaft	26
	III.	Ämtervergabe	27
	IV.	Das Reichsbild des 19. Jahrhunderts	27

§ 5 Die Organisation des Reiches (Das Königtum, Königswahl, Wahlkapitulation, Goldene Bulle, Kaiserwürde) 28

    I. Papst und Kaiser 28
    II. Lehenswesen, Königtum und Königswahl 29
        1. Königsamt und Lehenswesen 29
            a) König und Lehenswesen 29
            b) Das rudimentäre Ordnungsgefüge 31
            c) Hoftage und Reichstage 31
        2. Königswahl: Designation und freies Wahlrecht 32
    III. Die Goldene Bulle 33
    IV. Die Kaiserwürde 35
        1. Translatio und Renovatio 35
        2. Kaiser und Papst 36
    V. Die Städte 37

§ 6 Die Versuche zur Herausbildung einer „Reichsverfassung" im 15. und 16. Jahrhundert; Reformziele 39

    I. Zerfallserscheinungen 39
    II. Reformversuche: Reichsmatrikel und „Ewiger Landfriede" (1495) 40
        1. Anläufe zu einer Reichsreform 40
        2. Das Reformjahr 1495 41

§ 7 Reich und Reformation – von der Verfassungskrise zum „Augsburger Religionsfrieden" (1555) und zum „Westfälischen Frieden" (1648) 43

    I. Die Reformation bis zum Augsburger Religionsfrieden 1555 . . 44
        1. Die Anfänge der Glaubensspaltung 44
            a) Martin Luther 44
            b) Ratlose Reichstage 1521 – 1526 – 1529 46
            c) Die Festigung der neuen Konfession 47
        2. Der Augsburger Reichsabschied und Religionsfrieden 49
            a) Zentrale Regelungen 49
            b) Bedeutung 51
    II. Der Westfälische Frieden (1648) 52
        1. Die Entwicklung nach 1555: Konfessionalisierung 52
        2. Dreißigjähriger Krieg und Friedensschluss 54
        3. Der Westfälische Frieden 55

	a)	Rechtscharakter	55
	b)	Religionsrechtliche Bestimmungen	56
	c)	Reich und Territorien	57
	d)	Grundlegung des Völkerrechts	58

§ 8 Das Ende des Heiligen Römischen Reiches 59

- I. Staatstheorie im 16. und 17. Jahrhundert: Souveränität – beginnende Säkularität – Vertragstheorie 59
  1. Neue Reflexionen über Religion und öffentliche Ordnung .. 59
  2. Das Amt des Fürsten: Niccolò Machiavelli 60
  3. Jean Bodin und die Souveränität 60
  4. Thomas Hobbes und der Vertragsgedanke 61
  5. Samuel v. Pufendorf und die Pflichtenlehre 62
  6. Zur Nachwirkung der neuen Ordnungsbegriffe 63
- II. Der Aufstieg der Territorien und Städte 63
  1. Die Agonie des Reiches 63
  2. Die Modernisierung in den Territorien 65
- III. Insbesondere: Österreich und Preußen im 17. und 18. Jahrhundert 66
  1. Österreich 66
  2. Brandenburg-Preußen 68
     a) Brandenburg seit der Reformation 68
     b) Friedrich Wilhelm (Der „Große Kurfürst") 69
     c) 1701: Preußen wird Königreich 70
     d) Armee und zentrale Verwaltung 71
     e) Friederizianisches Preußen 72
  3. Der „Reichsdeputationshauptschluss" (1803) und das Ende des Alten Reichs 1806 73
     a) Der weitere Verfall des Reiches im 18. Jahrhundert 73
     b) Die letzten Jahre des Reiches und der Reichsdeputationshauptschluss (1803) 74
     c) Die Niederlegung der Kaiserkrone durch Franz II. 77

Teil III: Der deutsche Territorialstaat vom 15. Jahrhundert bis zum Ende des 18. Jahrhunderts 79

§ 9 Von der spätmittelalterlichen Landesherrschaft zur Landeshoheit und zum Ständestaat 79

- I. Erste Wandlungen regionaler Ordnungen 79
  1. Landesherrschaft 79
  2. Landeshoheit 80
- II. Der Ständestaat 81

§ 10 Absolutismus und aufgeklärter Absolutismus ... 83
- I. Der Weg zum Fürstenstaat ... 83
  - 1. Absolutismus als Modell ... 83
  - 2. Umsetzungen und Umsetzungsversuche ... 84
- II. Der aufgeklärte Absolutismus ... 86
  - 1. Das Zeitalter der Aufklärung ... 86
  - 2. Rezeptionen in den Regierungsformen – Friedrich II. von Preußen ... 87
  - 3. Die neue Rolle des Rechts – Fürsorgliche Kodifikationen ... 88
  - 4. Die Justiz zwischen „Machtsprüchen" und beginnender Unabhängigkeit ... 90
  - 5. Staat und Kirche im Preußischen Allgemeinen Landrecht ... 92

§ 11 Staatstheorie im 18. Jahrhundert: Gesellschaftsvertrag, Gewaltenteilung und Grenzen des Staates ... 94
- I. John Locke ... 94
- II. Montesquieu ... 95
- III. Jean-Jacques Rousseau ... 96

Teil IV: Die konstitutionelle Verfassungsbewegung in den deutschen Staaten im 19. Jahrhundert ... 99

§ 12 Die Idee der geschriebenen Verfassung ... 99
- I. Das neue Konzept der Herrschaftsbegründung ... 99
- II. Nordamerika und Frankreich – Neubegründung von Herrschaft ... 101
- III. Die Vorbereitung der geschriebenen Verfassung ... 103

§ 13 Die Gründung der USA und die Französische Revolution ... 103
- I. Die Revolution in Nordamerika ... 103
  - 1. Die Unabhängigkeitserklärung 1776 ... 104
  - 2. Die Verfassung von 1787/1788 ... 105
- II. Die Französische Revolution ... 107
  - 1. Die Versammlung der Generalstände 1789 ... 107
  - 2. Die Erklärung zur Nationalversammlung ... 108
  - 3. Die Erklärung der Menschen- und Bürgerrechte ... 108
  - 4. Die Verfassung von 1791 ... 111

§ 14 Die Verfassungsbewegungen in den deutschen Ländern ... 111
- I. Die Rezeption der französischen Ereignisse ... 111
- II. Das konstitutionelle Verfassungsproblem ... 113

III.	Die gesellschaftlichen Träger der Verfassungsbewegung	115
	1. Die neuen Bürger und der Staat	115
	2. Die Preußischen Reformen 1807 bis 1815	116
	a) Die Bauernbefreiung	117
	b) Gewerbefreiheit	118
	c) Verwaltungsreform	119
	d) Gemeindereform	120
	e) Heeresreform	121
	f) Bildungs- und Universitätswesen	122
	g) Fazit	123
IV.	Das nationale Verfassungsproblem	123

§ 15 Die Verfassunggebung zu Beginn des 19. Jahrhunderts . . . 124

I.	Grundlagen im Deutschen Bund	124
	1. Wiener Kongress und Legitimität.	124
	2. Die Gründung des Deutschen Bundes	126
	a) Begrenzter Zweck: Sicherheit	126
	b) Landständische oder Repräsentativverfassungen?	126
	3. Die Wiener Schlussakte (1820)	127
II.	Die einzelnen Staaten	128
III.	„Monarchisches Prinzip" und Volkssouveränität	130

§ 16 Staatsrechtliche Fragen der ersten Hälfte des 19. Jahrhunderts: Repräsentation, Gesetzgebung, gesellschaftliche Freiheit 132

I.	Das Zweikammersystem	132
II.	Gesetzesverständnis – der konstitutionelle Gesetzesbegriff . . .	134
III.	Untertanenrechte statt vorstaatlicher Grundrechte	136
IV.	Gesetzgebungsverfahren	137
V.	Ministerverantwortlichkeit als indirekte Kontrolle; Vorbehaltsbereiche des Monarchen	139
VI.	Der Hannoversche Verfassungskonflikt	140

§ 17 Zwischen Reaktion und Reform: die Entwicklung Preußens bis 1850 143

I.	Der lange Weg zur Verfassung	143
	1. Reformen statt Verfassung (1807 bis 1815)	143
	2. Die Ära der Restauration (1815 bis 1848)	144
	3. Das Ende des „Verfassungsvakuums" 1848	145
II.	Die Verfassungsurkunde für den Preußischen Staat vom 31. Januar 1850	146
III.	Steuerbewilligung und Budgetbewilligung	148

    1. Die Entwicklung von den ersten Verfassungen bis zur
Preußischen Verfassung von 1850. 148
       a) Einnahmen 149
       b) Ausgaben (Haushalt) 150
    2. Der preußische Budgetkonflikt (1862 bis 1866)
als Verfassungskonflikt 152

Teil V: Die Verfassungsentwicklung auf gesamtdeutscher Ebene von 1815 bis 1918 159

§ 18 Der Deutsche Bund (1815 bis 1866) 159

  I. Gründung und Gestalt des Deutschen Bundes als
völkerrechtlicher Verein und Staatenbund 160
    1. Der heterogene Staatenbund 160
    2. Kompetenzen und Organe des Bundes 161
    3. Vorgaben für die Mitglieder des Bundes 162
    4. Die Wiener Schlussakte (1820) 162
  II. Der unglückliche deutsche „Vormärz" (1820 bis 1848) 164
    1. Restauration und Repression 164
    2. Wirtschaftliche Einigungsbemühungen – der „Zollverein" . 167

§ 19 Die Reichsverfassung von 1848/49 und ihr Scheitern 168

  I. Voraussetzungen der Ereignisse des Jahres 1848 168
    1. Soziale Veränderungen 168
    2. Die Distanz zwischen Staat und Gesellschaft und die
Forderung nach Rechtsstaatlichkeit 169
    3. Die „soziale Frage" 170
  II. Die Reichsverfassung der Paulskirche (1848/49) 172
    1. Vom Februar 1848 bis zum Zusammentreten der
Nationalversammlung 172
       a) Revolution von Mannheim bis Berlin 172
       b) Das „Vorparlament" 173
       c) Die Wahl der Nationalversammlung 174
    2. Die politischen Ereignisse bis zum Herbst 1848 176
       a) Die Nationalversammlung 176
       b) Anfangsschwierigkeiten der Nationalversammlung . . . 178
       c) Einführung einer „provisorischen Zentralgewalt" 179
    3. Die Verfassungsberatungen über die „Grundrechte
des deutschen Volkes" 181
    4. Grundlinien der Staatsorganisation nach der
Paulskirchenverfassung 183

		a) Das Reichsoberhaupt: der „Kaiser der Deutschen"	184
		b) Der Reichstag: Staatenhaus und Volkshaus	185
		c) Rechtsstaatlichkeit	185
		d) Föderaler Aufbau	186
	5.	Das Scheitern der Verfassung und der Sieg der Gegenrevolution	187
		a) Die Ablehnung der Kaiserwürde durch Friedrich Wilhelm IV.	187
		b) Von der Nationalversammlung zum Rumpfparlament	188

§ 20 Die Verfassung des Deutschen Reiches von 1871 189

- I. Nach der gescheiterten Revolution: Wiederkehr und Zerfall des Deutschen Bundes (1850 bis 1866) 189
  1. Rückkehr des Deutschen Bundes 189
  2. Die „Erfurter Union" 191
  3. Die kleindeutsche Lösung des preußisch-österreichischen Konflikts 192
- II. Der Norddeutsche Bund und der Weg zum Deutschen Reich von 1871 193
  1. Die Schritte zum Norddeutschen Bund 193
  2. Die Verfassung des Norddeutschen Bundes 196
  3. Beginnende Rechtsvereinheitlichung 197
- III. Die Reichsgründung 1870/1871 198
  1. Die vertraglichen Erweiterungen des Norddeutschen Bundes 198
  2. Die Kaiserproklamation am 18. Januar 1871 199
  3. Die deutsche Einigung als Fürstenbund 202
- IV. Grundzüge der Reichsverfassung des Jahres 1871 203
  1. Regelungstechnik und Regelungsstil 203
  2. Keine Grundrechte 204
  3. Die Organisation des Reiches und die Staatsfunktionen ... 206
     - a) Der Bundesrat 206
     - b) Keine Reichsregierung 207
     - c) Das „Präsidium" – der „Deutsche Kaiser" 207
     - d) Der Reichstag 208
  4. Der Ausklang des „Monarchischen Prinzips" 211
  5. Die bundesstaatliche Organisation 211
     - a) Ländereigenständigkeit und Zentralisierungsschübe ... 211
     - b) Die „Hegemonie" Preußens 213
     - c) Die Finanzordnung 214
- V. Die Verfassungsentwicklung im Kaiserreich: labile Modernisierung zwischen Beharren und Fortschritt 215

1. Vom bündischen Bundesstaat zur Festigung
   und Institutionalisierung des Reichs 216
   a) Rechtscharakter des Reichs 216
   b) Rechtsvereinheitlichung 217
2. Verhältnisbestimmung von Staat und Kirche:
   Der „Kulturkampf" (1871 bis 1888) 218
   a) Das Grundproblem 218
   b) Antikirchliche Gesetze und Maßnahmen 219
   c) Kirchliche Reaktionen und Verschärfung der
      Auseinandersetzung 221
   d) Beendigung und Folgen des Konflikts 221
3. Die wirtschaftliche Entwicklung und die „soziale Frage" . . . 222
   a) Wirtschaftliche Dynamik und Staatsintervention 222
   b) Der Kampf gegen die Sozialdemokratie 224
   c) Die Anfänge der Sozialversicherung 226
4. Die Veränderungen des politischen Systems im Miteinander
   und Gegeneinander von Reichstag und „Reichsleitung" . . . 229
   a) Zunehmende Aufgaben des Reiches 229
   b) Auf dem Weg zur „Parlamentarisierung
      der Reichsleitung" 230
VI. Das Deutsche Reich im Ersten Weltkrieg 234
   1. Die Kriegserklärungen 234
   2. Maßnahmen im Inneren 236
   3. Der brüchige „Burgfrieden" 238
   4. Die Parlamentarisierung des Reiches 239
   5. Das Ende der Monarchien 240
VII. Das Kaiserreich – ein verhängnisvoller Obrigkeitsstaat? 242

Teil VI: Vom Ende des Ersten Weltkriegs
bis zur Gegenwart 245

§ 21 Die Verfassung des Deutschen Reichs vom 11. August 1919 (Weimarer Verfassung) 245

I. Vom 9. November 1918 bis zur Verfassunggebenden
   Nationalversammlung in Weimar 246
   1. Der 9. November 1918 – die Proklamation der Republik . . . 246
   2. Der Rat der Volksbeauftragten 248
   3. Der Weg zur Verfassunggebenden Nationalversammlung . . 249
   4. Verfassungsentwürfe 250
   5. Die Beratungen der Nationalversammlung 252
II. Grundzüge der Weimarer Verfassung 253
   1. Republik 254

	2. Das demokratische Prinzip und die politischen Parteien . . .	255
	a) Wahlen: Reichstag und Reichspräsident	256
	b) Abstimmungen	256
	c) Politische Parteien	257
	3. Parlamentarisches Regierungssystem	259
	4. Die bundesstaatliche Ordnung	261
	a) Zentralismus statt Föderalismus	261
	b) Insbesondere: die zentralistische Finanzverfassung	264
	c) Die Pläne zu einer „Reichsreform"	265
	5. Rechtsstaatlichkeit	266
	6. Die Notstandsbefugnisse des Reichspräsidenten und der Schutz der Verfassung durch die Gerichte – wer sollte Hüter der Verfassung sein?	266
	a) Der Reichspräsident	266
	b) Der Staatsgerichtshof für das Deutsche Reich	269
	7. Grundrechte und Grundpflichten der Deutschen	272
	a) Klassische Freiheits- und Gleichheitsrechte	272
	b) Grundpflichten	274
	c) Wirtschaftsleben; Grundrechte als „Programmsätze" . . .	274
	d) Staat und Kirche	276
§ 22	Die Entwicklung der Weimarer Republik 1919 bis 1933 . . .	277
I.	Krisen- statt Gründungsjahre: 1919 bis 1923	278
	1. Vom Waffenstillstand zum Versailler Vertrag.	278
	2. Der Vertrag: Gebietsabtretungen, Reparationen, Kriegsschuldklausel	278
	3. Innenpolitisch: Putschversuche, politische Morde, Hyperinflation	281
II.	1924 bis 1929: vorübergehende Beruhigung	283
	1. Wirtschaftliche Erholung	283
	2. Parlamentarische Schwäche und die Wahl Hindenburgs zum Reichspräsidenten	284
III.	Das langsame Ende der Demokratie: 1929 bis 1933	286
	1. Das Ende der parlamentarischen Regierungen	286
	2. Die Etablierung der „Präsidialkabinette"	287
	3. Die Entlassung Heinrich Brünings	291
	4. Krisenverschärfung unter von Papen und von Schleicher . .	292
	5. 30. Januar 1933: Hitler wird Reichskanzler	294
	6. Ein Lehrstück und Menetekel zur Spätphase der Republik: Der „Preußenschlag" vom 20. Juli 1932	295
IV.	30. Januar 1933 bis März 1933: das Ende der Republik durch eine „legale Revolution"?	300

	1.	Wer war die NSDAP?	303
	2.	Die „Machtergreifung" bis zum „Ermächtigungsgesetz" vom 24. März 1933	306
		a) Die Suspendierung politischer Grundrechte	307
		b) Das „Ermächtigungsgesetz" vom 24. März 1933	310
	3.	Die Machtergreifung Hitlers – eine „legale Revolution"?	314
V.	Warum scheiterte die Weimarer Verfassung?		317
	1.	Konstruktionsfehler der Weimarer Verfassung?	317
	2.	Außenpolitische Vorbelastungen und wirtschaftliche Krisen	319
	3.	Fehlender gesellschaftlicher Konsens	319
	4.	Fazit: Die Republik mit Vorbehalten	323

§ 23 Das nationalsozialistische Regime ... 324

I.	Die Durchdringung von Staat und Gesellschaft		324
	1.	Das Ende der Länderstaatlichkeit	325
	2.	Die weitere Gleichschaltung der Reichsstaatsgewalt und die Einparteienherrschaft	327
		a) Das Verschwinden der Parteien	327
		b) Das Ausschalten der SA	328
		c) Hitler als „Führer und Reichskanzler"	330
	3.	Gesellschaftliche Gleichschaltung	331
		a) Die „Deutsche Arbeitsfront"	331
		b) Die Kirchen im Nationalsozialismus	332
II.	Drei Grundprinzipien des nationalsozialistischen Regimes		334
	1.	Das Führerprinzip	334
	2.	Das Prinzip der Einheit von Staat und Partei	336
	3.	„Volksgemeinschaft" und „völkisches Prinzip"	337
		a) Die gleichgeschaltete Volksgemeinschaft	337
		b) Die Ausgestoßenen: Diskriminierung, Vertreibung und Massenmord	339
III.	Exekutive und Justiz im Nationalsozialismus		341
	1.	Die Polizei als Instrument der Machtsicherung	341
		a) Veränderungen der polizeilichen Generalklausel	341
		b) Geheime Staatspolizei und SS	342
		c) Sonderbehörden, „alte" Exekutive und Partei	344
	2.	Justiz zwischen altem und neuem Recht	345
		a) Fragen der Rechtsanwendung	345
		b) Politisches Strafrecht	346
		c) Der „Volksgerichtshof"	347
		d) Der NS-Staat als „Doppelstaat"	348

§ 24 Die Verfassungsentwicklung vom Ende des Zweiten Weltkriegs bis zur Gründung der Bundesrepublik Deutschland und der DDR 349

- I. Bedingungslose Kapitulation und das Ende deutscher Staatsgewalt 350
  1. Militärische Kapitulation 350
  2. Die Übernahme sämtlicher Staatsgewalt – Berliner Erklärung 352
  3. Die Besatzungszonen 353
- II. Fortbestand des 1871 begründeten Deutschen Reiches? 354
  1. Die Untergangsthese Hans Kelsens 354
  2. Die „Kontinuitätsthese" 355
- III. Besatzungsherrschaft und Wiederaufbau deutscher Staatlichkeit 358
  1. Gestalt und Ziele des Besatzungsregimes 358
     - a) Der Alliierte Kontrollrat 358
     - b) Die Potsdamer Konferenz 358
     - c) Entmilitarisierung und die Auflösung Preußens 360
     - d) Aufhebung nationalsozialistischer Gesetze 361
     - e) „Entnazifizierung" 363
     - f) Kriegsverbrecherprozesse 365
  2. Deutscher verfassungsrechtlicher Wiederaufbau – Neues aus Traditionsbeständen 368
     - a) Politische Parteien 369
     - b) Kommunale Selbstverwaltung 371
     - c) Länderneubildung und Landesverfassungen 371
       - aa) Die Westzonen 372
       - bb) Die sowjetische Besatzungszone 372
       - cc) Die neuen Landesverfassungen 373
- IV. „Bizone", „Trizone" und der Auftrag zur Verfassunggebung im Zeichen der Auseinanderentwicklung von West und Ost . . 374
  1. Das „Lange Telegramm" und der „Eiserne Vorhang" 374
  2. Wirtschaftliche Zwänge als Motor der Westzonen-Kooperation 376
     - a) Das Vereinigte Wirtschaftsgebiet („Bizone") 376
     - b) Der „Marshall-Plan" 378
  3. Die politischen Folgen: Auf dem Weg zur doppelten Staatlichkeit in Deutschland 378
     - a) Innerdeutsche Entfremdung 378
     - b) Das Ende der Kriegskoalition, Blockade Berlins 379
  4. Der kurze Weg zur langen Teilung: Frankfurter Dokumente, Herrenchiemsee und der Parlamentarische Rat 380

		a) Die „Frankfurter Dokumente"	380
		b) Reaktionen der Ministerpräsidenten	383
	V.	Der Verfassungskonvent von Herrenchiemsee und der Parlamentarische Rat	384
		1. Ein prägender Sachverständigenausschuss: der Verfassungskonvent von Herrenchiemsee.........	384
		2. Der Parlamentarische Rat	387
		a) Beginn der Beratungen zum Grundgesetz	387
		b) Zielsetzungen	388
		c) Streitpunkte: Föderalismus und Staatskirchenrecht	389
		d) Parlamentarisches Regierungssystem und „wehrhafte Demokratie"	391
		e) Annahme des Grundgesetzes	392
	VI.	Das Inkrafttreten des „Bonner Grundgesetzes" und des Besatzungsstatuts...........................	393
		1. Genehmigung mit Vorbehalten	394
		2. Besatzungsstatut	396
		3. Annahme durch die Landtage	397
		4. Konstituierung der Bundesorgane	399
	VII.	Das Entstehen der „Deutschen Demokratischen Republik" (DDR)	399
		1. Recht im Marxismus	399
		2. Von den „Volkskongressen" zur Gründung der DDR	401
		a) „Volkskongresse"	402
		b) Auf dem Weg zur DDR-Verfassung von 1949	402
		3. Die DDR-Verfassung von 1949	404
		a) Keine „sozialistische Verfassung"	404
		b) Wesentliche Regelungen der DDR-Verfassung von 1949 .	406
		4. Die sozialistische Verfassung der DDR (1968/74)	408
		a) Vorbereitungen	408
		b) Eine Verfassung für den „sozialistischen Staat deutscher Nation"	409
		c) „Grundrechte" und „sozialistische Gesetzlichkeit"	410
§ 25	Die ersten Jahre der Bundesrepublik		412
	I.	Verfassungsfestigung in der frühen Bundesrepublik	413
		1. Die Schritte bis zur Souveränität	413
		a) Das „Petersberger Abkommen"	413
		b) Pläne zur „Wiederbewaffnung"	414
		c) Die „Pariser Verträge"	415
		d) Beitritt des Saarlandes	416

		2. Parlamentarismus und parlamentarisches Regierungssystem....................	416
		a) Die Anfänge des Bundestages................	416
		b) „Kanzlerdemokratie"......................	417
		3. Der unvollendete Bundesstaat: Zentralismus mit dezentralen Elementen...................................	419
		a) Föderale Grundentscheidungen...............	419
		b) Die vorläufige Finanzverfassung von 1949.......	419
		c) Die Finanzreform 1955.....................	421
	II.	Ausbau der Rechtsstaatlichkeit: „Rechtswegestaat", Grundrechtsschutz und das Bundesverfassungsgericht......	421
		1. Verrechtlichung...............................	422
		2. Verfassungsgerichtsbarkeit.....................	422
		a) Grundentscheidung........................	422
		b) Die Selbstfindung des Bundesverfassungsgerichts.....	423
		c) Zentrale frühe Urteile......................	425
		aa) Parteiverbotsverfahren.................	425
		bb) Notwendigkeit der Diskontinuität – das „G 131"...	428
		cc) Grundrechte: Elfes, Lüth und mehr..........	430
		d) Die Autorität des Gerichts...................	431
	III.	Die Europäische Integration.......................	434
		1. Die internationale Offenheit des Grundgesetzes.......	434
		2. Von der Europäischen Gemeinschaft für Kohle und Stahl zur Europäischen Wirtschaftsgemeinschaft...........	436
		3. Das Neue: Supranationalität.....................	437

§ 26 Deutschland bis zur nationalen Einigung 1990......... 440

	I.	Seit 1955: Neue Realitäten statt Wiedervereinigung.........	440
		1. „Hallstein-Doktrin"...........................	440
		2. Die „Neue Ostpolitik".........................	441
		3. Der „Grundlagenvertrag" zwischen der DDR und der Bundesrepublik.........................	442
		4. Wiedervereinigungsgebot und veränderte Realitäten.....	442
		5. Reaktionen der DDR...........................	444
	II.	Der Verfall der DDR seit 1976......................	445
	III.	Die Schritte zur Wiedervereinigung...................	446
		1. Die innerdeutschen Kontroversen und Schritte........	446
		a) Handlungsoptionen: Konföderation, Einigung......	447
		b) Staatsrechtliche Umwälzung der DDR...........	448
		c) Währungsunion und Beitritt.................	450
		d) Der „Einigungsvertrag"....................	450
		2. Der völkerrechtliche Rahmen....................	452

§ 27 Verfassungsentwicklungen seit 1990 452
    I.   Auf dem Weg zur „inneren Einheit"................ 454
        1. Verfassungsreform 454
        2. Integration und Transformation 456
            a) Innere Einheit 456
            b) „Mauerschützen" und die Grenzen des Rechtsstaats 457
            c) Folgenbeseitigung: Enteignungen in der SBZ
               und der DDR........................ 459
    II. Das europäische Unionsrecht als neuer Konkurrent
        des nationalen Verfassungsrechts 461
        1. Die „Einheitliche Europäische Akte" (1986)........... 461
        2. Die Gründung der Europäischen Union 462
        3. Unionsrecht und Verfassungsrecht 463
            a) Staat und Union nach dem Bundesverfassungsgericht ... 464
            b) Eigenständigkeit des Unionsrechts 466
    III. Föderalismus: auf dem Weg zu einem dezentralisierten
        Einheitsstaat 468
        1. Zentralisierungstendenzen..................... 468
        2. Die „Föderalismusreformen" 2006 und 2009 469
        3. Neuer Finanzausgleich: die Verfassungsänderung 2017 470
    IV. Grundrechte: Freiheit als Sicherheit statt Freiheit durch
        Eingriffsabwehr.......................... 471
        1. Art. 16a GG – das veränderte Asylrecht 472
        2. Art. 13 GG und der „Große Lauschangriff" 473
        3. Bedrängte grundrechtliche Freiheit 475
    V. Der veränderte Stellenwert und Stil der Verfassungsnormen –
        Abstieg oder Wandel der Verfassung? 477

Stichwortverzeichnis 483

Literatur- und Quellenübersicht (Auswahl)

Lehr- und Handbücher

Hans Boldt: Deutsche Verfassungsgeschichte. Politische Strukturen und ihr Wandel
- Bd. 1: Von den Anfängen bis zum Ende des älteren deutschen Reiches 1806, 3. Aufl. 1994
- Bd. 2: Von 1806 bis zur Gegenwart, 2. Aufl. 1993

Hartwig Brandt: Der lange Weg in die demokratische Moderne. Deutsche Verfassungsgeschichte von 1800 bis 1945, 1998

Peter Brandt/Werner Daum/Martin Kirsch/Arthur Schlegelmilch (Hrsg.): Handbuch der europäischen Verfassungsgeschichte im 19. Jahrhundert. Institutionen und Rechtspraxis im gesellschaftlichen Wandel
- Bd. 1: Um 1800, 2006
- Bd. 2: 1815–1847, 2012
- Bd. 3: 1848–1870, 2020
- Bd. 4: 1870–1914, voraussichtlich 2023

Dies. (Hrsg.): Handbuch der europäischen Verfassungsgeschichte im 20. Jahrhundert. Institutionen und Rechtspraxis im gesellschaftlichen Wandel
- Bd. 1–4 in Planung
- Bd. 5: seit 1989, hrsg. v. Arthur Benz/Stephan Bröchler/Hans-Joachim Lauth, 2020

Wilhelm Brauneder: Österreichische Verfassungsgeschichte, 11. Aufl. 2009

Raoul C. van Caenegem: An historical introduction to western constitutional law, 1995

Hermann Conrad: Der deutsche Staat. Epochen seiner Verfassungsentwicklung (843–1945), 2. Aufl. 1974

Hans Fenske: Deutsche Verfassungsgeschichte. Vom Norddeutschen Bund bis heute, 4. Aufl. 2006

Ernst Forsthoff: Deutsche Verfassungsgeschichte der Neuzeit. Ein Abriss, 4. Aufl. 1972

Manfred Friedrich: Geschichte der deutschen Staatsrechtswissenschaft, 1997

Werner Frotscher/Bodo Pieroth: Verfassungsgeschichte. Von der Nordamerikanischen Revolution bis zur Wiedervereinigung Deutschlands, 19. Aufl. 2021

Dieter Grimm: Deutsche Verfassungsgeschichte 1766–1866. Vom Beginn des modernen Verfassungsstaats bis zur Auflösung des Deutschen Bundes, 1988

Fritz Hartung: Deutsche Verfassungsgeschichte vom 15. Jahrhundert bis zur Gegenwart, 9. Aufl. 1969

Ernst Rudolf Huber: Deutsche Verfassungsgeschichte seit 1789
- Bd. 1: Reform und Restauration 1789 bis 1830, 2. Aufl. 1967
- Bd. 2: Der Kampf um Einheit und Freiheit 1830 bis 1850, 3. Aufl. 1988
- Bd. 3: Bismarck und das Reich, 3. Aufl. 1988
- Bd. 4: Struktur und Krisen des Kaiserreichs, 2. Aufl. 1982
- Bd. 5: Weltkrieg, Revolution und Reiserneuerung 1914–1919, 1978
- Bd. 6: Die Weimarer Reichsverfassung, 1981
- Bd. 7: Ausbau, Schutz und Untergang der Weimarer Republik, 1984
- Bd. 8: Registerband, 1991

Jörn Ipsen: Der Staat der Mitte. Verfassungsgeschichte der Bundesrepublik Deutschland, 2009

Josef Isensee/Paul Kirchhof (Hrsg.): Handbuch des Staatsrechts der Bundesrepublik Deutschland, Bd. 1: Historische Grundlagen, 3. Aufl. 2003

Otto Kimminich: Deutsche Verfassungsgeschichte, 2. Aufl. 1987

Andreas Kley: Verfassungsgeschichte der Neuzeit. Grossbritannien, die USA, Frankreich und die Schweiz, 4. Aufl. 2020

Michael Kotulla: Deutsche Verfassungsgeschichte. Vom Alten Reich bis Weimar (1495–1934), 2008

Klaus Kröger: Einführung in die jüngere Verfassungsgeschichte (1806–1933), 1988

Ders.: Einführung in die Verfassungsgeschichte der Bundesrepublik Deutschland, 1993

Christian-Friedrich Menger: Deutsche Verfassungsgeschichte der Neuzeit. Eine Einführung in die Grundlagen, 8. Aufl. 1993

Wolfgang Reinhard: Geschichte der Staatsgewalt. Eine vergleichende Verfassungsgeschichte Europas von den Anfängen bis zur Gegenwart, 3. Aufl. 2002

Karl-Peter Sommermann/Bert Schaffarzik (Hrsg.): Handbuch der Geschichte der Verwaltungsgerichtsbarkeit in Deutschland und Europa, 2019

Klaus Stern: Das Staatsrecht der Bundesrepublik Deutschland, Bd. 5: Die geschichtlichen Grundlagen des Deutschen Staatsrechts, 2000

Michael Stolleis: Geschichte des öffentlichen Rechts in Deutschland
- Bd. 1: Reichspublizistik und Policeywissenschaft: 1600–1800, 2. Aufl. 2012
- Bd. 2: Staatsrechtslehre und Verwaltungswissenschaft: 1800–1914, 1992
- Bd. 3: Staats- und Verwaltungsrechtswissenschaft in Republik und Diktatur: 1914–1945, 1999
- Bd. 4: Staats- und Verwaltungsrechtswissenschaft in West und Ost: 1945–1990, 2012

Ders.: Öffentliches Recht in Deutschland. Eine Einführung in seine Geschichte (16.–21. Jahrhundert), 2014

Alexander Thiele: Der konstituierte Staat. Eine Verfassungsgeschichte der Neuzeit, 2021

Georg Waitz: Deutsche Verfassungsgeschichte
- Bd. 1: Die Verfassung des deutschen Volkes in ältester Zeit, 3. Aufl. 1880

- Bd. 2,1: Die Verfassung des Fränkischen Reichs. Die merovingische Zeit, 3. Aufl. 1882
- Bd. 2,2: Die Verfassung des Fränkischen Reichs. Die merovingische Zeit, 3. Aufl. 1882
- Bd. 3: Die Verfassung des Fränkischen Reichs. Die karolingische Zeit, 2. Aufl. 1883
- Bd. 4: Die Verfassung des Fränkischen Reichs, die karolingische Zeit, 2. Aufl. 1885
- Bd. 5: Die deutsche Reichsverfassung. Von der Mitte des neunten bis zur Mitte des zwölften Jahrhunderts, 2. Aufl. 1893
- Bd. 6: Die deutsche Reichsverfassung. Von der Mitte des neunten bis zur Mitte des zwölften Jahrhunderts, 2. Aufl. 1896
- Bd. 7: Die deutsche Reichsverfassung. Von der Mitte des neunten bis zur Mitte des zwölften Jahrhunderts, 1876
- Bd. 8: Die deutsche Reichsverfassung. Von der Mitte des neunten bis zur Mitte des zwölften Jahrhunderts, 1878

Dietmar Willoweit/Steffen Schlinker: Deutsche Verfassungsgeschichte. Vom Frankenreich bis zur Wiedervereinigung Deutschlands, 8. Aufl. 2019

Dieter Wyduckel: Ius publicum. Grundlagen und Entwicklung des Öffentlichen Rechts und der deutschen Staatsrechtswissenschaft, 1984

Anita Ziegerhofer: Verfassungsgeschichte Europas. Vom 18. Jahrhundert bis zum Zweiten Weltkrieg, 2013

Reinhold Zippelius: Kleine deutsche Verfassungsgeschichte. Vom frühen Mittelalter bis zur Gegenwart, 7. Aufl. 2006

Quellensammlungen

Hermann-Josef Blanke (Hrsg.): Deutsche Verfassungen, 2003

Hans Boldt (Hrsg.): Reich und Länder. Texte zur deutschen Verfassungsgeschichte im 19. und 20. Jahrhundert, 1987

Peter Brandt/Werner Daum/Martin Kirsch/Arthur Schlegelmilch (Hrsg.): Quellen zur europäischen Verfassungsgeschichte im 19. Jahrhundert. Institutionen und Rechtspraxis im gesellschaftlichen Wandel, CD-ROM
- Teil 1: Um 1800, 2004
- Teil 2: 1815–1847, 2010
- Teil 3: 1848–1870, 2015
- Teil 4: 1870–1914, voraussichtlich 2025/2026

Wilhelm Brauneder (Hrsg.): Quellenbuch zur österreichischen Verfassungsgeschichte, 2012

Arno Buschmann (Hrsg.): Kaiser und Reich. Verfassungsgeschichte des Heiligen Römischen Reiches Deutscher Nation vom Beginn des 12. Jahrhunderts bis zum Jahre 1806 in Dokumenten, 1994
- Bd. 1: Vom Wormser Konkordat 1122 bis zum Augsburger Reichsabschied von 1555

- Bd. 2: Vom Westfälischen Frieden 1648 bis zum Ende des Reiches im Jahre 1806

Günter Dürig/Walter Rudolf (Hrsg.): Texte zur deutschen Verfassungsgeschichte, 3. Aufl. 1996

Heinz Fischer/Gerhard Silvestri (Hrsg.): Texte zur österreichischen Verfassungs-Geschichte. Von der Pragmatischen Sanktion zur Bundesverfassung (1713–1966), 1970

Günther Franz (Hrsg.): Staatsverfassungen. Eine Sammlung wichtiger Verfassungen der Vergangenheit und Gegenwart in Urtext und Übersetzung, 3. Aufl. 1975

Dieter Gosewinkel/Johannes Masing (Hrsg.): Die Verfassungen in Europa 1789–1949. Wissenschaftliche Textedition unter Einschluss sämtlicher Änderungen und Ergänzungen sowie mit Dokumenten aus der englischen und amerikanischen Verfassungsgeschichte, 2006

Ernst Rudolf Huber (Hrsg.): Dokumente zur deutschen Verfassungsgeschichte
- Bd. 1: Deutsche Verfassungsdokumente 1803–1850, 3. Aufl. 1978
- Bd. 2: Deutsche Verfassungsdokumente 1851–1900, 3. Aufl. 1986
- Bd. 3: Deutsche Verfassungsdokumente 1900–1918, 3. Aufl. 1990
- Bd. 4: Deutsche Verfassungsdokumente 1919–1933, 3. Aufl. 1991
- Bd. 5: Registerband, 1997

Jörn Ipsen (Hrsg.): Deutsche Verfassungen 1848–1949, 2. Aufl. 2017

Michael Kotulla (Hrsg.): Deutsches Verfassungsrecht 1806–1918. Eine Dokumentensammlung nebst Einführungen
- Bd. 1: Gesamtdeutschland, Anhaltische Staaten und Baden, 2006
- Bd. 2: Bayern, 2007
- Bd. 3: Berg und Braunschweig, 2010
- Bd. 4: Bremen, 2016
- Bd. 18: Nassau, 2021

Diemut Majer/Margarete Hunziker (Hrsg.): Verfassungsstrukturen, Freiheits- und Gleichheitsrechte in Europa seit 1789. Eine Sammlung ausgewählter Verfassungstexte, 2009

Ingo von Münch (Hrsg.): Dokumente der Wiedervereinigung Deutschlands, 1991

Georg Waitz (Hrsg.): Urkunden zur deutschen Verfassungsgeschichte im 11. und 12. Jahrhundert, 1871

Dietmar Willoweit/Ulrike Seif (Hrsg.): Europäische Verfassungsgeschichte, 2003

Hinnerk Wißmann (Hrsg.): Europäische Verfassungen 1789–1990, 2. Aufl. 2019

Teil I: Zur Einführung – was ist Verfassungsgeschichte? Und: eine Zeitleiste

§ 1 Gegenstand und Methoden der Verfassungsgeschichte

I. Die geschriebene Verfassung als kopernikanische Wende

Verfassungsgeschichte befasst sich mit den früher geltenden Verfassungen im Unterschied zum geltenden Verfassungsrecht. Geschriebene Verfassungen im heutigen Sinne der in einer Urkunde zusammengefassten Normierungen grundlegender Regeln für die Ausübung und Grenzen politischer Herrschaft gibt es seit dem Ende des 18. Jahrhunderts. Das Inkrafttreten der Verfassung der Vereinigten Staaten von Amerika im Jahre 1787 bildet das entscheidende Anfangsdatum. Es folgten die französischen Verfassungen seit der Revolution von 1789. In Deutschland gibt es geschriebene Verfassungen, zunächst monarchische Verfassungen deutscher Einzelstaaten, seit der ersten Hälfte des 19. Jahrhunderts.

Mit guten Gründen lässt sich daher Verfassungsgeschichte auf eine Darstellung der Entstehung, des normativen Bestandes und der Entwicklung von Staat und Gesellschaft auf der Grundlage dieser Verfassungen der Neuzeit begrenzen. Hierfür ist die Bezeichnung Verfassungsgeschichte der Neuzeit geläufig. Viele der Grundfragen, die seit dem Ende des 18. Jahrhunderts zu geschriebenen Verfassungen führten und in ihnen Regelungsgegenstand waren, bilden dabei, trotz beständiger Veränderungen der staatlichen und gesellschaftlichen Wirklichkeit, nach wie vor aktuelle verfassungsrechtliche Regelungsbestände. Das gilt für die innerstaatliche Souveränität und den Ursprung sowie Geltungsgrund von Verfassungen, es gilt für Demokratie, Rechtsstaatlichkeit und Gewaltenteilung, die Grundrechte, den Rechtsschutz und die Verfassungsgerichtsbarkeit sowie die föderale Ordnung. Im 20. und 21. Jahrhundert sind die Themen der verfassungsrechtlichen Garantie sozialer Sicherung und der Verantwortung des Staates für Umwelt und Infrastruktur hinzugekommen, darüber hinaus die Einordnung des Staates in über- und supranationale Organisationen und Staatenverbände. Geschriebene Verfassungen können als das Rechtsdokument verstanden werden, das ein Gemeinwesen nicht nur in eine Form bringt, konstituiert, sondern überhaupt die Existenz eines (modernen) Staates begründet. Gegenwärtig stellen sich ganz neue Fragen im Zusammenhang der veränderten Funktion von Verfassungen in globalisierten Gesellschaften und der Veränderung des Regelungsstils von Verfassungen, die zunehmend von klassischer apodiktischer Kürze Abschied nehmen zugunsten der Verankerung situationsbezogener politischer Kompromisse.

II. Verfassung als Ordnung politischer Herrschaft

3 Verfassungsgeschichte kann aber auch zeitlich weit hinter das 18. Jahrhundert zurückgehen, wenn Verfassung im ursprünglichen Wortsinn als Verfasstheit und konkreter Zustand eines Staates oder politischen Ordnungssystems verstanden wird, soweit diese zumindest zum Teil rechtlich greifbar sind.[1] Die Einführung geschriebener Verfassungen markiert dann die große Zäsur zwischen den Entwicklungen zuvor und danach. Das Verbindende ist der Bezug auf „öffentliche legitimierte Herrschaft". Sie „umfasst alle Formen königlicher oder fürstlicher, republikanischer oder genossenschaftlicher Herrschaft seit dem Mittelalter"[2]. „Gegenstand der Verfassungsgeschichte sind Regierungssysteme, ihre Struktur, ihre Entwicklung und ihre Wirkungsweise. [...] Grundsätzlich lässt sich sagen, dass Verfassungsgeschichte überall dort stattfindet, wo Gesellschaften spezifische, in kontinuierlicher Weise Steuerungsleistungen hervorbringende, Ordnungen erhaltende und gestaltende Entscheidungsträger besitzen, wo sie eine ‚politische' Organisation haben oder einen ‚Staat' (im weiteren Sinne) bilden."[3] Dann überschneidet sich Verfassungsgeschichte in besonderer Weise mit der allgemeinen politischen Geschichte und es liegt nahe, die (mittel)europäische Entwicklung seit dem Mittelalter darzustellen. Hinzu kommt: Im europäischen Mittelalter etablierte sich dasjenige Element gesellschaftlichen Zusammenlebens, das auch für die viel spätere Herausbildung geschriebener Verfassungen einflussreich war. Die mittelalterlichen Juristen, geschult am römischen Recht, verfeinerten die Kunst, „vitale Konflikte des zwischenmenschlichen Lebens nicht mehr im Bann irrationaler Lebensgewohnheiten oder durch Gewalt zu entscheiden, sondern durch intellektuelle Diskussion des autonomen juristischen Sachproblems und nach einer aus dieser Sachproblematik begründeten allgemeinen Regel"[4]. Diese besondere und neue Einrahmung von Herrschaftsfragen „hat das öffentliche Leben in Europa für immer juridifiziert und rationalisiert", unter den Kulturen der Welt ist die europäische „die einzige legalistische geworden"[5].

---

[1] *Dietmar Willoweit/Steffen Schlinker*, Deutsche Verfassungsgeschichte, 8. Aufl. 2019, § 1 Rn. 3, verstehen unter Verfassung „diejenigen rechtlichen Regeln und Strukturen, die das Gemeinwesen und damit die politische Ordnung prägen". Das ist enger als im Text vorgeschlagen, weil das Element der Rechtsregel ganz in den Vordergrund gebracht ist.

[2] *Michael Stolleis*, Verfassungs- und Verwaltungsgeschichte. Materialien, Methodik, Fragestellungen, 2017, S. 4.

[3] *Hans Boldt*, Deutsche Verfassungsgeschichte, Bd. 1, 3. Aufl. 1994, S. 10. Von „integraler Rechtsgeschichte" spricht *Reinhart Koselleck*, Geschichte, Recht und Gerechtigkeit (1986), in: ders., Zeitschichten, 2000, S. 336 ff., 357.

[4] *Franz Wieacker*, Privatrechtsgeschichte der Neuzeit, 2. Aufl. 1967, S. 69.

[5] *Franz Wieacker*, Privatrechtsgeschichte der Neuzeit, aaO, S. 69.

Rechtliche Normierungen aus den Epochen vor der verfassungsgeschichtlichen Zeitenwende des ausgehenden 18. Jahrhunderts haben aber andere Regelungszusammenhänge, Geltungsvoraussetzungen und Zielsetzungen als moderne Verfassungen. Überhaupt hat Recht vor der Herausbildung des Gesetzgebungs- und Verfassungsstaates im 18. Jahrhundert einen anderen Charakter als seither. „Der Rechtsbegriff, angewendet auf weite, tief in das Mittelalter hineinreichende Zeiträume, darf nicht […] auf ein System von abstrakten, generellen Regeln eingeengt werden."[6] Frühere Formen rechtlicher Normierungen sind uns fremder und weisen nur in manchen Bereichen, z.B. bei der rechtlichen Ordnung von Religion und Kirchen oder den präföderalen Abgrenzungen territorialer Herrschaft, direkte Verbindungen zum heutigen Recht auf, wobei auch diese nicht ohne weiteres erkennbar sind. Die vorliegende Darstellung legt den Schwerpunkt auf die Neuere Verfassungsgeschichte, will aber die früheren Epochen zumindest knapp behandeln. Das Spätmittelalter hat im 11./12. Jahrhundert die Fundamente des modernen Rechtsverständnisses gelegt.

III. Zwischen Geschichte und Recht

„Die Verfassungsgeschichte ist in Deutschland eine Disziplin zwischen den Fächern. Sie ist im besten Sinne des Wortes inter- oder richtiger transdisziplinär. Denn sie befindet sich nicht ausschließlich zwischen den Disziplinen, sondern sie bewegt sich zugleich in ihnen und verbindet diese im optimalen Falle miteinander. Verfassungsgeschichtsschreibung ist ein gewichtiger Teil verschiedener Verfassungswissenschaften, Aspekt einer Verfassungslehre."[7] Es sind Juristen, Historiker und Politikwissenschaftler, die Verfassungsgeschichte betreiben. Verfassungsgeschichte ist als Teil der Rechtsgeschichte zunächst eine bereichsspezifisch bestimmte Teildisziplin der Geschichtswissenschaft, „Fachhistorie"[8]. Frühere Verfassungen sind ein Teil vergangener Wirklichkeit. Juristen neigen dazu, entsprechend ihrem Umgang mit dem geltenden Recht, die Normen und Rechtsinstitute vergangener Verfassungen in den Vordergrund zu stellen, verbunden mit einer Geschichte des Verfassungsrechts im Sinne einer Dogmengeschichte, also der Entwicklung der juristischen Auslegung und Anwendung einzelner Normen. Die Vertrautheit mit dem geltenden Recht erleichtert Juristen regelmäßig den Zugang zu früheren Normen und früheren Aussagen über Normen in der Rechtsprechung und der normbezogenen Wissenschaft, der „Rechtsdogmatik". Diese Vertrautheit kann Juristen aber auch dazu verleiten, vergangene Verfassungen lediglich als Vorstufe des geltenden Rechts und als Hilfe zu

---

[6] *Dietmar Willoweit/Steffen Schlinker*, Deutsche Verfassungsgeschichte, 8. Aufl. 2019, § 1 Rn. 4.
[7] *Ewald Grothe*, Neue Wege der Verfassungsgeschichte in Deutschland, in: Verfassungsgeschichte in Europa, Der Staat, Beiheft 18, 2014, S. 123 ff., 124.
[8] *Hans Boldt*, Deutsche Verfassungsgeschichte, Bd. 1, 3. Aufl. 1994, S. 10. *Michael Stolleis*, Verfassungs- und Verwaltungsgeschichte. Materialien, Methodik, Fragestellungen, 2017, S. 3; *Christoph Dipper*, Geschichtswissenschaft und Rechtsgeschichte, in: Zeitschrift für neuere Rechtsgeschichte 27 (2005), S. 272 ff.

dessen Verständnis zu sehen. Ein solcher Zugang ist legitim, erfasst aber Geschichte und Geschichtlichkeit nur in einem besonderen Aspekt. Problematisch wird es, wenn heutige Begriffs- oder Normverständnisse in die Vergangenheit transportiert werden. Juristen tendieren im Übrigen dazu, frühere Verfassungen zu wenig in ihrem kulturellen und sozialen Umfeld zu betrachten.

6   Historiker sehen Verfassungen als mitbestimmende Elemente, als Ordnungsrahmen in der politischen, sozialen und kulturellen Geschichte. Ihnen fällt es oft schwer, die spezifische juristische Begrifflichkeit, die normative Bedeutung von Recht, die jeweils zeitgenössische Rechtslehre und die Anwendung von Recht zu verstehen.

7   „Historiker interessieren sich tatsächlich eher für den empirisch wahrnehmbaren Umgang mit Normen und vernachlässigen die gelehrte Systematik dieser Normen. Umgekehrt ist die Sicht der Rechtshistoriker auf Rechtsphänomene der Vergangenheit zweifellos professioneller, insofern die wissenschaftliche Systematik früherer normativer Ordnungen zumindest teilweise noch ihre eigene ist und sie damit einen viel vertrauteren Umgang pflegen. Doch Professionalität kann bekanntlich auch Deformationen mit sich bringen, und naives Staunen kann auch (muss selbstverständlich nicht) ein Weg zur Erkenntnis sein."[9]

8   Verfassungsgeschichte sollte Rechts- und Geschichtswissenschaft verbinden, also, in der Juristen geläufigen Unterscheidung, neben der Bedeutung der Sollenssätze der Verfassung und ihrem normativen Anspruch das Sein berücksichtigen, in dem sich Verfassungen bewegen, die politischen, sozialen, wirtschaftlichen und kulturellen Ereignisse, soweit sie Bedeutung für die Verfassungen haben. Normative Ordnungen sind jeweils das Ergebnis langer sozialer und kultureller Aufbauleistungen. „Sie werden von einer Vielzahl von Akteuren und Aktanten hergestellt. Normative Ordnungen entstehen und verändern sich in einem großen diachronen Prozess der Speicherung, Verarbeitung, Autorisierung – und natürlich auch des Vergessens und der Deautorisierung – von Informationen."[10] Insofern kann Verfassungsgeschichte auch „Verfassungsverhinderungsgeschichte" sein, also Situationen analysieren, die nicht in Regeln überführt wurden. Schon bei der Beschäftigung mit den normativen Aspekten der früheren Verfassungen muss aber vermieden werden, unser heutiges juristisches Verständnis einer Verfassung, das sich am Grundgesetz orientiert, unreflektiert auf frühere Verfassungen und Epochen der Verfassungsgeschichte zu übertragen. Verfassungsgeschichte behandelt frühere Regeln über die Herrschaft, aber auch Herrschaftsvermittlung, Herrschaftspraxis und Phasen der Stärkung und Schwächung von Herrschaftsregeln.

9   Die in der Verfassungsgeschichtswissenschaft permanent anwesende Diskussion um das Verhältnis von Recht und Geschichte hat es mit drei Variablen zu tun. Es geht erstens um das rechtswissenschaftliche Verständnis des geltenden und früheren Rechts, zweitens die Methoden, Aufgaben und Ziele der Geschichtswissenschaft und drittens das Verhältnis von Geschichte und Recht. Die drei Variablen sind in ständi-

---

[9] *Barbara Stollberg-Rilinger*, Verfassungsgeschichte als Kulturgeschichte, in: Zeitschrift der Savigny-Stiftung für Rechtsgeschichte – Germanistische Abteilung 127 (2010), S. 1 ff., 3.
[10] *Thomas Duve*, Rechtsgeschichte als Geschichte von Normativitätswissen?, in: Ino Augsberg/Gunnar Folke Schuppert (Hrsg.), Wissen und Recht, 2022, S. 39 ff., 41.

ger Bewegung. Wenn Juristen Verfassungsgeschichte schreiben, legen sie – mehr oder weniger reflektiert – ein bestimmtes Rechtsverständnis zugrunde. Dass gegenwärtig ausdrücklich die Verbindung von Recht und Geschichte gesucht und Offenheit gegenüber der Geschichtswissenschaft proklamiert, wenn auch nicht immer eingelöst wird, deutet auf den Verlust methodischer Eigenständigkeit des Rechts. Auch die klare Definition des Gegenstands Recht ist schwieriger geworden.

Dabei ist die Forderung, sich der Geschichtsschreibung zu öffnen, Verfassungsgeschichte im Kontext zu betreiben, nicht neu. Schon in der Vergangenheit ist sie, teils mit fragwürdigen Zielsetzungen, postuliert worden. Nachdem 1935 eine nationalsozialistisch geprägte Studienordnung für das Rechtsstudium in Kraft getreten war, die eine Pflichtvorlesung „Verfassungsgeschichte der Neuzeit" vorsah, bestimmte Carl Schmitt die Aufgabe dieses Faches. Es gehe um die „Überwindung der Trennung einer ‚rein juristischen' von einer ‚rein geschichtlichen' Betrachtungsweise"; es solle „ein zusammenfassendes Geschichtsbild entstehen, das die Rechtsentwicklung als eine Schöpfung deutschen Lebens in ihrer volklichen Einheit erkennen lässt"[11]. Eine „wirkliche Verfassungsgeschichte" sei keine Normengeschichte. „In der neuen Verfassungsgeschichte wird sich der nationalsozialistische, nicht mehr liberale, auch nicht mehr nationalliberale, und nicht mehr freimaurerisch-demokratische Verfassungsbegriff rechtswissenschaftlich bewähren müssen, indem er sich auf die Einheit und Ganzheit der Lebensordnung des deutschen Volkes richtet."[12] Diese Verirrung, der offene Einsatz der Verfassungsgeschichte gegen die liberal-rechtsstaatlichen und demokratischen Verfassungen, wie sie seit dem Ende des 18. Jahrhunderts entstanden waren, zeigt die besondere Gefahr, eine Rechtsgeschichte im Kontext für gute oder schlechte Ziele der jeweiligen Gegenwart zu instrumentalisieren. Dagegen hilft die Betonung, nicht die Absolutisierung, der Institutionen- und Normengeschichte.

IV. Verfassungsgeschichte im juristischen Studium

Im Studium der Rechtswissenschaften gehört die Verfassungsgeschichte zu den – leider häufig vernachlässigten und an den Rand gedrängten[13] – „Grundlagenfächern"[14], die sich mit der Entwicklung, den Voraussetzungen, dem kulturellen Umfeld und den Folgen des geltenden Rechts befassen. Es ist nicht erkennbar, dass sich an dieser Marginalisierung der Verfassungsgeschichte (wie anderer Grundlagenfächer) etwas ändern kann. Diese Verdrängung aber ist nicht nur bedauerlich, sie ist problematisch. Recht ist als Teil der Kultur Teil der Geschichte, das geltende Recht ist ein Ausschnitt, eine Momentaufnahme eines immerwährenden Stromes. Das Grundgesetz

---

[11] *Carl Schmitt*, Über die neuen Aufgaben der Verfassungsgeschichte (1936), in: *ders.*, Positionen und Begriffe im Kampf mit Weimar-Genf-Versailles, 4. Aufl. 2014, S. 261 ff., 261.

[12] *Carl Schmitt*, Über die neuen Aufgaben der Verfassungsgeschichte (1936), aaO, S. 262.

[13] *Barbara Stollberg-Rilinger*, Verfassungsgeschichte als Kulturgeschichte, in: Zeitschrift der Savigny-Stiftung für Rechtsgeschichte – Germanistische Abteilung 127 (2010), S. 1 ff., S. 1: „Marginalisierung der Rechtsgeschichte". *Michael Stolleis*, Stärkung der Grundlagenfächer, in: JZ 2013, S. 712 ff., spricht von der gegenwärtigen „Degradierung" insbesondere der historischen Fächer.

[14] *Michael Stolleis*, Verfassungs- und Verwaltungsgeschichte. Materialien, Methodik, Fragestellungen, 2017, S. 26; *Susanne Lepsius*, Stellung und Bedeutung der Grundlagenfächer im juristischen Studium in Deutschland – unter besonderer Berücksichtigung der Rechtsgeschichte, in: ZDRW (2016), S. 206 ff.

steht selbstverständlich auf Grundlagen, die der Vergangenheit entstammen. Es ist ohne die Geschichte nicht zu verstehen. Recht hat die zeitlose Aufgabe, das Verhalten von Menschen durch Regeln möglichst konfliktfrei zu gestalten, die konkrete Lösung ist immer zeitgebunden. Das geltende Recht beruht dabei, in Ablehnung oder Fortführung, auf den Erfahrungen der Vergangenheit, zugleich ist es in vielfacher Weise der Zukunft verbunden, etwa mit der Frage, was am geltenden Recht verbessert werden kann oder wie schützenswerte Rechtsgüter auch in der Zukunft garantiert werden können. Verfassungsgeschichte ist eine Hilfe zum Verständnis, zur Bewertung und Kritik des gegenwärtigen Rechts, Orientierungshilfe bei der Interpretation einzelner in Verfassungsnormen verwendeter und häufig lange tradierter Begriffe.[15] Sie macht nachdrücklich klar, dass geltendes Verfassungsrecht weder unkritisch bejaht werden soll, noch einen selbstverständlichen Anspruch auf Dauer hat. Was entstanden ist, entwickelt sich und wird vergehen. Verfassungsgeschichte ist also Teil der auf das Recht bezogenen Selbstvergewisserung der heutigen Gesellschaft. Zugleich sollte sie versuchen, Vergangenes aus den vergangenen Situationen, Möglichkeiten und Zwängen zu verstehen. Vergangenes soll für die heutige Zeit verständlich werden. „Nicht nur das geschichtliche, sondern auch das geltende Recht bietet sich in Wortphänomenen dar, die geschichtliche sind. [...] Jede Gesetzesexegese nimmt das Moment des Geschichtlichen in sich auf und es ist kein Dogmatiker denkbar, der nicht in diesem Sinne zugleich Historiker wäre."[16] Das Studium des geltenden Verfassungsrechts ist untrennbar mit der Geschichte verbunden.

V. Deutsche und europäische Verfassungsgeschichte

12   Das Grundgesetz ist die Verfassung der Bundesrepublik Deutschland, also die geltende deutsche Verfassung, und es gibt eine deutsche Verfassungsgeschichte, als Geschichte der Verfassungen und herrschaftsbezogenen Rechtsregeln, die in dem entsprechenden Territorium gegolten haben. Dennoch ist es wenig sinnvoll, Verfassungsgeschichte als ausschließlich deutsche Verfassungsgeschichte zu betreiben. Der Versuch einer solchen Isolierung verbietet sich von selbst für das vom Mittelalter bis 1806 währende Alte Reich, das sich jeder Form der nationalstaatlichen Zuordnung und Kategorisierung entzieht. Aber auch für die Zeit nach dem Ende des Alten Reichs, also seit 1806/1815, ist die spezifisch deutsche Verfassungsentwicklung häufig nur unter Berücksichtigung paralleler oder abweichender Verläufe in anderen Teilen Europas und in Amerika zu verstehen. Verfassungsgeschichte ist immer auch vergleichende Verfassungsgeschichte. Für die Zeit seit 1945 muss mit der abnehmenden

---

[15] *Dieter Grimm*, Rechtsgeschichte als Voraussetzung von Rechtsdogmatik und Rechtspolitik, in: Frank Rottmann/Ota Weinberger/Franz Wieacker (Hrsg.), Wissenschaften und Philosophie als Basis der Jurisprudenz, 1980, S. 17 ff.; *Michael Stolleis*, Stärkung der Grundlagenfächer, in: JZ 2013, S. 712 ff., 713.

[16] *Ernst Forsthoff*, Recht und Sprache. Prolegomena zu einer richterlichen Hermeneutik, 1940, S. 12.

Bedeutung der geschlossenen Staatlichkeit Verfassungsgeschichte supra- und internationale Verflechtungen einbeziehen, um nicht unvollständig zu werden.

Die Ablösung der Verfassungsgeschichte von einer Reichs-, Territorial- und Nationalgeschichte erlaubt es, die gemeinsamen Themen der europäischen Entwicklung, in Übereinstimmungen und Abweichungen, deutlicher zu erkennen. Diese Grundthemen der „Rechtskultur Europas" sind „die im Mittelalter angebahnte Trennung von Religion und Recht, die Postulate des Rechtsstaats, der Privatautonomie und der sozialen Intervention", der „Kodifikationsgedanke, die Menschen- und Bürgerrechte sowie die vielfältigen Variationen von Demokratie und Staatsorganisation", die allesamt „zur Entschärfung von Konflikten wesentlich beitragen"[17]. 13

VI. Geschichte als Erzählung

Verfassungsgeschichte hat es, wie jeder Teil der Geschichtsschreibung, mit einem doppelten Phänomen zu tun: „Mit einem realen, doch vergangenen Geschehen, das auf seine Weise fortwirkt, und mit dessen Memoration, die in unablässiger, unkalkulierbarer, doch gleichfalls wirkmächtiger Transformation begriffen ist. Als Wahrnehmung aber sind beide kognitive Konstrukte"[18] und Projektionen; jeder Teil der Geschichte, der einmal Gegenwart war, ist beidem ausgeliefert. 14

Der Schweizer Historiker Jacob Burckhardt (1818–1897) hielt dies in einer vordergründig paradoxen Formulierung fest: „Überall im Studium mag man mit den Anfängen beginnen, nur bei der Geschichte nicht. Unsere Bilder derselben sind meist doch bloße Konstruktionen, wie wir besonders bei Gelegenheit des Staates sehen werden, ja bloße Reflexe von uns selbst."[19] Und: „Das Verhältnis jedes Jahrhunderts" zu dem geschichtlichen Erbe „ist an sich schon Erkenntnis, d.h. etwas Neues, welches von der nächsten Generation wieder als etwas historisch Gewordenes, d.h. Überwundenes zum Erbe geschlagen werden wird."[20] Die Rechtshistorikerin Marie Theres Foegen (1946–2008) nannte ihre Darstellung des römischen Rechts nicht Römische Rechtsgeschichte, sondern „Römische Rechtsgeschichten", denn: „Die Antike kennt uns nicht."[21] 15

Der geschichtliche Charakter aller Ereignisse entsteht erst in Abhängigkeit von der Erkenntnis und den Interessen derjenigen, die sie als historische Phänomene registrieren, beschreiben, Kausalverhältnisse zwischen ihnen konstruieren und bewerten.[22] Um ein Beispiel zu nennen: Unser Wissen über den Augsburger Religionsfrieden von 1555 (unten Rn. 108 ff.) verändert sich, vor allem aber ändert sich im Laufe der Zeit dessen Bewertung. Während etwa im 19. Jahrhundert dieser Versuch eines 16

---

[17] *Michael Stolleis*, Rechtsgeschichte schreiben. Rekonstruktion, Erzählung, Fiktion? (1997), in: ders., Ausgewählte Aufsätze und Beiträge, 2. Halbband, 2011, S. 1083 ff., 1111.
[18] *Johannes Fried*, Imperium Romanum – Das römische Reich und der mittelalterliche Reichsgedanke, in: Elke Stein-Hölkeskamp/Karl-Joachim Hölkeskamp (Hrsg.), Erinnerungsorte der Antike. Die römische Welt, 2006, S. 156 ff., 156. Im zitierten Text ist nicht von Geschichtsschreibung, sondern von „Gedächtnis" die Rede.
[19] *Jacob Burckhardt*, Weltgeschichtliche Betrachtungen (1905), Ausgabe Kröner 1955, S. 7.
[20] *Jacob Burckhardt*, Weltgeschichtliche Betrachtungen (1905), aaO, S. 9.
[21] *Marie Theres Foegen*, Römische Rechtsgeschichten, 2002, S. 11.
[22] *Jürgen Habermas*, Erkenntnis und Interesse, 1968, S. 227 f.

religiösen Friedensschlusses als folgenreicher Ausdruck der Schwäche des damaligen Reiches eher negativ bewertet wurde, ist die Geschichtsschreibung seit der zweiten Hälfte des 20. Jahrhunderts geneigt, die Friedensvereinbarung als geschickte, wenngleich unvollständige Ausgleichsordnung mit europäischer Bedeutung und Langzeitwirkung einzuschätzen. Manche wollen sogar im Augsburger Ausgleich zwischen den Religionen eine erste frühe Wurzel grundgesetzlicher Offenheit gegenüber einer Vielfalt von religiösen Bekenntnissen sehen. Das zeigt: Wir werten und dürfen werten, müssen aber wissen, dass unsere Wertung von unserem zeitlichen Umfeld und von individuellen Prägungen abhängt.

Mehr noch: „Man wird kein nennenswertes Wort über Kultur und Geschichte sprechen können, ohne sich der eigenen kulturellen und geschichtlichen Situation bewußt zu sein. Daß alle geschichtliche Erkenntnis Gegenwartserkenntnis ist, daß sie von der Gegenwart ihr Licht und ihre Intensität erhält und im tiefsten Sinne nur der Gegenwart dient, weil aller Geist nur gegenwärtiger Geist ist, haben uns seit Hegel viele [...] gesagt."[23]

§ 2 Einige Jahreszahlen zur deutschen Verfassungsgeschichte

17 Anhand von Jahreszahlen und in chronologischer Form lässt sich Verfassungsgeschichte weder schreiben noch lernen. Entwicklungen verlaufen nicht gradlinig als kontinuierliche Prozesse in linearer Zeit. Eigentlich Abgelegtes lebt im Neuen weiter, es gibt Ungleichzeitigkeiten verschiedener Teilelemente der Verfassungsgeschichte, Sprünge, aber auch Versuche der Restaurierung früherer Verhältnisse. Geschichte ist ein jederzeit offener Prozess. Die beliebten Unterscheidungen in alt und neu, Aufstieg und Verfall, Herrschaft und Revolution, schlechter und besser, ja sogar Vergangenheit und Gegenwart sind Versuche, Ereignissen nachträglich eine positive oder negative Bedeutung zu geben. Kausalitäten sind nachträgliche Konstruktionen. Nur scheinbar benennen Jahreszahlen bestimmte Abhängigkeiten und sorgen für harmonische Kausalverhältnisse.[24] Dennoch: Jahreszahlen wichtiger Ereignisse und Wendemarken vermitteln einen ersten Eindruck von Epochen und zeitlichen Blöcken der Entwicklung. Deshalb seien einige Daten zur ersten Orientierung genannt.

18 24. Dezember 800   Der fränkische König Karl (der Große, Regierungszeit von 768 bis 814) wird in Rom von Papst Leo III. zum römischen Kaiser gekrönt. Die alte Kaiseridee des Abendlandes wird wiederbelebt. Karl wird bezeichnet als „Erlauchtester Augustus, von Gott gekrönter großer und friedebringen-

---

[23] *Carl Schmitt*, Das Zeitalter der Neutralisierungen und Entpolitisierungen (1929), in: *ders.*, Positionen und Begriffe. Im Kampf mit Weimar-Genf-Versailles, 1923–1939, 4. Aufl. 2014, S. 138 ff., S. 138.

[24] *Siegfried Kracauer*, Ahasver oder das Rätsel der Zeit, in: *ders.*, Schriften, Bd. IV, 1971, S. 133 ff., S. 141: Geschichte besteht aus „Ereignissen, deren Chronologie uns nur wenig über ihre Beziehungen und Bedeutungen mitteilt. Da gleichzeitige Ereignisse öfter wesentlich asynchron sind, ist es in der Tat nicht sinnvoll, sich den geschichtlichen Prozeß als einen homogenen Fluß vorzustellen."

	der, das Römische Reich lenkender Kaiser, durch Gottes Gnade auch König der Franken und Langobarden". Die Kaiserformel lautet: „Romanum gubernans imperium" (= „das Römische Reich regierend").
843	Vertrag zu Verdun. Teilung des Frankenreichs in ein West-, Mittel- und Ostreich mit auch eigenständigen sprachlichen Grundlagen. Ludwig der Deutsche regierte das Ostfrankenreich. Historiker vor allem des 19. Jahrhunderts wollten hier die Geburtsstunde Frankreichs und Deutschlands sehen.
919	Der Sachse Heinrich I. wird von den Grafen und Bischöfen des Ostfrankenreichs zum König erhoben. Beginn des Wahlkönigtums. Sächsische Könige (und später auch Kaiser) gibt es bis 1024.
2. Februar 962	Otto I., Sohn Heinrichs I., wird in Rom zum römischen Kaiser gekrönt. Der weströmische Kaisertitel blieb fortan dem deutschen König vorbehalten. Im Rückblick sehen hier Historiker den Beginn des Alten Reichs. „Ottonisches Privileg": Recht des Königs zur (Mit-)Bestimmung über den Inhaber des Papstamtes.
1046	Synode von Sutri und Rom. Heinrich III. (König aus dem Geschlecht der Salier) setzt – was dem Kaiser nach überkommenen Rechtsvorstellungen unter bestimmten Voraussetzungen möglich war – drei konkurrierende Päpste ab. Beginnende Auseinandersetzungen zwischen Papst und Kaiser und im Bereich der Theologie und Staatsphilosophie um den Anspruch auf Vorherrschaft im Abendland. Die Gregorianische Reform verselbständigt die Kirche.
1076	Demütigung Heinrichs IV. durch Papst Gregor VII. Gang nach Canossa.
1122	Wormser Konkordat (Papst Calixt II./Heinrich V.). Ende des Streits zwischen Kaiser (König) und Papst über die Befugnis zur Einsetzung der Ortsbischöfe. Verzicht der Kaiser auf eine Investitur der deutschen Bischöfe und Äbte mit Ring und Stab, Wahl durch die Geistlichen. Unterscheidung zwischen weltlichen und geistlichen Befugnissen (Temporalia und Spiritualia). Der Kaiser behält das Recht, den geistlichen Amtsträgern weltliche Befugnisse zu übertragen (Regalieninvestitur).
1356	Goldene Bulle – erste Lex fundamentalis (= grundlegendes Gesetz) des Alten Reichs. Festlegung des Ablaufs und der Wahlberechtigung bei der Königswahl. Wahlberechtigt sind die Erzbischöfe von Mainz, Trier und Köln (die als geistliche Fürsten in ihrem Territorium zugleich weltliche Gewalt ausüben), der Pfalzgraf bei Rhein, der Herzog von Sachsen, der Markgraf von Brandenburg und der König von Böhmen. 1623 kommt der Herzog von Bayern dazu, 1692 der Herzog von Braunschweig-Lüneburg. Der mit Mehrheit in Frankfurt a. M. gewählte und in Aachen gekrönte König ist zugleich „erwählter römischer Kaiser" (so der Titel seit 1508). Anerkennung des Dualismus von Kaiser und Territorialherren.
1495	„Ewiger Landfriede" – zweite Lex fundamentalis des Alten Reichs, beschlossen auf dem Reichstag zu Worms als erster Teil einer geplanten (nicht vollendeten) Reichsreform. Beseitigung des Fehderechts und Einsetzung des Reichskammergerichts (Ansätze zum „Gewaltmonopol" der öffentlichen Herrschaft durch die „Ordnung über die Handhabung von

	Frieden und Recht"). Jährliche Reichstage (ab 1663 immerwährender Reichstag, Sitz in Regensburg).
31. Oktober 1517	Martin Luther, Augustinermönch und Theologieprofessor in Wittenberg, schlägt 95 Thesen über Missstände in der Kirche und eine grundlegende Reform an die Schlosskirche zu Wittenberg (in lateinischer Sprache, um erhoffte Disputationen auf Fachkreise zu begrenzen), 1520 Kirchenbann durch den Papst.
1521	Reichstag zu Worms unter Kaiser Karl V. Luther erscheint mit freiem Geleit, Verhängung der Reichsacht über ihn (Verlust weltlicher Rechte) durch das Wormser Edikt. Die „Reformation" wird zur politischen Bewegung, die das Reich erschüttert.
1529	Reichstag zu Speyer. Die Reichsstände, die sich zum lutherischen Glauben bekennen, berufen sich auf ihr Gewissen und protestieren („Protestanten") gegen das Wormser Edikt von 1521.
1555	Augsburger Religionsfrieden. Dritte Lex fundamentalis des Alten Reichs. Versuch, allein durch weltliches Recht trotz Glaubensspaltung einen modus vivendi der Konfessionen zu ermöglichen. Anerkennung der lutherischen neben der katholischen Religion (nicht der weiteren reformatorischen Bekenntnisse). Recht des Landesherrn, mit Wirkung für seine Untertanen den Glauben seines Territoriums zu bestimmen (Ius reformandi), Ausnahme für Reichsstädte. Für geistliche Fürstentümer gilt ein Vorbehalt (Reservatum ecclesiasticum). Ein geistlicher Fürst muss nach persönlicher Annahme des lutherischen Glaubens seine Ämter niederlegen. Auswanderungsrecht von Untertanen, die den Glaubensstand nicht teilen (Ius emigrandi).
1648	Westfälischer Friede, geschlossen in Münster und Osnabrück, vierte Lex fundamentalis des Alten Reiches. Ende des 30jährigen Krieges. Völkerrechtlicher Vertrag, abgeschlossen vom Kaiser und den Reichsständen auf deutscher Seite, Schweden und Frankreich. Der Papst wird nicht beteiligt. Versuch der Einbindung des Reiches in eine gesamteuropäische Friedensordnung. Bestätigung des Augsburger Religionsfriedens, jetzt unter Einbeziehung der Calvinisten. Faktisches Ende des Ius reformandi durch Festschreibung des Besitz- und Bekenntnisstandes nach dem „Normaljahr" 1624. Volle Bindung kaiserlicher Rechte an die Zustimmung des Reichstages, Souveränität der Reichsstände zu Lasten des Reiches durch ein „Ius foederationis" (Recht zum Abschluss völkerrechtlicher Verträge).
18. Januar 1701	Kurfürst Friedrich III. von Brandenburg krönt sich selbst in Königsberg/Ostpreußen unter Verstoß gegen Reichsrecht zum „König in Preußen".
1740	Thronbesteigung Friedrichs II. (des Großen) in Preußen und Maria Theresias in Österreich.
1776	Verkündung der Bill of Rights (Erklärung grundlegender Rechte der Einzelnen gegen die öffentliche Gewalt) in der englischen Kolonie Virginia in Nordamerika (12. Juni), Unabhängigkeitserklärung der nordamerikanischen Kolonien (4. Juli).

§ 2 Einige Jahreszahlen zur deutschen Verfassungsgeschichte

1787	Verfassungskonvent in Philadelphia, Verabschiedung der Verfassung der USA (17. September).
1789	Beginn der Französischen Revolution, Generalstände erklären sich zur verfassunggebenden Nationalversammlung (6. Juli), Erklärung der Menschen- und Bürgerrechte (26. August).
3. September 1791	Verabschiedung der französischen Verfassung.
1799	Staatsstreich Bonapartes; 1804 Kaiserkrönung Napoléons.
25. Februar 1803	Reichsdeputationshauptschluss – letzte Lex fundamentalis des Alten Reiches. Umfassende territoriale Neuordnung Deutschlands nach den Revolutionskriegen mit Frankreich. Säkularisation (Verweltlichung): Beendigung der geistlichen Fürstentümer, es gibt nur noch weltliche Herrschaft. Mediatisierung: Aufhebung der „reichsunmittelbaren" Reichsstände (Reichsstädte, Reichsritterschaft), die „landesunmittelbar" werden, also weltlichen Fürsten zugeschlagen werden.
6. August 1806	Nach dem Zusammenschluss deutscher Mittelstaaten (nicht Preußen und Österreich) zu dem unter der „Protektion" Napoléons stehenden Rheinbund und ihrem Abfall vom Reich legt Kaiser Franz II. die römisch-deutsche Kaiserkrone nieder und erklärt das Amt des Kaisers für „erloschen". Ende des Heiligen Römischen Reiches Deutscher Nation.
1814/15	Neuordnung Europas und Deutschlands auf dem Wiener Kongress. Gründung des Deutschen Bundes (Staatenbund mit 41, später 35 Mitgliedern) durch die Deutsche Bundesakte (8. Juni 1815). Die spätere Wiener Schlussakte (15. Mai 1820) schreibt das monarchische Prinzip als Grundlage der Verfassungen in den deutschen Einzelstaaten mit Ausnahme der freien Städte fest (Art. 57). Danach ist der Monarch Inhaber aller Staatsgewalt und kann durch Verfassungen, die überall eingeführt werden sollen, nur in einzelnen Bereichen bei der Ausübung der Staatsgewalt an die Mitwirkung der Volksvertretungen gebunden werden (Gesetzgebung).
1818/19	Nach einzelnen Vorläufern treten die frühkonstitutionellen Verfassungen in Bayern (26. Mai 1818), Baden (22. August 1818) und Württemberg (25. September 1819) in Kraft. Bis 1848/50 (zuletzt Preußen) erhalten (fast) alle deutschen Staaten und freien Städte geschriebene Verfassungen.
1848	Nationalversammlung in Frankfurt a. M. (Eröffnungssitzung am 18. Mai), gewählt (1. Mai) auf der Grundlage eines allgemeinen, gleichen Wahlrechts volljähriger, „selbständiger" und männlicher deutscher Staatsangehöriger, nach grundsätzlich unmittelbarer Mehrheitswahl in Wahlkreisen mit ca. 50.000 Einwohnern. Paulskirchenverfassung vom 28. März 1849, die nicht in Kraft trat. Grundentscheidungen der Verfassung auf der Grundlage der verfassunggebenden Gewalt des Volkes: Bundesstaatlichkeit (ohne Zugehörigkeit Österreichs), Erbkaisertum, demokratisch gewähltes Parlament (Volkshaus), von der Volksvertretung abhängige Exekutive (Reichsregierung), Grundrechte und ausgebaute Gerichtsbarkeit einschließlich verfassungsgerichtlicher Funktionen.
1849	Scheitern der Verfassungsbewegung. Der von der Nationalversammlung zum Kaiser der Deutschen gewählte (28. März 1849) preußische König

	Friedrich Wilhelm IV. lehnt am 3. April die Kaiserwürde ab. Ablehnung der Reichsverfassung durch Preußen am 28. April. Auflösung des Rumpfparlaments in Stuttgart am 18. Juni 1849 durch württembergische Truppen.
1866	Preußisch-österreichischer Krieg, Auseinanderbrechen des Deutschen Bundes (Rücktritt Preußens vom Bundesvertrag, 14. Juni).
1867	Gründung des Norddeutschen Bundes, Verfassung vom 16. April, Reichstagswahlen im Februar.
1870/71	Gründung des deutschen Nationalstaates. Beitritt der süddeutschen Staaten (Bayern, Baden, Württemberg) zum Norddeutschen Bund während des Preußisch-(Deutsch-) Französischen Krieges (November 1870), Proklamation des Preußischen Königs Wilhelm I. zum Deutschen Kaiser im Spiegelsaal von Versailles (18. Januar 1871), Gesetz betreffend die Verfassung des Deutschen Reiches vom 16. April 1871. Monarchischer Bundesstaat mit demokratischen Elementen (Reichstag), keine Grundrechte in der Reichsverfassung, keine Verfassungsgerichtsbarkeit.
1918	Ende des Ersten Weltkriegs durch Waffenstillstand (9. November), Abdankung des Kaisers Wilhelm II., Friedrich Ebert wird Reichskanzler, Ausrufung der Republik durch Philipp Scheidemann, Einsetzung des Rates der Volksbeauftragten (10. November).
1919	19. Januar: Wahlen zur verfassunggebenden Nationalversammlung auf der Grundlage eines vollen demokratischen Wahlrechts: allgemein (erstmals auch Frauenwahlrecht), gleich, geheim, Wahlberechtigung ab 20 Jahren. 6. Februar: Zusammentreten der Nationalversammlung in Weimar, 11. Februar: Wahl Friedrich Eberts zum Reichspräsidenten. Unterzeichnung des Friedensvertrages von Versailles (28. Juni), Annahme und Ausfertigung der Weimarer Reichsverfassung (31. Juli/11. August): Bundesstaatlichkeit, Demokratie, Republik, Rechtsstaatlichkeit, umfassende Grundrechtsgewährleistungen.
1933	30. Januar: Reichspräsident von Hindenburg ernennt Hitler zum Reichskanzler, Gesetz zur „Behebung der Not von Volk und Reich" (vom 24. März 1933, „Ermächtigungsgesetz"): Aufhebung der Gewaltenteilung durch Übertragung der Gesetzgebungsbefugnisse einschließlich des Rechtes zur Verfassungsänderung auf die Reichsregierung.
1945	8./9. Mai: Bedingungslose Kapitulation der Deutschen Wehrmacht am Ende des Zweiten Weltkriegs. Übernahme sämtlicher Staatsgewalt in Deutschland durch die alliierten Siegermächte (USA, UdSSR, Vereinigtes Königreich und Frankreich) mit der Berliner Erklärung (5. Juni).
1945–1947	Wiederaufbau deutscher öffentlicher Gewalt ausgehend von den Kommunen bis hin zur Länderbildung in allen Besatzungszonen. Länderverfassungen entstehen zwischen 1946 und 1948. Auflösung Preußens durch das Gesetz Nr. 26 des Alliierten Kontrollrates (25. Februar 1947).
1948	Übergabe der drei sog. Frankfurter Dokumente seitens der westlichen Alliierten an die Ministerpräsidenten der Länder in den Westzonen (1. Juli). Dokument I forderte die Ministerpräsidenten auf, eine verfassunggebende Versammlung zur Ausarbeitung einer Verfassung für einen zu-

	künftigen westdeutschen Teilstaat einzuberufen. Inhaltliche Vorgaben für die Verfassung: Demokratische und rechtsstaatliche Strukturen, Grundrechte, Bundesstaatlichkeit; verhaltene Reaktion der Ministerpräsidenten, die angesichts der deutschen Teilung einen provisorischen Staat mit einem „Grundgesetz" favorisierten.
10. bis 23. August 1948	Verfassungskonvent auf der Insel Herrenchiemsee. Vertreter der Länderexekutiven erarbeiten einen Verfassungsentwurf, der als unverbindliches Dokument an vielen Stellen Alternativen formuliert.
1. September 1948 bis Mai 1949	Beratungen des Parlamentarischen Rates – nicht vom Volk, sondern von den Länderparlamenten gewählt – in Bonn. Einflussnahme der Alliierten. 8. Mai 1945: Annahme des Grundgesetzes im Parlamentarischen Rat, 12. Mai 1949: Genehmigungsschreiben der Militärgouverneure zum Grundgesetz. Annahme des Grundgesetzes durch die Volksvertretungen in den westdeutschen Ländern (Art. 144 Abs. 1 GG) mit Ausnahme des bayerischen Landtags.
23. Mai 1949	(oder 24. Mai 1949, 0 Uhr 1 Sek.) Inkrafttreten des Grundgesetzes (vgl. Art. 145 GG) und des zunächst das Grundgesetz überlagernden Besatzungsstatutes.
7. Oktober 1949	Gründung der DDR, Inkrafttreten der 1. Verfassung der DDR, abgelöst 1968 durch eine „sozialistische", 1974 überarbeitete Verfassung.
1955	Wiedergewinnung der völkerrechtlichen Souveränität der Bundesrepublik Deutschland durch die Pariser Verträge.
3. Oktober 1990	Wiedervereinigung der beiden deutschen Staaten durch Beitritt (Art. 23 GG a. F.) der DDR zum Geltungsbereich des Grundgesetzes, das – mit einigen Änderungen – zur Verfassung des vereinten Deutschlands wird (Präambel in der Fassung des Jahres 1990).
1992	Gründung der Europäischen Union durch den Vertrag von Maastricht (1993 in Kraft getreten).
2005	Versuch einer europäischen Verfassung.

Teil II: Vom Imperium Romanum zum Sacrum Imperium Romanum Germanicae Nationis – ein Jahrtausend Reichsgeschichte (800 bis 1806)

Womit soll die Darstellung der deutschen Verfassungsgeschichte beginnen? Vielleicht am ehesten mit der politischen Ordnungsvorstellung und der Existenz eines Reiches,[1] die das Mittelalter und die Zeit bis 1806 so prägen, dass danach das Deutsche Reich von 1871 und noch später die Rede vom „Dritten Reich"[2] die Begrifflichkeit wieder aufnahmen. Das Wort Reich stammt vermutlich vom keltischen „rik" und bezeichnete ursprünglich den persönlichen Bestimmungsbereich einer Person, ihre Güter, ihren „Reich"tum. Das Wort diente aber auch als Übersetzung des lateinischen Begriffs Imperium, der umfassende Herrschaft bedeutet; das Imperium Romanum umschloss in der Spätantike praktisch ganz Europa und war teilweise seit 313, vollständig seit 380 ein mit dem Christentum verbundenes Reich. Dem Untergang ging das römische Reich zu, als seine militärische Sicherung nach außen und im Inneren nicht mehr gelang. Die Päpste wandten sich zum Schutz der Kirche an andere Mächte. Diese waren die von Norden das Imperium Romanum bedrängenden Franken, deren Herrschern die Päpste die Anerkennung als römische Imperatoren versprachen. Die Kontinuität mit Rom war wichtig, weil das Alte Testament im Buch Daniel (Kapitel 2 und 7) von vier aufeinanderfolgenden Reichen der gesamten Weltgeschichte sprach, von denen das römische Reich nach der späteren Deutung das letzte sein sollte.

Wofür aber stand die Ordnungsidee des Reichs, die lange die deutsche Verfassungsgeschichte beherrschte? Einfacher ist zunächst die abgrenzende Feststellung, was Idee und Gestalt des Reichs nicht bedeuteten. Es war durch viele Jahrhunderte, jedenfalls zwischen 800 (Kaiserkrönung Karls des Großen) oder 962 (Kaiserkrönung Ottos I.) und seinem Ende im Jahre 1806, keine Ordnung einer deutschen Nation. Eine Nation ist eine politische Willensgemeinschaft, kulturell, sprachlich, ethnisch oder staatsbürgerlich verwurzelt. Diese spezifisch europäische Ordnungsvorstellung kam im 18. Jahrhundert auf. Ob es in diesem Sinne eine deutsche Nation gäbe, spielte erst in den Einigungs- und Verfassungsbestrebungen der Zeit nach Napoléon eine Rolle, also seit 1815; Nation, Volk und Reich wurden erst 1871 im Kaiserreich zusam-

---

[1] Vgl. *Peter Moraw* u. a., Art. Reich, in: Otto Brunner u. a. (Hrsg.), Geschichtliche Grundbegriffe, Bd. 5, 1984, S. 423 ff., 430 ff.

[2] *Hermann Butzer*, Das „Dritte Reich" im Dritten Reich. Der Topos „Drittes Reich" in der nationalsozialistischen Ideologie und Staatslehre, in: Der Staat 42 (2003), S. 600 ff.

mengeführt, in einem im europäischen Vergleich verspäteten Nationalstaat. Das bis zum Beginn des 19. Jahrhunderts bestehende „Alte Reich" war kein Identifikations- oder Verwirklichungsraum politischen Nationalbewusstseins, sondern ein geographischer Raum, lange auch in dieser Hinsicht nicht eindeutig bestimmbar, mit vielfältigen einzelnen Herrschaftsbereichen, zusammengehalten durch eine besondere geographische und geschichtsphilosophische Anknüpfung an die antike Idee des Imperiums, verkörpert im römisch-deutschen Kaisertum. Das schon damals geläufige Wort Nation bezeichnete im Alten Reich nicht etwa alle ansässigen Personen als eine Gemeinschaft. Dem stand schon entgegen, dass die europäischen Völker des Mittelalters als Teil des umfassenden „Corpus Christianum" galten. Es existierte ein religiöses und ständisches Gemeinschaftsbewusstsein, nicht dagegen eine politische Zusammengehörigkeit als Volk. Das Wort Nation bezeichnete bis zur Französischen Revolution zumeist die Gruppe der zur Herrschaft Berechtigten (zu weiteren Bedeutungen Rn. 50, 281) – und in genau diesem Sinn hieß das Alte Reich seit dem Ende des Mittelalters „Heiliges Römisches Reich Deutscher Nation". Mit diesem Sinn wandte sich Martin Luther in einer Schrift des Jahres 1520 „An den christlichen Adel deutscher Nation".

21   Jenseits der neuzeitlichen Größen Volk und Nation gibt es jedoch eine mit der Reichsidee untrennbar verbundene Kontinuitätslinie, die die Entwicklung von 800/962 bis heute begleitet: Die Vielfalt und Vielgestaltigkeit politischer Herrschaftsbereiche. Lange Zeit war die Vielfalt nur lose durch das Dach des Reiches und Absprachen und Bündnisse – foedera – zusammengehalten. Im Zeichen beginnender moderner Staatlichkeit wurde sie zum Nebeneinander von Staaten, zu regional definiertem Föderalismus, 1871 dann als „Bundes"staat organisatorisch verfestigt, seit 1945 überlagert durch den Aufbau eines föderalen, wenn auch nicht bundesstaatlich geeinten Europas. Die für das heutige politische System Deutschlands typischen Aushandlungsprozesse im Miteinander und Gegeneinander von Bund, Ländern und Kommunen im Staat des Grundgesetzes haben somit die längste Traditionslinie aller konstitutiven Elemente deutscher Verfassungsgeschichte.

§ 3 Vom fränkischen Reich zum Sacrum Imperium Romanum der sächsischen, salischen und staufischen Kaiser

22   Mit dem Untergang des weströmischen Reiches im Jahre 476 n. Chr. entstand insbesondere in Mittel- und Westeuropa ein Machtvakuum. Unter den Stämmen, die die Römer als „Germanici" bezeichnet hatten – vor allem Alemannen, Thüringer, Bayern, Sachsen, Friesen, Goten – hatten die Franken besondere Bedeutung. Ihr Reich, dessen Kernland am Mittel- und Niederrhein lag, bestand über mehr als vier Jahrhunderte. Es bildete die Brücke zwischen Antike und Mittelalter und verband germanische Tradition mit dem Christentum. Zur Zeit seiner größten Ausdehnung um-

fasste das Frankenreich in etwa die Gebiete des heutigen Frankreichs und Deutschlands, aber auch die heutigen Niederlande und Norditalien. Es gab ein Erbkönigtum; neben Resten römischer Organisation hatten die von der germanischen Tradition geprägten Treue- und Gefolgschaftsverhältnisse und der Zugriff der Herrscher auf die lokalen Untergliederungen der Kirche besondere Bedeutung.

I. Die Kaiserkrönung Karls des Großen

Ein Ereignis mit erheblicher Langzeitwirkung in der Symbolik und für die politische Machtentfaltung fand statt, als Karl der Große, seit 768 fränkischer König, am 25. Dezember 800 von Papst Leo III. als „Erlauchtester Augustus, von Gott gekrönter großer und friedbringender das Römische Reich lenkender Kaiser, durch Gottes Gnade auch König der Franken und Langobarden" gekrönt wurde. Ob Karl nach diesem „Imperium" trachtete, ist umstritten. Unmittelbarer Anlass der Kaiserkrönung war wohl, dass der Papst und die Kirche festen Schutz gegen kriegerische Bedrohungen Roms benötigten. „Karl betrachtete den Papst als seinen Hofkaplan und teilte Leo III. schlicht mit, der König habe die Aufgabe, die Kirche zu regieren und zu verteidigen, und der Papst, für sie zu beten."³

In den Reichsannalen zu 801 wird der Krönungsvorgang so beschrieben: „Als sich der König am heiligen Weihnachtstage während der Messe vor dem Grabe des heiligen Petrus gerade vom Gebet erhob, setzte ihm Papst Leo eine Krone aufs Haupt, und das ganze römische Volk brach in den Ruf aus: Dem erhabenen Karl, dem von Gott gekrönten großen und friedenstiftenden Kaiser der Römer Leben und Sieg! Und nach diesen Lobpreisungen wurde er vom Papst nach der Sitte der alten Kaiser durch die Proskynese [= Geste der Ehrerbietung, Kniefall] verehrt und unter Verzicht auf den Titel eines Patrizius nunmehr Kaiser und Augustus genannt." Die Quelle berichtet auch, was kaum zutreffend gewesen sein kann, dass Karl überrascht worden sei. „Die Kaiserwürde selbst kann Karl nicht überrascht und verärgert haben. Es dürfte das Vorgehen Papst Leos III. gewesen sein. Der Papst hat ohne Rücksprache nach eigenem Gutdünken Karl zum Kaiser gemacht. Durch das von Leo gewählte Zeremoniell war Karl Kaiser von päpstlichen Gnaden […]."⁴

Der nach längeren Überlegungen gefundene Kaisertitel lautet: „Karolus Serenissimus Augustus a Deo coronatus magnus pacificus imperator Romanum gubernans imperium qui et per misericordiam Dei rex Francorum et Langobardorum."

Warum spielte der Papst hier eine bedeutsame Rolle? Das Amt des Papstes als allgemeines Oberhaupt der Kirche – erstmals bezeichnete sich Siricus (384–399) als „Papa" – wurde von Gregor I. (590–604) förmlich festgesetzt, um die Vorrangstellung des Bischofs von Rom im Kreis der Bischöfe und den Leitungsanspruch als Bewahrer der Rechtgläubigkeit in der gesamten Kirche zu bekräftigen. Mit diesem Vorrang als „Pontifex Maximus" (größter Brückenbauer) war politische Autorität verbunden – eigene Herrschaft und die Befugnis, den christlichen Herrschern des Abendlandes spirituelle Würde und Autorität zu geben. Zugleich bedurften Kirche und Papst des Schutzes durch weltliche Herrscher. Der Frankenkönig Karl war für Papst Leo III. auch deshalb wichtig, weil einer dessen Vorgänger, der fränkische König Pippin

---
³ *Harold Berman*, Recht und Revolution, 2. Aufl. 1991, S. 113.
⁴ *Horst Fuhrmann*, Einladung ins Mittelalter, 1987, S. 73.

III., Papst Stephan II. (752–757) in Mittelitalien ein Herrschaftsgebiet überlassen hatte – „pippinsche Schenkung". Diese Überlassung bestätigte Karl der Große im Gegenzug zur Kaiserkrönung.

27   Die Kaiserkrönung Karls war nicht die Geburtsstunde eines deutschen oder französischen Reiches und schon gar nicht eines Staates. Es ging auch nicht um die Wiederherstellung des alten römischen Reiches in seinem institutionellen oder territorialen Bestand, etwa im Sinne eines europäischen Reiches. Es war ein Frankenreich, allein der Herrscher war römischer Kaiser. Diese Kaiserwürde fügte dem Reich die universale Idee und die damit verbundene Sphäre der kulturellen Autorität hinzu. Die Kaiserwürde zeigt noch etwas anderes: Im Mittelalter verlagerte sich das Zentrum der abendländischen Weltgeschichte vom Mittelmeerraum in das Europa nördlich der Alpen. Die Wiederbelebung des Reichs hatte aber noch einen weiteren Grund. Es entsprach mittelalterlicher Vorstellung, dass die Welt nicht untergehen werde, solange das Reich bestehe. Das Reich sei das „Katechon" (das Aufhaltende, Bewahrende) in der Welt.

28   Die Krönung zeichnete Karl als den bedeutendsten Herrscher im mittleren Europa aus. Nach antiker Vorstellung konnte es auf dem Erdkreis (in Europa) nur einen Kaiser (griechisch Καῖσαρ, lat. Caesar) geben. Die Wiederbegründung des (west)römischen Kaisertums im Jahre 800 knüpfte daran an. Zugleich liegt hier auch eine Wurzel deutscher (und französischer) Geschichte. Karl gelang in Ansätzen eine stärkere Durchdringung des Reichs mit Herrschaftselementen, die bereits auf das Spätmittelalter verweisen. Er versuchte eine Rechtsvereinheitlichung, teilte das Reich in Grafschaften und ließ seine Anordnungen durch Boten (missi dominici) in alle Reichsteile übermitteln. Die Gesandten hatten zugleich die Aufgabe, die Amtsführung der lokalen Machthaber zu kontrollieren. Einen ständigen örtlichen Hauptsitz einer Kanzlei gab es nicht, wenngleich die bedeutendste Kaiserpfalz (das Wort Pfalz leitet sich von Palatium, Palast, ab) in Aachen noch heute vor allem mit Karl in Verbindung gebracht wird. Weitere wichtige Pfalzorte waren Herstal bei Lüttich, Worms, Ingelheim, Paderborn und Regensburg.

29   Ob das Reich Karls ein Zukunftsprojekt war oder im wesentlichen Resultat päpstlichen Schutzbedürfnisses, mit der Anknüpfung an das römische Reich rückwärtsgewandt, wird unterschiedlich beurteilt.[5] Jedenfalls war es nicht von Dauer. Das Reich Karls zerfiel unter seinen Nachfolgern. Seine Enkel – Ludwig der Fromme, Lothar und Karl der Kahle – teilten es 843 in Verdun; der Text der Vereinbarung ist nicht erhalten. Etwa entlang den Sprachgrenzen zwischen der „rustica romana lingua" (Altfranzösisch) und der „lingua theodisca" (Althochdeutsch) entstanden das Westfranken- und das Ostfrankenreich, dynastischen Interessen folgend. Sie wurden in der weiteren Entwicklung nicht wieder zusammengeführt. 911 verstarb Ludwig, der letzte ostfränkische karolingische Herrscher. Die Entwicklungen der Folgejahre waren von großer Tragweite. Ostfranken und Sachsen, Bayern und Schwaben verstän-

---

[5] Das wenig Zukunftsorientierte (von der Modernisierung der Herrschaft abgesehen) betont *Jacques Le Goff*, Die Geburt Europas im Mittelalter, 2004, S. 52.

digten sich auf den Frankenherzog Konrad I. als König, der wiederum 918, kurz vor seinem Tod, Heinrich I., einen sächsischen Herzog, als Nachfolger benannte. Dessen Wahl zum König durch die Grafen und Bischöfe des Ostfrankenreichs im heutigen hessischen Fritzlar 919 vertiefte nicht nur die Trennung der fränkischen Reiche, sondern belegte die Ablösung und Verselbständigung der Königswürde von einer Dynastie. Das Jahr 919 ist damit ein wichtiger Markstein auf dem Weg zur Herausbildung eines deutschen Königtums und des Reichs. „Die damals vorhandenen deutschen Stämme, sie alle ohne Ausnahme und nur sie, wurden vereinigt unter der Herrschaft eines nationalen Königtums. Das ist unser Erstes Reich in seiner Ursprungsgestalt, im status nascendi. Ein Reich, das, wenn es auch (angesichts des fast unbezwinglichen Partikularismus der deutschen Stämme) noch kein wirkliches Einheitsreich der Deutschen war, doch die Möglichkeit, die Anwartschaft in sich trug, ein solches zu werden."[6] In einer Urkunde des Jahres 919 findet erstmals die Bezeichnung Regnum Teutonicorum Verwendung.

II. Otto der Große und die Kaiserwürde des Jahres 962

Heinrichs Sohn Otto (der Große) festigte seit 936 in 37 Jahren seiner Herrschaft die Struktur des Reiches; er stärkte insbesondere die Monarchie zu Lasten der Herzöge. Dabei half ihm, dass 936 das dynastische Prinzip der Reichsteilung bei mehreren Nachkommen endgültig verlassen wurde. Dieses hatte den Fortbestand des Karolingerreichs immer wieder in Frage gestellt und dieses letztlich zerstört. 962 erhielt Otto in Rom die Kaiserwürde.

Mit der Kaiserkrönung galt Otto als Schutzherr des Papstes und der Kirche. Im gleichen Jahr 962 legte Otto im „Pactum Ottonianum" fest, dass der vom Volk und dem Klerus Roms gewählte Papst vor seiner Amtseinführung dem Kaiser einen Treueid abzulegen habe (ottonisches Privileg). Außerdem hatte der Papst jährlich durch Vertreter Rechenschaft zu geben. Später forderte Otto die eidliche Verpflichtung der Römer, nur mit Zustimmung des Kaisers einen Papst zu wählen.

Vom Jahr 962 an blieb der weströmische Kaisertitel (Romanorum imperator augustus) den deutschen Herrschern vorbehalten. Er war im gesamten mittelalterlichen Europa kein Ausweis der stärksten politischen Macht, sondern Ausdruck besonderer Würde. „Die Entstehung des deutschen Kaisertums, das heißt einer auf der inneren Entwicklung der deutschen Stämme beruhenden Ordnung, die durch die Ausbreitung der ottonischen Macht über Italien eine universale Stellung gewann, bildet das Weltereignis des zehnten Jahrhunderts."[7] Bemerkenswert ist, dass sich zu der glei-

---

[6] *Gerhard Anschütz*, Rückblick auf ältere Entwicklungsstufen der Staatsbildung, in: Gerhard Anschütz/Richard Thoma (Hrsg.), Handbuch des Deutschen Staatsrechts, Erster Band, 1930, § 2, S. 17 ff., 18.
[7] *Leopold von Ranke*, Weltgeschichte, Bd. X, Zersetzung des karolingischen, Begründung des Deutschen Reiches, 1888, S. 352 f.

chen Zeit für das Volk und die Sprache der Germanen die Worte theodisca, teutonica und theudisk[8] etablierten.

33   Das Reich war dünn besiedelt. Schätzungen nehmen für das Jahr 1000 ca. zehn Einwohner pro Quadratkilometer an, wobei die Siedlungsdichte im Osten geringer als im Westen war. Die Bevölkerung verteilte sich auf sechs Stämme: Friesen (an der Nordsee), Sachsen (heutiges Westfalen und Niedersachsen), Franken (Mittel- und Unterrhein, am Main und an der Maas), Thüringer (zwischen Elbe, Harz und Main), Baiern (Donau, Isar, Inn) und Alemannen (Oberrhein, Bodensee, heutige Ostschweiz). Östlich der Sachsen lebten slawische Bevölkerungsgruppen. Mit der Gründung des Erzbistums Magdeburg (968, im dortigen Dom ist Otto I. auch begraben) setzte Otto ein Zeichen der Befestigung seines Reiches an der Elbe.

III. Konflikte zwischen Kaiser und Papst im Hochmittelalter

34   1024 starb der letzte König sächsischer Herkunft, Heinrich II. Sein Nachfolger, Konrad II. (König bis 1039, Kaiser seit 1027), entstammte den Saliern, einem rheinfränkischen Fürstengeschlecht. Es war ein deutlicher Ausdruck des Reichsgedankens und überpersonaler Vorstellung von Herrschaft, dass die Königswürde auf ein anderes Geschlecht übergehen konnte. Konrad II. drückte es im Jahre 1025 so aus: „Das Reich besteht, auch wenn der König stirbt, so wie das Schiff besteht, wenn der Steuermann fällt."[9]

1. Sacerdotium et Regnum

35   In der Zeit der Salier wurde erstmals ein Konflikt virulent, der dann, mit unterschiedlichen Wendungen, das gesamte Hoch- und Spätmittelalter beherrschen sollte: Der Dualismus von geistlich und weltlich, kirchlichem Regiment (sacerdotium) und weltlicher Herrschaft (regnum), Kaiser und Papst.[10]

35a   Ungeachtet aller Machtverschiebungen und wechselnder Vorranganspruche in diesem Dualismus zeichnete sich hier, wie schon zuvor bei der Kaiserkrönung Karls des Großen, ein Grundmodell der Zuordnung von Religiösem und Weltlichem ab; es wird die abendländische Entwicklung von Herrschaft und Staatlichkeit bis heute prägen. Es gibt eine grundsätzliche

---

[8] Theodisca: Latinisierte Fassung des althochdeutschen Adjektivs thiutisk – dem Volk zugehörig, dem Volk gemäß. Dieses Wort stammt wiederum von diot – Volk ab. „Lingua theodisca" war die im Reich Karls des Großen verwendete Bezeichnung der altfränkischen Volkssprache.
Teutonica: abgeleitet vom germanischen Volk der Teutonen, das ursprünglich im heutigen Dänemark/Jütland ansässig war.
Theudisk: die Sprache des Volkes zugehörig, daraus entstand über Jahrhunderte das Wort Deutsch. Vgl. *Lutz Mackensen*, Ursprung der Wörter. Das etymologische Wörterbuch der deutschen Sprache, 2014, S. 102.
[9] „Si rex periit, regnum remansit, sicut navis remanet, cuius gubernator cadit", zitiert nach *Dietmar Willoweit/Steffen Schlinker*, Deutsche Verfassungsgeschichte, 8. Aufl. 2019, § 7 Rn. 12.; *Helmut Beumann*, Zur Entwicklung transpersonaler Staatsvorstellungen, in: *ders.*, Wissenschaft vom Mittelalter, 1972, S. 135 ff.
[10] Dazu zuletzt etwa im Überblick *Peter H. Wilson*, The Holy Roman Empire, 2016, S. 19 ff.

Differenzierung zwischen den beiden Sphären, die sich nach den Zeitumständen unterschiedlich darstellen kann: als Überordnung der Kirche, als Hoheit des Weltlichen über die Kirche, in den Formen von Koordination, Kooperation und Trennung. Den Gegensatz zu diesem Grundmodell bildet die Identifikation beider Sphären in den Formen der Hierokratie (Priesterherrschaft), Cäsaropapie (weltliche Beherrschung der Kirche) oder eines Staatskirchentums, in dem sich die weltliche Herrschaft mit der (oder einer) Kirche identifiziert.

In Klöstern Burgunds und Lothringens, vor allem in Cluny, hatte nach der Jahrtausendwende eine kirchliche Reformbewegung eingesetzt, deren Ziel die Besinnung der Kirche auf ihren geistlich-religiösen Auftrag und ihre Lösung aus zu enger Verbindung mit dem weltlichen Bereich war. Die überall in Europa anzutreffende Bestimmungsmacht der weltlichen Herrscher über die lokale Kirche, des Kaisers auch über den Träger des Papstamtes, stieß in der Kirche zunehmend auf Kritik. Angesichts der Verflechtung der Königsmacht mit der sakral definierten Kaiserwürde im Reich musste diese innerkirchliche Selbstbesinnung zu Konflikten führen. Zunächst war es Heinrich III., der drei Päpste absetzte und damit in gravierender Weise in die Kirche hineinregierte, in der ihrerseits die Reformkräfte an Gewicht gewannen. Deren Ziel war es, das im Reich verbreitete Eigenkirchentum zurückzudrängen, insbesondere die Einsetzung der Ortsbischöfe durch weltliche Herrscher. Auch die Befugnisse des weltlichen Herrschers bei der Wahl des Papstes sollten beendet werden. Sodann ging es im Zeichen der „libertas ecclesiae" (Freiheit der Kirche) um einen prinzipiellen Vorrang der geistlichen vor der weltlichen Gewalt und einen hierarchischen Aufbau der Gesamtkirche. Dafür stand eine Umdeutung des alten mittelalterlichen Bildes von den zwei Schwertern, dem geistlichen und dem weltlichen, die Gott dem Papst und dem Kaiser verliehen habe. Die neue Gestalt des Bildes besagte, dass beide Schwerter dem Papst gegeben seien, der dann das weltliche an den Kaiser und König weiterreiche. Theologen entwickelten die neue Losung: „Der wahre Kaiser ist der Papst" (papa est vere imperator). Die Einsetzung der Bischöfe müsse ganz und gar Sache der Kirche sein („Investitur und Investiturstreit"), der Einfluss der deutschen Herrscher auf die Papstwahl müsse auf allenfalls protokollarische Rechte zurückgedrängt werden.

Das Papstwahldekret des Jahres 1059 legte erstmals die Wahl durch ein Kardinalskollegium fest. Als die römische Synode 1075 die Laieninvestitur (Einsetzung von Bischöfen durch weltliche Herrscher) verboten und der „Dictatus Papae" die Freiheit der Kirche, ein universales und dem Papst übergeordnetes Papsttum und sogar das Recht des Papstes zur Absetzung des Kaisers und der Könige formuliert hatte, erklärten Reichstag und Synode in Worms 1076 Papst Gregor VII. für abgesetzt, der seinerseits mit dem Kirchenbann über Heinrich IV. antwortete.[11] Den drohenden Verlust des Thrones konnte Heinrich IV. durch einen winterlichen Bußgang zur norditalienischen Residenz des Papstes in Canossa verhindern (Januar 1077); der Kirchenbann wurde gelöst, Heinrich IV. als König vom Papst wieder anerkannt. Diese Vorgänge standen für eine Entsakralisierung des Reichsgedankens. Der Papst hatte den König aus der Gemeinschaft der Gläubigen ausgestoßen und sich zum Richter über den

---

[11] Zu den Vorgängen im Einzelnen *Horst Fuhrmann*, Einladung ins Mittelalter, 1987, S. 77 ff.

unmittelbar zu Gott stehenden Herrscher gemacht. Heinrichs Bußgang hatte dies anerkannt. Jetzt kämpfte das Papsttum um den Primatanspruch der römischen Kirche, die geistliche Gewalt sollte uneingeschränkt über der weltlichen stehen. Der Investiturstreit wurde erst 1122 durch das sogenannte Wormser Konkordat beigelegt – im Ergebnis mit einer nachhaltigen Schwächung des Kaisers. Der Kaiser verzichtete auf die Wahl und Einsetzung der deutschen Bischöfe und Äbte. Diese Rechte nahmen fortan Geistliche wahr. Soweit jedoch die Bischöfe weltliche Rechte und Güter innehatten, behielt der Kaiser das Recht, ihnen diese zu übertragen (Regalieninvestitur). Außerdem hatte er oder ein von ihm Beauftragter das Recht, bei der Wahl und Einsetzung der Bischöfe anwesend zu sein. Bemerkenswert und folgenreich war die durchgehende Unterscheidung von „Spiritualia" (geistlichen Befugnissen) und „Temporalia" (zeitlichen, weltlichen Rechten). Diese Unterscheidung war die Keimzelle der Entwicklung zu einem über die Jahrhunderte sich erstreckenden Auseinandertreten von religiöser und weltlicher Sphäre, die im 18. Jahrhundert zum säkularen (weltlichen) Staat führt.[12]

37 Bezeichnend war auch eine weitere Veränderung. Der Papst und Bischof von Rom hatte sich über Jahrhunderte als „Stellvertreter Petri" bezeichnet. Erst im 12. Jahrhundert nahm er den Titel „Stellvertreter Christi" an. Der Kaiser, der sich bis dahin so bezeichnet hatte, musste auf diesen Titel verzichten. Insgesamt bedeutete die zugleich pragmatische wie durchdachte Lösung des Investiturstreits, dass fortan in Europa sowohl der Cäsaropapismus (der weltliche Herrscher bestimmt auch über Kirche und Religion) wie die Theokratie (Beherrschung auch der weltlichen Sphäre durch die Religion) ausgeschlossen waren, „dagegen jenes eigentümliche europäische Verhältnis der Kontrolle und Kritik weltlicher Macht durch eine geistliche, mit moraltheologischen Erwägungen operierende Gegenmacht seinen Anfang nahm"[13].

2. Staufische Reichs„reform" – Universitäten

38 Nach dem Tod Heinrichs VI. im Jahr 1125 und nach einem Interregnum ging die Königswürde 1138 an die in Schwaben beheimateten Hohenstaufer. In die Zeit der staufischen Kaiser fällt eine weitere große mittelalterliche Auseinandersetzung mit dem Papsttum. Friedrich I. (1152–1190), genannt Barbarossa (Rotbart), versuchte eine umfassende „staufische Reichsreform" und Stärkung des Königtums zu Lasten der geistlichen und regionalen Kräfte. Etwa in dieser Zeit setzte sich die Bezeichnung des Reichs als Imperium Romanum mit dem Zusatz Sacrum (= heilig) durch, weil in ihm weltliche Herrschaft nach Gottes Gebot ausgeübt werde. Diesen Ordnungsanspruch stellte das Kaisertum der Kirche entgegen. Die Formel von der „translatio imperii" (= Übertragung der Herrschaft) setzte die mittelalterlichen Kaiser in eine Reihe mit denen der römischen Antike[14] und verminderte die Bedeutung des Papstes

---

[12] *Dietmar Willoweit/Steffen Schlinker*, Deutsche Verfassungsgeschichte, 8. Aufl. 2019, § 8 Rn. 11.
[13] *Hans Boldt*, Deutsche Verfassungsgeschichte, Bd. 1, 3. Aufl. 1994, S. 113.
[14] Und nicht nur mit diesen. Die Übertragungstheorie hatte ein lineares Weltbild einer einzigen die Weltgeschichte durchziehenden Monarchie, beginnend in Assur, dann Persien und Babylon, Griechenland (Alexander der Große), Rom, von dort wieder zu den Griechen (Byzanz), schließlich durch den Papst zu den Franken.

für die weltliche Herrschaft. Daraus entstanden vielfältige – rechtliche – Deutungsmöglichkeiten. Sie zu untersuchen und den Herrschenden zur Verfügung zu stellen, war einer von mehreren Anstößen zur Gründung von Universitäten. 1158 berief Friedrich I. auf den Ronkalischen Feldern bei Piacenza in Italien eine Reichsversammlung ein, bei der vier Juristen der im Aufbau befindlichen Universität von Bologna die kaiserlichen Rechte begründeten. Unter Berufung auf das römische Recht erklärten die Doktoren dem Kaiser, er könne Gesetze erlassen und aufheben.

Die kaiserliche Unterstützung gab den an das römische Recht anknüpfenden Juristen besondere Bedeutung: „Am Anfang [...] stand Bologna. Dort sammelten im 12. Jahrhundert berühmte doctores legis wie Bulgarus, Martinus Gosia oder Hugo und Albericus de Porta Ravennate Studenten um sich, und zwar [...] meist in ihren Häusern. Die Lehrtätigkeit bestand in der Kommentierung der römischen Rechtsquellen. Bald gelangten diese Glossatoren zu einem solchen Ruhm, dass sie Schüler aus ganz Europa anlockten. Über Jahrhunderte hin war Bologna ein Synonym für europäische Rechtsgelehrsamkeit, und über Generationen hin wurden die ersten und besten Berater von Monarchen und Fürsten hier ausgebildet. In den drei Jahrhunderten zwischen 1268 und 1562 sind allein 4368 Deutsche als Rechtsstudenten in Bologna nachgewiesen, was auf eine tatsächliche Gesamtzahl von um die 10.000 schließen lässt. Für andere Länder sahen die Zahlen ähnlich aus."[15]

Die im Mittelalter entstehende Universität erhielt ihre Bezeichnung von dem kirchenrechtlichen Begriff der Universitas, mit dem Kanonisten die Organisation von Personenmehrheiten bezeichneten, also nach heutigen Begriffen juristische Personen. Die Universität war eine verselbständigte Gesamtheit der aus verschiedenen Nationen stammenden Studenten und Dozenten (universitas magistrorum et scholarum) und zugleich die Gesamtheit der verschiedenen Disziplinen (zunächst zumeist Logik, Physik, kirchliches und weltliches Recht; später Philosophie als Basis, darüber Theologie, Recht und Medizin). Die Gesamtheit unterschied die Universität von der schola (Schule). Die Universität war eine eigenständige Organisation zwischen politischer Herrschaft und Kirche, relativ autonom, von beiden Herrschaftsbereichen durch Privilegien und Immunitäten entfernt und vor allem mit dem Recht ausgestattet, über eigene Angelegenheiten selbst zu bestimmen.[16] An den neuen Institutionen der „Universität" in Frankreich und Norditalien (Paris, Pavia, Bologna) begann die Wiederentdeckung des römischen Rechts und der römischen Rechtskultur, die herangezogen werden konnten, um (neue) kaiserliche Rechte zu begründen. Insofern war das römische Recht Autorität und Herrschaftsinstrument, das den religiösen Vorstellungen und Normen entgegengesetzt werden konnte. Die „Rezeption" des römischen Rechts war ein langer Prozess seiner Integration in die europäische Rechtspraxis. Es entstand das ius commune, das allgemein in Kontinentaleuropa geltende Recht (gemeines Recht). Der Vorgang war von immenser Bedeutung. Manche Rechtshistoriker sehen hier sogar den eigentlichen Beginn der spezifisch europäischen Rechtskultur. „Im späten 11., im 12. und im frühen 13. Jahrhundert veränderte sich in Westeuropa die Grundbeschaffenheit des Rechts als politische Institution wie auch als geistige Vorstellung. Das Recht löste sich" von anderen sozialen Gegebenheiten ab. Es „entstand eine Klasse von Berufsjuristen, darunter Berufsrichter und -anwälte. Auf der geistigen Ebene erlebte Europa

---

[15] *Heinz Schilling*, Die neue Zeit. Vom Christenheitseuropa zum Europa der Staaten, 1250–1750, 1999, S. 374.
[16] *Frank Rexroth*, Fröhliche Scholastik. Die Wissenschaftsrevolution des Mittelalters, 2. Aufl. 2019, S. 320 ff.

damals die Schaffung seiner ersten Rechtsschulen, die ersten juristischen Abhandlungen wurden geschrieben, die riesige Masse überkommenen juristischen Materials wurde bewusst gesichtet, und es entwickelte sich die Vorstellung vom Recht als einem selbständigen, einheitlichen, sich entwickelnden Korpus von Rechtsgrundsätzen und -verfahren."[17] Im Reich nördlich der Alpen folgten die ersten Universitätsgründungen im 14. Jahrhundert: in Prag 1348, Wien 1365, Heidelberg 1386, Köln 1388, Erfurt 1392. Im 15. Jahrhundert gab es elf weitere Neugründungen, darunter in Greifswald 1456. Diese Universitäten standen bereits im Zeichen des gestiegenen Bedarfs fürstlicher Verwaltungen nach ausgebildeten Juristen und des Versuchs, sich von den italienischen Bildungsstätten zu emanzipieren. Das bedeutete aber auch, dass heutige Vorstellungen von Wissenschaftsfreiheit den damaligen Universitäten fremd waren. Sie hatten ihren Ursprung und ihre Rolle in dem Bedürfnis der Herrscher nach ausgebildetem Personal. Dieses Verständnis führte über die Jahrhunderte immer stärker zur Erstarrung der Universitäten, die erst im Zuge der Aufklärung des 18. Jahrhunderts und grundlegender Reformen des 19. Jahrhunderts überwunden wurden (dazu unten Rn. 273 ff.). Gewollt war 1999 die symbolische Bedeutung und die Anknüpfung an das 12. Jahrhundert, als die europäische Erklärung zur Reform und Vereinheitlichung der Universitäten in den Mitgliedsstaaten der Union in Bologna unterzeichnet wurde. Eine Ironie der Geschichte kam danach: In Deutschland entzog sich ausgerechnet die Juristenausbildung dem „Bologna-Prozess" mit seinen vereinheitlichten Studienabschlüssen „Bachelor" und „Master".[18]

41 Die Herausbildung eines auf die weltliche Ordnung orientierten Juristenstandes wurde seitens kirchlicher Kreise mit Sorge (und Spott) beobachtet. Zeitgenössische Verse klagten, Juristen würden das göttliche Recht verfälschen: „Lärmend wird das Recht gelehrt, Christi Stimme endet. / Rechtsgelehrte Prahlerei sich vom Kreuz abwendet. / Zwischen Unkraut und Gestrüpp Weizen ist verkommen. / Gottes fleischgewordnes Wort wird nicht mehr vernommen / [...] Recht des Himmels gilt nicht mehr, neues Recht regieret."[19] Das verhinderte den hier beginnenden und sich über Jahrhunderte hinziehenden „Aufstieg der Juristen als modern ausgebildetes Personal mit Fachkenntnissen"[20] nicht. Mehr noch: Hier lag der Auftakt einer spezifisch europäischen Professionalisierung und der beginnende Siegeszug „des formalisierten verwissenschaftlichten Rechts und der Rationalität [...]." Die feste Etablierung „des für moderne, differenzierte Gesellschaften unentbehrlichen Spezialistentums auf der Basis von Ausbildung, Fachwissen und Sachqualifikation bahnte sich zwar erst in der späteren Frühneuzeit an, also etwa seit Mitte des 17. Jahrhunderts"[21], die Grundlagen waren aber in Bologna in der Mitte des 12. Jahrhunderts gelegt.

42 Parallel zur Aufwertung seiner Herrschaft gegenüber der Kirche verstärkte Friedrich I. die Rechte der Zentralgewalt gegenüber den territorialen Machthabern. Bedeutsam war etwa der erfolgreich bestandene Konflikt mit dem Welfen Heinrich der Löwe, der sich als Herrscher in Sachsen und Bayern und bedeutender Städtegründer

---

[17] *Harold Berman*, Recht und Revolution, 2. Aufl. 1991, S. 145.
[18] Vgl. Der Europäische Hochschulraum. Gemeinsame Erklärung der Europäischen Bildungsminister, Bologna, 19. Juni 1999. Dazu *Horst Conzen*, Bologna-Prozess und Juristenausbildung, in: JZ 2010, S. 241 ff.
[19] Zitiert nach *Horst Fuhrmann*, Einladung ins Mittelalter, 1987, S. 254.
[20] *Heinz Schilling*, Die neue Zeit. Vom Christenheitseuropa zum Europa der Staaten, 1250–1750, 1999, S. 379; *Jürg Schmutz*, Juristen für das Reich, 2000, S. 109 ff.
[21] *Heinz Schilling*, Die neue Zeit, aaO, S. 379.

(u. a. Lübeck, München) weigerte, den Kaiser bei einer kriegerischen Auseinandersetzung mit dem langobardischen Städtebund zu unterstützen. Das führte zur Verhängung der Acht („Ächtung", weltliche Rechtloserklärung) und zur Einziehung seiner Lehen. Seiner Zeit voraus war der drittletzte staufische König und Kaiser, Friedrich II. (1212–1250), der ab 1212 von Sizilien aus, das ihm näher stand als die nördlichen Reichsteile, die durchgreifende Modernisierung des Reiches versuchte und letztlich scheiterte.

§ 4 Entwicklung, Gestalt und Zwecke politischer Herrschaft im Früh- und Hochmittelalter: pax et iustitia

I. Ein „Reich"

Am Ende der staufischen Kaiserzeit waren 400 Jahre des Reichs- und Kaisergedankens durchschritten. Aber gab es ein spezifisch Deutsches Reich? Wenn ja, wann hatte es begonnen? Das ist nicht nur eine Grundfrage heutiger Geschichtsschreibung, schon Zeitgenossen beschäftigten sich damit. Otto von Freising (Bischof von 1138 bis 1158) lehnte in seiner Weltchronik die Auffassung ab, die Wahl des Sachsen Heinrich zum König (919) sei der Beginn eines Reichs der Deutschen gewesen. Otto meinte, es gebe kein Reich der Deutschen, sondern das Imperium Romanum, das über die Franken durch Otto den Großen 962 an die Deutschen gelangt sei. Heinrich IV. sei der 91. Kaiser seit Augustus, dem römischen Kaiser zur Zeit der Geburt Christi. Das Römische Reich werde als das letzte im göttlichen Weltenplan vorgesehene Reich bis ans Ende aller Tage Bestand haben. In diesem Reich seien Papst und Kaiser gemeinsam und gleichrangig Häupter der Christenheit als Nachfolger Christi. In der Geschichtsschreibung des 19. Jahrhunderts, die häufig von damals aktuellen Gegensätzen zwischen Deutschland und Frankreich geprägt war, war es verbreitet, die „Entstehung des Deutschen Reiches" als einen langgestreckten Prozess zwischen der Reichsteilung von Verdun (843) und der Königskrönung Ottos (936) zu beschreiben.

Bei aller Unsicherheit bis heute lässt sich nicht bestreiten, dass das Reich seit dem 10. Jahrhundert den organisatorischen Rahmen darstellte, in dem die ostfränkischen Stämme vor allem aufgrund ihrer Sprachverwandtschaft ein Gefühl der Zusammengehörigkeit entwickelten. Der König war – modern gesprochen – Integrationsfigur. Er repräsentierte, garantierte und personifizierte die Einheit und den Zusammenhalt der gesamten Bevölkerung. „Sein Hof war das Herz des Reiches. Auf den Hof- und Reichstagen kamen die Großen des Reiches zusammen, weltliche und geistliche Herren aus den verschiedenen Stammesgebieten. Da das Reich keine Hauptstadt besaß, sondern der königliche Hof von Ort zu Ort zog, konnte der König als Repräsentant des Reiches auch von Menschen erlebt werden, die nicht der politischen Führungsschicht angehörten."[22] Ein Bewusstsein ostfränkischer Eigenständigkeit lässt sich seit etwa der Jahrtausendwende feststellen.

II. Politische Herrschaft

45 Eine feste Organisation und rechtliche Regelung der Herrschaft, die neben der territorial definierten Herrschaft für einen (modernen) Staat kennzeichnend ist, gab es nicht. Herrschaft war ein Bündel einzelner Rechte über Personen, geprägt durch Schutz- und Treueverhältnisse in einer – ursprünglich – durchgehenden Pyramide von Lehensverhältnissen. „Bei den europäischen Völkern gab es vor dem 11. Jahrhundert kein Recht als selbständiges System der Regelung oder des Denkens. [...] Weder in der weltlichen noch in der kirchlichen Sphäre gab es eine klare Abgrenzung des Rechts von den anderen Arten der sozialen Kontrolle und von anderen geistigen Disziplinen. Das weltliche Recht im Ganzen war nicht losgelöst vom allgemeinen Stammes-, Lokal- und Feudal-Brauchtum oder dem der königlichen und kaiserlichen Hausgemeinschaften. Ebenso war das Recht der Kirche weitgehend im kirchlichen Leben verstreut [...], und es war ebenfalls vorwiegend lokal und regional und nicht zentralisiert, und vorwiegend ein Gewohnheitsrecht und kein erlassenes Recht. Es gab keine Berufsjuristen oder -richter. Es gab keine Hierarchie von Gerichten."[23]

Mehr noch: Das Alte Reich kennzeichnete eine „Präsenzkultur" der Herrschaft, „die in erster Linie auf persönlicher Anwesenheit der Herrschaftsträger selbst und erst in zweiter Linie auf schriftlicher Kommunikation und Stellvertretung beruhte."[24]

46 Aufgabe des Königs war die Garantie für Frieden sowie Sicherheit und Gerechtigkeit (pax et iustitia). Bei der Einsetzung Ottos des Großen in das Königsamt am 7. August 936 im Münster zu Aachen überreichte der Mainzer Erzbischof dem König die Würdezeichen des Königtums, vor allem das Schwert, mit den Worten: „Empfange dieses Schwert und vertreibe mit ihm alle Widersacher Christi, alle Heiden und schlechten Christen, denn dir ist durch Gottes Willen die Macht im ganzen Reich der Franken übertragen worden, damit du allen Christen den sicheren Frieden bringst." Dann ermahnte der Erzbischof den König dazu, den christlichen Glauben zu schützen, den inneren Frieden zu wahren, die Untertanen recht zu lenken und für die Geistlichkeit, die Witwen und Waisen zu sorgen.

---

[22] *Hans K. Schulze*, Vom Reich der Franken zum Land der Deutschen, Siedler Deutsche Geschichte, Bd. 1, 1994, S. 13.
[23] *Harold Berman*, Recht und Revolution, 2. Aufl. 1991, S. 144.
[24] *Barbara Stollberg-Rilinger*, Des Kaisers alte Kleider. Verfassungsgeschichte und Symbolsprache des Alten Reiches, 2008, S. 11.

III. Ämtervergabe

Das bis zum Investiturstreit verbürgte Recht des Königs zur Vergabe kirchlicher Ämter – auch der Ernennung des Papstes, was erst der Dictatus Papae (eine Vorschrift des Papstes) Gregors VII. 1075 zurückwies – spiegelte nicht nur die religiös-sakrale Legitimation weltlicher Herrschaft wider. „Nicht wenige Erzbischöfe, Bischöfe und Äbte hatten zunächst am Königshof in der Hofkapelle gewirkt, die nicht nur geistliche Aufgaben hatte, sondern auch als Reichskanzlei und Verwaltungsbehörde diente. Während die weltlichen Herren noch vielfach im Stammesdenken verhaftet waren, hatten die aus der königlichen Hofkapelle hervorgegangenen Kirchenfürsten einen weiteren politischen Horizont gewonnen. Sie orientierten sich am Reich als einer über den Stämmen stehenden Institution, so dass sich im 10. Jahrhundert ein Reichsepiskopat formierte, der [...] zu einer der stärksten Stützen der Monarchien wurde [...]."[25]

47

Mit der römischen Kaiserwürde verband sich der Anspruch auf eine universale Herrschaft in der Nachfolge der römischen Imperatoren. Seit Otto II. (973–983) nannten sich die Herrscher nach der Kaiserkrönung Kaiser der Römer. Den Titel eines Deutschen Königs oder Kaisers gab es nicht. Dass die Staufer dem Imperium Romanum den Zusatz Sacrum (heilig) gaben, sollte, nachdem der Investiturstreit die Harmonie von Papst und Kaiser bei der Lenkung der europäischen Christenheit zerstört hatte, eine eigenständige Verwurzelung des Reichs im göttlichen Heilsgeschehen betonen. Dieser Sakralisierung folgte, schon im 12. Jahrhundert, eine Entwicklung, die sich zumindest als Vorstufe zu einem nationalen Bezugsrahmen verstehen lässt, zumal manche zeitgenössischen Beobachter im 12. Jahrhundert erklärten, das Römische Reich sei jetzt auf die Deutschen übergegangen.

48

IV. Das Reichsbild des 19. Jahrhunderts

Die über Jahrhunderte rückblickenden Bewertungen sind jeweils Ausdruck ihrer Zeit. Geschichte und Verfassungsgeschichte sind Bericht und Erzählung, Faktum und Wunschbild. Die heutige Zurückhaltung in der Zuschreibung vor allem der Attribute „Staat" und „deutsch" auf das Imperium Romanum Sacrum stehen unter dem Eindruck der Übersteigerung des Nationalstaatsgedankens im 20. Jahrhundert. Sie hängt aber auch damit zusammen, dass in einem trotz allem zusammenwachsenden Europa, insbesondere in der Europäischen Union, Nationen und Europa nicht als Gegenpol, sondern als Ergänzungen verstanden werden. Die unter dem Eindruck verspäteter Nationalstaatlichkeit Deutschlands stehende frühere Geschichtsschreibung des Jahrhunderts ab 1850 wollte dagegen Vorläufer der Nationwerdung im Mittelalter sehen. Heinrich von Sybel (1817–1895) bemerkte zur Königswahl des Jahres

49

---

[25] *Hans K. Schulze*, Vom Reich der Franken zum Land der Deutschen, Siedler Deutsche Geschichte, Bd. 1, 1994, S. 13.

919: „Allmählich schichteten sich auch damals die entfesselten Massen, die Nationen [!] nahmen sich wieder [!] in festerer Ordnung zusammen, und die Deutschen, die in dem längeren Getümmel in fünf beinahe selbständige Staaten [!] zerfallen waren, erhoben sich im Anfang des 10. Jahrhunderts wieder einen König, den ersten König der deutschen Nation. Es war Heinrich I., nach meiner Meinung der Stern des reinsten Lichts an dem weiten Firmament unserer Vergangenheit. […] Man kann ihn den Gründer des Deutschen Reichs und damit den Schöpfer des deutschen Volkes nennen. Er verstand es, die einzelnen Stämme der Franken und Sachsen, der Bayern und Schwaben in ihrer Gemeinsamkeit zu verbinden und zugleich in ihrer Besonderheit zu schonen."[26]

50 Das Wort natio (Nation) hatte im Mittelalter eine ganz andere als die heutige Bedeutung im Sinne der Gesellschaft eines „Nationalstaates". Es wurde zunächst im Zusammenhang der nationalkirchlichen Gliederung der Gesamtkirche verstanden – in verschiedenen Gebieten hatten die Herrscher unterschiedliche Rechte mit Blick auf die Kirche. Zum zweiten bildeten die aus ganz Europa stammenden Studenten der Universität Bologna (gegründet zu Beginn des 12. Jahrhunderts, das Siegel der Universität verweist allerdings auf 1088; oben Rn. 39 f.) landsmannschaftliche Untergliederungen, die „nationes" genannt wurden. Die „universitas" (Gesamtheit) war die Zusammenfassung aller landsmannschaftlichen Gruppen. Später bezeichnete das Wort natio die Gruppe der zur Herrschaft Berechtigten. Der heutige Wortsinn – Nation als politische Willensgemeinschaft, gebildet nach bestimmten Kriterien (Sprache, Kultur, gleiche Staatsangehörigkeit) – setzte sich erst mit der Französischen Revolution am Ende des 18. Jahrhunderts durch.

§ 5 Die Organisation des Reiches (Das Königtum, Königswahl, Wahlkapitulation, Goldene Bulle, Kaiserwürde)

I. Papst und Kaiser

51 Die knappe Beschreibung der vierhundert Jahre seit 800 hat gezeigt: Das Imperium Romanum der fränkischen Kaiser, später das Sacrum Imperium Romanum (so erstmals 1157 bezeichnet), und noch später, seit dem Ende des 15. Jahrhunderts, das Sacrum Imperium Romanum Germanicae Nationis (Heiliges Römisches Reich Deutscher Nation),[27] ist nicht durch einen genau datierbaren Gründungsakt entstanden. Schon eine Suche danach entspränge einer neuzeitlichen Perspektive, die dem damaligen Denken über politische Herrschaft nicht entspräche. Das Reich in der Mitte Europas ist Ergebnis einer Entwicklung, die in der Mitte des 9. Jahrhunderts beginnt und mit Otto I. zu einer ersten markanten Stufe gelangt. In seiner Regie-

---

[26] *Heinrich von Sybel*, Über die neuen Darstellungen der deutschen Kaiserzeit, in: Friedrich Schneider (Hrsg.), Universalstaat oder Nationalstaat, 1941, S. 12.

[27] Erstmals 1474 ist vom „Heilgen Romisschen Rych der Duytschen Nacioin" die Rede, vgl. *Peter Moraw*, Art. Reich, in: Otto Brunner u. a. (Hrsg.), Geschichte Grundbegriffe, Bd. 5, 1984, S. 454.

rungszeit (936–973) gab es erste Versuche zur Etablierung einer Zentralmonarchie. Otto erkannte, dass dies nur gelingen konnte, wenn seine Herrschaft in der Kirche eine Stütze fände. Im Früh- und Hochmittelalter war die Kirche die einzige zentrale und – in Ansätzen – hierarchische Organisation. Otto strebte daher eine Beherrschung der Kirche in weltlicher Hinsicht an; insbesondere ging es ihm darum, die Besetzung der kirchlichen Ämter mitbestimmen zu können. Mit der Kaiserkrönung kam die Zusage des Papstes hinzu, dass dem Kaiser zukünftig eine maßgebliche Beteiligung an der Papstwahl zukommen sollte („Ottonisches Privileg"). Mit der Kaiserkrönung des Jahres 962 war auch ein weiteres verbunden: In Zukunft sollte der deutsche König kraft seiner Königswürde jeweils der designierte Kaiser des Abendlandes sein und einen Anspruch darauf haben, vom Papst zum Kaiser gekrönt zu werden. Beides schuf enge Verbindungen zwischen Papst und König, Kirche und Monarchie, die erklären, warum durch die spätere neue Selbständigkeit der Kirche und den Investiturstreit die Grundlagen des Reiches ein erstes Mal ins Wanken gerieten.

II. Lehenswesen, Königtum und Königswahl

1. Königsamt und Lehenswesen

Mittelalterliche Ordnungsgefüge sind „regna" (Königreiche). Der König gilt nicht, wie nach der modernen Staatsformenlehre in der Monarchie, als Inhaber aller Gewalt. Der König ist vielmehr Repräsentant der Einheit von Menschen mit Zusammengehörigkeitsgefühl, er personifiziert und garantiert die Einheit. Das hat mit Repräsentation im Sinne der modernen Volkssouveränität nichts zu tun. Das Königtum ist ein persönliches Recht, das Volk ist auf keine Weise Ausgangspunkt der Macht. Der König hat Aufgaben, aus denen einzelne Befugnisse und Verpflichtungen folgen. **52**

a) König und Lehenswesen

Der Titel des deutschen Königs war rex, sein Hoheitszeichen der Adler. Seit dem 12. Jahrhundert gab es eine Reichsfahne (rot mit weißem Kreuz). Die Reichskleinodien bestanden aus Krone, Reichsapfel, Zepter, Schwert und der Heiligen Lanze. Die Rechtsstellung des Königs war nicht durch Rechtstexte umschrieben. Sie ergab sich im Wesentlichen daraus, dass der König an der Spitze der „Lehnspyramide" stand. Das gesamte Lehnswesen[28] war durch zwei Elemente gekennzeichnet: zunächst ein personenrechtliches Verhältnis, die Vasallität, ein gegenseitiges Treueverhältnis zweier Personen. Der Vasall begibt sich aufgrund der commendatio, das ist ein Akt der Ergebung, in die Hände des Herrn. Er ist zu Gehorsam und Dienstleistungen, später Abgaben verpflichtet, der Lehnsherr seinerseits zu Schutz. Die Schutz- und **53**

---

[28] Dazu *Hans Boldt*, Deutsche Verfassungsgeschichte, Bd. 1, 3. Aufl. 1994, S. 71 ff.

Unterhaltspflicht des Herrn wurde sodann vor allem durch die Übertragung von Land, dem beneficium (seit dem 9. Jahrhundert feudum) erfüllt. Dies war die dingliche Seite des Lehnsverhältnisses. Es entwickelte sich eine Lehnspyramide, an deren Spitze der König stand, der seine Herrschaft auf ein Lehnsverhältnis zu den Herzögen baute. Ursprünglich waren Lehen entziehbar. Das Lehensverhältnis endete als persönliche Beziehung mit dem Tod eines Beteiligten. Später wurden Lehen vererblich; es gab beim Tod des Lehensgebers einen Anspruch des Vasallen auf Fortsetzung gegen den Herrn, was eine Schwächung des Königs bedeutete. Mit der Vorstellung personenbezogener Schutz- und Gehorsamsverhältnisse war die mittelalterliche Ordnung kein „Territorialstaat", von dem gesprochen wird, wenn Herrschaft territorial definiert wird und ihr alle Personen unterfallen, die sich auf einem Territorium aufhalten. Die mittelalterliche Ordnung war ein „Personenverbandsstaat"[29]. Es fehlte ihr die unabgeleitete und tendenziell allumfassende öffentliche Gewalt, die sich erst in absolutistischen Herrschaftsformen ab dem 17. Jahrhundert findet.

54 „Außer dem König, dem Lehensherrn aller, war jeder Lehensherr auch Vasall eines anderen, und bei Unterlehensvergabe war auch jeder Vasall, der ein Lehen hatte, Lehensherr eines anderen, außer am unteren Ende der Stufenleiter, wo der Grundherr nicht über Vasallen herrschte, sondern über Leibeigene und andere Bauern."[30] Damit war das Lehenswesen ein wichtiger Faktor zur Errichtung zumindest rudimentärer öffentlicher Gewalt. Es bewirkte die Wahrnehmung öffentlicher Aufgaben in einem abgeleiteten Herrschaftsverhältnis. Es bildete ein Gegengewicht zu regionaler und selbstbestimmter Adelsherrschaft, zu partikularer Selbständigkeit. Wichtig ist in diesem Zusammenhang auch, dass es nicht erlaubt war, in dieser Kette von Lehensbeziehungen Lehen von nicht Ranghöheren zu nehmen. Herzöge, Reichsbischöfe und Reichsäbte durften Lehen nur vom König nehmen. Der König dagegen durfte Reichslehen auch an Rangmindere unterhalb der Herzöge vergeben. Erst im Spätmittelalter verliert das Lehenswesen seine Bedeutung für die Ausübung von Herrschaft. „Geldwirtschaft, Rationalisierung und Verfeinerung der Herrschaftstechnik erlauben es, die feudalen Amtsträger allmählich durch ein funktionales Äquivalent, das moderne Beamtentum, zu ersetzen [...]."[31] Dennoch bleibt das Lehenswesen bestehen. Die Lehensbindung der Fürsten an den König verbindet, in den letzten beiden Jahrhunderten ohne konkrete Rechtsfolgen, bis zum Ende des Alten Reichs im Jahre 1806 Reich und Territorialherrschaft.

55 Machtmittel des Königs waren darüber hinaus die Bannrechte. Der Gerichtsbann folgte aus der Anerkennung des Königs als oberster Richter. Er galt als Obrigkeit schlechthin, verpflichtet zur Aufrechterhaltung des Landfriedens, und konnte überall im Land Recht sprechen. Die Wahrung von pax et iustitia waren zentrale königliche Aufgaben. Der Heeresbann bedeutete, dass der König die Untergebenen zum Heeresdienst verpflichten konnte. Ein absoluter Herrscher war der König nicht. Gegenüber dem König gab es ein Widerstandsrecht (auch ein Recht auf Verweigerung von Abgaben und Heeresdienst), wenn er sich treuwidrig verhielt. Es konnte theoretisch bis zur Absetzung des Königs führen. Die Fürsten nahmen für sich in An-

---

[29] Die Bezeichnung stammt von *Theodor Mayer,* Die Ausbildung der Grundlagen des modernen deutschen Staates im hohen Mittelalter (1939), in: HZ 159 (1939), S. 463 ff.
[30] *Harold Berman,* Recht und Revolution, 2. Aufl. 1991, S. 486.
[31] *Hans Boldt,* Deutsche Verfassungsgeschichte, Bd. 1, 3. Aufl. 1994, S. 81.

spruch, bei dem höchsten stellvertretenden Richter des Reichs, dem Pfalzgraf zu Rhein, Klage über den König zu führen.

b) Das rudimentäre Ordnungsgefüge

56 Die lockere Struktur des Reichs zeigt sich auch im Fehlen einer festen Residenz des Königshofes, der curia regis. Der König musste fast ständig mit seinem Gefolge (trustis regia) das Reich bereisen, was hohe körperliche Kräfte verlangte. Im Beraterstab des Königs war bezeichnend für die enge Verbindung der geistlichen und weltlichen Sphäre, dass sich unter seinen Gefolgsleuten häufig Kleriker befanden, die schriftkundig und mit Organisationsfragen vertraut waren, zudem häufig diplomatisches Geschick hatten. Mehr symbolische Bedeutung hatte, dass unter den Gefolgsleuten auch die Inhaber der traditionellen germanischen Hausämter waren: der Seneschall oder Truchseß (vom lateinischen siniscalcus = Altknecht; mit den Aufgaben der Hofverwaltung, ursprünglich: Fürsorge für die königliche Tafel), der Marschall (lat. comes stabuli = Stallgraf; Beförderungswesen, Aufsicht über die königliche Reiterei), der Schenk (lat. princeps pincernarum; Verwaltung der Weinberge und Weinkeller) und der Kämmerer (lat. camerarius; Verwalter der Finanzen). Durch Landzuwendungen gelang es dem Kaiser, ab dem 11. Jahrhundert eine eigenständige Gruppe von Bediensteten zu schaffen, die „ministeriales". Alle diese Ämter an Bedeutung überragend war das Amt des Erzkanzlers. Er stand der Reichskanzlei vor, die Königsurkunden ausfertigte und den Schriftverkehr besorgte. Inhaber dieses Ehrenamtes war der Erzbischof von Mainz. Ausgestellt und geschrieben wurden die Kanzleischreiben von den Klerikern der Hofkapelle.

57 „Das Reich ist in voller Stärke nur da, wo der König sich gerade aufhält; nur durch häufiges Erscheinen in den verschiedenen Teilen des Reiches vermag er sich in Respekt zu setzen. Das bedurfte einer übermenschlichen persönlichen Arbeitsleistung und verbrauchte die Kräfte der Herrscher vorzeitig; ihr früher Tod ist kein bedauerlicher Zufall, sondern Folge des aufreibenden Regierungssystems."[32]

c) Hoftage und Reichstage

58 Regelmäßig lud der König die territorialen geistlichen und weltlichen Machthaber zu „Hoftagen". Daraus entwickelten sich die in unregelmäßigen Abständen an wechselnden Orten stattfindenden „Reichstage", die wichtige Maßnahmen erörterten und beschlossen. Rechtsetzung im modernen Sinn des Erlasses zukunftsbezogener normativer Regelungen gab es nicht. Recht war die Summe der überlieferten Überzeugungen, die nicht beliebig verändert werden können.

59 Im Unterschied zum Hoftag bezeichnete der Reichstag eine Versammlung der territorialen Machthaber (Fürsten, Stände) mit dem Kaiser, die Gegengewicht zum Kaiser entfalten konnte. Die Formel „Kaiser und Reich" (rex et regnum) meinte im Mittelalter allerdings keinen Gegensatz vom Kaiser und Ständen, sondern mit dem Reich das „Allgemeinere und Dauernde"

---

[32] *Heinrich Mitteis*, Der Staat des hohen Mittelalters, 7. Aufl. 1962, S. 155.

der politischen Ordnung gegenüber der „Individualität" des Oberhaupts.³³ Die Bezeichnung Reichstag hatte Langzeitwirkung bis hin zu den Staaten, die aus dem Reich hervorgingen, und auch in anderen Staaten. Noch im 19. und 20. Jahrhundert hießen die in dieser Epoche nicht mehr ständischen, sondern parlamentarischen Versammlungen so – bis zum Reichstag der Weimarer Verfassung von 1919. Auch außerhalb des Reichs gab es und gibt es die Bezeichnung. In Schweden heißt das Parlament noch heute „riksdag".

60 Erst ab 1663 und damit sehr weit in der frühen Neuzeit bis 1806 gab es einen immerwährenden Reichstag mit festem Sitz in Regensburg. Eine wichtige Anerkennung und Stärkung der geistlichen und weltlichen Fürsten enthielten unter Friedrich II. die „Confoederatio cum principibus ecclesiasticis" (Vereinbarung mit den geistlichen Fürsten, 1220) und das „Statutum in favorem principum" (Statut zugunsten der Fürsten, 1232), in denen der Kaiser ihre jeweilige Herrschaft anerkannte und damit einen Grundstein zur vertikalen Schichtung der Macht legte, die viel später und über weitere Schritte in die föderale Gliederung Deutschlands mündete.

2. Königswahl: Designation und freies Wahlrecht

61 Das mittelalterliche Reich war keine Erbmonarchie, sondern ein Reich mit Wahlkönigtum.³⁴ Das blieb im Übrigen so bis zum Ende des Reichs im Jahre 1806. Es gab im Verlauf der Zeit verschiedene Wahlsysteme.

62 (1) In den Jahren 911 bis 1250 (von den Ottonen bis hin zu den Staufern) galt das Geblütsrecht. Der Herrscher hatte die Möglichkeit zur Benennung (Designation) seines Nachfolgers. In der Regel folgten die Fürsten des Reichs einer solchen Designation. Allerdings nicht immer: Als der Sohn Friedrich Barbarossas, Heinrich VI., mit 32 Jahren 1197 kinderlos starb, brach ein erst 1212 mit der Wahl des Staufers Friedrich II. beendeter Thronstreit aus. Gelegentlich geschah die bindende Einsetzung des Nachfolgers schon zu Lebzeiten des Königs. So konnte es auch zur Wahl Minderjähriger kommen. Erst ab dem 15. Lebensjahr war dann der König selbst regierungsfähig. Vorher gab es eine Regentschaft durch die Mutter des Königs. So hat etwa Theophanu (die Witwe Ottos II.) für Otto III. die Regentschaft geführt.
(2) Von 1250 bis 1438 gab es ein freies Wahlrecht. Träger der Krone entstammten den Habsburgern, Wittelsbachern und Luxemburgern.
(3) Seit der Wahl Albrechts II. (1438) gab es die Bevorzugung eines Hauses. Dabei setzten die Habsburger ihre Vorrangstellung endgültig und bis zum Ende des Reiches 1806 durch.

63 In der Theorie war die Wahl eine Angelegenheit des Volkes. Die weltlichen und geistlichen Fürsten repräsentierten aber das Volk. Dies war kein Ausdruck des modernen

---

³³ *Rudolf Smend*, Zur Geschichte der Formel „Kaiser und Reich" in den letzten Jahrhunderten des alten Reiches, in: *ders.*, Staatsrechtliche Abhandlungen und andere Aufsätze, 2. Aufl. 1968, S. 9 ff., 10.
³⁴ *Peter H. Wilson*, The Holy Roman Empire, 2016, S. 301 ff.

Gedankens demokratischer Legitimation und Repräsentation, sondern der Vorstellung einer umfassenden Gemeinschaft der Christen unter der Führung des Kaisers.

III. Die Goldene Bulle

Dem Ende der Stauferzeit (1250) folgten zwei Jahrzehnte ohne König (sogenanntes Interregnum). In dieser Zeit gelang den Territorialfürsten eine entscheidende und für das weitere Schicksal des Reiches bedeutsame Steigerung ihrer Macht. Herausragende Fürsten (sogenannte Kurfürsten; Kur = Wahl) hatten bereits zuvor das ausschließliche Recht der Königswahl erworben. Schon die Rechtssammlung des „Sachsenspiegel" (1224–1235) des Eike von Repgow nannte als besonders hervorgehobene Herrscher die drei Erzbischöfe von Mainz, Köln und Trier, die als Fürstbischöfe auch die weltliche Herrschaft innehatten, den Pfalzgraf bei Rhein, den Herzog von Sachsen und den Markgrafen von Brandenburg. Hinzu kam der Herzog von Bayern, dessen Wahlrecht allerdings auf den König von Böhmen überging. 1328 legten die Kurfürsten im Kurverein von Rhense erstmals die Modalitäten der Königswahl fest, dazu die Verpflichtung des Papstes, den gewählten König zum Kaiser zu krönen. 64

Die „Goldene Bulle"[35], die ein in Nürnberg tagender Reichstag, die Versammlung der Fürsten und Städte, am 10. Januar 1356 und ein Reichstag in Metz am 25. Dezember 1356 auf Vorlage Kaiser Karls IV. einstimmig annahmen, brachte die bis dahin geübten Wahlregeln inhaltlich präzisiert in eine schriftlich fixierte Form. Die Regeln galten bis zum Ende des Alten Reichs im Jahre 1806, lediglich die Zusammensetzung des Kreises der sieben (später bis zu neun) Wahlberechtigten änderte sich zum Teil. 65

Ab etwa 1600 wurde die Goldene Bulle als erste zentrale Lex fundamentalis des Alten Reichs bezeichnet – eine Begrifflichkeit mit Langzeitwirkung.[36] Wörtlich übersetzt bedeutet Lex fundamentalis grundlegendes Gesetz – oder „Grundgesetz". Urkundlich findet sich die Bezeichnung Lex fundamentalis erstmals im Westfälischen Frieden von 1648 (Instrumentum Pacis Osnabrugense, Art. XVII § 2, unten Rn. 122). Zur gleichen Zeit wurde der Begriff in Frankreich (Lois fundamentales) und England üblich (Fundamental law, etwa zur Bezeichnung der Magna Charta von 1215). 66

Im 18. Jahrhundert definierte Johann Jacob Moser, Reichsgrundgesetze seien „diejenigen Verträge und Gesetze, welche bisher zwischen des Reichs Oberhaupt und dessen gesamten unmittelbaren Ständen […] verglichen, ermittelt und zu Papier gebracht worden sind und etwas die heutige Staatsverfassung des Teutschen Reichs Betreffendes für beständig festsetzen, es sei nun darin etwas Altes bestätigt, erlaubt, vermerkt, verbessert, abgeschafft oder etwas Neues eingegangen und verordnet."[37] 67

---

[35] Abgedruckt in Übersetzung bei *Wolfgang D. Fritz*, Die Goldene Bulle. Das Reichsgesetz Kaiser Karls IV. vom Jahre 1356, 1978, S. 39 ff.

[36] Zum Begriff *Gerd Kleinheyer*, Grundrechte, in: Otto Brunner u. a. (Hrsg.), Geschichtliche Grundbegriffe, Bd. 2, 1975, S. 1055; *Rolf Grawert*, Gesetz, in: Otto Brunner u. a. (Hrsg.), Geschichtliche Grundbegriffe, Bd. 2, 1975, S. 867–889; *Helmut Quaritsch*, Staat und Souveränität, Bd. 1, 1970, S. 364 f.

[37] *Johann Jacob Moser*, Grundriß der heutigen Staatsverfassung des Teutschen Reichs, 6. Aufl. 1748, S. 20.

68 Der fremd klingende Name „Goldene Bulle" erklärt sich daraus, dass das goldene kaiserliche Siegel in einer an der Urkunde befestigten Kapsel („Bulle", vom lateinischen bulla) enthalten war.

69 Die Goldene Bulle beginnt mit der Anrufung Gottes und der Bitte, die kaiserliche Herrschaft zu schützen. Die folgende Verkündungsformel des Kaisers lautet: „Wir wollen die Einigkeit unter den Kurfürsten fördern, Einmütigkeit bei der Wahl herbeiführen und den vielfachen aus ihr erwachsenden Gefahren den Einlaß verwehren. Daher haben wir durch die Würde unseres kaiserlichen Amtes die untenstehenden Gesetze auf unserem feierlichen Hoftag zu Nürnberg, in Anwesenheit aller geistlichen und weltlichen Kurfürsten und zahlreicher anderer Fürsten, Grafen, Freiherrn, Vornehmen, Adligen und [Gesandten der] Städte, sitzend auf dem Kaiserthron, geschmückt mit den kaiserlichen Infuln [= Schmuckbänder an der Kaiserkrone], den Insignien und der Krone, nach vorheriger eingehender Beratung kraft kaiserlicher Gewalt erlassen, aufgestellt und bekräftigt."[38] Sodann beschreibt die Bulle ausführlich die Stellung und Aufgaben der Kurfürsten, insbesondere die Königswahl. Um die Kontinuität politischer Macht zu wahren, durfte das Land weltlicher Kurfürsten zukünftig nicht mehr als Erbgut geteilt werden. Zur Königswahl bestätigte die Goldene Bulle das Wahlrecht der drei Fürstbischöfe von Köln, Mainz und Trier, ferner des Königs von Böhmen, des Pfalzgrafen bei Rhein (in der Kurpfalz), des Herzogs von Sachsen und des Markgrafen von Brandenburg und räumte ihnen damit im Zusammenhang des Reiches eine besondere und fest umrissene Stellung ein. Veränderungen im Kurfürstenkollegium gab es erst in der frühen Neuzeit. Der Westfälische Frieden von 1648 anerkannte eine neue bayerische Kurwürde, die den König von Böhmen verdrängte; 1692 kam eine weitere neue Kurwürde für Braunschweig-Lüneburg-Hannover hinzu. Ort der Königswahl war Frankfurt am Main, Ort der Krönung und Übergabe der Reichsinsignien Aachen (bis 1532, als auch dies in Frankfurt stattfand).

70 In Kapitel II. der Bulle heißt es zur Wahl des „römischen Königs": „Nachdem die Kurfürsten oder ihre Gesandten in die Stadt Frankfurt eingezogen sind, sollen sie dort sogleich bei Anbruch des folgenden Tages in der Kirche des heiligen Apostels Bartholomäus daselbst in vollzähliger Anwesenheit die Messe de sancto spiritu singen lassen, damit der Heilige Geist ihre Herzen erleuchte und ihren Verstand mit dem Licht seiner Kraft erfülle, auf dass es ihnen gelinge, mit seinem Beistand einen gerechten, redlichen und tüchtigen Mann zum römischen König und künftigen Kaiser zu wählen zum Heil der Christenheit." Nach einer Eidesleistung sollen die Kurfürsten zur „Wahl schreiten. Und sie sollen die Stadt Frankfurt nicht eher verlassen, bis die Mehrheit von ihnen dem Erdkreis und Christenvolk ein weltliches Haupt gewählt hat, das heißt einen Römischen König und künftigen Kaiser. Wenn sie vom Tage der Eidesleistung an gerechnet 30 Tage gezögert haben, sollen sie nach Ablauf dieser 30 Tage nur noch Brot und Wasser zu sich nehmen und keinesfalls die genannte Stadt verlassen bis durch sie oder den größten Teil von ihnen ein Herrscher und weltliches Oberhaupt gewählt wurde."[39] Einer päpstlichen Bestätigung bedurfte die Wahl nicht.

---

[38] *Wolfgang D. Fritz*, Die Goldene Bulle. Das Reichsgesetz Kaiser Karls IV. vom Jahre 1356, 1978, S. 42.

[39] *Wolfgang D. Fritz*, Die Goldene Bulle, aaO, S. 51 f.

Die Goldene Bulle gab den Kurfürsten noch ein weiteres Recht: das privilegium de non appellando. Dies bedeutete, dass gegen Urteile von Gerichten in den Kurfürstentümern nicht an Gerichte des Reichs appelliert (Berufung eingelegt) werden konnte; auch durften Untertanen nicht vor ein fremdes Gericht gebracht werden. Umgekehrt verlor der König das Recht, Prozesse in den Kurfürstentümern an sich zu ziehen (privilegium de non evocando).[40]

71

Kapitel XI: „Wir setzen ebenfalls fest, daß keine Grafen, Freiherren, Adeligen, Lehnsleute, Dienstmannen, Burgmannen, Ritter, Knappen, Bürger und keine männliche oder weibliche Person, die Untertanen der Kirchen von Mainz, Köln oder Trier sind, welchen Stand, Rang oder Ansehen sie auch haben mögen, auf Verlangen eines Klägers außerhalb des Gebietes und der Grenzen und Marken jener Kirchen und ihrer zugehörigen Länder vor ein auswärtiges Gericht oder das eines anderen Gerichtsherrn als der Erzbischöfe von Mainz, Trier und Köln und ihrer Richter jemals gezogen oder geladen werden dürfen oder können […]. Diese Verfügung soll sich Kraft unseres kaiserlichen Gesetzes auch auf die erlauchten weltlichen und ungeweihten Kurfürsten, den Pfalzgrafen bei Rhein, den Herzog von Sachsen und den Markgrafen von Brandenburg sowie auf ihre Erben, Nachfolger und Untertanen vollständig und in jeder Weise und in allen Bedingungen erstrecken."[41]

72

Schon vor der förmlichen Regelung der Königwahl war es üblich, dass der König bei der Thronbesteigung einen Regierungseid zu leisten hatte, mit dem er seine Pflichten als Regent anerkannte. Das Königtum bedeutete keine absolute Gewalt, sondern umfasste einzelne wichtige und zumeist personenbezogene Befugnisse. Als Recht der Fürsten war es sogar anerkannt, bei dem höchsten stellvertretenden Richter des Reichs, dem Pfalzgrafen von Rhein, Klage gegen König und Kaiser zu führen. Aus dem Versprechen der Regentenpflichten wurden später förmliche Akte, die Wahlkapitulationen. Sie waren, modern gesprochen, so etwas wie mittelalterliche Regierungsprogramme.

73

IV. Die Kaiserwürde

Vom Ursprung her knüpft das mittelalterliche Kaisertum an die in der römischen Antike ausgebildete Form der Monarchie mit theokratischem Einschlag und universalem Anspruch an. Das Wort Kaiser leitet sich vom griechischen Καίσαρ und dem lateinischen Caesar ab (vgl. bereits oben Rn. 28).

74

1. Translatio und Renovatio

Mit der Kaiserkrönung Karls des Großen wird dieses Kaisertum neu errichtet, begleitet von der Idee der „translatio imperii", dem Übergang der Herrschaft im

75

---

[40] *Dietmar Willoweit/Steffen Schlinker*, Deutsche Verfassungsgeschichte, 8. Aufl. 2019, § 11 Rn. 11.
[41] *Wolfgang D. Fritz*, Die Goldene Bulle. Das Reichsgesetz Kaiser Karls IV. vom Jahre 1356, 1978, S. 63 f.

Abendland von Rom zu den Franken, später den sächsischen, salischen und staufischen Kaisern. Die Erneuerung des Römischen Reiches (Renovatio Imperii) steht jetzt im Zeichen der christlich legitimierten Herrschaft im Abendland, was von Beginn an nicht bedeutete, dass der römische Kaiser der mächtigste Herrscher in Europa ist. Das Kaisertum ist kein imperiales. Der Kaiser herrschte nicht über die anderen europäischen Könige. Zu keinem Zeitpunkt hat es eine im Römischen Reich zusammengefasste abendländische Staatenwelt gegeben. Nur in der Würde (dignitas), nicht in der politischen und rechtlich anerkannten Macht (potestas oder auctoritas) überragte der Kaiser die europäischen Könige. Der Kaiser galt als der herausgehobene Verteidiger der Christenheit mit besonderer Verpflichtung zum Schutz des Papstes. Ab Otto dem Großen (962) ist das Kaisertum dauerhaft mit dem (deutschen) Königsamt verbunden. Zunehmend verblasst im Hochmittelalter (ab 1100) die universalistische Komponente und wird zu einem Anspruch, der nicht mehr einlösbar ist. Was bleibt, ist zum einen die Vorstellung eines gottgegebenen eigenständigen weltlichen Herrschaftsauftrags, zum anderen die Verbindung von Königs- und Kaiserwürde. Die Goldene Bulle nennt den gewählten König „Rex in imperatorem promovendus" (den zum Kaiser zu erhebenden König). Ab 1508 findet sich durchgehend die Bezeichnung des deutschen Königs als „erwählter Kaiser" oder „erwählter römischer Kaiser". Eine Krönung durch den Papst findet letztmals 1530 – Krönung Karls V. in Bologna – statt.

2. Kaiser und Papst

76 Das Hauptproblem des Kaisertums im Mittelalter ist sein Verhältnis zum Papsttum. Zwar wird zu keinem Zeitpunkt die wechselseitige Verwiesenheit von weltlicher und geistlicher Herrschaft fundamental in Frage gestellt. Durchgehend gibt es aber Bestrebungen der geistlichen Seite, Vorrang auch im weltlichen Bereich zu erlangen, und Ansprüche der Kaiser, ihre Würde unmittelbar und ohne Vermittlung des Papstes von Gott herzuleiten. Auch das Wormser Konkordat aus dem Jahre 1122 brachte hier keine Befriedung auf Dauer. Die Päpste behaupteten weiterhin, die Verleihung der Kaiserkrone sei die Übertragung eines päpstlichen Lehens (benificium), die Kaiser beriefen sich auf ein Nebeneinander von geistlichen und weltlichen Aufgaben. Der libertas ecclesiae (Freiheit, Eigenständigkeit der Kirche) wurde eine eigene religiös-heilige Würde des Reiches, der sancta ecclesia (heiligen Kirche) das sacrum imperium entgegengesetzt. Das wiederbelebte römische Recht diente als Kaiserrecht.

77 Letztmals 1302 setzte der Papst Bonifaz VIII. mit der Bulle „Unam sanctam" dem den päpstlichen Machtanspruch entgegen: „Eine heilige katholische apostolische Kirche müssen wir im Gehorsam des Glaubens annehmen und festhalten. Von dieser einen und einzigen Kirche gibt es nur einen Leib und ein Haupt, Christus nämlich und Christi Stellvertreter, Petrus und Petri Nachfolger [= die Päpste]." Der Papst habe über „zwei Schwerter zu verfügen, ein geistliches und ein weltliches, das lehren uns die Worte des Evangeliums. Beide Schwerter hat die Kirche in ihrer Gewalt, das geistliche und das weltliche. Dieses aber ist für die Kirche zu führen, jenes von ihr. Ein Schwert aber muss dem anderen untergeordnet sein; die weltliche

Macht muss sich der geistlichen fügen. Dass aber die geistliche Macht an Würde und Adel jede weltliche überragt, müssen wir umso freier bekennen, als überhaupt das Geistliche mehr wert ist als das Weltliche. […] Die geistliche Macht hat die weltliche einzusetzen und ist Richterin über sie, wenn sie nicht gut ist."[42]

Ganz anders bereits zuvor (um 1215) das Rechtsbuch des Sachsenspiegels (Landrecht I § 1): „Gott hinterließ auf Erden zwei Schwerter, die Christenheit zu beschützen: dem Papst ist das geistliche bestimmt, dem Kaiser das weltliche. […] Alles, was dem Papst Widerstand leistet und was er mit geistlichem Recht nicht zwingen kann, das soll der Kaiser mit weltlichem Recht zwingen, dem Papst gehorsam zu sein. Auf gleiche Weise soll die geistliche Gewalt dem weltlichen Gericht helfen, wenn es dies nötig hat."[43] **78**

Die Konstitution des Kaisers Ludwig des Bayern aus dem Jahre 1338 mit dem Titel „Constitutio de jure et excellencia imperii" (Festsetzung über das Recht zur Herrschaft und die besondere Bedeutung der Herrschaft) erklärte die Unabhängigkeit der Wahl des deutschen Königs und Kaisers von einer päpstlichen Zustimmung. **79**

V. Die Städte

Die Jahrhunderte von etwa 1000 bis 1300 veränderten die sozialen und wirtschaftlichen Lebensverhältnisse teils tiefgreifend. Verbesserte landwirtschaftliche Anbauweisen steigerten die Erträge. Rodungen großer Waldflächen vergrößerten die landwirtschaftliche Nutzfläche, Wege und Brücken wurden ausgebaut. Ein starkes Bevölkerungswachstum – zwischen den Jahren 1000 und 1300 verdreifachte sich die Einwohnerzahl des Reiches – führte zu vielen Städtegründungen, die wiederum neue Formen des Handwerks, des Handels und der Geldwirtschaft nach sich zogen. Die Gebiete nördlich des Mains und rechts des Rheins, zuvor ausgedehnte Waldflächen mit Siedlungsinseln, wurden erschlossen, das Reich dehnte sich nach Osten aus. Es kamen zuvor meist slawische Herrschaftsbereiche in Mecklenburg, Pommern und Preußen, aber auch Böhmen und Schlesien hinzu. Bis in das 14. Jahrhundert hinein entstand ein Drittel der heute noch existierenden Städte.[44] Im Spätmittelalter war Köln mit etwa 30.000 Einwohnern die größte deutsche Stadt. **80**

Die damals größten europäischen Städte lagen außerhalb des Reichs, Paris hatte um 1300 bereits etwa 200.000 Einwohner, London, Genf und Genua etwa 60.000. Die bedeutendste Stadt im Norden, Hamburg, hatte etwa 7.500 Einwohner. Die vergleichsweise vielen, aber kleinen Städte des Reichs nördlich der Alpen sind eine Wurzel der bis heute spürbaren ausgeprägten Städtevielfalt. Städte hatten keine primär militärische Bedeutung oder Funktion, mittelalterliche kriegerische Auseinandersetzungen spielten sich um grundherrliche Burgen herum ab.[45] Prägend für das Verständnis der Stadt war die Gemeinschaft der Einwohner mit ihren unterschiedlichen Berufen. Die Stadtmauern symbolisierten die Einheit der Stadt, Stadttore **81**

---

[42] Heinrich Denzinger/Adolf Schönmetzer (Hrsg.), Enchiridion Symbolorum Definitionum et Declarationum de Rebus Fidei et Morum, 34. Aufl. 1965, S. 279 ff.

[43] Zitiert nach der Übersetzung von Clausdieter Schott/Ruth Schmidt-Wiegand (Hrsg.), Der Sachsenspiegel, 1984.

[44] *Karl Kroeschell*, Deutsche Rechtsgeschichte, Bd. 1, 13. Aufl. 2008, S. 237 ff., 275 ff.; *Edith Ennen*, Die europäische Stadt des Mittelalters, 4. Aufl. 1987.

[45] *Jacques Le Goff*, Die Geburt Europas im Mittelalter, 2004, S. 139.

waren die Pforte für „Menschen, Tiere und Waren, der materielle Ausdruck einer Dialektik von Innen und Außen", wobei das Stadtinnere als „privilegierter Raum" galt, „der dem Außen sowohl territorial als auch gesellschaftlich und spirituell vorgezogen wurde"[46].

82 Die Städte standen ursprünglich unter dem Schutz eines Stadtherrn (unmittelbar des Königs – so etwa Aachen, Lübeck, Frankfurt, Nürnberg –, eines Fürsten – Leipzig, Braunschweig, München –, oder Bischofs – Salzburg, Köln, Mainz, Hamburg), der Markt-, Gerichts- und Münzrechte gegen städtische Abgaben selbst ausübte oder durch Beauftragte in der Stadt ausüben ließ (stadtherrliche Phase). Der König und die Fürsten begünstigten Städtegründungen wegen der zu erwartenden neuen Besteuerungsmöglichkeiten. Das vom städtischen Patriziat ausgearbeitete Stadtrecht (häufig Übernahmen des Rechts bedeutender Städte, z. B. Magdeburg, so dass Stadtrechtsfamilien entstanden) wurde anfangs vom Stadtherrn in Geltung gesetzt.

83 Im Fall des Stadtrechts sprach man von „Willkür", von Recht, das nicht dem guten alten Herkommen, sondern der bewussten Setzung, dem Willen der Rechtsunterworfenen, entsprang. Erstmals in der europäischen Rechtsentwicklung hat diese Form der Rechtsquelle und Rechtsetzung hier Bedeutung erlangt. Geläufig wurde auch die Bezeichnung als „Ordnung" und „Satzung".

84 Sprichwörtlich ist die besondere Freiheit der Stadtbewohner geworden. Die Stadtbewohner standen außerhalb der ländlichen Zwänge, insbesondere der Bindung an Land und Grundherrn, und konnten ihre Arbeitskraft im Handwerk oder als Kaufleute einsetzen. „Stadtluft macht frei" – das bedeutete, dass ein in der Stadt ansässig gewordener Leibeigener innerhalb eines Jahres seine Verpflichtungen gegenüber dem Grundherrn beenden konnte. Der nächste Schritt in der Entwicklung der Städte waren im Hochmittelalter ihre (teilweise) Befreiung von den Stadtherren und erste Ansätze einer verselbständigten, genossenschaftlich organisierten Stadtverwaltung. Mit dem Bürgermeister (magister civium) und dem Stadtrat (consilium, Ratmannen) entstanden Frühformen gemeindlicher Organe. Der Aufstieg der Städte verlangsamte sich, als nach 1300 Krisen und Katastrophen sich häuften: Das Klima verschlechterte sich, es gab Hungersnöte und Seuchen – vor allem die Pest, der „schwarze Tod", die um 1350 die Bevölkerung in ganz Europa um ein Drittel verminderte. Es kam zu Bauernunruhen und Krisen in den Städten, das Raubrittertum nahm stark zu. Dennoch war der Aufstieg selbständiger Städte – in auffälligem Gegensatz zu England und Frankreich – nicht zu bremsen. Um 1500 gab es 85 Freie und Reichsstädte mit Bürgergemeinschaften, die keinem Territorialfürsten untergeordnet waren, sondern allein dem König. Im Reichstag bildeten die freien Städte seit 1484 ein eigenes Kolleg. Während sich insbesondere in England und Frankreich mit London und Paris auch städtische Zentren politischer Herrschaft herausbildeten, „Hauptstädte", blieb angesichts der territorialen Zersplitterung im Reich diese Funktion einer Stadt unbesetzt. Nur in einem eher symbolischen Sinn war Rom „caput mundi" (Haupt des Erdkreises).

---

[46] *Jacques Le Goff*, Die Geburt Europas im Mittelalter, aaO, S. 141.

§ 6 Die Versuche zur Herausbildung einer „Reichsverfassung" im 15. und 16. Jahrhundert; Reformziele

I. Zerfallserscheinungen

Der Jurist Ernst Forsthoff (1903–1974) hat den Zustand des Reiches im 15. Jahrhundert so beschrieben: „Es ist sehr schwer, wenn nicht unmöglich, die Reichsverfassung in einer allgemeinen Schilderung zur Darstellung zu bringen. Ordnung, Stabilität und Übersichtlichkeit, welche die modernen Verfassungen auszuzeichnen pflegen, fehlen zu dieser Zeit in hohem Maße. Wohl stand die mittelalterliche Idee des Reiches und Kaisertums noch in Geltung, noch war offiziell das Lehenswesen das Bindemittel, das die Gewalten des Reiches unter der Hoheit des Königs vereinigen sollte, aber die Wirklichkeit der politischen Zustände hatte sich davon bereits weit entfernt. […] Es wäre müßig, […] die Verfassung des Reiches von einem Staatsform-Begriff her als Monarchie oder Aristokratie oder was sonst immer festlegen zu wollen. Derartige Begriffe sind blass und vieldeutig, sie verunklaren statt aufzuhellen. Des Weiteren bleibt zu bedenken, dass die mittelalterliche Welt den Staatsbegriff im modernen Sinne weder der Sache noch dem Wort nach kannte. Es fehlen die zusammenfassende Kennzeichnung der Herrschermacht als Souveränität der Staatsgewalt, und es führt zu falschen Ergebnissen, wenn man sie in das Mittelalter zurück projiziert."[47]

85

Um 1400 war das Reich mit Blick auf die Gestalt politischer Machtausübung wenig festgefügt. Rechtliche Regeln über die Ausübung politischer Herrschaft gab es kaum. Keineswegs darf die heutige Bedeutung rechtlicher Regelungen für die Ordnung des Zusammenlebens dazu verleiten, diese Bedeutung in das ausgehende Mittelalter zurückzuerstrecken. Die Reichsverfassung war kein „geschlossenes, autonomes System von Rechtsnormen", die sich als präskriptive Ordnung „von der tatsächlichen politischen Praxis klar unterscheiden"[48] ließe. Da zwischen 1200 und 1400 eine deutliche Stärkung der Territorien und Städte, der Reichsstände, festzustellen war, verfielen zunehmend die Königsherrschaft, das Kaisertum und das Reich, das sich zudem in Dauerkonflikten mit dem Papst zu bewähren hatte. Die Könige bereisten kaum noch das ganze Reich, das königliche Gericht, der Hoftag, verlor an Bedeutung. Zwischen 1300 und 1400 erschütterten Fehden und Raubritter, aber auch Seuchen und Mißernten das Reich. Kaiser Friedrich III. (1440–1493), dessen lange Regentschaft einen Tiefpunkt des Kaisertums bezeichnet und der in Anknüpfung an den habsburgischen Erzherzogtitel die „Erzschlafmütze des Heiligen Römischen Reiches" genannt wurde, befuhr mit einem einfachen Pferdewagen in kleiner Begleitung das Reich und bat bei Klöstern und Städten um kostenlose Bewirtung. Der Kaiser zeigte sich nicht

86

---

[47] *Ernst Forsthoff*, Deutsche Verfassungsgeschichte der Neuzeit, 4. Aufl. 1972, S. 9.
[48] *Barbara Stollberg-Rilinger*, Des Kaisers alte Kleider. Verfassungsgeschichte und Symbolsprache des Alten Reiches, 2008, S. 14.

in der Lage, den Zerfall der Zentralgewalt aufzuhalten; angesichts mangelnder Erblichkeit der Krone – faktisch allerdings waren seit 1438 nur Habsburger Kaiser – gab es dazu auch geringe Anreize. Warum sollten die Kaiser neben ihren Erblanden eine Stellung im Reich sichern, von der sie nicht wussten, an wen sie nach ihrem Tod von den Kurfürsten vergeben würde? Das Vakuum konnte weder durch das in sich zerstrittene Kurfürstenkollegium noch durch den Reichstag gefüllt werden, der eine lose Verbindung der Reichsstände blieb, ohne rechtliche Ordnung seiner Befugnisse. Allein die Idee des Kaisertums blieb als Symbol der alles verbindenden Einheit. Der Kaiser war formal der oberste Lehnsherr. Er bekräftigte nach seiner Wahl Privilegien, Lehen und Besitz, und das war den Ständen wichtig. Deren Zahl beläuft sich im 15. Jahrhundert auf etwa 350.

II. Reformversuche: Reichsmatrikel und „Ewiger Landfriede" (1495)

1. Anläufe zu einer Reichsreform

87   Es gab Versuche, den Zustand des Reichs zu verbessern. König Sigismund forderte 1434 die Fürsten auf, über Wege zur Beendigung des Fehdeunwesens und zur Verbesserung des Rechtsschutzes zu beraten. Das blieb ergebnislos. Die Fürsten, insbesondere die Kurfürsten, waren zu einer Verstärkung der Reichsgerichtsbarkeit nur unter der Voraussetzung ihrer Beteiligung an ihr bereit, der König bestand auf einer nur ihm zustehenden Rechtsprechungsgewalt. In den folgenden Jahrzehnten bis 1495 kamen die Bemühungen um eine Verbesserung der Verwaltung und Rechtsprechung im Reich nicht voran.

88   Immerhin gelang über eine Heeresmatrikel (Matrikel: Aufzählung, Verzeichnis, Liste) die Aufstellung der Wehrverpflichtungen der Stände gegenüber dem Reich, in Ansätzen die Erstellung einer Reichsmatrikel, ein Verzeichnis aller Reichsstände und Herrschaftsträger im Reich. Hintergrund war die immer stärkere Finanznot des Kaisers und Königs im 15. Jahrhundert. Regelmäßige Einkünfte hatte das Reich in dieser Zeit nur aus den „Reichsstadtsteuern" und den sogenannten „Judensteuern". Weitere Abgabenerhebungen hatten zur Voraussetzung, dass die zu Besteuernden festgestellt werden konnten. Dazu diente die Reichsmatrikel. Diese war allerdings nur zum Teil ein Verzeichnis der tatsächlichen Reichsstände, im Übrigen eine „Wunschliste", die solche Stände aufführte, die nach den Vorschlägen der Verfasser zum Reich gehören sollten.[49] Als 1454 ein Einbruch der Türken in das Reich drohte, sollte eine Reichskriegssteuer erhoben werden, die durch die Landesherrn bei den Untertanen eingetrieben werden sollte. Das indes misslang.

---

[49] *Barbara Stollberg-Rilinger,* Des Kaisers alte Kleider. Verfassungsgeschichte und Symbolsprache des Alten Reiches, 2008, S. 35.

Dennoch war die Forderung nach einer „Reform" im 15. Jahrhundert weit verbreitet. Aber: Das Wort Reform meinte damals „das Gegenteil dessen, was man heute darunter versteht, also nicht den Aufbruch zu neuen Ufern, sondern vielmehr die Rückkehr zum guten und richtigen Alten, das in den Augen der Reformer verlassen und verunstaltet worden war. Im Grunde war ja das ganze mittelalterliche römische Reich nichts anderes als das Ergebnis jahrhundertelanger Reformbemühungen. […] Die Wiedergewinnung verlorener Reichsrechte: Auch das wäre Reichsreform gewesen."⁵⁰

2. Das Reformjahr 1495

Ein gewichtiger Durchbruch gelang demgegenüber unter Maximilian I., der 1486 zum König gewählt worden war. Die aufwendige und sich über Monate hinziehende Versammlung der Kurfürsten und Fürsten mit dem Kaiser zu Worms 1495, nunmehr mit der gefestigten Bezeichnung Reichstag, beschloss in vier Reichsgesetzen Veränderungen, die wichtige Marksteine zur Verrechtlichung des Reichs und zur Begründung des Gewaltmonopols der öffentlichen Gewalt waren. Die Reichsstädte waren teilnahmeberechtigt, wenngleich ohne wirkliches Mitentscheidungsrecht.

(1) Ein „ewiger" Landfriede verfügte ein absolutes Verbot der Fehde und damit der Selbstjustiz. Die tatsächliche Durchsetzung gelang nicht durchgehend – der berühmte Raubritter Götz von Berlichingen hat seine Fehden nach 1495 geführt. Immerhin gelang es im 16. Jahrhundert, die Kriminalisierung der Fehde zu erzwingen.

(2) Das 1495 errichtete Reichskammergericht⁵¹ – mit seinen Befugnissen Kehrseite des Fehdeverbots – bekräftigte den Anspruch auf ein staatliches Gewaltmonopol. Sitz des Gerichts war anfangs Frankfurt am Main, seit 1509 Worms, dann seit 1526 Speyer und später von 1693 bis zum Ende des Reiches Wetzlar. Schon die räumliche Trennung des Gerichts vom Kaiserhof in Wien zeigte an, dass das Gericht im Wesentlichen von den Ständen getragen wurde. Wichtigste Aufgabe des Gerichts war die Ablösung von Fehde und Selbsthilfe durch gerichtlichen Austrag. Das Gericht war daher zuständig für alle Landfriedensbrüche, für Maßnahmen der Reichsacht und für eigenmächtige Pfändungen und Gefangennahmen. Und: Von den Gerichten in den Territorien konnte man an das Reichsgericht appellieren (Berufung einlegen), soweit dies nicht durch ein privilegium de non appellando ausgeschlossen war. Dieses Privileg hatten bereits seit der Goldenen Bulle die sieben Kurlande der Kurfürsten; im Laufe der Zeit kamen noch weitere Territorien hinzu. Von der Tätigkeit eines heutigen Gerichts war das

---

⁵⁰ *Hartmut Boockmann*, Stauferzeit und spätes Mittelalter 1125–1517. Siedler Deutsche Geschichte, 1994, S. 394.
⁵¹ *Bernhard Diestelkamp*, Das Reichskammergericht. Der Weg zu seiner Gründung und die ersten Jahrzehnte seines Wirkens (1451–1527), 2003; *Markus Thiel*, der Reichstag zu Worms 1495 und die Schaffung des Reichskammergerichts, in: Der Staat 41 (2002), S. 551 ff.

Reichskammergericht noch entfernt: Eine unbefangene Spruchtätigkeit der Richter – von richterlicher Unabhängigkeit lässt sich nicht sprechen – war immer wieder durch Eingriffe der Machthaber, aber auch durch schlechte finanzielle Ausstattung gefährdet; die Verfahren waren umständlich, langwierig und kostspielig. Neben dem Präsidenten gab es ursprünglich 16 Beisitzer (Assessoren); die Zahl wurde 1521 auf 50 erhöht. Der König ernannte den Präsidenten, die Reichsstände die Beisitzer. Die Hälfte der Beisitzer sollten Adelige sein, die andere Hälfte aus doktorierten Juristen bestehen. Das Gericht sollte gemeines, also römisches Recht anwenden.

(3) Das dritte Reformgesetz war die „Ordnung über die Handhabung Friedens und Rechts". Sie schrieb einen jährlich stattfindenden Reichstag vor, auf dem Kaiser und Reichsstände über wichtige Angelegenheiten des Reichs beraten und beschließen sollten. Der Reichstag sollte Urteile des Reichskammergerichts vollstrecken und sonstige Verstöße gegen Reichsrecht ahnden. Seit 1495 ist eine feste Gliederung des Reichstags in drei Kollegien eingeführt. Dem ersten Kollegium, dem Kurfürstenrat, gehörten die sieben Kurfürsten an, dem zweiten Kollegium die Fürsten, Prälaten, Grafen und Herren (Fürstenrat), dem dritten Kollegium die Reichsstädte. Einen ständig tagenden (immerwährenden) Reichstag gab es erst ab 1663 in Regensburg. Die Form der Beratungen war einfach: Der Kaiser teilte den versammelten Ständen seine Vorlage (Propositio) mit, war dann aber von den Verhandlungen ausgeschlossen. Am Ende stimmten die drei Kollegien ab, die jeweils als Ganzes eine Stimme hatten. Für die Meinungsfindung in den Kollegien galt das Mehrheitsprinzip.

(4) Zur Finanzierung des Reichskammergerichts und sonstiger dringender Bedürfnisse des Reichs wurde die Einführung einer Reichssteuer, des „Gemeinen Pfennigs", beschlossen. Dessen dauerhafte Etablierung gelang jedoch nicht, schon weil es keine Verwaltungsstelle des Reichs gab, die diese Abgabe effektiv hätte durchsetzen können. Erst seit der Einführung des sogenannten Kammerzielers (1548), der von den Reichsständen regelmäßig zu entrichten war, gelang eine halbwegs gesicherte Grundfinanzierung des Gerichts.

92 Die Wormser Gesetze von 1495 werden mit guten Gründen zumeist als die zweite Lex fundamentalis des Reiches nach der Goldenen Bulle bezeichnet. Allerdings zeigten die nur teilweise Umsetzung und Umsetzbarkeit der vier Gesetze die Schwäche der politischen Organisation. Eine umfassende Reform war gescheitert – die zwanzig Jahre später beginnende Glaubensspaltung in der Reformation traf das Reich in einer schwierigen Schwächephase. Mehr noch: Die bereits befriedete Schweizerische Eidgenossenschaft, die einen förmlichen Landfrieden nicht mehr benötigte, lehnte die Zahlung des Gemeinen Pfennigs ab und weigerte sich prinzipiell, die Zuständigkeit des Reichskammergerichts anzuerkennen. Es bereitete sich das Ausscheiden der Eidgenossenschaft aus dem Reich vor, das später rechtlich mit dem Westfälischen Frieden (1648) endgültig festgelegt wurde. Immerhin gelang 1512 noch die Einteilung des Reichs in zehn Reichskreise, die bis zum Ende des Reichs im Jahre 1806 Bestand

hatten. Die Reichskreise sollten vor allem bei Verordnungen und reichsweiten Maßnahmen den Reichsorganen den Zugriff auf die Reichsstände ermöglichen. Das galt insbesondere für die Aufstellung eines Reichsheeres und für Maßnahmen im Justizwesen. Außerhalb der Reichskreise standen etwa reichsritterschaftliche Güter. Sie waren ihrerseits in drei Kreise unterteilt, den schwäbischen, den fränkischen und den rheinischen.

93 Die Regelungen des Ewigen Landfriedens zeigen insgesamt eine Stärkung der Reichsstände. „Die Reformen, die zur Stärkung des Reiches eingeleitet wurden, haben die Macht des Kaisers nicht gestärkt, sondern geschwächt. Politisch wurde der Kaiser von den Territorialherren im Zaum gehalten, finanziell war er oft verschuldet."[52] Der Kaiser errichtete 1498 einen Reichshofrat zur Erledigung aller Angelegenheiten des Reiches. Dazu gehörte auch eine ausgedehnte Gerichtsbarkeit. Ausschließlich zuständig war der Reichshofrat in Lehensangelegenheiten, bei Strafverfahren gegen Reichsunmittelbare und bei kaiserlichen Reservatrechten. Diese Gerichtsbarkeit des Reichshofrates war ein Rückschlag gegenüber den Bestrebungen von 1495, die höchste Gerichtsbarkeit dem von den Ständen bestimmten Reichskammergericht möglichst ausschließlich zu übertragen.

§ 7 Reich und Reformation – von der Verfassungskrise zum „Augsburger Religionsfrieden" (1555) und zum „Westfälischen Frieden" (1648)

94 Die Lex fundamentalis des Ewigen Landfriedens von 1495 zeigt: Es veränderte sich etwas, bei den Anforderungen und Erwartungen an politische Herrschaft, in den Gestaltungsformen und in der Ausübung von Macht. Mit dem 16. Jahrhundert beginnt in ganz Europa – regional unterschiedlich – der Abschied von noch mittelalterlich geprägten, inzwischen überlebten Formen politischer Verfasstheit und der lange Prozess zum Werden moderner Staatlichkeit. Auf eine Formel gebracht: Aus dem Modell der personengeprägten Herrschafts- und Treueverhältnisse („Personenverbandsstaat") wird der Territorialstaat der Neuzeit, mit zunehmend einheitlicher, auf einem gesamten Territorium geltender Staatsgewalt („institutioneller Flächenstaat")[53]. Das Heilige Römische Reich Deutscher Nation, wie es seit dem Beginn des 16. Jahrhunderts offiziell genannt wird, ist zu dieser Änderung der Ordnungsstrukturen aber aus zwei Gründen nicht in der Lage: In der Mitte Europas gelegen, ist es eine lockere Ordnung vieler Völker, in der die Fürsten bereits die Grundlage für die Transformation der einzelnen Territorien in moderne Staaten gelegt haben. Sie gestehen dem Reich keine Zentralisierungsmöglichkeiten zu. Zudem beginnt 1517 die Glaubensspaltung durch die Reformation Luthers, die das „Heilige" Reich, das mit

---

[52] *Hans-Jürgen Goertz,* Pfaffenhaß und groß Geschrei. Die reformatorische Bewegung in Deutschland 1517–1529, 1987, S. 41.
[53] Das bis heute geläufige Begriffspaar Personenverbandsstaat und institutioneller Flächenstaat prägte *Theodor Mayer,* Die Ausbildung der Grundlagen des modernen deutschen Staates im hohen Mittelalter, in: HZ 159 (1939), S. 463 ff.

dem Papst und der – jetzt – alten Kirche verbunden ist, in eine tiefe Krise stürzt. In einem langen Prozess der Agonie verschwindet dann das Reich immer mehr als politischer Machtfaktor, bis es 1806, schon längst anachronistisch geworden, an sein Ende kommt. Im gleichen Zeitraum von 1500 bis 1800 gehen die formal dem Reich angehörenden Territorien den Weg zu souveränen Staaten. Wirklich vollendet haben ihn vor allem die größeren Herrschaftsgebiete, allen voran „Preußen und Österreich, die im 18. Jahrhundert nach innen und außen faktisch souveräne europäische Großmächte wurden"[54].

I. Die Reformation bis zum Augsburger Religionsfrieden 1555

95 Am 28. Juni 1519 wählten die Kurfürsten Karl (V.), Habsburger und König von Spanien, zum Herrscher des Reichs. Das Wahlkollegium band durch eine von ihm ausgehende Wahlkapitulation den neuen König und Kaiser. Zeitgenössische Beobachter schlossen daraus, das Kurfürstenkollegium sei inzwischen der eigentliche Träger der Herrschaft im Reich. Insbesondere für Zeiten der Abwesenheit des Kaisers vom Reich während Aufenthalten in seinen spanischen Erblanden setzten die Kurfürsten ein Reichsregiment aus acht kaiserlichen und vierzehn ständischen Räten durch. Dieses Reichsregiment währte aber nur bis 1530. Seine Erfolge bei der Durchsetzung des allgemeinen Landfriedens und der Erhebung des gemeinen Pfennigs waren begrenzt. Es drängte Karl V. jedoch in eine Position der Schwäche, was umso bedeutsamer war, als bereits die unvorhergesehene Krise der Glaubensspaltung begonnen hatte. Dieses ursprünglich religiöse und innerkirchliche Geschehen drang in den politischen Raum ein und wurde dort verhandelt, weil nach wie vor Weltliches und Religiös-Kirchliches nicht zu trennen waren. Die Jahre zwischen 1521 und 1555 waren Jahre der religionspolitischen Krisen bis hin zu einer vorläufigen Lösung im Religionsfrieden zu Augsburg.

1. Die Anfänge der Glaubensspaltung

a) Martin Luther

96 Es begann am 31. Oktober 1517. An diesem Tag soll der Augustinermönch und Theologieprofessor Martin Luther (1483–1546) seine berühmten 95 Thesen zur Reform der Kirche angesichts drängender und in den Jahren zuvor von vielen kritisierten Missstände an die Schlosskirche zu Wittenberg an der Elbe angeschlagen haben[55].

---

[54] *Heinz Schilling*, Aufbruch und Krise. Deutschland 1517–1648. Siedler Deutsche Geschichte, 1994, S. 21.

[55] Ob der Thesenanschlag wirklich stattfand, ist bis heute umstritten. Dafür spricht, dass öffentliche Thesenanschläge nicht ungewöhnlich waren und gelehrte Disputationen einleiten konnten. „Zur Vorbereitung solcher Disputationen legte man Thesen vor, die immer häufiger als Plakat gedruckt und öffentlich ausgehängt wurden. In Wittenberg scheint diese Art der Bekanntmachung

Ein Zeitgenosse berichtet über die enorme Wirkung: „[…] und wollt nur mit den Gelehrten der hohen Schule Wittenberg davon disputieren, was doch Ablass wäre, was er vermöcht, wo er herkäme, und wie viel er gülte. Aber ehe vierzehn Tage vergingen, hatten die Propositiones [= Darlegungen, Vorschläge] das ganze Deutschland, und in vier Wochen schier die ganze Christenheit durchlaufen, als wären die Engel selbst Botenläufer und trügen es vor aller Menschen Augen. Es glaubt kein Mensch, wie ein Gerede davon ward."[56]

Luthers Ziel war nicht die Kirchenspaltung, er war kein Revolutionär. Er wollte die Kirche verbessern und, wo er es für erstrebenswert oder nötig hielt, zu alten Zuständen zurückkehren. „Die deutsche Reformation war beides: Befreiung von kirchlichem, zunehmend als römische Fremdherrschaft empfundenem Zwang und Begründung eines neuen, verinnerlichten, staatstragenden Zwangs. Sie bewirkte Emanzipation und Repression in einem und damit […] nur eine halbe Überwindung des Mittelalters."[57]

„Zum Erstaunlichen des Aufbruchs […] gehört, dass in dem gleichen Jahrhundert, in dem die frühmodernen Bewegungen von Renaissance und Humanismus ihre Gipfel erklommen, die Reformation in einer Rückwärtswendung das anderthalb Jahrtausende alte Christentum erneuern wollte. Die protestantische Bewegung wandte sich nicht etwa an moderne Eliten, sondern an die Gesamtheit der Gesellschaft, deren Gepräge noch durchaus mittelalterlich war. Der Resonanzboden der Reformation war jene ungebrochene, vormoderne und lebensbeherrschende Frömmigkeit, die bisher die Menschen in der alten Kirche gehalten und sie davor bewahrt hatte, die vielen Gebrechen von Kirchenwesen und Klerus zum Anstoß für einen Bruch zu nehmen. Jetzt aber wurde diese Frömmigkeit zu einer Gewalt, die atemberaubend rasch den alten Rahmen sprengte und eine neue Ordnung stiftete."[58]

Als Theologe und politisch denkender Mensch stand Luther zwischen Mittelalter und Neuzeit. Stein des Anstoßes war für ihn vor allem der Ablasshandel, bei dem es die Kirche für möglich hielt, nach dem Tod zu verbüßende Sündenstrafen durch Geldzahlungen an die Kirche zu verkürzen oder Absolution bereits zu Lebzeiten zu erhalten. „Wenn das Geld im Kasten klingt, die Seele aus dem Fegefeuer springt", behauptete der berühmte Ablassprediger Johannes Tetzel. Luthers unter anderem dagegen gerichtete Thesen, lateinisch abgefasst, begleitet durch Briefe an die führenden Bischöfe im Reich, vor allem den Fürstbischof von Mainz, sollten zur Disputation auffordern, zu öffentlichen Streitgesprächen unter Theologen. Die Kirchenfürsten schwiegen, sahen aber die Bedrohung ihres häufig verweltlichten Lebens durch den damals unbedeutenden Mönch an der kleinen und jungen, erst 1502 eröffneten Universität Wittenberg. Sie setzten bereits im Frühjahr 1518 einen Ketzerprozess gegen Luther in Gang. Der römische Prozess endete am 15. Juni 1520 mit der Androhung des Kirchenbannes, der am 5. Februar 1521 in Kraft trat.

Inzwischen war Luther in ganz Deutschland bekannt. In Streitgesprächen mit führenden Theologen hatte er die Autorität des Papstes und der Konzile, der Versammlung der Kardinäle, in Frage gestellt. Das traf die hierarchische römische Rechtskirche ins Mark, die sich als unan-

---
ganz üblich gewesen zu sein […], zudem gab es in der Stadt bereits ein leistungsfähiges Druckgewerbe", *Heinz Schilling*, 1517. Weltgeschichte eines Jahres, 2017, S. 277.
[56] *Friedrich Myconius*, Geschichte der Reformation, hrsg. von O. Clemens, 1914, S. 22.
[57] *Heinrich August Winkler*, Wie wir wurden, was wir sind, 2020, S. 17.
[58] *Gottfried Schramm*, Fünf Wegscheiden der Weltgeschichte, 2004, S. 173.

fechtbare Bewahrerin der Glaubenswahrheit sah. Allein die Bibel könne christlichen Glauben und christliches Leben lehren – damit behauptete Luther etwas, was nicht nur für die religiöse, sondern auch die gesellschaftliche und staatliche Entwicklung von zentraler Bedeutung war: Die Individualität und Gewissensentscheidung jedes Einzelnen, welche Stellung er auch in der festgefügten Gesellschaft einnahm. „Die Reformation Luthers war eine Erneuerung nicht bloß des Glaubens, sondern der Welt: Wie der Welt des Geisteslebens so auch der Welt des Rechts."[59] Mit drei großen Schriften aus dem Jahre 1520, „An den christlichen Adel deutscher Nation", „Von der babylonischen Gefangenschaft der Kirche", „Von der Freiheit eines Christenmenschen", die mittels des Buchdrucks massenwirksam verbreitet wurden, hatte Luther seine Lehre bereits im Wesentlichen formuliert. Jetzt verband sich die individuelle lutherische Glaubensgewissheit mit einer scharfen Kritik des kirchlichen Rechtssystems und an der päpstlichen Primatgewalt. Mehr noch: Die Kritik am Papsttum „und der scholastischen Philosophie wurde weit überschritten durch eine apokalyptische Enthüllungsbotschaft: Der Papst in Rom ist der Antichrist."[60] 1520 schrieb Luther: „Das Papsttum ist die wilde Jagd des römischen Bischofs."[61] Das war nicht länger der Aufruf zur Reform der Kirche. Es leugnete die Legitimation der gesamten bestehenden Ordnung in ihrem Kern.

b) Ratlose Reichstage 1521 – 1526 – 1529

102 Der Kirchenbann gegen Luther von 1521 hatte auch weltliche Bedeutung. Nach überkommenem Verständnis hatte der weltliche Herrscher als Beschützer und Verteidiger der Kirche dem Bann die weltliche Acht, die Rechtlosstellung im weltlichen Bereich, folgen zu lassen. Der Ausschluss Luthers und seiner Anhänger aus der Reichsgemeinschaft geschah danach folgerichtig auf dem Wormser Reichstag 1521 („Wormser Edikt"), der noch einmal, wenn auch mit Rissen, die alteuropäische Auffassung der engen Verbindung und wechselseitigen Verwiesenheit von religiösen und weltlichen Institutionen spiegelte. Das Edikt beschrieb das Verhör Luthers auf dem Reichstag und betonte die Geduld Kaiser Karls V. mit dem Ketzer. Der zweite Teil verhängte die Reichsacht über Luther, befahl seine Gefangennahme, verbot allen Druck, Besitz und die Verbreitung seiner Schriften und ordnete ihre Vernichtung an. Der dritte Teil führte eine kirchliche Zensur im Reich ein.[62] Damit wurde die „causa Lutheri" zur politischen Angelegenheit des Reichs – und gerade das warf Schwierigkeiten auf, weil eine zunehmende Zahl von Reichsständen, viele Städte (in Nürnberg etwa hatte sich die Reformation endgültig 1524/25 durchgesetzt) und vor allem das Volk mit Luther sympathisierten. Luther selbst war unter Zusicherung freien Geleits nach Worms gereist – sein sächsischer Landesherr Friedrich der Weise hatte darauf bestanden, dass er vor einer Verhängung der Reichsacht angehört werden müsse. Luthers Verteidigungsrede vor Kaiser und Ständen enthielt den erst in der rasend schnell verbreiteten Druckfassung so formulierten berühmten Schlusssatz: „Ich kan

---

[59] *Rudolph Sohm*, Weltliches und geistliches Recht, 1914, S. 69.

[60] *Heinrich Lutz*, Das Ringen um deutsche Einheit und kirchliche Erneuerung 1490–1648, 1983, S. 27.

[61] Zitiert nach *Hans-Jürgen Goertz*, Pfaffenhaß und groß Geschrei. Die reformatorische Bewegung in Deutschland 1517–1529, 1987, S. 74.

[62] *Martin Heckel*, Kaiser Karls V. Begegnung mit Luther auf dem Reichstag zu Worms 1521, in: JZ 2021, S. 425 ff.

nicht anderst / hier steh ich / Gott helff mir / Amen." Das formal bis zum Religionsfrieden von 1555 geltende Wormser Edikt ließ sich nicht flächendeckend durchsetzen, weil es zahlreiche Fürsten nicht beachteten, die ihren eigenen religiösen Überzeugungen folgten, aber auch über den neuen Glauben eine Ausweitung ihrer ständischen Macht gegenüber dem Reich erhofften.

1526, auf dem nächsten Reichstag in Speyer, wurde faktisch das Wormser Edikt suspendiert. Der Reichstagsabschied, das förmliche Abschlussdokument, fand einen Kompromiss zwischen Altgläubigen und Lutheranern in Gestalt der „Verantwortungsformel". Danach sollte es jedem Reichsstand bis zu einem Konzil, von dem die theologische Lösung der Religionsfrage erhofft wurde, anheimgestellt sein, in Religionsfragen „für sich also zu leben, zu regieren und zu halten, wie ein jeder ein solches gegen Gott und kaiserliche Majestät hoffet und vertrauet zu verantworten". **103**

1529, wiederum bei einem in Speyer stattfindenden Reichstag, war allen klar, dass die 1521/1526 erhoffte Konzilseinberufung angesichts der starren Haltung des Papstes, der auf Erfüllung der kaiserlichen Pflichten zur Verteidigung der Kirche pochte, in weite Ferne gerückt war. Karl V., der nicht im Reich weilte und von seinem Bruder Ferdinand vertreten wurde, versuchte, gestärkt durch militärische Siege in Italien, das Rad zurückzudrehen. Mit Zustimmung der katholischen Mehrheit der Stände setzte er das Wormser Edikt von 1521 wieder in Geltung; der Mehrheitsbeschluss setzte den Speyerer Abschied von 1526 außer Kraft. Katholische Predigt und Messe sollten auch dort stattfinden, wo die neue Lehre sich durchgesetzt hatte. Darauf antwortete die lutherische Minderheit – fünf Fürsten und vierzehn Reichsstädte – mit einem förmlichen Protest („Protestatio"), der den Evangelischen (= die, die ohne Vermittlung der Anstalt Kirche dem Evangelium folgen wollen) den Namen Protestanten gab. Diese Protestatio war kein innovativer Ausdruck einer Gewissensentscheidung. Sie stützte sich auf ein überkommenes verfahrensrechtliches Institut des Reichstages und damit Argumente der weltlichen Herrschaft. Die Protestatio erlaubte es einer Minderheit, rechtswirksam Widerspruch gegen solche Mehrheitsbeschlüsse einzulegen, die sie in wesentlichen Fragen oder in ihrer inneren Überzeugung unbillig verpflichteten. Jetzt begann die politisch sich verfestigende Glaubensspaltung im Reich. „Das Scheitern einer gemeinsamen reichsständischen Kirchenreform, die zur Gründung einer ‚Nationalkirche' hätte führen können, leitete den Siegeszug der Reformation in zahlreichen deutschen Territorien und Städten ein, bald auch in Schweden, Dänemark, Norwegen und England."[63] **104**

c) Die Festigung der neuen Konfession

1530 fand der nächste Reichstag in Augsburg statt. Karl V., der kurz zuvor in Bologna als letzter römischer Kaiser vom Papst die Kaiserkrone erhalten hatte, war anwesend und versuchte noch einmal, die Glaubensspaltung im Sinne der alten Kirche zu überwinden. Das misslang. Der Reichstag dokumentierte in diesem Punkt die unver- **105**

---

[63] *Hans-Jürgen Goertz*, Pfaffenhaß und groß Geschrei. Die reformatorische Bewegung in Deutschland 1517–1529, 1987, S. 230.

söhnlichen Differenzen. Die Jahre 1529 bis 1531 bezeichnen den Zeitraum des sodann nachhaltigen politischen Erfolgs der Reformation. Von diesem Zeitpunkt an war das Reich dauerhaft in zwei konfessionelle Lager gespalten.

106 Das Jahr 1530 ist auch deshalb bedeutsam, weil in ihm mit der „Confessio Augustana" (Augsburger Bekenntnis) erstmals die neue Glaubenslehre im Zusammenhang und prägnant in Artikel unterteilt formuliert wurde. Autor der Schrift, die auch vor dem Reichstag im Bemühen um reichsrechtliche Anerkennung verlesen wurde, war Philipp Melanchthon. Bis heute sehen die lutherischen Kirchen die Confessio Augustana als ihre erste, grundlegende und nach wie vor verbindliche Bekenntnisschrift an. Luther ergänzte dies durch seine allgemeinverständlichen Katechismen, die die Glaubensinhalte für alle Gemeindemitglieder erläuterten. Nach 1530 war in den Territorien, deren Landesherren sich zum neuen Glauben bekannten, der Weg frei zum Aufbau eines eigenständigen lutherischen Kirchenwesens. Folgenreich für die protestantischen Territorien – bis 1918! – war, dass sich nach internen Auseinandersetzungen diejenigen lutherischen Theologen durchsetzten, die die neue Kirche unter Anlehnung an den Landesherrn aufbauen wollten. Es entstanden Landeskirchen, in denen der Landesherr als „Notbischof" und Schutzherr der Kirche fungierte (Summepiskopat). Die Landesherren setzten Kirchenordnungen in Kraft (zuerst in Württemberg 1533)[64] und schufen in ihrer Verwaltung für Kirchenangelegenheiten zuständige Stellen (zuerst in Wittenberg 1539, später Konsistorien genannt).

107 In den Jahrzehnten bis 1555 war – gleichsam außenpolitisch – Karl V. in zahlreiche europäische Auseinandersetzungen verwickelt. Sie zeigten, dass Spanien, Frankreich, England und Portugal auf dem Weg zu Nationalstaaten waren. Karl V. versuchte, letztlich ohne Erfolg, dem den gesamteuropäischen Anspruch des – modernisierten – römischen Kaisertums entgegenzuhalten. Derweil wurde Deutschland nicht nur von kriegerischen Auseinandersetzungen zwischen den Religionsparteien, der katholischen „Liga" und dem protestantischen „Schmalkaldischen Bund", erschüttert. Es hatten nach 1525 auch Bauernerhebungen stattgefunden, insbesondere im Gebiet des heutigen Thüringen unter dem charismatischen Thomas Müntzer, der Luthers religiöse Botschaft in eine soziale nach Befreiung ausdeutete. Der Kaiser griff mit dem Schmalkaldischen Krieg (1546/47), unterstützt von der Liga und vom Papst, erfolgreich ein. Es folgte auf dem Augsburger Reichstag (1547/1548) die Verkündung des „Interim", einer Art kaiserlichen Zwischenreligion, die Zugeständnisse an die Protestanten und Forderungen an den Papst und das Kardinalskollegium enthielt. Letzteres sollte das in Trient 1545 begonnene Konzil so weiterführen, dass eine Glaubenseinigung möglich wäre. Wegen der offensichtlichen Hilflosigkeit des Interim – gegenüber beiden religiösen Seiten – lautete der zeitgenössische Spott: „Das Interim hat den Schalck hinter ihm."

---

[64] Zu diesen Kirchenordnungen *Karla Sichelschmidt*, Recht aus christlicher Liebe oder obrigkeitlicher Gesetzesbefehl?, 1993, S. 24 ff.

2. Der Augsburger Reichsabschied und Religionsfrieden

a) Zentrale Regelungen

Das Hin und Her der Jahrzehnte seit 1517 fand mit dem Augsburger Religionsfrieden, Ergebnis des Reichstags von 1555, zumindest dem Anspruch nach ein Ende. Der Religionsfriede gilt – nach der Goldenen Bulle (1356) und dem Ewigen Landfrieden (1495) – als dritte und für das Reich bedeutendste Lex fundamentalis. Seine Grundentscheidungen prägten das Reich bis 1806. Der Versuch, mit weltlichem Recht eine von beiden Seiten als vorläufig verstandene Ausgleichsordnung der Konfessionen zu finden, hat Spuren sogar bis zum heutigen Religionsrecht des Grundgesetzes hinterlassen. Auf Seiten des Reichs war, wiederum stellvertretend für Karl V., der sich resigniert nach Spanien zurückzog und dort 1558 starb, sein Bruder Ferdinand tätig. Dieser kannte die deutschen Verhältnisse besser als der Kaiser und ging diplomatisch vor. Ziel war das friedliche Nebeneinander der Konfessionen trotz ihrer unüberbrückbaren religiösen und politischen Vorstellungen. Das gelang, indem die Konfessionsfrage in die Territorien verwiesen wurde, während das Reich mit der Kaiserwürde institutionell mit dem Papst und der katholischen Kirche verbunden blieb. Der Augsburger Religionsfrieden schuf zugleich eine Verfassungs- und Religionsordnung. Er sollte die „Verfassungsstörung" (Martin Heckel) überwinden, die durch die reformatorischen Bewegungen entstanden war. Er sollte das Schwanken des Reichs zwischen einem Unterdrücken, Dulden und Anerkennen der evangelischen Bewegung beenden. Der Form nach war der Religionsfriede ein Vertrag zwischen dem Kaiser, den katholischen und den lutherischen Reichsständen. Inhaltlich sind vor allem sieben Einzelpunkte von Bedeutung:

(1) Der Reichslandfrieden von 1495 wurde in den religiösen Bereich erstreckt und umfasste die Lutheraner (die Anhänger der Augsburgischen Konfession, nicht aber die Anhänger anderer reformatorischer Gruppen, insbesondere nicht die Calvinisten) neben den römischen Katholiken (§ 17 des Religionsfriedens).

(2) Den Reichsständen wurde Kirchenhoheit garantiert. Dies umfasste – sinngemäß – die Befugnis der Reichsstände, ihr Bekenntnis und damit das Bekenntnis aller Untertanen in ihrem Territorium zu bestimmen („Ius reformandi"), §§ 15 und 16 A.R. Das hob die Verantwortungsformel des Jahres 1526 in den Rang eines dauerhaften Rechtsprinzips, das „bald als Kernstück reichsständischer Rechtshoheit"[65] galt. Die Kurzbezeichnung „cuius regio, illius (eius) religio" (wessen Herrschaft, dessen Religion) wurde erst 1612 von dem Greifswalder Juristen Joachim Stephani als Merkformel für Studenten geprägt.

(3) Die geistliche Jurisdiktion der römisch-katholischen Hierarchie über die Augsburger Konfessionsverwandten, ein Anspruch, der lange für erbitterte Auseinandersetzungen gesorgt hatte, wurde „suspendiert", nicht dagegen ohne Einschränkung beendet.

---

[65] *Horst Rabe*, Reich und Glaubensspaltung. Deutschland 1500–1600, 1989, S. 439.

(4) Die geistlichen Fürstentümer, in denen die Bischöfe zugleich weltliche Herrscher waren (insbesondere die drei Kurfürstentümer Köln, Mainz und Trier) blieben der katholischen Kirche vorbehalten („Reservatum ecclesiasticum"). Für geistliche Reichsfürsten sollte der Übertritt zur Augsburgischen Konfession den Verlust von Kirchenamt, Pfründen, Reichslehen und Territorialherrschaft bedeuten.

(5) Den Untertanen, eingeschlossen ihre Familien, wurde ein religiöses Auswanderungsrecht garantiert, wenn sie die Religionswahl des Landesherrn aus Gewissensgründen nicht teilen konnten (§ 23 A.R.). Dieses „Ius emigrandi" umfasste den Schutz des Eigentums, das mitgeführt werden durfte. Die Forderung nach uneingeschränkter Religionsfreiheit für jeden einzelnen, von manchen evangelischen Reichsständen gefordert, blieb unerfüllt. Die Untertanen unterlagen dem Bekenntnis ihres Landesherrn, der die Andersgläubigen ausweisen konnte und reichsrechtlich zur Toleranz nicht verpflichtet war. Nur über die religiöse Freizügigkeit hatte jeder im Reich indirekt das Recht der freien Bekenntniswahl.

(6) In den konfessionell gemischten freien und Reichsstädten wurden beiden Konfessionen ihre Religionsübung, ihr Kirchenwesen und ihr Kirchengut nach dem Status quo gewährleistet (§ 27 A.R.). Während es hier „Parität" gab (Gleichbehandlung der unterschiedlichen Bekenntnisse), bestand sie im Reichstag wegen der Mehrheit der katholischen Stände noch nicht.

(7) Der Friede wurde auf ewige Zeit geschlossen. Er sollte vor allem auch dann in Kraft bleiben, wenn sich die religiös und nach weltlichem Recht aufgetragene „christliche, freundliche und endliche Vergleichung der Religions- und Glaubenssachen" auf einem Konzil, Reichstag oder in Religionskolloquien nicht erreichen ließe.

110 Ergänzt wurde dieser Religionsfriede durch eine neue, an den ewigen Landfrieden von 1495 anknüpfende Exekutionsordnung. Sie beauftragte die Reichskreise mit der Aufsicht über die Einhaltung des Landfriedens, mit der Vollstreckung der Urteile des Reichskammergerichts und der Bestrafung von Durchbrechungen des Landfriedens.

111 Die Erfahrung der folgenden Jahrzehnte war, dass die Durchsetzung dieser Regelungen keinesfalls immer, manchmal sogar nur sehr lückenhaft gelang. Auch blieb vieles (absichtlich) offen; teilweise sind die Artikel bewusst weit gefasst, um Interpretationsspielräume zu gewährleisten.

112 Martin Heckel (geb. 1929), einer der besten Kenner der Rechtsgeschichte der Reformation, schreibt dazu: „Die Glaubensverbundenheit des vorsäkularen Rechts führt über die Glaubensspaltung zu einer tiefen Spaltung des Rechts, die auch der Religionsfriede nicht überbrückt. Beide Konfessionen haben durch ihre Glaubenslehren von der geistlichen Offenheit, Abhängigkeit und Prägung allen Rechts einen verschiedenen Begriff vom ius divinum [göttlichem Recht] und ius humanum [menschlichem Recht], das im ersteren seinen Geltungsgrund und seine Grenze findet. Das führt sie zu einem prinzipiellen Dissens über die kirchenrechtlichen und verfassungsrechtlichen Zentralbegriffe, die in und hinter dem Religionsfrieden stehen: über Dogma und Bekenntnisstand, Kirchengewalt, Hierarchie und Konzil, Pfarramt und allgemeines Priestertum, [...], Kaiseramt und Obrigkeit, advocatia ecclesiae [Verteidigung der

Kirche] und cura religionis [Sorge für den Glauben], pax und libertas christiana, Häresie und Ketzerrecht."⁶⁶

b) Bedeutung

Trotz – und manchmal wegen – dieser Charakteristika ist der Augsburger Religionsfrieden verfassungsgeschichtlich von größter Bedeutung. Erstmals waren es die Juristen, die damals selbstverständlich sowohl im kirchlichen als auch im weltlichen Recht geschult waren, die auf das weltliche Recht setzten, um religiöse Konflikte zwar nicht inhaltlich zu lösen (das kann weltliches Recht in keinem Fall), aber für das weltliche Zusammenleben zu entschärfen. Das war eine folgenreiche Entdeckung der Leistungsfähigkeit des säkularen (weltlichen) Rechts, die im Mittelalter, trotz Ansätzen und Anläufen zur Verweltlichung, noch nicht denkbar gewesen wäre. Insofern liegt der Friedensschluss im Übergang vom Mittelalter zur Neuzeit. Die säkulare Friedensordnung wird eingesetzt, um die äußere Einheit des Reichs unter Berücksichtigung aller Reichsstände unabhängig von ihrer Konfession zu wahren. Sodann: Der Verweis der Religionsfrage in die Territorien mittels des Ius reformandi bedeutete eine konfessionell geprägte Föderalisierung, die zu den bereits früheren föderalen Ansätzen in dem Dualismus von König und Reichsständen hinzukam und die regionalen Verschiedenheiten der deutschen Kernlande des Reichs vertiefte. Mit den Worten Martin Heckels: Die Lösung der „Verfassungsfrage" bestand darin, dass man „die Spaltung der Konfessionen im Reich und seinem Recht zugab, in Form brachte, institutionell verfestigte und dadurch jede der Religionsparteien gegen Übergriffe absicherte."⁶⁷ In den Territorien ist die Konfessionalisierung mit der Herausbildung des frühmodernen Staates untrennbar verbunden.⁶⁸

113

Es bleibt jedoch ein Merkmal, das den Augsburger Religionsfrieden von den Grundordnungen der späteren modernen Staaten ab dem 18. Jahrhundert deutlich trennt: Ohne religiöse Legitimation ist auch in der reformatorischen Zwischenphase zwischen Mittelalter und Neuzeit keine weltliche Herrschaft denkbar. Der lutherische Jurist Henning Arnisaeus (1575–1636) schrieb „Religio vinculum societatis" – die Religion ist das einigende Band der Gesellschaft, ohne sie ist ein friedliches und geordnetes Zusammenleben nicht möglich. Aber diese religiöse Legitimation und Verpflichtung konnte seit der Reformation unterschiedliche Bekenntnisse in Bezug nehmen. Die religiöse Wahrheitsfrage, die zwischen Lutheranern und Katholiken nicht zu klären war, blieb ausgeklammert. Das schloss die Hoffnung sowohl von Kaiser und Papst als auch der evangelischen Stände nicht aus, irgendwann das ganze Reich für das eigene Bekenntnis zu gewinnen.

114

Die Unverzichtbarkeit religiöser Legitimation des Staates gerade im konfessionellen Zeitalter unmittelbar nach der Reformation hat noch einen weiteren Aspekt. Insbesondere in

115

---
⁶⁶ *Martin Heckel*, Artikel Augsburger Religionsfriede, in: Evangelisches Staatslexikon, 3. Aufl. 1987, Bd. 1, Sp. 111 ff., 114.
⁶⁷ *Martin Heckel*, Artikel Augsburger Religionsfriede, aaO, Sp. 115.
⁶⁸ *Horst Dreier*, Kanonistik und Konfessionalisierung – Marksteine auf dem Weg zum Staat, in: JZ 2002, S. 1 ff., 6 ff.

Deutschland ist, begründet von dem Verfassungsjuristen Carl Schmitt (1888–1985), die These weit verbreitet, der (moderne) Staat sei durch die Distanzierung von der Religion möglich geworden, die Entstehung des Staates ein Vorgang der Säkularisation.[69] Diese analytisch gemeinte These zeichnet indes die geschichtlichen Prozesse nicht nach. Die Staatswerdung in den Territorien des Reiches wurde gerade durch deren konfessionelle Geschlossenheit, die Verbindung mit einer Konfession begünstigt. Und: „[…] die mächtigsten Nationalstaaten, die die Geschicke Europas vom 16. bis zum 18. Jahrhundert bestimmten, [waren] gerade nicht religiös neutral und tolerant […], sondern konfessionell geschlossen und von großer Intoleranz geprägt: Spanien, England und nicht zuletzt auch Frankreich, wo es trotz des Toleranzediktes von Nantes 1598 […] nicht zu einer weltlichen und vor allem dauerhaften Gleichbehandlung von Katholiken und Hugenotten kam."[70] Insofern ist die Glaubensspaltung und Konfessionalisierung ein „Fundamentalprozess der Frühneuzeit"[71]. Die religiöse Differenzierung mündete in Europa in einen gewaltigen Modernisierungsschub: „Indem sich die Reformation […] behaupten konnte, war das lateinische Christentum nicht länger von einer einheitlichen Kirche bestimmt, sondern von mehreren neuzeitlichen Konfessionskirchen – der römischen, lutherischen, reformierten und anglikanischen. Für die Geschichte des Christentums bedeutete das eine bis heute schmerzende Spaltung. Allgemeinhistorisch aber war es ein mächtiger Schub kultureller und gesellschaftlicher Differenzierung, aus dem langfristig gesehen die pluralistische Zivilisation der Moderne hervorging."[72]

II. Der Westfälische Frieden (1648)

1. Die Entwicklung nach 1555: Konfessionalisierung

116 „Die Anerkennung des lutherischen Bekenntnisses […] veränderte die Verfassung des Reiches von Grund auf. Der Anspruch des Kaisertums auf universale Geltung, der katholischen Kirche, ihrem Welt- und Geschichtsbewusstsein auf das innigste verbunden, trat faktisch außer Kraft, nachdem die Universalität der Kirche ihr Ende gefunden hatte. […] Die Fundamente der politischen Ordnung, wie sie das Mittelalter gelegt, waren zerbrochen und mussten neu geschichtet werden. Seinen äußeren Ausdruck fand dieser Wandel in der Tatsache, dass in der Folgezeit die Kaiserkrönung durch den Papst unterblieb. Der Augsburger Religionsfrieden liquidierte das Mittelalter."[73]

117 Die Jahre zwischen 1555 und 1618, dem Beginn des 30jährigen Krieges, blieben beherrscht von konfessionellen Auseinandersetzungen, begleitet von fundamentaler Feindschaft und teils auch grausamer Gewalt. Als das Kurfürstenkollegium 1568 in Frankfurt Ferdinand zum Kaiser wählte, versagte ihm der Papst zunächst die Bestä-

---

[69] Insbesondere *Ernst-Wolfgang-Bockenförde*, Die Entstehung des Staates als Vorgang der Säkularisation (1969), in: ders., Staat, Gesellschaft, Freiheit, 1976, S. 42 ff.; *Roman Schnur*, Die französischen Juristen im konfessionellen Bürgerkrieg, 1962, S. 11 ff.

[70] *Horst Dreier*, Kanonistik und Konfessionalisierung – Marksteine auf dem Weg zum Staat, in: JZ 2002, S. 1 ff., 6 f.

[71] *Wolfgang Reinhard*, in: ders./Heinz Schilling (Hrsg.), Die katholische Konfessionalisierung, 1995, S. 419 ff., 420.

[72] *Heinz Schilling*, 1517. Weltgeschichte eines Jahres, 2017, S. 303.

[73] *Ernst Forsthoff*, Deutsche Verfassungsgeschichte der Neuzeit, 4. Aufl. 1972, S. 24.

tigung mit der Begründung, an der Wahl hätten Kurfürsten lutherischen Bekenntnisses mitgewirkt. Diese Intervention blieb ohne Beachtung und Bedeutung – ein Zeichen dafür, wie weit sich die Kaiserwürde von Papst und Kirche abgelöst hatte und als zunehmend deutsche Kaiserwürde verstanden wurde. Bedeutsamer waren die Streitigkeiten um den geistlichen Vorbehalt (oben Rn. 109) des Augsburger Religionsfriedens. Über den Vorbehalt setzten sich zahlreiche norddeutsche Stände hinweg, die trotz Religionswechsels im Fall geistlicher Herrschaft auf ihrem Amt und ihren ständischen Rechten beharrten. Teilweise klagten katholische Stände deswegen vor dem Reichskammergericht – dieses aber verweigerte Entscheidungen wegen der (vermeintlich) unklaren Fassung des Reservatum ecclesiasticum im Augsburger Religionsfrieden. Wegen fortdauernder konfessioneller Streitigkeiten im Reichstag schlossen sich die lutherischen Stände zur „Union" zusammen, die Katholiken antworteten 1609 mit der (Wieder-)Begründung der „Liga". Im Zeichen der institutionellen und religiösen Erneuerung der katholischen Kirche durch das Konzil von Trient bildete sich ein fester und zunächst beständig krisenbehafteter Gegensatz der Konfessionen heraus – das in der Geschichtsschreibung seit den 1970er Jahren so bezeichnete „Konfessionelle Zeitalter"[74] begann.

118 Konfessionalisierung meint „einen gesellschaftlichen Fundamentalvorgang, der in meist gleichlaufender, bisweilen auch gegenläufiger Verzahnung mit der Herausbildung des frühmodernen Staates, mit der Formierung einer neuzeitlich disziplinierten Untertanengesellschaft, die anders als die mittelalterliche Gesellschaft nicht personal-fragmentiert, sondern institutionell-flächenmäßig organisiert war, sowie parallel zur Entstehung des modernen kapitalistischen Wirtschaftssystems das öffentliche und private Leben in Europa tiefgreifend umpflügte"[75]. „Die Existenz mehrerer Bekenntnisse im Reich, verbunden mit verschiedenen, oft miteinander konkurrierenden Mächten, führte zu einer vordem unbekannten Verzahnung von Religionsübung und weltlicher Herrschaft: Der Anspruch der jetzt durch Konfession definierten und damit begrenzten Religionsvarianten blieb universal, während sich die Religionspraxis an den Staat binden musste. […] Die Konfessionalisierung des Staates ist unübersehbar und begründet Macht und Zugriffsrechte auf die Untertanen, die der Obrigkeit nicht nur zu gehorchen, sondern ihr auch zu glauben haben."[76]

119 Zunächst aber galt: „Das ‚lange 16. Jahrhundert', das für die Europäer die Welt so radikal verändert hatte, endet in einer Krise. Zu Beginn hatte das umstürzend Neue die Menschen in seinen Bann geschlagen: Die Karavellen, die nach Asien und Amerika zogen; der Früh- und Handelskapitalismus, der die Waren der Welt auf den Markt der Städte brachte und mit steigender Nachfrage nach Agrarprodukten und Erzen selbst Dörfer und entlegene Bergtäler erfasste; die Konturen einer neuen politischen und gesellschaftlichen Ordnung, welche die einen begeisterte, die anderen entschlossen und siegesbewusst zum Protest schreiten ließ; vor allem aber die neue Glaubensgewissheit, die den Menschen eine ruhige Seele und Sicherheit im Handeln

---

[74] *Martin Heckel*, Deutschland im konfessionellen Zeitalter, 1983; *Heinz Schilling*, Konfessionskonflikt und Staatsbildung, 1980.
[75] *Heinz Schilling*, Die Konfessionalisierung von Kirche, Staat und Gesellschaft, in: ders./Wolfgang Reinhard (Hrsg.), Die Katholische Konfessionalisierung, 1995, S. 1 ff., 4.
[76] *Dietmar Willoweit/Steffen Schlinker*, Deutsche Verfassungsgeschichte, 8. Aufl. 2019, § 20 Rn. 1.

gegeben hatte. Als das Jahrhundert zu Ende ging, war der Optimismus verflogen. Die formierenden und reglementierenden Kräfte des Wandels bedrückten die Menschen. Die Schatten des Bevölkerungs- und Konjunkturaufschwungs stiegen herauf: Konkurrenzdruck und Zusammenbrüche einst berühmter Handelshäuser, Ernährungsnöte selbst bei der Mittelschicht, Pauperismus, Vagabondage, Elend, Hunger und Krankheit bei den Unterschichten und dem wachsenden Heer der Bettler und Vagabunden. Vor allem aber wirkten beängstigend und lähmend die fanatische Feindseligkeit, die nervöse Unversöhnlichkeit, die unerbittliche Konfrontation der Konfessionen und konfessionell gesteuerten Blöcke im neuen Europa der Mächte, das an die Stelle des – zumindest im Glauben – geeinten Abendlandes getreten war."[77]

2. Dreißigjähriger Krieg und Friedensschluss

120   Angesichts des schwindenden Bewusstseins für Ausgleich, Frieden und geordnete Koexistenz steuerte das Reich in eine verhängnisvolle Krise. Ein 30jähriger Krieg brach aus, der immer weitere und zuvor undenkbare Dimensionen annahm. Es begann 1618 in Böhmen nach dem sogenannten „Prager Fenstersturz", bei dem zwei kaiserliche Räte anlässlich einer protestantischen Ständeversammlung aus dem Fenster des Hradschin geworfen wurden, mit böhmisch-pfälzischen Auseinandersetzungen aus religiös-dynastischen Gründen (1618–1623), dann folgte der immer noch auf Angelegenheiten des Reichs begrenzte dänisch-niedersächsische Krieg (1625–1629), sodann griff Schweden unter König Gustav Adolf im Reich ein (1630–1635) – die kaiserlichen Truppen befehligte der böhmische Adelige Wallenstein (1584–1634) –, schließlich kämpften Frankreich und Schweden auf dem Gebiet des Reichs (1635–1648). Die Folgen waren verheerend. Plünderungen, Brandschatzungen ganzer Städte – Magdeburg etwa wurde im Mai 1631 fast vollständig zerstört und niedergebrannt –, systematisches Vernichten von Ernte, alle denkbaren Grausamkeiten gegen Menschen; manche Landstriche in Deutschland verloren in den drei Jahrzehnten bis 1648 mehr als ein Drittel ihrer Bevölkerung. Die Menschen, insbesondere Bauern im Osten des Reichs, verarmten, das Reich war ohnmächtig und zum Kampfplatz der europäischen Großmächte geworden. Die kollektive Erinnerung bewahrte den Dreißigjährigen Krieg über Jahrhunderte als die nationale Katastrophe schlechthin. Erst die beiden Weltkriege des 20. Jahrhunderts besetzten die erste Stelle des Katastrophengedächtnisses neu.[78]

---

[77] *Heinz Schilling*, Aufbruch und Krise. Deutschland 1517–1648, Siedler Deutsche Geschichte, 1994, S. 372.
[78] *Herfried Münkler*, Der dreißigjährige Krieg. Europäische Katastrophe, Deutsches Trauma 1618–1648, 2017, S. 12, 18.

3. Der Westfälische Frieden

121 Am 19. August 1645 lud der Kaiser alle Stände, die im Reichstag vertreten waren, zu Friedensverhandlungen ein, an denen auch die europäischen Mächte beteiligt wurden. In Osnabrück versammelten sich die Delegation des Kaisers, dänische und schwedische Unterhändler, später auch die lutherischen Reichsstände. Die kaiserlichen Vertreter und die Vertreter Frankreichs, Spaniens und der Niederlande, ferner die katholischen Stände verhandelten in Münster. Es fand ein großer europäischer Friedenskongress, aber auch deutscher Verfassungskongress statt. Hierbei setzte sich die Auffassung durch, wonach das Reich nur gemeinsam vom Kaiser und den Reichsständen vertreten werden könne. Der Westfälische Frieden[79] wurde nach dreijährigen Verhandlungen in zwei Teilen geschlossen: Das „Instrumentum Pacis Osnabrugense" (IPO) am 14./24. Oktober 1648, das „Instrumentum Pacis Monasteriense" (IPM) am 24. Oktober 1648. Mit den Bestimmungen des Friedens gelang die Begrenzung, auf seiner Grundlage später die Überwindung des konfessionellen Fundamentalismus. In ganz Europa hatten die verheerenden kriegerischen Auseinandersetzungen die Notwendigkeit religiöser Toleranz und auch der Verdrängung der Religion aus Fragen der Herrschaft verdeutlicht.

a) Rechtscharakter

122 Der Westfälische Frieden war zugleich ein völkerrechtlicher Vertrag und eine weitere bedeutsame Lex fundamentalis – die vierte – des Alten Reiches, insoweit vor allem ein Grundgesetz mit religionsrechtlichen Bestimmungen. Art. XVII § 2 IPO hielt fest, der Friedensvertrag solle den anderen Reichsgrundgesetzen gleichstehen und in die kaiserlichen Wahlkapitulationen aufgenommen werden. Art. VIII § 2 spricht in diesem Zusammenhang von den „Constitutiones et leges fundamentales". Insgesamt war der Friede Ausdruck der damaligen Zerrissenheit des christlichen Glaubens, der Verfassungsordnung Deutschlands und des Reichs und der europäischen Völkergemeinschaft. Damit spiegelte der Friedensschluss das Nebeneinander verschiedener Kriegsgründe und -ziele der langen 30 Jahre. „Der Dreißigjährige Krieg war nicht nur ein Amalgam verschiedener Kriegstypen, vom Bürgerkrieg bis zum Staatenkrieg, vom Religionskrieg bis zum Hegemonialkrieg, sondern auch ein Sammel- und Anlagerungskrieg für viele andere Kriege in Europa, die sich auf je unterschiedliche Weise mit dem Krieg in Deutschland verbunden hatten."[80]

---

[79] Dazu *Christoph Link*, Die Bedeutung des Westfälischen Friedens in der deutschen Verfassungsgeschichte, in: JZ 1998, S. 1 ff.; *Heinz Duchardt*, Der Westfälische Frieden, 1998; *Friedrich Dickmann*, Der westfälische Frieden und die Reichsverfassung, 1965, S. 5–32.
[80] *Herfried Münkler*, Der dreißigjährige Krieg. Europäische Katastrophe, Deutsches Trauma 1618–1648, 2017, S. 793.

b) Religionsrechtliche Bestimmungen

123 Bei den religionsbezogenen Artikeln (Art. V und VII IPO) standen drei Punkte im Vordergrund.

(1) Bestätigt wurde die Fortgeltung des Augsburger Religionsfriedens und die Legitimität und Parität beider Religionsparteien. Das richtete sich gegen manche katholischen Sichtweisen, die die Verhältnisse im Reich seit der Reformation allenfalls als vorübergehende Störung des katholischen Reiches ansehen wollten. Die Legitimität und Parität beider Parteien wurde mit einer Erweiterung versehen: Erstmals wurden Anhänger des reformatorischen Bekenntnisses (insbesondere Calvinisten) neben den Lutheranern als Teil der evangelischen Religionspartei mit allen Rechten und Pflichten anerkannt. Weitere Konfessionen und Sekten blieben aber reichsrechtlich ohne Anerkennung.

(2) Nach den Wirren des Krieges war es erforderlich, die konfessionellen Gebietsstände verbindlich festzustellen. Dazu wurde die „Normaljahr-Regelung" gefunden (Art. V §§ 31, 32 IPO). In jedem Territorium (mit Ausnahme der kaiserlichen Erblande) wurde der Konfessionsstand (wenn nötig) wiederhergestellt und auf Dauer festgeschrieben, der am 1. Januar 1624, dem Normaljahr, bestanden hatte.[81] Indirekt schloss dies für die Zukunft die Ausübung des Ius reformandi aus – der Konfessionsstand musste beibehalten werden. „Das war ein wichtiger Schritt zur Entkonfessionalisierung der Staatsgewalt und zugleich zur Entpersonalisierung der öffentlichen Angelegenheiten: Die persönliche Religiosität des Herrschers war für das Staatswesen, dem er vorstand, nicht mehr verpflichtend. […] Damit war die konfessionelle, kulturelle und mentale Prägung der deutschen Landschaften festgelegt – bis in das [20.] Jahrhundert hinein, als die großen Bevölkerungsumwälzungen im Anschluss an den Zweiten Weltkrieg auch die religiöse Zusammensetzung der deutschen Landschaften neu mischten."[82] Neu war: Diejenigen Untertanen, die der nach der Normaljahr-Regelung nicht anerkannten Konfession angehörten, sollten nach Möglichkeit nicht auf das Auswanderungsrecht verwiesen, sondern mit Nachsicht geduldet werden. Es sollte ihnen die häusliche Andacht in ihrer Konfession ohne Priester gestattet sein (also zumindest „devotio domestica simplex" im Gegensatz zu „exercitium publicum religionis", das nur der vom Landesherrn bestimmten Konfessionen zustand). Allerdings war dies eine Sollensvorschrift: Der Landesherr konnte die Angehörigen der anderen Konfession auch ausweisen.

(3) Art. V § 1 IPO beendete mit einer Generalklausel die strukturelle Minderheit der evangelischen Religionspartei auf der Reichsebene: Es sollte die „aequalitas exacta mutuaque" (= genaue und wechselseitige Gleichheit) der Religionsparteien gelten. Paritätisch zu besetzen waren von nun an das Reichskammergericht und

---

[81] *Ralf-Peter Fuchs*, Ein „Medium zum Frieden". Die Normaljahresregel und die Beendigung des Dreißigjährigen Krieges, 2010.

[82] *Heinz Schilling*, Höfe und Allianzen. Deutschland 1648–1763, Siedler Deutsche Geschichte, 1994, S. 100.

andere Reichsorgane. Im Verfahrensrecht des Reichstages wurde das Mehrheitsprinzip in Angelegenheiten mit Religionsbezug ausdrücklich ausgeschlossen. Der Reichstag wurde konfessionell in das Corpus Evangelicorum und das Corpus Catholicorum gegliedert, die in Religionssachen zu getrennten Verhandlungen auseinandertraten („itio in partes").[83] Möglich war dann zwischen den Corpora nur der freundschaftliche Vergleich (compositio amicabilis, Art. V § 52 IPO).

c) Reich und Territorien

Mit Blick auf das Zusammenwirken von Reich und Reichsständen brachte der Westfälische Frieden eine starke Aufwertung der Stände. Mit dieser von den europäischen Großmächten unterstützten Ordnung war dem Reich in der Mitte Europas die Entscheidungsmöglichkeit zu einem Staat endgültig versperrt. Art. VIII IPO, §§ 62 ff. IPM garantierte den Reichsständen die Landeshoheit, das Ius territorii et superioritatis, das den Landesherren in ihrem Territorium die Gewalt in allen weltlichen und geistlichen Angelegenheiten gab. Zugleich wurde das Lehnsrecht ausdrücklich als Rechtsgrundlage des Reichs und der Verhältnisse der Reichsstände zum Kaiser betont. In allen wichtigen Fragen des Reiches – Rechtsetzung, Kriegs- und Friedenserklärungen, Abschluss von Bündnissen – wurde der Kaiser an die Zustimmung der Stände gebunden (Art. VIII IPO: Zustimmung des Reichstags „sine contradictione iure suffragii in omnibus deliberationibus super negotiis imperii"). **124**

Diese föderative Gewaltenteilung hatte Langzeitwirkung: Noch heute, in den ganz anders strukturierten bundesstaatlichen Verhältnissen des Grundgesetzes, findet die vertikale Verteilung der Kompetenzen zwischen Bund und Ländern nicht nach Sachaufgaben, sondern nach den Staatsfunktionen statt (Art. 30, 70 ff., 83 ff., 92 ff. GG). **125**

Vor allem aber räumte der Westfälische Frieden den Reichsständen das Recht ein, Bündnisse mit reichsfremden Mächten und Staaten einzugehen (Ius foederis), eingeschränkt nur durch eine Treueklausel gegenüber Kaiser und Reich, Art. VIII § 2 IPO.[84] Der Friede erklärte ferner eine allgemeine Amnestie für Kriegstaten und restituierte die weltlichen Rechts- und Besitzverhältnisse auf den Stand des Jahres 1618. Die Schweizerische Eidgenossenschaft und die Niederlande schieden endgültig aus dem Reichsverband aus. Wismar, Vorpommern, Stettin, ferner die Bistümer Bremen und Verden wurden Schweden angegliedert, das hierdurch auch eine Reichsstandschaft mit Sitz und Stimme im Reichstag erhielt. Frankreich erhielt die lothringischen Besitztümer Metz, Toul und Verdun und Teile des Elsaß. Insgesamt „erlitt die monarchische Einheit des Reiches Einbußen zugunsten der ständischen Autonomie, ohne dass der Reichsverband sich auflöste. Die Territorien erlangten zunehmend den Status souveräner Staaten; die Beziehungen im Reich gestalteten sich weithin nach völkerrechtlichen Regeln. Die Politik der Assoziation gleichberechtigter Staaten soll- **126**

---

[83] *Martin Heckel*, Itio in partes, in: ZRG (KA) 64 (1978), S. 180 ff.
[84] *Ernst-Wolfgang Böckenförde*, Der Westfälische Frieden und das Bündnisrecht der Reichsstände, in: Der Staat 8 (1969), S. 449 ff.

te die Einheitsidee ablösen." Der Friede war eine „Wendemarke: für den längst angelegten Prozess des Zerfalls einer päpstlichen oder kaiserlichen universalen Weltherrschaft und der mittelalterlichen Gemeinschaftsidee einer europäischen res publica christiana und für das Werden eines Europas, das sich als Bündelung unabhängiger Staaten in einem System des Gleichgewichts und der Koordination darstellt. […] Das ‚Heilige Römische Reich' musste dem Konzert der europäischen Staaten weichen."[85]

127   Dennoch sind die Verdienste des Westfälischen Friedens nicht zu übersehen. Er befriedete nicht nur das Reich, sondern band die europäischen Mächte in die Friedensordnung ein. Es gelang, die zerstörerische Kraft der Konfessionalisierung einzuhegen. „Hat man die Kalamitäten der verfassungsrechtlichen Lage im Reiche, die Verheerungen der Religionskriege und die Grausamkeiten der Unterdrückung und Verfolgung konfessioneller Minoritäten andernorts im Auge, dann wird man das Verdienst jenes verfassungsrechtlichen Instituts um die Einigung, den Frieden, die Freiheit und die Gleichheit in rechtlich geordneten ‚rechtsstaatlichen' Formen nicht gering achten, sondern verstehen, dass es als *einziges Palladium* und *vornehmste Stütze der Freyheit und mit so vielem Blut erkauften Aequalität* gepriesen worden ist."[86] Die Bewertungen des Westfälischen Friedens haben sich im Laufe der Zeiten stark verändert. Insbesondere im nationalstaatlich orientierten 19. Jahrhundert war sie durchweg negativ. Zuvor, im 18. Jahrhundert, wurde eher nüchtern argumentiert. So schrieb der Göttinger Jurist Johannes Stephan Pütter (1725–1807) im Jahre 1788: „So ist also nunmehr Teutschland als ein Reich betrachtet zwar noch ein einiger Staatskörper, aber nicht wie die übrigen Europäischen Reiche ein einfacher, sondern ein zusammengesetzter Staatskörper, dessen einzelne Teile wieder lauter besondere Staaten sind, die nur ihren Zusammenhang unter dem Kaiser als einem gemeinsamen Oberhaupt behalten haben."[87] Und heute heißt es kurz und bündig: „Wenn man sich an die Entwicklung der deutschen Geschichte und den Satz von Theodor Heuss hält, der Föderalismus sei keine deutsche Unart, sondern eine deutsche Eigenart, dann relativiert sich die ausschließlich negative Bewertung des alten Reichs von selbst."[88]

d) Grundlegung des Völkerrechts

128   Bedeutsam war der Friedensschluss für die völkerrechtliche Entwicklung: „Mutmaßlich unbeabsichtigt hat der Westfälische Frieden eine Reihe von Folgen gezeitigt, die für die weitere Geschichte von Krieg und Frieden in Europa folgenreich wurden: Es ist kein ‚ewiger Frieden' geworden, wie es nach den Verhandlungen in Münster und Osnabrück hieß. Aber es entstand doch eine politische Ordnung, in der Krieg und Frieden als die beiden Aggregatzustände des Politischen so präzise voneinander getrennt wurden, dass man die Übergänge von dem einen in den anderen juristisch in Form von Kriegserklärung und Friedensschluss fixieren konnte. Das war ein nicht zu unterschätzender Fortschritt, wenn man berücksichtigt, dass der Dreißigjährige Krieg

---

[85] *Klaus Schlaich*, Artikel Westfälischer Frieden, in: Evangelisches Staatslexikon, 3. Aufl. 1987, Bd. 2, Sp. 3970 ff., 3973.

[86] *Martin Heckel*, Ito in partes. Zur Reichsverfassung des Heiligen Römischen Reiches Deutscher Nation, in: ZRG (KA) 64 (1978), S. 180 ff., 307 f.

[87] *Johann Stephan Pütter*, Historische Entwicklung der heutigen Staatsverfassung des teutschen Reichs, Bd. 2, 1788, S. 159 f.

[88] *Horst Möller*, Fürstenstaat oder Bürgernation. Deutschland 1763–1815, Siedler Deutsche Geschichte, 1994, S. 240.

weithin ohne Kriegserklärungen geführt wurde und mehrere Friedensschlüsse nicht zum gewünschten Frieden führten, sondern die Gewaltanwendung weiter stieg."[89]

§ 8 Das Ende des Heiligen Römischen Reiches

I. Staatstheorie im 16. und 17. Jahrhundert: Souveränität – beginnende Säkularität – Vertragstheorie

1. Neue Reflexionen über Religion und öffentliche Ordnung

Die Reformation ging zwar von den deutschen Kernlanden des Reiches aus, sie beschäftigte und veränderte aber ganz Europa. Das 16. und das 17. Jahrhundert bezeichnen das Zeitalter der Glaubensspaltung, der Religionskriege und gerade aus diesen Gründen auch der beginnenden Distanzierung der weltlichen Ordnung von der Sphäre des Religiösen. In der Staatenwelt aber blieb zunächst die Bedeutung der Religion für den Aufbau der politischen Ordnung erhalten. Die Glaubensspaltung führte, auf dieser Grundlage fast folgerichtig, zu unterschiedlichen, niemals eindeutigen und jeweils krisenbehafteten Haltungen gegenüber der Religion. Im Reich galt seit dem Augsburger Religionsfrieden eine föderale Lösung mit dem tendenziell das Reich lähmenden Versuch der Koexistenz zweier Religionsparteien in seinen Institutionen. In Frankreich, England und Schweden, um diese Beispiele beginnender National- und Einheitsstaaten zu nennen, verlangte die Einheitsbildung die Etablierung einer Konfession als „Staatskirche", verbunden mit der Diskriminierung oder sogar Verfolgung der religiösen Minderheit. Jedenfalls: Die mittelalterliche Ordnung ist dahin, zerstört ist die Einheit von Religion und Politik. Zur Signatur des 16. Jahrhunderts gehört, die Spaltung von Religion und Politik vertiefend, die Wiederentdeckung, die Renaissance (wörtlich Wiedergeburt) der heidnischen Antike mitsamt der antiken Denker. Zugleich gelangten die Naturwissenschaften, insbesondere in der Mathematik und Astronomie, zu neuen Erkenntnissen. All das erschütterte das überkommene Weltbild und forderte auch dazu heraus, das Zusammenleben in politischen Ordnungen neu zu durchdenken. Es bildete sich eine neue Staatstheorie, vielleicht sogar erstmals überhaupt eine Theorie des Staates. Es ging „um eine politische Formwelt, welche des religiösen Fundaments nicht mehr bedurfte"[90]. Noch weiter ausgreifend kommentiert Thomas Vesting diese Veränderungen: „In der gelehrten literarischen Diskussion entsteht so allmählich ein Wissen über den Staat, das sich von theologischen Prämissen emanzipiert und zur Selbstgründung der modernen Welt beiträgt – einer Welt, die das Vertrauen in letzte religiöse oder ethische Gewissheiten verloren hat und diesen Mangel nicht zuletzt durch die Konstruktion artifizi-

129

---

[89] *Herfried Münkler*, Tränen des Vaterlandes, in: Frankfurter Allgemeine Zeitung vom 16. Juli 2018, S. 7.
[90] *Ernst Forsthoff*, Verfassungsgeschichte der Neuzeit, 4. Aufl. 1972, S. 24.

eller (künstlicher) Körper kompensieren muss. Der Schweizer Kulturhistoriker Jacob Burckhardt hat in seinem Buch *Die Kultur der Renaissance in Italien* (1860) in diesem Sinn ganz richtig vom ‚Staat als Kunstwerk' gesprochen. [...] Die Staatstheorie leistet einen Beitrag zur sowohl begrifflichen als auch imaginativen Fabrikation des frühmodernen Staates und der mit ihm für die Einzelnen verbundenen Möglichkeit, ein säkulares Leben führen zu können und nicht mehr nur Teil der großen kirchlichen Gemeinschaft unter der Ägide Gottes sein zu müssen."[91] Die wichtigsten hiermit in Bezug genommenen Staatsdenker seien kurz genannt.

2. Das Amt des Fürsten: Niccolò Machiavelli

130 Niccolò Machiavelli (1469–1527) erforschte in seinem Werk „Il Principe" (Der Fürst), das erst fünf Jahre nach seinem Tod publiziert wurde, die Voraussetzungen der Staatsgründung und -erhaltung. Schon das war eine grundlegend neue Perspektive, setzte sie doch voraus, dass durch menschlichen Willensakt die politische Ordnung geschaffen werden kann und diese Ordnung labil ist. Neu war auch, dass Einsichten über den Staat aus den politischen Streitigkeiten der Renaissance gewonnen werden sollten. Machtpolitik und Staatsräson (ragione di stato), das staatliche Interesse und Gemeinwohl, aber auch die Erziehung des Fürsten, damit er zur Herrschaft im Inneren des Gemeinwesens befähigt werden kann, wurden behandelt. Keineswegs redete Machiavelli einem „kühl-realistische[n] Abbau moralischer Normen"[92] das Wort. Es ging ihm um zielbewusste Rationalität. Machiavelli verwarf die mittelalterliche Auffassung der Religion als gottgestiftetes Band, das der christlichen Welt Frieden bringe. Religion sei ein weltliches Mittel, das die Herrscher zur Stabilisierung ihrer Macht einsetzen müssten. So verhielten sich schließlich auch die Päpste: Das „schlechte Vorbild des römischen Hofes" habe bewirkt, dass in den italienischen Herrschaftsbereichen „alle Gottesfurcht und alle Religion" verloren gegangen sei, „was unzählige Übelstände und endlose Unordnung zur Folge" gehabt habe.[93]

3. Jean Bodin und die Souveränität

131 Den maßgeblichen Schritt in die neue geistig-politische Welt unternahm Jean Bodin (1530–1596) mit seinen „Les Six Livres de la République" (Sechs Bücher über den Staat, 1576). Sie führten dasjenige Kriterium des Staates ein und bauten es zur Theorie aus, das noch heute als zentrales Staatsmerkmal verstanden wird: die Souveränität. Sie ist nach Bodin „eine höchste Gewalt über Bürger und Untertanen, gelöst von den Gesetzen", potestas summa et perpetuaque (höchste und beständige Gewalt).

---

[91] *Thomas Vesting*, Staatstheorie, 2018, S. 64 f. (Rn. 116).
[92] So aber *Gottfried Schramm*, Fünf Wegscheiden der Weltgeschichte, 2004, S. 218.
[93] *Niccolò Machiavelli*, Vom Staat (Discorsi sopra la prima deca di Tito Livio), Darmstadt 1967, § 11 (S. 53).

Souveränität ist die Befugnis zum Erlass von Befehlen mit Gesetzeskraft.[94] Sie ist dauerhaft; der wirkliche Souverän ist ständig im Besitz der Staatsgewalt und hat keinen weltlichen Herrscher über sich. Souveränität kann deshalb auch nicht, von wem auch immer, abgeleitet werden, sie gehört zum Staat. Souveränität ist nach Bodin der point principal (der erste und wichtigste Punkt) der neuen Staatsordnung. „Das hieß den Staat auf sich selbst stellen und an sich legitimieren. Es hieß insbesondere auf eine institutionelle Verankerung des Staates in einem universalen, religiösen Verband zu verzichten. Die Souveränität wurde bald mehr als Wort und Begriff: Sie wurde Ziel und Siegel großer Verfassungsbewegungen, aus denen der barocke Fürstenstaat hervorging. Sie wirkte trennend und konzentrierend zugleich. Sie zertrennte das Reich, aber sie straffte die territorialen Gewalten zu impermeablen, mit gleichem Rang nebeneinanderstehenden Staaten, unter denen nunmehr das Völkerrecht, das in dieser Zeit neu entstand, Rechtsbande neuer Art knüpfte."[95] Souveränität bedeutete aber auch die Ablösung des personenrechtlichen Denkens der politischen Verhältnisse. Souveränität ist unteilbar. Erstmals galt der Staat selbst als Person, als „persona moralis" (juristische Person), nicht als Rechtsverhältnis. Tatsächlicher Inhaber und Träger aber der persönlich gedachten Souveränität im Staat war für Bodin der Monarch. Der Begriff der Souveränität war damit „ursprünglich ganz und gar auf die Staatsform der Monarchie zugeschnitten."[96] Bei Bodin bildet den Hintergrund seines Denkens auch der anhaltende Streit über die Haltung des französischen Staates gegenüber den religiös abweichenden Hugenotten, die sich zu dem in Frankreich nicht geduldeten reformierten Protestantismus bekannten. Bodin betont die Pflicht des Herrschers, der Vernunft zu folgen, die sich aus dem natürlichen, monarchischen und göttlichen Gesetz ergibt; dem liegt die Unterscheidung von „Lex" (positives Gesetz), an das der Herrscher nicht gebunden ist („legibus solutus") und „Ius" zugrunde, dem aus allgemeingültigen Grundsätzen bestehenden Recht, an das auch der Souverän gebunden ist.

4. Thomas Hobbes und der Vertragsgedanke

Mehr als ein Menschenalter später fragte Thomas Hobbes (1588–1679) in seinem Buch „Leviathan" (1651), woher die Souveränität stamme – seine Antwort war eine originär juristische: Er bediente sich des Vertrages, um Entstehen und Funktion des Staates zu erläutern. Selbstverständlich ging es nicht um einen tatsächlichen Vertrag – kein Staat ist so entstanden –, sondern um ein analytisches Modell. Menschen schließen sich zusammen, um dem unsicheren Naturzustand zu entgehen, in dem jeder für den anderen ein Wolf ist (homo homini lupus), und der Krieg aller gegen alle droht (bellum omnium contra omnes). Menschen wollen Sicherheit erlangen.

132

---

[94] *Helmut Quaritsch*, Staat und Souveränität, Bd. 1, 1970, S. 510: „Souverän ist, wer das geltende Gesetzes- und Gewohnheitsrecht einseitig ändern kann."
[95] *Ernst Forsthoff*, Verfassungsgeschichte der Neuzeit, 4. Aufl. 1972, S. 25.
[96] *Thomas Vesting*, Staatstheorie, 2018, S. 30 (Rn. 51).

Zugleich schließen sie einen Vertrag, mit dem sie sich dem Monarchen unterwerfen. Mit dem ersten Vertrag entsteht der Staat als künstlicher politischer Körper (body politic), aus Menschen im Naturzustand werden Bürger; der zweite setzt den Souverän ein, dem jeder einzelne Bürger all seine Kraft und Macht zu herrschen überträgt. Gegen den Souverän gibt es kein Widerstandsrecht. Die Sicherung des inneren Friedens verlangt nach Hobbes auch, dass dem Souverän die höchste Macht in geistlichen Angelegenheiten zukommt, so etwa die Befugnis zur Ordnung des Gottesdienstes und zur Setzung von Kirchenrecht. Hobbes entwickelte seine Theorie vor dem Hintergrund der Auseinandersetzung der englischen Könige seiner Zeit mit dem Parlament, die in England zu auch konfessionell begründeten Bürgerkriegen führte.

5. Samuel v. Pufendorf und die Pflichtenlehre

133 Samuel v. Pufendorf (1632–1694) übernahm die Idee des Staatsvertrages, nutzte den Vertragsgedanken aber auch, um rechtliche Grenzen des Inhabers der Souveränität zu begründen. Herrscher und Untertanen sind Vertragspartner mit Rechten und Pflichten. In diesem Rahmen bewegt sich die absolute Gewalt des Herrschers, die v. Pufendorf so definiert: „Majestas est summa in cives ac subditos legibusque soluta potestas" (= Die Herrschergewalt ist die höchste und von den Gesetzen gelöste Gewalt über Bürger und Unterworfene). v. Pufendorf hat im Übrigen den Gedanken entwickelt, dass Recht auf der Gemeinschaftsgebundenheit aller Menschen beruht. Geltendes Recht könne ohne vernünftige Einsicht in das Wesen der Gerechtigkeit nicht verstanden werden. Rechte hat der einzelne nur im Rahmen seiner Pflichtenbindung und zur Erfüllung von Pflichten – und dies soll auch für die Herrscher gelten.

134 In seiner Schrift „De officio hominis et civis" (= Über die Pflicht des Menschen und des Bürgers) führt v. Pufendorf aus: „Der Mensch ist also das Lebewesen, das am meisten auf seine Selbsterhaltung bedacht ist. Dabei ist er aber auf sich allein gestellt ganz hilflos. Er ist nicht in der Lage, ohne Unterstützung von seinesgleichen zu überleben, ist aber auch bestens geeignet zur gegenseitigen Förderung. Bei allem ist er jedoch böswillig, angriffslustig und leicht reizbar und ebenso schnell bereit, anderen zu schaden, wie er dazu auch in der Lage ist. Daraus ergibt sich, daß der Mensch, um zu überleben, ein Leben in der Gemeinschaft führen muß, d.h., er muß sich mit seinen Mitmenschen zusammentun und sich ihnen gegenüber so betragen, daß sie ihrerseits nicht jeden Vorwand ergreifen, ihm zu schaden, sondern statt dessen bereit sind, auch seinen Vorteil zu wahren und zu fördern. [...] Die Regeln dieses Gemeinschaftslebens oder die Lehren darüber, wie sich ein jeder betragen muß, um ein nützliches Glied der menschlichen Gesellschaft zu sein, werden als Naturrecht bezeichnet. [...] Daraus ergibt sich folgende Grundregel des Naturrechts: Jeder muß die Gemeinschaft nach Kräften schützen und fördern."[97]

---

[97] *Samuel v. Pufendorf*, Über die Pflicht des Menschen und des Bürgers nach dem Gesetz der Natur, übersetzt und hrsg. von Klaus Luig, 1994, S. 47 f.

6. Zur Nachwirkung der neuen Ordnungsbegriffe

Die im 16./17. Jahrhundert begründeten Kategorien des modernen „Staates" und der – als Eigenschaft des Staates – „Souveränität" sind als politische und rechtliche Ordnungsbegriffe bis heute prägend. Sie werden es auch zukünftig sein, wenngleich es, mit Blick auf die zunehmende Bedeutung supra- und internationaler Organisationen und Staatenverbände (dazu Rn. 1080 ff.), Auffassungen gibt, die Souveränität für eine gestrige und überholte Kategorie halten, die zudem die Assoziation rücksichtsloser Selbstbehauptung von Nationalstaaten hervorruft. Darum indes geht es nicht.

135

Dieter Grimm hat den Ursprung und die Bedeutung des Souveränitätskonzepts präzise zusammengefasst: „Als Träger der Souveränität kommen nach bisherigem Verständnis nur Staaten in Frage. Staatsbildung und Souveränitätsbildung gingen Hand in Hand. Als nach dem Verfall der mittelalterlichen Ordnung die Fürsten verschiedener Territorien begannen, die im Mittelalter auf zahlreiche voneinander unabhängige Träger verteilten Hoheitsrechte an sich zu ziehen und zur umfassenden öffentlichen Gewalt im Singular zu verdichten, kam für die neuartige Machtzusammenstellung schnell die Bezeichnung ‚Souveränität' auf. Die dadurch entstandenen politischen Einheiten wurden als so neuartig empfunden, dass sich auch für sie alsbald ein neuer Name durchsetzte, nämlich ‚Staat'. Souveränität machte Herrschaftsgebilde zum Staat. Herrschaftsgebilde, denen es an Souveränität fehlte, blieben auf einer vorstaatlichen Stufe zurück. Souveränität verlieh dem Staat die Macht, über seine inneren Verhältnisse selbst zu bestimmen, und zwar unabhängig davon, wer im Inneren Träger des Rechts war. Nach außen schützte die Souveränität den Staat vor Fremdbestimmung durch andere Staaten. Sie war ein Rechtsstatus, der allen Staaten gleichermaßen zukam, unabhängig von Größe und militärischer und wirtschaftlicher Stärke. Unterschiedliche Machtlagen wurden dadurch nicht eingeebnet, gaben aber kein Recht zur Überwältigung schwächerer Staaten. Wenn sich ein Staat dem Willen eines anderen beugte, war das seine wie auch immer motivierte Entscheidung. Die Souveränität wurde durch Selbstbeschränkungen nicht berührt."[98]

136

II. Der Aufstieg der Territorien und Städte

1. Die Agonie des Reiches

Der gerade genannte v. Pufendorf gehörte zu den ersten, die die Realitäten im Reich nach dem Westfälischen Frieden im Lichte der neuen Theorien beurteilten. Unter dem Pseudonym Severinus de Monzambano schrieb er 1667 „De statu Imperii Germanici" (Über den Zustand des Deutschen Reiches). Die Ordnung des Reiches erklärte er für „monströs", es sei ein irregulare aliquod corpus et monstro simile. Es handele sich nicht um einen Staat, nicht einmal um ein funktionierendes System ei-

137

---

[98] *Dieter Grimm*, Ein souveränes Europa?, in: F.A.Z. vom 15. November 2017.

nes Staatenverbandes; die Reichsverfassung solle deshalb durch einen Staatenbund souveräner Fürsten abgelöst werden.

138 Es bleibe, so schreibt v. Pufendorf, nichts anderes übrig, „als das deutsche Reich, wenn man es nach den Regeln der Wissenschaft von der Politik klassifizieren will, einen irregulären und einem Monstrum ähnlichen Körper zu nennen, der sich im Laufe der Zeiten durch die fahrlässige Gefälligkeit der Kaiser, durch den Ehrgeiz der Fürsten und durch die Machenschaften der Geistlichen aus einer regulären Monarchie zu einer so disharmonischen Staatsform entwickelt hat, dass es nicht mehr eine beschränkte Monarchie, wenngleich der äußere Schein dafür spricht, aber noch nicht eine Föderation mehrerer Staaten ist, vielmehr ein Mittelding zwischen beiden. Dieser Zustand ist die dauernde Quelle für die tödliche Krankheit und die inneren Umwälzungen des Reiches, da auf der einen Seite der Kaiser nach der Wiederherstellung der monarchischen Herrschaft, auf der anderen die Stände nach völliger Freiheit streben. [Man wird] Deutschland [deswegen] nicht ohne größte Erschütterungen und ohne totale Verwirrung der Verhältnisse zur monarchischen Staatsform zurückführen können; zum Staatenbund entwickelt es sich dagegen von selbst. Wenn man von der gegenseitigen Resistenz des Kaisers und der Stände absieht, dann ist es schon jetzt eine Föderation von Bundesgenossen ungleichen Rechts [...]. Wir können also den Zustand Deutschlands am besten als einen solchen bezeichnen, der einem Bund mehrerer Staaten sehr nahekommt, in dem ein Fürst als Führer des Bundes die herausragende Stellung hat und mit dem Anschein königlicher Gewalt umgeben ist."[99]

139 Von der so beschriebenen Agonie sollte sich das Reich bis zu seinem Ende 1806 nicht mehr erholen. Es fehlte an leistungsfähigen Organen, insbesondere einer Reichsverwaltung, aber auch an Finanzquellen. Der Kammerzieler zur Finanzierung des Reichskammergerichts blieb die einzige Abgabe des Reiches, eine unmittelbare Besteuerung der Untertanen war undenkbar. Dennoch: Dem Reich verblieben nach innen und außen einige Aufgaben. Mit Hilfe des Reichsheeres hatte es militärischen Bedrohungen zu begegnen, es hatte die Integrität der Reichsstände vor Bedrohungen durch andere Reichsstände und die Rechte der Landstände gegenüber dem Landesherrn zu wahren. Die Territorien galten theoretisch trotz ihrer Selbständigkeit weiterhin als Reichslehen. Auf diese Weise wurde die rechtliche Verbindung zwischen dem Reich und den Territorien konstruiert. Einige Aktivitäten entfaltete der Reichstag nach 1648 im Bereich der Rechtsetzung: 1681 wurde eine Reichsverteidigungsordnung erlassen, eine Reichshandwerksordnung 1731 und eine Reichsmünzordnung 1737. Kehrseite der langen Krankheit zum Tode war indes die Festigung selbständiger und selbstbewusster Staaten (insbesondere Brandenburg-Preußen und Österreich) und Städte (etwa Hamburg, Frankfurt, Bremen) im Reich.

---

[99] *Samuel v. Pufendorf*, Die Verfassung des deutschen Reiches, übersetzt von Horst Denzer, 1976, S. 106 f.; *Detlef Döring*, Untersuchungen zur Entstehungsgeschichte der Reichsverfassungsschrift Samuel Pufendorfs, in: Der Staat 33 (1994), S. 185 ff. Zur rechtlichen Qualifizierung des Reiches *Michael Stolleis*, Geschichte des öffentlichen Rechts in Deutschland, Bd. I, 2. Aufl. 2012, S. 170 ff.

2. Die Modernisierung in den Territorien

Das praktische Ende der mittelalterlichen Lehensordnung, die allerdings als symbolisches Band noch immer bekräftigt wurde, leitete in den ständischen Territorialstaat und dann in den neuzeitlichen institutionellen Flächenstaat über. Die öffentliche Gewalt konzentrierte sich in der Hand des Landesherrn, die privatrechtlichen Vorstellungen der Bündelung einzelner Rechte zur Herrschaft verloren sich. Ausdruck der neuen Festigung der Herrschaft waren geschriebene Landesordnungen (Polizeiordnungen), erlassen als Akte landesherrlicher Fürsorge, die alle Lebensbereiche umfassend regelten, insbesondere Handel und Gewerbe, aber auch ganz allgemein die Aufrechterhaltung der guten Ordnung im Zusammenleben.[100]

Letzteres war im Sprachgebrauch der damaligen Zeit die „gute Policey" als Zusammenfassung der gesamten öffentlichen Wohlfahrt, die nach damaligen Verständnis auch das umfasste, was heute der privaten Lebensführung angehört. Das Wort Polizei leitet sich vom griechischen Wort Politeia (Πολιτεία, Ordnung eines Gemeinwesens, Politik) ab, dieses wiederum von „Polis" (Πόλις, Stadtstaat). So wurden durch Policey-Ordnungen der Ablauf von Hochzeits- und Begräbnisfeiern geregelt, die Höflichkeitspflichten der Kinder gegenüber den Eltern. In vielen Territorien gab es im späten 16. Jahrhundert eine Fülle von Landesordnungen und lokalen Ordnungen. Sie werden erst im absolutistischen 18. Jahrhundert von neuen Kodifikationen abgelöst, die sich der heutigen Gesetzesform nähern. Die Polizeiordnungen leisten „einen wesentlichen Beitrag zur Friedenssicherung, Sozialgestaltung und territorialer Rechtseinheit und damit zu weiteren Vorbedingungen für die Entstehung des modernen souveränen Staates"[101]. Ab dem Ende des 17. Jahrhunderts kommt hinzu, dass Regieren nicht länger mehr ausschließlich Bewahren des Erreichten und Friedenssicherung ist, sondern zunehmend zukunftsgerichtete Planungen mit Entwicklungszielen verfolgt werden.

Diese neue Form der Herrschaft war aber noch weit entfernt von dem erst im 18. Jahrhundert sich durchsetzenden monarchischen Absolutismus, der die im Inneren souveräne landesherrliche Gewalt bedeutete. Der Hauptgrund lag in der Existenz der Landstände, die in den Landesversammlungen (Landtage) eigene Organe hatten und zur Mitsprache bei der Herrschaft berechtigt waren. Der Dualismus von Fürst und Ständen charakterisierte den Staat der Frühmoderne. In ihrer Zusammensetzung entsprachen die Landtage dem Reichstag. Sie waren nach Ständen gegliedert. Dem ersten Stand gehörten geistliche Würdenträger an, dem zweiten die Ritterschaft mit Ausnahme des reichsunmittelbaren Adels. Den dritten Stand bildeten die Städte. Die Landtage wurden durch den Landesherrn einberufen. Ihre Rechte waren nicht in geschriebenen Kompetenzen festgelegt, sondern beruhten auf Gewohnheit und faktischen Machtlagen. Eine Regel allerdings gab es: Abgaben konnte der Landesherr nur mit Zustimmung der Stände auferlegen. Dieses Recht gewann mit dem steigenden Finanzbedarf des Landesherrn und der allgemeinen Herausbildung der Geldwirtschaft an Bedeutung. Es ist ein Zeichen des Übergangs zu absolutistischen Regie-

---

[100] *Hans Maier*, Die ältere deutsche Staats- und Verwaltungslehre, 2. Aufl. 1980, S. 74 ff.
[101] *Horst Dreier*, Kanonistik und Konfessionalisierung – Marksteine auf dem Weg zum Staat, in: JZ 2002, S. 1 ff., 10.

rungsformen, dass es den Landesherren im 18. Jahrhundert zunehmend gelingt, auch bei der Abgabenerhebung die Stände zu überwinden.

143 Veit Ludwig von Seckendorff (1626–1692), Geheimer Hof- und Kammerrat in Sachsen-Gotha, veröffentlichte 1656 die Schrift „Teutscher Fürstenstaat", in der er die Pflichten des Fürsten und die vier wesentlichen Bereiche der Regierung beschrieb: „Als erstlich, läßt ein Landesherr ihme angelegen seyn, den Stand, den ihme Gott verliehen, die dazu gehörige ehre und macht und alles dasjenige, was ihme dazu dienet und mittel giebet, in seinem gebührlichen wesen, vor unordnung, abgang und verletzung zu erhalten, damit er das ansehen und die kräfte habe, den heilsamen zweck in allen ständen zu erreichen, und seine regierung über land und leute nutzbarlich spühren und würcken zu lassen. Fürs andere, hat er macht, gute gesetze und ordnungen im land aufzurichten, dadurch gerechtigkeit, frieden und ruhe, und das vermögen des landes und der leute im schwange gebracht, erhalten, das böse gestrafft, und das gute befördert werde. Drittens, gehöret auch dem landesfürsten die höchste gerichtbarkeit im lande, nehmlich zwischen seinen unterthanen, welche streitig sind, das recht zu verordnen, und sonst einem jeden nach befindung der sache und seines verdienstes die gebühr wiederfahren zu lassen. Vierdtens, wird auch erfordert, die verordnung, anstellung und gebrauch derjenigen mittel, wodurch die vorherigen stücke wider ungehorsame unterthanen, oder auswärtige feinde und gewaltübende können auf bedürftigenden fall ausgerichtet und gehandhabet werden."[102]

III. Insbesondere: Österreich und Preußen im 17. und 18. Jahrhundert

144 Das Bündnisrecht des Westfälischen Friedens für die Reichsstände und Territorien gab den deutschen Fürsten die Gelegenheit, auch im Konzert der europäischen Mächte zu agieren. Das war die natürliche Folge einer Entwicklung, die, im Mittelalter beginnend, den politischen Spielraum der territorialen Herrscher ständig vergrößert hatte. So entstanden „drei Hauptkraftlinien, nach denen sich die deutsche Staatenwelt in den letzten anderthalb Jahrhunderten des Alten Reiches" zwischen 1648 und 1806 „ordnete: Kaisernähe oder Kaiserferne, was zugleich geographisch und sozialgeschichtlich zu verstehen ist; die Konfessionszugehörigkeit, wobei die innerprotestantischen Gegensätze kaum noch eine Rolle spielten, schließlich die säkulare Staatsräson, deren Gewicht ständig zunahm."[103]

1. Österreich

145 Die seit 1438 nicht mehr unterbrochene Kaiserwürde der Habsburger (obwohl das Reich nach wie vor eine Wahlmonarchie war) und der Sitz des Kaiserhofs in Wien gaben Österreich – eigentlich: den habsburgischen Kernlanden Österreich, Böhmen und Ungarn – eine besondere Bedeutung im Reich. Allein Brandenburg-Preußen konnte dem seit der Mitte des 18. Jahrhunderts ein annähernd vergleichbares Ge-

---

[102] *Veit Ludwig von Seckendorff*, Teutscher Fürsten-Staat, Teil II, Kap. I, S. 40 f.
[103] *Heinz Schilling*, Höfe und Allianzen. Deutschland 1648–1763, Siedler Deutsche Geschichte, 1994, S. 159.

wicht entgegensetzen, nicht zuletzt durch militärische Erfolge gegen Österreich im Siebenjährigen Krieg von 1756–1763 bestätigt. Kulturell-politisch vertiefte sich eine Zweiteilung des Reiches in vorrangig protestantische Staaten im Norden und Osten und katholische im Westen und Süden; hier fiel Österreich die Führungsrolle zu. Nach dem Westfälischen Frieden gab es in Österreich (und in benachbarten Fürstbistümern wie Salzburg) eine entschiedene Rekatholisierung. Noch bis in das 18. Jahrhundert hinein mussten bis zu 100.000 Protestanten das Land verlassen. Viele von ihnen übersiedelten in das tolerantere Brandenburg-Preußen, insbesondere in die ostpreußischen Gebiete um Königsberg.

Österreich begab sich auf den Weg zu einem absolutistischen Einheitsstaat, einerseits in Abgrenzung vom Reich und dessen in Wien ansässigen Institutionen, andererseits in Überwindung ständischer Widerstände. Militär und Verwaltung wurden im 18. Jahrhundert durchgreifend erneuert. Dafür steht vor allem die Regierungszeit Maria Theresias (1740–1780). Die monarchische Krongewalt, das war das Leitprinzip ihrer Herrschaft, müsse allein und unbeschränkt über die finanziellen und personellen Ressourcen des Landes verfügen können. Das Steuerbewilligungsrecht der Stände wurde nicht angetastet, wohl aber ihr Recht, über die Mittelverwendung mitzubestimmen. Entscheidend für die Modernisierung des Staates war die Schaffung zentraler Behörden, die, nach Sachbereichen geordnet, die Schwierigkeit überwinden mussten, dass es in den habsburgischen Kernlanden unterschiedliche Nationalitäten gab. 1743 wurde die geheime Hof- und Staatskanzlei mit der ausschließlichen Zuständigkeit für auswärtige Angelegenheiten geschaffen, 1749 das Direktorium in publicis et cameralibus als zentrale Verwaltungsbehörde. Die Gemeinden wurden der Staatsaufsicht unterstellt. Diese Reformen erlaubten es, nahezu alle Bereiche des öffentlichen und privaten Lebens zu ordnen und, wenn nötig, zu formen. Dies betraf Religionsangelegenheiten, Bildung, Kultur, Kranken-, Armen- und Sozialfürsorge, das Manufaktur- und Zunftwesen, die Landwirtschaft, Post, Straßenbau, aber auch das Buch- und Zeitungswesen, das einer mehr oder weniger strengen Zensur unterlag. Modernisierung bedeutete im 18. Jahrhundert verstärkte Reglementierung. „Dahinter stand das optimistische Welt- und Menschenbild des 18. Jahrhunderts, das die menschliche Glückseligkeit meinte planvoll entwerfen und administrativ realisieren zu können." Dies war ausschließlich Aufgabe des Staates und seiner Bürokratie. „Das freie Spiel gesellschaftlicher Kräfte oder gar das ‚bürgerliche' Individuum waren im Reich noch nicht entdeckt."[104] Der 1760 geschaffene Staatsrat bündelte unter Leitung des Staatskanzlers die Steuerungsfunktionen durch Beaufsichtigung der obersten Behörden und Beratung des Monarchen in allen wichtigen Angelegenheiten.

---

[104] *Heinz Schilling*, Höfe und Allianzen. Deutschland 1848–1763, Siedler Deutsche Geschichte, 1994, S. 348 f.

2. Brandenburg-Preußen

a) Brandenburg seit der Reformation

147 Das Staatswesen, das seit der Mitte des 18. Jahrhunderts mit der einheitlichen Bezeichnung Preußen versehen wurde, bestand aus zwei ursprünglich getrennten Stammlanden. Im Westen lag die Mark Brandenburg mit der lange Zeit vergleichsweise unbedeutenden Stadt Berlin, der Altmark (um Stendal im heutigen Sachsen-Anhalt) und der Neumark (östlich von Frankfurt/Oder im heutigen Polen). Brandenburg war seit dem Ende des Mittelalters (1415) das Stammland der Hohenzollern und Basis ihrer Stellung im Reich; seit der Goldenen Bulle von 1356 war es eines der ursprünglich sieben, später neun Kurfürstentümer im Reich. Das Herzogtum Preußen mit der Hauptstadt Königsberg bestand aus West- und Ostpreußen. Beide Gebiete liegen heute in Polen oder, so im Fall eines Teiles von Ostpreußen um Königsberg, in Russland (die heutige Exklave Kaliningrad). Brandenburg und Preußen waren ursprünglich allein durch eine Personalunion verbunden.

148 Zwischen 1600 und 1800 gelang Brandenburg-Preußen ein im Reich beispielloser Aufstieg in territorialer und machtpolitischer Hinsicht. Es begann für Brandenburg 1614 mit – friedlichen – Gebietsgewinnen am Niederrhein und Ostwestfalen (Kleve, Mark, Ravensberg). Kurz danach, 1618, kam durch einen Erbfall das Herzogtum Preußen hinzu, das außerhalb des Heiligen Römischen Reiches lag. Im Westfälischen Frieden wurden Brandenburg das Gebiet Hinterpommern und die säkularisierten Fürstbistümer Kammin, Halberstadt, Minden und Magdeburg zugeschlagen. Damit erstreckte sich der Doppelstaat schon 1650, immer wieder unterbrochen durch andere Territorien, vom Rhein bis zum Zarenreich. 1660 setzte Friedrich Wilhelm I., der Große Kurfürst, die brandenburgische Souveränität in Preußen endgültig durch.

149 Vielfalt, auch in religiöser Hinsicht, war diesem Staat vorgegeben. Die Herrscher machten, wozu sie reichsrechtlich eigentlich verpflichtet gewesen wären, keinen Versuch, unter Berufung auf das Ius reformandi eine konfessionelle Geschlossenheit herzustellen. Das hätte das expandierende Preußen vor nicht zu bewältigende Schwierigkeiten gestellt. Mehr noch: Am 25. Dezember 1613 trat im Berliner Dom Kurfürst Johann Sigismund (1608–1619) mit seiner Familie vom lutherischen Bekenntnis zum Calvinismus über. Das war in doppelter Hinsicht bemerkenswert. Zum einen schloss sich Sigismund einem Bekenntnis an, das zu dieser Zeit, vor dem Westfälischen Frieden, reichsrechtlich noch gar nicht anerkannt war. Zum anderen verzichtete er ausdrücklich auf sein Ius reformandi. Das Bekenntnis der Untertanen blieb unberührt, der Herrscher war konfessionell jetzt von den meisten seiner Untertanen getrennt. Die Hoffnung des Herrschers, die Untertanen würden sich der Konversion des Hofes zum reformierten Glaubensbekenntnis anschließen, erfüllte sich nicht. In Brandenburg-Preußen bekannten sich zu keinem Zeitpunkt mehr als 4 Prozent der Bevölkerung zum reformierten Glauben; die große Mehrheit blieb lutherisch. „Die konfessionelle Spaltung zwischen dem Herrscherhaus und der Bevölkerung zählt zu den faszinierenden Besonderheiten der Geschichte Brandenburg-Preußens."¹⁰⁵ Das legte den Grundstein zu der die weitere Entwicklung Preußens mitprägenden Toleranz in religiösen Fragen, am bekanntesten im Diktum Friedrichs des Großen (1740–1786) zum Ausdruck gebracht, wonach in Preußen ein jeder „nach seiner Faßon selich werden" müsse, so eine eigenhändige Aktennotiz Friedrichs kurz nach seinem Regierungsantritt 1740. Schon 50 Jahre früher, um 1690, war der geschlossene Konfessionsstaat in Brandenburg Preußen Geschichte – nicht im Interesse individueller Freiheit, sondern wegen des Interesses des Herrschers am Zusammenhalt des Staates, also aus Gründen der Staatsräson.

b) Friedrich Wilhelm (Der „Große Kurfürst")

150 Friedrich Wilhelm, der Große Kurfürst (1640–1688), hatte bereits alle Kräfte darauf konzentriert, die Macht Brandenburg Preußens zu vergrößern.

151 Der Schriftsteller Theodor Fontane (1819–1898), der in seinen Gedichten und seinen Romanen (ab 1878) zum wichtigsten literarischen Chronisten Preußens wurde, beschrieb in einer historischen Skizze von 1862 den insgesamt ärmlichen Zustand Brandenburgs um 1630: „Die märkischen Städte damals ließen viel zu wünschen übrig und standen so ziemlich auf der niedersten Stufe in Deutschland. Nehmen wir Berlin, [...] so lässt sich mit Leichtigkeit der Beweis führen, dass die kurfürstliche brandenburgische Residenz unter allen kurfürstlichen Residenzen jener Zeit die kümmerlichste war und weder mit München und Dresden, noch mit Mainz und Köln verglichen werden konnte. Trat es gegen diese Städte in den Schatten, so blieb es ebenso sehr hinter den freien Reichsstädten im südwestlichen Deutschland, wie hinter den Hansa- und Handelsstädten im Norden zurück."¹⁰⁶

152 Zentral war die Verbesserung der Landwirtschaft auf den oft kargen Böden (Brandenburg wurde lange als die „Reichsstreusandbüchse" bezeichnet) und die Steigerung der Wirtschaftskraft. 1644 wurde erstmals ein stehendes Heer aufgestellt. Als die hierfür benötigten Mittel durch Steuern aufgebracht werden sollten, verweigerten zwar die Stände ihre Zustimmung, letztlich setzte sich aber der Kurfürst mit einem Kompromiss durch. Die Vorrechte der Stände blieben anerkannt, die Stände aber verpflichteten sich, von ihren Privilegien nur insoweit Gebrauch zu machen, als sie der kurfürstlichen Souveränität nicht entgegenstünden. Das Argumentationsmuster in den Auseinandersetzungen zwischen dem Kurfürsten und den verschiedenen regionalen Ständen (als besonders selbstbewusst zeigten sich die Stände in Kleve) war beständig das gleiche: Die Stände beriefen sich auf das althergebrachte Recht ihrer „libertas" (Freiheit), der Kurfürst verwies auf die „necessitas" (Notwendigkeit) der Zentralgewalt in Brandenburg-Preußen, die angesichts der vielfachen Bedrohungen des fragilen Staatsgebildes von außen, während des dreißigjährigen Krieges und da-

---

[105] *Christopher Clark*, Von Zeit und Macht. Herrschaft und Geschichtsbild vom Großen Kurfürsten bis zu den Nationalsozialisten, 2. Aufl. 2018, S. 55.
[106] *Theodor Fontane*, Die Mark und die märkischen Kriegsobersten zur Zeit des dreißigjährigen Krieges, in: *ders.*, Wanderungen durch die Mark Brandenburg, Bd. 4, Spreeland, Ausgabe Nymphenburger, 1960, S. 420.

nach, gestärkt und insbesondere mit von den Ständen bewilligten Abgaben finanziell ausgestattet werden müsse.[107]

153 Die Armee – seit etwa 1650 ein Machtinstrument, das dem Herrscher ohne Mitsprache der Stände zur Verfügung stand (die allerdings die Finanzierung durch Bewilligung von Abgaben sicherstellen mussten) – prägte fortan die preußische Welt und ihre Selbst- und Fremdwahrnehmung. Die Armeegröße stieg von 1688 bis etwa 1740 von 30.000 auf 200.000 Mann. Damit war unter Friedrich dem Großen jeder dreizehnte Einwohner Preußens Soldat. In Österreich war es lediglich jeder sechzigste. Den früheren Charakter der Armee als insgesamt wenig loyales Söldnerheer überwand Preußen. Neben Vorformen allgemeiner Wehrpflicht entstand ein neuartiges, aus einheimischen Adligen bestehendes Offizierskorps, das eine spezielle, allein dem König verpflichtete Gruppe von Staatsdienern bildete. Die neben der militärischen hohe soziale Bedeutung der Armee ergab sich aus dem Einfließen soldatischer Umgangsformen in die Gesellschaft. Die Armee vermittelte Kenntnisse, sie war aufgrund ihres Ausstattungsbedarfs aber auch ein Wirtschaftsfaktor. Die Bedürfnisse der Armee standen unter allen öffentlichen Aufgaben an der Spitze. Kehrseite war der heute häufig mit Preußen in Verbindung gebrachte Militarismus.

154 Um den Fortschritt des Landes zu beschleunigen, wurde die Einwanderung von fähigen Menschen gefördert, die häufig in ihrer Heimat ihre Religion nicht pflegen konnten, Holländer, Hugenotten (Reformierte aus Frankreich), Salzburger Protestanten.

c) 1701: Preußen wird Königreich

155 Auf Friedrich Wilhelm, der 48 Jahre Regent gewesen war, folgte Kurfürst Friedrich III. (1688–1713), der sich in Königsberg – außerhalb des Reiches – 1701 selbst als Friedrich I. zum König in Preußen krönte. Die in einer genau durchdachten Zeremonie vollzogene Krönung außerhalb des Reiches vermied das schwierige Problem, ob sich in Deutschland eine zweite Königswürde neben der des deutschen Königs und Kaisers in Wien etablieren durfte. Der König verstand sich als Monarch aus eigener Kraft. Aus demselben Grund und mit Billigung des Kaisers lautete die Bezeichnung König „in", nicht „von" Preußen. Die letztere verwendete erst und mit Nachdruck Friedrich der Große, der in dieser Hinsicht keine Rücksicht mehr auf das Reich nahm.

156 Eine Chronik der Krönung 1701 hielt fest, dass „Eure Majestät nicht anders denn durch sich selbst und in dem Ihrigen König geworden" sei. Es erfülle die Untertanen mit Stolz, dass der preußische König seinen Thron „weder durch Gewalt und Unruhe, weder durch Erbschaft noch Nachfolge, weder durch anderer Wahl noch Erhebung, sondern durch einen ganz neuen Weg: durch seine eigene Tugend und Stiftung"[108] erworben habe. Bedeutung hatte die Königswürde nicht nur im Reich, sondern auch im Inneren Brandenburg-Preußens. Sie sollte die Bedeutung der Stände weiter schwächen.

---

[107] *Christopher Clark*, Von Zeit und Macht. Herrschaft und Geschichtsbild vom Großen Kurfürsten bis zu den Nationalsozialisten, 2. Aufl. 2018, S. 36 ff., 42 ff.

[108] Zitiert nach *Christopher Clark*, Von Zeit und Macht. Herrschaft und Geschichtsbild vom Großen Kurfürsten bis zu den Nationalsozialisten, 2. Aufl. 2018, S. 83.

d) Armee und zentrale Verwaltung

Der „Soldatenkönig" Friedrich Wilhelm I. (1713–1740) erhob die Armee zu einem wichtigen Instrument der preußischen Politik, vermied aber sorgsam, sie in kriegerische Auseinandersetzungen zu führen.

1722/23 waren die Jahre einer folgenreichen und vom König selbst konzipierten Verwaltungsreform. Diese reagierte auf den erheblichen Zuwachs (Brandenburg-)Preußens an Territorien und Bevölkerung seit der Mitte des 17. Jahrhunderts. „Die Vereinigung einer Anzahl von Gebieten und Provinzen unter einem einzigen Fürstenhaus war für Preußen wie auch für Österreich, wie es schon zuvor in Frankreich und England gewesen war, der mächtigste Anreiz, eine wirksame Bürokratie auszubilden."[109]

Die zuvor fachlich und territorial zersplitterten Behörden erhielten eine neue Ordnung. Dem König unmittelbar unterstellt war das neue „General-, Ober-, Finanz-, Kriegs- und Domänendirectorium" („Generaldirectorium") als oberste preußische Verwaltungsbehörde des 18. Jahrhunderts. Es war in vier Territorialressorts unterteilt (Ostpreußen, Pommern, Neumark; Brandenburg, Magdeburg; Kleve, Mark, Moers, Geldern, Neuchâtel; Minden-Ravensberg, Tecklenburg, Lingen, Halberstadt). Die Territorialressorts nahmen daneben für das gesamte Königreich Fachaufgaben wahr. Von diesem Zeitpunkt an steuerte diese Berliner Behörde zentral die Verwaltung auch der Provinzen. Vor Ort überwachten dies vom König auf Vorschlag der Kreisstände ernannte Beamte, für die das bereits 1701 eingeführte Amt des Landrats benutzt wurde. Neben diesen Behörden gab es auf zentraler Ebene ein Departement für auswärtige Angelegenheiten und eines für Justiz und geistliche Angelegenheiten. Die Behörden steuerte der König mit „Kabinettordres", die im „Kabinett" entstanden, der Versammlung des Königs mit seinen engsten Beratern. Die Könige persönlich arbeiteten akribisch und bürokratisch; Friedrich der Große verstand sich als „erster Diener des Staates", sein Arbeitstag begann um 4 Uhr morgens und dauerte bis in den Abend. Der persönliche Wille des Königs bestimmte die Verwaltung.

Zumindest in Ansätzen folgten die Reformen zentralen und bis heute geltenden Grundprinzipien staatlicher Verwaltung: (1) Zentralisierung von Herrschaft und Aufsicht, (2) Differenzierung der Verwaltung nach Sachbereichen und Funktionen statt regionaler Allzuständigkeit und (3) hierarchischer Aufbau mit Rangstufen des Anordnens und Ausführens. Es fehlten der damaligen Verwaltung die erst seit dem 19. Jahrhundert eingeführte rechtsstaatliche Steuerung durch das Gesetz und das Prinzip der Öffentlichkeit. Mit der Herausbildung einer hierarchischen Verwaltung ging die Herausbildung eines neuartigen Berufsbeamtentums einher. Zunächst nahmen viele Aufgaben ausgediente Offiziere wahr, später akademisch vorgebildete Fachleute. Es handelte sich um Juristen und „Kameralwissenschaftler". Die neuen Kameralwissenschaften[110] waren eine Versammlung verschiedener für die Verwaltung wichtiger praktischer Kenntnisse und Disziplinen: Rechnungswesen, Statistik, Boden- und Landwirtschaftskunde, Recht. Diese Disziplinen wurden seit 1727 vor allem an den Hochschulen in Frankfurt/Oder und in Halle an der Saale gelehrt, wo sich im 18. Jahrhundert die wichtigste preußische Universität befand. Die Besoldung der Beamten war niedrig, es bestand aber zwischen den

---

[109] *Carl J. Friedrich*, Der Verfassungsstaat der Neuzeit, 1951, S. 46.
[110] Das Wort leitet sich ab von der „Rentkammer", der fürstlichen Finanzverwaltung.

Beamten und dem König ein von beiden Seiten hochgehaltenes Dienst- und Treueverhältnis. Die Beamten waren tätig „pour le roi de Prusse". Ein neues Verständnis des Dienstes in und für den Staat umfasste Regelmäßigkeit, Leistungsbereitschaft, Einordnung und Unterordnung – Eigenschaften, die Historiker und Soziologen (etwa Max Weber) immer wieder als in andere Lebensbereiche ausstrahlende und für die moderne Welt folgenreiche Elemente der sozialen Disziplinierung und Rationalisierung hervorgehoben haben. Und: „Besoldung und Tätigkeitsfixierung ermöglichen die Trennung von privater Sphäre, in der der Beamte sein eigener Herr ist, und Amtssphäre, in der er dient, sowie von privatem und öffentlichem Eigentum. Das führt zu einer ganz ungeahnten Rationalisierung des Dienstverhältnisses."[111] Deutschland wurde in der zweiten Hälfte des 18. Jahrhunderts zum „klassischen Land der Bürokratie" – mittels des „akademisch gebildeten, stark bürgerlichen, gut gestellten, auf Rationalität und Sachlösungen" hinarbeitenden Beamtentums, das sich als Vertreter des Gemeinwohls verstand, gegen Sonderinteressen „auch der Feudalität und der Dynastie"[112].

161 Hintergrund der Verwaltungsreform waren die Anstrengungen der Herrscher, die Wirtschafts- und Leistungskraft des von der Natur karg ausgestatteten Landes Brandenburg-Preußen umfassend zu steigern, um das neue Königreich als europäische Großmacht zu etablieren. „Im Zeitalter des fürstlichen Absolutismus, in dem ja Verschwendung und ausschweifender Lebensstil des Adels das Wachstum der Wirtschaft maßgeblich mitbestimmten, ging Preußen fortan auch wirtschaftspolitisch eigene Wege. Nicht die Luxusbranchen, sondern Außenhandel, Landwirtschaft und vor allem das Großgewerbe sollten Aufschwung nehmen, damit eine produktive Wirtschaft dem Staat sicheren Rückhalt für seine politischen Ziele geben konnte."[113]

e) Friederizianisches Preußen

162 Unter Friedrich dem Großen war, häufig in anderen Teilen Europas bewundert, ein geordnetes, sparsam verwaltetes Staatswesen vorhanden. Es war, wenngleich formal unter dem Dach des Reiches, ein praktisch souveräner Staat, allerdings wegen der heterogenen Teile kein Nationalstaat und auch kein moderner Staat, schon weil eine geschriebene Verfassung und die Durchdringung der Staatstätigkeit mit Recht fehlten. Das letztere Element nahm aber Preußen noch unter Friedrich dem Großen in Angriff, zunächst durch Reformen des Gerichtswesens, dann in der Modernisierung des Rechts. Preußen verstand sich in sozialer Hinsicht als gegliederter Staat, in dem jeder nach seiner Stellung seine Aufgabe zu erfüllen hatte. Die für das 18. Jahrhundert ausgeprägte besondere Modernität Preußens beruhte auf dem festen Bündnis von Adel, bürokratischer Verwaltung, Militär und autokratischem Königtum. Die noch hundert Jahre vorher prägende Auseinandersetzung zwischen Herrscher und Ständen war zugunsten des Königs und des Staates überwunden. Die tragenden Kräfte sahen sich berechtigt und verpflichtet, die von ihnen definierte Wohlfahrt der

---

[111] *Hans Boldt*, Deutsche Verfassungsgeschichte, Bd. 1, 3. Aufl. 1994, S. 167.

[112] Zitate: *Thomas Nipperdey*, Probleme der Modernisierung in Deutschland, in: ders., Nachdenken über die Deutsche Geschichte, 2. Aufl. 1986, S. 44 ff., 48.

[113] *Heinz Schilling*, Höfe und Allianzen. Deutschland 1648–1736, Siedler Deutsche Geschichte, 1994, S. 421. Zum Charakter Preußens im 18. Jahrhundert auch *Sebastian Haffner*, Preußens kurze Geschichte, in: ders., Im Schatten der Geschichte, 1985, S. 27 ff.

Untertanen zu fördern. So waren die Staatsaufgaben unabhängig vom Willen der Untertanen und auch theoretisch unbegrenzt. Die schwierigste militärische und politische Herausforderung bewältigte Preußen in dieser Zeit im Siebenjährigen Krieg von 1756 bis 1763. Zwischen Preußen und Österreich ging es um den Besitz von Schlesien, für Preußen ging es insgesamt um noch sehr viel mehr: Um die Frage, ob man sich endgültig als europäische Großmacht etablieren konnte oder alle Anstrengungen mehr als eines Jahrhunderts seit 1640 mit diesem Ziel vergeblich gewesen waren. Nach verheerenden Niederlagen Preußens brachte ein russischer Kurswechsel hin zu Preußen die Wende, die Friedrich der Große selbst als „Mirakel des Hauses Brandenburg" bezeichnete. Der Hubertusburger Frieden vom 15. Februar 1763 befestigte die alte europäische Ordnung bis zum Ausbruch der französischen Revolution. Österreich akzeptierte endgültig die Einverleibung Schlesiens durch Preußen (was bis 1945 Bestand haben sollte), Friedrich II. sicherte den Fortbestand des habsburgischen Kaisertums; eine Geheimklausel des Friedensvertrages verpflichtete Friedrich den Großen, seine brandenburgische Kurstimme für den ältesten Sohn Maria Theresias abzugeben.

3. Der „Reichsdeputationshauptschluss" (1803) und das Ende des Alten Reichs 1806

a) Der weitere Verfall des Reiches im 18. Jahrhundert

Die Modernisierung und Verdichtung der Staatlichkeit fand in den Territorien statt. Neben Österreich und Preußen war dieser Prozess auch in Mittelstaaten wie Sachsen und Bayern zu beobachten, zudem in manchen Kleinstaaten, wenngleich nicht alle von diesen die Kraft und die Ressourcen zur Weiterentwicklung hatten. Das Reich hatte an den Veränderungen keinen Anteil. Es ragte nach dem Empfinden der Zeitgenossen wie ein ehrwürdiges Stück Mittelalter in die Neuzeit. Die Ordnung des Reichs „hörte auf, die wirksame, bindende politische Form der deutschen Territorien zu sein […]. In den Situationen, in denen es darauf ankam, offenbarte das Reich stets seine Ohnmacht, sowohl gegenüber den Reichsständen wie nach außen hin."[114] Unter seinen Organen fiel vor allem der Reichstag durch Unbeweglichkeit auf. Dem jüngsten (= letzten) Reichsabschied des Reichstages vom 17. Mai 1654 gelang es nicht, die Stellung des Kaisers gegenüber den Ständen zu klären. Der seit 1663 ständige Reichstag in Regensburg[115] verlor wegen schleppender und langwieriger Verhandlungen und der Marginalität der von ihm behandelten Gegenstände an Bedeutung.

163

Der Bedeutungsverlust des Reichtages spiegelte sich auch darin, dass im 18. Jahrhundert nur noch wenige Fürsten mit eigenen Gesandten in Regensburg vertreten waren. Ein Gesandter vertrat stattdessen mehrere Höfe. „Am Ende des 18. Jahrhunderts führten nur noch 20 Gesandte die 100 Stimmen des Fürstenrats. Die Kurfürsten blieben die einzigen, die sich noch

164

---

[114] *Ernst Forsthoff*, Deutsche Verfassungsgeschichte der Neuzeit, 4. Aufl. 1972, S. 66.
[115] *Udo Wolter*, Der immerwährende Reichstag zu Regensburg (1663–1806), in: JuS 1984, S. 837 ff.

165 durch eigene Gesandte vertreten ließen, während die Reichsstädte – zum Teil gemeinsam – Regensburger Ratsherren mit der Stimmführung beauftragten."[116]

165 Das 18. Jahrhundert nahm die Zeremonien, Gebräuche und Staatsakte des Reichs als mittelalterlich und verschroben wahr. Darauf liegt auch die Betonung Goethes in seiner Beschreibung der Krönung Franz I. 1764 in Frankfurt, die Goethe als 14jähriger erlebte. Nach wochenlanger, von schwierigen protokollarischen Fragen belasteter Vorbereitung, dem Einzug und der Begrüßung der Würdenträger in Frankfurt nahte auch der Krönungstag, an dem sich Kaiser Franz I. und sein Sohn Joseph II. der Öffentlichkeit zeigten. „Endlich kamen auch die beiden Majestäten herauf. [...] Des Kaisers Hausornat von purpurfarbener Seide, mit Perlen und Sternen reich geziert, so wie die Krone, Scepter und Reichsapfel fielen wohl in die Augen: denn alles war neu daran, und die Nachahmung des Altertums geschmackvoll. So bewegte er sich auch in seinem neuen Anzuge ganz bequem, und sein treuherzig würdiges Gesicht gab zugleich den Kaiser und den Vater zu erkennen. Der junge König hingegen schleppte sich mit den Kleinodien Karls des Großen, wie in einer Verkleidung, einher, so daß er selbst, von Zeit zu Zeit seinen Vater ansehend, sich des Lächelns nicht enthalten konnte. Die Krone, welche man sehr hatte füttern müssen, stand wie ein übergreifendes Dach vom Kopf ab. Die Dalmatica, die Stola, so gut sie auch angepaßt und eingenäht worden, gewährte doch keineswegs ein vorteilhaftes Aussehen. Scepter und Reichsapfel setzten in Verwunderung [...]."[117]

b) Die letzten Jahre des Reiches und der Reichsdeputationshauptschluss (1803)

166 Die letzten Jahre des Reichs waren nach dem Beginn der Französischen Revolution (1789) und den Napoleonischen Eroberungskriegen erreicht, die die gesamte europäische Staatenordnung des Ancien régime durcheinander wirbelten und denen das Reich nichts entgegenzusetzen hatte. Die gegen Frankreich agierenden Mächte, soweit sie dem Reich angehörten, wurden von Preußen und Österreich angeführt. Im Baseler Frieden von 1795 scheute sich Preußen nicht, auf Kosten des Reichs mit Frankreich Frieden zu schließen. Preußen stimmte der französischen Annexion linksrheinischer, dem Reich zugehöriger Gebiete zu, dies mit Aussicht auf Entschädigungen für Preußen rechts des Rheins. Auch Österreich stimmte dem im Frieden von Campo Formio (1797) zu. Auf dem Rastatter Kongress des Jahres 1797, bei dem das Reich mit Frankreich verhandelte, stimmte die Deputation des Reichs unter dem Druck der französischen Bedrohung der Abtretung der linksrheinischen Gebiete zu und verpflichtete sich, reichsrechtlich für eine Entschädigung der betroffenen Fürsten zu sorgen, was der Frieden von Luneville (1801) bestätigte. Zu den abgetretenen Gebieten gehörten die traditionsreichen Erzbistümer Köln, Trier und Mainz, die Bistümer Worms und Speyer, die linksrheinischen Städte Aachen, Köln, Speyer und Worms, ferner die Herzogtümer Kleve, Geldern und Jülich, Simmern und Zweibrücken.

---

[116] *Horst Möller*, Fürstenstaat oder Bürgernation. Deutschland 1763–1815, Siedler Deutsche Geschichte, 1994, S. 254.

[117] *Johann Wolfgang von Goethe*, Dichtung und Wahrheit. Erster Teil, Fünftes Buch (1811), in: ders., Weimarer Ausgabe 1. Abteilung, 26. Band, 1889, S. 321 f. (Nachdruck dtv 1987, dort Bd. 30). S. a. *Peter Schmidt*, Die gotische Ruine der Reichsverfassung, in: Weimarer Beiträge 35 (1989), S. 745 ff.

§ 8 Das Ende des Heiligen Römischen Reiches

167 Die danach notwendige durchgreifende Neuordnung des Reichs übertrug der Reichstag einer ebenfalls in Regensburg tagenden Deputation, einem Ausschuss des Reichs, die ihre Ergebnisse am 25. Februar 1803 in Gestalt des Reichsdeputationshauptschlusses vorlegte (Hauptschluss bedeutete: wesentlicher Beschluss). Der Reichsdeputationshauptschluss[118] (RDH), dem der Reichstag am 24. März 1803 und dem der Kaiser am 27. April 1803 zustimmten, war die letzte Lex fundamentalis des Alten Reichs; sie enthielt vor allem durchgreifende Veränderungen der politischen und religionsrechtlichen Ordnung des Westfälischen Friedens, die erhebliche Wirkung auf die weitere Entwicklung des 19. Jahrhunderts hatten, in drei Bereichen:

(1) Säkularisation (Verweltlichung von geistlicher Herrschaft und Übertragung kirchlicher Vermögensrechte auf weltliche Träger): Die §§ 1–35 RDH hoben sämtliche geistlichen Reichsfürstentümer auf.[119] Mit der Beseitigung der vielfach im Reich anzutreffenden Verbindung weltlicher Herrschaft und geistlicher Leitung in der katholischen Kirche, die es seit dem Mittelalter gegeben hatte (insbesondere bei den Fürstbischöfen von Köln, Mainz und Trier), fiel ein wesentliches Element der Reichsorganisation. Die (katholische) Kirche war nicht länger unmittelbarer Teil der politischen Ordnung des Reiches, Staat und Kirche traten auseinander.[120] Die so isolierten weltlichen Herrschaftsrechte wurden weltlichen Herrschern übertragen. Daneben gab es eine Vermögenssäkularisation. Die Nachfolger des geistlichen Territoriums traten auch in dessen Vermögensrechte ein (§ 34 RDH). Darüber hinaus ermächtigte § 35 RDH die weltlichen Reichsstände, Klöster aufzuheben und zu enteignen. Davon machte bereits 1803 Bayern Gebrauch. „Mit den Klöstern war in Süden und Westen die stärkste vormoderne, nichtstaatliche Machtbastion vernichtet und damit erst die Durchsetzung der Staatssouveränität, die Begründung des modernen Staates ermöglicht."[121] Mit der Enteignung entstanden Entschädigungspflichten, die Lasten des enteigneten Vermögens gingen auf den Staat über. Die heute in Art. 140 GG i.V.m. Art. 138

---

[118] Abgedruckt bei Ernst Rudolf Huber (Hrsg.), Dokumente zur deutschen Verfassungsgeschichte, Bd. 1, Deutsche Verfassungsdokumente 1803–1850, 3. Aufl. 1978, S. 1 ff. (Nr. 1). Dazu *Klaus Dieter Hömig,* Der Reichshauptdeputationshauptschluss vom 25. Februar 1803 und seine Bedeutung für Staat und Kirche, 1969; *Günter Krings,* Das Alte Reich am Ende. Der Reichshauptdeputationshauptschluss 1803, in: JZ 2003, S. 173 ff.; *Klaus-Peter Schroeder,* Des Alten Reiches langer Schatten. 200 Jahre Reichsdeputationshauptschluss, in: NJW 2003, S. 630 ff.; *Stefan Korioth,* Das Ende des Heiligen Römischen Reichs Deutscher Nation und das Verhältnis von Staat und Kirche, in: Christoph Enders/Michael Kahlo/Andreas Mosbacher (Hrsg.), Europa nach Napoléon, 2018, S. 37 ff.

[119] Mit drei Ausnahmen: Das Kurfürstentum Mainz mit dem Reichserzkanzler und Bischof von Dalberg wurde nach Regensburg transferiert. Unangetastet blieben auch die geistlichen Ritterorden, der Deutsche Orden und der Johanniterorden.

[120] Es war eine „Eliminierung der Bischöfe und Prälaten aus der Teilhabe an der Reichsregierung, die sie bisher als Kurfürsten oder andere Reichsfürsten innehatten", *Hans-Wolfgang Strätz,* Die Säkularisation und ihre nächsten staatsrechtlichen Folgen, in: Albrecht Langner (Hrsg.), Säkularisation und Säkularisierung im 19. Jahrhundert, 1978, S. 31 ff., 41.

[121] *Thomas Nipperdey,* Deutsche Geschichte 1800–1866. Bürgerwelt und starker Staat, 1983, S. 74.

Abs. 1 WRV geregelten Staatsleistungen an die Kirchen haben häufig hier ihren Ursprung.

§ 35 RDH: „Alle Güter der fundierten Stifter, Abteyen und Klöster, in den alten sowohl als in den neuen Besitzungen, Katholischer sowohl als A.C. Verwandter [= Anhänger der Augsburgischen Konfession, Lutheraner], mittelbarer sowohl als unmittelbarer, deren Verwendung in den vorhergehenden Anordnungen nicht förmlich festgestellt worden ist, werden der freien und vollen Disposition der respectiven Landesherrn, sowohl zum Behuf [= Zweck] des Aufwandes für Gottesdienst, Unterrichts- und andere gemeinnützige Anstalten, als zur Erleichterung ihrer Finanzen überlassen, unter dem bestimmten Vorbehalte der festen und bleibenden Ausstattung der Domkirchen, welche beibehalten werden, und der Pensionen für die aufgehobene Geistlichkeit […]."

(2) Mediatisierung: Soweit kleinere Fürsten und Grafen eine reichsunmittelbare Stellung hatten, wurde diese beseitigt. Sie wurden „landesunmittelbar". Ihr Territorialbesitz wurde einem weltlichen Reichsfürstentum übertragen. Gleiches galt für die Mehrzahl der freien Reichsstädte, von denen mit diesem Status nur sechs erhalten blieben: Augsburg, Nürnberg, Frankfurt am Main, Bremen, Hamburg und Lübeck. Sie behielten „in dem ganzen Umfang ihrer respektiven Gebiete die volle Landeshoheit und alle Gerichtsbarkeit ohne Ausnahme und Vorbehalt" (§ 27 RDH).

(3) Konsequent war es, das Ius reformandi und die konfessionelle Geschlossenheit der Territorien – schon im 17. und 18. Jahrhundert ein Rechtsgrundsatz, der häufig in den Territorien nicht mehr beachtet wurde – endgültig aufzugeben. § 63 RDH bestimmte: „Die bisherige Religionsübung eines jeden Landes soll gegen Aufhebung und Kränkung aller Art geschützt seyn; insbesondere jeder Religion der Besitz und ungestörte Genuss ihres eigenthümlichen Kirchenguts […] ungestört verbleiben; dem Landesherrn steht jedoch frei, andere Religionsverwandte zu dulden und ihnen den vollen Genuss bürgerlicher Rechte zu gestatten." Das war kein Grundrecht, sondern eine Handlungsmöglichkeit des Landesherrn.

168 Insbesondere die Säkularisation war kein konzeptioneller Versuch, das alte Reich durch Modernisierung zu retten. Sie folgte aus der neuen europäischen Machtkonstellation und dem politischen Druck Frankreichs. Die Säkularisation war mit den überkommenen Strukturen des Reichs unvereinbar. Schon unter den Zeitgenossen war die Bewertung des Umbruchs und das Verhalten des Reichs sowie der mächtigen deutschen Staaten Österreich und Preußen gegenüber Frankreich umstritten. Allgemein vermerkt wurde die Bedenkenlosigkeit, mit der Österreich und Preußen zu Lasten Dritter über angestammte Herrschaftstitel verfügt hatten und damit das Reich in eine ausweglose Situation brachten.

169 Der preußische Historiker Heinrich von Treitschke (1834–1896) meinte: „Wenige unter den großen Staatsumwälzungen der neueren Geschichte erscheinen so häßlich, so gemein und niedrig wie diese Fürstenrevolution von 1803. Die harte, ideenlose Selbstsucht triumphierte […] und doch war der Umsturz eine große Nothwendigkeit; er begrub nur, was todt war, er zerstörte nur was die Geschichte dreier Jahrhunderte gerichtet hatte. […] Die fratzenhafte Lüge der Theokratie war endlich beseitigt. […] Aber mit den theokratischen Formen war auch jener Geist der starren Unbeweglichkeit entschwunden, der bisher die politischen Kräfte der

Nation gebunden hielt. […] Mit der Revolution von 1803 begann für Deutschland das Jahrhundert, das in Frankreich schon vierzehn Jahre früher angebrochen war. […] Erst in diesem Jahrhundert sollten die letzten Spuren mittelalterlicher Gesittung verschwinden und der Charakter der modernen Kultur sich ausbilden […]."[122] Der Reichsdeputationshauptschluss war tatsächlich eine Fürstenrevolution, die, wie jeder revolutionäre Akt, sich über geltendes Recht hinwegsetzte und neues Recht begründete. Auch deshalb konnten zeitgenössische Einwände gegen die Rechtmäßigkeit des letzten Reichsgrundgesetzes – insbesondere die katholische Kirche bezeichnete die Säkularisation als Rechtsbruch – die Geltung und Wirksamkeit der Regelungen nicht beeinträchtigen.

c) Die Niederlegung der Kaiserkrone durch Franz II.

Das Reich erhielt durch die Neuordnung seines Ordnungsgefüges den Todesstoß. Das Kaisertum verlor seine letzten formalen Stützen, die es bis 1803 noch in den geistlichen Fürstentümern gefunden hatte. 1805 verbündeten sich die süddeutschen Staaten mit Frankreich gegen das Reich, dem sie formal noch angehörten. Sie schlossen sich unter dem Druck und Schutz Frankreichs am 12. Juli 1806 zum Rheinbund zusammen, der ihnen Souveränität mit dem Beistand Frankreichs gewährte. Die meisten der beteiligten Fürsten erhielten Rangerhöhungen. Bayern und Württemberg wurden Königreiche, Baden Kurfürstentum. Beteiligt neben anderen am Rheinbund waren auch der ehemalige Fürstbischof von Mainz, der Herzog von Kleve und Berg, der Landgraf von Hessen-Darmstadt. Am 1. August 1806 erklärten die Rheinbundstaaten ihr Ausscheiden aus dem Reich, das damit am Ende war. Gedrängt auch durch ein Ultimatum Napoléons legte Kaiser Franz II. am 6. August 1806 in Wien nicht nur die Kaiserwürde nieder, sondern erklärte auch – seine Befugnisse formal überschreitend[123] – das Römische Kaisertum für erloschen und entband die Kurfürsten, die übrigen Reichsstände und alle Bediensteten des Reichs von ihren Pflichten. Schließlich erklärte Franz II., fortan als Kaiser von Österreich dieses Land zu regieren.

170

Wörtlich hieß es in der Erklärung: „Wir erklären demnach durch Gegenwärtiges, daß Wir das Band, welches Uns bis jetzt an den Staatskörper des deutschen Reichs gebunden hat, als gelöst ansehen, daß Wir das reichsoberhauptliche Amt und Würde durch die Vereinigung der conföderirten rheinischen Stände als erloschen und Uns dadurch von allen übernommenen Pflichten gegen das deutsche Reich losgezählt betrachten und die von wegen desselben bis jetzt getragene Kaiserkrone und geführte kaiserliche Regierung, wie hiermit geschieht, niederlegen. Wir entbinden zugleich Churfürsten, Fürsten und Stände und alle Reichsangehörigen, insonderheit auch die Mitglieder der höchsten Reichsgerichte und die übrige Reichsdienerschaft, von ihren Pflichten, womit sie an Uns, als das gesetzliche Oberhaupt des Reichs, durch

171

---

[122] *Heinrich von Treitschke*, Deutsche Geschichte im 19. Jahrhundert. Erster Theil, 1879, S. 186 f., 192.
[123] Dazu *Werner Frotscher/Bodo Pieroth*, Verfassungsgeschichte, 16. Aufl. 2017, Rn. 19 f. Franz II. war sich bewusst, mit seiner Erklärung tatsächlich das Alte Reich zu beenden. Rechtlich hätte er allein seine Kaiserwürde aufheben dürfen. Nach der weiterhin geltenden Goldenen Bulle von 1356 wäre der Erzbischof von Mainz – 1806 der Erzbischof von Regensburg – sodann verpflichtet gewesen, die Kurfürsten des Reichs zur Kaiserwahl in Frankfurt zu versammeln. Das kam niemandem in den Sinn, weil jeder das Reich für (längst) erledigt hielt. „Es war nur verachtet, ein Nichts geworden", *Gerd Roellecke*, Kalte Verachtung und obszöner Respekt, in: *ders.*, Aufgeklärter Positivismus, 1995, S. 71 ff., 73.

die Constitution gebunden waren. Unsere sämmtlichen deutschen Provinzen und Reichsländer zählen Wir dagegen wechselseitig von allen Verpflichtungen, die sie bis jetzt, unter was immer für einen Titel, gegen das deutsche Reich getragen haben, los, und Wir werden selbige in ihrer Vereinigung mit dem ganzen österreichischen Staatskörper als Kaiser von Österreich unter den wiederhergestellten und bestehenden friedlichen Verhältnissen mit allen Mächten und benachbarten Staaten zu jenen Stufen des Glückes und Wohlstandes zu bringen beflissen seyn, welche das Ziel aller Unserer Wünsche, der Zweck Unserer angelegensten Sorgfalt stets seyn wird."[124]

---

[124] Ernst Rudolf Huber (Hrsg.), Dokumente zur deutschen Verfassungsgeschichte, Bd. 1, Deutsche Verfassungsdokumente 1803–1850, 3. Aufl. 1978, S. 38 (Nr. 5).

Teil III: Der deutsche Territorialstaat vom 15. Jahrhundert bis zum Ende des 18. Jahrhunderts

§ 9 Von der spätmittelalterlichen Landesherrschaft zur Landeshoheit und zum Ständestaat

I. Erste Wandlungen regionaler Ordnungen

Es ist bereits deutlich geworden: Ein Gutteil der maßgeblichen verfassungsgeschichtlichen Entwicklungen in Deutschland zwischen dem Mittelalter und dem Ende des alten Reiches vollzieht sich in den Territorien – gleichsam unter dem Dach des Reiches, das als Band des Zusammenhalts seine begrenzte Bedeutung behält. Die Herausbildung neuer Gestaltungen der politischen Ordnung, die eine Verdichtung, Rationalisierung und Bürokratisierung der Herrschaft bedeutete, inspiriert durch die neuen Welten des Staatsdenkens (vgl. oben Rn. 129 ff.), geschieht ausschließlich in den Territorien. Aus ihnen, nicht dem Reich, wurden Stück um Stück Staaten.

1. Landesherrschaft

Die mittelalterlich geprägte Gestalt der Herrschaft ist die heute so bezeichnete Landesherrschaft. Sie wurde als Bündelung verschiedener einzelner Rechte in der Hand einer Person gedacht. „Die Landesherrschaften des Mittelalters und der neueren Zeit […] sind von Haus aus in keinem Sinne politische Einheiten oder Gemeinwesen, sie sind ursprünglich reine Besitzeinheiten: Länder im Sinne großer Grundherrschaften, Komplexe von Gütern, Vermögensrechten, Hoheitsrechten, die auf Grund mannigfacher Erwerbstitel einer und derselben fürstlichen Familie gehören, Machtbereiche, deren Grenzen sich mit denen der alten Stammesgebiete nirgends decken, mit ihnen auch nicht zusammenzubringen sind, so daß keiner dieser werdenden Partikularstaaten den Anspruch erheben darf, das Ganze eines deutschen Stammes zu umfassen und dessen geschichtliche Eigenart darzustellen."[1] Die dem Eigentum ähnliche Struktur der Rechte spiegelt sich in der Bezeichnung als Patrimonium (Erbmasse vom Vater). Wie über eine Erbmasse kann der Erblasser darüber verfügen.

---

[1] *Gerhard Anschütz*, Rückblick auf ältere Entwicklungsstufen der Staatsbildung und des Staatsrechts in Deutschland, in: G. Anschütz/Richard Thoma (Hrsg.), Handbuch des Deutschen Staatsrechts, Bd. 1, 1930, S. 17 ff., 19.

Inhaltliche Ziele dieser Herrschaft sind die Wahrung von Frieden und Recht. Die geordnete und zukunftsorientierte Entwicklung des Territoriums spielt eine untergeordnete Rolle. Die zunehmende Verfestigung der Herrschaft zeigt sich im Aufbau von Verwaltungsstellen, wenngleich diese, nach modernen Maßstäben, nur punktuell mit einzelnen Fragen befasst sind. Hinzu kommen die Landstände als Versammlung des Adels und der Vornehmen eines Territoriums beim Fürsten.

2. Landeshoheit

174 Etwa im 15. und 16. Jahrhundert, der Epoche, die sich als Übergang vom Mittelalter zur Neuzeit bezeichnen lässt, wandelt sich die Landesherrschaft zur Landeshoheit. Im 17. Jahrhundert ist der lateinische Begriff hierfür, die superioritas territorialis, fest etabliert. Die politische Herrschaft verselbständigt sich gegenüber der Person des Fürsten. Primogeniturordnungen (sie knüpfen an die Erstgeburt an) sorgen dafür, dass das Territorium unter Ausschluss nachgeordneter erbrechtlicher Ansprüche als Ganzes dem erstgeborenen Nachkommen des Herrschers überantwortet wird und nicht – wie in der Analogie zum privaten Erbrecht – als „Nachlass" auf die Erbberechtigten verteilt wird. Das ist eine praktische Voraussetzung dafür, Territorium und politische Herrschaft vom jeweiligen Landesherrn unabhängig denken zu können sowie Machtbildungen zu ermöglichen.

175 „An der Spitze der Landesherrschaft, des ‚Landes', steht der (verschiedenartig titulierte: Kurfürst, Herzog, Fürst, Markgraf, Graf usw.) Landesherr als erblicher Inhaber mannigfacher Hoheits- und Vermögensrechte, die in ihrer Gesamtheit die ‚Landeshoheit' bilden und auch so bezeichnet werden. […] Die Landeshoheit ist entstanden, indem die Fürsten – ursprünglich nichts anderes als königliche Beamte – die ihnen übertragene Amtsgewalt in ihren erblichen Eigenbesitz gebracht und mit diesem Eigenbesitz an Gütern und Rechten verbunden haben. Der normale Inhalt der Landeshoheit zeigt […] folgende Einzelbestandteile: die Gerichtsbarkeit […], ein gewisses Maß an Militärhoheit (‚Heerbann'), die gemeinüblichen Regalien (z. B. Zoll-, Münz-, Bergregal). Dazu gesellen sich noch andere Rechte: lehnsherrliche gegenüber der landsässigen (d. h. nicht reichsunmittelbaren) Ritterschaft, grund- und gutsherrliche gegenüber der zu den landesherrlichen Gütern (Kammergüter, Domänen) gehörigen bäuerlichen Bevölkerung, besondere Schutz- und Aufsichtsrechte gegenüber der Kirche und ihren einzelnen Anstalten und Stiftungen."[2]

176 Modern gesprochen: Es entstehen von personalen Beziehungen losgelöste, anstaltliche Züge der Herrschaft und erste Elemente neuzeitlicher Staatlichkeit. Der Herrscher ist nicht länger Inhaber einzelner privater Herrschaftsrechte, sondern übt ein unveräußerliches öffentliches Amt aus. Herrschaft wird territorial geschlossen konstruiert, der „Staat" und die Staatsgewalt überlagern die fortdauernden persönlichen Beziehungen zwischen dem Landesherrn und den Untertanen. Der Personenverbandsstaat verwandelt sich in Richtung eines institutionellen Flächenstaats. Allerdings und davon völlig unberührt: Der persönliche Status der Untertanen bleibt un-

---

[2] *Gerhard Anschütz*, Rückblick auf ältere Entwicklungsstufen der Staatsbildung und des Staatsrechts in Deutschland, aaO, S. 24.

gleich. Herkommen und Stand prägen – fast undurchlässig – die Rechtsstellung zum Herrscher. Immer noch gilt der Staat als Objekt eines eigentumsrechtsähnlichen und exklusiven politischen Herrschaftsanspruchs des Fürsten, der „Obrigkeit".

Die territoriale Herrschaft legt den Grund zu einer neuartigen vertikalen Sicht von Herrschaft. Alle Bewohner des Territoriums werden zu Untertanen der Staatsgewalt. Herrschaft ist ein Verhältnis von Befehl und Gehorsam, nicht ein wechselseitiges persönliches Band wie im Mittelalter. Dieser Herrschaftsgewalt ist jeder zum Gehorsam verpflichtet, jeder adelige Vasall und jede Stadt. Niemand hat das Recht, „sich mit Berufung auf besondere Rechte und Freiheiten den allgemeinen Aufgaben zu entziehen"[3]. 177

II. Der Ständestaat

Die Verdichtung der Landeshoheit, die Verstärkung der Aktivitäten der Landesherren stießen jedoch auf Grenzen. Die landesherrliche Gewalt findet ihre Schranken an den Ständen, die sich in Landtagen organisieren. Die Landeshoheit blieb „fragmentarisch"[4]. Es fehlte ihr vor allem ein umfassendes Recht zur Erhebung von Abgaben. 178

Der Begriff der Stände hat drei Facetten. (1) Zunächst gibt es gesellschaftlich-sozial definierte Stände (seit dem Mittelalter Bauern, Geistlichkeit, ritterlicher Adel, später auch das städtische Bürgertum). (2) Durch den Beruf definierte Stände gibt es seit der frühen Neuzeit. (3) Die entscheidende Gliederung im Ständestaat ist das, was man politische Stände nennen kann. Sie machen die Landstände aus. Zur politischen Mitbestimmung in diesen Landständen sind nur die berufen, die selbst Herrschaft ausüben – entsprechend der überkommenen Regel, dass nur mitberaten und mitbestimmen darf, wer dem Landesherrn Hilfe geben kann. In den Landständen sind der Adel und die Geistlichkeit vertreten. Dazu kommen – in sich verstärkendem Umfang – die Städte. 179

Die Landtage beruft der Landesherr ein, ein Selbstversammlungsrecht gibt es fast nirgendwo. Mit den Aufgaben des Landesherrn steigen die der Stände. Sie sind aber zumeist nicht genau festgelegt. Ihre Befugnisse beziehen sich vor allem auf die Steuerbewilligung. Auf diese waren die Landesherren zunehmend angewiesen, weil ihre eigentlichen und nach damaligem Verständnis vorrangigen Einnahmequellen, die entgeltliche Einräumung bestimmter Rechte (Regalien, z. B. im Bereich der Nutzung von Wegen, des Postwesens) und die Einkünfte aus Gütern des Herrschers (Domänen), nicht mehr genügten. Bis weit in das 17. Jahrhundert hinein verhindern die Stände die Herausbildung einer unumschränkten Macht des Landesherrn. Die Stände nehmen durchgehend Einfluss auf die politischen Fragen. Sie wollen bei der Entscheidung über Krieg und Frieden mitreden, ebenso wie bei Fragen der Konfessionszugehörigkeit des Territoriums. Sie nehmen Einfluss auf die Besetzung des fürstlichen Rates. Die von den Ständen erhobenen „gravamina" (Beschwerden) machen auf Missstände im Land und in der Verwaltung aufmerksam. 180

---

[3] *Fritz Hartung*, Deutsche Verfassungsgeschichte, 8. Aufl. 1964, S. 61.
[4] *Gerhard Anschütz*, Rückblick auf ältere Entwicklungsstufen der Staatsbildung und des Staatsrechts in Deutschland, in: G. Anschütz/Richard Thoma (Hrsg.), Handbuch des Deutschen Staatsrechts, Bd. 1, 1930, S. 25.

181 Schon im Rückblick beschrieb der Göttinger Jurist Johann Stephan Pütter 1788 diese Ordnung so: „Nach der ursprünglichen Teutschen Verfassung, wie sie zur Zeit des Westphälischen Friedens noch mehr als jetzt zu erkennen war, ließ sich selbst einige Gleichheit zwischen der Verfassung des Reichs im Ganzen und der einzelnen Länder [...] auch hierin wahrnehmen, daß ungefähr auf eben die Art, wie der Kaiser zum Reichstage, so die meisten Fürsten sich zu ihren Landtagen verhielten. Ordentlicher Weise waren es alle im Lande befindlichen Prälaten, alle Besitzer freier Rittergüter und alle ursprünglichen Städte des Landes, die auf den Landtagen Sitz und Stimme hatten. Nur der einzige Unterschied war freilich nicht zu verkennen, daß nicht so, wie ganz Teutschland unter Reichsstände verteilt und dem Kaiser nichts übrig geblieben ist, die Landstände das ganze Land ausmachen, sondern ein großer Theil des Landes landesherrliches Cammergut ist."[5]

182 Der Dualismus monarchischer und ständischer Elemente war lange nicht zu überwinden; der monarchischen Gewalt gelang es nicht, alle lange Zeit aufgeteilten und sogar privat gewordenen Rechte an sich zu ziehen. Parallel zu diesem Dualismus verändert sich die Aufgabe des Staates. Die mittelalterlichen Ziele der Wahrung von Frieden und Gerechtigkeit bleiben bestehen, sie werden aber um neue Aufgaben erweitert: Die komplexer gewordenen Lebensverhältnisse verlangen Regelungen der Gewerbe, polizeiliche Aufgaben im Sinne einer Festlegung aller Regeln des Zusammenlebens. Vom Fürsten wird verlangt, für die „Erhaltung eines jeden Standes Gebühr, Herkommen, Nahrung und Notdurft"[6] zu sorgen. Das lässt den Finanzbedarf des Staates steigen. Die Abgabenerhebung, lange Zeit nur im Notfall und bei außergewöhnlichen Anlässen (z. B. kriegerische Bedrohungen) zulässig, wird zum häufigen Finanzierungsinstrument des Staates. Noch bis zum Ende des 18. Jahrhunderts sind Steuern aber gegenüber anderen staatlichen Einnahmen (vor allem aus den Staatsgütern und der fiskalischen Nutzung von Hoheitsrechten) nachrangig.

183 Der Dualismus von fürstlicher Gewalt und ihrer ständischen Beschränkung verlangsamte die Entwicklung der Territorialstaaten. Ihre militärische Macht verfiel, es gab soziale Ungerechtigkeiten, weil viele Lasten auf die Bauern abgewälzt wurden. Im 16./17. Jahrhundert gab es in vielen Territorialstaaten „kleinstaatliche Verkümmerung und Selbstbeschneidung", einen „Verzicht auf allen kräftebeanspruchenden, aber auch kräfteentwickelnden Ehrgeiz", was auf „lange Zeit hinaus große Gebiete Deutschlands politisch und wirtschaftlich" lähmte.[7]

---

[5] *Johann Stephan Pütter*, Historische Entwicklung der heutigen Staatsverfassung des teutschen Reichs, Bd. 2, 1788, S. 169.

[6] Vgl. *Hans Boldt*, Deutsche Verfassungsgeschichte, Bd. 1, 3. Aufl. 1994, S. 159.

[7] *Fritz Hartung*, Deutsche Verfassungsgeschichte, 8. Aufl. 1964, S. 92.

§ 10 Absolutismus und aufgeklärter Absolutismus

I. Der Weg zum Fürstenstaat

1. Absolutismus als Modell

Das Wort Absolutismus entstand in Deutschland erst nach 1815, als die Phase absolutistischen Regierens schon unwiderruflich vergangen war. Absolutismus bezeichnet eine besondere Form des Staates, die es in Europa in verschiedener Gestalt von etwa 1650 bis zum Ausbruch der französischen Revolution im Jahre 1789 gab. In idealtypischer Form, die in der Realität zu keiner Zeit und in keinem Staat so anzutreffen war, bedeutet Absolutismus eine Staatsform, in der die unbeschränkte, ungeteilte und unkontrollierte Herrschaftsgewalt dauerhaft einem Herrscher zusteht. Der Herrscher ist Gesetzgeber und nicht dem Gesetz unterworfen (princeps legibus solutus); er ist in der Ausübung der Staatsgewalt nicht an die Mitwirkung eines anderen Staatsorgans (Stände!) gebunden. Historisch ist der Absolutismus die früheste Erscheinungsform des modernen Staates und untrennbar mit der Monarchie verbunden. Der Absolutismus überwand insbesondere den vorherigen Dualismus von Fürst und Ständen. Diese Staatsform entfaltete erstmals die innere und äußere Souveränität.

184

Spätere demokratische Staatsstrukturen können daran anknüpfen, indem sie das Subjekt der Staatsgewalt austauschen. In ihnen ist nicht der Monarch, sondern das Volk Inhaber aller Staatsgewalt (vgl. Art. 20 Abs. 2 S. 1 GG: „Alle Staatsgewalt geht vom Volke aus."). Selbstverständlich gibt es noch mehr Unterschiede zwischen Absolutismus und demokratischer Verfassungsstaatlichkeit: Demokratische Staaten unterwerfen regelmäßig die vom Volk ausgehende Staatsgewalt verfassungsrechtlichen Bindungen, vor allem den Grundrechten, um einem demokratischen Absolutismus rechtsstaatliche Grenzen zu ziehen.

185

Der absolute Staat ist vor allem eine Antwort auf die unversöhnlichen und religiös begründeten Machtansprüche in den konfessionellen Bürgerkriegen. Die souveräne Staatsgewalt ist in der Lage, die verschiedenen mit Wahrheitsanspruch auftretenden christlichen Konfessionen zu neutralisieren und in ihrer öffentlichen Erscheinungsform mit Grenzen zu versehen. Zugleich waren absolute Herrscher durchweg, wenn auch mit wechselndem Erfolg, bestrebt, die Stände zurückzudrängen oder sogar auszuschalten. Theoretisch vorbereitet wurde der Absolutismus durch die bereits erwähnte Staatslehre Jean Bodins (oben Rn. 131). Es gibt vor allem drei Unterschiede zwischen dem absoluten Staat und der mittelalterlichen Herrschaft:

186

(1) Der einheitliche, umfassende Begriff der Staatsgewalt ist vom mittelalterlichen Verständnis der Herrschaft als Bündelung einzelner Hoheitsrechte deutlich getrennt; der von der einheitlichen Staatsgewalt geprägte Staatsapparat lässt sich von einer Sphäre der Gesellschaft unterscheiden, die ihm unterworfen ist. „Fortschreitende Sozialdisziplinierung, […] allmähliches Aufsaugen eigenständiger Herrschaftszentren, Unterordnung aller Gesellschaftskreise unter den Staat und

zunehmende Dienstbereitschaft – nicht nur im Beamtenstand, sondern auch in der Untertanenschaft – charakterisieren die Situation"[8];

(2) Die Staatsgewalt bezieht sich auf das gesamte Staatsgebiet, während Herrschaft im Mittelalter als personenrechtliches Verhältnis charakterisiert war, unterlegt und legitimiert durch Grundeigentum;

(3) Die Grenzen des Staatsgebiets bezeichnen die Grenzen der Herrschergewalt. Das ermöglicht das neuartige Völkerrecht als Ordnung nebeneinander bestehender Staaten und entfernt sich von der Vorstellung überwölbender Einheiten, etwa der eines einheitlichen abendländischen Reiches.

187 Die Legitimation dieser neuen Staatsgewalt war rein innerweltlich. Sie bedurfte des Rückgriffs und der Verbindung mit Religion und Kirche, gleich welcher Konfession, nicht. „Die Souveränität legitimierte sich rational als die den Frieden wahrende und ein geordnetes Zusammenleben ermöglichende und als solche unentbehrliche Instanz." Sie allein hatte „die Vollmacht, über Recht und Unrecht zu entscheiden", die allen anderen Bestrebungen eine „Berufung auf das Recht unmöglich machte"[9].

188 Die Neutralisierung der konfessionellen Konflikte sollte nach der absolutistischen Grundformel auch dadurch erreicht werden, dass die Kirchen als institutionelle Träger der Religion der Souveränität des Staates unterstellt wurden. Das gelang in den deutschen Territorien insbesondere gegenüber der evangelischen Kirche. Diese hatte schon in der Reformation, nach der Loslösung von den Strukturen der alten Kirche, die institutionelle Anlehnung an den Landesherrn gesucht und diesen zum „Notbischof" oder „Summus episcopus" ernannt (höchster Bischof mit der Aufgabe, die Kirche zu schützen, aber ohne geistliche Befugnisse). Die Unterstellung der äußeren Kirchenorganisation unter den Landesherrn wurde später als „Territorialismus" bezeichnet. Die Unterscheidung von „jura in sacra" (geistliche Rechte), die der Kirche vorbehalten sein sollten, und „jura circa sacra" (Fragen der Kirchenorganisation) sollte dabei einen innerkirchlichen, der staatlichen Einwirkung entzogenen Bereich schützen.[10]

2. Umsetzungen und Umsetzungsversuche

189 Die Ausprägungen des Absolutismus waren in Europa unterschiedlich. Während dahin zielende Bestrebungen sich in England nicht durchsetzen konnten, gilt Frankreich in der Zeit bis 1789 als deutlich absolutistisch. Ludwig XIV. (König von 1661–1715) wird das Diktum zugeschrieben: „L'état c'est moi" (Der Staat bin ich). Tatsächlich regierte allein der König, beraten durch einen Staatsrat und Fachminister, im

---

[8] *Hans Boldt*, Deutsche Verfassungsgeschichte, Bd. 1, 3. Aufl. 1994, S. 226.
[9] *Ernst Forsthoff*, Artikel Absolutismus, in: Evangelisches Staatslexikon, 3. Aufl. 1987, Bd. 1, Sp. 28 ff., 30.
[10] *Klaus Schlaich*, Der rationale Territorialismus. Die Kirche unter dem staatsrechtlichen Absolutismus um die Wende vom 17. zum 18. Jahrhundert, in: ZRG 85 Kan. Abt. 54 (1968), S. 269 ff.; zu Weiterentwicklungen *ders.*, Kirchenrecht und Vernunftrecht. Kirche und Staat in der Sicht der Kollegialtheorie, in: ZevKR 14 (1968), S. 1 ff.

Wege von Verordnungen und Anordnungen im Einzelfall. In Deutschland waren die Versuche der Herrscher, zu absoluten Monarchen zu werden, nur dort und in Ansätzen erfolgreich, wo es gelang, den Einfluss der Stände dauerhaft auszuschalten. Begünstigt wurde dies durch eine nachhaltige Schwächung und Verarmung der Stände infolge der Zerstörungen des Dreißigjährigen Krieges. Die Beseitigung der Kriegsfolgen und die Neuansiedlungen in entvölkerten Landesteilen erweiterten die Handlungsmöglichkeiten der Fürsten.

190 Eine Zurückdrängung der Stände gelang etwa dem Großen Kurfürsten (1640–1688) in Brandenburg mit Blick auf das Heer. Der lange Krieg hatte die Einsicht wachsen lassen, das Land müsse durch ein stehendes Heer gesichert werden. Die Stände bewilligten 1653 auf sechs Jahre (mit späteren Verlängerungen) die Mittel für die Unterhaltung des Heeres. Das Zugeständnis des Landesherrn bestand darin, die Offiziersstellen und höchsten Staatsämter dem Adel vorzubehalten. Der Adel wurde zum Dienstadel, der gezwungen wurde, den Ausbau der Rechtsstellung des Landesherrn mitzutragen. „Die Ausbildung der modernen zentralstaatlichen Heeresverfassung – die die Landstände ausschaltete – resultierte aus dem Dreißigjährigen Krieg, die enorme Intensivierung staatlicher Wirtschaftspolitik ebenfalls. Nur so waren die katastrophalen Verwüstungen zu beseitigen. Die Staatsräson konnte nur gesamtstaatlich sein, der Landesherr selbst musste sie praktizieren: Aus dem Wohl des Staates legitimierte sich der absolute Anspruch des Fürsten gegenüber den auf ihre partikularen Befugnisse zurückgedrängten Ständen, die nun endgültig privilegierte Korporationen wurden."[11]

191 Das Feld der Heeresordnung zeigt aber auch: Nur in einzelnen, wenngleich besonders wichtigen Bereichen, gelang es den Landesherren, die staatliche Gewalt auf Kosten der ständischen Partikulargewalt vollständig durchzusetzen. Gänzlich außerhalb dieser Entwicklungen blieben die Reichsstädte, die Reichsritterschaften sowie kleinere Herrschaften, wenn es in ihnen überhaupt keine Landstände gab. Im Übrigen hatte der frühzeitliche Absolutismus nicht etwa Ähnlichkeit mit totalitären Diktaturen des 20. Jahrhunderts. Die Machtmittel der absoluten Herrscher waren begrenzt. Auch fehlte ihnen die Skrupellosigkeit moderner Diktaturen. Die Staatstheorie band die unbeschränkte Macht an Gemeinwohlziele.

192 Schon bei Thomas Hobbes hieß es: „Alle Pflichten der Herrschenden lassen sich in dem einen Satz zusammenfassen, dass das Wohl des Volkes das höchste Gesetz ist." Es sei die Pflicht der Herrscher, „der rechten Vernunft, welche das natürliche, moralische und göttliche Gesetz ist, nach Möglichkeit in allem zu gehorchen." Wenn der Herrscher „seine Macht anders als zum Wohle des Volkes gebrauchen würde", verstieße er „gegen die Bedingungen des Friedens, das heißt gegen die natürlichen Gesetze"[12].

---

[11] *Horst Möller,* Fürstenstaat oder Bürgernation. Deutschland 1763–1815. Siedler Deutsche Geschichte, 1994, S. 279.
[12] *Thomas Hobbes,* Vom Menschen. Vom Bürger, Hrsg. von Günter Gawlick, 1959, S. 205.

II. Der aufgeklärte Absolutismus

1. Das Zeitalter der Aufklärung

193 Bei dem Begriff des aufgeklärten Absolutismus handelt es sich wiederum um eine Wortschöpfung des 19. Jahrhunderts. Er versucht die Theorie und Staatspraxis der Jahre etwa zwischen 1740 und 1789 zu beschreiben. Zu dieser Zeit wurde die absolutistische Grundlage durch Einflüsse der zeitgenössischen Philosophie und Staatslehre der Aufklärung modifiziert.

194 Aufklärung bezeichnet eine historische Epoche (das 18. Jahrhundert) und ein gesellschaftspolitisches Postulat, das ganz Europa bewegte. In Deutschland erhielt der Begriff seine entscheidende Prägung durch den an der preußischen Albertus-Universität in Königsberg lehrenden Immanuel Kant (1724–1804). Im Jahre 1784, fast schon die Epoche zusammenfassend, schrieb Kant einen berühmten Aufsatz mit dem Titel „Beantwortung der Frage: Was ist Aufklärung?". Er begann so: „Aufklärung ist der Ausgang des Menschen aus seiner selbstverschuldeten Unmündigkeit. Unmündigkeit ist das Unvermögen, sich seines Verstandes ohne Leitung eines anderen zu bedienen. Selbstverschuldet ist diese Unmündigkeit, wenn die Ursache derselben nicht am Mangel des Verstandes, sondern der Entschließung und des Mutes liegt, sich seiner ohne Leitung eines anderen zu bedienen. Sapere aude! Habe Mut, dich deines eigenen Verstandes zu bedienen! Ist also der Wahlspruch der Aufklärung. […] Zu dieser Aufklärung aber wird nichts erfordert als Freiheit; und zwar die unschädlichste unter allem, was nur Freiheit heißen mag, nämlich die: von seiner Vernunft in allen Stücken öffentlichen Gebrauch zu machen. Nun höre ich aber von allen Seiten rufen: räsoniert nicht! Der Offizier sagt: räsoniert nicht, sondern exerziert! Der Finanzrat: räsoniert nicht, sondern bezahlt! Der Geistliche: räsoniert nicht, sondern glaubt! (Nur ein einziger Herr in der Welt sagt: räsoniert, so viel ihr wollt, und worüber ihr wollt; aber gehorcht!) Hier ist überall Einschränkung der Freiheit."[13] Bei Kant findet sich auch die Unterscheidung zwischen einem „Zeitalter der Aufklärung", das als historische Epoche mit der Regierungszeit Friedrichs II. (des Großen) verbunden ist, und einem „aufgeklärten Zeitalter", das es durch die volle rechtliche Gewährung von Glaubens- und Gewissensfreiheit sowie Meinungsfreiheit noch zu verwirklichen gelte. Die Grundströmungen des 18. Jahrhunderts bestanden in einem wachsenden Zutrauen in die Kräfte des Verstandes und der Vernunft, dem Aufschwung der Naturwissenschaften, einer Erschöpfung der religiös-konfessionellen Argumentation und teilweise auch ihrer Marginalisierung, schließlich in einer Erweiterung des europäischen Gesichtskreises durch überseeische Beobachtungen und Gebietserwerbungen. „Aufklärung" bedeutet die kritische Auseinandersetzung mit allen „Vorurteilen", allen dogmatischen und religiösen Vorprägungen des Lebens. Positiv waren die Denker der Aufklärung überzeugt von der Autonomie der Vernunft, der Verstehbarkeit und Erklärbarkeit der Welt und von der Möglichkeit eines umfassenden Fortschritts. Daraus leitete sich – erstmals im Abendland – auch die These der fehlenden Vorgegebenheit und positiv der Gestaltbarkeit der Gesellschaft und des Staates ab. Auch hier war Autonomie der Schlüsselbegriff. „Heraus aus der Fremdbestimmung von Kirche und Staat, fort vom Aber- und Wunderglauben […]. Heraus aus der monarchischen Herrschaft, die sich nicht jenen Gesetzen unterwirft, die zu erkennen und politisch zu beschließen Aufgabe des sich selbstbestimmenden Bürgers sei – des Bürgers einer Republik als der normativen Größe für jede Gesellschaft."[14]

---

[13] Zitiert nach *Immanuel Kant*, Werke, hrsg. von Wilhelm Weischedel, Bd. 9, 1964, S. 53 ff., 53, 55. Der „einzige Herr", von dem Kant im vorletzten zitierten Satz spricht, ist Friedrich der Große.

[14] *Reinhart Koselleck*, Über den Stellenwert der Aufklärung in der deutschen Geschichte, in: Hans Joas/Klaus Wiegandt (Hrsg.), Die kulturellen Werte Europas, 2005, S. 353 ff., 356.

2. Rezeptionen in den Regierungsformen – Friedrich II. von Preußen

Auf die Staatenwelt gingen von hier Veränderungs- und Rechtfertigungsdruck aus, denen die Herrscher teils zurückhaltend, teils aber auch aufgeschlossen gegenüberstanden.¹⁵ Große Hoffnungen setzten die Zeitgenossen in den preußischen König Friedrich den Großen (1740–1786), der, vielseitig interessiert und gebildet, zeit seines Lebens in engem Kontakt mit (französischen) Philosophen stand und sich selbst als roi philosophe (Philosophenkönig) bezeichnete. Der Begriff wurde „zu einer Art Markenzeichen für seine Herrschaft […], indem er einen Moment in der preußischen und europäischen Geschichte definiert, an dem Macht und Philosophie eine einzigartig enge Partnerschaft eingingen."¹⁶ Als Kronprinz hatte Friedrich anonym, was seine Verfasserstellung aber nicht verbergen konnte, eine Schrift „Antimachiavell" verfasst, die sich gegen den Renaissance-Fürsten des italienischen Autors wandte und vernunftgemäße Gedanken der Aufklärung auf den Staat angewendet wissen wollte. Als König verhielt sich Friedrich häufig anders, von Machtkalkül geprägt – eine seiner ersten Unternehmungen nach der Thronbesteigung war der Überfall auf Schlesien.

Das Selbstverständnis Friedrichs unterschied sich dennoch von dem seiner Vorgänger: Er betrachtete seine Herrscherstellung nicht als göttlich legitimierte Obrigkeit, sondern als „Amt", als Verpflichtung für und im Staat und für die Untertanen. Er stellte den Staat über die Dynastie und sah ihn als festgefügte Ordnung, in der jeder Untertan und Herrschaftsbefugte seinen Platz und seine Pflichten hatte. Die Verantwortung für das Wohlergehen der Gesellschaft und den Einzelnen hatte bevormundende Züge. Das sollte auch eine autokratische Regierung rechtfertigen – ihre Form blieben die Kabinettsordres und die persönlichen Anordnungen und Kontrollen des Monarchen. Keinesfalls bedeutete das Aufgeklärte am Absolutismus eine Schwächung der monarchischen Staatsgewalt oder eine gesellschaftliche Beteiligung an der Herrschaft. Friedrich II. war sogar bemüht, möglichst alle wichtigen Angelegenheiten selbst zu entscheiden, was angesichts der zunehmenden Fülle der Regierungsaufgaben in den letzten beiden Jahrzehnten seiner Herrschaft nicht mehr gelang und nicht mehr zeitgemäß war. „Deutlich zeigt sich an Friedrichs Regierungssystem die Grenze des Absolutismus: Die Aufgaben eines derart großen Staates waren schon am Ende des 18. Jahrhunderts so vielfältig und kompliziert, dass sie selbst durch einen so fähigen und unermüdlichen Monarchen wie Friedrich II. – der

---

15 *Eberhard Weis*, Reich und Territorien in den letzten Jahrzehnten des 18. Jahrhunderts, in: Helmut Berding/Hans-Peter Ullmann (Hrsg.), Deutschland zwischen Revolution und Restauration, 1981, S. 43 ff.

16 *Christopher Clark*, Von Zeit und Macht. Herrschaft und Geschichtsbild vom Großen Kurfürsten bis zu den Nationalsozialisten, 2. Aufl. 2018, S. 89. S. a. *Theodor Schieder*, Friedrich der Große. Ein Königtum der Widersprüche, Ausgabe 1986, S. 365 ff. – Bereits in der Antike hatte es mit dem römischen Kaiser Marc Aurel 161 bis 180 einen Herrscher gegeben, der Macht und Philosophie verband.

um 3 oder 4 Uhr morgens mit der Arbeit begann – schließlich nicht mehr persönlich überblickt und zielstrebig gemeistert werden konnten." Am Ende gab es auch zunehmende „Fehlentscheidungen, Versäumnisse und Unklarheiten"[17].

197 Sein Staats- und Regierungsverständnis entfaltete Friedrich II. komprimiert in seinen politischen Testamenten. In dem des Jahres 1752 hieß es: „Eine gut geleitete Staatsregierung muss ein ebenso fest gefügtes System haben wie ein philosophisches Lehrgebäude. Alle Maßnahmen müssen gut durchdacht sein, Finanzen, Politik und Heerwesen auf ein gemeinsames Ziel steuern: Nämlich die Stärkung des Staates und das Wachstum seiner Macht. Ein System kann aber nur aus einem Kopfe entspringen: also muss es aus dem des Herrschers hervorgehen. Trägheit, Vergnügungssucht und Dummheit: diese drei Ursachen hindern die Fürsten an ihrem edlen Berufe, für das Glück ihrer Völker zu wirken. [...] Der Herrscher ist der erste Diener des Staates. Er wird gut besoldet, damit er die Würde seiner Stellung aufrechterhalte. Man fordert aber von ihm, dass er werktätig für das Wohl des Staates arbeitet und wenigstens die Hauptgeschäfte mit Sorgfalt leite. Er braucht zweifellos Gehilfen. Die Bearbeitung der Einzelheiten wäre zu umfangreich für ihn."[18]

198 Lediglich im Bereich des Religiösen war Toleranz (weiterhin) das Programm: Wenn nur jeder einen Glauben hatte – Atheismus war nicht anerkannt –, sollte jeder diesem nachgehen können, während die Kirchen strenger Aufsicht unterlagen.

199 Einige der Berater des Königs, darunter der Geheime Oberjustizrat Carl Gottlieb Svarez (1746–1798), betonten die Freiheit des Einzelnen stärker als dies in der Rechtspraxis geschah: „Der Despot betrachtet den Staat und seine Untertanen als sein Privateigentum, der Regent betrachtet sie als eine Gesellschaft vernünftiger und freier Menschen, die ihm nur deswegen die Disposition über ihre Handlungen und Kräfte übergeben haben, damit er desto ungehinderter und nachdrücklicher im Stande sein möge, ihre Sicherheit zu schützen und ihren Wohlstand zu fördern."[19]

3. Die neue Rolle des Rechts – Fürsorgliche Kodifikationen

200 Die zentralen Veränderungen im Staat des aufgeklärten Absolutismus geschahen mittels des Rechts. Schon das spiegelt ein neues Verständnis von Recht als – modern gesprochen – Steuerungsinstrument, das planvoll eingesetzt werden kann, um zu verändern, vorzuschreiben, rational zu gestalten und zu vereinheitlichen. Die „Herrschaft der Gesetze", eine Forderung der aufgeklärten Staatstheorie, wurde in den Dienst der absoluten Regierungsweise gestellt. Neben durchgreifenden Justizreformen nahmen die großen Staaten, insbesondere Preußen, Österreich und Bayern, in der zweiten Hälfte des 18. Jahrhunderts umfassende Gesetzgebungsprojekte in Angriff. Es entstanden Kodifikationen – wiederum ein Begriff des 19. Jahrhunderts, der die planvolle Gestaltung von Recht in einem Lebensbereich meint, mit der Idealvor-

---

[17] Beide Zitate: *Eberhard Weis*, Reich und Territorien in den letzten Jahrzehnten des 18. Jahrhunderts, in: Helmut Berding/Hans-Peter Ullmann (Hrsg.), Deutschland zwischen Revolution und Restauration, 1981, S. 43 ff., 47.
[18] Gustav Berthold Volz (Hrsg.), Die Werke Friedrichs des Großen, Bd. 7, Antimachiavell und Testamente, 1912, S. 133 f.
[19] *Carl Cottlieb Svarez*, Vorträge über Recht und Staat, hrsg. von Hermann Conrad/Gerd Kleinheyer, 1960, S. 229.

stellung der Vollständigkeit, Widerspruchsfreiheit, Bindung der Rechtsprechung, leichten Erlernbarkeit und Auflösung aller Zweifelsfragen.[20] Ausgespart blieb der engere Bereich der politischen Herrschaft, der dem Monarchen vorbehalten war. Immerhin war die Staatsgewalt (mit Ausnahme des Königs als Gesetzgeber) an das Gesetz gebunden. Die Kodifikationen spiegeln die Regelungsfreude des gestärkten Staates; sie wirken, als wolle er die Möglichkeiten der durch Souveränität ermöglichten Allzuständigkeit ausprobieren. Zum Auftakt der (ersten) Kodifikationswelle entstehen in den 1750er Jahren in Bayern der „Codex Juris Bavarici Criminalis" (Bayerischer Strafrechtskodex) und der „Codex Maximilianeus Bavaricus Civilis" (Bayerischer Zivilrechtskodex), das erste Zivilrechtsgesetzbuch in Deutschland.

201 Das ambitionierteste Werk der Epoche ist das Preußische Allgemeine Landrecht (PrALR).[21] In Auftrag gegeben noch von Friedrich dem Großen, konzipiert vom Großkanzler von Carmer (1721–1801) und von Carl Gottlieb Svarez, trat es 1794 in Kraft. In mehr als 22.000 Bestimmungen, gegliedert in Teile mit Titeln und Abschnitten, regelte der obrigkeitliche Staat einerseits die ständische Gesellschaft fürsorglich-sorgsam und bevormundend in allen Lebensbereichen. Andererseits ermöglichte das Landrecht eine Entwicklung zu einem umfassend rechtlich geordneten Staat.[22] Das Gesetzbuch verband die Regelungsfülle mit einem grundsätzlichen Interpretationsverbot der Einzelbestimmungen an die Richter.[23] Auch die öffentliche Gewalt wurde, soweit es Vorgaben gab, an das Recht gebunden. Grundrechte im Sinne der Garantie vorstaatlicher Freiheiten kannte das Landrecht nicht. Durchgehend und deutlich wird zwischen dem Staat und dem Monarchen unterschieden. Das patriarchalisch-dynamische Staatsverständnis wich einem rationalistischen, von Gedanken des Staatsvertrages beeinflussten. Das änderte nichts daran, dass der Monarch – entsprechend dem von Friedrich dem Großen immer wieder betonten Grundprinzip – alleiniger Inhaber der unumschränkten Staatsgewalt war. Das Landrecht trug ein „Janusgesicht"[24].

202 In besonderer Weise bemerkenswert ist die aus 108 Paragraphen bestehende Einleitung des Landrechts. Hier finden sich in bunter Mischung Auslegungsgrundsätze, rechtsstaatliche Prinzipien, Staatszwecke und Individualrechte. § 10 etwa band die Verbindlichkeit des Gesetzes an seine Veröffentlichung durch förmliche Publikation, § 14 verbat die Rückwirkung von Gesetzen, § 46 band den Richter an das Gesetz. Den elementaren Staatszweck und eine Schutzpflicht formuliert § 76 der Einleitung in

---

20 Ein „Codex" ist ein gebundenes Buch im Gegensatz zu einzelnen Blättern und Buchrollen. Den Begriff der Kodifikation prägte der englische Jurist und Philosoph Jeremy Bentham (1748–1832). Vgl. *Inge Kroppenberg*, Mythos Kodifikation – Ein rechtshistorischer Streifzug, in: JZ 2008, S. 905 ff.
21 Neuere Textausgabe: Hans Hattenhauer (Hrsg.), Allgemeines Landrecht für die Preußischen Staaten von 1794, 3. Aufl. 1996.
22 *Reinhart Koselleck*, Preußen zwischen Reform und Revolution, 3. Aufl. 1981, S. 31: „rechtsstaatliche Absichten".
23 Zweifelsfragen bei der Auslegung waren einer „Gesetzeskommission" vorzulegen, die autoritativ und mit Gesetzeskraft entschied. Bereits 1798 wurde aber diese Kommission abgeschafft.
24 *Reinhart Koselleck*, Preußen zwischen Reform und Revolution, 3. Aufl. 1981, S. 24.

Verbindung mit Teil II 17. Titel § 1: „Der Staat ist für die Sicherheit seiner Untertanen, ihrer Personen, ihrer Ehre, ihrer Rechte und ihres Vermögens zu sorgen verpflichtet." § 83 der Einleitung gründete die allgemeinen Rechte des Menschen auf seine natürliche (vorrechtliche) Freiheit, sein eigenes Wohl suchen und befördern zu können, soweit nicht die Rechte eines anderen gekränkt (beeinträchtigt) werden. Bis heute als Wurzel eines rechtsstaatlichen Polizeirechts wird die früheste Fassung der polizeilichen Generalklausel zitiert (Zweiter Teil, 17. Titel, § 10): „Die nötigen Anstalten zur Erhaltung der öffentlichen Ruhe, Sicherheit und Ordnung, und zur Abwendung der dem Publico, oder einzelnen Mitgliedern desselben, bevorstehenden Gefahr zu treffen, ist das Amt der Polizey."

203 Das Gesetzgebungswerk war ein so großes Unterfangen, dass der königliche Gesetzgeber – Friedrich Wilhelm II., der Nachfolger Friedrichs II. – davon absah, das Landrecht flächendeckend in Preußen in Kraft zu setzen. Es wurde territorial begrenzt, experimentierend und auch mit Evaluationspflichten verbunden eingeführt. Wo es galt, behauptete es sich bis zur Gesetzgebung des Deutschen Reiches nach 1871, um mit Inkrafttreten des Bürgerlichen Gesetzbuchs im Jahre 1900 seine Geltung auch in den noch relevanten Abschnitten zu verlieren. Kurioserweise gibt es jedoch Vorschriften, die noch heute zur Begründung eines Rechtsprinzips herangezogen werden, so zur Grundlegung des im heute geltenden Recht nicht geregelten Aufopferungsanspruchs die §§ 74, 75 der Einleitung des PrALR.[25]

4. Die Justiz zwischen „Machtsprüchen" und beginnender Unabhängigkeit

204 Das neue Rechtsverständnis und die neuen Kodifikationen veränderten auch das Verständnis von Richteramt und Justiz. Zuvor hatte der Landesherr als der oberste, letztlich von Gott eingesetzte Richter gegolten, dem „Machtsprüche", Eingriffe in schwebende Gerichtsverfahren, erlaubt waren. Nunmehr setzte sich das Ideal des an die Gesetze gebundenen und möglichst unabhängigen Richters durch. In Preußen billigte dies Friedrich II. ausdrücklich: „In eigener Person Recht zu sprechen, ist eine Aufgabe, die kein Herrscher übernehmen kann, ein König von Preußen noch weniger als ein anderer [...]. Ich habe mich entschlossen, niemals in den Lauf des gerichtlichen Verfahrens einzugreifen; denn in den Gerichtshöfen sollen die Gesetze sprechen und der Herrscher soll schweigen."[26] Das hielt den Monarchen in der Praxis

---

[25] Die Vorschriften lauten: „§ 74. Einzelne Rechte und Vortheile der Mitglieder des Staats müssen den Rechten und Pflichten zur Beförderung des Gemeinwohls, wenn zwischen beyden ein wirklicher Widerspruch (collision) eintritt, nachstehen. § 75. Dagegen ist der Staat denjenigen, welcher seine besonderen Rechte und Vortheile dem Wohle des gemeinen Wesens aufzuopfern genöthigt ist, zu entschädigen gehalten." Nach BGHZ 9, 83; 13,81 (88) haben diese Bestimmungen des PrALR heute Geltung als Gewohnheitsrecht.
[26] Nach Gustav Berthold Volz (Hrsg.), Die Werke Friedrichs des Großen, Bd. 7, Antimachiavell und Testamente, S. 118 (Politisches Testament von 1752). Zur eher kritischen Einstellung des Mon-

aber nicht von einzelnen Eingriffen in die Rechtsprechung ab; sie wurden endgültig erst am Ende der Regierungszeit Friedrichs des Großen abgeschafft.

Berühmt wurde der letzte Machtspruch im Fall des in der Neumark östlich von Frankfurt/Oder ansässigen Müllers Christian Arnold. Dieser war mit seinem Verpächter, dem Grafen Schmettau, und dem Landrat von Gersdorff in Streit geraten. Von Gersdorff hatte 1770 auf seinem oberhalb der Mühle Arnolds gelegenen Grundstück Fischteiche anlegen lassen. Arnold behauptete, dies entziehe dem Bach, der seine Mühle antrieb, so viel Wasser, dass er die Mühle nicht mehr nutzen könne. Seit 1773 verweigerte er deshalb vollständig die Pachtzahlung. Das zuständige Patrimonialgericht verurteilte ihn aber trotz seiner Einwände zur Zahlung. 1778 wurde die Mühle wegen Nichtzahlung zwangsversteigert. 1779 trug der Müller den Fall in Potsdam dem König vor, der eine Untersuchungskommission einsetzte. Diese kam zu dem Ergebnis, dem Müller sei Unrecht geschehen. Die Gerichte, einschließlich des jetzt erstmals befassten Kammergerichts in Berlin, die auf Weisung des Königs das Verfahren wiederaufnahmen, hielten jedoch an der Entscheidung zu Lasten des Müllers fest. Jetzt war der König der Meinung, die Richter hätten (was wohl aus tatsächlichen Gründen nicht der Fall war) das Recht gebeugt. Er lud den Großkanzler von Fürst vor, ferner die drei Kammergerichtsräte, die das letzte Urteil gefällt hatten. Der Großkanzler wurde entlassen (Friedrich II.: „Marsch! Seine Stelle ist bereits vergeben"), die Richter einer Befragung unterzogen. Der König warf den Richtern vor, sie hätten seinen Namen durch das Urteil „cruel gemisbraucht" und ließ die Berliner und Küstriner Richter verhaften. Der Strafsenat des Kammergerichts, den der König mit der Strafverfolgung der Richter beauftragte, sprach sie jedoch frei. Daraufhin erkannte der König am 1. Januar 1780 anstelle der Richter auf Schadenersatz für den Müller und verurteilte die Richter zu einem Jahr Festungshaft. Nachdem der Justizminister die Gegenzeichnung dieser Entscheidung verweigerte, verkündete der König das Urteil selbst. Paradoxerweise zeigt dieser Fall, dass alle Beteiligten für die Unabhängigkeit der Justiz eintraten – sogar der König, indem er die Befürchtung äußerte, die Richter hätten zu Unrecht den Verpächter aus persönlichen Motiven schützen wollen.[27]

Mit der Reform des Rechts ging eine grundlegende Erneuerung der Justiz und der Juristenausbildung einher. Es entstand in Preußen eine einheitliche Gerichtsverfassung mit einem dreigliedrigen Instanzenzug. Das höchste Appellationsgericht in Berlin führte seit 1772 die Bezeichnung Obertribunal. Die Prozessdauer wurde erheblich verkürzt: Friedrich II. wollte den Abschluss eines Verfahrens, auch bei drei Instanzen, innerhalb eines Jahres. 1755 wurde eine Examinationskommission zur Prüfung der zukünftigen Richter geschaffen. Beseitigt wurde das noch weit verbreitete System des Ämterkaufs auch in der Justiz. Der neue Grundsatz der Personalrekrutierung lautete „Qualifikation geht über Gebot". Justiz und Verwaltung wurden schon ab 1749 deutlicher abgegrenzt, wenngleich nicht völlig getrennt.

Führende Beamte der Justizverwaltung (insbesondere der Großkanzler Carmer) standen bei der Reform der Justiz unter dem Einfluss der Lehren Montesquieus. Die Gerichte sollten zu unabhängigen Zwischeninstanzen zwischen dem absoluten König und der Sphäre des Privatrechts werden und so Rechtssicherheit außerhalb des Politischen verschaffen.

---

archen zum Recht und zu Juristen *Prüm*, Friedrich II. von Preußen und das Recht, in: ZJS 1/2012, S. 24 ff.

[27] Zum Ganzen *Malte Diesselhorst,* Die Prozesse des Müllers Arnold und das Eingreifen Friedrichs des Großen, 1984.

5. Staat und Kirche im Preußischen Allgemeinen Landrecht

208 Fast revolutionär war das im Preußischen Allgemeinen Landrecht prinzipiell neugefasste Verhältnis von Staat und Kirche.[28] Der gesamte Titel 11 des Teiles II befasste sich in insgesamt 1232 Paragraphen (immerhin 7 % des Gesamtumfangs des ALR) mit dem Staatskirchenrecht, aber auch dem Kirchenrecht, da der Staat für sich in Anspruch nahm, auch innere Verhältnisse der Kirche regeln zu können, soweit sie für den Staat bedeutsam waren. Endgültig überwunden wurden die alte, in Preußen praktisch schon eingeschränkte Verbindung der Territorialgewalt mit einer Konfession und Kirche und das Verständnis der konfessionsgebundenen Gewalten als politisch relevante Größen, als, wie es der Westfälische Frieden fasste, „Religionsparteien".

209 Das Landrecht gewährte zunächst allen Untertanen die volle – innere und häusliche – Religionsfreiheit, legte dabei aber zugrunde, dass jeder einzelne sich (zumindest) äußerlich zu einer Kirche bekannte: „jedem Einwohner im Staate muss eine vollkommene Glaubens- und Gewissensfreiheit gestattet werden" (Teil II Titel 11 § 2); „niemand soll wegen seiner Religionsmeinungen beunruhigt, zur Rechenschaft gezogen, verspottet oder gar verfolgt werden" (§ 4). Ein Recht auf freie Bildung von religiösen Gemeinschaften gab es nicht, nur ein Recht der „Hausväter", einen häuslichen Gottesdienst „nach Gutfinden anzuordnen" (§ 7).

210 Sodann findet sich – erstmals in der deutschen Verfassungsentwicklung – eine detaillierte Kodifikation eines Staatskirchenrechts im Sinne einer Verhältnisbestimmung von Staat und Kirchen.[29] Zur organisatorischen Verfasstheit der Religionen führte das Landrecht die inhaltlich kaum vorgeprägten und die Distanz zum Staat anzeigenden Begriffe der Kirchengesellschaft und der Religionsgesellschaft ein (Teil II Titel 11 §§ 10 ff.). Durchaus beabsichtigt war der Anklang an voluntaristische Organisationsformen – im Gegensatz zur Vorstellung der Kirche als einer überpersonalen, vom Willen unabhängigen und gottgestifteten Anstalt, die das staatliche Recht als solche nur anerkennen könne. Grundlegend war der Genehmigungsvorbehalt bei der Anerkennung von Religionsgesellschaften (§ 10). Den Religionsgesellschaften unterfielen vor allem die Kirchengesellschaften: „§ 11. Religionsgesellschaften, welche sich zur öffentlichen Feier des Gottesdienstes verbunden haben, werden Kirchengesellschaften genannt." Religionsgesellschaften kennt das Landrecht, unterschieden nach den ihnen zustehenden Rechten, in drei Stufen. Die erste bildeten die aufgenommenen Kirchengesellschaften: „§ 17. Die vom Staate ausdrücklich aufgenomme-

---

[28] *Peter Landau*, Das Kirchenrecht des Allgemeinen Landrechts für die Preußischen Staaten im 19. Jahrhundert (1995), in: *ders.*, Grundlagen und Geschichte des evangelischen Kirchenrechts und des Staatskirchenrechts, 2010, S. 175 ff.

[29] Dazu *Hans Wolfgang Strätz,* Das staatskirchenrechtliche System des preußischen Allgemeinen Landrechts, in: Civitas 11 (1972), S. 156 ff.; *Hans Michael Heinig,* Öffentlich-rechtliche Religionsgesellschaften, 2003, S. 87 ff.; *Stefan Korioth,* Zwischen Religionsfreiheit und institutioneller Sicherung. Zur Geschichte des deutschen Staatskirchenrechts, in: Loccumer Protokolle 74/08, 2009, S. 31 ff., 36 ff.

nen Kirchengesellschaften haben die Rechte privilegierter Corporationen." Das waren die katholischen, lutherischen und reformierten Gemeinden. Dem standen die geduldeten gegenüber: „§ 20. Eine Religionsgesellschaft, welche der Staat genehmigt, ihr aber die Rechte öffentlich aufgenommener Kirchengesellschaften nicht beygelegt hat, genießt nur die Befugnisse geduldeter Gesellschaften." Schließlich erwähnte das Landrecht die „unerlaubten Kirchengesellschaften" und dekretierte im Sinne strenger Aufsicht über die öffentliche Seite der Religion: „§ 14. Religionsgrundsätze, welche diesem zuwider sind, sollen im Staate nicht gelehrt und weder mündlich noch in Volksschriften ausgebreitet werden. § 15. Nur der Staat hat das Recht, dergleichen Grundsätze, nach angestellter Prüfung, zu verwerfen und deren Ausbreitung zu untersagen. § 16. Privatmeinungen einzelner Mitglieder machen eine Religionsgesellschaft nicht verwerflich." Die ausdrücklich aufgenommenen, privilegierten Kirchenkorporationen, also die Gemeinschaften der drei christlichen Kirchen, hatten den geduldeten Religionsgesellschaften voraus, dass nur ihre Gebäude Kirchen genannt wurden, dass sie ihren Gottesdienst öffentlich abhalten durften und ihre Geistlichen den Staatsbeamten gleichstanden (§§ 17–19). Die geduldeten Religionsgesellschaften durften nur ihren „Privat-Gottesdienst" frei ausüben, ohne „sich der Glocken zu bedienen" (§ 25), sie durften keine „öffentlichen Feyerlichkeiten" abhalten, ihren Geistlichen kamen keine besonderen Rechte zu (§ 26). Diese Stufung war insofern zukunftsweisend, als sie auch in anderen deutschen Staaten ab dem Beginn des 19. Jahrhunderts eingeführt wurde und das Staat-Kirche-Verhältnis bis zur Weimarer Verfassung (1919) prägte.

Kennzeichnend für dieses System ist zunächst eine Distanz des Staates zu den Religionsgesellschaften. Das formal zum Zeitpunkt des Inkrafttretens des Preußischen Allgemeinen Landrechts noch geltende reichsrechtliche Prinzip der konfessionellen Geschlossenheit des Territoriums spielt keine Rolle mehr. Auffallend ist ferner die beginnende religiöse Neutralität. Maßgebend für die staatliche Einordnung einer Religionsgesellschaft ist nicht religiöse Dignität oder Wahrheit, sondern die Staatsräson, die Nützlichkeit einer Religionsgesellschaft für den Staat. Der spätabsolutistischen Kodifikation ist schließlich die Indienstnahme der Religion für die öffentliche Ordnung selbstverständlich: Teil II Titel 11 „§ 13. Jede Kirchengesellschaft ist verpflichtet, ihren Mitgliedern Ehrfurcht gegen die Gottheit, Gehorsam gegen die Gesetze, Treue gegen den Staat und sittlich gute Gesinnungen gegen ihre Mitbürger einzuflößen." Dem entspricht, soweit es um die öffentlichen Wirkungen der Kirche und der Religion geht, ein striktes Konzept der staatlichen Kontrolle und Überwachung. Das Landrecht regelt bis in die Einzelheiten auch innere Angelegenheiten der Religionsgesellschaften, soweit diese Bezug zur öffentlichen Ordnung haben und den Nutzen der Religion für diese betreffen. Die Ordnung der Religionsgesellschaften unterstand einem allgemeinen Gesetzesvorbehalt (§ 27) und weitreichender Kontrolle, etwa durch Vorlage der Gottesdienstordnung, die nur mit staatlicher Genehmigung abgeändert werden konnte (§§ 46 ff.), staatlicher Mitentscheidung bei Exkommunikation (§ 56), Oberaufsicht über das Kirchenvermögen (§ 161 ff.). § 117 bestimmte: „Kein Bischof darf in Religions- und Kirchenangelegenheiten ohne Erlaubnis des Staats neue Verordnungen machen oder dergleichen von fremden geistlichen Obern annehmen." Dies zielte auf die katholische Kirche. Nur sie hatte Bischöfe im Sinne eines geistlichen Leitungsamtes, nur sie kannte eine den Staat überschreitende geistliche Hierarchie.

§ 11 Staatstheorie im 18. Jahrhundert: Gesellschaftsvertrag, Gewaltenteilung und Grenzen des Staates

212 Viele der Innovationen in der Staatspraxis des 18. Jahrhunderts – vom neuen Charakter des Rechts und der Rechtsetzung bis zu den Begründungen und der Kritik des aufgeklärten Absolutismus – hat die Staatstheorie der damaligen Zeit vorgedacht und begleitet. Zumindest einige der wichtigsten Theoretiker seien genannt. Gegenüber den früheren Lehren stellen sie weniger den Staatszweck Sicherheit durch Souveränität angesichts religionsbedingter Auseinandersetzungen in den Vordergrund, sondern die religiöse Toleranz, die Gemeinwohlorientierung und die Grenzen der Herrschaft. Was ihnen durchgehend (noch) fehlt, ist der Gedanke und die Forderung, die grundlegenden Herrschaftsprinzipien und fundamentalen Menschenrechte in einer geschriebenen Verfassung festzuhalten.

I. John Locke

213 Der Engländer John Locke (1632–1704), Philosoph und Arzt, hat neben Abhandlungen zur Erkenntnistheorie Schriften zur Ökonomie, zur Ethik und Staatstheorie verfasst. Die „Two Treatises of Government" (Zwei Abhandlungen über die Regierung, 1690) argumentieren zunächst gegen starre absolutistische Herrschaftsformen, insbesondere die zeitgenössische These, wonach den Monarchen absolute Gewalt von Adam vererbt worden sein soll. Locke gibt dem Vertragsgedanken eine neue Wendung. Die Menschen verlassen den ursprünglichen Naturzustand, indem sie durch freie Vereinbarung einen politischen Körper bilden, dem sie ihre natürliche Gewalt, die vorrechtliche Befugnis zur Verteidigung und Bestrafung übertragen. „Wo immer [...] eine Anzahl von Menschen sich [...] zu einer Gesellschaft vereinigt hat, dass jeder seines Rechtes, das Naturgesetz zu vollstrecken, entsagt und zugunsten der Allgemeinheit darauf verzichtet, dort – und einzig dort – entsteht eine politische oder bürgerliche Gesellschaft."[30] Der Schutz der vorstaatlichen Rechtsgüter Leben, Freiheit und Eigentum wird kraft der natürlichen Souveränität, die beim Volk verbleibt, dem Herrschaftsberechtigten übertragen, der in Form zweier Gewalten (Gesetzgebung und „federative power" – Verwaltung) tätig wird. Die Gesetzgebung soll in den Händen der Vertreter des Besitzbürgertums liegen, die Exekutive beim Monarchen. Lockes Ideal war das einer „moderated Monarchy". Besondere Betonung legt Locke auf das Eigentum. Daraus entstand die – englische – Auffassung, wonach nur ein gesichertes Privateigentum in der Lage war, die Freiheit mit all den Rechten und Privilegien zu garantieren, die daran hängen. Die Grundfrage von Thomas Hobbes, wie sich jeder vor dem anderen schützen kann, verändert John Locke zu der Frage, wie

---

[30] *John Locke*, Über die Regierung, hrsg. von Peter C. Mayer-Tasch, 1974, S. 67.

der Beherrschte und Beschützte vor dem Herrscher geschützt werden kann. „Denn aller Gewalt, die im Vertrauen auf ein bestimmtes Ziel verliehen wird, sind durch jenes Ziel die Grenzen gesetzt, und immer, wenn dieses Ziel offenkundig vernachlässigt oder ihm zuwider gehandelt wird, ist dieses Vertrauen notwendigerweise verwirkt, und die Gewalt fällt zurück in die Hände derjenigen, die sie verliehen haben."³¹ Notfalls gibt es ein Widerstandsrecht. Religionsfragen zu entscheiden ist der Regierung entzogen. Es muss Toleranz bestehen, wenngleich nicht gegenüber Atheisten (sie können den Vertragsschluss und ihre daraus resultierenden Pflichten nicht durch einen religiösen Eid bekräftigen) und Katholiken. Letztere können die Sitte und Freiheit einer bestimmten Gesellschaft gefährden, weil sie neben der Obrigkeit auch dem Papst als fremdem Souverän verpflichtet seien.

II. Montesquieu

Charles-Louis Baron de la Bréde et de Montesquieu (1689–1755), gelernter Jurist, war ein vielfältig interessierter politischer Schriftsteller. Sein Hauptwerk „De L'esprit des Loix" (Vom Geist der Gesetze) erschien 1748 und ist eine detaillierte soziologische, anthropologische und juristische Darstellung der politischen Zustände Frankreichs zu Beginn des 18. Jahrhunderts. Indem Montesquieus Interesse konkreten gesellschaftlichen Erscheinungen gilt, die jeweils als begrüßenswert oder bedenklich geschildert werden, schuf er eine neue Literaturgattung zwischen politischem Pamphlet und abstrakten naturrechtlichen Deduktionen. Ausdrücklich richtete er sich an alle interessierten Leser, die nicht zwingend juristisch und philosophisch vorgebildet sein mussten (und auch heute nicht sein müssen, was den „Geist der Gesetze" zu einer zeitlosen und aufschlussreichen Lektüre macht). Bekannt wurde Montesquieu durch seine besondere Entfaltung der Gewaltenteilungslehre, wenngleich diese – enthalten im Buch XI Kapitel 6 des „De L'esprit des Loix" – nicht im Mittelpunkt seiner Überlegungen stand und fast etwas versteckt im Zusammenhang einer vergleichenden Betrachtung europäischer Ordnungen, insbesondere der Englands, entfaltet wird. Erstmals in aller Deutlichkeit findet sich die bis heute verwendete Dreiteilung der Gewalten in Gesetzgebung, Verwaltung und Rechtsprechung. Die Gesetzgebung soll gemeinsam durch den Monarchen und die Stände ausgeübt werden, die Verwaltung liegt beim Monarchen. Die Rechtsprechung, deren klare Trennung von den beiden anderen Gewalten Montesquieu fordert, hat allein die Aufgabe, die Gesetze im Einzelfall anzuwenden. Sie soll nicht etwa rechtsfortbildend oder rechtsschöpferisch tätig werden.

Die entscheidenden Passagen lauten: „In jedem Staat gibt es drei Arten von Gewalt: die gesetzgebende Gewalt, die vollziehende Gewalt in Ansehung der Angelegenheiten, die vom Völkerrechte abhängen, und die vollziehende Gewalt hinsichtlich der Angelegenheiten, die vom bürgerlichen Recht abhängen. Vermöge der ersten gibt der Fürst oder Magistrat Gesetze auf Zeit oder für immer, verbessert er die bestehenden oder hebt sie auf. Vermöge der zweiten

---
31 *John Locke*, Über die Regierung, hrsg. von Peter C. Mayer-Tasch, 1974, S. 114.

schließt er Frieden oder führt er Krieg, schickt oder empfängt Gesandtschaften, befestigt die Sicherheit, kommt Invasionen zuvor. Vermöge der dritten straft er Verbrechen oder spricht das Urteil in Streitigkeiten der Privatpersonen. Ich werde diese letzte die richterliche Gewalt und die andere schlechthin die vollziehende Gewalt des Staates nennen. Die politische Freiheit des Bürgers ist jene Ruhe des Gemüts, die aus dem Vertrauen erwächst, das ein jeder zu seiner Sicherheit hat. Damit man diese Freiheit hat, muss die Regierung so eingerichtet sein, dass ein Bürger den anderen nicht zu fürchten braucht. Wenn in derselben Person oder der gleichen obrigkeitlichen Körperschaft die gesetzgebende Gewalt mit der vollziehenden vereinigt ist, gibt es keine Freiheit; denn es steht zu befürchten, dass derselbe Monarch oder derselbe Senat tyrannische Gesetze macht, um sie tyrannisch zu vollziehen. Es gibt ferner keine Freiheit, wenn die richterliche Gewalt nicht von der gesetzgebenden und vollziehenden getrennt ist. Ist sie mit der gesetzgebenden verbunden, so wäre die Macht über Leben und Freiheit der Bürger willkürlich, weil der Richter Gesetzgeber wäre. Wäre sie mit der vollziehenden verknüpft, so würde der Richter die Macht eines Unterdrückers haben. Alles wäre verloren, wenn derselbe Mensch oder die gleiche Körperschaft der Großen, des Adels oder des Volkes diese drei Gewalten ausüben würden: die Macht, Gesetze zu geben, die, öffentliche Beschlüsse zu vollstrecken und die Verbrechen oder die Streitsachen der einzelnen zu richten. [...] Die richterliche Gewalt darf nicht an einen dauernden Senat gegeben, sondern muss von Personen ausgeübt werden, die zu bestimmten Zeiten des Jahres in gesetzlich vorgeschriebener Weise aus der Mitte des Volkes (wie in Athen) entnommen werden, um einen Gerichtshof zu bilden, der nur so lange besteht, wie die Notwendigkeit es erfordert. Auf diese Weise wird die unter Menschen so schreckliche richterliche Gewalt, losgelöst von der Bindung an einen bestimmten Stand oder einen bestimmten Beruf, sozusagen unsichtbar und zu einem Nichts."[32]

216 Montesquieu würde missverstanden, wenn man ihn als Theoretiker des modernen Verfassungsstaates lesen wollte. Seine Überlegungen bewegen sich „in einer politischen Kultur, die von der Monarchie geprägt ist"[33]. Gewaltenteilung bedeutet hier die Einschränkung der absoluten Macht des Monarchen.

III. Jean-Jacques Rousseau

217 Eine ganze Generation jünger als Montesquieu war der aus Genf stammende Jean-Jacques Rousseau (1712–1778), ein Autodidakt und Universalgenie mit schillerndem Leben (geschildert in seiner Autobiografie „Les Confessions", Bekenntnisse) und vielfältigen Interessen. Neben philosophischen Werken schrieb er Romane und Abhandlungen zur Pädagogik. Ein Grundthema Rousseaus ist der Gegensatz zwischen der Natur und dem natürlichen Zustand des Menschen auf der einen, den gesellschaftlichen Verhältnissen (Frankreichs) im 18. Jahrhundert auf der anderen Seite. Rousseau kritisiert – und artikuliert damit ein verbreitetes Unbehagen, das drei Jahrzehnte später zur französischen Revolution führen wird – Dekadenz, Luxus, gesellschaftliche Konkurrenz und verkommene politische Verhältnisse. Er kreist um den Gegensatz des von Natur aus guten Menschen und der schlechten Gesellschaft, der natürlichen Freiheit und der gesellschaftlichen Versklavung. In seiner 1762 erschie-

---

[32] *Montesquieu*, Vom Geist der Gesetze, übersetzt und hrsg. von Ernst Forsthoff, Bd. 1, 2. Aufl. 1992, S. 214–216.
[33] *Thomas Vesting*, Staatstheorie, 2018, S. 57 (Rn. 102).

nen Abhandlung „Du Contrat Social" (Über den Gesellschaftsvertrag) unternimmt er eine radikal-demokratische Wendung des überkommenen Vertragsgedankens. Ziel ist die Entwicklung fundamentaler Prinzipien, auf denen jede politische Herrschaft beruhen muss, wenn sie legitime und gerechte Herrschaft sein will. Das Prinzip der Volkssouveränität steht im Zentrum der Theorie Rousseaus. Das Volk versteht er als Gesamtheit aller freien und gleichen Menschen, die sich zum Staat zusammenfinden. Die Versöhnung von Herrschaft und Freiheit erscheint als Paradox, das Rousseau immer wieder auflösen will.

Der Contrat Social beginnt mit einer Diagnose: „Der Mensch ist frei geboren und überall liegt er in Ketten. Einer hält sich für den Herrn der anderen und bleibt doch mehr Sklave als sie. Wie ist dieser Wandel zustande gekommen? Ich weiß es nicht. Was kann ihm Rechtmäßigkeit verleihen? Diese Frage glaube ich beantworten zu können."[34] Es gibt also Gründe, warum der Übergang vom Naturzustand zur geordneten Gesellschaft sinnvoll, legitim und rechtmäßig sein kann. Die Bedingungen beschreibt der Gesellschaftsvertrag. Die Ausgangsfrage des Gesellschaftsvertrages lautet: „Finde eine Form des Zusammenschlusses, die mit ihrer ganzen gemeinsamen Kraft die Person und das Vermögen jedes einzelnen Mitglieds verteidigt und schützt und durch die doch jeder, indem er sich mit allen vereinigt, nur sich selbst gehorcht und genauso frei bleibt wie zuvor." Der einzelne soll also zugleich Teil des Souveräns und Untertan sein. Die nötigen Vertragsbestimmungen lassen sich „auf eine einzige zurückführen, nämlich die völlige Entäußerung jedes Mitglieds mit allen seinen Rechten an das Gemeinwesen als Ganzes. […] Wenn man also beim Gesellschaftsvertrag von allem absieht, was nicht zu seinem Wesen gehört, wird man finden, dass er sich auf folgendes beschränkt: Gemeinsam stellen wir alle, jeder von uns, seine Person und seine ganze Kraft unter die oberste Richtschnur des Gemeinwillens; und wir nehmen, als Körper, jedes Glied als untrennbaren Teil des Ganzen auf."[35] Die Souveränität (des Volkes) ist dabei als Quelle und Ausübung des Gemeinwillens unveräußerlich und unteilbar, Prinzipien der Gewaltenteilung und des (englischen) Parlamentarismus kritisiert Rousseau. Abgeordnete können nicht Repräsentanten des Volkes sein. „Sie sind nur seine Beauftragten. Sie können nichts Endgültiges beschließen. Jedes Gesetz, das das Volk nicht selbst bestätigt, ist null und nichtig: es ist kein Gesetz."[36] Das Paradox der völligen Unterwerfung aller unter den Willen aller anderen als Freiheitsausübung und Freiheitssicherung will Rousseau damit erklären, dass Willensäußerungen der am Vertrag Beteiligten Äußerungen des Gemeinwillens, des richtigen und vernünftigen gemeinsamen Willens sind (der volonté générale), nicht etwa Mehrheitsentscheidung oder nur summenmäßige Übereinstimmung (volonté de tous).

---

[34] *Jean-Jacques Rousseau*, Vom Gesellschaftsvertrag, übersetzt und hrsg. von Hans Brockard, 1977, S. 5.
[35] *Jean-Jacques Rousseau*, Vom Gesellschaftsvertrag, übersetzt und hrsg. von Hans Brockard, 1977, S. 17 f.
[36] *Jean-Jacques Rousseau*, Vom Gesellschaftsvertrag, aaO, S. 103.

219   Bis heute schwankt die Deutung Rousseaus. Manche sehen in ihm einen Befürworter eines demokratischen Absolutismus oder sogar Totalitarismus. Andere erkennen den Versuch, den hypothetischen und als normativen Maßstab fungierenden Gesellschaftsvertrag zur Grundlage eines ganz neuen politischen Freiheitsverständnisses zu erheben. Beide Deutungen lassen sich auf gedankliche Ansätze bei Rousseau zurückführen, beide Deutungen spielten in der knapp dreißig Jahre nach Erscheinen der Schrift ausbrechenden französischen Revolution eine Rolle.[37]

---

[37] *Iring Fetscher*, Rousseaus politische Philosophie, 6. Aufl. 1990, S. 258 ff.

Teil IV: Die konstitutionelle Verfassungsbewegung in den deutschen Staaten im 19. Jahrhundert

§ 12 Die Idee der geschriebenen Verfassung

I. Das neue Konzept der Herrschaftsbegründung

In der zweiten Hälfte des 18. Jahrhunderts vollzieht sich die kopernikanische Wende der Verfassungsentwicklung, die unser staats- und verfassungsrechtliches Weltbild bis heute prägt. Es entstand das Konzept der geschriebenen Verfassung, die als Instrument der Begründung, Ausübung und Begrenzung öffentlicher Gewalt den (modernen) Verfassungsstaat hervorbringt.

Das neue Konzept der umfassenden und geschriebenen Verfassung, mit der Herrschaft begründet und ihre Ausübung geregelt wird, nahm das bereits geläufige Wort der Verfassung auf, gab ihm aber einen ganz neuen Inhalt und einen neuen Stellenwert. „Verfassung" hatte bis zum Ende des 18. Jahrhunderts, etwa im Sinne von „Verfasstheit", eine normative und zugleich beschreibende Bedeutung, wobei letztere überwog. Sie war der Sammelpunkt für Herrschaftsverträge, Landesordnungen und weitere Rechtsakte auf der normativen Seite, vor allem aber für den Zustand eines Landes oder der Herrschaft auf der tatsächlichen Ebene. Rechtserzeugung und Rechtsquellen waren nicht klar definiert, im Vordergrund stand die Gewohnheit (die consuetudo). Heute klingt diese ältere Sinnschicht noch dann an, wenn davon gesprochen wird, etwas befinde sich in guter (oder schlechter) Verfassung. Verfassungsstaatlichkeit in dem seit dem Ende des 18. Jahrhunderts verwirklichten Sinn meint anderes. Es entstand eine „spezifische Verbindung von Form, Inhalt und Funktion" in der geschriebenen Verfassung. Ohne historisches Vorbild war „die geschlossene systematische Zusammenfassung der politischen Grundnormen in einer Verfassungsurkunde". Das bedeutete eine „völlig neue Art der Begründung und Rechtfertigung von Herrschaft", die „Ablösung von Geschichte und Tradition durch die positive Setzung von Prinzipien. Herausbildung des Verfassungsstaates heißt deshalb die Umstellung von Geschichte auf Grundnormen, von Tradition auf bewusste Auswahl und Normierung von legitimierenden Prinzipien, von selbstverständlicher Herrschaft zu rational begründeter Herrschaft."[1] Erstmals entsteht ein autonomes Rechtssystem, das in der Lage ist, auch unter komplexen gesellschaftlichen Bedingungen verbindliche Entscheidungen herbeizuführen.[2]

---

[1] *Rainer Wahl*, Die Entwicklung des deutschen Verfassungsrechts bis 1866, in: *ders.*, Verfassungsstaat, Europäisierung, Internationalisierung, 2003, S. 277 ff., 279.
[2] Eine systemtheoretische Beschreibung gibt *Niklas Luhmann*, Verfassung als evolutionäre Errungenschaft, in: Rechtshistorisches Journal 9 (1990), S. 176 ff.

222 Die lange Epoche vor der Verfassung und der Zeitraum mit geschriebenen Verfassungen seit dem Ende des 18. Jahrhunderts lassen sich so voneinander abgrenzen:

(1) Geschriebene Verfassungen enthalten eine normative Ordnung der Staatsfunktionen, der wesentlichen Verfassungsorgane und der fundamentalen Rechte des Einzelnen. Verfassungen sind keine Kodifikationen. Sie umfassen keine vollständige Ordnung dieser Bereiche und sind auf die Ergänzung durch das Gesetz angewiesen. Sie normieren aber im Wege einer vorherigen und einheitlichen Festlegung die grundlegenden Entscheidungen.

(2) Im Gegensatz zur geschriebenen Verfassung wurden Organe und Funktionen der politischen Herrschaft „in vormodernen Fundamentalgesetzen, Statuten und so weiter immer schon als existent vorausgesetzt; sie werden nicht abstrakt normativ begründet, sondern allein und ausschließlich durch wiederholte, konkrete symbolisch-rituelle Praxis erzeugt. Etwa: Was der Kaiser ist, was Reichsfürsten sind, das ist nirgendwo abstrakt geregelt, sondern ergibt sich aus der Praxis von Krönungen, Belehnungen, Reichstagen und so weiter."[3]

(3) Geschriebene Verfassungen geben formalisierte Entscheidungswege und Verfahren zur Erzeugung von Akten der Staatsgewalt, insbesondere Gesetzen, Verwaltungsakten und Gerichtsurteilen vor, die durchgesetzt und vollstreckt werden können. „Indem formalisierte Entscheidungsverfahren und Sanktionsapparate materiellen Konsens erübrigen, ermöglichen sie kollektive Handlungsfähigkeit auch unter komplexen gesellschaftlichen Bedingungen. Vormoderne politisch-soziale Ordnungen verfügen über solche Verfahren und Apparate nicht in demselben Maße; sie sind daher stärker auf Aushandlung und Konsens angewiesen. Wenn keine Übereinkunft herstellbar ist, tragen sie zahlreiche unausgetragene Konflikte und unvereinbare Rechtsansprüche dauerhaft mit sich herum."[4] Besonders wichtig sind dabei die Verfahren zur Erzeugung von Gesetzen. Sie bilden den Sammelpunkt, an dem „durch Kompetenzen und Verfahren das herausgefiltert wird, was Recht sein soll" und als „bedeutungs- und durchsetzungssicher"[5] festgestellt werden soll.

(4) Geschriebene Verfassungen übertragen den aufklärerischen Gedanken des Kraft menschlicher Entscheidungen gestaltbaren, veränderbaren und fortentwickelbaren Charakters des Rechts in die normative Grundordnung der Verfassung. Verfassungen erlauben dem durch sie erst konstituierten Gesetzgeber, die Verfassung im Wege der Gesetzgebung unter qualifizierten Erfordernissen (etwa Zwei-Drittel-Mehrheiten) abzuändern. Die älteren Leges Fundamenales bis zur Mitte des 18. Jahrhunderts hatten keine Vorkehrungen für ihre Abänderung enthalten, sondern gingen wie selbstverständlich von ihrem ewigen Charakter aus. Die

---

[3] *Barbara Stollberg-Rilinger*, Verfassungsgeschichte als Kulturgeschichte, in: Zeitschrift der Savigny-Stiftung für Rechtsgeschichte – Germanistische Abteilung 127 (2010), S. 1 ff., 11.
[4] *Barbara Stollberg-Rilinger*, Verfassungsgeschichte als Kulturgeschichte, aaO, S. 11 f.
[5] *Winfried Brugger*, Kultur, Verfassung, Recht, Staat, in: AöR 126 (2001), S. 271 ff., 272.

„Entwicklung eigens in der Verfassung vorgesehener Verfahren zur Verfassungsänderung stellte im späten 18. Jahrhundert ein besonderes Novum dar"[6].

Der Inhalt der neuartigen geschriebenen Verfassung konzentriert sich von Beginn an auf drei wesentliche Aspekte, deren vollständige Durchsetzung erst im 20. Jahrhundert gelingt: Grund- und Menschenrechte, Demokratie (einschließlich Repräsentation des Volkes) und Gewaltenteilung als zentraler Teil der Rechtsstaatlichkeit. Dieses Verfassungskonzept wird zuerst in den Vereinigten Staaten von Amerika und in Frankreich am Ende des 18. Jahrhunderts Realität. Die nach dem Ende des Alten Reichs und den napoleonischen Kriegen gefestigten und neugeordneten deutschen Einzelstaaten führen geschriebene Verfassungen in der ersten Hälfte des 19. Jahrhunderts ein. Diese bis 1918 geltenden Verfassungen des deutschen Konstitutionalismus greifen Elemente der modernen Verfassungsstaatlichkeit auf, bleiben aber dem Vorrang der monarchischen Gewalt verpflichtet („Monarchisches Prinzip"). 223

Die besondere Bedeutung der geschriebenen Verfassung wird deutlich, wenn eine neuere Publikation im Zusammenhang des Konzepts der modernen Verfassung ohne weitere Umschweife den Bogen vom 18. Jahrhundert zur globalisierten Welt des 21. Jahrhunderts schlägt: „The ‚legitimatory trinity' (gemeint ist die Dreieinigkeit von Demokratie, Grundrechten und Rechtsstaatlichkeit) as a central feature of a modern constitutional discourse came into the world with the French and American Revolutions, and was internally connected to ideas of individual and collective self-government at the time. It went through various challenges and permutations before it re-emerged after World War II to become a globally hegemonic discourse since the 1990s, both in and beyond the state. There is no liberal constitution enacted after 1990 that does not pledge allegiance to the trinity in some way. The European Union asserts that there are its foundational values, the Council of Europe has embraced it, the UN claims to be committed to it and various General Assembly Resolutions have endorsed it."[7] Und: „The commitment to human rights, democracy and the rule of law – The Trinitarian mantra of the constitutionalist faith – is part of the deep grammar of the modern constitutionalist tradition. […] within this constitutionalist framework, wherever political and legal authority is constituted or exercised, it can be criticized or justified with reference to these concepts."[8] 224

II. Nordamerika und Frankreich – Neubegründung von Herrschaft

In Nordamerika (1776) und in Frankreich (1789) kam es im letzten Viertel des 18. Jahrhunderts zu erfolgreichen Revolutionen gegen die bestehende Herrschaftsordnung. 225

---

[6] *Gerald Stourzh,* Vom Widerstandsrecht zur Verfassungsgerichtsbarkeit (1974), in: *ders.,* Wege zur Grundrechtsdemokratie, 1989, S. 37 ff., 57.

[7] *Mathias Kumm/Anthony F. Lang jr./James Tully/Antje Wiemer,* How large is the world of Global Constitutionalism?, in: Global Constitutionalism 3 (2014), S. 1 ff., 4.

[8] *Mathias Kumm/Anthony F. Lang jr./James Tully/Antje Wiemer,* How large is the world of Global Constitutionalism?, aaO, S. 1.

226 Revolution im staatsrechtlichen Sinne bedeutet, dass eine bestehende Herrschaftsordnung plötzlich und häufig gewaltsam durch eine neue abgelöst wird, wobei das bestehende Recht nicht geändert, sondern gebrochen, überwunden und durch neues Recht ersetzt wird. Die Geltung des neuen Rechts beruht einzig und allein auf dem tatsächlichen Erfolg der Revolution, die eine neue Legitimität begründet. Eine erfolgreiche Revolution vernichtet Recht und begründet zugleich neues Recht.[9] „Eine staatsrechtliche Revolution geht daher notwendig mit einem Rechtsbruch einher, bildet eine Zäsur und führt zu verfassungsrechtlicher Diskontinuität."[10]

227 In dieser Weise brachen die nordamerikanischen Kolonien mit dem britischen Mutterland. In Frankreich beendete die Ständeversammlung, die sich selbst zur Nationalversammlung erklärte, den absoluten monarchischen Staat. In beiden Fällen war die tiefgreifende Veränderung durch zwei Elemente gekennzeichnet. Erstens wurde die neue Herrschaftsordnung auf der Basis der Volkssouveränität begründet. Die in dieser Zeit entstandene klassische Formulierung der Volkssouveränität findet sich heute im Grundgesetz mit den Worten (Art. 20 Abs. 2 S. 1 GG): „Alle Staatsgewalt geht vom Volke aus." Ebenfalls neu war zweitens, dass erst die Bedingungen legitimer politischer Herrschaft gedanklich begründet, dann diesen entsprechende Gesetze geschaffen und zuletzt Personen zur Ausübung der Herrschaft berufen wurden. Die planvolle Konstruktion und Umsetzung von Herrschaftsprinzipien lösten das organische Wachsen von Ordnungen ab, das die europäische Entwicklung bis zu diesem Zeitpunkt beherrscht hatte. Das Mittel hierzu war die geschriebene Verfassung. Der Verfassungsrechtler und frühere Richter des Bundesverfassungsgerichts Dieter Grimm (geb. 1937) schreibt dazu: Die Verfassung „bestimmte die Grundlage und den Zweck politischer Herrschaft, ordnete ihre Einrichtung und Ausübung und regelte die Beziehungen zwischen Regierenden und Regierten."[11] Die Verfassung war Rechtsgrund und Maßstab staatlicher Gewalt. „Legitimität konnte nur die verfassungsmäßig zustande gekommene, Verbindlichkeit nur die verfassungsmäßig ausgeübte Herrschaft beanspruchen."[12] Damit war die geschriebene Verfassung zugleich ein neues Mittel zur Lösung des alten Problems der Herrschaftsbegründung und Herrschaftsbegrenzung. Seither hat es Ausdehnungen und Weiterentwicklungen des Instituts der Verfassung, aber auch Rückfälle in verfassungslose totalitäre Staaten oder solche Staaten gegeben, die zwar Verfassungen kennen, aber keine Verbindlichkeit des Verfassungsrechts für den politischen Prozess.

---

[9] *Horst Dreier*, Revolution und Recht, in: Zeitschrift für öffentliches Recht 69 (2014), S. 805 ff.; *Peter Badura*, Art. Verfassung, in: Evangelisches Staatslexikon, 3. Aufl. 1987, Bd. II, Sp. 3737 ff., 3744.
[10] *Christian Hillgruber*, Deutsche Revolutionen – „Legale Revolutionen", in: Der Staat 49 (2010), S. 167 ff., 167 f.
[11] *Dieter Grimm*, Deutsche Verfassungsgeschichte 1776–1866, 1988, S. 10.
[12] *Dieter Grimm*, Deutsche Verfassungsgeschichte 1776–1866, 1988, S. 10.

III. Die Vorbereitung der geschriebenen Verfassung

Kein Bruch mit dem Vergangenen, wie entschieden er sich auch darstellen mag, ist ein vollständiger Neuanfang. Die Idee der Verrechtlichung politischer Konflikte ging bis in das Mittelalter zurück, die Inhalte der neuen Verfassung sind in der politischen Philosophie der Aufklärung vorbereitet worden; das Instrument der Zusammenfassung der neuen normativen Ordnung in einem Rechtsdokument mit herausgehobenem Rang war neu. Um noch einmal zurückzugehen: Im Mittelalter hatte die göttliche Offenbarung die richtige und gerechte Sozialordnung vorgegeben. Herrschaft war göttlich legitimiert und auf religiöse Gebote verpflichtet. Mit der Reformation kam die Überzeugung, die Sozialordnung sei unverfügbar göttlich vorgegeben, ins Wanken; aufgegeben wurde diese Überzeugung im konfessionellen Zeitalter nicht. Erst danach begann die Staatstheorie, Herrschaft unabhängig von der nun vieldeutigen und umstrittenen göttlichen Offenbarung auf säkularer (weltlicher) Grundlage neu zu begründen. Der hypothetische Ausgangspunkt war der vorstaatliche Zustand der Freiheit und Gleichheit aller. „Herrschaft konnte unter diesen Voraussetzungen nur durch freiwillige Vereinbarung aller zustande kommen, und die Frage lautete, unter welchen Bedingungen es von vernunftbegabten Wesen zu erwarten sei, dass sie ihre natürliche Freiheit und Gleichheit gegen einen Herrschaftszustand eintauschten. Gab es solche Bedingungen, dann bildeten diese die Rechtfertigung für Herrschaft überhaupt, zugleich aber auch den Legitimationsmaßstab für bestehende Staaten. Ihre Herrschaft galt dann als legitim, wenn sie der Zustimmung aller vernünftig Denkenden fähig gewesen wäre."[13] Das seit Hobbes für die politische Ordnung verbreitete normative Deutungsschema des Vertrags bildete das wesentliche Fundament für die Verfassunggebungen in Frankreich und Amerika, die in Deutschland rezipiert und in modifizierter Form umgesetzt wurden.

§ 13 Die Gründung der USA und die Französische Revolution

I. Die Revolution in Nordamerika

Erstmals praktisch wurden die Theorie des Gesellschaftsvertrages und das Instrument der geschriebenen Verfassung in dem Prozess, der zur Gründung der Vereinigten Staaten von Amerika und zur Entstehung der amerikanischen Verfassung führte.[14]

---

[13] *Dieter Grimm*, Deutsche Verfassungsgeschichte 1776–1866, 1988, S. 17.
[14] Dazu *Gordon S. Wood*, The Creation of the American Republic 1776–1787, 1969, S. 291 ff., 459 ff.; *Jürgen Heideking*, Geschichte der USA, 1996, S. 65 ff.

Teil IV: Die konstitutionelle Verfassungsbewegung im 19. Jahrhundert

1. Die Unabhängigkeitserklärung 1776

230 Den historischen Hintergrund bildete die Entstehung 13 englischer Kolonien in Nordamerika zwischen 1607 und 1732. In der zweiten Hälfte des 18. Jahrhunderts erfuhren die Kolonisten spezifische Übergriffe der staatlichen Gewalt des Mutterlandes in ihre Rechte. Es ging vor allem um die Besteuerung der Kolonien, mit der zum Finanzbedarf des Mutterlandes beigetragen werden sollte, teils zu Zwecken, die nichts mit den Kolonien zu tun hatten, teils aber auch zum Zweck der Kostendeckung für die Verteidigung der Kolonien. Nach dem britischen Stamp Act (1765) waren die Ausfertigung öffentlicher Dokumente und der Vertrieb von Zeitungen steuerpflichtig. Der dagegen in New York einberufene Stempelsteuerkongress der Kolonisten stand unter der später berühmten Parole „No taxation without representation", der darauf hinwies, dass die Kolonien an der Gesetzgebung des Mutterlandes nicht beteiligt waren. Zum Bruch mit England kam es, als diese Forderung nach Teilhabe, die auf der Grundlage der britischen Rechtsüberzeugung völlig legitim war, nicht erfüllt wurde – das Mutterland sah den Zweck der Kolonien darin, das Finanzaufkommen und die Wirtschaftskraft Englands zu vergrößern.

231 Am 12. Juni 1776 erging mit der „Virginia Declaration of Rights"[15] die erste umfassende neuzeitliche Erklärung der Menschen- und Bürgerrechte. Art. 1 stellte fest: „Alle Menschen sind von Natur gleichermaßen frei und unabhängig und besitzen gewisse angeborene Rechte, welche sie ihrer Nachkommenschaft durch keinen Vertrag rauben oder entziehen können, wenn sie eine staatliche Verbindung eingehen, und zwar den Genuss des Lebens und der Freiheit, die Mittel zum Erwerb und Besitz von Eigentum und das Erstreben und Erlangen von Glück und Sicherheit." Nach Art. 2 ruht „alle Macht […] im Volke und leitet sich folglich von ihm her […]". Die Bedeutung der Erklärung lag vor allem darin, dass sie unveräußerliche Rechte vor dem Staat und gegenüber der konkreten öffentlichen Gewalt anerkannte. Aus diesen individualistisch und naturrechtlich begründeten Freiheiten leitete sie zugleich, wie Art. 2 der Erklärung zeigt, die Notwendigkeit grundlegender Prinzipien zur Organisation des Staates ab, nämlich die Volkssouveränität und Gewaltenteilung.[16]

232 Am 4. Juli 1776 erklärte der Kontinentalkongress in Philadelphia in einer aufsehenerregenden Erklärung die Unabhängigkeit von England. Die von Thomas Jefferson konzipierte Unabhängigkeitserklärung liest sich wie eine Zusammenfassung von Staatstheorien des 18. Jahrhunderts. Von großem Einfluss war insbesondere John Locke. Die berühmtesten Sätze lauten: „We hold these Truths to be self-evident, that all Men are created equal; that they are endowed by their Creator with certain unalienable Rights; that among these are Life, Liberty, and the Pursuit of Happiness – That to secure these rights, Governments are instituted among Men, deriving their just

---

[15] Abgedruckt etwa bei *Fritz Hartung*, Die Entwicklung der Menschen- und Bürgerrechte von 1776 bis zur Gegenwart, 1972, S. 40 ff.

[16] *Gerhard Oestreich*, Geschichte der Menschenrechte und Grundfreiheiten im Umriß, 1968, S. 57 ff.

Powers from the Consent of the Governed, – That whenever any Form of Government becomes destructive of these Ends it is the Right of the People to alter or to abolish it, and to institute New Government, laying its Foundations on such Principals, and organizing its Powers in such Form, as to them shall seem most likely to affect their Safety and Happiness."[17] Deutlich wird hier mehrfach die Trias des Verfassungsstaates zugrunde gelegt: Vorstaatliche Grundrechte, Notwendigkeit der (demokratischen) Legitimation der Regierung, Bindung der öffentlichen Gewalt an die Rechte der Bürger, verbunden mit Gewaltenteilung.

Unter Berufung auf das geltende Recht war der Bruch mit England selbstverständlich nicht zu rechtfertigen. Die Erklärung der Unabhängigkeit war eine Revolution. Zu ihrer Legitimität wurde das natürliche Recht der Kolonisten herangezogen, sich nach den genannten Prinzipien selbst zu organisieren und zu regieren. Konsequent war dann der weitere Verlauf der Ereignisse: England erklärte den Bruch für illegal und versuchte, auch mit militärischen Mitteln im Unabhängigkeitskrieg, die Kolonien an die alte Herrschaft zu binden. Endgültig setzte sich die Unabhängigkeitsbewegung mit dem Pariser Frieden von 1783 durch. Großbritannien anerkannte die Unabhängigkeit der Kolonien und trat die Gebiete östlich des Mississippi an die USA ab. Kanada blieb Kolonie.

2. Die Verfassung von 1787/1788

Mit der Unabhängigkeit war zunächst ein rechtliches Vakuum entstanden. Nötig war die Organisation einer neuen Staatsgewalt nach den Prinzipien der Unabhängigkeitserklärung und die Sicherung der Grundrechte. Letzteres geschah durch den Erlass von Bill of Rights (Menschen- und Grundrechteerklärungen) in den selbständig gewordenen Staaten. Die Bill of Rights von Virginia (1776) gilt dabei als erste umfassende Rechteerklärung mit rechtlicher Bindungswirkung. In einem zweiten Schritt gaben sich elf der dreizehn unabhängigen Staaten Verfassungen. Die Verfassung von Massachusetts (1780) – die noch heute gilt – wurde als erste in einer Volksabstimmung gebilligt. Alle einzelstaatlichen Verfassungen beruhten auf dem Prinzip der Volkssouveränität, garantierten Grundrechte und verfolgten das Prinzip des limited government, wonach die Staatsgewalt nur die ihr in der Verfassung vom Volk verliehenen Befugnisse hat. Allerdings: Das Wahlrecht setzte (Grund)Eigentum voraus, Frauen waren von ihm ausgeschlossen, Sklaverei wurde aufrechterhalten, trotz mancher Bedenken und Widerstände. Der wiederum nächste Schritt war die Gründung eines Staatenbundes durch die Articles of Confederation (1777). Die so geschaffene Zentralgewalt war schwach. Art. II der Konföderationsartikel bestimmte ausdrücklich: „Each state retains its sovereignty, freedom, and independence, and every Power, Jurisdiction and Right, which is not by this Confederation expressly delegated to the United States, in Congress assembled." Das erwies sich angesichts vielfältiger

---

[17] http://www.civiced.org/resources/curriculum/911-and-the-constitution/terms-to-know (zuletzt abgerufen am 23.10.2022).

zentraler Regelungsaufgaben und Handlungsfelder schnell als unzureichend, zumal Steuern, Handel und Wirtschaft außerhalb des Zugriffs der Zentralgewalt lagen.

235   Überwunden wurde dies im Wege der Gründung eines Bundesstaates durch die Verfassung der Vereinigten Staaten von 1787/88. Nachdem die Constitutional Convention im September 1787 in Philadelphia den Verfassungsentwurf beschlossen hatte, durchlief dieser in den 13 Staaten den teils kontroversen Ratifikationsprozess, der 1788 abgeschlossen war. Mit Zusätzen gilt diese Verfassung noch heute. Innerhalb eines kurzen Jahrzehnts war damit der erstaunliche und in Europa viel beachtete Prozess der Selbstorganisation eines modernen Staates durchlaufen. Die Grundlagen und Ziele der Verfassung bringt mit starkem Selbstbewusstsein die Präambel zum Ausdruck: „We the People of the United States [=Volkssouveränität als Verfassungsgrundlage], in Order to form a more perfect Union, establish Justice, insure domestic Tranquility, provide for the common defense, promote the general Welfare, and secure the Blessings of Liberty to ourselves and our Posterity, do ordain and establish this Constitution for the United States of America."

236   „Hier [in Nordamerika] ereignete sich ein Gründungsakt zum ersten Mal in der Gegenwart, unter den Augen der Zeitgenossen, bar aller Geheimnisse und außerhalb aller Gründungslegenden, mit denen die menschliche Einbildungskraft in die eigene Vergangenheit leuchtet." Im Mittelpunkt habe gestanden, „das Rätsel des Anfangs zu lösen und zu erklären, wie es möglich ist, daß hie und da, selten genug, ein Ereignis das zeitliche Kontinuum aufsprengt und von sich aus eine neue Geschehniskette stiftet."[18]

237   Art. I bis III der Verfassung der USA regeln, seit 250 Jahren unverändert, entsprechend dem Gewaltenteilungsschema Gesetzgebung, Verwaltung und Rechtsprechung des Zentralstaats, nach amerikanischer Terminologie des Federal State. Art. I, Section 1: „All legislative Powers herein granted shall be vested in a Congress of the United States, which shall consist of a Senate and a House of Representatives." Art. II, Section 1 (1): „The executive Power shall be vested in a President of the United States of America. He shall hold his Office during the Term of four years, and, together with the Vice President, chosen for the same Term, be elected, as follows: [...]." Art. III, Section 1: „The judicial Power of the United States, shall be vested in one Supreme Court, and in such inferior Courts as the Congress may from time to time ordain and establish. [...]" Artikel VI befasst sich mit der bundesstaatlichen Gliederung. Diese war bei der Entstehung und Ratifizierung der Verfassung deshalb strittig, weil es Kontroversen um die Gewichtsverteilung zwischen den Gliedstaaten (states) und dem Zentralstaat (federal state) gab. Die Federalists setzten sich für eine starke Zentralgewalt ein. Eine Reihe von Zeitungsartikeln, die unter dem Pseudonym Publius erschienen (dem Namen eines der Begründer der römischen Republik), unterstützte diese Position. Schnell wurde bekannt, dass die Autoren Alexander Hamilton (späterer erster Finanzminister der USA), James Madison (vierter US-Präsident) und John Jay (Außenminister) waren. In Buchform erschienen die Artikel 1788 unter dem Titel „The Federalist: A collection of Essays, written in favour of the new constitution"[19]. Diese Artikel sind nicht nur eine Auseinandersetzung mit bundesstaatlichen Fragen, sondern eine populäre und zugleich tiefsinnige Summe der Staatslehre des 18. Jahrhunderts und Verfassungskommentar. Bis heute gehört das Buch zur Pflichtlektüre jedes amerikanischen Rechts- oder Geschichtsstudenten.

---

[18] *Hannah Arendt*, Über die Revolution (1963), Neuausgabe 1974, S. 263.
[19] Deutsche Ausgabe: *Alexander Hamilton/James Madison/John Jay*, Die Federalist-Artikel. Politische Theorie und Verfassungskommentar der amerikanischen Gründerväter, hrsg. von Angela Adams und Willi Paul Adams, 1994.

Zu beachten ist aber: In der Frühzeit der amerikanischen Verfassung ging es um die Freiheit, Gleichheit und Gewaltenteilung. Der in der Verfassung angelegten Demokratie begegnete man in der Praxis dagegen durchaus mit Skepsis. Demokratie im Sinne einer gleichberechtigten Teilhabe aller und aller gesellschaftlichen Gruppen am politischen Prozess bedurfte der Durchsetzung im 19. und 20. Jahrhundert. Wichtige Stationen in den USA waren der Bürgerkrieg der Jahre 1861 bis 1863 und noch die Reformen nach dem Ersten Weltkrieg.

II. Die Französische Revolution

1. Die Versammlung der Generalstände 1789

In Europa wurden die nordamerikanischen Ereignisse mit Spannung verfolgt. „Das europäische Altland hatte die Ideen geliefert, die es jetzt, in eine klare und überzeugende Ordnung gegossen, zurückbekam."[20] Das galt insbesondere für Frankreich. Die „am höchsten entwickelte Gesellschaft des kontinentalen Alteuropas sah mit Staunen, dass jenseits des Ozeans in einem raschen Umbruch in die Tat umgesetzt worden war, was ihr selber bislang verwehrt blieb."[21] In Frankreich verschärfte sich in den 1780er Jahren die Krise des völlig verkrusteten und überlebten Systems des Absolutismus aufgrund von Missernten und staatlicher Finanzknappheit. Zum ersten Mal seit 175 Jahren versammelte Ludwig XVI. die Generalstände. Als diese im Mai 1789 zusammentraten, zeigte sich die Reformunfähigkeit des Staates in ihrem ganzen Umfang. Die Stände waren in Adel, Klerus und Bürger dreigeteilt; jeder Stand hatte dieselbe Zahl von Vertretern, die des dritten Standes sprachen aber für mehr als 95 % der Bevölkerung. Ein erster Streit in der Versammlung entstand über den Abstimmungsmodus. Die beiden ersten Stände wollten – entsprechend dem üblichen Verfahren der frühmodernen gegliederten Ständeversammlungen – Abstimmungen nach Ständen, was ihnen eine nicht erschütterbare Mehrheit verschafft hätte. Die Vertreter des dritten Standes verlangten, dem folgend, was in modernen Parlamenten üblich werden sollte, Abstimmungen nach Köpfen. Das änderte zwar nichts an der Disproportion von Bevölkerung und Zusammensetzung der Versammlung, es sollte aber den politischen Forderungen des dritten Standes die Möglichkeit eröffnen, sich bei Zustimmung weiterer Vertreter der anderen Gruppen durchzusetzen. Überraschenderweise hatte der Vorstoß des dritten Standes Erfolg. Es begann der Sturm, der innerhalb weniger Monate das Ancien régime hinwegfegte.

Einflussreich war die 1788 geschriebene, 1789 veröffentlichte Abhandlung des Abbé Sieyès, Qu'est-ce que le Tiers état? (Was ist der dritte Stand?). Der dritte Stand sei bisher nichts gewesen, doch tatsächlich umfasse er „alles, was zur Nation gehört". Sieyès forderte den Ausschluss aller nicht zum dritten Stand gehörenden Gruppen aus der Nation – weil die Nation eine Körperschaft sei, „die unter einem gemeinschaftlichen Gesetz lebe und durch dieselbe gesetzge-

---

[20] *Gottfried Schramm*, Fünf Wegscheiden der Weltgeschichte, 2004, S. 268.
[21] *Gottfried Schramm*, Fünf Wegscheiden der Weltgeschichte, 2004, S. 269.

bende Versammlung repräsentiert werde". Ein durch Privilegien ausgezeichneter Adel, der von dem für alle geltenden Gesetz gesondert sei, könne nicht dazu gehören – ihn dürfe es nicht geben. Und: „Ich bitte zu beachten, welch gewaltiger Unterschied zwischen der Versammlung des dritten Standes und den Versammlungen der beiden anderen Stände besteht. Ersterer vertritt 25 Millionen Menschen und berät über die Interessen der Nation. Die beiden letzten haben [...] nur die Vollmacht von ungefähr 200.000 Einzelpersonen und denken nur an ihre Vorrechte. Man wird sagen, der Dritte Stand allein könne keine Generalstände bilden. Nun, umso besser, dann wird er eben eine Nationalversammlung bilden!"[22] Auffallend ist hier und in der Anfangsphase der Französischen Revolution überhaupt die gleichrangige Betonung von Freiheit und Gleichheit der Staatsbürger, die vor dem Hintergrund der starren ständischen Gesellschaft des Absolutismus leicht erklärbar ist. In der anderen Situation der nordamerikanischen Kolonien ging es diesen vorrangig um Freiheit und Selbstbestimmung.

2. Die Erklärung zur Nationalversammlung

241 Die Generalversammlung erklärte sich mit einem nach Köpfen gefassten Beschluss am 17. Juni 1789 zur Nationalversammlung und am 6. Juli 1789 zur Verfassunggebenden Nationalversammlung (Assemblée Nationale Constituante). Jetzt ging es, inspiriert vom amerikanischen Vorbild, um die Ausarbeitung einer geschriebenen Verfassung, die nach den ursprünglichen Vorstellungen und aufgrund der von Amerika abweichenden Situation monarchische und demokratische Elemente verbinden sollte. Zu einer Radikalisierung führte am 14. Juli 1789 der Sturm auf die Bastille, eine verhasste königliche Festung mit Gefängnis. Am 4. August 1789 beschloss die Verfassunggebende Nationalversammlung, alle Vorrechte des Adels und die Feudalherrschaft (Machtbefugnisse der Grundherren über die landsässige Bevölkerung, Gutsgerichtsbarkeit, Besteuerungsrechte, Erwerbsbeschränkungen bei ländlichem Grundeigentum) aufzuheben. Erst damit war der Austausch des Legitimationsprinzips der staatlichen Herrschaft in Frankreich endgültig klargestellt. An die Stelle des monarchischen Absolutismus trat die Volkssouveränität mit dem Volk als Inhaber der Staatsgewalt und der Nationalversammlung als Repräsentation des Volkes.

3. Die Erklärung der Menschen- und Bürgerrechte

242 Am 26. August 1789 wurde dann, im Vorgriff auf die zu schaffende Verfassung, die Erklärung der Menschen- und Bürgerrechte verabschiedet. Sie war deutlich von der amerikanischen Unabhängigkeitserklärung beeinflusst. Einer deren Autoren, Thomas Jefferson, war 1789 Botschafter seines Landes in Frankreich. Wegen der überragenden Bedeutung dieses Rechtekatalogs für die Verfassungsentwicklung überhaupt, nicht nur in Frankreich, soll die Erklärung hier in vollem Wortlaut wiedergegeben werden. In Frankreich wurde sie später in die Verfassung von 1791 einbezogen. Die aktuelle französische Verfassung der 5. Republik von 1958 nimmt in der Präambel

---

[22] *Emmanuel Joseph Sieyès*, Was ist der dritte Stand?, in: Politische Schriften 1788–1790, übersetzt von Rudolf Reichhardt/Eberhard Schmitt, 1975, S. 124 f., 180.

auf die Erklärung von 1789 Bezug. Diese ist damit heute in Frankreich geltendes Verfassungsrecht.

Erklärung der Menschen- und Bürgerrechte vom 26. August 1789 (deutsche Übersetzung)[23]:
„Da die Vertreter des französischen Volkes, als Nationalversammlung eingesetzt, erwogen haben, daß die Unkenntnis, das Vergessen oder die Verachtung der Menschenrechte die einzigen Ursachen des öffentlichen Unglücks und der Verderbtheit der Regierungen sind, haben sie beschlossen, die natürlichen, unveräußerlichen und heiligen Rechte des Menschen in einer feierlichen Erklärung darzulegen, damit diese Erklärung allen Mitgliedern der Gesellschaft beständig vor Augen ist und sie unablässig an ihre Rechte und Pflichten erinnert; damit die Handlungen der gesetzgebenden wie der ausübenden Gewalt in jedem Augenblick mit dem Endzweck jeder politischen Einrichtung verglichen werden können und dadurch mehr geachtet werden; damit die Ansprüche der Bürger, fortan auf einfache und unbestreitbare Grundsätze begründet, sich immer auf die Erhaltung der Verfassung und das Allgemeinwohl richten mögen. Infolgedessen erkennt und erklärt die Nationalversammlung in Gegenwart und unter dem Schutze des Allerhöchsten folgende Menschen- und Bürgerrechte:

Art. 1. Die Menschen sind und bleiben von Geburt frei und gleich an Rechten. Soziale Unterschiede dürfen nur im gemeinen Nutzen begründet sein.

Art. 2. Das Ziel jeder politischen Vereinigung ist die Erhaltung der natürlichen und unveräußerlichen Menschenrechte. Diese Rechte sind Freiheit, Eigentum, Sicherheit und Widerstand gegen Unterdrückung.

Art. 3. Der Ursprung jeder Souveränität ruht letztlich in der Nation. Keine Körperschaften, kein Individuum können eine Gewalt ausüben, die nicht ausdrücklich von ihr ausgeht.

Art. 4. Die Freiheit besteht darin, alles tun zu können, was einem anderen nicht schadet. So hat die Ausübung der natürlichen Rechte eines jeden Menschen nur die Grenzen, die den anderen Gliedern der Gesellschaft den Genuss der gleichen Rechte sichern. Diese Grenzen können allein durch Gesetz festgelegt werden.

Art. 5. Nur das Gesetz hat das Recht, Handlungen, die der Gesellschaft schädlich sind, zu verbieten. Alles, was nicht durch Gesetz verboten ist, kann nicht verhindert werden, und niemand kann gezwungen werden zu tun, was es nicht befiehlt.

Art. 6. Das Gesetz ist der Ausdruck des allgemeinen Willens. Alle Bürger haben das Recht, persönlich oder durch ihre Vertreter an seiner Formung mitzuwirken. Es soll für alle gleich sein, mag es beschützen, mag es bestrafen. Da alle Bürger in seinen Augen gleich sind, sind sie gleicherweise zu allen Würden, Stellungen und Beamtungen nach ihrer Fähigkeit zugelassen ohne einen anderen Unterschied als den ihrer Tugenden und ihrer Talente.

Art. 7. Jeder Mensch kann nur in den durch das Gesetz bestimmten Fällen und in den Formen, die es vorschreibt, angeklagt, verhaftet und gefangengehalten werden. Diejenigen, die willkürliche Befehle betreiben, ausfertigen, ausführen oder ausführen lassen, sollen bestraft werden. Doch jeder Bürger, der auf Grund des Gesetzes vorgeladen oder ergriffen wird, muß sofort gehorchen. Er macht sich durch Widerstand strafbar.

Art. 8. Das Gesetz soll nur solche Strafen festsetzen, die offenbar unbedingt notwendig sind. Und niemand kann auf Grund eines Gesetzes bestraft werden, das nicht vor Begehung der Tat erlassen, verkündet und gesetzlich angewandt worden ist.

Art. 9. Da jeder Mensch so lange für unschuldig gehalten wird, bis er für schuldig erklärt worden ist, soll, wenn seine Verhaftung für unumgänglich erachtet wird, jede Härte, die nicht notwendig ist, um sich seiner Person zu versichern, durch Gesetz streng vermieden sein.

Art. 10. Niemand soll wegen seiner Meinungen, selbst religiöser Art, beunruhigt werden, solange ihre Äußerung nicht die durch das Gesetz festgelegte öffentliche Ordnung stört.

---

[23] http://www.verfassungen.eu/f/ferklaerung89.htm (zuletzt abgerufen am 23.10.2022). Abgedruckt auch bei *Fritz Hartung*, Die Entwicklung der Menschen- und Bürgerrechte von 1776 bis zur Gegenwart, 1972, S. 44ff.

Art. 11. Die freie Mitteilung der Gedanken und Meinungen ist eines der kostbarsten Menschenrechte. Jeder Bürger kann also frei schreiben, reden und drucken unter Vorbehalt der Verantwortlichkeit für den Mißbrauch dieser Freiheit in den durch das Gesetz bestimmten Fällen.

Art. 12. Die Sicherung der Menschen- und Bürgerrechte erfordert eine Streitmacht. Diese Macht ist also zum Vorteil aller eingesetzt und nicht für den besonderen Nutzen derer, denen sie anvertraut ist.

Art. 13. Für den Unterhalt der Streitmacht und für die Kosten der Verwaltung ist eine allgemeine Abgabe unumgänglich. Sie muß gleichmäßig auf alle Bürger unter Berücksichtigung ihrer Vermögensumstände verteilt werden.

Art. 14. Alle Bürger haben das Recht, selbst oder durch ihre Abgeordneten die Notwendigkeit der öffentlichen Abgabe festzustellen, sie frei zu bewilligen, ihre Verwendung zu überprüfen und ihre Höhe, ihre Veranlagung, ihre Eintreibung und Dauer zu bestimmen.

Art. 15. Die Gesellschaft hat das Recht, von jedem öffentlichen Beamten Rechenschaft über seine Verwaltung zu fordern.

Art. 16. Eine Gesellschaft, in der die Verbürgung der Rechte nicht gesichert und die Gewaltenteilung nicht festgelegt ist, hat keine Verfassung.

Art. 17. Da das Eigentum ein unverletzliches und heiliges Recht ist, kann es niemandem genommen werden, wenn es nicht die gesetzlich festgelegte, öffentliche Notwendigkeit augenscheinlich erfordert und unter der Bedingung einer gerechten und vorherigen Entschädigung."

244 Besonders charakteristisch ist für die Erklärung, dass es ihr nicht nur um Rechte der französischen Staatsbürger geht, sondern allgemein gültige, universale Rechte proklamiert werden (vgl. etwa Art. 1 S. 1: „Die Menschen […]", Art. 2 S. 1: „Das Ziel jeder politischen Vereinigung […]"). Dieses Menschheitspathos geht einher mit einer tiefen Verwurzelung in der französischen Theorie des 18. Jahrhunderts. Die Artikel 1 bis 6 lesen sich, als habe Rousseau sie verfasst. Die sprachlichen und inhaltlichen Anklänge an dessen „Gesellschaftsvertrag" sind überdeutlich. Zugleich verbinden die Artikel 1 bis 6 die Grundrechte mit dem Prinzip der Volkssouveränität. Die ausdrückliche Erwähnung der Gewaltenteilung in Art. 16 knüpft hingegen an Montesquieu an. Die besondere Betonung des Eigentumsrechts (Art. 2, in Art. 17 als „unverletzliches" und „heiliges" Recht bezeichnet) verweist auf den bürgerlichen Charakter der Erklärung. In der Französischen Revolution ging es nicht nur darum, die politischen und kulturellen Fesseln des Absolutismus zu sprengen, sondern auch, ökonomische Freiheit zu sichern. Stark war schließlich der amerikanische Einfluss der Bills of Rights, schon darin, dass die Verfassunggebung mit der Verabschiedung von Menschen- und Bürgerrechten begann. Sehr viel stärker als die nordamerikanischen Rechtserklärungen betonte die französische Déclaration die Gleichheit. Das fand seinen Grund darin, dass es in Europa, im Unterschied zur völligen Neubegründung politischer Ordnung in Nordamerika, darum ging, die überkommene ständische Gliederung der Gesellschaft zu überwinden „und in Richtung auf eine staatsbürgerliche Gesellschaft" zu entwickeln, „die auf Rechtsgleichheit, Erwerbs- und Eigentumsfreiheit gegründet ist"[24].

---

[24] *Rainer Wahl*, Rechtliche Wirkungen und Funktionen der Grundrechte im deutschen Konstitutionalismus des 19. Jahrhunderts, in: *ders.*, Verfassungsstaat, Europäisierung, Internationalisierung, 2003, S. 341 ff., 342.

4. Die Verfassung von 1791

Die Ausarbeitung der Verfassung zog sich bis zum 3. September 1791 hin. Diese erste geschriebene französische Verfassung beließ die Monarchie, verwandelte sie jedoch in eine konstitutionelle, verfassungsrechtlich gebundene, die der Nationalversammlung als dem vom Volk gewählten Parlament gegenüberstand. Das Wahlrecht zur Nationalversammlung hing von der Steuerleistung ab und befähigte etwa die Hälfte der über 25 Jahre alten Männer zur Wahl. Diese Verfassung war aber nicht von Dauer. Die Revolution ging weiter und radikalisierte sich, in deutlichem Gegensatz zu den USA, denen die geschriebene Verfassung Stabilität verliehen hatte. 1792 wurde die Monarchie abgeschafft, am 21. Januar 1793 Ludwig XVI. hingerichtet. Es kam zur Einsetzung zweier Ausschüsse mit diktatorischen Vollmachten, des Sicherheits- und des Wohlfahrtsausschusses. Eine zweite republikanische und demokratische Verfassung (1793) trat nie in Kraft. 1794 sah eine Schreckensherrschaft mit Hinrichtungen und Verfolgungen unter Robespierre, der am 27. Juli 1794 gestürzt und hingerichtet wurde. Stück um Stück ging dann die Entwicklung zurück in Richtung einer konstitutionell gebundenen Monarchie, zu der mit dem Staatsstreich Napoléons am 9. November 1799 der Weg frei war. „Das französische Altland mit seiner schweren geschichtlichen Erblast war für die Demokratie ungleich schlechter vorbereitet als das amerikanische Neuland. […] Aber das Vorbild der einzigen großen Demokratie wirkte unter der Hand, auch ohne dass jemand dies aktiv betrieb […]. Das Abendland driftete unwiderstehlich einer égalité des conditions und damit auch demokratischen Verfassungen zu, deren Muster Amerika gegeben hatte und weiterhin gab."[25]

§ 14 Die Verfassungsbewegungen in den deutschen Ländern

I. Die Rezeption der französischen Ereignisse

Und Deutschland? 1789 gab es keinen revolutionären Bruch mit den überkommenen Verhältnissen, keine Verfassunggebung und kein verfassungsgeschichtlich bedeutsames Ereignis. Aber: Hier beobachteten die Monarchen mit zunehmendem Misstrauen, große Teile des Bürgertums mit Begeisterung die französischen Ereignisse. Erst mit Beginn der Schreckensherrschaft setzte in der gebildeten Öffentlichkeit, die durch zahlreiche Beobachter und eine in dieser Form neue politische Berichterstattung in Zeitungen über die Vorgänge in Paris gut unterrichtet war, Nachdenklichkeit ein. 1789 veränderte aber auch Deutschland: Die Ideen und Ereignisse in Frankreich bewirkten, dass die Legitimität der politischen Ordnung des 18. Jahrhunderts ins Wanken geriet; die „Ständeordnung als umfassende Gesellschaftsordnung" verlor

---
[25] *Gottfried Schramm*, Fünf Wegscheiden der Weltgeschichte, 2004, S. 271.

ihre „bisher ungebrochene Anerkennung", sie war „unwiderruflich angeschlagen". Der „deutsche Reformabsolutismus, der bisher einen relativen Entwicklungsvorsprung gegenüber Frankreich und anderen Ländern behaupten konnte, war gleichsam über Nacht entscheidend ins Hintertreffen geraten."[26]

247 Der Hamburger Schriftsteller und Verleger Joachim Heinrich Campe (1746–1818) hielt am 26. August 1789, dem Tag der Menschenrechtserklärung, in Paris fest: „Je aufmerksamer ich die Knospen, die Blüte und die Früchte der jungen französischen Freiheit betrachte und je länger ich das hier angefangene Kreißen des von praktischer Philosophie geschwängerten menschlichen Geistes beobachte, welcher gerechte und weise Staatsverfassungen, allgemeine Aufklärung und Völkerglück gebären zu wollen verheißt, desto inniger und fester wird meine Überzeugung, daß diese französische Staatsumwälzung die größte und allgemeine Wohltat ist, welche die Vorsehung seit Luthers Glaubensverbesserung der Menschheit zugewandt hat."[27] Kant, Hegel, Goethe, Schiller – sie alle äußerten sich zustimmend, jedenfalls zu den ersten Jahren der Revolution, wenngleich vielfach der Reform, der langsamen und behutsamen Modernisierung, der Vorzug gegeben wurde. Der greise Kant schrieb 1798, Fortschritt und die Entwicklung zum Besseren könnten „nicht durch den Gang der Dinge von unten hinauf, sondern von oben herab" erwartet werden; es sei deshalb anzustreben, dass „der Staat sich von Zeit zu Zeit selbst reformiere, und, statt Revolution, Evolution versuchend, zum Besseren beständig fortschreite."[28] Es ist auffallend, dass in Deutschland viele wie Kant der Meinung waren, eine Revolution sei anders als in Frankreich nicht erforderlich. Zu erklären ist dies mit den in vielen Staaten zur Zeit des aufgeklärten Absolutismus im Unterschied zu Frankreich durchgeführten bürokratischen und sachorientierten Reformen, die weitergeführt werden sollten. Zumal nach 1794 sahen viele das Potential einer Revolution, den einen Despotismus durch einen anderen zu ersetzen. Politisch bedeutete dies: „Der vergleichende Blick auf Frankreich und die Territorialstaaten des alten Reiches zeigt, dass in Deutschland im letzten Drittel des 18. und zu Beginn des 19. Jahrhunderts zu keiner Zeit eine revolutionäre Situation bestand." Die deutschen Staaten waren weniger korrupt und funktionsunfähig als das absolutistische Frankreich. Es wäre schließlich auch zweifelhaft, eine zwingende Verbindung zwischen Aufklärung und Revolution herstellen zu wollen. „Tatsächlich revolutionierte die Aufklärung das Denken, gewaltsame Aktionen lagen ihr fern. Revolution war eine der möglichen Konsequenzen der Aufklärung, Reform eine andere."[29]

248 Reformation und Reform blieben – wie bei der religiösen Erneuerung fast drei Jahrhunderte zuvor – der deutsche Weg, gemäßigter Fortschritt in den Bahnen des Gesetzes.[30] Ein Übergreifen der von Volkssouveränität getragenen französischen Revolutionsbewegung fand daher nicht statt. Eine wirkliche Revolution gab es in Deutschland im ganzen 19. Jahrhundert nicht. Stattdessen verfiel das Reich bis zu seinem Ende im Jahre 1806; manche deutschen Einzelstaaten setzten bis 1848 Reformen von oben nach unten, ausgehend von den Regenten, ihren Beratern und der

---

[26] *Rainer Wahl,* Die Entwicklung des Verfassungsrechts bis 1866, in: ders., Verfassungsstaat, Europäisierung, Internationalisierung, 2003, S. 277 ff., 280.
[27] *Johann Heinrich Campe,* Briefe aus Paris, hrsg. v. Helmut König, 1961, Brief 8 (S. 274).
[28] *Immanuel Kant,* Der Streit der Fakultäten (1798), in: ders., Werke, hrsg. von Wilhelm Weischedel, Bd. 9, 5. Aufl. 1983, S. 366 f.
[29] Beide Zitate: *Horst Möller,* Fürstenstaat oder Bürgernation. Deutschland 1763–1815, Siedler Deutsche Geschichte, 1994, S. 530.
[30] *Rudolf Vierhaus,* Politisches Bewußtsein in Deutschland vor 1789, in: Helmut Berding/Hans-Peter Ullmann (Hrsg.), Deutschland zwischen Revolution und Restauration, 1981, S. 161 ff., 178 ff.

monarchischen Exekutive in Gang. Die europäischen Monarchien versuchten außenpolitisch nach 1792 zunächst und halbherzig, in den Revolutionskriegen gegen Frankreich die monarchische Legitimität dort wiederherzustellen – ohne Erfolg. Nach 1799 ließen sich die deutschen Einzelstaaten von Napoléon neuorganisieren und reformieren. Napoléon war der Staatsmann und später französische Kaiser, der für und in Deutschland bis 1813 die größte Bedeutung hatte. Volksbewegungen, die es den französischen gleichtun wollten, gab es nicht. Aber: Als die Französische Revolution und die nachfolgende napoléonische Ära 1814 an ihr Ende gelangt waren, ließ sich die Zeit nicht zurückdrehen. Das Zeitalter des Absolutismus, auch des aufgeklärten, war vorbei. Durchgreifende Reformen, und dazu gehörte auch die Einführung von geschriebenen Verfassungen, waren unausweichlich. Damals wurden die deutschen Staaten nicht länger „autokratisch, sondern bürokratisch regiert, und ein regelgebundenes Regierungssystem galt weithin als effektiverer Schutz vor der Willkür eines Souveräns, als er repräsentativen Versammlungen zugetraut wurde."[31]

II. Das konstitutionelle Verfassungsproblem

Exemplarisch für den Weg der Erneuerung – jedenfalls von 1806 bis 1815 – war wiederum Preußen. Es waren aber die süddeutschen Staaten, die in der Zeit des von Napoléon erzwungenen Rheinbundes viele von Frankreich inspirierte oder veranlasste Reformen erfahren hatten, zu denen auch nur kurze Zeit geltende Verfassungen gehört hatten. In Süddeutschland fand dann die erste große Verfassungswelle statt, die zwischen 1814 und 1824 zu dauerhaften Verfassungen führte. Repräsentativ sind Baden, Württemberg und Bayern, insgesamt erhielten 15 Staaten (neue) Verfassungen. Ab 1830 folgten sieben weitere Staaten, darunter Sachsen und Kurhessen. Preußen erhielt eine geschriebene Verfassung erst spät, erstmals 1848 und dann endgültig 1850. Diese monarchischen Verfassungen galten bis 1918, als am Ende des Ersten Weltkriegs die Monarchien durch die republikanische Staatsform ersetzt wurden.

Der Schlüssel zum Verständnis der Verfassungsentwicklung in Deutschland ist eine Besonderheit, mit der sich die deutschen Verfassungen von den anderen besonderen Wegen unterscheiden, die in den USA ab 1776 auf Dauer und in Frankreich ab 1789 zumindest zeitweise eingeschlagen wurden. Die deutschen Verfassungen reformierten, sie veränderten die vorgefundene Herrschaft. Sie hatten nicht den Anspruch, die monarchische Herrschaft zu beenden und die monarchische Souveränität durch Volkssouveränität zu ersetzen, also das Subjekt, den Inhaber der Staatsgewalt auszutauschen. Folglich wurden diese Verfassungen auch vom Monarchen erlassen, teils ohne Beratung mit bürgerlichen Kräften (oktroyierte Verfassungen); sie entstanden nicht durch eine verfassunggebende Versammlung und nicht unter Berufung auf die Volkssouveränität. Mit den Worten von Dieter Grimm: Die deut-

---

[31] *Richard J. Evans*, Das europäische Jahrhundert. Ein Kontinent im Umbruch 1815–1914, 2018, S. 70.

schen Verfassungen der ersten Hälfte des 19. Jahrhunderts waren „herrschaftsmodifizierend", nicht herrschaftsbegründend.[32] Ihr Geltungsgrund lag in der monarchischen Souveränität, sie regelten monarchische Befugnisse, modifizierten aber die Ausübung der Staatsgewalt gegenüber dem Absolutismus und dem aufgeklärten Absolutismus entscheidend dadurch, dass sie Elemente bürgerschaftlicher Bestimmung in den monarchischen Staat einfügten. Da es in den Jahren nach 1789 in Deutschland keine Revolution gab, war die Übertragung des Verfassungsgedankens eine Art „Nachvollzug". Der amerikanische „Zusammenhang zwischen völliger Neubegründung des Staates und geschriebener Verfassung"[33] kam nicht zum Tragen. Die Form der geschriebenen Verfassung sollte aber auch in Deutschland zur Anwendung kommen. Ihre Aufgabe und Funktion bestand in der rechtlichen Bindung der Monarchie und der Begrenzung der Befugnisse des Monarchen.

251   Bezeichnend war etwa das (zweite nicht eingehaltene) Verfassungsversprechen des preußischen Königs Friedrich Wilhelm III. vom 22. Mai 1815 (Verordnung über die zu bildende Repräsentation des Volkes).[34] Die Verordnung führt zunächst aus: „Die Geschichte des Preußischen Staats zeigt zwar, daß der wohlthätige Zustand bürgerlicher Freiheit und die Dauer einer gerechten, auf Ordnung gegründeten Verwaltung in den Eigenschaften der Regenten und in ihrer Eintracht mit dem Volke bisher diejenige Sicherheit fanden, die sich bei der Unvollkommenheit und dem Unbestande menschlicher Einrichtungen erreichen läßt." Dennoch solle zukünftig dieser Zustand kraft der Entscheidung des Monarchen, nicht des Volkes, und „vermittelst einer schriftlichen Urkunde, als Verfassung des Preußischen Reichs, dauerhaft bewahrt werden." Nach § 1 der Verordnung sollte insbesondere „eine Repräsentation des Volks gebildet werden", deren Wirkungskreis sich erstrecken sollte „auf die Berathung über alle Gegenstände der Gesetzgebung, welche die persönlichen und Eigenthumsrechte der Staatsbürger, mit Einschluß der Besteuerung, betreffen." Hier wird eine Verfassung aus der Einsicht des Monarchen, mit seiner Zielsetzung und den von ihm bestimmten Grenzen gesellschaftlicher Partizipation an den Angelegenheiten des monarchischen Staates angekündigt. Aber auch dazu kam es nicht. Nach der Ersetzung reformorientierter Minister durch Konservative überredeten diese den König, keine Verfassung zu erlassen.

252   Als nach dem Sieg der europäischen Monarchien über Napoléon (1814) das Zeitalter der Restauration (der Wiederherstellung) der alten Herrschaftsverhältnisse begann, fasste dies die Wiener Schlussakte des Jahres 1820[35] im Sinne einer verbindlichen Vorgabe an die Staaten des inzwischen gegründeten Deutschen Bundes in ihrem Art. 57 so zusammen: „Da der Deutsche Bund, mit Ausnahme der freien Städte, aus souveränen Fürsten besteht, so muss, dem hierdurch gegebenen Grundbegriffe zufolge, die gesamte Staatsgewalt in dem Oberhaupte des Staates vereinigt bleiben, und der Souverän kann durch eine landständische Verfassung nur in der Ausübung bestimmter Rechte an die Mitwirkung der Stände gebunden werden."

---

[32] *Dieter Grimm*, Deutsche Verfassungsgeschichte 1776 bis 1866, 1988, S. 111.

[33] *Rainer Wahl*, Die Entwicklung des deutschen Verfassungsstaates bis 1866, in: *ders.*, Verfassungsstaat, Europäisierung, Internationalisierung, 2003, S. 277 ff., 285.

[34] Ernst Rudolf Huber (Hrsg.), Dokumente zur deutschen Verfassungsgeschichte, Bd. 1, Deutsche Verfassungsdokumente 1803–1850, 3. Aufl. 1978, S. 61 f. (Nr. 19).

[35] Schlussakte der Wiener Ministerkonferenzen vom 15. Mai 1820. Abgedruckt bei Ernst Rudolf Huber (Hrsg.), Dokumente zur deutschen Verfassungsgeschichte, Bd. 1, aaO, S. 91 ff. (Nr. 31).

III. Die gesellschaftlichen Träger der Verfassungsbewegung

1. Die neuen Bürger und der Staat

Zu Beginn des 19. Jahrhunderts war es in Deutschland das sich neuformierende und erstarkende Bürgertum, beeindruckt und zugleich erschreckt von der Französischen Revolution, das nicht mehr nur auf Reformen, sondern auf geschriebene Verfassungen drängte. Diese Verfassungen aber sollten – sieht man von einigen radikalen, insgesamt nicht repräsentativen Stimmen ab – nicht die Monarchien beseitigen, sondern sie mit bürgerlicher Emanzipation, bürgerlichen Freiheiten insbesondere auf religiösem und wirtschaftlichem Gebiet versöhnen und rechtliche Garantien gegenüber der Staatsgewalt verbürgen. Brisant und strittig blieb das zu erstrebende Ausmaß politischer Freiheit in der Gesellschaft, aber auch gegenüber dem Staat.

Wer aber bildete das Bürgertum? Im 19. Jahrhundert findet sich häufig die eingängige, wenngleich vereinfachende Formel vom „Besitz- und Bildungsbürgertum"[36]. Dessen Anfänge reichen bis ins 18. Jahrhundert zurück. Der Bildungsbürger gehörte den angesichts komplizierter werdenden Lebensverhältnissen rasch an Bedeutung und Selbstbewusstsein gewinnenden Funktionseliten an – zu diesen zählten Kameralwissenschaftler und Juristen als Beamte in der im 18. Jahrhundert bereits grundlegend reformierten Verwaltung, Angehörige freier Berufe wie Ärzte und Rechtsanwälte, Professoren, (protestantische) Theologen und Pfarrer, Lehrer an höheren Lehranstalten und zum Teil auch Großkaufleute. Sie bildeten eine durch weitgehend gemeinsame politische Zielsetzungen und Zukunftshoffnungen verbundene „bürgerliche Front gegen die bestehende Ordnung, zusammengehalten durch das Leitbild der Idee einer künftigen klassenlosen Bürgergesellschaft"[37]. Wichtiges Kommunikationsmittel waren in der Schreib- und Lesegesellschaft, die alles zu Papier brachte und auch vervielfältigte, Lektürekreise, Zeitungen und Bücher, es entstanden die Berufe des Journalisten und freien Schriftstellers, auch des Verlegers. Erst mit der rapiden Industrialisierung – in Deutschland etwa ab 1840 – trat die neue gesellschaftliche Gruppe der Wirtschafts- oder Besitzbürger deutlich in Erscheinung. Hier hinkte die deutsche Entwicklung insbesondere England hinterher. „Deutschland war Ende des 18. Jahrhunderts, von wenigen Fortschrittsinseln abgesehen, ein Agrarland. Subsistenzwirtschaft bildete nach wie vor die Regel. Die Entlohnung für Dienste erfolgte gewöhnlich in Naturalien, nicht in Geld. Ein Binnenmarkt existierte nicht einmal innerhalb eines Territoriums. Regionale Märkte waren schwach entwickelt, ebenso die Verkehrswege. Die erste befestigte Straße überhaupt entstand 1753 in Bayern. Bei einer überwiegend armen Bevölkerung – eine Berliner Maurerfamilie musste um

---

[36] Dazu *Thomas Vesting*, Staatstheorie, 2018, S. 103 (Rn. 185 f.); *Hans-Ulrich Wehler*, Deutsche Gesellschaftsgeschichte, Bd. I, 1987, S. 211 ff.; *Lothar Gall*, Bürgertum in Deutschland, 1989, S. 152 ff.
[37] *Lothar Gall*, Walther Rathenau. Portrait einer Epoche, 2009, S. 11; *ders.*, Stadt und Bürgertum im 19. Jahrhundert. Ein Problemaufriß, in: ders. (Hrsg.), Stadt und Bürgertum im 19. Jahrhundert, 1990, S. 1 ff. Zum Sonderfall Hamburgs, das in seiner Stadtgeschichte keine monarchische Herrschaft gekannt hatte, *Percy E. Schramm*, Hamburg, Deutschland und die Welt, 1943, S. 35 ff.

1800 fast drei Viertel ihres Einkommens für Nahrungsmittel, 44 % allein für Brot, aufwenden – fehlten die Voraussetzungen für Massenproduktion und damit für technische Neuerungen. […] Ein Wirtschaftsbürgertum, das auf Expansion drängte und dabei mit der bestehenden rechtlich-politischen Ordnung in Konflikt geriet, findet sich im Deutschland des späten 18. Jahrhunderts […] erst in Ansätzen."³⁸

255 In Deutschland war der Staat relativ modern, in der ökonomischen und technologischen Entwicklung lag Deutschland hinter England und Frankreich zurück. Das bedeutete auch: Reformwünschen fehlte noch in der ersten Hälfte des 19. Jahrhunderts die Grundlage wirtschaftlicher Macht, die ihnen nachhaltigen Druck hätte verleihen können. „Das deutsche Bürgertum […] bildete in seiner überwiegenden Mehrheit noch keine treibende Kraft für Reformen. Die überkommene Sozialordnung galt vielmehr großen Teilen des Bürgertums nach wie vor als legitim. […] Gewaltsame Veränderungen lagen dem deutschen Bürgertum völlig fern. Für die Durchsetzung einer modernen Verfassung fehlte daher sowohl der soziale Träger als auch die revolutionäre Situation."³⁹ Das erklärt auch, warum in Deutschland, insbesondere in den beiden weichenstellenden Jahrzehnten von 1800 bis 1820, Veränderungen im staatlich-monarchischen Machtapparat ihren Anfang nahmen. Die gebildete Bürokratie war zugleich dem monarchischen Staat und den rationalen neuen bürgerlichen Ideen verpflichtet. „Sie war in einer ambivalenten Position."⁴⁰ Die Bildungsbürger in der Bürokratie waren die „verstaatlichte Intelligenz"⁴¹.

256 Mit Recht betont Thomas Vesting diese deutsche Art der Bürgerlichkeit: „Die deutsche bildungsbürgerliche Kultur ist im Unterschied zur anglo-amerikanischen Variante durch eine ausgeprägte Staatsorientierung gekennzeichnet, die zu einer noch lange nachwirkenden Abwertung des Gesellschaftskörpers führt. […] Hegel bringt wundersame Synthesen von Staat und Gesellschaft hervor […]. Diese Nähe zum monarchischen Staat mitsamt seiner aristokratischen (Militär-)Kultur, die für die kollektive Identität der Deutschen bis in das 20. Jahrhundert hinein eine zentrale Rolle spielt, hat zur Folge, dass das Bildungsbürgertum wenig Interesse für die Idee einer kommerziellen bürgerlichen Gesellschaft zeigt."⁴²

2. Die Preußischen Reformen 1807 bis 1815

257 Für den Weg der Reform von oben statt einer Revolution von unten, der innerstaatlichen Veränderung statt gesellschaftlicher Selbstermächtigung steht insbesondere die Entwicklung Preußens von 1806 bis 1815 (und teilweise darüber hinaus).

258 Der preußische Minister Struensee erklärte 1799 dem französischen Gesandten in Berlin: „Die heilsame Revolution, die Ihr von unten nach oben gemacht habt, wird sich in Preußen langsam von oben nach unten vollziehen. […] In wenigen Jahren wird es in Preußen keine

---

³⁸ *Dieter Grimm*, Deutsche Verfassungsgeschichte 1776–1876, 1988, S. 47 f.
³⁹ *Dieter Grimm*, Deutsche Verfassungsgeschichte 1776–1876, 1988, S. 48 f.
⁴⁰ *Thomas Nipperdey*, Probleme der Modernisierung in Deutschland, in: ders., Nachdenken über die deutsche Geschichte, 2. Aufl. 1986, S. 44 ff., 49.
⁴¹ *Hans-Ulrich Wehler*, Deutsche Gesellschaftsgeschichte, Bd. I, 1987, S. 211.
⁴² *Thomas Vesting*, Gentleman, Manager, Homo Digitalis. Der Wandel der Rechtssubjektivität in der Moderne, 2021, S. 133 f.

privilegierte Klasse mehr geben."⁴³ Das trat so nicht ein. Die Entgegensetzung von positiv eingeschätzter Reform und destruktiver, gefährlicher Revolution – von Struensee mit diplomatischer Höflichkeit verklausuliert – war jedoch weit verbreitet. „Reformen entwickeln sanft aus dem Bestehenden das Zukünftige, ihnen stehen Rohheit und Despotismus im Wege. Revolutionär ist dagegen jede Maßregel [...], bei der man, selbst um einer besseren Zukunft Willen, die bestehenden Rechte des Einzelnen nicht achtet, sondern ohne Ersatz vernichtet."⁴⁴

Preußen hatte, nachdem es seine seit 1795 eher halbherzig betriebene Neutralitätspolitik aufgegeben hatte, im Krieg gegen Napoléon schon in demselben Jahr 1806 eine katastrophale und demütigende Niederlage erlitten; die westlich der Elbe gelegenen und alle polnischen Landesteile musste es im Frieden von Tilsit (1807) aufgeben (was nach der Niederringung Napoléons 1815 wieder rückgängig gemacht wurde). Die Niederlage offenbarte nicht nur die militärische Schwäche des Landes, sondern auch die ökonomische und administrative Stagnation seit dem Tod Friedrichs des Großen (1786), die sich zur umfassenden Krise von Staat und Gesellschaft ausgeweitet hatte. „Die Problemlösungskapazität der klassischen königlichen Kabinettspolitik und ihrer weder politisch noch verfassungsrechtlich verantwortlichen Ratgeber machten nun die Schwäche des Königs [Friedrich Wilhelm III.] zu der des Staates – wie früher die Stärke Friedrichs des Großen die seines Staates gewesen war. [...] Es galt, die Divergenz von Staat und Gesellschaft zu vermindern und den Staat durch die Volkskräfte zu stärken, wie es die Französische Revolution so eindrucksvoll vorgegeben hatte."⁴⁵ Es ging darum, zunächst durch geistige Kräfte und individuelle Initiative zu ersetzen, was der Staat an physischen Kräften verloren hatte. Das war die Stunde einer Gruppe von Reformern, die aus der französischen Revolution gelernt hatten, dies mit der Reformtradition des aufgeklärten Absolutismus verbanden und auf dieser Grundlage umfassende Erneuerungen für alle Lebensbereiche vorschlugen und den zögerlichen König Friedrich Wilhelm III. zur Durchsetzung drängten. Karl August Graf von Hardenberg (1750–1822)⁴⁶ und Reichsfreiherr Karl vom und zum Stein (1757–1831)⁴⁷ führten die Reorganisation an.

a) Die Bauernbefreiung

Am 9. Oktober 1807 erließ König Friedrich Wilhelm III. das erste und grundlegende „Edikt über den erleichterten Besitz und den freien Gebrauch des Grundeigentums sowie die persönlichen Verhältnisse der Land-Bewohner betreffend"⁴⁸. Dessen Gegenstand war zunächst die Bauernbefreiung, um, wie die Präambel ausführte, „Alles

---

⁴³ Zitiert nach *Herbert Obenaus*, Finanzkrise und Verfassungsgebung, in: Barbara Vogel (Hrsg.), Preußische Reformen 1807–1820, 1980, S. 244 ff., 248.
⁴⁴ *Jakob Friedrich Fries*, Von Deutschem Bund und Deutscher Staatsverfassung, 1816, S. 43.
⁴⁵ *Horst Möller*, Fürstenstaat oder Bürgernation. Deutschland 1763–1815, Siedler Deutsche Geschichte, 1994, S. 612.
⁴⁶ Nach Studium in Leipzig und Göttingen zunächst in braunschweigischem Dienst, sodann in Preußen. Seit 1810 Staatskanzler.
⁴⁷ Studium in Göttingen, seit 1780 in preußischem Staatsdienst.
⁴⁸ Abgedruckt bei Ernst Rudolf Huber (Hrsg.), Dokumente zur deutschen Verfassungsgeschichte, Bd. 1, Deutsche Verfassungsdokumente 1803–1850, 3. Aufl. 1978, S. 41 ff. (Nr. 7).

zu entfernen, was den Einzelnen bisher hinderte, den Wohlstand zu erlangen, den er nach dem Maß seiner Kräfte zu erreichen fähig war". Die berühmtesten Vorschriften aus dem Edikt lauten: „§ 11. Mit der Publikation der gegenwärtigen Verordnung hört das bisherige Unterthänigkeits-Verhältniß derjenigen Unterthanen und ihrer Weiber und Kinder, welche ihre Bauerngüter erblich oder eigenthümlich, oder Erbzinsweise, oder Erbpächtlich besitzen, wechselseitig gänzlich auf. § 12. Mit dem Martini-Tage [...] 1810 hört alle Guts-Unterthänigkeit in Unseren sämmtlichen Staaten auf. Nach dem Martini-Tage 1810 gibt es nur freie Leute [...]." Mit der Herstellung persönlicher Freiheit wurden die Bauern Staatsbürger. Die Verwirklichung der neuen Bauernfreiheit stieß allerdings auf Probleme, weil die Reform die Eigentumsverhältnisse nicht veränderte und Bauern ihren früheren Gutsherren teils entschädigungspflichtig wurden; auch Frondienste und Naturalabgaben wurden kapitalisiert. In der Folge konnten die nunmehr freien Bauern ihre Höfe vielfach wegen der daraus entstehenden finanziellen Belastungen nicht wirtschaftlich führen. Interessanterweise waren, was in dieser Situation zu erwarten gewesen wäre, auf längere Sicht nicht die Gutsherren die wirtschaftlichen Gewinner, sondern, wegen häufiger Misswirtschaft und Preis- und Absatzkrisen in der Landwirtschaft, Bürger, die in zunehmenden Maße landwirtschaftliche Güter aufkauften, was bis zum Beginn der Reformen rechtlich nicht möglich war.

261 Diese neue Möglichkeit des Bodenerwerbs wurde durch die Einführung der Verkehrsfreiheit bei Grundstücken eröffnet. § 1 des Edikts zur Bauernbefreiung vom 9. Oktober 1807 bestimmte: „Jeder Einwohner Unserer Staaten ist, ohne alle Einschränkungen in Beziehung auf den Staat, zum eigenthümlichen und Pfandbesitz unbeweglicher Grundstücke aller Art berechtigt; der Edelmann also zum Besitz nicht blos adelicher, sondern auch unadelicher, bürgerlicher und bäuerlicher Güter aller Art, und der Bürger und Bauer zum Besitz nicht blos bürgerlicher, bäuerlicher und anderer unadlicher, sondern auch adlicher Grundstücke, ohne dass der eine oder andere zu irgend einem Güter-Erwerb einer besonderen Erlaubnis bedarf. [...]" Die volle Verkehrsfähigkeit von Grundstücken erhob das Eigentum umfassend zum tragenden Pfeiler der Privatrechts- und Wirtschaftsordnung. Die neuen Möglichkeiten auch der Hypothekenkredite auf große Grundstücke mobilisierten Kapital, nicht zuletzt als Grundlage der beginnenden Industrialisierung.

262 Die Bedeutung des Edikts lag insgesamt darin, mit der bevormundenden Fürsorge des aufgeklärt-absolutistischen Staates für das Wohlergehen einer ständisch-undurchlässigen Gesellschaft zu brechen. Es gab dem Einzelnen Freiheit, aber auch Verantwortung. Deshalb ist es folgerichtig, dass zwei bisherige Schranken durch dasselbe Edikt fielen, die Erbuntertänigkeit der Bauern und die beschränkte Verkehrsfähigkeit von Grundstücken sowie die Beschränkung der Berufswahl. Was das Edikt nicht bedachte: Vielfach fehlte den jetzt Freien das materielle Substrat, um von der Freiheit Gebrauch zu machen.

b) Gewerbefreiheit

263 Auch bei der Einführung der Gewerbefreiheit spielte das Ziel einer möglichst weitgehenden Freisetzung individueller Entfaltungsmöglichkeiten nicht zuletzt im Interesse des allgemeinen Wohlstandes eine Rolle. Das „Edikt über die Einführung einer

allgemeinen Gewerbesteuer" vom 28. Oktober 1810[49] verknüpfte die Einführung einer Gewerbesteuer, auf deren Erträge der finanziell völlig ausgeblutete Staat angewiesen war, mit der „Befreiung der Gewerbe von ihren drückendsten Fesseln", gewährte „vollkommene Gewerbefreiheit" und verband dies mit der Erwartung, das „Gesammtwohl [...] auf eine wirksame Weise befördern zu können". Unter Gewerbe fasste das Edikt „Handel, Fabriken, Handwerke". Das „Edikt über die Finanzen des Staats und die neuen Einrichtungen wegen der Abgaben" vom 27. Oktober 1810[50] fasste das Hardenbergsche Reformprogramm kurz zusammen, um eine veränderte Abgabenerhebung zu begründen. Insbesondere die Grundsteuer wurde nach den Prinzipien der Gleichmäßigkeit und der Besteuerung nach der Leistungsfähigkeit umgestaltet. Der König kündigte an, „mittelst einer gänzlichen Reform des Abgaben-Systems alle nach gleichen Grundsätzen für Unsere ganze Monarchie [die Abgaben] von Jedermann wollen tragen lassen. Auf dem kürzesten Wege wird daher auch ein neues Kataster angelegt werden, um die Grundsteuer danach zu bestimmen. Unsere Absicht ist hierbei keineswegs auf die Vermehrung der bisher aufgekommenen [Grundsteuererträge] gerichtet, nur auf eine gleichmäßige und verhältnismäßige Vertheilung auf alle Grundsteuerpflichtigen. Jedoch sollen alle Exemtionen wegfallen, die weder mit der natürlichen Gerechtigkeit, noch mit dem Geist der Verwaltung [...] länger vereinbar sind."

c) Verwaltungsreform

Zu den Reformen gehörte sodann eine durchgreifende Veränderung des Verwaltungsaufbaus mit der Einführung neuer Verantwortlichkeiten. Das vom Reichsfreiherrn vom Stein konzipierte Organisationsedikt vom 16. Dezember 1808 ersetzte das auf den Großen Kurfürsten zurückgehende Kabinettsystem (die Versammlung der persönlichen Berater des Königs, die unmittelbar in die Verwaltung hineinregieren konnten) und die unter Friedrich Wilhelm I. eingeführte Verwaltungsgliederung (Generaldirektorium und Domänenkammern, oben Rn. 158 ff.) durch ein neuartiges Staatsministerium. Diesem gehörten nach französischem Vorbild fünf Minister an (für Inneres, Finanzen, Justiz, Äußeres und Heer); die Ministerien wurden in Abteilungen gegliedert, sodass jedenfalls in Grundzügen das noch heute geltende Gliederungsprinzip der Regierung entstand. Die Minister waren dem Monarchen als dem Inhaber der Staatsgewalt verantwortlich. 1810 wurde zusätzlich das Amt des „Staatskanzlers" eingeführt, der über den Staatsministern stand, „die Oberaufsicht und Kontrolle jeder Verwaltung ohne Ausnahme" ausübte und zwischen der Regierung und dem Monarchen vermittelte. Dieses 1822 wieder abgeschaffte Amt steht in einer Kontinuitätslinie zum späteren Reichskanzler und zum heutigen Amt des Bundes-

264

---

[49] Abgedruckt bei Ernst Rudolf Huber (Hrsg.), Dokumente zur deutschen Verfassungsgeschichte, Bd. 1, Deutsche Verfassungsdokumente 1803–1850, 3. Aufl. 1978, S. 47 (Nr. 10).
[50] Abgedruckt bei Ernst Rudolf Huber (Hrsg.), Dokumente zur deutschen Verfassungsgeschichte, Bd. 1, aaO, S. 44 ff. (Nr. 9).

kanzlers. Diese Regierungs- und Verwaltungsreform war in der Sache eine Verfassungsreform ohne geschriebene Verfassung.

265 Im „Publikandum betreffend die veränderte Verfassung der obersten Staatsbehörden der Preußischen Monarchien"[51] hieß es dazu: „Eine möglichst kleine Zahl oberster Staatsdiener stehet an der Spitze einfach organisirter, nach Hauptverwaltungszweigen abgegrenzter Behörden; im genauesten Zusammenhang mit dem Regenten leiten sie die öffentlichen Geschäfte nach dessen unmittelbar ihnen ertheilten Befehlen, selbstständig und selbstthätig mit großer Verantwortlichkeit, und wirken so auf die Administration der untergeordneten, in gleicher Art gebildeten Behörden kräftig ein."

d) Gemeindereform

266 Zur Verwaltungsreform gehörte schließlich die bis heute bekannteste Maßnahme der Preußischen Reformen, die (begrenzte) Einführung kommunaler Selbstverwaltung durch die Preußische Ordnung für sämtliche Städte vom 19. November 1808.[52] Die Reformer, insbesondere Stein, wollten die Bürger zur Wahrnehmung ihrer eigenen lokalen Angelegenheiten aktivieren. In einer Denkschrift führte Stein dazu aus, die Verbindung der Eigentümer mit den lokalen öffentlichen Angelegenheiten ziele auf eine „Belebung des Gemeingeistes und Bürgersinnes", die „Benutzung der schlafenden oder falschgeleiteten Kräfte", den „Einklang zwischen dem Geist der Nation, ihren Ansichten und Bedürfnissen und denen der Staatsnation". Es gehe um eine „Wiederbelebung der Gefühle für Vaterland, Selbstständigkeit und Nationalehre". Im Zentrum der Reform steht der „Bürger" mit dem Recht und der Pflicht zur lokalen Selbstbestimmung.

267 Die „Ordnung für sämtliche Städte der Preußischen Monarchie [...]" vom 19. November 1808 bestimmte:
§ 5. Die Einwohner der Stadt bestehen nur aus zwei Klassen, aus Bürgern oder aus Schutzverwandten oder aus Einwohnern, die das Bürgerrecht gewonnen und solchen, die dasselbe nicht erlangt haben. Einwohner sind alle, welche im Gemeinebezirk ihren Wohnsitz aufgeschlagen haben.
§ 14. Ein Bürger oder Mitglied einer Stadtgemeine ist der, welcher in einer Stadt das Bürgerrecht besitzt.
§ 15. Das Bürgerrecht besteht in der Befugniß, städtische Gewerbe zu treiben und Grundstücke im städtischen Polizeibezirk der Stadt zu besitzen. Wenn der Bürger stimmfähig ist, erhält er zugleich das Recht, an der Wahl der Stadtverordneten Theil zu nehmen, zu öffentlichen Stadtämtern wahlfähig zu seyn, und in deren Besitze die damit verbundene Theilnahme an der öffentlichen Verwaltung, nebst Ehrenrechten zu genießen.
§ 46. Der Inbegriff sämmtlicher Bürger der Stadt, macht die Stadtgemeine oder die Bürgerschaft aus. Alle diejenigen, welche in der Bürgerrolle eingetragen stehen, sind also als Mitglieder der Stadtgemeine zu betrachten."

268 Die Städteordnung führte eine sogenannte Magistratsverfassung mit zwei Gemeindeorganen ein, der Stadtverordnetenversammlung und dem Magistrat. Erstere bestand aus Stadtverordneten, die von den Bürgern gewählt wurden und die Bürgerschaft repräsentierten. Den Magistrat bildeten der (Ober)Bürgermeister und die wei-

---

[51] Vom 16. Dezember 1806, Preußische Gesetz-Sammlung, S. 361.
[52] *Reinhart Koselleck*, Preußen zwischen Reform und Revolution, 3. Aufl. 1981, S. 560 ff.

teren Magistratsmitglieder, die die Exekutive bildeten und in wichtigen Angelegenheiten von der Stadtverordnetenversammlung abhängig waren.

§ 108 der Städteordnung bestimmte: „Die Stadtverordneten erhalten durch ihre Wahl die unbeschränkte Vollmacht, in allen Angelegenheiten des Gemeinwesens der Stadt, die Bürgergemeine [Gesamtbürgerschaft] zu vertreten, sämtliche Gemeine-Angelegenheiten für sie zu besorgen und in Betreff des gemeinschaftlichen Vermögens, der Rechte und der Verbindlichkeiten der Stadt und der Bürgerschaft, namens derselben, verbindende [verbindliche] Erklärungen abzugeben." Die Staatsaufsicht war begrenzt: „§ 1. Dem Staat und den von solchem angeordneten Behörden bleibt das oberste Aufsichtsrecht über die Städte, ihre Verfassung und ihr Vermögen, insoweit nicht in der gegenwärtigen Ordnung auf eine Theilnahme an der Verwaltung ausdrücklich Verzicht geleistet ist, vorbehalten. § 2. Diese oberste Aufsicht übt der Staat dadurch aus, dass er die gedruckten Rechnungsextrakte oder die öffentlich darzulegenden Rechnungen der Städte über die Verwaltung ihres Gemeinvermögens einsieht, die Beschwerden einzelner Bürger oder ganzer Abtheilungen über das Gemeinwesen entscheidet, neue Statuten bekräftigt und zu den Wahlen der Magistratsmitglieder die Genehmigung erteilt."

Eine allgemeine Repräsentation und volle Demokratisierung der Selbstverwaltung vor Ort war damit aber weder beabsichtigt noch erreicht. Das Wahlrecht zur Stadtverordnetenversammlung kannte insbesondere folgende Ausnahmen (§ 74 Städteordnung): „Bürger weiblichen Geschlechts", „Magistratsmitglieder, während der Dauer ihres Amtes", Bürger ohne Grundeigentum „in großen Städten, deren reines Einkommen noch nicht 200 Rthlr [Reichsthaler] – und in mittleren und kleinen Städten, deren reines Einkommen noch nicht 150 Rthlr jährlich beträgt". Der Anteil der wahlberechtigten Bürger an der Gesamtbevölkerung betrug danach etwa 15 %.

e) Heeresreform

Sehr deutlich von den kriegerischen Auseinandersetzungen mit Napoléon geprägt war die umfassende Reorganisation des preußischen Heeres durch Gerhard von Scharnhorst (1755–1813). Das preußische Söldnerheer, seit Friedrich II. in seiner Struktur kaum verändert, hatte sich den französischen Heeren in jeder Hinsicht unterlegen gezeigt. 1813 führte Preußen nach französischem Vorbild die allgemeine Wehrpflicht ein und verband sie mit einem Ideal bürgerlicher Emanzipation: Ein Heer, das die Freiheit des Staates verteidigen solle, müsse aus freien Bürgern bestehen. Die Einführung des Leistungsprinzips und der Wegfall des Adelsprivilegs für die Offizierslaufbahn wiesen in dieselbe Richtung.

In der Verordnung vom 9. Februar 1813[53] hieß es: Friedrich Wilhelm III. habe „in Erwägung der von Unsern getreuen Unterthanen längst anerkannten Verbindlichkeit eines jeden waffenfähigen Bürgers, sein Vaterland zu vertheidigen, dessen Erhaltung ihm und seinem Vermögen Schutz und gesetzliche bürgerliche Freiheit gewährt, bereits mittelst der auf Unsern Befehl erlassenen Aufforderungen allen gebildeten Jünglingen Gelegenheit zu geben beabsichtigt, durch den Dienst bei der Artillerie oder unter den freiwilligen Jägern ihren guten Willen mit der That zu äußern, und sich Ansprüche auf unvergänglichen Ruhm und auf den Dank eines erkenntlichen Vaterlandes zu erwerben. [...] Wir wiederholen die Versicherung, daß jeder im Militärdienst Angestellte ohne Unterschied des Standes und Vermögens nach seinen

---

[53] Ernst Rudolf Huber (Hrsg.), Dokumente zur deutschen Verfassungsgeschichte, Bd. 1, Deutsche Verfassungsdokumente 1803–1850, 3. Aufl. 1978, S. 52 f. (Nr. 13).

Fähigkeiten und nach seinem Betragen [...] zum Offizier oder Unteroffizier befördert werden und vorzugsweisen Anspruch auf Versorgung im Civildienst erhalten soll."

f) Bildungs- und Universitätswesen

273   Die Idee der Armee als Schule der Nation verband die Heeresreformer mit Wilhelm von Humboldt (1767–1835), der als Abteilungsleiter für Kultus und Unterricht im neugeschaffenen Innenministerium umfassende Bildungsreformen anstieß. Ihre Grundlage fanden diese in den Überlegungen, die Humboldt bereits 1792 in seiner Schrift „Ideen zu einem Versuch die Grenzen des Staates zu bestimmen" entwickelt hatte (das Manuskript wurde erst zwei Jahrzehnte nach seinem Tode veröffentlicht). Individueller Selbstentfaltung solle Freiraum gegenüber dem Staat zukommen: „Der wahre Zweck des Menschen – nicht der, welchen die wechselnde Neigung, sondern welchen die ewig unveränderliche Vernunft ihm vorschreibt – ist die höchste und proportionierlichste Bildung seiner Kräfte zum Ganzen. Zu dieser Bildung ist Freiheit die erste Voraussetzung."[54]

274   Der wichtigste Schritt Humboldts war die Gründung der Berliner Universität im Jahre 1809, die auf neuen Prinzipien beruhte: Humboldt proklamierte die seither vielberufene, auf „Einsamkeit und Freiheit" der Forscher beruhende Einheit von Forschung und Lehre an der Universität. Die Universität sollte fortan auch die Stätte zweckfreier Wissenschaft sein, frei von staatlichen Interventionen und speziellen Aufgabenzuweisungen, offen für zweckfreie Forschung, die am besten den wissenschaftlichen Fortschritt fördern könne.

275   Humboldt schrieb, der Staat müsse „im Ganzen von ihnen [den Universitäten] nichts fordern, was sich unmittelbar und geradezu auf ihn bezieht, sondern die innere Überzeugung hegen, dass, wenn sie ihren Endzweck erreiche, sie auch seine Zwecke, und zwar von einem viel höheren Gesichtspunkte aus, erfülle, von einem, von dem sich viel mehr zusammenfassen lässt und ganz andere Kräfte und Hebel angebracht werden können, als er in Bewegung zu setzen vermag."[55]

276   Diese Ideen fanden unmittelbar Anklang und Widerhall. Es gelang, an die neu gegründete Universität bedeutende Forscher wie Georg Wilhelm Friedrich Hegel (1770–1831, seit 1818 in Berlin) und Johann Gottlieb Fichte (der auch erster Rektor war) zu berufen, bedeutende Juristen und Theologen wie Friedrich Carl von Savigny (1779–1861) und Friedrich Schleiermacher (1768–1834) folgten. Bis heute gilt Humboldt als einer der Begründer neuzeitlicher Bildungstheorie.[56] Zur Universitätsreform gehörte die Reform des Gymnasiums, 1812 wurde das Abitur als Voraussetzung des Studiums eingeführt.

277   Wie sehr bis heute die humboldtschen Ideen einen Bezugspunkt in der Diskussion um Bildungsfragen bilden, zeigt Andreas Anter: „Der Name Wilhelm von Humboldt ist in der bil-

---

[54] *Wilhelm von Humboldt*, Werke in fünf Bänden, hrsg. von Andreas Flitner und Klaus Giel, Bd. 1, 3. Aufl. 1983, S. 56 ff., 67.

[55] Zitiert nach *Theodor Ballauf/Klaus Schaller*, Pädagogik. Eine Geschichte der Bildung und Erziehung, Bd. II, 1970, S. 517.

[56] *Dietrich Benner*, Wilhelm von Humboldts Bildungstheorie, 3. Aufl. 2003, S. 22.

dungspolitischen Diskussion im Laufe von 100 Jahren zu einer Chiffre geworden, wenn nicht zu einem Zauberwort. In der aktuellen hochschulpolitischen Debatte firmiert ‚Humboldt' als Gegenbegriff zu ‚Bologna', also zu jener EU-Hochschulreform, die nach den gängigen Befunden an den bundesdeutschen Universitäten ein ziemliches Desaster hinterlassen hat und in ihrer Zwanghaftigkeit wohl das genaue Gegenteil von dem repräsentiert, was Humboldt vorschwebte. [...] Humboldt vermag uns daran zu erinnern, was eine Universität eigentlich sein sollte."[57]

g) Fazit

Das insgesamt gewaltige Reformprogramm stieß auf eine Gesellschaft, die eine von Gleichheit, Freiheit und Leistung geprägte bürgerliche Gesellschaft werden sollte, es aber tatsächlich bei weitem noch nicht war und nicht auf einen Schlag werden konnte. Das erklärt auch, warum es bei der Umsetzung der Reformen, insbesondere nach 1815, zahlreiche Rückschläge gab. Dennoch liegt hierin „eine entscheidende Etappe in der sich nahezu ein Jahrhundert hinziehenden Auflösung der ständischen Gesellschaft"[58]. Die Reformen waren eine bürokratisch geprägte Modernisierung – die in Preußen, anders als in den süddeutschen Staaten, vor 1848 nicht in eine geschriebene Verfassung mündete, sondern sie geradezu ersetzte oder ersetzen sollte.

IV. Das nationale Verfassungsproblem

Nicht erst seit dem Ende des Alten Reiches im Jahre 1806 stellte sich eine weitere, politisch erst mit der Reichsgründung des Jahres 1871 gelöste Frage: Was ist eigentlich Deutschland? „Deutschland? Aber wo liegt es? Ich weiß das Land nicht zu finden" schrieben 1796 Goethe und Schiller, Bewohner des Kleinstaates Sachsen-Weimar, in ihrem Gemeinschaftswerk „Xenien". Schwer zu entscheiden ist, ob hier mehr Spott, Besorgnis oder der unterschwellige Vergleich mit Frankreich mitschwangen. Bemerkenswert ist jedenfalls, dass die Frage nicht etwa von einem Fremden, der Deutschland bereiste und sich in dessen Kleinteiligkeit nicht zurechtfand, gestellt wurde.

Bis 1848 gab es keine ernsthaften Versuche, allenfalls Forderungen, einen deutschen Nationalstaat – in welchen Grenzen auch immer – zu schaffen. Die durch die napoléonischen Neuordnungen zumindest teilweise arrondierte territoriale Zersplitterung, die das Alte Reich hinterlassen hatte, entsprach dem monarchischen Interesse innerhalb und außerhalb Deutschlands. Österreich umfasste große nichtdeutsche Teile (Norditalien, Galizien, Ungarn, Kroatien) und entwickelte keinerlei Bestrebungen zu einer nationalstaatlichen deutschen Einigung. Gleiches galt für Preußen, das machtpolitisch geschwächt die napoléonische Ära verließ. Die Mittel- und Kleinstaaten waren auf sich selbst fixiert. Das monarchische Schlagwort der Zeit nach 1815

---

[57] *Andreas Anter*, Wilhelm von Humboldts Bildungsidee und die preußische Niederlage, in: Christoph Enders/M. Kahlo/A. Mosbacher (Hrsg.), Europa nach Napoléon, 2018, S. 9 ff., 9, 20.

[58] *Horst Möller*, Fürstenstaat oder Bürgernation. Deutschland 1763–1815. Siedler Deutsche Geschichte, 1994, S. 631.

war die „Legitimität", die Berechtigung der althergebrachten dynastischen Verhältnisse im Gegensatz zu den vorgeblich künstlichen Konstrukten von Nationalstaat und Volksherrschaft, die gerade in ihrer Verbindung als zurückzudrängende Elemente der französischen Revolution verstanden wurden.

281   Das Wort Nation (von lat. nasci, geboren werden) ist vielschichtig. Sein Bedeutungsgehalt schwankte im Laufe der Jahrhunderte. Eine Nation ist (heute) eine Großgruppe mit Gemeinschaftsgefühl. Dieses entsteht aus tatsächlich vorhandenen oder behaupteten Gemeinsamkeiten (Sprache, Institutionen, Kultur, Geschichte), die häufig gefühlsmäßig stark aufgeladen sind. Eine Nation hat als gemeinsame politische Form einen Nationalstaat oder möchte ihn erreichen. In Deutschland entstand die Bewegung auf eine nationale, die Einzelstaaten überwölbende Einheit und Identität erst im Zuge der antifranzösischen Gegenwehr gegen die napoleonische Besatzung und Fremdsteuerung.[59] Der auf Rügen geborene Ernst Moritz Arndt (1769–1860) forderte schon 1814 die Einigung Deutschlands in der Form der konstitutionellen Monarchie und mit der Hauptstadt Berlin. Die Einheit des deutschen Volkes ergebe sich aus der gemeinsamen Sprache und Kultur. Der Kampf patriotischer Freiwilliger für Napoléon habe das Einheitsbewusstsein zur Genüge belegt.

282   Bezeichnend aber war, dass über Deutschland gesprochen wurde, das Wort Nation aber auch weiterhin auf die größeren Einzelstaaten bezogen wurde. Es gab danach eine Preußische oder eine Bayerische Nation (bis heute besteht in München ein Bayerisches Nationalmuseum). Deutschland war ein geographischer und auf ein allgemeines Zusammengehörigkeitsgefühl bezogener kultureller Begriff, geprägt vor allem durch die gemeinsame Sprache und Geschichte; die Nation war demgegenüber stärker ein politischer Begriff. Jedenfalls konnte – bis 1871 – in Deutschland die Nationwerdung nicht auf eine staatlich-territoriale Einheit bezogen werden. Heute identifiziert der Sprachgebrauch Deutschland mit Nation.

§ 15 Die Verfassunggebung zu Beginn des 19. Jahrhunderts

I. Grundlagen im Deutschen Bund

1. Wiener Kongress und Legitimität

283   Die Jahre 1813 bis 1815 sahen das Ende der napoléonischen Herrschaft, die sich ein Jahrzehnt lang über Kontinentaleuropa erstreckt hatte. 1812/13 scheiterte sein Feldzug gegen Russland, was überall ein Zeichen für den Abfall von Frankreich setzte. 1813 zerbrach der Rheinbund; die Befreiungskriege, häufig unter Beteiligung freiwil-

---

[59] Zuvor konnte von einem eigenständigen deutschen Patriotismus kaum die Rede sein. Der Blick reichte kaum über den jeweiligen Territorialstaat hinaus. Noch 1796 hielten Goethe und Schiller diesen Zustand für Deutschland im Gegensatz zu Frankreich für passend und schrieben in ihren „Xenien": „Zur Nation euch zu bilden, ihr hoffet es, Deutsche vergebens; Bildet, ihr könnt es, dafür freier zu Menschen euch aus!".

liger Bürgerwehren (Landsturm), begannen. Letztlich besiegelte die Schlacht von Waterloo (ein Dorf etwa 20 km südlich von Brüssel, damals zu den vereinigten Niederlanden gehörend) am 18. Juni 1815, in der Napoléons Truppen den vereinten europäischen Heeren gegenüberstanden, Napoléons militärischen Untergang. Am 22. Juni 1815 dankte Napoléon ab, das französische Kaiserreich war beendet.

Über die kurze Zeit der Zuneigung der deutschen Monarchien gegenüber den bürgerlichen Kräften bei der Niederringung Napoléons spottete 1835 Heinrich Heine (1797–1856): „Wir hätten auch den Napoleon ganz ruhig ertragen. Aber unsere Führer, während sie hofften durch Gott von ihm befreit zu werden, gaben sie zugleich dem Gedanken Raum, daß die zusammengefaßten Kräfte ihrer Völker dabei sehr wirksam sein möchten: man suchte in dieser Absicht den Gemeinsinn unter den Deutschen zu wecken, und sogar die allerhöchsten Personen sprachen jetzt von deutscher Volkstümlichkeit, vom gemeinsamen deutschen Vaterlande, von der Vereinigung der christlich-germanischen Stämme, von der Einheit Deutschlands. Man befahl uns den Patriotismus und wir wurden Patrioten; denn wir tun alles was uns unsere Fürsten befehlen."[60]

Der Wiener Kongress 1814/15, der alle wichtigen Monarchen Europas und eine große Zahl von Gesandten versammelte, ordnete die politischen Verhältnisse in Europa und insbesondere in Deutschland neu. Das Ziel war die Restauration, die Wiederherstellung solcher Herrschaftsprinzipien, die vor der Revolution und vor Napoléons Umwälzung ganz Europas geherrscht hatten. Die neuen Ideen, die die alten Mächte Europas in der Auseinandersetzung mit Frankreich fast an den Rand einer dauerhaften Niederlage gebracht hatten, sollten zurückgedrängt werden.

Schlüsselbegriff war die Legitimität, die Doktrin der alleinigen Berechtigung der hergebrachten Throne und das Gegenprinzip zur Volkssouveränität. Das dynastische Legitimitätsprinzip beschreibt das „unentziehbare Recht des einmal rechtmäßigen Herrschergeschlechts auf die Staatsgewalt, welche[s] nur dank dem freiwilligen formellen Verzicht des legitimen Souveräns für sich und seine Erben oder das gänzliche Aussterben der Dynastie verlustig gehen kann."[61] Das bedeutete: Die Umwälzungen der Französischen Revolution waren nur Tatsachen ohne rechtsbegründende Wirkung, eine Störung der Legitimität, aber keine neue Legitimität mit Folgewirkung.

Dabei war auch den konservativen Politikern wie dem österreichischen Kanzler Klemens Lothar Wenzel Fürst von Metternich (1773–1859), der die Epoche bis 1848 prägen sollte, klar, dass die Uhr nicht einfach zurückgedreht werden konnte. Die Einigung der europäischen Großmächte gelang dadurch, dass die grundsätzliche Anerkennung der territorialen Neuordnung Europas seit 1789 mit restaurativem, monarchischem Inhalt verbunden wurde. „Metternich entschied sich für die Legalität der territorialen Veränderungen gegen die Legitimität unantastbarer Herrschaftsrechte."[62]

---

[60] *Heinrich Heine*, Die romantische Schule (1835), in: *ders.*, Sämtliche Schriften (hrsg. von Klaus Brigleb), Bd. 5, 1981, S. 359 ff., 378 f.

[61] *Alexander Gauland*, Das Legitimitätsprinzip in der Staatenpraxis seit dem Wiener Kongreß, 1971, S. 30. Siehe hierzu auch *Michael Kotulla*, Deutsche Verfassungsgeschichte. Vom Alten Reich bis Weimar (1495 bis 1934), 2008, Rn. 1264.

[62] *Ernst Rudolf Huber*, Deutsche Verfassungsgeschichte seit 1789, Bd. 1, Reform und Restauration 1789–1830, 2. Aufl. 1967, S. 535.

126 Teil IV: Die konstitutionelle Verfassungsbewegung im 19. Jahrhundert

2. Die Gründung des Deutschen Bundes

a) Begrenzter Zweck: Sicherheit

288 Die Verhandlungen über Deutschland führten am 8. Juni 1815 zur Gründung des Deutschen Bundes, die deutschen Regierungen nahmen die Deutsche Bundesakte (DBA) an.[63] Der Bund brachte nicht die von vielen erhoffte nationale Einheit in Form eines Bundesstaates; er wehrte Pläne für einen deutschen Nationalstaat vielmehr ab und war lediglich eine lose vertragliche Verbindung von Staaten, ein Staatenbund. Ihm gehörten zunächst 38 souveräne Mitglieder an, neben den monarchischen Staaten die freien Städte Lübeck, Bremen, Hamburg und Frankfurt am Main. Damit setzte der Wiener Kongress den Hoffnungen auf die Herstellung einer deutschen Reichseinheit schnell ein Ende. Die versammelten „Diplomaten der alten Schule waren von dem Schwung der nationalen Bewegung nicht berührt. Sie waren im Gegenteil von tiefem Misstrauen gegen sie erfüllt. War nicht auch Napoleon von den Wogen der national-bürgerlichen Bewegung emporgetragen worden?"[64] Das Ziel des deutschen Bundes war nach Art. 2 DBA begrenzt: „Der Zweck desselben ist Erhaltung der äußeren und inneren Sicherheit Deutschlands und der Unabhängigkeit und Unverletzbarkeit der einzelnen deutschen Staaten." Eine positive Entwicklungsperspektive fehlte.

b) Landständische oder Repräsentativverfassungen?

289 Die Bundesakte enthielt eine an die Mitgliedstaaten gerichtete Vorgabe für deren innere verfassungsrechtliche Gestaltung (ähnlich wie heute Art. 28 Abs. 1 GG innerhalb der bundesstaatlichen Gliederung Homogenitätsanforderungen für die Landesverfassungen aufstellt). Diese Normativbestimmung des Art. 13 DBA lautete: „In allen Bundesstaaten [= die Mitglieder des Bundes] wird eine Landständische Verfassung statt finden." Die Einführung einer geschriebenen Verfassung war danach Pflicht. Die Verfassungsbewegung erhielt eine Rechtsgrundlage. Offen blieb in dieser „vagen Kompromissformel"[65], wer die Verfassungen geben und wie sie zustande kommen sollten. Auch inhaltliche Vorgaben fehlten. Unbestimmt war der Begriff der landständischen Verfassung.[66] Er konnte im Sinne einer Rückkehr zu den Ständen des 18. Jahrhunderts gelesen werden, aber auch als Forderung nach parlamentarischen, repräsentativen Versammlungen. Im ersteren, restaurativen Sinne verstand Österreich die Bestimmung. Im Auftrag Metternichs verfasste Friedrich von Gentz eine dementsprechende Denkschrift: „Repräsentativverfassungen […] haben die be-

---

[63] Abgedruckt bei Ernst Rudolf Huber (Hrsg.), Dokumente zur deutschen Verfassungsgeschichte, Bd. 1, Deutsche Verfassungsdokumente 1803–1850, 3. Aufl. 1978, S. 84 ff. (Nr. 30).

[64] *Ernst Forsthoff*, Deutsche Verfassungsgeschichte der Neuzeit, 4. Aufl. 1972, S. 85.

[65] *Volker Neumann*, Volkswille. Das demokratische Prinzip in der Staatsrechtslehre vom Vormärz bis heute, 2020, S. 36.

[66] Zum zeitgenössischen Streit, was eine „landständische" Verfassung sei, insbesondere *Volker Neumann*, Volkswille. Das demokratische Prinzip in der Staatsrechtslehre vom Vormärz bis heute, aaO, S. 80 ff.

ständige Tendenz, das Phantom der sogenannten Volksfreiheit (d. h. der allgemeinen Willkür) an die Stelle der bürgerlichen Ordnung und Subordination, und den Wahn allgemeiner Gleichheit der Rechte, oder was um nichts besser ist, allgemeine Gleichheit vor dem Rechte, an die Stelle der unvertilgbaren, von Gott selbst gestifteten Standes- und Rechtsunterschiede zu setzen."[67] Gentz brachte die Vorstellung der Repräsentativverfassung in den Zusammenhang aller zu bekämpfenden Grundsätze der französischen Revolution. Gegen eine Identifikation des Begriffs landständisch mit altständisch wehrten sich die süddeutschen Staaten, die eine Beschränkung der Monarchie gerade durch eine Wiederbelebung der alten Stände befürchteten. Sie konnten – auch deshalb, weil sie bereits repräsentative Verfassungen erhalten hatten – die Verbindlichkeit der Lesart Metternich/Gentz verhindern.

3. Die Wiener Schlussakte (1820)

Etwas ausführlicher äußerte sich die Wiener Schlussakte (WSA) vom 15. Mai 1820,[68] die den weiten Rahmen der Bundesakte ausfüllen sollte. Art. 57 WSA bestimmte: „Da der deutsche Bund, mit Ausnahme der freien Städte, aus souveränen Fürsten besteht, so muß dem hierdurch gegebenen Grundbegriffe zufolge die gesammte Staats-Gewalt in dem Oberhaupte des Staats vereinigt bleiben, und der Souverain kann durch eine landständische Verfassung nur in der Ausübung bestimmter Rechte an die Mitwirkung der Stände gebunden werden." Danach war jedenfalls klar: Beim Monarchen liegt die Souveränität, er ist Ursprung aller staatlichen Gewalt, eingeschlossen die Verfassunggebung. Das Prinzip der Volkssouveränität war ausgeschlossen. Die Monarchen gaben Verfassungen kraft ihres eigenen Willensentschlusses. Das konnte einseitig geschehen (oktroyierte Verfassung) oder aber darauf beruhen, dass der Inhalt der Verfassung mit den Ständen (die in ihrer Ausgestaltung wiederum nicht präzisiert wurden) ausgehandelt wurde (paktierte Verfassung).

290

Carl Schmitt beschreibt die beiden grundlegenden Ursprünge der monarchischen Verfassung so: „In der Zeit der monarchischen Restauration (1815–1830) versuchte man, die mittelalterlichen Vorstellungen eines zwischen Fürst und Ständen geschlossenen Vertrages, einer ‚Charte', neu zu beleben." Aber: „Die beiden Begriffe: ein mit den ‚Ständen' geschlossener Verfassungsvertrag und das monarchische Prinzip waren ganz unvereinbar. In der Konsequenz des monarchischen Prinzips lag es, dass der König, Kraft der Fülle seiner Staatsgewalt, eine Verfassung erließ, d.h. durch einseitigen Akt die grundlegende Entscheidung traf, welche die Verfassung ausmacht, als Träger der verfassunggebenden Gewalt, aber ohne damit seine verfassunggebende Gewalt aus der Hand zu geben. Die Verfassung war dann kein Vertrag, sondern ein vom König erlassenes Gesetz. In politisch starken Monarchien ergingen die konstitutionellen Verfassungen auf der Grundlage des monarchischen Prinzips; sie wurden nicht mit der Volksvertretung vereinbart, sondern oktroyiert. Aber auch wo sie ‚vereinbart' wur-

291

---

[67] *Friedrich von Gentz*, Ueber den Unterschied zwischen den landständischen und den Repräsentativ-Verfassungen (1819), in: Johann Ludwig Klüber/Carl Welcker (Hrsg.), Wichtige Urkunden für den Rechtszustand der deutschen Nation, 1844, S. 221 ff., 222.
[68] Abgedruckt bei Ernst Rudolf Huber (Hrsg.), Dokumente zur deutschen Verfassungsgeschichte, Bd. 1, Deutsche Verfassungsdokumente 1803–1850, 3. Aufl. 1978, S. 91 ff. (Nr. 31).

den, sollte, wenigstens in Deutschland, durch die Mitwirkung der Volksvertretung bei der Fertigstellung des Textes der Verfassungsgesetze das monarchische Prinzip keineswegs aufgegeben und das demokratische Prinzip der verfassunggebenden Gewalt des Volkes keineswegs anerkannt werden."[69] Für die Praxis des deutschen Staatsrechts zwischen 1815 und 1918 blieb die Schwierigkeit, monarchische Souveränität und Konstitutionalismus miteinander zu vereinbaren.

II. Die einzelnen Staaten

292 Bei der Verfassunggebung gingen die mittel- und süddeutschen Staaten voran. Die Gründe, warum genau 1814 die erste Welle der Verfassunggebungen einsetzt (die zweite folgt ab 1830, die dritte nach 1848), sind vielfältig. Neben der Normativbestimmung des Deutschen Bundes dürfte vor allem die integrative Wirkung einer Verfassung wichtig gewesen sein, vor allem in den seit der Rheinbundzeit territorial und in ihrer Bedeutung stark veränderten süddeutschen Staaten (Bayern, Baden, Württemberg).[70] Nicht zu unterschätzen sind auch die Finanzkrisen nach der Niederringung Napoléons.[71] „In einer nachfeudalen Gesellschaft mussten sich die Staaten vorwiegend über Steuern und Kredite finanzieren. Das neue und zukünftig ausschließliche unmittelbare Verhältnis zwischen Staat und Staatsbürger drückte sich handgreiflich im Steuerzahlen und im Kapital-Anvertrauen aus. In diesem Grundverhältnis entstand der Bedarf nach einer Vermittlung zwischen der Regierung und den Regierten."[72] Schließlich war es auch monarchisches Kalkül, die eigene Stellung durch dosierte, verfassungsmäßig festgeschriebene und begrenzte Mitwirkungsrechte der bürgerlichen Gesellschaft zu sichern.

293 Die Phase des bis etwa 1830 reichenden Frühkonstitutionalismus wird eröffnet durch Verfassungen in den Kleinstaaten Nassau (1814), Sachsen-Weimar-Eisenach, Schwarzburg-Rudolstadt, Schaumburg-Lippe und Waldeck (1816). Alle diese Staaten waren dringend auf die Gewährung von Krediten angewiesen.

294 Die erste dauerhafte Verfassung eines Mittelstaates, die Verfassungsurkunde für das Königreich Bayern vom 26. Mai 1818[73], war eine oktroyierte Verfassung. In der Präambel hieß es:

295 „Maximilian Joseph, von Gottes Gnaden König von Baiern. Von den hohen Regentenpflichten durchdrungen und geleitet, haben Wir Unsere bisherige Regierung mit solchen Einrichtungen bezeichnet, welche Unser fortgesetztes Bestreben, das Gesammtwohl Unserer Unterthanen zu befördern, beurkunden. [...]. Die gegenwärtige Acte ist, nach vorgegangener reifer

---

[69] *Carl Schmitt*, Verfassungslehre (1928), 6. Aufl. 1983, S. 51–53.

[70] *Ernst Rudolf Huber*, Deutsche Verfassungsgeschichte seit 1789, Bd. 1, Reform und Restauration 1789–1830, 2. Aufl. 1967, S. 315 ff.

[71] Dazu insbesondere *Heinrich Obenaus*, Finanzkrise und Verfassungsgebung, in: Barbara Vogel (Hrsg.), Preußische Reformen 1807–1820, 1980, S. 244 ff.

[72] *Rainer Wahl*, Die Entwicklung des deutschen Verfassungsstaates bis 1866, in: *ders.*, Verfassungsstaat, Europäisierung, Internationalisierung, 2003, S. 277 ff., 299.

[73] Abgedruckt bei Ernst Rudolf Huber (Hrsg.), Dokumente zur deutschen Verfassungsgeschichte, Bd. 1, Deutsche Verfassungsdokumente 1803–1850, 3. Aufl. 1978, S. 155 ff. (Nr. 53).

und vielseitiger Berathung, und nach Vernehmung Unseres Staatsrathes – das Werk Unseres ebenso freyen als festen Willens. – Unser Volk wird in dem Inhalte desselben die kräftigste Gewährleistung Unserer landesväterlichen Gesinnungen finden. […] Baiern! – Dies sind die Grundzüge der aus Unserm freyen Entschlusse euch gegebenen Verfassung, – sehet darin die Grundsätze eines Königs, welcher das Glück seines Herzens und den Ruhm seines Thrones nur von dem Glücke des Vaterlandes und von der Liebe seines Volkes empfangen will!" Titel II § 1 bekräftigte die Souveränität des Monarchen: „Der König ist das Oberhaupt des Staats, vereiniget in sich alle Rechte der Staatsgewalt, und übt sie unter den von Ihm gegebenen in der gegenwärtigen Verfassungs-Urkunde festgesetzten Bestimmungen aus."

Etwas anders war der Vorgang der Verfassunggebung in Württemberg. Auch die Verfassungsurkunde für das Königreich Württemberg vom 25. September 1819[74] galt letztlich als Ausdruck monarchischer Setzung, aber der Verfassungstext hob hervor, dass der Verfassungsinhalt durch Verhandlungen mit den Ständen zustande gekommen sei:

„Wilhelm, von Gottes Gnaden König von Württemberg, thun kund und zu wissen für Uns und Unsere Nachfolger in der Regierung: […] Nachdem nun über den Entwurf einer den früheren vertrags- und gesetzmäßigen Rechten und Freiheiten Unseres alten Stammlandes, […] zugleich aber auch den gegenwärtigen Verhältnissen möglichst angemessenen Grund-Verfassung die von der Stände-Versammlung hiezu besonders gewählten Mitglieder sich mit den von Uns ernannten Commissarien vorläufig beredet haben, und die hierüber erstatteten Berichte einerseits von Uns in Unserem Geheimen Rathe, anderseits von der vollen Stände-Versammlung vollständig und sorgfältig geprüft und erwogen, sodann die gesamten Wünsche Unserer getreuen Stände Uns vorgelegt worden sind, so ist endlich durch höchste Entschließung und allerunterthänigste Gegen-Erklärung eine vollkommene beiderseitige Vereinigung über folgende Punkte zu Stande gekommen: […]."

Beiden Verfassungen gemeinsam ist das Bestreben, das „Landständische" an ihnen im Sinne einer gesellschaftlichen Gesamtrepräsentation des Volkes beim Monarchen zu verstehen, also gerade nicht im alten Sinne des Wortes, wonach landständisch die Repräsentation von Teilinteressen durch dementsprechend gegliederte Ständeversammlungen bedeutete. Der Weg Bayerns und Württembergs, daneben auch Badens, gelegentlich als frühliberal bezeichnet, fand den scharfen Widerspruch Metternichs, der die Auffassung vertrat, solche Verfassungen befänden sich auf einem unumkehrbaren Weg zu der von ihm strikt abgelehnten Volkssouveränität, auch wenn diese Verfassungen ihrem Wortlaut nach die monarchische Souveränität betonten.

Anders als in den süddeutschen Staaten blieben in Sachsen, Hannover und Mecklenburg die altständischen Verhältnisse einstweilen noch bestehen. Geschriebene Verfassungen gab es hier erst seit den 1830er Jahren. Die Hansestädte Bremen, Hamburg und Lübeck behielten ihre alten Städteordnungen, ergänzten sie aber um liberale Zugeständnisse. In Preußen, um daran zu erinnern, hatte der König zwar 1810 und 1815 Verfassungsversprechen gegeben, diese aber nicht eingehalten. Der preußische Staat, der im 18. Jahrhundert fast durchgehend in Deutschland für Reformen und Verbesserung stand, erhielt erst 1848/50 eine Verfassung. Die endgültige Verfassung

---

[74] Abgedruckt bei Ernst Rudolf Huber (Hrsg.), Dokumente zur deutschen Verfassungsgeschichte, Bd. 1, aaO, S. 187 ff. (Nr. 55).

von 1850 war eine paktierte Verfassung. Inhaltlich gehört sie zum Teil schon einer neueren Entwicklungsstufe an als die ersten Verfassungen aus der Zeit vor 1820.

III. „Monarchisches Prinzip" und Volkssouveränität

300   Art. 57 der Wiener Schlussakte von 1820 formulierte gleichsam offiziell das monarchische Prinzip, wonach die „gesamte Staatsgewalt" im Monarchen „vereinigt bleiben" sollte, und der Monarch durch eine Verfassung zwar „gebunden werden" konnte, aber „nur in der Ausübung bestimmter Rechte" und nur an die „Mitwirkung der Stände". Das war kein Absolutismus, obwohl der Monarch Inhaber und Ausgangspunkt der Staatsgewalt war. Vom Absolutismus war das monarchische Prinzip dadurch unterschieden, dass Staat und Monarch getrennt waren, vor allem aber darin, dass der Monarch bei der Ausübung der Staatsgewalt in einzelnen Bereichen beschränkt war – und dies durch eine geschriebene Verfassung. Zentral war damit die typisch juristische Unterscheidung zwischen Innehabung und Ausübung der Staatsgewalt. Der Hauptbereich, bei dem der Monarch bei der Ausübung der Staatsgewalt beschränkt und an die Mitwirkung der Stände gebunden wurde, war die Gesetzgebung. Alle Vorschriften, die in die Freiheit oder das Eigentum der Bürger eingriffen, bedurften der Zustimmung der Ständeversammlungen, die sich im Zuge des 19. Jahrhunderts und bis 1918 Stück um Stück zu modernen Parlamenten weiterentwickelten.

301   Die Bayerische Verfassung von 1818 formulierte diesen Gesetzesvorbehalt mit dem Vorbehaltsbereich von Eingriffen in Freiheit und Eigentum, den wir noch heute und im veränderten staatsrechtlichen Zusammenhang der parlamentarischen Demokratie als Ausgangspunkt zugrundelegen, in Titel VII § 2 so: „Ohne den Beyrath und die Zustimmung der Stände des Königreichs kann kein allgemeines neues Gesetz, welches die Freyheit der Person oder das Eigenthum der Staats-Angehörigen betrifft, erlassen, noch ein schon bestehendes abgeändert, authentisch erläutert oder aufgehoben werden."

302   Gebunden war der Monarch auch an die einseitig gegebene Verfassung. Nur im Wege der Gesetzgebung konnte die Verfassung geändert werden, ihre einseitige Rücknahme durch den Monarchen war ausgeschlossen, wenngleich es in den 1830er Jahren in mitteldeutschen Saaten vereinzelte Versuche dazu gab. Das monarchische Prinzip war ein kompromisshafter Mittelweg zwischen Absolutismus und Volkssouveränität. Es prägte in Deutschland das Zeitalter des „Konstitutionalismus"[75] (= den Zeitraum, in dem es erstmals geschriebene Verfassungen gab), das bis 1918 reichte, als das monarchische Prinzip durch das Prinzip der Volkssouveränität verdrängt wurde. Schon im Verlauf des 19. Jahrhunderts vergrößerte sich das Gewicht demokratischer Partizipation im monarchischen Staat, ohne demokratisch-parlamentarische Verhältnisse zu erreichen.

---

[75] Zur konstitutionellen Monarchie *Dieter Grimm*, Deutsche Verfassungsgeschichte 1766–1866, 1988, S. 110–141; *Martin Kirsch*, Monarch und Parlament im 19. Jahrhundert. Der monarchische Konstitutionalismus als europäischer Verfassungstyp, 1999.

303 Das monarchische Prinzip war in politischer Hinsicht ein Kompromiss zwischen monarchischen und bürgerlichen Kräften. Juristisch war es bei näherem Hinsehen wenig konsistent. Wie kann von einer Souveränität des Monarchen gesprochen werden, wenn die von ihm gegebene Verfassung von ihm selbst nicht zurückgenommen werden kann? Ist die Unterscheidung zwischen Innehaben und Ausüben der Staatsgewalt wirklich möglich? Verliert der Inhaber der Staatsgewalt diese nicht (zum Teil), wenn er bei der Gesetzgebung an Verfahrensregeln und die Mitwirkung der Stände gebunden wird? Ernst Forsthoff meinte, es laufe auf „eine contradictio in adiecto hinaus, dort noch von einer Gewalt zu sprechen, wo ihre Ausübung nicht mehr möglich ist"[76]. Die zeitgenössische Staatsrechtslehre versuchte die Widersprüche in verschiedener Weise aufzulösen. Eine liberale Richtung sah eine doppelte Repräsentation im Staat durch den Monarchen und die Volksvertretungen. Es gebe sogar eine Gewaltenteilung, weil „die Bedingungen der Ausübung der angeblich ausschließlich königlichen Vollgewalt" in der „Teilhabe der Stände" lägen[77]. Der konservative Friedrich Julius Stahl betonte den Vorrang des Monarchen – die Volksvertretung könne nur eine Repräsentation des Volkes beim Staat sein: „Das Verhältnis zwischen Fürst und Ständen beruht […] auf der verschiedenen Art, wie sie die Nation repräsentieren. Der Fürst repräsentiert den Staat, die ethische Ordnung, die über dem Menschen bestehen soll, also die Nation in ihrem Beruf, solche Ordnung zu handhaben. Die Stände repräsentieren das Volk, d.i. die Nation in ihrem Berufe, dieser Ordnung zu gehorchen, die Menschen in ihren mannigfachen sozialen Stellungen, wie sie der Staatslenkung unterworfen sind und die Staatslenkung förderlich oder nachteilig über sich empfinden."[78]

304 Das monarchische Prinzip war keine Erfindung des gemeindeutschen Verfassungsrechts. Es fand ein Vorbild in der ersten nachnapoléonischen Verfassung Frankreichs, der Charte Constitutionelle vom 4. Juni 1814, die Ludwig XVIII. einseitig eingesetzt hatte. Sie unterschied erstmals zwischen der vollen monarchischen Gewalt des Königs und ihrer Ausübung unter Beteiligung beider Kammern bei der Gesetzgebung.[79]

305 Ob der deutsche Typ der konstitutionellen Monarchie eine Übergangserscheinung[80] oder eine eigenständige Form der Staatsorganisation[81] darstellte, ist heute streitig. Schon die vielen juristischen Ungereimtheiten des monarchischen Prinzips sprechen für ersteres. Es lag letztlich ein Kompromiss zwischen zwei unvereinbaren Herleitungen der Staatsgewalt vor, zwei „Letztbegründungen von Herrschaft"; die „Staatsspitze amtierte kraft Erbrecht, die Kammer amtierte kraft Wahl"[82]. Ein einheitliches politisches Formprinzip fehlte. Die darin liegende Spannung konnte durch die Verfassungen nicht dauerhaft ausgeglichen werden. Es überrascht deshalb, dass – formal – das monarchische Prinzip bis 1918 galt, wenngleich die politische Praxis am Ende eine ganz andere war als 100 Jahre zuvor. Die eigentliche Bedeutung der kon-

---

[76] *Ernst Forsthoff*, Deutsche Verfassungsgeschichte der Neuzeit, 4. Aufl. 1972, S. 108.
[77] *Carl von Rotteck*, zitiert nach *Hans Boldt*, Deutsche Staatslehre im Vormärz, 1975, S. 92.
[78] *Friedrich Julius Stahl*, Philosophie des Rechts, Bd. 2/2, 3. Aufl. 1856 (Nachdruck 1963), S. 318 f.
[79] Zur Rezeption dieser Charte *Martin Kirsch*, Monarch und Parlament im 19. Jahrhundert. Der monarchische Konstitutionalismus als europäischer Verfassungstyp, 1999, S. 299 ff.
[80] So *Ernst-Wolfgang Böckenförde*, Der Verfassungstyp der deutschen konstitutionellen Monarchie im 19. Jahrhundert, in: ders./Rainer Wahl (Hrsg.), Moderne deutsche Verfassungsgeschichte 1815–1918, 2. Aufl. 1981, S. 146 ff.
[81] In diese Richtung *Ernst Rudolf Huber*, Deutsche Verfassungsgeschichte seit 1789, Bd. 3, Bismarck und das Reich, 3. Aufl. 1988, S. 3 ff.
[82] *Hartwig Brandt*, Von den Verfassungskämpfen der Stände zum modernen Konstitutionalismus. Das Beispiel Württemberg, in: Martin Kirsch/Pierangelo Schira (Hrsg.), Denken und Umsetzung des Konstitutionalismus in Deutschland und anderen europäischen Ländern in der ersten Hälfte des 19. Jahrhunderts, 1999, S. 99.

stitutionellen Monarchie lag darin, Kompromisse zu ermöglichen und einen Weg des Übergangs von monarchischen zu parlamentarischen Regierungsformen zu eröffnen.

§ 16 Staatsrechtliche Fragen der ersten Hälfte des 19. Jahrhunderts: Repräsentation, Gesetzgebung, gesellschaftliche Freiheit

306 Der Monarch als Inhaber der Staatsgewalt war unbeschränkt in der Verwaltung und in Sachen des Militärs. Zur Verwaltung gehörte auch – jedenfalls in der ersten Hälfte des 19. Jahrhunderts – die Aufstellung und Festsetzung eines Haushaltsplans, der die vom Staat eingenommenen Gelder auf einzelne Aufgabenbereiche und Verwendungszwecke verteilt. Ein Haushaltsgesetz war (noch) unbekannt (zu seiner Einführung ab 1850 unten Rn. 356 ff.). Auch im Bereich der Regierung gab es keine Rückbindung des Monarchen an die Ständevertretung, nicht einmal politisch konnten in diesem Verhältnis der Monarch und die von ihm eingesetzte Regierung zur Verantwortung gezogen werden. Die Rechtspflege schließlich blieb als monarchisches Recht anerkannt. Ihre Ausübung – in Zivil- und Strafsachen – wurde jedoch Gerichten übertragen, die mit richterlicher Unabhängigkeit ausgestattet waren und deshalb bald „ordentliche Gerichte" genannt wurden. Verwaltungsgerichte gab es noch nicht.

307 Weil sich der Bereich der Bindung des Monarchen somit auf die Gesetzgebung beschränkte, kamen der organisatorischen Ausgestaltung der Ständevertretung und dem Gesetzgebungsverfahren besondere Bedeutung zu.

I. Das Zweikammersystem

308 Charakteristisch und die weitere Entwicklung prägend war die Ausgestaltung der in zwei Kammern unterteilten Ständevertretungen in den frühkonstitutionellen Verfassungen Bayerns, Württembergs und Badens. Die Mitglieder der ersten Kammer berief der Monarch. Ihr gehörten die Prinzen des regierenden Hauses, Träger hoher Staatsämter, ferner Vertreter von Kirchen und schließlich Vertrauenspersonen des Königs an.

309 Titel VI der Bayerischen Verfassung von 1818 bestimmte:[83]
„§ 1. Die zwey Kammern der allgemeinen Versammlung der Stände des Reichs sind:
a) die der Reichs-Räthe,
b) die der Abgeordneten.
§ 2. Die Kammer der Reichs-Räthe ist zusammengesetzt aus
1. den volljährigen Prinzen des Königlichen Hauses;
2. den Kron-Beamten des Reiches;
3. den beyden Erzbischöfen;

---

[83] Ernst Rudolf Huber (Hrsg.), Dokumente zur deutschen Verfassungsgeschichte, Bd. 1, Deutsche Verfassungsdokumente 1803–1850, 3. Aufl. 1978, S. 155 ff. (Nr. 53).

4. den Häuptern der ehemals Reichsständischen und fürstlichen und gräflichen Familien […];
5. einem vom Könige ernannten Bischofe und dem jedesmaligen Präsidenten des protestantischen General-Consistoriums;
6. aus denjenigen Personen, welche der König entweder wegen ausgezeichneter dem Staate geleisteter Dienste, oder wegen ihrer Geburt, oder ihres Vermögens zu Mitgliedern dieser Kammer entweder erblich oder lebenslänglich besonders ernennt."

Die zweite Kammer wurde gewählt. Die Wahlen entsprachen nicht den demokratischen Prinzipien vollständiger Allgemeinheit und Gleichheit (was das liberal eingestellte und zumeist städtische Bürgertum aber auch gar nicht verlangte), auch waren die Wahlen häufig nicht geheim. Wahlkreise gab es nur in Baden, ansonsten verlief die Wahl in ständischen Gruppen. Das Wahlrecht war in der Regel an ein Mindesteinkommen oder Grundeigentum geknüpft; im Ergebnis waren etwa 15 Prozent der männlichen Bevölkerung ab 25 Jahren wahlberechtigt.

310

Titel VI der Bayerischen Verfassung von 1818:
„§ 7. Die zweyte Kammer der Stände-Versammlung bildet sich
a) aus den Grundbesitzern, welche eine gutsherrliche Gerichtsbarkeit ausüben und nicht Sitz und Stimme in der ersten Kammer haben;
b) aus Abgeordneten der Universitäten;
c) aus Geistlichen der katholischen und protestantischen Kirche;
d) aus Abgeordneten der Städte und Märkte;
e) aus den nicht zu a) gehörigen Landeigenthümern.
§ 8. Die Zahl der Mitglieder richtet sich im Ganzen nach der Zahl der Familien im Königreiche, in dem Verhältnisse, daß auf 7000 Familien ein Abgeordneter gerechnet wird.
§ 9. Von der auf solche Art bestimmten Zahl stellt:
a) die Klasse der adeligen Gutsbesitzer ein Achttheil;
b) die Klasse der Geistlichen der katholischen und protestantischen Kirche ein Achttheil;
c) die Klasse der Märkte und Städte ein Viertheil; – und
d) die Klasse der übrigen Landeigenthümer, welche keine gutsherrliche Gerichtsbarkeit ausüben, zwey Viertheile der Abgeordneten;
e) jede der drey Universitäten ein Mitglied."

311

Auch in den zweiten Kammern war die Idee der Repräsentation des Volkes nicht verwirklicht. Es handelte sich nicht um Parlamente im modernen Sinne, sondern um Volksvertretungen nach teils ständischen Gesichtspunkten mit Tendenzen zur Parlamentarisierung, wobei die Entwicklungen in den Staaten unterschiedlich waren.[84] Die Versammlungen fanden periodisch statt. Ein Selbstversammlungsrecht gab es in der Regel nicht, die Einberufung und Beendigung der Versammlung, auch die Auflösung und Ausschreibung von Neuwahlen, oblag dem Monarchen. Auch die Gesetzesinitiative lag ausschließlich beim Monarchen und der Regierung. Gesetzesbeschlüsse bedurften der übereinstimmenden Zustimmung beider Kammern und des Monarchen. Besonderheiten galten für die Erhebung von Abgaben, insbesondere Steuern. Sie bedurften nicht nur nach allgemeinen Grundsätzen als Eingriff in Freiheit und Eigentum einer gesetzlichen Grundlage. Die Kammern hatten das Recht,

312

---

84 *Volker Press*, Landstände des 18. und Parlamente des 19. Jahrhunderts, in: Helmut Berding/Hans-Peter Ullmann (Hrsg.), Deutschland zwischen Revolution und Restauration, 1981, S. 133 ff.

die Steuererhebung zu überwachen; auch die Kreditaufnahme bedurfte der Zustimmung beider Kammern. Den Abgeordneten der zweiten Kammer kam Immunität und Indemnität zu (vgl. heute für die Abgeordneten des Deutschen Bundestages Art. 46 GG).

II. Gesetzesverständnis – der konstitutionelle Gesetzesbegriff

313   Titel VII § 2 der bayerischen Verfassung von 1818 regelte, in welchen Fällen ein Gesetz erforderlich war, dann nämlich, wenn die „Freiheit der Person oder das Eigentum der Staatsangehörigen" betroffen waren (ähnliche Bestimmungen enthielten die anderen frühkonstitutionellen Verfassungen). Die Freiheits- und Eigentumsklausel lässt sich auf den Freiherrn von Stein zurückverfolgen.

314   In vollem Wortlaut besagte § 2: „Ohne den Beyrath und die Zustimmung der Stände des Königreichs kann kein allgemeines neues Gesetz, welches die Freyheit der Person oder das Eigenthum des Staats-Angehörigen betrifft, erlassen, noch ein schon bestehendes abgeändert, authentisch erläutert oder aufgehoben werden." Diese Umschreibung des – modern gesprochen – Gesetzesvorbehalts ist uns aus dem geltenden Staatsrecht geläufig. Während aber im Zusammenhang des Staatsrechts des 19. Jahrhunderts der Gesetzesvorbehalt auch die Funktion hatte, die Einwirkung der Ständevertretung auf die monarchische Regierung und Verwaltung weitgehend auszuschließen, hat der Gesetzesvorbehalt im parlamentarisch-demokratischen System eine andere Bedeutung. Er legt fest (insoweit in Kontinuität mit dem konstitutionellen Staatsrecht), wann die Verwaltung für ihr Handeln einer gesetzlichen Grundlage bedarf. Zum Zweiten und darüber hinaus bestimmt er den Umfang und die normative Dichte der Bereiche, die das Parlament nicht auf die Verwaltung delegieren darf (Parlamentsvorbehalt), drittens bestimmt er den Bereich außerhalb des Staat-Bürger-Verhältnisses, in dem die Regierung eines Gesetzes oder Beschlusses des Parlaments bedarf (heute zum Beispiel bei Auslandseinsätzen der Bundeswehr). Schließlich ist heute die überkommene Freiheits- und Eigentumsformel zur Wesentlichkeitsformel erweitert worden. Das Bundesverfassungsgericht führte 1978 grundlegend aus: „Der Grundsatz des Vorbehalts des Gesetzes wird zwar in der Verfassung nicht ausdrücklich erwähnt, seine Geltung ergibt sich jedoch aus Art. 20 Abs. 3 GG […]. Das Verständnis dieses Grundsatzes hat sich, insbesondere mit der Erkenntnis auch seiner demokratischen Komponente, in den letzten Jahren gewandelt […]. Heute ist es ständige Rechtsprechung, dass der Gesetzgeber verpflichtet ist, – losgelöst vom Merkmal des ‚Eingriffs' – in grundlegenden normativen Bereichen, zumal im Bereich der Grundrechtsausübung, soweit diese staatlicher Regelung zugänglich ist, alle wesentlichen Entscheidungen selbst zu treffen […]."[85] Und: „Rechtsstaatsprinzip und Demokratiegebot verpflichten den Gesetzgeber, die für die Grundrechtsverwirklichung maßgeblichen Regelungen im Wesentlichen selbst zu treffen und diese nicht dem Handeln und der Entscheidungsmacht der Exekutive zu überlassen. […] Wie weit der Gesetzgeber die für den fraglichen Lebensbereich erforderlichen Leitlinien selbst bestimmen muss, richtet sich maßgeblich nach dessen Grundrechtsbezug."[86] Die Inpflichtnahme des parlamentarischen Gesetzgebers soll gewährleisten, „ dass Entscheidungen von besonderer Tragweite aus einem Verfahren hervorgehen, das der Öffentlichkeit Gelegenheit bietet, ihre Auffassungen auszubilden und zu vertreten, und das die Volksvertretung dazu anhält, Notwendigkeit und Ausmaß von Grundrechtseingriffen in öffentlicher Debatte zu klä-

---

[85] BVerfGE 49, 89 (126 f.) – Kalkar.
[86] BVerfGE 83, 130 (142 f.); 101, 1 (34); 108, 282 (311).

ren. Geboten ist ein Verfahren, das sich durch Transparenz auszeichnet und das die Beteiligung der parlamentarischen Opposition gewährleistet."[87]

Im Vergleich hierzu war die Funktion des Gesetzesvorbehalts im konstitutionellen Staatsrecht des 19. Jahrhunderts sehr viel begrenzter. Wichtig ist nun für die staatsrechtliche Doktrin des Konstitutionalismus, dass die Umschreibung des Gesetzesvorbehalts mittels der Freiheits- und Eigentumsformel bald zum Begriff des Gesetzes überhaupt aufstieg. Ein Gesetz sollte danach nur im Fall einer Rechtsnorm vorliegen, die in Freiheit und Eigentum der Bürger eingreift. Das setzte eine strikte Trennung des monarchischen Staates und der (in zunehmenden Maße) bürgerlichen Gesellschaft voraus und bekräftigte sie. Regelungen innerhalb der staatlichen Organisation waren keine Gesetze, dieser Bereich war den Kammern nicht zugänglich. Der so verstandene Gesetzesbegriff bezeichnete die Grenze zwischen den politischen Machtsphären, zwischen König und Kammern. Jeder Versuch zur Ausweitung des Gesetzesbereichs musste die Stellung und den Wirkungsbereich der Kammern vergrößern. Ein weiteres Element dieses Gesetzesbegriffs war die Allgemeinheit des Gesetzes. Sie schloss einerseits eine ständische Differenzierung der Gesetzesadressaten aus und zeigte das Gesetz auf dem Weg zur Gleichheit der Staatsbürger. Andererseits bekräftigte die Allgemeinheit mit der darin eingeschlossenen Unterscheidung von Gesetz (abstrakt-generelle Regelungen) und Verwaltung (Einzelfallentscheidungen) noch einmal die Unzugänglichkeit der Verwaltung (außerhalb der Freiheitseingriffe) für das Gesetz.

In diesem Gesetzesverständnis verwurzelt ist auch das „besondere Gewaltverhältnis". Der Begriff entsteht erst am Ende des Jahrhunderts, sein Hintergrund aber ist der Konstitutionalismus seit 1815. Das rechtsstaatliche Prinzip vom Vorbehalt des Gesetzes fordert als Grundlage für alle den Bürger belastenden Maßnahmen ein Gesetz. Ein Gesetz ist aber nur im Außenverhältnis erforderlich. Für den staatlichen Innenbereich genügen Vorschriften der Exekutive, die in die ungeteilte Kompetenz der Krone fallen. Soweit es damit um die Rechtsstellung der Staatsdiener ging, war kein Gesetz erforderlich. Das Gleiche galt, wenn ein Bürger etwa als Benutzer einer kommunalen oder staatlichen Anstalt oder in der öffentlichen Schule in den Bereich des Staates gelangte.[88]

---

[87] BVerfGE 150, 1 (96f. Rn. 192); 139, 19 (45 Rn. 52).

[88] Die Langzeitwirkung der Figur des besonderen Gewaltverhältnisses reichte bis zum Grundgesetz. Erst 1972 entschied das Bundesverfassungsgericht, Grundrechte von Strafgefangenen dürften nur „durch oder aufgrund eines Gesetzes eingeschränkt werden". Das folgte unmittelbar aus den Gesetzesvorbehalten der jeweils einschlägigen Grundrechte. „Der naheliegende Schluß, der Gesetzgeber sei aus diesem Grunde nunmehr verpflichtet, auch für den bisher ganz überwiegend durch bloße Verwaltungsvorschriften geregelten Bereich des Strafvollzuges ein entsprechendes Gesetz zu erlassen, wurde aber nach Inkrafttreten des Grundgesetzes zunächst in Rechtsprechung und Lehre nicht gezogen. Vielmehr griff man auf die Rechtsfigur des ‚besonderen Gewaltverhältnisses' zurück und verstand dieses als eine eigenständige, implizite Beschränkung der Grundrechte der Strafgefangenen; ein Strafvollzugsgesetz hielt man von Verfassungs wegen nicht für geboten […]", BVerfGE 33, 1 (9f.). Das sei angesichts der umfassenden Rechtsbindung der öffentlichen Gewalt (Art. 1 Abs. 3 GG) und der grundrechtlichen Gesetzesvorbehalte nicht hinnehmbar.

III. Untertanenrechte statt vorstaatlicher Grundrechte

317 Konzeptionell eng verbunden mit der Einordnung des Gesetzes und des Vorbehalts des Gesetzes waren die Verfassungsvorschriften zu individuellen Rechten in den frühkonstitutionellen Ordnungen.[89] Die Bezeichnung solcher Rechte als „Grundrechte" kam in diesen Verfassungen nicht vor (und dies galt für alle deutschen Verfassungen bis 1918). Die konstitutionellen Verfassungen sprachen von den Rechten der jeweiligen Staatsangehörigen, also etwa von „Rechten der Badener" oder, so später die Preußische Verfassung von 1850, „Von den Rechten der Preußen". Die verbürgten Rechte waren keine vorstaatlichen Menschen- und Grundrechte des Volkes, verbunden mit Volkssouveränität und Gewaltenteilung, sondern von Monarch, Staat und Verfassung gewährte Untertanenrechte. Die in dieser Weise gewährten Rechte unterschieden – in den frühen Verfassungen – durchaus zwischen allgemeinen Rechten der Staatsbürger und besonderen Rechten und Privilegien bestimmter Stände; eine vorstaatlich und naturrechtlich begründete Freiheit und Gleichheit aller Untertanen gab es nicht. „Den Rechten der Badener, Bayern und Preußen fehlt das Pathos von Rechten, die das Volk selbst erkämpft und sich selbst gegeben hat, von Rechten, die die Grundlagen des Staates ausmachen, den Staat von innen formen."[90] Da zudem ein Vorrang der Verfassung vor Gesetz nicht anerkannt war – dies fehlte bis 1918 und war sogar noch unter der Weimarer Verfassung nicht unumstritten (unten Rn. 629) –, konnten die Grundrechte in keiner Weise den Gesetzgeber binden oder gegenüber gewährleistungswidrigem früherem Recht als derogierend in Stellung gebracht werden. Dennoch waren diese Rechte keineswegs bedeutungslos. Einerseits formulierten die wirtschaftlichen und persönlichen Rechte Gestaltungsziele für die Gesellschaft. Sie wurden, insbesondere in den Beratungen der Zweiten Kammer, immer wieder als Aufträge zur umfassenden Modernisierung ins Feld geführt. Andererseits banden sie die Verwaltung. Im Laufe des 19. Jahrhunderts bildete sich die Meinung heraus, dass die verfassungsmäßigen Rechte Gesetzeswirkung entfalteten. Damit wurden sie letztlich zu speziellen Regeln des Prinzips, wonach Eingriffe in Freiheit und Eigentum der gesetzlichen Grundlage bedürften. Das rechtsstaatlich erlassene und inhaltlich begrenzte Gesetz geriet zur Basis der „gesetzmäßigen Freiheit". Noch 1912 meinte Gerhard Anschütz: „Die Grundrechte enthalten eine kasuistisch gefaßte Darlegung des Prinzips der gesetzmäßigen Verwaltung."[91]

318 Die Bayerische Verfassungsurkunde vom 26. Mai 1818 gibt ein Beispiel für dieses Verständnis der gewährleisteten Rechte. Titel IV der Verfassung war überschrieben „Von allgemeinen Rechten und Pflichten", Titel V „Von besonderen Rechten und Vorzügen". Nach der Regelung

---

[89] Dazu *Ulrich Scheuner*, Die rechtliche Tragweite der Grundrechte in der deutschen Verfassungsgeschichte des 19. Jahrhunderts (1973), in: *ders.*, Staatstheorie und Staatsrecht. Gesammelte Schriften, 1978, S. 633 ff.

[90] *Rainer Wahl*, Rechtliche Wirkungen und Funktionen der Grundrechte im deutschen Konstitutionalismus des 19. Jahrhunderts, in: *ders.*, Verfassungsstaat, Europäisierung, Internationalisierung, 2003, S. 341 ff., 344.

[91] *Gerhard Anschütz*, Die Verfassungsurkunde des Preußischen Staates, 1912, S. 98.

über die Staatsangehörigkeit (Indeginat), die „zum vollen Genusse aller bürgerlichen, Öffentlichen und Privatrechte in Bayern" und zum Zugang zu „allen Civil-, Militaire- und Kirchen-Ämtern oder Pfründen" berechtigte (Titel IV §§ 1–7), bestimmte § 8: „Der Staat gewährt jedem Einwohner Sicherheit seiner Person, seines Eigenthums und seiner Rechte. Niemand darf seinem ordentlichen Richter entzogen werden. Niemand darf verfolgt oder verhaftet werden, als in den durch die Gesetze bestimmten Fällen, und in der gesetzlichen Form. Niemand darf gezwungen werden, sein Privat-Eigenthum, selbst für öffentliche Zwecke abzutreten, als nach einer förmlichen Entscheidung des versammelten Staatsraths, und nach vorgängiger Entschädigung […]". § 9 gewährte, bei Religionsgemeinschaften mit abgestuften Rechten, Religions- und Gewissensfreiheit: „Jedem Einwohner des Reichs [= Bayern] wird vollkommene Gewissens-Freyheit gesichert; die einfache Hausandacht darf daher Niemandem, zu welcher Religion er sich bekennen mag, untersagt werden. Die in dem Königreiche bestehenden drey christlichen Kirchen-Gesellschaften genießen gleiche bürgerliche und politische Rechte. Die nicht christlichen Glaubens-Genossen haben zwar vollkommene Gewissens-Freyheit, sie erhalten aber an den Staatsbürgerlichen Rechten nur in dem Maaße einen Antheil, wie ihnen derselbe in den organischen Edicten über ihre Aufnahme in die Staats-Gesellschaft zugesichert ist. […]" § 11: „Die Freyheit der Presse und des Buchhandels ist nach den Bestimmungen des hierüber erlassenen besondern Edictes gesichert." Bei den in Titel V geregelten besonderen Rechten ging es um den Zugang zu Kron-Ämtern (§ 1), die besonderen Rechte der vormals reichsständischen Fürsten und Grafen (§ 2) und weitere Gruppen des Adels.

IV. Gesetzgebungsverfahren

Im vorkonstitutionellen Staat des 18. Jahrhunderts war die Gesetzgebung Ausdruck und Betätigungsform der umfassenden monarchischen Gewalt gewesen. So hatte eine vom König eingesetzte Kommission das Preußische Allgemeine Landrecht (1794) erarbeitet, der König setzte es in Kraft. Demgegenüber kennzeichnete die partielle Begrenzung des Monarchen bei der Ausübung der Staatsgewalt den konstitutionellen Staat im Sinne des monarchischen Prinzips. Die Beschränkung betraf die Gesetzgebung, den Erlass von Freiheit und Eigentum der Bürger verkürzenden Normen. Hier wirkten die Ständeversammlungen (Landtage, zweite Kammern) mit. Die monarchische Gewalt wurde im konstitutionellen Staat um den Teil verkürzt, der der Volksvertretung zugewiesen war. Das zeigte sich im Gesetzgebungsverfahren in folgender Weise:

(1) Das Initiativrecht für die Gesetzgebung stand nach den frühkonstitutionellen Verfassungen allein dem Monarchen zu. Seit der zweiten Verfassungswelle wurde es, teils noch eingeschränkt, auch den Volksvertretungen zugesprochen. So hieß es in § 85 der Verfassungsurkunde für das Königreich Sachsen (1831)[92]: „Gesetzentwürfe können von dem Könige an die Stände, nicht von den Ständen an den König gebracht werden. Die Stände können aber auf neue Gesetze, sowie auf Abänderung oder Aufhebung bestehender antragen […]." Art. 64 Abs. 1 der Ver-

---

[92] Abgedruckt bei Ernst Rudolf Huber (Hrsg.), Dokumente zur deutschen Verfassungsgeschichte, Bd. 1, Deutsche Verfassungsdokumente 1803–1850, 3. Aufl. 1978, S. 263 ff. (Nr. 59).

fassungsurkunde für den preußischen Staat (1850)[93] bestimmte dann: „Dem Könige, so wie jeder Kammer, steht das Recht zu, Gesetze vorzuschlagen."

(2) Das Zustandekommen eines Gesetzes verlangte übereinstimmende Beschlüsse beider Kammern und zusätzlich die Übereinstimmung mit dem Monarchen. Dies formulierte die Verfassungsurkunde für das Kurfürstentum Hessen (1831)[94] so: „§ 95. Ohne ihre (= der Stände) Beistimmung kann kein Gesetz gegeben, aufgehoben, abgeändert oder authentisch erläutert werden. Im Eingange eines jeden Gesetzes ist der landständischen Zustimmung ausdrücklich zu erwähnen." Art. 62 Abs. 1 und 2 der Preußischen Verfassung (1850): „Die gesetzgebende Gewalt wird gemeinschaftlich durch den König und durch zwei Kammern ausgeübt. Die Übereinstimmung des Königs und beider Kammern ist zu jedem Gesetze erforderlich."

(3) Die Ausfertigung und Verkündung eines Gesetzes war Sache des Monarchen. Nach damaliger Auffassung erteilte er damit den „Gesetzesbefehl", die „Sanktion", was die Deutung ermöglichte, der Monarch sei weiterhin Inhaber des eigentlichen Gesetzgebungsrechts, die Stände wirkten nur bei der Festlegung des Gesetzesinhalts mit. Titel VII § 30 der Verfassungsurkunde für das Königreich Bayern (1818): „Der König allein sanktioniert die Gesetze und erlässt dieselben mit seiner Unterschrift und Anführung der Vernehmung des Staats-Raths und des erfolgten Beyraths und der Zustimmung der Lieben und Getreuen, der Stände des Reichs."

320 Die Reichweite des Einflusses der Stände – mit Blick auf die bürgerliche Gesellschaft: der zweiten Kammer, des Landtages – war abhängig vom Gesetzesbegriff, der mit dem Gesetzesvorbehalt im Sinne der Freiheits- und Eigentumsformel gleichgesetzt wurde. Außerhalb des Vorbehaltsbereichs galt ein selbständiges Normsetzungsrecht des Monarchen in Form der Verordnung.

321 Einen unmittelbaren Einfluss der Landtage auf die Exekutive und die monarchische Regierung gab es nicht. Ein parlamentarisches Regierungssystem, in dem die Regierung dauernd in sachlicher Hinsicht und in ihrer personellen Zusammensetzung vom Vertrauen des Parlaments abhängig ist, wurde in Deutschland erst durch eine Änderung der Reichsverfassung von 1871 im Oktober 1918 und dann dauerhaft durch die Weimarer Verfassung von 1919 eingeführt (unten Rn. 580 ff., 596 und Rn. 645 ff.). Die Stellung der Ständeversammlungen im konstitutionellen System war angesichts des begrenzten Gesetzgebungsbereichs und der mangelnden Einwirkung auf die Exekutive damit insgesamt relativ schwach – zudem ist noch zu berücksichtigen, dass ihnen kein Selbstversammlungsrecht zukam; der Monarch berief die Versammlungen ein und löste sie auf.

---

[93] Ernst Rudolf Huber (Hrsg.), Dokumente zur deutschen Verfassungsgeschichte, Bd. 1, aaO, S. 501 ff. (Nr. 194).

[94] Ernst Rudolf Huber (Hrsg.), Dokumente zur deutschen Verfassungsgeschichte, Bd. 1, aaO, S. 238 ff. (Nr. 58).

V. Ministerverantwortlichkeit als indirekte Kontrolle; Vorbehaltsbereiche des Monarchen

Auch im Zusammenhang der Ministerverantwortlichkeit ging es um einen Einflussbereich der Volksvertretung auf den Monarchen, der jedoch einer rechtlichen Zwischenkonstruktion bedurfte. Die Benennung des Monarchen als Inhaber aller Staatsgewalt galt zuallererst für die Exekutive. An der Spitze der Exekutive, in der Regierung, hatte sich, an Vorbilder des 18. Jahrhunderts anknüpfend und sie ausbauend, ein Übergang zur Ministerialregierung fest etabliert. Nach Sachbereichen geordnet, leiteten Minister einzelne Verwaltungszweige und bildeten die monarchische Regierung. Der Monarch war als Souverän im staatsrechtlichen Sinne niemandem verantwortlich und konnte von niemandem, insbesondere nicht der Volksvertretung, zur Verantwortung gezogen werden. Dennoch unterlag der Monarch nach dem Übergang zum Verfassungsstaat rechtlichen Bindungen. Die Verfassung galt auch für ihn, insbesondere war eine freie Rücknehmbarkeit der Verfassung ausgeschlossen. Die theoretische Unvereinbarkeit von Souveränität und Bindung wurde praktisch überwunden, indem die Minister die Verantwortung für die Handlungen des Monarchen übernahmen. Ausdruck hierfür war das Institut der Gegenzeichnung, der „Kontrasignatur". Anordnungen und Verfügungen des Monarchen unterschrieb der dadurch verantwortliche Minister.[95] Da der Monarch die Gegenzeichnung nicht erzwingen, sondern im Streitfall allenfalls durch einen Ministerwechsel erreichen konnte, erlangten die Minister dem Monarchen gegenüber einen Raum der Selbständigkeit. Gegenüber der Volksvertretung war der Minister zwar verantwortlich, er konnte aber von ihr nicht abberufen oder Weisungen unterworfen werden. In den fortgeschrittenen Verfassungen seit 1830 gab es jedoch durchgehend die Befugnis des Parlaments, den Minister gerichtlich wegen eines behaupteten Verfassungsverstoßes zur Verantwortung zu ziehen. Diese Rechtskontrolle umfasste damit nicht das politische Ermessen der Regierung. Unklar war, ob die Gerichte bei Feststellung eines Verfassungsverstoßes den Verlust des Regierungsamts hätten aussprechen dürfen.

322

Die Herausbildung der Ministerverantwortlichkeit lässt sich etwa an der Entwicklung der Bayerischen Verfassung von 1818 ablesen. Titel X („Von der Gewähr der Verfassung") § 4 lautete ursprünglich: „Die Königlichen Staats-Minister und sämmtliche Staatsdiener sind für die genaue Befolgung der Verfassung verantwortlich." Gesetze vom 4. Juni 1848 und vom 30. März 1859 führten dies aus und schufen das Verfahren der Ministeranklage vor dem Staatsgerichtshof.

323

Das Institut der Gegenzeichnung gilt nach Art. 58 GG noch heute im Verhältnis von Bundespräsident und Bundesregierung.[96] In der parlamentarischen Demokratie hat es seinen Zweck gewandelt. Einerseits ist der Bundespräsident heute als Staats-

324

---

[95] Trotz Gegenzeichnung blieb der monarchische Regierungsakt ein solcher des Monarchen, nicht des Ministers. *Michael Nierhaus*, Entscheidung, Präsidialakt und Gegenzeichnung, Diss. Köln 1972, S. 9 ff.

[96] Dazu *Hartmut Maurer*, Die Gegenzeichnung nach dem Grundgesetz, in: Bodo Börner u.a. (Hrsg.), FS Karl Carstens, Bd. II, 1984, S. 701 ff.

oberhaupt wie seine monarchischen Vorgänger nicht dem Parlament verantwortlich. Andererseits sichert heute die Gegenzeichnung die Einheitlichkeit des Handelns von Bundespräsident und Bundesregierung (ausgenommen sind deshalb die Fälle echter politischer Kompetenzen des Bundespräsidenten nach Art. 58 S. 2 GG), der Bundespräsident kann seine Befugnisse nur in Abstimmung mit der Bundesregierung wahrnehmen.

325 Berücksichtigt man im Zusammenhang der konstitutionellen Verfassungen die Vorbehaltsbereiche des Monarchen in Bezug auf die Verwaltung, die Ernennung der Richter, die auswärtige Politik – insbesondere Bündnisse, Kriegserklärungen sowie Friedensschlüsse – und das Militär (mit Ausnahme der Wehrpflicht, die als Eingriff in die Freiheit der Bürger der gesetzlichen Grundlage bedurfte), dann gab es eine solide Machtbasis des Monarchen in der Beamtenschaft, dem Militär und der Diplomatie. Von einer echten dualistischen Struktur der Verfassungen, einer Verbindung monarchischer und demokratischer Elemente, konnte noch nicht die Rede sein.

326 Dieter Grimm bewertet dies so: „Die Volksvertretung konnte auf das Fundament der monarchischen Regierung keinen Zugriff erlangen. Ihre Befugnisse deckten sich vielmehr mit den privaten Interessen des Einzelnen, persönlicher Freiheit und Sicherung des Eigentums, und nur mittelbar über das Budgetrecht konnte sie ihren Einfluss auch auf monarchische Prärogativen erstrecken. Selbst in ihrem eigenen Kompetenzbereich kam der Volksvertretung keine maßgebende, sondern nur eine korrigierende Funktion zu. Sie besaß keine Handhabe, das staatliche Handeln nach eigenen Vorstellungen zu leiten, sondern konnte die staatlichen Absichten nur dort durchkreuzen, wo sie gesellschaftliche Interessen unmittelbar berührten. Angesichts des monarchischen Prinzips oder der monarchischen Prärogative rückte die Volksvertretung nicht eigentlich in den Staat ein. Treffender lässt sie sich als eine Repräsentation der Gesellschaft beim Staat beschreiben."[97]

VI. Der Hannoversche Verfassungskonflikt

327 Die theoretisch ungelösten Fragen im Umfeld des monarchischen Prinzips – insbesondere, ob die Ständevertretungen im Sinne altständischer Versammlungen oder zumindest im Ansatz als Repräsentativversammlungen zu verstehen seien, ferner die Verfassungs- und Rechtsbindung des Monarchen und seiner Minister trotz Innehabung der Souveränitätsrechte – schufen zusammen mit den in der ersten Hälfte des 19. Jahrhunderts zunehmend deutlicher vorgetragenen bürgerlichen Forderungen nach Mitbestimmung im Staat erhebliches Konfliktpotenzial. Häufig zeigte dann der monarchische Staatsapparat repressive, freiheitsbeschränkende Züge. Ein prägnantes Beispiel gibt die Entwicklung des Königreichs Hannover, das zwischen 1714 und 1837 in Personalunion von den englischen Königen regiert wurde. Die Könige kamen niemals ins Land, mit der Folge, dass die einheimische Adelsherrschaft lange in altständisch-feudalen Formen verharrte. 1819 erhielt Hannover durch königliches Patent eine oktroyierte Verfassung mit einem Zweikammersystem nach englischem Vorbild, die jedoch die altständischen Herrschaftsverhältnisse kaum verändern

---

[97] *Dieter Grimm*, Deutsche Verfassungsgeschichte 1776–1866, 1988, S. 122.

konnte. Bürgerliche Proteste führten 1833 zu einer paktierten Verfassung mit liberalen Elementen. Nach der Auflösung der Personalunion mit England ließ der neue König Ernst August nicht allein Vorbehalte gegen diese Verfassung erkennen, sondern hob sie durch Patent vom 1. November 1837[98] auf und wollte zur Verfassung von 1819 zurückkehren. Das war ein klarer Verstoß gegen den Grundsatz der Verfassungsbindung des Monarchen und nach den konstitutionellen Grundsätzen illegal; Art. 56 WSA (Wiener Schlussakte) schützte die bestehenden Verfassungen.

Der König begründete die Aufhebung damit, dass die Verfassung von 1833 nicht gelte, weil es an einem Zusammenwirken des Königs und der Stände gefehlt habe. „Allein, der Grundsatz der vertragsmäßigen Errichtung [der Verfassung] ist auf mehrere Weise verletzt worden. Denn, mehrere der von der allgemeinen Stände-Versammlung in Beziehung auf das neue Staats-Grundgesetz gemachten Anträge erhielten nicht die Genehmigung der Königlichen Regierung, sondern es wurde dasselbe mit den, von dieser für notwendig oder nützlich gehaltenen Abänderungen am 26sten September 1833 vom Könige verkündet, ohne daß diese zuvor den allgemeinen Ständen mitgetheilt und von ihnen wären genehmigt worden" (so das Königliche Patent vom 1. November 1837). Das war rechtlich wenig überzeugend, weil das fehlende Zusammenwirken nur einzelne Verfahrensschritte betraf. Weiter hieß es u.a. in dem Patent: „Allein, nicht nur ungültig und folglich für Uns unverbindlich ist überhaupt das Staats-Grundgesetz, wenn man dessen Entstehung betrachtet, sondern es enthält dasselbe auch mehrere Vorschriften und Bestimmungen, welche sich als vollkommen ungültig und für Uns unverbindlich aus dem Grunde darstellen, weil sie unsere agnatischen [= auf die monarchische Abstammung bezogenen] Rechte tief kränken und selbst unsere Regierungs-Rechte wesentlich verletzen. […] Da wir nun das Staats-Grundgesetz als gültig und für Uns verbindlich nicht betrachten, so können wir auch mit den, durch dieses Gesetz hervorgerufen, Ständen über eine, von Neuem zu errichtende Verfassungs-Urkunde auf keine Weise unterhandeln."

Zugleich löste der König den Landtag auf. Es begann ein tiefgreifender Verfassungskonflikt;[99] gegen die Verfassungsaufhebung protestierten unter Berufung auf ihren Eid auf die Verfassung von 1833 am 18. November 1837 sieben Professoren der Göttinger Universität, die in der ersten Hälfte des 19. Jahrhunderts neben der Berliner Universität die bedeutendste Hochschule in Deutschland war. Es handelte sich um die Historiker Friedrich Christoph Dahlmann (1785–1860) und Georg Gottfried Gervinus (1805–1871), die Germanisten Jacob (1785–1863) und Wilhelm (1786–1859) Grimm, den Staatsrechtler Wilhelm Eduard Albrecht, den Orientalisten Heinrich Ewald und den Physiker Wilhelm Weber. Der König verfügte die Entlassung der Professoren, beschuldigte sie des Hochverrats und verwies sie teilweise des Landes. Der Vorgang beschäftigte die Öffentlichkeit in ganz Deutschland. An vielen Orten entstanden „Göttinger Vereine", um die Professoren materiell und publizistisch zu unterstützen. Der Deutsche Bund, der zur Prüfung verpflichtet war, ob die Rücknahme der Verfassung einen Verstoß gegen Art. 13 DBA (Deutsche Bundesakte von 1815) darstellte, entschied am 5. September 1839 in einem Mehrheitsbeschluss unter dem

---

[98] Abgedruckt bei *Willy Real*, Der hannoversche Verfassungskonflikt von 1837/1839, 1972, S. 11 ff.

[99] Die wichtigsten Dokumente sind abgedruckt bei Ernst Rudolf Huber (Hrsg.), Dokumente zur deutschen Verfassungsgeschichte, Bd. 1, Deutsche Verfassungsdokumente 1803–1850, 3. Aufl. 1978, S. 292 ff. (Nr. 61 ff.).

Protest der Öffentlichkeit und seinerseits unter Verstoß gegen Bundesrecht, sich nicht mit der Frage zu befassen, da es sich um eine innere Angelegenheit des Königreichs Hannover handle. Gegen den Beschluss und für eine Intervention zugunsten der Hannoverischen Verfassung von 1833 hatten aber im Bundestag, der Versammlung des deutschen Bundes, immerhin Bayern, Sachsen, Württemberg, Baden, die sächsischen Herzogtümer und die freien Städte gestimmt.

330 Der badische Minister v. Blittersdorff schrieb am 8. Dezember 1839 aus Karlsruhe an den badischen Gesandten in Wien: „[…] Über die Hannöverischen Angelegenheiten rede ich Ihnen nicht. Es ist dieß ein Krebsschaden, der noch lange an Deutschland nagen wird."[100]

331 Am 6. August 1840 setzte König Ernst August eine neue Verfassung mit Billigung der neugewählten Ständeversammlung in Kraft. Stärker als andere Verfassungen aus der Zeit nach 1830 betonte sie die Vorbehaltsrechte des Monarchen. Eine Ministerverantwortlichkeit mit gerichtlicher Kontrolle kannte sie nicht.

332 Das Bemerkenswerte und Neue des Protests der Göttinger Sieben lag in seiner Grundlage. Es ging nicht um das naturrechtlich begründete altehrwürdige Widerstandsrecht aus vorkonstitutioneller Zeit. Geltend gemacht wurde ein „konstitutionelles Widerstandsrecht, das sich auf Recht und Pflicht des Einzelnen stützte, für die verfassungsmäßige Ordnung des öffentlichen Lebens notfalls auch gegen die eigene Obrigkeit aufzutreten. Verfassung und Gesetz galten nun als der absolute Maßstab politischen Verhaltens."[101] Friedrich Christoph Dahlmann, einer der Göttinger Sieben, erklärte: „Ich kämpfe für den unsterblichen König, für den gesetzmäßigen Willen der Regierung, wenn ich mit den Waffen des Gesetzes das bekämpfe, was der sterbliche König im Widerspruch mit den bestehenden Gesetzen beginnt." Und, gegen den untätigen Deutschen Bund gerichtet: „Kann eine Landesverfassung vor den Augen des Bundes wie ein Spielzeug zerbrochen werden, […] dann ist über Deutschlands nächste Zukunft entschieden, aber auch über die Zukunft, die dieser folgen wird."[102] Der preußische Historiker Heinrich von Treitschke schrieb 1889: „Unvergesslich aber blieb der Nation der Bundesbeschluss vom 5. September 1839. Seitdem begannen auch die Gemäßigten zu fühlen, daß unter dem Deutschen Bund kein Recht mehr fest stand, und in immer weiteren Kreisen verbreitete sich die Hoffnung auf einen gewaltsamen Umschwung, der mit einem Schlage dem deutschen Elend Wandel schaffen sollte."[103] Insgesamt stellte der Verfassungskonflikt einen wichtigen Schritt hin zu einem modernen Verfassungsstaat dar. Er belegte den Willen des Bürgertums, die erkämpften Räume staatspolitischer Betätigung sich nicht durch einen Rückfall in absolutistische Praktiken streitig machen zu lassen.

---

[100] Zitiert nach Willy Real (Hrsg.), Der hannoversche Verfassungskonflikt von 1837/1839, 1972, S. 96 f.

[101] *Ernst Rudolf Huber*, Deutsche Verfassungsgeschichte seit 1789, Bd. 1, Reform und Restauration 1789–1830, 2. Aufl. 1967, S. 105.

[102] Zitiert nach *Heinrich Lutz*, Zwischen Habsburg und Preußen. Deutschland 1815–1866. Siedler Deutsche Geschichte, 1994, S. 189.

[103] *Heinrich von Treitschke*, Deutsche Geschichte im 19. Jahrhundert, Bd. 4, 1889, S. 682.

§ 17 Zwischen Reaktion und Reform: die Entwicklung Preußens bis 1850

I. Der lange Weg zur Verfassung

1. Reformen statt Verfassung (1807 bis 1815)

Preußen betrat die Ära des Konstitutionalismus später als die meisten anderen deutschen Staaten. Erst 1848 erhielt es seine erste Verfassung; 1850 trat die bis zum Ende der Monarchie im Jahre 1918 geltende Verfassung in Kraft. Es waren vor allem zwei Gründe für die Verzögerung Preußens maßgebend, das ja im 17. und 18. Jahrhundert als Beispiel eines entwickelten und fortschrittlichen Staates gegolten hatte. Der erste Grund lag in den bereits erwähnten Reformen, die nach der demütigenden Niederlage gegen Napoléon zwischen 1806 und 1813 angestoßen wurden. Diese von der monarchischen Exekutive ausgehende Revolution von oben modernisierte alle gesellschaftlichen Lebensbereiche und monarchischen Institutionen. Der Beginn dieses noch sehr weiten Weges zu Freiheit, Gleichheit und politischer Partizipation der Staatsbürger wurde – in betontem Gegensatz zu Frankreich 1789 – als Aufgabe der reformierenden monarchischen Regierung, nicht einer revolutionär umgestaltenden Nationalversammlung angesehen. Es galt der Vorrang der Verwaltung auch gegenüber dem Erlass einer Verfassung.[104] Zwar gehörte der Erlass einer geschriebenen Verfassung auch zu den Zielen der Reformer, aber diese sollte gleichsam als Schlussstein den Reformen folgen, in den bereits reformierten Staat eingebaut werden und die Verbindung des Staates zur Gesellschaft, in der die Prozesse der Befreiung und Egalisierung erst begonnen hatten, festigen. Ganz in diesem Sinne ließ der Reformer Hardenberg in das Finanzedikt vom 27. Oktober 1810 ein Verfassungsversprechen des Königs aufnehmen, wonach es Repräsentativverfassungen sowohl in den Provinzen als auch in Berlin für ganz Preußen geben sollte. Dieses Versprechen wurde nicht eingelöst, was zugleich auf den zweiten Grund für den verzögerten Weg Preußens zur Verfassung verweist, die schnell veränderte Rolle der Reformer. Sie gerieten nach den Befreiungskriegen 1813/14 und erst recht mit der restaurativen Entwicklung während und nach dem Wiener Kongress in die Defensive. Auf Anraten restaurativer Kräfte wiederum uneingelöst blieb ein weiteres Verfassungsversprechen Friedrich Wilhelms III. aus dem Jahre 1815, das nach dem Einsatz des ganzen preußischen Volkes gegen Napoléon gegeben wurde.

Die entscheidenden Passagen der „Verordnung über die zu bildende Repräsentation des Volkes vom 22. Mai 1815"[105] lauten: „[...] Damit sie jedoch desto fester begründet, der Preußischen Nation ein Pfand Unseres Vertrauens gegeben und der Nachkommenschaft die Grundsätze, nach welchen Unsere Vorfahren und Wir selbst die Regierung Unseres Reichs mit ernst-

---

[104] *Reinhart Koselleck*, Preußen zwischen Reform und Revolution, 3. Aufl. 1981, S. 163 ff.
[105] Abgedruckt bei Ernst Rudolf Huber (Hrsg.), Dokumente zur deutschen Verfassungsgeschichte, Bd. 1, Deutsche Verfassungsdokumente 1803–1850, 3. Aufl. 1978, S. 61 f. (Nr. 19).

licher Vorsorge für das Glück Unserer Unterthanen geführt haben, treu überliefert und vermittelst einer schriftlichen Urkunde, als Verfassung des Preußischen Reichs, dauerhaft bewahrt werden, haben Wir nachstehendes beschlossen:

§.1. Es soll eine Repräsentation des Volks gebildet werden.

§.2. Zu diesem Zwecke sind:

a) die Provinzialstände da, wo sie mit mehr oder minder Wirksamkeit noch vorhanden sind, herzustellen, und dem Bedürfnisse der Zeit gemäß einzurichten;

b) wo gegenwärtig keine Provinzialstände vorhanden, sind sie anzuordnen.

§.3. Aus den Provinzialständen wird die Versammlung der Landes-Repräsentanten gewählt, die in Berlin ihren Sitz haben soll.

§.4. Die Wirksamkeit der Landes-Repräsentanten erstreckt sich auf die Berathung über alle Gegenstände der Gesetzgebung, welche die persönlichen und Eigenthumsrechte der Staatsbürger, mit Einschluß der Besteuerung, betreffen. […]"

2. Die Ära der Restauration (1815 bis 1848)

335   Mit dem Bruch dieses verbindlichen Verfassungsversprechens war die konstitutionelle Bewegung in Preußen bis 1848 gescheitert. Daran konnte auch eine Verfassungsdenkschrift Wilhelm von Humboldts aus dem Jahre 1819 nichts mehr ändern, in der vor allem eine Ständeversammlung mit Legislativrechten vorgeschlagen wurde, die aus direkten Wahlen hervorgehen sollte. Diese Überlegungen gingen in den sich verschärfenden Gegensätzen von liberalen und restaurativen Kräften unter, in denen sich, vor allem in der preußischen Regierung, die restaurativen und altständisch orientierten Kräfte durchsetzten. Diese verteidigten Privilegien des Adels und wandten sich gegen ein modernes Verfassungswerk, das die in den preußischen Reformen seit 1806 angelegten Tendenzen zur Rechtsgleichheit und zur politischen und gesellschaftlichen Aufwertung des Bürgertums weitergeführt hätten. Die „Fronten von liberalem Reformwollen, ständischer Interessenpolitik, bürgerlicher Emanzipation und ,bürokratischer Revolution'"[106] wurden noch unter der Leitung eines der preußischen Reformer, Hardenberg, spätestens ab 1819 in reaktionärem Sinne aufgelöst.

336   Das behinderte zwar nicht die zunehmende Entfaltung von Industrie, Technik und kapitalistischen Wirtschaftsformen. Die Herausbildung einer festen bürgerlichen politischen Kultur und politischen Partizipation wurde aber auf längere Zeit verhindert. Sie gelang erst ab dem Ende des 19. Jahrhunderts. Der seit 1815 veränderte Kurs hielt die bürgerlichen Kräfte nicht nur vom monarchischen Zentrum des Staates in Regierung und Militär fern, sie beschränkte auch die Freiheit der Universitäten, der Presse und Versammlungen in Reaktion auf verschiedene Ereignisse, mit denen sich liberale Kräfte versuchten Gehör zu verschaffen. Ein eindrucksvolles Ereignis in diesem Sinne war das Wartburg-Fest vom 18. Oktober 1817, bei dem liberal und national gesinnte Studenten sowohl den Beginn der lutherischen Reformation von 1517 als auch den Jahrestag der Völkerschlacht von Leipzig als religiöse und militärisch-politische Befreiungen feierten (unten Rn. 386 f.).

---

[106] *Heinrich Lutz*, Zwischen Habsburg und Preußen. Deutschland 1815–1866. Siedler Deutsche Geschichte, 1994, S. 31.

3. Das Ende des „Verfassungsvakuums" 1848

Das preußische „Verfassungsvakuum" (Dieter Grimm), die Diskrepanz zwischen politischer und sozialer, verfassungsrechtlicher und privatrechtlicher Ordnung dauerte zunächst bis 1848, als revolutionäre Ereignisse in Frankreich schnell Widerhall in ganz Deutschland fanden und zur Wahl der Frankfurter Nationalversammlung führten (unten Rn. 405 ff.). In Preußen, ausgehend von der von Frankreich benachbarten Rheinprovinz, gab es 1848 die sog. „Märzforderungen" nach Presse-, Versammlungs- und Vereinigungsfreiheit, ferner nach Schwurgerichten, vor allem aber nach einer mittels eines allgemeinen Wahlrechts zu wählenden preußischen verfassunggebenden Nationalversammlung. Im März 1848 kam es zu Volksversammlungen in verschiedenen Städten; in Berlin brach eine kurze Revolution aus, als König Friedrich Wilhelm IV. beschloss, die Versammlungen aufzulösen. Beim Einsatz des Militärs kam es in den Berliner Straßen zu Barrikadenkämpfen mit etwa 300 Toten. Dann gab der König nach. Am 17. März 1848 wurde Pressefreiheit gewährt, am 19. März ehrte der König zu Pferde die auf dem Gendarmenmarkt aufgebahrten Toten, am 22. März folgte die Ankündigung eines Wahlgesetzes, am 29. März wurden bürgerliche Minister in die monarchische Regierung berufen („Märzregierung"), am 1. Mai 1848 fanden gleichzeitig mit den Wahlen zur deutschen Nationalversammlung in Frankfurt am Main Wahlen zu einer preußischen Nationalversammlung statt.

Die Ereignisse im Frühjahr und Sommer 1848 zeigten insbesondere in Preußen, das zu dieser Zeit bereits relativ weit industrialisierte Gebiete kannte – an Rhein und Ruhr, in Oberschlesien, aber auch in Berlin –, eine ganz neue Konfliktlinie, die zwischen Bürgern und Arbeitern, zwischen Liberalen und Sozialisten, zwischen dem Dritten und dem – jetzt erst so bezeichneten – „Vierten Stand" der städtischen Arbeiterschaft. Wie bei der Frankfurter Nationalversammlung führte dies auch bei der Berliner Versammlung zu einer teilweisen Entzweiung der Bevölkerung und der verfassunggebenden Versammlung.

Nach erneuten Unruhen in Berlin verlegte König Friedrich Wilhelm IV. am 8. November 1848 die Versammlung gegen ihren Protest in die Stadt Brandenburg, wo sie am 5. Dezember 1848, im Zuge des Erlahmens des revolutionären Impetus in ganz Deutschland und der Rückkehr der monarchischen Kräfte, vom König aufgelöst wurde. Gleichzeitig trat eine oktroyierte erste Verfassungsurkunde für den preußischen Staat[107] in Kraft, die allerdings von vornherein nicht auf Dauer angelegt war. In der Übergangsbestimmung des Art. 112 verwies sie auf eine „Revision im Wege der Gesetzgebung" nach dem Zusammentritt der in ihr vorgesehenen Kammern, also unter Beteiligung einer zu wählenden Volksvertretung. Die erforderlichen Wahlgesetze für zwei Kammern zeigten – für die zweite Kammer – in ihrer Entstehungsgeschichte einen für den Verlauf des Jahres 1849 nicht ungewöhnlichen Wandel. Während ursprünglich im Wahlgesetz vom 6. Dezember 1848 ein allgemeines Wahlrecht festgelegt war,[108] kam es schließlich zu einem Drei-Klassen-Wahlrecht, mit dem das

---

[107] Abgedruckt bei Ernst Rudolf Huber (Hrsg.), Dokumente zur deutschen Verfassungsgeschichte, Bd. 1, Deutsche Verfassungsdokumente 1803–1850, 3. Aufl. 1978, S. 484 ff. (Nr. 188).

[108] Art. 2 des Wahlgesetzes bestimmte: „Für die zweite Kammer ist jeder selbstständige Preuße

Stimmgewicht der Wähler nach ihrer Steuerleistung abgestuft wurde, wobei das unterschiedliche Stimmgewicht sich darin manifestierte, dass jede Klasse von Wählern die gleiche Zahl von Wahlmännern bestimmte. Das Drei-Klassen-Wahlrecht blieb bis 1918 in Kraft; nach der Gründung des deutschen Reiches 1867/1871 galt es jedoch nicht für die Reichstagswahlen.

340 § 10 der einschlägigen Verordnung vom 30. Mai 1849[109] (später Art. 71 preußische Verfassung von 1850) bestimmte, dass die Klasse I aus den Wählern bestand, die in dem jeweiligen Stimmbezirk die höchsten Steuerleistungen bis zu einem Drittel des Gesamtsteueraufkommens erbrachten. Zur Klasse II gehörten die Steuerzahler, die das nächste Drittel des Steueraufkommens erbrachten, in die Klasse III alle anderen Wähler, einschließlich der Nichtbesteuerten. In die erste Klasse wurden 1850 4,7 % der Wahlberechtigten eingeordnet, in die zweite 12,6 %, in die dritte 82,7 %. Neben dieser fehlenden Gleichheit der Wahl gab es auch keine allgemeine Wahl. Frauen und Fürsorgeempfänger waren ausgeschlossen (§ 8 der Verordnung vom 30. Mai 1849). Die Wahl war schließlich indirekt. Die Urwähler bestimmten Wahlmänner, diese wählten sodann die Abgeordneten der zweiten Kammer (§ 1 der Verordnung vom 30. Mai 1849).

341 Am 17. Juli 1849 fanden auf der Grundlage dieses Drei-Klassen-Wahlrechts die Wahlen zur preußischen Zweiten Kammer statt. Nach dem Zusammentreten der beiden Kammern im August 1849 begannen die Beratungen zur Revision der oktroyierten Verfassung, deren Ergebnisse im Dezember mit übereinstimmenden Beschlüssen angenommen wurden. Nachdem der König noch eine Reihe von Änderungen verlangte, die die Kammern beschlossen, fertigte der König die revidierte Verfassung[110] am 31. Januar 1850 aus. Am 6. Februar 1850 leistete der König den in Art. 54 PrVerf (1850) vorgesehenen Verfassungseid.

II. Die Verfassungsurkunde für den Preußischen Staat vom 31. Januar 1850

342 Die erste dauerhafte Preußische Verfassung behielt bis zum Ende des Ersten Weltkriegs und der Monarchie am 9. November 1918 ihre Geltung. Sie war die ausgereifteste Verfassung des deutschen Konstitutionalismus im 19. Jahrhundert und schloss die letzte der insgesamt drei Wellen der Verfassunggebungen seit 1816 ab. Es handelte sich um eine vereinbarte Verfassung, die wie die zeitlich vorausgegangenen deutschen Verfassungen auf dem monarchischen Prinzip beruhte, auch wenn es keine dahingehende ausdrückliche Bestimmung gab. Damit wandte sich der Konstitutionalismus wieder den Zuständen vor der Paulskirche (zu dieser sogleich Rn. 405 ff.)

---

in derjenigen Gemeinde, worin er seit 6 Monaten seinen Wohnsitz oder Aufenthalt hat, stimmberechtigter Urwähler, in sofern er nicht aus öffentlichen Mitteln Armenunterstützung erhält."

[109] Ernst Rudolf Huber (Hrsg.), Dokumente zur deutschen Verfassungsgeschichte, Bd. 1, Deutsche Verfassungsdokumente 1803–1850, 3. Aufl. 1978, S. 497 ff. (Nr. 193).

[110] Abgedruckt bei Ernst Rudolf Huber (Hrsg.), Dokumente zur deutschen Verfassungsgeschichte, Bd. 1, aaO, S. 501 ff. (Nr. 194).

zu. Dennoch sind in der Preußischen Verfassung deutliche Anklänge an die Frankfurter Reichsverfassung zu erkennen.

Titel II („Von den Rechten der Preußen") enthielt einen Grundrechtskatalog – nicht im Sinne vorstaatlicher Menschenrechte, sondern als verfassungsgesetzlich gewährte Rechte der Preußen, ohne Vorrang vor den Gesetzen. Eine Vorschrift wie den heutigen Art. 1 Abs. 3 GG, wonach die Grundrechte alle drei Staatsgewalten als unmittelbar geltendes Recht binden, gab es nicht. Die Formulierungen der Grundrechte waren teilweise von der kurz zuvor gescheiterten Reichsverfassung der Deutschen Nationalversammlung in Frankfurt (1848/49) inspiriert. Die liberalen Errungenschaften wie die Abschaffung der Zensur und die Versammlungs-, Meinungs- und Pressefreiheit blieben erhalten. 343

Einige „Rechte der Preußen" seien hier genannt: 344

Art. 4: „Alle Preußen sind vor dem Gesetz gleich. Standesvorrechte finden nicht statt. Die öffentlichen Ämter sind, unter Einhaltung der von den Gesetzen festgestellten Bedingungen, für alle dazu Befähigten gleich zugänglich."

Art. 6: „Die Wohnung ist unverletzlich. Das Eindringen in dieselbe und Haussuchungen, sowie die Beschlagnahme von Briefen und Papieren sind nur in den gesetzlich bestimmten Fällen und Formen gestattet."

Art. 9: „Das Eigentum ist unverletzlich. Es kann nur aus Gründen des öffentlichen Wohles gegen vorgängige, in dringenden Fällen wenigstens vorläufig festzustellende Entschädigung nach Maßgabe des Gesetzes entzogen oder beschränkt werden."

Art. 12: „Die Freiheit des religiösen Bekenntnisses, der Vereinigung zu Religionsgesellschaften (Art. 30 und 31) und der gemeinsamen häuslichen und öffentlichen Religionsübung wird gewährleistet. Der Genuß der bürgerlichen und staatsbürgerlichen Rechte ist unabhängig von dem religiösen Bekenntnisse. Den bürgerlichen und staatsbürgerlichen Rechten und Pflichten darf durch die Ausübung der Religionsfreiheit kein Abbruch geschehen."

Art. 27: „Jeder Preuße hat das Recht, durch Wort, Schrift, Druck und bildliche Darstellung seine Meinung frei zu äußern. Die Censur darf nicht eingeführt werden; jede andere Beschränkung der Preßfreiheit nur im Wege der Gesetzgebung."

Art. 29: „Alle Preußen sind berechtigt, sich ohne vorgängige obrigkeitliche Erlaubniß friedlich und ohne Waffen in geschlossenen Räumen zu versammeln. Diese Bestimmung bezieht sich nicht auf Versammlungen unter freiem Himmel, welche auch in Bezug auf vorgängige obrigkeitliche Erlaubniß der Verfügung des Gesetzes unterworfen sind."

Mit diesen und weiteren Bestimmungen formulierte die Verfassung die klassischen Freiheitsrechte. Die damalige Rechtslehre verstand sie, mangels ihres Vorrangs vor dem Gesetz, als umfassende Umschreibung des Gesetzesvorbehalts (oben Rn. 317 f.). 345

Bedeutsam waren die religionsrechtlichen Bestimmungen, die teils an die Paulskirchenverfassung von 1848 anknüpften. Neben der umfassenden Religionsfreiheit (Art. 12) kam es erstmals zu einer Gewährleistung der religionsgemeinschaftlichen Selbstbestimmung (Art. 15, vgl. heute Art. 140 GG/137 Abs. 3 WRV): „Die evangelische und die römisch-katholische Kirche sowie jede andere Religionsgesellschaft ordnet und verwaltet ihre Angelegenheiten selbständig und bleibt im Besitz und Genuß der für ihre Kultus-, Unterrichts- und Wohltätigkeitszwecke bestimmten Anstalten, Stiftungen und Fonds." Eine Merkwürdigkeit war Art. 14, wonach der Staat bei seinen Einrichtungen, die mit der Religionsausübung in Zusammenhang standen, die christliche Religion zugrundelegen sollte. Das beruhte auf konservativen Ideen eines „christlichen Staates", hatte praktisch aber nur begrenzte Bedeutung. So wurde aus 346

Art. 14 gefolgt, dass der christliche Religionsunterricht in den Schulen garantiert sei, der Staat andererseits nicht zur Einrichtung jüdischen Religionsunterrichts verpflichtet sei. Im Übrigen konnte ein später Kommentator der Verfassung feststellen, die Religionsfreiheit sei „eine Schranke des ‚christlichen Staates', nicht umgekehrt"[111].

347 Die staatsorganisationsrechtlichen Besonderheiten und Neuerungen der Verfassung werden deutlich, wenn sich der Blick auf die Behandlung der Finanzhoheit konzentriert, also die Befugnisse zur Erhebung von Einnahmen und die Ausgabenverantwortung (dazu sogleich unter III.).

348 Im Bereich der Staatsorganisation kam die Grundlage des monarchischen Prinzips in der Bezeichnung des Monarchen als König „von Gottes Gnaden" zum Ausdruck, ferner in der Zuordnung der Exekutive, der auswärtigen Beziehungen und des Militärs zum Monarchen.

349 Art. 45: „Dem Könige allein steht die vollziehende Gewalt zu. Er ernennt und entläßt die Minister. Er befiehlt die Verkündigung der Gesetze und erläßt die zu deren Ausführung nöthigen Verordnungen."
Art. 46: „Der König führt den Oberbefehl über das Heer."
Art. 48: „Der König hat das Recht, Krieg zu erklären und Frieden zu schließen, auch andere Verträge mit fremden Regierungen zu errichten. [...]"

350 Die Ministerverantwortlichkeit fand eine ebenso knappe wie deutliche Regelung. Art. 43: „Die Person des Königs ist unverletzlich." Art. 44: „Die Minister des Königs sind verantwortlich. Alle Regierungsakte des Königs bedürfen zu ihrer Gültigkeit der Gegenzeichnung eines Ministers, welcher dadurch die Verantwortlichkeit übernimmt." Auch in der Preußischen Verfassung war eine Abhängigkeit der Regierung vom Parlament unbekannt. Die gesetzgebende Gewalt stand nach Art. 62 PrVerf (1850) den Kammern und dem König gemeinschaftlich zu, allen beteiligten Organen kam das Initiativrecht zu (Art. 64 Abs. 1 PrVerf [1850]). Nach Art. 76 PrVerf (1850) berief der König die Sitzungen der Kammern „regelmäßig im Monat November jeden Jahres und außerdem, so oft es die Umstände erheischen [...]". Ein Selbstversammlungsrecht der Kammern gab es nicht.

III. Steuerbewilligung und Budgetbewilligung

1. Die Entwicklung von den ersten Verfassungen bis zur Preußischen Verfassung von 1850

351 Bei den hoheitlichen Befugnissen zu den staatlichen Finanzen ist zwischen Einnahmen (Steuern, weitere Abgaben und andere Einnahmearten, z. B. Kreditaufnahmen) und Ausgaben zu unterscheiden; sie werden im Haushaltsplan (Budget) im Voraus und planend zusammengefasst.

352 Haushaltsplan und Haushaltsgesetz sind konstitutiv und haben ermächtigende Wirkung für die Staatsausgaben. Die Einnahmenseite des Haushalts – der Haushalt muss in Einnahmen

---
[111] *Gerhard Anschütz*, Die Verfassungs-Urkunde für den Preußischen Staat, Bd. 1, 1912, S. 270.

und Ausgaben ausgeglichen sein – hat informatorischen Charakter, das Haushaltsgesetz ist nicht die Grundlage für die Verpflichtung der Bürger zur Leistung von Abgaben. Die Trennung zwischen den Entscheidungen über die Einnahmen (Abgabengesetze) und zu den Ausgaben (Haushaltsplan und -gesetz) kennzeichnet die deutschen Verfassungen seit ihren Anfängen vor 200 Jahren[112] und gilt noch heute.

a) Einnahmen

Unbestritten war schon bei den ersten deutschen Verfassungen aus der Zeit um 1820, dass jede Erhebung von Steuern als Eingriff in das Eigentum der Bürger der gesetzlichen Grundlage bedürfte.[113] So bestimmte Titel VII § 3 der Bayerischen Verfassung von 1818: „Der König erholt die Zustimmung der Stände zur Erhebung aller direkten Steuern, so wie zur Erhebung neuer indirekter Auflagen, oder zu der Erhöhung oder Veränderung derselben." Auch die Kreditaufnahme durch Anleihen unterfiel interessanterweise[114] dem Mitbestimmungsbereich der Stände, § 11: „Die gesammte Staatsschuld wird unter die Gewährleistung der Stände gestellt. Zu jeder neuen Staatsschuld, wodurch die zur Zeit bestehende Schulden-Masse im Capital-Betrage oder der jährlichen Verzinsung vergrößert wird, ist die Zustimmung der Stände des Reichs erforderlich."

Bei der Bewilligung von Einnahmen konnten die Verfassungen zwanglos an die vorkonstitutionelle Tradition der ständischen Steuerbewilligung anknüpfen, mit der auch einherging, dass Steuern grundsätzlich für bestimmte Ausgabenzwecke bewilligt wurden. Dem Steuerbewilligungsrecht kam im Verlauf des 19. Jahrhunderts eine stark steigende Bedeutung zu. Während der frühmoderne Staat seit dem 15./16. Jahrhundert nur wenige Aufgaben wahrgenommen und deshalb einen geringen Finanzbedarf hatte, außerdem die Abgabenerhebung nur subsidiär neben den primären Einnahmequellen (Teilnahme des Staates am Wirtschaftsverkehr, Einnahmen aus Gütern und Domänen) zur Anwendung kam, änderte sich beides im Zuge der beginnenden Industrialisierung und der Herausbildung kapitalistischer Wirtschaftsformen. Der Staat zog sich Stück um Stück aus wirtschaftlicher Tätigkeit zurück, die jetzt als Kernbereich individueller Freiheitsentfaltung in der bürgerlichen Gesellschaft galt. Zugleich nahmen die staatlichen Aufgaben zu, insbesondere im Bereich der Bildung und, modern gesprochen, der Infrastruktur. Damit stieg der Finanzbedarf. Zugleich verlagerten sich die staatlichen Finanzquellen langsam, aber stetig zu den Steuern. Unter ihnen waren in der ersten Hälfte des 19. Jahrhunderts die Grund- und die Gewerbesteuern die wichtigsten. Eine Besteuerung des Einkommens gab es

---

[112] *Andreas Thier*, Vom frühkonstitutionellen Steuerbewilligungsrecht zum Haushaltsplan – Historische Reflexionen zum Funktionswandel der modernen Finanzverfassung, in: Hanno Kube/Ekkehardt Reimer (Hrsg.), Entwicklungslinie der Finanzverfassung, 2016, S. 5 ff.

[113] Zur Bedeutung der Finanzen im Zusammenhang dieser Verfassungen *Herbert Obenaus*, Finanzkrise und Verfassungsgebung, in: Barbara Vogel (Hrsg.), Preußische Reformen 1807–1820, 1980, S. 244 ff.

[114] Der Hauptgrund lag darin, dass die Regierungen aufgrund der Ständemitwirkung eine Erhöhung der Kreditwürdigkeit des Staates gegenüber den – im 19. Jahrhundert als Financiers von Wirtschaft und Staat immer wichtiger werdenden – Banken erhofften.

praktisch noch nicht; sie wurde erst nach 1871 in den Einzelstaaten des neubegründeten Reiches geschaffen.[115] Die Umsatzsteuer war unbekannt (und wurde erst am Ende des Ersten Weltkriegs eingeführt).

355 Das Angewiesensein des Staates auf Steuern gab den Kammern, insbesondere den zweiten Kammern, mit der Steuerbewilligung ein Instrument in die Hand, über die staatliche Finanzausstattung indirekt auf diejenigen Bereiche der Staatstätigkeit Einfluss zu nehmen, die nicht der Gesetzgebung und damit der originären Mitwirkung der Kammern unterfielen. Das erklärt auch, warum den Kammern jährliche Steuerbewilligungen im Wege befristeter Gesetze wichtig waren. Auf diese Weise konnte in jedem Jahr der Versuch unternommen werden, über die Finanzen in Gestalt der Einnahmen die Staatstätigkeit zu steuern und zu kontrollieren.

b) Ausgaben (Haushalt)

356 Das Budget, die Verteilung der eingegangenen Gelder auf die einzelnen staatlichen Tätigkeitsbereiche, bestand damals in einer einfachen Einnahme- und Ausgabenplanung und Rechnung. Im Grundsatz wird diese „kameralistische" Haushaltsplanung noch heute bei den öffentlichen Haushalten verwendet. Nach der Auffassung der ersten Hälfte des 19. Jahrhunderts war die Mittelverwendung Sache der monarchischen Verwaltung und damit der Mitbestimmung der Kammern nicht zugänglich. Die Regierungen legten ihren Steuervorlagen – bezeichnenderweise Finanzgesetze genannt – Aufstellungen über die geplanten Ausgaben nur bei, um die Höhe der Steuern zu begründen.[116] Mit den erzielten Einnahmen konnten sie, wenn die Steuergesetze nicht ausnahmsweise Zweckbestimmungen enthielten, frei wirtschaften. Mit dem (zeitlosen) Hinweis, dass Regieren Geldausgeben bedeutet, lehnten die Exekutiven auch andere Versuche der Kammern ab, auf die Verwendung der Geldmittel Einfluss zu nehmen.[117] Das änderte sich im Verlauf der ersten Hälfte des 19. Jahrhunderts. Die preußische Verfassung (1850) betrat eine neue Entwicklungsstufe des Haushaltsrechts. Sie schrieb eine gesetzliche und jährliche Feststellung der vorgesehenen Ausgaben in Gestalt des Haushaltsplans vor.

357 Art. 99 PrVerf (1850): „Alle Einnahmen und Ausgaben des Staats müssen für jedes Jahr im Voraus veranschlagt und auf den Staatshaushalts-Etat gebracht werden. Letzterer wird jährlich durch ein Gesetz festgestellt." Daneben bekräftigte Art. 100 PrVerf (1850) den Gesetzesvorbehalt bei Steuern: „Steuern und Abgaben für die Staatskasse dürfen nur, so weit sie in den Staatshaushalts-Etat aufgenommen oder durch besondere Gesetze angeordnet sind, erhoben

---

[115] *Hans-Peter Ullmann*, Der deutsche Steuerstaat. Geschichte der öffentlichen Finanzen, 2005, S. 43 ff.

[116] Vgl. Titel VII § 4 der Bayerischen Verfassung von 1818: „Den Ständen wird daher nach ihrer Eröffnung die genaue Uebersicht des Staatsbedürfnisses, so wie der gesammten Staats-Einnahmen (Budget) vorgelegt werden, welche dieselben durch einen Ausschuß prüfen und sodann über die zu erhebenden Steuern in Berathung treten."

[117] Dazu *Horst Dreier*, Der Kampf um das Budgetrecht als Kampf um die staatliche Steuerungsherrschaft – Zur Entwicklung des modernen Haushaltsrechts, in: Wolfgang Hoffmann-Riem/Eberhard Schmidt-Aßmann (Hrsg.), Effizienz als Herausforderung an das Verwaltungsrecht, 1998, S. 59 ff., 75 f.

werden." Der Gesetzesvorbehalt galt auch für die Kreditaufnahme, Art. 103 PrVerf (1850): „Die Aufnahme von Anleihen für die Staatskasse findet nur aufgrund eines Gesetzes statt. Dasselbe gilt für die Übernahme von Garantien zu Lasten des Staats." Art. 99 PrVerf (1850) findet seine heutige Parallele in Art. 110 Abs. 1 GG, Art. 103 PrVerf (1850) in Art. 109, 115 GG. Zur Gesetzgebung bestimmte Art. 62 PrVerf (1850): „Die gesetzgebende Gewalt wird gemeinschaftlich durch den König und zwei Kammern ausgeübt. Die Übereinstimmung des Königs und beider Kammern ist zu jedem Gesetz erforderlich."

358 Nimmt man hinzu, dass zur gleichen Zeit die Steuerbewilligung von der Jährlichkeit zu dauerhaften Steuergesetzen überging,[118] dann wird der Objektwechsel der Kontrollfunktion seitens der Kammern von der Einnahme- zur Ausgabenseite deutlich, der bis heute Bedeutung hat. Sowohl „die Stände, als auch das moderne Parlament" begnügten und begnügen „sich nicht mit der Bewilligung bzw. Festsetzung der Steuern", sondern kontrollieren: „Früher durch genaue Zweckbestimmung, Einmaligkeit der Bewilligung und andere Mittel", seit der preußischen Verfassung von 1850 „durch den Haushaltsplan – die Verwendung der Steuern". Das bedeutet: „Steuergesetzgebung und Budgetbewilligung sind sowohl hinsichtlich ihrer historischen Abkunft als auch wegen ihrer modernen staatsrechtlichen Bedeutung und ihres inneren inhaltlichen Zusammenhanges zwei Seiten der Finanzgewalt des Parlamentes."[119] Der Durchbruch zur Anerkennung des jährlichen Ausgabenbewilligungsrechts der Kammern wurde dementsprechend auch mit dem Zusammenhang von Einnahmen und Ausgaben begründet. Die neue Steuerung der Ausgabenseite durch die Kammern erlaubte auf der Einnahmenseite den durchgehenden Abschied von der Zweckbindung der Steuer. Es entstand der Grundsatz, wonach alle Steuern für alle Ausgaben zur Verfügung stehen.[120]

359 Innerhalb des konstitutionellen Staatsrechts warf die neue Gesetzesförmigkeit des Staatshaushalts aber auch schwer zu lösende Fragen auf. Bis 1850 wurde der Begriff des Gesetzes mit der Notwendigkeit des Gesetzes identifiziert und diese wiederum durch den Vorbehaltsbereich der Eingriffe in Freiheit und Eigentum der Bürger bestimmt. Das 1850 eingeführte Haushaltsgesetz sprengte dieses Verständnis, weil es keine Rechtswirkungen im Verhältnis zum Bürger entfaltete,[121] sondern nur im Innenbereich des Staates, in der monarchischen Exekutive bindend war.[122] Die Lösung lag in der Unterscheidung zwischen dem Gesetz im formellen und im materiellen Sinne. Sie geht auf den bedeutenden Staatsrechtler Paul Laband (1838–1918) zu-

---

[118] Art. 109 PrVerf (1850): „Die bestehenden Steuern und Abgaben werden forterhoben […]."
[119] Alle Zitate: *Dietrich Jesch*, Gesetz und Verwaltung. Eine Problemstudie zum Wandel des Gesetzmäßigkeitsprinzipes, 1961, S. 105.
[120] Vgl. heute § 7 S. 1 des Haushaltsgrundsätzegesetzes (HGrG): „Alle Einnahmen dienen als Deckungsmittel für alle Ausgaben."
[121] Das gilt noch heute, § 3 Abs. 2 HGrG: „Durch den Haushaltsplan werden Ansprüche oder Verbindlichkeiten weder begründet noch aufgehoben."
[122] Die Exekutive durfte nur auf der Grundlage gesetzlich bewilligter Haushaltspläne Ausgaben leisten, vgl. heute § 3 Abs. 1 HGrG: „Der Haushaltsplan ermächtigt die Verwaltung, Ausgaben zu leisten und Verpflichtungen einzugehen."

rück.[123] Das Gesetz im materiellen Sinne ist identisch mit der Rechtsnorm, also (nach damaligem Verständnis) mit einer Regelung im Verhältnis von Staat und Bürger. Das Gesetz im formellen Sinne ist jede Feststellung der gesetzgebenden Organe, die die Form des Gesetzes aufweist und nach den verfassungsrechtlichen Vorgaben zum Gesetzgebungsverfahren erlassen worden ist, unabhängig davon, ob es sich inhaltlich um eine Rechtsnorm handelt oder nicht. Nach der von Laband begründeten Tradition ist das Haushaltsgesetz ein formelles, aber mangels Rechtsnormen nicht zugleich ein materielles Gesetz.

2. Der preußische Budgetkonflikt (1862 bis 1866) als Verfassungskonflikt

360 Mit dem neuen Erfordernis des Gesetzes wurde die Entscheidung über die Staatsausgaben ein entscheidender weiterer Punkt des gesellschaftlichen und auch bürgerlichen Einflusses auf den festgefügten monarchischen Staat des monarchischen Prinzips, der ja die Lokalisierung der Staatsgewalt beim Monarchen mit Bereichen der Mitbestimmung seitens der Kammern verband. Die jährlich erforderlichen Haushaltsgesetze waren der Prüfstein des konstitutionellen Staatsrechts. So überrascht es nicht, dass sich in Preußen nach 1860 ein Streit über Steuererhöhungen und Mittelverteilungen schnell zu einem prinzipiellen Verfassungskonflikt auswuchs.[124] Auf der einen Seite stand Wilhelm I. (von 1858 bis 1861 Prinzregent, danach König) „mit dem altertümlichen Anspruch des Gottesgnadentums und mit dem recht modernen Instrumentarium einer schlagkräftigen Armee, einer hervorragenden Bürokratie und guter Staatsfinanzen – auf der anderen Seite standen die liberalen Kräfte, in sich nur begrenzt einig und auch in ihren entschiedenen Kräften nicht bereit, für mehr als einen konstitutionellen Anteil an der Macht zu kämpfen."[125]

361 1860, zehn Jahre nach Inkrafttreten der Preußischen Verfassung, bestand Einigkeit über die Notwendigkeit einer Reform des Militärs. Sie sollte das Heer von 150.000 auf 250.000 Mann vergrößern, organisatorisch modernisieren und besser ausstatten, aber auch die allgemeine Wehrpflicht und dort Fragen der Wehrgerechtigkeit betreffen. Die von der Militärverwaltung ausgearbeiteten Pläne, an denen Wilhelm I. persönlich Anteil nahm, erforderten eine Erhöhung des Steueraufkommens um gut 25 Prozent und dementsprechende Mittelzuweisungen (es ging um 9,5 Millionen Taler

---

[123] *Paul Laband*, Das Budgetrecht nach den Bestimmungen der preußischen Verfassungsurkunde, 1871 (Nachdruck 1971).

[124] Zum Verlauf des Budgetkonflikts *Thomas Nipperdey*, Deutsche Geschichte 1800–1866, 1983, S. 749–758, 761 ff., 795–797. Zur verfassungsrechtlichen Einordnung *Reinhard Mußgnug*, Der Haushaltsplan als Gesetz, 1976, S. 149 ff.; *Werner Heun*, Staatshaushalt und Staatsleitung. Das Haushaltsrecht im parlamentarischen Regierungssystem des Grundgesetzes, 1989, S. 62 ff. *Andreas Thier*, Steuergesetzgebung und Verfassung in der konstitutionellen Monarchie. Staatssteuerreformen in Preußen 1871–1893, 1999, S. 644 ff.

[125] *Heinrich Lutz*, Zwischen Habsburg und Preußen. Deutschland 1815–1866. Siedler Deutsche Geschichte, 1994, S. 426 f.

jährlich) im Haushaltsgesetz an das Militär. Liberale Kräfte nahmen vor allem daran Anstoß, dass die Landwehr, die als freiwillige Bürgerwehr 1813 in den Befreiungskriegen gegen Napoléon entstanden war und seither die Reserve aus gedienten Soldaten bildete, in den Reformplänen als selbständiger Teil der Armee aufgelöst und vollständig in diese eingegliedert werden sollte.

Dafür mochten militärische Gesichtspunkte sprechen, doch politisch-psychologisch war das Signal verheerend. „Die weitgehende Bereitschaft, mit der das Bürgertum 1813 die allgemeine Wehrpflicht aufgenommen hatte, war seit langem nicht mehr vorhanden. Das Misstrauen gegen die stehenden Heere als Machtmittel in der Hand des Monarchen hatte sie verdrängt." Dagegen erfreute sich die Landwehr „bürgerlicher Sympathien; ein Kranz von Legenden hatte sich gebildet, welche die kriegsentscheidende Bedeutung der Landwehr von 1813 wider die historische Wahrheit verherrlichten. Und gerade dieses Schoßkind des demokratischen Liberalismus sollte der Reform zum Opfer fallen. Man sah darin ein Attentat auf die Errungenschaften des Jahrhunderts, und ohne realpolitische Abwägung der außenpolitischen Notwendigkeiten verketzerte man die Erweiterung des stehenden Heeres als den Versuch, die monarchische Position auf Kosten des Bürgertums zu verstärken."[126]

Nach einem Protest der liberalen Fraktionen im Abgeordnetenhaus – so die Bezeichnung der zweiten Kammer seit 1855[127] – war der Kampf um die Finanzen zugleich ein Kampf um das Heer und um die Stärke des Königs. Für 1860 bis 1862 gab es nur eine vorläufige Mittelbewilligung gegen die Zusage der Heeresverwaltung, nur solche Reformschritte zu beginnen, die rückgängig gemacht werden könnten.

Das „Gesetz betreffend den außerordentlichen Geldbedarf der Militärverwaltung für die Zeit vom 1. Mai 1860 bis zum 30. Juni 1861"[128] bestimmte in § 1: „Der Kriegsminister wird ermächtigt, zur einstweiligen Aufrechterhaltung und Vervollständigung derjenigen Maaßnahmen, welche für die fernere Kriegsbereitschaft und erhöhte Streitbarkeit des Heeres erforderlich und auf den bisherigen gesetzlichen Grundlagen thunlich sind, außer den im gewöhnlichen Budget bewilligten Mitteln für die Zeit vom 1. Mai d. J. bis zum 30. Juni 1861 neun Millionen Thaler zu verwenden."

Die Wahlen des Jahres 1861 stärkten die Liberalen kräftig zu Lasten der Konservativen. Ein Kompromiss zwischen der Krone und dem Abgeordnetenhaus über einen die monarchische Reform ermöglichenden Haushalt war nicht zu erreichen, von 352 Abgeordneten waren 230 gegen die Reform. Diese Mehrheit verlangte einen bei den Militärausgaben so spezifizierten Haushaltsplan, dass die Zustimmung zu oder Ablehnung der Finanzierung einzelner Reformmaßnahmen möglich geworden wäre.

Darauf wollte sich die Heeresverwaltung nicht einlassen. Die ersten Überlegungen des Königs und seiner Berater, die Heeresreform ohne Etat durchzuführen, wurden schnell verworfen. Das wäre ein klarer Bruch der Verfassung gewesen, den 1861 niemand auf sich nehmen wollte. Zum Verfassungskonflikt wurde der Budgetkonflikt, als die Regierung im März 1862 das Abgeordnetenhaus auflöste. Die Neuwahlen stärkten noch einmal die Opposition. Als der Etat wiederum nicht zustande kam,

---
[126] *Ernst Forsthoff*, Deutsche Verfassungsgeschichte der Neuzeit, 4. Aufl. 1972, S. 137.
[127] Durch Gesetz vom 30. Mai 1855. Zugleich erhielt die erste Kammer die Bezeichnung Herrenhaus.
[128] Abgedruckt bei Ernst Rudolf Huber (Hrsg.), Dokumente zur deutschen Verfassungsgeschichte, Bd. 2, Deutsche Verfassungsdokumente 1851–1900, 3. Aufl. 1986, S. 38 (Nr. 36).

erwog der König die Abdankung.¹²⁹ Das Grundsatzproblem lautete: Hat der monarchische Staat im Heer eine der Verfassung entzogene Machtbasis, oder soll das Heer in die konstitutionellen Bindungen der Staatsgewalt einbezogen sein? Und: Was passiert, wenn kein Haushaltsgesetz zustande kommt? Das monarchische Prinzip konnte keine klare Antwort geben – es räumte dem Monarchen mit seiner Exekutive zwar ein Übergewicht ein, unterwarf ihn aber verfassungsrechtlichen Bindungen, in deren Anwendungsfällen er auf die Volksvertretung angewiesen war. Kam eine Einigung dort, wo sie erforderlich war, nicht zustande, bedeutete dies Nichtentscheidung und Entscheidungsunfähigkeit. Daneben schien es nur zwei Lösungen zu geben: Zum einen den gleichsam absolutistischen Weg des Regierens ohne Etat, der außerhalb des geltenden Verfassungsrechts gestanden hätte, zum anderen die monarchische Unterwerfung unter den parlamentarischen Willen des Abgeordnetenhauses, die von der Verfassung jedenfalls nicht verlangt war.

367 Ein Ausweg zeichnete sich ab, als der König den als ultrakonservativ geltenden Otto von Bismarck (1815–1898) am 22. September 1862 nach längerem Zögern zum preußischen Ministerpräsidenten berief. Bismarck war nach seinem Jurastudium in Göttingen, dem Referendariat und einer Zeit als Verwalter der Familiengüter in der Altmark (nördlich von Stendal) sowie in Pommern Preußischer Gesandter beim Deutschen Bund in Frankfurt, am Zarenhof in St. Petersburg und in Paris gewesen. Bismarck suchte entgegen allen Erwartungen keineswegs die Zuspitzung des Verfassungskonflikts.¹³⁰ Er ließ zur allgemeinen Überraschung Kompromissbereitschaft erkennen, dennoch dachte die liberale Opposition nicht daran, einzulenken. Immerhin ließ Bismarck von Beginn an durchblicken, dass es nach seiner Auffassung ein Notrecht der Regierung gäbe, bei Nichtbewilligung des Haushalts auch ohne Etat nicht nur die notwendigen, sondern auch die für die Heeresreform gewünschten Ausgaben zu leisten. Dies sollte aber eben ein Notrecht sein, das im Übrigen nur dadurch ermöglicht worden war, dass mit der Einführung des jährlichen Etats der Übergang zu dauerhaften statt wie zuvor jährlichen Steuergesetzen verbunden war. Vor dem Abgeordnetenhaus erklärte Bismarck am 13. Oktober 1862 das budgetlose Regiment der Regierung: „Nachdem der Gesetz-Entwurf über den Staatshaushalts-Etat für das Jahr 1862 [...] verworfen worden [ist], findet sich die Regierung

---

¹²⁹ In einer eigenhändig konzipierten Abdankungsurkunde führte Wilhelm I. aus: Er habe stets versucht, seine Monarchenpflichten in Übereinstimmung mit der Verfassung auszuüben. Nun aber sei durch das Verhalten des Abgeordnetenhauses „ein Konflikt eingetreten, den Wir mit Unseren Pflichten gegen den Staat und mit den verfassungsmäßigen Bestimmungen nicht in Einklang zu bringen vermögen. Weder mit den Grundsätzen Unseres eigenen Lebens noch mit der glorreichen Geschichte und der Vergangenheit Unseres teuren Vaterlandes können Wir brechen. Dieser Bruch aber wäre nötig, um den bestehenden Konflikt zu beseitigen. Es bleibt uns daher kein anderer Ausweg übrig, als auf die Ausübung Unserer Königlichen Rechte zu verzichten und diese dem recht- und gesetzmäßigen Nachfolger zu übergeben, der noch keine geschichtliche und bindende Vergangenheit hat." Zitiert nach *Heinrich Lutz*, Zwischen Habsburg und Preußen. Deutsche Geschichte 1815–1866. Siedler Deutsche Geschichte, 1994, S. 434.

¹³⁰ Zur Rolle Bismarcks im Verfassungskonflikt *Lothar Gall*, Bismarck. Der weiße Revolutionär, 5. Aufl. 1981, S. 199 ff.

seiner Majestät des Königs in der Nothwendigkeit, den Staatshaushalt ohne die in der Verfassung vorausgesetzte Unterlage führen zu müssen. Sie ist sich der Verantwortlichkeit in vollem Maaße bewußt, die für sie aus diesem beklagenswerten Umstande erwächst; sie ist aber ebenso der Pflichten eingedenk, welche ihr gegen das Land obliegen, und sie findet darin die Ermächtigung, bis zur gesetzlichen Feststellung des Etats die Ausgaben zu bestreiten, welche zur Erhaltung der bestehenden Staatseinrichtungen und zur Förderung des Landeswohlfahrt nothwendig sind, indem sie die Zuversicht hegt, daß dieselben seiner Zeit die nachträgliche Genehmigung des Landtages erhalten werden."[131]

In einer berühmten Rede führte Bismarck etwas später im Abgeordnetenhaus am 27. Januar 1863 aus, die Verfassung fordere zwar für die Feststellung des Etats die Übereinstimmung der drei Gewalten, König, Herrenhaus und Abgeordnetenhaus. Die Verfassung sage aber nicht, wer nachgeben müsse, wenn keine Verständigung gelinge. Die Rechte der drei Organe seien „in der Theorie unbegrenzt und das eine so stark als das andere. Wenn eine Vereinbarung zwischen den drei Gewalten nicht stattfindet, so fehlt es in der Verfassung an jeglicher Bestimmung darüber, welche von ihnen nachgeben muß. In früheren Diskussionen ist man freilich über diese Schwierigkeit mit Leichtigkeit hinweggegangen; es wurde nach Analogie von anderen Ländern […] angenommen, die Schwierigkeit sei einfach dadurch zu erledigen, daß die beiden anderen Faktoren sich dem Abgeordnetenhause fügen, daß, wenn zwischen der Krone und dem Abgeordnetenhause eine Verständigung über das Budget nicht zu erreichen ist, die Krone sich dem Abgeordnetenhause nicht nur selbst unterwirft und die Minister, die das Vertrauen des Abgeordnetenhauses nicht haben, entläßt, sondern auch das Herrenhaus, wenn es mit dem Abgeordneten nicht übereinstimmt, […] zwingt, sich auf das Niveau des Abgeordnetenhauses zu setzen. Auf diese Weise würde allerdings die souveräne Alleinherrschaft des Abgeordnetenhauses hergestellt werden; aber eine solche Alleinherrschaft ist nicht verfassungsmäßiges Recht in Preußen. Die Verfassung hält das Gleichgewicht der drei gesetzgebenden Gewalten in allen Fragen, auch in der Budgetgesetzgebung, durchaus fest; keine dieser Gewalten kann die andere zum Nachgeben zwingen; die Verfassung verweist daher auf den Weg des Kompromisses zur Verständigung. […] Wird der Kompromiß dadurch vereitelt, daß eine der beteiligten Gewalten ihre eigene Ansicht mit doktrinärem Absolutismus durchführen will, so wird die Reihe der Kompromisse unterbrochen und an ihre Stelle treten Konflikte, und Konflikte, da das Staatsleben nicht still zu stehen vermag, werden zu Machtfragen. Wer die Macht in seinen Händen hat, geht dann in seinem Sinne vor, weil das Staatsleben auch nicht einen Augenblick still stehen kann."[132]

Nach der „Lückentheorie"[133] müsse die Regierung handeln, was sie dann auch durch etatloses Regieren tat, verbunden mit mehrfachen vorzeitigen Schließungen und Auflösungen des Abgeordnetenhauses; Neuwahlen veränderten indes die Kräfteverhältnisse nicht zugunsten der Regierung. Das monarchische Prinzip enthalte eine „Zuständigkeitsvermutung"[134], wobei Bismarck beständig die Gelegenheit suchte, auf den Kompromissweg zurückzukehren. Diese Gelegenheit kam nach den erfolgreichen Kriegen gegen Dänemark (1864) um Schleswig-Holstein und gegen

---

131 Zitiert nach Ernst Rudolf Huber (Hrsg.), Dokumente zur deutschen Verfassungsgeschichte, Bd. 2, Deutsche Verfassungsdokumente 1851–1900, 3. Aufl. 1986, S. 53 (Nr. 49).
132 Zitiert nach Lothar Gall (Hrsg.), Bismarck. Die großen Reden, 1981, S. 65 ff., 69 f.
133 *Hans-Cristoph Kraus*, Ursprung und Genese der „Lückentheorie" im preußischen Verfassungskonflikt, in: Der Staat 29 (1990), S. 209 ff.
134 *Dieter Grimm*, Deutsche Verfassungsgeschichte 1776–1866, 1988, S. 116.

Österreich (1866), der zum Zerfall des Deutschen Bundes führte. Die preußischen Siege ließen große Teile der Liberalen und des Bürgertums auf die Linie Bismarcks einschwenken. Dieser wiederum versuchte, eine Demütigung des Abgeordnetenhauses zu vermeiden, indem er die nachträgliche Billigung der Etats seitens des Abgeordnetenhauses erbat. Diese wurde in einem Indemnitätsgesetz vom September 1866 gewährt.

370   Gesetz betreffend die Ertheilung der Indemnität in Bezug auf die Führung des Staatshaushaltes vom Jahre 1862 ab vom 14. September 1866:[135]
„Art. 1. Die dem gegenwärtigen Gesetz als Anlagen beigefügten Übersichten der Staats-Einnahmen und Ausgaben sollen für die Jahre 1862, 1863, 1864 und 1865 statt des verfassungsmäßigen und alljährlich vor Beginn des Etatjahres zu vereinbarenden Staatshaushalts-Gesetzes als Grundlagen für die Rechnungslegung und die Entlastung der Staatsregierung dienen.
Art. 2. Der Staatsregierung wird in Bezug auf die seit dem Beginn des Jahres 1862 ohne gesetzlich festgestellten Staatshaushalts-Etat geführte Verwaltung, vorbehaltlich der Beschlussfassung des Landtages über die Entlastung der Staatsregierung nach Vorlegung der Jahresrechnungen, Indemnität erteilt, dergestalt, daß es rücksichtlich der Verantwortlichkeit der Staatsregierung so gehalten werden soll, wie wenn die Verwaltung in der erwähnten Zeit auf Grund gesetzlich festgestellter und rechtzeitig publizierter Staatshaushalts-Etats geführt worden wäre. […]".

371   Damit vereinte Bismarck die politische Stärke des monarchischen Staates mit der Sicherung des konstitutionellen Weges. Das monarchische Prinzip konnte sich in der intensivierten Spannungslage zwischen monarchischer Regierung und parlamentarischen Elementen noch einmal behaupten.[136] Der Verfassungskonflikt hatte letztlich gezeigt, dass die monarchische Regierung – wenn auch vielleicht nur aufgrund glücklicher außenpolitischer Umstände – in der Lage war, sich gegen die Opposition im Abgeordnetenhaus durchzusetzen. Die Opposition wiederum – vor allem die Liberalen – waren unschlüssig, ob sie die Überwindung des monarchischen Staates fordern sollten: „Die gleichen Selbstzweifel, welche die Liberalen davon abhielten, energisch den Aufbau einer politischen Massenbewegung zu betreiben, hinderten sie auch daran, konkrete theoretische Alternativen zum Fürstenstaat deutscher Prägung zu entwerfen. Selbst unter dem traumatischen Eindruck des Verfassungskonflikts in Preußen blieb die eigentümliche Unschlüssigkeit, bei wem die politische Macht denn nun letzten Endes liegen sollte, bei den meisten Liberalen bestehen. […] Was sie wollten und forderten, war in der Zeit des Verfassungskonflikts und weiter bis zum Ende der sechziger Jahre nicht mehr, als was sie bereits von Beginn der ‚Neuen Ära' [1858] an gefordert hatten; nicht das Recht, die Regierung zu kontrollieren, sondern lediglich gewisse rechtsstaatliche Garantien, die Befugnis zur Haushaltskontrolle und das Recht, im Parlament die Auffassungen der Nation vorzutragen."[137]

---

[135] Ernst Rudolf Huber (Hrsg.), Dokumente zur deutschen Verfassungsgeschichte, Bd. 2, Deutsche Verfassungsdokumente 1851–1900, 3. Aufl. 1986, S. 102 f. (Nr. 84).
[136] *Rainer Wahl*, Der Konstitutionalismus als Bewegungsgeschichte, in: Der Staat 44 (2005), S. 571 ff.
[137] *James J. Sheehan*, Der deutsche Liberalismus. Von den Anfängen im 18. Jahrhundert bis zum 1. Weltkrieg 1770–1914, 1983, S. 138 f.

Aber die Zeiten waren 1866 andere als bei der Etablierung des monarchischen Prinzips durch die Deutsche Bundesakte und die Wiener Schlussakte (1815/1820, oben Rn. 290 ff.). Die Zeit des Budgetkonflikts ist „der letzte Zeitpunkt, für den der monarchische Charakter Preußens unbezweifelbar feststeht". Die Betonung und „Behauptung der monarchischen Initiative gegenüber dem widerstrebenden und schließlich offen opponierenden Parlament stellt den letzten Sieg der monarchischen Legitimität über die durch das Abgeordnetenhaus vindizierte Volkssouveränität dar."[138] Unbestreitbar galt aber auch: „Die 1848 entfesselten Kräfte flossen weiter durch das öffentliche Leben des preußischen Staates […]. Ein Staatsmann, der hoffte, im preußischen ‚Nachmärz' seinen Weg zu finden, musste sich an eine neue Welt aus parlamentarischen Fraktionen und Wahlen, Wahlkämpfen, politischen Skandalen und häufig erbitterten öffentlichen Debatten gewöhnen."[139] Das konstitutionelle System des 19. Jahrhunderts war ein Zwischen- und Schwebezustand, bei dem sich im Verlauf des Jahrhunderts und bis 1918 die Gewichte zu den bürgerlich-demokratischen Elementen verschoben, wobei auch diese Elemente von den Prinzipien der egalitären Demokratie des 20. Jahrhunderts noch entfernt waren.

372

---

[138] Beide Zitate: *Ernst Forsthoff*, Deutsche Verfassungsgeschichte der Neuzeit, 4. Aufl. 1972, S. 141.

[139] *Christopher Clark*, Von Zeit und Macht. Herrschaft und Geschichtsbild vom Großen Kurfürsten bis zu den Nationalsozialisten, 2. Aufl. 2018, S. 150. Vgl. auch *Dian Schefold*, Verfassung als Kompromiss? Deutung und Bedeutung des preußischen Verfassungskonflikts, in: ZNR 3 (1981), S. 137 ff.

Teil V: Die Verfassungsentwicklung auf gesamtdeutscher Ebene von 1815 bis 1918

Der gescheiterte Russlandfeldzug (1812/13) der französischen Armee (mit Beteiligung vieler zwangsverpflichteter Soldaten und Söldner aus anderen Staaten) unter Napoléon hatte das Ende der französischen Vorherrschaft in Europa eingeleitet. Die vereinten Streitkräfte Österreichs, Preußens und Russlands besiegten Napoléon in der Völkerschlacht bei Leipzig im Oktober 1813. Der Rheinbund wurde aufgelöst, Napoléon 1815 endgültig auf die Insel St. Helena verbannt. Damit stellten sich schwierige Fragen der Neuordnung Europas und insbesondere Deutschlands, denen Napoléon in fünfzehn Jahren territorial und politisch neue Gestalten gegeben hatte. Mit der europäischen Friedensordnung nach Napoléon und der verfassungsrechtlichen Gestalt Deutschlands befasste sich der Wiener Kongress.

§ 18 Der Deutsche Bund (1815 bis 1866)

Das nachwirkende Freiheitspathos der französischen Revolution und das Gemeinschaftsgefühl der Befreiungskriege gaben Forderungen nach einem geeinten Deutschland mit einer geschriebenen Verfassung und einer parlamentarischen Nationalrepräsentation in der politisch-gesellschaftlichen Diskussion breite Unterstützung. Demgegenüber spielten vereinzelte Überlegungen zur Erneuerung des Alten Reichs mit Kaisertum praktisch keine Rolle; sie passten in keiner Weise in das Zeitalter der Nationalstaaten. Mit Blick auf Deutschland hatten die kontinentalen Sieger gegen Napoléon aber weder Reich noch Nationalstaat im Sinn. Insbesondere Österreich unter seinem Außenminister (seit 1809) und späteren Staatskanzler Fürst Klemens Lothar Wenzel von Metternich ging es unter dem Leitbegriff der Legitimität um die Wiederherstellung der alten monarchischen und daher „legitimen"[1] Herrschaft, die aber grundsätzlich an die territorialen Neuordnungen Napoléons anknüpfen sollte. Preußen und Russland folgten dem. Es bildete sich die „Heilige Allianz" dieser drei Staaten mit monarchischem Gottesgnadentum. Sie beherrschte die Verhandlungen des Wiener Kongresses, der vom 1. November 1814 bis zum 9. Juni 1815 stattfand und Gesandte und Monarchen aus 200 Staaten, Städten und Herrschaftsbezirken ganz Europas zusammenführte. Der Vertrag der drei Mächte über

---

[1] In einem präzisierten Begriffssinn bedeutet Legitimität die „Rechtfertigung staatlicher Herrschaft aus einem einzigen, letzten und [...] allgemeinverbindlichen Prinzip", so *Hasso Hofmann*, Legitimität und Rechtsgeltung, 1977, S. 11.

die „Heilige Allianz" vom 14./26. September bildete den völkerrechtlichen Rahmen zur Aufrechterhaltung der dynastischen Legitimität. Es galt das Staatsideal der gottgewollten, „natürlichen" Ordnung durch die Monarchien (oben Rn. 286 f.). Der „brüderliche und christliche Bundesvertrag" sollte Rußland, Preußen und Österreich, die auch für die drei christlichen Kirchen standen (orthodox, protestantisch und katholisch) an die „Vorschriften der Gerechtigkeit, der christlichen Liebe und des Friedens" binden, alles im Sinne der Zeit vor 1789. Auch der Wiener Kongress konnte indes den Wandel von Staat und Gesellschaft und den Zwang zu Reformen nicht ignorieren; dieser erhielt Verstärkung, „weil die Kriege gegen die Französische Revolution und Napoléon zeigten, dass die europäischen Staaten mit ihren veralteten Staats-, Heeres- und Sozialverfassungen dem aus der Revolution entstandenen französischen Volksheer nicht mehr standhalten konnten, dass man ohne die aktive Mitwirkung der eigenen Völker nicht auskommen konnte"[2].

I. Gründung und Gestalt des Deutschen Bundes als völkerrechtlicher Verein und Staatenbund

375 Der Deutsche Bund war das Ergebnis rascher Verhandlungen der deutschen Regierungen in Wien, die sich auf eine staatenbündische Neuordnung Deutschlands unter Einbeziehung Österreichs festlegten. Eile war geboten, um die stärker werdenden Bestrebungen zu einem Nationalstaat abzuwehren. Mit dem Deutschen Bund folgte auf „die Fremdherrschaft nicht die politische Selbstbestimmung der Nation, sondern ein Bund der souveränen deutschen Fürsten."[3] Den Anforderungen der Zeit war er nicht gewachsen. Das Fehlen einer Einigungsperspektive für Deutschland und die restaurativen Züge entfremdeten den Bund von den Untertanen der Einzelstaaten.

1. Der heterogene Staatenbund

376 Der Deutsche Bund wurde als völkerrechtlicher Verein durch Vertrag, der Deutschen Bundesakte (DBA)[4] vom 8. Juni 1815, gegründet. Er bestand ursprünglich aus 39 in ihrer Größe sehr heterogenen Staaten mit einer Bevölkerung von insgesamt 30 Millionen Menschen. Es gab zwei dominierende Großmächte, Preußen (7,9 Mio. Einwohner) und Österreich (9,5 Mio. Einwohner), beide waren nur mit ihren vor 1806 zum Reich gehörenden Landesteilen Mitglied des Bundes, Preußen also ohne West- und Ostpreußen. Daneben standen die Mittelstaaten Bayern, Sachsen, Württemberg, Hannover und Baden, aber auch zahlreiche kleine und kleinste Staaten. 20 Mitglie-

---

[2] *Eberhard Weis*, Gesellschaftsstrukturen und Gesellschaftsentwicklung in der frühen Neuzeit, in: Karl Bosl/E. Weis (Hrsg.), Die Gesellschaft in Deutschland, Bd. 2, 1976, S. 131 ff., 238 f.
[3] *Reinhard Rürup*, Deutschland im 19. Jahrhundert. 1815–1871, 1984, S. 126.
[4] Abgedruckt bei Ernst Rudolf Huber (Hrsg.), Dokumente zur deutschen Verfassungsgeschichte, Bd. 1, Deutsche Verfassungsdokumente 1803–1850, 3. Aufl. 1978, S. 84 ff. (Nr. 30).

der des Bundes hatten weniger als 100.000 Einwohner, Liechtenstein wies mit 5.500 Einwohnern die geringste Bevölkerungszahl auf. Auch drei ausländische Herrscher waren am Bund beteiligt, der dänische König als Herzog von Holstein und Lauenburg, der König der Niederlande für das Großherzogtum Luxemburg und der englische König für das Königreich Hannover während der bis 1837 dauernden Personalunion. Schon diese Rahmendaten belegen die erheblichen strukturellen Unterschiede und das Machtgefälle zwischen den Mitgliedern des Bundes. Die Neuordnung Deutschlands war schließlich von einer Finanzkrise aller deutschen Staaten nach den napoléonischen Kriegen begleitet und belastet.

Der staatenbündische Charakter bedeutete, dass die beteiligten Staaten ihre Souveränität behielten und die Staatsgewalt ausübten; sie verpflichteten sich zugleich, im Bund bei den dort festgelegten Aufgaben und Zielen mitzuwirken. Im Sinne einer gleichförmigen staatsrechtlichen Gestalt verpflichteten die vertraglichen Grundlagen des Bundes die Mitglieder, bestimmte Leitlinien einzuhalten.

377

Die vertragliche Entstehung und Begrenzung brachte bereits die Präambel der Deutschen Bundesakte zum Ausdruck: „[…] Die souverainen Fürsten und freien Städte Deutschlands […], von den Vortheilen überzeugt, welche aus ihrer festen und dauerhaften Verbindung für die Sicherheit und Unabhängigkeit Deutschlands, und die Ruhe und das Gleichgewicht Europas hervorgehen würden, sind übereingekommen, sich zu einem beständigen Bunde zu vereinigen […]. In Gemäßheit dieses Beschlusses haben die […] Bevollmächtigten […] folgende Artikel verabredet." Art. 1 DBA hielt fest: „Die souverainen Fürsten und freien Städte Deutschlands […] vereinigen sich zu einem beständigen Bunde, welcher der deutsche Bund heißen soll."

378

Zum begrenzten Ziel des Bundes hielt Art. 2 DBA fest: „Der Zweck desselben ist Erhaltung der äußeren und inneren Sicherheit Deutschlands und der Unabhängigkeit und Unverletzlichkeit der einzelnen deutschen Staaten." Art. 3 DBA: „Alle Bundes-Glieder haben als solche gleiche Rechte; sie verpflichten sich alle gleichmäßig, die Bundes-Akte unverbrüchlich zu halten." Art. 11 Abs. 1 DBA: „Alle Mitglieder des Bundes versprechen sowohl ganz Deutschland als auch jedem einzelnen Bundesstaat gegen jeden Angriff in Schutz zu nehmen und garantieren sich gegenseitig ihre sämmtlichen unter dem Bunde begriffenen Besitzungen." Es ging also um die Abwehr innerer und äußerer Gefahren und dabei vor allem darum, revolutionäre Bestrebungen im Keim zu ersticken, auch durch wechselseitige Beistandspflichten. Ganz in diesem Sinne entwickelte sich der Deutsche Bund bis zur Jahrhundertmitte zum Zentrum der Restauration, der Unterdrückung von Meinungs- und Pressefreiheit sowie der Maßregelung von Universitäten.

379

2. Kompetenzen und Organe des Bundes

Einen Kompetenzkatalog mit einer abschließenden Aufzählung einzelner Befugnisse des Bundes gab es nicht; aus der Aufgabe der Gefahrenabwehr wurden die Handlungsmöglichkeiten und auch Gesetzgebungsbefugnisse abgeleitet (gegen den schon damals bekannten Grundsatz, dass aus einer Aufgabe keine Befugnis hergeleitet wer-

380

den könne, es vielmehr spezieller Befugnisnormen bedarf). Organisatorisch war der Bund denkbar schwach und rudimentär ausgebildet. Es gab keine gemeinsame Regierung, kein Oberhaupt, keine gemeinsamen Verwaltungsbehörden und Gerichte. Das einzige Organ des Bundes war die Bundesversammlung, der Bundestag mit Sitz in Frankfurt am Main. Es handelte sich um einen Gesandtenkongress, in dem weisungsgebundene Bevollmächtigte aus den Mitgliedstaaten zusammentraten. Die Angewiesenheit auf Instruktionen verlangsamte die Verhandlungen des Bundestages und machte sie schwerfällig.

381   Art. 4 DBA: „Die Angelegenheiten des Bundes werden durch eine Bundesversammlung besorgt […]." In der Versammlung hatten die elf größeren Bundesmitglieder je eine Stimme (Virilstimme), die restlichen sechs Stimmen verteilten sich als „Kuriatstimmen" auf jeweils mehrere Staaten. Im Falle einer Änderung der Rechtsgrundlagen des Bundes nach Art. 6 DBA fand eine Stimmgewichtung statt. Den Vorsitz in der Bundesversammlung führte Österreich (Art. 5 DBA).

3. Vorgaben für die Mitglieder des Bundes

382   Zu den Homogenitätsvorgaben gehörte zunächst der bereits erörterte Art. 13 DBA: „In allen Bundesstaaten wird eine Landständische Verfassung statt finden." Nur wenige Bestimmungen der Bundesakte betrafen Rechte der Einwohner, so Art. 16 DBA: „Die Verschiedenheit der christlichen Religions-Partheyen kann in den Ländern und Gebiethen des Deutschen Bundes keinen Unterschied in dem Genusse der bürgerlichen und politischen Rechte begründen." Mit diesem Gebot der religiösen Gleichbehandlung, das verschiedene Bekenntnisse der Bürger eines Staates voraussetzte, war der Rechtszustand des preußischen allgemeinen Landrechts, das seinerseits den früheren reichsrechtlichen Grundsatz der konfessionellen Geschlossenheit der Territorien verabschiedet hatte, verbindlich für alle Staaten des Bundes festgeschrieben. Art. 16 Abs. 2 DBA beschrieb dann eine rechtspolitische Aufgabe, deren Lösung das gesamte 19. Jahrhundert beschäftigen sollte: „Die Bundesversammlung wird in Berathung ziehen, wie auf eine möglichst übereinstimmende Weise die bürgerliche Verbesserung der Bekenner des jüdischen Glaubens in Deutschland zu bewirken sey, und wie insonderheit denselben der Genuß der bürgerlichen Rechte gegen die Uebernahme aller Bürgerpflichten in den Bundesstaaten verschafft und gesichert werden könne; jedoch werden den Bekennern dieses Glaubens bis dahin die denselben von den einzelnen Bundesstaaten bereits eingeräumten Rechte erhalten."

4. Die Wiener Schlussakte (1820)

383   Die Deutsche Bundesakte war ein lediglich 20 Artikel umfassender Rahmenvertrag, der von der Bundesversammlung inhaltlich ausgefüllt werden sollte. Die Einzelheiten formte die Wiener Schlussakte (WSA) vom 15. Mai 1820[5] aus, die wiederum das

---

[5] Ernst Rudolf Huber (Hrsg.), Dokumente zur deutschen Verfassungsgeschichte, Bd. 1, aaO, S. 91 ff. (Nr. 31).

Ergebnis von Beratungen der deutschen Regierungen war und von der Bundesversammlung in Frankfurt als „zweites Grundgesetz" des Bundes beschlossen wurde.

Die einleitenden Bestimmungen der Wiener Schlussakte lauteten: „Art. 1. Der deutsche Bund ist ein völkerrechtlicher Verein der deutschen souveränen Fürsten und freien Städte, zur Bewahrung der Unabhängigkeit und Unverletzbarkeit ihrer im Bunde begriffenen Staaten und zur Erhaltung der innern und äußern Sicherheit Deutschlands.

Art. 2. Dieser Verein besteht in seinem Innern als eine Gemeinschaft selbstständiger unter sich unabhängiger Staaten, mit wechselseitigen gleichen Vertrags-Rechten und Vertrags-Obliegenheiten, in seinen äußern Verhältnissen aber als eine in politischer Einheit verbundene Gesammt-Macht.

Art. 3. Der Umfang und die Schranken, welche der Bund seiner Wirksamkeit vorgezeichnet hat, sind in der Bundes-Acte bestimmt, die der Grundvertrag und das erste Grundgesetz dieses Vereins ist. Indem dieselbe die Zwecke des Bundes ausspricht, bedingt und begrenzt sie zugleich dessen Befugnisse und Verpflichtungen [...].

Art. 5. Der Bund ist als ein unauflöslicher Verein gegründet, und es kann daher der Austritt aus diesem Verein keinem Mitgliede desselben frey stehen."

384

Von besonderer Bedeutung waren diejenigen Bestimmungen der Schlussakte, mit denen die Anordnung landständischer Verfassungen in Art. 13 DBA konkretisiert wurde. Neben der Entfaltung des monarchischen Prinzips in Art. 57 WSA (oben Rn. 290 f.) ging es um die Garantien des Bundes für die einzelstaatlichen Verfassungen. Art. 53 WSA gab der Bundesversammlung trotz bekräftigter Unabhängigkeit der Mitgliedstaaten die Möglichkeit, die Erfüllung der Bestimmungen der Bundesakte zu überwachen („[...] so liegt der Bundes-Versammlung ob, die Erfüllung der durch diese Bestimmungen übernommenen Verbindlichkeiten, wenn sich aus hinreichend begründeten Anzeigen der Betheiligten ergibt, daß solche nicht stattgefunden haben, zu bewirken [...]"). Nach Art. 54 WSA hatte die Bundesversammlung darüber zu wachen, dass Art. 13 DBA „in keinem Bundesstaate unerfüllt bliebe". Der im Hannoverschen Verfassungskonflikt 1837 wirkungslos gebliebene Art. 56 WSA bestimmte: „Die in anerkannter Wirksamkeit bestehenden landständischen Verfassungen können nur auf verfassungsmäßigem Wege wieder abgeändert werden." Mit diesen Grundlagen war der Bund eine „Art fürstlicher Versicherungsverein auf Gegenseitigkeit zur Erhaltung des politischen und gesellschaftlichen status quo."[6] Ganz abgesehen davon litt der Bund unter einer inneren Widersprüchlichkeit: Er wollte und sollte keine nationale politische Organisation sein, zugleich sollte er aber die Möglichkeit haben, auf die Mitgliedstaaten und ihre innere Entwicklung einzuwirken. Mit dieser Möglichkeit war er doch eine die Mitglieder überwölbende Instanz.

385

---

[6] *Reinhard Rürup*, Deutschland im 19. Jahrhundert. 1815–1871, 1984, S. 128.

II. Der unglückliche deutsche „Vormärz" (1820 bis 1848)

1. Restauration und Repression

386 Den ängstlichen, rückwärtsgewandten und repressiven Charakter des Bundes gegenüber allen liberalen und nationalen Bestrebungen, die als Gefahr angesehen wurden, brachte Art. 26 WSA zum Ausdruck: „Wenn in einem Bundesstaate durch Widersetzlichkeit der Unterthanen gegen die Obrigkeit die innere Ruhe unmittelbar gefährdet, und eine Ausbreitung aufrührerischer Bewegungen zu fürchten, oder ein wirklicher Aufruhr zum Ausbruch gekommen ist", so kann die Regierung des betreffenden Staates den Bund um Beistand anrufen; unter Umständen wurde dieser sogar ermächtigt, von sich aus in den Staat einzugreifen. Art. 28 WSA fuhr fort: „Wenn die öffentliche Ruhe und gesetzliche Ordnung in mehreren Bundesstaaten durch gefährliche Verbindungen und Anschläge bedroht sind, und dagegen nur durch Zusammenwirken der Gesammtheit ausreichende Maßregeln ergriffen werden können, so ist die Bundes-Versammlung befugt und berufen, nach vorgängiger Rücksprache mit den zunächst bedrohten Regierungen solche Maßregeln zu berathen und zu beschließen."

387 Schon vor dem Inkrafttreten der Wiener Schlussakte hatte es solche Bestrebungen und sofortige Abwehrmaßnahmen gegeben. Die beim Wartburgfest am 18. Oktober 1817[7] versammelten 500 Studenten aus 13 Universitäten, die sich in Burschenschaften organisiert hatten, forderten politische Freiheit, die Herstellung nationaler Einheit und geschriebene Verfassungen in allen Mitgliedstaaten des Bundes. Im Überschwang des Treffens verbrannten einige Teilnehmer symbolisch reaktionäre zeitgenössische Publikationen. Das Wartburgfest war eine der ersten großen politischen Demonstrationen in der deutschen Geschichte.

388 Die schon von vielen Zeitgenossen kritisierte Verbrennung[8] reaktionärer Bücher schilderte ein Zeitgenosse so: „Ein großer Korb ward jetzt an das Feuer gebracht, voll Bücher, die hier öffentlich, im Angesichte des deutschen Landes der Flamme übergeben wurden, im Namen der Gerechtigkeit, des Vaterlandes und des Gemeingeistes. [...] Der Titel jedes Buches ward von einem Herold laut ausgerufen; dann erscholl jedesmal ein lautes Geschrei der Anwesenden; ein Ausspruch ihres Unwillens: Ins Feuer! Ins Feuer! Zum Teufel mit demselben! [...] Zum allgemeinen Jubel loderten zuletzt noch hell auf: 1. ein preußischer Ulanenschnürleib, 2. ein hessischer Pracht-, Prahl- und Patentzopf, 3. ein nassauischer und ein Wiener Korporalstock."[9]

389 In den Jahren nach 1815 gab es eine erstaunlich breite Palette von politischen Meinungsgruppierungen, „von ganz links bis ganz rechts". Eine wichtige deutsche Besonderheit war der „bürokratische Liberalismus, der – nicht nur in Süddeutschland

---

[7] Der Tag wurde in Erinnerung an den Beginn der Reformation (1517) und die Völkerschlacht gegen Napoléon bei Leipzig (1813) gewählt.

[8] *Heinrich Heine* (1823): „Das war ein Vorspiel nur, dort, wo man Bücher verbrennt, verbrennt man auch am Ende Menschen."

[9] Zitiert nach *Christian Graf von Krockow*, Scheiterhaufen. Größe und Elend des deutschen Geistes, 1983, S. 25.

– Übergänge zwischen dem aufgeklärten Absolutismus und den neuen Impulsen eines konstitutionellen Frühliberalismus vermittelte und der nicht nur vom Bürgertum, das regional sehr unterschiedlich entwickelt war, sondern auch von Teilen des Adels und vor allem der hohen Bürokratie getragen wurde."[10]

Im März 1819 ermordete in Mannheim der Student Karl Ludwig Sand den Schriftsteller August von Kotzebue, der Gesandter der russischen Regierung gewesen war und als deren Spion galt (was sich später als zutreffend erweisen sollte). Das wurde der Anlass, alle Handlungsmöglichkeiten des Bundes und der Einzelstaaten gegen die national und liberal gesinnte Bewegung der Studenten einzusetzen. Ebenfalls im März 1819 sperrte in Berlin die preußische Regierung den Turnplatz des „Turnvaters" Jahn, dem demokratische Bestrebungen unterstellt wurden.[11] Zum Untersuchungsrichter beim Berliner Kammergericht in der Sache Jahn wurde der Schriftsteller, Komponist und Jurist Ernst Theodor Amadeus Hoffmann (1776–1824) bestellt, der nichts Gesetzwidriges finden konnte und dies in seinen Voten und Entscheidungen festhielt.

Es begann die schon damals so bezeichnete „Demagogenverfolgung", deren rechtliche Grundlage die sog. Karlsbader Beschlüsse des Bundes vom 20. September 1819 bildeten: Das „Bundes-Universitätsgesetz"[12] unterwarf die Universitäten – trotz dem Anspruch nach bekräftigter Lehr- und Forschungsfreiheit – stärkerer staatlicher Kontrolle. Die studentischen Bünde der Burschenschaften wurden verboten. Das „Bundes-Pressgesetz"[13] führte die Vorzensur für alle Druckwerke bis 20 Bogen (= 320 Seiten) ein und zielte damit auf kürzere politische Schriften und Periodika. Das „Bundes-Untersuchungsgesetz"[14] schuf die Grundlage zur Einrichtung einer „Centralbehörde" mit der Aufgabe, bundeswidrige Bestrebungen zu beobachten und zu ermitteln.

In diesem Beschluss hieß es:
„Art. 1. Innerhalb 14 Tagen, von der Fassung gegenwärtigen Beschlusses an zu rechnen, versammelt sich in der Stadt und Bundesfestung Mainz eine aus sieben Mitgliedern, mit Einschluß eines Vorsitzenden, zusammengesetzte, außerordentliche, von dem Bunde ausgehende Central-Untersuchungs-Commission.

---

[10] *Heinrich Lutz*, Zwischen Habsburg und Preußen. Deutschland 1815–1866. Siedler Deutsche Geschichte, 1994, S. 40.
[11] Bei der Verhaftung Jahns im Juli 1819 lautete die Erklärung der preußischen Regierung: „Jahn hat nicht allein [...] auf den Turnplätzen demagogische Politik getrieben, sondern auch fortgesetzt versucht, die Jugend gegen die bestehende Regierung einzunehmen und zu revolutionären und anderen gefährlichen Grundsätzen, z.B. der bedingten Rechtmäßigkeit des Meuchelmordes der Staatsdiener [...] zu verführen." Zitiert nach *Heinrich Lutz*, Zwischen Habsburg und Preußen. Deutschland 1815–1866. Siedler Deutsche Geschichte, 1994, S. 43.
[12] Abgedruckt bei Ernst Rudolf Huber (Hrsg.), Dokumente zur deutschen Verfassungsgeschichte, Bd. 1, Deutsche Verfassungsdokumente 1803–1850, 3. Aufl. 1978, S. 101 f. (Nr. 32).
[13] Abgedruckt bei Ernst Rudolf Huber (Hrsg.), Dokumente zur deutschen Verfassungsgeschichte, Bd. 1, aaO, S. 102 ff. (Nr. 33).
[14] Abgedruckt bei Ernst Rudolf Huber (Hrsg.), Dokumente zur deutschen Verfassungsgeschichte, Bd. 1, aaO, S. 104 ff. (Nr. 34).

Art. 2. Der Zweck dieser Commission ist gemeinschaftliche, möglichst gründliche und umfassende Untersuchung und Feststellung des Thatbestandes, des Ursprungs und der mannigfachen Verzweigungen der gegen die bestehende Verfassung und innere Ruhe, sowohl des ganzen Bundes, als einzelner Bundesstaaten, gerichteten revolutionären Umtriebe und demagogischen Verbindungen, von welchen nähere oder entfernte Indicien bereits vorliegen, oder sich im Laufe der Untersuchung ergeben möchten."

393 Alle Bundesgesetze – rechtlich Beschlüsse – bedurften der landesrechtlichen Umsetzung und Vollziehung, die etwa in Preußen bereits im Oktober 1819 geschah. Damit aber waren die nationalliberalen und teils radikaldemokratischen Bestrebungen, die die Regierungen unterdrücken wollten, nicht aus der Welt. Die französische Juli-Revolution von 1830, die im Ergebnis die dortigen Kammern gegenüber dem Monarchen stärkte, gab den Bestrebungen bürgerlicher und gesellschaftlicher Freiheit in Deutschland neuen Auftrieb. In vielen Städten, u. a. Aachen, Köln, Frankfurt, Leipzig, Hamburg, gab es Tumulte. Der Deutsche Bund reagierte eher hilflos mit seinem Beschluss zu „Maßregeln über Herstellung und Erhaltung der Ruhe in Deutschland"[15] vom 30. Oktober 1830. Nach Unruhen in Braunschweig, Hannover, Kurhessen und Sachsen fand im Mai 1832 das Hambacher Fest auf der Schlossruine Hambach in der Pfalz statt. Es versammelten sich über drei Tage etwa 20.000 Menschen – die an jedermann gerichteten Flugblatt-Einladungen hatten zu einer „National-Versammlung" und einem „Konstitutions-Fest" aufgerufen. In seiner Begrüßungsrede erhoffte einer der Veranstalter, der Jurist Philipp Jakob Siebenpfeiffer (1789–1858) den zukünftigen Tag, „an welchem die Fürsten die bunten Hermeline feudalistischer Gottstatthalterschaft mit der männlichen Toga deutscher Nationalwürde vertauschen müssten; [...] wo das deutsche Weib, nicht mehr die dienstpflichtige Magd des herrschenden Mannes, sondern die freie Genossin des freien Bürgers, unseren Söhnen und Töchtern schon als stammelnden Säuglingen die Freiheit einflößt; wo ein gemeinsames deutsches Vaterland sich erheben sollte, das alle Söhne als Bürger begrüßt."[16]

394 Das Hambacher Fest blieb ohne unmittelbare politische Auswirkungen in seinem Sinne; stattdessen reagierte der Bund mit erneuter Repression und Beschränkung der Rede- und Versammlungsfreiheit. Noch aus einem anderen Grund war das Fest bemerkenswert. Erstmals wurden die Farben schwarz-rot-gold als Zeichen und Ausdruck der deutschen Einheits- und Freiheitsbewegung verwendet, bei Fahnen, Armbinden – dort mit der Aufschrift „Deutschlands Wiedergeburt" – und Schleifen. Diese Farbkombination, in der Weimarer Republik die umstrittene und in der Bundesrepublik Deutschland die allseits akzeptierte Flaggenfarbe und damit Staatssymbol (Art. 22 Abs. 2 GG: „Die Bundesflagge ist schwarz-rot-gold."), geht zurück auf die Uniformfarben des Lützowschen Freikorps (1813), das an den Befreiungskriegen ge-

---

[15] Ernst Rudolf Huber (Hrsg.), Dokumente zur deutschen Verfassungsgeschichte, Bd. 1, aaO, S. 130 ff. (Nr. 43).
[16] Zitiert nach *Heinrich Lutz*, Zwischen Habsburg und Preußen. Deutsche Geschichte 1815–1866. Siedler Deutsche Geschichte, 1994, S. 176.

gen Napoléon teilgenommen hatte. Das Freikorps trug schwarze Uniformen mit roten Knöpfen und goldenen Bordüren.

2. Wirtschaftliche Einigungsbemühungen – der „Zollverein"

Während das konstitutionelle und politische Leben unter den strengen Beschränkungen des Bundes teilweise erstarrte, vor allem aber an seinen Institutionen vorbeiging, entstanden aus wirtschaftlichen Einsichten und Notwendigkeiten neue Regelungen und Organisationen, die auch für die späteren deutschen Einigungsbestrebungen und Einigungswege im politischen Bereich bedeutsam wurden. Wirtschaftlicher und politischer Liberalismus standen in Wechselwirkung. Die staatliche Zersplitterung Deutschlands war eine Fessel der beginnenden Industrialisierung und der sich verdichtenden Handelsbeziehungen. Hier wurde Abhilfe geschaffen. In einem sehr begrenzten Bereich geschah dies im Rahmen des Deutschen Bundes, der aufgrund freiwilliger Vereinbarungen (Art. 64 WSA) Parallelgesetzgebungen der Mitgliedstaaten und auf diesem Wege Rechtseinheit ermöglichte. Auf diese Weise wurde die Allgemeine Deutsche Wechselordnung (1848) übereinstimmendes Recht in den Bundesstaaten.

395

Viel wichtiger war die Ermöglichung des freien Waren- und Kapitalverkehrs zwischen den Staaten, die anfangs wegen großer Divergenzen über den Freihandel zu scheitern drohte. Während ökonomisch relativ weit entwickelte Staaten wie Preußen, Baden und die freien Städte eine Freihandelspolitik verfochten, hielten agrarische Länder wie Bayern und Österreich zum Schutz ihrer Landwirtschaft und häufig unterlegenen Manufakturen und Fabriken an Schutzzöllen fest. Insbesondere in der preußischen Politik gewann in den 1820er Jahren das Ziel an Einfluss, auf der zollpolitischen Ebene „eine selbständige deutsche Einigungspolitik abseits vom Bund, notfalls auch gegen den Bund zu führen."[17] Die Modernisierungsideen, auch der Bürokratie, wandten sich der Wirtschaft zu, wo ihre Durchsetzung Verbesserungen für die Gesellschaft und den Staat versprachen, für letzteren in Gestalt höherer Steuereinnahmen bei prosperierenden Unternehmen.

396

1819 entstand unter der Führung des Nationalökonomen Friedrich List (1789–1846) der „Deutsche Handels- und Gewerbeverein" als privater Schutzverband von Kaufleuten und Fabrikanten mit dem Ziel, „im verfassungs- und gesetzmäßigen Wege zu streben, dass Handel und Gewerbe in Deutschland wieder gehoben werden". Mit einem eigenen Programm wirtschaftspolitischer Reformen, zusammengefasst in einer Denkschrift, wandte sich der Verein an den Bundestag, wo die Bestrebungen zur Herstellung eines einheitlichen Wirtschaftsraumes und Zollgebietes aber bald in der politischen Restauration spurlos verschwanden. Weitgehend verwirklicht wurden diese Ziele erst später, mit Preußen an der Spitze und unter Ausschluss Österreichs, im Zollverein des Jahres 1834. Diese vertragliche Verbindung vorwiegend norddeutscher Staaten unter Führung Preußens erweiterte sich bis 1854 auf fast alle Staaten des Bundes ohne Österreich. Sein Ziel war der Abbau der Zollschranken und

397

---

[17] *Ernst Rudolf Huber*, Deutsche Verfassungsgeschichte seit 1789, Bd. 1, Reform und Restauration 1789–1830, 2. Aufl. 1975, S. 799.

die Kooperation bei neuen Transportwegen, im Straßenbau und insbesondere beim Eisenbahnbau. Ob es sich beim Zollverein um einen öffentlich-rechtlichen Verein oder um einen zweiten Staatenbund neben dem Deutschen Bund handelte, blieb in der zeitgenössischen Literatur umstritten. Am Ende der 1860er Jahre umfasste der Zollverein das weltweit drittgrößte Wirtschaftsgebiet nach Großbritannien und den USA. „Die Verwirklichung der Zolleinheit war ein großer Erfolg Preußens, ein schwerer Schlag für Österreich, das sich nun wirtschaftlich isoliert sah und den Prestigegewinn Preußens nicht verhindern konnte. Die Entstehung des Zollvereins nahm auf einem wohl begrenzten, aber gewiss wichtigem Gebiet vorweg, was sich später in der Reichsgründung unter Preußens Führung in der vollen Breite des verfassungspolitischen Lebens wiederholen sollte."[18] Österreich wurde zunächst „Wirtschaftsausland"[19], ab 1866 war es dann auch im staatlichen Sinne Ausland.

§ 19 Die Reichsverfassung von 1848/49 und ihr Scheitern

I. Voraussetzungen der Ereignisse des Jahres 1848

1. Soziale Veränderungen

398 Die Vorgeschichte der deutschen Revolution wird von Faktoren geprägt, mit denen sich die gesellschaftliche Entwicklung der Jahrzehnte nach 1815 charakterisieren lässt. Zu nennen sind zunächst die sozialen Veränderungen.[20] Die Staaten des Deutschen Bundes erlebten ein rasches Bevölkerungswachstum von etwa 30 Millionen Einwohnern im Jahre 1815 auf etwa 38 Millionen 1848, um dann später, 1864, den Stand von 45 Millionen zu erreichen. Dafür gab es mehrere Ursachen. Bauernbefreiung und Gewerbefreiheit brachten den Wegfall früherer ländlicher und städtischer Heiratsverbote mit sich, die Mobilität insgesamt der Bevölkerung erhöhte sich. Neue landwirtschaftliche Methoden steigerten die Nahrungsmittelproduktion. Demgegenüber blieben bis zum letzten Drittel des 19. Jahrhunderts der medizinische Fortschritt begrenzt und die Säuglingssterblichkeit hoch. Der Wachstumsprozess ließ den Anteil der unteren Schichten an der Gesamtbevölkerung überproportional ansteigen; in zunehmendem Maße fehlte es aber für sie an Erwerbsmöglichkeiten. In den großen Städten wurde der Anteil der Armen und der auf Fürsorge angewiesenen Personen in den 1840er Jahren auf etwa 25 Prozent der Gesamtbevölkerung geschätzt. Das Zurückdrängen der handwerklichen Produktion zugunsten industrieller Fertigung verschärfte durch erhebliche Übergangsschwierigkeiten das Problem.

---

[18] *Ernst Forsthoff*, Deutsche Verfassungsgeschichte der Neuzeit, 4. Aufl. 1972, S. 97 f.
[19] *Reinhard Rürup*, Deutschland im 19. Jahrhundert. 1815–1871, 1984, S. 80.
[20] Dazu *Wolfram Siemann*, Die deutsche Revolution von 1848/49, 1985, S. 17 ff.

Die wirtschaftliche Situation großer Bevölkerungsschichten verschlechterte sich aufgrund von Missernten in demselben Zeitraum noch einmal. So spiegelten etwa Aufstände verarmter schlesischer Weber, die sich vergeblich gegen die Konkurrenz industrieller Webstühle wehrten, in den 1840er Jahren die Verelendung großer Bevölkerungsschichten wider. Hierfür wurde in den 1840er Jahren das neue Wort Pauperismus geprägt. Die Industrialisierung hatte aber auch unmittelbar vorwärtsdrängende und positive Effekte. Der Aufstieg der Bergwerke, der Eisen- und Maschinenindustrie (Dampfmaschinen, Lokomotiven), bereits auch chemischer Werke, vor allem aber der rasche Bau von Eisenbahnverbindungen seit 1835[21] leiten eine Phase tiefgreifender Umgestaltung der Arbeits- und Lebenswelten für alle Schichten der Bevölkerung ein, wenngleich der wirklich große Schub erst nach etwa 1860 einsetzte. Die preußische Beschäftigtenstatistik wies für das Jahr 1846 einen Industriearbeiteranteil von 4,2 Prozent aus, während noch 45 Prozent der Beschäftigten handwerkliche Arbeiter und Tagelöhner in der Landwirtschaft waren. Die Industrialisierung hatte aber auch zur Folge, dass dem klassischen Bildungsbürgertum ein Besitzbürgertum in Gestalt des Unternehmers zur Seite trat. Häufig entstammte der Unternehmer kleinbürgerlichen Schichten oder Arbeiterfamilien. Bürgerlicher Herkunft war Alfred Krupp (1812–1887), Begründer der Stahlwerke in Essen und einer der bedeutendsten deutschen Industriellen des 19. Jahrhunderts.[22] Es gab aber auch einen feudalen Industriekapitalismus, besonders in Sachsen und Schlesien, dem adeliger Grundbesitz und Kapital den Start des Unternehmertums ermöglichten.

Schon 1825 schrieb Johann Wolfgang von Goethe (1749–1832) an einen Freund: „Eigentlich ist es das Jahrhundert für fähige Köpfe, für leicht fassende praktische Menschen, die, mit einer gewissen Gewandtheit ausgestattet, ihre Superiorität über die Menge fühlen, wenn sie gleich selbst nicht zum Höchsten begabt sind." Eine industrialisierte Zukunft eröffne die Möglichkeit einer „mittleren Kultur". Zugleich hielt Goethe fest: „Junge Leute werden viel zu früh aufgeregt und dann im Zeitstrudel fortgerissen; Reichthum und Schnelligkeit ist was die Welt bewundert und wonach jeder strebt; Eisenbahnen, Schnellposten, Dampfschiffe und alle möglichen Facilitäten der Communication sind es, worauf die gebildete Welt ausgeht, sich zu überbieten, zu überbilden und dadurch in der Mittelmäßigkeit zu verharren."[23]

2. Die Distanz zwischen Staat und Gesellschaft und die Forderung nach Rechtsstaatlichkeit

Die Binnendifferenzierung des Bürgertums verdeckte nicht, dass der Versuch eines „Brückenschlages zwischen dem Staat und der bürgerlichen Gesellschaft" in den

---

[21] Im Gebiet des Deutschen Bundes konnten die ersten Eisenbahnlinien 1835 zwischen Nürnberg und Fürth, 1837/39 zwischen Wien und Brünn und zwischen Leipzig und Dresden, 1838 zwischen Berlin und Potsdam eröffnet werden. 1846 gab es in den deutschen Staaten bereits eine Gesamtstreckenlänge von 3.245 km, 1860 11.089 km und 1870 18.879 km. Zur Entwicklung und zur gesellschaftlichen Bedeutung des Eisenbahnwesens *Wolfgang Schivelbusch*, Geschichte der Eisenbahnreise, 1977.

[22] *Harold James*, Krupp. Deutsche Legende und globales Unternehmen, 2011, S. 31 ff.

[23] *Johann Wolfgang von Goethe*, Weimarer Ausgabe, Bd. 39, 1907, S. 216.

Jahrzehnten nach 1813 weitgehend misslungen war. „Es ist die Tragik des deutschen Bürgertums im Vergleich mit dem französischen, dass es nicht in der Blüte seiner Entfaltung den Zutritt zum Staat gewann, sondern Jahrzehnte darum kämpfen musste."[24] Resignation, Entpolitisierung und Anpassung machten sich seit 1830 breit.

401 1834 schrieb Ludwig Uhland (1787–1862), 1848/49 Mitglied der Frankfurter Nationalversammlung: „Wohl werd ichs nicht erleben, Doch an der Sehnsucht Hand / Als Schatten noch durchschweben / Mein freies Vaterland".

402 Es verschoben sich die politischen Ziele des Bürgertums: Der Wunsch nach nationaler Einheit und demokratischer Partizipation, dessen zeitnahe Erfüllung unrealistisch geworden war, verschwand nicht, trat aber hinter ein eher unpolitisches Ziel zurück. Jetzt ging es um die Durchsetzung dessen, was mit einem neuen Wort als Rechtsstaat bezeichnet wurde. Die Aufmerksamkeit richtete sich auf die Beschränkung monarchischer Befugnisse, den Schutz individueller Rechte, bürgerliche Partizipation in der Justiz (Schwurgerichte) und in der Verwaltung – Rechtsförmigkeit des staatlichen Handelns und rechtliche Kontrolle des Staatshandelns. Zugleich entsteht ein Gegenüber und eine Trennung des hermetischen monarchischen Staates und der bürgerlichen Gesellschaft, wobei als Kennzeichen der letzteren die freie Assoziation angesehen wird; nicht ohne Grund bilden sich in allen Teilbereichen der Gesellschaft private Vereinigungen, Kunstvereine, Vereinigungen von Kaufleuten und Industriellen, aber auch kirchliche Vereine und nicht zuletzt politische Vereinigungen, die alsbald Parteien genannt wurden, insbesondere liberal- und radikaldemokratisch gesinnte. Je weniger die Teilhabe am Staat zu verwirklichen war, desto mehr gewann die Freiheit vom Staat an Bedeutung. Assoziationen vertieften und organisierten die sozialen Beziehungen.[25] „Das Bürgertum vindizierte die Freiheit nicht nur für den Einzelnen, sondern für sich als Gesellschaft. Staat und Gesellschaft wurden damit dualistisch voneinander getrennt und polemisch aufeinander bezogen."[26]

3. Die „soziale Frage"

403 Unabhängig von der Binnendifferenzierung des Bürgertums entsteht erstmals die „soziale Frage" der (Industrie)Arbeiter, der sich seit den 1840er Jahren Arbeitervereine und kirchlich-karitative Organisationen zuwenden. „Mit der wenig präzisen Bezeichnung Unterschichten pflegt man jene sozialen Gruppen zusammenzufassen, die vom Kleinhandwerker und Kleinbauern über die gewerblichen und bäuerlichen Arbeiter bis zu den eigentlichen ‚Armen' reichen. In diesem Umkreis lebten die Formen der vorindustriellen Armut weiter. Aber es kamen, steigend in den vierziger Jahren, neue Verelendungsprozesse hinzu, die direkt und indirekt mit der frühen Industria-

---

[24] Beide Zitate: *Ernst Forsthoff*, Deutsche Verfassungsgeschichte der Neuzeit, 4. Aufl. 1972, S. 115 und 114.

[25] *Reinhard Rürup*, Deutschland im 19. Jahrhundert. 1815–1871, 1984, S. 100: „In den Vereinen organisierte sich die Gesellschaft entsprechend den Bedürfnissen der Individuen, die sich aus den älteren Abhängigkeiten und Bevormundungen befreiten."

[26] *Ernst Forsthoff*, Deutsche Verfassungsgeschichte der Neuzeit, 4. Aufl. 1972, S. 118.

lisierung und den Wandlungen im Industriebereich zusammenhängen. […] Übereinstimmend zeigt sich, dass die allgemeine Lage der Unterschichten in den vierziger Jahren schlechter wurde." Die Löhne der meisten Arbeiter, besonders im Textilgewerbe, erreichten kaum das Existenzminimum. „Das bedeutete weithin den Zwang zur Kinderarbeit und zur schlecht bezahlten Frauenarbeit oder/und die Abhängigkeit von Armenunterstützung."[27] Seit den 1830er Jahren ist der Begriff des Proletariats zur Bezeichnung des „vierten Standes" verbreitet. Er bezeichnete die Besitzlosen, die in der dynamischen Erwerbsgesellschaft nur über ihre eigene Arbeitskraft verfügen, nicht in der Lage sind, aus eigener Kraft ihr materielles Elend zu überwinden, und von Massenarmut (Pauperismus) bedroht sind. Eine politische Partizipation der Industrie- und Landarbeiter gibt es nicht, was in den Jahren vor 1848 nicht nur von Vertretern der Arbeiter- und Gesellenvereine kritisiert wurde. Lorenz von Stein, der führende Nationalökonom der Zeit, fasste 1850 zusammen: „Das Proletariat ist derjenige Stand der Gesellschaft, welcher nichts besitzt als seine Arbeitskraft, und der für diese Arbeitskraft dieselben gesellschaftlichen und staatlichen Rechte und Stellungen verlangt, welche bisher nur dem Capital verliehen worden sind. […] Der Zustand der heutigen Gesellschaft ist mithin wesentlich der Gegensatz zwischen Arbeit und Capital, der seine Lösung nicht mehr bloß nach den Grundsätzen der Freiheit und Gleichheit der Menschen fordert, und die Anerkennung der letzten in der Gesellschaft und im Güterleben jetzt in gleicher Weise wie im Staatsleben erreichen will."[28]

In den 1840er Jahren trat erstmals Karl Marx (1818–1883) mit vielbeachteten Publikationen in Erscheinung. 1844 erklärte er in der in Paris erscheinenden Zeitschrift „Vorwärts", dass Deutschland „erst im Proletariat das tätige Element seiner Befreiung finden könne"[29]. Anfang 1848 wurde das von Marx und Friedrich Engels (1820–1895), die Preußen hatten verlassen müssen, verfasste „Manifest der Kommunistischen Partei" auf Deutsch in London veröffentlicht. Der berühmte Anfangssatz des in der Erstausgabe 23 Seiten umfassenden Textes lautet: „Ein Gespenst geht um in Europa – das Gespenst des Kommunismus." Im Weiteren heißt es: „Die Geschichte aller bisherigen Gesellschaft ist die Geschichte von Klassenkämpfen." Das Manifest endet mit einer Art Ankündigung: „Die Kommunisten verschmähen es, ihre Ansichten und Absichten zu verheimlichen. Sie erklären es offen, dass ihre Zwecke nur erreicht werden können durch den gewaltsamen Umsturz aller bisherigen Gesellschaftsordnung. Mögen die herrschenden Klassen vor einer kommunistischen Revolution zittern. Die Proletarier haben nichts zu verlieren als ihre Ketten. Sie haben eine Welt zu gewinnen. – Proletarier aller Länder, vereinigt euch!" Von den 2000 Exemplaren der Erstauflage des Manifests gelangten nur wenige nach Deutschland. Viel Beachtung fanden sie 1848 dort nicht. Erst in den 1870er Jahren gab es weitere Auflagen. Das kommunistische Manifest setzte sich von dem gesamten politischen Diskussions- und Gestaltungshorizont seiner Zeit in einem Punkt deutlich ab. Es lehnte ein Zusammenwirken der gesellschaftlichen Gruppe des Proletariats mit den anderen Gruppen kategorisch ab. Mit der Forderung nach der durch Umsturz zu erreichenden Diktatur des Proletariats und dem Verschwinden aller anderen Klassen entfernte sich das marxistische Denken seit seinem Beginn von der vom Gesellschaftsvertrag inspirierten Verfassungs-

---

[27] Beide Zitate: *Heinrich Lutz*, Zwischen Habsburg und Preußen. Deutschland 1815–1866. Siedler Deutsche Geschichte, 1994, S. 116.
[28] Zitiert nach *Werner Conze*, Art. Proletariat, Pöbel, Pauperismus, in: Otto Bunner/Werner Conze/Reinhard Koselleck (Hrsg.), Geschichtliche Grundbegriffe, Bd. 5, 1985, S. 27ff., 49f.
[29] *Karl Marx/Friedrich Engels*, Werke, Bd. 1, S. 405.

idee, wie sie sich seit dem 18. Jahrhundert entwickelt hatte. Die konsequente Verabsolutierung einer Gruppe sollte im 20. Jahrhundert die Ideologie der Staaten des real existierenden Sozialismus prägen.

II. Die Reichsverfassung der Paulskirche (1848/49)

1. Vom Februar 1848 bis zum Zusammentreten der Nationalversammlung

a) Revolution von Mannheim bis Berlin

405 Die Gemengelage von Krise und Reformstau, Repression und Opposition, entlud sich in der ersten Hälfte des Jahres 1848. Vorausgegangen waren 1847 Versammlungen von Demokraten in Offenburg und Liberalen in Heppenheim, nicht ohne Grund zwei Städten im eher liberal gesinnten Baden.

406 Das von den Juristen Friedrich Hecker (1811–1881) und Gustav Struve (1805–1870), beide später Abgeordnete der Frankfurter Nationalversammlung, initiierte Offenburger Programm[30] vom 12. September 1847 verlangte, dass sich die Badische Landesregierung von den freiheitsunterdrückenden Beschlüssen des Deutschen Bundes, insbesondere den Karlsbader Beschlüssen des Jahres 1819, lossagen müsse (Art. 1). Sodann ging es um Grundrechte, insbesondere Pressefreiheit (Art. 2), Religions-, Gewissens- und Lehrfreiheit (Art. 3). Ferner Art. 5: „Wir verlangen persönliche Freiheit. Die Polizei höre auf, den Bürger zu bevormunden und zu quälen. Das Vereinsrecht, ein frisches Gemeindeleben, das Recht des Volkes, sich zu versammeln und zu reden, das Recht des Einzelnen, sich zu ernähren, sich zu bewegen und auf dem Boden des deutschen Vaterlandes frei zu verkehren, seien hinfür ungestört." Art. 6: „Wir verlangen Vertretung des Volks beim Deutschen Bund. Dem Deutschen Volk werde ein Vaterland und eine Stimme in dessen Angelegenheiten. Gerechtigkeit und Freiheit im Innern, eine feste Stellung dem Ausland gegenüber gebühren uns als Nation." Damit wurde, auch wenn das Wort nicht verwendet wurde, eine Repräsentation des Volkes auf der Grundlage der Volkssouveränität verlangt. Art. 10: „Wir verlangen Ausgleichung des Mißverhältnisses zwischen Arbeit und Kapital. Die Gesellschaft ist schuldig, die Arbeit zu heben und zu schützen." Art. 11: „Wir verlangen Gesetze, welche freier Bürger würdig sind und deren Anwendung durch Geschworenengerichte. Der Bürger werde von dem Bürger gerichtet. Die Gerechtigkeitspflege sei Sache des Volks." Art. 12: „Wir verlangen eine volkstümliche Staatsverwaltung. Das frische Leben eines Volks bedarf freier Organe. Nicht aus der Schreibstube lassen sich die Kräfte regeln und bestimmen. An die Stelle der Vielregierung der Beamten trete die Selbstregierung des Volks."

407 Im Februar 1848 brach in Frankreich eine erneute Revolution aus, getragen von Kleinbürgern und Arbeitern. Am 24. Februar 1848 dankte König Louis Philippe ab und wich einer republikanischen Regierung, am 4. November 1848 wurde eine republikanische Verfassung eingeführt. Die französischen Ereignisse lösten unmittelbar Volksbewegungen in Deutschland aus. Es begann am 27. Februar 1848 in Mannheim, wo demokratische Forderungen an den monarchischen Staat gestellt wurden.

---

[30] Abgedruckt bei Ernst Rudolf Huber (Hrsg.), Dokumente zur deutschen Verfassungsgeschichte, Bd. 1, Deutsche Verfassungsdokumente 1803–1850, 3. Aufl. 1978, S. 323 f. (Nr. 71).

Von dort breiteten sich Unruhen und demokratische Forderungen schnell aus; im März hatten sie Berlin und Wien erreicht.[31] Am 5. März 1848 trafen sich in Heidelberg 51 Oppositionspolitiker aus verschiedenen deutschen Ländern (Heidelberger Versammlung), um die Wahl eines deutschen Nationalparlaments vorzubereiten. Eine (demokratische) Legitimation fehlte den Versammelten; sie stützten sich auf öffentliches Ansehen und, zum Teil zumindest, auf Mandate in den zweiten Kammern. Die Versammlung setzte einen Siebener-Ausschuss ein, der am 12. März alle gegenwärtigen und früheren Mitglieder der zweiten Kammern der Staaten des Deutschen Bundes sowie „Männer des Vertrauens" zur weiteren Beratung auf den 30. März nach Frankfurt am Main einlud. Frankfurt wurde wegen seiner historischen Bedeutung, als freie Stadt und als Sitz des Bundestages des Deutschen Bundes ausgewählt. Noch wichtiger waren die geografische Mittellage und vergleichsweise günstige Verkehrsanbindungen. Zum ersten Mal spielte die Eisenbahn eine Rolle; zumindest aus den südwestdeutschen Staaten und aus den nördlich am Rhein gelegenen Städten war Frankfurt mit dem neuen Verkehrsmittel gut zu erreichen.

408 Das gibt Anlass, auf die besondere Bedeutung der neuen Eisenbahn hinzuweisen – die in Deutschland erste kurze Verbindung zwischen Nürnberg und Fürth datierte aus dem Jahr 1835, danach setzte ein rasantes Wachstum ein: „Nichts hat die Gesellschaft des 19. Jahrhunderts so sehr verändert wie die Eisenbahn. Sie bewirkt eine Zunahme der Mobilität wie zuvor nur das Verschwinden der Leibeigenschaft und danach das Auto."[32] Die neue Eisenbahn war ein (vergleichsweise) demokratisches Transportmittel, Fahrkarten waren erschwinglich, die Eisenbahn führte Reisende unterschiedlicher Herkunft zusammen. Mehr noch: Sie beflügelte die sie hervorbringenden Industrien (Kohle, Stahl), sorgte für gewaltige Kapitalballungen in Aktiengesellschaften und warf schnell die Frage auf, ob dieses Transportmittel als Aufgabe im öffentlichen Interesse in die Hand des Staates gehöre. Bis zum Ende des 19. Jahrhunderts blieb die Eisenbahntechnik und der Eisenbahnbau der zentrale Teil und die treibende Kraft der Industrialisierung in Deutschland.[33]

b) Das „Vorparlament"

409 Am 31. März 1848 trat das aus 574 Personen (davon allerdings nur zwei aus Österreich) bestehende Vorparlament in der Frankfurter Paulskirche zusammen. Es beriet vier Tage über das weitere Vorgehen.

410 Das Vorparlament hatte keine staatsrechtliche Legitimation und „keine andere Befugnis als ein liberaler Parteitag oder einer der Gelehrtentage, auf denen sich in den vierziger Jahren die wissenschaftlichen und politischen Führer des deutschen Bürgertums zusammengefunden hatten."[34] Es verstand sich als Sprachrohr der Nation und beanspruchte für eine umfassende staatsrechtliche Neuordnung den Rahmen zu setzen.[35] Grundlage war damit das Prinzip der Volkssouveränität.

---

[31] *Wolfram Siemann*, Die deutsche Revolution von 1848/49, 1985, S. 58 ff.
[32] *Hans-Dieter Gelfert*, Kleine Kulturgeschichte Großbritanniens, 1999, S. 237.
[33] *Hans-Ulrich Wehler*, Deutsche Gesellschaftsgeschichte, Bd. 3, 1849–1914, 1995, S. 68 ff.
[34] *Fritz Hartung*, Deutsche Verfassungsgeschichte, 8. Aufl. 1964, S. 180.
[35] *Wolfram Siemann*, Die deutsche Revolution von 1848/49, 1985, S. 79.

411 Zwischenzeitlich hatten die revolutionären Unruhen ganz Deutschland ergriffen; in Berlin und Wien, aber auch in anderen Hauptstädten wie Karlsruhe und Darmstadt waren liberale „Märzregierungen" eingesetzt worden. In Wien ging eine Ära zu Ende, als der Staatskanzler Metternich zurücktrat, der die österreichische Politik seit dem Wiener Kongress geprägt hatte.

412 Der Deutsche Bund versuchte über den Bundestag die Entwicklung zu kanalisieren. Bereits am 1. März hatte er „als das gesetzliche Organ der nationalen und politischen Einheit" an den „bewährten gesetzlichen Sinn, die alte Treue und die reife Einsicht des deutschen Volkes" appelliert. Am 3. März erlaubte er den Mitgliedstaaten die Einführung der Pressefreiheit.[36] Am 9. März anerkannte er die zuvor verbotenen Farben schwarz-rot-gold als Farben des Bundes. „Für die preußischen Behörden war das sehr demütigend. Die Fahne symbolisierte im Frühjahr 1848 die Hoffnungen der Menschen, die die Verhältnisse fundamental ändern wollten. Sie verkörperte die Idee, dass die Nation vom Volk konstituiert wird."[37] Am 10. März beschloss er, was folgenreich wurde, dass die Regierungen der Mitgliedstaaten insgesamt 17 „Männer des öffentlichen Vertrauens" zur Reform des Bundes nach Frankfurt entsenden sollten. Mit diesem Siebzehner-Ausschuss, der ab Ende März neben das Vorparlament und den Siebener-Ausschuss trat, zielte der Bund darauf ab, die Entwicklung in eine gemäßigte Richtung zu steuern und der „revolutionären Bewegung den Wind aus den Segeln zu nehmen"[38]. Ein zu wählendes Nationalparlament sollte nach diesen Vorstellungen lediglich die Aufgabe haben, einen zwischen den Regierungen der Bundesglieder vereinbarten Verfassungsentwurf im Wege der Gesetzgebung umzusetzen. Auch Liberale wie Heinrich von Gagern (1799–1880), seit dem 5. März in Hessen-Darmstadt Minister im dortigen „Märzministerium" und ab Mai 1848 Präsident der Nationalversammlung, konnten sich mit diesem Plan anfreunden.

c) Die Wahl der Nationalversammlung

413 Am Ende der Beratungen des Vorparlaments stand sein Beschluss, eine Wahl zu einer verfassunggebenden Nationalversammlung festzusetzen.[39] Diese Befugnis nahm sich das Vorparlament und sie wurde akzeptiert. Das zeigt, wie groß das Machtvakuum jedenfalls im kurzen Zeitraum des Frühjahrs 1848 war. Das Vorparlament sah davon ab, sich selbst zur permanenten Versammlung mit revolutionären Befugnissen zu erklären. Zugleich wies es Forderungen nach Abschaffung der Monarchien zurück. Solche hatte eine radikale Minderheit in ihren Reihen unter Führung des badischen Revolutionärs Friedrich Hecker (1811–1881), der später in die

---

[36] Bundesbeschluß über die Einführung der Preßfreiheit. Abgedruckt bei Ernst Rudolf Huber (Hrsg.), Dokumente zur deutschen Verfassungsgeschichte, Bd. 1, Deutsche Verfassungsdokumente 1803–1850, 3. Aufl. 1978, S. 329 (Nr. 75): „1) Jedem deutschen Bundesstaate wird freigestellt, die Censur aufzuheben und Preßfreiheit einzuführen. 2) Dieß darf jedoch nur unter Garantieen geschehen, welche die anderen deutschen Bundesstaaten und den ganzen Bund gegen den Mißbrauch der Preßfreiheit möglichst sicherstellen. 3) Vorstehende Bestimmungen sind sofort öffentlich zu verkündigen."

[37] *Jonathan Sperber,* The European Revolutions. 1848–1851, 1994, S. 46.

[38] *Heinrich Lutz,* Zwischen Habsburg und Preußen. Deutsche Geschichte 1815–1866. Siedler Deutsche Geschichte, 1994, S. 249.

[39] Diese und weitere Festlegungen enthielten die Beschlüsse des Vorparlaments vom 31. März und 1. bis 4. April 1848. Abgedruckt bei Ernst Rudolf Huber (Hrsg.), Dokumente zur deutschen Verfassungsgeschichte, Bd. 1, Deutsche Verfassungsdokumente 1803–1850, 3. Aufl. 1978, S. 334 ff. (Nr. 81).

USA emigrierte, erhoben. Die gemäßigte Haltung des Vorparlaments und die monarchischen Konzessionen überall in Deutschland während des März 1848 hatten die Folge, dass nach den blutigen Tagen vor allem in Berlin und Wien weitere gewaltsame Auseinandersetzungen zunächst vermieden wurden. Die Vorbereitungen zur Wahl der Nationalversammlung fanden in den Einzelstaaten mit Unterstützung der Monarchien und ihrer Regierungen statt. Der Bundestag hob am 2. April 1848 alle seit 1819 beschlossenen Ausnahmegesetze des Deutschen Bundes auf – diese radikale Veränderung der Bundespolitik wurde auch möglich, weil die Gesandten der Einzelstaaten ihre Weisungen jetzt von den liberalen Märzministern erhielten.

Für die Wahl zur Nationalversammlung setzte das Vorparlament die Tage um den 1. Mai 1848 fest. Zum Wahlrecht beschloss es, dass jeder volljährige selbständige männliche Staatsangehörige aktiv und passiv wahlberechtigt sein sollte. Die nähere Ausgestaltung war Sache der Einzelstaaten. Dies betraf vor allem die Festlegungen, ob die Wahl in den Wahlkreisen direkt oder indirekt, geheim oder öffentlich sein sollte, und, dies war die bedeutsamste Feststellung, wie die Vorgabe der „Selbständigkeit" zu konkretisieren sei. In der Regel waren damit diejenigen von der Wahl ausgeschlossen, die Armenunterstützung bezogen, keinen eigenen Hausstand hatten oder zu Lohn und Kost in abhängigen Diensten standen. Das Ergebnis war eine im Zusammenhang des 19. Jahrhunderts weitreichende Allgemeinheit der Wahl, die, regional etwas unterschiedlich, etwa 75 bis 80 Prozent der männlichen Staatsangehörigen umfasste. Zu den Vorgaben des Vorparlaments gehörte weiterhin, für je 50.000 Einwohner einen Abgeordneten nach dem Mehrheitswahlrecht in Wahlkreisen zu wählen, wobei die Bundesmatrikel von 1819 (das Verzeichnis der Einwohnerzahlen) maßgebend war.[40] Daraus errechneten sich 605 Abgeordnete, 44 kamen für Ost- und Westpreußen sowie Posen hinzu (preußische Gebiete, die bis 1848 außerhalb des Bundes lagen). In etwa 70 österreichischen Wahlkreisen (in Böhmen, Mähren, Slowenien) wurde nicht gewählt; die Abgeordnetenzahl reduzierte sich auf 580, wozu wiederum vier aus Schleswig (ebenfalls außerhalb des deutschen Bundes gelegen) kamen.

Das Vorparlament gab schließlich der Nationalversammlung in einem Beschluss über „Grundrechte und Forderungen des deutschen Volkes" Empfehlungen mit auf den Weg: „Die Volksversammlung empfiehlt […] dem constituirenden Parlamente zur Prüfung und geeigneten Berücksichtigung die nachstehenden Anträge, welche bestimmte Grundrechte als geringstes Maaß deutscher Volksfreiheit verlangen, und die im deutschen Volke lebenden Wünsche und Forderungen aussprechen:
Gleichstellung der politischen Rechte, ohne Unterschied des Glaubensbekenntnisses, und Unabhängigkeit der Kirche vom Staat.
Volle Preßfreiheit.
Freies Vereinigungsrecht.
Petitionsrecht.
Eine freie volksvertretende Landesverfassung mit entscheidender Stimme der Volksabgeordneten in der Gesetzgebung und Besteuerung und mit Verantwortlichkeit der Minister.
Gerechtes Maaß der Steuerpflicht nach der Steuerkraft.

---

[40] Tatsächlich kamen wegen des zwischenzeitlichen Bevölkerungswachstums etwa 65.000 Einwohner auf einen Abgeordneten.

Gleichheit der Wehrpflicht und des Wehrrechts.
Gleiche Berechtigung aller Bürger zu Gemeinde- und Staatsämtern.
Unbedingtes Auswanderungsrecht.
Allgemeines deutsches Staatsbürgerrecht.
Lehr- und Lernfreiheit.
Schutz der persönlichen Freiheit.
Schutz gegen Justizverweigerungen.
Unabhängigkeit der Justiz.
Oeffentlichkeit und Mündlichkeit der Rechtspflege und Schwurgerichte in Strafsachen […]."[41]

2. Die politischen Ereignisse bis zum Herbst 1848

a) Die Nationalversammlung

416 Am 18. Mai 1848, nachdem das vorgeschriebene Mindestquorum von 350 Abgeordneten eingetroffen war, trat die „deutsche verfassunggebende Nationalversammlung" (so die amtliche Bezeichnung) im Rundbau der Frankfurter Paulskirche zu ihrer konstituierenden Sitzung zusammen. Hohe Erwartungen begleiteten den feierlichen Einzug der Volksvertreter. Zum Präsidenten wurde der liberale, aus Hessen-Darmstadt stammende Märzminister Heinrich von Gagern (1799–1880) gewählt, hinter dessen Präsidentenpodium zwischen zwei Säulen die Aufschrift angebracht war: „Des Vaterlandes Größe, des Vaterlandes Glück. O, schafft sie, o, bringt sie dem Volke zurück." In seiner Eröffnungsrede bezeichnete v. Gagern die Versammlung als die berufene und bevollmächtigte Vertretung des souveränen deutschen Volkes. Dementsprechend nannten sich die Abgeordneten „Vertreter des Volkes", „Vertreter der Nation" oder „Repräsentanten" der Nation.[42]

417 Mit der Hoffnung, über den Einzelstaaten ein geeintes Deutschland schaffen zu können, wurde schnell das von August Heinrich Hoffmann von Fallersleben getextete „Lied der Deutschen" populär, das nach der Melodie von Joseph Haydns Kaiserlied („Gott erhalte Franz den Kaiser") gesungen wurde. Der erste Vers – „Deutschland, Deutschland über alles" – sollte ausdrücken, dass Deutschland als Ganzes wichtiger sei als die lokalen Herrschafts- und Einzelstaaten. Es war ein späteres Missverständnis, dem die Bedeutung beilegen zu wollen, Deutschland stehe über anderen Staaten und wolle, wie der Vers nach 1871 häufig in anderen Ländern verstanden wurde, Vorherrschaft in Europa oder gar der Welt. Es ging darum, dass die verschiedenen Teile der deutschsprachigen Welt zusammenfinden sollten, einig, frei und unter der Herrschaft des Rechts.

418 Schon die Zeitgenossen nannten die Versammlung ein „Honoratiorenparlament". Das zielte auf das deutliche Überwiegen des Besitz- und Bildungsbürgertums, und hierbei der juristisch gebildeten Staatsdiener. Die Hälfte der Abgeordneten hatte ein Studium der Rechtswissenschaften absolviert. Die Statistik der im November 1848

---

[41] Abgedruckt bei Ernst Rudolf Huber (Hrsg.), Dokumente zur deutschen Verfassungsgeschichte, Bd. 1, Deutsche Verfassungsdokumente 1803–1850, 3. Aufl. 1978, S. 334 ff. (Nr. 81).
[42] Nachweise bei *Adalbert Podlech*, Art. Repräsentation, in: Otto Brunner/Werner Conze/Reinhard Koselleck (Hrsg.), Geschichtliche Grundbegriffe, Bd. 5, 1985, S. 509 ff., 542.

insgesamt versammelten 573 Abgeordneten[43] spricht eine deutliche Sprache. Niemand der Abgeordneten gehörte dem vierten Stand der Arbeiter an. 38 Abgeordnete waren adelige oder bürgerliche Großgrundbesitzer, 20 Großkaufleute oder Fabrikanten. Der Intelligenz und dem Bildungsbürgertum gehörten nicht weniger als 438 Abgeordnete an, darunter 93 höhere Staatsbeamte und Landräte, 78 Richter, 64 Rechtsanwälte, 49 Professoren. 62 Abgeordnete ließen sich dem Kleinbürgertum zurechnen (Landwirte, kleine Kaufleute, Handwerker). Lediglich 11 Abgeordnete gehörten dem Militär an, 13 waren ohne Beruf.

„Die Zahlen sprechen für sich. Trotz des teilweise weitgefassten Wahlrechts fanden Kleinbürger, Kleinbauern oder gar Angehörige der ‚handarbeitenden Klassen' fast nicht nach Frankfurt […]. Nach der beruflichen Stellung war die Nationalversammlung ein Beamtenparlament, nach der Ausbildung ein Akademikerparlament […], nach der vorherrschenden Ausbildung ein Juristenparlament […]."[44] Diese Feststellung lässt sich im Übrigen auf weitere (verfassungsberatende) Versammlungen und Parlamente bis heute übertragen. Über die Gründe, warum dies so war (und ist), lässt sich spekulieren: Sicherlich war das individuelle und gruppenbezogene Interesse an politischen Fragen und vor allem einer Weiterentwicklung der Handlungsmöglichkeiten wichtig. Daneben war die nötige Zeit erforderlich, nicht zuletzt eine genügende finanzielle Grundlage.

Aus heutiger Sicht hat die Bezeichnung Honoratiorenparlament noch eine weitere Bedeutung. Es gab keine festgefügten Parteien und Fraktionen, entscheidend waren, wie bereits bei den Wahlen, die einzelnen Persönlichkeiten. Erst nach einigen Beratungen bildeten sich einzelne politische Klubs mit festen Treffpunkten in Frankfurter Gasthäusern, die politischen Richtungen vieler Abgeordneter wurden sichtbar. „Im Großen und Ganzen hatten die preußischen Ostprovinzen außer Schlesien und der Provinz Sachsen und den liberalen Städten Königsberg, Stettin und Berlin überwiegend konservative Abgeordnete gewählt. Im Rheinland und in Westfalen hatte die Wählergunst sich auf katholische Kandidaten, auf die bekannten Wortführer des Liberalismus und auf radikale Kandidaten verteilt. Aus den übrigen Teilen Nord- und Mitteldeutschlands wie aus Franken, Württemberg und dem rechtsrheinischen Hessen waren Vertreter des linken und des rechten Liberalismus gekommen. In Sachsen, Rheinhessen, Baden und der Pfalz waren die Demokraten erfolgreich gewesen. Altbayern hatte klerikale, landespatriotische Kandidaten gewählt. Aus Österreich wiederum waren Vertreter aller politischen Farben gekommen: von den klerikal-konservativen Kräften über gemäßigt liberale Großösterreicher zu den bürgerlich-nationalen Liberalen aus Böhmen und Wien bis zu radikal-großdeutschen Demokraten."[45] Das bedeutete auch: Ultrakonservative wie sozialistische Abgeordnete fehlten, das Schwerpunkt lag in der liberalen Mitte.

---

[43] Bei *Heinrich Lutz*, Zwischen Habsburg und Preußen. Deutschland 1815–1866. Siedler Deutsche Geschichte, 1994, S. 268 f. Zur beruflichen Zusammensetzung der bis zum Ende der Nationalversammlung insgesamt kürzer oder länger anwesenden 812 Abgeordneten *Wolfram Siemann*, Die deutsche Revolution von 1848/49, 1985, S. 126.

[44] Wolfram Siemann, Die deutsche Revolution 1848/49, aaO, S. 126.

[45] *Heinrich Lutz*, Zwischen Habsburg und Preußen. Deutschland 1815–1866. Siedler Deutsche Geschichte, 1994, S. 266.

b) Anfangsschwierigkeiten der Nationalversammlung

421 Zwei fast unlösbare Schwierigkeiten belasteten die Beratungen der Nationalversammlung von Beginn an. Zum einen ging es nicht darum, einen bereits existierenden (National)Staat mit einer neuen Verfassung neu zu organisieren.[46] Beabsichtigt war die Gründung eines Staates im Wege der Verfassunggebung. Das hieß praktisch-politisch: Die Versammlung und ihr geplantes Werk, die keine eigene Verwaltung und kein Militär hinter sich hatten, waren auf die Mitwirkung der Einzelstaaten angewiesen, aber auch auf den Deutschen Bund mit seinem ebenfalls in Frankfurt tagenden Bundestag, der letztlich überwunden und aufgelöst werden sollte. Das umfasste auch die Frage, ob die verfassunggebende Versammlung nicht doch von Beginn an durch eine eigene Exekutive unterstützt und begleitet werden musste. Und, fast noch schwieriger: Mit welchen Grenzen sollte der zu gründende Staat entstehen, sollte er Österreich umfassen (die sog. großdeutsche Lösung) oder ein deutsches Reich ohne Österreich sein (die kleindeutsche Lösung)? Für die meisten Mitglieder der Nationalversammlung sollte das Reich alle Deutschen umfassen, also auch Deutsch-Österreicher. Das aber hätte die kaum realistische Auflösung des Vielvölkerstaats Österreich verlangt. Zum anderen gab es eine ganz anders gelagerte Schwierigkeit. Die bürgerlich-akademische Zusammensetzung der Versammlung wich zwar von den tatsächlichen politischen Machtverhältnissen durch die Betonung liberal-demokratischer Auffassungen weit ab, sie war aber nicht auf der Höhe der Zeit. Die Nichtberücksichtigung des vierten Standes blendete eine große Bevölkerungsgruppe aus.

422 Die wichtigsten politischen Richtungen in der Versammlung umfassten zunächst die Konservativen (Treffpunkt im Café Milani), sie traten für eine starke Stellung der Einzelstaaten und der Monarchien ein. Die liberale Mitte als stärkste Gruppe zerfiel in verschiedene Fraktionen. Ihre größte, das „Rechte Zentrum" mit etwa 120 Abgeordneten („Casino"), trat für eine kleindeutsche Lösung und eine Verbindung demokratisch-monarchischer Elemente ein. Die Linke, auch sie in verschiedene Strömungen unterteilt, hatte ihre größte Teilgruppe in etwa 100 Vertretern einer großdeutschen Republik („Deutscher Hof"). Etwa ein Drittel der Abgeordneten schloss sich keiner Fraktion an, die im Übrigen mit heutigen parlamentarischen Fraktionen nicht vergleichbar waren. Wechsel zwischen den Gruppen kamen häufig vor, feste politische Programme fehlten ganz. Neben den politischen Überzeugungen der einzelnen Abgeordneten spielten auch religiöse, regionale und partikularstaatliche Bindungen eine große Rolle. Die Geschäftsordnung der Nationalversammlung kannte Fraktionen nicht.

---

[46] Das unterschied die Situation entscheidend von der in Frankreich 1789 und erschwerte die Aufgabe der Nationalversammlung, vgl. *Rainer Wahl*, Die Entwicklung des deutschen Verfassungsstaates bis 1866, in: *ders.*, Verfassungsstaat, Europäisierung, Internationalisierung, 2003, S. 277 ff., 305 f.

c) Einführung einer „provisorischen Zentralgewalt"

Der erste große Beschluss der Nationalversammlung war das „Reichsgesetz über die Einführung einer provisorischen Zentralgewalt in Deutschland"[47] vom 28. Juni 1848. Mit ihm beanspruchte die Nationalversammlung auch die Innehabung der gesetzgebenden Gewalt und die Befugnis, schon vor Gründung des Reiches als oberste Reichsgewalt andere Gewalten konstituieren zu können.

Das Gesetz bestimmte:
„1) Bis zur definitiven Begründung einer Regierungsgewalt für Deutschland soll eine provisorische Zentralgewalt für alle gemeinsamen Angelegenheiten der deutschen Nation bestellt werden.
2) Dieselbe hat
a) die vollziehende Gewalt zu üben in allen Angelegenheiten, welche die allgemeine Sicherheit und Wohlfahrt des deutschen Bundesstaates betreffen;
b) die Oberleitung der gesammten bewaffneten Macht zu übernehmen, und namentlich die Oberbefehlshaber derselben zu ernennen;
c) die völkerrechtliche und handelspolitische Vertretung Deutschlands auszuüben, und zu diesem Ende Gesandte und Konsuln zu ernennen.
3) Die Errichtung des Verfassungswerkes bleibt von der Wirksamkeit der Zentralgewalt ausgeschlossen.
4) Ueber Krieg und Frieden und über Verträge mit auswärtigen Mächten beschließt die Zentralgewalt im Einverständnisse mit der Nationalversammlung.
5) Die provisorische Zentralgewalt wird einem Reichsverweser übertragen, welcher von der Zentralgewalt gewählt wird.
6) Der Reichsverweser übt seine Gewalt durch von ihm ernannte, der Nationalversammlung verantwortliche Minister aus. Alle Anordnungen desselben bedürfen zu ihrer Gültigkeit der Gegenzeichnung wenigstens eines verantwortlichen Ministers.
7) Der Reichsverweser ist unverantwortlich.
8) Ueber die Verantwortlichkeit der Minister wird die Nationalversammlung ein besonderes Gesetz erlassen.
9) Die Minister haben das Recht, den Berathungen der Nationalversammlung beizuwohnen und von derselben gehört zu werden.
10) Die Minister haben die Verpflichtung, auf Verlangen der Nationalversammlung in derselben zu erscheinen und Auskunft zu ertheilen.
11) Die Minister haben das Stimmrecht in der Nationalversammlung nur dann, wenn sie als deren Mitglied gewählt sind.
12) Die Stellung des Reichsverwesers ist mit der eines Abgeordneten der Nationalversammlung unvereinbar.
13) Mit dem Eintritte der Wirksamkeit der provisorischen Zentralgewalt hört das Bestehen des Bundestages auf.
14) Die Zentralgewalt hat sich in Beziehung auf die Vollziehungsmaaßregeln, soweit thunlich, mit den Bevollmächtigten der Landesregierungen in's Einvernehmen zu setzen.
15) Sobald das Verfassungswerk für Deutschland vollendet und in Ausführung gebracht ist, hört die Thätigkeit der provisorischen Zentralgewalt auf."

Das war ein hoffnungsvoller Auftakt, der, ohne Gewalt und gewaltsamen Umbruch, in den Formen des Rechts die Umwälzung mit organischer Entwicklung zu

---

[47] Abgedruckt bei Ernst Rudolf Huber (Hrsg.), Dokumente zur deutschen Verfassungsgeschichte, Bd. 1, Deutsche Verfassungsdokumente 1803–1850, 3. Aufl. 1978, S. 340 f. (Nr. 85).

verbinden versuchte. Auch an dieser Stelle war das 19. Jahrhundert in Deutschland ein juristisches Jahrhundert. Die provisorische Reichsgewalt leitete sich von der ihrerseits durch Wahl legitimierten Nationalversammlung ab (Nr. 1, 5). Darin steckte eine Berufung auf den Grundsatz der Volkssouveränität, die an anderen Stellen wieder konterkariert wurde. Die Ersetzung des Bundestages (Nr. 13) sollte den Weg zum bundesstaatlichen Reich ebnen (Nr. 2a). Die fehlende Abhängigkeit des Reichsverwesers (Nr. 7) von der Nationalversammlung wahrte eine Kontinuitätslinie zu den monarchischen Regierungsformen seit 1815, abgeschwächt wiederum durch die parlamentarische Verantwortlichkeit der Minister (Nr. 8).

426 Am 29. Juni 1848 wählte die Nationalversammlung auf Vorschlag Heinrich von Gagerns mit 436 gegen 112 Stimmen den österreichischen Erzherzog Johann (1782–1859), den jüngsten Bruder des letzten Kaisers des Alten Reichs (Franz I.), Kompromisskandidat von Konservativen und Liberalen, zum Reichsverweser. Johann berief (Nr. 6 des Gesetzes) sein Ministerium (Kabinett), das vorwiegend aus großdeutsch orientierten Persönlichkeiten bestand. Preußen stellte lediglich den Kriegsminister. Entsprechend Nr. 13 des Gesetzes übertrug der Bundestag des Deutschen Bundes am 12. Juli 1848 dem Reichsverweser seine Befugnisse und erklärte seine bisherige Tätigkeit für beendet.

427 Schon kurz danach jedoch geriet die Reichsgewalt, die nur aus einem Kollegium bestand, und mit ihr die Nationalversammlung in Schwierigkeiten. Im Herbst 1848 verweigerten Frankreich, Russland und England aus unterschiedlichen Gründen die völkerrechtliche Anerkennung der Zentralgewalt. Preußen und Österreich lehnten es ab, den militärischen Oberbefehl der provisorischen Zentralgewalt (Nr. 2b des Gesetzes) anzuerkennen. Die Ratifizierung eines Waffenstillstandes (nach Nr. 4 des Gesetzes), mit dem Preußen einen Bundeskrieg gegen Dänemark beenden wollte, entzweite sowohl die Zentralgewalt als auch die Nationalversammlung, das Reichskabinett trat zurück, erst am 16. September 1848 billigte die Nationalversammlung den Waffenstillstand. Dagegen protestierte die Linke vor den Toren der Versammlung und bezeichnete die zustimmenden Abgeordneten als „Verräter des Volkes". Die provisorische Zentralgewalt rief preußisches und österreichisches Militär zum Schutz der Nationalversammlung nach Frankfurt, die Unruhen nach kurzen Straßenkämpfen beendeten. Die Folge dieser Ereignisse war die Spaltung der Nationalversammlung, die bis zu diesem Zeitpunkt konsensorientiert verhandelt hatte. Die noch weitreichendere Konsequenz war die im Grunde bis 1918 andauernde Verdrängung der radikalen Demokraten aus dem politischen Spektrum in die Illegalität. „Die Volkssouveränität hatte den Kampf mit dem monarchischen Prinzip verloren."[48] Der Liberalismus, der einen echten monarchischen Konstitutionalismus anstrebte, war ab diesem Zeitpunkt zu Konzessionen an die konservativ-monarchischen Kräfte bereit. Nicht von ungefähr kam es, dass seit dem Herbst 1848 die konservativ-restaurativen Kräfte in vielen Staaten – zu Preußen oben Rn. 337 ff. – wieder erstarkten und die Nationalversammlung zunehmend in Schwierigkeiten brachten. Am 31. Oktober

---

[48] *Werner Frotscher/Bodo Pieroth*, Verfassungsgeschichte, 17. Aufl. 2018, S. 328.

1848 stürmten österreichische Truppen das von Aufständischen besetzte Wien. Dabei kamen mehrere tausend Menschen zu Tode. Der radikal-demokratisch gesinnte Journalist Robert Blum, Abgeordneter in der Nationalversammlung, der auf Seiten der Aufständischen stand, wurde trotz parlamentarischer Immunität standrechtlich erschossen. Unter Fürst Schwarzenberg kam in Österreich eine restaurative Regierung ins Amt. Der politische Bewegungsraum der in Lager zerfallenen Nationalversammlung verengte sich zusehends, zumal die Ereignisse auch das Parlament und die Bevölkerung teilweise entzweiten.

3. Die Verfassungsberatungen über die „Grundrechte des deutschen Volkes"

Es erstaunt, dass es der Nationalversammlung trotz der schwierigen Ausgangslage, den vielen zu treffenden verfassungspolitischen Entscheidungen und trotz zunehmenden äußeren Bedrängnissen gelang, im Verlauf von etwa acht Monaten eine vollständige, durchdachte und in ihren Formulierungen gelungene Verfassung zu erarbeiten, die für die späteren deutschen Verfassungen in unterschiedlichem Maße wegweisend wurde.

Die Beratungen des Plenums begannen am 3. Juli 1848 bezeichnenderweise mit den Grundrechten. Die Grundrechte sollten den Rahmen einer neuen bürgerlichen Gesellschaft verkörpern, geprägt von den Prinzipien der Freiheit und Gleichheit. Seitens des Verfassungsausschusses erläuterte dies der Rechtsprofessor und Abgeordnete für den Wahlkreis Greifswald Georg Beseler (1809–1888) so: Man wolle „den Rechtsstaat auch für Deutschland begründen" und damit beginnen, „die tieferen Schichten des öffentlichen Lebens zu erfassen", um den Polizeistaat zu überwinden.[49] Darüber herrschte weitgehend Einigkeit; es sollten über den Stand der konstitutionellen Verfassungen hinaus Freiheit und Gleichheit der Bürger garantiert werden. Für das Vorziehen der Grundrechte gab Beseler aber noch eine weitere, für die Mehrheit in der Nationalversammlung durchaus repräsentative Begründung: Angesichts der „großen socialen Bewegung, die Deutschland ergriffen" habe, solle in der Versammlung „ein Wort darüber gesprochen werden, wo wir die Grenze finden, über welche die Bewegung nicht hinausgeführt werden" solle.[50] Von sozialrevolutionären Bestrebungen und uneingeschränktem Republikanismus wollte die Mehrheit der Versammlung nichts wissen. In dem für die Grundrechte zuständigen Verfassungsausschuss waren vor allem bürgerliche Mitglieder vertreten (so etwa einer der „Göttinger Sieben", der Historiker Dahlmann), die ihr Augenmerk auf die klassischen Freiheits- und Abwehrrechte (vgl. §§ 138 ff. RV 1849) richteten, eingeschlossen den Schutz der Gewerbefreiheit und des Eigentums (§§ 133, 164 f. RV 1849). Soziale Grundrechte fanden praktisch keine Berücksichtigung, mit Ausnahme des kostenfreien Unter-

---

[49] Stenographischer Bericht über die Verhandlungen der deutschen constituierenden Nationalversammlung zu Frankfurt am Main, hrsg. v. Franz Wigard, 1848/49, Bd. 1, S. 700.
[50] Stenographischer Bericht, aaO, S. 700.

richts für alle Unbemittelten „auf allen öffentlichen Unterrichtsanstalten", § 157 Abs. 2 RV 1849. Eingaben regionaler Arbeiterkongresse, die sich für die Aufnahme des Schutzes der Arbeitskraft und der freien Assoziation von Arbeitern aussprachen, blieben ohne Widerhall. Stärkere Aufmerksamkeit widmete die Verfassung den Gleichheitsrechten, insbesondere der Beseitigung von Standesunterschieden und ständischen Vorrechten, vgl. §§ 137, 166 ff. RV 1849, bis hin zu der Gewähr gleichmäßiger Besteuerung: „Die Besteuerung soll so geordnet werden, dass die Bevorzugung einzelner Stände und Güter in Staat und Gemeinde aufhört" (§ 173 RV 1849).

430 Der Historiker Veit Valentin charakterisierte 1931, in Zeiten manifester Gefährdung der Weimarer Verfassung, den rechtsstaatlich-freiheitlichen Aspekt der Grundrechte der Paulskirche so: „Diese Grundrechte fassen die bitteren Erfahrungen des Menschenalters der Reaktion mit einer Klarheit zusammen, die noch in unsere Tage hineinleuchtet."[51] Zugleich sollte es keinen vollständigen Bruch der politischen und gesellschaftlichen Kontinuität geben. In den Grundrechten der Paulskirche wurde „ein Gegenbild einer Verfassung sichtbar, die betont auf den Grundrechten aufbaut, ihre Geltungskraft verstärkte und die den Gedanken der Volkssouveränität in einer viel gewichtigeren Weise gegenüber dem monarchischen Faktor akzentuierte, als es in der Theorie und Praxis des deutschen Konstitutionalismus bis 1918 der Fall war"[52].

431 Die größten Schwierigkeiten bereitete im Grundrechtsteil das Verhältnis von Staat und Kirche und, damit verbunden, das Schulwesen. Republikanisch gesinnte Abgeordnete wollten eine strikte Trennung von Staat und Kirche, während kirchliche Kräfte auf die Gewährleistung zumindest des kirchlichen Selbstbestimmungsrechts abzielten, unter Umständen sogar auf eine privilegierte Stellung der Kirchen, vor allem mit Blick auf das Schulwesen. Die Kontroverse, die sich 1919 in den Beratungen zur Weimarer Verfassung wiederholen sollte, war wegen der konfessionellen Landkarte in Deutschland – der Süden (insbesondere Bayern und Österreich) katholisch, der Norden (weite Teile Preußens, Hannover) protestantisch – mit der Alternative des klein- oder großdeutschen Reiches verknüpft. Die Nationalversammlung verständigte sich auf einen Kompromiss. Neben die individuelle Glaubens- und Gewissensfreiheit (§ 144 RV 1849) trat erstmals in der Verfassungsentwicklung das Selbstbestimmungsrecht der Religionsgemeinschaften (§ 147 Abs. 1 RV 1849): „Jede Religionsgemeinschaft ordnet und verwaltet ihre Angelegenheiten selbständig, bleibt aber den allgemeinen Staatsgesetzen unterworfen." Diese Gewährleistung findet sich später auch in der preußischen Verfassung von 1850 (Art. 16), in der Weimarer Verfassung (Art. 137 Abs. 3 WRV) und im Grundgesetz (Art. 140 i. V. m. Art. 137 Abs. 3 WRV). Schließlich beschloss die Nationalversammlung eine gemäßigte Trennung von Staat und Kirche (§ 147 Abs. 2 RV 1849): „Keine Religionsgesellschaft genießt vor anderen Vorrechte durch den Staat; es besteht fernerhin keine Staatskirche." Die Grundrechte wurden separat und vorab durch das Reichsgesetz „betreffend die Grundrechte des

---

[51] *Veit Valentin*, Geschichte der deutschen Revolution 1848–1849, Bd. 2, Nachdruck 1977, S. 314.
[52] *Rainer Wahl*, Rechtliche Wirkungen und Funktionen der Grundrechte im deutschen Konstitutionalismus des 19. Jahrhunderts, in: *ders.*, Verfassungsstaat, Europäisierung, Internationalisierung, 2003, S. 341 ff., 365 f.

deutschen Volkes" vom 27. Dezember 1848 verabschiedet. Das Gesetz fand später Aufnahme in die Paulskirchenverfassung als Abschnitt VI (§§ 130–189).

Der Grundrechtsteil konnte an westeuropäische Vorbilder und die staatsbürgerlichen Rechte der deutschen konstitutionellen Verfassungen anknüpfen. Hätte die Verfassung Geltung erlangt, wären die Grundrechte zu einem Fundament des zu begründenden Nationalstaates geworden. Geplant war auch ein Vorrang der Grundrechte vor dem Gesetzgeber.[53] Die Frankfurter Grundrechte standen in einer Linie mit den amerikanischen und französischen Vorbildern vom Ende des 18. Jahrhunderts (oben Rn. 230 ff. und 242 ff.). „Die Frankfurter Grundrechte stellten eine Rezeption des klassischen Grundrechtssystems dar. Sie entwickelten sich auf dem Boden der in den westlichen Verfassungsstaaten bereits zur Tradition gewordenen Rechtskultur. […] Die Frankfurter Verbürgungen befanden sich im Einklang mit der geistigen und sozialen Konstitution einer Zeit, die voll und ungebrochen von bürgerlicher Freiheits- und Rechtsgesinnung bestimmt war."[54]

Eine Bestätigung des Ranges der Grundrechte lag darin, dass nach dem Scheitern der Nationalversammlung der wieder in seine alten Rechte eingetretene Deutsche Bund durch Beschluss der Bundesversammlung die „sogenannten Grundrechte" aufhob (unten Rn. 460).[55]

4. Grundlinien der Staatsorganisation nach der Paulskirchenverfassung

Im Staatsorganisationsrecht hatte die Nationalversammlung grundlegende Richtungsentscheidungen auf dem Weg zu einem neuen, deutschen Nationalstaat zu treffen. Es ging zunächst um die Alternative eines republikanisch/demokratischen oder eines monarchischen Reiches. Letztlich war eine Erbmonarchie mit starken demokratischen Elementen vorgesehen. Fast durchgehend vermied die Versammlung einen Bezug auf die Volkssouveränität, häufiger war der Bezug auf die „Souveränität der Nation". Wenig strittig war die Entscheidung für einen Bundesstaat gegenüber einem Einheitsstaat; die föderale Variante entsprach der deutschen Tradition starker regionaler Herrschaft seit dem Heiligen Römischen Reich. Die weitere schwierige Frage, ob Österreich einbezogen werden sollte, und bejahendenfalls, wie mit den außerdeutschen Territorien Österreichs zu verfahren sei, wurde nach langen Debatten mit der kleindeutschen Lösung (keine Einbeziehung Deutschösterreichs) entschieden, aber mit der Option zur Revision dieser Festlegung. Am 27. März 1849 nahm die

---

[53] Zeitgenössisch zur Bedeutung der Grundrechte: *Theodor Mommsen*, Die Grundrechte des Deutschen Volkes (1849), Neudruck 1969; ferner *Jörg-Detlef Kühne*, Die Reichsverfassung der Paulskirche, 2. Aufl. 1998, S. 185 ff.
[54] *Ernst Rudolf Huber*, Deutsche Verfassungsgeschichte seit 1789, Bd. 2, Der Kampf um Einheit und Freiheit 1830 bis 1850, 3. Aufl. 1988, S. 776.
[55] Bundesbeschluss vom 23. August 1851. Abgedruckt bei Ernst Rudolf Huber (Hrsg.), Dokumente zur deutschen Verfassungsgeschichte, Bd. 2, Deutsche Verfassungsdokumente 1851–1900, 3. Aufl. 1986, S. 2 (Nr. 2).

Nationalversammlung die Verfassung an, am 28. März 1849 wurde sie verkündet.[56] Den Abgeordneten war bewusst, dass die Geltung der Verfassung damit noch nicht gesichert war. Bevor das tragische Scheitern der Verfassung zu schildern ist, sollen die Grundzüge ihres Organisationsrechts dargestellt werden. Die Abschnitte III und IV regelten die Verfassungsorgane „Reichsoberhaupt", eingeschlossen die Reichsregierung, und „Reichstag", die, teils getrennt, teils zusammenwirkend, die „Reichsgewalt" ausübten.

a) Das Reichsoberhaupt: der „Kaiser der Deutschen"

435 „§ 68. Die Würde des Reichsoberhauptes wird einem der regierenden deutschen Fürsten übertragen.
§ 69. Die Würde ist erblich im Hause des Fürsten, dem sie übertragen worden. Sie vererbt im Mannesstamme nach dem Rechte der Erstgeburt.
§ 70. Das Reichsoberhaupt führt den Titel: Kaiser der Deutschen. [...]
§ 73. Die Person des Kaisers ist unverletzlich.
Der Kaiser übt die ihm übertragene Gewalt durch verantwortliche, von ihm ernannte Minister aus.
§ 74. Alle Regierungshandlungen des Kaisers bedürfen zu ihrer Gültigkeit der Gegenzeichnung von wenigstens einem der Reichsminister, welcher dadurch die Verantwortung übernimmt."

436 Der Kaiser war danach kein Monarch von Gottes Gnaden, sondern durch die Verfassung eingesetzt und legitimiert; er hieß deshalb nicht „Deutscher Kaiser", sondern „Kaiser der Deutschen" (§ 70 RV 1849). Zugleich war eine Erbmonarchie vorgesehen, so dass es nach der Einsetzung des ersten Kaisers keine weiteren Mitwirkungsbefugnisse auf die Auswahl des Monarchen gegeben hätte. Ihm wurde die Exekutive zugewiesen, die durch dem Reichstag verantwortliche Minister ausgeübt wurde. Die Befugnisse des Kaisers normierten §§ 75 ff. RV (1849). Nach den völkerrechtlichen Befugnissen hieß es:

437 „§ 79. Der Kaiser beruft und schließt den Reichstag; er hat das Recht, das Volkshaus aufzulösen.
§ 80. Der Kaiser hat das Recht des Gesetzesvorschlags. Er übt die gesetzgebende Gewalt in Gemeinschaft mit dem Reichstage unter den verfassungsmäßigen Beschränkungen aus. Er verkündigt die Reichsgesetze und erlässt die zur Vollziehung derselben nöthigen Verordnungen. [...]
§ 83. Der Kaiser hat die Verfügung über die bewaffnete Macht.
§ 84. Überhaupt hat der Kaiser die Regierungsgewalt in allen Angelegenheiten des Reiches nach Maaßgabe der Reichsverfassung. Ihm als Träger dieser Gewalt stehen diejenigen Rechte und Befugnisse zu, welche in der Reichsverfassung der Reichsgewalt beigelegt und dem Reichstage nicht zugewiesen sind."

438 Die Stellung des Monarchen wies starke Parallelen zu den konstitutionellen deutschen Verfassungen des monarchischen Prinzips auf. Ihm kam die Exekutive einschließlich des Militärs zu. Außerdem übte er die gesetzgebende Gewalt zusammen mit dem Reichstag aus; bei Meinungsverschiedenheiten zwischen den Organen gab

---

[56] RGBl. S. 101. Abgedruckt bei Ernst Rudolf Huber (Hrsg.), Dokumente zur deutschen Verfassungsgeschichte, Bd. 1, Deutsche Verfassungsdokumente 1803–1850, 3. Aufl. 1978, S. 375 ff. (Nr. 108).

es aber allein ein suspensives Votum des Monarchen. Allerdings: Vom monarchischen Prinzip war keine Spur mehr. Die „Reichsgewalt" lag beim Monarchen und dem Reichstag, der Kaiser sollte gerade nicht Inhaber aller Staatsgewalt und durch die Verfassung nur in einzelnen Bereichen bei ihrer Ausübung beschränkt sein; ihm waren alle ihm zustehenden Befugnisse durch die Verfassung übertragen.

b) Der Reichstag: Staatenhaus und Volkshaus

Zum Reichstag hieß es: 439

„§ 85. Der Reichstag besteht aus zwei Häusern, dem Staatenhaus und dem Volkshaus."

Das Staatenhaus war die Vertretung der Einzelstaaten beim Reich, in ihm gab es 440 – wie heute beim Bundesrat – nach der Bevölkerungszahl gestufte Stimmenzahlen der einzelnen Staaten, die von 40 Mitgliedern (Preußen) bis zu je einem Mitglied (die Kleinstaaten und die freien Städte Lübeck, Frankfurt, Bremen und Hamburg) reichten (§§ 86, 87 RV 1849). Die Mitglieder des Staatenhauses sollten „zur Hälfte durch die Regierung und zur Hälfte durch die Volksvertretung der betreffenden Staaten ernannt" werden (§ 88 Abs. 1 RV 1849).

Als Parlament war das Volkshaus vorgesehen: 441

„§ 93. Das Volkshaus besteht aus den Abgeordneten des deutschen Volkes.
§ 94. Die Mitglieder des Volkshauses werden für das erste Mal auf vier Jahre, demnächst immer auf drei Jahre gewählt.
Die Wahl geschieht nach den in dem Reichswahlgesetze enthaltenen Vorschriften."

In der Gesetzgebung herrschte (fast) volle Gleichberechtigung zwischen dem Kaiser und den beiden Häusern des Reichstages. Der Bereich der Gesetzgebung war – anders als nach den Verfassungen des monarchischen Prinzips – nicht auf Eingriffe in Freiheit und Eigentum der Staatsbürger beschränkt (vgl. § 102 RV 1849). 442

Mit Blick auf die Zugehörigkeit Österreichs zum Reich enthielt die Verfassung zwei Regelungen, wobei klar war, dass das Reich zu Beginn der kleindeutschen Lösung folgen sollte. Zunächst hieß es aber, Deutschösterreich umfassend: 443

„§ 1. Das Deutsche Reich besteht aus dem Gebiete des bisherigen Deutschen Bundes. Die Festsetzung der Verhältnisse des Herzogthums Schleswig bleibt vorbehalten."

Dieser großdeutsche Auftakt des Verfassungstextes erfuhr jedoch an eher verdeckter Stelle, bei der Festlegung der Mitgliederzahl der einzelnen Staaten im Staatenhaus, die Korrektur zur kleindeutschen Lösung (§ 87 Abs. 2 RV 1849):

„So lange die deutsch-österreichischen Lande an dem Bundesstaate nicht Theil nehmen, erhalten nachfolgende Staaten eine größere Anzahl von Stimmen im Staatenhause […]."

c) Rechtsstaatlichkeit

Zur Gewährleistung der Rechtsstaatlichkeit enthielt der Verfassungstext neben den Grundrechten ausführliche Regelungen zur Rechtsprechung und rechtsprechenden Gewalt. Vorgesehen war ein Reichsgericht mit umfassenden Zuständigkeiten auch im Bereich des Verfassungsrechts (Normenkontrolle, Organstreitverfahren, föderale 444

Streitigkeiten), eingeschlossen die Individualverfassungsbeschwerde. Eine so „substanzielle Verfassungsgerichtsbarkeit"[57] gab es später weder im Kaiserreich noch in der Weimarer Republik. Erst das Grundgesetz hat dieses Konzept der Verfassungsgerichtsbarkeit verwirklicht und ausgebaut.

„§ 125. Die dem Reiche zustehende Gerichtsbarkeit wird durch ein Reichsgericht ausgeübt.
§ 126. Zur Zuständigkeit des Reichsgerichts gehören:
a) Klagen eines Einzelstaates gegen die Reichsgewalt wegen Verletzung der Reichsverfassung durch Erlassung von Reichsgesetzen und durch Maaßregeln der Reichsregierung, sowie Klagen der Reichsgewalt gegen einen Einzelstaat wegen Verletzung der Reichsverfassung.
b) Streitigkeiten zwischen dem Staatenhause und dem Volkshause unter sich und zwischen jedem von ihnen und der Reichsregierung, welche die Auslegung der Reichsverfassung betreffen, wenn die streitenden Theile sich vereinigen, die Entscheidung des Reichsgerichts einzuholen. [...]
g) Klagen deutscher Staatsbürger wegen Verletzung der durch die Reichsverfassung ihnen gewährten Rechte. Die näheren Bestimmungen über den Umfang dieses Klagerechts und die Art und Weise dasselbe geltend zu machen, bleiben der Reichsgesetzgebung vorbehalten."

445 Im Grundrechtsabschnitt (§§ 130 ff. RV 1849) finden sich justizielle Rechte, die auch das Grundgesetz, mit teils ähnlichen Formulierungen, enthält.

„§ 174. Alle Gerichtsbarkeit geht vom Staate aus. Es sollen keine Patrimonialgerichte bestehen.
§ 175. Die richterliche Gewalt wird selbständig von den Gerichten geübt. Cabinetts- und Ministerialjustiz ist unstatthaft.
Niemand darf seinem gesetzlichen Richter entzogen werden. Ausnahmegerichte sollen nie stattfinden. [...]
§ 177. Kein Richter darf, außer durch Urtheil und Recht, von seinem Amt entfernt, oder an Rang und Gehalt beeinträchtigt werden.
Suspension darf nicht ohne gerichtlichen Beschluss erfolgen.
Kein Richter darf wider seinen Willen, außer durch gerichtlichen Beschluss in den durch das Gesetz bestimmten Fällen und Formen, zu einer anderen Stelle versetzt oder in Ruhestand gesetzt werden.
§ 178. Das Gerichtsverfahren soll öffentlich und mündlich sein.
Ausnahmen von der Oeffentlichkeit bestimmt im Interesse der Sittlichkeit das Gesetz.
§ 179. In Strafsachen gilt der Anklageprozeß.
Schwurgerichte sollen jedenfalls in schwereren Strafsachen und bei allen politischen Vergehen urtheilen. [...]
§ 181. Rechtspflege und Verwaltung sollen getrennt und von einander unabhängig sein. [...]
§ 182. Die Verwaltungsrechtspflege hört auf; über alle Rechtsverletzungen entscheiden die Gerichte.
Der Polizei steht keine Strafgerichtsbarkeit zu."

d) Föderaler Aufbau

446 Das Reich war Bundesstaat mit zwei Ebenen der Staatlichkeit (Reich und Einzelstaaten). Die Verfassung regelte die vertikale Verteilung der Zuständigkeiten, zunächst

---

[57] So *Rainer Wahl*, Die Entwicklung des deutschen Verfassungsstaats bis 1866, in: *ders.*, Verfassungsstaat, Europäisierung, Internationalisierung, 2003, S. 277 ff., 312; ausführlich *Hans Joachim Faller*, Die Verfassungsgerichtsbarkeit in der Frankfurter Reichsverfassung vom 28. März 1849, in: Gerhard Leibholz u. a. (Hrsg.), FS Willi Geiger, 1974, S. 827 ff.

mit einer dem Art. 30 GG entsprechenden Vermutung für die Zuständigkeit der Einzelstaaten (Länder).

„§ 5. Die einzelnen deutschen Staaten behalten ihre Selbständigkeit, soweit dieselbe nicht durch die Reichsverfassung beschränkt ist; sie haben alle staatlichen Hoheiten und Rechte, soweit diese nicht der Reichsgewalt ausdrücklich übertragen sind."

Über das Staatenhaus sollten die Einzelstaaten an der Ausübung der Reichsgewalt teilhaben, insbesondere bei der Gesetzgebung. Die Gesetzgebungszuständigkeiten des Reichs erstreckten sich vor allem auf die Bereiche, in denen Einheitlichkeit wünschenswert erschien, insbesondere auf wirtschaftlichem Gebiet (§ 33 ff. RV 1849). Daneben gab es auch Homogenitätsanforderungen an die Verfassungen der Einzelstaaten (heute Art. 28 Abs. 1 GG).

447

„§ 186. Jeder deutsche Staat soll eine Verfassung mit Volksvertretung haben. Die Minister sind der Volksvertretung verantwortlich.

§ 187. Die Volksvertretung hat eine entscheidende Stimme bei der Gesetzgebung [des Landes], bei der Besteuerung, bei der Ordnung des Staatshaushaltes; auch hat sie – wo zwei Kammern vorhanden sind, jede Kammer für sich – das Recht des Gesetzesvorschlags, der Beschwerde, der Adresse, so wie der Anklage der Minister. Die Sitzungen der Landtage sind in der Regel öffentlich. […]

§ 194. Keine Bestimmung in der Verfassung oder in den Gesetzen eines Einzelstaats darf mit der Reichsverfassung in Widerspruch stehen."

5. Das Scheitern der Verfassung und der Sieg der Gegenrevolution

Insbesondere mit der Überwindung des monarchischen Prinzips durch die verfassungskonstituierte Reichsgewalt, der ausgebauten Rechtsstaatlichkeit und der bundesstaatlichen Struktur war die Paulskirchenverfassung zukunftsweisend. Umso dramatischer und für die weitere Entwicklung Deutschlands folgenreich war ihr Scheitern. Damit musste seit dem Herbst 1848 gerechnet werden, nachdem die Entwicklungen in Österreich und, etwas gemäßigter, in Preußen reaktionäre Wendungen genommen hatten.

448

a) Die Ablehnung der Kaiserwürde durch Friedrich Wilhelm IV.

Am 28. März 1849, am Tag nach der Annahme der Verfassung, wählte die Nationalversammlung mit 290 Stimmen bei 248 Enthaltungen den preußischen König Friedrich Wilhelm IV. zum Kaiser der Deutschen. Eine Delegation der Versammlung suchte am 3. April 1849 den König in Berlin auf, um ihm offiziell die Kaiserwürde anzutragen. Der bemühte, aber zutiefst konservative und psychisch labile König hatte sich innerlich schon auf eine Ablehnung der Kaiserkrone aus der Hand der Nationalversammlung, also letztlich aus einer revolutionären Initiative festgelegt. Er empfing die Frankfurter Deputation mit einer hinhaltenden Erklärung, die seine tiefe Verwurzelung im Legitimitätsdenken des monarchischen Gottesgnadentums aussprach, das mit der Frankfurter Volkslegitimität unvereinbar war. An Ernst-Moritz

449

Arndt schrieb der König, diese Kaiserwürde sei das „eiserne Halsband der Knechtschaft", durch das er Leibeigener der Revolution werden solle.[58]

450 Die Erwiderung des Königs an die Deputation, die der Rechtsprofessor Eduard Simson (1810–1889) anführte, Abgeordneter für Königsberg/Ostpreußen und Präsident der Nationalversammlung in der Nachfolge Heinrich von Gagerns (und nach der Gründung des Bismarckreiches 1879 erster Präsident des Reichsgerichts), lautete in den entscheidenden Sätzen: „[…] Aber, meine Herren, Ich würde Ihr Vertrauen nicht rechtfertigen, Ich würde dem Sinne des deutschen Volkes nicht entsprechen, Ich würde Deutschlands Einheit nicht aufrichten, wollte Ich, mit Verletzung heiliger Rechte und Meiner früheren ausdrücklichen und feierlichen Versicherungen, ohne das Einverständniß der gekrönten Häupter, der Fürsten und freien Städte Deutschlands, eine Entschließung faßen, welche für sie und für die von ihnen regierten deutschen Stämme die entschiedensten Folgen haben muss.

An den Regierungen der einzelnen deutschen Staaten wird es daher jetzt sein, in gemeinsamer Berathung zu prüfen, ob die Verfassung dem Einzelnem, wie dem Ganzen frommt, ob die Mir zugedachten Rechte Mich in den Stand setzen würden, mit starker Hand, wie ein solcher Beruf es von Mir fordert, die Geschicke des großen deutschen Vaterlandes zu leiten und die Hoffnungen seiner Völker zu erfüllen.

Dessen möge Deutschland aber gewiß sein, und das, Meine Herren, verkündigen Sie in allen seinen Gauen: Bedarf es des preußischen Schildes und Schwertes gegen äußere oder innere Feinde, so werde Ich auch ohne Ruf nicht fehlen. Ich werde dann getrost den Weg Meines Hauses und Meines Volkes gehen, den Weg der deutschen Ehre und Treue!"[59]

451 Konnten die letzten Sätze schon fast als Drohung gelesen werden, so durchzog diese Erklärung ganz und gar der Geist des monarchischen Prinzips. Für ein fürstliches Prüfen und Inkraftsetzen der Verfassung jedenfalls war angesichts der demokratischen Legitimation der Nationalversammlung zur Verfassunggebung kein Raum. Preußen und andere große Staaten lehnten die Verfassung dennoch ab (während immerhin 30 kleinere Staaten sie publizierten). Am 28. April 1849 teilte der preußische Ministerpräsident durch den preußischen Bevollmächtigten bei der Reichszentralgewalt die Ablehnung der Reichsverfassung mit. Die Verfassung, unabhängig davon, ob sie bereits gegolten hatte oder nicht, entfaltete keine Rechtswirkungen mehr.

b) Von der Nationalversammlung zum Rumpfparlament

452 „In der an Enttäuschung, Bitterkeit und Zwiespalt nicht armen Geschichte Deutschlands bilden die letzten Monate der scheiternden Revolution ein besonders melancholisches Kapitel."[60] Deutschlandweit gab es eine erfolglose Kampagne für die Reichsverfassung; zu einer mitreißenden und starken Volksbewegung wie sie ein Jahr zuvor das Zusammentreten der Nationalversammlung begleitet hatte, kam es jedoch nicht.

---

[58] Zitiert nach *Heinrich Lutz*, Zwischen Habsburg und Preußen. Deutschland 1815–1866. Siedler Deutsche Geschichte, 1994, S. 307.

[59] Abgedruckt in Ernst Rudolf Huber (Hrsg.), Dokumente zur deutschen Verfassungsgeschichte, Bd. 1, Deutsche Verfassungsdokumente 1803–1850, 3. Aufl. 1978, S. 405 (Nr. 114).

[60] *Heinrich Lutz*, Zwischen Habsburg und Preußen. Deutsche Geschichte 1815–1866. Siedler Deutsche Geschichte, 1994, S. 307.

Am 4. Mai 1849 beschlossen die in der Paulskirche verbliebenen Abgeordneten: „Die Nationalversammlung fordert die Regierungen, die gesetzgebenden Körper, die Gemeinden der Einzelstaaten, das gesamte deutsche Volk auf, die Verfassung des deutschen Reichs vom 28. März des Jahres zur Anerkennung und Geltung zu bringen."[61]

Das war ein letzter erfolgloser Versuch. Die Einzelstaaten forderten die aus ihnen stammenden Abgeordneten zur Rückkehr auf. Es verblieben nur etwa 100 Abgeordnete, die das sogenannte Rumpfparlament nach Stuttgart verlegten. Dort lösten am 18. Juni 1849 württembergische Truppen gewaltsam die Versammlung auf und verwiesen die Abgeordneten des Landes. Der Reichsverweser beendete im August 1849 seine Tätigkeit. Ein Jahr später nahm der Bundestag des Deutschen Bundes in Frankfurt seine Geschäfte wieder auf.

§ 20 Die Verfassung des Deutschen Reiches von 1871

I. Nach der gescheiterten Revolution: Wiederkehr und Zerfall des Deutschen Bundes (1850 bis 1866)

1. Rückkehr des Deutschen Bundes

Als der Deutsche Bund, der 1848 seine Befugnisse der Nationalversammlung übertragen hatte, 1850 wieder in seine Rechte eintrat und im Bundestag seine Geschäfte erneut aufnahm, unterlag niemand dem Irrtum, die Uhr ließe sich einfach zurückdrehen, als sei in der Zwischenzeit nichts geschehen. Auch wenn die Paulskirchenverfassung gescheitert war – sie hatte unmittelbare Wirkungen, auf der einen Seite durch Anknüpfungen an sie, auf der anderen Seite aber auch in dem Willen, den politischen Kurs von einer Verfassunggebung durch Volkssouveränität abzuwenden und das monarchische Prinzip zu stärken.

Spuren des Verfassungswerks der Paulskirche fanden sich zunächst in der preußischen Verfassung von 1850, die, vor allem in ihrem Teil über die Rechte und Pflichten der Preußen, an die Reichsverfassung anknüpfte, dies mit der Folge, dass König Friedrich Wilhelm IV. bis 1858 versuchte, anders als danach sein Nachfolger Wilhelm I., die Verfassung nach Möglichkeit zu ignorieren. Für viele hatte das Scheitern der Paulskirche aber auch politisch desillusionierende Wirkungen, denn: „Den nachrevolutionären Regierungen galten die Ereignisse von 1848/49 als Entgleisung, als ein ‚tolles Jahr', dessen Folgen möglichst schnell und wirkungsvoll wieder rückgängig gemacht werden mussten." Es begann ein Jahrzehnt flächendeckender Reaktionspolitik, die das politische Leben in Deutschland in großem Maße lähmte und ein „Klima der Einschüchterung und Verfolgung"[62] erzeugte. Das hinterließ in der zweiten

---

[61] Ernst Rudolf Huber (Hrsg.), Dokumente zur deutschen Verfassungsgeschichte, Bd. 1, Deutsche Verfassungsdokumente 1803–1850, 3. Aufl. 1978, S. 418 f. (Nr. 122).
[62] Beide Zitate: *Wolfram Siemann*, Die deutsche Revolution von 1848/49, 1985, S. 7.

Jahrhunderthälfte so markante Spuren wie die vorausgegangene und gescheiterte Verfassungsbewegung.

457 1886 hielt der sächsische Liberale Friedrich Karl Biedermann (1812–1901), Mitglied der Frankfurter Nationalversammlung, rückblickend fest, dass „durch ganz Deutschland eine Reaktion ging, so planmäßig, so schonungslos, so alle edelsten Gefühle der Nation mit Füßen tretend, wie es weder in den 20er, noch in den 30er oder 40er Jahren etwas ähnliches gegeben hatte, eine Reaktion, deren Ausflüsse der sonst so milde Dahlmann mit den vernichtenden Worten brandmarkte: ‚Das Unrecht hat jede Scham verloren'."[63]

458 So düster war nicht jede Bilanz. Lebendig blieb der Wunsch nach der Einigung Deutschlands, an dem viele der „1848er" festhielten und ihre Hoffnung – im Sinne des aufkommenden Wortes von der „Realpolitik"[64] – jetzt auf die konservativen Machtzentren richteten. Das war auch eine Lehre aus den Jahren 1848/49: Wer mittels einer Verfassung die Dinge ändern wollte, musste die tatsächlichen gesellschaftlichen Machtverhältnisse und die zunehmende Entfremdung von Preußen und Österreich in Rechnung stellen. Das liberale Bürgertum, so eine verbreitete Auffassung, sei 1848/49 an seinem weltfremden Idealismus gescheitert. Das Trauma der gescheiterten Revolution ließ die Überzeugung wachsen, nur gemäßigte politische Zielsetzungen könnten Fortschritte erhoffen lassen. Der Erfinder des Wortes „Realpolitik" schrieb, und das las sich wie ein Kommentar zum gescheiterten Verfassungsversuch von 1848/49: „Herrschen heißt Macht üben, und Macht üben kann nur der, welcher Macht besitzt. Dieser unmittelbare Zusammenhang von Macht und Herrschaft bildet die Grundwahrheit aller Politik und den Schlüssel der ganzen Geschichte."[65]

459 Die Absichten der wiedererstarkten monarchischen Regierungen gingen in allen Einzelstaaten zunächst dahin, die alten Verhältnisse äußerlich möglichst weit wiederherzustellen, gestützt auf die beständige Machtbasis in Verwaltung und Militär. Die liberalen Märzregierungen wurden bis 1850 überall durch loyale monarchische Regierungen ersetzt. Viele liberal zusammengesetzte zweite Kammern wurden aufgelöst, wozu die Monarchen nach den konstitutionellen Verfassungen die Befugnis besaßen.

460 Der Bundestag des Deutschen Bundes forderte im sogenannten „Bundesratsbeschluss" vom 23. August 1851[66] die Regierungen auf, zur Wiederherstellung der inneren Ruhe und Ordnung die „seit dem Jahre 1848 getroffenen staatlichen Einrichtungen und erlassenen gesetzlichen Bestimmungen einer sorgfältigen Prüfung zu unterwerfen, und dann, wenn sie mit den Grundgesetzen des Bundes nicht in Einklang stehen, diese nothwendige Übereinstimmung ohne Verzug wieder zu bewirken." Außerdem ging es um die Beschränkung der Pressefreiheit. Die Regierungen sollten „durch alle gesetzlichen Mittel die Unterdrückung der Zeitungen und Zeitschriften unter Bestrafung der Schuldigen herbeiführen, welche atheistische, socialistische oder communistische oder auf den Umsturz der Monarchie gerichtete Zwecke verfolgen". Mit einem weiteren Beschluss vom selben Tag stellte der Bundestag die Unwirksamkeit des

---

[63] *Friedrich Karl Biedermann*, Mein Leben und ein Stück Zeitgeschichte, Bd. I, 1886, S. 344.

[64] *Ludwig August von Rochau*, Grundsätze der Realpolitik. Angewendet auf die staatlichen Zustände Deutschlands (1853), Nachdruck 1972.

[65] *Ludwig August von Rochau*, Grundsätze der Realpolitik, aaO, S. 25 f.

[66] Abgedruckt bei Ernst Rudolf Huber (Hrsg.), Dokumente zur deutschen Verfassungsgeschichte, Bd. 2, Deutsche Verfassungsdokumente 1851–1900, 3. Aufl. 1986, S. 1 f. (Nr. 1).

Gesetzes vom Dezember 1848 über die Grundrechte des deutschen Volkes fest: „Die in Frankfurt unter dem 27. Dezember 1848 erlassenen, in dem Entwurfe einer Verfassung des deutschen Reichs vom 28. März 1849 wiederholten sogenannten Grundrechte des deutschen Volkes können weder als Reichsgesetz, noch, so weit sie nur aufgrund des Einführungsgesetzes vom 27. Dezember 1848, oder als Theil der Reichsverfassung in den einzelnen Staaten für verbindlich erklärt sind, für rechtgültig gehalten werden. Sie sind deßhalb in so weit in allen Bundesstaaten als aufgehoben zu erklären. Die Regierungen derjenigen Staaten, in denen Bestimmungen der Grundrechte durch besondere Gesetze in's Leben gerufen sind, sind verpflichtet, sofort die erforderlichen Einleitungen zu treffen, um diese Bestimmungen außer Wirksamkeit zu setzen, in so fern sie mit den Bundesgesetzen oder den ausgesprochenen Bundeszwecken in Widerspruch stehen."[67]

2. Die „Erfurter Union"

Preußen entwickelte eine eigene, gegen Österreich gerichtete Politik der deutschen Einigung auf der Grundlage des monarchischen Prinzips. Am 26. Mai 1849 schlossen Preußen, Sachsen und Hannover ein Dreikönigsbündnis („Erfurter Union"), der Entwurf einer Reichsverfassung wurde erarbeitet („Erfurter Unionsverfassung"). Diese Verfassung lehnte sich an die Paulskirchenverfassung an, sah aber eine stärkere Stellung des monarchischen Reichsoberhauptes vor, für das der Kaisertitel nicht vorgesehen war. In der zweiten Jahreshälfte 1849 traten weitere 27 Staaten der Union bei. Im Januar 1850 wurde ein Unionsparlament gewählt und im April die Erfurter Unionsverfassung[68] verabschiedet. Sie trat jedoch nicht in Kraft, weil die Zustimmung vieler in der Union vertretener Regierungen ausblieb. Diese nahmen auf Österreich Rücksicht, das die Verfassung ablehnte und am Fortbestehen des Deutschen Bundes festhielt. Nachdem Österreich Sachsen und Hannover auf seine Seite gezogen hatte, stimmte Preußen in der „Olmützer Punktation" vom 29. November 1850 der Auflösung der Erfurter Union zu. Danach nahmen alle Unionsstaaten wieder an den Beratungen des Bundestages teil. Dieser handelte nach wie vor auf der Grundlage der Deutschen Bundesakte (1815) und der Wiener Schlussakte (1820).

461

Das konnte die Diskussionen um die Neuordnung Deutschlands allerdings nicht beenden. Angesichts unterschiedlicher Vorstellungen darüber gab es zunehmende Auseinandersetzungen zwischen Preußen und Österreich. Den Zeitgenossen war klar, dass der Deutsche Bund völlig anachronistisch geworden war. Bei dem jungen Gesandten Preußens in Frankfurt, Otto von Bismarck (1815–1898, 1851 bis 1859 in Frankfurt), ab 1862 preußischer Ministerpräsident und 1871 erster Kanzler des Deutschen Kaiserreichs, festigte sich auf der Grundlage genauer Beobachtung der Verhandlungen des Bundestages die Überzeugung, die deutsche Einigung könne nur von oben, von den Regierungen in Umkehrung des Weges von 1848, notfalls unter Druck auf die außerpreußischen Einzelstaaten und ohne Österreich gelingen. Bis-

462

---

[67] Abgedruckt bei Ernst Rudolf Huber (Hrsg.), Dokumente zur deutschen Verfassungsgeschichte, Bd. 2, aaO, S. 2 (Nr. 2).

[68] Abgedruckt bei Ernst Rudolf Huber (Hrsg.), Dokumente zur deutschen Verfassungsgeschichte, Bd. 1, Deutsche Verfassungsdokumente 1803–1850, 3. Aufl. 1978, S. 551 ff. (Nr. 209).

marck, der beim Deutschen Bund seine „Gesellenzeit"[69] absolvierte, wurde aber auch klar, dass die Auflösung des Dualismus mit Österreich durch die Stärkung des nationalen Gedankens nur durch ein „Bündnis mit dem nationalen Bürgertum"[70] gelingen konnte. Zur Überraschung der anderen Mitglieder und auch der Öffentlichkeit schlug Bismarck 1865 vor, den Deutschen Bund durch Einfügung eines aus allgemeinen Wahlen hervorgehenden Parlaments zu reformieren. Das lehnte Österreich ab.

3. Die kleindeutsche Lösung des preußisch-österreichischen Konflikts

463 Der Zeitpunkt, das kleindeutsche Einigungswerk in Gang zu setzen, kam schnell. 1864 führten Österreich und Preußen erfolgreich Krieg gegen Dänemark, das Schleswig annektiert hatte. Schleswig und Holstein wurden von Dänemark abgetrennt, Schleswig der Verwaltung Preußens, Holstein der des weit entfernten Österreich unterstellt. Das konnte keine Lösung auf Dauer sein. Das preußische Militär rückte eigenmächtig in Holstein ein; die Folge war die Bundesexekution gegen Preußen. Am 14. Juni 1866 trat Preußen unter Verstoß gegen Art. 5 WSA („Der Bund ist als ein unauflöslicher Verein gegründet, und es kann daher der Austritt aus diesem Verein keinem Mitgliede desselben frey stehen.") aus dem Deutschen Bund aus. Es begann eine militärische Auseinandersetzung zwischen Preußen und Österreich (Deutscher Krieg von 1866), die bereits am 3. Juli 1866 mit einem Sieg Preußens bei Königgrätz endete. Preußen unter der politischen Führung Bismarcks verzichtete auf die Demütigung Österreichs, indem es von einer Erstürmung Wiens absah, die militärisch möglich gewesen wäre. Der Friede von Prag (23. August 1866) ließ die österreichischen Territorien unangetastet, enthielt jedoch die Einwilligung Österreichs zur Auflösung des Deutschen Bundes und zu einer „neuen Gestaltung" Deutschlands ohne Österreich.

464 Art. IV des Friedensvertrages lautete: „Seine Majestät der Kaiser von Oesterreich erkennt die Auflösung des bisherigen Deutschen Bundes an und giebt seine Zustimmung zu einer neuen Gestaltung Deutschlands ohne Betheiligung des Oesterreichischen Kaiserstaates. Ebenso verspricht Seine Majestät, das engere Bundes-Verhältniß anzuerkennen, welches Seine Majestät der König von Preußen nördlich von der Linie des Mains begründen wird, und erklärt Sich damit einverstanden, daß die südlich von dieser Linie gelegenen deutschen Staaten in einen Verein zusammentreten, dessen nationale Verbindung mit dem Norddeutschen Bunde der näheren Verständigung zwischen beiden vorbehalten bleibt und der eine internationale unabhängige Existenz haben wird."[71]

---

[69] *Ernst u. Achim Engelbrecht*, Die Bismarcks, 2010, S. 253.
[70] *Ernst Forsthoff*, Deutsche Verfassungsgeschichte der Neuzeit, 4. Aufl. 1972, S. 145. Für Bismarck „waren die durch die Revolution von 1848 herbeigeführten Veränderungen unumkehrbar. Man musste sich mit ihnen abfinden." So *Christopher Clark*, Von Zeit und Macht. Herrschaft und Geschichtsbild vom Großen Kurfürsten bis zu den Nationalsozialisten, 2018, S. 146.
[71] Abgedruckt bei Ernst Rudolf Huber (Hrsg.), Dokumente zur deutschen Verfassungsgeschichte, Bd. 2, Deutsche Verfassungsdokumente 1851–1900, 3. Aufl. 1986, S. 249 ff. (Nr. 185).

Nicht zuletzt war die Stärke Preußens auch wirtschaftlich begründet. Obwohl seine Bevölkerungszahl (1865 ca. 19,3 Millionen) nur etwa die Hälfte des damaligen gesamten Österreichs betrug, vergrößerte sich der Abstand in der wirtschaftlichen Leistung seit 1850 immer mehr. 1865 gab es in Preußen 15.000 ortsfeste Dampfmaschinen, in Österreich 3.400. Die Steinkohleförderung in Preußen lag bei 12 Mio. Tonnen, in Österreich bei 5,7 Mio. Die Roheisenerzeugung war mit 850.000 Tonnen in Preußen fast doppelt so groß wie in Österreich. Die österreichische Staatsschuld betrug 1.670 Mio. Taler, die preußische 290 Mio. In Preußen – und den norddeutschen Mittelstaaten – waren die 1850er Jahre, nach der gescheiterten politischen Revolution, die entscheidende Phase für die Festigung der neuen kapitalistischen Wirtschaftsformen. Der Soziologe Werner Sombart (1863–1941) beschrieb dieses Jahrzehnt als Zeit, „in der die Lust zu erwerben die weitesten Bevölkerungskreise erfasste, in der die Spekulation mit einer früher nie gekannten Mächtigkeit die deutsche Geschäftswelt ergriff und nun erst recht eigentlich mit dem echten und unverfälschten kapitalistischen Geiste nicht vorübergehend, sondern für alle künftige Zeit erfüllte. In diese politisch ruhigen Jahre fällt die Geburtsstunde des neuen Deutschlands."[72] Die Überwindung der Krise der 1840er Jahre verbesserte auch, wenngleich nicht durchgreifend, die Lage der proletarischen Unterschichten. Arbeitslosigkeit und Kinderarbeit nahmen ab.

Auch das Verhältnis von Adel und Bürgertum veränderte sich. Mit wirtschaftlicher Stärke wuchs das Selbstbewusstsein der Bürger, der landbesitzende Adel fiel zurück und konnte seine 1848 verlorenen Privilegien (u.a. Steuerfreiheit, Patrimonialgerichtsbarkeit) auch in der Reaktionszeit nicht zurückgewinnen. „Aber gerade die Verlagerung der bürgerlichen Energien von dem politischen Kampf, wo man unterlegen, auf den wirtschaftlichen Bereich, wo man unschlagbar war, begünstigte die Tendenzen zu einer Neuverfestigung der Funktionen des Adels als eines maßgebenden Elements innerhalb der mit der Staatsmacht aufs engste verbundenen politisch-sozialen Führungsschicht."[73] Der Adel stellte die wesentliche Funktionselite im Militär sowie in der Verwaltung und beherrschte die ersten Kammern. Bis 1918 blieb der Adel die „bevorzugte Ausgangsgruppe"[74] der politischen Führungsschicht, ohne sich mit ihr vollständig zu decken.

II. Der Norddeutsche Bund und der Weg zum Deutschen Reich von 1871

1. Die Schritte zum Norddeutschen Bund

Der schnelle und deutliche Sieg Preußens über Österreich veränderte 1866 die verfassungspolitische Lage. Im Norden Deutschlands gehörte jetzt ganz Schleswig-Hol-

---

[72] *Werner Sombart,* Die deutsche Volkswirtschaft im 19. Jahrhundert und zu Beginn des 20. Jahrhunderts, 1923, S. 81.
[73] *Heinrich Lutz,* Zwischen Habsburg und Preußen. Deutschland 1815–1866. Siedler Deutsche Geschichte, 1994, S. 331.
[74] *Werner Conze,* Sozialgeschichte 1800–1850, in: Hermann Aubin/Wolfgang Zorn (Hrsg.), Handbuch der deutschen Wirtschafts- und Sozialgeschichte, Bd. 2, 1976, S. 426 ff., 644.

stein zu Preußen. Gegen Bedenken König Wilhelms I. annektierte Preußen Kurhessen, Nassau und kleinere Gebiete von Oberhessen. Frankfurt am Main verlor seine Stellung als freie Stadt und wurde ebenfalls preußisch. Annektiert wurde auch das Königreich Hannover, das sich im Krieg auf die Seite Österreichs gestellt hatte. Sachsen blieb selbständig, musste aber erhebliche militärische Beschränkungen hinnehmen, so eine preußische Besatzung in Dresden. Preußen beherrschte Deutschland bis zur Mainlinie. Schon im August 1866 hatte es mit Bayern, Württemberg und Baden militärische Schutzbündnisse abgeschlossen, 1867 unterstellte Hessen-Darmstadt seine Truppen dem preußischen Oberbefehl.

468   Jetzt begann, ganz nach den Plänen Bismarcks, eine „Revolution von oben"[75]. 1866, nicht das im kollektiven Bewusstsein viel präsentere Jahr 1870, war das Entscheidungsjahr der deutschen Nationalgeschichte im 19. Jahrhundert. Preußen bewegte sich in das Reich hinein, Österreich war endgültig außerhalb des jetzt „kleindeutschen" Reiches. Im Sommer 1866 erklärten sich die norddeutschen Regierungen bereit, einem „staatsrechtlichen Bund", also einem Bundesstaat, unter preußischer Führung beizutreten. Sie erarbeiteten unter dem maßgeblichen Einfluss des gelernten Juristen Bismarck den Entwurf einer Bundesverfassung und beschlossen die Festsetzung der Wahl eines Bundesparlaments – bemerkenswerterweise auf der Grundlage des von der Frankfurter Nationalversammlung am 12. April 1849 beschlossenen Reichswahlgesetzes, das ein demokratisches Wahlrecht vorsah und keine Einschränkung der Wahlrechtsgleichheit wie im preußischen Drei-Klassen-Wahlrecht kannte.

469   Es ging jetzt um eine Staatsgründung durch monarchische Vereinbarung, durch Verträge, denen die Verfassunggebung nachfolgte. Beim Inhalt der Verfassung, wie beim Wahlrecht, gab es durchaus Anleihen an 1848. Und: Vom Kern des monarchischen Prinzips, der Verortung der Verfassunggebung und Staatsgewalt beim Monarchen, blieb bei dieser Vorgehensweise nicht mehr viel übrig, wenngleich die Formel vom monarchischen Prinzip noch bis 1918 immer wieder verwendet wurde. In der Verbindung monarchischer und demokratischer, zentraler sowie föderaler Elemente, zeigte sich die Handschrift Bismarcks, der auf diese Weise eine breite Zustimmung der Regionen und einzelnen Gruppen der Bevölkerung herstellen und nicht zuletzt Preußens Vorrang sichern wollte. Die Verfassungsberatungen der norddeutschen Regierungsvertreter dauerten vom Dezember 1866 bis zum 9. Februar 1867. Am 12. Februar fanden die Wahlen zum ersten Reichstag des Norddeutschen Bundes statt. Sie brachten eine Mehrheit für die Nationalliberalen; auch die Konservativen schnitten – ein erstaunlicher Beleg für den Wandel des politischen Klimas seit 1850 und besonders seit dem Beginn des preußischen Heereskonflikts – gut ab, während die liberale Fortschrittspartei eine schwere Niederlage erlitt.

---

[75] Die vielgebrauchte Wendung wurde vermutlich von dem in Heidelberg lehrenden Schweizer Staatsrechtslehrer *Johann Caspar Bluntschli* im Juni 1866 geprägt. Vgl. *Johann Caspar Bluntschli, Denkwürdigkeiten aus meinem Leben*, Bd. 3, 1884, S. 160.

Die genannten politischen Gruppierungen waren noch keine Parteien im heutigen Sinne. **470**
Es fehlten ihnen Organisationsstrukturen, Regeln der innerparteilichen Willensbildung, auch
geschriebene Programmatik war ihnen fremd (Ausnahme war hiervon im Kaiserreich die gut
organisierte Sozialdemokratie). Es handelte sich um politische Clubs, in denen Gleichgesinnte
zusammenfanden, wobei seit den 1860er Jahren bis ans Ende des 20. Jahrhunderts eine Vierteilung erkennbar war: Konservativ, liberal (nationalliberal und „freisinnig", „fortschrittlich"), christlich (politischer Katholizismus im „Zentrum") und sozialistisch. Parteien im
Sinne der zweiten Hälfte des 19. Jahrhunderts führten zwei Entwicklungslinien zusammen.
Die erste entstammte der parlamentarischen Fraktionsbildung; der Aufstieg der Parlamente
wurde von der Parteienbildung begleitet. Die zweite war die Bildung politischer Clubs und
Interessengemeinschaften in der Gesellschaft. Ein spezielles Parteienrecht gab es in Deutschland vor der Geltung des Art. 21 GG und des Parteiengesetzes nicht. Für Parteien galt das
allgemeine Vereinigungsrecht und die mit Einschränkungen gewährleistete Vereinigungsfreiheit. Während in den Staaten des Deutschen Bundes Parteien generell untersagt waren,[76]
waren sie danach vereinsrechtlich legal, sofern nicht rechtsstaatswidrige besondere Verbotsgesetze, wie die Sozialistengesetze des Kaiserreichs (unten Rn. 555 ff.) eingriffen.

Der Reichstag erwog, in den ihm vorgelegten Verfassungsentwurf mit einer **471**
Reichsregierung ein weiteres Reichsorgan und zudem einen Grundrechtsteil einzufügen. Das lehnte Bismarck strikt ab – in der Überzeugung, dass beides über kurz
oder lang die Gewichte in der Verfassungsordnung zugunsten der zentralistischen
und demokratischen Kräfte verlagern würde. Der Reichstag billigte die Verfassung
des Norddeutschen Bundes am 16. April 1867. Sie trat, nach Annahme durch die
Regierungen und Landtage der Mitgliedstaaten des Bundes, am 1. Juli 1867 in Kraft.[77]

Diese aufeinanderfolgenden Rechtsakte verdeutlichen den Unterschied zur Verfassunggebung in den Staaten des Deutschen Bundes in der ersten Jahrhunderthälfte. Beim Norddeutschen Bund folgte den monarchischen Verträgen die Verfassunggebung in Gesetzesform, **472**
durch Zustimmung des neugeschaffenen Reichstages und der einzelstaatlichen Parlamente.
Allerdings: An der Erarbeitung und Festlegung des Verfassungstextes haben die Parlamente
nicht mitgewirkt.

Damit war Deutschland nördlich des Mains, also mit Ausnahme von Baden, Hessen-Darmstadt, Bayern und Württemberg, staatlich geeint. Von vornherein war der **473**
Bund aber auf die Erweiterung um diese süddeutschen Staaten angelegt. Hindernisse
waren 1866 die bayerische Zurückhaltung gegenüber einem deutschen Bundesstaat
unter preußischer Führung und die Bedenken Frankreichs, das das Entstehen eines
mächtigen Reiches an seiner Ostgrenze abwenden wollte.

---

[76] Zweiter Bundesbeschluß über Maßnahmen zur Aufrechterhaltung der gesetzlichen Ruhe und Ordnung im deutschen Bunde vom 5. Juli 1832, Art. 2: „Alle Vereine, welche politische Zwecke haben, oder unter anderm Namen zu politischen Zwecken benutzt werden, sind in sämmtlichen Bundesstaaten zu verbieten und ist gegen deren Urheber und die Theilnehmer an denselben mit angemessener Strafe vorzuschreiten."
[77] Die Verfassung ist abgedruckt bei Ernst Rudolf Huber (Hrsg.), Dokumente zur deutschen Verfassungsgeschichte, Bd. 2, Deutsche Verfassungsdokumente 1851–1900, 3. Aufl. 1986, S. 272 ff. (Nr. 198).

2. Die Verfassung des Norddeutschen Bundes

474 Die Grundstrukturen der Verfassung des Norddeutschen Bundes sollen hier nur kurz gestreift werden. Sie entsprechen denen der nur vier Jahre später in Kraft tretenden Verfassung des Deutschen Kaiserreichs von 1871, die ausführlicher zu behandeln sein wird.

475 Der Norddeutsche Bund war ein Bundesstaat, kannte also einen Zentralstaat und Einzelstaaten (wir sprechen heute von Ländern, die damalige Terminologie von Bundesstaaten oder Bundesgliedern). Die Leitung des Bundes lag bei dem weitaus stärksten Mitglied, bei Preußen. Nach Art. 11 der Verfassung des Norddeutschen Bundes (VerfNB) stand das Präsidium des Bundes der preußischen Krone zu. Sie vertrat den Bund völkerrechtlich, auch bei Kriegserklärungen und Friedensschlüssen. Neben dem Heerwesen zählten zur Zuständigkeit des Bundes wichtige, in Art. 4 VerfNB genannte Gesetzgebungskompetenzen (vor allem Freizügigkeit, Staatsangehörigkeitsrecht, Post- und Telegraphenwesen, Zoll- und Handelswesen einschließlich allgemeiner Bestimmungen über das Bankwesen, Gewerberecht, Eisenbahnen und Wasserstraßen, Maße, Münzen und Gewichte, Patentrecht und Schutz des geistigen Eigentums). Die Geschäfte des Bundes führte der Bundeskanzler, eine Regierung des Bundes gab es nicht. Der Bundeskanzler hatte den Vorsitz im Bundesrat, er hatte die Anordnungen des Präsidiums gegenzuzeichnen, um ihnen Gültigkeit zu verleihen. Zugleich übernahm er damit die Verantwortlichkeit (Art. 17 VerfNB); dem monarchischen Prinzip entsprechend wurde damit der Monarch gegenüber den politischen Faktoren der Verfassungsorganisation abgeschirmt. Der Reichstag (Art. 20 VerfNB) ging aus allgemeinen und direkten Wahlen mit geheimer Abstimmung hervor. Das föderale Organ war der Bundesrat, in dem die Länder mit abgestufter Stimmzahl vertreten waren. Von insgesamt 43 Stimmen entfielen 17 auf Preußen, vier auf Sachsen, je zwei auf Mecklenburg-Schwerin und Braunschweig, alle anderen Bundesmitglieder hatten je eine Stimme (Art. 6 VerfNB). Reichstag und Bundesrat beschlossen die Bundesgesetze, die der König von Preußen als Präsidium des Bundes ausfertigte und verkündete. Die Offenheit des Bundes gegenüber einer Erweiterung um die süddeutschen Staaten dokumentiert die Schlussbestimmung des Art. 79 VerfNB: „Die Beziehungen des Bundes zu den Süddeutschen Staaten werden sofort nach Feststellung der Verfassung des norddeutschen Bundes, durch besondere dem Reichsstage zur Genehmigung vorzulegende Verträge, geregelt werden." Und, in Absatz 2: „Der Eintritt der Süddeutschen Staaten oder eines derselben in den Bund erfolgt auf den Vorschlag des Bundespräsidiums im Wege der Bundesgesetzgebung."

476 Unter Beschränkung auf organisatorische Bestimmungen war diese Verfassung nicht mehr, aber auch nicht weniger als ein „Versuch, die Bundesakte und die Frankfurter Reichsverfassung miteinander zu verschmelzen, alle lebendigen Kräfte

Deutschlands, den preußischen Staat, die Mittel- und Kleinstaaten und die deutsche Nation, zu einem einheitlichen Ganzen zusammenzufügen."[78]

3. Beginnende Rechtsvereinheitlichung

In den wenigen Jahren seines Bestehens entfaltete der Bund, mit Ausnahme erster Schritte zu einer Rechtsvereinheitlichung in Deutschland, wenig Wirksamkeit. Seine wichtigsten Gesetze waren die Gewerbeordnung vom 21. Juni 1869,[79] die Gewerbefreiheit im Gebiet des gesamten Bundes brachte, und das Strafgesetzbuch vom 31. Mai 1870.[80] Beide gelten mit stark weiterentwickelten und veränderten Inhalten noch heute. 477

Unter den politischen Kräften bei der Verfassunggebung 1866/67 (wie auch etwas später 1870/71) spielte wiederum der vierte Stand keine (unmittelbare) Rolle. Die 1860er Jahre waren jedoch ein wichtiges Jahrzehnt für die Organisation der Arbeiterbewegung. 1863 gründete Ferdinand Lassalle (1825–1864) den „Allgemeinen Deutschen Arbeiterverein" mit dem Programm einer Überwindung des Kapitalismus durch eine starke „soziale Monarchie" und staatlich geförderte Produktionsgenossenschaften. Das war die erste eigenständige politische Bewegung der Lohnarbeiter. 1863 kam es in Berlin zu einem geheim gehaltenen Gedankenaustausch zwischen Bismarck und Lassalle. 1869 gründete sich in Eisenach die Sozialdemokratische Arbeiterpartei mit den prägenden Persönlichkeiten Wilhelm Liebknecht (1826–1900) und August Bebel (1840–1913). Sie bekannten sich zum „wissenschaftlichen Sozialismus" als politischer Theorie. Aus dieser Partei entstand 1875 in Gotha die Sozialistische Arbeiterpartei und 1890 die Sozialdemokratische Partei Deutschlands. 478

Der deutsche Liberalismus, der noch wenige Jahre zuvor, im preußischen Verfassungskonflikt, Stärke und Standhaftigkeit gezeigt hatte, geriet durch die Ereignisse der Jahre 1866/67 in eine tiefe Krise. Es war letztlich die monarchische preußische Regierung, die diejenigen militärischen und politischen Erfolge erreichte, die wesentliche Ziele der liberalen und nationalen Bewegung rasch durchsetzte. Diese Politik zielte auf die Durchsetzung der nationalen Einigung im kleindeutschen Rahmen, verbunden mit einer liberalen Wirtschaftsordnung. Das entsprach erstens den Interessen großer Teile des Bürgertums, kapitalistische Produktionsformen großflächig etablieren zu können, zweitens der Erhaltung eines starken monarchischen Staates und drittens den Interessen Preußens. Politisch gesehen bildet dies die Schnittmenge an gemeinsamen Interessen, auf die sich die Parteien des preußischen Verfassungskonfliktes (oben Rn. 360 ff.), der großen Lehrstunde Bismarcks, einigen konnten. Viele wollten sich jetzt „vor dem Genie eines Bismarck beugen" – so der Jurist Rudolf von Jhering im August 1866, der hinzusetzte, er gebe „für einen solchen Mann der Tat [...] hundert Männer der liberalen Gesinnung, der machtlosen Ehrlichkeit". Der Historiker Heinrich von Treitschke (1834–1896), nationalliberales Mitglied des Reichstages, konstatierte: „Unsere Revolution wird von oben vollendet, wie begonnen, und wir mit unserem beschränkten Untertanenverstande tappen im Dunkeln."[81] 479

---

[78] *Fritz Hartung*, Deutsche Verfassungsgeschichte vom 15. Jahrhundert bis zur Gegenwart, 8. Aufl. 1964, S. 269 f.
[79] Bundesgesetzblatt 1869 S. 245.
[80] Bundesgesetzblatt 1870 S. 197.
[81] Beide Zitate nach *Reinhard Rürup*, Deutschland im 19. Jahrhundert. 1815–1871, 1984, S. 224.

III. Die Reichsgründung 1870/1871

1. Die vertraglichen Erweiterungen des Norddeutschen Bundes

480 „Nicht durch Reden und Majoritätsbeschlüsse werden die großen Fragen der Zeit entschieden – das ist der große Fehler von 1848 und 1849 gewesen – sondern durch Eisen und Blut. [...] Nicht auf Preußens Liberalismus sieht Deutschland, sondern auf seine Macht."[82] So hatte bereits im preußischen Heereskonflikt Bismarck sein politisches Credo prägnant zusammengefasst, das 1866 eine Grundlage des ersten und entscheidenden Schritts zur deutschen Einigung war, dem 1870/71 der zweite Schritt in Gestalt der Reichsgründung folgte. Der Erweiterung des Norddeutschen Bundes zum Deutschen Reich, die 1866 bereits ausdrücklich in der Verfassung angelegt war, stand zunächst vor allem der Widerstand Frankreichs entgegen. Bismarck zögerte 1870 nicht, Frankreich diplomatisch zu düpieren und in einen Krieg mit Preußen zu drängen.

481 Anfang 1870 wurde dem Prinzen Leopold von Hohenzollern-Sigmaringen, der einer katholischen Seitenlinie des preußischen Herrscherhauses entstammte, der spanische Königsthron angetragen. Der preußische König Wilhelm I. und der Vater des Prinzen hatten Bedenken, Frankreich widersprach. Bismarck jedoch setzte die Bemühungen um die Kandidatur fort. Am 21. Juni 1870 gab Wilhelm I., der sich in Bad Ems zur Kur aufhielt, widerstrebend seine Zustimmung. Nach Gesprächen mit dem französischen Botschafter in Ems bewog er jedoch den Prinzen, die Kandidatur zurückzuziehen. Dennoch sprach am 13. Juli 1870 der französische Botschafter den König entgegen allen diplomatischen Gepflogenheiten auf der Promenade in Ems an und verlangte die bindende Erklärung, dass der König auch in Zukunft jede Kandidatur Leopolds missbilligen werde. Das lehnte Wilhelm I. ab, ließ dem Botschafter jedoch eine versöhnliche Nachricht zukommen. Als Bismarck, Bundeskanzler und zugleich in Preußen Ministerpräsident und Minister des Auswärtigen, telegraphisch von diesen Ereignissen informiert wurde („Emser Depesche"), redigierte er die Depesche, als habe ein diplomatischer Eklat stattgefunden, und gab sie an die Presse.[83] Die von Bismarck erwartete Folge war die französische Kriegserklärung an Preußen – nicht etwa den Norddeutschen Bund – am 19. Juli 1871.

482 Jetzt standen Bayern, Württemberg und Baden entsprechend den Bündnisverträgen vom August 1866 in der Pflicht, Preußen und den anderen Staaten des Norddeutschen Bundes militärischen Beistand zu leisten, was seitens Bayerns und seines der bismarckschen Politik von „Blut und Eisen" wenig zugeneigten Königs Ludwig II. nur zögerlich geschah. Am 2. September 1870 besiegten die vereinten deutschen Truppen unter preußischem Oberbefehl bei Sedan das französische Heer – der „Sedantag" wurde später gesetzlicher Feiertag im Deutschen Reich. Es folgte die Gefangennahme König Napoléons III. und die Belagerung und Eroberung von Paris. Nunmehr war der Weg zur deutschen Einigung frei, die verfassungsrechtlich eine Erweiterung des Norddeutschen Bundes unter Abänderung seiner Verfassung war.

---

[82] Rede Bismarcks im Preußischen Abgeordnetenhaus am 30. September 1862. Abgedruckt in Ernst Rudolf Huber (Hrsg.), Dokumente zur deutschen Verfassungsgeschichte, Bd. 2, Deutsche Verfassungsdokumente 1851–1900, 3. Aufl. 1986, S. 50f. (Nr. 46).

[83] Abgedruckt bei Ernst Rudolf Huber (Hrsg.), Dokumente zur deutschen Verfassungsgeschichte, Bd. 2, aaO, S. 324f. (Nr. 217).

Wiederum standen Verträge der monarchischen Regierungen am Anfang. Im November 1870 schloss der Norddeutsche Bund Verträge mit Baden, Bayern, Hessen-Darmstadt und Württemberg („Novemberverträge").[84]

So hieß es im Vertrag mit Bayern vom 23. November 1870 (ähnlich in den weiteren Verträgen): „Seine Majestät der König von Preußen im Namen des Norddeutschen Bundes und Seine Majestät der König von Bayern haben in der Absicht, die Sicherheit des Deutschen Gebietes zu gewährleisten, dem Deutschen Rechte eine gedeihliche Entwicklung zu sichern und die Wohlfahrt des Deutschen Volkes zu pflegen, beschlossen, über Gründung eines Deutschen Bundes Verhandlungen zu eröffnen und zu diesem Behufe zu Bevollmächtigten ernannt: [Es folgen die Namen der Bevollmächtigten]. Diese Bevollmächtigten sind in Versailles zusammengetreten […] und haben sich […] über nachfolgende Vertragsbestimmungen geeinigt.

I. Die Staaten des Norddeutschen Bundes und das Königreich Bayern schließen einen ewigen Bund, welchem das Großherzogthum Baden und das Großherzogthum Hessen für dessen südlich vom Main belegenes Staatsgebiet schon beigetreten sind und zu welchem der Beitritt des Königreichs Württemberg in Aussicht steht. Dieser Bund heißt der Deutsche Bund.

II. Die Verfassung des Deutschen Bundes ist die des bisherigen Norddeutschen Bundes, jedoch mit folgenden Abänderungen [es folgt die Aufzählung der Abänderungen]."

483

Auffallend ist die Redeweise vom „Deutschen Bund", während in der zunächst vertraglich abgeänderten Verfassung vom „Deutschen Reich" die Rede ist. Der Grund für die ursprüngliche Formulierung lag in der Rücksichtnahme auf die Monarchen der Einzelstaaten. Sie sollten sich darauf berufen können, dass der Reichsgründung ein Bündnis, ein „ewiger Bund" (so die Präambel der späteren Verfassung) zugrunde lag. Rechtlich war jedoch mehr erforderlich. Den Verträgen mussten weitere, auch parlamentarische, Rechtsakte folgen. Damit kam auch die Bezeichnung Deutsches Reich in die Verfassung. Am 9. und 10. Dezember 1870 beschlossen der Bundesrat und der Reichstag des Norddeutschen Bundes im Einverständnis mit den süddeutschen Staaten die geänderte Verfassung, die am 1. Januar 1871 in Kraft trat.

484

Nach dem Beschluss des Bundesrates am 9. Dezember 1870 schrieb Bismarck als Kanzler des Norddeutschen Bundes an den Präsidenten des Reichstages, Eduard Simson: „Ew. beehre ich mich die ganz ergebenste Mittheilung zu machen, dass der Bundesrath des Norddeutschen Bundes im Einverständniß mit den Regierungen von Bayern, Württemberg, Baden und Hessen beschlossen hat, dem Reichstage des Norddeutschen Bundes folgende Abänderungen der Verfassung des Deutschen Bundes […] zur verfassungsmäßigen Zustimmung vorzulegen: 1. Im Eingang der Bundesverfassung ist anstelle der Worte: ‚Dieser Bund wird den Namen Deutscher Bund führen' zu setzen: ‚Dieser Bund wird den Namen Deutsches Reich führen'. 2. Der erste Absatz des Artikel 11 der Bundesverfassung erhält nachstehende Fassung: ‚Das Präsidium des Bundes steht dem Könige von Preußen zu, welcher den Namen Deutscher Kaiser führt. […].'"

485

2. Die Kaiserproklamation am 18. Januar 1871

Der preußische König Wilhelm I. wurde am 18. Januar 1871 im Spiegelsaal des Schlosses von Versailles zum Kaiser proklamiert. Eine Krönung fand nicht statt, zu-

486

---

[84] Abgedruckt bei Ernst Rudolf Huber (Hrsg.), Dokumente zur deutschen Verfassungsgeschichte, Bd. 2, aaO, S. 326 ff. (Nr. 219, 220, 223).

mal schon die Frage, wer eine solche Krönung angesichts des preußischen Vorrangs hätte vornehmen sollen, in Verlegenheit geführt hätte. Ort und Zeit des auch protokollarisch höchstrangigen Ereignisses waren bewusst gewählt. Nicht etwa fand die Vollendung der Einheitsbestrebungen des 19. Jahrhunderts in Deutschland statt, sondern auf dem Territorium des besiegten Frankreich und dort in monarchischer Umgebung. Auf den Tag genau 170 Jahre zuvor war zudem im ostpreußischen Königsberg Friedrich I. zum ersten preußischen König gekrönt worden. 1871 lag darin eine mehr als deutliche Erinnerung an den preußischen Vorrang im neuen Deutschen Reich. Am 21. März 1871 trat – ebenfalls mit großem protokollarischen Aufwand – der erste im ganzen Reich gewählte Reichstag im Weißen Saal des königlichen Schlosses in Berlin zusammen.

487 Bei der Kaiserproklamation hielt Kaiser Wilhelm I. eine kurze Ansprache an die versammelten deutschen Fürsten;[85] Bismarck verlas eine Proklamation des Kaisers an das deutsche Volk[86]: „Wir Wilhelm, von Gottes Gnaden König von Preußen, nachdem die Deutschen Fürsten und freien Städte den einmüthigen Ruf an Uns gerichtet haben, mit Herstellung des Deutschen Reiches die seit mehr denn sechzig Jahren ruhende deutsche Kaiserwürde zu erneuern und zu übernehmen, und nachdem in der Verfassung des Deutschen Bundes die entsprechenden Bestimmungen vorgesehen sind, bekunden hiemit, daß Wir es als eine Pflicht gegen das gemeinsame Vaterland betrachtet haben, diesem Rufe der verbündeten Fürsten und Städte Folge zu leisten und die deutsche Kaiserwürde anzunehmen. Demgemäß werden Wir und Unsere Nachfolger an der Krone Preußen fortan den Kaiserlichen Titel in allen Unseren Beziehungen und Angelegenheiten des Deutschen Reiches führen, und hoffen zu Gott, daß es der deutschen Nation gegeben sein werde, unter dem Wahrzeichen ihrer alten Herrlichkeit das Vaterland einer segensreichen Zukunft entgegenzuführen. Wir übernehmen die Kaiserliche Würde in dem Bewußtsein der Pflicht, in deutscher Treue die Rechte des Reichs und seiner Glieder zu schützen, den Frieden zu wahren, die Unabhängigkeit Deutschlands, gestützt auf die geeinte Kraft seines Volkes, zu vertheidigen. Wir nehmen sie an in der Hoffnung, daß dem deutschen Volke vergönnt sein wird, den Lohn seiner heiligen und opfermüthigen Kämpfe in dauerndem Frieden und innerhalb der Grenzen zu genießen, welche dem Vaterlande die seit Jahrhunderten entbehrte Sicherheit gegen erneute Angriffe Frankreichs gewähre. Uns aber und Unseren Nachfolgern an der Kaiserkrone wolle Gott verleihen, allzeit Mehrer des Deutschen Reichs zu sein, nicht an kriegerischen Eroberungen, sondern an den Gütern und Gaben des Friedens auf dem Gebiet nationaler Wohlfahrt, Freiheit und Gesittung."

488 Diese intensiv vorbereiteten Sätze sind vor dem Hintergrund der 1849 seitens des damaligen preußischen Königs abgelehnten Kaiserwürde aus der Hand der demokratisch legitimierten Frankfurter Nationalversammlung zu lesen. Wilhelm I. betonte das 1871 unzeitgemäße und im Grund nur zum Absolutismus passende Gottesgnadentum, führte die Kaiserwürde auf den Ruf der deutschen Monarchen sowie die von ihnen ausgehende Legitimation zurück und stellte sie – historisch wenig überzeugend – in die Tradition des transnationalen und politisch schwachen Alten Reichs. Die demokratischen Elemente des neuen Reichs, dokumentiert durch die Zustimmung der Parlamente zum neuen Verfassungswerk, finden keine Erwähnung,

---

[85] Abgedruckt bei Ernst Rudolf Huber (Hrsg.), Dokumente zur deutschen Verfassungsgeschichte, Bd. 2, aaO, S. 378 (Nr. 255).

[86] Abgedruckt bei Ernst Rudolf Huber (Hrsg.), Dokumente zur deutschen Verfassungsgeschichte, Bd. 2, aaO, S. 378 (Nr. 256).

wohl aber Staatszwecke des Reichs, insbesondere die friedliche Förderung der Wohlfahrt Deutschlands (wiederum wird an dieser Stelle vom deutschen Volk nicht gesprochen). Interessanterweise trat aber im Urteil der Zeitgenossen diese einseitige Betonung der monarchischen Elemente der Reichsgründung gegenüber der Leistung zurück, endlich die langersehnte deutsche Einheit hergestellt zu haben. Auch viele liberal Gesinnte sahen insbesondere in Bismarck den überlegenen Vollender dieses das ganze 19. Jahrhundert beherrschenden Zieles.

Geradezu symbolhaft kam dies darin zum Ausdruck, dass derselbe Eduard (von) Simson, der 1849 als Präsident der Nationalversammlung Friedrich Wilhelm IV. vergeblich die Kaiserwürde angetragen hatte, jetzt als Präsident des Reichstages des Norddeutschen Bundes an Wilhelm I. die Bitte zur Übernahme der Kaiserwürde richtete. In einer Adresse des Reichstages des Norddeutschen Bundes vom 10. Dezember 1870, die von Simson persönlich überbrachte, hieß es: „[…] dank den Siegen zu denen Ew. Majestät die Heere Deutschlands in treuer Waffengenossenschaft geführt hat, sieht die Nation der dauernden Einigung entgegen. Vereint mit den Fürsten Deutschlands naht der Norddeutsche Reichstag mit der Bitte, daß es Ew. Majestät gefallen möge, durch Annahme der deutschen Kaiserkrone das Einigungswerk zu weihen. Die deutsche Krone auf dem Haupte Ew. Majestät wird dem wieder aufgerichteten Reiche Deutscher Nation Tage der Macht, des Friedens, der Wohlfahrt und der im Schutze der Gesetze gesicherten Freiheit eröffnen."[87] Hier „naht" sich das Parlament mit Ehrfurcht, nicht als Ursprung und Überbringer der Kaiserwürde, und auch hier wird keine Brücke zu 1848, sondern zum Alten Reich geschlagen. An die liberalen Forderungen erinnert lediglich die Hoffnung auf gesetzlich geschützte Freiheit.

489

Zur Herstellung der Einheit gehörte die Annexion der beiden östlichen Provinzen Frankreichs, des Elsass und Lothringens, die zuvor über die Jahrhunderte ihre staatliche Zugehörigkeit mehrfach gewechselt hatten. Die Annexion fand im neuen Reichstag breite Zustimmung, auch seitens der katholischen Zentrumspartei, die sich über die überwiegend katholische Bevölkerung des neuen Reichslandes vergrößerten politischen Rückhalt versprach. Nur die beiden sozialdemokratischen Abgeordneten im Reichstag, der Parteivorsitzende August Bebel und Wilhelm Liebknecht, votierten gegen die Annexion.

490

Entschiedene Kritiker des Einigungswerks – eingeschlossen die Annexionen im Westen – gab es nur wenige. Bemerkenswert war und unbekannt blieb ein Gedicht Georg Herweghs, des Freiheitskämpfers von 1848, mit dem Titel „Epilog zum Krieg" (gegen Frankreich): „Germania, der Sieg ist dein!/ Die Fahnen wehn, die Glocken klingen/ Elsaß dein und Lothringen;/ Du sprichst: ‚Jetzt muß der Bau gelingen,/ bald holen wir den letzten Stein.'/ Gestützt auf deines Schwertes Knauf,/ lobst du in frommen Telegrammen/ den Herrn, von dem die Herren stammen./ Und aus Zerstörung, Tod und Flammen/ steigt heiß dein Dank zum Himmel auf./ […] Schwarz, weiß und rot: Um ein Panier/ vereinigt stehen Süd und Norden;/ Du bist im ruhmgekrönten Morden/ das erste Land der Welt geworden:/ Germania, mir graut vor dir! […]."

491

---

[87] Abgedruckt bei Ernst Rudolf Huber (Hrsg.), Dokumente zur deutschen Verfassungsgeschichte, Bd. 2, aaO, S. 353 (Nr. 233).

3. Die deutsche Einigung als Fürstenbund

492 Die heutige Beurteilung der Reichsgründung muss zwiespältig ausfallen. Es fällt uns leichter, zu dem gescheiterten demokratisch-monarchischen Verfassungsunternehmen von 1848 positive Anknüpfungen zu finden als zu der Einigung von oben des Jahres 1871. Wenig überzeugend war es aber, wie dies manche Historiker in den 1960/1970er Jahren unternehmen wollten, die manifesten Mängel der Reichgründung an den Anfang einer Kausalkette zu den Katastrophen des 20. Jahrhunderts zu setzen, zu den beiden Weltkriegen und der Diktatur der Jahre 1933 bis 1945. Mit den Begriffen Bismarcks: Bei der Reichsgründung 1871 war wenig Blut und Eisen im Spiel, dagegen viel Überlegung und gekonnte Politik – natürlich im Interesse der Monarchie und vor allem im Interesse des preußischen Vorrangs in Deutschland. Die Formel von Blut und Eisen aus dem Jahre 1862 war weniger politisches Programm und mehr Ergebnis der Beobachtungen und Erfahrungen seit 1848. Es war aber auch eine polemische Gegenüberstellung von Macht und Ideen. Der britische Ökonom John Meynard Keynes (1883–1946) hat dem in den 1930er Jahren hinzugefügt, dass der deutsche Nationalstaat durch den wirtschaftlichen Aufstieg Deutschlands seit 1835, durch Kohle und Stahl, machtvoller vorbereitet als 1871 durch Blut und Eisen verwirklicht worden sei.

493 Der „weiße Revolutionär" Bismarck verstand es jedenfalls wie kein anderer, politische Handlungsmöglichkeiten und -räume einzuschätzen und zu nutzen. Die Reichsgründung versetzte die „verspätete Nation" in einen raschen Modernisierungsprozess in allen Lebensbereichen. Schließlich war Bismarck auch bewusst, im Gegensatz zu seinen Nachfolgern im Amt des Reichskanzlers, dass die deutsche Einigung ganz Europa betraf. Für Europa musste „ein kraftvoll organisierter deutscher Nationalstaat eine schmerzhafte Veränderung, ja eine Herausforderung bilden […], eine Bedrohung des Staatensystems"[88]. Der britische Premierminister Benjamin Disraeli (1804–1881) hielt 1871 fest, das zuvor bestehende Gleichgewicht der europäischen Mächte sei durch die Reichsgründung zerstört worden. Es handele sich um ein „größeres politisches Ereignis als die Französische Revolution […]. Es gibt keine einzige diplomatische Tradition, die nicht hinweggefegt worden ist. Wir haben eine neue Welt, neue Einflüsse am Werk, neue und unbekannte Größen und Gefahren, mit denen wir fertig werden müssen, und die zur Zeit, wie alles Neue, noch undurchschaubar sind."[89]

494 Das verwies halbrichtig auf die grundsätzlichen Veränderungen der europäischen Staatenwelt durch die Reichsgründung. Deutschland war nicht ohne Grund eine „verspätete Nation" im Kreis der europäischen Mächte und seine staatliche Einheit ein Problem. Die älteren europäischen Nationalstaaten – England, Spanien, Frankreich, Russland, Schweden, ferner Dänemark und die Vereinigten Niederlande – wiesen ganz oder zu großen Teilen natürliche Gren-

---

[88] *Michael Stürmer*, Das ruhelose Reich. Deutschland 1866–1918. Siedler Deutsche Geschichte, 1994, S. 14.

[89] Zitiert nach *Hagen Schulze*, Weimar. Deutschland 1917–1933. Siedler Deutsche Geschichte, 1994, S. 19 f.

zen auf, sie lägen an den europäischen Peripherien und verfügen über wirtschaftliche und politische Zentren. Deutschland hat nicht nur die Mittelstellung in Europa, es hat keinen natürlichen Mittelpunkt und keine natürliche Grenze. Das Gleichgewicht der europäischen Staaten hing auch mit der fehlenden staatlichen Einheit in der Mitte Europas zusammen. „Deutschland, formlos von Natur, lag auf dem Schnittpunkt der Drucklinien der großen festländischen Politik, und seine Desorganisation war seit drei Jahrhunderten mit der Organisation des Staatensystems eng verknüpft."[90] Seit 1871 nahm das Kaiserreich dagegen in der Mitte Europas eine „halbhegemoniale Stellung"[91] ein.

IV. Grundzüge der Reichsverfassung des Jahres 1871

1. Regelungstechnik und Regelungsstil

Die Verfassung, wie sie am 1. Januar 1871 in Kraft getreten war, bestand im Grunde aus mehreren Bestandteilen: Es gab die mit Hessen und Baden vereinbarte „Verfassung des Deutschen Bundes", die mit Bayern und Württemberg in den Novemberverträgen vereinbarten Änderungen und Zusätze zu dieser Verfassung sowie die Beschlüsse zur Einführung der Bezeichnungen Kaiser und Reich. Diese Teile bedurften der redaktionellen und formalen Zusammenführung in einem einheitlichen Verfassungstext. Dem am 21. März 1871 eröffneten Reichstag des Deutschen Reiches legte der Bundesrat den revidierten Text vor. Am 14. April 1871 nahm der Reichstag das „Gesetz betreffend die Verfassung des Deutschen Reiches" bei nur sieben Gegenstimmen an. Der Kaiser fertigte das Gesetz am 16. April 1871 aus und verkündete es.[92] Es trat am 4. Mai 1871 in Kraft. **495**

Mit 78 Artikeln war die Verfassung deutlich kürzer als ihre Nachfolgeverfassungen des Jahres 1919 (die Weimarer Verfassung hatte 181 Artikel) und 1949 (die Ursprungsfassung des Grundgesetzes umfasste 146 Artikel). In juristisch-technischer Hinsicht war die Verfassung durchweg klar und prägnant, wenngleich die besonderen Entstehungsbedingungen zu manchen ausweichenden Formulierungen führten: Die Einzelstaaten hießen an mancher Stelle – irreführend staatenbündisch – „Mitglieder des Bundes" (ansonsten: „Bundesstaaten"), vom Deutschen Volk und der Nation war gar nicht die Rede. **496**

Einen technokratischen Eindruck macht die Verfassung durch die ausführlichen Regelungen über das Eisenbahnwesen (Art. 42 bis 46 RV 1871) und das Post- und Telegraphenwesen (Art. 48 bis 52 RV 1871). Für das Zusammenwachsen der verschiedenen Teile Deutschlands und die Herstellung einer modernen Infrastruktur waren die hier vorgesehenen Vereinheitlichungen aber von überragender Bedeutung. **497**

---

[90] *Ludwig Dehio*, Gleichgewicht oder Hegemonie, 1984, S. 189.
[91] *Ludwig Dehio*, Deutschland und die Epoche der Weltkriege (1951), in: *ders.*, Deutschland und die Weltpolitik im 20. Jahrhundert, 1955, S. 9 ff., 15.
[92] RGBl. 1871 S. 63. Abgedruckt bei Ernst Rudolf Huber (Hrsg.), Dokumente zur deutschen Verfassungsgeschichte, Bd. 2, Deutsche Verfassungsdokumente 1851–1900, 3. Aufl. 1986, S. 384 ff. (Nr. 261).

498 Die Präambel der Verfassung betonte noch einmal die monarchische Entstehung, den bündischen Charakter des Bundesstaates als Tat der Einzelstaaten, „nicht als eine Tat des deutschen Volkes"[93]:

> „Seine Majestät der König von Preußen im Namen des Norddeutschen Bundes, Seine Majestät der König von Bayern, Seine Majestät der König von Württemberg, Seine Königliche Hoheit der Großherzog von Baden und Seine Königliche Hoheit der Großherzog von Hessen und bei Rhein für die südlich vom Main belegenen Theile des Großherzogthums Hessen, schließen einen ewigen Bund zum Schutze des Bundesgebietes und des innerhalb desselben gültigen Rechtes, sowie zur Pflege der Wohlfahrt des deutschen Volkes. Dieser Bund wird den Namen Deutsches Reich führen und wird nachstehende Verfassung haben."

499 Ernst Forsthoff hat auf die Paradoxie des Satzes hingewiesen: Die Verfassung ist „entweder das Ergebnis einer bündischen Einigung der gleichberechtigten Partner und damit ein Vertrag (wie etwa die Verfassung des Völkerbundes oder der UN ein Vertrag ist), oder die Verfassung ist ein Gesetz, dann ergibt sich ihre Rechtsgeltung daraus, dass sie einseitig hoheitliche Satzung ist, und es bleibt für die Annahme eines Vertrages kein Raum mehr. Beide Aspekte schließen sich theoretisch aus. Die Reichsverfassung von 1871 ist jedoch nur zu verstehen, wenn man davon ausgeht, dass die beiden einander ausschließenden Strukturen des Bundes und des Staates, des Vertrages und des Gesetzes, in ihr vereinigt sind. Das ist nur zu verstehen, wenn man sich vergegenwärtigt, dass in der Reichsverfassung von 1871 […] die fundamentale Frage der Jahrhundertmitte, ob schon die demokratische Legitimität die monarchische Legitimität überwunden habe oder ob noch die monarchische Legitimität prävaliere, durch eine Kompromißlösung offengehalten worden war."[94]

2. Keine Grundrechte

500 Die Verfassung enthielt keinen Grundrechtsteil. Die verfassungsrechtliche Begründung lag darin, dass es in den Verfassungen der Einzelstaaten, die jetzt zu Landesverfassungen innerhalb des Bundesstaates wurden, Grundrechtskataloge gab. Den einzelnen Untertanen und Staatsbürgern trat, angesichts des weitgehenden Fehlens von Verwaltungs- und Steuererhebungskompetenzen des Reiches, im Wesentlichen die Landesstaatsgewalt gegenüber. Daneben war im Kaiserreich – wie auch später noch in der Weimarer Verfassung, anders aber als im Grundgesetz (Art. 1 Abs. 3, 20 Abs. 3 GG) – der Vorrang der Verfassung vor den Gesetzen nicht anerkannt. Die Verfassung unterschied sich von den Gesetzen nach der damaligen staatsrechtlichen Dogmatik allein durch ihre erschwerte Abänderbarkeit (Art. 78 Abs. 1 RV 1871: „Veränderungen der Verfassung erfolgen im Wege der Gesetzgebung. Sie gelten als abgelehnt, wenn sie im Bundesrathe 14 Stimmen gegen sich haben.").

---

[93] *Paul Laband*, Das Staatsrecht des Deutschen Reiches, Bd. I, 5. Aufl. 1911, S. 96.
[94] *Ernst Forsthoff*, Deutsche Verfassungsgeschichte der Neuzeit, 4. Aufl. 1972, S. 154, unter Verweis auf *Carl Schmitt*, Verfassungslehre, 1928, S. 263 ff.

Völlig mit Recht betonte Paul Laband wegen des fehlenden Vorrangs der Verfassung und ihrer Abänderbarkeit im Wege der Gesetzgebung: „Die Verfassung ist keine mystische Gewalt, welche über dem Staat schwebt, sondern gleich jedem anderen Gesetz ein Willensakt des Staates und mithin nach dem Willen des Staates veränderlich."[95] Die Betonung der Gesetzesqualität hatte eine besondere Pointe: Die dem Gesetz gleichgestellte Verbindlichkeit und die Herkunft der Verfassung vom „Staat", nicht etwa von dem eine Verfassung gewährenden Monarchen.

501

Das Fehlen von Grundrechten in der Verfassung kompensierte das Konzept des Grundrechtsschutzes (gegen die Verwaltung) durch Gesetze. Wichtige Beispiele hierfür waren die Enteignungsgesetze, die Voraussetzungen und Entschädigungsfolgen der Enteignung regelten, insbesondere im Zusammenhang des Baues von Eisenbahnlinien, und die in den Prozessordnungen enthaltenen Rechte des Einzelnen gegenüber der Justiz. Die reichsrechtlichen Bestimmungen des Gerichtsverfassungsgesetzes (GVG, 1877) garantierten das rechtliche Gehör vor Gericht, das Recht auf den gesetzlichen Richter, die Unabhängigkeit der Gerichte und die Öffentlichkeit gerichtlicher Verhandlungen. § 2 StGB enthielt das Verbot rückwirkender Strafgesetze, § 5 des Postgesetzes (1871) garantierte das Briefgeheimnis, das Reichspressegesetz die Pressefreiheit, die Strafprozessordnung (1877) schützte die persönliche Freiheit vor willkürlicher Verhaftung und die Wohnung gegenüber Durchsuchung und Beschlagnahme zum Zwecke des Strafprozesses. Die Bereiche der Presse-, Vereins- und Versammlungsfreiheit blieben allerdings beim Ausbau der rechtsstaatlichen Freiheitsgarantien durch das Gesetz weitgehend unberücksichtigt. Damit fehlten in bezeichnender Weise gesetzliche Garantien politisch-partizipatorischer Rechte.

502

Die Gewährleistung fundamentaler Abwehrrechte gegen den Staat durch das Gesetz ist zwar vom heutigen Vorrang der Grundrechte gegenüber dem Gesetz (Art. 1 Abs. 3 GG) deutlich verschieden, stand aber damals gegenüber dem Grundrechtsschutz in anderen Verfassungsstaaten nicht zurück. „In den europäischen Verfassungen vor dem Ersten Weltkrieg waren die damaligen sozialen Kräfte von Monarchie und Aristokratie bis hin zu Bürgertum und Arbeiterschaft in komplexer Weise ausbalanciert und in den Gesetzgebungsprozess voll oder doch halb integriert. Die Ausbalancierung in den Institutionen ließ die Frage einer Bindung des Gesetzgebers an inhaltliche Vorgaben des Verfassungsrechts, insbesondere an Grundrechte, noch fernliegend erscheinen. Gerade die Aufgabe des Freiheitsschutzes galt in erster Linie als Aufgabe der freiheitlichen Institution des Parlaments selbst […]."[96]

503

Eine offene Flanke des damaligen Standes des Individualschutzes gegen die Staatsgewalt war das Fehlen einer unabhängigen Verwaltungsgerichtsbarkeit zur umfassenden Rechtskontrolle des Verwaltungshandelns. Der Weg des § 182 RV 1848, den Rechtsschutz gegen Verwaltungshandeln den ordentlichen Gerichten zuzuweisen, wurde nicht aufgegriffen. Es gab in der Verwaltung Beschwerdeausschüsse, die mit unabhängigen Beamten besetzt waren, ab 1875 begann in verschiedenen Einzelstaaten die Errichtung von diesen Ausschüssen übergeordneten Verwaltungsgerichten

504

---

[95] *Paul Laband*, Das Staatsrecht des Deutschen Reiches, Bd. 2, 5. Aufl. 1911, S. 39.
[96] *Christoph Schönberger*, Der Aufstieg der Verfassung: Zweifel an einer geläufigen Triumphgeschichte, in: Thomas Vesting/Stefan Korioth (Hrsg.), Der Eigenwert des Verfassungsrechts, 2011, S. 7 ff., 12.

mit begrenztem Prüfungsumfang. Das preußische Oberverwaltungsgericht wurde 1877 errichtet.[97]

505 In der Reichsverfassung fehlten zwar Grundrechte – es gab aber das grundrechtsgleiche Wahlrecht in Art. 20 RV 1871, ferner das gemeinsame Indeginat (Gleichbehandlung aller Deutschen in allen Staaten des Reichs, Art. 3 RV), das Petitionsrecht (Art. 23 RV) und die Wehrgleichheit (Art. 57 RV). Dies dokumentierte auch, dass das Gründungsereignis des Kaiserreichs nicht die Willensbekundung einer mündigen Nation als Inhaber der verfassunggebenden Gewalt war, sondern ein militärisch-monarchischer Akt, der zugleich eine Reihe siegreicher Kriege abschloss. Seit der französischen Revolution galten Grundrechtskataloge als erster grundlegender Ausdruck des Nationalwillens, weshalb die Nationalversammlung in Frankfurt 1848 ihre Beratungen mit der Ausarbeitung der Grundrechte begonnen hatte. In der Verfassung von 1871 war von der Nation und ihrem Willen nicht die Rede.

3. Die Organisation des Reiches und die Staatsfunktionen

a) Der Bundesrat

506 Das zentrale Organ und die „eigentümlichste Institution"[98] in der verfassungsrechtlichen Organisation des Reiches war nach dem Verfassungstext der Bundesrat, in dessen Zusammensetzung und Befugnissen die bündische Grundlage des Reiches zum Ausdruck kam. In der Verfassungswirklichkeit trat der Bundesrat schon bald nach 1871 in seiner Bedeutung hinter die anderen Reichsorgane zurück.

507 Art. 6 Abs. 1 RV 1871: „Der Bundesrath besteht aus den Vertretern der Mitglieder des Bundes […]." Die Stimmenzahl war entsprechend der Einwohnerzahl der „Mitglieder des Bundes" (der Länder) so abgestuft, dass Preußen 17 von insgesamt 58 Stimmen und damit eine Sperrminorität zukam, Bayern sechs Stimmen, Sachsen und Württemberg vier, Baden und Hessen drei, Mecklenburg-Schwerin und Braunschweig zwei; je eine Stimme hatten alle anderen Länder, bis hin zu dem kleinsten, Schaumburg-Lippe (mit 48.000 Einwohnern). Art. 6 Abs. 2 RV 1871 bestimmte: „Jedes Mitglied des Bundes kann so viel Bevollmächtigte zum Bundesrathe ernennen, wie es Stimmen hat, doch kann die Gesammtheit der zuständigen Stimmen nur einheitlich abgegeben werden."

508 Diese Konstruktion begründete die bis heute im grundgesetzlichen Bundesrat (Art. 50 ff. GG) fortwirkende Tradition des von den Länderexekutiven bestimmten föderalen Organs, in dem weisungsgebundene Gesandte agieren, mit der Verpflichtung zur einheitlichen Stimmabgabe (Art. 6 Nr. 2 RV 1871, heute Art. 51 Abs. 3 S. 2 GG). Der Bundesrat war als Regierungsorgan auf Reichsebene gedacht, außerdem hatte er an der Gesetzgebung einschließlich Verfassungsänderung des Reiches (Art. 5, 78 RV 1871) teil, schließlich kamen ihm sogar rechtsprechende Funktionen zu, insbesondere bei Streitigkeiten zwischen den Ländern (Art. 76, 77 RV 1871). Nur im Bereich der Gesetzgebung waren dies Mitwirkungs-, ansonsten Vollkompetenzen. Der Bundesrat war das föderal-monarchische Organ der Reichsverfassung. Er verhandelte nichtöffentlich.

---

[97] *Gernot Sydow*, Die Verwaltungsgerichtsbarkeit des ausgehenden 19. Jahrhunderts, 2000; *Wolfgang Rüfner*, Die Entwicklung der Verwaltungsgerichtsbarkeit, in: Jeserich/Pohl/v. Unruh (Hrsg.), Deutsche Verwaltungsgeschichte, Bd. III, 1983, S. 909 ff.

[98] *Paul Laband*, Das Staatsrecht des Deutschen Reiches, Bd. I, 5. Aufl. 1911, S. 233.

b) Keine Reichsregierung

Eine Reichsregierung gab es verfassungsrechtlich nicht, die Regierungsaufgaben lagen beim Bundesrat, beim Kaiser und beim Reichskanzler, der den Vorsitz im Bundesrat hatte, Art. 11 RV 1871: „Der Vorsitz im Bundesrathe und die Leitung der Geschäfte steht dem Reichskanzler zu, welcher vom Kaiser zu ernennen ist. Der Reichskanzler kann sich durch jedes andere Mitglied des Bundesrathes vermöge schriftlicher Substitution vertreten lassen." Statt von einer Reichsregierung sprach man von der „Reichsleitung". Die zunächst nicht sehr umfangreichen und personalintensiven laufenden Regierungsaufgaben auf der Reichsebene nahmen die preußischen Ministerien wahr, angeleitet durch den preußischen Ministerpräsidenten, der zugleich Reichskanzler war, daneben gab es „Reichsämter", etwa das bereits 1871 gegründete Auswärtige Amt, bei denen aber die Bezeichnung als Reichsministerium vermieden wurde. Das Verstecken der Regierungstätigkeit des Reiches und die Konzentration auf den Reichskanzler entsprach der Konzeption Bismarcks, der als erster Reichskanzler ein auf ihn zugeschnittenes zentrales Amt innehaben wollte. Zudem sollte, auch bei politischen Gewichtsverschiebungen zwischen Bundesrat und Reichstag, die Regierungsfunktion vor dem Parlament, dem Reichstag, abgeschirmt werden – wenn es keine Reichsregierung gab, konnte es auch keine dem Reichstag politisch oder verfassungsrechtlich verantwortliche Reichsregierung geben.

509

c) Das „Präsidium" – der „Deutsche Kaiser"

Der Reichskanzler stellte zugleich das Bindeglied zwischen dem föderal-monarchischen Regierungsorgan Bundesrat und dem „Präsidium" des Reiches dar. Art. 11 RV 1871: „Das Präsidium des Bundes steht dem Könige von Preußen zu, welcher den Namen Deutscher Kaiser führt. Der Kaiser hat das Reich völkerrechtlich zu vertreten, im Namen des Reichs Krieg zu erklären und Frieden zu schließen, Bündnisse und andere Verträge mit fremden Staaten einzugehen, Gesandte zu beglaubigen und zu empfangen." Dieser monarchische Präsident hatte darüber hinaus aber auch substantielle politische Befugnisse, zunächst die bereits genannte Berufung des Reichskanzlers (Art. 15 RV 1871), sodann Art. 12 RV 1871: „Dem Kaiser steht es zu, den Bundesrath und den Reichstag zu berufen, zu eröffnen, zu vertagen und zu schließen." Ferner Art. 16 RV 1871: „Die erforderlichen Vorlagen werden nach Maßgabe der Beschlüsse des Bundesrathes im Namen des Kaisers an den Reichstag gebracht, wo sie durch Mitglieder des Bundesrathes oder durch besondere von letzterem zu ernennende Kommissarien vertreten werden." Schließlich Art. 17 RV 1871: „Dem Kaiser steht die Ausfertigung und Verkündigung der Reichsgesetze und die Ueberwachung der Ausführung derselben zu. Die Anordnungen und Verfügungen des Kaisers werden im Namen des Reichs erlassen und bedürfen zu ihrer Gültigkeit der Gegenzeichnung des Reichskanzlers, welcher dadurch die Verantwortung übernimmt."

510

d) Der Reichstag

511 Der Reichstag war das demokratisch-zentralistische Organ der Reichsverfassung mit begrenzten Befugnissen.

> „Art. 20 RV 1871: Der Reichstag geht aus allgemeinen und direkten Wahlen mit geheimer Abstimmung hervor. […].
> Art. 22. Die Verhandlungen des Reichstages sind öffentlich.
> Wahrheitsgetreue Berichte über Verhandlungen in den öffentlichen Sitzungen des Reichstages bleiben von jeder Verantwortlichkeit frei.
> Art. 23. Der Reichstag hat das Recht, innerhalb der Kompetenz des Reichs Gesetze vorzuschlagen und an ihn gerichtete Petitionen dem Bundesrathe resp. Reichskanzler zu überweisen.
> Art. 24. Die Legislaturperiode des Reichstages dauert drei Jahre. Zur Auflösung des Reichstages während derselben ist ein Beschluss des Bundesrathes unter Zustimmung des Kaisers erforderlich.
> Art. 25. Im Falle der Auflösung des Reichstages müssen innerhalb eines Zeitraumes von 60 Tagen nach derselben die Wähler und innerhalb eines Zeitraumes von 90 Tagen nach der Auflösung der Reichstag versammelt werden. […]
> Art. 29. Die Mitglieder des Reichstages sind Vertreter des gesammtes Volkes und an Aufträge und Instruktionen nicht gebunden.
> Art. 30. Kein Mitglied des Reichstages darf zu irgend einer Zeit wegen seiner Abstimmung oder wegen der in Ausübung seines Berufes gethanen Aeußerungen gerichtlich oder disziplinarisch verfolgt oder sonst außerhalb der Versammlung zur Verantwortung gezogen werden.
> Art. 31. Ohne Genehmigung des Reichstages kann kein Mitglied desselben während der Sitzungsperiode wegen einer mit Strafe bedrohten Handlung zur Untersuchung gezogen oder verhaftet werden, außer, wenn es bei Ausübung der That oder im Laufe des nächstfolgenden Tages ergriffen wird. […]
> Art. 32. Die Mitglieder des Reichstages dürfen als solche keine Besoldung (oder Entschädigung) beziehen."

512 Mit dem allgemeinen, gleichen und geheimen (Männer)Wahlrecht ab 25 Jahren ging der Reichstag aus den am stärksten demokratisch ausgestalteten Wahlen hervor, die es zur damaligen Zeit in Europa gab. Es galt das Mehrheitswahlrecht.[99] Auch die Regelungen über das freie Mandat, über Immunität und Indemnität (Art. 29 bis 31 RV 1871) wiesen in Richtung eines modernen Parlaments. Eingeschränkt war die Selbstorganisation (Art. 24, 25 RV 1871), außerdem lag ein nicht zu unterschätzendes Hindernis für die Wahrnehmung eines Mandats in dem Verbot von Abgeordnetenentschädigungen (Diäten), das nur bemittelten Persönlichkeiten die Wahrnehmung eines Mandats erlaubte. Erst die Verfassungsänderung vom 21. Mai 1906 fügte dem Art. 32 RV 1871 – die eingeklammerten Worte „oder Entschädigung" wurden gestrichen – einen Satz 2 an: „Sie [die Mitglieder des Reichstages] erhalten eine Entschädigung nach Maßgabe des Gesetzes."

513 Viele Zeitgenossen waren überrascht, dass Bismarck – seit 1866 – beharrlich an einem nach allgemeinem Wahlrecht bestimmten Parlament festhielt. Das begründete Bismarck rückblickend in seinen in den 1890er Jahren verfassten Erinnerungen zunächst mit der Absicht, Österreich aus dem deutschen Einigungsverlauf fernzuhalten: „Die Annahme des allgemeinen

---

[99] §6 Abs. 2 des Wahlgesetzes: „Jeder Abgeordnete wird in einem besonderen Wahlkreis gewählt." Das Reichsgebiet war in 397 Wahlkreise eingeteilt.

Wahlrechts war eine Waffe im Kampf mit Österreich und weitres Ausland, im Kampfe für die deutsche Einheit, zugleich eine Drohung mit letzten Mitteln im Kampf gegen Koalitionen. In einem Kampf derart, wenn er auf Tod und Leben geht, sieht man die Waffen, zu denen man greift, und die Werte, die man durch ihre Benutzung zerstört, nicht an." Dem folgte eine zweite Begründung: „Außerdem halte ich noch heute das allgemeine Wahlrecht nicht bloß theoretisch, sondern auch praktisch für ein berechtigtes Prinzip, sobald nur die Heimlichkeit beseitigt wird, die außerdem einen Charakter hat, die mit den besten Eigenschaften des germanischen Bluts in Widerspruch steht." Es helfe, die gesellschaftlichen Interessen im Gleichgewicht zu halten. Es müssten die Interessen der „intelligenten Klassen", aber auch die derjenigen gewahrt werden, für die Besitz eher Wunsch als Realität sei. Deren Interessen müssten „ohne gefährliche Beschleunigung" des politischen Wandels und ohne Schaden für den Staat berücksichtigt werden. Versage der Staat dabei, wäre die Rückkehr „zur Diktatur, zur Gewaltherrschaft, zum Absolutismus" die Folge. Ein Absolutismus aber könne in der modernen Welt nicht bestehen, weil auch die beste Exekutive ein Korrektiv durch „Kritik" benötige. Das könnten lediglich eine „freie Presse und Parlamente im modernen Sinne leisten"[100]. Ob es sich hier um eine nachträgliche Selbststilisierung handelt, mag offen bleiben. Immerhin folgte dem noch eine interessante Aufgabenbeschreibung der Exekutive, die den Staat gegen die Launen des Parlaments und der Berater des Königs („Kamarilla", „königliche Günstlinge") zu verteidigen habe.

Bei der Durchführung der allgemeinen Wahlen gab es allerdings Besonderheiten, die der Forderung nach geheimer Wahl längere Zeit entgegenstanden: In den Anfangsjahren des Reichs verlief „die Stimmabgabe der wahlberechtigten Männer über 25 weder fair noch geheim. Wähler mussten ihre eigenen Stimmzettel mit ins Wahllokal bringen, und diese wurden zusehends von den Parteien gestellt, die die Wähler auf ihre Seite ziehen wollten – natürlich auch von den Konservativen, bei denen im ländlichen Gebieten die Großgrundbesitzer das Sagen hatten. Die Stimmzettel wurden bisweilen vom Grund- oder Fabrikbesitzer kontrolliert, und wer nicht in seinem Sinne gewählt hatte, musste mit Sanktionen rechnen. In industriell geprägten Regionen wurden die Arbeiter häufig von Magnaten beziehungsweise ihren Bevollmächtigten wie in einer Prozession zum Wählen geführt. Erst 1903 konnte der Staat nach jahrelanger Kampagne für die Idee gewonnen werden, den Wählern unterschiedliche Umschläge zur Verfügung zu stellen, in die sie ihre Stimmzettel stecken konnten, und erst 1913 wurden standardisierte Wahlurnen eingeführt. […] Dennoch: Einschüchterung war zwar weit verbreitet, nicht jedoch Bestechung und Korruption. Die legalistische politische Kultur in Deutschland sorgte dafür, dass Reichstagswahlen selbst vor der Reform von 1903 im Großen und Ganzen fairer abliefen als in vielen anderen Gegenden Europas."[101]

Zur durchaus unsicheren Rolle des Reichstags im Kaiserreich gehörte auch, dass das Parlament erst in den Jahren 1884 bis 1894 in einem neu errichteten Gebäude einen angemessenen Sitz erhielt. Dieser war damals vom Berliner Stadtschloss des Kaisers und vom Regierungsviertel in der Wilhelmstraße ein gutes Stück entfernt. Das heute nach Kriegszerstörungen und Umbauten vom Bundestag genutzte Gebäude befindet sich in unmittelbarer Nähe des Bundeskanzleramts. Der britische Historiker Neil MacGregor beschreibt das Gebäude so: „Es ist ein für das Europa des späten 19. Jahrhunderts typisches Bauwerk, römisch-imperial in seinem (ursprünglich noch reicher dekorierten) architektonischen Vokabular, fast britisch-imperial in seinem monumentalen Selbstvertrauen, zugleich auf merkwürdige deutsche Weise

---

[100] *Otto von Bismarck*, Gedanken und Erinnerungen, 1898, Bd. 2, S. 58–61 (21. Kapitel).
[101] *Richard J. Evans*, Das europäische Jahrhundert. Ein Kontinent im Umbruch 1815–1914, 2018, S. 814.

großspurig durch die das Ganze ursprünglich krönende Zentralkuppel auf quadratischem Grundriss. Es ist ganz eindeutig das Parlament eines Staates, der sich selber sehr ernst nimmt. Dabei wurde in den Jahren nach 1871 nicht weniger klar, dass dieser neue Staat nur sehr zögernd bereit war, sein Parlament ernst zu nehmen. [...] Den jungen Kaiser Wilhelm II. machte der Anspruch demokratischer Legitimität ähnlich ungeduldig wie so vieles andere auch. Fortwährend kam es zu Zank und Streit zwischen Kaiser und Reichstagsabgeordneten, die sich bis zuletzt auch um die Worte: ‚Dem deutschen Volke' drehten, die als Inschrift die Fassade zieren sollten. Der Kaiser war strikt gegen diese Formulierung, die seine ultimative Autorität in Zweifel zog, er favorisierte ‚Der Deutschen Einheit'. Erst 1916, mitten im Ersten Weltkrieg, setzten sich die Reichstagsabgeordneten durch."[102]

516 Zur Gesetzgebung bestimmte Art. 5 RV 1871: „Die Reichsgesetzgebung wird ausgeübt durch den Bundesrath und den Reichstag. Die Uebereinstimmung der Mehrheitsbeschlüsse beider Versammlungen ist zu einem Reichsgesetze erforderlich und ausreichend." Die Gesetzesinitiative stand sowohl dem Bundesrat (Art. 7 Abs. 1 RV 1871) als auch dem Reichstag zu, vgl. Art. 23 RV 1871: „Der Reichstag hat das Recht, innerhalb der Kompetenz des Reichs Gesetze vorzuschlagen und an ihn gerichtete Petitionen dem Bundesrathe resp. Reichskanzler zu überweisen." Nach Art. 17 RV 1871 stand dem Kaiser die Ausfertigung und Verkündung der Reichsgesetze und die Überwachung der Ausführung derselben zu. Die Staatsrechtslehre nahm (auch) bei der Gesetzgebung einen Vorrang des Bundesrates an: Der Reichstag sollte lediglich zur Feststellung des Gesetzesinhalts befugt sein, der Bundesrat darüber hinaus zur Sanktion, zur „Ausstattung eines Rechtssatzes mit verbindlicher Kraft"[103]. Diese nach dem Verfassungswortlaut keineswegs zwingende Lesart rettete einen Rest des monarchischen Prinzips in die Reichsverfassung.

517 Ein parlamentarisches Regierungssystem gab es so wenig wie eine Abhängigkeit des Reichskanzlers vom Reichstag. Über den Vorsitz im Bundesrat und die Ernennung durch den Kaiser war der Reichskanzler – rechtlich – allein in den Zusammenhang des monarchischen Präsidiums auf Reichsebene einbezogen und über den Bundesrat auch an die monarchischen Regierungen der Einzelstaaten angebunden. Allerdings gab es die – nicht einklagbare – Verantwortung des Reichskanzlers für das Präsidium, Art. 17 S. 2 RV 1871: „Die Anordnungen und Verfügungen des Kaisers werden im Namen des Reichs erlassen und bedürfen zu ihrer Gültigkeit der Gegenzeichnung des Reichskanzlers, welcher dadurch die Verantwortung übernimmt." Wie in der Preußischen Verfassung des Jahres 1850 war das Haushaltsrecht ausgestaltet, so dass der Reichstag über die Budgetbewilligung auf die Regierung und Verwaltung Einfluss nehmen konnte. Art. 69 RV 1871: „Alle Einnahmen und Ausgaben des Reichs müssen für jedes Jahr veranschlagt und auf den Reichshaushalts-Etat gebracht werden. Letzterer wird vor Beginn des Etatjahres [...] durch ein Gesetz festgestellt."

---

[102] *Neil MacGregor*, Deutschland. Erinnerungen einer Nation. 2. Aufl. 2016, S. 589.
[103] *Paul Laband*, Das Staatsrecht des Deutschen Reiches, Bd. II, 5. Aufl. 1911, S. 4, 23 ff.

4. Der Ausklang des „Monarchischen Prinzips"

Mit diesen Regelungen zur Organisation des Reichs findet sich in der Verfassung zwar ein Nachhall des monarchischen Prinzips, das die Verfassunggebungen von 1815 bis 1850 beherrscht hatte, mehr aber auch nicht. Diese Anknüpfungen betreffen zunächst die Präambel, die den verfassungsrechtlich geordneten Bundesstaat zu einem Monarchenbündnis, dem „ewigen Bund" erklärte – allerdings war schon das Inkrafttreten der Verfassung auch von der Zustimmung des Reichstages abhängig; es handelte sich also weder um ein echtes Vertragsverhältnis, noch um eine oktroyierte oder paktierte Verfassung, sondern um eine Verfassunggebung mit ebenso konstitutivem wie labilem Dualismus von Monarchie und Parlament. Auch in der Institution und Zusammensetzung des Bundesrates klang das monarchische Prinzip an. Der Kaiser schließlich hatte, anders als bei den frühkonstitutionellen Verfassungen, kein Vetorecht bei der Gesetzgebung. Ihm kam jedoch die Kommandogewalt über die „gesammte Landmacht" des Reiches zu, die ein einheitliches Heer „unter dem Befehl des Kaisers" in Krieg und Frieden bildete (Art. 63 Abs. 1 RV 1871). Der Dualismus von monarchischen und demokratischen Elementen bedeutete auch, dass die Verfassung in der politischen Wirklichkeit nur funktionieren konnte, wenn die unterschiedlich legitimierten Organe zur Kooperation fähig und bereit waren. Jeder schwerwiegende Konflikt konnte zur Blockade des politischen Systems führen.

518

Das Militär blieb bis 1918 der dem Parlament am wenigsten zugängliche Teil der Staatsorganisation. Seit den militärischen Siegen gegen Dänemark (1864) und Österreich (1866) und der Beendigung des preußischen Heereskonflikts durch das Indemnitätsgesetz „lief die Kommandostruktur wieder fast unbestritten auf den Monarchen zu. Auf den preußischen König wie auf die anderen Kontingentsherren wurde der Soldat vereidigt. Die Bindung der Truppe an die Verfassung erfolgte mithin nur indirekt, nämlich über die Verpflichtung des Monarchen auf die Verfassung. Die gesamte Personalpolitik und das Avancement der Offiziere wurden vom Militärkabinett im Hintergrund gesteuert […]." Mit Blick auf den Militärhaushalt beschlossen Bundesrat und Reichstag 1874 ein Militärorganisationsgesetz, das den Reichstag in seiner Mittelbewilligung langfristig band. Damit war die Armee letztlich abgeschottet vor einem abermaligen Aufrollen „des alten Konflikts um die Stellung der Armee im bürgerlichen Verfassungsstaat. Der Militärhaushalt wurde stets in großen Blöcken auf Jahre hinaus bewilligt, das parlamentarische Haushaltsrecht versagte gegenüber dem größten Ausgabenblock nahezu vollständig und die Stellung der Armee, unabhängig vom Parlament, blieb bis 1914 nahezu unangetastet."[104]

519

5. Die bundesstaatliche Organisation

a) Ländereigenständigkeit und Zentralisierungsschübe

Das Reich war Bundesstaat, wies also mit der Reichsebene und den „Mitgliedern des Bundes" (den Ländern, Einzelstaaten) zwei Ebenen der Staatlichkeit auf.[105] Aller-

520

---

[104] Beide Zitate: *Michael Stürmer*, Das ruhelose Reich. Deutschland 1866–1918. Siedler Deutsche Geschichte, 1994, S. 102, 104.

[105] Einen Sonderstatus hatte das als Reichsland keinem Gliedstaat zugeordnete Elsaß-Lothringen.

dings waren die Kompetenzen des Reichs, besonders deutlich in der anfänglichen Gestaltung der Verfassung von 1871, vergleichsweise schwach ausgebildet; die überwiegenden Befugnisse bei der Gesetzgebung und Verwaltung verblieben den Einzelstaaten. Gleiches galt für die Verteilung der Finanzkompetenzen, was sich im Laufe der Entwicklung des Kaiserreichs als besonders dysfunktional erweisen sollte. Im Kreis der Einzelstaaten kam Preußen, dem mit Abstand größten Einzelstaat, der etwa zwei Drittel des Territoriums und der Bevölkerung des Reichs umfasste, ein Übergewicht zu. Das wurde mit der Formel vom hegemonialen Bundesstaat umschrieben. Auch dieser ausgeprägt dezentrale Charakter des Reichs von 1871 ging maßgeblich auf Bismarck zurück, der den zuvor souveränen Einzelstaaten den Übergang zur zweiten Ebene der Staatlichkeit im Bundesstaat mit Verlust der Souveränität erleichtern wollte. Diese Rücksichtnahme betraf vor allem Bayern, das sich mit der Integration in das neue Reich schwer tat. Die schonende Rücksichtnahme ging bis zur Garantie von „Reservatrechten" (Ausnahmen von vereinheitlichenden Reichszuständigkeiten), so zum Beispiel Art. 35 Abs. 2 RV 1871 (Bayern, Württemberg und Baden behielten die Bier- und Branntweinsteuer) und Art. 52 Abs. 1 RV 1871 (Sonderrolle Bayerns im Post- und Telegraphenwesen).

521 Auch die Weimarer Verfassung von 1919 und das Grundgesetz gestalteten den deutschen Staat als Bundesstaat. Der Norddeutsche Bund und das Kaiserreich haben also, ihrerseits die föderalen Traditionen des Alten Reichs aufgreifend, ein bis heute geltendes Staatsstrukturprinzip begründet. Dabei gibt es vor allem zwei Kontinuitätslinien. Zum ersten orientiert sich die vertikale Verteilung der staatlichen Befugnisse seit 1871 nicht an einzelnen Sachbereichen der Politik, sondern an den Staatsfunktionen. Traditionell ist die Verwaltung, auch die Ausführung der Gesetze des Zentralstaats, Sache der Länder (und ihrer Gemeinden), während die wichtigen Bereiche der Gesetzgebung (seit 1871 kontinuierlich zunehmend) Sache des Zentralstaates sind. Zum zweiten ist das föderale Organ – 1871 der Bundesrat, 1919 der Reichsrat, nach dem Grundgesetz wieder der Bundesrat – durchgehend mit Vertretern der Landesexekutiven besetzt (Bundesratsprinzip im Gegensatz zum Senatsprinzip). Daneben gibt es Unterschiede zwischen den drei bundesstaatlichen Verfassungen seit 1871. Während der Bundesstaat von 1871 ausgeprägt dezentrale Züge hatte, drehte die Weimarer Verfassung die Gewichtsverteilung um und stärkte die Zuständigkeiten des Reichs. Das Grundgesetz wollte 1949 einen Mittelweg, die Verfassungsentwicklung seither hat aber durchgehend den Bund gestärkt, zuletzt durch die Verfassungsänderungen des Jahres 2009 („Föderalismusreform II") und des Jahres 2017 (Vertikalisierung der Finanzkompetenzen), vgl. Rn. 1167f. und Rn. 1169.

522 Zur Gesetzgebung bestimmte zunächst Art. 2 S. 1 RV 1871: „Innerhalb [des] Bundesgebietes übt das Reich das Recht der Gesetzgebung nach Maßgabe des Inhalts dieser Verfassung und mit der Wirkung aus, dass die Reichsgesetze den Landesgesetzen vorgehen." Art. 4 RV 1871 benannte die Reichskompetenzen; eine Unterscheidung in konkurrierende und ausschließliche Gesetzgebung war der Reichsverfassung unbekannt.

523 „Art. 4. Der Beaufsichtigung seitens des Reichs und der Gesetzgebung desselben unterliegen die nachstehenden Angelegenheiten:
1) die Bestimmungen über Freizügigkeit, Heimaths- und Niederlassungs-Verhältnisse, Staatsbürgerrecht, Passwesen und Fremdenpolizei sowie über den Gewerbebetrieb, einschließlich des Versicherungswesens [...];

2) die Zoll- und Handelsgesetzgebung und die für die Zwecke des Reichs zu verwendenden Steuern;
3) die Ordnung des Maaß-, Münz- und Gewichtssystems nebst Feststellung der Grundsätze über die Emission von fundirtem und unfundirtem Papiergelde;
4) die allgemeinen Bestimmungen über das Bankwesen;
5) die Erfindungspatente;
6) den Schutz des geistigen Eigentums;
7) Organisation eines gemeinsamen Schutzes des Deutschen Handels im Auslande, der Deutschen Schifffahrt und ihrer Flagge zur See und Anordnung gemeinsamer konsularischer Vertretung, welche vom Reiche ausgestattet wird;
8) das Eisenbahnwesen […];
[…]
10) das Post- und Telegraphenwesen;
[…]
13) die gemeinsame Gesetzgebung über das Obligationenrecht; Strafrecht, Handels- und Wechselrecht und das gerichtliche Verfahren;
14) das Militaerwesen des Reichs und die Kriegsmarine;
[…]
16) die Bestimmungen über die Presse und das Vereinswesen."

Damit waren – im Anschluss an die Regelungen der Verfassung des Norddeutschen Bundes – viele der drängendsten Aufgabenbereiche der Rechtsvereinheitlichung, insbesondere im Bereich der Wirtschaft, genannt. Insbesondere Art. 4 Nr. 13 RV 1871 erwies sich jedoch schnell als zu eng gefasst (dazu noch Rn. 535 f.). **524**

Die Ausführung der Reichsgesetze war ganz überwiegend – schon weil das Reich kaum eigene Behörden hatte – Sache der Einzelstaaten. Verwaltungskompetenzen kamen dem Reich lediglich bei den auswärtigen Angelegenheiten, dem Postwesen und dem Militär zu. Der Kreis erweiterte sich später um die Kolonialverwaltung und die beginnende Sozialversicherung. **525**

b) Die „Hegemonie" Preußens

Der starke Vorrang Preußens im Kreis der Einzelstaaten und bei der Willensbildung im Reich zeigte sich vor allem in vier Punkten: **526**
- Mit 17 von 58 Stimmen hatte Preußen im Bundesrat eine Sperrminorität bei Verfassungsänderungen;
- Preußische Ministerien nahmen kommissarisch Verwaltungs- und Regierungsaufgaben des Reichs war;
- Preußen hatte – solange es den Reichskanzler stellte – den Vorsitz im Bundesrat;
- der preußische Ministerpräsident hatte – politisch – einen vorrangigen Anspruch auf das Amt des Reichskanzlers, der preußische König war zugleich Deutscher Kaiser (Art. 11 RV 1871).

Diese Hegemonie war vor allem eine verfassungsrechtliche. Das Preußen, wie es sich zuletzt zu Beginn des 19. Jahrhunderts im Zuge der damaligen Reformen (oben Rn. 257 ff.) neu definiert hatte, verlor Stück um Stück seine eigene kulturelle Identität. „Preußen überlebte den Nationalstaat nur als Institution. Als geistige Formation, selbst als politische Kultur, ging es in Deutschland auf. […] Während Berlin bereits **527** die größte Industriestadt des Kontinents war und durch imperiale Boulevards das Land in Besitz nahm, während von Oberschlesien bis zum Ruhrgebiet Land und Menschen von der Industrialisierung erfasst wurden, während Naturwissenschaft und Technik die Grenzen des dem Menschen Möglichen immer mehr ausweiteten, während bereits massendemokratische und populistische Strömungen alle politischen Begriffe und Traditionsmaßstäbe unterspülten und zugleich die preußische Hegemonie militärisch und verwaltungsmäßig noch ohne Stocken funktionierte, verlor Preußen seine identitätsstiftende Kraft, die von den Stein-Hardenbergschen Reformen bis zur Reichsgründung immer wieder Revolution von oben bedeutet hatte. [...] Preußen, der harte Rationalstaat des 18. Jahrhunderts, erwies sich als unvereinbar mit dem Nationalstaat des ausgehenden 19. Jahrhunderts. Preußen hat den Nationalstaat noch begründen, aber nicht mehr prägen können."[106]

c) Die Finanzordnung

528 Nur rudimentär und unbefriedigend war die bundesstaatliche Finanzordnung geregelt. Trotz vieler Reformanläufe und einiger Verbesserungen gelang es bis zum Ende des Kaiserreichs im November 1918 nicht, im Wege durchgreifender Veränderungen eine gesicherte, aufgabenangemessene und selbstbestimmte Finanzierung der zentralstaatlichen Ebene des Reichs sicherzustellen. Das Reich hatte zwar die Gesetzgebungskompetenz hinsichtlich der „für die Zwecke des Reichs zu verwendenden Steuern" (Art. 4 Nr. 2 RV 1871); über diese Inanspruchnahmekompetenz hätte das Reich seine Finanzbasis verbreitern können. Art. 4 Nr. 2 RV 1871 verknüpfte das Besteuerungsrecht mit dem Finanzbedarf. Die Einzelstaaten aber verweigerten sich einer solchen ausweitenden Gesetzgebung und behielten praktisch alle Steuerkompetenzen. Damit war das Reich auf die in Art. 70 S. 1 RV 1871 genannten Finanzierungsquellen verwiesen: „Zur Bestreitung aller gemeinschaftlichen Ausgaben [= Ausgaben des Reichs] dienen zunächst die etwaigen Überschüsse der Vorjahre, sowie die aus den Zöllen, den gemeinschaftlichen Verbrauchsteuern und aus dem Post- und Telegraphenwesen fließenden gemeinschaftlichen Einnahmen."

529 Mit zunehmendem Finanzbedarf des Reichs genügte dies nicht mehr. Für diesen Fall bestimmte Satz 2: „Insoweit dieselben [= die Reichsausgaben] durch diese Einnahmen nicht gedeckt werden, sind sie, so lange Reichssteuern nicht eingeführt sind, durch Beiträge der einzelnen Bundesstaaten nach Maßgabe der Bevölkerung aufzubringen, welche bis zur Höhe des budgetmäßigen Betrages durch den Reichskanzler ausgeschrieben werden." Mit diesen jährlich erhobenen „Matrikularbeiträgen" deckten die Länder das Defizit des Reichs – das Reich war, nach der Formulierung Bismarcks, Kostgänger der Länder,[107] ein Zustand, den die Länder, entgegen der Verfas-

---

[106] *Michael Stürmer*, Das ruhelose Reich. Deutschland 1866–1918. Siedler Deutsche Geschichte, 1994, S. 105.

[107] Im genauen Wortlaut in einer Rede vom 2. Mai 1879: „Gewiß ist, daß es für das Reich unerwünscht ist, ein lästiger Kostgänger bei den Einzelstaaten zu sein, ein mahnender Gläubiger, während es der freigiebige Versorger der Einzelstaaten sein könnte bei richtiger Benutzung der Quellen,

sungsformulierung „[…] so lange Reichssteuern nicht eingeführt sind", perpetuieren wollten. Dazu diente die 1879 eingeführte „Franckensteinsche Klausel", die ein rechnerisches Defizit des Reichs und damit nötige Umlagen der Einzelstaaten festschrieb. Sie lautete in ihrer Ursprungsfassung: „Derjenige Ertrag der Zölle und der Tabaksteuer [= beides Einnahmen des Reichs], welcher die Summe von 130 Millionen Mark in einem Jahr übersteigt, ist den einzelnen Bundesstaaten [= Einzelstaaten] nach Maßgabe der Bevölkerung, mit welcher sie zu den Matrikularbeiträgen herangezogen werden, zu überweisen."[108] Diese Entreicherung des Zentralstaats verlangte dann, um das Defizit des Reichs zu decken, jedes Jahr die Beitragszahlung der Länder.

Erst nach 1900 gelang es dem Reich, einzelne direkte Steuern (nicht jedoch die trotz geringen Tarifs wichtiger werdende Einkommensteuer) an sich zu ziehen. Die Mängel der Reichsfinanzen blieben: „Das Unfertige, nur auf die Noth des Augenblicks Berechnete […] ist so recht das Charakteristikum des aus Höflichkeit so genannten Reichsfinanzsystems."[109] Der chronische Finanzmangel des Reichs bis 1918 kam jedoch nicht von ungefähr: Das Reich trat 1871 mit starken staatenbündischen Zügen ins Leben. Jede Stärkung der Zentralgewalt sah sich dem Beharrungswillen der Länder ausgesetzt und war teilweise von der Reichsleitung auch deshalb nicht erwünscht, weil dies eine Stärkung des einzigen demokratisch-zentralistischen Reichsorgans, des Reichstages, über seine Teilhabe an der Steuer- und Haushaltsgesetzgebung bedeutete. Im Kräftespiel bündisch-monarchischer und demokratisch-zentraler Verfassungselemente war die dauernde finanzielle Abhängigkeit des Reichs von den Ländern auf der Grundlage der Verfassung des Jahres 1871 nicht ohne innere Folgerichtigkeit.

V. Die Verfassungsentwicklung im Kaiserreich: labile Modernisierung zwischen Beharren und Fortschritt

Die Verfassung des Kaiserreichs galt für fast 50 Jahre, faktisch bis zum Ende der Monarchien in Deutschland im November 1918, förmlich stellte Art. 178 Abs. 1 der Weimarer Reichsverfassung (WRV) vom 11. August 1919 fest, was nach dem Umsturz 1918/19 und der Verfassunggebung von Weimar nur klarstellende Bedeutung hatte: „Die Verfassung des Deutschen Reichs vom 16. April 1871 und […] sind aufgehoben." In den fast fünf Jahrzehnten gab es eine Fülle von kulturellen, sozialen, öko-

---

zu welchen die Schlüssel durch die Verfassung in die Hände des Reichs gelegt, bisher aber nicht benützt sind." Zitiert nach *Josef Balduin Kittel*, Die Franckenstein'sche Klausel und die deutsche Finanzreform, 1894, S. 5 f.

[108] § 8 des Zolltarifgesetzes vom 15. Juli 1879 (RGBl. S. 207). Der Name der Klausel geht auf ihren Erfinder, Freiherr von Franckenstein, zurück. Das Gesetz durchbrach Art. 70 RV 1871. Eine solche materielle Verfassungsdurchbrechung war nach damaliger Auffassung zulässig, wenn das Gesetz die Anforderung an eine Verfassungsänderung (Art. 78 RV 1871, qualifizierte Mehrheit allein im Bundesrat, eine Textänderung der Verfassung war nicht erforderlich) einhielt.

[109] *Hugo Preuß*, Reichs- und Landesfinanzen, 1894, S. 6 f.

nomischen, innen- sowie außenpolitischen Veränderungen. Viele hinterließen in der Rechts- und Verfassungsentwicklung Prägungen, die bis ins 21. Jahrhundert nachwirken. Viele ließen die Stärken und Schwächen der Verfassung von 1871 in Erscheinung treten.

1. Vom bündischen Bundesstaat zur Festigung und Institutionalisierung des Reichs

a) Rechtscharakter des Reichs

532 Eine der leitenden Fragen der Staatsrechtslehre des Kaiserreichs war die nach der Rechtsnatur des Reiches.[110] Die besondere Entstehung durch aufeinander folgende Verträge und Gesetzgebungsakte und die Verklammerung von monarchisch-bündischen und demokratisch-zentralistischen Elementen entzog sich der eindeutigen Zuordnung.

533 Eine von dem Münchner Staatsrechtslehrer Max von Seydel (1846–1901) entwickelte Auffassung, die vielleicht nicht von ungefähr aus Bayern stammte, deutete das Reich kurzerhand als Staatenbund und Fortsetzung des Deutschen Bundes von 1815. v. Seydel leugnete die Möglichkeit von Bundesstaaten überhaupt. Souveränität sei unverzichtbares Merkmal des Staatsbegriffes und unteilbar. Also müsse auch die Staatsgewalt unteilbar sein. Neben dem Einheitsstaat könne es als Staatenverbindung nur den Staatenbund geben. Bei diesem verbleibt die Souveränität bei den Mitgliedern. Ein Bundesstaat, in dem Bund und Einzelstaaten Staatsgewalt ausüben, sei schon begrifflich unmöglich, weil er die Teilbarkeit der Souveränität voraussetzen würde. Dem Reich nach der Verfassung von 1871 könne keine Staatsgewalt zukommen, es gäbe nur, vertraglich verbunden, die Summe der Gliedstaatsgewalten. Der Reichstag habe bei den Verfassungsvereinbarungen nur beratend mitgewirkt, seine Zustimmung sei Vertragsbedingung zwischen den verbündeten Fürsten (und Freien Städten) für die Entstehung der Verfassung gewesen. 1897 schrieb v. Seydel: „Das Vertragsverhältnis besteht nach wie vor fort und ist die Grundlage, auf der die Reichsverfassung als Gesetz beruht [...] Die unterm 16. April 1871 verkündete Verfassung ist [...] zugleich formelles Gesetz und Staatsvertrag."[111] Da das Deutsche Reich als Staatenbund keine eigene Rechtspersönlichkeit habe, sei die Reichsverfassung gleichmäßig in allen deutschen Staaten geltendes Landesgesetz.

534 Diese staatenbündische Lehre fand praktisch keine Gefolgschaft. Die herrschende Auffassung zur Rechtsnatur des Reiches entwickelte der seit 1871 an der Reichsuniversität Straßburg lehrende Paul Laband (1838–1918). Die Novemberverträge des Jahres 1870 hätten sich nur auf den Eintritt der süddeutschen Staaten in den Nord-

---

[110] Dazu im Überblick: *Stefan Korioth*, Integration und Bundesstaat. Ein Beitrag zur Staats- und Verfassungslehre Rudolf Smends, 1990, S. 20 ff.
[111] *Max von Seydel*, Commentar zur Verfassungs-Urkunde für das Deutsche Reich, 2. Aufl. 1897, Eingang S. 25. Die gesamte Einleitung dieses Kommentars entfaltet die Lehre von Seydels. Dazu *Hans Nawiasky*, Max von Seydel, 1953, S. 4 ff.

deutschen Bund bezogen und seien nach dem Vollzug erfüllt. Die endgültige Festlegung der staatsrechtlichen Grundlagen des Reiches sei dann „nicht in der Form eines Vertrages, sondern in der Form eines Verfassungsgesetzes erfolgt"[112]. Alle Staatenverbindungen ließen sich in Analogie zu den Formen privatrechtlicher Gesellschaften erklären. Der Kategorie der nicht rechtsfähigen Personengesellschaft entspreche der vertragsmäßige, völkerrechtliche Staatenbund. Der Bundesstaat dagegen sei korporativer, staatsrechtlicher Natur und dem Begriff der juristischen Person zuzuordnen.[113] Das privatrechtliche Gegenstück sei der rechtsfähige Verein. Mitglieder des Bundesstaates Deutsches Reich seien die Einzelstaaten, prägend für ihre Beziehungen zum Reich sei die Gehorsamspflicht gegenüber den „Gesetzesbefehlen"[114] des Reiches. Das Bismarckreich war danach Staat, nicht Bund.

b) Rechtsvereinheitlichung

Eine zentrale Aufgabe dieses neuen Staates, die im Kern von allen politischen Kräften mitgetragen wurde, war die Herstellung von Rechtseinheit durch Reichsgesetze in möglichst vielen Bereichen und, hiermit verbunden, der Ausbau der Verrechtlichung der Staatsgewalt zur Stärkung des liberalen Rechtsstaates. Mit dem nunmehr in ganz Deutschland geltenden Strafgesetzbuch vom 31. Mai 1870 war dies im Strafrecht erreicht. Auch das Handelsgesetzbuch, die Wechselordnung, die Gewerbeordnung (1869) und das Gesetz über schriftstellerisches Urheberrecht (1870) übernahm das Reich aus dem Norddeutschen Bund. Es fehlten jedoch die großen Gebiete der Gerichtsorganisation und des gerichtlichen Verfahrensrechts, vor allem aber fehlte eine im ganzen Reich geltende Kodifikation des bürgerlichen Rechts. Hierfür kam nach dem ursprünglichen Verfassungstext die Gesetzgebungskompetenz dem Reich nicht zu. Bereits durch Gesetz vom 20. Dezember 1873[115] wurde Art. 4 Nr. 13 RV 1871 geändert und die Reichszuständigkeit „über das gesamte bürgerliche Recht" erstreckt. Diese „Lex Miquel-Lasker", benannt nach den maßgeblichen Initiatoren im Reichstag, den nationalliberalen Abgeordneten Johannes Miquel (1828–1901) und Eduard Lasker (1829–1884), schuf die Grundlage für umfassende Reformen. Bereits 1877 konnten die „Reichsjustizgesetze" in Kraft treten, das Gerichtsverfassungsgesetz (GVG), die Zivil- und die Strafprozessordnung (ZPO, StPO), die Konkursordnung, dazu Nebengesetze wie die Rechtsanwaltsordnung und das Gerichtskostengesetz (GKG). An die Spitze des vereinheitlichten Aufbaues der ordentlichen Gerichte trat 1879 das neu errichtete Reichsgericht mit Sitz in Leipzig.[116]

1874 begannen mit einer Vorkommission die Vorbereitungen für ein bürgerliches Gesetzbuch (BGB), maßgeblichen Einfluss hatte hier der Richter und Honorarprofessor Gottlieb Planck (1824–1910), der später einen der ersten Kommentare zum BGB

---

[112] *Paul Laband*, Das Staatsrecht des Deutschen Reiches, Bd. 1, 4. Aufl. 1911, S. 90.
[113] *Paul Laband*, Das Staatsrecht des Deutschen Reiches, Bd. 1, aaO, S. 61 f.
[114] *Paul Laband*, Das Staatsrecht des Deutschen Reiches, Bd. 1, aaO, S. 107 ff.
[115] RGBl. S. 379.
[116] Im Gebäude des Reichsgerichts residiert seit 2003 das Bundesverwaltungsgericht.

verfasste und herausgab. Ganz bewusst – und durchaus im Gegensatz zu heutiger Gesetzgebung – nahm man sich viel Zeit für intensive und sorgfältige Ausarbeitungen und Beratungen. Der erste Entwurf eines BGB mitsamt umfangreichen Erläuterungen (Motive) wurde 1888 veröffentlicht und stieß auf intensive öffentliche Kommentare und Kritik, die das Reichsjustizamt (eines der Reichsämter, die tatsächlich Ministerien waren, aber nicht so erscheinen sollten) in einer Bibliographie zusammenfasste. Eine zweite Kommission begann 1890 ihre Arbeit, der zweite Entwurf (mit Protokollen), der stärker Bedürfnisse der Wirtschaft berücksichtigte, wurde 1895 festgestellt. Weitere Änderungen führten zu einem dritten Entwurf, den der Reichstag 1896 verabschiedete. Am 1. Januar 1900 trat das Jahrhundertwerk des BGB in Kraft. Leitgedanke des neuen Bürgerlichen Rechts waren die Freiheit und Gleichheit aller Mitglieder der Zivilrechtsgesellschaft, Schutznormen zu Gunsten sozial oder strukturell schwächerer Bevölkerungsgruppen fehlten fast völlig. „Die Freiheit des Unternehmers, Arbeiter einzustellen oder zu entlassen, war der Freiheit des Arbeitnehmers, einen Arbeitsvertrag abzuschließen, gleichgesetzt; dass hier Ungleiches verglichen wurde, ist eine Erkenntnis, die zwar bereits im 19. Jahrhundert ausführlich und vehement in rechtspolitischen Zusammenhängen geäußert wurde, die sich aber im Bereich der Rechtswissenschaft und Rechtswirklichkeit zu dieser Zeit erst sehr mühsam durchzusetzen begann. Der ‚vierte Stand', die Arbeiterschaft in ihrem großen sozialen Elend, war nicht annähernd adäquat vom BGB berücksichtigt worden."[117]

2. Verhältnisbestimmung von Staat und Kirche: Der „Kulturkampf" (1871 bis 1888)

a) Das Grundproblem

537 In das erste Jahrzehnt des Kaiserreichs fiel ein zwischen einzelnen Staaten des Reichs, vor allem Preußen, und der katholischen Kirche erbittert ausgetragener Streit.[118] Der Konflikt prägte, mit Nachwirkungen bis heute, die Entwicklung des Religionsverfassungsrechts in Deutschland, weil er über den konkreten Konflikt hinaus zu einer Klärung des Verhältnisses des modernen weltlichen Staats zu den Kirchen beitrug.

538 Die Reichsgründung war von Preußen dominiert, das seit der Reformation ein protestantischer Staat war, wenngleich mit betonter religiöser Toleranz und weitgehenden Freiheitsrechten für die katholische Kirche.

539 Die preußische Verfassung von 1850 enthielt das damals modernste Staatskirchenrecht. Art. 12 garantierte die Freiheit des religiösen Bekenntnisses, der Vereinigung zu Religionsgesellschaften und die Unabhängigkeit der bürgerlichen und staatsbürgerlichen Rechte vom re-

---

[117] *Susanne Hähnchen*, Rechtsgeschichte, 4. Aufl. 2012, Rn. 724 (S. 335).
[118] Außerhalb Preußens gab es Auseinandersetzungen zwischen Staat und Kirche auch in Baden, Bayern und Hessen. Ohne Konflikte blieben die konfessionell geschlossenen Hansestädte und die thüringischen Staaten, aber auch Sachsen, Württemberg und Oldenburg. Nur in Preußen kam es zum Verfassungskonflikt. Es ging um die Reichweite der staatlichen Kirchenhoheit, also die Bestimmung des Staates über die Kirchen.

ligiösen Bekenntnis. Art. 13 unterschied Religionsgesellschaften mit Korporationsrechten [= dem öffentlich-rechtlichen Körperschaftsstatus] und als Vereine organisierte Religionsgesellschaften. Als Fremdkörper innerhalb der religiösen Offenheit ordnete Art. 14 die christliche Prägung bei Staatseinrichtungen mit religiösem Bezug an, z. B. bei der Militärseelsorge, den Feiertagen und dem Religionsunterricht. Art. 15 bestimmte: „Die evangelische und die römisch-katholische Kirche, so wie jede andere Religionsgesellschaft, ordnet und verwaltet ihre Angelegenheiten selbstäntig und bleibt im Besitz und Genuß der für ihre Kultus-, Unterrichts- und Wohlthätigkeitszwecke bestimmten Anstalten, Stiftungen und Fonds." Art. 16: „Der Verkehr der Religionsgesellschaften mit ihren Oberen ist ungehindert. Die Bekanntmachung kirchlicher Anordnungen ist nur denjenigen Beschränkungen unterworfen, welchen alle übrigen Veröffentlichungen unterliegen." Art. 18 Abs. 1: „Das Ernennungs-, Vorschlags-, Wahl- und Bestätigungsrecht bei Besetzung kirchlicher Stellen ist, soweit es dem Staate zusteht und nicht auf dem Patronat oder besonderen Rechtstiteln beruht, aufgehoben." Damit war das überkommene System staatlicher Kirchenhoheit beendet.

Die Reichsgründung brachte Katholiken im Reich in eine Minderheitsposition. **540** Die evangelischen Teile Deutschlands beanspruchten die politische und kulturelle Hegemonie. Katholiken galten bei vielen Protestanten als geschlossene und unzugängliche Gemeinschaft, der modernen Welt gegenüber wenig aufgeschlossen, wirtschaftlich weniger erfolgreich. Vor allem aber hielten viele Protestanten sie für unzuverlässige Staatsbürger, bei denen nicht klar war, ob sie dem Papst mehr Loyalität als der weltlichen Herrschaft, vor allem im neuen Reich, entgegenbrachten. So erklärte sich die Bezeichnung der Katholiken als „Ultramontane" – diejenigen, die dem Papst jenseits der Berge, jenseits der Alpen, verpflichtet waren.

Bismarck sah hier ein Problem,[119] das im Sinne der inneren Integration der hetero- **541** genen Teile des Reichs zugunsten des Staates gelöst werden müsste, insbesondere nachdem das (Erste) Vatikanische Konzil in Rom (1870/1871) die Gestalt der Katholischen Kirche als hierarchische Papstkirche verstärkt hatte, bis hin zu dem Dogma der Unfehlbarkeit des Papstes bei bestimmten theologischen Lehraussagen („ex cathedra"): Waren Katholiken nun (neben den Sozialisten) potentielle Reichsfeinde oder waren sie es nicht?

b) Antikirchliche Gesetze und Maßnahmen

1871 setzte eine Reihe landes- und reichsgesetzlicher Disziplinierungen der Kirche **542** ein, die im 19. Jahrhundert noch daran festhielt, als „societas perfecta" (vollständige, umfassende Gesellschaft) aus eigenem Recht ihr Verhältnis zum Staat bestimmen zu können, was zu Konflikten mit dem modernen souveränen Staat führen musste, wenn, was in der anpassungsfähigen Praxis der Kirche fast durchgehend nicht geschah, mit voller Härte an dem kirchlichen Anspruch festgehalten werden sollte.

Den Begriff Kulturkampf (= Kampf für die moderne, liberale und von den exakten Wissen- **543** schaften geprägten Kultur gegen vermeintlich rückständige kirchlich-religiöse Überlieferungen) prägte der Arzt und liberale Abgeordnete des preußischen Abgeordnetenhauses (seit 1861) und des Reichstages (1880–1883) Rudolf von Virchow in einer Rede im Abgeordnetenhaus am 17. Januar 1873, die sämtliche preußisch-protestantischen Vorbehalte zusammentrug:

---

[119] Vgl. *Lothar Gall*, Bismarck. Der weiße Revolutionär, 5. Aufl. 1981, S. 471 ff.

„[...] Die Kirche hat ihren Wert dadurch erlangt, dass sie wirklich die Trägerin der ganzen humanen Entwicklung war, nicht als Trägerin der dogmatischen Entwicklung. Nach und nach ist es durch diese Thätigkeit der humanen Kirche, durch die Klöster, durch die Klosterschulen, durch die Geistlichen [...] dahin gekommen, dass eine größere Menge von Personen an dem Wissen teilnahmen, dass die Laien als gleichberechtigte Träger der Kultur sich erheben konnten, und [...] von dem Augenblicke an beginnt nicht bloß die Ketzerei, sondern eben auch die einseitige dogmatische Entwicklung der Kirche und des Papstthums. [...] Die Hierarchie triumphiert, sie nahm immer mehr den absonderlichen Charakter des Ultramontanismus an, indem sie allmählich immer ausschließlicher das Kardinalskollegium aus Italienern zusammensetzte, die Päpste immer mehr ausschließlich bloß aus italienischen Bischöfen hervorgingen und das Papsthum als solches sich mehr und mehr als eine eigentlich italienische Kirchengewalt darstellte. [...] Das ist die historische Entwicklung. So fasse ich die Sache auf [...], weil ich die Überzeugung habe, es handelt sich hier um einen großen Kulturkampf."[120]

544 1871 erließ der Reichsgesetzgeber § 130a StGB, den so genannten „Kanzelparagraphen", der Stellungnahmen zu staatlichen Angelegenheiten in einer den öffentlichen Frieden gefährdenden Weise im Zusammenhang der kirchlichen Verkündung unter Strafe stellte (die Vorschrift wurde erst 1953 aufgehoben). Preußen und andere Staaten führten eine umfassende staatliche Schulaufsicht ein, die auch den konfessionellen Religionsunterricht umfasste. Die Kirche wurde hier aus einem Bereich verdrängt, den sie in vielen Territorien lange Zeit monopolisiert hatte. Das damals neue staatliche Monopol bei der Schulaufsicht (nicht der Schulträgerschaft) gilt noch heute, Art. 7 Abs. 1 GG: „Das gesamte Schulwesen steht unter der Aufsicht des Staates." Das „Expratiierungsgesetz" erlaubte die Ausweisung renitenter Geistlicher. Eingeführt (oder bekräftigt, je nach Territorium) wurde eine Anzeigepflicht der Kirche bei der Besetzung ihrer Ämter, insbesondere der der Diözesanbischöfe; diese hatten bei ihrer Amtseinführung einen „politischen Eid" (Treueverpflichtung gegenüber dem Staat) vor staatlichen Stellen abzulegen. Staatliche Vorschriften über die Priesterausbildung schrieben eine Studienmindestzeit an deutschen Hochschulen und ein „Kulturexamen" vor, mit dem der Klerikernachwuchs Kenntnisse in der (modernen) Philosophie nachweisen sollte, weil man die Kirche verdächtigte, solche ihrem Nachwuchs vorzuenthalten. Die letzteren Maßnahmen waren mit der Garantie kirchlicher Selbstverwaltung nicht vereinbar; die entsprechenden Vorschriften der preußischen Verfassung von 1850 wurden zuerst geändert, später suspendiert.[121]

---

[120] Zitiert nach *Georg Franz,* Kulturkampf, 1954, S. 9f.
[121] Die Verfassungsänderung vom 8. April 1873 betraf Art. 15 und Art 18. Das Selbstbestimmungsrecht der Religionsgemeinschaften, zuvor ohne Gesetzesvorbehalt, erhielt den Zusatz, dass die Religionsgesellschaften den „Staatsgesetzen und der gesetzlich angeordneten Aufsicht des Staates unterworfen" bleiben. Das erlaubte auch besondere, auf bestimmte Religionsgesellschaften in der katholischen Kirche zielende Gesetze. Art. 18 (kirchliche Stellenbesetzung) erhielt den Zusatz: „Im Übrigen regelt das Gesetz die Befugnisse des Staates hinsichtlich der Vorbildung, Anstellung und Entlassung der Geistlichen und Religionsdiener und stellt die Grenze der kirchlichen Disziplinargewalt fest." Das legitimierte weitgehende Eingriffe in den innerkirchlichen Bereich. Die Verfassungsänderung vom 18. Juni 1875 hob die Art. 15 und 18 zur Gänze auf. „Damit schien Preußen zum Staatskirchentum des Absolutismus zurückgekehrt zu sein", so *Peter Landau,* Verfassungskonflikte um die staatliche Kirchenhoheit 1871 bis 1880, in: *ders.,* Grundlagen und Geschichte des evangelischen Kirchenrechts und des Staatskirchenrechts, 2010, S. 414ff., 432.

Das Jesuitengesetz vom 4. Juli 1872[122] untersagte vollständig die Tätigkeit des Ordens in Deutschland. Zu den nicht den engeren Kreis der religionsgemeinschaftlichen Angelegenheiten betreffenden und dauerhaften Maßnahmen gehörte schließlich die Einführung der obligatorischen Zivilehe in Preußen (1874) und sodann im ganzen Reich (1875).

c) Kirchliche Reaktionen und Verschärfung der Auseinandersetzung

Die auf den innerkirchlichen Bereich zielenden Maßnahmen stießen, womit die staatliche Seite so nicht gerechnet hatte, auf den erbitterten Widerstand des Klerus und der katholischen Laien.

Die katholischen Bischöfe verfassten am 2. Mai 1873 ein Protestschreiben an die preußische Regierung mit dem Kernsatz: „Die Kirche kann das Prinzip des heidnischen Staates, daß die Staatsgesetze die letzte Quelle allen Rechts seien und die Kirche nur die Rechte besitze, welche die Gesetzgebung und die Verfassung des Staates ihr verleiht, nicht anerkennen."[123]

Der Staat verschärfte die Gangart, sperrte Staatsleistungen, stellte widerstrebende Bischöfe unter Hausarrest und unterband ihren unmittelbaren Kontakt mit der Kurie in Rom; zahlreiche Priester mussten Haftstrafen hinnehmen. Stimmen aus der evangelischen Kirche, die zunächst die Maßnahmen gegen die Papisten begrüßt hatten, wurden nachdenklicher, als sie erkannten, dass es nicht nur um katholische Besonderheiten ging, sondern sehr viel prinzipieller auch um die Selbstdefinition des souveränen Staates gegenüber den religiösen Kräften und Institutionen überhaupt, die konsequent in den innerreligiösen Bereich zurückgedrängt werden sollten. Über das Staatskirchentum in den evangelischen Territorien wäre es dem protestantischen Staat ein leichtes gewesen, auch gegenüber der evangelischen Kirche bedrängende Maßnahmen zu erlassen.

d) Beendigung und Folgen des Konflikts

Bismarck gab 1878 das Zeichen zur Beendigung des Kulturkampfs, beeindruckt vom katholischen Widerstand, aber auch überzeugt, die Fähigkeiten des souverän-weltlichen Staates gezeigt zu haben. Mit dem Beginn des Pontifikats Leos XIII. (Papst von 1878 bis 1903) trat Bismarck in Verhandlungen mit der Kurie ein, zwischen 1880 und 1885 gab es sogenannte „Milderungsgesetze", bis 1887 weitere „Friedensgesetze", die eigentlichen Kulturkampfmaßnahmen wurden dann durch die Revisionsgesetze von

---

[122] „§ 1. Der Orden der Gesellschaft Jesu und die ihm verwandten Orden und ordensähnlichen Kongregationen sind vom Gebiete des Deutschen Reiches ausgeschlossen.
Die Errichtung von Niederlassungen derselben ist untersagt. Die zur Zeit bestehenden Niederlassungen sind innerhalb einer vom Bundesrat zu bestimmenden Frist, welche sechs Monate nicht übersteigen darf, aufzulösen." Abgedruckt bei Ernst Rudolf Huber (Hrsg.), Dokumente zur deutschen Verfassungsgeschichte, Bd. 2, Deutsche Verfassungsdokumente 1851–1900, 3. Aufl. 1986, S. 461 (Nr. 285). Das Gesetz wurde vollständig erst 1917 aufgehoben.
[123] Text bei Ernst Rudolf Huber/Wolfgang Huber (Hrsg.), Staat und Kirche im 19. und 20. Jahrhundert, Bd. 2, 1976, Nr. 286 (S. 612 f.).

1886–1888 beseitigt.¹²⁴ Der Friede zwischen Staat und Kirche war wiederhergestellt, es blieben jedoch Folgen des Kulturkampfes. Er ließ die „konfessionelle Spaltung zur politischen werden" und trug dazu bei, „die konstante parlamentarische Unterstützung der Reichspolitik zu erschweren"¹²⁵. Katholiken begegneten dem Bismarckreich weiterhin mit Misstrauen und neigten dazu, sich in ihrem eigenen Milieu einzuschließen; nicht ohne Grund erlebten kirchliche Vereine und Verbände in dieser Zeit einen enormen Aufschwung. Auch der politisch-parlamentarische Arm des Katholizismus, die Zentrumspartei, erfuhr starken Zulauf. Dabei blieben aber – mit gravierenden Folgen bis in das Jahr 1933 (dazu unter Rn. 835f.) – Fragen der Rechte und der Entfaltungsfreiheit der Kirche in der Gesellschaft und im Bildungswesen das zentrale politische Thema der Partei.¹²⁶ Auf der anderen Seite war die Auseinandersetzung des weltlichen Staats mit der Kirche unausweichlich und seit langem überfällig. Ähnliche Konflikte wie den Kulturkampf in Deutschland gab es zur selben Zeit in anderen europäischen Staaten – mit durchaus unterschiedlichen Ergebnissen. Frankreich beschloss 1904 eine vollständige Trennung des Staates von Religion und Kirche und führte das bis heute geltende Prinzip der „laïcité", des „Laizismus" ein. Deutschland ging den Weg der freundlichen Trennung bei weiterbestehenden Kooperationen von Staat und Kirche. Auch das gilt bis heute.

3. Die wirtschaftliche Entwicklung und die „soziale Frage"

a) Wirtschaftliche Dynamik und Staatsintervention

550 „Die großen sozialen Veränderungen, welche der sich mächtig entfaltende industriell-technische Prozess auslöste, berührten das Gefüge der Reichsverfassung nicht unmittelbar. Das schnelle Anwachsen der Großstädte, die Entstehung der Industriezentren an der Ruhr, in Oberschlesien, Sachsen und in und um Berlin stellte die Landesverwaltung, vor allem die Gemeinden vor neue Aufgaben."¹²⁷ Das ist die denkbar nüchternste Beschreibung des Zentrums gesellschaftlicher Veränderungen im Kaiserreich. Industrie, Handel und Banken nahmen nach 1871 einen rasanten Aufschwung; um die Jahrhundertwende war Deutschland die mit Abstand stärkste und innovativste Industrienation auf dem Kontinent, in Europa nur noch übertroffen von Großbritannien. Diese Entwicklung verlief nicht reibungslos. Die „Gründerzeitkrise" ab 1873, verursacht durch zu stürmische Investitionen und Produktionsausweitungen, begleitet von teils betrügerischen Spekulationen, die das Gewinnstreben

---

¹²⁴ Dazu *Johannes Heckel*, Die Beilegung des Kulturkampfs in Preußen, in: ZRG Kan. Abt. 19 (1930), S. 216ff.
¹²⁵ *Ernst Forsthoff*, Deutsche Verfassungsgeschichte der Neuzeit, 4. Aufl. 1972, S. 156.
¹²⁶ „Der gläubige Katholik entschied auch politisch in erster Line als Kirchenglied, nicht als Staatsbürger […]; sein Staatsverhältnis war ein gebrochenes", so *Ernst-Wolfgang Böckenförde*, Der deutsche Katholizismus im Jahre 1933 (1961), in: ders., Schriften zu Staat-Gesellschaft-Kirche, Bd. I, 1988, S. 39ff., 61.
¹²⁷ *Ernst Forsthoff*, Deutsche Verfassungsgeschichte der Neuzeit, 4. Aufl. 1972, S. 162.

ausnutzten, das viele Bevölkerungskreise ergriffen hatte, ließ zahlreiche Unternehmen zusammenbrechen; die Krise kehrte mit flacher werdenden Wellen fast 20 Jahre lang wieder – mit gravierenden Folgen für die Innenpolitik. Neu gegründete industrielle und landwirtschaftliche Schutzverbände verlangten mehr staatliche Intervention in die Wirtschaft, Regulierung und Unterstützung der Industrie, auch durch Schutzzölle. Mehr Staat war aber nicht nur die Losung zur Bewältigung von Strukturkrisen. Sie wurde auch auf den Bereich der Sozialpolitik bezogen. Unruhe und Ungewissheit angesichts der Veränderungen in der Formation der Gesellschaft machten sich breit. Der Staat entwickelte sich zum Interventionsstaat.

551 Michael Stürmer beschreibt dies so: „Das Gefüge der Gesellschaft in der späten Bismarckzeit stand unter der Last verschärfter wirtschaftlicher Verteilungskämpfe und politischer Umsturzängste. Im Niedergang der individualistisch-liberalen Sozial- und Wirtschaftsphilosophie, den Unternehmenskonzentration und landwirtschaftliche Strukturkrise vorantrieben, sollten Protektionismus und starker Staat aufs Neue Sicherheit und Hoffnung schaffen. Alte Staatsräson und neue Industriegesellschaft galt es, zur Synthese im modernen Machtstaat zu bringen, der doch, um zu überdauern, auf Einfügung in das europäische Mächtesystem und Anpassung an die Weltmächte angewiesen blieb. Unter Bismarck ist dies noch gelungen. Aber für die Erben der Reichsgründung wurde diese Bedingung angesichts eines entfesselten Nationalismus, wirtschaftlicher Konkurrenzkämpfe und sich schließender Kriegsbündnisse fast zur Quadratur des Kreises, unlösbar und für den Bestand von Staat und Nation tödlich gefährlich."[128]

552 Die neue Bedeutung des Ökonomischen war ein Grundzug des 19. Jahrhunderts. „Alle Gesellschaftsformen werden durch ökonomische Faktoren begrenzt. Aber nur die Zivilisation des 19. Jahrhunderts war in einem anderen und speziellen Sinne ökonomisch, denn sie stützte sich auf eine Motivation, die in der Geschichte der menschlichen Gesellschaftsformen nur selten als gültig anerkannt und sicherlich nie zuvor in den Rang einer Rechtfertigung des Tuns und Verhaltens im Alltagsleben gehoben wurde, nämlich das Gewinnstreben. […] Der Mechanismus, der durch das Gewinnstreben in Gang gesetzt wurde, war in seiner Wirksamkeit nur mit wildesten Ausbrüchen religiösen Eifers in der Geschichte zu vergleichen. Wie allgemein bekannt, gelangte das Gewinnstreben im Gefolge der Industriellen Revolution in England in der ersten Hälfte des 19. Jahrhunderts zur Hochblüte. Etwa 50 Jahre später erreichte es den europäischen Kontinent und Amerika."[129]

553 1878/79 gab es einen innenpolitischen Kurswechsel, der manchmal als zweite, innere Reichsgründung beschrieben wird. Bismarck wandte sich von den Nationalliberalen ab, die seit 1871 seine Politik maßgeblich gestützt hatten. Der Grund lag in der Einführung der von den industriellen und landwirtschaftlichen Interessenverbänden geforderten Schutzzollpolitik und darüber hinaus in dem Beginn einer Politik der Beeinflussung wirtschaftlicher Vorgänge durch den Staat. Beides lehnten die liberalen Anhänger des Freihandels ab. Nachdem es im Sommer 1878 zwei fehlgeschlagene Attentate auf Kaiser Wilhelm I. gegeben hatte, setzte Bismarck die Auflösung des Reichstags und Neuwahlen durch, die starke Gewinne der Konservativen (von 17,6 % – 1877 – auf 26,6 %) erbrachten. Die Konservativen und die von Bismarck jetzt

---

[128] *Michael Stürmer*, Das ruhelose Reich. Deutschland 1866–1918. Siedler deutsche Geschichte, 1994, S. 208.
[129] *Karl Polanyi*, The Great Transformation (1944), zitiert nach der deutschen Ausgabe, 11. Aufl. 2017, S. 54.

umworbene katholische Zentrumspartei bildeten die neue Unterstützung der Reichsleitung – und auch deshalb musste 1878 der Kulturkampf rasch eingestellt werden.

554   Die neue Politik war die der interventionistischen und wohlfahrtsstaatlichen Steuerung. Zudem wandte sich Bismarck, mit der Unterstützung des Zentrums, gegen die nach seiner Auffassung eigentlichen „Reichsfeinde", die Sozialisten und Sozialdemokraten.

b) Der Kampf gegen die Sozialdemokratie

555   Sozialisten galten seit der Gründung des Reiches als dessen eigentliche Feinde. August Bebel (1840–1913) und Wilhelm Liebknecht (1826–1900), die 1869 in Eisenach die Sozialdemokratische Arbeiterpartei gegründet hatten, wurden im März 1872 zu jeweils zwei Jahren Festungshaft verurteilt. Die Aktivitäten ihrer Partei, Zeitungsartikel und Reden seien planmäßige Vorbereitungen zur gewaltsamen Verfassungsänderung gewesen und hätten damit den Straftatbestand des Hochverrats erfüllt. Die eher diffusen Begründungen hierfür standen im Zusammenhang mit einer Reichstagsrede des künftigen Parteivorsitzenden Bebel vom April 1871, in der dieser auf den Zusammenhalt der europäischen Arbeiterbewegung und deren Entschlossenheit zu revolutionären Veränderungen hingewiesen hatte. Unter dem Druck zunehmender Repression und strafrechtlicher Verfolgungen wegen „Aufreizung zur Gewalttätigkeit" schlossen sich 1875 die Sozialdemokratische Arbeiterpartei und der von Ferdinand Lassalle in Leipzig 1863 gegründete Allgemeine Deutsche Arbeiterverein zur „Sozialistischen Arbeiterpartei Deutschlands" mit dem „Gothaer Programm" zusammen. Der Staat beobachtete dies polizeilich und durch die Strafverfolgungsbehörden, rechtlich zureichende Gründe für ein umfassendes Verbot sozialistischer Aktivitäten und Vereine gab es jedoch nicht, zumal seit 1875 in der deutschen Arbeiterbewegung von Revolution keine Rede mehr war.

556   Karl Marx schrieb in seiner „Kritik des Gothaer Programms" (1875), die Vorstellungen der neuen Partei seien weniger von seinen Ideen geprägt als von denen Lasalles. Tatsächlich erwähnte das Programm Grundpfeiler der marxschen Lehre nicht, also die von ihm behaupteten Gesetzmäßigkeiten der wirtschaftlichen Entwicklung, die Klassenstruktur der Gesellschaft und die Notwendigkeit einer radikalen Reform.

557   Die staatliche Einschätzung änderte sich nach den zwei Attentaten auf Kaiser Wilhelm I. im Jahre 1878; die Attentäter stammten aus dem Umfeld sozialistischer Gruppen, waren jedoch nicht Mitglieder der Sozialistischen Arbeiterpartei. Am 19. Oktober 1878 nahm der Reichstag mit 221 gegen 159 Stimmen das sogenannte „Sozialistengesetz" an. Für das Gesetz stimmten Konservative und Nationalliberale, dagegen vor allem die Abgeordneten des Zentrums, der Fortschrittspartei und der Sozialdemokraten. Das sehr detaillierte, insgesamt 30 umfangreiche Paragraphen umfassende und zunächst bis 1881 befristete Gesetz wurde mehrfach verlängert, zuletzt bis 1890. Eine geplante weitere Verlängerung scheiterte im Reichstag, das Gesetz trat am 30. September 1890 außer Kraft. Der zentrale Punkt des Gesetzes war das Verbot der Sozialistischen Arbeiterpartei.

Gesetz gegen die gemeingefährlichen Bestrebungen der Sozialdemokratie vom 21. Oktober 1878[130]

„§ 1. Vereine, welche durch sozialdemokratische, sozialistische oder kommunistische Bestrebungen den Umsturz der bestehenden Staats- oder Gesellschaftsordnung bezwecken, sind zu verbieten.

Dasselbe gilt von Vereinen, in welchen sozialdemokratische, sozialistische oder kommunistische auf den Umsturz der bestehenden Staats- oder Gesellschaftsordnung gerichtete Bestrebungen in einer den öffentlichen Frieden, insbesondere die Eintracht der Bevölkerungsklassen gefährdenden Weise zu Tage treten.

Den Vereinen stehen gleich Verbindungen jeder Art.

[…]

§ 6. Zuständig für das Verbot und die Anordnung der Kontrolle ist die Landespolizeibehörde. Das Verbot ausländischer Vereine steht dem Reichskanzler zu.

Das Verbot ist in allen Fällen durch den Reichsanzeiger, das von der Landespolizeibehörde erlassene Verbot überdies durch das für amtliche Bekanntmachungen der Behörde bestimmte Blatt des Ortes oder des Bezirkes bekannt zu machen.

Das Verbot ist für das ganze Bundesgebiet wirksam und umfasst alle Verzweigungen des Vereins, sowie jeden vorgeblich neuen Verein, welcher sachlich als der alte sich darstellt.

§ 7. Auf Grund des Verbots sind die Vereinskasse, sowie alle für Zwecke des Vereins bestimmten Gegenstände durch die Behörde in Beschlag zu nehmen. […]

§ 9. Versammlungen, in denen sozialdemokratische, sozialistische oder kommunistische auf den Umsturz der bestehenden Staats- oder Gesellschaftsordnung gerichtete Bestrebungen zu Tage treten, sind aufzulösen.

Versammlungen, von denen durch Thatsachen die Annahme gerechtfertigt ist, dass sie zur Förderung der im ersten Absatze bezeichneten Bestrebungen bestimmt sind, sind zu verbieten.

Den Versammlungen werden öffentliche Festlichkeiten und Aufzüge gleichgestellt.

§ 10. Zuständig für das Verbot und die Auflösung ist die Polizeibehörde.

Die Beschwerde findet nur an die Aufsichtsbehörden statt.

§ 11. Druckschriften, in welchen sozialdemokratische, sozialistische oder kommunistische auf den Umsturz der bestehenden Staats- oder Gesellschaftsordnung gerichtete Bestrebungen in einer den öffentlichen Frieden, insbesondere die Eintracht der Bevölkerungsklassen gefährdenden Weise zu Tage treten, sind zu verbieten.

Bei periodischen Druckschriften kann das Verbot sich auch auf das fernere Erscheinen erstrecken, sobald auf Grund dieses Gesetzes das Verbot einer einzelnen Nummer erfolgt.

[…]

§ 16. Das Einsammeln von Beiträgen zur Förderung von sozialdemokratischen, sozialistischen oder kommunistischen auf den Umsturz der bestehenden Staats- oder Gesellschaftsordnung gerichteten Bestrebungen, sowie die öffentliche Aufforderung zur Leistung solcher Beiträge sind polizeilich zu verbieten. Das Verbot ist öffentlich bekannt zu machen.

Die Beschwerde findet nur an die Aufsichtsbehörden statt."

[In den §§ 17 ff. finden sich dann u. a. Strafvorschriften].

Bei allen Restriktionen – die schon damals vor allem aus rechtsstaatlichen Gründen viel Kritik fanden – war bemerkenswert, dass trotz des Parteiverbots weder das aktive Wahlrecht der Anhänger der Sozialdemokratie noch die Abgeordnetenmandate ihrer Vertreter angetastet wurden. Für die Wahlen zum Reichstag und die par-

---

[130] RGBl. S. 351. Abgedruckt bei Ernst Rudolf Huber (Hrsg.), Dokumente zur deutschen Verfassungsgeschichte, Bd. 2, Deutsche Verfassungsdokumente 1851–1900, 3. Aufl. 1986, S. 464 ff. (Nr. 287).

lamentarischen Vertretungen in den Ländern galt das Persönlichkeitswahlrecht (Mehrheitswahl nach Wahlkreisen), nicht die Verhältniswahl (nach Parteilisten). Es kam also auf die Kandidaten in den Wahlkreisen, nicht die – im Fall der Sozialdemokratie verbotene – Partei an, die bei der Wahlvorbereitung und dem Wahlvorgang nicht in Erscheinung trat.[131]

560 Das Sozialistengesetz brachte viel Verbitterung, Verfolgung und veranlasste viele Sozialisten zur Auswanderung. Sein Ziel, die sozialistischen Strömungen aus dem politischen Spektrum zu verbannen, hat das Gesetz komplett verfehlt. Bei den Reichstagswahlen 1878 erzielten die Sozialdemokraten 437.000 Stimmen und 9 Mandate, 1890, kurz vor dem Außerkrafttreten des Sozialistengesetzes, waren es 1,427 Mio. Stimmen und 35 Mandate. Folgenreich war das Gesetz indes für die politische Kultur: Es spaltete den Reichstag, vor allem aber die Gesellschaft. Die Differenzen zwischen Sozialisten und Liberalen wurden fast unüberbrückbar, die 1891 wieder legale Sozialistische Arbeiterpartei benannte sich auf einem Parteitag in Erfurt in „Sozialdemokratische Partei Deutschlands" um und verfolgte, anders als ihre Vorgängerin, ein teilweise dezidiert marxistisches Programm. Gleichzeitig bemühte sich die Partei, durch betonte Gesetzestreue der Gefahr eines erneuten Verbots zu entgehen. Sie konzentrierte sich „darauf, ihre eigene Organisation aufzubauen" und „lehnte jegliche Kooperation mit ‚bürgerlichen' Parteien wie den Liberalen ab". Das Bürgertum hatte es nach Auffassung der Sozialisten nicht geschafft, eine liberale Staats- und Gesellschaftsordnung durchzusetzen, das sei nunmehr Aufgabe des Proletariats. „An die Schalthebel der Macht [...] werde die SPD durch die Eroberung einer Mehrheit im Reichstag gelangen."[132] Das war jedenfalls insoweit und teilweise erfolgreich, als die SPD mit den Wahlen von 1912 mit 110 Abgeordneten die stärkste Fraktion im Reichstag bildete. Da der Reichstag aber nicht mitregierte, war dies noch kein durchgreifender Erfolg.

c) Die Anfänge der Sozialversicherung

561 Bismarcks Strategie zur „sozialen Frage" war zweigleisig. Neben die Unterdrückung des Sozialismus traten interventionistische Maßnahmen zur Verbesserung der Lage der Arbeiterschaft.[133] Von ihnen führt eine gerade Linie zu dem in der Weimarer Republik und insbesondere in der Bundesrepublik Deutschland ausgebauten Sozialstaat.

---

[131] Es war ein „bizarrer Umstand, dass die Sozialisten die Bühne des Reichstags behielten, um Lebenszeichen zu geben und Brandreden zu halten, die straflos publiziert werden konnten, während die Parteiorganisation verboten wurde, aktive Tätigkeit für die Partei unter Strafe stand." So *Michael Stürmer*, Das ruhelose Reich. Deutschland 1866–1918. Siedler Deutsche Geschichte, 1994, S. 220.

[132] Beide Zitate: *Richard J. Evans*, Das europäische Jahrhundert. Ein Kontinent im Umbruch 1815–1914, 2018, S. 751 f.

[133] *Thomas Nipperdey*, Deutsche Geschichte 1866–1918, Bd. 1, Arbeitswelt und Bürgergeist, 1990, S. 335 ff.

Sozialpolitische Maßnahmen kündigte bereits die an den Reichstag gerichtete Erste Kaiserliche Botschaft zur sozialen Frage vom 17. November 1881 an:[134] „[…] Schon im Februar dieses Jahres haben Wir Unsere Überzeugung aussprechen lassen, dass die Heilung der sozialen Schäden nicht ausschließlich im Wege der Repression sozialdemokratischer Ausschreitungen, sondern gleichmäßig auf dem der positiven Förderung des Wohles der Arbeiter zu suchen sein werde. Wir halten es für Unsere Kaiserliche Pflicht, dem Reichstage diese Aufgabe von Neuem ans Herz zu legen, und würden Wir mit umso größerer Befriedigung auf alle Erfolge, mit denen Gott Unsere Regierung sichtlich gesegnet hat, zurückblicken, wenn es Uns gelänge, dereinst das Bewußtsein mitzunehmen, dem Vaterlande neue und dauernde Bürgschaften seines inneren Friedens und den Hilfsbedürftigen größere Sicherheit und Ergiebigkeit des Beistandes, auf den sie Anspruch haben, zu hinterlassen. In Unseren darauf gerichteten Bestrebungen sind Wir der Zustimmung aller verbündeten Regierungen gewiss und vertrauen der Unterstützung des Reichstags ohne Unterschied der Parteistellungen. In diesem Sinne wird zunächst der von den verbündeten Regierungen in der vorigen Session vorgelegte Entwurf eines Gesetzes über die Versicherung der Arbeiter gegen Betriebsunfälle […] einer Umarbeitung unterzogen, um die erneute Berathung desselben vorzubereiten. Ergänzend wird ihm eine Vorlage zur Seite treten, welche sich eine gleichmäßige Organisation des gewerblichen Krankenkassenwesens zur Aufgabe stellt. Aber auch diejenigen, welche durch Alter oder Invalidität erwerbsunfähig werden, haben der Gesammtheit gegenüber einen begründeten Anspruch auf ein höheres Maß an staatlicher Fürsorge, als ihnen bisher hat zuteil werden können."

1883 wurde das Krankenversicherungsgesetz erlassen, 1884 das Unfallversicherungsgesetz, 1889/1899 die Invaliditäts- und Altersversicherungsgesetze. Letztere führten einen rentenversicherungsrechtlichen Schutz gegen Altersarmut ein.[135] Diese ersten Ansätze einer gesetzlichen Sozialversicherung bewirkten einen nur rudimentären und mit dem heutigen Stand nicht vergleichbaren Schutz gegen Risiken der abhängigen Erwerbstätigkeit für einen begrenzten Personenkreis (vor allem Arbeiter in der Industrie und der Landwirtschaft). So konnte etwa Altersrente erst ab dem 70. Lebensjahr und bei 30 Jahren Beitragszahlung bezogen werden. Die Anfänge der Sozialversicherung ließen jedoch schon deren noch heute geltenden Prinzipien erkennen (Finanzierung nicht durch Steuern, sondern durch Beiträge der Arbeitgeber und Versicherten, das Solidarprinzip).

Der Schutz wurde im 20. Jahrhundert stark ausgebaut. Kurz vor dem Ersten Weltkrieg waren 15 Mio. Menschen krankenversichert, eine Million bezog Altersrente und 28 Mio. waren unfallversichert. 1911 trat die Reichsversicherungsordnung (RVO) in Kraft, der Vorläufer des heutigen, seit 1980 Stück um Stück verabschiedeten Sozialgesetzbuchs (SGB). 1927 entstand die Arbeitslosenversicherung, noch einmal 70 Jahre später folgte 1995 als letzte der fünf Säulen der heutigen Sozialversicherung die gesetzliche Pflegeversicherung. Während am Ende des 19. Jahrhunderts etwa 20 Prozent der Bevölkerung von den Sozialversicherungen erfasst waren, sind es heute 90 Prozent.

Der Hintergrund der sozialpolitischen Maßnahmen[136] des ausgehenden 19. Jahrhunderts, die im europäischen Vergleich ausgesprochen fortschrittlich waren, war der Gedanke eines „sozialen Königtums" und eines patriarchalischen Staatsinter-

---
[134] Abgedruckt bei Ernst Rudolf Huber (Hrsg.), Dokumente zur deutschen Verfassungsgeschichte, Bd. 2, Deutsche Verfassungsdokumente 1851–1900, 3. Aufl. 1986, S. 474 f. (Nr. 291).
[135] *Michael Stolleis*, Geschichte des Sozialrechts in Deutschland, 2003, S. 52 ff., 75 ff.
[136] *Hans-Peter Ullmann*, Industrielle Interessen und die Entstehung der deutschen Sozialversicherung, in: HZ 229 (1979), S. 574 ff.

ventionismus, der sich sogar als Staatssozialismus bezeichnen lässt. Der Arbeiterschaft sollte demonstriert werden, dass ihre sozialpolitischen Ziele auch ohne Sozialismus zu erreichen wären.

566 Am 2. April 1881 sprach Bismarck im Reichstag bei der Einbringung des Unfallversicherungsgesetzes: „Der Herr Abgeordnete Richter hat auf die Verantwortlichkeit des Staates, für das, was er thut [...], aufmerksam gemacht. [...] Ich habe das Gefühl, dass der Staat auch für seine Unterlassungen verantwortlich gemacht werden kann. Ich bin nicht der Meinung, dass ein ‚laisser faire, laisser aller', ‚das reine Manchesterthum in der Politik', ‚Jeder sehe, wie er's treibt, jeder sehe, wo er bleibe', ‚wer nicht stark genug ist zu stehen, wird niedergerannt und zu Boden getreten', ‚wer da hat, dem wird gegeben, wer nicht hat, dem wird genommen' – dass das im Staat, namentlich im monarchischen, landesväterlich regierten Staat Anwendung finden könnte; im Gegenteil [...]. Die Aufgabe der Regierung ist es, den Gefahren, wie sie uns vor einigen Tagen von dieser Stelle hier aus beredtem Munde mit überzeugenden Belegen geschildert wurden, ruhig und furchtlos ins Auge zu sehen, aber auch die Vorwände, die zur Aufregung der Massen benutzt werden, die sie für verbrecherische Lehren erst gelehrig machen, soviel an uns ist, zu beseitigen. Nennen Sie das Sozialismus oder nicht, es ist mir das ziemlich gleichgültig."[137] In kleinerem Kreise fielen auch zynischere Bemerkungen Bismarcks: Die neue Sozialpolitik sei dazu bestimmt, in der „großen Masse der Besitzlosen die konservative Gesinnung zu erzeugen, welche das Gefühl der Pensionsberechtigung mit sich bringt."[138]

567 Versuche Bismarcks kurz vor seiner Entlassung, das Sozialistengesetz zu erneuern, sogar ohne Befristung, scheiterten 1890. Weite Teile der Gesellschaft und der junge Kaiser Wilhelm II. setzten auf sozialpolitische Vermittlung statt Repression. 1891 wurde ein Gesetzespaket zur Verbesserung der Arbeitsbedingungen beschlossen: Es umfasste ein Verbot der Nachtarbeit für Frauen und Jugendliche, Maximalarbeitszeiten in Betrieben mit besonders schweren oder gesundheitsgefährdenden Arbeitsbedingungen, ein Verbot der Fabrikarbeit für Kinder unter 14 Jahren.

568 Die im Vergleich der damaligen Industriestaaten fortschrittlichen sozialen Wohltaten konnten nicht verdecken, dass die Integration der Arbeiterschaft in die Gesellschaft des Kaiserreichs nicht gelang – mit weitreichenden Folgen. Der amerikanische Historiker Fritz Stern urteilt: „Das geeinte Deutschland von 1871, zuerst erschüttert durch den sogenannten Kulturkampf, wurde ein Land der Zerrissenheit, wo soziale Gegensätze durch politische Führung und Einrichtungen nicht nur nicht gemildert, sondern stets verschärft wurden. Jeder Industriestaat hatte seinen Klassenkonflikt – in keinem anderen Land wurde er so bitter ausgetragen wie in Deutschland. Die Diskrepanz zwischen moderner Wirtschaft und autoritärer, ja feudaler Struktur im politisch-sozialen Gebiet war der oft beklagte zerstörende Makel des Kaiserreichs. Moderne Wirtschaft bedingte ein stets anschwellendes Proletariat, das gerade in Deutschland in den Mietskasernen der Großstädte zu einem unwürdigen, enteigneten Leben verurteilt war."[139]

---

[137] Abgedruckt bei Ernst Rudolf Huber, Dokumente zur deutschen Verfassungsgeschichte, Bd. 2, Deutsche Verfassungsdokumente 1851–1900, 3. Aufl. 1986, Nr. 290 (S. 473 f.).
[138] Zitiert nach *Michael Stürmer*, Das ruhelose Reich. Deutschland 1871–1918. Siedler Deutsche Geschichte, 1994, S. 224.
[139] *Fritz Stern*, Die zweite Chance? Deutschland am Anfang und am Ende des Jahrhunderts (1991), in: *ders.*, Verspielte Größe, 3. Aufl. 2005, S. 11 ff., 16.

4. Die Veränderungen des politischen Systems im Miteinander und Gegeneinander von Reichstag und „Reichsleitung"

a) Zunehmende Aufgaben des Reiches

Das ganz auf den Reichskanzler Bismarck zugeschnittene Regierungssystem, das einerseits steuernde und kontrollierende Maßnahmen des Reichstages verhindern, andererseits aber auch den Einfluss der Einzelstaaten über den Bundesrat marginalisieren sollte, zeigte sich angesichts zunehmender Regierungsaufgaben des Reiches rasch praktisch überfordert. Bis 1879 wurde eine De-facto-Reichsregierung (Bismarck verbot die amtliche Verwendung des Wortes Reichsregierung) in Gestalt von Reichsämtern aufgebaut. Schon 1870 war aus dem preußischen Außenministerium das Auswärtige Amt des Norddeutschen Bundes, 1871 des Reiches entstanden.[140] 1872 entstand die Kaiserliche Admiralität (das De-facto-Verteidigungsministerium), 1873 das Reichseisenbahnamt, 1876 das Amt des Generalpostmeisters (Postministerium), 1877 das Reichsjustizamt (Justizministerium). Aus dem Reichskanzleramt wurde das Reichsamt des Inneren (1878/79), zugleich wurde eine Reichskanzlei errichtet, ferner das Reichsschatzamt (Finanzministerium). Um die daraus entstehenden Verantwortlichkeiten des Reichskanzlers ohne Umgestaltung des Regierungssystems wahrnehmen zu können, wurde am 17. März 1878 das Stellvertretungsgesetz[141] erlassen.

569

Es lautete: „§ 1. Die zur Gültigkeit der Anordnungen und Verfügungen des Kaisers erforderliche Gegenzeichnung des Reichskanzlers, sowie die sonstigen demselben durch die Verfassung und die Gesetze des Reichs übertragenen Obliegenheiten können nach Maßgabe der folgenden Bestimmungen durch Stellvertreter wahrgenommen werden, welche der Kaiser auf Antrag des Reichskanzlers in Fällen der Behinderung desselben ernennt.

570

§ 2. Es kann ein Stellvertreter allgemein für den gesammten Umfang der Geschäfte und Obliegenheiten des Reichskanzlers ernannt werden. Auch können für diejenigen einzelnen Amtszweige, welche sich in der eigenen und unmittelbaren Verwaltung des Reichs befinden, die Vorstände der dem Reichskanzler untergeordneten obersten Reichsbehörden mit der Stellvertretung desselben im ganzen Umfang oder in einzelnen Theilen ihres Geschäftskreises beauftragt werden.

§ 3. Dem Reichskanzler ist vorbehalten, jede Amtshandlung auch während der Dauer einer Stellvertretung selbst vorzunehmen.

§ 4. Die Bestimmung des Artikels 15 der Reichsverfassung [Vorsitz des Reichskanzlers im Bundesrat, Stellvertretung dort] wird durch dieses Gesetz nicht berührt."

Damit konnte, ohne die rechtlichen Verantwortungszusammenhänge zu verändern, nach der freien Entscheidung des Reichskanzlers eine Art kollegiale Regierungsform praktiziert werden (§ 2), bei der jedoch der Kanzler jederzeit die den Stellvertretern und „Vorständen" (§ 2) übertragenen Aufgaben wieder an sich ziehen konnte (§ 3). Wie der Kanzler hatten die Stellvertreter das Recht, unmittelbar dem Kaiser vorzutragen (Immediatvortrag); im Reichstag konnten sie allerdings nur ge-

571

---

[140] Interessanterweise führt noch das heutige Bundesaußenministerium die Bezeichnung Auswärtiges Amt.
[141] RGBl. S. 7. Abgedruckt bei Ernst Rudolf Huber (Hrsg.), Dokumente zur deutschen Verfassungsgeschichte, Bd. 2, Deutsche Verfassungsdokumente 1851–1900, 3. Aufl. 1986, S. 407 (Nr. 266).

hört werden, wenn sie, was in der Praxis üblich war, Bundesratsbevollmächtigte (zumeist Preußens) waren, vgl. Art. 9 RV 1871.

572 Der Reichstag nahm diese Veränderungen hin, am Stellvertretergesetz hatte er als gesetzgebendes Organ mitgewirkt. Es blieb beim Fehlen eines parlamentarischen Regierungssystems und in personeller Hinsicht vertiefte sich die wechselseitige Abschottung von Beamten und Parlamentariern. Erstere galten als sachlich, unparteilich, als Verkörperung des über den Parteien stehenden Staates, dem Gemeinwohl verpflichtet. Demgegenüber haftete den Parlamentariern der Ruf der leicht lenkbaren Vertreter partikularer Interessen an, die ihren Streit in der Öffentlichkeit des Parlaments, manchmal verächtlich „Quasselbude" genannt, austrugen. Zur Vertretung partikularer Interessen bildete sich erstmals in der Geschichte des deutschen Parlamentarismus ein halbwegs festes Parteiensystem aus, wenngleich die Organisationen schwach ausgebildet und die Mitgliederzahlen gering waren (bei beidem machte die Sozialdemokratie eine Ausnahme). Ganz auf der politischen Rechten fanden sich die Konservativen, deren Anhänger, vor allem ostelbische Grundbesitzer, die Verfassung von 1871 als zu weitgehendes Zugeständnis der Monarchie an den liberalen Zeitgeist ansahen. Die Nationalliberalen sodann waren bis 1878 die wichtigste parlamentarische Stütze Bismarcks. Die bürgerlich geprägte Fortschrittspartei hielt am langfristigen Ziel einer parlamentarischen Demokratie fest. Das Zentrum war die politische Vertretung des Katholizismus in Deutschland mit breitem Spektrum, die Sozialdemokraten repräsentierten die Arbeiterschaft. Bei der Wahl des ersten Reichstages 1871 erzielten bei einer Wahlbeteiligung von 50,7 % (4. Reichstag 1878: 63,1 %) die Konservativen 23 % (1878: 26,6 %), die beiden liberalen Parteien 46,1 % (1878: 37,4 %), das Zentrum 24,7 % (1878: 31,6 %), die Sozialdemokraten 3,2 % (1878: 7,6 %).

573 Die Aufmerksamkeit des Reichstages war in den ersten Jahren ganz auf die Gesetzgebungstätigkeit gerichtet, deren Bedeutung wuchs, weil immer mehr Gesetze zur Steuerung von Staat und Gesellschaft benötigt wurden. Dies betraf vor allem die Regulierung der Wirtschaft, einschließlich der technischen Sicherheit neuer Erfindungen und Maschinen, seit den 1880er Jahren auch die Sozialgesetzgebung. Zu beobachten war eine steigende Zahl von Gesetzesinitiativen aus der Mitte des Reichstages. Die mögliche Einflussnahme auf die Politik über das Haushaltsrecht aber ließ der Reichstag bis weit nach 1880 praktisch brachliegen. Mehr als 80 % der Reichsausgaben betrafen das Militär, hier aber hatte der Reichstag in langfristige Mittelbindungen eingewilligt – so, als sei die Erfahrung der Blockade im preußischen Heereskonflikt auch für das neue zentralstaatliche Parlament traumatisch.

b) Auf dem Weg zur „Parlamentarisierung der Reichsleitung"

574 Eine deutliche Veränderung, ein Bedeutungsgewinn des Reichstages nicht allein durch Mitentscheidungen über Finanzen (Steuern und Etat), begann erst nach zwei personellen Veränderungen in der Reichsleitung, die eine tiefgreifende Zäsur in der Geschichte des Kaiserreichs bedeuteten. 1888 starb 91jährig Kaiser Wilhelm I. Sein Sohn und Nachfolger Friedrich III. (1831–1888), der, mit einer Tochter der englischen

Königin Victoria verheiratet, sich als Kronprinz politisch liberal äußerte und einen betont bürgerlichen Lebensstil pflegte, erlag nach 99 Tagen als Kaiser einer Krebserkrankung. Damit wurde 1888 zum „Dreikaiserjahr": Auf Friedrich III. folgte sein Sohn, Wilhelm II. (1859–1941), als letzter preußischer König und deutscher Kaiser.

Am 18. März 1890 bat Bismarck Wilhelm II. um seine Entlassung aus den Ämtern des preußischen Ministerpräsidenten und des Reichskanzlers. Neben anderem hatte dies seinen Grund in einer tiefen Entfremdung zwischen dem jungen Kaiser und dem greisen Kanzler. Der zurückhaltende und um Ausgleich bemühte Wilhelm I. hatte Bismarck, zu dem er im Zuge des preußischen Verfassungskonflikts (1862–1865) Vertrauen gefasst hatte, das danach nicht erschüttert wurde, praktisch freie Hand gelassen. Bismarck sei „wichtiger als ich", stellte Wilhelm I. fest, und: „Es ist schwer, unter Bismarck Kaiser zu sein."[142] Der talentierte und vielseitig interessierte, aber sprunghafte, zu konzeptionellem politischen Handeln unfähige[143] und unsichere Wilhelm II. wollte dagegen selbst regieren – „persönliches Regiment" –, was ihn in Konflikt mit Bismarck, mit der Verfassung und zunehmend mit der Öffentlichkeit brachte. Zunächst sah Bismarck sich zurückgesetzt und häufig nicht in der Lage, für kaiserliche Verfügungen und Anordnungen die in Art. 17 S. 2 RV 1871 vorgesehene Verantwortlichkeit durch Gegenzeichnung zu übernehmen. Sodann geriet Wilhelm II. in Konflikt mit der Verfassung, die keineswegs dem Kaiser die Bestimmung der innen- und außenpolitischen Leitlinien der Politik überließ; das war nach der Verfassung dem Reichskanzler, dem Bundesrat (der faktisch seit 1871 hierbei keine große Rolle spielte) und erst danach dem Monarchen im Zusammenwirken anvertraut.

575

Allerdings entfaltete sich das „persönliche Regiment" Wilhelms II. vorrangig nur in Reden und Äußerungen. So trug er sich 1891 in das Goldene Buch der Stadt München mit den Worten ein: „Suprema lex regis voluntas" (Der Wille des Königs ist das höchste Gesetz). In ganz Süddeutschland sorgte dies für schwerste Verstimmung.[144] Für außenpolitische Verwirrung sorgte er, als er ausländischen Monarchen erklärte, er sei für die deutsche Außenpolitik zuständig. „Die Karriere des letzten deutschen Kaisers steckt voller […] Ausbrüche. Die Palette

576

---

[142] Beide Zitate: *Christopher Clark*, Wilhelm II. Die Herrschaft des letzten deutschen Kaisers, 2009, S. 54.

[143] Die dreibändige und mehr als 3000 Seiten umfassende Biographie des Historikers *John C. G. Röhl*, (Die Jugend des Kaisers, 1993, Der Aufbau der persönlichen Monarchie, 2001, Der Weg in den Abgrund, 2008) fällt ein vernichtendes Urteil über Wilhelm II., der eine mächtige Schlüsselfigur auf dem fatalen deutschen Weg von Bismarck zu Hitler gewesen sei. Zu Recht kritisch dazu *Christopher Clark*, Der Kaiser und sein Biograph, in: Gefangene der Zeit, 2020, S. 155 ff., der auf die verfassungsrechtlichen und politischen Bindungen des Kaisers verweist, ferner darauf, dass gerade die Sprunghaftigkeit des Kaisers einer Machtentfaltung entgegenstand.

[144] Der preußische Gesandte in München und vertraute Berater des Kaisers schrieb ihm dazu: „Weshalb Eure Majestät das Wort schrieben, habe ich nicht zu fragen, aber ich würde ein feiges Unrecht begehen, wenn ich nicht von der schlimmen Wirkung schriebe, die das Wort in Süddeutschland verursachte, wo mich Euer Majestät zum Aufpassen hingesandt haben. In erster Linie hat das Wort […] sehr verletzt […], weil die Leute […] eine Art persönlichen Kaiserlichen Willen über den bayerischen Willen herauszulesen meinten. Alle Parteien, ohne Ausnahme, haben sich durch das Wort Euer Majestät verletzt gefühlt, und es war dazu angetan, in schmählicher Weise gegen Eure Majestät ausgedeutet zu werden." Zitiert nach *Christopher Clark*, Wilhelm II. Die Herrschaft des letzten deutschen Kaisers, 2009, S. 221.

reicht von vulgär und aggressiv bis zu bizarr oder einfach nur dumm. Dieser Herrscher verbrachte den größten Teil seiner Wachstunden damit, sich zu unterhalten, zu streiten, zu schreien, Reden zu halten, zu predigen, zu prophezeien, zu drohen, zu telegraphieren, Erkundigungen einzuziehen und ganz einfach jedem, der zufällig gerade in Hörweite stand, sein neuestes Steckenpferd mitzuteilen. Der Kaiser glich einem wandelnden Tourette-Syndrom im Herzen der deutschen Exekutive. Selbst wenn er sich größte Mühe gab, sich zurückzuhalten, entschlüpften ihm unablässig indiskrete Äußerungen."[145]

577 Ein Gegengewicht zu diesen erratischen Ausbrüchen des Kaisers bauten die Nachfolger Bismarcks im Amt des Reichskanzlers zusammen mit den Staatssekretären auf; sie bildeten zumindest in der Regierungspraxis eine Art kollektiver Reichsregierung. Die weitere Folge war ein Bedeutungsgewinn des Reichstages, nicht nur bei der Gesetzgebung. Es kam zu regelmäßigen Verhandlungen zwischen der Reichsexekutive und dem Parlament, zu Bündnissen zwischen Fraktionen des Reichstages und den Reichskanzlern, eine Entwicklung, die einer der führenden preußischen Staatsrechtler, Gerhard Anschütz (1867–1948), im Rückblick als Beginn einer „Parlamentarisierung der Reichsleitung"[146] identifizierte.

578 Unbeabsichtigt führten auch politische Initiativen aus dem persönlichen Regiment Wilhelm II. zur Stärkung des Reichstages. Die „Flottenvorlagen" (1898/1900), Teil eines ehrgeizigen Programms zum Aufbau einer bedeutenden deutschen militärischen Flotte, das vor allem in Großbritannien mit Misstrauen beobachtet wurde, zielten auf die Bewilligung der nötigen Gelder durch den Reichstag. 1907 beantragte Reichskanzler Bernhard von Bülow (1849–1929, 1900–1909 Reichskanzler) zusätzliche Mittel für die deutschen Kolonialtruppen in Afrika, die der Reichstag verweigerte, der daraufhin aufgelöst wurde; die nachfolgenden Wahlen (1907) wurden „Hottentottenwahlen" genannt. Sie stärkten die Konservativen und Liberalen unwesentlich; die Sozialdemokraten mussten – bei einer Wahlbeteiligung von 84,3 % – einen leichten Stimmenrückgang von 31,7 % (1903) auf 28,9 % hinnehmen.

579 Mehr als deutliche Ansätze zu einer Parlamentarisierung des Reichs zeigten sich in der „Daily-Telegraph-Affäre" (1908). Während eines Urlaubs in Südengland führte Wilhelm II. mehrere Pressegespräche, die sein englischer Gesprächspartner zu einem Interview montierte, das in dem englischen Massenblatt Daily Telegraph erscheinen sollte. Die Zeitung sandte den Text vor der Veröffentlichung an Wilhelm II. zur Autorisierung. Nach Art. 17 S. 2 RV 1871 war es nun Aufgabe des Reichskanzlers – Bernhard von Bülow – das Interview zu prüfen und gegenzuzeichnen. Der Reichskanzler war jedoch im Urlaub, weshalb letztlich ein untergeordneter Beamter des Auswärtigen Amtes den Text freigab, der im englischen Massenblatt unter dem Titel „The German Emporer and England" veröffentlicht wurde. Wellen des Befremdens und der Empörung schlugen damals in Deutschland, England und anderen Staaten hoch. Das Interview war eine Ansammlung von Anmaßungen, Taktlosigkeiten und Ungeschicklichkeiten des Monarchen. Unter anderem führte Wilhelm II. aus, er gehöre zu einer Minderheit in Deutschland, die England freundlich gegenüberstehe – das schürte englische Befürchtungen angesichts deutscher Aufrüstung. Zudem behauptete der Kaiser, England erwidere das deutsche Wohlwollen nicht: „You English are mad, mad as March hares". Der deutsche Flottenbau,

---

[145] *Christopher Clark*, Der Kaiser und sein Biograph, in: Gefangene der Zeit, 2020, S. 155 ff., 168.
[146] *Gerhard Anschütz*, Die Parlamentarisierung der Reichleitung, in: DJZ 1917, S. 697 ff., dort im Rahmen eines rechtspolitischen Vorschlags zur verfassungsrechtlichen Verankerung eines parlamentarischen Systems.

so das Interview weiter, richte sich nicht etwa gegen England, sondern fernöstliche Staaten – das rief Japan auf den Plan. Die Kritik in der deutschen Öffentlichkeit war einhellig, teils wurde sogar die Abdankung des Kaisers gefordert. Das „persönliche Regiment" geriet in die Kritik.[147] Der Reichstag debattierte den Vorfall am 10. November 1908 mit kaum verhülltem Protest und Kritik auch am Reichskanzler. Dieser weigerte sich, die Verantwortung für das Interview zu übernehmen, dessen Wortlaut er nicht gekannt habe. Im Reichstag äußerte Bülow seine „Überzeugung", der Kaiser werde „fernerhin auch in Privatgesprächen jene Zurückhaltung" wahren, „die im Interesse einer einheitlichen Politik und für die Autorität der Krone gleich unentbehrlich ist". Wäre dies anders, könne kein Reichskanzler „die Verantwortung tragen". Damit ließ er deutliche Distanz zum Monarchen und eine Hinwendung zum Parlament erkennen. Der bayerische Gesandte von Lerchenfeld kommentierte: „Jedenfalls hat der Fürst [Reichskanzler von Bülow] einen Standpunkt eingenommen, den bisher jeder seiner Vorgänger einzunehmen abgelehnt hat, nämlich den eines parlamentarischen Ministers, dessen Bleiben im Amt von der Mehrheit abhängt." Im Reichstag nutzte die Opposition aus Zentrum und Konservativen die Chance und unterstützte den Reichskanzler nicht, der daraufhin zurücktrat. Dieser Vorgang änderte indes (noch) nichts daran, dass verfassungsrechtlich der Reichskanzler nicht vom Vertrauen des Reichstages abhing. Bülows Nachfolger Theobald von Bethmann Hollweg (1856–1921, Reichskanzler 1909–1917) verwies 1912 darauf, die Drohung mit einem Misstrauensvotum müsse ihn nicht schrecken, da es in der Reichsverfassung nicht vorgesehen sei. Das war formal richtig, ignorierte aber, dass im späten Kaiserreich keine Regierung gegen die Macht der gesellschaftlichen Verbände – aus der Landwirtschaft, Industrie, zunehmend auch aus dem sozialen Bereich – und ihre parlamentarischen Vertretungen in den Parteien regieren konnte. Die sich gegenseitig neutralisierenden Interessen führten die Regierung aber auch seit etwa 1907 dazu, das Reich nur mehr zu verwalten. Drastisch wirkte die Affäre und die bis dahin unbekannte und gehässige Presseberichterstattung auch auf Wilhelm II.: „Zwei Wochen lang war der 50jährige Kaiser von einem ‚Nervenzusammenbruch' wie gelähmt. Danach hatte er […] ein gutes Stück seiner alten Lebensaktivität verloren und verfiel in eine Stimmung müder Resignation. In den folgenden Monaten mied er öffentliche Erklärungen und hielt sich zurück." Das „Ausbleiben großer Presseskandale in den folgenden Jahren" war ein Zeichen dafür, dass „der Kaiser erfolgreich mundtot gemacht worden war."[148] Die Presse wiederum war endgültig in den Rang einer nicht nur kritischen, sondern auch übermächtigen gesellschaftlichen Größe erhoben.

580 Ungeachtet dessen ging der Zug zur Parlamentarisierung weiter. In den Reichstagswahlen von 1912 wurde erstmals die SPD mit einem Drittel der Stimmen bei einer Wahlbeteiligung von 84,5 % stärkste Partei mit den meisten Abgeordneten – trotz einer Benachteiligung der inzwischen dicht besiedelten städtischen Gebiete, in deren Wahlkreisen es viel mehr Wähler gab als in den ländlichen Gebieten; die Wahlkreise waren seit 1871 nicht neu eingeteilt worden. Eine Änderung der Geschäftsordnung des Reichstages vom 8. Mai 1912 eröffnete die Möglichkeit von Billigungs- und Missbilligungsanträgen gegenüber der Reichsleitung; nur zweimal wurde bis zum Ende des Kaiserreichs, beide Male 1913, von Missbilligungsanträgen Gebrauch gemacht. Zur Parlamentarisierung des Reichs kam es erst ganz am Ende des Ersten Weltkriegs, als die militärische Niederlage unausweichlich war und nunmehr der Reichstag in die Mitverantwortung genommen werden sollte.

---

[147] Vgl. *Michael Stürmer*, Das ruhelose Reich. Deutschland 1866–1918. Siedler Deutsche Geschichte, 1994, S. 339: „Man sprach vom ‚persönlichen Regiment' und meinte damit die Einschränkung einer Gedankenwelt, die unverantwortlich, naiv und selbstherrlich erschien."
[148] *Christopher Clark*, Wilhelm II. Die Herrschaft des letzten deutschen Kaisers, 2009, S. 235.

581 Das verfassungsändernde Gesetz vom 28. Oktober 1918[149], zehn Tage vor dem Waffenstillstand vom 9. November 1918, bestimmte: „Die Reichsverfassung wird wie folgt abgeändert:
1. Im Artikel 11 werden die Absätze 2 und 3 durch folgende Bestimmungen ersetzt:
Zur Erklärung des Krieges im Namen des Reichs ist die Zustimmung des Bundesrats und des Reichstags erforderlich. Friedensverträge sowie diejenigen Verträge mit fremden Staaten, welche sich auf Gegenstände der Reichsgesetzgebung beziehen, bedürfen der Zustimmung des Bundesrats und des Reichstags.
2. Im Artikel 15 werden folgende Absätze hinzugefügt:
Der Reichskanzler bedarf zu seiner Amtsführung des Vertrauens des Reichstags.
Der Reichskanzler trägt die Verantwortung für alle Handlungen von politischer Bedeutung, die der Kaiser in Ausübung der ihm nach der Reichsverfassung zustehenden Befugnisse vornimmt.
Der Reichskanzler und seine Stellvertreter sind für ihre Amtsführung dem Bundesrat und dem Reichstag verantwortlich.
3. In Art. 17 werden die Worte gestrichen: „welcher dadurch die Verantwortlichkeit übernimmt."

582 Konkrete Bedeutung für die politische Ausübung der Regierungsgewalt hatten diese Bestimmungen im Kaiserreich nicht mehr. Neben der Einbeziehung des Reichstags in die absehbare Niederlage dienten sie außenpolitisch dazu, den auf Parlamentarismus und Demokratie zielenden Friedensforderungen des amerikanischen Präsidenten Woodrow Wilson entgegenzukommen.

VI. Das Deutsche Reich im Ersten Weltkrieg

1. Die Kriegserklärungen

583 Die unmittelbare Vorgeschichte des Ersten Weltkriegs, der Urkatastrophe des 20. Jahrhunderts, begann am 28. Juni 1914. An diesem Tag ermordete eine serbische Verschwörergruppe in Sarajewo, der Hauptstadt Bosnien-Herzegowinas, das erst wenige Jahre zuvor dem österreichischen Vielvölkerstaat eingegliedert worden war, den österreichischen und ungarischen Thronfolger, Erzherzog Franz Ferdinand, und seine Frau. Der Mord erschütterte den Vielvölkerstaat; ganz Europa wertete ihn als Stoß gegen Österreichs Stellung auf dem Balkan. Das Deutsche Reich, das auf der Grundlage eines Dreibundvertrags aus dem Jahre 1882 mit Österreich durch wechselseitige militärische Beistandspflichten verbunden war, billigte am 6. Juli 1914 nach Art eines Blankoschecks österreichische Vergeltungsaktionen in Serbien. Reichskanzler Theobald von Bethmann Hollweg (1856–1921) erklärte dem österreichisch-ungarischen Botschafter in Berlin, der Deutsche Kaiser werde sich zu Serbien einer Stellungnahme enthalten, im Konfliktfall werde aber Deutschland an der Seite Österreichs stehen. Die deutsche Politik hoffte auf eine lokale Begrenzung des Konflikts, um den europäischen Flächenbrand zu verhindern.[150] Ende Juli 1914 wurden öster-

---

[149] RGBl. S. 1274. Abgedruckt bei Ernst Rudolf Huber (Hrsg.), Dokumente zur deutschen Verfassungsgeschichte, Bd. 3, Deutsche Verfassungsdokumente 1900–1918, 3. Aufl. 1990, S. 279 (Nr. 206).

[150] Auch Wilhelm II., dem später häufig Kriegstreiberei nachgesagt wurde, verhielt sich zögernd

reichische Forderungen an Serbien zur Aufklärung des Attentates nur zum Teil erfüllt. Zur gleichen Zeit scheiterten deutsch-englische Verhandlungen zur Lokalisierung des Konflikts auf Serbien. Zar Nikolaus II. ordnete am 29. Juli 1914 die Generalmobilmachung der russischen Armee an, um Serbien in einer drohenden militärischen Auseinandersetzung unterstützen zu können. Jetzt stürzte ganz Europa dem Krieg entgegen.

Am 31. Juli 1914 folgte die russische Kriegserklärung an Deutschland und die Mobilmachung in Deutschland. Am selben Tag erklärte eine Verordnung Wilhelms II. den Kriegszustand im Reich, gestützt auf Art. 68 S. 1 RV 1871, wonach der Kaiser, „wenn die öffentliche Sicherheit in dem Bundesgebiete bedroht ist, einen jeden Theil desselben in Kriegszustand erklären" konnte. Damit galt nach Art. 68 S. 2 RV 1871 das Preußische Gesetz über den Belagerungszustand vom 4. Juni 1851: Die vollziehende Gewalt ging auf die regionalen Militärbefehlshaber über, die Verwaltungsbehörden bis hin zu den Gemeinden hatten den Anordnungen und Aufträgen der Militärbefehlshaber Folge zu leisten. Die hieraus entstehende Militärregierung hatte bis zum Ende des Ersten Weltkriegs Bestand. Am 1. August 1914 erging die deutsche Kriegserklärung an Russland. Nach einem kurzen und ergebnislosen Notenwechsel mit Belgien folgte am 3. August die Kriegserklärung an Frankreich, am 4. August 1914 erklärte England dem deutschen Reich den Krieg, nachdem das Reich sich geweigert hatte, die Neutralität Belgiens ohne Einschränkungen anzuerkennen.[151] Die Ereignisse vermitteln den Eindruck, dass alle europäischen Mächte den Willen vermissen ließen, den Krieg zu vermeiden.

584

Die deutsche Kriegserklärung an Russland lautete: „Die Kaiserliche Regierung hat sich seit dem Beginn der Krise bemüht, sie einer friedlichen Lösung zuzuführen. Einem von Seiner Majestät dem Kaiser von Rußland ausgesprochenem Wunsche nachkommend, hat sich Seine Majestät der Deutsche Kaiser gemeinsam mit England bemüht, eine Vermittlerrolle bei den Kabinetten von Wien und Petersburg durchzuführen, als Rußland, ohne die Ergebnisse davon abzuwarten, zur Mobilisierung seiner gesamten Land- und Seestreitkräfte schritt.

585

Infolge dieser bedrohlichen, durch keine militärische Vorbereitung von deutscher Seite begründete Maßnahme sah sich das Deutsche Reich einer ernsten und unmittelbaren Gefahr gegenüber. Wenn die Kaiserliche Regierung es unterlassen hätte, dieser Gefahr zu begegnen, hätte sie die Sicherheit und sogar die Existenz Deutschlands aufs Spiel gesetzt. Die deutsche Regierung sah sich daher gezwungen, sich an die Regierung Sr. M. des Kaisers aller Reußen [Russen] zu wenden und auf die Einstellung der erwähnten militärischen Handlungen zu drängen. Da Rußland dieser Forderung nicht nachgekommen ist [Variante, mit der die Note übergeben wurde: auf diese Forderung keine Antwort erteilen zu sollen geglaubt hat] und durch diese Weigerung [Variante: Haltung] kundgetan hat, daß sein Vorgehen gegen Deutschland gerichtet ist, beehre ich mich im Auftrage meiner Regierung Ew. Exz. mitzuteilen, was folgt:

S.M. der Kaiser, mein erhabener Herrscher, nimmt im Namen des Reichs die Herausforderung an und betrachtet sich als im Kriegszustand mit Rußland befindlich."

---

und setzte darauf, dass Österreich in der Lage sein werde, den Balkan-Konflikt allein mit Serbien ohne Beteiligung weiterer europäischer Mächte zu lösen.
[151] Die Kriegserklärungen sind abgedruckt bei Ernst Rudolf Huber (Hrsg.), Dokumente zur deutschen Verfassungsgeschichte, Bd. 3, Deutsche Verfassungsdokumente 1900–1918, 3. Aufl. 1990, S. 128 ff. (Nr. 73, 76, 79).

2. Maßnahmen im Inneren

586 Die deutschen Kriegserklärungen folgten dem in Art. 11 Abs. 2 RV 1871 vorgeschriebenen Weg: Sie wurden vom Kaiser mit Zustimmung des Bundesrates abgegeben, der Reichstag war an diesen außenpolitischen Akten nicht beteiligt. Er war aber als gesetzgebendes Organ mit dem Bundesrat tätig, um die gesetzlichen Grundlagen für die Umstellung vieler Lebensbereiche auf die Kriegsnotwendigkeiten zu schaffen. Haushaltsmittel, Kreditaufnahmen und die Ausgabe von Kriegsanleihen zur Finanzierung der Kriegsführung bedurften der gesetzlichen Grundlage. Auch die Abgeordneten der SPD stimmten diesen zu. Im Übrigen erging, bereits am 4. August 1914, ein „Gesetz über die Ermächtigung des Bundesrats zu wirtschaftlichen Maßnahmen […] im Falle kriegerischer Ereignisse"[152], dessen § 3 eine umfassende Ermächtigung an den Bundesrat enthielt: „Der Bundesrat wird ermächtigt, während der Zeit des Krieges diejenigen gesetzlichen Maßnahmen anzuordnen, welche sich zur Abhilfe wirtschaftlicher Schädigungen als notwendig erweisen. Diese Maßnahmen sind dem Reichstag bei seinem nächsten Zusammentritt zur Kenntnis zu bringen und auf sein Verlangen aufzuheben." Im Verlauf des Krieges ergingen auf dieser Grundlage mehr als 800 Verordnungen, zur Kriegswirtschaft, zum Währungsrecht, zu allen Bereichen des Zivil- und Prozessrechts, schließlich insbesondere im Arbeits- und Sozialrecht. Sie unterwarfen Staat und Gesellschaft einer möglichst zentralistischen, schnell reagierenden Steuerung. Zugleich wurden auf diesem Wege sozialstaatliche Absicherungen ausgebaut. Reichstagswahlen fanden während des Krieges nicht statt. Wesentliche Kontrollaufgaben des Parlaments verlagerten sich in den Haushaltsausschuss.

587 Dies hätte eine durchgreifende Stärkung der Exekutive bedeuten können, die indes häufig unfähig war, die notwendigen planerischen Entscheidungen zu treffen. Nur mit der Unterstützung herausragender Fachleute aus Unternehmen, die leitende Aufgaben an der Schnittstelle zwischen staatlicher Steuerung und privater Wirtschaft übernahmen, die von einem Tag zum anderen Kriegswirtschaft sein musste, gelang es, chaotische Zustände zu vermeiden. Zu nennen ist insbesondere Walther Rathenau (1867–1922), Präsident (Vorstandsvorsitzender) der AEG, dem damals größten Unternehmen der Elektroindustrie; Rathenau war später in der Weimarer Republik bis zu seiner Ermordung 1922 Reichsaußenminister. Durch Rathenau entstand während des Krieges eine zentral gelenkte Planwirtschaft mit marktwirtschaftlichen Elementen.[153] Besonders wichtig war die Einrichtung einer „Kriegsrohstoffabteilung" mit der Aufgabe, die kriegführende Truppe, aber auch die Wirtschaft sowie Bevölkerung im Reich mit den notwendigen Grund- und Rohstoffen zu versorgen. Wie wenig die Bedeutung dieser Aufgabe anfangs verstanden wurde, zeigt ein Vortrag Rathenaus vom Dezember 1915, der die Grundlage erläuterte: „Rohstoffwirtschaft! Ein abstraktes, bildloses Wort […], ein liebloses Wort, und dennoch ein Begriff von großer Schwerkraft, wenn man ihn sich ganz vergegenwärtigt. Blicken Sie um sich: Was uns umgibt: Gerät und Bauwerk, Mittel der Bekleidung und Ernährung, der Rüstung und des Verkehrs, alle enthalten fremdländische Beimengungen. Denn die Wirtschaft der Völker ist unauflöslich verquickt; auf eisernen und wässernen Stra-

---

[152] Abgedruckt bei Ernst Rudolf Huber (Hrsg.), Dokumente zur deutschen Verfassungsgeschichte, Bd. 3, aaO, S. 138 f. (Nr. 83).
[153] Dazu *Lothar Gall*, Rathenau. Portrait einer Epoche, 2009, S. 175 ff.; *Fritz Stern*, Walther Rathenau. Der Weg in die Politik, in: *ders.*, Verspielte Größe, 3. Aufl. 2005, S. 176 ff.

ßen strömt der Reichtum aller Zonen zusammen und vereinigt sich zum Geist des Lebens […]. Täglich hören wir sprechen von Schwierigkeiten der Volksernährung. Und dennoch: diese Volksernährung beruht auf einer Produktionskraft, die mehr als 80 Hundertstel des Bedarfs ausmacht. Eine Abschließung kann uns beschränken, sie kann uns nicht vernichten. Anders mit jenen anderen Stoffen, die für unsere Kriegsführung unentbehrlich sind; ihre Sperrung kann Vernichtung bedeuten. Am 4. August [1914], als England den Krieg erklärte, geschah das Ungeheuerliche und nie Gewesene: unser Land wurde zur Festung. Geschlossen zu Lande und geschlossen zu See war es nun angewiesen auf sich selbst; und der Krieg lag vor uns, unübersehbar in Zeit und Aufwand, in Gefahr und Opfer."[154]

Unfähig erwies sich die Regierung zur klaren und maßvollen politischen Bestimmung von Kriegszielen. Die Unfähigkeit der Regierung verband sich mit technisch-militärischen Entscheidungen, die aufgrund der Regelungen über den Belagerungszustand der obersten Heeresleitung zustanden. An deren Spitze standen seit 1916 Paul von Hindenburg (1847–1934) und Erich Ludendorff (1867–1937). Kaiser Wilhelm II. erwies sich als in jeder Hinsicht überfordert. Er hielt sich zwar fast durchgehend im Hauptquartier der deutschen Truppen auf (zunächst in Koblenz, später in Belgien), wurde dort aber immer mehr übergangen. Schon drei Monate nach Kriegsbeginn beklagte sich Wilhelm II.: „Der Generalstab sagt mir nichts und fragt mich auch nicht. Wenn man sich in Deutschland einbildet, dass ich das Heer führe, so irrt man sich sehr. Ich trinke Tee und säge Holz und gehe spazieren und dann erfahre ich von Zeit zu Zeit, das und das ist gemacht."[155]

Überall in Europa gab es 1914 Kriegsbegeisterung, nur nachdenkliche Beobachter sahen, dass mit dem Krieg die Lebensformen, die Kultur und die vergleichsweise geordnete Welt des 19. Jahrhunderts untergingen: „In Europa gehen die Lichter aus" wurde zu einer geflügelten Wendung.[156] „Europa stürzte, während in den Metropolen die Massen tanzten und die ausrückenden Soldaten wie Opfertiere mit Blumen behängten, in einen Bürgerkrieg, der dreißig Jahre dauern sollte", also bis zum Ende des 2. Weltkriegs. „Ahnten die, die da freudig marschierten, dass die Katastrophe schon da war, im Zenit der europäischen Zivilisation der mörderische Generalmarsch? Mit seinem unbegrenzten Kraftbewusstsein, seinem technischen Erfindungsgeist, seinem Fortschrittsglauben und seiner Todessehnsucht, mit moralischer Energie, mit Opfermut und tödlicher Leidenschaft kämpfte Europa sich zu Tode. Was als Vernunftkalkül begann, endete im Blutmorast des industriellen Massenkrieges, sinnlos in sich selbst und allen Sinn vergangener und künftiger Kultur radikal verneinend."[157]

---

[154] *Walther Rathenau*, Die Organisation der deutschen Rohstoffversorgung (1915), in: ders., Gesammelte Schriften, Bd. V, 1929, S. 31 ff.

[155] Zitiert nach *Wilfried Loth*, Das Kaiserreich. Obrigkeitsstaat und politische Mobilisierung, 2. Aufl. 1997, S. 145.

[156] Zugeschrieben wird sie einer Äußerung des britischen Außenministers Sir Edward Grey vom 3. August 1914, der fortsetzte: „Wir werden es nicht mehr erleben, dass sie wieder angezündet werden." Zitiert nach *Richard J. Evans*, Das europäische Jahrhundert. Ein Kontinent im Umbruch 1815–1914, 2018, S. 964.

[157] *Michael Stürmer*, Das ruhelose Reich. Deutschland 1866–1918. Siedler deutsche Geschichte, 1994, S. 371.

590 Der Roman „Dr. Faustus" von Thomas Mann, 1947 erschienen, erzählte die Geschichte des 20. Jahrhunderts am Beispiel eines Komponisten. Zu 1914 heißt es hier: „Das Gefühl, daß eine Epoche sich endigte, die nicht nur das neunzehnte Jahrhundert umfasste, sondern zurückreichte bis zum Ausgang des Mittelalters, bis zur Sprengung scholastischer Bindungen, zur Emanzipation des Individuums, der Geburt der Freiheit [...], kurzum die Epoche des bürgerlichen Humanismus; – das Gefühl [...], daß ihre Stunde geschlagen hatte, eine Mutation des Lebens sich vollziehe, die Welt in ein neues, noch namenloses Sternzeichen treten wollte, – dieses zu höchstem Aufhorchen anhaltende Gefühl war [...] nicht erst das Ergebnis des Kriegsendes, es war schon das seines Ausbruchs, vierzehn Jahre nach der Jahrhundertwende, gewesen."[158]

591 Der tiefe Bruch wird besonders deutlich, wenn berücksichtigt wird, dass mit dem Ende der napoléonischen Ära im Jahre 1815 ein bis dahin so in Europa nie dagewesener friedlicher Zeitraum von fast genau hundert Jahren begann, der 1914 abrupt endete. „Abgesehen vom Krimkrieg, einer mehr oder weniger kolonialen Episode, waren England, Frankreich, Preußen, Österreich, Italien und Russland nur insgesamt achtzehn Monate lang in Kriege miteinander verwickelt. Eine Berechnung vergleichbarer Daten der beiden vorangegangenen Jahrhunderte zeigt jeweils einen Durchschnitt von sechzig bis siebzig Jahren größerer Kriege. Aber selbst der heftigste Waffengang des 19. Jahrhunderts, der Deutsch-Französische Krieg von 1870/71, endete nach weniger als einem Jahr [...]. Diese fast an ein Wunder grenzende Leistung beruhte auf der Intaktheit des Kräftegleichgewichts."[159] Politisch war das 19. Jahrhundert ein überlanges, das erst 1914 endete.[160] Ihm folgte das kurze 20. Jahrhundert, das mit der Katastrophe des Weltkriegs begann und mit dem Zerfall der UdSSR endete.[161]

3. Der brüchige „Burgfrieden"

592 Innenpolitisch gab es in Deutschland 1914 einen „Burgfrieden" zwischen den unterschiedlichen gesellschaftlichen Gruppen und auch zwischen ihnen und dem immer noch durch die monarchische Exekutive stark bestimmten Staatsapparat.

593 In einer Thronrede Wilhelms II. vom 4. August 1914 an die Mitglieder des Reichstages – bezeichnenderweise im Berliner Stadtschloss gehalten, nicht im Reichstagsgebäude – hieß es: „[...] In schicksalsschwerer Stunde habe ich die gewählten Vertreter des deutschen Volkes um Mich versammelt. Fast ein halbes Jahrhundert lang konnten wir auf dem Weg des Friedens verharren. Versuche, Deutschland kriegerische Neigungen anzudichten und seine Stellung in der Welt einzuengen, haben unseres Volkes Geduld oft auf harte Proben gestellt. [...] Die Welt

---

[158] *Thomas Mann*, Doktor Faustus. Das Leben des deutschen Tonsetzers Adrian Leverkühn erzählt von einem Freunde, Ausgabe 1980, S. 437.

[159] *Karl Polanyi*, The Great Transformation (zuerst 1944), zitiert nach der deutschen Ausgabe, 11. Aufl. 2017, S. 21 f., 23.

[160] Historiker lassen überdies das 19. Jahrhundert schon 1776 oder 1789 beginnen, so *Eric Hobsbawn* in seiner drei Bände umfassenden Geschichte „Das lange 19. Jahrhundert". Dazu *Michael Stolleis*, Der lange Abschied vom 19. Jahrhundert: die Zäsur von 1914 aus rechtshistorischer Perspektive, 1997.

[161] *Eric Hobsbawn*, Age of Extremes. The short twentieth century 1914–1991, 1994.

ist Zeuge geworden, wie unermüdlich wir in dem Drang und den Wirren der letzten Jahre in erster Reihe standen, um den Völkern Europas einen Krieg zwischen Großmächten zu ersparen.

Die schwersten Gefahren, die durch die Ereignisse am Balkan heraufbeschworen waren, schienen überwunden. Da tat sich mit der Ermordung Meines Freundes, des Erzherzogs Franz Ferdinand, ein Abgrund auf. Mein hoher Verbündeter, der Kaiser und König Franz Joseph [von Österreich], war gezwungen, zu den Waffen zu greifen, um die Sicherheit seines Reichs gegen gefährliche Umtriebe aus einem Nachbarstaat zu verteidigen. [...] An die Seite Österreich-Ungarns ruft uns nicht nur unsere Bündnispflicht. [...] Sie haben gelesen, meine Herren, was Ich an Mein Volk vom Balkon des Schlosses aus gesagt habe. Hier wiederhole Ich: Ich kenne keine Parteien mehr, Ich kenne nur Deutsche. Zum Zeichen dessen, dass Sie fest entschlossen sind, ohne Parteiunterschiede, ohne Stammesunterschiede, ohne Konfessionsunterschiede durchzuhalten mit Mir durch dick und dünn, durch Not und Tod, fordere Ich die Vorstände der Parteien auf, vorzutreten und Mir das in die Hand zu geloben."[162]

594 Im Reichstag stimmten alle Fraktionen, die der Sozialdemokratie eingeschlossen, für die von der Regierung geforderten Kriegskredite. Das zeigte, wie weit die Sozialdemokraten seit der Nichtverlängerung des Sozialistengesetzes 1890 in die Gesellschaft des Kaiserreiches aufgenommen worden waren. Viele in Deutschland erwarteten, der Krieg werde bis zum Jahresende 1914 beendet sein. Stattdessen wechselten sich im Westen – gegen Frankreich und England, später auch die USA – und im Osten gegen Russland blutige Schlachten mit bis dahin unvorstellbaren Zahlen an Gefallenen sowie Verletzten und Phasen des zermürbenden Stellungskrieges ab. 1917 weitete sich der Krieg durch den Eintritt der USA zum Weltkrieg aus, spätestens ab dem Winter 1916/17 („Steckrübenwinter") war mit erheblichen Versorgungsengpässen der Krieg auch für die Zivilbevölkerung mit einschneidenden Folgen verbunden. Jetzt wurde zudem der politische Burgfrieden brüchig, weitere Bewilligungen von Kriegskrediten spalteten die SPD in die Mehrheitssozialdemokraten (MSPD) und die Unabhängigen (USPD), die zu erneuten Gewährungen nicht bereit waren.

595 Verhängnisvoll war, dass es in der deutschen Öffentlichkeit keine wirkliche Diskussion über Kriegsziele gab; häufig wurde darauf verwiesen, Deutschland führe seit der russischen Kriegserklärung vom 30. Juli 1914 einen „Verteidigungskrieg". Damit nicht in Einklang standen die Pläne zur Annexion französischer Industriegebiete, Luxemburgs und von Teilen Belgiens, um zur unbestreitbaren Hegemoniemacht auf dem Kontinent zu werden. Gegenüber einem solchen „Annexionsfrieden" sprach sich erst am 19. Juli 1917 eine Mehrheit im Reichstag (SPD, Zentrum, Fortschrittliche Volkspartei) in einer Friedensresolution für einen „Verständigungsfrieden" ohne Annexion aus.

4. Die Parlamentarisierung des Reiches

596 Als im Herbst 1918 die militärische Niederlage Deutschlands (und Österreichs) unausweichlich war, kam es durch verfassungsänderndes Gesetz vom 28. Oktober 1918 zur Einführung des parlamentarischen Regierungssystems (dazu bereits oben Rn. 580–582), worauf die Linksparteien seit Kriegsbeginn gedrängt hatten; die Frie-

---

[162] Abgedruckt bei Ernst Rudolf Huber (Hrsg.), Dokumente zur deutschen Verfassungsgeschichte, Bd. 3, Deutsche Verfassungsdokumente 1900–1918, 3. Aufl. 1990, S. 135 f. (Nr. 80).

densresolution des Reichstages vom Juli 1917 verlieh der Forderung weiteren Nachdruck. Das hätte vor 1914, vielleicht noch in den beiden ersten Kriegsjahren, der Anstoß zu einer durchgreifenden Weiterentwicklung des gesamten politischen Systems unter Beibehaltung der Monarchien sein können. Im Herbst 1918 kam es zu spät, zumal die Absicht überdeutlich war, das Parlament in die Mitverantwortung für den verlorenen Weltkrieg zu nehmen.[163] So kam der letzte Anstoß zur Änderung des Regierungssystems am 28. September 1918 ausgerechnet von Erich Ludendorff, der dem Kaiser die Verbreiterung der Regierungsbasis empfahl, um die Unterstützer der Friedensresolution die Verantwortung für die Niederlage tragen zu lassen. In der deutschen Öffentlichkeit wurde diese fundamentale Veränderung der Reichsorganisation kaum diskutiert und wahrgenommen. Vorrangig war eine schnelle und mit möglichst wenigen gravierenden Folgen verbundene Beendigung des Krieges. Es lässt sich vermuten, dass die Mehrheit der Bevölkerung zu diesem Zeitpunkt ein günstiges Kriegsende ohne Abschied von den Monarchien einer Demokratisierung mit Niederlage vorgezogen hätte.

597 Im September 1918 hielt Wilhelm II. vor Arbeitern der Krupp-Werke in Essen seine letzte große Rede. Thomas Mann kommentierte unter dem 12. September 1918 in seinem Tagebuch: „Rede des deutschen Kaisers an die Kruppschen Arbeiter: nicht ohne Rührung und Sympathie gelesen, wenn auch mit Erheiterung jedenfalls. Soziale Menschlichkeit, patriarchalisch: ‚Jeder hat seine Pflicht und seine Last, Du an Deiner Drehbank und ich auf meinem Thron!' Dramatische Neigung mit Pastoren-Reminiszenzen vermischt: Das geforderte Ja! der Männer. Schiller-Pathetik: ‚Ich danke Euch! Mit diesem Ja geh' ich – zum Generalfeldmarschall.' Das Ganze sehr deutsch in Ton [und] Geist: altmodisch, weil volkstümlich, nicht demokratisch-demagogisch. Aber das ‚deutsche Volk' ist dasjenige, zu dem sich immer noch am ehesten so sprechen lässt."[164]

5. Das Ende der Monarchien

598 Am 3. Oktober 1918 berief Wilhelm II. Prinz Max von Baden, der als liberal galt, zum Reichskanzler. Erstmals wurden Sozialdemokraten zu Staatssekretären ernannt. Ab Ende Oktober 1918 verbanden sich Entwicklungen, die zu einer revolutionären Veränderung drängten: Weitergehende innenpolitische Forderungen nach Partizipation und nach gerechter Verteilung der Lasten des Krieges, in ganz Deutschland sich verbreitende revolutionäre Unruhen, unterstützt durch Streiks, ab dem 29. Oktober 1918 beginnende Meutereien von Soldaten, insbesondere der Marine in Kiel und Wilhelmshaven, außenpolitisch Friedensangebote des amerikanischen Präsidenten Woodrow Wilson, die unmissverständlich mit der Forderung nach Abschaffung der deutschen Monarchien verbunden waren. Überall im Reich bildeten sich Arbeiter- und Soldatenräte. Die Wittelsbacher in Bayern waren die erste Monarchie, die – am 8. November – abdankte. Am 9. November 1918 wurde Wilhelm II. durch Reichs-

---

[163] Allerdings gab es auch einen vernünftigen Grund für die Einbeziehung der Mehrheitsparteien in die Regierung. Nur eine parlamentarische Reichsleitung konnte in der Lage sein, bei den Alliierten die Grundlage für einen erträglichen Friedensschluss zu schaffen.

[164] *Thomas Mann*, Tagebücher 1918–1921, hrsg. von Peter de Mendelssohn, 1979, S. 4.

kanzler Prinz Max von Baden zur Abdankung gedrängt; als der Kaiser zögerte, gab der Reichskanzler die Abdankung eigenmächtig bekannt. Wilhelm II. begab sich ins holländische Exil, wo er bis zu seine Tod 1942 blieb.

599 Bemerkenswert an der Abdankung war weniger das Ende des Kaisertums, das lediglich knapp 50 Jahre Bestand gehabt hatte, und mehr das Ende der preußischen Monarchie, die seit 1701 den Rang der Königswürde hatte. Die Bekanntmachung vom 9. November 1918 hatte folgenden Wortlaut: „Der Kaiser und König hat sich entschlossen, dem Throne zu entsagen. Der Reichskanzler bleibt noch so lange im Amte, bis die mit der Abdankung des Kaisers, dem Thronverzicht des Kronprinzen des Deutschen Reiches und von Preußen und der Einsetzung der Regentschaft verbundenen Fragen geregelt sind. Er beabsichtigt, dem Regenten die Ernennung des Abgeordneten Ebert zum Reichskanzler und die Vorlage eines Gesetzentwurfs wegen der sofortigen Ausschreibung allgemeiner Wahlen für eine Verfassunggebende deutsche Nationalversammlung vorzuschlagen, der es obliegen würde, die künftige Staatsform des deutschen Volkes, einschließlich der Volksteile, die ihren Eintritt in die Reichsgrenzen wünschen sollten, endgültig festzustellen."[165]

600 Die förmliche Abdankungserklärung Wilhelms II. vom 28. November 1918[166] lautete: „Ich verzichte hierdurch für alle Zukunft auf die Rechte an der Krone Preußens und die damit verbundenen Rechte an der deutschen Kaiserkrone.

Zugleich entbinde Ich alle Beamten des deutschen Reichs und Preußens, sowie alle Offiziere, Unteroffiziere und Mannschaften der Marine, des preußischen Heeres und der Truppen der Bundeskontingente des Treueides, den sie Mir als ihrem Kaiser, König und Oberstem Befehlshaber geleistet haben. Ich erwarte von ihnen, daß sie bis zur Neuordnung des Deutschen Reiches den Inhabern der tatsächlichen Gewalt in Deutschland helfen, das deutsche Volk gegen die drohenden Gefahren der Anarchie, der Hungersnot und der Fremdherrschaft zu schützen." Bis Ende November 1918 dankten alle weiteren deutschen Monarchen ab – erstaunlich still und reibungslos, obwohl in Deutschland die Monarchien stärker verankert und geschätzt schienen als in irgendeinem anderen Land.[167]

601 Ab dem 9. November ruhten die Kampfhandlungen, am 11. November 1918 kam es zur Unterzeichnung eines Waffenstillstandes zwischen dem völlig erschöpften Deutschen Reich und den westlichen kriegführenden Mächten, dem Friedensverhandlungen folgen mussten. Währenddessen überschlugen sich in Berlin die Ereignisse. Der letzte kaiserliche Reichskanzler Prinz Max von Baden übertrug (ohne verfassungsrechtliche Grundlage) nach der Bekanntgabe der Abdankung Wilhelms II. dem Sozialdemokraten Friedrich Ebert wie angekündigt das Kanzleramt. Ebenfalls am 9. November rief der Sozialdemokrat Philipp Scheidemann in Berlin vom Reichstag die Republik aus. Das Kaiserreich war an sein Ende gelangt, wenngleich seine Verfassung formal noch galt.

602 Viele Historiker messen dem schnellen Ende der Monarchie eine fatale Langzeitbedeutung bei: „Für die fernere Zukunft war das Wegschleichen des Kaisers und der lautlose Einsturz der deutschen Monarchien, den es bedeutete, ein ungeheures Ereig-

---

[165] Ernst Rudolf Huber (Hrsg.), Dokumente zur deutschen Verfassungsgeschichte, Bd. 3, Deutsche Verfassungsdokumente 1900–1918, 3. Aufl. 1990, S. 309 (Nr. 238).
[166] Ernst Rudolf Huber (Hrsg.), Dokumente zur deutschen Verfassungsgeschichte, Bd. 3, aaO, S. 312 (Nr. 243).
[167] Zu den Ereignissen *Helmut Neuhaus*, Das Ende der Monarchien in Deutschland 1918, in: Historisches Jahrbuch 111 (1991), S. 102 ff.

nis. Es nahm den deutschen Oberklassen ihre Tradition und ihren Halt; es gab ihrer kommenden Gegenrevolution den desparaten und nihilistischen Zug, den sie als monarchische Revolutionsbewegung schwerlich gehabt hätte; es hinterließ das Vakuum, das dann schließlich Hitler füllte."[168] Bevor die Demokratie durchgesetzt war, begann ihre Diffamierung.

VII. Das Kaiserreich – ein verhängnisvoller Obrigkeitsstaat?

603 Die nachträglichen Bewertungen des Kaiserreichs und seine Einordnung in die verfassungsgeschichtliche Entwicklung schwanken bis heute beträchtlich. Vor allem in den 1970er Jahren war die These verbreitet, das Reich sei die unglückliche Folge eines deutschen Sonderwegs im 19. Jahrhundert gewesen, nach der gescheiterten Revolution von 1848 durch repressive obrigkeitsstaatliche Züge gekennzeichnet und die Entwicklung hin zur modernen parlamentarischen Demokratie mit verhängnisvollen Konsequenzen verzögernd; es führe ein Weg von Bismarck zu Hitler, das Kaiserreich jedenfalls habe den demokratischen Preis der Modernisierung verweigert.[169] In diesem Deutungszusammenhang erschien die Verfassung von 1871 als eher reaktionäre Verlegenheitslösung für eine verspätete Nation.

604 Richtiger ist es, das Reich als labile Verbindung von obrigkeitsstaatlicher Autorität und fürsorglicher Intervention, Nationalismus, in Verbänden organisierter Gesellschaft und beginnender Massendemokratie, die allerdings nur begrenzten Einfluss auf die politische Entscheidungsfindung hatte, einzuordnen. Unter Wilhelm II. nahm die Monarchie Züge eines plebiszitären, im Massenmedium der Presse und auch des damals neuen Mediums des Films präsenten Königtums an, das in einer Weise verherrlicht und kritisiert wurde, wie dies noch unter Wilhelm I. bis 1888 undenkbar gewesen wäre. Die politisch-verfassungsrechtliche Gestalt des Reichs kannte Elemente des rückwärtsgewandten Obrigkeitsstaates und des liberalen Reformstaates. Es war zugleich Machtkartell der föderal gegliederten Exekutive und pluralistischer Interessenverband. Im Vergleich mit anderen großen Staaten Europas war das Reich keineswegs restaurativer, repressiver oder entwicklungsunfähig. Stärker aber als in England und Frankreich war die verfassungsrechtliche Form den Traditionslinien bürokratisch-monarchischer Herrschaft verhaftet; das schwächte den Parlamentarismus, der in der öffentlichen Meinung als „Parteiengezänk" keinen guten Ruf hatte. Vor allem aber fehlte dem Reich, bei der Formierung und Ausübung staatlicher Herrschaft wie auch in der Gesellschaft, Selbstbewusstsein, Ruhe und Gelassenheit. Der zugleich stürmische und gebremste Aufbruch in die politische, kulturel-

---

[168] *Sebastian Haffner*, Der 9. November, in: *ders.*, Die deutsche Revolution 1918/19, 1979, S. 73 ff., 85.

[169] *Hans Ulrich Wehler*, Deutsche Gesellschaftsgeschichte, Bd. 3, Von der deutschen „Doppelrevolution" bis zum Beginn des Ersten Weltkrieges 1849–1914, 1995, S. 864 ff.; *Wolfgang J. Mommsen*, Das deutsche Kaiserreich als ein System umgangener Entscheidungen, in: *ders.*, Der autoritäre Nationalstaat. Gesellschaft und Kultur des deutschen Kaiserreiches, 1990, S. 11 ff.

le und technologische Moderne war von einem durchgehenden Gefühl der Unsicherheit und Unruhe begleitet – Wilhelm II. war insofern auch in seinen persönlichen Eigenschaften Repräsentant der Epoche. In ihr gelang jedenfalls seit der Jahrhundertwende zunehmend weniger die Balance zwischen konservativ-monarchischen, bürgerlich-liberalen und sozial ausgleichenden Elementen. Der letzte Kaiser und seine Kanzler waren letztlich zu sprunghaft und zu schwach, um planvoll und kontinuierlich regieren zu können. Das Parlament hatte keinen unmittelbaren Einfluss auf die Regierung.

Politisch schwankte das Reich zwischen Parlamentarismus und postabsolutistischen Anläufen. Nation und Gesellschaft konnten sich „als wissenschaftliche, industrielle und sozialreformerische, als kulturelle Großmacht verstehen, die letzten Endes ihre Zukunft finden würde. Und doch waren die alten monarchischen Traditionen und ihre elitären Standesvertreter stark geblieben – eine Folge der 1849 gescheiterten liberalen Revolution."[170] Zeitgenössische Beurteilungen waren zum Teil deutlich schärfer. Der Industrielle Walther Rathenau schrieb 1907: „Man wird die Frage vernehmen müssen, welche Kulturgründe es rechtfertigen, daß Deutschland absolutistischer als fast alle zivilisierten Länder und klerikaler als die meisten katholischen Staaten regiert wird. Deutschland ist nicht mehr das Land der Träumer und Professoren. Der wirtschaftliche Wettkampf zeigt die Deutschen im Erfolge an dritter, intellektuell an erster Stelle. Es wird schwer zu motivieren sein – auch vor dem Auslande, das uns respektieren soll – daß den Deutschen so viel weniger konstitutioneller Einfluß bei seinen Staatsgeschäften gegönnt ist als dem Schweizer, dem Italiener, dem Rumänen." Die „bürgerliche Intelligenz" sei noch im Jahre 1907 „politisch zersplittert, gesetzgeberisch wenig bedeutend und als Regierungsfaktor null […]."[171]

605

Das Kaiserreich war, in den Worten des Historikers Wilfried Loth, „ein merkwürdig schillernder, in vielem problematischer Staat: Fürstenbund und parlamentarische Gründung, Instrument preußischer Hegemonie und Föderativstaat, Militärstaat und Rechtsstaat, Obrigkeitsstaat und Grundlegung eines parlamentarischen Regimes, ein Regime mit stabilen politischen Institutionen und tiefgreifendem Wandel des politischen Systems. Dieses Regime begleitete die Ausbildung der modernen Industriegesellschaft: Den Siegeszug der Industriewirtschaft, die Modernisierung der Landwirtschaft, das Zusammenrücken von Menschen und Märkten durch Eisenbahnverbindungen und Telegraphie, das Wachstum der Industriearbeiterschaft und die Entstehung neuer Mittelschichten, die Auflösung traditioneller Sozialverbände, die Entstehung wirtschaftlicher Interessenverbände, das Vordringen moderner Auffassungen durch die Presse und eine größere Reichweite von Schule und Universitäten. Damit einher gingen die Ausweitung der Staatsaufgaben, die Fundamentalpolitisierung der Gesellschaft durch den nationalen Gedanken, die Wandlung des überkommenen Honorationenverbundes zu einem politischen Massenmarkt. Die liberale Bewegung differenzierte sich aus; politischer Katholizismus, sozialistische Arbeiterbewegung und antiparlamentarische Rechte traten als weitere politische Bewegungen hinzu."[172]

606

---

[170] *Udo Di Fabio*, Die Weimarer Verfassung. Aufbruch und Scheitern, 2018, S. 36.
[171] *Walther Rathenau*, Die neue Ära (1907), in: *ders.*, Nachgelassene Schriften, Bd. I, 1928, S. 15–17.
[172] *Wilfried Loth*, Das Kaiserreich. Obrigkeitsstaat und politische Mobilisierung, 2. Aufl. 1997, S. 7.

607   „Auf der einen Seite war Deutschland in atemberaubendem Tempo zu einem hochentwickelten, modernen Industriestaat auf hohem technischen Niveau geworden, zu einer Vormacht wissenschaftlich-technischen Leistungsvermögens; auf der anderen Seite blieb es verblüffend stark veralteten sozialen Ordnungsvorstellungen verhaftet [...]. Ein Industrieller oder Wissenschaftler galt viel im Kaiserreich, zu höchstem Ansehen aber war er erst dann gelangt, wenn sein Name ein Adelsprädikat schmückte oder der Titel eines Geheimrats zierte. Von besonderer Anziehungskraft war die Position eines Reserveoffiziers. [...] Positionen in der parlamentarisch-demokratischen Welt galten daneben nicht viel. Mitglied des Reichstags zu sein, bedeutete weit weniger, als eine Charge am Hof zu haben [...]." Das „Reich hatte noch keine zivilen Repräsentationsformen gefunden, die dem Anspruch auf Geltung seiner Würdenträger entspreche."[173]

---

[173] *Rudolf von Thadden*, Berührung zwischen Vergangenheit und Zukunft, in: Politik und Kultur 5 (1978), S. 60 f. Ähnlich die Einschätzung von *Fritz Stern*, Die zweite Chance? Deutschland am Anfang und am Ende des Jahrhunderts, in: *ders.*, Verspielte Größe, 3. Aufl. 2005, S. 11 ff., 14 f.

Teil VI: Vom Ende des Ersten Weltkriegs bis zur Gegenwart

§ 21 Die Verfassung des Deutschen Reichs vom 11. August 1919 (Weimarer Verfassung)

Wer heute an die kurze, bewegte und überwiegend unglückliche Zeit der Republik von Weimar denkt, hat unausweichlich ihr Scheitern vor Augen. Der Übergang in den Unrechtsstaat, die nachfolgende Entfesselung des Zweiten Weltkriegs und die Perversion menschlicher Zivilisation schwingen noch heute mit, neunzig Jahre nach dem Jahr 1933, dem verhängnisvollen Wendepunkt der deutschen Geschichte schlechthin und dem negativen Bezug in aktuellen politischen und verfassungsrechtlichen Zielen und Befürchtungen. „Die Hoffnungen und Vergeblichkeiten der deutschen Geschichte verdichten sich geradezu in dem ersten demokratischen Experiment der Deutschen."[1] Der heutige Blick sieht in Weimar das Drama eines scheiternden Staates. Auch über Deutschland hinaus erhoffen viele von der Beschäftigung mit „Weimar" und seiner Verfassung Aufschluss darüber, in welcher Weise eine Verfassung von der sie umgebenden politischen Kultur abhängig ist, welche Fehler bei der Gestaltung einer Verfassung unterlaufen können, was eine Verfassung leisten kann und was nicht. Das gilt vor allem für Situationen des fehlenden Konsenses über den unbedingten Eigenwert der Demokratie und Situationen der Unfähigkeit der Bürger, jenseits ihrer Differenzen gemeinschaftsbildend zu denken und zu handeln. Weimar ist ein zeitloses Lehrstück für die Chancen, Möglichkeiten und Gefährdungen einer liberalen Demokratie, unbeschadet der Tatsache, dass Geschichte sich nicht wiederholt. Wenn gegenwärtige Gesellschaften durch einen zunehmenden Verlust an Hochschätzung für die Grundlagen und Formen demokratischer Selbstbestimmung und Freiheit gekennzeichnet sind, gewinnen die Weimarer Erfahrungen, die nach 1945 immer präsent waren, ein weiteres Mal an Bedeutung. Weimar ist nicht antiquarisch, sondern ist und bleibt politisches Argument.

Neben dieser unvermeidbaren und berechtigten Perspektive vom schrecklichen Ende her sollte eine positive Würdigung Weimars nicht untergehen. Damals wurde in kurzer Zeit erstaunlich viel Neues ausprobiert und in Angriff genommen. Weimar ist der „wahre Beginn"[2] der deutschen Demokratie, von dem die Bundesrepublik lernen und an den sie anknüpfen konnte. Zu weit geht allerdings die Zuspitzung, Weimar sei „in zentralen Punkten keineswegs

---

[1] *Hagen Schulze*, Weimar. Deutschland 1917–1933, Siedler Deutsche Geschichte, 1994, S. XII.
[2] *Wolfgang Niess*, Die Revolution von 1918/19. Der wahre Beginn unserer Demokratie, 2017.

Gegenbild und negative Folie des Grundgesetzes, sondern viel stärker dessen Vorläufer, in manchem: Vorbild"[3]. Mit dieser Einordnung stößt der berechtigte Wunsch, die Weimarer Verfassung aus ihrer Zeit heraus, insbesondere ihren Anfänge zu verstehen, auf eine Bilanz des Grundgesetzes nach 70 Jahren. Die Mütter und Väter des Grundgesetzes standen in der Tradition Weimars, suchten aber auch nach neuen Vergewisserungen, etwa durch den Blick auf ausländische Erfahrungen und die betonte verfassungsrechtliche Rahmensetzung für die Politik, nicht zuletzt durch die stark ausgebaute Verfassungsgerichtsbarkeit.

I. Vom 9. November 1918 bis zur Verfassunggebenden Nationalversammlung in Weimar

1. Der 9. November 1918 – die Proklamation der Republik

610 „Wir haben auf der ganzen Linie gesiegt; das Alte ist nicht mehr. Ebert ist zum Reichskanzler ernannt. [...] Die Hohenzollern haben abgedankt. Sorgt dafür, dass dieser stolze Tag durch nichts beschmutzt werde. Er sei ein Ehrentag für immer in der Geschichte Deutschlands. Es lebe die deutsche Republik!"[4] Mit diesen Worten rief Philipp Scheidemann (SPD, 1865–1939, 1919 Reichsministerpräsident, 1920–1925 Oberbürgermeister von Kassel), Staatssekretär unter Kanzler Max von Baden, spontan und ohne Absprache mit Friedrich Ebert (SPD, 1871–1925, 1919–1925 Reichspräsident) am Mittag des 9. November 1918 von einem Fenster des Reichstagsgebäudes die Republik aus – gemeint war eine Republik mit parlamentarischer Demokratie. Dass republikanische Kräfte „gesiegt" hätten, wie Scheidemann formulierte, war allerdings mehr als zweifelhaft. Es gab keinen einheitlichen Volkswillen, der die Republik auf den Weg brachte. Ihr Anfang war der letzte Ausweg eines handlungsunfähigen und ratlosen Generalstabs. Weniger in der kollektiven Erinnerung verhaftet ist die andere Ausrufung der Republik, zwei Stunden später an demselben Tag, von einem Fenster des Berliner Stadtschlosses[5] aus, durch Karl Liebknecht (USPD, 1871–1919, Mitbegründer der KPD, ermordet zusammen mit Rosa Luxemburg im Januar 1919); dieser proklamierte die „freie, sozialistische Republik Deutschland".

611 Die beiden Proklamationen bezeichnen die Alternative, vor der das Deutsche Reich nach dem Ende der Monarchie stand: Entweder parlamentarische Demokratie oder Räterepublik nach dem Vorbild der russischen Revolutionäre. Ebert wollte radikale Veränderungen mit Elementen der Kontinuität verbinden. Schon diese Prokla-

---

[3] *Horst Dreier*, Verfassungskontroversen der Weimarer Republik, in: Horst Dreier/Christian Waldhoff (Hrsg.), Weimarer Verfassung. Eine Bilanz nach 100 Jahren, 2019, S. 9 ff., 13.

[4] Ernst Rudolf Huber (Hrsg.), Dokumente zur deutschen Verfassungsgeschichte, Bd. 4, Deutsche Verfassungsdokumente 1919–1933, 3. Aufl. 1991, S. 2 (Nr. 2).

[5] Bei der Sprengung des im Zweiten Weltkrieg stark zerstörten Stadtschlosses auf Beschluss der DDR-Regierung im Jahre 1950 wurde dieser Fensterflügel erhalten und später in das Gebäude des Staatsrates der DDR eingefügt. In diesem Gebäude ist das Fenster noch heute zu sehen. Auf einer Teilfläche des Stadtschlosses entstand der 1976 eröffnete „Palast der Republik", nach dessen Abriss seit 2006 und nach vielen Kontroversen über einen Wiederaufbau des Schlosses das 2021 fertiggestellte „Humboldt-Forum".

mation der parlamentarischen Republik war Revolution, sie sprengte den politischen Horizont des Kaiserreichs und schob die Verfassung von 1871 zur Seite. Das monarchische Regierungssystem war beendet, nicht mit Gewalt, sondern weil es implodierte. Zugleich betonte der neue Reichskanzler Elemente der Kontinuität. Ebert versprach, Ruhe und Ordnung im Reich wiederherzustellen. Die Befehlsgewalt im Militär sollte unangetastet bleiben. Im Gegenzug anerkannte die Oberste Heeresleitung die neue Regierung. Dahinter steckte wiederum das Kalkül, eine parlamentarische Regierung die Verantwortung für das militärische Desaster tragen zu lassen. Liebknecht dagegen verstand sich als Revolutionär, der mit der Bildung einer Räterepublik nach dem Vorbild der russischen Oktoberrevolution (1917) den vollständigen Bruch nicht nur mit dem Kaiserreich, sondern allen überkommenen Herrschaftsformen wollte. Liebknecht war neben Rosa Luxemburg Begründer des Spartakus-Bundes,[6] der zugleich den linken Flügel der USPD bildete, aus dem Anfang 1919 die Kommunistische Partei Deutschlands entstand. Für einen kurzen Zeitraum von etwa drei Wochen war unsicher, welche Richtung sich durchsetzen würde. Der Spartakus-Bund war sicherlich in der Minderheit. Aber er war bewaffnet und bereit, Waffen einzusetzen. In jedem Fall aber lässt sich sagen: „Für eine Republik bestanden in Deutschland keine Pläne oder Blaupausen, die einer staatlichen oder staatsrechtlichen Neuordnung zugrunde gelegt werden konnten."[7]

Unmittelbare Zeitzeugen belegen die Unsicherheit. Der Diplomat Harry Graf Kessler notierte am 9. November 1918 in seinem Tagebuch: „Der Kaiser hat abgedankt. Die Revolution hat in Berlin gesiegt. […] Gegen zehn [Uhr abends] in den Reichstag. Vor dem Hauptportal steht in den Scheinwerferstrahlen von mehreren feldgrauen Autos eine Nachrichten abwartende Menge. Leute drängen die Straßen hinauf ins Portal. Soldaten mit umgehängten Karabinern und roten Abzeichen fragen jeden, was er drinnen will. […] Innen herrscht ein buntes Treiben; treppauf, treppab Matrosen, bewaffnete Zivilisten, Frauen, Soldaten. […] Unter den Säulen der Wartehalle liegen und stehen auf dem mächtigen roten Teppich Gruppen von Soldaten und Matrosen; Gewehre sind zusammengestellt, hier und da schläft einer auf einer Bank lang hingestreckt. […] Die Tür des Sitzungssaals [Plenarsaal] fliegt auf. […] In ihm wogt zwischen den Bänken eine Menschenmenge, eine Art Volksversammlung, Soldaten ohne Kokarden, Matrosen mit umgehängten Karabinern, Frauen, alle mit roter Schleife, dazwischen Abgeordnete, um die sich kleine Gruppen bilden. […] In der Leipziger Straße rannte mir flüchtendes Publikum entgegen; ich fragte wovor? Einige riefen, Gegentruppen seien aus Potsdam angekommen, gleich werde geschossen. Ich bog danach die Wilhelmstraße ab, hörte nichts. Einige Schüsse sollen aber am Potsdamer Platz vor dieser Zeit gefallen sein. Zu Hause war ich gegen eins. So schläft dieser erste Revolutionstag, der in wenigen Stunden den Sturz der Hohenzollern, die Auflösung des deutschen Korps, das Ende der bisherigen Gesellschaftsform in Deutschland gesehen hat."[8]

---

[6] Der namengebende Spartacus (gestorben 71 v. Chr.) war im antiken Rom Sklave, Gladiator und Anführer eines Sklavenaufstandes am Ende der römischen Republik. Für den Spartakus-Bund stand er für die Erhebung einer unterdrückten Volksgruppe gegen ihre Ausbeuter.
[7] *Christoph Gusy*, Die verdrängte Revolution, in: 100 Jahre Weimarer und Wiener Republik – Avantgarde der Pluralismustheorie, Recht und Politik, Beiheft 3, 2018, S. 9 ff., 15.
[8] *Harry Graf Kessler*, Tagebücher 1918–1937, Ausgabe Insel, 2. Aufl. 2003, Eintrag vom 9. November 1918.

2. Der Rat der Volksbeauftragten

613 Im Oktober/November 1919 formierten sich in ganz Deutschland Arbeiter- und Soldatenräte. Ihr unmittelbarer Einfluss auf die politische Entwicklung war angesichts der Übermacht der unbeeindruckt weiter ihre Aufgaben wahrnehmenden Verwaltungsbehörden zumeist begrenzt. Am 10. November bildete Ebert in Berlin den „Rat der Volksbeauftragten", der bis zum 13. Februar 1919 als übergangsweise Reichsregierung amtierte. Der Rat bestand aus je drei Vertretern der SPD (Friedrich Ebert, Philipp Scheidemann und Otto Landsberg [1869–1957, 1919–1920 Reichsjustizminister]) und der USPD (Hugo Haase, Wilhelm Dittmann, Emil Barth) und übte – ohne verfassungsrechtliche Grundlage – die Kompetenzen aus, die nach der Verfassung von 1871 dem Reichskanzler und dem Kaiser zugestanden hatten. Ein Erlass des Rates vom 11. November 1918[9] bekräftigte die Übernahme der Regierungsgewalt und erklärte das Fortbestehen der Reichsämter mit den kaiserlichen Staatssekretären, um den Fortgang der Regierungs- und Verwaltungstätigkeit sicherzustellen. Am 12. November hob der Rat in einem Aufruf an das deutsche Volk den zu Beginn des Krieges verhängten Belagerungszustand auf, ferner die Zensur; Meinungs- und Versammlungsfreiheit wurden garantiert.

614 Die vielkritisierte Kontinuität war ein Gebot der Vernunft. Die Monate vom November 1918 bis zum März 1919 waren bis hin zu bürgerkriegsähnlichen Momenten unruhig und mit gewaltigen Aufgaben und Problemen belastet. Es gab immer wieder lokale Aufstände von linken und nationalistischen Gruppen, denen Revolution oder Gegenrevolution nicht entschlossen genug waren und die sich häufig mit erbeutetem Kriegsmaterial schwer bewaffnet hatten. Im Januar 1919 erlebte Berlin den blutigen „Spartakus-Aufstand", im selben Monat wurde unter dem linken Sozialisten Kurt Eisner (1867–1919, auf offener Straße in München ermordet von Anton Graf Arco-Valley) in Bayern eine Räterepublik gebildet. Im gleichen Zeitraum strömten hunderttausende desillusionierte Soldaten ins Reich zurück, häufig verletzt und traumatisiert, ohne Beschäftigung und ohne Erwerbsmöglichkeiten. Die Versorgung mit Lebensmitteln und Heizmaterial war katastrophal. Es überrascht nicht, dass dies nicht der Zeitpunkt für einen alles umgreifenden Aufbruch war. Im Januar 1919 schrieb Harry Graf Kessler: „Unsere Umwälzung ist leider nicht von einer bis zur Übermacht gewachsenen Gesinnung hervorgegangen, sondern der alte Staat ist zusammengebröckelt, weil er etwas zu verlogen und ausgehöhlt war, um dem äußeren Ansturm zu widerstehen. Ohne Krieg hätte er noch lange fortgewurstelt. Das Schrecklichste wäre, wenn diese ganzen Verwüstungen und Leiden nicht die Geburtswehen einer neuen Zeit wären, weil nichts da wäre, was geboren sein will; wenn man schließlich nur kitten müßte. Das Gefühl, daß es so kommen könnte, die Angst vor diesem Ende, ist, was die Besten der Spartakisten antreibt. Die alte Sozialdemokratie will rein materielle Veränderungen, gerechtere und bessere Verteilung und Organisation, nichts ideell Neues."[10]

---

[9] Vgl. Ernst Rudolf Huber (Hrsg.), Dokumente zur deutschen Verfassungsgeschichte, Bd. 4, Deutsche Verfassungsdokumente 1919–1933, 3. Aufl. 1991, S. 8 (Nr. 8).
[10] *Harry Graf Kessler*, Tagebücher 1918–1937, Eintrag vom 14. Januar 1919.

3. Der Weg zur Verfassunggebenden Nationalversammlung

Bereits am 25./26. November entschieden die Volksbeauftragen sich für eine aus allgemeinen Wahlen hervorgehende Nationalversammlung. Vom 16. bis 20. Dezember 1918 fand in Berlin ein Reichskongress der Arbeiter- und Soldatenräte statt. Im Streit um die zukünftige Entwicklung Deutschlands setzten sich hier endgültig die Befürworter des Weges zu einer parlamentarischen Demokratie durch. Ein Antrag, Wahlen zu einer verfassunggebenden Nationalversammlung am 19. Januar 1919 abzuhalten, fand die Zustimmung von mehr als 80 % der versammelten Vertreter. Die Räte schafften sich selbst ab. Nur für die Übergangszeit beschloss der Reichskongress, dass der Rat der Volksbeauftragten neben der vollziehenden auch die gesetzgebende Gewalt ausüben sollte.[11]

Der entsprechende Entschluss des Reichskongresses der Arbeiter- und Soldatenräte Deutschlands vom 18. Dezember lautete:
„1. Der Reichskongress der ‚Arbeiter- und Soldatenräte Deutschlands', der die gesamte politische Macht repräsentiert, überträgt bis zur anderweitigen Regelung durch die Nationalversammlung die gesetzgebende und vollziehende Gewalt dem Rat der Volksbeauftragten.
2. Der Kongress bestellt ferner einen Zentralrat der Arbeiter- und Soldatenräte, der die parlamentarische Überwachung des preußischen und des deutschen Kabinetts ausübt. Er hat das Recht der Berufung und Abberufung der Volksbeauftragten des Reiches und – bis zur endgültigen Regelung der staatlichen Verhältnisse – auch der Volksbeauftragen Preußens.
3. Zur Überwachung der Geschäftsführung in den Reichsämtern werden vom Rat der Volksbeauftragen Beigeordnete der Staatssekretäre bestimmt. In jedes Reichsamt werden zwei Beigeordnete entsandt, die aus den beiden sozialdemokratischen Parteien zu entnehmen sind. Vor der Berufung der Fachminister und der Beigeordneten ist der Zentralrat zu hören."[12]

Dass sich die für eine parlamentarische Demokratie und nicht die für eine Räterepublik streitenden Kräfte durchsetzen konnten, hatte vor allem vier Gründe. Der erste lag in der bereits genannten Beharrungskraft der Exekutiven. Sie erhielten weitere Unterstützung durch den Rat der Volksbeauftragten, der bestimmte, dass die örtlichen Behörden Anweisungen nur von den zuständigen Ministerien, nicht aber von den örtlichen Räten entgegennehmen durften. Zweitens überlebte die bundesstaatliche Gliederung. Seit dem 24. November 1918 tagte eine Reichskonferenz der Länder, die sich im Hintergrund, aber wirkungsvoll ins Spiel brachte. So stimmte sie dem Beschluss zur Wahl einer verfassunggebenden Nationalversammlung zu. Drittens wollte das völlig erschöpfte Land zur Ruhe kommen. Vielen war bewusst, dass die anstehenden Verhandlungen mit den Siegermächten des Weltkriegs über einen Friedensvertrag mit unklaren inneren politischen Verhältnissen nicht zu leisten waren. Viertens gab es nur diffuse Vorstellungen über das, was eine „Räterepublik" sein könnte. Der Hinweis auf die russische Oktoberrevolution 1917 und die dortigen Ereignisse seither waren für die meisten abschreckend. Die Spaltung der linken Kräfte

---
[11] Zum Verschwinden des Rätegedankens und der Räte bis zum Januar 1919 *Jörg-Detlef Kühne*, Die Entstehung der Weimarer Reichsverfassung, 2018, S. 161 ff.
[12] Ernst Rudolf Huber (Hrsg.), Dokumente zur deutschen Verfassungsgeschichte, Bd. 4, Deutsche Verfassungsdokumente 1919–1933, 3. Aufl. 1991, S. 44 (Nr. 47).

in die staatstragende SPD und die neue KPD war unwiderruflich, als Reichswehrminister Gustav Noske (SPD, 1868–1949) im Januar 1919 gegen den Spartakus-Aufstand in Berlin das Militär einsetzte. Mangels monarchischer oder räterepublikanischer Alternativen blieb die parlamentarische Demokratie.

618   Am 19. Januar 1919 fanden die Wahlen zur Verfassunggebenden Nationalversammlung statt.

Harry Graf Kessler notierte an diesem Tag in Berlin: „Wahltag. Vormittags gewählt in einer Kneipe in der Linkstraße. Polonäse von Wählern und Wählerinnen. Alles ruhig und grau in grau: weder Aufregung noch Begeisterung. Die Zettelverteiler der verschiedenen Parteien stehen um die Polonäse herum und schieben wortlos die Zettel den Leuten in die Hand. Köchinnen, Krankenschwestern, alte Damen, Familien mit Vater, Mutter und Dienstmädchen, selbst mit kleinen Kindern kommen gezogen und stellen sich an. Das Ganze untheatralisch wie ein Naturereignis, wie ein Landregen."[13]

619   Erstmals kam das Verhältniswahlrecht mit dem Grundsatz der allgemeinen, gleichen, unmittelbaren und geheimen Wahl zur Anwendung. Erstmals waren Frauen wahlberechtigt. Das Wahlalter von zwanzig Jahren galt für das aktive Wahlrecht, das von fünfundzwanzig Jahren für die Wählbarkeit (passives Wahlrecht). Das Ergebnis war, erstmals und auch schon letztmals, eine klare Mehrheit für die Parteien, die für eine parlamentarisch-demokratische Republik eintraten. Die SPD erhielt 37,9 % der Stimmen, das katholische Zentrum/Bayerische Volkspartei 19,7 % und die Deutsche Demokratische Partei (DDP) 18,6 %. Diese bald als Weimarer Koalition bezeichnete Parteiengruppe umfasste damit 76,2 % der Wählerstimmen. Die USPD erhielt 7,6 %, die nationalliberale Deutsche Volkspartei (DVP) 5,9 %, die konservative, zu diesem Zeitpunkt noch teils monarchische, jedenfalls aber der Republik kritisch bis ablehnend gegenüberstehende Deutschnationale Volkspartei (DNVP) 10,3 % der Stimmen.

620   Damit verbunden war – soziologisch gesehen – ein Austausch der politischen Eliten. In der gesamten Weimarer Republik setzten sich Regierungen und Parlamente anders als noch im Wilhelminischen Deutschland entsprechend der Schichtung der Gesellschaft zusammen. „Wenn man das Prominentenlexikon ‚Wer ist's' von 1921 nach der Herkunft der darin erfassten 801 Politiker befragt, so kommen 21 Prozent dieser neuen Elite aus dem Kleingewerbe in Handwerk und Handel, 20 Prozent aus dem bäuerlichen Milieu und weitere 20 Prozent aus der Arbeiterschicht. Aus den Oberklassen, aus höheren Beamten-, Offiziers-, Adels-, Industriellen-, Besitzbürger-Familien stammen dagegen nur 23 Prozent der politischen Führungsschicht. Gewiss gib es hier erhebliche Unter- und Überrepräsentationen – die Arbeiterschaft besitzt lediglich in den Linksparteien, in gewissem Grade auch bei der katholischen Zentrums-Partei eine feste Stellung und andererseits haben die Deutschnationalen, die Nationalliberalen und die Linksliberalen wenig getan, um ihre Funktionärskader sozial zu öffnen."[14]

4. Verfassungsentwürfe

621   Verfassungspolitische Überlegungen zur staatsrechtlichen Neuordnung Deutschlands nach dem Ende des Weltkriegs hatten bereits um 1916/17 eingesetzt – zumeist

[13] *Harry Graf Kessler*, Tagebücher 1918–1937, Eintrag vom 19. Januar 1919.
[14] *Hagen Schulze*, Weimar. Deutschland 1917–1933. Siedler Deutsche Geschichte, 1994, S. 53.

waren sie von einer Demokratisierung ausgegangen, nicht aber von einem vollständigen Verschwinden der Monarchien, der zumindest symbolisch-repräsentative Funktionen zugetraut worden waren. Ab dem Dezember 1918 verstärkte sich die Diskussion über die Gestaltung der neuen Verfassung, private und halboffizielle (Teil-)Konzeptionen wurden erarbeitet, häufig unter Beteiligung namhafter Staatsrechtslehrer. Friedrich Ebert beauftragte Hugo Preuß (1860–1925)[15] mit der Ausarbeitung eines Entwurfs.

Der liberale Preuß galt damals als der politisch am weitesten links stehende Staatsrechtler – was vermutlich ein Grund dafür war, dass Preuß im Kaiserreich keinen Lehrstuhl an einer juristischen Fakultät erhalten hatte und an der Handelshochschule Berlin lehrte, einer modernen, auf das damals neue Fach der Betriebswirtschaftslehre konzentrierten Hochschule. Im Kaiserreich hatte sich Preuß vor allem mit Fragen der kommunalen Selbstverwaltung beschäftigt. Über ihre Entstehung zu Beginn des 19. Jahrhunderts schrieb er: „Mit der Wahl der Stadtverordneten durch die Bürgerschaft dringt zum erstenmal das Repräsentativsystem, die politische Organisierung von unten nach oben in den preußischen Staatsbau ein, der bis dahin das entgegen gesetzte Prinzip des absoluten Obrigkeitsstaates in krassester Härte durchgeführt hatte. Die Stadtverordneten erscheinen als die ersten Volksvertreter in Preußen."[16] Von hier aus erklärte Preuß die Selbstverwaltung zum Grundprinzip der politischen Organisation des Volkes überhaupt. Über den engeren Fachkreis hinaus wurde Preuß 1915 mit der Schrift „Das deutsche Volk und die Politik" bekannt, in der er die Antithese von (das Wort Demokratie vermeidend) „Volksstaat" und „Obrigkeitsstaat" prägte. Im November 1918 wurde Preuß Staatssekretär im Reichsamt des Innern, berufen vom Rat der Volksbeauftragten.

Bereits am 20. Januar 1919 publizierte Preuß im Reichsanzeiger seinen ersten, später zweifach überarbeiteten Verfassungsentwurf. Der erste Entwurf konzentrierte sich auf das Staatsorganisationsrecht und hatte zwei Kernpunkte. Preuß plädierte zunächst, was sofort den Widerspruch der Länder fand, für eine durchgreifende Zentralisierung des bundesstaatlichen Systems. Die Länder sollten nicht abgeschafft, aber zu „höchstpotenzierten" Selbstverwaltungskörperschaften herabgestuft werden – nur so sah Preuß die Möglichkeit, die Übermacht Preußens zu begrenzen. Im Weiteren schlug Preuß einen starken Reichspräsidenten in Kombination mit einem parlamentarischen Regierungssystem als Ausdruck des „nationalen Selbstbewusstseins eines sich selbst organisierenden Staatsvolkes"[17] vor.

---

[15] Zu Preuß *Günther Gillessen,* Hugo Preuß. Studien zur Ideen- und Verfassungsgeschichte der Weimarer Republik (1955), 2000; *Detlef Lehnert,* Verfassungsdemokratie als Bürgergenossenschaft. Politisches Denken, Öffentliches Recht und Geschichtsdeutungen bei Hugo Preuß, 1998; *Andreas Voßkuhle,* Hugo Preuß als Vordenker einer Verfassungstheorie des Pluralismus, in: Der Staat 50 (2011), S. 251 ff.

[16] *Hugo Preuß,* Ein Jahrhundert städtischer Verfassungsentwicklung (1908), in: *ders.,* Staat, Recht und Freiheit, 1926, S. 25 ff., 32 f.

[17] *Hugo Preuß,* Denkschrift zum Entwurf des allgemeinen Teils der Reichsverfassung vom 3. Januar 1919, in: *ders.,* Staat, Recht und Freiheit, 1926, S. 368 ff., 370. Zur Bedeutung von Preuß für die Entstehung der Weimarer Verfassung *Christoph Gusy,* 100 Jahre Weimarer Verfassung, 2018, S. 41–46; *Gerhard Anschütz,* Vorwort, in: Preuß, Reich und Länder. Bruchstücke eines Kommentars zur Verfassung des Deutschen Reiches, 1928, S. III, bezeichnete Preuß als „geistigen Urheber des Werkes von Weimar".

5. Die Beratungen der Nationalversammlung

624 Am 6. Februar 1919 trat die Nationalversammlung zusammen – nicht im immer noch unruhigen Berlin, sondern in der thüringischen Provinz, in Weimar, wo mit dem Nationaltheater ein geeigneter Versammlungsort zur Verfügung stand und wo an die kulturellen Traditionen Deutschlands – Weimar als Ort der deutschen Klassik Goethes, Schillers und Herders – angeknüpft werden konnte. Ebert eröffnete als Vorsitzender des Rates der Volksbeauftragten die Versammlung als den „höchsten und einzigen Souverän in Deutschland. […] Das deutsche Volk ist frei, bleibt frei und regiert in aller Zukunft sich selbst. Diese Freiheit ist der einzige Trost, der dem deutschen Volke geblieben ist, der einzige Halt, an dem es aus dem Blutsumpf des Krieges und der Niederlage sich wieder herausarbeiten kann"[18]. Am 10. Februar 1919 erließ die Nationalversammlung das „Gesetz über die vorläufige Reichsgewalt"[19], wonach die Nationalversammlung auch als Reichsparlament amtierte. Sie wählte am 11. Februar 1919 Ebert zum ersten Reichspräsidenten, der am 13. Februar Philipp Scheidemann als „Reichsministerpräsidenten" (=Reichskanzler) berief. Die Reichsregierung wurde aus den Parteien der „Weimarer Koalition" (SPD, Zentrum/BVP, DDP) gebildet. Sie bedurfte des Vertrauens der Nationalversammlung. Als Vertretung der Länderregierungen gab es einen „Staatenausschuss". Die künftige Verfassung sollte allein von der Nationalversammlung beschlossen werden.

625 Mit viel Eifer und sehr unterschiedlichen Vorstellungen der einzelnen Fraktionen begab sich die Nationalversammlung an das Verfassungswerk. Viele der Abgeordneten sahen sich in der Tradition der gescheiterten Paulskirchenverfassung von 1848/49. „Das deutsche Volk zur sich selbst bestimmenden Nation zu bilden, zum ersten Mal in der deutschen Geschichte den Grundsatz zu verwirklichen: Die Staatsgewalt liegt beim Volke,– das ist der Leitgedanke der freistaatlichen deutschen Verfassung von Weimar"[20]. Mit diesen Worten brachte Preuß seinen Verfassungsentwurf am 24. Februar 1919 ein.

626 Wenig beeindruckt notierte der im Weimarer Nationaltheater zuhörende Harry Graf Kessler: „Sitzung der Nationalversammlung am Regierungstisch beigewohnt. Preuß begründete seinen Entwurf zur Reichsverfassung in einer unendlich langweiligen, farb- und temperamentlosen, schwerfälligen und schleppenden Rede; von der Größe des historischen Moments kein Hauch. Nach einer Stunde schlief ich ein und ging hinaus. Der Anblick des hellgrün seidenen und weißen Hauses mit dem Publikum in den Rängen und Logen in der Theaterbeleuchtung ist nicht sehr feierlich, aber ganz gemütlich kleinstädtisch und solide. Zu hohen Geistesflügen reizt es nicht an, auch nicht zu revolutionären oder verzweifelten historischen Entschlüssen. Danton oder Bismarck würden in diesem niedlichen Rahmen ungeheuerlich wirken. […] Der kleinbürgerliche Charakter der Revolution wird hier äußerlich sichtbar; die

---

[18] Vgl. Ernst Rudolf Huber (Hrsg.), Dokumente zur deutschen Verfassungsgeschichte, Bd. 4, Deutsche Verfassungsdokumente 1919–1933, 3. Aufl. 1991, S. 74 (Nr. 76).
[19] RGBl. S. 169. Abgedruckt bei Ernst Rudolf Huber (Hrsg.), Dokumente zur deutschen Verfassungsgeschichte, Bd. 4, aaO, S. 77 (Nr. 77).
[20] Verhandlungen der Verfassunggebenden deutschen Nationalversammlung, Bd. 326, S. 290.

Vertreter aller Parteien von rechts bis links gehören mit wenigen Ausnahmen zum kleinen Mittelstand."[21]

Die Beratungen waren konzentriert und sorgfältig – bei aller Pluralität wurden sie wie 1849 von liberalen Professoren und Politikern bestimmt. Die Schwerpunkte der Beratungen lagen bei der Gestaltung des republikanisch-demokratischen Prinzips, des bundesstaatlichen Systems und bei den Grundrechten. Hier wurden vor allem der Bereich der Schule, das Staat-Kirche-Verhältnis und die wirtschaftsbezogenen Grundrechte kontrovers diskutiert. Die stärkste Kontinuität zu den Verfassungen (und Gesetzen) des 19. Jahrhunderts gab es bei den rechtsstaatlichen Garantien. Am 31. Juli 1919 nahm die Nationalversammlung den endgültigen Entwurf mit 262 gegen 75 Stimmen bei einer Enthaltung an. Der Reichspräsident fertigte die neue Verfassung am 11. August 1919 aus und verkündete sie am 14. August 1919. An diesem Tag trat die Verfassung in Kraft (vgl. Art. 181 S. 2 WRV).[22]

627

Die Nationalversammlung ging nicht auseinander; für die Zeit bis zur Wahl des ersten Reichstages (1920) bestimmte Art. 180 WRV: „Bis zum Zusammentritt des ersten Reichstags gilt die Nationalversammlung als Reichstag."

628

II. Grundzüge der Weimarer Verfassung

Den grundlegenden Unterschied zur Verfassung von 1871 verdeutlichte die Präambel der neuen Verfassung: „Das Deutsche Volk, einig in seinen Stämmen [...] hat sich diese Verfassung gegeben." Die Weimarer Verfassung beruhte auf der Volkssouveränität und war schon deshalb eher zentralistisch, trotz bundesstaatlicher Gliederung des Reichs. Die Verfassung des Jahres 1871 war monarchisch-bündisch, aus einer „subtilen Kooperation der Bundesfürsten und der Repräsentation des deutschen Volkes"[23] entstanden. Mit insgesamt 181 Artikeln geriet die Weimarer Verfassung ausführlich und detailliert. Sie ist in zwei Hauptteile untergliedert. Der erste („Aufbau und Aufgaben des Reichs", Art. 1–108 WRV) enthält das Staatsorganisationsrecht, der zweite Hauptteil die „Grundrechte und Grundpflichten der Deutschen" (Art. 109–165 WRV). Mit dieser Reihenfolge steht die Verfassung in der Tradition des 19. Jahrhunderts. Erst das Grundgesetz weicht davon ab und beginnt, um die Abkehr von der Missachtung der Individualrechte in der NS-Zeit deutlich zu betonen, mit den Grundrechten. Die zentralen Artikel der Weimarer Verfassung waren technisch-juristisch gefasst. Im Grundrechtsteil gab es jedoch auch zahlreiche Proklamationen ohne unmittelbar vollziehbaren Inhalt. Zwei Grundstrukturierungen, die im Grundgesetz besonders wichtig sind, fehlten in der Weimarer Verfassung. Es gab keine Vorschrift über den Vorrang der Verfassung gegenüber den Gesetzen (heute Art. 1 Abs. 3,

629

---

[21] *Harry Graf Kessler*, Tagebücher 1918–1937, Eintrag vom 24. Februar 1919.
[22] RGBl. 1919, S. 1383. Abgedruckt bei Ernst Rudolf Huber (Hrsg.), Dokumente zur deutschen Verfassungsgeschichte, Bd. 4, Deutsche Verfassungsdokumente 1919–1933, 3. Aufl. 1991, S. 151 ff. (Nr. 157).
[23] *Ernst Forsthoff*, Deutsche Verfassungsgeschichte der Neuzeit, 4. Aufl. 1972, S. 168.

Art. 20 Abs. 3 GG) und keine inhaltlichen Grenzen der Verfassungsänderung (Art. 79 Abs. 3 GG). Auch konnte es Verfassungsrecht außerhalb der Verfassungsurkunde geben, anders als nach Art. 79 Abs. 1 S. 1 GG.

1. Republik

630 Die fundamentale Abkehr vom konstitutionellen Staatsrecht des 19. Jahrhunderts statuiert die Verfassung gleich in den ersten Worten.
> Art. 1 WRV: (1) Das Deutsche Reich ist eine Republik.
> (2) Die Staatsgewalt geht vom Volke aus.

Die Republik war nicht das Ergebnis einer legalen Veränderung, konkret einer Änderung der Verfassung von 1871. Die Weimarer Verfassung setzte neues Recht Kraft einer gelungenen Revolution. Sie brach mit der alten Ordnung, stellte die neue auf „eigene Geltungsansprüche"[24] und begründete eine neue Legitimität.[25] Das republikanische Prinzip schloss ein erbliches Staatsoberhaupt wie in der Monarchie aus. Das Staatsoberhaupt, der Reichspräsident, wurde auf Zeit gewählt. Mit der Volkssouveränität ordnete Absatz 2 das Grundprinzip der Demokratie an.

631 Die neue Staatsform bedeutete jedoch nicht, dass ein neuer Staat begründet worden wäre. Das Deutsche Reich blieb als Rechtssubjekt erhalten, insofern war die neue Republik nicht Rechtsnachfolger, sondern mit dem Kaiserreich identisch. Unverändert blieb der Name „Deutsches Reich". Auf diese Weise ließen sich völkerrechtliche und vermögensrechtliche Rechte und Pflichten pauschal und ohne die Brücke der Rechtsnachfolge aufrechterhalten. Vor allem aber: Hier ließ sich, allem tiefem Bruch zum Trotz, Kontinuität behaupten und herstellen. „Die Verfassung hat gewechselt, der Staat ist geblieben."[26] Gleich bei einer folgenden Norm zeigte sich jedoch, wie schwierig die Umwälzung der Staatsform bei identischem Rechtssubjekt war. Nach Art. 3 S. 1 WRV waren die Reichsfarben schwarz-rot-gold, in Anlehnung an die Paulskirche und die Freiheitsbewegungen der ersten Hälfte des 19. Jahrhunderts. Dennoch verschwanden die Farben des Kaiserreichs, für die sich viele Abgeordnete der Rechten in der Nationalversammlung aussprachen, nicht völlig. Art. 3 S. 2 WRV: „Die Handelsflagge ist schwarz-weiß-rot mit den Reichsfarben in der oberen inneren Ecke." Das war einer der vielen für die Weimarer Verhandlungen charakteristischen Kompromisse, ein ungutes Symbol für eine teilweise inhaltliche Kontinuität auch zum Kaiserreich. Der „Flaggenstreit" spielte nicht nur in der Nationalversammlung

---

[24] *Horst Dreier*, Verfassungskontroversen der Weimarer Republik, in: Horst Dreier/Christian Waldhoff (Hrsg.), Weimarer Verfassung. Eine Bilanz nach 100 Jahren, 2019, S. 9 ff., 15.
[25] In der Rechtsprechung etwa betont von RGZ 100, 25 (27).
[26] *Gerhard Anschütz*, Die Verfassung des Deutschen Reichs vom 11. August 1919, 14. Aufl. 1933, Einleitung, S. 1. Im Verfassungsausschuss der Nationalversammlung stellte Hugo Preuß fest: „Die Frage, ob der neue Staat ‚Rechtsnachfolger' des bisherigen Deutschen Reichs ist, kann in Wirklichkeit gar nicht gestellt werden. Es ist ganz selbstverständlich dasselbe Rechtssubjekt mit veränderter Verfassung; das Reich besteht fort." Verhandlungen der Deutschen Nationalversammlung, Verhandlungen des Deutschen Reichstages, Bd. 327, S. 24.

eine Rolle, sondern begleitete die Republik und belastete sie – es ging nicht nur um Fahnen, sondern um das Ansehen der neuen Staatsordnung. „Zu nationalen Anlässen entfaltet sich landauf, landab ein buntes Durcheinander von Landesfahnen, alten und neuen Reichsfahnen, je nach Geschmack und politischer Einstellung. Vor allem in Ostelbien pflegen die Gemeindeverwaltungen fast ausschließlich schwarz-weiß-rot zu flaggen."[27] In der Nationalversammlung hatte der Vertreter des Reichsinnenministeriums vermittelnd darauf hingewiesen, dass auf See die Farben schwarz-weiß-rot besser zu erkennen seien.

Das indes verdeckte anhand des Symbols nur das Grundproblem, das die kurzen vierzehn Jahre der Republik begleiten sollte. Keine Verfassung, auch wenn sie sich von ihrer Vorgängerin so deutlich absetzen will wie das Verfassungswerk von 1919, kann den Strom der Tradition abstreifen, in der sie steht. Die Frage ist nicht nur, wie sie normativ damit umgeht, sondern auch und vor allem, ob das neue Verfassungswerk gerade mit seinem Neuen akzeptiert und bejaht wird. Zum Dauerkonflikt Weimars wurde, dass zwar das Alte, die obrigkeitsstaatliche Monarchie, unwiderruflich vorbei war; das stellten auch Konservative nicht in Frage. Aber die demokratische Republik war nicht die Basis, auf der alle, unbeschadet unterschiedlicher politischer und weltanschaulicher Einstellungen, übereinstimmten. Es gab Republikaner, Vernunftrepublikaner (eine bezeichnende Wortschöpfung der Zeit[28]) und Verächter der Republik, die mehr oder weniger offen für eine autoritäre Staatsform eintraten. Dass diese sich am Ende durchsetzen sollten, ahnte 1919 allerdings kaum jemand. Zumindest bis 1923 beherrschten die Republikaner den öffentlichen Diskurs.

2. Das demokratische Prinzip und die politischen Parteien

„Nirgends in der Welt ist die Demokratie konsequenter durchgeführt worden als in der neuen deutschen Verfassung. […] Die deutsche Republik ist fortan die demokratischste Demokratie der Welt."[29] So lobte, nicht als einziges Mitglied der Nationalversammlung, Reichsminister David ihr Werk. Durchaus mit Recht, denn nicht allein die Nationalversammlung konnte sich auf eine breite demokratische Legitimation dank allgemeinen und freien Wahlen stützen; ihre Ausgestaltung des demokratischen Prinzips eröffnete umfassende Partizipationsrechte und demokratische Gestaltungsmöglichkeiten.

---

[27] *Hagen Schulze,* Weimar. Deutschland 1917–1933. Siedler Deutsche Geschichte, 1994, S. 93.
[28] Sie wird dem Historiker Friedrich Meinecke zugeschrieben, vgl. *Harm Klueting,* ‚Vernunftrepublikanismus' und ‚Vertrauensdiktatur'. Friedrich Meinecke in der Weimarer Republik, in: HZ 242 (1986), S. 69 ff.
[29] *Eduard David,* in: Verhandlungen der Verfassunggebenden Deutschen Nationalversammlung, 31. Juli 1919, Verhandlungen des Reichstages, Bd. 329, 1920, S. 2195 u.

a) Wahlen: Reichstag und Reichspräsident

634 Die Verfassung konkretisierte den Grundsatz der Volkssouveränität differenziert und anspruchsvoll. Das Volk, von dem alle Staatsgewalt ausging, wählte zwei Staatsorgane, den Reichstag und den Reichspräsidenten. Diese sollten sich gegenseitig ergänzen, kontrollieren und ausbalancieren. Die Direktwahl des Reichspräsidenten verteidigte Hugo Preuß mit dem Hinweis, so könne ein „Parlamentsabsolutismus" vermieden werden.[30]

635 Art. 20 WRV: Der Reichstag besteht aus den Abgeordneten des deutschen Volkes.
Art. 21: Die Abgeordneten sind Vertreter des ganzen Volkes. Sie sind nur ihrem Gewissen unterworfen und an Aufträge nicht gebunden.
Art. 22: (1) Die Abgeordneten werden in allgemeiner, gleicher, unmittelbarer und geheimer Wahl von den über zwanzig Jahre alten Männern und Frauen nach den Grundsätzen der Verhältniswahl gewählt. Der Wahltag muss ein Sonntag oder öffentlicher Ruhetag sein.
(2) Das Nähere bestimmt das Reichswahlgesetz.
Art. 23: (1) Der Reichstag wird auf vier Jahre gewählt. [...]
Art. 41: (1) Der Reichspräsident wird vom ganzen deutschen Volke gewählt.
(2) Wählbar ist jeder Deutsche, der das fünfunddreißigste Lebensjahr vollendet hat.
(3) Das Nähere bestimmt ein Reichsgesetz.
Art. 43: (1) Das Amt des Reichspräsidenten dauert sieben Jahre. Wiederwahl ist zulässig.
(2) Vor Ablauf der Frist kann der Reichspräsident auf Antrag des Reichstags durch Volksabstimmung abgesetzt werden. Der Beschluss des Reichstags erfordert Zweidrittelmehrheit. [...]

636 Wegen durchweg instabiler politischer Verhältnisse fanden zwischen 1920 (Wahl des ersten Reichstags am 6. Juni 1920) und 1933 (Wahl des achten Reichstags am 5. März 1933) insgesamt acht Reichstagswahlen auf der Grundlage des neuen Verhältniswahlrechts (Art. 17, 22 WRV) statt. Die volle Wahlperiode von vier Jahren schöpfte nur der erste Reichstag aus. Präsidentenwahlen fanden zwei Mal statt, erstmals 1925 nach dem plötzlichen Tod des von der Nationalversammlung gewählten Friedrich Ebert. Reichspräsident wurde nach zwei Wahlgängen mit Paul von Hindenburg (1847–1934) der neben Erich Ludendorff führende Militär des Ersten Weltkriegs. Er wurde 1932 wiedergewählt.

b) Abstimmungen

637 Unmittelbar-demokratische Abstimmungen des Volkes, die auf Sachentscheidungen zielten, waren, die mittelbare Demokratie flankierend, in vielfältiger Weise möglich.

638 Art. 73: (1) Ein vom Reichstag beschlossenes Gesetz ist vor seiner Verkündung [durch den Reichspräsidenten] zum Volksentscheid zu bringen, wenn der Reichspräsident binnen eines Monats es bestimmt.
(2) Ein Gesetz, dessen Verkündung auf Antrag von mindestens einem Drittel des Reichstags ausgesetzt ist, ist im Volksentscheid zu unterbreiten, wenn ein Zwanzigstel der Stimmberechtigten es beantragt.
(3) Ein Volksentscheid ist ferner herbeizuführen, wenn ein Zehntel der Stimmberechtigten das Begehren nach Vorlage eines Gesetzentwurfs stellt. Dem Volksbegehren muss ein ausgear-

---

[30] *Hugo Preuß*, Das Verfassungswerk von Weimar, in: *ders.*, Staat, Recht und Freiheit, 1926, S. 426.

beiteter Gesetzentwurf zugrunde liegen. Er ist von der Regierung unter Darlegung ihrer Stellungnahme dem Reichstag zu unterbreiten. Der Volksentscheid findet nicht statt, wenn der begehrte Gesetzentwurf im Reichstag unverändert angenommen worden ist.

(4) Über den Haushaltsplan, über Abgabengesetze und Besoldungsordnungen kann nur der Reichspräsident einen Volksentscheid veranlassen.

(5) Das Verfahren beim Volksentscheid und beim Volksbegehren regelt ein Reichsgesetz.

Auch im Fall eines Einspruchs des föderalen Organs, des Reichsrates, gegen ein vom Reichstag beschlossenes Gesetz konnte der Reichspräsident den Volksentscheid anordnen (Art. 74 Abs. 3 S. 2 ff., 75 WRV). Hiervon und von der Möglichkeit, im Wege des Volksentscheids die Verfassung zu ändern (Art. 76 Abs. 1 S. 4, Abs. 2 WRV), wurde in der gesamten Zeit der Republik kein Gebrauch gemacht. Insgesamt gab es nur acht Anläufe zur Volksgesetzgebung nach Art. 73 Abs. 3 WRV.[31] Nur zwei Volksbegehren brachten es zum Volksentscheid. Im ersten Fall ging es um die Fürstenenteignung, im zweiten um den Young-Plan, einen völkerrechtlichen Vertrag. Beide Volksentscheide blieben erfolglos. Die heute gelegentlich vertretene Auffassung, direkt-demokratische Elemente hätten maßgeblich zur Destabilisierung der Weimarer Republik beigetragen, lässt sich so nicht halten.[32] Richtig ist allerdings, dass die genannten Volksbegehren, daneben ein weiteres gegen den Bau von Panzerkreuzern, für erhebliche Diskussionen und Polarisierungen in der Öffentlichkeit sorgten. Der das Grundgesetz beratende Parlamentarische Rat entschied sich vor dem Hintergrund insbesondere der Schlussphase der Weimarer Republik, Abstimmungen des Volkes auf Bundesebene ganz auszuschließen (mit der Ausnahme des Falles einer teilweisen oder vollständigen Neugliederung des Bundesgebietes, Art. 29 GG). Heute übt das Staatsvolk seine Staatsgewalt auf Bundesebene nur alle vier Jahre bei der Wahl des Bundestages aus (Art. 38 Abs. 1 GG).

Das demokratische Prinzip nach der Weimarer Verfassung fasste Hugo Preuß so zusammen: „Die deutsche Republik wird durch die Reichsverfassung als mittelbare, repräsentative, und zwar parlamentarische Demokratie organisiert, die aber durch die unmittelbar demokratischen Einrichtungen des Volksentscheids und Volksbegehrens, der Volksabstimmung, der Wahl und Absetzung des Reichspräsidenten durch das Volk (vgl. RVerf – Art. 73–76, 18 Abs. 4, 41 Abs. 1, 43 Abs. 2) modifiziert wird."[33]

c) Politische Parteien

Mit dem Übergang vom Mehrheitswahlrecht, das im Kaiserreich für die Wahl des Reichstages gegolten hatte, zum Verhältniswahlrecht wurden die politischen Parteien unverzichtbarer Teil des Verfassungslebens; nur sie konnten die für die Verhältniswahl nötigen Listen aufstellen. Anders als im Grundgesetz (Art. 21 GG) gab es in der Weimarer Verfassung keinen Artikel zu den politischen Parteien, insbesondere fehlte die Anordnung innerparteilicher Demokratie. Allein Art. 130 Abs. 1 WRV er-

---

[31] Darstellung bei *Gerhard Anschütz*, Die Verfassung des Deutschen Reichs vom 11. August 1919, Kommentar, 14. Aufl. 1933, Art. 73 Anm. 11.
[32] *Christopher Schwieger*, Volksgesetzgebung in Deutschland, 2005, S. 325 ff.
[33] *Hugo Preuß*, Reich und Länder. Bruchstücke eines Kommentars zur Verfassung des Deutschen Reiches, 1928, S. 49.

wähnte die Parteien, und dies mit einer negativen Konnotation:[34] „Die Beamten sind Diener der Gesamtheit, nicht einer Partei." Das drückte das tiefe Misstrauen gegen die Parteien aus, die als Vertreter partikularer Interessen galten, nicht dagegen als gemeinwohlorientierte Gruppierungen. Die Gemeinwohlorientierung wurde, auch das deutet Art. 130 Abs. 1 WRV an, der Exekutive als der eigentlichen Repräsentanz des Staates zugeschrieben.

642 Selbst überzeugte Republikaner taten sich mit den Parteien schwer. Etwas gequält erklärte der evangelische Theologe Ernst Troeltsch (1865–1925): „Parteien müssen sein. Sie sind das einzige Mittel der Regierungsbildung, ob sie einem gefallen oder nicht. Wer früher über Militär- oder Beamtenhochmut sich ärgerte, kann sich heute über die Parteizwistigkeit und Parteiselbstsucht ärgern. Ohne Dinge, über die man sich ärgert oder an denen man leidet, gibt es überhaupt keine Regierung. Regierung-schaffen und Regierung-ertragen ist leider immer da ein schwieriges und unangenehmes Geschäft gewesen und wird es in jeder Form bleiben."[35] Eine der wenigen Ausnahmen positiver Stellungnahme zu den politischen Parteien findet sich bei Richard Thoma: Parteien seien kein notwendiges Übel, sondern ein „wichtiges Aktivum der staatlichen Zivilisation. Die moderne Demokratie mit ihrem Massenwahlrecht könnte gar nicht leben ohne Parteien. Sie würde zerflattern und hilflos zwischen emotionalen Zufallswahlen, -parlamentsbeschlüssen und -abstimmungen hin- und hertaumeln, wenn nicht organisierte Parteien wenigstens die überwiegende Menge des Flugsandes der Wählermillionen zu festen Betonblöcken zusammenbacken würden."[36] Deshalb war es wenig glücklich, wenn die Verfassung Parteien und Gesamtheit in einen Gegensatz brachte und den Parteienstaat als Ansammlung heterogener Interessen verstand, die es zugunsten der Einheit und Autorität des Staates zu überwinden galt.

643 Das deutsche Parteiensystem, wie es sich in der zweiten Hälfte des 19. Jahrhunderts entwickelt hatte, mit Ausnahme der straff organisierten Sozialdemokratie zumeist in Form politischer Klubs ohne abschließend und präzise formulierte Programme, ohne hauptberufliche Funktionäre (oben Rn. 420, 555 f.), veränderte und verfestigte sich in Weimar notwendigerweise. Im Reichstag der Kaiserzeit hatten Parteien und Fraktionen nur begrenzten politischen Einfluss, mit dem sie sich zufrieden gaben. Sie ließen den selbstbewussten Griff nach der Macht im Wege des dauernden Einflusses auf die Regierung vermissen. Parlamentariern fehlte durchweg Regierungserfahrung. Das musste sich in der parlamentarischen Demokratie, zu der die wechselseitige Verbindung von Regierung und Parlament auch in persönlicher Hinsicht gehörte, in Weimar schlagartig ändern. Dieser Aufgabe zeigten sich die Parteien und ihr politisches Personal nur ansatzweise gewachsen. Schon 1918 bezweifelte der Soziologe Max

---

[34] *Leo Wittmayer*, Die Weimarer Reichsverfassung, 1922, S. 64: Benennung der Parteien „mit einer negativen Geste sprödester Abwehr".
[35] *Ernst Troeltsch*, Spectator-Briefe, 1924, S. 114.
[36] *Richard Thoma*, Der Begriff der modernen Demokratie in seinem Verhältnis zum Staatsbegriff (1923), in: *ders.*, Rechtsstaat – Demokratie – Grundrechte. Ausgewählte Abhandlungen aus fünf Jahrzehnten, 2008, S. 91 ff., 119.

Weber (1863–1919), dass „die Parteien zur Übernahme der verantwortlichen Leitung der Staatsgeschäfte überhaupt bereit sind"³⁷.

Es gab in Weimar drei Parteien, die die Republik durchgehend stützten und verteidigten und deren Bündnis schon in der Nationalversammlung die „Weimarer Koalition" genannt wurde. Dies waren die SPD, das Zentrum und die linksliberale Deutsche Demokratische Partei (DDP). Diese Weimarer Koalition, die bei den Wahlen zur Nationalversammlung im Februar 1919 noch 76 % der Wähler auf sich vereinigen konnte, verlor schon bei den ersten Reichstagswahlen vom 6. Juni 1920 ihre Mehrheit. Sie fand sich ein weiteres Mal von 1921 bis Oktober 1922 zusammen, und etwas später, erweitert um die nationalliberale Deutsche Volkspartei (DVP) unter Gustav Stresemann, vom August bis November 1923. Zuletzt stellte die erweiterte Weimarer Koalition die Regierung in den Jahren 1928–1930. „Von den vierzehn Lebensjahren der Weimarer Republik regieren die schwarz-rot-goldenen Parteien einschließlich der etwas schwarz-weiß-rot eingefärbten deutschen Volkspartei ganze viereinhalb Jahre; die übrige Zeit hilft man sich mit schwächlichen Minderheitsregierungen, mit Koalitionen, in denen mehr oder weniger republikfeindliche Parteien vertreten sind, oder mit Beamtenkabinetten von Gnaden des Reichspräsidenten."³⁸ Zu den republikfeindlichen Parteien zählte die Deutschnationale Volkspartei (DNVP), ein Sammelbecken aller rechten Kräfte, deren Gemeinsamkeit nicht mehr die Monarchie, sondern ein aggressiver Nationalismus und häufig Antisemitismus war. Der Aufstieg der schon 1919 gegründeten Nationalsozialistischen Arbeiterpartei (NSDAP), die bis 1930 eine geringe, aber bereits extrem destruktive Rolle spielte, wird noch zu behandeln sein. Auf der äußersten Linken stand zunächst die Unabhängige Sozialdemokratische Partei Deutschlands (USPD), die nach der Gründung der Deutschen Kommunistischen Partei (KPD) 1919 an Bedeutung verlor und sich 1922 auflöste. Die KPD gewann zu keinem Zeitpunkt direkten Einfluss auf die Politik. Ihre prinzipielle Systemfeindlichkeit entfaltete jedoch verhängnisvolle Wirkung durch ihre Bekämpfung der Sozialdemokratie als „Sozialfaschisten" und, am Ende der Republik, durch punktuelle Bündnisse mit den Republikfeinden der extremen Rechten.

3. Parlamentarisches Regierungssystem

Ein parlamentarisches Regierungssystem bedeutet, dass die Regierung in ihrer Einsetzung und in ihrem Bestand dauerhaft vom Vertrauen des Parlaments abhängig ist.

Art. 54 WRV: Der Reichskanzler und die Reichsminister bedürfen zu ihrer Amtsführung des Vertrauens des Reichstags. Jeder von ihnen muss zurücktreten, wenn ihm der Reichstag durch ausdrücklichen Beschluss sein Vertrauen entzieht.

Bei der Ausgestaltung des parlamentarischen Regierungssystems berücksichtigte die Weimarer Verfassung, dass es mit dem Reichspräsidenten neben dem Reichstag

---

³⁷ *Max Weber*, Parlament und Regierung im neugeordneten Deutschland (1918), in: *ders.*, Gesammelte politische Schriften, 2. Aufl. 1958, S. 383.
³⁸ *Hagen Schulze*, Weimar. Deutschland 1917–1933. Siedler Deutsche Geschichte, 1994, S. 72.

ein zweites durch Wahl unmittelbar vom Volk legitimiertes Reichsorgan gab. Der Reichskanzler wurde nicht vom Reichstag gewählt, sondern vom Reichspräsidenten ernannt; inwieweit dieser hierbei ein echtes politisches Entscheidungsrecht hatte, entschied die Weimarer Verfassung nicht ausdrücklich. Während zu Beginn der Geltung der Verfassung der Grundsatz galt, dass der Reichspräsident in jedem Fall auf die Mehrheitsverhältnisse des Reichstags Rücksicht nehmen müsse, weil der ernannte Reichskanzler (und die von ihm vorgeschlagenen Minister) sofort vom Vertrauen des Parlaments abhängig waren, neigte die spätere Verfassungspraxis dazu, dem Reichspräsidenten ein darüberhinausgehendes politisches Entscheidungsrecht im Sinne der Bildung von Präsidialkabinetten zuzubilligen. Dass dies nicht der ursprüngliche Sinn der Verfassung war, hob Richard Thoma hervor: „So bedeutsam die dem Reichspräsidenten zugewiesenen Zuständigkeiten und die ihm zugedachte Rolle auch sind, so soll doch nicht *er* es sein, der die Nation ‚regiert'. Das ist vielmehr nach Plan und Wortlaut der Reichsverfassung Aufgabe des von der Verfassung (Art. 51) als *Reichsregierung* bezeichneten, aus dem Reichskanzler und den Reichsministern bestehenden Reichsorgans, das im politischen Sprachgebrauch häufig ‚das Kabinett' genannt wird. [...] Die unzweifelhafte Absicht der Weimarer Nationalversammlung war, [...] ein sogenanntes ‚parlamentarisches Regierungssystem' vorzuschreiben, das mindestens für die Regel und für die Dauer das Staatsoberhaupt von der Regierung abdrängt und diese einem von der jeweiligen Mehrheit des Parlaments gestützten Ministerium anvertraut."[39]

647 Art. 53 WRV: Der Reichskanzler und auf seinen Vorschlag die Reichsminister werden vom Reichspräsidenten ernannt und entlassen.

Diese Ernennungsbefugnis war konsequent demokratisch und etablierte eine Machtteilung in der Exekutive (zu der auch der Reichspräsident gehörte), brachte die Reichsregierung aber in die doppelte Abhängigkeit vom Präsidenten und vom Reichstag. Zur Schwächung der Regierung trug weiter bei, dass die Abwahl des Kanzlers und jedes Ministers seitens des Reichstages jederzeit mit einfacher Mehrheit möglich war (Art. 54 S. 2 WRV, sogenanntes destruktives Misstrauensvotum). Eine Verpflichtung des Reichstags, einen neuen Kanzler oder Minister zum Ersatz des Abgewählten zu wählen (konstruktives Misstrauensvotum), gab es nicht und konnte es angesichts der Ernennungsbefugnis des Reichspräsidenten mit einiger Folgerichtigkeit nicht geben. Dieses System von „Kompetenzen und Gegenkompetenzen"[40] war gut begründet, überforderte aber die politischen Kräfte, die der Grundanforderung dieses Systems, konstruktiv zusammenzuarbeiten und den Konsens und Kompromiss zu suchen, nicht gerecht wurden. Polarisierungen innerhalb des Reichstages konnte der Reichspräsident mit der Auflösung des Reichstages begegnen

---

[39] *Richard Thoma*, Die rechtliche Ordnung des parlamentarischen Regierungssystems, in: Gerhard Anschütz/Richard Thoma (Hrsg.), Handbuch des Deutschen Staatsrechts, Bd. 1, 1930, § 43, S. 503 ff., 503.

[40] *Peter Graf Kielmannsegg*, Der Reichspräsident – ein republikanischer Monarch?, in: Horst Dreier/Christian Waldhoff (Hrsg.), Das Wagnis der Demokratie. Eine Anatomie der Weimarer Reichsverfassung, 2018, S. 219 ff., 222.

(Art. 25 Abs. 1 WRV), die allerdings nur einmal aus dem gleichen Anlass ausgesprochen werden konnte. Das schwächte eher noch die Konsensbereitschaft im Reichstag.

Das Grundgesetz lernte daraus. Sein Regierungssystem ist bestechend einfach. Der Bundestag wählt den Bundeskanzler (Art. 62 GG), dessen Amt nur zusammen mit dem des gesamten Kabinetts durch ein konstruktives Misstrauensvotum (Art. 67 GG) oder infolge einer gescheiterten Vertrauensfrage (Art. 68 GG) vorzeitig enden kann. Der Bundespräsident, nicht vom Volk gewählt, hat innerhalb des Regierungssystems nur Reservebefugnisse (Art. 62 Abs. 4, Art. 68 GG). Das Grundgesetz zwingt Bundestag und Bundesregierung zur Zusammenarbeit, ohne dies so auszusprechen. Die Kehrseite ist, dass die Kontrolle der Regierung praktisch ganz Sache der parlamentarischen Opposition ist.

Neben der für das Parlament neuen Aufgabe, die Regierung zu tragen und zu kontrollieren, kam dem Reichstag die klassische Gesetzgebungsaufgabe zu. Hier war seine Stellung – in föderalistischer Perspektive – stark. Der Reichsrat – die Vertretung der Länder in der Nachfolge des Bundesrates der Verfassung von 1871 – hatte gegen Reichsgesetze lediglich ein mit Zwei-Drittel-Mehrheit überstimmbares Einspruchsrecht. Zustimmungsgesetze wie nach dem Grundgesetz waren in der Weimarer Verfassung nicht vorgesehen.

Art. 68 WRV: (1) Die Gesetzesvorlagen werden von der Reichsregierung oder aus der Mitte des Reichstags eingebracht.
(2) Die Reichsgesetze werden vom Reichstag beschlossen.
Art. 74 WRV: (1) Gegen die vom Reichstag beschlossenen Gesetze steht dem Reichsrat der Einspruch zu. […]
(3) Im Falle des Einspruchs wird das Gesetz dem Reichstag zur nochmaligen Beschlussfassung vorgelegt. Kommt hierbei keine Übereinstimmung zwischen Reichstag und Reichsrat zustande, so kann der Reichspräsident binnen drei Monaten über den Gegenstand der Meinungsverschiedenheit einen Volksentscheid anordnen. Macht der Präsident von diesem Recht keinen Gebrauch, so gilt das Gesetz als nicht zustande gekommen. Hat der Reichstag mit Zweidrittelmehrheit entgegen dem Einspruch des Reichsrats entschieden, so hat der Präsident das Gesetz binnen drei Monaten in der vom Reichstag beschlossenen Fassung zu verkünden oder einen Volksentscheid anzuordnen.

Auffallend ist hier, dass der Reichspräsident nicht nur im Verhältnis des Reichstags zur Reichsregierung, sondern auch bei der Gesetzgebung im Verhältnis zum Reichsrat substantielle Entscheidungsbefugnisse hatte.

4. Die bundesstaatliche Ordnung

a) Zentralismus statt Föderalismus

In grundsätzlicher Kontinuität zum Kaiserreich war das Reich Bundesstaat. Reich und Länder bildeten zwei Ebenen der Staatlichkeit. Darüber bestand in der Nationalversammlung Einigkeit: „Daß gegenwärtig, d. h. unter den gegebenen realpolitischen Verhältnissen, die Struktur der Staatenverbindung beibehalten werden müsste, war nicht Gegenstand einer Meinungsverschiedenheit. […] auch das neue Reich ist Bundesstaat."[41] Der Staatsgerichtshof für das Deutsche Reich formulierte: „Die histori-

---

[41] *Wilhelm Kahl* am 2. Juli 1919 im Plenum der Nationalversammlung, in: Verhandlungen der

sche Stellung der Länder als selbstständige Staaten ist, wenn auch unter starken Beschränkungen, bis heute bestehen geblieben."[42]

652 Art. 2 WRV: Das Reichsgebiet besteht aus den Gebieten der deutschen Länder. Andere Gebiete können durch Reichsgesetz in das Reich aufgenommen werden, wenn es ihre Bevölkerung kraft des Selbstbestimmungsrechts begehrt.

Art. 5: Die Staatsgewalt wird in Reichsangelegenheiten durch die Organe des Reichs aufgrund der Reichsverfassung, in Landesangelegenheiten durch die Organe der Länder aufgrund der Landesverfassung ausgeübt.

653 Die einzelnen Länder zählte die Reichsverfassung nicht auf. Eine Neugliederung der Länder ermöglichte Art. 18 WRV. Anders als der dynastische Bundesstaat von 1871 bestand damit ein „labiler Bundesstaat"[43]. Durch Verfassungsänderung hätte er in einen Einheitsstaat umgewandelt werden können. Nach dem Zusammenschluss der thüringischen Kleinstaaten zum Land Thüringen durch Reichsgesetz (1920), dem Anschluss Waldecks an Preußen und dem Anschluss Coburgs an Bayern gab es 17 Länder: Preußen, Bayern, Sachsen, Württemberg, Baden, Hessen, Thüringen, Hamburg, Mecklenburg-Schwerin, Oldenburg, Braunschweig, Anhalt, Bremen, Lippe, Lübeck, Mecklenburg-Strelitz, Schaumburg-Lippe. Weitere Neugliederungen fanden nicht statt.

654 Die Verteilung der Zuständigkeiten zwischen Reich und Ländern wies gravierende Unterschiede zum Kaiserreich auf. Der 1867/71 begründete Bundesstaat hatte den Ländern viele Aufgaben und Befugnisse belassen. Die Weimarer Republik war betont zentralistisch. Für den schroffen Wechsel gab es zwei wesentliche Gründe. Zum einen ist jeder Bundesstaat, der, wie das Reich 1871, aus zuvor souveränen Einzelstaaten entsteht, also „bündisch", durch Vereinbarung der Staaten, an seinem Beginn auf den Schutz der Eigenständigkeit der Länder bedacht, um ihnen die Ein- und Unterordnung in den neuen Staat zu erleichtern. Im Zeitverlauf wandern in jedem Bundesstaat, und dies gilt dann unabhängig von der Art seiner Entstehung, Zuständigkeiten zum Zentralstaat. Zum anderen wirkten die negativen Erfahrungen des Weltkriegs nach. Der Föderalismus hatte die kriegsnotwendigen zentralen Planungen und Entscheidungen empfindlich gestört. Die starke Stellung der Einzelstaaten im Finanzwesen hatte die für die Kriegsführung erforderliche Finanzausstattung des Reichs mit eigenen Steuern verhindert.

655 Die Weimarer Verfassung baute die Gesetzgebungszuständigkeiten des Reichs deutlich aus und führte dabei die auch im Grundgesetz verwendete Unterscheidung zwischen ausschließlicher (Art. 6 WRV) und konkurrierender Gesetzgebung (Art. 7, 8, 9, 12 WRV) ein. Daneben gab es die Grundsatzgesetzgebungskompetenz des Reichs (Art. 10, 11, 138 Abs. 1 WRV; im Grundgesetz allein in Art. 109 Abs. 4, Art. 140

Verfassunggebenden Deutschen Nationalversammlung, Verhandlungen des Reichstages, Bd. 328, 1920, S. 1205 (A).

[42] StGH, in: RGZ 116, Anhang, 18 ff., 29.

[43] Die Formulierung „labiler Föderalismus" stammte von *Richard Thoma*, Das Reich als Bundesstaat, in: Gerhard Anschütz/Richard Thoma, Handbuch des Deutschen Staatsrechts, Bd. 1, 1930, § 15, S. 169 ff., 182, 184.

GG iVm 138 Abs. 1 WRV). Damit lag erstmals das Schwergewicht der Gesetzgebung beim Reich, die Länder führten die Gesetze aus, soweit nicht Reichsgesetze anderes bestimmten (Art. 14 WRV). Dem Reich war es also möglich, den Bereich seiner Verwaltungszuständigkeiten auszudehnen. Den Vorrang des Reichsrechts bestimmte Art. 13 WRV, Normativvorgaben für die Länderverfassungen (vgl. Art. 28 Abs. 1 GG) enthielt Art. 17 WRV.

Art. 13 WRV: Bestehen Zweifel oder Meinungsverschiedenheiten darüber, ob eine landesrechtliche Vorschrift mit dem Reichsrecht vereinbar ist, so kann die zuständige Reichs- oder Landeszentralbehörde nach näherer Vorschrift eines Reichsgesetzes die Entscheidung eines obersten Gerichtshofs des Reiches anrufen.
Art. 17 (1): Jedes Land muss eine freistaatliche Verfassung haben. Die Volksvertretung muss in allgemeiner, gleicher, unmittelbarer und geheimer Wahl von allen reichsdeutschen Männern und Frauen nach den Grundsätzen der Verhältniswahl gewählt werden. Die Landesregierung bedarf des Vertrauens der Volksvertretung.

656

Im Verhältnis der Länder untereinander wurde die verfassungsrechtliche Vormachtstellung Preußens, des nach wie vor fast zwei Drittel der Fläche und der Bevölkerung umfassenden größten Landes, abgebaut. Die Verbindung von preußischen und Reichsbehörden gehörte der Vergangenheit an. Die Stimmen Preußens im Reichsrat wurden auf maximal zwei Fünftel aller Stimmen begrenzt. Überdies wurde die Hälfte der preußischen Stimmen im Reichsrat von den Provinzialverwaltungen[44] bestellt, die nicht an Weisungen der Landesregierung gebunden waren. An der tatsächlichen politischen Übermacht Preußens im Reich änderte dies wenig.

657

Art. 60 WRV: Zur Vertretung der deutschen Länder bei der Gesetzgebung und Verwaltung des Reichs wird ein Reichsrat gebildet.
Art. 61: (1) Im Reichsrat hat jedes Land mindestens eine Stimme. Bei den größeren Ländern entfällt auf eine Million Einwohner eine Stimme. Ein Überschuss, der mindestens der Einwohnerzahl des kleinsten Landes gleichkommt, wird einer vollen Million gleichgesetzt. Kein Land darf durch mehr als zwei Fünftel aller Stimmen vertreten sein. [...]
Art. 63: (1) Die Länder werden im Reichsrat durch Mitglieder ihrer Regierungen vertreten. Jedoch wird die Hälfte der preußischen Stimmen nach Maßgabe eines Landesgesetzes von den preußischen Provinzialverwaltungen bestellt.
(2) Die Länder sind berechtigt, so viele Vertreter in den Reichsrat zu entsenden, wie sie Stimmen führen.

658

Eine Besonderheit des Reichsrates war, dass in ihm ein Reichsminister den Vorsitz führte (Art. 65 WRV), in der Praxis der Reichsinnenminister. Gegenüber dem Bundesrat der Verfassung von 1871 kamen dem Reichsrat insgesamt nur untergeordnete Kompetenzen zu.[45]

---

[44] Die preußischen Provinzen bildeten die überkommene interne Gliederung Preußens. In der Weimarer Zeit gab es fünfzehn Provinzen, von der Rheinprovinz im Westen (Verwaltungssitz in Koblenz, sie umfasste das heutige Saarland, Rheinland-Pfalz, den Landesteil Nordrhein von Nordrhein-Westfalen und Teile Hessens) bis Ostpreußen im Osten (Verwaltungssitz in Königsberg). Berlin wurde erstmals in den Rang einer Provinz erhoben.
[45] Dazu *Carl Bilfinger*, Der Reichsrat. Bedeutung und Zusammensetzung, in: Gerhard Anschütz/Richard Thoma (Hrsg.), Handbuch des Deutschen Staatsrechts, Bd. 1, 1930, S. 545 ff.

b) Insbesondere: die zentralistische Finanzverfassung

659 Die folgenreichste Zentralisierung vollzog sich auf dem Gebiet der öffentlichen Finanzen. Sie war angesichts der desolaten Finanzlage von Reich, Ländern und Gemeinden infolge der immensen Kosten des Weltkriegs, der zu erwartenden Reparationsforderungen und sozialen Folgelasten des Krieges, aber auch wegen des Fehlens eines durchdachten Steuersystems im Kaiserreich sinnvoll, angemessen und im Ergebnis erfolgreich. Schon zwischen November 1918 und dem Inkrafttreten der Weimarer Verfassung stellte Reichs(finanz)minister Matthias Erzberger (1875–1921, nach seinem Rücktritt von rechtsradikalen Attentätern ermordet) mit der „Erzbergerschen Finanzreform" die Weichen.[46] Erzberger kannte die Schwächen der vormaligen Finanzordnung genauestens: Bereits in der Endphase des Kaiserreichs war er einer der wichtigsten Zentrumspolitiker und Reichstagsabgeordneter gewesen. Im Februar 1919 entstand aus dem früheren Reichsschatzamt das Reichsfinanzministerium, dem in radikaler Verreichlichung eine einheitliche Reichsfinanz- und Reichssteuerverwaltung mit knapp 1.000 Finanzämtern unterstellt wurde. Die neue Reichsabgabenordnung vom Dezember 1919 (RAO) kodifizierte das Verfahrensrecht; sie war damit das erste (spezielle) Verwaltungsverfahrensgesetz in Deutschland.[47] Gesetzgebungs- und Ertragshoheit über die wichtigsten Steuern, insbesondere die Einkommensteuer, wurden erstmals dem Reich übertragen. Die Steuersätze der Einkommensteuer, die bis 1918 Landes- und Gemeindesteuer gewesen war und nur maßvolle Steuersätze bis maximal ca. 5 Prozent kannte, wurden drastisch auf bis zu 60 Prozent heraufgesetzt. Gänzlich neu – und ebenfalls als Reichssteuer eingeführt – war die Umsatzsteuer.

660 Die Weimarer Verfassung kam sodann mit wenigen Vorschriften zu den Finanzbeziehungen zwischen Reich und Ländern (bundesstaatlicher Finanzausgleich) aus.

Art. 8 WRV: Das Reich hat ferner die Gesetzgebung über die Abgaben und sonstigen Einnahmen, soweit sie ganz oder teilweise für seine Zwecke in Anspruch genommen werden. Nimmt das Reich Abgaben oder sonstige Einnahmen in Anspruch, die bisher den Ländern zustanden, so hat es auf die Erhaltung der Lebensfähigkeit der Länder Rücksicht zu nehmen.
Art. 11: Das Reich kann im Wege der Gesetzgebung Grundsätze über die Zulässigkeit und Erhebungsart von Landesabgaben aufstellen, soweit sie erforderlich sind, um
1. Schädigung der Einnahmen oder der Handelsbeziehungen des Reichs, 2.–5. […] auszuschließen oder wichtige Gesellschaftsinteressen zu wahren.
Art. 83 Abs. 1: Die Zölle und Verbrauchsteuern werden durch Reichsbehörden verwaltet.

661 Von der Befugnis des Art. 8 S. 2 WRV, Steuern und ihre Erträge in Anspruch zu nehmen, machte das Reich in weitgehendem Umfang Gebrauch. Die Rücksichtnahme auf die Länder fand Niederschlag in jährlichen Finanzausgleichsgesetzen. Sie gewährten den Ländern Zuweisungen aus den Steuereinnahmen des Reichs, wobei erstmals im Sinne eines horizontalen Ausgleichs Zuschläge für finanzschwache Län-

---

[46] *Klaus Epstein*, Matthias Erzberger und das Dilemma der deutschen Demokratie, 1962; *Peter-Christian Witt*, Reichsfinanzminister und Reichsfinanzverwaltung 1918–1924, in: Vierteljahreshefte für Zeitgeschichte 23 (1975), S. 1 ff.

[47] Als weiterentwickelte Abgabenordnung (AO) gelten ihre Grundprinzipien noch heute.

der vorgesehen waren. Der Finanzausgleich war fast vollständig vertikalisiert, die Länder waren – in Umkehrung des Prinzips aus dem Kaiserreich – Kostgänger des Reichs.

Johannes Popitz, einer der besten zeitgenössischen Kenner der Finanzordnung, kommentierte: „Es ist kein Zweifel, die deutsche Volkswirtschaft dient von nun an in erster Linie dem Reich, dieses ist der Nutznießer ihrer Kräfte, die Länder stehen erst in zweiter Linie. [...] das Reich bedient sich seiner eigenen Organe, um aus den Einzelwirtschaften die Mittel herauszuziehen, die es zur Erhaltung seines Organismus braucht. Es kann dahingestellt bleiben, ob das Reich staatsrechtlich schon als dezentralisierter Einheitsstaat zu bezeichnen ist: finanziell ist dieser Zustand zweifellos bereits erreicht."⁴⁸

c) Die Pläne zu einer „Reichsreform"

Der Weimarer Bundesstaat mit seiner Neigung zum dezentralen Einheitsstaat rief Gegenkräfte der Länder auf den Plan. Im Verlauf der Jahre bis 1933 versuchten Ländervertreter, insbesondere aus Bayern und Sachsen, immer wieder, im Wege der Verfassungsänderung eine Rückverlagerung von Kompetenzen zu den Ländern zu erreichen („Reichsreform").⁴⁹ Eine Denkschrift der bayerischen Staatsregierung vom Januar 1924 fand dazu die Formel „Zurück zu Bismarck!". Ergebnislos blieb eine aus Vertretern der Reichsregierung und der Länderregierungen gebildete „Länderkonferenz" (1928–1930). Da die Reföderalisierung mit Vorschlägen zur Aufteilung Preußens verbunden war, war der Widerstand des größten Landes nicht zu überwinden.

Im Schlussbericht der Länderkonferenz vom 18. Januar 1928 hieß es: „Durchdrungen von der Überzeugung, daß der Wiederaufstieg unseres Volkes nur auf der Grundlage einer einmütigen und verständnisvollen Zusammenarbeit zwischen Reich und Ländern erfolgen kann, sind Reichsregierung und Länderregierungen in ihrer heute zum Abschluß gelangten Konferenz nach eingehenden Beratungen zu folgenden Ergebnissen gelangt: I. Reichsregierung und Ländervertreter sind der Auffassung, dass die Weimarer Regelung des Verhältnisses zwischen Reich und Ländern unbefriedigend ist und einer grundlegenden Reform bedarf. Wenn auch darüber, ob die Reform die unitarischen oder die föderativen Kräfte stärken soll oder welche Vereinigung beider Kräfte in neuer Form möglich ist, eine Übereinstimmung nicht erzielt werden konnte, so bestand doch darüber Einigkeit, daß eine starke Reichsgewalt notwendig ist. Im übrigen wurde in folgenden Punkten Einverständnis erzielt: 1. Jede Teillösung ist bedenklich. Insbesondere soll die Gesamtlösung nicht dadurch erschwert werden, dass leistungsschwache Länder vom Reich als ‚Reichsländer' aufgenommen werden. Finanziellen Notständen von Ländern, welche durch die Entwicklung der Verhältnisse eintreten, soll durch andere geeignete Maßnahmen entgegengewirkt werden; als solche kommen Dotationen [= Sanierungshilfen des Reichs mit Auflagen] nicht in Frage. 2. Das Reich soll seinen Machtbereich nicht durch finanzielle Aushöhlung oder ähnliche Maßnahmen zum Schaden der Länder erweitern. [...] 4. Die Länder werden häufiger und beschleunigter als bisher untereinander Vereinbarungen zur Rechts- und Verwaltungsangleichung und -Vereinfachung treffen, bei deren Abschluss die Reichsregierung mitwirkt. [...]"⁵⁰

---

⁴⁸ *Johannes Popitz*, Die Neuordnung der Finanzverfassung von Reich, Ländern und Gemeinden durch das Landessteuergesetz, in: Preußisches Verwaltungsblatt 41 (1920), S. 313 ff., 313. Zu Popitz *Anne Nagel*, Johannes Popitz (1884–1945), 2015.

⁴⁹ Dazu *Ernst-Rudolf Huber*, Deutsche Verfassungsgeschichte der Neuzeit, Bd. 7, 1984, S. 667 ff.

⁵⁰ Abgedruckt bei Ernst Rudolf Huber (Hrsg.), Dokumente zur deutschen Verfassungsgeschichte, Bd. 4, Deutsche Verfassungsdokumente 1919–1933, 3. Aufl. 1991, S. 465 f. (Nr. 392).

5. Rechtsstaatlichkeit

665 Die größte Kontinuität zu den konstitutionellen Verfassungen des 19. Jahrhunderts wies die Weimarer Verfassung bei den rechtsstaatlichen Garantien auf – in der deutschen Verfassungsentwicklung, und nicht nur in ihr, ist der Rechtsstaat älter als die Demokratie. Schon in einer Art Bilanz hatte Richard Thoma 1910 die wesentlichen Bestandteile des Rechtsstaats aufgezählt: Gesetzmäßigkeit der Verwaltung, Rechtsschutz durch unabhängige Gerichte, Amtshaftung, Fundamentalgarantien des Einzelnen gegenüber der Justiz.[51] „Die Macht stellt sich unter das Recht, das sie *selbst* schafft und somit doch wiederum als Werkzeug der Macht sich unter die Macht stellt."[52] Diese ausgebildete Gestalt des Rechtsstaats führte die neue Verfassung im Wesentlichen im Abschnitt über „Die Rechtspflege" (Art. 102 ff. WRV) weiter. Als selbstverständlich galt der Vorrang und Vorbehalt des Gesetzes, nach Anschütz das Prinzip, „wonach die Verwaltungsorgane, dem Leitgedanken des Rechtsstaats entsprechend, in Freiheit und Eigentum des einzelnen nur auf Grund und innerhalb der Schranken des Gesetzes eingreifen dürfen"[53]. Neu war die ausdrückliche Erwähnung der Verwaltungsgerichte.

666 Art. 107 WRV: Im Reiche und in den Ländern müssen nach Maßgabe der Gesetze Verwaltungsgerichte zum Schutze der einzelnen gegen Anordnungen und Verfügungen der Verwaltungsbehörden bestehen.

Die Einrichtung des hier angesprochenen Reichsverwaltungsgerichts gelang in der Weimarer Republik allerdings nicht.[54]

6. Die Notstandsbefugnisse des Reichspräsidenten und der Schutz der Verfassung durch die Gerichte – wer sollte Hüter der Verfassung sein?

a) Der Reichspräsident

667 Die Orientierung des Amtes des Reichspräsidenten auf das Funktionieren und den Schutz der Verfassung zeigte sich zunächst bei seinen Befugnissen mit Blick auf das parlamentarische Regierungssystem (oben Rn. 645 ff.). Das Recht zur Ernennung und Entlassung des Reichskanzlers (Art. 53 WRV), insbesondere aber die Möglichkeit zur Auflösung des Reichstags, die Art. 25 Abs. 1 WRV ohne inhaltliche Maßstäbe in das politische Ermessen des Reichspräsidenten stellte, sollten eine konstruktive, das Funktionieren des Verfassungslebens ermöglichende Funktion haben. Daneben

---

[51] *Richard Thoma*, Rechtsstaatsidee und Verwaltungsrechtswissenschaft, in: Jahrbuch des öffentlichen Rechts der Gegenwart V (1910), S. 196 ff.

[52] *Richard Thoma*, Rechtsstaatsidee und Verwaltungsrechtswissenschaft, aaO, S. 201.

[53] *Gerhard Anschütz*, Die Verfassung des Deutschen Reichs vom 11. August 1919, Kommentar, 14. Aufl. 1933, S. 511.

[54] *Wolfgang Kohl*, Das Reichsverwaltungsgericht. Ein Beitrag zur Entwicklung der Verwaltungsgerichtsbarkeit in Deutschland, 1991, S. 161 ff., 222 ff., 287 ff.

eröffneten sie angesichts der Volkswahl des Reichspräsidenten eine zweite Linie unmittelbarer demokratischer Legitimation neben derjenigen, die von der Wahl zum Reichstag ausging. Dabei unterschätzte die Nationalversammlung die Möglichkeiten, die diese Befugnisse des Reichspräsidenten im Machtdreieck von Parlament, Präsident und Regierung dann entfalten konnten, wenn sich der Präsident auf die Seite eines Organs gegen das Dritte stellte, statt eine Balance der drei Organe herzustellen. Die letzte Phase der Republik war durch „Präsidialkabinette" geprägt, bei denen aus Bündnissen von Reichskanzler und Reichspräsident ein Machtzentrum entstand, das den Reichstag faktisch entmachtete.

668 Dem Reichspräsidenten kamen außerhalb des Dreiecks von Parlament, Regierung und Präsident weitere wichtige Befugnisse zu. Nach Art. 47 WRV hatte er den Oberbefehl über die gesamte Wehrmacht des Reichs. Art. 48 WRV, nach dem unglücklichen Ende der Republik die am meisten erörterte und häufig für ihr Scheitern maßgeblich verantwortlich gemachte Vorschrift der Reichsverfassung, räumte ihm gleichsam diktatorische Befugnisse in Extremsituationen des demokratischen und föderalen Systems ein. Auch Grundrechte konnten unter Umständen suspendiert werden.

669 Art. 48 WRV: (1) Wenn ein Land die ihm nach der Reichsverfassung oder den Reichsgesetzen obliegenden Pflichten nicht erfüllt, kann der Reichspräsident es dazu mit Hilfe der bewaffneten Macht anhalten.
(2) Der Reichspräsident kann, wenn im Deutschen Reich die öffentliche Sicherheit und Ordnung erheblich gestört oder gefährdet wird, die zur Wiederherstellung der öffentlichen Sicherheit und Ordnung nötigen Maßnahmen treffen, erforderlichenfalls mit Hilfe der bewaffneten Macht einschreiten. Zu diesem Zwecke darf er vorübergehend die in den Art. 114, 115, 117, 118, 123, 124 und 153 festgesetzten Grundrechte ganz oder zum Teil außer Kraft setzen.
(3) Von allen gemäß Abs. 1 oder Abs. 2 dieses Artikels getroffenen Maßnahmen hat der Reichspräsident unverzüglich dem Reichstag Kenntnis zu geben. Die Maßnahmen sind auf Verlangen des Reichstags außer Kraft zu setzen. [...]
(5) Das Nähere bestimmt ein Reichsgesetz.

670 Wie durchgreifend die Maßnahmen auf der Grundlage dieser Vorschrift sein konnten, zeigt bereits der Vergleich der föderalen Eingriffsbefugnisse des Reiches nach Art. 48 Abs. 1 WRV mit Art. 37 GG, der heutigen Norm über den Bundeszwang. Heute kann gegenüber Rechtsverstößen eines Landes die Bundesregierung – nicht etwa der Bundespräsident – nur „notwendige Maßnahmen" unter Ausschluss eines Einsatzes bewaffneter Gewalt treffen, und auch solche Maßnahmen nur mit Zustimmung des Bundesrates.

671 Im Zentrum des Art. 48 WRV standen die Absätze 2 und 3. Die Vorschrift, entstanden aus dem alten Recht des Belagerungszustandes und angelehnt an traditionelle Begriffe des Polizeirechts, wurde auf der Tatbestandsseite (Störung oder Gefährdung der öffentlichen Sicherheit und Ordnung) und bei den Rechtsfolgen (nötige Maßnahmen) weit ausgelegt. Vor allem sollten, was die Funktionsfähigkeit der Präsidialkabinette ab 1930 erst ermöglichte, unter den Begriff der Maßnahmen nicht nur Einzelfallentscheidungen fallen (dies hätte dem polizeirechtlichen Verständnis der

"Maßnahme" entsprochen), sondern auch Rechtsnormen bis hin zu gesetzesvertretenden Verordnungen, sog. „Notverordnungen". Nicht erst Reichspräsident Hindenburg machte ab 1930 von diesem Instrument der Verordnung mit Gesetzeskraft Gebrauch, schon Reichspräsident Ebert erließ bis 1925 insgesamt 125 Notverordnungen, überwiegend zum Schutz der Republik, aber auch, um Rechtsnormen mit Gesetzeskraft schnell zu erlassen. Bereits unter Ebert erhielt Art. 48 Abs. 2 WRV damit die dieser Norm nicht zugedachte Funktion eines vereinfachten exekutiven Gesetzgebungsverfahrens. Alle Maßnahmen des Art. 48 WRV waren als vorübergehende für akute Krisensituationen ausgestaltet. Voraussetzung waren Angriffe auf die Republik.[55] Auch darüber setzte sich die Staatspraxis hinweg, indem zunehmend Verordnungen mit Gesetzeskraft auf dauerhafte Geltung angelegt waren. Alle Maßnahmen nach Absatz 1 und 2 mussten auf Verlangen des Reichstags außer Kraft gesetzt werden (Art. 48 Abs. 3 WRV), und dies ohne Rücksicht auf eine eventuelle Fortdauer der Krise. Diesem Verlangen allerdings konnte der Reichspräsident mit einer Auflösung des Reichstages nach Art. 25 WRV zuvorkommen. Mit diesen semidiktatorischen Befugnissen sollte der Reichspräsident akute Krisen bekämpfen können, um sodann die staatlichen Entscheidungsprozesse zu den regulären Bahnen des demokratisch-parlamentarischen Systems zurückkehren zu lassen. Soweit war der gesamte Art. 48 WRV nichts Ungewöhnliches, Notstandsbestimmungen sind geläufiger Verfassungsbestandteil. Dem Reichspräsidenten war damit die Aufgabe eines (nicht des einzigen) „Hüters der Verfassung" zugewiesen.

672 Die Formulierung vom „Hüter der Verfassung" war im Kaiserreich geprägt und damals auf den Monarchen angewendet worden, insbesondere wegen dessen Aufgabe der Ausfertigung und Verkündung von Gesetzen.[56] Der Staatsrechtslehrer Carl Schmitt (1888–1985), einer der einflussreichsten Juristen in der Weimarer Republik und des 20. Jahrhunderts überhaupt, griff die Formel auf und bezeichnete den Reichspräsidenten als den wichtigsten oder sogar einzigen berufenen Hüter der Verfassung.[57]

673 Dass die Kombination der Befugnisse des Präsidenten aber auch ein dauerhaft anderes Regierungs- und Rechtsetzungssystem hervorbringen konnte, zeigte sich in der Endphase der Republik. Hier bildete Art. 48 Abs. 2 und 3 WRV den Kern einer exekutivisch geprägten „Reserveverfassung" (unten Rn. 722).

674 Insgesamt hatte die Stellung des Reichspräsidenten Anklänge an die des amerikanischen Präsidenten – trotz des im Reich institutionalisierten parlamentarischen Regierungssystems. In dieser Konstruktion zeigte sich eine Scheu vor einem klaren Vorrang des Parlaments, für den das abschreckende Wort des „Parlamentsabsolutismus" geprägt wurde. Stattdessen sollte ein Gleichgewicht zwischen Parlament und Exekutive durch unmittelbare demokratische Legitimation auch des der Exekutive zugehörenden Präsidenten geschaffen werden. Praktisch-politisch viel wichtiger war der Anklang des Reichspräsidentenamtes an das monarchische Vorbild, die Rolle

---

[55] *Ernst Forsthoff*, Deutsche Verfassungsgeschichte der Neuzeit, 4. Aufl. 1972, S. 173.
[56] *Paul Laband*, Das Staatsrecht des Deutschen Reiches, Bd. II, 5. Aufl. 1911, S. 46: „Nicht die richterliche Gewalt, sondern der Kaiser ist zum Wächter und Hüter der Reichsverfassung bestellt."
[57] *Carl Schmitt*, Der Hüter der Verfassung, 1931.

also des Präsidenten als „Ersatzkaiser", aber „gereinigt vom Autokratismus der Wilhelminischen Ära und gesalbt mit dem Öl des Volkswillens, wie die Liberalen der Achtundvierziger-Revolution sich einst den Volkskaiser wünschten"[58]. In der Nationalversammlung des Jahres 1919 nicht thematisiert wurde dabei, dass die zweifache demokratische Legitimation zwar in ruhigen und funktionierenden Verhältnissen eine gelungene Konstruktion darstellt, in unruhigen Zeiten aber die einzelne demokratisch legitimierte Person (der Präsident) mehr politisches Gewicht hat als ein vielstimmiges, zerstrittenes und auf komplexe Verfahrens- und Entscheidungsabläufe angewiesenes Parlament, das zudem jederzeit vom Präsidenten aufgelöst werden kann.

b) Der Staatsgerichtshof für das Deutsche Reich

Zum justizförmigen Schutz und zur Garantie der Verfassung wurde der Staatsgerichtshof für das Deutsche Reich eingerichtet. Weitergehende Überlegungen, eine ausgebaute Verfassungsgerichtsbarkeit zu schaffen, hatten sich in der Nationalversammlung nicht durchsetzen können.[59]

Art. 108 WRV: Nach Maßgabe eines Reichsgesetzes wird ein Staatsgerichtshof für das Deutsche Reich errichtet.[60]
Art. 19: (1) Über Verfassungsstreitigkeiten innerhalb eines Landes, in dem kein Gericht zu ihrer Erledigung besteht, sowie über Streitigkeiten nicht privatrechtlicher Art zwischen verschiedenen Ländern oder zwischen dem Reiche und einem Land entscheidet auf Antrag eines der streitenden Teile der Staatsgerichtshof für das Deutsche Reich, soweit nicht ein anderer Gerichtshof des Reichs zuständig ist.
(2) Der Reichspräsident vollstreckt das Urteil des Staatsgerichtshofs.
Art. 59: Der Reichstag ist berechtigt, den Reichspräsidenten, den Reichskanzler und die Reichsminister vor dem Staatsgerichtshof für das Deutsche Reich anzuklagen, daß sie schuldhafter Weise die Reichsverfassung oder ein Reichsgesetz verletzt haben. Der Antrag auf Erhebung der Anklage muß von mindestens 100 Mitgliedern des Reichstags unterzeichnet sein und bedarf der Zustimmung der für Verfassungsänderungen vorgeschriebenen Mehrheit. […]
(3) Das Nähere regelt das Reichsgesetz über den Staatsgerichtshof.

Die Unterschiede zur heutigen Verfassungsgerichtsbarkeit waren beträchtlich. Der Staatsgerichtshof war kein institutionell vollständig verselbständigtes Gericht wie das Bundesverfassungsgericht, sondern dem Reichsgericht angegliedert, wenn auch als selbständiger Spruchkörper, je nach Verfahren in wechselnder Besetzung mit nebenamtlichen Richtern.[61] Vorsitzender des Staatsgerichtshofes war der Präsident des Reichsgerichts. Die Zuständigkeiten waren auf föderative Streitigkeiten und Ankla-

---

[58] *Hagen Schulze*, Weimar. Deutschland 1917–1933. Siedler Deutsche Geschichte, 1994, S. 97.
[59] *Jörg-Detlef Kühne*, Die Entstehung der Weimarer Verfassung, 2018, S. 74 ff.; *Christoph Gusy*, 100 Jahre Weimarer Verfassung, 2018, S. 68 ff.
[60] Das Reichsgesetz erging am 9. Juli 1921 (RGBl. 905).
[61] *Ernst Friesenhahn*, Die Staatsgerichtsbarkeit, in: Gerhard Anschütz/Richard Thoma (Hrsg.), Handbuch des Deutschen Staatsrechts, Bd. II, 1932, S. 523 ff.; *Christoph Gusy*, Die Weimarer Reichsverfassung, 1997, S. 212 ff.; *Horst Dreier*, Verfassungsgerichtsbarkeit in Weimar, in: DÖV 2019, S. 609 ff.

geverfahren begrenzt. Es fehlten die wichtigen und in der heutigen Rechtsprechung des Bundesverfassungsgerichts ganz im Vordergrund stehenden Verfahrensarten des Organstreits, der Normenkontrolle bei Reichsgesetzen[62] und der Verfassungsbeschwerde. Dennoch war der Staatsgerichtshof gegenüber dem konstitutionellen Staatsrecht ein Schritt hin zu justiziellen Garantien der Verfassung.

678 Nicht der Staatsgerichtshof, wohl aber das Reichsgericht nahm für sich nach einigem Zögern ein zumindest inzidentes Normprüfungsrecht bei Reichsgesetzen in Anspruch.[63] Die Gesetzesbindung des Richters (Art. 102 WRV) schließe nicht aus, „dass einem Reichsgesetz oder einzelnen seiner Bestimmungen vom Richter die Gültigkeit insoweit aberkannt werden kann, als sie mit anderen vom Richter zu beachtenden Vorschriften, die ihnen vorgehen, in Widerspruch stehen." Und: „Da die Reichsverfassung selbst keine Vorschriften enthält, nach der die Entscheidung über die Verfassungsmäßigkeit der Reichsgesetze den Gerichten entzogen und einer bestimmten anderen Stelle übertragen wäre, muss das Recht und die Pflicht des Richters, die Verfassungsmäßigkeit von Reichsgesetzen zu prüfen, anerkannt werden." Das zweite Argument konnte nicht überzeugen. Das Schweigen einer Verfassung begründet ebenso wenig eine richterliche Kompetenz wie es sie ausschließt.[64] Im Rahmen eines anhängigen Verfahrens konnte nach dieser Rechtsprechung des Reichsgerichts die Verfassungsmäßigkeit eines Gesetzes geprüft werden und dieses ggfs. außer Anwendung bleiben. Später nahm das Gericht auch eine Verwerfungskompetenz im Sinne einer allgemeinverbindlichen Feststellung der ex tunc-Nichtigkeit eines Gesetzes in Anspruch. Davon wurde bis 1933 nur in drei Fällen Gebrauch gemacht.

679 Trotz seiner begrenzten Befugnisse bezeichnete sich der Staatsgerichtshof in seinen Entscheidungen gelegentlich als „Hüter der Verfassung". In der zeitgenössischen Staatsrechtslehre gab es eine Auffassung, die rechtspolitisch vehement für eine Ausweitung der Befugnisse des Staatsgerichtshofs eintrat, insbesondere die Einführung von prinzipalen Normenkontrollverfahren bei Reichsgesetzen. Maßgeblicher Vertreter dieser rechtspolitischen Forderung war der österreichische Staatsrechtslehrer und Rechtstheoretiker Hans Kelsen (1881–1973),[65] der von 1930 bis zu seiner Vertreibung aus Deutschland im Jahre 1933 an der Universität Köln lehrte, zuvor 1919 in Österreich die dortige ausgebaute Verfassungsgerichtsbarkeit konzipiert hatte und von 1919 bis 1929 Mitglied des österreichischen Verfassungsgerichtshofs gewesen war. Kelsen war der Auffassung, bei richtigem Verständnis sei Verfassungsgerichtsbarkeit übliche rechtsprechende Tätigkeit, also verbindliche Entscheidung eines konkreten

---

[62] Auf der Grundlage des Art. 13 Abs. 2 WRV wurde dem Reichsgericht die Aufgabe zugewiesen, über die Vereinbarkeit von Landesrecht mit Reichsrecht zu entscheiden.

[63] Erstmals RGZ 111, 320 (322 ff.). Dazu *Richard Thoma*, Das richterliche Prüfungsrecht, in: AöR 43 (1922), S. 267 ff.; *Ernst von Hippel*, Das richterliche Prüfungsrecht, in: Gerhard Anschütz/Richard Thoma (Hrsg.), Handbuch des Deutschen Staatsrechts, Bd. II, 1932, S. 546 ff., 557; *Carl Schmitt*, Das Reichsgericht als Hüter der Verfassung, in: ders., Verfassungsrechtliche Aufsätze aus den Jahren 1924–1954, 1958, S. 63 ff.; *Helge Wendenburg*, Die Debatte um die Verfassungsgerichtsbarkeit und der Methodenstreit der Staatsrechtslehre der Weimarer Republik, 1984, S. 43 ff.

[64] *Walter Jellinek* bezeichnete das richterliche Prüfungsrecht schlicht als „Märchen" (Das Märchen von der Überprüfung verfassungswidriger Reichsgesetze durch das Reichsgericht, in: JW 1925, S. 454 f.).

[65] Zu diesem *Horst Dreier*, Rechtslehre, Staatssoziologie und Demokratietheorie bei Hans Kelsen, 2. Aufl. 1990; Matthias Jestaedt (Hrsg.), Hans Kelsen und die deutsche Staatsrechtslehre, 2013.

Streitfalles anhand der Verfassung. Das gelte auch für die Prüfung der Verfassungsmäßigkeit eines Gesetzes. Dass dabei auch hochpolitische Streitfragen entschieden würden, mache diese Rechtsprechung nicht selbst zur politischen Entscheidung.[66] Verfassungspolitisch spreche in der modernen Demokratie vieles für die Verfassungsgarantie durch Verfassungsgerichte. „Wenn man das Wesen der Demokratie nicht in einer schrankenlosen Majoritätsherrschaft, sondern in dem steten Kompromiß zwischen den im Parlament durch Majorität und Minorität vertretenen Volksgruppen erblickt, dann ist die Verfassungsgerichtsbarkeit ein besonders geeignetes Mittel, diese Idee zu verwirklichen. In der Hand der Minorität kann schon die bloße Drohung mit der Anfechtung vor dem Verfassungsgericht ein geeignetes Instrument sein, verfassungswidrige Interessenverletzungen durch die Majorität, letzten Endes: Diktatur der Majorität, zu verhindern […]."[67] Kelsen behauptete sogar, ohne Verfassungsgerichtsbarkeit enthalte die Verfassung „nicht viel mehr als einen unverbindlichen Wunsch"[68].

Carl Schmitt lehnte solche Bestrebungen zur Verrechtlichung ab, weil er die Streitentscheidung anhand der Verfassung für eine hochpolitische Aufgabe hielt, die nicht angemessen durch justizielle Zuständigkeiten gelöst werden könne. Entscheide ein Staatsgerichtshof justizförmig Verfassungsfragen, so sei dies nichts „anderes als die irreführende Verkleidung andersgearteter und jedenfalls hochpolitischer Befugnisse". Es bestehe die „Gefahr, daß statt einer Juridifizierung der Politik eine das Ansehen der Justiz untergrabende Politisierung der Justiz eintritt"[69]. Ein Verfassungsgericht in einem Gesetzgebungsstaat wie der Weimarer Republik sei eine „politische Instanz neben dem Reichstag, dem Reichspräsidenten und der Reichsregierung, und es wäre nichts Anderes erreicht, als daß, mit irgendwelchen ‚Entscheidungsgründen', Regierungsakte unter dem Schein der Justizförmigkeit ergingen oder verboten würden"[70]. Und: Eine „Entscheidung über ‚Verfassungsmäßigkeit' ist niemals eine unpolitische Entscheidung."[71] Insbesondere die gerichtliche Normenkontrolle erhebe das Verfassungsgericht zudem zum authentischen Verfassungsinterpreten und gebe ihm gesetzgebende Funktion.[72]

Die Kontroverse um Verfassungsgarantien aus der Hand der Justiz blieb in Weimar letztlich ohne konkretes Ergebnis. Bei der Entscheidung des Grundgesetzes zu-

---

66 *Hans Kelsen*, Wesen und Entwicklung der Staatsgerichtsbarkeit, in: VVdStRL 5 (1929), S. 30 ff.
67 *Hans Kelsen*, Wesen und Entwicklung der Verfassungsgerichtsbarkeit, in: VVdStRL 5 (1929), S. 30 ff., 81.
68 *Hans Kelsen*, Wesen und Entwicklung der Verfassungsgerichtsbarkeit, aaO, S. 79.
69 *Carl Schmitt*, Verfassungslehre, 1928, S. 119.
70 *Carl Schmitt*, Der Hüter der Verfassung, 1931, S. 22 ff., 31.
71 *Carl Schmitt*, Verfassungslehre, 1928, S 136 f.
72 *Carl Schmitt*, Der Hüter der Verfassung, 1931, S. 36. Da die Verfassung keine hinreichend klaren Entscheidungsmaßstäbe enthalte, sei Verfassungsrechtsprechung „Verfassungsgesetzgebung, nicht Justiz". Diese Auffassung ist nach 1945 gelegentlich aufgenommen worden, spielte aber in der Diskussion um das Bundesverfassungsgericht keine Rolle mehr, vgl. in Anknüpfung an Schmitt *Ernst-Wolfgang Böckenförde*, Die Methoden der Verfassungsinterpretation. Bestandsaufnahme und Kritik, in: NJW 1974, S. 2098 f.

gunsten einer starken und mit umfassenden Zuständigkeiten ausgestatteten Verfassungsgerichtsbarkeit waren sie und die für die Verfassungsrechtsprechung geäußerten Gesichtspunkte dagegen von großer Bedeutung.

681 Nach 70 Jahren Rechtsprechung des Bundesverfassungsgerichts und angesichts der zentralen Rolle des Gerichts in der heutigen politischen Kultur und verfassungsrechtlichen Ordnung des Grundgesetzes neigen wir dazu, Kelsens Argumenten für eine Verfassungssicherung durch Verfassungsgerichtsbarkeit zuzustimmen. Dennoch ließen sich und lassen sich auch heute die Warnungen Schmitts vor einer Verrechtlichung der Politik nicht ganz von der Hand weisen. Ein Verfassungsgericht mit umfassenden Kompetenzen kann es angesichts der lapidaren und weit interpretierbaren Verfassungsnormen kaum vermeiden, in den politischen Prozess überzugreifen. Die wichtigsten gegenwärtigen Verfassungsgerichte – neben dem Bundesverfassungsgericht insbesondere der Supreme Court der USA – werden von nicht verstummenden Überlegungen begleitet, wie der Verfassungsgerichtsbarkeit durch Verfassungsinterpretation und Argumente der Gewaltenteilung Grenzen gesetzt werden können.[73] Weniger in Deutschland, mehr in den USA, wird die Befugnis des Verfassungsgerichts in Zweifel gezogen, Ergebnisse des demokratischen politischen Prozesses zu konterkarieren. In der bekanntesten amerikanischen Formulierung geht es um die „countermajoritarian difficulty"[74], die Verfassungsgerichte aufwerfen.

7. Grundrechte und Grundpflichten der Deutschen

682 In der Nationalversammlung stand die Aufnahme eines Grundrechtsteiles außer Streit. Auch dadurch sollte die neue Verfassung sich von der des Jahres 1871 unterscheiden, die ein reines Organisationsstatut gewesen war. Daraus entstand in teils kontroversen Beratungen der Zweite Hauptteil der Weimarer Reichsverfassung (Art. 109 bis 165).

a) Klassische Freiheits- und Gleichheitsrechte

683 Der Grundrechtskatalog umfasste zunächst die klassischen Freiheits- und Gleichheitsrechte und justizielle Garantien.
Art. 109 WRV: (1) Alle Deutschen sind vor dem Gesetze gleich.
(2) Männer und Frauen haben grundsätzlich dieselben staatsbürgerlichen Rechte und Pflichten.
(3) Öffentlich-rechtliche Vorrechte oder Nachteile der Geburt oder des Standes sind aufzuheben. Adelsbezeichnungen gelten nur als Teil des Namens und dürfen nicht mehr verliehen werden. [...]
Art. 111: Alle Deutschen genießen Freizügigkeit im ganzen Reiche. Jeder hat das Recht, sich an beliebigem Orte des Reichs aufzuhalten und niederzulassen, Grundstücke zu erwerben und jeden Nahrungszweig zu betreiben. Einschränkungen bedürfen eines Reichsgesetzes.

---

[73] *Matthias Jestaedt/Oliver Lepsius/Christoph Möllers/Christoph Schönberger*, Das entgrenzte Gericht. Eine kritische Bilanz nach 60 Jahren Bundesverfassungsgericht, 2011.
[74] *Alexander Bickel*, The least Dangerous Branch, 1962, S. 16; *Barry Fridman*, The Birth of an Academic Obsession: The History of the Countermajoritarian Difficulty, in: Yale Law Review 112 (2002), S. 153 ff.; *Mark Tushnet*, Taking the Constitution away from the Courts, 2000, S. 163 ff.

§ 21 Die Verfassung des Deutschen Reichs vom 11. August 1919

Art. 114: (1) Die Freiheit der Person ist unverletzlich. Eine Beeinträchtigung oder Entziehung der persönlichen Freiheit durch die öffentliche Gewalt ist nur auf Grund von Gesetzen zulässig.
(2) Personen, denen die Freiheit entzogen wird, sind spätestens am darauffolgenden Tage in Kenntnis zu setzen, von welcher Behörde und aus welchen Gründen die Entziehung der Freiheit angeordnet worden ist; unverzüglich soll ihnen Gelegenheit gegeben werden, Einwendungen gegen ihre Freiheitsentziehung vorzubringen.
Art. 115: Die Wohnung jedes Deutschen ist für ihn eine Freistätte und unverletzlich. Ausnahmen sind nur auf Grund von Gesetzen zulässig.
Art. 117: Das Briefgeheimnis sowie das Post-, Telegraphen- und Fernsprechgeheimnis sind unverletzlich. Ausnahmen können nur durch Reichsgesetz zugelassen werden.
Art. 118: Jeder Deutsche hat das Recht, innerhalb der Schranken der allgemeinen Gesetze seine Meinung durch Wort, Schrift, Druck, Bild oder in sonstiger Weise frei zu äußern. An diesem Rechte darf ihn kein Arbeits- oder Anstellungsverhältnis hindern, und niemand darf ihn benachteiligen, wenn er von diesem Rechte Gebrauch macht.
(2) Eine Zensur findet nicht statt, jedoch können für Lichtspiele durch Gesetz abweichende Bestimmungen getroffen werden. Auch sind zur Bekämpfung der Schund- und Schmutzliteratur sowie zum Schutze der Jugend bei öffentlichen Schaustellungen und Darbietungen gesetzliche Maßnahmen zulässig.
Art. 119: (1) Die Ehe steht als Grundlage des Familienlebens und der Erhaltung und Vermehrung der Nation unter dem besonderen Schutz der Verfassung. Sie beruht auf der Gleichberechtigung der beiden Geschlechter. [...]
Art. 123: (1) Alle Deutschen haben das Recht, sich ohne Anmeldung oder besondere Erlaubnis friedlich und unbewaffnet zu versammeln.
(2) Versammlungen unter freiem Himmel können durch Reichsgesetz anmeldepflichtig gemacht und bei unmittelbarer Gefahr für die öffentliche Sicherheit verboten werden.
Art. 124: (1) Alle Deutschen haben das Recht, zu Zwecken, die den Strafgesetzen nicht zuwiderlaufen, Vereine oder Gesellschaften zu bilden. Dieses Recht kann nicht durch Vorbeugungsmaßregeln beschränkt werden. Für religiöse Vereine und Gesellschaften gelten dieselben Bestimmungen.
(2) Der Erwerb der Rechtsfähigkeit steht jedem Verein gemäß den Vorschriften des bürgerlichen Rechts frei. [...]
Art. 135: Alle Bewohner des Reichs genießen volle Glaubens- und Gewissensfreiheit. Die ungestörte Religionsübung wird durch die Verfassung gewährleistet und steht unter staatlichem Schutz. Die allgemeinen Staatsgesetze bleiben hiervon unberührt.
Art. 153: (1) Das Eigentum wird von der Verfassung gewährleistet. Sein Inhalt und seine Schranken ergeben sich aus den Gesetzen. [...]

Bei diesen klassischen Grundrechten war unbestritten, dass es sich um – uneingeschränkt für die Verwaltung und die Gerichte – unmittelbar geltendes und anwendbares Recht handelte.[75] Problematisch war die Bindung des Gesetzgebers, die heute Art. 1 Abs. 3 GG unmißverständlich anordnet. Hier differenzierte die Lehre nach der Schrankenformulierung und unterschied zwischen „verfassungskräftigen" und „gesetzeskräftigen" Grundrechten. Wo Grundrechtseinschränkungen nur durch „allgemeines Gesetz" erfolgen durften (Meinungsfreiheit, Art. 118 Abs. 1, Religionsfreiheit, Art. 135 S. 3 WRV), durfte der Gesetzgeber nicht gegen bestimmte Meinungen oder

684

---

[75] In der Rechtsprechung etwa RGZ 103, 91 (94); 107, 287 (290); 115 74 (81); 115, 74 (81); RGSt 65, 177 (184). *Albert Hensel*, Grundrechte und Rechtsprechung, in: Otto Schreiber (Hrsg.), Die Reichsgerichtspraxis im Deutschen Rechtsleben – FG der juristischen Fakultäten zum 50jährigen Bestehen des Reichsgerichts, Bd. I, 1929, S. 1 ff.

religiöse Überzeugungen vorgehen. Gleiches galt bei der ohne Gesetzesvorbehalt formulierten Kunst- und Wissenschaftsfreiheit (Art. 142 WRV). Die in der Rechtslehre kontroverse Bindung des Gesetzgebers an den allgemeinen Gleichheitssatz (Art. 109 Abs. 1 WRV) anerkannte die Rechtspraxis nicht.[76]

b) Grundpflichten

685 Innovativ war die Normierung von Grundpflichten, zum Beispiel in Art. 120, 133, 134, 145, 155 Abs. 3, 161 Abs. 1 WRV. Alle Grundpflichten wirkten nicht unmittelbar, sondern bedurften der Aktivierung durch ein Gesetz.

686 Art. 133 WRV: (1) Alle Staatsbürger sind verpflichtet, nach Maßgabe der Gesetze persönliche Dienste für den Staat und die Gemeinde zu leisten.

(2) Die Wehrpflicht richtet sich nach den Bestimmungen des Reichswehrgesetzes. Dieses bestimmt auch, wie weit für Angehörige der Wehrmacht zur Erfüllung ihrer Aufgaben und zur Erhaltung der Manneszucht einzelne Grundrechte einzuschränken sind.

Art. 134: Alle Staatsbürger ohne Unterschied tragen im Verhältnis ihrer Mittel zu allen öffentlichen Lasten nach Maßgabe der Gesetze bei.

c) Wirtschaftsleben; Grundrechte als „Programmsätze"

687 Einen über die damalige Grundrechtstradition hinausgehenden modernen Abschnitt mit neuen, wenngleich teilweise disparaten Ideen, enthielt der umfangreiche Abschnitt „Das Wirtschaftsleben" (Art. 151 bis 165 WRV).

688 Art. 151 WRV: (1) Die Ordnung des Wirtschaftslebens muß den Grundsätzen der Gerechtigkeit mit dem Ziel eines menschenwürdigen Daseins für alle entsprechen. In diesen Grenzen ist die wirtschaftliche Freiheit des einzelnen zu sichern.

(2) Gesetzlicher Zwang ist nur zulässig zur Verwirklichung bedrohter Rechte oder im Dienst überragender Forderungen des Gemeinwohls.

(3) Die Freiheit des Handels und Gewerbes wird nach Maßgabe der Reichsgesetze gewährleistet.

Art. 152: (1) Im Wirtschaftsverkehr gilt Vertragsfreiheit nach Maßgabe der Gesetze.

(2) Wucher ist verboten, Rechtsgeschäfte, die gegen die guten Sitten verstoßen, sind nichtig.

689 Hier bekräftigte die Verfassung privatrechtliche Grundsätze; der grundrechtliche Gehalt solcher Vorschriften war schwer zu erkennen. Daneben versuchte der Abschnitt, unterschiedliche soziale und wirtschaftliche Interessen zu würdigen und staatliche Instrumente zu ihrem Ausgleich zur Verfügung zu stellen. So wurden einerseits Eigentum, Erbrecht und geistiges Eigentum geschützt (Art. 153, 154 und 158 WRV), auf der anderen Seite stand der sozial motivierte Schutz der Arbeitskraft, der Gewerkschaften (Art. 157, 159 WRV) und Möglichkeiten, in das Grundeigentum einzugreifen und Sozialisierungen von Wirtschaftsunternehmen vorzusehen (Art. 155 f. WRV). Bemerkenswert mit Blick auf die gegenwärtige Diskussion zur Nutzung von Grund und Boden für Wohnbedürfnisse war eine weitere Vorschrift:

---

[76] Für eine Bindung insbesondere *Erich Kaufmann*, Die Gleichheit vor dem Gesetze im Sinne des Art. 109 der Reichsverfassung, in: VVDStRL 3 (1927), S. 2 ff.

Art. 155 WRV: (1) Die Verteilung und Nutzung des Bodens wird von Staats wegen in einer Weise überwacht, die Mißbrauch verhütet und dem Ziele zustrebt, jedem Deutschen eine gesunde Wohnung und allen deutschen Familien, insbesondere den kinderreichen, eine ihren Bedürfnissen entsprechende Wohn- und Wirtschaftsheimstätte zu sichern. Kriegsteilnehmer sind bei dem zu schaffenden Heimstättenrecht besonders zu berücksichtigen.
(2) Grundbesitz, dessen Erwerb zur Befriedigung des Wohnungsbedürfnisses, zur Förderung der Siedlung und Urbarmachung oder zur Hebung der Landwirtschaft nötig ist, kann enteignet werden. […]
(3) Die Bearbeitung und Ausnutzung des Bodens ist eine Pflicht des Grundbesitzers gegenüber der Gemeinschaft. Die Wertsteigerung des Bodens, die ohne eine Arbeits- oder Kapitalaufwendung auf das Grundstück entsteht, ist für die Gesamtheit nutzbar zu machen. […]

690

Diese und weitere Vorschriften blieben letztlich ohne unmittelbare normative Wirkung. Eine Ausnahme bildete Art. 165 WRV (Wirtschaftsräte), dessen Absatz 4 Grundlage für die Einrichtung des Reichswirtschaftsrates war, in dem Vertreter von Gewerkschaften und Unternehmern zentrale Fragen der Arbeitsbedingungen und sozialen Sicherung erörterten. Hier wurde erstmals im Ansatz institutionalisiert, was später in der Bundesrepublik „Sozialpartnerschaft" hieß. Dem Reichswirtschaftsrat kam auch ein Anhörungs- und Initiativrecht beim Reichstag zu.[77]

691

Insgesamt listete der Abschnitt über das Wirtschaftsleben die unterschiedlichen wirtschaftlichen und sozialen Interessen auf, die in der Nationalversammlung vertreten waren – ein „Gewimmel heterogener Bestandteile, da in der Nationalversammlung zwischen den Parteien der Linken und der Rechten ein Wettlauf stattfindet, die von den Parteien jeweils hochgehaltenen Forderungen mit Verfassungsgarantie zu umgeben."[78] Das ist zu Unrecht kritisiert worden, auch als letztlich unentschiedene Sammlung „dilatorischer Formelkompromisse"[79]. Zum ersten Mal in der Verfassungsentwicklung übernahm ein Verfassungsabschnitt die Funktion, Werte und Ziele der Gesellschaft zu normieren, was kein Mangel, sondern der Versuch war, vor dem Hintergrund des Kaiserreichs und der Erfahrungen des Weltkriegs die neuen gesellschaftlichen Verhältnisse anzuerkennen und mitzuprägen. Hier reflektierte die Verfassung den Wandel vom ausschließlich liberalen zum sozial ausgleichenden Staat, der bereits im Kaiserreich begonnen hatte.

692

Der Staatsrechtler und überzeugte Demokrat Richard Thoma (1874–1957, nach Jahren in Heidelberg seit 1928 an der Universität Bonn lehrend), faßte dies 1929, tragischerweise kurz vor dem Abgleiten des Weimarer Staates in autoritäre Regierungsformen, so zusammen: „Eine republikanische Verfassung, welche auf die integrierende symbolische Kraft der Krone verzichtet, wird mit dem kahlen Gerüste der Verfassungsorganisation allein die Herzen ihrer Bürger nicht gewinnen können, selbst dann nicht, wenn dieses Gerüst auf den Grundlagen der Demokratie errichtet und also von dem hohen Ethos der nationalen Genossenschaft gleicher

693

---

[77] An dieser Stelle, im Bereich der Wirtschaft und im Schnittbereich von Staat und Gesellschaft, fand der 1918/19 für die Staatsorganisation schnell verworfene Rätegedanke Verwirklichung. Dazu *Gerhard A. Ritter*, Die Entstehung des Räteartikels 165 der Weimarer Reichsverfassung, in: Historische Zeitschrift 258 (1994), S. 73 ff.
[78] *Hagen Schulze,* Weimar. Deutschland 1917–1933. Siedler deutsche Geschichte, 1994, S. 96. *Gerhard Anschütz,* Drei Leitgedanken der Weimarer Reichsverfassung, 1923, S. 26, sprach von einem „Klassenkompromiss".
[79] *Carl Schmitt,* Verfassungslehre, 1928, S. 32 f.

und freier Bürger geadelt ist. Von einer republikanisch-demokratischen Verfassung ist deshalb zu fordern, daß sie dem von ihr geordneten Volksstaat ein Symbol, eine Sinnrichtung, ein Maß von Zweckgebundenheit mit auf den Weg gebe, deren Respektierung sie mit der Kraft des Verfassungsgesetzes gebietet, zu deren Bejahung sie mit der Autorität auffordert, welche der zur Verfassungsschöpfung berufenen Nationalversammlung innewohnt. Die Weimarer Verfassung hat diese Erwartung in reichem Maße erfüllt. Sie setzt dem deutschen Volksstaat das großdeutsch-demokratisch-liberale Symbol der schwarzrotgoldenen Farben. Sie garantiert oder verkündet solche Institute und Zwecksetzungen wie Unabhängigkeit der Gerichte, Ausbau des Rechtsstaats, Fortdauer der Ehe, des Eigentums, des Erbrechts, mannigfache persönliche Freiheiten, Agrarreform, Sozialreform, öffentliche Fürsorge usw., mit dem Ziele der Gewährleistung eines menschenwürdigen Daseins für alle u. dgl. mehr. Durch alle diese Sätze – die grundrechtlichen Normen – hat die Reichsverfassung die deutsche Demokratie determiniert und sie in den Dienst gewisser, teils konservierender, teils progressiver Zwecke gestellt."[80]

694 Mit Blick auf den zwischen Privat- und Verfassungsrecht, objektivem Recht und Verbürgung subjektiver Rechte schwankenden Abschnitt über das Wirtschaftsleben, nicht mit Blick auf die klassischen Freiheits- und Gleichheitsrechte, ist in Weimar der Begriff des grundrechtlichen Programmsatzes geprägt worden. Er beschrieb Verfassungsnormen, die Staat und Gesellschaft ein politisch zu verwirklichendes Ziel setzen, ohne vollziehbare und einklagbare subjektive Rechte zu enthalten. Diese neuartigen Normen bedurften „der Konkretisierung und Verwirklichung durch Ausführungsgesetze; vorher sind sie nur Programm und Direktive für den Gesetzgeber"[81].

d) Staat und Kirche

695 Inhaltlich besonders umstritten waren schließlich die Vorschriften zur Schule und zum Verhältnis von Staat und Kirche. Bei letzteren fand die Nationalversammlung zu einem weiteren Kompromiss, der noch heute kraft der Anordnung des Art. 140 GG geltendes Recht ist.[82] Die in Resten noch vorhandenen überkommenen institutionellen Verbindungen zwischen dem Staat und den (evangelischen) Kirchen, eingeschlossen Aufsichtsrechte des Staates, wurden 1919 endgültig beendet. Mit der Anordnung „Es besteht keine Staatskirche" (Art. 137 Abs. 1 WRV), die dieses Trennungsprinzip ausdrückte, nahm die Nationalversammlung die Formulierung des § 147 Abs. 2 der Paulskirchenverfassung auf. Auf der anderen Seite behielten die katholische und evangelische Kirche samt ihren Untergliederungen den Status der Körperschaften des öffentlichen Rechts; statt den Forderungen der Linksparteien zu folgen, alle Kirchen und Religionsgemeinschaften gleichmäßig in das private Vereinsrecht zu verweisen, ermöglichte die Nationalversammlung aus Gründen der

---

[80] *Richard Thoma*, Die juristische Bedeutung der grundrechtlichen Sätze der deutschen Reichsverfassung, in: Hans Carl Nipperdey (Hrsg.), Die Grundrechte und Grundpflichten der Reichsverfassung, Bd. I, 1929, S. 1 ff., 10 f. (auch abgedruckt in Ino Augsberg/Sebastian Unger [Hrsg.], Basistexte: Grundrechtstheorie, 2012, S. 176 ff., 184 f.).

[81] *Gerhard Anschütz*, Die Verfassung des Deutschen Reiches, Kommentar, 13. Aufl. 1933, S. 515.

[82] *Stefan Korioth*, Zwischen Religionsfreiheit und institutioneller Sicherung. Zur Geschichte des deutschen Staatskirchenrechts, in: Johannes Goldenstein (Hrsg.), Vom Staatskirchenrecht zum Religionsverfassungsrecht?, Loccumer Protokolle 74/08, S. 31 ff., 46 ff.

Gleichbehandlung (Parität) den Neuerwerb des Körperschaftsstatus für alle Religionsgemeinschaften, die über eine Mindestmitgliederzahl und verfasste Organisation verfügten (Art. 137 Abs. 5 WRV). Allen Religionsgemeinschaften kam, in Anlehnung an die Paulskirchenverfassung und die Preußische Verfassung von 1850, das Selbstbestimmungsrecht im Rahmen der für alle geltenden Gesetze zu (Art. 137 Abs. 3 WRV).

Das bildete ein Arrangement, das in eigentümlicher Weise eine laizistische Verdrängung der Religion in die Privatsphäre vermied, staatlich geordnete Bereiche für die Religion öffnete (der Religionsunterricht blieb ordentliches Lehrfach in den öffentlichen Schulen, Art. 149 WRV), und zugleich dem einzelnen volle Religionsfreiheit garantierte (Art. 135 WRV). Der Kirchenrechtler Ulrich Stutz (1868–1938, zuletzt, seit 1917, an der Berliner Universität lehrend) prägte hierfür die merkwürdige Formel der „hinkenden Trennung"[83] von Staat und Kirche. Die Verfassung untersagte dem Staat, religiöse Angelegenheiten wahrzunehmen. Umgekehrt emanzipierte der Trennungsgrundsatz den Staat von kirchlichen Privilegien und klerikaler Bevormundung. Religion wurde jedoch nicht völlig aus dem öffentlichen Bereich und ausschließlich in die persönliche Sphäre verdrängt. Über die konfessionelle Neutralität des 19. Jahrhunderts hinaus etablierte das Weimarer System umfassende religiöse und weltanschauliche Neutralität.

696

§ 22 Die Entwicklung der Weimarer Republik 1919 bis 1933

Am Ende des verlorenen Krieges hatten Republik und Demokratie als Grundprinzipien der neuen Ordnung in Deutschland neben Kritikern zwar durchaus auch uneingeschränkte Befürworter. Die Ereignisse im Herbst 1918, vor allem die letzten Wochen vor dem Ende des Ersten Weltkriegs, zeigen aber, dass es zur Umwandlung der Staatsform zunächst deshalb kam, weil dies als Preis für einen möglichst gemäßigten Friedensschluss mit den Siegermächten, allen voran die USA, Frankreich und Großbritannien, galt. Trotz der weit in das Kaiserreich zurückreichenden innenpolitischen Reformüberlegungen lässt sich von einem entschlossenen und vorbereiteten Griff nach der Macht seitens der demokratischen Kräfte kaum sprechen. Die letzten Vertreter der bankrotten Monarchien und die Oberste Heeresleitung überließen vielmehr denen, die zuvor von den eigentlichen Zentren der Macht ferngehalten worden waren, die Aufgabe der Neugestaltung. Mit dieser Hypothek des trotz allen guten Willens fehlenden gemeinschaftlichen, von allen Seiten unterstützten Gründungsakts musste die Republik leben. Hinzu kam der demütigende Friedensschluss von Versailles, der die politische und wirtschaftliche Substanz Deutschlands angriff sowie soziale und gesellschaftliche Probleme verstärkte, kriegsbedingte und solche, die

697

---

[83] *Ulrich Stutz*, Die päpstliche Diplomatie unter Leo XIII., in: Abhandlungen der Preußischen Akademie der Wissenschaften. Philosophisch-historische Klasse, 1925, Nr. 3/4 S. 54.

seit 1900 im Kaiserreich allenfalls halbherzig in Angriff genommen worden waren. So wurden die Weimarer Jahre zu einer schwierigen und unruhigen Zeit – „Krise" war das Lebensgefühl und das damals neue Modewort. Zwischen 1919 und 1933 lassen sich drei Abschnitte der Verfassungsentwicklung unterscheiden, die unruhigen Jahre des Beginns bis 1923, die kurze Phase einer fragilen Konsolidierung von 1924 bis 1929 und sodann die Auflösung der Republik ab 1929.

I. Krisen- statt Gründungsjahre: 1919 bis 1923

1. Vom Waffenstillstand zum Versailler Vertrag

698 Bereits den förmlichen Waffenstillstand vom 11. November 1918 unterzeichnete für Deutschland kein Vertreter der Obersten Heeresleitung, sondern ein Parlamentarier und Staatssekretär der letzten kaiserlichen Regierung, der Zentrumspolitiker Matthias Erzberger.

Vor dem Gang über die Frontlinie verabschiedete Hindenburg Erzberger mit den Worten, es sei wohl das erste Mal in der Weltgeschichte, dass „nicht Militärs den Waffenstillstand abschließen, sondern Politiker; er sei aber ganz damit einverstanden, zumal die Oberste Heeresleitung keine Richtlinien mehr auszugeben habe; die Armee brauche unter allen Umständen Ruhe."[84]

699 Welche Härten auf Deutschland zukommen sollten, zeigten schon die Waffenstillstandsbedingungen vom November 1918. Die deutschen Truppen hatten die besetzten Gebiete, ferner Elsass-Lothringen und das linke Rheinufer, binnen 31 Tagen zu räumen sowie Waffen und Transportmittel den Siegermächten zu übergeben. Die förmlichen Friedensverhandlungen begannen mit einiger Verzögerung am 29. April 1919 in Versailles. Sie hatten den Charakter eines fortlaufenden Diktats der Siegermächte, an dem die deutsche Delegation praktisch nichts ändern konnte. Auch Versuche des amerikanischen Präsidenten Woodrow Wilson, einen Frieden zu verhindern, der den Kern des nächsten europäischen Konflikts in sich trug, waren gegenüber Frankreich und Großbritannien wenig erfolgreich.

2. Der Vertrag: Gebietsabtretungen, Reparationen, Kriegsschuldklausel

700 Im Friedensvertrag vom 28. Juni 1919[85] musste Deutschland zunächst in Gebietsabtretungen einwilligen. Elsass-Lothringen ging an Frankreich, das Industriegebiet Eupen-Malmedy an Belgien, Polen erhielt die größten Teile der preußischen Provinzen Posen und Westpreußen, ferner einen Teil Oberschlesiens. Danzig wurde zur

---

[84] So die Schilderung von *Matthias Erzberger*, Erlebnisse im Weltkrieg, 1920, S. 327.

[85] Den Vertrag unterzeichneten für Deutschland der Reichsaußenminister und Vorsitzende der SPD, Hermann Müller (1876–1931, Reichskanzler 1920 und erneut 1928–1930) und der Zentrumspolitiker Johannes Bell (1868–1949, 1926–1927 Justizminister).

staatlich selbstständigen Stadt unter einem Völkerbundkommissar, Nordschleswig ging an Dänemark. Das Reich verlor damit etwa 10 % seiner Bevölkerung und 12 % seines bisherigen Gebietes. Die deutschen Kolonien wurden eingezogen. Die zumeist industrialisierte Territorien umfassenden Gebietsübertragungen betrafen 50 % der Eisenerzversorgung, ein Viertel der Steinkohleförderung und 15 % der Kartoffel- und Weizenanbaugebiete. Um finanzielle Ersatzforderungen festzulegen, bildeten die Alliierten eine Reparationskommission. Bereits der Friedensvertrag legte fest, dass Deutschland zehn Jahre lang 60 % der Kohleförderung abzuliefern hatte, 90 % der Handelsflotte, fast alle Lokomotiven und tausende von Eisenbahnwaggons, ferner chemische Produkte, Auslandsguthaben und Auslandspatente. Die Wehrpflicht musste Deutschland abschaffen, das Berufsmilitär sollte 100.000 Soldaten des Heeres und 15.000 der Marine nicht übersteigen.

Politisch verhängnisvoll und ohne Vorbild in der Kriegsgeschichte war ein Artikel des Friedensvertrages, der die alleinige Verantwortung für den Krieg Deutschland und seinen Verbündeten auferlegte.

Art. 231 des Friedensvertrages von Versailles: „Die alliierten und assoziierten Regierungen erklären und Deutschland erkennt an, dass Deutschland und seine Verbündeten als Urheber für alle Verluste und Schäden verantwortlich sind, die die Alliierten und assoziierten Regierungen und ihre Staatsangehörigen in Folge des ihnen durch den Angriff Deutschlands und seiner Verbündeten aufgezwungenen Krieges erlitten haben."

Das gab einer politischen Einschätzung der Sieger die Gestalt eines Rechtssatzes, äußerlich in Form einer Vertragsbestimmung, in der Sache durch ein Diktat der Sieger. Das löste Emotionen der Ohnmacht, Mutlosigkeit und ungerechten Behandlung aus. Große Teile der Bevölkerung machten dafür auch die neue Republik verantwortlich, deren Repräsentanten den Friedensvertrag unterzeichnet hatten und ihn erfüllen wollten – sie wurden als „Erfüllungspolitiker" und sogar „Novemberverbrecher" (so ein Wort Ludendorffs) geschmäht, obwohl sie keine Wahl hatten und darauf sannen, die Belastungen des Vertrages nach einer ersten Phase der Erfüllung nach Möglichkeit abzumildern. Die Empörung gegen den Vertrag von Versailles steigerte sich, als die Alliierten 1921 die Reparationsforderungen auf insgesamt 226 Milliarden Goldmark festsetzten, zu zahlen innerhalb von 42 Jahren. Die auch von Hindenburg unterstützte „Dolchstoßlegende" behauptete zudem entgegen den Tatsachen, dass die deutschen Truppen im Krieg unbesiegt geblieben und im Reich die politische Linke ihnen in den Rücken gefallen sei.

Vor einem Untersuchungsausschuss der Nationalversammlung, die bis zu den Wahlen von 1920 als Reichsparlament weiter amtierte, behauptete Paul von Hindenburg im November 1919: Die Parteien hätten im Reich den zivilen Widerstandswillen erschüttert, hinzugekommen sei „die heimliche planmäßige Zersetzung von Flotte und Heer" und „revolutionäre Zersetzung" der Front. „So mussten unsere Operationen misslingen, es musste der Zusammenbruch kommen; die Revolution bildete nur den Schlussstein. Ein englischer General sagte mit Recht: Die deutsche Armee ist von hinten erdolcht worden."[86] Ausgerechnet ein katholischer

---

[86] Herbert Michaelis/Ernst Schraepler (Hrsg.), Ursachen und Folgen. Vom deutschen Zusammenbruch 1918–1945, Bd. IV, 1956, S. 7 f.

Kirchenfürst, der Münchener Kardinal Michael Faulhaber (1869–1952), zog die verzerrte und verhängnisvolle Konsequenz: „Die Revolution ist Meineid und Hochverrat und wird mit einem Kainszeichen gezeichnet bleiben, auch wenn sie da und dort gute Erfolge hatte neben schlechten, denn eine Untat kann aus Grundsatz nicht heilig gesprochen werden."[87]

704 Die Kriegsschuldklausel des Art. 231 des Versailler Vertrages stand am Anfang von emotionalen, häufigen interessenpolitischen und bis heute andauernden Debatten über die Verantwortung für den Ausbruch des Ersten Weltkriegs. Seit den 1920er Jahren war in Deutschland lange die Theorie vorherrschend, das Deutsche Reich sei hilflos und ohne aggressive Ziele in den Krieg geraten. Wirklich beendet hat diese Auffassung erst der Historiker Fritz Fischer (1908–1999) im Jahre 1961. Deutschland sei die überragende Verantwortung für den Ersten Weltkrieg zugekommen. Spätestens seit 1912 habe das Reich aggressive Kriegsziele entwickelt, die politische und militärische Führung habe bewusst den Kriegsausbruch betrieben, um die deutsche Hegemonie in Europa und eine führende Stellung in der Weltpolitik zu erlangen. „Bei der angespannten Weltlage des Jahres 1914, nicht zuletzt als Folge der deutschen Weltpolitik, musste jeder begrenzte (lokale) Krieg in Europa, an dem eine Großmacht beteiligt war, die Gefahr eines allgemeinen Krieges unvermeidbar nahe heranrücken. Da Deutschland den österreichisch-serbischen Krieg gewollt, gewünscht und gedeckt hat, und, im Vertrauen auf die deutsche militärische Überlegenheit, es im Jahre 1914 bewusst auf einen Konflikt mit Russland und Frankreich ankommen ließ, trägt die deutsche Reichsführung einen erheblichen Teil der historischen Verantwortung für den Ausbruch des allgemeinen Krieges."[88] Das löste eine heftige Debatte aus („Fischer-Kontroverse"). 2014, hundert Jahre nach den Ereignissen, hielt der britische Historiker Christopher Clark (geb. 1960) der These Fischers entgegen, der Kriegsausbruch sei Konsequenz einer komplexen Kette von Entscheidungen gewesen, die von den allesamt zwischen Vermittlung und Aggression schwankenden Regierungen in Europa wie von „Schlafwandlern" getroffen worden seien, und dies in vollem Bewusstsein der damit verbundenen Risiken.[89] Auch das stieß auf erheblichen Widerstand, insbesondere britischer Politiker – und deutscher Historiker, die es für gefährlich hielten, die deutsche Verantwortung zu relativieren.[90] Tatsächlich dürfte aber der Kriegsbeginn die Folge von vielen, sich unglücklich verkettenden Fehlentscheidungen und verhängnisvollen Zielen gewesen sein.

---

[87] Zitiert nach *Hagen Schulze*, Weimar. Deutschland 1917–1933, Siedler deutsche Geschichte, 1994, S. 208.

[88] *Fritz Fischer*, Der Griff nach der Weltmacht. Die Kriegszielpolitik des Kaiserlichen Deutschland 1914–1918, 1961, S. 97. Dazu *Lothar Wieland*, Der deutsche Griff nach der Weltmacht. Die Fischer-Kontroverse in historischer Perspektive, in: Blätter für deutsche und internationale Politik 37 (1992), S. 742 ff.

[89] *Christopher Clark*, The Sleepwalkers. How Europe Went to War in 1914, 2012 (dt.: Die Schlafwandler. Wie Europa in den Ersten Weltkrieg zog, 2013).

[90] Informativ dazu die Antikritik von *Christopher Clark*, Von Nationalisten, Revisionisten und Schlafwandlern, in: *ders*, Gefangene der Zeit, 2020, S. 287 ff., dort auch (S. 293) eine Verteidigung seiner (unglücklichen) Bezeichnung der damaligen Politiker und Militärs als „Schlafwandler": „Ich habe sie nicht deswegen Schlafwandler genannt, weil ich meinte, sie hätten tatsächlich geschlafen

3. Innenpolitisch: Putschversuche, politische Morde, Hyperinflation

Bei der Wahl zum ersten Reichstag der Republik am 6. Juni 1920 war die Weimarer Koalition der republikanisch gesinnten Parteien (SPD, Zentrum, DDP) auch wegen solcher und ähnlicher Behauptungen der große Verlierer. Sie rutschte von 76 % (bei den Wahlen zur Nationalversammlung im Januar 1919) auf knapp 44 % der Stimmen, die SPD als größter Verlierer erhielt 21 % statt zuvor 38 %. Eine Mehrheit der Wähler sprach der Demokratie schon nach kurzer Zeit die Fähigkeit ab, die gewaltigen innen- und außenpolitischen Aufgaben zu lösen. Nach den Wahlen regierte ein bürgerliches Minderheitskabinett ohne Beteiligung der SPD, der allerdings mit dem Reichspräsidenten Ebert und der Regierung im größten Land Preußen unter dem Ministerpräsidenten Otto Braun (1872–1955, fast durchgehend bis 1932 preußischer Ministerpräsident) bedeutende Machtbastionen verblieben.

705

Die Diffamierungen der jungen Republik setzten sich in Putschversuchen und politischen Morden fort, für die vor allem die politische Rechte verantwortlich war. Im Kapp-Putsch vom März 1920 versuchten aus ehemaligen Soldaten bestehende rechtsgerichtete Freikorpsverbände, in Berlin die Macht an sich zu reißen. Es dauerte drei Tage bis zur Niederschlagung des eher halbherzigen Aufstands. Am Ende der ersten Phase der Republik stand am 8. November 1923 der gescheiterte Versuch Adolf Hitlers und Erich Ludendorffs, mit einem Marsch zur Feldherrnhalle in München einen Putsch in Gang zu setzen. Hitler wurde zu einer unverhältnismäßig milden Strafe wegen Hochverrats verurteilt, die er zudem als Festungshaft mit Hafterleichterungen verbüßen durfte. Zwischen 1919 und 1923 gab es mehr als vierhundert politische Morde, ganz überwiegend von rechten Kräften begangen. Die prominentesten Opfer waren Matthias Erzberger (1921) und Reichsaußenminister Walther Rathenau, der im Juni 1922 in Berlin ermordet wurde. Beide Male wollte der Hass der Mörder ausdrücklich bürgerliche und linke Republikaner und „Erfüllungspolitiker" treffen.[91] Bei der Trauerfeier für Rathenau im Reichstag sagte Reichskanzler Wirth über die Gegner der Republik: „Da steht der Feind – und darüber ist kein Zweifel: Der Feind steht rechts."[92]

706

Zumindest hinter dem Rathenau-Mord stand die berüchtigte „Organisation Consul", bestehend aus rechtsradikalen ehemaligen Freikorpskämpfern; die Organisation hatte konspira-

707

---

oder wären bewusstlos gewesen [...], sondern weil ich über die Begrenztheit ihres Blicks verblüfft war."

[91] Beim Mord an Rathenau kamen schlimmste antisemitische Ressentiments hinzu. In deutschvölkischen Kreisen war der Ausruf verbreitet: „Auch Rathenau, der Walther, erreicht kein hohes Alter, knallt ab den Walther Rathenau, die gottverfluchte Judensau." Auch darauf spielte der Nachruf Albert Einsteins an: „Daß Haß, Verblendung und Undankbarkeit so weit gehen würden, hätte ich nicht gedacht. Denjenigen aber, welche die ethische Erziehung des deutschen Volkes in den letzten 50 Jahren geleitet haben, möchte ich zurufen: an ihren Früchten sollt ihr sie erkennen", *Albert Einstein*, Nachruf auf Walther Rathenau, in: Neue Rundschau 33 (1922), S. 815 f.

[92] Zitiert nach *Hagen Schulze*, Weimar. Deutschland 1917–1933. Siedler deutsche Geschichte, 1994, S. 244.

tive Stützpunkte in ganz Deutschland und das Ziel, die Republik gewaltsam zu bekämpfen. Am Rathenau-Mord beteiligt war der spätere Schriftsteller Ernst von Salomon (1902–1972), der nach der Verbüßung seiner (milden) Haftstrafe einen Rechenschaftsbericht in Form eines Romans über die Freikorps veröffentlichte: „Die Geächteten" (1930). Welche Wandlungen eine deutsche Biographie des 20. Jahrhunderts durchlaufen konnte, zeigt der weitere Weg Salomons. Nach dem Zweiten Weltkrieg veröffentlichte er den Bestseller „Der Fragebogen" (1951), wieder eine Art Rechtfertigungsschrift, in diesem Fall zu seinem regimekritischen und zugleich opportunistischen Verhalten im Dritten Reich, orientiert an den Fragen eines Entnazifizierungsformulars. In seinem vorletzten Roman „Die Kette der tausend Kraniche" (1972) beschreibt der zum Pazifisten und Atomgegner gewordene von Salomon eine Reise zu einem Anti-Atombomben- und Anti-Vietnamkrieg-Kongress in Japan.

708 Im September 1922 fand vor dem Staatsgerichtshof zum Schutze der Republik in Leipzig der Prozess gegen die Mörder Rathenaus statt.[93] Der aus Berlin zur Zeitungsberichterstattung entsandte Joseph Roth[94] veröffentlichte im „Berliner-Börsen-Courier" nicht allein niederschmetternde Portraits der Angeklagten. Der Aufenthalt in Leipzig ließ ihn weiteres beobachten: „Den Charakter und die Gesinnung einer deutschen Stadt lernt man in der Nacht kennen. Und auch die Polizei. In der Nacht besteht Leipzig aus Rathenaumördern und solchen, die es werden wollen. Drei Nächte hintereinander hörte ich Studententrupps durch die Straßen ziehen. [...] Die germanische Jugend schrie: Nieder mit der Judenrepublik. Ebert ist ein Schwein. An die hundert Leipziger gingen vorbei und ließen's gefallen. Ein Schutzmann pendelte auf und ab, königliche Gesinnungswatte in den Ohren."[95] Zur Atmosphäre des Prozesses hielt Roth fest: „Der Saal, in dem die Verhandlung stattfindet, ist überflüssig mit Kaiserbildern tapeziert. Ölgemalte Zeugen der vergangenen Epoche, sprechen sie vielleicht für die Angeklagten, indem sie sie entschuldigen. Der gesuchte Purpur und die zerfetzten Kleidungsstücke Rathenaus – ein Kontrast und ein Kausalzusammenhang zugleich."[96]

709 In die Jahre 1922/23 fiel schließlich die in einer Hyperinflation endende Geldentwertung, die das Vertrauen in den Staat als Garanten des Geldwertes zerstörte und weite Teile der Bevölkerung verarmen ließ. Der Inflationsschock hatte weit größere Wirkungen als die Gründerzeitkrise der Jahre nach 1873, die vor allem vermögendere Geldanleger getroffen hatte. Hauptursache der Inflation war der ungebremste Druck von Papiergeld zur Deckung von Reichsbankdarlehen; die Reichsregierung sah angesichts desolater öffentlicher Finanzen – geringe Steuereinnahmen wegen der wirtschaftlichen Krise, hohe Ausgaben und Reparationslasten – keinen anderen Weg zur Schuldbefreiung und zur Demonstration gegenüber den Alliierten, dass die Leistungsfähigkeit Deutschlands erschöpft war. Die Inflation war Ausdruck faktischer

---

[93] Ausführlich zum Prozess *Martin Sabrow*, Der Rathenaumord und die deutsche Gegenrevolution, 2022, S. 143 ff.
[94] 1893–1939. Einer der bekanntesten Journalisten der Weimarer Zeit; Autor vielgelesener Romane, z. B. „Das Spinnennetz" (1923) über rechtsradikale Netzwerke in der Weimarer Republik, „Radetzkymarsch" (1932) über den Niedergang des österreichischen Vielvölkerstaats 1860–1918.
[95] *Joseph Roth*, Werke, Bd. 1, 1989, S. 871.
[96] *Joseph Roth*, Berliner Saisonbericht. Unbekannte Reportagen und journalistische Arbeiten 1920–1939, 1984, S. 51.

Zahlungsunfähigkeit des Staates, erlaubte ihm aber eine Schuldbefreiung zu Lasten der Bürger und Anleger. Ende 1923 erreichte ein Dollar den aberwitzigen Gegenwert von 4,2 Billionen Reichsmark. Fast schlagartig endete die Hyperinflation mit der Einführung der Goldmark (Rentenmark), deren Wert durch Hypotheken auf landwirtschaftlich genutzte Flächen (mehr behauptet als tatsächlich) gedeckt war.

Um die erforderlichen finanz-, währungs- und wirtschaftspolitischen Maßnahmen zur Neuordnung des Geldwesens zu treffen, waren zahlreiche Gesetze erforderlich. Der Reichstag sah sich zur Bewältigung dieser komplexen Aufgabe Ende 1923 außerstande und erließ – nicht zum ersten und nicht zum letzten Mal – ein Ermächtigungsgesetz[97], dessen Paragraph 1 lautete: „(1) Die Reichsregierung wird ermächtigt, die Maßnahmen zu treffen, die sie im Hinblick auf die Not von Volk und Reich für erforderlich und dringend hält. Eine Abweichung von den Vorschriften der Reichsverfassung ist nicht zulässig. Vor Erlass der Verordnungen ist ein Ausschuss des Reichsrats und ein Ausschuss des Reichstags von fünfzehn Mitgliedern in vertraulicher Beratung zu hören. (2) Die erlassenen Verordnungen sind dem Reichstag und dem Reichsrat unverzüglich zur Kenntnis zu bringen. Sie sind aufzuheben, wenn der Reichstag oder der Reichsrat dies verlangt. […]" Bis zum Frühjahr 1924 erließ die Reichsregierung auf dieser Grundlage mehr als 70 Verordnungen mit Gesetzeskraft zur Sanierung der Währung und des Haushalts.

II. 1924 bis 1929: vorübergehende Beruhigung

1. Wirtschaftliche Erholung

Die Einführung der Rentenmark, der stufenweise wieder mögliche Zugang der deutschen Wirtschaft zum Weltmarkt sowie amerikanische Kredite und Investitionen in Deutschland (so erwarb 1929 etwa der US-amerikanische Automobilhersteller General Motors die Adam Opel AG) führten seit 1924 zu einem deutlichen wirtschaftlichen Aufschwung. Außenpolitisch kehrte Deutschland in den Kreis der europäischen Mächte zurück. Dies war vor allem den Bemühungen Gustav Stresemanns (1878–1929) zu verdanken, der 1923 für kurze Zeit Reichskanzler und bis 1929 Außenminister war. Während Stresemann im Ersten Weltkrieg Anhänger eines Siegfriedens mit dauerhaften Annexionen gewesen war, wandelte er sich in Weimar zum nationalkonservativen Demokraten (er gehörte der DVP an) und Verständigungspolitiker. Sein erster großer Erfolg war der Vertrag von Locarno (1925). Dieser anerkannte die Westgrenze Deutschlands und verhinderte damit für die Zukunft französische Besetzungen des stark industrialisierten Rheinlandes, die es bis 1923 mehrfach gegeben hatte. 1926 wurde Deutschland in den Völkerbund aufgenommen. Erleichterungen der Reparationspflichten zeichneten sich ab.

Damit hellte sich die politische Welt erstmals seit 1914 auf. Stefan Zweig (1882–1941) schrieb: „Von heute aus gesehen, stellt das knappe Jahrzehnt zwischen 1924 und 1933, vom Ende der deutschen Inflation bis zur Machtergreifung Hitlers, trotz allem und allem eine Pause dar in der Aufeinanderfolge von Katastrophen, deren Zeuge und Opfer unsere Generation seit 1914 gewesen ist. Nicht, dass es innerhalb dieser Epoche an einzelnen Spannungen, Erre-

---

[97] Vom 8. Dezember 1923 (RGBl. I S. 1179).

gungen und Krisen gefehlt hätte [...], aber innerhalb dieses Jahrzehnts schien in Europa Friede gewährleistet, und schon das bedeutete viel. Man hatte Deutschland in allen Ehren in den Völkerbund aufgenommen, mit Anleihen seinen wirtschaftlichen Aufbau [...] gefördert. [...] Die Welt schien sich wieder aufbauen zu wollen. Paris, Wien, Berlin, New York, Rom, die Siegerstädte ebenso wie jene der Besiegten, wurden schöner als je, das Flugzeug beschwingte den Verkehr, Passvorschriften linderten sich. [...] Man konnte wieder arbeiten, sich innerlich sammeln, an geistige Dinge denken. Man konnte sogar wieder träumen und auf ein geeintes Europa hoffen. Einen Weltaugenblick [...] schien es, als sollte unserer geprüften Generation wieder ein normales Leben beschieden sein."[98]

2. Parlamentarische Schwäche und die Wahl Hindenburgs zum Reichspräsidenten

713 Die ausgeprägte kulturelle Blüte und Vielfalt der zweiten Hälfte der 1920er Jahre konnte nicht verdecken, dass auch in dieser Phase die parlamentarische Demokratie nur in Ansätzen funktionierte. Der Zeitraum bis 1930, noch stärker danach unter den dann neuen Rahmenbedingungen der Präsidialkabinette, war die Zeit der Regierungen von Fachleuten, die der parlamentarischen Entscheidungsfindung und dem parlamentarischen Kompromiss wenig Raum gaben. Der Reichstag, der nach der Verfassung jederzeit die Möglichkeit gehabt hätte, die politische Leitung an sich zu ziehen, nahm dies weitgehend hin. Die Exekutive steuerte das Land. So bestand etwa das von dem parteilosen Kanzler Hans Luther (1879–1962) Anfang 1925 gebildete Kabinett aus Ministern, die keine Politiker, sondern Beamte waren, die regierungstragenden Parteien Zentrum, DDP, DVP und DNVP entsandten je einen Vertrauensmann in das Kabinett. Die Kehrseite dieses Regierens war die Krise des Parlaments, die nicht etwa erst 1930 einsetze, sondern sich ab diesem Zeitpunkt dramatisch verstärkte. Ein Alarmsignal war auch die erste Volkswahl des Reichspräsidenten (Friedrich Ebert war 1919 von der Nationalversammlung gewählt worden) nach dem frühen Tod Eberts am 28. Februar 1925.[99] Im ersten Wahlgang verfehlte jeder Kandidat die notwendige absolute Mehrheit; die meisten Stimmen (39 Prozent) konnte der Duisburger Oberbürgermeister und frühere Reichsinnenminister Karl Jarres auf sich vereinigen. Im zweiten Wahlgang am 26. April 1925 wurde Paul von Hindenburg gewählt, der erstmals antrat und sich mit 48,5 Prozent der Stimmen knapp gegen den

---

[98] *Stefan Zweig*, Die Welt von gestern (1941), 1952, S. 289.
[99] Mitverantwortlich für den Tod Eberts im Alter von nur 53 Jahren in Folge einer verschleppten Blinddarmentzündung waren viele gehässige Verleumdungen und Beleidigungen, die der redliche Präsident zu erdulden hatte. Bis zu seinem Tod führte Ebert 137 Prozesse zur Verteidigung seiner persönlichen Ehre. Das letzte Verfahren endete besonders perfide. Das Landgericht Magdeburg urteilte im Dezember 1924 über die Behauptung eines völkischen Zeitungsredakteurs, Ebert habe noch während des Krieges 1918 Landesverrat begangen, weil er einen Streik Berliner Metallarbeiter unterstützt habe. Tatsächlich hatte Ebert versucht, den Streik zu beenden, was im Prozess alle Zeugen bestätigten. Das Landgericht urteilte, Ebert sei im strafrechtlichen Sinne kein Landesverrat vorzuwerfen, aber man könne sein Verhalten moralisch und politisch auch anders beurteilen. Gegen dieses Urteil richtete sich heftige Kritik vieler Juristen und politische Proteste, auch aus den Reihen der DVP und DNVP. Ebert war mit Recht tief gekränkt.

Kandidaten Marx (Zentrum, 45,2 Prozent) durchsetzte. Vermutlich wäre Marx gewählt worden, wenn die KPD ihren Kandidaten Thälmann (6,3 Prozent) im zweiten Wahlgang zurückgezogen hätte.

Trotz der Kriegsniederlage und seines verhängnisvollen Agierens am Ende des Krieges und danach (etwa im Zusammenhang der Dolchstoßlegende) war der frühere Generalfeldmarschall, der 1925 schon 78 Jahre alt war, bei vielen hoch angesehen. Dass er kein überzeugter Republikaner war, störte nur wenige. Am Tag nach der Wahl kommentierte das „Berliner Tageblatt": „Die Republikaner haben eine Schlacht verloren, der bisher monarchistische Feldmarschall von Hindenburg wird Präsident der deutschen Republik. Landbündler und Offiziersbündler lassen heute Sektpfropfen knallen wie nach der Ermordung Rathenaus […]. Was soll man mit einem Volke anfangen, das aus seinem Unglück nichts lernt und sich immer wieder […] von den gleichen Leuten am Halfterbande führen lässt?"[100] Am 12. Mai 1925 leistete Hindenburg im Plenarsaal des Reichstages den Eid auf die Verfassung. Harry Graf Kessler hielt den Vorgang fest: „Die Tribünen im Reichstag schon um elf, eine Stunde vor der Eidleistung, überfüllt. […] Punkt zwölf treten ohne Feierlichkeiten Hindenburg und [der Präsident des Reichstages] Löbe, beide im schwarzen Gehrock, durch eine der kleinen Türen hinter dem Präsidentenstuhl ein und sind da; man hat es kaum bemerkt. Aber plötzlich ertönen Hochrufe auf der äußersten Linken. Die Kommunisten lassen die Sowjetrepublik hochleben und marschieren dann im Gänsemarsch zum Saal hinaus. Darauf leistet Hindenburg, auf der Stelle stehend, wo Rathenaus Sarg gestanden hat, den Eid, eingeklemmt rechts und links von Schwarz-Rot-Gold, und liest eine Erklärung von einem mit gewaltig großen Buchstaben geschmückten Blatt; man hätte mit einem guten Glas die Buchstaben von der Tribüne aus lesen können. Trotzdem schien dem alten Herrn die Entzifferung Mühe zu machen; er las stockend und unsicher und redete zu Anfang Löbe als ‚Herr Reichspräsident' an. Eindruck: Eine etwas befangene, greisenhafte Generalsstimme, die Ungewohntes und Unverstandenes vorlesen muß." Die Republik könne aber mit Hindenburg hoffähig werden, „einschließlich Schwarz-Rot-Gold, das jetzt überall mit Hindenburg als seine persönliche Standartenfarbe erscheinen wird. Etwas von der Verehrung für ihn wird unvermeidlich darauf abfärben."[101]

Auch in den vergleichsweise ruhigen Jahren 1925 bis 1930 blieb die tiefere Verwurzelung republikanischer Überzeugungen aus. Der Rektor der Universität München, Karl Vossler, hielt 1927 in einer Universitätsrede fest: „Immer in neuen Verpuppungen die alte Unvernunft: ein metaphysisches, spekulatives, romantisches, fanatisches, abstraktes und mystisches Politisieren. […] An zahllosen Bier- und Kaffeetischen kann man seufzen hören, wie schmutzig, wie unheilbar unsauber doch alle politischen Geschäfte seien, wie unwahr die Presse, wie falsch die Kabinette, wie gemein die Parlamente und so weiter. Man dünkt sich, indem man also jammert, zu hoch, zu geistig für die Politik. In Wahrheit ist man kleinmütig, bequem, unlustig und unfähig zum Helfen und Dienen am eigenen Volk. Wenn man noch nicht einmal zum Mitläufer taugt, dann freilich ist es schön, daß man über den Parteien steht."[102]

Der Beginn der Präsidentschaft war in Teilen verheißungsvoll. Hindenburg stellte immer wieder klar, dass er sich dem Eid auf die republikanische Verfassung strikt verpflichtet sah, trotz fortbestehender innerer Fremdheit gegenüber der Republik. Und: Bis 1930 machte er von seinem Notverordnungsrecht keinen Gebrauch, er versuchte, parlamentarische Mehrheiten für die Regierung zu vermitteln. Der preußi-

---

[100] Zitiert nach *Hagen Schulze*, Weimar. Deutschland 1917–1933. Siedler deutsche Geschichte, 1994, S. 296.
[101] *Harry Graf Kessler*, Tagebücher 1918–1937, Eintrag vom 12. Mai 1925.
[102] Zitiert nach *Christian Graf von Krockow*, Scheiterhaufen. Größe und Elend des deutschen Geistes, 1983, S. 92.

sche Innenminister Carl Severing (SPD, 1875–1952) schrieb rückblickend, er habe den Eindruck erhalten, dass Hindenburg „sich wirklich bemühen würde, ohne Scheuklappen des Vorurteils und des Kastengeistes seines Amtes zu walten. Er machte auf meine Kollegen von der Preußenregierung und auf mich einen nicht unsympathischen Eindruck."[103] Den Überblick und das Verständnis für die vielfältigen Bedrohungen der Republik verlor Hindenburg mit nachlassenden Kräften ab etwa 1930.

III. Das langsame Ende der Demokratie: 1929 bis 1933

1. Das Ende der parlamentarischen Regierungen

717 Das Jahr 1929 schien zunächst zur weiteren Stabilisierung der Republik beizutragen. Der Young-Plan (August 1929) erleichterte erstmals deutlich die Reparationspflichten, die auf die immer noch hohe Summe von 112 Milliarden Reichsmark herabgesetzt wurden, zu zahlen über 59 Jahre. Das war der letzte Erfolg des in ganz Europa angesehenen Außenministers Gustav Stresemann, der am 3. Oktober 1929 – wie Ebert viel zu früh – starb. Eine Polarisierung der Situation brachte ein Volksbegehren gegen den Young-Plan.

718 Die politische Rechte aus DNVP und NSDAP – erstmals unheilvoll vereint – nutzte den weit verbreiteten Unmut gegen die Aussicht, weitere sechs Jahrzehnte Reparationen zahlen zu sollen. Die Initiative legte den Entwurf eines „Gesetzes gegen die Versklavung des deutschen Volkes"[104] vor. Der Volksentscheid darüber scheiterte nur knapp, 14 Prozent der Wahlberechtigten stimmten für dieses Gesetz. Die Kampagne brachte allerdings der NSDAP erheblichen Zulauf im ganzen Reich. Die Zusammenarbeit der beiden republikfeindlichen Parteien DNVP und NSDAP nannte sich „nationale Einheitsfront". Der Vorsitzende der DNVP, Alfred Hugenberg (1865–1951), wandte sich schon 1928 unverhüllt gegen die parlamentarische Form und die „demokratischen Formeln und Floskeln". Es werde „der Tag kommen, wo dieses Volk sich aufrafft, um all diesen Plunder von sich zu schütteln. Aber vorher müssen wir als Partei all den Plunder von uns schütteln, der durch das heutige System auch über uns geworfen wird. Wir müssen uns frei machen von diesem System der Ausschüsse, der Kommissionen, der Verzehrung aller Kräfte in Rede und Gegenrede."[105]

719 Mit dem Börsensturz in New York am 24. Oktober 1929, dem „Schwarzen Donnerstag", begann eine mehrere Jahre andauernde schwere Wirtschaftskrise, die sich von den USA auf alle westlichen Länder ausdehnte. Sie traf Deutschland besonders schwer, zum einen wegen vieler amerikanischer Kredite und Investitionen, die viel-

---

[103] *Carl Severing*, Mein Lebensweg, Bd. II, 1950, S. 56.

[104] Abgedruckt bei Ernst Rudolf Huber (Hrsg.), Dokumente zur deutschen Verfassungsgeschichte, Bd. 4, Deutsche Verfassungsdokumente 1919–1933, 3. Aufl. 1991, S. 447 (Nr. 382). Zu den verfassungsrechtlichen Bedenken gegen dieses Volksbegehren (das unzulässigerweise nicht auf Normen, sondern Handlungsanweisungen an die Regierung zielte) äußerte sich das Gutachten der Reichsregierung. Abgedruckt bei Ernst Rudolf Huber (Hrsg.), Dokumente zur deutschen Verfassungsgeschichte, Bd. 4, aaO, S. 449 ff. (Nr. 384).

[105] Zitiert nach *Hagen Schulze*, Weimar. Deutschland 1917–1933. Siedler Deutsche Geschichte, 1994, S. 312.

fach überhastet abgezogen wurden, zum anderen weil die deutsche Wirtschaft insgesamt wenig gefestigt war. Die ökonomischen und sozialen Verwerfungen beendeten die trügerische politische Stabilität und radikalisierten viele, deren Enttäuschung über die hilflos erscheinende Republik wuchs. Die Zahl der Arbeitslosen, bereits 1929 hoch, stieg 1930 auf 3 Millionen, um 1932 mit 5,5 Millionen ihren Höchststand zu erreichen. Die Absicherung durch Arbeitslosengeld und Fürsorgeleistungen, letztere Vorläufer der heutigen Sozialhilfe und Grundsicherung, war ungenügend. Bis 1932 ging das Volkseinkommen, Beschäftigte eingerechnet, um 40 % zurück. Mangelnde Nachfrage und fehlende Investitionen trieben viele Unternehmen in die Insolvenz und rissen auch kreditgebende Banken in den Abgrund. Die Darmstädter und Nationalbank (Danatbank) brach 1931 als erste zusammen. Im Juli 1931 setzten Berliner Banken ihre Zahlungen aus, auch Auszahlungen an Kleinsparer.

Am 27. März 1930 endete die letzte halbwegs parlamentarische Regierung aus SPD, Zentrum, BVP, DDP und DVP unter Reichskanzler Müller wegen einer insgesamt zweitrangigen Frage, die bei allseitiger Kompromissbereitschaft lösbar gewesen wäre. Es ging um die Verbesserung der Finanzausstattung der erst wenige Jahre zuvor eingerichteten Arbeitslosenversicherung angesichts steigender Arbeitslosigkeit. Auf der Grundlage von bereits zwei Millionen Arbeitslosen errechnete der Reichsarbeitsminister ein aus dem Reichshaushalt zu deckendes Defizit von rund 650 Mio. Reichsmark. Mit ihrer Forderung nach Beitragserhöhungen statt einer Kürzung der Leistungen – letzteres wurde von der Wirtschaft verlangt – konnte sich die SPD nicht durchsetzen. Reichskanzler Müller trat zurück. **720**

Der Vorstand der SPD sah sich zur Rechtfertigung genötigt, warum sie sich wegen der Sozialversicherungsfrage aus der Koalition zurückzog. Sein Aufruf vom 28. März 1930 legte die tiefen Differenzen offen: „An das werktätige Volk! Die Reichsregierung Hermann Müller ist am 27. März 1930 zurückgetreten. Der Kampf um die Arbeitslosenversicherung, seit Jahren das Ziel der stärksten Angriffe der gesamten Reaktion, hat zur offenen Krise geführt. Sicherung der Unterstützung für die Riesenarmee unverschuldet arbeitslos Gewordener ist und bleibt das Ziel der Sozialdemokratie, Abbau der Leistungen ist das Ziel der deutschen Volkspartei. Dieser Gegensatz führte zum Bruch. […] Die Sozialreaktion will die Arbeitslosenversicherung abbauen, damit die Not die Arbeiter zwingt, Lohnherabsetzungen widerstandslos hinzunehmen. […]"[106] **721**

2. Die Etablierung der „Präsidialkabinette"

Am 28. März 1930 ernannte Reichspräsident Hindenburg den Vorsitzenden der Zentrumsfraktion Heinrich Brüning (1885–1970) zum Reichskanzler. Die politischen Gewichte verschoben sich nach rechts. Der neue Kanzler, ein ausgewiesener Experte für Finanz- und Sozialpolitik, stand der Republik skeptisch gegenüber und bildete ein Minderheitskabinett unter Ausschluss der SPD. Misstrauensanträge der SPD-Fraktion und der KPD-Fraktion lehnte der Reichstag im April 1930 ab; die nicht an **722**

---

[106] Vgl. Ernst Rudolf Huber (Hrsg.), Dokumente zur deutschen Verfassungsgeschichte, Bd. 4, Deutsche Verfassungsdokumente 1919–1933, 3. Aufl. 1991, S. 459 f. (Nr. 389).

der Regierung beteiligten Deutschnationalen (DNVP) tolerierten Brüning. Es begann die Zeit der Präsidialkabinette. Brüning genoss das Vertrauen Hindenburgs, der ihm bis 1932 in allen schwierigen Situationen das weit ausgelegte Instrument der präsidialen Notverordnungen nach Art. 48 Abs. 2 WRV zur Verfügung stellte. Brüning konnte ohne Unterstützung des Reichstages regieren, wenngleich er, insbesondere in der Anfangsphase seiner Regierung, durchaus den parlamentarischen Rückhalt suchte.

723 In Brünings Regierungserklärung vom 1. April 1930 vor dem Reichstag deutete sich diese Vorgehensweise überdeutlich an: „[…] Das neue Reichskabinett ist entsprechend dem mir vom Herrn Reichspräsidenten erteilten Auftrag an keine Koalition gebunden. Doch konnten selbstverständlich die politischen Kräfte dieses Hohen Hauses bei seiner Gestaltung nicht unbeachtet bleiben. Das Kabinett ist gebildet mit dem Zweck, die nach allgemeiner Auffassung für das Reich lebensnotwendigen Aufgaben in kürzester Frist zu lösen. Es wird der letzte Versuch sein, die Lösung mit diesem Reichstage durchzuführen. [Dies war ein deutlicher Hinweis auf die Möglichkeit des Reichspräsidenten zur Auflösung des Reichstages nach Art. 25 WRV]. Einen Aufschub der lebensnotwendigen Arbeiten kann niemand verantworten." Angesichts der ernsten Situation scheue die Regierung „nicht vor außergewöhnlichen Mitteln zurück", sie „sei gewillt, alle verfassungsmäßigen Mittel hierfür einzusetzen". [Dies war ein Hinweis auf die Möglichkeit zur Notverordnung nach Art. 48 Abs. 2 WRV]. „Die Stunde erfordert schnelles Handeln. […]"[107]

724 Damit stieß Brüning auf ein positives Echo in der Öffentlichkeit, die klares Regieren statt parlamentarischen Lavierens erhoffte. Die „lebensnotwendigen Arbeiten" waren die Überwindung der Wirtschaftskrise und die weitere Milderung der Reparationspflichten. Beides war miteinander verbunden. Zur Lösung beider Aufgaben griff Brüning mit aller Konsequenz zu einem Mittel der Krisenbekämpfung, das später immer wieder analysiert und zumeist kritisiert worden ist. In der zweiten Hälfte des 20. Jahrhunderts setzte sich in Deutschland (und nicht nur hier) sodann in Abkehr von Brüning ein prinzipieller Wechsel der staatlichen Handlungsmuster zur Bekämpfung wirtschaftlicher Krisen durch. Brüning verfolgte eine deflationäre (Senkung von Löhnen und Preisen), prozyklische und harte Sparpolitik des Staates mit dem Ziel eines in Einnahmen und Ausgaben unbedingt ausgeglichenen Haushalts. Da in der Wirtschaftskrise die Steuereinnahmen rapide fielen, kürzte Brüning, um eine Neuverschuldung zu vermeiden, auf der Ausgabenseite. Das betraf vor allem Sozialleistungen, investive Ausgaben des Staates und die Beamtenbesoldung, die zeitweise um ein Viertel vermindert wurde. Gleichzeitig bestand Brüning auf volle Erfüllung der jährlichen Reparationspflichten in Höhe von je 2 Milliarden Reichsmark. Die mangelnde Leistungsfähigkeit des Reiches nahm er bewusst in Kauf, um dies als drohende Gefahr in weitere Reparationsverhandlungen einbringen zu können. Die Deflationspolitik sollte helfen, die Reparationsleistungen zu beseitigen. Eine andere Wahl als den ausgeglichenen Haushalt hatte Brüning im Übrigen nicht: Kredite für eine (damals theoretisch und praktisch noch nicht durchdachte und erprob-

---

[107] Abgedruckt bei Ernst Rudolf Huber (Hrsg.), Dokumente zur deutschen Verfassungsgeschichte, Bd. 4, aaO, S. 461 (Nr. 390).

te) antizyklische Politik mit staatlichen Investitionen wären angesichts der ubiquitären Krise und der besonderen Krise Deutschlands nicht zu erlangen gewesen.

Die Hauptfolge dieser Politik war aber – zunächst – eine Verschärfung der Krise, da die Unternehmen keine Staatsaufträge erhielten, die Kaufkraft sank und vor allem die auf Unterstützung angewiesenen Teile der (arbeitslosen) Bevölkerung verarmten. Deutschland war, viel stärker als andere von der Wirtschaftskrise getroffene Länder, durch Hunger und Massenelend gekennzeichnet. Im Sommer 1932 lebten nicht weniger als 36 % des Volkes ausschließlich von öffentlicher Fürsorge, die denkbar niedrig war. Die kurzfristig verheerende Wirkung seiner Politik, auch für die gesellschaftliche Stabilität, unterschätzte Brüning, der in distanziert-akademischer Weise, entpolitisiert durch die Entfernung vom Reichstag, darauf setzte, mit der nötigen Geduld werde seine Politik die Krise überwinden und dann werde der Staat nicht mit zerrütteten Finanzen dastehen. Massenelend war die grelle und schreckliche Wirklichkeit – die Winkelzüge und durchdachten Absichten der Brüningschen Politik blieben der Masse unverständlich.

Brüning war kein begabter Volkstribun, der all dies der Öffentlichkeit hätte plausibel machen können. Er war zudem ein verkappter Monarchist, ein „asketischer Träumer, ein zaudernder Einzelgänger, ein integrer Kabinettspolitiker mit einem unstillbaren Drang zum Aristokratischen […] und einer unbeeinflussbaren Egozentrik. Was auf der Straße geschah, wusste er wohl, aber er verstand es nicht."[108] Nach der Übernahme der Macht durch Hitler musste Brüning 1934 aus Deutschland fliehen. Bis zu seinem Tod lebte er in den USA und lehrte an verschiedenen Universitäten. Durchgehend, zuletzt in seinen 1969 erschienenen Erinnerungen, machte Brüning geltend, seine Politik habe 1932 kurz vor dem Erfolg gestanden; ausgerechnet Hitler habe finanzpolitisch einen kaum verschuldeten Staatshaushalt übernommen und die Früchte der konsequent prozyklischen Politik geerntet. Wirtschaftshistoriker geben heute Brüning zumeist recht. Im Vordergrund der Bewertungen der Brüningschen Politik stehen aber die sozialen Verwerfungen; der heutige Sozial- und Interventionsstaat will solche unter allen Umständen vermeiden. Brünings Gewaltkur, die sich durchaus auf zeitgenössische ökonomische Lehren berufen konnte, nahm der englische Ökonom John Meynard Keynes zum Anlass, das Konzept einer antizyklischen Politik zu entwerfen: Gerade in der Krise, bei fallenden Einnahmen, soll der Staat kreditfinanziert die öffentlichen Ausgaben erhöhen, um die Krise zu mildern. Sobald sich die Lage normalisiert hat, sollen die Ausgaben gekürzt und die Staatsschuld abgebaut werden. In Deutschland verfährt die Politik bis heute so. Zur Überwindung der bislang vorletzten Krise (2008/2009) wurden kreditfinanzierte Investitionsprogramme aufgelegt („Zukunftsinvestitionsgesetz" von 2009) und vermehrt öffentliche Aufträge vor allem an lokale Unternehmen vergeben. Ob dies auf der Grundlage der zuletzt 2009 reformierten Regel zur staatlichen Kreditaufnahme („Schuldenbremse" Art. 109 Abs. 3, Art. 115 GG) weiterhin erlaubt wäre, wird kontrovers beurteilt. Im Ergebnis dürfte aber weiterhin eine kreditfinanzierte antizyklische Politik möglich sein. Der Corona-Krise der Jahre seit 2020 begegnete die Finanzpolitik mit stark ausgeweiteten Subventionen und Sozialleistungen, kreditfinanziert auf der Grundlage der Notlagenverschuldung nach Art. 109 Abs. 3 S. 2 GG.

Der entscheidende Schritt zur Loslösung der Regierung vom Parlament kam im Juli 1930. Der Reichstag stimmte zwei Gesetzesvorlagen der Reichsregierung zur Haushaltssanierung durch Steuererhöhungen und Leistungseinschränkungen bei der Arbeitslosenversicherung nicht zu. Diese Vorlagen setzte daraufhin der Reichs-

---

[108] *Hagen Schulze*, Weimar. Deutschland 1917–1933. Siedler deutsche Geschichte, 1994, S. 326.

präsident als Notverordnungen nach Art. 48 Abs. 2 WRV in Kraft. Das war aus zwei Gründen bemerkenswert. Erstens wurde damit dem Parlament indirekt sein Budgetrecht genommen und damit die Befugnis, um die es im 19. Jahrhundert lange gekämpft hatte. Zweitens gab es Bedenken an der Verfassungsmäßigkeit des Vorgangs. Art. 48 Abs. 2 WRV wurde genutzt, um in der Form der Notverordnung in der Sache einen zweiten Weg der Gesetzgebung durch Zusammenwirken von Reichspräsident und Reichsregierung zu etablieren. Die Bedenken verstärkte der Umstand, dass gerade ein vom gesetzgebenden Parlament abgelehntes Gesetz auf diesem anderen Weg doch noch als gesetzesvertretende Notverordnung erlassen wurde.[109] Die Notverordnungen setzte der Reichstag nach Art. 48 Abs. 3 WRV aufgrund von Anträgen der SPD und der KPD außer Kraft.

728 In der Reichstagsdebatte gab es einen denkwürdigen Wortwechsel, der die Sehnsucht nach dem Abschied vom Parteiengezänk und nach einer starken Regierung, losgelöst von Parteien, verdeutlichte. Als ein Redner der SPD einwarf: „Glaubt die Reichsregierung wirklich, den Stein der Weisen zu besitzen? Kann sie sich dafür stark machen, daß es nur auf dem Wege geht, den sie eingeschlagen", antwortete der Reichsfinanzminister Hermann Dietrich (DDP) bejahend: „Entscheidend ist heute nicht, wie wir zum Ziele kommen, sondern [...] daß wir zum Ziele kommen. Entscheidend ist, daß wir den Notwendigkeiten, die der Staat von uns verlangt, gerecht werden [...]. Es muss Schluss gemacht werden mit der Interessenpolitik, [...] damit Staatspolitik gemacht werden kann. Die Frage ist jetzt nachgerade die, ob wir Deutschen ein Haufen von Interessenten oder ein Staatsvolk sind."[110] Wieder tauchte das alte und problematische Argument auf, im Parlament lasse sich keine Gemeinwohlorientierung erreichen.

729 Reichspräsident Hindenburg löste den Reichstag nach Art. 25 Abs. 1 WRV auf und erließ eine neue inhaltsgleiche Notverordnung. Diese Vorgänge zeigten das destruktive Potenzial der Kompetenzen der Verfassungsorgane – und die am Ende stehende Durchsetzungskraft der Exekutive im Verhältnis zu einem zerstrittenen und wenig verantwortungsbewussten Reichstag. Macht bleibt nicht in einem Vakuum; wird sie von einem Organ nicht wahrgenommen, wächst sie einem anderen zu.

730 Die Reichstagswahlen vom 14. September 1930 brachten der auf Reichsebene bis dahin eher unbedeutenden NSDAP einen großen Schub. Nach der SPD (24,5 % der Stimmen) stellte sie die zweitstärkste Fraktion im Reichstag (18,3 %). Zusammen mit der KPD (13,1 %) und der weit nach rechts gerückten DNVP erreichte das republikfeindliche Obstruktionspotenzial im Reichstag 38,4 %. Jetzt entschloss sich die SPD zur Tolerierung der Regierung Brüning – in der merkwürdigen Erwartung, so ein weiteres Erstarken der NSDAP verhindern zu können. Den eigenen Anhängern war der neue Tolerierungskurs kaum zu vermitteln, nachdem sich die SPD ein halbes Jahr

---

[109] Gebilligt wurde dies von *Carl Schmitt,* Der Hüter der Verfassung, 1931, S. 159, der den Ausnahmefall des Art. 48 Abs. 2 WRV – zu Unrecht – zum regelmäßigen und eigentlichen Kernpunkt der Befugnisse des Reichspräsidenten erhob: Dieser sei „Mittelpunkt eines Systems plebiszitärer wie auch parteipolitisch neutraler Einrichtungen und Befugnisse [...]". Damit suche die Reichsverfassung „gerade aus demokratischen Prinzipien heraus ein Gegengewicht gegen den Pluralismus sozialer und wirtschaftlicher Machtgruppen zu bilden und die Einheit des Volkes als eines politischen Ganzen zu bewahren".

[110] Verhandlungen des Reichstages, Bd. 428, 1930, S. 6513 f.

zuvor wegen eines eher kleineren Konflikts aus der Regierung zurückgezogen hatte. Das Kleinhalten der NSDAP gelang nicht, die Tolerierungspolitik führte aber zu einer weiteren Marginalisierung des Reichstages, der seine Aufgaben der Gesetzgebung und der Kontrolle der Regierung zunehmend weniger wahrnahm. Im Jahr 1930 fasste der Reichstag 98 Gesetzesbeschlüsse, 1931 fiel die Zahl auf 34, 1932 auf ganze fünf Gesetze. Gleichzeitig stieg die Zahl der Notverordnungen des Reichspräsidenten von fünf (1930) auf 44 (1931) und dann 60 (1932).

Die vielleicht gravierendste Notverordnung erging am 5. Juni 1931. Um Ausgaben weiter zu senken, kürzte sie die Arbeitslosenunterstützung um zehn bis zwölf Prozent; die Beamtenbesoldung wurde zwischen vier bis acht Prozent abgesenkt. Die Forderung der SPD, zumindest den Haushaltsausschuss des Reichstages zu beteiligen, lehnte Brüning strikt ab und verwies zur Begründung auf eine drohende Zahlungsunfähigkeit des Reichs. 731

Im Jahre 1932 gab es nur noch 13 Sitzungstage des Reichstages, 1930 waren es immerhin noch 54 gewesen. Das Präsidialsystem, das an seinem Beginn als zeitlich begrenztes Instrument zur Bewältigung der insbesondere wirtschaftlichen Krise konzipiert war, jedenfalls von Brüning, entwickelte sich faktisch zur Daueeinrichtung, mit der Kehrseite des Endes des parlamentarischen Systems. All das hätte der Reichstag jederzeit umkehren können; in der historischen Forschung scheint heute gesichert, dass jedenfalls bis zum Frühjahr 1932 Hindenburg bereit gewesen wäre, bei entsprechender Mehrheitsbildung im Reichstag einen vom Parlament getragenen Kanzler zu ernennen.[111] 732

3. Die Entlassung Heinrich Brünings

Nach Ablauf seiner siebenjährigen Amtszeit (vgl. Art. 43 Abs. 1 WRV) wurde Hindenburg am 10. April 1932 im zweiten Wahlgang als Reichspräsident wiedergewählt. Das Ergebnis des zweiten Wahlgangs spiegelte wider, wie unversöhnlich gespalten und insgesamt weiter nach rechts gerückt die politischen Kräfte waren. Hindenburg erhielt 53% der Stimmen, Hitler 36,8% und der Vorsitzende der KPD, Ernst Thälmann, 10,2%. Hinter Hindenburg, der verglichen mit den beiden anderen Bewerbern der Republik noch am nächsten stand, mussten sich von der SPD bis hin zu den Nationalliberalen alle gemäßigten Wähler versammeln, um Schlimmeres zu verhindern.[112] Der inzwischen 84-jährige Hindenburg, dessen geistige Kräfte erkennbar nachließen, hielt es für eine persönliche Niederlage, dass viele konservative Wähler 733

---

[111] Das sieht *Udo Di Fabio*, Die Weimarer Verfassung. Aufbruch und Scheitern, 2018, S. 170 ff., 179 ff., anders. Er unterstellt (wohl zu Unrecht) Hindenburg die Absicht, spätestens seit 1929 zielgerichtet auf eine politisch rechtsgerichtete Präsidialregierung hingearbeitet zu haben. Es dürfte Hindenburg zu viel Kalkül unterstellen, wenn behauptet wird, er sei zielgerichtet „auf der Suche nach Schwachstellen des Parlamentarismus" gewesen.

[112] In gewisser Weise grotesk war die Werbung von Sozialdemokraten für den früheren königlichen Generalfeldmarschall. Der preußische Ministerpräsident Otto Braun schrieb in der Parteizeitung „Vorwärts" am 10. März 1932: „Ich habe den Reichspräsidenten kennengelernt als einen Mann, auf dessen Wort man bauen kann, als einen Menschen reinen Wollens und abgeklärten Urteils. Weil

nicht ihm, sondern dem aus Österreich stammenden Weltkriegsgefreiten Hitler ihre Stimme gegeben hatten. Dafür zog Hindenburg Brüning zur Verantwortung und drängte ihn und sein Kabinett am 30. Mai 1932 zum Rücktritt – „100 Meter vor dem Ziel" der Krisenbewältigung, wie Brüning später geltend machte.

4. Krisenverschärfung unter von Papen und von Schleicher

734 Hindenburg stand unter dem Einfluss seiner Berater, unter denen Kurt von Schleicher (1882–1934), Weltkriegsoffizier und Reichswehrgeneral, zunehmend an Bedeutung gewann. Hindenburg war erstmals am Ende des Weltkriegs auf Schleicher aufmerksam geworden, als dieser in Verhandlungen mit bürgerlichen Politikern sein Vermittlungsgeschick und seine über den militärischen Bereich hinausreichenden Kenntnisse unter Beweis stellte. Schleicher hielt es für ausgeschlossen, in absehbarer Zeit zu einer parlamentarischen Regierung zurückzukehren. Er entwickelte im Frühsommer 1932 ein anderes Konzept, das die rapide gewachsene Stärke der NSDAP berücksichtigen sollte und auf ein „Einrahmen" oder „Zähmen" und „Bourgeoisieren" dieser radikalen Partei abzielte. In einem Rechtskabinett sollten Minister der NSDAP Aufnahme finden und dann im politischen Chaos entradikalisiert oder entzaubert werden oder sich „totlaufen".

735 Am 1. Juni 1932 ernannte Hindenburg den konservativen Zentrumsabgeordneten im preußischen Landtag und mäßig begabten Franz von Papen[113] (1879–1969) zum neuen Kanzler. Hitler, der das Spiel Schleichers durchschaute, war allenfalls zu einer Tolerierung der Regierung bereit, nicht aber zur Mitwirkung. Schon zu diesem Zeitpunkt war Hitler fest entschlossen, entweder Kanzler zu werden oder der Regierung ganz fernzubleiben. Mit Recht wurde die Regierung Papen als ein reaktionäres „Kabinett der Barone" bezeichnet, das eine Provokation aller republiktreuen Kräfte war. Angesichts zunehmender Unruhen und politischer Gewalt im Land gelang es von Papen, von Hindenburg zwei ohne Datum unterzeichnete Notverordnungstexte zu erhalten, um sie bei Bedarf datieren und einsetzen zu können. Nachdem es im damals preußischen Altona (erst ab 1937 ein Teil Hamburgs) zum „Altonaer Blutsonntag" gekommen war, bei dem am 17. Juli 1932 in Straßenschlachten zwischen KPD und NSDAP 15 Menschen ums Leben gekommen waren, datierte von Papen die Notverordnungen („Preußenschlag", dazu sogleich Rn. 743 ff.) auf den 20. Juli 1932. Es folgten am 31. Juli Reichstagswahlen, bei denen die NSDAP 37,4 % der Stimmen er-

---

dem so ist, trete ich für ihn ein. Ich wähle Hindenburg und appelliere an die Millionen Wähler: Tut desgleichen, schlagt Hitler, wählt Hindenburg!"

[113] Als konservative Pommersche Gutsbesitzer Schleicher vorhielten, Papen sei doch „kein Kopf", entgegnete Schleicher: „Das soll er auch nicht sein. Aber er ist ein Hut." Der Kopf hinter der neuen Regierung wollte Schleicher sein. Harry Graf Kessler beschrieb von Papen so: Dieser sehe aus „wie ein verbiesterter Ziegenbock, der ,Haltung' anzunehmen versucht. Eine Figur aus ,Alice in Wonderland'". Zitiert nach *Rüdiger Barth/Hauke Friederichs*, Die Totengräber. Der letzte Winter der Weimarer Republik, 2018, S. 6.

hielt. Hindenburg wies das Verlangen Hitlers zurück, ihn als Vertreter der stärksten Partei zum Kanzler zu ernennen.

In einer Unterredung mit Hitler stellte Hindenburg fest, er könne es „vor Gott, seinem Gewissen und seinem Vaterlande nicht verantworten, einer Partei die gesamte Regierungsgewalt zu übertragen, noch dazu einer Partei, die einseitig gegen Andersdenkende eingestellt"[114] sei. Vermutlich war es auch diese deutliche Zurückweisung, die zum Entschluss Hitlers führte, auch mit Gewalt an sein Ziel kommen zu wollen.

736

Im Reichstag fand ein Antrag der KPD, von Papen das Misstrauen auszusprechen, die überwältigende Mehrheit von 512 gegen 42 Stimmen. Bereits zuvor[115] hatte der Reichspräsident den Reichstag aufgelöst. Die Neuwahlen am 6. November 1932 ließen die NSDAP auf 33,1 % der Stimmen fallen; sie hatte im Vergleich zum Sommer 1932 2 Millionen Wähler verloren. Dennoch verlangte Hitler in einem Gespräch mit Hindenburg, zum Reichskanzler an der Spitze eines Präsidialkabinetts ernannt zu werden. Das lehnte Hindenburg ein weiteres und letztes Mal ab.

737

Der Leiter des Reichspräsidialamts schrieb an Hitler am 24. November 1932: „Der Herr Reichspräsident dankt Ihnen, sehr verehrter Herr Hitler, für Ihre Bereitwilligkeit, die Führung eines Präsidialkabinetts zu übernehmen. Er glaubt aber, es vor dem deutschen Volk nicht vertreten zu können, dem Führer einer Partei seine präsidialen Vollmachten zu geben, die immer erneut ihre Ausschließlichkeit betont hat, und die gegen ihn persönlich wie auch gegenüber den von ihm für notwendig erachteten politischen Maßnahmen überwiegend verneinend eingestellt war. Der Herr Reichspräsident muß aber unter diesen Umständen befürchten, daß ein von Ihnen geführtes Präsidialkabinett sich zwangsläufig zu einer Parteidiktatur mit allen ihren Folgen für eine außerordentliche Verschärfung der Gegenseite im deutschen Volke entwickeln würde, die herbeigeführt zu haben er vor seinem Eid und seinem Gewissen nicht verantworten könnte."[116]

738

Jetzt hoffte Schleicher, den Hindenburg zum Kanzler ernannte, Hitler habe den Höhepunkt seines rasanten Aufstiegs überschritten, mit Zeitgewinn lasse sich die Situation retten, zumal erste Anzeichen einer Verbesserung der wirtschaftlichen Lage zu erkennen waren. Schleichers neues Vorhaben war es, eine „Querfront" zu bilden, die alle Parteien und wichtigen gesellschaftlichen Verbände, Gewerkschaften und Arbeitgeber, außer den politisch extremen, umfassen sollte. Kapitalismus, parlamentarische Demokratie und Rätekommunismus, so ließ Schleicher jetzt verlauten, müssten im Zeichen eines „Staatssozialismus" überwunden werden, der Volkswille und Staatswille zusammenführen solle. Das fand bei den Gewerkschaften Anklang und war immerhin gegenüber den hochkonservativen Vorstellungen von Papens eine originelle Idee und ein mit konkreten Vorschlägen versehenes Konzept – das aber

739

---

[114] Akten der Reichskanzlei, Das Kabinett von Papen (1. Juni bis 3. Dezember 1932), bearb. von Karl-Heinz Minuth, Bd. 1, 1989, S. 391.

[115] Dem Misstrauensantrag war Papen zuvorgekommen, indem er dem Reichstagspräsidenten Hermann Göring vor der Abstimmung eine Auflösungsverfügung des Reichspräsidenten auf den Tisch legte, die Göring geflissentlich übersah und erst nach der Abstimmung über den Misstrauensantrag verlas. Göring äußerte dann, das Auflösungsdekret sei wertlos, weil es von einem bereits abgewählten Kanzler stamme, musste sich aber belehren lassen, dass der Reichstag in jedem Fall aufgelöst sei.

[116] Zitiert nach *Joachim Fest*, Hitler, Eine Biographie, 1973, S. 485.

5. 30. Januar 1933: Hitler wird Reichskanzler

740 Jetzt lief alles auf Hitler hinaus. Hindenburg widerstrebte es aber immer noch, Hitler die Regierung zu übertragen. „Sie werden mir doch nicht zutrauen, daß ich diesen österreichischen Gefreiten zum Reichskanzler berufe", äußerte er am 27. Januar 1933 zu einem Reichswehrgeneral. Erst die Versicherung Franz von Papens, man werde Hitler zähmen, mittels Hitler die Massen hinter eine konservative Regierung bringen und die drohende Gefahr des „Bolschewismus" abwenden, brachte Hindenburg, der vielen Einflüsterungen ausgesetzt war, die er nicht mehr angemessen einordnen konnte, nach langem Zögern am 30. Januar 1933 dazu, Hitler zum Reichskanzler an der Spitze einer Regierung „der nationalen Konzentration" zu ernennen. Das war, so zynisch das im Lichte der späteren Ereignisse anmutet, der Weg der Legalität. Die Pläne Schleichers dagegen wären auf eine Durchbrechung der Verfassung hinausgelaufen. Vermutlich war es wieder der Verfassungseid, der Hindenburg zu dem in der Wirkung fatalen Schritt brachte.

741 Die folgenden Wochen zeigten, dass Hitler nicht daran dachte, in seinem Kabinett, in dem von Papen Vizekanzler war und das mit Innenminister Wilhelm Frick und Hermann Göring (Minister ohne Geschäftsbereich) nur zwei weitere Nationalsozialisten aufwies, Rücksicht auf andere politische Vorstellungen zu nehmen. Das von Nationalsozialisten geprägte Wort Machtergreifung war durchaus treffend. Mit Geschick, Wortbruch und Drohungen ging Hitler sodann daran, seine Gegner auszuschalten und ein auf ihn zugeschnittenes autoritäres Regierungssystem zu errichten. Hitler wusste, was er wollte. Die anderen wussten es nicht. Hitler hatte den unbedingten Willen zur Macht, seine bürgerlichen Gegenspieler hatten ihn nicht. Sie meinten, es sei nur eine weitere in der Reihe der vielen Regierungen an die Macht gekommen. Nur wenige sahen schärfer. Es war ausgerechnet Erich Ludendorff, unter Hindenburg an der Spitze der Obersten Heeresleitung im ersten Weltkrieg und Partner Hitlers beim Putschversuch am 9. November 1923, der am 1. Februar 1933 an Hindenburg schrieb: „Sie haben durch die Ernennung Hitlers zum Reichskanzler unser heiliges deutsches Vaterland einem der größten Demagogen aller Zeiten ausgeliefert. Ich prophezeie Ihnen feierlich, daß dieser unselige Mann unser Reich in den Abgrund stürzen und unsere Nation in unfassbares Elend bringen wird. Kommende Geschlechter werden Sie wegen dieser Handlung in ihrem Grabe verfluchen."[118]

---

[117] Zu den Ereignissen in chronologischer Reihenfolge *Rüdiger Barth/Hauke Friederichs*, Die Totengräber. Der letzte Winter der Weimarer Republik, 2018, S. 345 ff.

[118] Herbert Michaelis/Ernst Schraepler (Hrsg.), Ursachen und Folgen vom deutschen Zusammenbruch 1918 bis 1945, Bd. 8, 1958, S. 766.

Ende 1932 hatte es, was in der Öffentlichkeit nur ansatzweise bekannt wurde, Staatsstreichpläne gegeben.[119] Papen hatte erwogen, in klarer Durchbrechung der Verfassung den Reichstag für längere Zeit aufzulösen, alle Parteien zu verbieten und den militärischen Ausnahmezustand zu verhängen, um eine nationalsozialistische Machtübernahme zu verhindern. Solche Pläne eines „neuen Staates" hatte schon früher auch Schleicher entwickelt, der sie aber zugunsten seines „Querfront"-Konzeptes fallen gelassen hatte. Die Pläne von Papens erstickte Schleicher zusammen mit Hindenburg, der sich nach wie vor seinem Eid auf die Verfassung verpflichtet sah und einen Bürgerkrieg bei diktatorischen Maßnahmen befürchtete.

6. Ein Lehrstück und Menetekel zur Spätphase der Republik: Der „Preußenschlag" vom 20. Juli 1932

Der schon von den Zeitgenossen „Preußenschlag" – das Wort hat vermutlich Carl Schmitt geprägt – genannte Zugriff des Reiches auf die preußische Regierung im Sommer 1932 ist von besonderer Bedeutung für das Verständnis der Endphase der Republik. Verfassungsgeschichtlich ist er auch deshalb interessant, weil er ein verfassungsgerichtliches Nachspiel vor dem Staatsgerichtshof für das Deutsche Reich hatte. Dieses Verfahren war das bis zu diesem Zeitpunkt umfangreichste der deutschen Staatsgerichtsbarkeit.

Preußen, das größte und wichtigste Land im Reich, führte in der Republik eine Art Parallelexistenz zum Reich – dessen Politik teils stützend, teils mit anderen Wegen im Rahmen seiner Landeszuständigkeiten. Es gab zahlreiche Modernisierungen im Bereich von Schule und Hochschule, im Strafvollzug und der sozialen Fürsorge.[120] Möglich wurde dies, weil es, ganz anders als im Reich, seit 1919 durchgehend stabile parlamentarische Regierungen gab, die von der SPD, dem Zentrum und der DDP getragen und von 1919–1932, mit kurzen Unterbrechungen, von Ministerpräsident Otto Braun[121] geleitet wurden. Mit der Landtagswahl vom 24. April 1932 verlor die Regierung ihre Mehrheit und war nur noch geschäftsführend im Amt. NSDAP und KPD verzeichneten dramatische Gewinne und erreichten zusammen fast 50 % der Stimmen. Jetzt schien der konservativen Reichsregierung die Stunde gekommen, mit Preußen das letzte Bollwerk der Gegenwehr aus den Ländern zu schleifen – von Bedeutung war insbesondere die Lenkung und Leitung der preußischen Polizeibehörden. Nach dem Altonaer Blutsonntag vom 17. Juli 1932 behauptete die Reichsregierung, die preußische Regierung, die nach der April-Wahl geschäftsführend im Amt war, hätte die Kontrolle über die Sicherheit des Landes verloren. Am 20. Juli[122] ergingen zwei Notverordnungen, mit denen die Reichsexekution festgestellt wurde.

---

[119] Dazu *Stefan Korioth*, Rettung oder Überwindung der Demokratie. Die Weimarer Staatsrechtslehre im Verfassungsnotstand, in: Christoph Gusy (Hrsg.), Demokratisches Denken in der Weimarer Republik, 2000, S. 505 ff.
[120] Manche der Reformen wurden in der Bundesrepublik nach 1945 fortgesetzt. Darauf weist hin *Sebastian Haffner*, Preußens kurze Geschichte, in: *ders.*, Im Schatten der Geschichte, 1985, S. 27 ff.
[121] Zu diesem *Hagen Schulze*, Otto Braun oder Preußens demokratische Sendung, 2. Auflage 1981; zur Haltung des erkrankten Ministerpräsidenten im Sommer 1932: S. 745 ff.
[122] Zum Ablauf der Ereignisse und der Vorbereitung der Aktion *Eberhard Kolb*, 20. Juli 1932:

745 „Verordnung des Reichspräsidenten, betreffend die Wiederherstellung der öffentlichen Sicherheit und Ordnung im Gebiet des Landes Preußen vom 20. Juli 1932[123]
Aufgrund des Art. 48 Abs. 1 und 2 der Reichsverfassung verordne ich zur Wiederherstellung der öffentlichen Sicherheit und Ordnung im Gebiet des Landes Preußen folgendes:
§ 1. Für die Geltungsdauer dieser Verordnung wird der Reichskanzler zum Reichskommissar für das Land Preußen bestellt. Er ist in dieser Eigenschaft ermächtigt, die Mitglieder des Preußischen Staatsministeriums [= der Landesregierung] ihres Amtes zu entheben. Er ist weiter ermächtigt, selbst die Dienstgeschäfte des Preußischen Ministerpräsidenten zu übernehmen und andere Personen als Kommissar des Reiches mit Führung der preußischen Ministerien zu betrauen.

Dem Reichskanzler stehen alle Befugnisse des Preußischen Ministerpräsidenten, den von ihm mit der Führung der Preußischen Ministerien betrauten Personen innerhalb ihres Geschäftsbereichs alle Befugnisse der Preußischen Staatsminister zu. Der Reichskanzler und die von ihm mit der Führung der preußischen Ministerien betrauten Personen üben die Befugnisse des preußischen Staatsministeriums aus.

§ 2. Diese Verordnung tritt mit dem Tage ihrer Verkündung in Kraft."

746 Auf der Grundlage dieser Verordnung schrieb von Papen noch am 20. Juli an den preußischen Ministerpräsidenten Braun: „Nachdem der Herr Reichspräsident mich durch die Verordnung vom 20. Juli 1932 (Reichsgesetzblatt I S. 377) zum Reichskommissar für das Land Preußen bestellt hat, enthebe ich Sie Ihres Amtes als Preußischer Ministerpräsident." In seinen Erinnerungen schrieb Braun dazu: „Ich telephonierte mit meinem Amt und erhielt die Nachricht, soeben seien die Gebäude des Staatsministeriums von Reichswehrtruppen besetzt worden, die den Befehl hätten, mich nicht einzulassen. [...] Sollte ich dennoch nach Berlin fahren und mich dort vielleicht vor meinen Ministern mit den Reichswehrsoldaten herumbalgen? [...] Um in meiner ohnmächtigen Situation etwas zu tun, setzte ich mich hin und schrieb dem Kanzler einen Brief, in dem ich erklärte, daß seine Maßnahme jeder rechtlichen Grundlage entbehre und ich ersuchte, mir die Gründe mitzuteilen, die ihn zu seinem Vorgehen veranlaßt hätten. [...] Man hat mir diese, durch die Umstände aufgezwungene, nach außen passiv erscheinende Haltung in den republikanischen Kreisen verübelt, ich hätte kämpfen, die Republikaner zum gewaltsamen Widerstand aufrufen müssen [...]. Nur wer die Sachlage völlig verkennt, [...] kann so urteilen. [...] Und wie war das Kräfteverhältnis? Die Anhänger der Weimarer Republik, die in ihrer Mehrzahl noch geneigt waren, wohl mit dem Stimmzettel, aber nicht mit der Waffe für dieses Regime zu kämpfen, hatten gegen sich die schwerbewaffnete Reichswehr, die militanten Verbände der Reaktion und das Gros der preußischen Polizei, das sich sicher nicht gegen den vom verfassungsmäßig gewählten Reichspräsidenten mit der vollziehenden Gewalt betrauten militärischen Befehlshaber aufgelehnt hätte, sondern seinem Kommando gefolgt wäre, und zu allem noch die über die Absetzung Braun-Severing jubelnden Kommunisten im Rücken. Unter solchen Umständen die treuen Republikaner zum Kampfe mit den Waffen zu rufen, wäre verbrecherischer Wahnwitz gewesen."[124] Diese Darstellung zeigt, dass längst und allen Beteiligten bewusst die Drohung mit militärischer Gewalt im Hintergrund stand.

747 Die laufenden Regierungsgeschäfte in Preußen übertrug Papen als Reichskommissar für Preußen dem Essener Bürgermeister Franz Bracht. Reichswehreinheiten besetzten die preußischen Ministerien und zwangen die Minister zum Verlassen der Amtsräume. Mit einer zweiten Notverordnung vom gleichen Tag setzte Hindenburg

---

Reichsexekution gegen Preußen, in: Bundesrat (Hrsg.), Ein Staatsstreich? Die Reichsexekution gegen Preußen („Preußenschlag") vom 20. Juli 1932 und die Folgen, 2007, S. 9 ff.
[123] RGBl. I S. 377.
[124] *Otto Braun*, Von Weimar zu Hitler, 1949, S. 246 f.

zentrale politische Grundrechte in Berlin und Brandenburg außer Kraft und unterstellte die preußische Verwaltung, vor allem die Polizei, dem Reichswehrminister; zu diesem Zeitpunkt war dies Kurt von Schleicher.

„Verordnung des Reichspräsidenten, betreffend die Wiederherstellung der öffentlichen Sicherheit und Ordnung in Groß-Berlin und der Provinz Brandenburg vom 20. Juli 1932[125]

Aufgrund des Artikels 48 Abs. 1 und 2 der Reichsverfassung verordne ich zur Wiederherstellung der öffentlichen Sicherheit und Ordnung in Groß-Berlin und Provinz Brandenburg folgendes:

§ 1
Die Art. 114, 115, 117, 118, 123, 124 und 153 der Verfassung des Deutschen Reiches werden bis auf weiteres außer Kraft gesetzt. Es sind daher Beschränkungen der persönlichen Freiheit, des Rechts der freien Meinungsäußerung einschließlich der Pressefreiheit, des Vereins- und Versammlungsrechts, Eingriffe in das Brief-, Post-, Telegrafen- und Fernsprechgeheimnis, Anordnungen von Haussuchungen und von Beschlagnahmungen sowie Beschränkungen des Eigentums auch außerhalb der sonst hierfür bestimmten gesetzlichen Grenzen zulässig.

§ 2
Mit der Bekanntmachung dieser Verordnung geht die vollziehende Gewalt auf den Reichswehrminister über, der sie auf Militärbefehlshaber übertragen kann. Zur Durchführung der zur Wiederherstellung der öffentlichen Sicherheit erforderlichen Maßnahmen wird dem Inhaber der vollziehenden Gewalt die gesamte Schutzpolizei des bezeichneten Gebiets unmittelbar unterstellt.

§ 3
Wer den im Interesse der öffentlichen Sicherheit erlassenen Anordnungen des Reichswehrministers oder des Militärbefehlshabers zuwiderhandelt oder zu solcher Zuwiderhandlung auffordert oder anreizt, wird, sofern nicht die bestehenden Gesetze eine höhere Strafe bestimmen, mit Gefängnis oder Geldstrafe bis zu 15000 Reichsmark bestraft. [...]

§ 4
Die in den §§ 91 (Hochverrat), 302 (Brandstiftung), 311 (Explosion), 312 (Überschwemmung), § 315 Abs. 2 (Beschädigung von Eisenbahnanlagen) des Strafgesetzbuches mit lebenslänglichen Zuchthaus bedrohten Verbrechen sind mit dem Tode zu bestrafen, wenn sie nach der Verkündung der Verordnung begangen sind [...].

§ 5
Auf Ansuchen des Inhabers der vollziehenden Gewalt sind durch den Reichsminister der Justiz außerordentliche Gerichte zu bilden.
Zur Zuständigkeit dieser Gerichte gehören außer den in § 9 der Verordnung des Reichspräsidenten vom 29. März 1921 (Reichsgesetzbl. S. 371) aufgeführten Straftaten auch die Vergehen und Verbrechen nach § 3 der vorliegenden Verordnung.

§ 6
Diese Verordnung tritt mit der Verkündung in Kraft."

Auf der Grundlage der Verordnungen wurden viele preußische Beamte abgesetzt, vor allem Landräte, Regierungspräsidenten und die gesamte Spitze der Berliner Polizei. Mit der Unterstellung der preußischen Polizei hatte das Reich den größten Verwaltungsapparat auf Landesebene in seine Hand bekommen. Dass dabei beide Verordnungen in jedem Einzelpunkt verfassungsrechtlich zumindest zweifelhaft waren, lag auf der Hand. Die Begründung von Papens, in Preußen gäbe es eine „Gefahr kommunistischer Zersetzung- und Umsturztätigkeit", der die preußische Landesregierung nicht entgegentrete, war schon in tatsächlicher Hinsicht nicht belegt. Gerade

---

[125] RGBl. I S. 377 f.

im Juli 1932 bereitete Preußen durchgreifende Maßnahmen gegen Waffenbesitz und gewaltsame Demonstrationen vor – und Kommunisten hatten schon lange über den angeblichen preußischen „Polizeisozialismus als den gegenwärtig aktivsten Faktor der Faschisierung" polemisiert. Störend war für die Reichsregierung unter von Papen, die die NSDAP zähmen wollte, eher, dass die Landesregierung gegen die NSDAP und ihre Sturmabteilung (SA) ebenso vorging wie gegen die KPD. Jedem Beobachter war klar, dass es darum ging, den Einflussbereich der Reichsregierung auf das widerspenstige Preußen auszudehnen und dabei die Organisation der NSDAP dann und insoweit milder zu verfolgen als die der KPD, wenn es der Reichsregierung in ihre eigenen politischen Pläne passte.

750 Der „Preußenschlag" war ein Staatsstreich des Reiches gegen die einzige innenpolitische Macht, die zumindest versuchte, geordnet zu regieren und gegen die Gewalt auf den Straßen vorzugehen. Zudem war er ein Anschlag auf die bundesstaatliche Ordnung insgesamt. Überlegungen, gegen die Maßnahmen des Reiches einen Generalstreik in Berlin und anderswo einzuleiten, wurden schnell fallen gelassen. Es war eine traurige Ironie, dass jetzt die alten Reichsfeinde des Kaiserreichs, Sozialdemokraten und Zentrum, die Preußen „über den Zusammenbruch nach dem Weltkrieg" gerettet, „ihm einen Abglanz seiner alten Macht und Stellung bewahrt" und Preußen mit einer „demokratischen Sendung"[126] versehen hatten, dieses neue Preußen gegen das auf autoritäre Regierungsformen eingeschwenkte Reich verteidigten.

751 Die abgesetzte Regierung Braun zog, unterstützt von den Fraktionen der SPD und des Zentrums, unterstützt auch von Bayern und Baden, im Verfahren des Reich-Länder-Streits nach Art. 19 Abs. 1 WRV vor den Staatsgerichtshof für das Deutsche Reich. Vom 10. bis 14. und am 17. Oktober 1932 fand vor dem Gericht in Leipzig unter dem Vorsitz des Reichsgerichtspräsidenten Bumke die ungewöhnlich lange und intensive mündliche Verhandlung statt.[127]

752 Beide Seiten hatten prominente Staatsrechtslehrer beauftragt, die den Streitstoff in ausführlichen Schriftsätzen dargelegt hatten. Die Antragsteller wurden vertreten von Arnold Brecht, Gerhard Anschütz und Friedrich Giese (Preußische Landesregierung), Hermann Heller (SPD-Fraktion), Hans Peters (Zentrum) sowie Hans Nawiasky und Theodor Maunz (Bayern). Für das Reich waren Carl Bilfinger, Erwin Jacobi und Carl Schmitt tätig. Dass Professoren des Staatsrechts die Streitparteien vor Gericht vertraten, war neu und wurde genau beobachtet. Ein Beamter der badischen Landesregierung berichtete aus der mündlichen Verhandlung: „Von den Professoren zeichnete sich auf Seiten der Kläger [Preußen], wie nicht anders erwartet werden konnte, ganz besonders Geheimrat Anschütz durch überaus klare Rechtsausführungen aus, die stets mit allergrößter Aufmerksamkeit nicht nur von den Prozessbeteiligten, sondern auch von den sehr zahlreichen Zuhörern, die den großen Reichsgerichtssaal füllten, angehört wurden. Neben Anschütz war es der noch sehr junge Professor Peters[128], der durch seinen

---

[126] Hagen Schulze, Weimar. Deutschland 1917–1933. Siedler deutsche Geschichte, 1994, S. 381; vgl. auch ders., Otto Braun oder Preußens demokratische Sendung, 2. Aufl. 1981.

[127] Das gesamte Verfahren ist dokumentiert in: Preußen contra Reich vor dem Staatsgerichtshof. Stenogrammbericht der Verhandlung vor dem Staatsgerichtshof in Leipzig vom 10. bis 14. und vom 17. Oktober 1932, 1933.

[128] Hans Peters (1896–1966), seit 1928 Professor in Breslau, seit 1943 im Widerstand gegen Hitler, 1946 Professor in Berlin, 1949 in Köln. Zu ihm Levin von Trott zu Solz, Hans Peters und der Kreisau-

Scharfsinn und seine Schlagfertigkeit auffiel. [...] Auf der Reichsseite stand in vorderster Reihe […] Professor Carl Schmitt, der eine gefährliche Lehre mit großem Scharfsinn vertrat, der aber den Eindruck seines unsympathischen Wesens nicht verwischte. Einen erheblich besseren Eindruck machte Professor Jacobi[129], während Professor Bilfinger[130] unglücklich wirkte, so oft er sprach. Die Reichsregierung hatte sich ganz offensichtlich nicht nur in der Wahl des Ministerialdirektors Gottheiner als ihres beamteten Bevollmächtigten, sondern auch in der Wahl ihrer Wissenschaftler gründlich vergriffen."[131] In seiner abschließenden Stellungnahme für das Reich verstieg sich Carl Schmitt zu einer Behauptung, die das parlamentarische Regierungssystem und das Bestreben der Landesregierung zum Schutz der Republik denunzierte. Das Reich habe Preußen gegen den Zugriff der (von Schmitt nicht genannten) SPD unterstützen müssen: „Denn eine der größten und schlimmsten Gefahren für unser bundesstaatliches System, für den Föderalismus und die Selbständigkeit der Länder liegt doch gerade darin, daß über die Länder hinweggehende, straff organisierte und zentralisierte politische Parteien sich des Landes bemächtigen, ihre Agenten, ihre Bediensteten in eine Landesregierung hineinsetzen (Professor Heller: Das ist unerhört) und so die Selbständigkeit des Landes gefährden."[132] Gerade umgekehrt wollte das Reich seine „Agenten" in Preußen installieren.

Die Entscheidung des Staatsgerichtshofes vom 25. Oktober 1932[133] fiel zwiespältig aus. Die Notverordnungen könnten sich nicht auf Art. 48 Abs. 1 WRV stützen; dessen Voraussetzungen seien nicht erfüllt, denn die preußische Landesregierung sei handlungsfähig gewesen und habe keine reichsrechtlichen Pflichten verletzt. Dagegen fänden die Verordnungen eine Grundlage in Art. 48 Abs. 2 WRV. Trotz der Einwände Preußens nahm das Gericht ohne tiefere Begründung wegen der bürgerkriegsähnlichen Zustände eine Störung der Sicherheit und Ordnung innerhalb des Landes an. Es sei daher verfassungsgemäß gewesen, den Reichskanzler als Reichskommissar für Preußen einzusetzen, auch sei es rechtmäßig gewesen, preußischen Ministern Amtsbefugnisse zu entziehen und Reichskommissaren zu übertragen. Dann machte das Urteil eine Wendung zugunsten der Landesregierung. Diese bestehe weiter, weil ihre Absetzung im Gegensatz zur Entziehung ihrer Befugnisse keine Grundlage in der Reichsverfassung fände. Außerdem dürfe die Vertretung Preußens im Reichsrat und sonst gegenüber dem Reich, anderen Ländern und gegenüber dem

753

---

er Kreis, 1997; *Klaus Joachim Grigoleit/Jens Kersten*, Hans Peters (1896–1966), in: Die Verwaltung 30 (1997), S. 365 ff.

[129] *Erwin Jacobi* (1884–1965), seit 1922 Professor für Staats- und Kirchenrecht in Leipzig, 1933 Entlassung auf Grund des Gesetzes zur Wiederherstellung des Berufsbeamtentums, Wiedereinsetzung 1946. Jacobi gehörte zu den wenigen Staatsrechtlern, die nach 1945 und 1949 in der DDR blieben. Zu ihm *Martin Otto*, Von der Eigenkirche zum Volkseigenen Betrieb. Erwin Jacobi (1884–1965), 2008.

[130] *Carl Bilfinger* (1879–1958), seit 1924 Professor in Halle, seit März 1933 Mitglied der NSDAP, 1937 Professor in Berlin, 1949 in Heidelberg. Zu ihm *Felix Lange*, Carl Bilfingers Entnazifizierung und die Entscheidung für Heidelberg, in: Zeitschrift für ausländisches öffentliches Recht und Völkerrecht 2014, S. 697 ff.

[131] Zitiert nach Bundesrat (Hrsg.), Ein Staatsstreich? Die Reichsexekution gegen Preußen („Preußenschlag") vom 20. Juli 1932 und die Folgen, 2007, S. 118.

[132] Schlußrede vor dem Staatsgerichtshof in Leipzig in dem Prozeß Preußen contra Reich, in: *Carl Schmitt*, Positionen und Begriffe. Im Kampf mit Weimar-Genf-Versailles (1939), 4. Aufl. 2014, S. 204 ff., 207.

[133] RGZ 138, Anhang, S. 1–43.

Landtag, nicht den Reichskommissaren übertragen werden. Damit gab das Urteil beiden Seiten jeweils in Teilen recht. Es vermied, was rechtlich eher nahegelegen hätte, die komplette Verfassungswidrigerklärung der Maßnahmen des Reiches (womit letztlich dem Reichspräsidenten als dem formellen Urheber der Notverordnungen verfassungswidriges Handeln vorgeworfen worden wäre), es bekräftigte aber auch den rechtlichen Fortbestand der Regierung Braun mit zumindest föderalen Handlungsbefugnissen und hielt damit den Dualismus von Preußen und Reich aufrecht.

754   Das Urteil hat viel Kritik auf sich gezogen – wegen seiner unentschiedenen Haltung, wegen der eigenartigen Konstruktion faktisch zweier Landesregierungen und weil es nicht deutlich dem Reich Grenzen setzte. Das Urteil wurde in der Öffentlichkeit zumeist als Niederlage des Reichs kommentiert – aber auch als Bekräftigung der Praxis, dass in schwierigen Zeiten der Machthaber im Reich mit Notverordnungen auch in den Ländern durchgreifen könne. Das war letztlich das Entscheidende, bei diesen Befugnissen lag das eigentliche politische Schwergewicht, nicht im formalen Fortbestand der Landesregierung. Insgesamt und anders als die heute verbreitete Einschätzung lautet, verdient das Urteil aber auch Verständnis, allen juristischen Gewundenheiten und Schwächen zum Trotz. In einer hochpolitischen Frage schlug es einen vermittelnden Weg ein – dass dies der hochgradig gefährdeten Republik nicht half, sahen schon die Zeitgenossen, aber das Gericht hätte kaum mehr erreichen können, zumal die Reichsregierung andeutete, einen Dualismus von Landesregierung und Reichskommissaren nicht anerkennen zu wollen.[134] „Die sieben Richter des Staatsgerichtshofes für das Deutsche Reich", so hieß es am Tag vor dem Urteil in der Presse, „möchte wohl keiner um ihre Aufgabe beneiden, in einer politischen Machtfrage Recht sprechen zu sollen."[135] Nun sind aber Verfassungsfragen auch Machtfragen. Die Kunst der Verfassungsgerichtsbarkeit besteht darin, die politischen Implikationen eines Verfassungsstreits und die politischen Folgen der Entscheidung zu erkennen und zu berücksichtigen, zugleich aber anhand der Verfassung Recht zu sprechen. Die Unfähigkeit, genau dies zu tun, spiegelt die Schwäche der damaligen Staatsgerichtsbarkeit und ihre mangelnde Entschlossenheit wider, zur Stabilisierung der Republik beizutragen.

IV. 30. Januar 1933 bis März 1933: das Ende der Republik durch eine „legale Revolution"?

755   Die Ernennung Hitlers zum Reichskanzler durch Hindenburg am 30. Januar 1933 war formal gesehen verfassungsgemäß; der neue Kanzler samt seiner Koalitionsregierung konnte sich auf eine Mehrheit im Reichstag stützen. Die Ernennung geschah

---

[134] Zum Verfahren ausführlich *Henning Grund*, „Preußenschlag" und Staatsgerichtshof im Jahre 1932, 1976; *Gabriel Seiberth*, Anwalt des Reiches. Carl Schmitt und der Prozess „Preußen contra Reich" vor dem Staatsgerichtshof, 2001.
[135] *Carl Misch*, Leipzigs Spielraum, in: Vossische Zeitung vom 24. Oktober 1932.

auf der Grundlage und nach den Bedingungen der Reichsverfassung. Eine solche Bewertung lässt allerdings völlig außer Acht, dass Hitler eine parlamentarische Regierung zu keinem Zeitpunkt beabsichtigte und an der Spitze einer Partei stand, die nach innen autoritär organisiert war und nach außen auch mit Gewalt verfassungsfeindliche Ziele verfolgte. Sie hätte, entsprechenden politischen Willen vorausgesetzt, in der Weimarer Republik dauerhaft verboten werden können. Die bis heute vielfach geäußerte Auffassung, die auf Wertneutralität und Relativismus gegründete Republik und ihre Verfassung seien gegenüber ihren Feinden wehrlos gewesen,[136] stimmt deshalb so nicht.

756 Die Weimarer Verfassung enthielt keine Spezialvorschrift zu den politischen Parteien, anders als heute Art. 21 GG. Parteien genossen Schutz über die Vereinigungsfreiheit nach Art. 124 WRV. Vereine aber konnten behördlich verboten werden, wenn ihre Ziele den Strafgesetzen zuwiderliefen. Damit konnte der Gesetzgeber durch die Strafgesetzgebung die Reichweite der Vereinigungsfreiheit ausgestalten, auch mit Blick auf die politischen Parteien.[137] Nach den Morden an Matthias Erzberger (1921) und an Reichsaußenminister Walther Rathenau erging das (Erste) Gesetz zum Schutz der Republik, das als verfassungsänderndes Reichsgesetz zustande kam. Es enthielt Strafbestimmungen gegen republikfeindliche Handlungen (§§ 1 bis 11) und Verbotsmöglichkeiten mit Blick auf Versammlungen und Vereine, es war also auch auf Parteien anwendbar. Als Sondergericht für den Rechtsschutz hiergegen wurde der (vom Staatsgerichtshof für das Deutsche Reich zu unterscheidende) „Staatsgerichtshof zum Schutze der Republik" (§§ 12, 13) eingerichtet, dessen Zuständigkeiten später dem Reichsgericht übertragen wurden. Das auf fünf Jahre befristete Republikschutzgesetz wurde 1927 für zwei Jahre verlängert und 1930 durch das stark abgemilderte zweite Gesetz zum Schutze der Republik abgelöst, das am 20. Dezember 1932 außer Kraft trat. Auch nach dem Gesetz von 1930 konnte (§§ 9 Abs. 1, 4 Nr. 1) eine Partei verboten werden, „die die Bestrebung verfolgt, die verfassungsmäßige republikanische Staatsform des Reiches oder eines Landes zu untergraben." Die Verbotszuständigkeit lag bei den Ländern.

757 Erstes Gesetz zum Schutze der Republik[138]
„[…] III. Verbotene Vereinigungen
§ 14. Versammlungen, Aufzüge und Kundgebungen können verboten werden, wenn bestimmte Tatsachen vorliegen, die die Besorgnis rechtfertigen, dass in ihnen Erörterungen stattfinden, die den Tatbestand einer der in §§ 1 bis 8 bezeichneten strafbaren Handlungen bilden.

Vereine oder Vereinigungen, in denen Erörterungen der bezeichneten Art stattfinden oder die Bestrebungen dieser Art verfolgen oder die die Erhebung einer bestimmten Person auf den Thron betreiben, können verboten und aufgelöst werden."

Auf dieser Grundlage wurden bis 1929 zahlreiche Vereinigungen verboten, weil diese darauf ausgingen, die republikanische Staatsform des Reichs oder eines Landes zu untergraben. Der preußische Innenminister Severing sprach 1922 ein bis 1924 befristetes Verbot der NSDAP aus, das der Staatsgerichtshof zum Schutze der Republik mit Urteil vom 15. Februar 1923

---

[136] Darstellung dieser Meinung bei *Horst Meier*, Parteiverbote und demokratische Republik, 1993, S. 198 ff.
[137] *Katrin Stein*, Parteiverbote in der Weimarer Republik, 1999, S. 218 ff., nennt insgesamt zwölf Eingriffsnormen für Parteiverbote.
[138] Vom 21. Juli 1922 (RGBl. I. S. 585). Abgedruckt bei Ernst Rudolf Huber (Hrsg.), Dokumente zur deutschen Verfassungsgeschichte, Bd. 4, Deutsche Verfassungsdokumente 1919–1933, 3. Aufl. 1991, S. 225 ff. (Nr. 193).

bestätigte.¹³⁹ Anläufe nach 1924 zu weiteren Verboten der NSDAP scheiterten. Nicht zuletzt hing dies damit zusammen, dass der Staatsgerichtshof zum Schutz der Republik nunmehr die Verbotsnormen eng auslegte. Zur Rechtfertigung eines Verbots verlangte er systematische und planmäßige Bestrebungen zum Umsturz der Republik.¹⁴⁰ Das setzte Verbote einem hohen politischen und rechtlichen Begründungszwang aus. Später wurden einzelne politische Vereinigungen (nicht Parteien) auch auf der Grundlage von Notverordnungen nach Art. 48 Abs. 2 WRV überwacht oder sogar verboten. Die Auffassung des Bundesverfassungsgerichts im Urteil zum Verbot der KPD (1956), wonach in der Weimarer Republik „Parteien unangefochten bestehen und die Einrichtungen des Staates in jeder Form bekämpfen konnten,"¹⁴¹ stimmte so nicht. Bei entsprechendem politischen Willen hätte die NSDAP dauerhaft verboten werden können.

758 Der 90jährige Carl Schmitt kommentierte rückblickend die Republikschutzgesetze der Jahre 1921 bis 1929 als unentschiedene Instrumente. Die Gesetze hätten sich sorgfältig bemüht, „den Zugang zur legalen politischen Macht nicht völlig zu versperren". Sie wagten „es in der Tat nicht offen, die Möglichkeit einer Restauration der Monarchie auf dem Wege des Art. 76 der Weimarer Reichsverfassung [...] auszuschließen. [...] Diese deutsche Art ‚Schutz der Republik' ist in einem Staat hochentwickelter industrieller Gesellschaften entstanden, der die Geschichte eines liberalen Verfassungsstaates sorgfältig zu respektieren suchte. Das Schwergewicht dieses Schutzes einer Republik lag in strafrechtlichen und beamtenrechtlichen Anordnungen." Man habe es „nicht für nötig gehalten, an die Stelle einer strafrechtlichen Verteidigung des Staates eine republikanische Form des Staatsschutzes zu setzen (etwa durch Verabschiedung eines Verfassungsgesetzes, das eine Restauration der Monarchie verboten hätte). Der Weg der Legalität stand weiterhin auch den Feinden der Republik offen, wie es der damals vorherrschenden deutschen Auffassung vom Verfassungsstaat entsprach."¹⁴² Schmitt spielt hier auf die in Weimar verbreitete Auffassung an, wonach eine Partei, die sich an die Gesetze hält, wegen verfassungsfeindlicher Ziele nicht verboten werden könne. Die Republikschutzgesetze berücksichtigten aber sehr wohl auch die Ziele.

759 Es war ein Teil der Selbstpreisgabe der Republik, dass die demokratischen Kräfte nicht die Entschlossenheit fanden, dauerhaft gegen die NSDAP vorzugehen. Der 30. Januar 1933 passt in gewisser Weise in dieses Bild. An diesem Tag fanden zugleich die Übergabe der Macht und die Machtergreifung des danach strebenden Hitler statt. Der lange Prozess der Erosion der rechtsstaatlich-demokratischen Republik kulminierte.

---

¹³⁹ Das Urteil bestätigte die Verbotsmöglichkeit schon dann, wenn die Propaganda einer Partei die Grenze zur demokratiefeindlichen Polemik überschreite. Dazu *Maximilian J. Alter*, Das Parteiverbot: Weltanschauungsvorsorge oder Gefahrenabwehr?, in: AöR 140 (2015), S. 571 ff., 576.
¹⁴⁰ *Ingo Hueck*, Der Staatsgerichtshof zum Schutz der Republik, 1996, S. 252 ff.
¹⁴¹ BVerfGE 5, 85 (136).
¹⁴² *Carl Schmitt*, Die legale Weltrevolution, in: Der Staat 17 (1978), S. 321 ff., 331 f.

1. Wer war die NSDAP?

„Nicht die ‚Theorie' der Nationalsozialisten, wohl aber ihre Energie ist ernst, der fanatisch-religiöse Einschlag, der nicht nur aus Verzweiflung oder Dummheit stammt, die seltsam aufgewühlte Glaubenskraft."[143] Das wurde zu Beginn der 1930er Jahre gesagt, als die NSDAP in einem rasanten Aufstieg begriffen war, der nach den Gründen fragen ließ. Die „Nationalsozialistische Deutsche Arbeiterpartei" war 1920 in München entstanden. Im selben Jahr wurde Adolf Hitler, 1889 im österreichischen Braunau am Inn geboren, ihr Vorsitzender. Hitler war 1914, nach einem längeren Aufenthalt als zumeist beschäftigungsloser Kunstpostkartenmaler in Wien, nach München übergesiedelt und war im Weltkrieg einfacher Soldat. Nach München kehrte er, nach Hitlers späterem eigenen Bekunden, in der Absicht zurück, „Politiker zu werden". Die NSDAP war vor Hitler eine ziellose Gruppe politischer Sektierer, wie es sie viele gab. Hitler prägte ihr Auftreten und ihre politischen Parolen. Sie waren völkisch, national, antisemitisch, antirepublikanisch und zumindest zu Beginn mit sozialistischen Anklängen versehen. Es kamen wenig reflektierte Erfahrungen und Ressentiments zusammen: Ein im Krieg übersteigerter Nationalismus, die nicht akzeptierte und als unverdient angesehene Niederlage, weiterwirkende Gewalterfahrungen des Krieges, neurotische Kränkungen, diffuse Überlegenheitsgefühle, Hass auf die Republik und die Siegermächte, die alten Eliten, das „Großkapital", linke Kräfte, Abwehr alles Fremden. Zunächst war die NSDAP ein lokales Phänomen, wahrgenommen vor allem wegen der charismatischen Rednergabe Hitlers, der in zugkräftigen Bierkellerversammlungen sprach, die häufig in Straßenschlachten umschlugen.

760

Reichsweite Aufmerksamkeit erlangte die Partei erst am 9. November 1923 durch den von ihr so bezeichneten „Marsch auf die Feldherrenhalle" und den kläglich gescheiterten Putschversuch Hitlers und Ludendorffs. Danach blieb die Partei für einige Jahre eine unbedeutende, wenngleich „lautstarke Splitterpartei"[144], die viele schon für erledigt hielten, während sie in Preußen als verfassungsfeindlich beobachtet und dort wie auch in den Hansestädten, Baden, Mecklenburg-Schwerin und Thüringen zeitweise verboten war. Mit der Aufhebung des Parteiverbots 1924 begann die NSDAP, im Stillen ihre Organisation zu festigen. Hitler gab die Parole aus, die Republik mit äußerlich legalen Mitteln statt Umsturzversuchen zu bekämpfen.

761

Die NSDAP war nicht nur Partei, sie wollte „Bewegung" sein, die alle Bevölkerungsgruppen mit internen Untergliederungen für alle Lebensbereiche und Berufe ansprach. In Gestalt der Sturmabteilung, der SA, gab es sogar eine mit einheitlichen Uniformen auftretende Parteiarmee. Das alles wurde von Hitler, dem „Führer der Bewegung", zusammengehalten. „Sein unbestrittenes Charisma war es, das die Partei auch über ihre Konsolidierungs- und Organisationsphase hinaus eine geballte

762

---

[143] *Ernst Bloch* (1885–1977), Amusement Co., Grauen, Drittes Reich (1930), in: *ders.*, Erbschaft dieser Zeit, 1985, S. 65 f.
[144] *Hagen Schulze*, Weimar. Deutschland 1917–1933. Siedler Deutsche Geschichte, 1994, S. 334.

revolutionäre Kraft, eine ‚Bewegung' bleiben ließ; auf ihn war sie vollständig ausgerichtet. Zwar ließ das von seiner Autorität als Organisationsgrundsatz abgeleitete ‚Führerprinzip' in der NSDAP Dutzende und hunderte kleinerer Führer entstehen, die sich oft bis aufs Messer gegenseitig befehdeten [...], doch ein Wort Hitlers genügte, jeden Streit und Widerstand zu ersticken."[145]

763 Was Hitler inhaltlich anbot, war eine merkwürdige Verbindung massenwirksamer Ideologien. Der „nationale Sozialismus" zielte auf die Arbeiterschaft und sollte im Gegensatz zur kommunistischen Internationale des Klassenkampfes stehen. In einer „Volksgemeinschaft" sollten die Verelendung und Isolierung in der modernen Industriegesellschaft überwunden werden, zugleich damit Klassenunterschiede. Die Rassendoktrin übersteigerte den Nationalismus. „Beide ideologischen Elemente, Nation und Rasse, bauten aufeinander auf – zunächst galt es die ‚Befreiung der Nation' von den Fesseln von Versailles zu erreichen, eine überaus populäre Forderung, die später zur Ausdehnung nach Osten führen sollte, zur Eroberung von ‚Lebensraum' für die vorgeblich überlegene germanische Rasse, als deren Kern sich die Deutschen zu verstehen hatten."[146] Das Verbindende dieser Elemente war der Antisemitismus. Mindestens genauso wichtig wie diese kruden Ideen war die suggestive Fähigkeit Hitlers, in Massenveranstaltungen das Publikum zu überwältigen.[147] Propaganda und Massenpsychologie mit allen zur Verfügung stehenden Mitteln und an alle gerichtet machten die NSDAP moderner als die überkommenen Parteien, die in der Tradition des 19. Jahrhunderts auf rationale Argumente setzten und jeweils bestimmte Teile der Bevölkerung erreichen wollten. Der Nationalsozialismus war eine von Hitler geprägte und sehr wenig eine programmatische und ideologische Bewegung. Sein Charisma war für den Erfolg unentbehrlich: „Es war ein Ton, dem die Menschen folgten, und seine suggestive Stimme, und so unverkennbar Hitler sich unerledigte Sehnsüchte und hegemoniale Träume dienstbar machen konnte: die Mehrheit derer, die ihm zujubelten, suchte vor seiner Rednertribüne ihre Erschöpfung und ihre Panik zu vergessen und dachte gewiss nicht an Minsk oder Kiew und sicherlich auch nicht an Auschwitz. Sie wollten vor allem, dass es anders werde. Ihr politisches Bekenntnis reichte über die blinde Verneinung des Bestehenden kaum hinaus."[148]

764 Die Mehrfachstrategie von Suggestion, vagen Zielen und handfesten Drohungen begleitete Hitler zwischen 1925 und 1930 mit bemühten Signalen der Friedlichkeit, gerichtet an die vom martialischen und lautstarken Auftreten der NSDAP und SA Abgeschreckten.

765 In seiner vielbeachteten Biographie Hitlers hat Joachim Fest den auf die Mehrfachstrategie gegründeten Aufstieg der NSDAP zu erklären versucht: „Es war, aufs Ganze gesehen, eine Mentalität und nicht eine Klasse, die dem Nationalsozialismus der frühen Zeit Gehör und Anhängerschaft gab: jene vermeintlich unpolitische, tatsächlich aber obrigkeitsfreundliche und führungsbedürftige Bewußtseinsverfassung, die in allen Schichten und Klassen zu Hause war. Unter den gewandelten Verhältnissen der Republik sahen diejenigen, die daran teilhatten, sich unversehens im Stich gelassen. Die Angstkomplexe, die sie dumpf erfüllten, wurden noch verstärkt empfunden, weil die neue Staatsform keine Autorität etablierte, der ihre Abhängigkeit und Loyalität künftig gelten mochte. Die Geburt der Republik aus den Desastern

---

[145] *Hagen Schulze*, Weimar. Deutschland 1917–1933, aaO, S. 336.
[146] *Hagen Schulze*, Weimar. Deutschland 1917–1933, aaO, S. 327.
[147] Zu einer Hitlerrede Anfang 1933 im Berliner Sportpalast schrieb ein Beobachter: „Genau die richtige Mischung für seine Hörer: Brutalität, Drohungen, Kraftprotzertum und dann wieder Demut vor dem oft zitierten ‚Allmächtigen'." Zitiert nach Joseph und Ruth Becker (Hrsg.), Hitlers Machtergreifung, 1983, S. 62.
[148] *Joachim Fest*, Hitler, Eine Biographie, 1973, S. 460.

der Niederlage, die von den Siegermächten, insbesondere Frankreich, mit rachsüchtigem Unverstand betriebene Politik der Nemesis für die abgeschworenen Sünden der Kaiserzeit, die bedrückenden Erfahrungen von Hunger, Chaos und Währungsverfall sowie schließlich die als Ausdruck nationaler Ehrvergessenheit mißdeutete Erfüllungspolitik ließen das traditionelle Bedürfnis nach Identifikation mit der staatlichen Ordnung, dem diese Menschen stets einen Teil ihres Selbstwertgefühls verdankt hatten, zutiefst unbefriedigt. Glanzlos und gedemütigt, wie dieser Staat war, bedeutete er ihnen nichts: nichts ihrer Treue, nichts ihrer Phantasie. Der strenge Begriff von Ordnung und Respekt, den sie sich in dunkler Widerstandsgesinnung über die chaotischen Zeitläufe hinweg bewahrt hatten, schien ihnen unter der Republik geradezu von Verfassung wegen durch Demokratie und Pressefreiheit, Meinungsstreit und Parteienhandel in Frage gestellt, und mit der neuen Staatsform begriffen sie vielfach die Welt nicht mehr. In ihrer Unruhe stießen sie auf die NSDAP, die nichts anderes als die politische Organisation ihrer eigenen Verwirrung in resoluter Allüre war."[149]

766 Durch die Ernennung zum Regierungsrat („ehrenhalber" für eine Woche) erwarb Hitler die deutsche Staatsangehörigkeit. In einem Hochverratsprozess gegen Reichsoffiziere, denen zur Last gelegt wurde, nationalsozialistische Zellen im Offizierskorps gebildet zu haben, sagte Hitler am 25. September 1930 vor dem Reichsgericht als Zeuge zu den Zielen seiner Partei aus und beteuerte, „daß er seine Ziele nur noch auf streng legalem Wege verfolge, den Weg [des gewaltsamen Putschversuchs] in München im November 1923 nur ‚aus Zwang' gegangen sei und diesen Weg schon deshalb nicht mehr beschreite, weil er bei dem wachsenden Verständnis, das Deutschland der völkischen Freiheitsbewegung entgegenbringe, ein illegales Vorgehen gar nicht nötig habe; die [Staats]Gewalt falle ihm mit der Zeit auf legalem Wege von selbst zu; das Wort ‚Revolution', das auch von ihm, Hitler, öfters gebraucht werde, bedeute die geistige Revolutionierung Deutschlands, die zur Gesamterhebung des deutschen Volkes führen solle. Wenn von ‚Kampf' die Rede sei, so meine er damit den Selbstschutz seiner Partei gegen den Terror der Straße und gegen die Störung von Versammlungen; wenn er sogar davon gesprochen habe, daß bei der Revolution Köpfe in den Sand rollen werden und daß die Nationalsozialisten dafür sorgen sollten, dass es nicht die ihren seien, so habe er dabei den nationalsozialistischen Staatsgerichtshof im Auge gehabt, der nach der Errungung der Gewalt auf legalem Wege seines Amtes walten werde […]. In der Partei habe er, Hitler, diktatorische Gewalt; Kraft dieser habe er den Unterführern befohlen, daß Geheimerlasse, die von seinem Standpunkt abweichen, nicht ausgegeben werden dürfen; der auf dem völkischen Gedanken aufgebaute Staat, den er auf legalem Wege aufbauen wolle, sei das ‚Dritte Reich' […]."[150]

767 Es befremdet, dass die Richter dies als beruhigenden „Legalitätseid" ansahen, obwohl selbst in dieser beschönigenden Darstellung die Unterscheidung der Phase vor und nach einer Machtergreifung, zu der Hitler in aller Offenheit erklärte, die Türen hinter sich schließen zu wollen, überdeutlich war. Hermann Göring offenbarte mit großer Klarheit, dass hier letztlich die Legalität verhöhnt wurde: „Wir kämpfen ge-

---

[149] *Joachim Fest*, Hitler. Eine Biographie, 1973, S. 214 f.
[150] Urteil des Reichsgerichts, in: Die Justiz IV (1930/31), S. 187 ff., 213. Auch abgedruckt bei Ernst Rudolf Huber (Hrsg.), Dokumente zur deutschen Verfassungsgeschichte, Bd. 4, Deutsche Verfassungsdokumente 1919–1933, 3. Aufl. 1991, S. 482 f. (Nr. 404).

gen diesen Staat und das gegenwärtige System, weil wir sie restlos vernichten wollen, aber auf legalem Wege. Ehe wir das Gesetz zum Schutz der Republik hatten, haben wir gesagt, wir haßten diesen Staat; seitdem wir es haben, sagen wir, wir lieben ihn – und immer noch weiß jedermann, was wir meinen."[151]

2. Die „Machtergreifung" bis zum „Ermächtigungsgesetz" vom 24. März 1933

768 Im Monat des „Legalitätseides" Hitlers hatte die NSDAP ihren bis dahin größten Bedeutungsgewinn erfahren. Bei den Reichstagswahlen vom 14. September 1930 war sie von zuvor 2,6 % auf 18,3 % der Wählerstimmen gestiegen. Seither stand Hitler ungeduldig vor den Toren der Macht. Vielleicht war sogar der 30. Januar 1933 seine letzte Chance, nachdem die NSDAP bei den Reichstagswahlen im November 1932 gegenüber den Juliwahlen desselben Jahres vier Prozent an Wählerstimmen verloren hatte (von 37,3 auf 33,1 Prozent). Die der Ernennung Hitlers zum Reichskanzler folgenden Monate zeigten jedenfalls, dass Hitler seine Chance zielgerichtet und ohne jeden Skrupel in seinem Sinne nutzte. Die Nationalsozialisten ergriffen die gesamte Macht und ordneten Staat und Gesellschaft in ihrem Sinne.

769 Vom Punkt des 30. Januar 1933 zurückblickend, lässt sich zumindest eine Vermutung für den Weg zu Hitler formulieren: „Hitler entfaltet sich vor einem dichten Muster objektiver Faktoren, die ihn prägten, förderten, vorantrieben und mitunter auch aufhielten. Dazu zählt ebenso das romantische deutsche Politikverständnis wie das eigentümlich unmutige ‚Grau' über der Weimarer Republik; die nationale Deklassierung durch den Versailler Vertrag und die zwiefache soziale Deklassierung breiter Schichten durch Inflation und Weltwirtschaftskrise; die Schwäche der demokratischen Tradition in Deutschland; die Schrecken der kommunistischen Revolutionsdrohung, das Kriegserlebnis und die Fehlrechnungen eines unsicher gewordenen Konservatismus; schließlich die verbreiteten Ängste im Übergang von einer vertrauten in eine neue, noch ungewisse Ordnung [der Republik]: dies alles überlagert von dem Verlangen, vielfach verschlungenen Unmutsursachen einfache Lösungsformeln entgegenzuhalten und mit allen Irritationen, die die Epoche bereitete, in den Schutz einer gebietenden Autorität zu flüchten."[152]

770 Nach der radikalen Formung von Staat und Gesellschaft im Sinne des Nationalsozialismus sah es allerdings am 30. Januar 1933 noch nicht aus. Die Minister der NSDAP – Wilhelm Frick (1877–1946, Inneres), Hermann Göring (1893–1946, Minister ohne Geschäftsbereich, zugleich kommissarischer preußischer Innenminister), ab dem 13. März 1933 zusätzlich Joseph Goebbels (1897–1945, Minister für „Volksaufklärung und Propaganda") – waren gegenüber den Ministern der DNVP im Kabinett des „nationalen Zusammenschlusses" in der deutlichen Minderheit. Nach außen trat Hitler zumindest bis Anfang März 1933 vorsichtig auf. Auf der anderen Seite ist von Papen die berühmte Äußerung überliefert: „In zwei Monaten haben wir Hitler in die Ecke gedrückt, dass er quietscht [...]. Wir haben ihn uns engagiert." Ganz im Gegen-

---

[151] Zitiert nach *Joachim Fest*, Hitler. Eine Biographie, 1973, S. 405.
[152] *Joachim Fest*, Hitler. Eine Biographie, 1973, S. 21 f.

teil dazu schob Hitler die Nicht-Nationalsozialisten Stück um Stück an die Wand. Er setzte die erneute Auflösung des Reichstages durch Verfügung des Reichspräsidenten vom 1. Februar 1933 und Neuwahlen am 5. März 1933 durch. Die Zeit bis zu den Wahlen nutzte Hitler, um seine – formal – politischen Partner im Reichskabinett einzuschüchtern und seine Gegner zu bekämpfen. Die Unterdrückung der oppositionellen Parteien, insbesondere KPD und SPD, war Ziel zweier Notverordnungen.

a) Die Suspendierung politischer Grundrechte

Verordnung des Reichspräsidenten zum Schutze des Deutschen Volkes (vom 4. Februar 1933)[153]

„Aufgrund des Artikels 48 Abs. 2 der Reichsverfassung wird folgendes verordnet: [...]

§ 1
(1) Öffentliche politische Versammlungen sowie alle Versammlungen und Aufzüge unter freiem Himmel sind spätestens 48 Stunden vorher unter Angabe des Ortes, der Zeit und des Verhandlungsgegenstandes der Ortspolizeibehörde anzumelden.
(2) Sie können im Einzelfall verboten werden, wenn nach den Umständen eine unmittelbare Gefahr für die öffentliche Sicherheit zu besorgen ist. Statt des Verbots kann eine Genehmigung unter Auflagen ausgesprochen werden. [...]

§ 2
Öffentliche politische Versammlungen sowie Versammlungen und Aufzüge unter freiem Himmel können aufgelöst werden,
1. wenn in ihnen zum Ungehorsam gegen Gesetze oder rechtsgültige Verordnungen oder die innerhalb ihrer Zuständigkeit getroffenen Anordnungen der verfassungsmäßigen Regierung oder der Behörde aufgefordert oder angereizt wird. [...].

§ 3
(1) Die Polizeibehörde ist befugt, in jede öffentliche Versammlung Beauftragte zu entsenden.
(2) Die Beauftragten haben sich unter Kundgebung ihrer Eigenschaft dem Leiter oder [...] dem Veranstalter der Versammlung zu erkennen zu geben. [...]

§ 7
(1) Druckschriften, deren Inhalt geeignet ist, die öffentliche Sicherheit oder Ordnung zu gefährden, können polizeilich beschlagnahmt und eingezogen werden. [...]

§ 9
(1) Periodische Druckschriften können verboten werden,
[...]
7. wenn in ihnen offensichtlich unrichtige Nachrichten enthalten sind, deren Verbreitung geeignet ist, lebenswichtige Interessen des Staates zu gefährden [...]."

Diese „Schubladenverordnung" (so genannt, weil sie schon länger vorbereitet worden war) las sich, als ob es darum ginge, Auswüchse des politischen Meinungskampfes zu unterbinden. Tatsächlich diente ihre exzessive Auslegung der Unterdrückung abweichender Meinungen. Besonders bedeutsam war, dass Göring als kommissarischer preußischer Innenminister die dortige Polizei entsprechend instruierte. Rechtsstaatliche Sicherungen innerhalb der Polizei versagten. Nach dem Reichstagsbrand vom 27. Februar 1933, bei dem bis heute ungeklärt ist, ob er auf einen geistig verwirrten Einzeltäter zurückging (Marinus van der Lubbe, der später deswegen

---
[153] RGBl. I S. 35.

zum Tode verurteilt wurde) oder eine gezielte Brandstiftung durch NS-Organisationen war, erging die noch bedeutsamere „Reichstagsbrandverordnung", die politische Grundrechte suspendierte.

773 Verordnung des Reichspräsidenten zum Schutze von Volk und Staat vom 28. Februar 1933[154]

„Auf Grund des Artikels 48 Abs. 2 der Reichsverfassung wird zur Abwehr kommunistischer staatsgefährdender Gewaltakte folgendes verordnet:

§ 1

Die Artikel 114, 115, 117, 118, 123, 124 und 153 der Verfassung des Deutschen Reiches werden bis auf weiteres außer Kraft gesetzt. Es sind daher Beschränkungen der persönlichen Freiheit, des Rechts der freien Meinungsäußerung, einschließlich der Pressefreiheit, des Vereins- und Versammlungsrechts, Eingriffe in das Brief-, Post-, Telegraphen- und Fernsprechgeheimnis, Anordnungen von Haussuchungen und von Beschlagnahmen sowie Beschränkungen des Eigentums auch außerhalb der sonst hierfür bestimmten gesetzlichen Grenzen zulässig.

§ 2

Werden in einem Lande die zur Wiederherstellung der öffentlichen Sicherheit und Ordnung nötigen Maßnahmen nicht getroffen, so kann die Reichsregierung insoweit die Befugnisse der obersten Landesbehörden vorübergehend wahrnehmen.

§ 3

Die Behörden der Länder und Gemeinden (Gemeindeverbände) haben den auf Grund des § 2 erlassenen Anordnungen der Reichsregierung im Rahmen ihrer Zuständigkeit Folge zu leisten. [...]"

774 Diese Verordnung sprengte den Rahmen des nach Art. 48 Abs. 2 WRV Zulässigen. Sie setzte verfassungskräftig verbürgte Grundrechte durch eine Verordnung außer Kraft – und dies auf unbestimmte Zeit („bis auf weiteres"). Tatsächlich blieb die Verordnung während der gesamten Zeit der nationalsozialistischen Herrschaft in Kraft. Es gab keinerlei rechtsstaatliche Sicherungen, etwa einen Richtervorbehalt bei Verhaftungen. Zusammen mit der Möglichkeit, in die Hoheit der Länder einzugreifen (§ 2), bedeute dies den Ausnahmezustand. Die Begründung, es müssten „staatsgefährdende kommunistische Gewaltakte" verhindert werden, konnte sich kaum auf darauf hindeutende tatsächliche Anhaltspunkte stützen. Die Auswirkungen der Verordnung waren von Beginn an gravierend. Ab dem März 1933 wurden sämtliche Aktivitäten der linken Oppositionsparteien SPD und KPD, insbesondere Versammlungen und Pressepublikationen, auch mit Gewalt seitens der SA und der NSDAP selbst unterdrückt. Soweit die reguläre Polizei Bedenken hatte, wurde sie zur Seite geschoben – die Bildung einer „freiwilligen Hilfspolizei" aus Einheiten der SA und SS in Preußen (Erlass vom 22. Februar 1933) war ein Vorgriff auf die Tätigkeit der späteren „Geheimen Staatspolizei" (Gestapo). Bis zum Herbst 1933 wurden zudem auf der Grundlage der Reichstagsbrandverordnung mehr als 100.000 Gegner des NS-Regimes in „Schutzhaft" genommen.

775 Worum es ging, umriss Hermann Göring in einer Rede am 5. März 1933 in brutaler Offenheit: „Meine Maßnahmen werden nicht angekränkelt sein durch irgendwelche juristischen Bedenken. Meine Maßnahmen werden nicht angekränkelt sein durch irgendeine Bürokratie.

---

[154] RGBl. I S. 83. Abgedruckt bei Ernst Rudolf Huber (Hrsg.), Dokumente zur deutschen Verfassungsgeschichte, Bd. 4, Deutsche Verfassungsdokumente 1919–1933, 3. Aufl. 1991, S. 663 f. (Nr. 530).

Hier habe ich keine Gerechtigkeit zu üben, hier habe ich nur zu vernichten und auszurotten, weiter nichts! [...] Solch einen Kampf führe ich nicht mit polizeilichen Mitteln. Das mag ein bürgerlicher Staat getan haben. Gewiß, ich werde die staatlichen und polizeilichen Machtmittel bis zum äußersten auch dazu benutzen, meine Herren Kommunisten, damit Sie hier nicht falsche Schlüsse ziehen, aber den Todeskampf, indem ich euch die Faust in den Nacken setze, führe ich mit denen da unten, das sind die Braunhemden [= die SA]."[155]

776 Zur Anwendung des § 1 der „Reichstagsbrandverordnung" dekretierte Göring, die Vorschrift beseitige alle gesetzlichen Schranken, soweit dies zweckmäßig und erforderlich sei, um ihre Ziele zu erreichen. Was sich hier in überkomme Begriffe des Sicherheitsrechts kleidete, war nichts anderes als die Aufforderung zur Willkür und Rechtlosstellung Andersdenkender. Der Schritt in den Unrechtsstaat war getan, und dies in verhängnisvollem Ineinandergreifen der scheinlegalen Notverordnung einerseits, Einschüchterung und Terror paralegaler Sicherheitskräfte und Schlägertrupps andererseits. Fast überraschend war, dass allen Unterdrückungsmaßnahmen und der Propaganda zum Trotz die NSDAP bei den Reichstagswahlen vom März 1933 mit 43,4 Prozent der Stimmen ihr Ziel der absoluten Mehrheit verfehlte. Das indes hatte Hitler einkalkuliert. Für den Bestand seiner Regierung sollte die Wahl unerheblich sein. Wenige Tage vor der Märzwahl äußerte er vor Industriellen: „Wir stehen jetzt vor der letzten Wahl. Sie mag ausgehen, wie sie will, einen Rückfall gibt es nicht mehr [...] wenn die Wahl nicht entscheidet, muss die Entscheidung eben auf einem anderen Wege fallen."[156]

777 Proteste der Bevölkerung gegen Gewaltmaßnahmen blieben aus. Der 1932 gescheiterte Reichskanzler Heinrich Brüning erklärte dies rückblickend so: „Die Haussuchungen und Verhaftungen häuften sich. Der Reichstagsbrand und die Nachrichten über seinen angeblichen Urheber wirkten beim breiten Publikum so, daß es sich über Gewalttaten der Regierung nicht mehr aufregte. Die Menschen waren wie betäubt. Als ich einen Abend bei einem prominenten Politiker [...] eingeladen war, erzählte ich, daß vor dem Haus zwei Kriminalbeamte ständen, die seine Besuche überwachten. Man glaubte mir nicht."[157] Was der frühere Kanzler hier vergaß: Vielen Zeitgenossen erschien die neue Notverordnung als Fortführung der von Brüning praktizierten Regierungspraxis – wenngleich mit anderen Inhalten.
Neben der Betäubung spielte etwas anderes eine Rolle: Das Ende der Republik von Weimar löste bei vielen angesichts der Agonie und des Chaos seit 1930 auch ein Gefühl der Erleichterung aus. Weil es nicht weitergehen konnte wie in den drei Jahren zuvor, war die Option einer Rückkehr zur parlamentarischen Demokratie, die ja ihrerseits dem Präsidialregime Platz gemacht hatte, wenig verlockend. Wir wünschen heute, es wäre anders gewesen. Damals aber herrschten Verunsicherung oder Verzweiflung angesichts der Erkenntnis, dass auch präsidiale Regierungen an die Grenze ihrer Problemlösungskapazität gelangt waren. Vielleicht ist auf dieser Grundlage sogar der verhängnisvolle Irrtum verständlich, Hitler könne der Retter sein. Wer sich Anfang 1933 für Hitler aussprach, befürwortete damit nicht etwa in jedem Fall Entrechtung, dauerhafte Gewaltherrschaft und schließlich Massenmord. Das Ende der Demokratie, des Rechtsstaates und der grundrechtlichen Freiheiten, das man hätte sehen können, nahmen nur wenige wahr.

---

[155] Zitiert nach *Hans-Ulrich Thamer*, Verführung und Gewalt. Deutschland 1933–1945. Siedler Deutsche Geschichte, 1994, S. 240.
[156] Zitiert nach *Hans-Ulrich Thamer*, Verführung und Gewalt. Deutschland 1933 bis 1945, aaO, S. 242.
[157] *Heinrich Brüning*, Memoiren 1918–1934, 1970, S. 689.

778　Eine symbolische Bestätigung der neuen Verhältnisse enthielt der mit Art. 3 WRV[158] unvereinbare Flaggen-Erlass Hindenburgs vom 12. März 1933[159]: „Am heutigen Tage, an dem in Deutschland die alten schwarz-weiß-roten Fahnen zu Ehren unserer Gefallenen auf Halbmast wehen, bestimme ich, daß vom morgigen Tage bis zur endgültigen Regelung der Reichsfarben die schwarz-weiß-rote Fahne und die Hakenkreuzflagge gemeinsam zu hissen sind. Diese Flaggen verbinden die ruhmreiche Vergangenheit des Deutschen Reichs und die kraftvolle Wiedergeburt der Deutschen Nation, vereint sollen sie die Macht des Staates und die innere Verbundenheit aller nationalen Kreise des deutschen Volkes verkörpern! Die militärischen Gebäude hissen nur die Reichskriegsflagge." Die Farben der Republik und der Freiheitsbewegungen des 19. Jahrhunderts waren abgeschafft. Die Kombination der Farben des Kaiserreichs und der Parteiflagge der NSDAP konnte nicht deutlicher den kommenden Zusammenhang zwischen Staat und Partei bezeichnen.

b) Das „Ermächtigungsgesetz" vom 24. März 1933

779　Die endgültige Weichenstellung zum autoritären Staat geschah mit dem vom Reichstag, der nach dem Brand seines Gebäudes in die Krolloper ausgewichen war, beschlossenen „Ermächtigungsgesetz". Es schob, nachdem die Reichstagsbrandverordnung bereits einige der wichtigsten Grundrechte suspendiert hatte, den staatsorganisatorischen Teil der Weimarer Verfassung beiseite. Nachdem schon die präsidialen Regierungen seit 1930 die gesetzgebende Gewalt mittels Notverordnungen weitgehend auf die Exekutive verlagert hatten, hob das Ermächtigungsgesetz die Gewaltenteilung auf und installierte die Regierung als vollwertigen Gesetzgeber; ihr waren sogar Verfassungsänderungen möglich.

780　Gesetz zur Behebung der Not von Volk und Reich vom 24. März 1933 („Ermächtigungsgesetz")[160]
„Der Reichstag hat das folgende Gesetz beschossen, das mit Zustimmung des Reichsrats hiermit verkündet wird, nachdem festgestellt ist, daß die Erfordernisse verfassungsändernder Gesetzgebung erfüllt sind:
Art. 1. Reichsgesetze können außer in dem in der Reichsverfassung vorgesehenen Verfahren auch durch die Reichsregierung beschlossen werden. Dies gilt auch für die in den Artikeln 85 Abs. 2 und 87 der Reichsverfassung bezeichneten Gesetze.
Art. 2. Die von der Reichsregierung beschlossenen Reichsgesetze können von der Reichsverfassung abweichen, soweit sie nicht die Einrichtung des Reichstags und des Reichsrats als solche zum Gegenstand haben. Die Rechte des Reichspräsidenten bleiben unberührt.
Art. 3. Die von der Reichsregierung beschlossenen Reichsgesetze werden vom Reichskanzler ausgefertigt und im Reichsgesetzblatt verkündet. Sie treten, soweit sie nichts Anderes bestimmen, mit dem auf die Verkündung folgenden Tag in Kraft. Die Art. 68 bis 77 der Reichsverfassung finden auf die von der Reichsregierung beschlossenen Gesetze keine Anwendung.

---

[158] „Die Reichsfarben sind schwarz-rot-gold. Die Handelsflagge ist schwarz-weiß-rot mit den Reichsfarben in der oberen inneren Ecke."
[159] RGBl. I S. 103.
[160] RGBl. I S. 141. Abgedruckt bei Ernst Rudolf Huber (Hrsg.), Dokumente zur deutschen Verfassungsgeschichte, Bd. 4, Deutsche Verfassungsdokumente 1919–1933, 3. Aufl. 1991, S. 665 f. (Nr. 532).

Art. 4. Verträge des Reichs mit fremden Staaten, die sich auf die Gegenstände der Reichsgesetzgebung beziehen, bedürfen nicht der Zustimmung der an der Gesetzgebung beteiligten Körperschaften. Die Reichsregierung erlässt die zur Durchführung dieser Verträge erforderlichen Vorschriften.

Art. 5. Dieses Gesetz tritt mit dem Tage seiner Verkündung in Kraft. Es tritt mit dem 1. April 1937 außer Kraft; es tritt ferner außer Kraft, wenn die gegenwärtige Regierung durch eine andere abgelöst wird."

Damit war der parlamentarische Gesetzgebungsstaat beendet. Zwar war es nicht ausgeschlossen, dass weiterhin Reichstag und Reichsrat Gesetze beschlossen; das Ermächtigungsgesetz setzte weder die dazu einschlägigen Bestimmungen noch die weiteren staatsorganisationsrechtlichen Abschnitte der Verfassung außer Kraft. Von 933 Gesetzen während der NS-Zeit erließ aber der Reichstag, der nach dem März 1933 nur noch als Akklamationsinstanz für Akte der Regierung und des „Führers" weiterexistierte, lediglich acht (unter ihnen die „Nürnberger Gesetze" von 1935, unten Rn. 852–855). Alle anderen wurden von der Reichsregierung erlassen, die die Aufhebung des Gewaltenteilungsprinzips in vollem Umfang nutzte. Das bis 1937 befristete Ermächtigungsgesetz hat der Reichstag, auch um den Schein der Legalität zu wahren, zweimal verlängert. Zuletzt ordnete ein Führererlass vom 10. Mai 1943[161] die unbefristete Geltung an.[162]

War das „Ermächtigungsgesetz" verfassungsgemäß? Hat es überhaupt gegolten? Diese erst nach 1945 vielfach untersuchte Frage lässt sich nicht einfach beantworten. Der Reichstag beschloss es zwar mit verfassungsändernder Zwei-Drittel-Mehrheit (Art. 76 Abs. 1 S. 2 WRV), der Reichsrat legte keinen Einspruch ein (Art. 76 Abs. 2 WRV). Auch zog Art. 76 WRV Verfassungsänderungen keine inhaltlichen Grenzen, anders als 79 Abs. 3 GG, der eine Übertragung der gesetzgebenden Gewalt auf die Exekutive kategorisch ausschlösse. Es gibt jedoch eine Reihe von Bedenken bei der Vereinbarkeit des Gesetzes mit der Weimarer Verfassung. Sie beginnen beim Gesetzgebungsverfahren. Von den 647 Reichstagsabgeordneten stimmten 444 für das „Ermächtigungsgesetz", gegen das Gesetz geschlossen diejenigen 94 Abgeordneten der SPD, die an der Abstimmung teilnehmen konnten. Aber: 26 SPD-Abgeordnete, ebenso alle 81 Abgeordneten der KPD, konnten nicht an der Reichstagssitzung teilnehmen und abstimmen, weil sie in Schutzhaft genommen worden waren oder sonst mit Zwang von der Abstimmung ferngehalten wurden. Diese Beeinträchtigung des freien Mandats (Art. 21 WRV) verstieß gegen die Verfassung.

Dies wurde durchaus gesehen. Vor der Verabschiedung des „Ermächtigungsgesetzes" änderte der Reichstag seine Geschäftsordnung, weil das Erreichen der verfassungsändernden

---

[161] RGBl. S. 295.
[162] Das kommentiert Ernst Rudolf Huber in der letzten Fußnote seiner Dokumentensammlung, Ernst Rudolf Huber [Hrsg.], Dokumente zur deutschen Verfassungsgeschichte, Bd. 4, Deutsche Verfassungsdokumente 1919–1933, 3. Aufl. 1991, S. 666, in auffälliger Weise: „Diese letzte Verlängerung war ein Akt der ‚Selbstermächtigung', der auch nach den damaligen Rechtsvorstellungen als illegal angesehen werden musste." In Sache hätte dies auch in dem praktisch einzigen Lehrbuch zum Staatsrecht der NS-Zeit stehen können. Dies stammte von Ernst Rudolf Huber (Das Verfassungsrecht des Großdeutschen Reiches, 1938).

Mehrheit (zwei Drittel von 647, also 432 Abgeordnete) durchaus fraglich war. SPD und KPD verfügten insgesamt über 201 Stimmen. Wären nur 15 weitere Abgeordnete der Abstimmung ferngeblieben (oder hätten gegen das „Ermächtigungsgesetz" gestimmt), dann wäre die nötige Mehrheit nicht erreicht worden. Am 21. März 1933 fügte der Reichstag (nur die Abgeordneten der SPD stimmten dagegen) der Geschäftsordnung einen § 2a ein, dessen Satz 1 besagte: „Wer ohne Urlaub oder infolge einer Erkrankung, die dem Abgeordneten die Teilnahme nicht tatsächlich unmöglich macht, an Vollsitzungen, Ausschusssitzungen oder Abstimmungen nicht teilnimmt, kann durch den Präsidenten bis zu sechzig Sitzungstage von der Teilnahme an den Verhandlungen ausgeschlossen werden." Das flankierte ein neuer § 98 Abs. 3, wonach auch diejenigen Abgeordneten als anwesend galten, die nach § 2a ausgeschlossen werden konnten. Dies sollte die Zwei-Drittel-Mehrheit in jedem Fall sichern.

784 Die Abgeordneten des Zentrums waren anwesend und stimmten dem „Ermächtigungsgesetz" zu. Sie hofften, damit das Fortbestehen ihrer Partei und die Möglichkeit des politischen Katholizismus zur Mitwirkung im „neuen Staat" sichern zu können. Auch gab es die vage Hoffnung, mit diesem Gesetz gewaltsame Maßnahmen Hitlers verhindern zu können. In der Situation des März 1933 waren diese Überlegungen nicht ganz von der Hand zu weisen. Das Protokoll einer Fraktionssitzung vom 23. März 1933, dem Tag vor der Verabschiedung des Gesetzes, gibt die resignierende und wenig weitblickende Einschätzung des Partei- und Fraktionsvorsitzenden Ludwig Kaas so wieder: „Es gelte einerseits unsere Seele zu wahren, andererseits ergäben sich aus der Ablehnung des Ermächtigungsgesetzes unangenehme Folgen für die Fraktion und die Partei. Es bliebe nur übrig, uns gegen das Schlimmste zu sichern. Käme die 2/3 Majorität nicht zustande, so werde die Durchsetzung der Pläne der Reichsregierung auf anderem Wege erfolgen. Der Reichspräsident habe sich mit dem Ermächtigungsgesetz abgefunden." Deutlicher wurde in derselben Sitzung der frühere Reichskanzler Heinrich Brüning: „Das Ermächtigungsgesetz sei das Ungeheuerlichste, was je von einem Parlament gefordert worden wäre. [...] nun beständen die größten Gefahren für die gesamte Verfassung, besonders da sich Hindenburg mit dem Ermächtigungsgesetz abgefunden habe. Er – Brüning – könne sich kaum für ein Ja entscheiden [...]."[163] Wohl aus Gründen der Fraktionsdisziplin tat dies aber Brüning am folgenden Tag der Abstimmung doch. Damit hatte das Zentrum bei der letzten Möglichkeit, die Verfassung zu verteidigen, versagt, auch wenn eine Ablehnung vermutlich die Herausbildung des autoritären Staates nicht verhindert hätte.[164]

785 Zu einem weiteren Verfassungsverstoß im Gesetzgebungsverfahren kam es im Reichsrat. Dieser erörterte das Gesetz nicht und beschloss nur, keinen Einspruch nach Art. 76 Abs. 2 WRV einzulegen. Das hielt sich äußerlich im Rahmen der Verfassung. Es beruhte aber darauf, dass – entgegen dem Urteil des Staatsgerichtshofes für das Deutsche Reich im Fall des „Preußenschlags" (oben Rn. 743 ff.) – die Stimmen des Landes Preußen von den Reichsbeauftragten für dieses Land abgegeben wurden. Ohne diese Stimmen wäre das Quorum verfehlt worden.

786 Auch inhaltlich stand nach damaligem Verfassungsrecht das „Ermächtigungsgesetz" nicht außer Zweifel. Auch wenn es keine Grenzen der Verfassungsänderung gab – inhaltlich sprengte das Gesetz rechtsstaatlich-demokratische Grundprinzipien. Es war nicht Verfassungsänderung, sondern Verfassunggebung. Nicht ohne Grund

---

[163] Zitiert nach *Rudolf Morsey*, Das „Ermächtigungsgesetz" vom 24. März 1933, 1968, S. 26 f.

[164] Der Mehrheit des Zentrums kam es darauf an, „sich mit dem neuen Regime zu arrangieren, wenn dieses zu bestimmten Konzessionen auf den für die Katholiken besonders bedeutsamen Gebieten der Kirchen- und Schulpolitik bereit war und für christlichen Einfluss offenblieb", so *Ernst-Wolfgang Böckenförde*, Der deutsche Katholizismus im Jahre 1933 (1961), in: *ders.* Schriften zu Staat-Gesellschaft-Kirche, Bd. I, 1988, S. 39 ff., 44.

nannte es Carl Schmitt „die vorläufige Verfassung der deutschen Revolution"¹⁶⁵. Damit konnte das Gesetz eigentlich nicht mehr an der Verfassung gemessen werden, weil es, im Grunde wie die Weimarer Verfassung selbst im Jahre 1919, ohne Rücksicht auf geltendes Recht neues Verfassungsrecht setzte. Das hätte dann auch Bedeutung für die Beurteilung von Verfahrensfehlern. Äußerlich aber vollzog sich dieser Prozess vorläufiger Verfassunggebung nicht als revolutionärer Akt, sondern gerade in den Formen der Verfassungsänderung nach der Weimarer Verfassung – dies aber wiederum war nicht von der Befugnis zur Verfassungsänderung nach Art. 76 WRV gedeckt. Es gehört in das Bild der damaligen Ereignisse, dass die Staatsrechtslehre weitgehend verstummte.

Zum Schwur kam es nach 1945 in der jungen Bundesrepublik, als es darum ging, ob die auf der Grundlage des „Ermächtigungsgesetzes" von der Reichsregierung erlassenen Reichsgesetze gültig waren und nach 1945 weitergalten, sofern sie nicht von nationalsozialistischer Willkür und Ideologie geprägt waren. 1957 hatte darüber das Bundesverfassungsgericht anhand des im Sommer 1933 zwischen dem Reich und dem Heiligen Stuhl geschlossenen „Reichskonkordats" zu entscheiden, dessen Weitergelten nach 1945 im Streit stand. Das Gericht fand zu einer Lösung, die von einer Geltung des Ermächtigungsgesetzes ausging. „Gemessen an den Vorschriften der Weimarer Reichsverfassung war das sogenannte Ermächtigungsgesetz ungültig. Es bedarf hierüber jedoch keiner näheren Ausführungen, denn über seine Gültigkeit kann nicht nach den Bestimmungen dieser Verfassung entschieden werden. Das Ermächtigungsgesetz muss als eine Stufe der revolutionären Begründung der nationalsozialistischen Gewaltherrschaft angesehen werden. Es schuf anstelle der bisherigen eine neue Kompetenzordnung. Diese neue Kompetenzordnung hatte sich jedenfalls [im September 1933] tatsächlich durchgesetzt, und zwar nach innen und außen. […] Die neue Kompetenzordnung war […] international anerkannt. Sie funktionierte auch nach innen." Sodann schloss das Bundesverfassungsgericht daraus für die Geltung von Gesetzen, die von der Reichsregierung auf der Grundlage des Ermächtigungsgesetzes erlassen worden waren: „Man kann nicht die Existenz einer revolutionär gesetzten Kompetenzordnung bejahen, aber den unter dieser Kompetenzordnung gesetzten Staatsakten und Normen die Geltung versagen. Vielmehr führt die Anerkennung der Geltung einer Kompetenzordnung zwangsläufig zu der Folgerung, die *Möglichkeit* der Entstehung gültigen Rechts unter dieser Kompetenzordnung anzunehmen […]. Mit der Anerkennung der neuen Kompetenzordnung ist noch nichts darüber ausgesagt, ob die auf ihrer Grundlage erlassenen Gesetze und Verordnungen als gültiges Recht anerkannt werden können. Dafür kommt es auf ihren *Inhalt* an. Sie können dann nicht als gültiges Recht anerkannt werden, wenn sie gegen das Wesen und den möglichen Inhalt des Rechts verstoßen."¹⁶⁶

Das lenkt zu Recht die Frage von Überlegungen zur Verfassungsmäßigkeit des Gesetzes hin zu der Tatsache, dass das Ermächtigungsgesetz als Grundlage der neuen Staatsorganisation anerkannt war und tatsächlich in Geltung stand. „[…] Hitler hatte es verstanden, das Tor der Legalität, durch das er eingetreten war, hinter sich zu schließen und seine politischen Feinde auf legalem Wege in die Illegalität zu stoßen. Sollten sie den Versuch machen, ihm Widerstand zu leisten, gar sich den Eingang zur

---

¹⁶⁵ *Carl Schmitt*, Das Reichsstatthaltergesetz, 1933, S. 9. Vgl. auch *Ulrich Scheuner*, Die nationale Revolution, in: AöR 24 (1934), S. 166 ff., 261 ff., 300: Das Ermächtigungsgesetz sei „der grundlegende revolutionäre Akt", es „zerbricht die Weimarer Verfassung und legt den Grund zu neuer verfassungsgesetzlicher Gestaltung".
¹⁶⁶ BVerfGE 6, 309 (331 f.).

verschlossenen Tür der Legalität zu erzwingen, so konnten sie als Unruhestifter und Verbrecher behandelt werden."[167] Das Ermächtigungsgesetz brach nicht nur mit der Weimarer Verfassung, ohne sie außer Kraft zu setzen. Es war auch der Versuch, die Form und Gestalt der rechtsstaatlichen Verfassung prinzipiell zu verabschieden. Die Epoche der limitierenden Verfassung, so wurde zeitgenössisch kommentiert, mit Zuständigkeitsordnungen, mit Kompetenzen und Grundrechten, sei vorbei.[168]

789   Die einzigen entschiedenen Verteidiger der Weimarer Verfassung waren die Sozialdemokraten, deren Fraktionsvorsitzender Otto Wels am 24. März 1933 eine mutige Rede hielt: „Nach den Verfolgungen, die die sozialdemokratische Partei in der letzten Zeit erfahren hat, wird billigerweise niemand von ihr verlangen oder erwarten können, daß sie für das hier eingebrachte Ermächtigungsgesetz stimmt. Die Wahlen vom 5. März haben den Regierungsparteien die Mehrheit gebracht und damit die Möglichkeit gegeben, streng nach Wortlaut und Sinn der Verfassung zu regieren. Wo diese Möglichkeit besteht, besteht auch die Pflicht. Kritik ist heilsam und notwendig. Noch niemals, seit es einen Deutschen Reichstag gibt, ist die Kontrolle der öffentlichen Angelegenheiten durch die gewählten Vertreter des Volkes in solchem Maße ausgeschaltet worden, wie es jetzt geschieht, und wie es durch das neue Ermächtigungsgesetz noch mehr geschehen soll. […] Vergeblich wird der Versuch bleiben, das Rad der Geschichte zurückzudrehen. Wir Sozialdemokraten wissen, daß man machtpolitische Tatsachen durch bloße Rechtsverwahrungen nicht beseitigen kann. Wir sehen die machtpolitische Tatsache Ihrer augenblicklichen Herrschaft. Aber auch das Rechtsbewußtsein des Volkes ist eine politische Macht, und wir werden nicht aufhören, an dieses Rechtsbewusstsein zu appellieren. Die Verfassung von Weimar ist keine sozialistische Verfassung. Aber wir stehen zu den Grundsätzen des Rechtsstaates und der Gleichberechtigung, des sozialen Rechtes, die in ihr festgesetzt sind. […]. Kein Ermächtigungsgesetz gibt Ihnen die Macht, Ideen, die ewig und unzerstörbar sind, zu vernichten."[169] Es wäre völlig verfehlt, das Schwanken zwischen einem politischen Verweis auf die Weimarer Verfassung – die neue Regierung habe eine parlamentarische Mehrheit, also könne sie nach der Verfassung regieren – und der Anrufung überpositiver Rechtsgrundsätze, die der Macht entgegengesetzt werden, als naiv anzusehen. Wels' Rede setzte der sich etablierenden neuen Herrschaft alle Gründe entgegen, die ihr entgegengesetzt werden konnten. Der im Reichstag zuhörende französische Botschafter erinnerte sich: „Wels spricht mit außerordentlicher Mäßigung, in einem Ton, als wolle er sich für seine Verteidigungsrede entschuldigen, etwa wie ein Kind, das Schläge bekommen hat und weitere zu bekommen fürchtet. Seine Rede ist deshalb gerade in Anbetracht der Umstände sehr ehrenhaft, voll Würde und Mut."[170] Hätte sich das Zentrum so verhalten wie die Sozialdemokratie, wäre jedenfalls die für das Ermächtigungsgesetz nötige Zwei-Drittel-Mehrheit nicht zustandegekommen.

3. Die Machtergreifung Hitlers – eine „legale Revolution"?

790   Nach den Aussagen des Bundesverfassungsgerichts im Konkordatsurteil setzte die Geltung des Ermächtigungsgesetzes nicht dessen Vereinbarkeit mit der Weimarer Verfassung voraus. Diese Unterscheidung berührt sich zunächst mit einer Begriffsprägung aus dem April 1933. Heinrich Triepel (1867–1947), einer der einflussreichs-

---

[167] *Carl Schmitt*, Die legale Weltrevolution, in: Der Staat 17 (1978), S. 321 ff., 333.
[168] *Ernst Forsthoff*, Das neue Gesicht der Verwaltung und der Verwaltungsrechtswissenschaft, in: Deutsches Recht 5 (1935), S. 331 ff., 331.
[169] Zitiert nach *Rudolf Morsey*, Das „Ermächtigungsgesetz" vom 24. März 1933, 1968, S. 45 f.
[170] *André François-Poncet*, Als Botschafter in Berlin 1931–1938, 1947, S. 111.

ten Staatsrechtslehrer im ausgehenden Kaiserreich und in der Weimarer Republik, bezeichnete die Vorgänge seit dem 30. Januar 1933 als „legale Revolution"[171]. Triepel war sich im Klaren über die Widersprüchlichkeit dieser Begriffsbildung. Eine Revolution begründet neues Recht unter Bruch mit dem bestehenden, Legalität dagegen bezeichnet die Übereinstimmung des neuen Rechts mit der bestehenden Rechtsordnung, das neue Recht leitet sich aus dem geltenden ab. Legale Revolutionen gibt es nicht. Gerade die widersprüchliche Wortprägung kennzeichnete aber die doppelgleisige Taktik Hitlers zutreffend. Spätestens seit seinem „Legalitätseid" im Jahre 1930 legte er Wert darauf, bei der Begründung der politischen Macht legal oder zumindest mit dem Anschein der Legalität vorzugehen und den durchgreifenden plötzlichen Bruch mit der Legalitätsordnung der Weimarer Verfassung zu vermeiden. Nur so konnte der Versuch, die Macht zu erlangen, erfolgreich sein. Für eine offene Revolution, unter Umständen gewaltsam, hätte eine Mehrheit nicht gewonnen werden können.

Für den Anschein von Legalität und Kontinuität stand der sorgfältig inszenierte „Tag von Potsdam" am 21. März 1933[172], an dem der neugewählte Reichstag in der dortigen Garnisonkirche[173] (das Berliner Reichstagsgebäude war wegen der Brandschäden nicht nutzbar), der traditionellen Kirche des preußischen Militärs, eröffnet wurde. Mit dem greisen Reichspräsidenten Paul von Hindenburg tauschte Hitler einen demütig wirkenden Handschlag vor der Kirche. In seiner Reichstagseröffnungsrede behauptete er: „Indem nun aber die nationale Regierung in dieser feierlichen Stunde zum ersten Mal vor den neuen Reichstag hintritt, bekundet sie zugleich ihren unerschütterlichen Willen, das große Reformwerk der Reorganisation des deutschen Volkes und des Reichs in Angriff zu nehmen und entschlossen durchzuführen. Im Bewusstsein, im Sinne des Willens der Nation zu handeln, erwartet die nationale Regierung von den Parteien der Volksvertretung, dass sie nach 15-jähriger deutscher Not sich emporheben mögen über die Beengtheit eines doktrinären, parteimäßigen Denkens, um sich dem eisernen Zwang unterzuordnen, den die Not und ihre drohenden Folgen uns allen auferlegen. [...] Die Regierung der nationalen Erhebung ist entschlossen, ihre von dem deutschen Volke übernommene Aufgabe zu erfüllen [...] Mögen Sie, meine Männer und Frauen, als gewählte Vertreter des Volkes, den Sinn der Zeit erkennen, um mitzuhelfen am großen Werk der nationalen Wiedererhebung."[174]

Zugleich gab es Elemente des Bruchs und der dosierten Gewalt, letztere gegen einzelne Bevölkerungsgruppen gerichtet, bereits in den Monaten seit dem 30. Januar 1933. Den Bruch mit dem Überkommenen reklamierte dann Joseph Goebbels in einer Radioansprache vom 1. April 1933: Mit der nationalsozialistischen Machtüber-

---

[171] *Heinrich Triepel*, in: Deutsche Allgemeine Zeitung vom 2. April 1933. Abgedruckt in Martin Hirsch/Diemut Majer/Jürgen Meinck (Hrsg.), Recht, Verwaltung und Justiz im Nationalsozialismus, 2. Aufl. 1997, S. 116 ff.
[172] Am 21. März 1871 hatte Bismarck den ersten Reichstag des Deutschen Reiches eröffnet.
[173] Diese 1735 fertiggestellte Kirche unterstand dem Patronat des preußischen Königs. Sie hatte neben der Zivil- eine Militärgemeinde. Die im Zweiten Weltkrieg schwer beschädigte Kirche wurde 1968 gesprengt, wobei die DDR auf den Tag von Potsdam und die „militaristische Tradition" der Kirche verwies. Nach langen und kontroversen Planungen wird die Kirche seit 2017 wiederaufgebaut.
[174] Zitiert nach Rudolf Morsey (Hrsg.), Das „Ermächtigungsgesetz" vom 24. März 1933, 1968, S. 20 f.

nahme werde „das Jahr 1789 aus der Geschichte gestrichen"[175]. Das Zeitalter des Liberalismus und der Aufklärung, das mit einer bürgerlichen und universalistischen Revolution für Freiheit, Gleichheit und Brüderlichkeit begonnen hatte, war am Ende; eine autoritäre und nationale Revolution, gerichtet gegen individuelle Freiheit und Gleichheit, hatte es gestürzt. Die nationale Revolution popularisierte den bereits 1923 geprägten Begriff vom Dritten Reich[176]: Dem Heiligen Römischen Reich sei das Kaiserreich als „Zwischenreich" gefolgt, das jetzt einsetzende „Dritte Reich" solle wieder den gesamten deutschsprachigen Raum umschließen und der Hegemon in Europa sein.

793   Zur gleichen Zeit war bereits der Terror gegen Andersdenkende in vollem Gang. André Francois-Poncet (1887–1978, 1931–1938 französischer Botschafter in Berlin) schrieb am 5. April 1933 an die Regierung in Paris: „Als am 30. Januar das Kabinett Hitler/Papen zur Macht kam, versicherte man, daß in der Regierung die Deutschnationalen […] Hitler und seinen Mitkämpfern Paroli gebieten würden, daß die Nationalsozialistische Partei mit der Feindschaft der Arbeiterklasse zu rechnen habe und daß schließlich die Katholiken der Zentrumspartei die Legalität verteidigen würden. Sechs Wochen später muss man feststellen, daß alle diese Dämme, die die Flut der Hitlerbewegung zurückhalten sollten, von der ersten Welle hinweggespült wurden."[177]

794   Seit dem April 1933 war dann auch nicht mehr die Rede davon, die neue Ordnung in eine Art legale Ableitung aus der Weimarer Ordnung zu stellen. „Das gesamte öffentliche Recht des heutigen deutschen Staates steht heute auf neuem Boden."[178] Das bedeutete auch: Die Weimarer Verfassung galt nicht mehr, auch nicht in den Teilen, die, formal gesehen, vom Ermächtigungsgesetz und der Reichstagsbrandverordnung nicht berührt worden waren. Wenn dennoch einzelne Normen der Weimarer Verfassung nach 1933 angewendet wurden, dann ohne Begründung oder unter Berufung darauf, dass sie dem Willen des Führers, der auch oberster Gesetzgeber war, nicht widersprächen. Die Eigenständigkeit der neuen Ordnung wurde so erklärt: „So kommt es auch für die Geltung der revolutionär geschaffenen nationalsozialistischen Staatsordnung nicht auf die Legalität im Sinne der Weimarer Verfassung, sondern auf die Legitimität im Sinne der völkischen Idee an."[179] Im Selbstverständnis des Regimes war weder die Ernennung Hitlers zum Reichskanzler noch das Ermächtigungsgesetz eine Legalitäts- oder Legitimitätsgrundlage. Die neue „politische Grundordnung" beruhte auf einer ungeschriebenen lebendigen Ordnung, in der die politische Gemeinschaft des deutschen Volkes ihre Einheit und Ganzheit findet. Diese ungeschriebene Verfassung kann durch ausdrückliche gesetzliche Vorschriften

---

[175] *Joseph Goebbels*, Revolution der Deutschen, 1933, S. 155. In der Staatsrechtslehre sekundierte *Ulrich Scheuner*, Die nationale Revolution, in: AöR 24 (1934), S. 166 ff., 184, wonach das neue autoritäre Staatsdenken in „tiefstem Gegensatz" zu den „Ideen von 1789" stehe.
[176] *Arthur Moeller van den Bruck*, Das dritte Reich, 1923.
[177] Zitiert nach Josef und Ruth Becker (Hrsg.), Hitlers Machtergreifung, 1983, S. 2017.
[178] *Carl Schmitt*, Staat, Bewegung, Volk, 1933, S. 5.
[179] *Ernst Rudolf Huber*, Wege und Inhalt der politischen Verfassung, 1935, S. 76.

niemals ganz ausgeschöpft werden. […]. Sie ist die eigentliche Verfassung des völkischen Staates, während die schriftlichen und äußerlichen Festlegungen nur Ausstrahlungen und Niederschläge des ungeschriebenen Verfassungssystems sind."[180]

V. Warum scheiterte die Weimarer Verfassung?

Es gibt nicht den einen und ausschlaggebenden Grund für den Untergang der Weimarer Republik und ihrer Verfassung. Benennen lassen sich Faktoren, die die Katastrophe ermöglichten, die aber auch in ihrem Zusammenwirken keineswegs zwangsläufig zum Umschlag in den Unrechtsstaat der NS-Zeit führen mussten.

1. Konstruktionsfehler der Weimarer Verfassung?

Lange Zeit galt es als unbestreitbar, dass inhaltliche Mängel der Verfassung wesentlich für ihr Scheitern verantwortlich gewesen seien.[181] So stand der Parlamentarische Rat 1948/49 bei der Ausarbeitung des Grundgesetzes im Bann der These von verhängnisvollen Weimarer Konstruktionsfehlern, die nicht wiederholt werden dürften. Dieser Ausgangspunkt war in der Situation der Jahre unmittelbar nach dem Ende der Diktatur naheliegend und verständlich. Tatsächlich aber waren inhaltliche Gestaltungsfehler der Weimarer Verfassung, soweit es sie überhaupt gab, nicht der Hauptgrund ihres Scheiterns. Solche Fehler sind diskutabel vor allem im Umfeld des Dualismus von Reichspräsident und Reichstag, der in der unmittelbaren demokratischen Legitimation beider Organe durch die Wahl des Volkes zwangsläufig angelegt war. Er schuf eine Konkurrenz zweier ungleicher Organe und brachte die Reichsregierung in Abhängigkeit von beiden. Aber das war eine offene Konstruktion, die verschiedene und bewegliche Verteilungen politischer Macht ermöglichen konnte. Ein starkes Parlament, fähig zur Steuerung durch Gesetzgebung und Kontrolle der Regierung, hätte ein parlamentarisches Regierungssystem mit einer untergeordneten Rolle des Reichspräsidenten geschaffen. Eine Sperrklausel im Wahlrecht und ein verfassungsrechtlicher Ausschluss des destruktiven Misstrauensvotums hätten die Handlungsfähigkeit und -bereitschaft des Reichstags sicherlich unterstützen können. Die Beschränkung auf ein konstruktives Misstrauensvotum, wie im Grundgesetz vorgesehen (Art. 67 GG), hätte die Potentiale zur Blockade des parlamentarischen Systems vermindert.

Keineswegs zwangsläufig aber war die Entwicklung hin zu Präsidialregierungen, in denen die Regierungsform der konstitutionellen Monarchie im Gewand der Republik wiederauflebte. Reichspräsident Ebert hat viele Befugnisse so genutzt wie später sein Nachfolger Hindenburg – er tat dies aber mit einer klar demokratischen Ziel-

---
[180] *Ernst Rudolf Huber*, Das Verfassungsrecht des Großdeutschen Reiches, 2. Aufl. 1939, S. 54f.
[181] Zu dieser These *Gerd Roellecke*, Konstruktionsfehler der Weimarer Verfassung, in: Der Staat 35 (1996), S. 599ff.

richtung. Ein grober Missgriff war allerdings die zweifelhafte, trotz Überdehnung des Wortlauts fast ohne Widerspruch gebliebene weite Auslegung des Art. 48 Abs. 2 WRV, die Notstandsmaßnahmen des Reichspräsidenten nicht auf kurzfristige Einzelfallentscheidungen begrenzte und eine dauerhafte exekutivische Rechtsetzung erlaubte, die der parlamentarischen Gesetzgebung gleichstand. Ohne eine solche Nebengesetzgebung hätten Parlament, Präsident und Regierung kooperieren müssen. Wiederum hat aber auch bereits Ebert mit Notverordnungen Recht gesetzt, wenngleich ohne die Absicht, das Parlament dauerhaft auszuschalten. Die vielfältigen Möglichkeiten der Sachentscheidungen durch das Volk (Art. 73 ff. WRV) haben zwar zu insgesamt fünf spektakulären Anläufen geführt, alle haben aber weder punktuell noch dauerhaft ein Entscheidungszentrum außerhalb des repräsentativen Systems geschaffen. Vermutlich gewichtiger für Funktionsstörungen der Staatsorganisation war das Fehlen umfassender Garantien der Verfassung, vor allem in Gestalt einer ausgebauten Verfassungsgerichtsbarkeit, der in Weimar die wichtigen Verfahrensarten der abstrakten Normenkontrolle bei Reichsgesetzen, des Organstreits auf Reichsebene und der Verfassungsbeschwerde fehlten.

798 Die Beurteilung von ihrem Ende her wird der Weimarer Verfassung nicht gerecht. Sie war konsequent demokratisch, insbesondere in ihrem Grundrechtsteil modern und zukunftsweisend. Sie war aber auch anspruchsvoll. Sie setzte eine Gesellschaft voraus, die eine solche Verfassung als Rahmen der Entfaltung nutzen würde und sich von der Verfassung in Form bringen ließ. Eine solche von demokratisch-republikanischer Aufbruchstimmung geprägte Gesellschaft fehlte durchgehend. Wenn die Verfassunggebung von 1919 einen Fehler gemacht hat, dann den, die Vorbelastungen, Voreingenommenheiten und tiefen Gräben in der Gesellschaft nicht genügend zu berücksichtigen. Die Verfassung war in manchem ihrer Zeit voraus und in dieser Weise unzeitgemäß.

799 Das mögen zwei hypothetische Überlegungen verdeutlichen. Angenommen, die Weimarer Nationalversammlung hätte eine Verfassung mit dem Inhalt des Grundgesetzes beschlossen – hätte diese besser zur Republik von Weimar gepasst und helfen können, Krisen abzuwenden? Vermutlich nicht. Und umgekehrt: Was änderte sich heute, wenn anstelle des Grundgesetzes die Weimarer Verfassung gälte? Wir würden das Bundesverfassungsgericht vermissen und die Verfassung müsste europatauglich und völkerrechtsfreundlich gemacht werden; die heutige pluralistische Gesellschaft könnte aber vermutlich mit dem Weimarer Regierungssystem, den teilweise als umsetzungsbedürftigen Proklamationen formulierten Grundrechten und anderem umgehen. Starke plebiszitäre Elemente auf Bundesebene würden sogar von vielen begrüßt werden. Der grundgesetzliche Föderalismus bewegt sich seit den Grundgesetzänderungen der Jahre 2009 und 2017 deutlich in Richtung der zentralistischen Ausrichtung zu Weimarer Zeiten. Wenn schließlich die vorrechtlichen Fundamente des grundgesetzlichen Rechtsstaates und der Demokratie erodieren würden, müsste auch die Erfolgsgeschichte des Grundgesetzes zu Ende gehen. Damit konzentriert sich der Blick auf vor- und außerrechtliche Faktoren, die es der Weimarer Verfassung erschwerten, ihre Qualitäten zur Geltung zu bringen.

2. Außenpolitische Vorbelastungen und wirtschaftliche Krisen

Es war keine Selbstverständlichkeit, dass das Reich am Ende des verlorenen Weltkriegs zumindest als staatliche Einheit bestehen blieb – der deutsche Nationalstaat konnte zu diesem Zeitpunkt auf erst knapp 50 Jahre zurückblicken, und jedenfalls in Frankreich, dem Besiegten des Krieges 1870/71, an dessen Ende die deutsche Einheit stand, gab es 1918 Forderungen, das Reich aufzulösen. Auch wenn dies nicht geschah, so war der Versailler Vertrag mit seinen harten Bestimmungen über Gebietsabtretungen, unermesslich hohe Reparationen und mit seinem Kriegsschuldartikel eine immense von außen kommende Vorbelastung der jungen Republik. Vielleicht hätte eine gefestigte Demokratie gerade in der inneren Ablehnung des Vertrages zu (neuer) Einheit gefunden; in Deutschland wurde aber die Republik, deren Repräsentanten den Vertrag akzeptieren mussten, mit der „Schmach von Versailles" identifiziert, die nach einem bösen Wort von den „Novemberverbrechern" zu verantworten sei.

800

Die Reparationsbelastungen waren mitursächlich dafür, dass die Weimarer Wirtschaft, vom produzierenden Gewerbe bis hin zu der damals bedeutsamen Landwirtschaft, chronisch krank war, nicht nur in den zugespitzten Krisenjahren 1923 und 1929 bis 1932. Das bedeutete materielle Not für große Teile der Bevölkerung. In der Inflation kamen Totalverluste für viele Sparer hinzu. Zugleich gab es, wie in jeder Krise, eine kleine Zahl von Krisengewinnern, deren Reichtum der Staat praktisch unangetastet ließ. Im modernen Staat aber, der als Steuerstaat auf eine funktionierende Wirtschaft angewiesen ist, um durch Abgaben Geldmittel für seine Aufgaben zu gewinnen, bedeutet Geldentwertung und Krise Delegitimation und den Vertrauensverlust bei weiten Teilen der Bevölkerung. Als Schreckensbild bis heute im kollektiven Bewusstsein verankert ist die Entschuldung des Staates auf Kosten der privaten Geldvermögen in der Hyperinflation 1923. Mit der zweiten ökonomischen Großkrise innerhalb eines Jahrzehnts und sechs Millionen Arbeitslosen im Jahre 1932 war die Akzeptanz des Weimarer Staates, der die importierte Krise hilflos hinnehmen musste, fast unwiderruflich verloren. Das Gegenbild gibt wiederum die Bundesrepublik, deren Erfolg samt dem des Grundgesetzes viel mit wirtschaftlicher Prosperität und Geldwertstabilität zu tun hat.

801

3. Fehlender gesellschaftlicher Konsens

Schon im Kaiserreich hatte sich die Massengesellschaft mit unterschiedlichen Interessengruppen herausgebildet. Die Weimarer Verfassung verpflichtete sie zum demokratischen Interessenausgleich, und dies bei verschärften Gegensätzen. Jetzt holte die Republik ein, dass es zu genau diesem Ausgleich im Kaiserreich wenig politische Möglichkeiten gegeben hatte – Sozialpolitik etwa war obrigkeitlich angeordnet. Die Gewöhnung an Kompromisse fehlte. Es fehlte dem Gesamtvolk der Republik aber auch eine gemeinsame Grundlage, ein Gründungsmythos und Deutungsmuster, die über die Gegensätze hinweg hätten verbinden und Zusammenhalt stiften können.

802

Die Eliten des Kaiserreichs in Wirtschaft, Verwaltung, Wissenschaft und Kultur konnten sich behaupten, mussten jetzt aber ihre Position mit neuen Kräften teilen. Insofern der Staat auf die alten Eliten als mittragende Gruppen angewiesen war, fielen sie weitgehend aus und standen der Republik kritisch bis ablehnend gegenüber. Zur Monarchie wollte niemand ernsthaft zurück, aber politisch rechte Kräfte werteten das Ende der Verbindung eines starken, zugleich autoritären und zurückhaltenden Staates mit einer freien Gesellschaft als Verfallsgeschichte. Die politische Linke, beginnend im linken Flügel der mehrheitlich republikanischen SPD, sah die Ereignisse der Jahre 1918/19 dagegen als unvollendete Revolution und die Verfassung als Hindernis auf dem Weg zu sozialistischen Ordnungsformen; die Mehrheit der Sozialdemokratie hätte sich mit den alten Eliten verbündet. „Demokratie, das ist nicht viel, Sozialismus ist das Ziel" lautete links von der Mehrheitssozialdemokratie die Parole. Dazwischen gab es die Republikaner, die sich bemühten und für den neuen Staat warben,[182] zu keinem Zeitpunkt nach dem August 1919 aber eine Mehrheit des Volkes hinter sich hatten.

803   Charakteristisch für Weimar war die Sprachlosigkeit zwischen den Gruppen der Gesellschaft, es fehlte die Fähigkeit zu Kompromissen. Diese seien Vereinbarungen von Interessengruppen ohne wirklichen Gemeinwohlbezug, der einen überparteilichen Standpunkt verlange. Schlimmer noch: Das Parlament war für viele der verachtete Hauptort des Kompromisses, der „Kopfzahldemokratie"[183], Ausdruck der „Herrschaft der Minderwertigen", die Regierung entsprechend den Mehrheiten „Parteiausschuss"[184].

804   Der 1931 erschienene Roman „Bauern, Bonzen und Bomben" von Hans Fallada (1892–1947) schilderte anschaulich anhand von Bauernprotesten in der preußischen Provinz Schleswig-Holstein das Geflecht von Kontroversen zwischen den gesellschaftlichen Gruppen, ihre wirtschaftliche Bedrängtheiten, die politischen Verbindungen und Intrigen zwischen Land, Landrat und Bürgermeister. In seiner Rezension stellte Kurt Tucholsky fest: „Hier, in diesem kleinen Städtchen, ist der demokratische, der republikanische Gedanke niemals eingezogen. Man hat – großer Sieg! – auf manchen Regierungsgebäuden Schwarz-Rot-Gold geflaggt; die Denkungsart der breiten Masse hat die Republik nie erfasst. Nicht nur, weil sie maßlos und energielos zu Werke gegangen ist; nicht nur, weil sie 1918 und nach dem Kapp-Putsch, nach den feigen Mordtaten gegen Erzberger und Rathenau alles, aber auch alles versäumt hat – nein, weil der wirkliche Gehalt dieses Volkes, seine anonyme Energie, seine Liebe und sein Herz nicht auf dieser Seite sein können."[185]

805   Die Verfassung enthielt eine starke Ausgestaltung der Demokratie – das politische Bewusstsein und Verhalten blieb hinter den Chancen und Forderungen der Verfassung demgegenüber weit zurück. „Man buchstabierte Pluralismus als Desintegrati-

---

[182] Seitens der Staatsrechtslehre etwa die grundlegende Schrift von *Hans Kelsen,* Vom Wesen und Wert der Demokratie, 1929.
[183] *Edgar Tatarin-Tarnheyden,* Kopfzahldemokratie, organische Demokratie und Oberhausproblem, in: Zeitschrift für Politik 15 (1926), S. 97.
[184] *Edgar E. Jung,* Die Herrschaft der Minderwertigen, 1927.
[185] *Kurt Tucholsky,* Gesammelte Werke, Bd. 9. 1931, 1970, S. 168 ff., 172.

on, Parlamentarismus als Parteienherrschaft, Liberalismus als Staatsgefährdung."[186] Parlament und Regierung erschienen als Gegenspieler der Nation, deren wirklicher Wille sich nur außerhalb der formalen Wege der Demokratie entfalten könne.

Auch die zeitgenössische Staatsrechtslehre tat sich mit demokratischer Freiheit und Gleichheit, mit produktivem Konflikt und Konsens schwer. Neben einer klar republikanischen Richtung – vertreten etwa von Hans Kelsen, Richard Thoma und Gerhard Anschütz – gab es viele konservative Vorbehalte. Carl Schmitt erklärte die Unterscheidung von Freund und Feind in jedem denkbaren Sachbereich zum Kern des Politischen: „Die spezifisch politische Unterscheidung, auf welche sich die politischen Handlungen und Motive zurückführen lassen, ist die Unterscheidung von Freund und Feind. Sie gibt eine Begriffsbestimmung im Sinne eines Kriteriums, nicht als erschöpfende Definition oder Inhaltsangabe. […] Die Unterscheidung von Freund und Feind hat den Sinn, den äußersten Intensitätsgrad einer Verbindung oder Trennung, einer Assoziation oder Dissoziation zu bezeichnen […]. Der politische Feind braucht nicht moralisch böse, er braucht nicht ästhetisch hässlich zu sein; er muss nicht als wirtschaftlicher Konkurrent auftreten, und es kann vielleicht sogar vorteilhaft scheinen, mit ihm Geschäfte zu machen. Er ist eben der andere, der Fremde, und es genügt zu seinem Wesen, dass er in einem besonders intensiven Sinne existentiell etwas Anderes und Fremdes ist, so dass im Extremfall Konflikte mit ihm möglich sind, die weder durch eine im Voraus getroffene Normierung, noch durch den Spruch eines ‚unbeteiligten' und daher ‚unparteiischen' Dritten entschieden werden könne."[187] Zum Staat gehöre die Fähigkeit, zwischen Freund und Feind zu unterscheiden, die, so legt Carl Schmitt nahe, dem modernen (also auch dem Weimarer) Staat fehle, weil er zur Beute der pluralistischen Gesellschaft geworden sei. Später, 1963, heißt es dann bei Schmitt in aller Deutlichkeit: „Die Epoche der Staatlichkeit geht jetzt zu Ende. Darüber ist kein Wort mehr zu verlieren. […] Der Staat als das Modell der politischen Einheit, der Staat als der Träger des erstaunlichsten aller Monopole, nämlich des Monopols der politischen Entscheidung, dieses Glanzstück politischer Form und occidentalen Rationalismus, wird entthront."[188] Mit Weimar war also kein Staat zu machen, so lautete die Botschaft – auch deshalb, weil eine „homogene" Demokratie eine Einheit der Bürger verlangt, die fehlte; das Parlament könne kein Ort der Entscheidung, sondern nur Spiegel der gesellschaftlichen Zerrissenheit sein.[189]

Ambivalent war die „Integrationslehre" Rudolf Smends (1882–1975, ab 1909 Staatsrechtslehrer an der Universität Greifswald, später in Tübingen und Bonn, seit 1922 in Berlin, von 1935 bis 1975 in Göttingen).[190] Ihr demokratisches Potential wurde von Smend selbst erst zu spät hervorgehoben. Den Staat begriff Smend als Teil der geistigen Wirklichkeit, die sich aus der Wechselwirkung individueller Lebensvorgänge ergibt, „integriert". Integration ist der dauernde einigende Zusammenschluss der Bürger zum und im Staat, der Staat „lebt und ist nur da in diesem Prozeß beständiger Erneuerung, dauernden Neuerlebtwerdens, er lebt […] von einem Plebiszit, das sich jeden Tag wiederholt"[191]. Daraus entstand ein dynamisches und zugleich auf Harmonie bedachtes Staatsverständnis. Staatlichkeit ist keine souveräne Entscheidungsfähigkeit wie bei Schmitt, sondern ein ständiger Prozess, in dem die Staatsbürger

---

[186] *Horst Dreier*, Die deutsche Staatsrechtslehre in der Zeit des Nationalsozialismus, VVDStRL 60 (2001), S. 10 ff., 14.
[187] *Carl Schmitt*, Der Begriff des Politischen, zuerst 1932, erweiterte Neuausgabe 1963, S. 26 f.
[188] *Carl Schmitt*, Der Begriff des Politischen, aaO, Vorwort 1963, S. 10.
[189] *Carl Schmitt*, Zur geistesgeschichtlichen Lage des heutigen Parlamentarismus, 1923.
[190] Zu Smend *Manfred Friedrich*, Rudolf Smend (1882–1975), in: AöR 112 (1987), S. 1 ff.; *Stefan Korioth*, Rudolf Smend (1882–1975), in: Stefan Grundmann u.a. (Hrsg.), FS 200 Jahre Juristische Fakultät der Humboldt-Universität zu Berlin, 2010, S. 583 ff.
[191] *Rudolf Smend*, Verfassung und Verfassungsrecht (1928), in: *ders.*, Staatsrechtliche Abhandlungen und andere Aufsätze, 2. Aufl. 1968, S. 119 ff., 136.

teils durch aktives Tun, teils durch Erlebnisse staatlichen Handelns, bis hin zu Flaggen, Aufmärschen und Symbolen, in den Staat integriert werden. Dem krisengeschüttelten und durch weltanschauliche Gegensätze seiner Bürger zerrissenen Staat hielt dieses Staatsverständnis das positive Gegenbild der Einigkeit entgegen. Das ließ den Weimarer Staat nicht gut aussehen, zumal Smend einen betont etatistischen, staatszentrierten Standpunkt einnahm. Integration stehe für „die lebendigste Durchdringung aller gesellschaftlichen Sphären durch den Staat zu dem allgemeinen Zweck, alle vitalen Kräfte des Volkskörpers für das Staatsganze zu gewinnen"[192]. Gemessen daran war Weimar ein desintegrierter Staat. Den Schwebezustand zwischen der Sicht des Staates als Gestaltungsaufgabe und Erlebnis überwand Smend erst in einer Rede zur Reichsgründungsfeier am 18. Januar 1933 (wie selbstverständlich bezog sich die Gründungsfeier auf 1871, nicht 1919), zwei Wochen vor der Ernennung Hitlers zum Reichskanzler. Hier beschwört Smend seine Zuhörer, sich in Einigkeit unter der Verfassung zusammenzufinden. Es gebe den „Beruf zum Staat", die Aufgabe, zu seinem Gelingen beizutragen, und es seien die Grundrechte, die nicht als egoistisch-bourgeoise Rechte auf Ruhe vor dem Staat und verfassungskräftige Verankerungen von Gruppeninteressen verstanden werden dürften, sondern als das „persönliche Berufsrecht des deutschen Staatsbürgers", also des engagierten Staatsbürgers, der sich dem Ganzen verpflichtet weiß. Nicht aus dem Austauschgeschäft zwischen Gruppen entstehe eine Verfassung; nur wenn man an diese Stelle den „sittlich gebundenen Bürger einsetzt, dem je nach seiner besonderen Eigenart hier sein besonderes staatsbürgerliches Berufs- und Standesrecht im Rahmen des Ganzen zugeteilt wird, nur dann bleibt der Grundgedanke der Verfassung erhalten, ein Volk in die Form zu bringen, in der es handelnde Einheit wird und seine geschichtliche Aufgabe erfüllen kann, die ihm gestellt ist, die Form zu sein, in der wir alle zusammen unseren gemeinsamen geschichtlich-sittlichen Beruf als Nation ergreifen"[193]. Dass hier neben egalitären auch ständische Motive anklingen, hatte Smend schon zuvor das Verdikt des Republikaners Kelsen eingetragen: Es verstehe sich „in den Kreisen der Staatsrechtslehrer und Soziologen […] heute [1932] beinahe von selbst, von Demokratie nur mit verächtlichen Worten zu sprechen, gilt als modern, den Diktator – direkt oder indirekt – als das Morgenrot einer neuen Zeit zu begrüßen. Und diese Wendung der ‚wissenschaftlichen' Haltung geht Hand in Hand mit einem Wechsel der philosophischen Front: Fort von der jetzt als Flachheit verschrieenen Klarheit des empirisch-kritischen Rationalismus, diesem geistigen Lebensraum der Demokratie, zurück zu der für Tiefe gehaltenen Dunkelheit der Metaphysik, zum Kultus eines nebulosen Irrationalen, dieser spezifischen Atmosphäre, in der seit je die verschiedenen Formen der Autokratie am besten gediehen sind. Das ist die Parole von heute."[194] Bei aller berechtigten Kritik: Smend kam das Verdienst zu (und deshalb sind seine Schriften bis heute wichtig), die außerrechtlichen Wirksamkeits- und Geltungsvoraussetzungen einer Verfassung ausdrücklich in den Gegenstand der Staatsrechtslehre einzubeziehen.[195]

---

[192] *Rudolf Smend*, Verfassung und Verfassungsrecht (1928), aaO, S. 206 Fn. 3.
[193] *Rudolf Smend*, Bürger und Bourgeois im deutschen Staatsrecht (1933), in: *ders.*, Staatsrechtliche Abhandlungen und andere Aufsätze, 2. Aufl. 1968, S. 309 ff., 323 f.
[194] *Hans Kelsen*, Verteidigung der Demokratie (1932), in: *ders.*, Demokratie und Sozialismus, 1967, S. 60 ff., 61.
[195] Zu den Weimarer Grundpositionen, auch dem damaligen „Methoden- und Richtungsstreit" der Staatsrechtslehre, *Michael Stolleis*, Geschichte des öffentlichen Rechts in Deutschland, Bd. 3, 1999, S. 153 ff.

4. Fazit: Die Republik mit Vorbehalten

Weimar hat viele negative oder bedauernde Beinamen erhalten: Die erste deutsche Demokratie galt als „improvisierte"[196] oder „unvollendete Demokratie"[197], die Republik sei „überfordert" oder „ungeliebt"[198] gewesen. Erst in neuerer Zeit werden auch ihre Chancen und Potentiale betont.[199] Darin zeigt sich ein weiteres Mal die in der jeweiligen Gegenwart des Betrachters angelegte Perspektive auf eine vergangene Epoche. Das qualvolle Scheitern Weimars von 1930 bis 1933 ist nach wie vor präsent, es rückt aber mit zunehmendem zeitlichen Abstand in eine von heute gesehen gleichweite Entfernung wie der Beginn der Republik. Hundert Jahre nach 1919 interessiert, angesichts neuer Gefährdungen der Demokratie im 21. Jahrhundert, vor allem der Aspekt, den in Umrissen bereits Smend in den 1920er Jahren behandelte: Eine Verfassung muss gelebte Verfassung sein, sie bedarf der Anerkennung, der Akzeptanz und des Respekts. Es gibt keine garantierende Norm oder Institutionen, die hinter der Verfassung diese nach Art einer Rückversicherung stützen könnten. Weimar steht exemplarisch für die begrenzte Wirksamkeit von Verfassungen. Keine rechtlich geordnete Gesellschaft kann Bestand haben, wenn ihre Grundlagen bestritten und ihre Repräsentanten geschmäht und verhöhnt werden. „Ein guter Verfassungstext allein ist keine hinreichende Bedingung für eine gelingende stabile Verfassung. Ebenso wesentlich ist die gelebte Verfassung, welche der Text zwar ermöglichen, fördern oder absichern, aber eben nicht ersetzen kann. Die freiheitliche Demokratie lebt vom Engagement, der Aktivierung und ihrer Unterstützung durch die Menschen, die Zivilgesellschaft."[200]

808

Horst Dreier resümiert mit vollem Recht: „Jede Verfassung braucht […] einen ‚nicht normierten Unterbau', einen Rückhalt in Staat und Gesellschaft. Wenn dieser fehlt, ist es auch um die beste Verfassung der Welt geschehen. An einem solchen Rückhalt hat es in Weimar gemangelt. In den Kreisen von Industrie und Militär, den großen Interessenverbänden wie auch im Protestantismus und im Katholizismus stand man den demokratischen Prämissen von Freiheit und Gleichheit weitgehend fremd, wenn nicht offen ablehnend gegenüber. Die Funktionserfordernisse eines pluralistischen parlamentarischen Systems blieben letztlich unverstanden. Zwischen dem demokratischen Bewusstsein der Verfassunggeber und dem politischen Denken weiter Bevölkerungskreise klaffte eine Lücke. Für Intellektuelle wie künstlerische Zirkel galt bedauerlicherweise das Gleiche, und auch unter den Staatsrechtslehrern jener Jahre waren überzeugte Republikaner und Demokraten rar. Vollends zerrieben wurde die Republik schließlich zwischen den extremen Parteien rechter wie linker Provenienz, deren Attraktivität durch die europaweite Ausbreitung autoritärer oder gar totalitärer Regierungen in der Zwischenkriegszeit gestärkt wurde."[201] Zu viele hielten Weimar für eine unentschiedene Ordnung

809

---

[196] So der Politologe *Theodor Eschenburg*, Die improvisierte Demokratie, 1963.
[197] *Horst Möller*, Weimar. Die unvollendete Demokratie, 1985.
[198] *Ursula Büttner*, Weimar. Die überforderte Republik, 2008; Wolfgang Michalka/Gottfried Niedhart (Hrsg.), Die ungeliebte Republik, 1988.
[199] Dazu *Horst Dreier*, Mehr Gerechtigkeit für die Weimarer Verfassung, in: Merkur 73 (2019), S. 5 ff.
[200] *Christoph Gusy*, 100 Jahre Weimarer Verfassung, in: JZ 2019, S. 741 ff., 751.
[201] *Horst Dreier*, Mehr Gerechtigkeit für die Weimarer Verfassung, in: Merkur 73 (2019), S. 11.

unter Vorbehalt oder auf Abruf, vorläufig bis zum Erreichen besserer Zustände, die ganz unterschiedlich vorgestellt wurden: sozialistisch oder rechtsautoritär, in Gestalt einer dauerhaften Präsidialdiktatur oder schließlich einer ständischen oder christlichen Ordnung. So war vielleicht schon im Jahre 1919 die Aufgabe, eine Verfassung mit Dauer zu schaffen, kaum zu erfüllen.

§ 23 Das nationalsozialistische Regime

I. Die Durchdringung von Staat und Gesellschaft

810 Die tiefe Krise der parlamentarischen Demokratie war in den 1920/30er Jahren nicht auf Deutschland beschränkt. Während am Endes des Ersten Weltkriegs die Demokratie in ganz Europa mit Ausnahme Russlands als die einzig ernsthaft mögliche und zukunftsfähige Staatsform erschienen war, nahmen schon wenige Jahre später viele Staaten in Ost- und Mitteleuropa autoritäre Regierungsformen an; in Italien breitete sich seit 1922 unter Mussolini eine faschistische Herrschaft aus. In großen Teilen Europas gerieten Demokratie und Parlamentarismus, Grundrechte und Rechtsstaatlichkeit in Verruf, verbunden mit Überzeugungen, autoritäre Staatsformen seien besser geeignet, die Herausforderungen der Jahre nach dem Weltkrieg zu bewältigen.[202] Neben politischen Parteien entstanden Bewegungen und Bünde teils halbmilitärischer Organisation und Ausrüstung und mit der Bereitschaft, massiv gegen demokratische Prozesse und Entscheidungen vorzugehen. In gesamteuropäischer Perspektive ungewöhnlich war aber, mit welcher Schnelligkeit nach der Regierungsübernahme Anfang 1933 die nationalsozialistische Bewegung in einem kulturell, technisch und administrativ weit entwickelten Land wie Deutschland ihre Macht festigen und in jeder Hinsicht monopolisieren konnte. Zur Jahresmitte 1934 war die Etablierung des NS-Staates weitgehend vollendet, aus der „Machtergreifung" des 30. Januar 1933 war die Staat und Gesellschaft durchdringende nationalsozialistische Herrschaft geworden – mit zwei Lieblingsworten Hitlers ließe sich dies als „blitzschnell" und „eiskalt" charakterisieren.

811 Welche Folgen die Verabschiedung der Prinzipien des Verfassungsstaates auch hatte, beschrieben hellsichtige Beobachter bereits in den 1940er Jahren: Das Gefühl „einer Art intellektueller Überlegenheit erfüllte in den dreißiger Jahren jene deutschen Politiker, die ihre Aufgabe in der Zersetzung sahen, und die, im Zuge ihrer Bemühungen, die Dinge ihrer politischen Linie unterzuordnen, oft sogar neue Wege im Finanzwesen, Handel, Krieg und Sozialwesen entwickelten."[203]

---

[202] Eindringlich dazu *Eric Hobsbawm*, Das Zeitalter der Extreme. Weltgeschichte des 20. Jahrhunderts, 1998, S. 142 ff.
[203] *Karl Polanyi*, The Great Transformation (1944), 13. Aufl. 2017, S. 52 f.

1. Das Ende der Länderstaatlichkeit

Für die Festigung der nationalsozialistischen Macht war es besonders wichtig, die eigenständigen Entscheidungszentren in den Ländern und Gemeinden, also die vertikale Gewaltenteilung kraft Bundesstaatlichkeit „auszuschalten" (eine weitere von Hitler viel gebrauchte Vokabel). Nur so konnte eine dauerhafte „Gleichschaltung" der Herrschaft gelingen. Es ging insbesondere um Preußen, das zwei Drittel der Bevölkerung und des Territoriums des Reichs umfasste und bis in das Jahr 1933 hinein das stärkste Bollwerk der Republiktreue war. Hier knüpfte die neue Reichsregierung an das unglückliche Urteil des Staatsgerichtshofes zum „Preußenschlag" (oben Rn. 753 f.) an und bediente sich des überraschend willigen Franz von Papen, der vermutlich die Tragweite des Geplanten nicht durchschaute. Eine Verordnung des Reichspräsidenten[204] übertrug bereits am 31. Januar 1933 das Amt des Reichskommissars für Preußen auf Papen, der in dieser Funktion an die Stelle Hitlers trat. Am 4. Februar 1933 löste von Papen alle Kommunalvertretungen (Gemeinderäte und Kreistage) in Preußen auf. Schwieriger war die geplante Auflösung des preußischen Landtages. Hierzu erließ der Reichspräsident am 6. Februar 1933, gestützt auf Art. 48 Abs. 1 WRV, die Notverordnung zur „Herstellung geordneter Regierungsverhältnisse in Preußen".[205] Merkwürdig rechtfertigend erklärte der Reichspräsident hier: „§ 1. Durch das Verhalten des Landes Preußen gegenüber dem Urteil des Staatsgerichtshofs für das Deutsche Reich vom 25. Oktober 1932 ist eine Verwirrung im Staatsleben eingetreten, die das Staatswohl gefährdet. Ich übertrage deshalb bis auf weiteres dem Reichskommissar für das Land Preußen und seinen Beauftragten die Befugnisse, die nach dem erwähnten Urteil dem preußischen Staatsministerium und seinen Mitgliedern zustehen. § 2. Mit der Durchführung dieser Verordnung beauftrage ich den Reichskommissar für das Land Preußen." Auf dieser Grundlage löste von Papen den Landtag zum 4. März 1933 auf.

812

Die Verordnung verstieß gegen Art. 48 Abs. 1 WRV. Die winkeladvokatorische Begründung stellte als „Verwirrung" dar, was das Urteil des Staatsgerichtshofes gefordert hatte. Und: Die Übertragung der nach dem Urteil verbliebenen Befugnisse der Landesregierung (des Staatsministeriums) auf den Reichskommissar hob in der Sache das Urteil zugunsten der nationalsozialistisch beherrschten Reichsregierung auf.

813

Unterdessen ging die föderale Gleichschaltung weiter. Die Reichsregierung setzte vom 5. bis 9. März 1933 in allen weiteren Ländern nationalsozialistische Reichskommissare ein, die vor allem polizeiliche Befugnisse erhielten. Im nächsten Schritt wurden überall nationalsozialistisch geführte Landesregierungen installiert. Dem folgten zwei Gleichschaltungsgesetze. Das Vorläufige Gleichschaltungsgesetz vom 31. März 1933[206] entmachtete die Landesparlamente.

814

---

[204] RGBl. I S. 33. Abgedruckt bei Ernst Rudolf Huber (Hrsg.), Dokumente zur deutschen Verfassungsgeschichte, Bd. 4, Deutsche Verfassungsdokumente 1919–1933, 3. Aufl. 1991, S. 659 f. (Nr. 527).
[205] RGBl. I S. 43. Abgedruckt bei Ernst Rudolf Huber (Hrsg.), Dokumente zur deutschen Verfassungsgeschichte, Bd. 4, aaO, S. 660 (Nr. 528).
[206] RGBl. I S. 153.

815 § 1 bestimmte zur „Vereinfachung der Landesgesetzgebung" (in Entsprechung zum „Ermächtigungsgesetz"): „(1) Die Landesregierungen sind ermächtigt, außer in den in den Landesverfassungen vorgesehenen Verfahren Landesgesetze zu beschließen. Dies gilt auch für Gesetze, die den in Art. 85 Abs. 2 und 87 der Reichsverfassung bezeichneten Gesetzen [Haushaltsgesetze] entsprechen. (2) Über Ausfertigung und Verkündung der von den Landesregierungen beschlossenen Gesetze treffen die Landesregierungen Bestimmungen."

816 Das Zweite Gesetz zur Gleichschaltung der Länder mit dem Reich vom 7. April 1933[207] setzte in allen Ländern „Reichsstatthalter" mit umfassenden Befugnissen ein.

817 „Die Reichsregierung hat das folgende Gesetz beschlossen, das hiermit verkündet wird:
§ 1
(1) In den deutschen Ländern, mit Ausnahme von Preußen, ernennt der Reichspräsident auf Vorschlag des Reichskanzlers Reichsstatthalter. Der Reichsstatthalter hat die Aufgabe, für die Beobachtung der vom Reichskanzler aufgestellten Richtlinien der Politik zu sorgen. Ihm stehen folgende Befugnisse der Landesgewalt zu:
1. Ernennung und Entlassung des Vorsitzenden der Landesregierung und auf dessen Vorschlag der übrigen Mitglieder der Landesregierung;
2. Auflösung des Landtags und Anordnung der Neuwahl vorbehaltlich der Regelung des § 8 des Vorläufigen Gleichschaltungsgesetzes vom 31. März 1933 [...];
3. Ausfertigung und Verkündung der Landesgesetze [...];
4. auf Vorschlag der Landesregierung Ernennung und Entlassung der unmittelbaren Staatsbeamten und Richter [...];
5. das Begnadigungsrecht.
(2) [...].
§ 6
Dieses Gesetz tritt am Tage nach seiner Verkündung in Kraft. Entgegenstehende Bestimmungen der Reichsverfassung vom 11. August 1919 und der Landesverfassungen sind aufgehoben. [...]"

818 Den Schlusspunkt setzten 1934 zwei weitere Gesetze, die die Länder zwar nicht förmlich beseitigten, sie aber nur noch als leere Hülle ohne eigenständige Gestaltungsbereiche zurückließen.

819 Gesetz über den Neuaufbau des Reichs (vom 30. Januar 1934)[208]
„Die Volksabstimmung und die Reichstagswahl vom 12. November 1933 haben bewiesen, dass das deutsche Volk über alle innenpolitischen Grenzen und Gegensätze hinweg zu einer unlöslichen, inneren Einheit verschmolzen ist. Der Reichstag hat daher einstimmig das folgende Gesetz beschlossen, das mit einmütiger Zustimmung des Reichsrats hiermit verkündet wird, nachdem festgestellt ist, dass die Erfordernisse verfassungsändernder Gesetzgebung erfüllt sind.
Art. 1. Die Volksvertretungen der Länder werden aufgehoben.
Art. 2. (1) Die Hoheitsrechte der Länder gehen auf das Reich über.
(2) Die Landesregierungen unterstehen der Reichsregierung.
Art. 3. Die Reichsstatthalter unterstehen der Dienstaufsicht des Reichsministers des Innern.
Art. 4. Die Reichsregierung kann neues Verfassungsrecht setzen.
Art. 5. Der Reichsminister des Inneren erlässt die zur Durchführung des Gesetzes erforderlichen Rechtsverordnungen und Verwaltungsvorschriften.
Art. 6. Dieses Gesetz tritt mit dem Tage der Verkündung in Kraft."

---

[207] RGBl. I S. 173.
[208] RGBl. I S. 75.

Dieses Gesetz habe, so kommentierte 1935 Ernst Rudolf Huber, „die innere und äußere Zusammengehörigkeit der Länder mit dem Reich noch straffer durchgeführt und die ein Jahrtausend alte Reichszersplitterung durch das Reich der Einheit überwunden"[209]. Zwei Wochen nach dem Neuaufbaugesetz löste das „Gesetz über die Aufhebung des Reichsrats"[210] mit einiger Folgerichtigkeit auch dieses Reichsorgan auf. Mit der schnellen und gezielten Ländergleichschaltung, in den ersten Monaten des Jahres 1933 herausgefordert durch Preußen, das trotz schon vollzogener Entmachtung noch ein gewisses Gegengewicht zu den neuen Reichsstrukturen bildete, folgte das NS-Regime mehr intuitiv einer Erfahrungsregel: Eine autoritäre Herrschaft ist mit stark dezentralen, insbesondere bundesstaatlichen Strukturen nicht vereinbar. Diese Regel bestätigte später die DDR, die 1952, drei Jahre nach ihrer Gründung, die erst nach 1945 wiederbegründeten Länder auf ihrem Territorium auflöste und durch Bezirke ersetzte, die bis zum Ende der DDR Bestand hatten und zentral gelenkt wurden.

2. Die weitere Gleichschaltung der Reichsstaatsgewalt und die Einparteienherrschaft

a) Das Verschwinden der Parteien

Das Ermächtigungsgesetz hatte den Weg zur gesetzlichen Neuordnung der Reichsorganisation durch die Reichsregierung eröffnet. Einer förmlichen Änderung oder gar Aufhebung der Weimarer Verfassung bedurfte es auf diesem scheinlegalen Wege nicht. Bis zum Sommer 1933 waren alle Parteien außer der NSDAP ausgeschaltet, ohne dabei förmliche Parteiverbote einzusetzen. Die ersten Gegner waren die KPD und SPD, deren Funktionäre in den Untergrund gegangen, Gewalt und Terror in den Folterkellern der Sonderpolizei ausgesetzt oder ins Ausland geflohen waren. Am 26. Mai 1933 erließ die Reichsregierung ein Gesetz über die Einziehung kommunistischen Vermögens,[211] am 7. Juli 1933 erging eine Verordnung des Reichsinnenministers zur Unwirksamkeit von Mandaten der SPD in Volksvertretungen,[212] am 14. Juli 1933 zog ein Gesetz auch das Vermögen der SPD ein.[213] Mit den bürgerlichen Parteien hatte es das Regime leichter. DNVP und Zentrum lösten sich selbst auf. Letzteres wurde von der katholischen Kirche unter Mitwirkung des Vatikans im Zuge der Vorbereitung des „Reichskonkordats" (dazu Rn. 835) bewusst geopfert, im Irrglauben, der religiöse Bewegungsraum der Kirche ließe sich retten und sichern, wenn die politischen Aktivitäten des Katholizismus aufgegeben würden.

---

[209] *Ernst Rudolf Huber*, Wesen und Inhalt der politischen Verfassung, 1935, S. 80.
[210] Vom 14. Februar 1934, RGBl. I S. 89.
[211] RGBl. I S. 293.
[212] RGBl. I S. 462.
[213] RGBl. I S. 476.

822 Ein angesichts der realen Machtverhältnisse überflüssiges „Gesetz gegen die Neubildung von Parteien" erging am 14. Juli 1933.[214] „Die Reichsregierung hat das folgende Gesetz beschlossen, das hiermit verkündet wird:
§ 1. In Deutschland besteht als einzige politische Partei die Nationalsozialistische Deutsche Arbeiterpartei.
§ 2. Wer es unternimmt, den organisatorischen Zusammenhang einer anderen politischen Partei aufrechtzuerhalten oder eine neue politische Partei zu bilden, wird, sofern nicht die Tat nach anderen Vorschriften mit einer höheren Strafe bedroht ist, mit Zuchthaus bis zu drei Jahren oder mit Gefängnis von sechs Monaten bis zu drei Jahren bestraft."

b) Das Ausschalten der SA

823 Am 6. Juli 1933 konnte Hitler in einer Rede vor den Reichsstatthaltern feststellen: „Die Partei ist jetzt der Staat geworden, alle Macht liegt bei der Reichsgewalt. Es muss verhindert werden, dass das Schwergewicht des deutschen Lebens wieder in einzelne Gebiete oder gar Organisationen verlagert wird."[215] Tatsächlich war der Staat zur Beute der NSDAP geworden, und für die von der Partei beherrschte Reichsgewalt gab es in Ländern und Gemeinden keine Gegenkräfte mehr. Das indes offenbarte (nicht zum ersten Mal in der Entwicklung der NSDAP), dass es in der Partei unterschiedliche Auffassungen darüber gab, wie es weitergehen sollte. Hier musste Hitler sich noch endgültig durchsetzen. Für ihn war Mitte 1933 die (scheinlegale) Revolution beendet. Sein wichtigster Gegenspieler, der SA-Führer Ernst Röhm, wollte dagegen mit unklaren Zielen eine „zweite Revolution", bei der jedenfalls die SA die Führung über die Reichswehr und damit ein Monopol über die bewaffnete Gewalt erhalten sollte. Das drohte Hitlers Pläne zu durchkreuzen und rief auch die militärische Führung der Reichswehr auf den Plan, die Hitler bis dahin vor den allgegenwärtigen autoritären Übergriffen der Partei abgeschirmt hatte. Die Rückendeckung des Militärs war für die Festigung der Macht unentbehrlich.

824 Den Grundkonflikt schildert Joachim Fest: „Die von Hitler entwickelte Taktik der legalen Revolution sicherte der Machtergreifung zwar einen relativ gewaltlosen, unblutigen Verlauf und erlaubte es, den tiefen Riss zu vermeiden, den jede Nation aus revolutionären Zeiten davonträgt. Sie schloss jedoch den Nachteil ein, dass die alten Führungsschichten die Revolution durch Anpassung unterlaufen und das neue Regime, zumindest theoretisch, immer wieder in Frage stellen konnten; überrannt und zeitweilig mitgerissen, waren sie doch keineswegs beseitigt und aktionsunfähig gemacht. Gleichzeitig musste Hitlers Taktik die militanten Vorhuten der SA, die der Bewegung den Weg in die Macht freigekämpft hatten, um die Früchte ihres Zorns betrügen. Höhnisch und nicht ohne Erbitterung beobachteten die braunen Prätorianer, wie die ‚Reaktion': die Kapitalisten, Generale, Junker, konservativen Politiker und anderes ‚feiges Spießervolk' auf den Siegesfeiern der nationalen Revolution die Ehrentribünen erstiegen und die schwarzen Fräcke beflissen neben die braunen Uniformen rückten. Die wahllose Proselytenmacherei beraubte die Revolution ihres Gegners."[216]

825 Nach längerem Zögern entschloss sich Hitler Mitte 1934, unterstützt durch Göring, Goebbels und die SS unter Himmler, gegen die Pläne Röhms zur Etablierung

---
[214] RGBl. I S. 479.
[215] Zitiert nach *Martin Broszat,* Der Staat Hitlers, 15. Aufl. 2000, S. 259.
[216] *Joachim Fest,* Hitler. Eine Biographie, 1973, S. 619.

eines SA-Staates vorzugehen, zumal die Reichswehr inzwischen gegenüber Hitler zahlreiche Loyalitätsbekundungen abgegeben hatte. Als Vorwand für eine Gewalttaktion dienten angebliche Putschpläne der SA. Zwischen dem 30. Juni und 2. Juli 1934 wurden zahlreiche Führer der SA ohne irgendwelche Rücksichten bei einer „Art modernem Bartholomäusnacht-Massaker"[217] ohne „jeden Schein des Rechts"[218] erschossen, zumeist unmittelbar am Ort ihres Antreffens. Hitler persönlich verhaftete Röhm nachts in einem Hotel in Bad Wiessee, erschossen wurde Röhm im Münchener Gefängnis Stadelheim. Zugleich nutzte insbesondere die SS unter Himmler die Gelegenheit, alte Gegner Hitlers zu liquidieren. Der frühere Reichskanzler Kurt von Schleicher wurde in seinem Privathaus in Potsdam am Schreibtisch erschossen, Gregor Strasser, der alte Gegenspieler Hitlers in der NSDAP, im Gestapohauptquartier in Berlin. Vizekanzler von Papen entging der Ermordung vermutlich nur wegen seiner engen Beziehungen zu dem inzwischen schwerkranken Reichspräsidenten von Hindenburg, er wurde aber unter Hausarrest gestellt.[219] Die Gewaltaktion, die mindestens 85 Opfer hatte, beendete die Rolle der SA als paramilitärischer Nebengewalt im Staat. Es begann, ebenso wirksam wie im Stillen, der Aufstieg der SS unter Heinrich Himmler, so dass später mit Recht vom „SS-Staat" gesprochen wurde.

Am 3. Juli 1934 erließ die Reichsregierung das „Gesetz über Maßnahmen der Staatsnotwehr"[220]. Sein einziger Artikel, in Gesetzesform jede Rechtsstaatlichkeit negierend und Mord als Mittel der Staatsgewalt legalisierend, lautete: „Die zur Niederschlagung hoch- und landesverräterischer Angriffe am 30. Juni, 1. Juli und 2. Juli 1934 vollzogenen Maßnahmen sind als Staatsnotwehr rechtens." In seiner berüchtigtsten Publikation kommentierte dies Carl Schmitt so[221]: „Der Führer schützt das Recht vor dem schlimmsten Missbrauch, wenn er im Augenblick der Gefahr Kraft seines Führertums als oberster Gerichtsherr unmittelbar Recht schafft: ‚In dieser Stunde war ich verantwortlich für das Schicksal der deutschen Nation und damit des deutschen Volkes oberster Gerichtsherr'. Der wahre Führer ist immer auch Richter. Aus dem Führertum fließt das Richtertum. Wer beides voneinander trennen oder gar entgegensetzen will, macht den Richter entweder zum Gegenführer oder zum Werkzeug eines Gegenführers und sucht den Staat mit Hilfe der Justiz aus den Angeln zu heben." Der Gedanke der Kontrolle der Staatsgewalt durch den Richter entspringe der „Rechtsblindheit des liberalen Gesetzesdenkens". „Mit dieser Art von Jurisprudenz ist das Wort des Führers, dass er als des ‚Volkes oberster Gerichtsherr' gehandelt habe, allerdings nicht zu begreifen. Sie kann die richterliche Tat des Führers nur in eine nachträglich zu legalisierende und indemnitätsbedürftige Maßnahme des Belagerungszustandes umdeuten. […] In Wahrheit war die Tat des Führers echte Gerichtsbarkeit. Sie untersteht nicht der Justiz, sondern war selbst höchste Justiz. Es war nicht die Aktion eines republikanischen Diktators, der in einem rechtsleeren Raum, während das Gesetz für einen Augenblick die Augen schließt, vollzogene Tatsachen schafft, damit dann, auf dem so geschaffenen Boden der neuen Tatsachen, die Fiktionen der lückenlosen Legalität wieder Platz

---

[217] *Ian Kershaw*, Hitler 1886–1936, 1998, S. 638.
[218] *Joachim Fest*, Hitler. Eine Biographie, 1973, S. 639.
[219] Ermordet wurde auch der katholische Priester Bernhard Stempfle, der 1923/24 Hitler bei der Niederschrift von dessen Buch „Mein Kampf" unterstützt hatte.
[220] RGBl. I S. 529.
[221] *Carl Schmitt*, Der Führer schützt das Recht. Zur Reichstagsrede Adolf Hitlers vom 13. Juli 1934, in: DJZ 1934, Sp. 945 ff. Die „Deutsche Juristenzeitung" war 1933 zum „Organ der Reichsgruppe Hochschullehrer des Bundes Nationalsozialistischer Deutscher Juristen" geworden, „herausgeben vom Reichsfachgruppenleiter" Carl Schmitt, „Staatsrat, Professor in Berlin".

greifen können. Das Richtertum des Führers entspringt derselben Rechtsquelle, der alles Recht des Volkes entspringt. [...] Alles Recht stammt aus dem Lebensrecht des Volkes. [...] In scharfer Entgegensetzung hat der Führer den Unterschied seiner Regierung und seines Staates gegen den Staat und die Regierungen des Weimarer Systems betont: [...] ‚Am 30. Januar 1933 ist nicht zum soundsovielten Male eine neue Regierung gebildet worden, sondern ein neues Regiment hat ein altes und krankes Zeitalter beseitigt.' Wenn der Führer mit solchen Worten die Liquidierung eines trüben Abschnittes der deutschen Geschichte fordert, so ist das auch für unser Rechtsdenken, für Rechtspraxis und Gesetzesauslegung, von juristischer Tragweite. [...] Wir dürfen uns nicht blindlings an die juristischen Begriffe, Argumente und Präjudizien halten, die ein altes und krankes Zeitalter hervorgebracht hat." Dieselbe Abhandlung betont jedoch auch eine merkwürdige Grenzziehung gerade durch die „richterliche Tat": „Inhalt und Umfang seines Vorgehens bestimmt der Führer selbst. [...] Das Gesetz über Maßnahmen der Staatsnotwehr vom 3. Juli 1934 (RGBl. I S. 529) bezeichnet in der Form eines Regierungsgesetzes den zeitlichen und sachlichen Umfang des unmittelbaren Führerhandelns. Außerhalb oder innerhalb des zeitlichen Bereiches der drei Tage fallende, mit der Führerhandlung in keinem Zusammenhang stehende, vom Führer nicht ermächtigte ‚Sonderaktionen' sind umso schlimmeres Unrecht, je höher und reiner das Recht des Führers ist."[222] Bei dem Vergleich zwischen dem legalisierenden Gesetz vom 3. Juli 1934 und Schmitts unsäglicher Legitimation der Gewalttaten fällt auf, dass das Gesetz keineswegs Schmitts Formel von Hitler als oberstem Gerichtsherrn verwendete, sondern mit der pauschalen gesetzlichen Rechtfertigung das Ziel hatte, eventuelle Strafverfahren vor den Strafgerichten in die „richtige" Richtung zu lenken.

c) Hitler als „Führer und Reichskanzler"

827 Die Zusammenlegung der Ämter des Reichskanzlers und des Reichspräsidenten – entgegen Art. 2 S. 2 des „Ermächtigungsgesetzes" vom März 1933 – schloss die Konzentration der Staatsgewalt in der Person Hitlers ab.

828 Gesetz über das Staatsoberhaupt des Deutschen Reichs vom 1. August 1934[223]:
„Die Reichsregierung hat das folgende Gesetz beschlossen, das hiermit verkündet wird:
§ 1. Das Amt des Reichspräsidenten wird mit dem des Reichskanzlers vereinigt. Infolgedessen gehen die bisherigen Befugnisse des Reichspräsidenten auf den Führer und Reichskanzler Adolf Hitler über. Er bestimmt seinen Stellvertreter.
§ 2. Dieses Gesetz tritt mit Wirkung von dem Zeitpunkt des Ablebens des Reichspräsidenten von Hindenburg in Kraft."

829 Hindenburg starb am 2. August 1934. Seit diesem Zeitpunkt war Hitler Inhaber der umfassenden Staatsgewalt. Die Festigung des totalen Staates war abgeschlossen. Die Bezeichnung Reichspräsident verschwand. Hitler nannte sich stets „Führer und Reichskanzler" und kombinierte damit seine herausgehobene Stellung in der Partei und im Staat. Noch im August 1934, im selben Heft der Deutschen Juristenzeitung, in dem Schmitts „Der Führer schützt das Recht" erschienen war, kommentierte der damals 31-jährige Kieler Staatsrechtsprofessor Ernst Rudolf Huber: „Das Prinzip der politischen Totalität ist eines der fundamentalen Merkmale des nationalsozialistischen Staatsaufbaues. Die Universalität, die Geschlossenheit und die Schlagkraft des politischen Wollens und Handelns, die im Grundsatz der Totalität zum Ausdruck kommen, sind nur gewahrt, wenn die Einheit der Staatsgewalt gesichert ist. Jede

---

[222] *Carl Schmitt*, Der Führer schützt das Recht, aaO, Sp. 947 ff.
[223] RGBl. I S. 747.

Trennung und Aufteilung der staatlichen Gewalt ist mit dem nationalsozialistischen Staatsgedanken unvereinbar. Das gilt mit voller Selbstverständlichkeit für den Pluralismus politischer Machtträger, wie er sich im Weimarer System in dem zusammenhanglosen Nebeneinander und Gegeneinander von Parteien, Ländern, Konfessionen, Wirtschaftsverbänden und kulturellen Vereinigungen entwickelt hatte; diese chaotische Machtzersplitterung ist durch die nationalsozialistische Revolution überwunden worden. Das gilt aber nicht minder für die Gewaltenteilung des bürgerlichen Rechtsstaats, deren Sinn es war, die drei Staatsfunktionen Gesetzgebung, Rechtsprechung und Verwaltung an drei verschiedene, voneinander unabhängige Staatsorgane zu verteilen und die Einheit der Staatsgewalt durch eine Dreiheit der Gewalten zu zersetzen. Auch diese funktionelle und organisatorische Dreiteilung der Staatsgewalt musste von der politischen Totalität des Nationalsozialismus beseitigt werden."[224]

Hitler selbst sah nach der Gewaltaktion vom Juni/Juli 1934 und der Eroberung sämtlicher Staatsämter den Prozess der „Machtergreifung" als abgeschlossen an. Seine Rede vor dem Nürnberger Reichsparteitag am 4. September 1934 ließ daran keinen Zweifel. Revolutionen seien nur denkbar, wenn das Volk einen „geschichtlichen Auftrag" erteile. „Wir alle wissen, wen die Nation beauftragt hat! Wehe dem, der dies nicht weiß oder der es vergisst! Im deutschen Volk sind Revolutionen stets selten gewesen. Das nervöse Zeitalter des 19. Jahrhunderts hat bei uns endgültig seinen Abschluss gefunden. In den nächsten tausend Jahren findet in Deutschland keine Revolution mehr statt."[225]

830

3. Gesellschaftliche Gleichschaltung

„Politische Totalität" im Sinne der zitierten Abhandlung Hubers verlangte auch die politische Gleichschaltung der Gesellschaft nach den Vorstellungen der NSDAP. Hier sollte durch Kontrolle und die Schaffung verschiedener Vereinigungen die nationalsozialistische „Volksgemeinschaft" entstehen. Dies zielte zunächst auf die einflussreichsten gesellschaftlichen Verbände der Weimarer Zeit, die Gewerkschaften, Arbeitgeberverbände und die Kirchen, die beiseitegeschoben werden mussten. Bei den nichtreligiösen gesellschaftlichen Vereinigungen ging es um die Beseitigung von Autonomie, Selbstverwaltung und Willensbildung von unten nach oben. Die neuen Verbände waren straff hierarchisch organisiert und der Kontrolle von Staat und Partei unterworfen.

831

a) Die „Deutsche Arbeitsfront"

Am 10. Mai 1933 wurde die „Deutsche Arbeitsfront" (DAF) gegründet, die sowohl Arbeitnehmer und Arbeitgeber mit Pflichtmitgliedschaften erfasste. Sie hatte bald 20

832

---

[224] *Ernst Rudolf Huber,* Die Einheit der Staatsgewalt, in: DJZ 1934, Sp. 950 ff., 950.
[225] Max Domarus (Hrsg.), Hitler. Reden und Proklamationen 1932–1945, Bd. 1/1, 2. Aufl. 1965, S. 448.

Millionen Mitglieder. Im Mai 1933 wurden „Treuhänder der Arbeit" berufen, deren Aufgabe die Festlegung von Arbeitsbedingungen war.

833 Gesetz über Treuhänder der Arbeit vom 19. Mai 1933[226]:

„§ 1. (1) Der Reichskanzler ernennt auf Vorschlag der zuständigen Landesregierungen und im Einvernehmen mit ihnen für größere Wirtschaftsgebiete Treuhänder der Arbeit.
(2) [...]
§ 2. (1) Bis zur Neuordnung der Sozialverfassung regeln die Treuhänder anstelle der Vereinigungen von Arbeitnehmern, einzelner Arbeitgeber oder der Vereinigungen von Arbeitgebern rechtsverbindlich für die beteiligten Personen die Bedingungen für den Abschluss von Arbeitsverträgen. [...]
(2) Auch im Übrigen sorgen die Treuhänder für die Aufrechterhaltung des Arbeitsfriedens.
(3) Sie sind ferner zur Mitarbeit bei der Vorbereitung der neuen Sozialverfassung berufen.
[...]
§ 4. Die Treuhänder der Arbeit sind an Richtlinien und Weisungen der Reichsregierung gebunden. [...]"

834 Die Arbeitgeberverbände lösten sich auf, der „Allgemeine Deutsche Gewerkschaftsbund" (ADGB), der noch freiwillig an den Vorbereitungen zum „Tag der nationalen Arbeit" (1. Mai 1933, erstmals ein gesetzlicher Feiertag) mitgewirkt hatte, erlebte am 2. Mai 1933 eine Besetzung seiner Büros durch SA-Trupps; die führenden Funktionäre wurden in „Schutzhaft" genommen, das Vermögen beschlagnahmt. Bis Ende Juni 1933 wurden die Einzelgewerkschaften der DAF eingegliedert.

b) Die Kirchen im Nationalsozialismus

835 Erstaunlich willfährig, trotz heftiger innerer Kontroversen, erwiesen sich die beiden großen Kirchen gegenüber den Zumutungen des Nationalsozialismus. Die katholische Kirche – repräsentiert durch die Deutsche Bischofskonferenz, den Vatikan und bis zu ihrer Auflösung die Zentrumspartei – hatte vorrangig das Ziel, ihre religiösen Entfaltungsmöglichkeiten, katholische Schulen und Vereine eingeschlossen, auch im totalitären Staat zu erhalten. Der deutsche Klerus war in seiner Haltung zum neuen Regime gespalten. Auf der einen Seite gab es klare Ablehnung durch einzelne Kleriker; die Fuldaer Bischofskonferenz auf der anderen Seite, die lange das Zentrum unterstützt und den Nationalsozialismus abgelehnt hatte, rief am 28. März 1933 in einer überstürzten Festlegung unter dem Breslauer Kardinal Bertram zur Loyalität gegenüber dem NS-Staat als der „rechtmäßigen Obrigkeit" auf.[227] Zugleich lockte das Reich mit der Aussicht auf ein Reichskonkordat[228] mit dem Heiligen Stuhl, zu dem es Überlegungen und Anläufe bereits in der Weimarer Zeit gegeben hatte. In der trügerischen Hoffnung, durch ein solches Konkordat die Interessen der Kirche auch im totalitären Staat verlässlich sichern zu können, stellte der Heilige Stuhl alle Bedenken zurück und kam dem Regime entgegen, das sich seinerseits über ein Konkordat in-

---

[226] RGBl. I S. 285.
[227] Dazu *Ernst-Wolfgang Böckenförde*, Der deutsche Katholizismus im Jahre 1933 (1961), in: Schriften zu Staat-Gesellschaft-Kirche, Bd. 1, 1988, S. 39 ff., 45.
[228] Konkordate sind völkerrechtliche Verträge zwischen der katholischen Kirche, vertreten durch den Heiligen Stuhl in Rom, und Staaten zur umfassenden Regelung ihrer Beziehungen.

ternationale Anerkennung versprach. Gegen die Kritik einiger Bischöfe – der Kölner Kardinal äußerte im April 1933, „die Regierung ist eine Revolutionsregierung, Gesetz und Recht existieren zurzeit nicht. Mit einer solchen Regierung kann man kein Konkordat schließen"[229] – wurde schon am 20. Juli 1933 das Reichskonkordat[230] unterzeichnet. Der Münchner Kardinal Faulhaber bedankte sich in einem handschriftlichen Brief an Hitler: „Uns kommt es aufrichtig aus der Seele: Gott erhalte unserem Volk unseren Reichskanzler", das Konkordat sei eine „Großtat", ein Handschlag mit dem Papsttum, das Deutschlands Ansehen „nach Westen und Osten und vor der ganzen Welt" stärke.[231] Gegenüber Kräften in der NSDAP, die auf einen sofortigen und kompromisslosen Kirchenkampf setzten, hatte Hitler in einer Kabinettssitzung am 14. Juli 1933 auf die taktischen Vorteile des Vertrags hingewiesen: Dass der Vatikan „zur Herstellung eines guten Verhältnisses zu diesem einen nationalen deutschen Staat bewogen werden konnte", bedeute „eine rückhaltlose Anerkennung des derzeitigen Regiments", die Kirche zöge sich mit dem Vertrag „aus dem Partei- und Vereinsleben heraus"[232]. Den offenen Kampf gegen die nicht zu unterschätzende Macht der Kirchen wollte Hitler verschieben. Dieser Kampf begann 1937.

Die Situation des deutschen Protestantismus im Jahre 1933 war eine andere, auch deshalb, weil viele Amtsträger und Kirchenmitglieder sich zu keinem Zeitpunkt mit der Weimarer Republik hatten anfreunden können und das 1918 endgültig besiegelte Ende des Bündnisses von „Thron und Altar" bedauerten. Während die Kirchenleitungen zunächst die Unabhängigkeit der Kirche gegenüber allen politischen Richtungen betonten, wuchs die Unterstützung für Hitler. In der Osterbotschaft der preußischen Kirchenleitung vom 11. April 1933 hieß es dann: „Mit allen evangelischen Glaubensgenossen wissen wir uns eins in der Freude über den tiefsten Aufbruch unserer Nation zu vaterländischem Bewusstsein, echter Volksgemeinschaft und religiöser Erneuerung. […] In der Überzeugung, dass die Erneuerung von Volk und Reich nur von diesen Kräften getragen und gesichert werden kann, weiß die Kirche sich mit der Führung des neuen Deutschlands dankbar verbunden. Sie ist freudig bereit zur Mitarbeit an der nationalen und sittlichen Erneuerung unseres Volkes. Zur Ausrichtung ihres Dienstes bedarf die Kirche voller Freiheit für die Entfaltung ihres Lebens und ihrer Arbeit. Sie vertraut der Regierung, die uns die feierliche Zusicherung dieser Freiheit gegeben hat."[233] An eine Gewährung kirchlicher Selbstbestimmung dachte das Regime indes nicht. Das bekam die Kirche zu spüren, als im Juli 1933 auf Druck der Regierung die „Deutsche Evangelische Kirche" als Dachorganisation der damali-

836

---

[229] Zitiert nach *Klaus Scholder*, Die Kirchen und das Dritte Reich, Bd. 1, Vorgeschichte und Zeit der Illusionen, 1918–1934, 1977, S. 498.
[230] RGBl. II, S. 679.
[231] Zitiert nach *Ernst-Wolfgang Böckenförde*, Der deutsche Katholizismus im Jahre 1933 (1961), in: Schriften zu Staat-Gesellschaft-Kirche, Bd. 1, 1988, S. 49.
[232] Zitiert nach *Klaus Scholder*, Die Kirchen und das Dritte Reich, Bd. 1, Vorgeschichte und Zeit der Illusionen, 1918–1934, 1977, S. 512.
[233] Zitiert nach *Klaus Scholder*, Die Kirchen und das Dritte Reich, Bd. 1, aaO, S. 299.

gen 28 Landeskirchen mit einem „Reichsbischof" an der Spitze gegründet wurde.²³⁴ Das führte zur inneren Spaltung des Protestantismus in regimefreundliche „Deutsche Christen" und die „Bekennende Kirche". Einen ersten Höhepunkt erreichte der „Kirchenkampf" in der evangelischen Kirche und mit dem Staat im Jahre 1934.

837   Nach 1945 nahmen beide großen Kirchen für sich in Anspruch, sie hätten den Nationalsozialismus abgelehnt und ihm widerstanden. Das war nur zum Teil richtig. Die Kirchen waren die einzigen gesellschaftlichen Institutionen, die gegenüber dem Totalitätsanspruch des NS-Regimes Freiräume bewahrten und dessen Ideologie entgegenstanden. Widerstand aber gegen das Regime ging nur von einzelnen aus, nicht von den Kirchen insgesamt. Deren Haltung war ambivalent. Ihre Gleichschaltung gelang dem Staat nicht, „aber ihre überwiegend konservativ-nationale Grundhaltung bewirkte immer wieder ihre Loyalität zum Staat"²³⁵.

II. Drei Grundprinzipien des nationalsozialistischen Regimes

838   Es ist nicht leicht, die nationalsozialistische Herrschaft mit den üblichen Kategorien der Verfassungsgeschichte zu beschreiben, die nach der Begründung, Ausübung und Begrenzung öffentlicher Herrschaft fragen. Eine festgefügte, halbwegs widerspruchsfreie Ideologie und Praxis der Staatsgewalt gab es allen gegenläufigen Behauptungen zum Trotz nicht. Straffe Hierarchien und Chaos, Rechtlosigkeit und Reste von Rechtsbindung, Regeln und erratische Maßnahmen, archaische Treueverhältnisse und moderne Steuerung standen nebeneinander.

1. Das Führerprinzip

839   In einer Radioansprache vom 1. April 1933 – Anlass war der Boykott jüdischer Geschäfte – äußerte der Reichspropagandaminister Joseph Goebbels, die nationalsozialistische Machtübernahme habe „das Jahr 1789 aus der Geschichte gestrichen"²³⁶. Diese radikale Verneinung der Ideen der französischen Revolution beschrieb völlig zutreffend das nationalsozialistische Modell. Das „Führer befiehl, wir folgen Dir" erklärte Hitler zum Inhaber der umfassenden, nicht an vorgegebenes Recht gebundenen Staatsgewalt. Ihm gegenüber sollte es nur Treue und bedingungslose Unterwerfung geben – „ein Befehl ist das Schönste in der Welt". Das war die Absage an das seit dem 18. Jahrhundert begründete und ausgebaute Prinzip einer sich selbst formenden und bestimmenden Gesellschaft, mittels der geschriebenen Verfassung Staatsgewalt

---

²³⁴ Die Verfassung der Deutschen Evangelischen Kirche vom 11. Juli 1933 wurde – wie in den Zeiten des Staatskirchentums – im Reichsgesetzblatt veröffentlicht, RGBl. I S. 471. Art. 1 des „Gesetzes über die Verfassung der Deutschen Evangelischen Kirche" lautete: „Der Deutschen Evangelischen Kirche ist am 11. Juli 1933 eine Verfassung gegeben, die nebst der Einführungsverordnung von Reichs wegen anerkannt und in der Anlage veröffentlicht wird." Die Formulierung ließ offen, wer die Verfassung gegeben hatte.
²³⁵ *Hans-Ulrich Thamer*, Verführung und Gewalt. Deutschland 1933–1945. Siedler Deutsche Geschichte, 1994, S. 435.
²³⁶ *Joseph Goebbels*, Revolution der Deutschen, 1933, S. 155.

umfassend zu konstituieren, zuzuweisen, zu begrenzen und anhand ihrer Maßstäbe in rechtlich geordneten Verfahren kontrollieren zu können. Das Überwinden der französischen Revolution hieß auch, „mit der Idee der Rechte, der individuellen Freiheit und der politischen Staatsbürgerschaft zu brechen"[237].

840 Von einem Verfassungsrecht zwischen 1933 und 1945 lässt sich daher kaum sprechen. Alle Rechtsnormen, die es durchaus gab, standen im Grunde unter dem Vorbehalt des Führerwillens. Tatsächlich verdrängte das Führerprinzip aber auch nicht vollständig die alten Einrichtungen, vor allem die der Verwaltung. Diese funktionierten nach überkommener rechtlicher Anleitung weiter, punktuell durchbrochen oder verändert durch Anordnungen des Führers oder seiner Repräsentanten, und im Laufe der Jahre beiseitegeschoben durch neue Sonderbehörden, die außerhalb jeder Legalität agierten.

841 Der Reichstag stellte während des Zweiten Weltkriegs in seiner letzten Sitzung fest: „Der Großdeutsche Reichstag hat in seiner Sitzung vom 26. April 1942, auf Vorschlag des Präsidenten des Reichstags, die vom Führer in seiner Rede in Anspruch genommenen Rechte einmütig durch nachfolgenden Beschluß bestätigt: ‚Es kann keinem Zweifel unterliegen, daß der Führer in der gegenwärtigen Zeit des Krieges, in der das deutsche Volk in einem Kampf um Sein oder Nichtsein steht, das von ihm in Anspruch genommene Recht besitzen muss, alles zu tun, was zur Erringung des Sieges dient, oder dazu beiträgt. Der Führer muß daher – ohne an bestehende Rechtsvorschriften gebunden zu sein – in seiner Eigenschaft als Führer der Nation, als Oberster Befehlshaber der Wehrmacht, als Regierungschef und oberster Inhaber der vollziehenden Gewalt, als oberster Gerichtsherr und Führer der Partei jederzeit in der Lage sein, nötigenfalls jeden Deutschen – sei er einfacher Soldat oder Offizier, niedriger oder hoher Beamter oder Richter, leitender oder dienender Funktionär der Partei, Arbeiter oder Angestellter – mit allen ihm geeignet erscheinenden Mitteln zur Erfüllung seiner Pflichten anzuhalten und bei Verletzung dieser Pflichten nach gewissenhafter Prüfung ohne Rücksicht auf wohlerworbene Rechte mit der ihm gebührenden Sühne zu belegen, ihn im besonderen ohne Einleitung vorgeschriebener Verfahren aus seinem Amte, aus seinem Rang und seiner Stellung zu entfernen.' Im Auftrage des Führers wird dieser Beschluß hiermit verkündet."[238]

842 Ungeklärt blieb dabei, ob die Stellung des Führers im „totalen Führerstaat"[239] allein auf Hitler zugeschnitten war oder auch für eventuelle Nachfolger gelten sollte. Von Hitler mehrfach angedeutet war die Beschränkung auf seine Person, was einerseits die Zukunft merkwürdig offenließ, andererseits die Eile Hitlers bei der Umsetzung seiner verbrecherischen Pläne erklärt. Die persönliche Sonderstellung Hitlers akzentuierte der Münchener Kirchen- und Staatskirchenrechtler Johannes Heckel (1889–1963)[240] sogar damit, dass der Führer von Gott erwählt und gesandt sei.[241]

---

[237] *Christopher Clark*, Von Zeit und Macht, 2018, S. 226.
[238] RGBl. I S. 247.
[239] *Carl Schmitt*, Staat, Bewegung, Volk, 1933, S. 46.
[240] Er war 1933, damals noch in Bonn lehrend, Gründungsmitglied der nationalsozialistischen „Akademie für Deutsches Recht" und Berater der „Deutschen Evangelischen Christen"; der NSDAP trat er 1937 bei.
[241] *Johannes Heckel*, DVBl. 1937, S. 49 ff., 59, 60: „Das Amt des Führers ist dank seiner politisch-religiösen Grundlage wesentlich ein providentielles Amt und entzieht sich einer juristischen Technisierung."

843 Ernst Rudolf Huber fasste im „staatsrechtlichen Hauptwerk des Nationalsozialismus"[242] zusammen: „Der Führer vereinigt in sich alle hoheitliche Gewalt des Reiches; alle öffentliche Gewalt im Staat wie in der Bewegung leitet sich von der Führergewalt ab. Nicht von ‚Staatsgewalt', sondern von ‚Führergewalt' müssen wir sprechen, wenn wir die politische Gewalt im völkischen Staat richtig bezeichnen wollen. Denn nicht der Staat als eine unpersönliche Einheit ist der Träger der völkischen Gewalt, sondern diese ist dem Führer als dem Vollstrecker des völkischen Gemeinwillens gegeben. Die Führergewalt ist umfassend und total; sie vereinigt in sich alle Mittel der politischen Gestaltung; sie erstreckt sich auf alle Sachgebiete des völkischen Lebens [...]. Die Führergewalt ist nicht durch Sicherungen und Kontrollen, durch autonome Schutzbereiche und wohlerworbene Einzelrechte gehemmt, sondern sie ist frei und unabhängig, ausschließlich und unbeschränkt."[243] Hitlers Herrschaft war insofern eine charismatische, auf die Ausstrahlungskraft seiner Person bezogene.[244] „Selbst im Vergleich zu anderen autoritären Herrschaftsformen war das Regime Hitlers extrem personalisiert [...]. Es gab kein Parteibüro, keinen Kriegsrat, kein Kabinett mehr seit 1938, keine Militärjunta, keinen Senat und auch keine Ministerversammlung, die seine Herrschaft hätten vermitteln oder zügeln können."[245]

844 Der „totale Staat" hob damit auch die Trennung zwischen gleichgeschaltetem Staat und gleichgeschalteter Gesellschaft auf. Eine grundrechtsgeschützte persönliche und gesellschaftliche Sphäre gab es nicht mehr. Individuelle Interessen sollten den nationalsozialistisch definierten Gemeinschaftszielen nicht entgegengesetzt werden können. „Die Grundrechte des Individuums verwandelten sich dadurch [...] in Ansprüche des Staates, denen auf seiten der Einzelnen Pflichten entsprachen."[246]

2. Das Prinzip der Einheit von Staat und Partei

845 Das „Gesetz zur Sicherung der Einheit von Partei und Staat" vom 1. Dezember 1933[247] sollte die Stellung der Monopolpartei nach der Festigung der Macht beschreiben:

§ 1 (1) Nach dem Sieg der nationalsozialistischen Revolution ist die Nationalsozialistische Deutsche Arbeiterpartei die Trägerin des deutschen Staatsgedankens und mit dem Staat unlöslich verbunden.
(2) Sie ist eine Körperschaft des öffentlichen Rechts. Ihre Satzung bestimmt der Führer.
§ 2. Zur Gewährleistung engster Zusammenarbeit der Dienststellen der Partei mit den öffentlichen Behörden ist der Stellvertreter des Führers Mitglied der Reichsregierung.

---

[242] So *Michael Stolleis*, Geschichte des öffentlichen Rechts in Deutschland, Bd. 3, 1999, S. 349, zu Hubers „Verfassungsgeschichte des Großdeutschen Reiches". Stolleis fügt an: „Geschrieben von einem Autor auf der Höhe seiner Fähigkeiten, bot es die Schauseite des Regimes."
[243] *Ernst Rudolf Huber*, Verfassungsrecht des Großdeutschen Reiches, 2. Aufl. 1939, S. 230; *Johannes Heckel*, DVBl. 1937, S. 49 ff., 58: „Adolf Hitler ist Deutschland und Deutschland ist Adolf Hitler."
[244] *M. Rainer Lepsius*, Das Modell der charismatischen Herrschaft und die Anwendbarkeit auf den „Führerstaat" Adolf Hitlers, in: *ders.*, Demokratie in Deutschland, 1993, S. 95 ff.
[245] *Ian Kershaw*, Das Ende, 2011, S. 33.
[246] *Dieter Grimm*, Die „Neue Rechtswissenschaft" – Über Funktion und Formation nationalsozialistischer Jurisprudenz, in: *ders.*, Recht und Staat der bürgerlichen Gesellschaft, 1987, S. 373 ff., 391.
[247] RGBl. I S. 1016.

§ 3 (1) Den Mitgliedern der Nationalsozialistischen Arbeiterpartei und der SA. (einschließlich der ihr unterstellten Gliederungen) als der führenden und bewegenden Kraft des nationalsozialistischen Staates obliegen erhöhte Pflichten gegenüber Führer, Volk und Staat.
(2) Sie unterstehen wegen Verletzung dieser Pflichten einer besonderen Partei- und SA.-Gerichtsbarkeit.
(3) Der Führer kann diese Bestimmungen auf die Mitglieder anderer Organisationen erstrecken.
§ 4. Als Pflichtverletzung gilt jede Handlung oder Unterlassung, die den Bestand, die Organisation, die Tätigkeit oder das Ansehen der nationalsozialistischen Arbeiterpartei angreift oder gefährdet, bei Mitgliedern der SA. (einschließlich der ihr unterstellten Gliederungen) insbesondere jeder Verstoß gegen Zucht und Ordnung."

Tatsächlich bedeutete die „unlösliche" Verbindung mit dem Staat, dass die politischen Schaltstellen im Staat zunehmend mit Parteifunktionären ohne Rücksicht auf fachliche Qualifikation besetzt wurden. Es verblieb ein „Herrschaftspluralismus"[248], eine „Polykratie"[249] unterschiedlicher Entscheidungsträger, die bis zur Zurückdrängung der Partei während des Krieges zumeist zu ihren Gunsten entschieden wurde. Die bedeutsamen Fragen entschied Hitler, der mit strategischem Geschick im Interesse seiner persönlichen Macht Straßenkämpfe zumeist nicht unterband. Mit Blick auf den Führer war es dann letztlich „sinnlos zu fragen, ob der Führer bestimmte Befugnisse als ‚Inhaber der früheren Präsidentenbefugnisse', als ‚Reichskanzler' oder als ‚Führer der NSDAP'"[250] ausübe.

3. „Volksgemeinschaft" und „völkisches Prinzip"

a) Die gleichgeschaltete Volksgemeinschaft

Eine ungelenke und später mörderische Rassenideologie hatte Hitler bereits in seinem Bekenntnisbuch „Mein Kampf" (1924) ausgebreitet. Die arische Herrenrasse stehe im beständigen Kampf mit niedriger stehenden Rassen und müsse sich durchsetzen. Eine besondere Gefahr bildeten Juden, wobei unklar blieb, ob diese durch Abstammung oder religiöses Bekenntnis gekennzeichnet seien. Um den Kampf bestehen zu können, müsse über das völkische Prinzip das Herrenvolk geschützt werden. Abstammung vermittele Zugehörigkeit, nur diese Zugehörigkeit, nicht die Eigenschaft, Mensch zu sein, könne Rechte begründen. Karl Larenz (1903–1993), einer der Protagonisten des völkischen Denkens im Zivilrecht, fasste diese Verirrung so zusammen: „Rechtsgenosse ist nur, wer Volksgenosse ist; Volksgenosse ist, wer deutschen Blutes ist."[251] Das Volk sei keine Summe rational handelnder Individuen, aus denen eine konsensgetragene Gesellschaft hervorgehe, sondern eine naturhafte kol-

---

[248] *Werner Frotscher/Bodo Pieroth*, Verfassungsgeschichte, 17. Auflage 2018, Rn. 644.
[249] *Gerhard Schulz*, Die Anfänge des totalitären Maßnahmenstaates (1962), Ausgabe 1974, S. 280, 380 ff.
[250] *Ernst Rudolf Huber*, Verfassungsrecht des Großdeutschen Reiches, 2. Aufl. 1939, S. 219.
[251] *Karl Larenz*, Rechtsperson und subjektives Recht – zur Wandlung der Rechtsgrundbegriffe, in: Georg Dahm u. a. (Hrsg.), Grundfragen der neuen Rechtswissenschaft, 1935, S. 241. Dazu *Horst Heinrich Jakobs*, Karl Larenz und der Nationalsozialismus, in: JZ 1993, S. 805 ff.

lektive Größe, rassische Blutsgemeinschaft,²⁵² in der die einzelnen keine subjektiv-öffentlichen Rechte gegen die Gemeinschaft und den Staat geltend machen können. Recht und Staat seien „völkische Lebensmächte"²⁵³. Das bedeutete, Grund- und Menschenrechte, wichtigste Fundamente des Verfassungsstaates, als liberale Verirrung zu denunzieren und zu verwerfen.²⁵⁴

848 Folgerichtig in dieser Gleichschaltung der Gesellschaft zur Volksgemeinschaft war auch die Aufhebung der in Art. 127 WRV als Grundrecht garantierten kommunalen Selbstverwaltung durch die von der Reichsregierung erlassene „Deutsche Gemeindeordnung" vom 30. Januar 1935²⁵⁵. Deren Präambel lautete: „Die Deutsche Gemeindeordnung will die Gemeinden in enger Zusammenarbeit mit Partei und Staat zu höchsten Leistungen befähigen und sie damit instand setzen, im wahren Geiste des Schöpfers gemeindlicher Selbstverwaltung, des Reichsfreiherrn vom Stein, mitzuwirken an der Erreichung des Staatszieles: in einem einheitlichen, vom nationalen Willen durchdrungenen Volke die Gemeinschaft wieder vor das Einzelschicksal zu stellen, Gemeinnutz vor Eigennutz zu setzen und unter Führung der Besten des Volkes die wahre Volksgemeinschaft zu schaffen, in der auch der letzte Volksgenosse das Gefühl der Zusammengehörigkeit findet." Die Bürgermeister wurden nicht länger gewählt, sondern von staatlichen Stellen berufen, bei Städten mit mehr als 100.000 Einwohnern vom Reichsminister des Innern. Beauftragte der NSDAP ernannten die Gemeinderäte, ein Wahlrecht der Gemeindebürger gab es nicht.

849 Das Betonen der „Gemeinschaft" war keine nationalsozialistische Erfindung. Hier wurden ältere Überlegungen speziell der deutschen Soziologie zu dem Zweck des neuen Staates vereinfacht, verformt und ideologisiert. Ferdinand Tönnies (1855–1936) hatte 1887 „Gemeinschaft" und „Gesellschaft" als zwei deutlich verschiedene Grundformen des Zusammenlebens unterschieden. Eine menschliche Verbindung werde „entweder als reales und organisches Leben begriffen – dies ist das Wesen der Gemeinschaft, oder als ideelle und mechanische Bindung – dies ist der Begriff der Gesellschaft. […] Gemeinschaft ist das dauernde und echte Zusammenleben, Gesellschaft nur ein vorübergehendes und scheinbares." In der Gemeinschaft sind Menschen innerlich verbunden, der Gesellschaft liegt das kühle Berechnen, das Geben und Nehmen getrennter Individuen zugrunde. In der Gemeinschaft ist man verbunden „trotz aller Trennungen", in der Gesellschaft „getrennt trotz alles Verbundenheit"²⁵⁶. Daraus wurde – ohne Verbindung zu Tönnies – die deutsche (Volks)Gemeinschaft im Gegensatz zur angeblich fremden, westlichen, demokratischen und jüdischen Gesellschaft.

---

²⁵² Das „Wesen des Volkes als geschichtlich-kulturelle Einheit" sei durch die „„Naturgemeinsamkeiten' von ‚Blut und Boden' bestimmt", *Otto Koellreuter*, Der Aufbau des deutschen Führerstaates, in: Hans-Heinrich Lammers/Hans Pfundtner (Hrsg.), Grundlagen, Aufbau und Wirtschaftsordnung des nationalsozialistischen Staates, Bd. 1, 1936, S. 1 ff., 3. Dazu *Michael Wildt*, Volksgemeinschaft als Selbstermächtigung, 2007.
²⁵³ *Otto Koellreuter*, Der Aufbau des deutschen Führerstaates, aaO, S. 14.
²⁵⁴ Vgl. *Horst Dreier*, Die deutsche Staatsrechtslehre in der Zeit des Nationalsozialismus, in: VVDStRL 60 (2001), S. 9 ff., 36 f.
²⁵⁵ RGBl. I S. 49.
²⁵⁶ *Ferdinand Tönnies*, Gemeinschaft und Gesellschaft (1887), Nachdruck 1963 der 8. Aufl. 1935, S. 3, 5, 40.

b) Die Ausgestoßenen: Diskriminierung, Vertreibung und Massenmord

Die brutale und verbrecherische Kehrseite der Ideologie der Volksgemeinschaft war der Ausschluss aller, die nicht dazugehörten und als „Rassefremde" oder Träger „lebensunwerten Lebens" „ausgemerzt" werden sollten. Das führte von Zwangssterilisationen[257] und weiterer Gewalt bis hin zur Tötung („Euthanasie") von geschätzt 70.000 Menschen, die auf einem Führererlass vom September 1939 beruhte.   850

Der „Euthanasiebefehl" Hitlers vom 1. September 1939 war der einzige von Hitler unterzeichnete schriftliche Vernichtungsbefehl. Der spätere Völkermord an der jüdischen Bevölkerung beruhte auf mündlichen Anordnungen. Der „Euthanasiebefehl", geschrieben auf einem einfachen Briefbogen mit dem Briefkopf „Adolf Hitler" lautete: „Reichsleiter Bouhler und Dr. med. Brandt sind unter Verantwortung beauftragt, die Befugnisse namentlich zu bestimmender Ärzte so zu erweitern, dass nach menschlichem Ermessen unheilbar Kranken bei kritischster Beurteilung ihres Krankheitszustandes der Gnadentod gewährt werden kann."[258]   851

Antisemitismus und völkische Ideologie gaben die Grundlage für die schlimmsten Verbrechen des Regimes: Den Mord an den europäischen Juden. Dem organisierten Völkermord gingen zunehmende Diskriminierungen und Entrechtungen jüdischer Staatsbürger voraus. Nach der ersten Welle der Entfernung jüdischer Beamter aus dem Staatsdienst bereits 1933 folgten 1935 die sog. Nürnberger Gesetze.   852

Reichsbürgergesetz vom 15. September 1935 (RGBl. I S. 1146).   853
„Der Reichstag hat einstimmig das folgende Gesetz beschlossen, das hiermit verkündet wird:
§ 1. (1) Staatsangehöriger ist, wer dem Schutzverband des Deutschen Reiches angehört und ihm dafür besonders verpflichtet ist.
(2) Die Staatsangehörigkeit wird nach den Vorschriften des Reichs- und Staatsangehörigkeitsgesetzes erworben.
§ 2. (1) Reichsbürger ist nur der Staatsangehörige deutschen oder artverwandten Blutes, der durch sein Verhalten beweist, daß er gewillt und geeignet ist, in Treue dem deutschen Volk und Reich zu dienen.
(2) Das Reichsbürgerrecht wird durch Verleihung des Reichsbürgerbriefes erworben.
(3) Der Reichsbürger ist der alleinige Träger der vollen politischen Rechte nach Maßgabe der Gesetze.
§ 3. Der Reichsminister des Innern erlässt im Einvernehmen mit dem Stellvertreter des Führers die zur Durchführung und Ergänzung des Gesetzes erforderlichen Rechts- und Verwaltungsvorschriften.
Nürnberg, den 15. September 1935,
am Reichsparteitag der Freiheit."

Die „Erste Verordnung zum Reichsbürgergesetz" vom 14. November 1935 (RGBl. I S. 1333) ergänzte dies durch spezifischen Bezug zu jüdischen Menschen: 854
„§ 4. (1) Ein Jude kann nicht Reichsbürger sein. Ihm steht ein Stimmrecht in politischen Angelegenheiten nicht zu; er kann ein öffentliches Amt nicht bekleiden.
(2) Jüdische Beamte treten mit Ablauf des 31. Dezember 1935 in den Ruhestand. Wenn diese Beamten im Weltkrieg an der Front für das Deutsche Reich oder für seine Verbündeten

---

[257] Gesetz zur Verhütung erbkranken Nachwuchses vom 14. Juli 1933 (RGBl. I S. 529); Gesetz zum Schutze der Erbgesundheit des deutschen Volkes vom 18. Oktober 1935 (RGBl. I S. 1246).
[258] Faksimile bei *Hans-Ulrich Thamer*, Verführung und Gewalt. Deutschland 1933–1945, Siedler Deutsche Geschichte, 1994, S. 697.

gekämpft haben, erhalten sie bis zur Erreichung der Altersgrenze als Ruhegehalt die vollen zuletzt bezogenen ruhegehaltsfähigen Dienstbezüge [...].

§ 5. (1) Jude ist, wer von mindestens drei der Rasse nach volljüdischen Großeltern abstammt. [...]

(2) Als Jude gilt auch der von zwei volljüdischen Großeltern abstammende jüdische Mischling,

a) der beim Erlass des Gesetzes der jüdischen Religionsgemeinschaft angehört hat oder danach in sie aufgenommen wird [...].

§ 2. (2) [...] Als volljüdisch gilt ein Großelternteil ohne weiteres, wenn er der jüdischen Religionsgemeinschaft angehört hat."

855 Gesetz zum Schutz des deutschen Blutes und der deutschen Ehre vom 15. September 1935 („Blutschutzgesetz", RGBl. I S. 1146).

„Durchdrungen von der Erkenntnis, dass die Reinheit des deutschen Blutes die Voraussetzung für den Fortbestand des deutschen Volkes ist, und beseelt von dem unbeugsamen Willen, die deutsche Nation für alle Zukunft zu sichern, hat der Reichstag einstimmig das folgende Gesetz beschlossen, das hiermit verkündet wird.

§ 1. (1) Eheschließungen zwischen Juden und Staatsangehörigen deutschen oder artverwandten Blutes sind verboten. Trotzdem geschlossene Ehen sind nichtig, auch wenn sie zur Umgehung dieses Gesetzes im Ausland geschlossen sind.

(2) Die Nichtigkeitsklage kann nur der Staatsanwalt erheben.

§ 2. Außerehelicher Verkehr zwischen Juden und Staatsangehörigen deutschen oder artverwandten Blutes ist verboten.

§ 3. Juden dürfen weibliche Staatsangehörige deutschen oder artverwandten Blutes unter 45 Jahren nicht in ihrem Haushalt beschäftigen.

§ 4. (1) Juden ist das Hissen der Reichs- und Nationalflagge und das Zeigen der Reichsfarben verboten.

(2) Dagegen ist ihnen das Zeigen der jüdischen Farbe gestattet. Die Ausübung dieser Befugnis steht unter staatlichem Schutz.

[...]."

856 Zur unverhüllten und systematischen Gewaltanwendung gegenüber Synagogen und jüdischen Einrichtungen kam es in der Reichspogromnacht vom 9. November 1938. Treibende Kräfte waren Truppen der SA und der Gestapo; die Schutzpolizei duldete die Übergriffe. In aller Offenheit drohte Hitler, der bereits zur Vorbereitung eines Krieges entschlossen war, erstmals am 30. Januar 1933 im Reichstag die Vernichtung der europäischen Juden an: „Wenn es dem internationalen Finanzjudentum innerhalb und außerhalb Europas gelingen sollte, die Völker noch einmal in einen Weltkrieg zu stürzen, dann wird das Ergebnis nicht die Bolschewisierung der Erde und damit der Sieg des Judentums sein, sondern die Vernichtung der jüdischen Rasse in Europa."[259]

857 Im Sommer 1941, nach dem Überfall auf die UdSSR, begann, nachdem bis dahin die Gewalt gegenüber jüdischen Bürgern sich in Diskriminierung, Enteignung und Vertreibung manifestiert hatte, die systematische Planung und Durchführung des Völkermords, dem am Ende mehr als sechs Millionen Menschen zum Opfer fielen. Mit Beginn des Krieges im Osten ließ sich verwirklichen, was Hitler seit den 1920er Jahren als sein Hauptziel betrachtet hatte, über das er aber nur in Andeutungen

---

[259] Zitiert nach *Hans-Ulrich Thamer*, Verführung und Gewalt. Deutschland 1933–1945, Siedler Deutsche Geschichte, 1994, S. 696 f.

sprach: Alles „minderwertige" Leben sollte vernichtet werden, um den dauerhaften Sieg der arischen Rasse zu erreichen, selbst wenn der deutsche Krieg zur Errichtung eines europäischen Großreiches verloren gehen sollte. Auf der Grundlage eines mündlichen „Führerbefehls", vermutlich vom Sommer 1941, handelten zunächst vor allem Reinhard Heydrich (1904–1942), seit 1939 Leiter des Reichssicherheitshauptamtes, und Heinrich Himmler (1900–1945), Reichleiter der SS, Chef der Polizei im Reichsministerium des Innern und „Reichskommissar für die Festigung des deutschen Volkstums". Heydrich äußerte im Gespräch: „Der Führer hat die Endlösung der Judenfrage befohlen, wir – die SS – haben diesen Befehl auszuführen."[260] Vermutlich war ganz zu Beginn der Kreis der Mitwisser begrenzt.

Es ist nicht ausgeschlossen, dass auch Joseph Goebbels erst Ende 1941/Anfang 1942 von dem bereits begonnenen Völkermord erfuhr. In seinem Tagebuch notierte er: „Aus dem Generalgouvernement [Polen] werden jetzt, bei Lublin beginnend, die Juden nach dem Osten abgeschoben. Es wird hier ein barbarisches, nicht mehr zu beschreibendes Verfahren angewandt, und von den Juden selbst bleibt hier nicht mehr viel übrig […]. An den Juden wird ein Strafgericht vollzogen, das zwar barbarisch ist, das sie aber vollauf verdient haben. Die Prophezeiung, die der Führer ihnen für die Herbeiführung eines neuen Weltkriegs mit auf den Weg gegeben hat, beginnt sich in der fürchterlichsten Weise zu verwirklichen. Man darf in diesen Dingen keine Sentimentalität obwalten lassen […]. Es ist ein Kampf auf Leben und Tod zwischen der arischen Rasse und dem jüdischen Bazillus. […] Auch hier ist der Führer der unentwegte Vorkämpfer und Wortführer einer radikalen Lösung."[261] Sehr viel größer wurde der Kreis der in das organisierte Töten Einbezogenen auf der berüchtigten Wannsee-Konferenz am 20. Januar 1942. An der Exekution der Verbrechen waren in den letzten Kriegsjahren mehrere hunderttausend Täter beteiligt. Nicht möglich war der Genozid ohne die zumindest schweigende Hinnahme seitens des größten Teils der Bevölkerung, die ahnte oder Bescheid wusste.

III. Exekutive und Justiz im Nationalsozialismus

1. Die Polizei als Instrument der Machtsicherung

a) Veränderungen der polizeilichen Generalklausel

Die gravierendsten Veränderungen innerhalb der Verwaltung nach 1933 ergaben sich im Bereich der Sicherheitsbehörden. Das kam nicht von Ungefähr. In einem autoritären Staat sind diese Behörden die entscheidenden Instanzen zur Überwachung, Kontrolle und Repression der Gesellschaft. Die Schutzpolizei und die allgemeinen Sicherheitsbehörden bestanden fort, ihre Aufgaben und Befugnisse aber veränderten sich. Die seit dem Preußischen Allgemeinen Landrecht (§ 10 Teil II Titel 17) tradierte Polizeiaufgabe der Gefahrenabwehr, die das preußische Polizeiverwaltungsgesetz

---

[260] *Rudolf Höß*, Kommandant in Auschwitz. Autobiographische Aufzeichnungen, hrsg. von Martin Broszat, 4. Aufl. 1978, S. 153.
[261] Zitiert nach *Hans-Ulrich Thamer*, Verführung und Gewalt. Deutschland 1933–1945. Siedler Deutsche Geschichte, 1994, S. 702.

von 1931[262] bekräftigt hatte, fand nach 1933 trotz unveränderten Gesetzeswortlauts eine mit rechtsstaatlichen Grundsätzen unvereinbare Auslegung. Das geschah durch Uminterpretation der unbestimmten Rechtsbegriffe. Bill Drews (1870–1938), von 1921 bis 1937 Präsident des Preußischen Oberverwaltungsgerichts und einer der maßgeblichen Urheber des Polizeiverwaltungsgesetzes von 1931, beschrieb 1936 die neue Bedeutung der „öffentlichen Sicherheit" so: „Nach heutiger Rechtsauffassung ist alles, was objektiv dazu beitragen kann, dem nationalsozialistischen Staate gegenüber untergrabend, hemmend, verstimmend oder auch nur staatsentfremdend zu wirken, als Störung der öffentlichen Sicherheit zu erachten."[263] Die „öffentliche Ordnung" sollte daneben dazu herhalten, jedes individuelle Verhalten, das die Volksgemeinschaft stören könnte, zu unterbinden – das konnte auch das Abspielen amerikanischer Jazz-Schallplatten sein.

b) Geheime Staatspolizei und SS

860 Noch gravierender war die Einrichtung polizeilicher Sonderbehörden mit praktisch unbegrenzten und unkontrollierbaren Befugnissen. Das hob die im 19. Jahrhundert erkämpfte Bildung einer einheitlichen Polizei und ihre Eingliederung in die verantwortliche Innenverwaltung faktisch auf. Im April 1933 entstand in Preußen das Geheime Staatspolizeiamt (Gestapa), in Bayern wurde ein „Politischer Polizeikommissar" eingesetzt, erster Amtsinhaber war Heinrich Himmler, der sich schnell reichsweit an die Spitze aller polizeilichen Sonderbehörden setzte. Das preußische Gesetz über die Geheime Staatspolizei (Gestapo) vom 10. Februar 1936[264] schloss die Herausbildung der Gestapo ab. Für diese Polizei gab es keine Befugnisnormen, letztlich überhaupt keine Rechtsbindung.

861 § 1 Gestapo-Gesetz: „(1) Die Geheime Staatspolizei hat die Aufgabe, alle staatsgefährlichen Bestrebungen im gesamten Staatsgebiet zu erforschen und zu bekämpfen, das Ergebnis der Erhebungen zu sammeln und auszuwerten, die Staatsregierung zu unterrichten und die übrigen Behörden über für sie wichtige Feststellungen auf dem Laufenden zu halten und mit Anregungen zu versehen. Welche Geschäfte im Einzelnen auf die Geheime Staatspolizei übergehen, bestimmt der Chef der Geheimen Staatspolizei im Einvernehmen mit dem Minister des Innern.
(2) Die Zuständigkeit der Organe der ordentlichen Rechtspflege bleibt unberührt."

In der schon häufig angewandten Technik der legalen Illegalität verfügte § 7 Gestapo-Gesetz daneben, dass das Handeln der Gestapo der Nachprüfung durch die Verwaltungsgerichte entzogen sei.

---

[262] „§ 14. (1) Die Polizeibehörden haben im Rahmen der geltenden Gesetze die nach pflichtgemäßem Ermessen notwendigen Maßnahmen zu treffen, um von der Allgemeinheit oder den einzelnen Gefahren abzuwehren, durch die die öffentliche Sicherheit oder Ordnung bedroht wird.
(2) Daneben haben die Polizeibehörden diejenigen Aufgaben zu erfüllen, die ihnen durch Gesetz besonders übertragen sind."
[263] *Bill Drews*, Preußisches Polizeirecht, Bd. I, 5. Aufl. 1936, S. 12f.
[264] PrGS S. 21.

§ 23 Das nationalsozialistische Regime   **343**

1936 festigte sich die Stellung der als „Schutzstaffel"[265] gegründeten SS, die bereits 1934 bei dem Schlag gegen die SA unbedingte Treue zu Hitler gezeigt hatte, als mächtigste Gliederung des Nationalsozialismus. Der Weg in den SS-Staat war eröffnet, weil der SS, anders als der SA, das Eindringen in den Staat ermöglicht wurde. Der Ansatzpunkt war die Polizei. Ein Erlass Hitlers vom 17. Juni 1936[266] ernannte Himmler, der „Reichsführer-SS" blieb, zum Chef der gesamten deutschen Polizei und Staatssekretär im Reichsinnenministerium. Am 26. Juni 1936 strukturierte Himmler die Polizei neu. Neben die überkommene Ordnungspolizei (Gemeindepolizei, Schutzpolizei) trat die umfassende Sicherheitspolizei (Kriminalpolizei, Politische Polizei, Geheime Staatspolizei) unter Leitung von Reinhard Heydrich, einem der grausamsten Technokraten im nationalsozialistischen Regime.[267] Schon personell verkörperten Himmler und Heydrich die jetzt untrennbare Verbindung von Polizei und SS. Heydrich wurde auch Leiter des 1939 gegründeten Reichssicherheitshauptamtes, das den „Sicherheitsdienst" (SD) der SS mit der Gestapo zusammenfasste. Dieses neue Amt trat – wie es ihm jeweils passte – als SS-Einrichtung oder als staatliche Stelle auf.   **862**

Wie keine andere Organisation steht die SS für den Terror des NS-Regimes. Sie kontrollierte von Beginn an die Konzentrationslager. Sie beobachtete und bekämpfte mit brutalen Mitteln jede Art von Widerstand, nach Beginn des Zweiten Weltkriegs auch in den besetzten Gebieten. Sie leitete den Völkermord an den europäischen Juden ein. Die SS verstand sich als Instrument und Vollstrecker des Führerwillens. Die Polizei sollte dem folgen. Himmler berief sich 1937 auf einen selbstkonstruierten „Gesamtauftrag", der „der Deutschen Polizei im allgemeinen und der Geheimen Staatspolizei im Besonderen im Zuge des Neuaufbaues des nationalsozialistischen Staates erteilt"[268] worden sei. „Die nationalsozialistische Polizei hat zwei große Aufgaben: a) Die Polizei hat den Willen der Staatsführung zu vollziehen und die von ihr gewollte Ordnung zu schaffen und aufrechtzuerhalten. b) Die Polizei hat das deutsche Volk als organisches Gesamtwesen, seine Lebenskraft und seine Einrichtungen gegen Zerstörung und Zersetzung zu sichern."[269] Vor der „Akademie für Deutsches Recht" behauptete Himmler 1936: „Wir Nationalsozialisten haben uns dann […] nicht ohne Recht, das wir in uns trugen, wohl aber ohne Gesetz an die Arbeit gemacht. Ich habe mich dabei von vornherein auf den   **863**

---

[265] 1923 hatte Hitler eine „Stabswache" für seine persönliche Sicherheit gegründet. Heinrich Himmler, ein gelernter Landwirt, führte die SS seit 1929. Er hatte die Vorstellung, die SS als eine Art militärischen „Orden" aufzubauen. Schon in der Weimarer Republik hatte die SS, bereits zu dieser Zeit mit paramilitärischen Dienstgraden und schwarzen Uniformen, Attraktivität für alle diejenigen, „die nicht zu den alten Eliten von Besitz, Bildung und Herkunft zählten" und in einer „neuen Auslese der Rasse und Weltanschauung ihre Chance" sahen. Dazu zählten alte Weltkriegssoldaten, die im Zivilleben nicht Fuß gefasst hatten, Opfer der Weltwirtschaftskrise, aber auch arbeitslose Akademiker, vgl. *Hans-Ulrich Thamer*, Verführung und Gewalt. Deutschland 1933–1945, Siedler Deutsche Geschichte, 1994, S. 366. Grundlegend zur Herkunft und Organisation der SS *Eugen Kogon*, Der SS-Staat (1945), 4. Auflage 1979, S. 23 ff., 42 ff., 363 ff.

[266] RGBl. I S. 487.

[267] „Ein junger böser Todesgott", so *Carl Jacob Burckhardt* (1891–1974, Schweizer Diplomat und Historiker, Hochkommissar des Völkerbunds für Danzig 1937–1939), zitiert nach *Joachim Fest*, Das Gesicht des Dritten Reiches, 7. Aufl. 1980, S. 142.

[268] Zitiert nach *Hans Buchheim*, Anatomie des SS-Staates, Bd. 1, 2. Aufl. 1979 (dtv-Ausgabe), S. 85.

[269] So Himmler 1937, zitiert nach *Hans Buchheim*, Anatomie des SS-Staates, Bd. 1, aaO, S. 83.

Standpunkt gestellt, ob ein Paragraph unserem Handeln entgegensteht, ist mir völlig gleichgültig; ich tue zur Erfüllung meiner Aufgabe grundsätzlich das, was ich nach meinem Gewissen in meiner Arbeit für Führer und Volk verantworten kann und dem gesunden Menschenverstand entspricht. [...] In Wahrheit legten wir durch unsere Arbeit die Grundlagen zu einem neuen Recht, dem Lebensrecht des deutschen Volkes."[270]

c) Sonderbehörden, „alte" Exekutive und Partei

864 Zusammenfassend lassen sich die NS-Machtzentren als drei „Organisationskerne" des totalitären Staates beschreiben: „1. ein Beamtenstaat, der ältere Traditionen fortbildete, [...] jedoch in scheinbar unlösbar problematischen Beziehungen zur politischen Leitung der NSDAP geriet; 2. ein System ständischer Korporationen unter zentraler Regie, das eine nach politischen Zwecksetzungen abgewandelte Selbstverwaltung verwirklichen sollte und vor allem die Bereiche der Wirtschaft, aber auch das gesamte Kulturleben erfasste, während die kommunale Selbstverwaltung [...] stark beschnitten wurde; 3. der Polizeizwangsstaat, den die SS-Führung über die Geheime Staatspolizei fortgesetzt weiter ausbaute. Sie stimmten darin überein, dass sie zu einem in hohem Grade zentralisierten System verwaltender und bürokratisch organisierter Instanzen führten, die Öffentlichkeit zu beherrschen trachteten und der obersten Zentralinstanz, dem Führer und Reichskanzler, zur Verfügung hielten. Nach dem Übergang aus den wenig geregelten Formen der nationalsozialistischen Machtergreifung tendierte die weitere Entwicklung zur Verengung und zum Hinaufziehen der Ermessensspielräume innerhalb der Verwaltungshierarchien."[271]

865 Es gab auf jeder Verwaltungsebene Doppelstrukturen von Staat und Partei: Bürgermeister/Landrat und Ortsgruppenleiter/Kreisleiter auf kommunaler Ebene, Reichsstatthalter und Gauleiter in den Ländern, im Reich Ministerien und den „Stellvertreter des Führers" als Organisationsleiter der NSDAP. Das Zusammenwirken von Staat und Partei war keineswegs reibungslos. Hitler ließ sich als „Führer und Reichskanzler" von der Reichskanzlei und der Parteikanzlei zuarbeiten, wobei er die Parteiangelegenheiten immer mehr dem „Stellvertreter des Führers" überließ; bis 1941 war dies Rudolf Heß, danach Martin Bormann.

866 Anders als nach dem „Führerprinzip" und der Selbstdarstellung des NS-Staates zu vermuten, schuf das Nebeneinander von Staat und Partei, alten und neuen Behörden ein Chaos. „Niemals zuvor in der deutschen Geschichte war eine Herrschaftsform von so extremer Machtentfaltung wie der Führerstaat Hitlers zugleich auf so widersprüchliche Elemente gegründet und von derart erbitterten Konkurrenzkämpfen in dem unübersichtlichen Gelände einer heillos zerrütteten Verwaltungsorganisation geprägt. Niemals zuvor wurden ideologische Herrschaftsziele mit vergleichbarer Durchschlagskraft und Perfektion exekutiert, während gleichzeitig die Behörden und Institutionen des traditionellen Staatsapparates durch die Einwirkung zahlloser Parteidienststellen und Sonderorganisationen einem Prozess fortwährender Auflösung verfielen."[272]

---

[270] Zitiert nach *Hans Buchheim*, Anatomie des SS-Staates, Bd. 1, aaO, S. 93.
[271] *Gerhard Schulz*, Deutschland seit dem Ersten Weltkrieg. 1918–1945, 2. Aufl. 1982, S. 151.
[272] *Dieter Rebentisch*, Führerstaat und Verwaltung im Zweiten Weltkrieg, 1989, S. 533.

2. Justiz zwischen altem und neuem Recht

a) Fragen der Rechtsanwendung

In besonders drastischer Weise spiegelte die Rechtsprechung die Zerstörung des seit dem Beginn des 19. Jahrhunderts erkämpften Rechtsstaats wider. Dieser bindet die Staatsgewalt an das abstrakt-generelle und für alle geltende Gesetz, statt sie persönlichen oder situativen Interessen auszuliefern. Das zählte von 1933 bis 1945 nicht mehr. Auch die institutionelle Stellung der Justiz wurde untergraben: Die Unabhängigkeit und Unabsetzbarkeit der Richter wurde beseitigt, Richter wurden entlassen, sofern sie nicht die Gewähr dafür boten, „jederzeit rückhaltlos für den nationalen Staat einzutreten".

867

Hitler konnte sich Recht nur als Ausdruck und Funktion unbeschränkten Machtwillens vorstellen: „Es ist nun so, daß das letzte Recht immer in der Macht liegt."[273] Normativen Festlegungen begegnete er mit Misstrauen, ebenso Juristen und der Justiz. Das überkommene Rechtssystem sei ein „Krebsschaden" für das deutsche Volk, Juristen „vollendete Trottel" und „Spitzbuben", das Rechtsstudium eine Vorbereitung zur Verantwortungslosigkeit. Selbst überzeugte NS-Juristen nahm Hitler von seiner Verachtung nicht aus. In einem Tischgespräch während des Krieges nannte er Roland Freisler, den Präsidenten des Volksgerichtshofes, einen „Bolschewik"[274]. Als Richter sei nur brauchbar, wer nicht den einzelnen gegen den Staat schützen wolle, sondern mithelfe, dass Deutschland im Sinne des Nationalsozialismus bestehe. In einer Rede während der letzten Reichstagssitzung am 26. April 1942, die auf den „totalen Krieg" einstimmen sollte, sagte Hitler, er erwarte, „daß die deutsche Justiz versteht, daß nicht die Nation ihretwegen, sondern daß sie der Nation wegen da ist [...], daß Deutschland leben muß, ganz gleich wie immer auch formale Auffassungen der Justiz dem widersprechen mögen [...]. Ich werde von jetzt ab in diesen Fällen eingreifen und Richter, die ersichtlich das Gebot der Stunde nicht erkennen, ihres Amtes entheben [...]. In dieser Zeit gibt es keine selbstheiligen Erscheinungen mit wohlerworbenen Rechten, sondern wir alle sind nur gehorsame Diener an dem Interesse unseres Volkes."[275]

868

Keineswegs ersetzte die Regierung ab 1933 die bestehende Rechtsordnung durch eine vollständig neue im nationalsozialistischen Geist, was auf der Grundlage des Ermächtigungsgesetzes zumindest möglich gewesen wäre. „Rechtsordnungen lassen sich nicht so schnell ändern wie Herrschaftsverhältnisse. Alle erfolgreichen Revolutionen stehen vor dem Problem, dass die Rechtsordnung zu umfangreich und zu komplex ist, als dass sie mit einem Schlag gegen eine neue ausgetauscht werden könnte."[276] Und: Auch eine neue NS-Rechtsordnung, wie immer sie ausgesehen hätte, hätte den gewünschten Räumen der Nichtnormativität und Willkür nicht entsprochen. Die alten Gesetze galten fort, soweit sie den Zielen des NS-Staates nicht entgegen-

869

---

[273] So Hitler in einer geheimen Rede vor dem politischen Nachwuchs der NSDAP auf der „Ordensburg" Sonthofen am 23. November 1937, zitiert nach *Bernd Rüthers*, Die unbegrenzte Auslegung. Zum Wandel der Privatrechtsordnung im Nationalsozialismus (1969), Ausgabe 1973, S. 105.
[274] Zitiert nach *Bernd Rüthers*, Die unbegrenzte Auslegung, aaO, S. 106.
[275] Zitiert nach *Bernd Rüthers*, Die unbegrenzte Auslegung, aaO, S. 106.
[276] *Dieter Grimm*, Die „Neue Rechtswissenschaft" – Über Funktion und Formation nationalsozialistischer Jurisprudenz, in: *ders.*, Recht und Staat der bürgerlichen Gesellschaft, 1987, S. 373 ff., 374.

standen. Generalklauseln und unbestimmte Rechtsbegriffe erlaubten Auslegungen im Sinne der neuen Ordnung, wenn dies erforderlich erschien.

870 Zur Weitergeltung des alten Rechts und seiner Auslegung im Geist des Nationalsozialismus gab es eine Flut von Literatur. Carl Schmitt, Leiter der „Reichsgruppe Hochschullehrer im Bund Nationalsozialistischer Deutscher Juristen" verfasste 1933 Leitprinzipien.[277] Der Richter sei weiterhin an Recht und Gesetz gebunden, aber an das Recht im Sinne des NS-Staates, dessen Grundgedanken über die Generalklauseln in das alte Recht einfließen müssten. „Sobald Begriffe wie ‚Treu und Glauben', ‚gute Sitten' usw. nicht auf die individualistische bürgerliche Verkehrsgesellschaft, sondern auf das Interesse des Volksganzen bezogen werden, ändert sich in der Tat das gesamte Recht, ohne daß ein einziges ‚positives' Gesetz geändert zu werden brauchte."[278] Für die Anwendung des überkommenen Rechts seien „die Grundsätze des Nationalsozialismus unmittelbar und ausschließlich maßgebend."[279] Verabschiedet war damit die rechtsstaatliche Unterscheidung von Recht und Politik.

871 In den für den Machterhalt zentralen Bereichen gab es dagegen neues Recht. Das betraf neben der Polizei vor allem das Strafrecht. Da das Recht insgesamt Ausdruck des Führerwillens sein sollte und sich aus ihm ableitete, waren auch „Führerbefehle" als Rechtsquelle anerkannt. Eine fast gespenstische juristische Auseinandersetzung gab es darüber, ob Führerbefehle zu ihrer Wirksamkeit der Publikation bedürften.[280] An den Schaltstellen der Macht interessierten solche Fragen nicht.

b) Politisches Strafrecht

872 Verschärft und auf die unbedingte Sicherung des NS-Staates umgestellt wurde das politische Strafrecht. Das „Gesetz gegen heimtückische Angriffe auf Staat und Partei und zum Schutz der Parteiuniformen" (sog. „Heimtückegesetz") vom 10. Dezember 1934[281] bestimmte, eine vorhergehende Verordnung aus dem Jahre 1933 verschärfend:

873 „Art. 1 § 1. (1) Wer vorsätzlich eine unwahre oder gröblich entstellte Behauptung tatsächlicher Art aufstellt oder verbreitet, die geeignet ist, das Wohl des Reichs oder das Ansehen der Reichsregierung oder das der Nationalsozialistischen Deutschen Arbeiterpartei oder ihrer Gliederungen schwer zu schädigen, wird, soweit nicht in anderen Vorschriften eine schwerere Strafe angedroht ist, mit Gefängnis bis zu zwei Jahren und, wenn er die Behauptung öffentlich aufstellt oder verbreitet, mit Gefängnis nicht unter drei Monaten bestraft.
(2) Wer die Tat grob fahrlässig begeht, wird mit Gefängnis bis zu drei Monaten oder mit Geldstrafe bestraft.
(3) Richtet sich die Tat ausschließlich gegen das Ansehen der NSDAP. oder ihrer Gliederungen, so wird sie nur mit Zustimmung des Stellvertreters des Führers oder der von ihm bestimmten Stelle verfolgt.

---

[277] *Carl Schmitt*, Neue Leitsätze für die Rechtspraxis, in: JW 1933, S. 2793 f.
[278] *Carl Schmitt*, Über die drei Arten des rechtswissenschaftlichen Denkens, 1934, S. 59.
[279] *Carl Schmitt*, Neue Leitsätze für die Rechtspraxis, in: JW 1933, S. 2794.
[280] In diesem Sinne *Werner Weber*, Die Verkündung von Rechtsvorschriften, 1942, S. 27: „Es besteht kein Zweifel darüber, daß für Führererlasse, die rechtsetzenden Inhalt haben, grundsätzlich nur die Veröffentlichung im Reichsgesetzblatt in Betracht kommt." Zur Kontroverse *Horst Dreier*, Die deutsche Staatsrechtslehre in der Zeit des Nationalsozialismus, in: VVDStRL 60 (2001), S. 9 ff., 56 ff.
[281] RGBl. I S. 1269.

§ 2. (1) Wer öffentlich gehässige, hetzerische oder von niedriger Gesinnung zeugende Äußerungen über leitende Persönlichkeiten des Staates oder der NSDAP., über ihre Anordnungen oder die von ihnen geschaffenen Einrichtungen macht, die geeignet sind, das Vertrauen des Volkes zur politischen Führung zu untergraben, wird mit Gefängnis bestraft.
(2) Den öffentlichen Äußerungen stehen nichtöffentliche böswillige Äußerungen gleich, wenn der Täter damit rechnet oder damit rechnen muss, dass die Äußerung in die Öffentlichkeit dringen werde.
(3) Die Tat wird nur auf Anordnung des Reichsministers der Justiz verfolgt; richtet sich die Tat gegen eine leitende Persönlichkeit der NSDAP., so trifft der Reichsminister der Justiz die Anordnung im Einvernehmen mit dem Stellvertreter des Führers.
(4) Der Reichsminister der Justiz bestimmt im Einvernehmen mit dem Stellvertreter des Führers den Kreis der leitenden Persönlichkeiten im Sinne des Absatzes 1.
§ 3. (1) Wer bei der Begehung oder Androhung einer strafbaren Handlung eine Uniform oder ein Abzeichen der NSDAP. oder ihrer Gliederungen trägt oder mit sich führt, ohne dazu als Mitglied der NSDAP. oder ihrer Gliederungen berechtigt zu sein, wird mit Zuchthaus, in leichteren Fällen mit Gefängnis nicht unter sechs Monaten bestraft.
(2) Wer die Tat in der Absicht begeht, einen Aufruhr oder in der Bevölkerung Angst oder Schrecken zu erregen, oder dem Deutschen Reich außenpolitische Schwierigkeiten zu bereiten, wird mit Zuchthaus nicht unter drei Jahren oder mit lebenslangem Zuchthaus bestraft. In besonders schweren Fällen kann auf Todesstrafe erkannt werden.
(3) Nach diesen Vorschriften kann ein Deutscher auch dann verfolgt werden, wenn er die Tat im Ausland begangen hat. […]"

Für die Anwendung des politischen Strafrechts schuf eine Verordnung der Reichsregierung vom 21. März 1933[282] für den Bereich jedes Oberlandesgerichts ein Sondergericht, das zur Aburteilung politischer Straftaten zuständig war.

c) Der „Volksgerichtshof"

Als weiteres Sondergericht entstand im Mai 1934[283] der „Volksgerichtshof". Zunächst fielen in seine Zuständigkeit Verfahren des Hoch- und Landesverrats, später wurden die Rechtsprechungsbereiche bis zur Möglichkeit des Gerichts erweitert, Verfahren an sich zu ziehen, insbesondere dann, wenn vermutet wurde, die ordentlichen Gerichte hätten Skrupel, sich über rechtsstaatliche Anforderungen ganz und gar hinwegzusetzen. Verteidigungsmöglichkeiten vor dem Volksgerichtshof waren stark eingeschränkt, Rechtsmittel gab es nicht. In der Schlussphase von 1942 bis Anfang 1945 und unter seinem Präsidenten Roland Freisler (der im Februar 1945 im Hof des Gerichts an der Bellevuestraße in Berlin bei einem Bombenangriff ums Leben kam) wurde das Gericht zum Teil des Terrorapparats. Freisler war es auch, der die Prozesse gegen die Mitglieder der Münchener studentischen Widerstandsgruppe „Weiße Rose" und Mitglieder des Widerstands im Umfeld des Attentats auf Hitler vom 20. Juli 1944 führte. Die letzteren Verhandlungen wurden auf Hitlers Anordnung durch verborgene Kameras gefilmt und hatten den Charakter von entwürdigenden und jedem Bemühen um Rechtsanwendung entkleideten Schauprozessen. Seit 1933, ver-

---

[282] RGBl. I S. 136.
[283] Durch Artikel III des Gesetzes zur Änderung von Vorschriften des Strafrechts und des Strafverfahrens vom 24. April 1934, RGBl. I S. 341.

stärkt seit 1942, verhängten die Sondergerichte und die „ordentliche" Strafjustiz in politischen Verfahren mehr als 40.000 Todesurteile.

876 Der Deutsche Bundestag stellte (erst) am 25. Juni 1985 in einer Entschließung fest, der Volksgerichtshof sei ein „Terrorinstrument zur Durchsetzung nationalsozialistischer Willkürherrschaft" gewesen. Das „Gesetz zur Aufhebung nationalsozialistischer Unrechtsurteile in der Strafrechtspflege" vom 25. August 1998[284] hob 53 Jahre nach Ende des NS-Regimes alle Urteile des Volksgerichtshofs förmlich auf.

d) Der NS-Staat als „Doppelstaat"

877 Verwaltung und Justiz hatten ein zweifaches Gesicht: einerseits unveränderte Tätigkeiten dort, wo es angebracht schien, andererseits Möglichkeiten der situationsbezogenen Entscheidung ohne wirkliche rechtliche Grundlage bis hin zum offenen Terror. Dieser jederzeit mögliche Terror charakterisierte – insoweit wie andere totalitäre Herrschaftssysteme des 20. Jahrhunderts – das NS-Regime. „Wenn wir also in Übereinstimmung mit der klassischen Theorie in der Gesetzesherrschaft das eigentliche Wesen einer verfassungsmäßigen Regierung sehen, dann können wir Terror als das eigentliche Wesen der totalitären Herrschaft bestimmen."[285] Sie bedeutet Zwang, Terror, Repression und tyrannische Herrschaft über ein in erster Linie zögerliches oder gelähmtes Volk.

878 Der Jurist und Politikwissenschaftler Ernst Fraenkel (1898–1975), der als Anwalt in Berlin tätig war und 1938 aus Deutschland floh, prägte für das NS-Regime die berühmte Bezeichnung als „Doppelstaat"[286]. Im Normenstaat, der einen Erscheinungsform des Staates, gebe es überkommene und neue, abstrakt-generell geltende und auf Berechenbarkeit angelegte Normen, vor allem im Zivil- und Wirtschaftsrecht; sie dienten der Aufrechterhaltung des kapitalistischen Wirtschaftssystems, was vor allem der Schutz des Privateigentums – für die Mitglieder der Volksgemeinschaft – belege. Der Maßnahmenstaat als zweite Erscheinungsform diene der Durchsetzung des (situativen) politischen Willens und der Zweckmäßigkeit im Sinne des Regimes. „Das Wesen des Maßnahmenstaates ist in dem Verzicht auf rechtlich gesicherte formale Bindungen zu erblicken, in denen Beschränkungen bei der Ausübung von Hoheitsrechten zum Ausdruck gelangen."[287] Jederzeit kann sich der Maßnahmenstaat gegen den Normen-

---

[284] BGBl. I S. 2501.

[285] So die Historikerin und politische Theoretikerin *Hannah Arendt*, Elemente und Ursprünge totalitärer Herrschaft, 1955, S. 679.

[286] *Ernst Fraenkel*, The Dual State. A Contribution to the Theory of Dictatorship (1941); auf Deutsch erst 1974 nach längerem Zögern des Autors erschienen: „Der Doppelstaat. Recht und Justiz im Dritten Reich". Im Vorwort der deutschen Ausgabe beschreibt Fraenkel, der seit 1953 in Berlin politische Wissenschaften lehrte, die Entstehung des ursprünglichen, bis 1938 in Deutschland und auf Deutsch geschriebenen Textes: „Mehr als ein Vierteljahrhundert ist vergangen, seitdem ich am 15. Juni 1940 den Schlußpunkt unter die englische Fassung dieses *The Dual State* genannten Buches gesetzt habe. *The Dual State* war eine Übersetzung der illegal im nationalsozialistischen Deutschland verfassten und illegal aus dem nationalsozialistischen Deutschland geschmuggelten ersten Fassung des *Doppelstaats*. [...] Zur damaligen Zeit habe ich keinen Augenblick angenommen, dass das ursprünglich in deutscher Sprache abgefasste Buch jemals in deutscher Sprache erscheinen werde."

[287] *Ernst Fraenkel*, Der Doppelstaat, aaO, hier zitiert nach der TB-Ausgabe 1984 (Fischer), S. 76. Fraenkel zitiert an dieser Stelle *Ernst Forsthoff*, Der totale Staat, 2. Aufl. 1934, der den allein an der „Form" hängenden Rechtsstaat eine „Gemeinschaft ohne Ehre und Würde" nannte.

staat durchsetzen: „Die gesamte Rechtsordnung steht zur Disposition der politischen Instanzen. Soweit jedoch die politischen Instanzen von ihren Machtbefugnissen keinen Gebrauch machen, regelt sich das private oder öffentliche Leben nach den Normen des überkommenen oder neu geschaffenen Rechts."[288] Verbunden sind die beiden Teile des Doppelstaats durch den Bezug auf die „Volksgemeinschaft". „Die Lehre von der Gemeinschaft umschließt den Dualismus von Normenstaat und Maßnahmenstaat."[289] Wer innerhalb der Gemeinschaft steht, kann zumindest des Normenstaats einigermaßen sicher sein (solange er nicht durchbrochen wird). Außerhalb der Volksgemeinschaft gelten in der NS-Rechtsordnung nach Fraenkel nur Macht, Kampf und Vernichtung.

§ 24 Die Verfassungsentwicklung vom Ende des Zweiten Weltkriegs bis zur Gründung der Bundesrepublik Deutschland und der DDR

879 Der Zweite Weltkrieg, der am 1. September 1939 mit dem deutschen Überfall auf Polen begonnen hatte, sich auf ganz Europa ausdehnte und mit dem Kriegseintritt der USA 1941 zum globalen Krieg wurde, endete im Mai 1945 in Europa mit der vollständigen militärischen Niederlage Deutschlands, vor allem aber mit einer moralischen, politischen und wirtschaftlichen Katastrophe. Der Krieg in Europa und Asien kostete – genaue Zahlen gibt es nicht – mindestens 55 Millionen Menschenleben,[290] etwa 6 Millionen europäische Juden wurden ermordet. Die größte Opferzahl hatte die Sowjetunion mit 26 Millionen Toten zu beklagen, Deutschland hatte 6,3 Millionen Tote, davon etwa 5 Millionen Soldaten. Durch Deutschland „ist unendliches Leid über viele Völker und Länder gebracht worden", hieß es im Oktober 1945 im „Stuttgarter Schuldbekenntnis" der Evangelischen Kirche.[291]

880 Seit dem Herbst 1944 befand sich die Wehrmacht in sinnlosen Abwehrschlachten, die Städte waren erheblich verstärkten Bombardierungen ausgesetzt. Mit Durchhaltebefehlen und der Mobilisierung letzter Kräfte zeigte das NS-Regime seine destruktive Kraft. Seit Beginn des Jahres 1945 gab es noch einmal mehr als 400 Flächenbombardements auf Städte und Infrastruktureinrichtungen in Deutschland. Keine der 61 Städte mit mehr als 100.000 Einwohnern wurde verschont, schließlich traf es auch kleinere Städte. Dresden und Pforzheim etwa wurden im Februar 1945 verwüstet, Würzburg und Hildesheim noch im März 1945. Zwei Drittel aller Kriegsschäden fielen in den Zeitraum seit dem Sommer 1944.

881 Nicht nur deshalb bedeutete das Jahr 1945 einen tieferen Einschnitt als das Jahr 1918. „Anders als nach dem Ersten Weltkrieg wurde das gesamte Reichsgebiet von den Siegermächten besetzt. Die Alliierten übten zunächst gemeinsam die höchste Gewalt über Deutschland aus; es gab über Jahre hinweg keinen deutschen Staat mehr; das Deutsche Reich hörte faktisch zu bestehen auf. Die Gebiete östlich von Oder und

---

[288] *Ernst Fraenkel*, Der Doppelstaat, aaO, S. 88.
[289] *Ernst Fraenkel*, Der Doppelstaat, aaO, S. 173.
[290] *Rüdiger Overmans*, 55 Millionen Opfer des Zweiten Weltkriegs?, in: Militärgeschichtliche Mitteilungen 48 (1989), S. 103 ff.
[291] Dazu *Armin Boyens*, Das Stuttgarter Schuldbekenntnis vom 19. Oktober 1945, in: Vierteljahreshefte für Zeitgeschichte 19 (1971), S. 374 ff., 374.

Görlitzer Neiße wurden polnischer, das nördliche Ostpreußen mit Königsberg sowjetischer Verwaltung unterstellt. Das übrige Deutschland wurde in vier Besatzungszonen, die Hauptstadt Berlin in vier Sektoren eingeteilt."[292] Mit dem völligen Verlust von politisch-moralischer Reputation und Handlungsfähigkeit schien die Ausgangslage des Jahres 1945 schwieriger als 1918, weil 1918 zumindest die staatliche Selbstbestimmung mit daraus abgeleiteten Handlungsmöglichkeiten fortbestand. Aber: der harte Bruch, 1945 von den Siegermächten ohne den Hauch eines Dialogs mit den Besiegten erzwungen, eröffnete im Unterschied zu 1918, als man dem Verlorenen nachtrauerte, Verrat vermutete und kaum nach vorn sah, die Möglichkeit des völligen Neubeginns. „Die politische Einheit, vor der man sich nach 1918 glaubte rechtfertigen oder um deren Ruhm und Ansehen man glaubte bangen zu müssen, gab es nicht mehr, folglich weder Rechtfertigungsdruck noch nationale Sorge. Auch aus diesem Grunde – ganz abgesehen von der Offenkundigkeit der NS-Verbrechen – konnte man nicht sagen: Uns ist Unrecht geschehen. […] Das Bewußtsein, ‚wie neu geboren' zu sein, war so verbreitet, dass die Rede von dieser ‚Stunde Null' kaum auf Widerspruch stieß. 1918 hätte niemand von einer ‚Stunde Null' gesprochen."[293] Auf die Stunde Null folgte aber schnell die „Stunde Eins". Die „Zusammenbruchgesellschaft"[294] machte sich, allen Schwierigkeiten zum Trotz, auf den Weg zu einer Aufbruchsgesellschaft der Noch-einmal-Davongekommenen.

I. Bedingungslose Kapitulation und das Ende deutscher Staatsgewalt

1. Militärische Kapitulation

882 Das deutsche Territorium war am 30. April 1945, dem Tag des Selbstmords Hitlers in der Berliner Reichskanzlei, fast vollständig von sowjetischen, amerikanischen und britischen Truppen besetzt. Hitler hatte zwar in seinem „Politischen Testament" Großadmiral Karl Dönitz als Leiter einer geschäftsführenden Regierung eingesetzt; dieser aber konnte von seinem Aufenthaltsort in der Nähe von Flensburg aus nur noch das Ende des Krieges um Tage verzögern. Der amerikanische Oberbefehlshaber Dwight D. Eisenhower verlangte gegenüber dem von Dönitz entsandten Generaloberst Alfred Jodl in Reims eine Gesamtkapitulation der Wehrmacht, die Jodl am 7. Mai 1945 „im Namen des deutschen Oberkommandos" unterzeichnete. Wirksam wurde sie am 8. Mai 1945 um 23:01 Uhr. Vertreter der Sowjetarmee, die nicht anwesend waren, verlangten eine zweite Kapitulationszeremonie, die am 9. Mai 1945 in Berlin-Karlshorst stattfand, an diesem Ort unterzeichneten die Urkunde die Befehls-

---

[292] *Heinrich August Winkler*, Wie wir wurden, was wir sind, 2020, S. 113.
[293] *Gerd Roellecke*, Der Nationalsozialismus als politisches Layout der Bundesrepublik Deutschland, in: *ders.*, Aufgeklärter Positivismus, 1995, S. 83 ff., 88 f.
[294] *Christoph Kleßmann*, Die doppelte Staatsgründung. Deutsche Geschichte 1945–1955, 1982, S. 37 ff.

haber der drei Waffengattungen, Generalfeldmarschall Wilhelm Keitel, Generaloberst Hans-Jürgen Stumpff und Admiral Hans-Georg von Friedeburg.

Die in Karlshorst unterzeichnete Militärische Kapitulationsurkunde hatte folgenden Wortlaut: **883**

„1. Wir, die hier Unterzeichneten, die wir im Auftrage des Oberkommandos der Deutschen Wehrmacht handeln, übergeben hiermit bedingungslos dem Obersten Befehlshaber der Alliierten Expeditionsstreitkräfte und gleichzeitig dem Oberkommando der Roten Armee alle gegenwärtig unter deutschem Befehl stehenden Streitkräfte zu Lande, zu Wasser und zu Luft.

2. Das Oberkommando der Deutschen Wehrmacht wird unverzüglich allen deutschen Land-, See- und Luftstreitkräften und allen unter deutschem Befehl stehenden Streitkräften den Befehl geben, die Kampfhandlungen um 23:01 Uhr mitteleuropäischer Zeit am 8. Mai 1945 einzustellen, in den Stellungen zu verbleiben, die sie in diesem Zeitpunkt innehaben, und sich vollständig zu entwaffnen, indem sie ihre Waffen und Ausrüstung den örtlichen alliierten Befehlshabern oder den von den Vertretern der obersten alliierten Militärführungen bestimmten Offizieren übergeben. Kein Schiff, Seefahrzeug oder Flugzeug irgendeiner Art darf zerstört werden […].

3. Das Oberkommando der Deutschen Wehrmacht wird unverzüglich den zuständigen Befehlshabern alle von den Obersten Befehlshabern der Alliierten Expeditionsstreitkräfte und dem Oberkommando der Roten Armee erlassenen zusätzlichen Befehle weitergeben und deren Durchführung sicherstellen.

4. Die Kapitulationserklärung stellt kein Präjudiz für an ihre Stelle tretende allgemeine Kapitulationsbestimmungen dar, die durch die Vereinten Nationen oder in deren Namen festgesetzt werden und Deutschland und die Deutsche Wehrmacht als Ganzes betreffen werden.

5. Im Falle, daß das Oberkommando der Deutschen Wehrmacht oder irgendwelche unter seinem Befehl stehende Streitkräfte es versäumen sollten, sich gemäß den Bestimmungen dieser Kapitulationserklärung zu verhalten, werden der Oberste Befehlshaber der Alliierten Expeditionsstreitkräfte und das Oberkommando der Roten Armee alle diejenigen Straf- und anderen Maßnahmen ergreifen, die sie als zweckmäßig erachten.

6. Diese Erklärung ist in englischer, russischer und deutscher Sprache aufgesetzt. Allein maßgebend sind die englische und die russische Fassung."[295]

Ein amerikanischer Zeuge der kurzen Unterzeichnungszeremonie in Karlshorst schilderte die befremdliche Szene: **884**

„Als die deutschen Bevollmächtigten herbeigerufen wurden, stand Keitel mit dem starren Ausdruck eiskalten Zornes im Gesicht kerzengerade stramm und präsentierte mit behandschuhter rechter Hand seinen Marschallstab. Kein Muskel in seinem Gesicht oder Körper wagte sich zu bewegen. Der Generaladmiral zu seiner Rechten und der Generaloberst zu seiner Linken bemühten sich, ihrem Meister in Steifheit und Härte nachzueifern, aber sie wirkten wie gebrechliche Puppen. […] Marschall Tedder [Oberster Befehlshaber der Alliierten Expeditionsstreitkräfte] fragte Keitel geradewegs, ob er die Urkunde kenne. Er bekräftigte dies mit fester Stimme. […] Keitel setzte sich an der langen Seite des Tisches nieder, legte die Uniformmütze zur Seite und drückte sich das Monokel ins Auge […]. Er unterschrieb neun urkundliche Abschriften […]. Schukov [Oberkommandierender der Roten Armee] bat die deutschen Delegierten einfach, die Siegerhalle zu verlassen. Bevor sie sich zurückzogen, salutierten Keitel und sein Gefolge militärisch kurz, wandten sich um und verschwanden. So endete die Schande des tausendjährigen Reiches."[296]

---

[295] Amtsblatt des Kontrollrates in Deutschland, Ergänzungsblatt Nr. 1, S. 6, abrufbar unter https://d-nb.info/1026627311 (zuletzt abgerufen am 23.10.2022).
[296] Bericht des amerikanischen Majors Fritz E. Oppenheimer. Abgedruckt in *Manfred Oberesch*, Deutschland 1945–1949: Vorgeschichte und die Gründung der Bundesrepublik, 1979, S. 117 ff., 180 f.

2. Die Übernahme sämtlicher Staatsgewalt – Berliner Erklärung

885 Die bedingungslose Kapitulation[297] betraf allerdings nicht das Reich, sondern die Streitkräfte. Erst im nächsten Schritt übernahmen die alliierten Siegermächte die gesamte Staatsgewalt in Deutschland, jetzt mit Beteiligung Frankreichs. Dazu stellten die Oberbefehlshaber der alliierten Streitkräfte – wieder diese, nicht zivile Machthaber – am 5. Juni 1945 in der sog. Berliner Erklärung Folgendes fest.

886 Präambel der „Erklärung in Anbetracht der Niederlage Deutschlands und der Übernahme der obersten Regierungsgewalt hinsichtlich Deutschlands [...]":

„Die deutschen Luftstreitkräfte zu Lande, zu Wasser und in der Luft sind vollständig geschlagen und haben bedingungslos kapituliert, und Deutschland, das für den Krieg verantwortlich ist, ist nicht mehr fähig, sich dem Willen der siegreichen Mächte zu widersetzen. Dadurch ist die bedingungslose Kapitulation Deutschlands erfolgt und Deutschland unterwirft sich allen Forderungen, die ihm jetzt oder später auferlegt werden.

Es gibt in Deutschland keine zentrale Regierung oder Behörde, die fähig wäre, die Verantwortung für die Aufrechterhaltung der Ordnung, für die Verwaltung des Landes und für die Ausführung der Forderungen der siegreichen Mächte zu übernehmen.

Unter diesen Umständen ist es notwendig, unbeschadet späterer Beschlüsse, die hinsichtlich Deutschlands getroffen werden mögen, Vorkehrungen für die Einstellung weiterer Feindseligkeiten seitens der Deutschen Streitkräfte, für die Aufrechterhaltung der Ordnung in Deutschland und für die Verwaltung des Landes zu treffen und die sofortigen Forderungen zu verkünden, denen Deutschland nachzukommen verpflichtet ist.

Die Vertreter der obersten Kommandobehörden des Vereinigten Königreichs, der Vereinigten Staaten von Amerika, der Union der Sozialistischen Sowjet-Republiken und der Französischen Republik, im folgenden ‚Alliierte Vertreter' genannt, die mit der Vollmacht ihrer betreffenden Regierungen und im Interesse der Vereinten Nationen handeln, geben dementsprechend die folgende Erklärung ab:

Die Regierungen des Vereinigten Königreichs, der Vereinigten Staaten von Amerika, der Union der Sozialistischen Sowjet-Republiken und die provisorische Regierung der Französischen Republik übernehmen hiermit die oberste Regierungsgewalt in Deutschland, einschließlich aller Befugnisse der deutschen Regierung, des Oberkommandos der Wehrmacht und der Regierungen, Verwaltungen oder Behörden der Länder, Städte und Gemeinden. Die Übernahme zu den vorstehend genannten Zwecken der besagten Regierungsgewalt und Befugnisse bewirkt nicht die Annektierung Deutschlands.

Die Regierungen des Vereinigten Königreichs, der Vereinigten Staaten von Amerika, der Union der Sozialistischen Sowjet-Republiken und die provisorische Regierung der Französischen Republik werden später die Grenzen Deutschlands oder irgendeines Teiles Deutschlands oder irgendeines Gebietes, das gegenwärtig einen Teil deutschen Gebietes bildet, festlegen.

Kraft der obersten Regierungsgewalt und Befugnisse, die die vier Regierungen auf diese Weise übernommen haben, verkünden die Alliierten Vertreter die folgenden Forderungen, die sich aus der vollständigen Niederlage und der bedingungslosen Kapitulation Deutschlands ergeben und denen Deutschland nachzukommen verpflichtet ist."[298]

---

[297] Zu dieser als alliiertem Kriegsziel seit 1943 *Alfred Vagts*, Unconditional Surrender – vor und nach 1945, in: Vierteljahrshefte für Zeitgeschichte 7 (1959), S. 300 ff.

[298] Amtsblatt des Kontrollrats, Ergänzungsblatt Nr. 1, S. 7–9, abrufbar unter https://d-nb.info/1026627311 (zuletzt abgerufen am 23.10.2022).

Das war in der Völkerrechtsgeschichte etwas Neues: die vollständige Übernahme der öffentlichen Gewalt – von den Gemeinden bis zum Reich –, aber keine Annexion, also kein Anschluss des Staatsgebietes Deutschlands an die Siegermächte. Übernahme der öffentlichen Gewalt bedeutete, dass alle Staatsgewalt in Deutschland von den Alliierten abgeleitet wurde. Da aber keine Annexion stattgefunden hatte, ließ sich nicht sagen, dass jetzt alle Staatsgewalt von den alliierten Staaten ausging. Zeichen dieser Differenzierung war die Herrschaft der alliierten Militärs in Deutschland. Eine alliierte Zivilregierung gab es nicht. Sofern Deutsche mit der Ausübung öffentlicher Befugnisse betraut wurden, wie dies im Sommer 1945 durch die Einsetzung von Bürgermeistern und weiteren Verwaltungsstellen geschah, übten sie öffentliche Gewalt unter der Oberaufsicht der Besatzungsmächte aus.

887

Die bedingungslose Kapitulation und die Übernahme sämtlicher Staatsgewalt sollte ein vollständiges Ende des Nationalsozialismus erreichen und ausschließen, dass Deutschland jemals wieder ein Ausgangspunkt weltpolitisch wirkender Gewalt werden könne. Die Staatsgewalt wurde später Stück um Stück auf deutsche Stellen zurückübertragen. Aber diese späteren Schritte spielten sich schon im Rahmen der zunehmenden Auseinanderentwicklung Deutschlands ab, die sich seit dem Sommer 1945 abzeichnete, weil es tiefgreifende Differenzen zwischen der UdSSR einerseits, den westlichen Alliierten andererseits über die Zukunft Deutschlands gab. Die Verantwortung der Alliierten für „Deutschland als Ganzes" blieb formal trotz der Auseinanderentwicklung erhalten.

888

Ein Friedensvertrag wurde, anders als sonst nach Kriegen völkerrechtlich üblich, nicht geschlossen. Die Viermächteverantwortung für Deutschland als Ganzes endete erst im Zuge der deutschen Wiedervereinigung im Jahre 1990 durch Abschluss des „Vertrages über die abschließende Regelung in bezug auf Deutschland"[299] („Zwei-Plus-Vier-Vertrag" zwischen der Bundesrepublik und der DDR sowie den vier Siegermächten). Artikel 7 dieses Vertrages erklärt lapidar: „(1) Die Französische Republik, die Union der Sozialistischen Sowjetrepubliken, das Vereinigte Königreich Großbritannien und Nordirland und die Vereinigten Staaten von Amerika beenden hiermit ihre Rechte und Verantwortlichkeiten in Bezug auf Berlin und Deutschland als Ganzes. Als Ergebnis werden die entsprechenden, damit zusammenhängenden vierseitigen Vereinbarungen, Beschlüsse und Praktiken beendet und alle entsprechenden Einrichtungen der Vier Mächte aufgelöst. (2) Das vereinte Deutschland hat demgemäß volle Souveränität über seine inneren und äußeren Angelegenheiten."

889

3. Die Besatzungszonen

Die Übernahme sämtlicher Staatsgewalt flankierend teilten die Alliierten Deutschland in Besatzungszonen; dies hatten bereits Konferenzen in Teheran (1943) und auf der Krim in Jalta (Februar 1945) festgelegt. Ausgangspunkt war – von der UdSSR alsbald in Frage gestellt – Deutschland in den Grenzen vom 31. Dezember 1937. Zur

890

---

[299] Vom 12. September 1990 (BGBl. II S. 1317, 1318).

US-amerikanischen Zone gehörte Süddeutschland (Bayern, Baden, Württemberg), ferner Bremerhaven als Seehafen. Großbritannien übernahm den Nordwesten, die UdSSR die bald so genannte „Ostzone" (Brandenburg, Mecklenburg, Pommern, Sachsen, Thüringen, Anhalt). Groß-Berlin gehörte keiner Besatzungszone an, sondern stand unter gemeinsamer Besatzungshoheit der USA, Großbritanniens und der UdSSR. Die später gebildete französische Zone umfasste das Saarland, Rheinland-Pfalz und Teile Württembergs. Die östlich der Oder-Neiße-Linie gelegenen Gebiete wurden, nachdem die Westalliierten eine Westverschiebung Polens (bis zur Oder) und auch der UdSSR bereits 1943 akzeptiert hatten, unter polnische, der nordöstliche Teil Ostpreußens unter sowjetische Verwaltung gestellt. Das Potsdamer Protokoll (Rn. 899 ff.) dekretierte die Überführung der dort verbliebenen deutschen Bevölkerung – ebenso der Deutschen im Sudetenland – in „ordnungsgemäßer und humaner Weise"[300]. Davon indes konnte keine Rede sein. Die Vertreibungen zwischen 1945 und 1950 umfassten fast zwölf Millionen Menschen, mehr als zwei Millionen kamen dabei zu Tode. Die Besatzungszonen waren mit der Aufnahme und Versorgung der Flüchtlinge vielfach überfordert, die einheimische Bevölkerung begegnete ihnen oft mit Ablehnung.

II. Fortbestand des 1871 begründeten Deutschen Reiches?

891 1918/19 hatte der Fortbestand des 1870/71 begründeten Deutschen Reiches außer Frage gestanden. Die Sieger des Ersten Weltkriegs hatten Deutschland weder besetzt noch die Regierungsgewalt übernommen. Das war 1945 anders. „Unconditional surrender" und die Übernahme der „supreme authority with respect to Germany", letztere durch die Berliner Erklärung, warfen die völkerrechtliche Frage nach dem Ende oder Fortbestand der deutschen Staatlichkeit in Gestalt des Reiches auf. Bis zur Wiedervereinigung 1990 spielte die Frage in verschiedenen Zusammenhängen eine Rolle. Erst danach verschwand sie.

1. Die Untergangsthese Hans Kelsens

892 Hans Kelsen[301] begann die Diskussion. 1945 erschien sein grundlegender Aufsatz über die Rechtslage Deutschlands,[302] den Kelsen als Berater der amerikanischen Re-

---

[300] *Klaus-Dietmar Henke*, Der Weg nach Potsdam – Die Alliierten und die Vertreibung, in: Wolfgang Benz (Hrsg.), Die Vertreibung der Deutschen aus dem Osten, 1985, S. 49 ff., 52.

[301] Kelsen hatte 1933 die Universität Köln und Deutschland verlassen, nachdem er wegen seiner jüdischen Herkunft und seiner Befürwortung der republikanischen Demokratie beurlaubt worden war. Er lehrte bis 1940 in Genf, emigrierte dann in die USA, lehrte zuletzt an der University of California in Berkeley und nahm die amerikanische Staatsbürgerschaft an. Bis zu seinem Tod 1973 hielt er sich mehrfach zu Forschungszwecken in Österreich und Deutschland auf.

[302] *Hans Kelsen*, The Legal Status of Germany according to the Declaration of Berlin, in: American Journal of International Law 39 (1945), pp. 518–526.

gierung verfasst hatte. Die Übernahme der öffentlichen Gewalt durch die Berliner Erklärung und die Feststellung, es gebe keine deutsche Staatsgewalt, bedeutete nach Kelsen das Ende der deutschen Staatlichkeit. „The existence of an independent government is an essential element of a state in the eyes of international law. By abolishing the last Government of Germany the victorious powers have destroyed the existence of Germany as a sovereign state. Since her unconditional surrender, at least since the abolishment of the Doenitz Government, Germany has ceased to exist as a state in the sense of international law." Und: „Germany having ceased to exist as a state, the status of war has been terminated, because such status can exist only between belligerent states."[303] Das stehe eigentlich mit den Regeln des Völkerrechts nicht in Einklang, weil diese dem siegreichen Staat nicht die Übernahme der Staatsgewalt des Besiegten erlaubten, und auch nicht die Übertragung von Teilen des Territoriums des Besiegten an andere Staaten. Aber die Absicht, in Deutschland einen völligen Neuanfang zu setzen, weise eben auf das Ende des Staates. Kelsen betonte die Möglichkeit der späteren Rückübertragung der Staatsgewalt auf deutsche Stellen und der Neubegründung der Staatlichkeit. Er erinnerte, durchaus zu Recht, an die schwere Hypothek nach dem Ende des Ersten Weltkriegs: „It is well known that the political responsibility for the Treaty of Versailles was a main cause for the breakdown of the Weimar Republic and the rise of national socialism."[304] Eine zukünftige deutsche demokratische Regierung in einem neuen deutschen Staat könne unbelastet von den 1945 notwendigen harten Maßnahmen beginnen. „Hence it seems desirable to permit the establishment of a national government only when the occupant powers are ready to withdraw their armed forces from German territory and thus make possible the restoration of a sovereign German state."[305]

2. Die „Kontinuitätsthese"

Die These vom Ende des Reichs war, wenngleich keineswegs rechtlich zwingend, eine zukunftsorientierte Perspektive – nicht dagegen eine Art juristischer Rache des aus Deutschland vertriebenen Gelehrten. Von einem Ende des Reiches wollte man in Deutschland indes nichts wissen. Bei einer Tagung in Hamburg 1947 äußerten sich alle anwesenden deutschen Völkerrechtler im Sinne eines Fortbestandes des Reiches, da nach der Berliner Erklärung eine Annexion und damit eine Unterwerfung des Besiegten nicht stattgefunden habe („Kontinuitätsthese"). „Die Alliierten störte das nicht. Sie setzten durch, was sie für richtig hielten, ob im Deutschen Reich oder einem Gebilde ohne diesen Namen."[306] Sie vermieden das Wort Reich und sprachen von Deutschland oder „Deutschland als Ganzes". Sie legten sich nicht auf „Untergang" oder „Kontinuität" des Reiches fest. Wenn überhaupt, sprachen sie von einer

893

---

[303] *Hans Kelsen*, The Legal Status of Germany according to the Declaration of Berlin, aaO, p. 519.
[304] *Hans Kelsen*, The Legal Status of Germany according to the Declaration of Berlin, aaO, p. 520.
[305] *Hans Kelsen*, The Legal Status of Germany according to the Declaration of Berlin, aaO, p. 526.
[306] *Uwe Wesel*, Rechtsgeschichte der Bundesrepublik Deutschland, 2019, S. 8.

„occupatio sui generis", die nicht den Restriktionen bisheriger völkerrechtlicher Regeln für ein Besatzungsregime unterliege. Entscheidend war: In jedem Fall hatten die Besatzungsmächte, nicht die Deutschen, zu entscheiden, ob, wann und wie neue staatliche Strukturen entstehen sollten. Die Kontinuitätsthese sollte zunächst praktische Probleme klären helfen, etwa bei der Zuordnung des bisherigen Reichsvermögens. Daneben zielte sie darauf ab, den Eingriffsrechten der Besatzungsmächte das Rechtssubjekt Deutsches Reich und völkerrechtliche Regeln zum Umgang mit ihm entgegenzustellen. Genau darauf ließen sich die Siegermächte aber nicht ein.

894 Von 1947 bis 1990 stand die Kontinuitätsthese im Zeichen der sich zunächst abzeichnenden, 1949 mit der Gründung der beiden deutschen Staaten vollzogenen deutschen Teilung. Jetzt sollte – nach bundesrepublikanischer Lesart – das fortbestehende Reich das nationale Band sein, Anknüpfungspunkt für das Ziel der deutschen Einheit. 1973, in seinem Urteil zum Grundlagenvertrag (1972) zwischen der Bundesrepublik und der DDR, argumentierte auch das Bundesverfassungsgericht so: Die Beurteilung des Vertrages von 1972 erfordere es, „sich mit den Aussagen des Grundgesetzes über den Rechtsstatus Deutschlands auseinanderzusetzen: 1. Das Grundgesetz – nicht nur eine These der Völkerrechtslehre und der Staatsrechtslehre! – geht davon aus, dass das Deutsche Reich den Zusammenbruch 1945 überdauert hat und weder mit der Kapitulation noch durch Ausübung fremder Staatsgewalt in Deutschland durch die alliierten Okkupationsmächte noch später untergegangen ist; das ergibt sich aus der Präambel, aus Art. 16, Art. 23 [a. F.], Art. 116 und Art. 146 [a. F.] GG. Das entspricht auch der ständigen Rechtsprechung des Bundesverfassungsgerichts, an der der Senat festhält. Das Deutsche Reich existiert […], besitzt nach wie vor Rechtsfähigkeit, ist allerdings als Gesamtstaat mangels Organisation, insbesondere mangels institutionalisierter Organe selbst nicht handlungsfähig. Im Grundgesetz ist auch die Auffassung vom gesamtdeutschen Staatsvolk und von der gesamtdeutschen Staatsgewalt ‚verankert' […]. Verantwortung für ‚Deutschland als Ganzes' tragen – auch – die vier Mächte […]. Mit der Errichtung der Bundesrepublik Deutschland wurde nicht ein neuer westdeutscher Staat gegründet, sondern ein Teil Deutschlands neu organisiert […]. Die Bundesrepublik Deutschland ist also nicht ‚Rechtsnachfolger' des deutschen Reiches, sondern als Staat identisch mit dem Staat ‚Deutsches Reich', – in bezug auf seine räumliche Ausdehnung allerdings ‚teilidentisch', so dass insoweit die Identität keine Ausschließlichkeit beansprucht. Die Bundesrepublik umfasst also, was ihr Staatsvolk und Staatsgebiet anlangt, nicht das ganze Deutschland, unbeschadet dessen, dass sie ein einheitliches Staatsvolk des Völkerrechtssubjekts ‚Deutschland' (Deutsches Reich), zu dem die Bevölkerung als untrennbarer Teil gehört, und ein einheitliches Staatsgebiet ‚Deutschland' (Deutsches Reich), zu dem ihr eigenes Staatsgebiet als ebenfalls nicht abtrennbarer Teil gehört, anerkennt. Sie beschränkt staatsrechtlich ihre Hoheitsgewalt auf einen ‚Geltungsbereich des Grundgesetzes' […], fühlt sich aber verantwortlich für das ganze Deutschland (vgl. Präambel des Grundgesetzes). Derzeit [1973] besteht die Bundesrepublik aus den in Art. 23 GG genannten Ländern, einschließlich Berlin […]. Die Deutsche Demokratische Republik gehört zu Deutschland und kann im Verhältnis zur Bundesrepublik Deutschland nicht als Ausland angesehen werden [...]. 2. Zum Wiedervereinigungsgebot und Selbstbestimmungsrecht, das im Grundgesetz enthalten ist, hat das Bundesverfassungsgericht bisher erkannt und daran hält der Senat fest: [...] Die Wiedervereinigung ist ein verfassungsrechtliches Gebot."[307] Die gewundene Aneinanderreihung staatsrechtlicher und völkerrechtlicher Versatzstücke, die teils widersprüchlich wirkt, zeigt, welche Mühe das Gericht mit dem Wiedervereinigungsgebot im Lichte der Kontinuitätsthese hatte.

In der Staatslehre stieß das Urteil des Jahres 1973 auf fast einhellige Ablehnung.[308] Das Bundesverfassungsgericht behauptete die Identität der Bundesrepublik Deutschland mit dem Deutschen Reich. Zugleich sollte es ein wenn auch handlungsunfähiges Völkerrechtssubjekt Gesamtdeutschland geben, das als gemeinsames Dach („Dachtheorie") beide deutschen Staaten überwölbt. „Beides konnte aber nicht gleichzeitig zutreffen: Entweder war die Bundesrepublik mit dem Deutschen Reich identisch. Dann konnte dieses Deutsche Reich aber nicht zugleich die DDR umfassen, wenn man deren völkerrechtliche Staatsqaulität in Rechnung stellte, und war auf die Bundesrepublik ‚geschrumpft'. Oder über beide deutschen Staaten wölbte sich ein gewissermaßen ruhendes Völkerrechtssubjekt Deutsches Reich. Diese Dachvorstellung hatte indes das Problem, dass sie keine völkerrechtliche Grundlage besaß, da die DDR für sich jede Kontinuitätsbehauptung zum früheren Deutschen Reich seit den fünfziger Jahren ablehnte. Ein gemeinsames völkerrechtliches Dach beider deutscher Staaten konnte nicht allein von der Bundesrepublik errichtet werden. Jedenfalls war aber die Kombination beider Konstruktionen völlig unverständlich und bewegte sich im völkerrechtlichen Niemandsland."[309]

895

Bei der deutschen Wiedervereinigung 1990 spielten solche Fragen keine Rolle mehr. Die nötige Grundlage schuf der „Zwei-Plus-Vier-Vertrag", abgeschlossen zwischen den beiden deutschen Staaten und den Siegermächten. „Die juristische Mumie Deutsches Reich ließ man achtlos am Wegesrand liegen."[310]

896

---

[307] BVerfGE 36, 1 (15–17) unter Verweis auf BVerfGE 1, 351 (362 ff.); 2, 266 (277); 3, 288 (319); 6, 309 (336, 363). Das „Beamtenurteil" (1953) – BVerfGE 3, 58 –, in dem das Bundesverfassungsgericht alle früheren Beamtenverhältnisse mit dem 8. Mai 1945 für erloschen erklärte (dazu unten Rn. 1066–1069), diskutierte zwar beide Auffassungen zum Fortbestand oder Ende des Reiches (88 f.), ließ sie aber ausdrücklich dahinstehen. Dem Gericht genügte die fehlende Kontinuität zwischen dem rechtsstaatlichen Grundsätzen entkleideten Beamtentum der NS-Zeit und den beamtenrechtlichen Anforderungen nach 1945, um das Erlöschen der Beamtenverhältnisse zu begründen.

[308] Z. B. *Christian Tomuschat*, Auswärtige Gewalt und verfassungsgerichtliche Kontrolle (Verfahren über den Grundlagenvertrag), in: DÖV 1973, S. 801 ff.; *Ulrich Scheuner*, Die staatsrechtliche Stellung der Bundesrepublik. Zum Karlsruher Urteil über den Grundlagenvertrag, in: DÖV 1973, S. 581 ff.

[309] *Christoph Schönberger*, Geschichten vom Reich, Geschichten vom Recht: Der Fortbestand des Deutschen Reichs als rechtliche Imagination, in: Christoph und Sophie Schönberger (Hrsg.), Die Reichsbürger, 2020, S. 37 ff., 55 f.

[310] *Christoph Schönberger*, Geschichten vom Reich, Geschichten vom Recht: Der Fortbestand des Deutschen Reichs als rechtliche Imagination, aaO., S. 60.

III. Besatzungsherrschaft und Wiederaufbau deutscher Staatlichkeit

1. Gestalt und Ziele des Besatzungsregimes

a) Der Alliierte Kontrollrat

897 Die vier Siegermächte übten durch die Oberbefehlshaber ihrer Streitkräfte die oberste Gewalt jeweils in ihren Besatzungszonen aus. Dem daneben geschaffenen Alliierten Kontrollrat, der seinen Sitz im Gebäude des Kammergerichts in Berlin nahm, gehörten die vier Militärgouverneure an. Er wurde tätig, wenn es um Deutschland als Ganzes ging. Die erste Sitzung des Kontrollrats fand am 30. Juli 1945 statt. Seine Aufgaben hatten die Siegermächte bereits 1944 festgelegt.[311] Der Kontrollrat regelte mit legislativen und exekutivischen Befugnissen, die nur einstimmig wahrgenommen werden konnten, „militärische, politische, wirtschaftliche und sonstige Fragen" zu ganz Deutschland, ferner sollte er die wieder einzusetzende deutsche Verwaltung überwachen und im Rahmen des Vier-Mächte-Status für Berlin tätig werden (Art. 3b Nr. 1 bis 4 des Londoner Abkommens vom 14. November 1944). Faktisch beendet war die Kontrollratstätigkeit schon am 20. März 1948, als im Zeichen des beginnenden Kalten Krieges und der zunehmenden Differenzen zwischen der UdSSR und den Westmächten das sowjetische Mitglied den Kontrollrat verließ. Erst der „Zwei-Plus-Vier-Vertrag" vom 19. September 1990, der die Zuständigkeit der Siegermächte für Deutschland als Ganzes beendete, löste den Kontrollrat förmlich auf (Art. 7 Abs. 1 des Vertrages über die abschließende Regelung in Bezug auf Deutschland).

898 Innerhalb der Besatzungszonen gingen die Siegermächte schnell unterschiedliche Wege, wobei die überlegene Kraft der Weltmacht USA mit ihrem „Office of Military Government for Germany" (OMGUS) unter Leitung des Generals Lucius D. Clay die Richtung der „Westzonen" bestimmte. Die UdSSR zielte in der „Ostzone" darauf ab, zunächst noch verhüllt, ein sozialistisches Staats- und Gesellschaftsmodell unter Führung der kommunistischen Partei zu etablieren. Das zentrale Organ war hier die „Sowjetische Militär-Administration in Deutschland" (SMAD).

b) Die Potsdamer Konferenz

899 Die Potsdamer Konferenz (17. Juli bis 2. August 1945)[312] führte die Regierungschefs der USA (Präsident Harry S. Truman, kurz zuvor nach dem Tod Theodor Roosevelts ins Amt gekommen), Großbritanniens (Clement Atlee ab dem 28. Juli 1945 als neuer Premierminister, Nachfolger des überraschend abgewählten Winston Churchill) und der UdSSR (Josef W. Stalin) auf Schloss Cecilienhof zusammen. Es ging um die

---

[311] Im Londoner „Abkommen über Kontrolleinrichtungen in Deutschland" vom 14. November 1944; ergänzt durch die Berliner Erklärung vom 5. Juni 1945.

[312] Dazu *Wolfgang Benz*, Von der Besatzungsherrschaft zur Bundesrepublik. Stationen einer Staatsgründung 1946–1949, 1984, S. 27 ff.

Neuordnung Europas insgesamt. Zu Deutschland legte die Konferenz zunächst fest, dass jede Besatzungsmacht nach ihrem Ermessen in ihrer Zone Reparationsleistungen erheben könne – während die USA darauf fast völlig verzichteten, baute die UdSSR in ihrer Zone ganze Industrie- und Infrastrukturanlagen ab und brachte Kunstgegenstände in die UdSSR; darüber hinaus erhielt die UdSSR einzelne Reparationen aus den Westzonen. Zum Zweiten akzeptierten die westlichen Alliierten nach hartnäckigem Drängen des verhandlungserfahrenen Stalin, dem die neu in ihre Ämter gekommenen westlichen Machthaber nicht gewachsen waren, die Oder-Neiße-Linie als vorläufige Grenze Deutschlands bis zu einem Friedensvertrag. Ein solcher wurde niemals abgeschlossen, erst der „Zwei-Plus-Vier-Vertrag" von 1990 legte dann diese Linie als endgültige Ostgrenze Deutschlands zu Polen fest.[313]

900 Im Zentrum der Potsdamer Konferenz stand die unmittelbare Entwicklung Deutschlands, das Protokoll der Konferenz hielt dazu Folgendes fest:

901 Mitteilung über die Dreimächtekonferenz von Berlin [sog. „Potsdamer Abkommen"] vom 2. August 1945[314]:
„[…] III. Deutschland
Alliierte Armeen führen die Besetzung von ganz Deutschland durch, und das deutsche Volk fängt an, die furchtbaren Verbrechen zu büßen, die unter der Leitung derer, welche es zur Zeit ihrer Erfolge offen gebilligt hat und denen es blind gehorcht hat, begangen worden sind. Auf der Konferenz wurde eine Übereinkunft erzielt über die politischen und wirtschaftlichen Grundsätze der gleichgeschalteten Politik der Alliierten in bezug auf das besiegte Deutschland in der Periode der alliierten Kontrolle. […] Der deutsche Militarismus und Nazismus werden ausgerottet, und die Alliierten treffen […] auch noch andere Maßnahmen, die notwendig sind, damit Deutschland niemals mehr seine Nachbarn oder die Erhaltung des Friedens in der ganzen Welt bedrohen kann. Es ist nicht die Absicht der Alliierten, das deutsche Volk auszurotten oder zu versklaven. Die Alliierten wollen dem deutschen Volk die Möglichkeit geben, sich darauf vorzubereiten, sein Leben auf einer demokratischen und friedlichen Grundlage von neuem wiederaufzubauen.
[…]
A. Politische Grundsätze
1. Entsprechend der Übereinkunft über das Kontrollsystem in Deutschland wird die höchste Regierungsgewalt in Deutschland durch die Oberbefehlshaber der Streitkräfte [der Alliierten] nach den Weisungen ihrer entsprechenden Regierungen ausgeübt, und zwar von jedem in seiner Besatzungszone, sowie gemeinsam in ihrer Eigenschaft als Mitglieder des Kontrollrates in den Deutschland als Ganzes betreffenden Fragen.
2. Soweit dies praktisch durchführbar ist, muss die Behandlung der Bevölkerung in ganz Deutschland gleich sein.

---

[313] „Art. 1. (1) Das vereinte Deutschland wird die Gebiete der Bundesrepublik Deutschland, der Deutschen Demokratischen Republik und ganz Berlins umfassen. Seine Außengrenze werden die Grenze der Bundesrepublik Deutschland und der Deutschen Demokratischen Republik sein und werden am Tage des Inkrafttretens dieses Vertrages endgültig sein. Die Bestätigung des endgültigen Charakters der Grenze des vereinten Deutschlands ist ein wesentlicher Bestandteil der Friedensordnung in Europa.
(2) Das vereinte Deutschland und die Republik Polen bestätigen die zwischen ihnen bestehende Grenze in einem völkerrechtlich verbindlichen Vertrag. […]"
[314] Amtsblatt des Kontrollrats, Ergänzungsblatt Nr. 1, S. 13–20, abrufbar unter https://d-nb.info/1026627311 (zuletzt abgerufen am 23.10.2022).

3. Die Ziele der Besetzung Deutschlands, durch welche der Kontrollrat sich leiten lassen soll, sind:
(I) Völlige Abrüstung und Entmilitarisierung Deutschlands und die Ausschaltung der gesamten Industrie, welche für eine Kriegsproduktion benutzt werden kann oder deren Überwachung. [...]
(II) Das deutsche Volk muss überzeugt werden, daß es eine totale militärische Niederlage erlitten hat und daß es sich nicht der Verantwortung entziehen kann, für das, was es selbst dadurch auf sich geladen hat, daß seine eigene mitleidlose Kriegführung und der fanatische Widerstand der Nazis die deutsche Wirtschaft zerstört und Chaos und Elend unvermeidlich gemacht haben.
(III) Die Nationalsozialistische Partei mit ihren angeschlossenen Gliederungen und Unterorganisationen ist zu vernichten [...].
(IV) Die endgültige Umgestaltung des deutschen politischen Lebens auf demokratischer Grundlage und eine eventuelle friedliche Mitarbeit Deutschlands am internationalen Leben sind vorzubereiten.
4. Alle nazistischen Gesetze, welche die Grundlage für das Hitlerregime oder eine Diskriminierung aufgrund der Rasse, Religion oder politischer Überzeugung errichteten, müssen abgeschafft werden [...].
5. Kriegsverbrecher und alle diejenigen, die an der Planung oder Verwirklichung nazistischer Maßnahmen, die Greuel oder Kriegsverbrechen nach sich zogen oder als Ergebnis hatten, teilgenommen haben, sind zu verhaften und dem Gericht zu übergeben. Nazistische Parteiführer, einflußreiche Nazianhänger und die Leiter der nazistischen Ämter und Organisationen [...] sind zu verhaften und zu internieren. [...]
8. Das Gerichtswesen wird entsprechend den Grundsätzen der Demokratie und der Gerechtigkeit auf der Grundlage der Gesetzlichkeit und der Gleichheit aller Bürger vor dem Gesetz ohne Unterschied der Rasse, der Nationalität und der Religion reorganisiert werden.
9. Die Verwaltung Deutschlands muß in Richtung auf eine Dezentralisation der politischen Struktur und der Entwicklung einer örtlichen Selbstverantwortung durchgeführt werden. [...]"

c) Entmilitarisierung und die Auflösung Preußens

902 Das Ziel der „völligen Abrüstung und Entmilitarisierung" (III A 3 [I] des Potsdamer Protokolls) war angesichts des vollständigen Untergangs der deutschen Streitkräfte faktisch erreicht. Mit eher symbolischer Begründung und Absicht löste eines der bekanntesten Gesetze des Kontrollrats Preußen auf, das als eigentlicher Ursprung und Kernland des deutschen „Militarismus" galt. Das Gesetz hatte aber auch klarstellende und rechtsgestaltende Wirkung, weil die Länder und damit auch Preußen zwar 1933/34 „verreichtlicht" worden waren, ihre formale Existenz als Staaten aber erhalten blieb. Dennoch ging es 1947 mehr um das Beenden einer Tradition als einer Staatsmacht, die, so die Eingangsformel des Gesetzes, „in Wirklichkeit" schon nicht mehr bestand.[315]

---

[315] *Golo Mann,* Das Ende Preußens, in: Otto Büsch/Wolfgang Neugebauer (Hrsg.), Moderne preußische Geschichte: 1648–1947, 1981, S. 260 f.: Die Auflösung war ein „Fußtritt, den siegreiche Esel einem längst toten Löwen gaben. Sie glaubten, sie hätten ihn getötet, aber das war ein Irrtum. Sie glaubten, der Nazismus hätte seine Wurzeln im Preußentum gehabt. Das war zu höchstens einem Zehntel richtig und zu gut neun Zehnteln falsch."

Kontrollratsgesetz Nr. 46 vom 25. Februar 1947[316]:

„Der Staat Preußen, der seit jeher Träger des Militarismus und der Reaktion in Deutschland gewesen ist, hat in Wirklichkeit zu bestehen aufgehört. Geleitet von dem Interesse an der Aufrechterhaltung des Friedens und der Sicherheit der Völker und erfüllt von dem Wunsche, die weitere Wiederherstellung des politischen Lebens in Deutschland auf demokratischer Grundlage zu sichern, erlässt der Kontrollrat das folgende Gesetz:
Artikel I
Der Staat Preußen, seine Zentralregierung und alle nachgeordneten Behörden werden hiermit aufgelöst.
Artikel II
Die Gebiete, die ein Teil des Staates Preußen waren und die gegenwärtig der Oberhoheit des Kontrollrats unterstehen [also nicht die preußischen Gebiete östlich der Oder-Neiße-Linie, Schlesien, Ost- und Westpreußen, Pommern, Teile Brandenburgs] sollen die Rechtsstellung von Ländern erhalten oder Ländern einverleibt werden. […]
Artikel III
Staats- und Verwaltungsfunktionen sowie Vermögen und Verbindlichkeiten des früheren Staates Preußen sollen auf die beteiligten Länder übertragen werden. […]."

d) Aufhebung nationalsozialistischer Gesetze

Eine komplexe und mit dem faktischen Ende des Kontrollrates im Jahre 1948 nicht beendete Aufgabe stellte die Aufhebung aller „nazistischen Gesetze" dar, die den Kriterien des III. A. 4 des Potsdamer Protokolls entsprachen („Grundlagen für das Hitlerregime", „Diskriminierung aufgrund der Rasse, Religion oder politischen Überzeugung").[317] Das Kontrollratsgesetz Nr. 1 betreffend die „Aufhebung von Nazi-Gesetzen" vom 20. September 1945[318] hob für die NS-Herrschaft grundlegende Gesetze auf, darunter das „Gesetz zur Behebung der Not von Volk und Reich" vom 24. März 1933 (das „Ermächtigungsgesetz"), die Gesetze gegen die Neubildung von Parteien (vom 14. Juli 1933) und zur „Sicherung der Einheit von Staat und Partei" (vom 1. Dezember 1933), ferner die diskriminierenden Gesetze über die „Wiederherstellung des Berufsbeamtentums" (vom 7. April 1933), zum „Schutze des deutschen Blutes und der deutschen Ehre" und das Reichsbürgergesetz (vom 15. September 1935), schließlich u. a. das „Heimtückegesetz" (vom 20. Dezember 1934) und das Preußische Gesetz über die geheime Staatspolizei (vom 10. Februar 1936). Das Kontrollratsgesetz Nr. 2 vom 10. Oktober 1945[319] löste die NSDAP mit allen Unterorganisationen auf und liquidierte sie, das Gesetz Nr. 4 vom 30. Oktober 1945[320] ordnete das Ge-

---

[316] Amtsblatt des Kontrollrats, Nr. 14, S. 262, abrufbar unter https://d-nb.info/1026627338 (zuletzt abgerufen am 23.10.2022).
[317] Eingehend *Matthias Etzel*, Die Aufhebung von nationalsozialistischen Gesetzen durch den Alliierten Kontrollrat, 1992, S. 80 ff., S. 30 ff. zur völkerrechtlichen Legitimation des Eingriffs in eine fremde Rechtsordnung.
[318] Amtsblatt des Kontrollrats, Nr. 1, S. 6–8, abrufbar unter https://d-nb.info/102662715X (zuletzt abgerufen am 23.10.2022).
[319] Amtsblatt des Kontrollrats, Nr. 1, S. 19–21, abrufbar aaO.
[320] Amtsblatt des Kontrollrats, Nr. 2, S. 26–27, abrufbar unter https://d-nb.info/1026627168 (zuletzt abgerufen am 23.10.2022).

richtswesen neu, das Gesetz Nr. 10 vom 20. Dezember 1945[321] schuf die Grundlagen für Strafverfahren gegen Personen, die sich an „Kriegsverbrechen, Verbrechen gegen den Frieden oder Verbrechen gegen die Menschlichkeit" schuldig gemacht hatten. Das Kontrollratsgesetz Nr. 11 vom 30. Januar 1946[322] beseitigte das politische Strafrecht im Strafgesetzbuch und das Gesetz über „Verhängung und Vollzug der Todesstrafe" (vom 29. März 1933). Das Gesetz Nr. 34 vom 20. August 1946[323] löste die Wehrmacht auf, das Gesetz Nr. 40 vom 30. November 1946[324] beendete die nationalsozialistische Arbeitsverfassung durch Aufhebung des Gesetzes zur „Ordnung der nationalen Arbeit". Auch die Kirchenkampfgesetze gegen die evangelische Kirche wurden aufgehoben (Gesetze Nr. 49 und Nr. 62)[325].

905 Diese Aufhebungsvorschriften sind zu Unrecht als unzureichend und halbherzig kritisiert worden. Im Rahmen seiner Möglichkeiten legte der Kontrollrat die zentralen Kriterien zur Identifizierung spezifisch nationalsozialistischen Rechts fest und setzte sie um. Bis 1948 war die Bereinigung der Rechtsordnung damit aber keineswegs beendet. Diese Aufgabe begleitete die deutschen Gesetzgeber nach 1949, und auch die Rechtsprechung, die bei nicht ausdrücklich aufgehobenen entscheidungsrelevanten NS-Vorschriften die Geltungsfrage zu beantworten hatte. Im Urteil über die Gültigkeit und Weitergeltung des auf der Grundlage des Ermächtigungsgesetzes 1933 transformierten Reichskonkordats mit dem Heiligen Stuhl stellte das Bundesverfassungsgericht fest, NS-Gesetze könnten „dann nicht als gültiges Recht anerkannt werden, wenn sie gegen das Wesen und den möglichen Inhalt des Rechts verstoßen"[326]. Das „Wesen des Rechts" sollte in der Orientierung an elementaren Gerechtigkeitsgesichtspunkten und an der Gleichbehandlung liegen.

906 Hier klang die „Radbruchsche Formel"[327] an, die das Bundesverfassungsgericht heranzog, als es um die Gültigkeit der 11. Verordnung zum Reichsbürgergesetz vom

---

[321] Amtsblatt des Kontrollrats, Nr. 3, S. 50–55, abrufbar unter https://d-nb.info/1026627176 (zuletzt abgerufen am 23.10.2022).
[322] Amtsblatt des Kontrollrats, Nr. 3, S. 55–57, abrufbar aaO.
[323] Amtsblatt des Kontrollrats, Nr. 10, S. 172 f., abrufbar unter https://d-nb.info/1026627249 (zuletzt abgerufen am 23.10.2022).
[324] Amtsblatt des Kontrollrats, Nr. 12, S. 229, abrufbar unter https://d-nb.info/1026627265 (zuletzt abgerufen am 23.10.2022).
[325] Amtsblatt des Kontrollrats, Nr. 14, S. 265, abrufbar unter https://d-nb.info/1026627338 (zuletzt abgerufen am 23.10.2022); Nr. 19, S. 313, abrufbar unter https://d-nb.info/1026627389 (zuletzt abgerufen am 23.10.2022).
[326] BVerfGE 6, 309 (332).
[327] Der Heidelberger Strafrechtler und Rechtsphilosoph *Gustav Radbruch*, der in Weimar kurze Zeit Reichsjustizminister gewesen war, befasste sich 1946 mit der Frage, ob ein Richter auch dann eine Norm des positiven Rechts anwenden müsse, wenn sie ihm ungerecht erscheinen. „Der Konflikt zwischen der Gerechtigkeit und der Rechtssicherheit dürfte dahin zu lösen sein, daß das positive, durch Satzung und Macht gesicherte Recht auch dann den Vorrang hat, wenn es inhaltlich ungerecht und unzweckmäßig ist, es sei denn, daß der Widerspruch des positiven Gesetzes zur Gerechtigkeit ein so unerträgliches Maß erreicht, daß das Gesetz als ‚unrichtiges Recht' der Gerechtigkeit zu weichen hat. Es ist unmöglich, eine schärfere Linie zu ziehen zwischen den Fällen des gesetzlichen Unrechts und den trotz unrichtigen Inhalts dennoch geltenden Gesetzen; eine andere Grenz-

25. November 1941 ging, wonach ein Jude (im Sinne der NS-Gesetzgebung) durch gewöhnlichen Aufenthalt im Ausland (das konnte auch in einem KZ sein) die deutsche Staatsangehörigkeit verlor: „Die 11. Verordnung war ein Mittel, die verfolgten Juden nach Möglichkeit auch jenseits der Grenzen des nationalsozialistischen Machtbereichs zu vernichten. […] Der Versuch, nach ‚rassischen' Kriterien bestimmte Teile der eigenen Bevölkerung […] physisch und materiell zu vernichten, hat mit Recht und Gerechtigkeit nichts gemein. Recht und Gerechtigkeit stehen nicht zur Disposition des Gesetzgebers. Die Vorstellung, dass ein ‚Verfassunggeber alles nach seinem Willen ordnen kann, würde einen Rückfall in die Geisteshaltung eines wertungsfreien Gesetzespositivismus bedeuten, wie sie in der juristischen Wissenschaft und Praxis seit längerem überwunden ist. Gerade die Zeit des nationalsozialistischen Regimes in Deutschland hat gelehrt, daß auch der Gesetzgeber Unrecht setzen kann' (BVerfGE 3, 225 [232]). Daher hat das Bundesverfassungsgericht die Möglichkeit bejaht, nationalsozialistischen ‚Rechts'-Vorschriften die Geltung als Recht abzuerkennen, weil sie fundamentalen Prinzipien der Gerechtigkeit so evident widersprechen, daß der Richter, der sie anwenden oder ihre Rechtsfolgen anerkennen wollte, Unrecht statt Recht sprechen würde […]."[328] Der Ausbürgerungsfall zeigte jedoch auch die Schwierigkeiten nachträglicher Aufhebung gesetzlichen Unrechts mit ex-tunc-Wirkung. Was, wenn gesetzlich Ausgebürgerte inzwischen eine andere Staatsangehörigkeit erworben hatten? Durfte ihnen rückwirkend, unter Umständen gegen ihren Willen, die deutsche Staatsangehörigkeit wiedergegeben werden? Der Fall zeigt an einem Detailproblem, das wie viele Einzelprobleme aber besonders sensibel war, dass die normative Bewältigung staatlichen Unrechts schnell an Grenzen stößt. Die auf den ersten Blick einleuchtende Aufhebung der Unrechtsnormen (mit Wirkung für die Vergangenheit) kann unerwünschte Folgen haben. In ganz anderem Zusammenhang sollten sich diese Schwierigkeiten in Deutschland noch einmal nach 1990 zeigen.

e) „Entnazifizierung"

907 Neben die Beseitigung legislativen Unrechts traten von 1945 bis 1948, in Einzelfällen darüber hinaus, die „Entnazifizierung" aller erwachsenen Deutschen und die Versuche gesellschaftlicher Umerziehung („reeducation") entsprechend dem Ziel des Potsdamer Protokolls, „alle Mitglieder der nazistischen Partei" und weitere Unterstützer aus den Schaltstellen von Staat und Wirtschaft zu entfernen (III. A 6). Das gelang nur zum Teil und zeigte die Unmöglichkeit, über eine ganze Gesellschaft zu richten. Die Entnazifizierungen ermittelten nicht immer die wahre Tätigkeit der Betroffenen in

---

ziehung kann aber mit aller Schärfe vorgenommen werden: Wo Gerechtigkeit nicht einmal erstrebt wird, wo die Gleichheit, die den Kern des Rechts ausmacht, bei der Setzung positiven Rechts bewußt verleugnet wurde, da ist das Gesetz nicht etwa nur ein ‚unrichtiges' Recht, vielmehr entbehrt es überhaupt der Rechtsnatur. Denn man kann Recht, auch positives Recht, gar nicht anders definieren als eine Ordnung und Satzung, die ihrem Sinn nach bestimmt ist, der Gerechtigkeit zu dienen." *Gustav Radbruch,* Gesetzliches Unrecht und übergesetzliches Recht, SJZ 1946, S. 105 ff., 107.

[328] BVerfGE 23, 98 (106 ff.) unter Verweis auf BVerfGE 3, 58 (119); 6, 132 (198). Eine ausdrückliche Bezugnahme auf Radbruch findet sich in der Entscheidung allerdings nicht.

der NS-Zeit und ließen viele Funktionsträger unbehelligt. Der Anfang war sowohl bei den Amerikanern als auch den Sowjets noch rigoros; kurz nach der Befreiung der Konzentrationslager und nach dem besonderen Terror der letzten Kriegsmonate standen die Besetzer unter dem unmittelbaren und starken Eindruck der NS-Verbrechen. Ein weite Kreise erfassendes Verfahren schien auch deshalb möglich, weil den amerikanischen Truppen in einer Münchner Papierfabrik die Zentralkartei der NSDAP in die Hände gefallen war. Allein in der amerikanischen Zone wurden bis Ende 1945 mehr als 100.000 Personen interniert. Am 12. Januar 1946 erließ der Kontrollrat die Direktive Nr. 24, wonach alle früheren Mitglieder der NSDAP, „die ihr aktiv und nicht nur nominell" angehört hatten, ebenso Personen, „die den Bestrebungen der Alliierten feindlich gegenüberstehen", aus verantwortlichen Stellen in Behörden und anderen Bereichen entfernt und durch Personen ersetzt werden sollten, die „aufgrund ihrer politischen und moralischen Qualitäten für fähig erachtet werden, die Entwicklung echter demokratischer Einrichtungen in Deutschland zu fördern". Dann entschlossen sich die Amerikaner, die Entnazifizierung unter Kontrolle der Militärregierungen in deutsche Hände zu legen. Das dazu erforderliche deutsche Gesetz erarbeiteten die Ministerpräsidenten der 1946 bereits gegründeten Länder in der amerikanischen Zone (Bayern, Hessen, Württemberg, Baden).

908 Gesetz Nr. 104 zur Befreiung von Nationalismus und Militarismus („Befreiungsgesetz") vom 5. März 1946[329]:

„[...]. Die Amerikanische Militärregierung hat nunmehr entschieden, daß das deutsche Volk die Verantwortung für die Befreiung von Nationalsozialismus und Militarismus auf allen Gebieten mitübernehmen kann. Der Erfüllung der damit dem deutschen Volk übertragenen Aufgabe dient dieses Gesetz, das sich im Rahmen der Anweisung Nr. 24 des Kontrollrats hält.
[...]
Artikel 1. (1) Zur Befreiung unseres Volkes von Nationalsozialismus und Militarismus und zur Sicherung dauernder Grundlagen eines deutschen demokratischen Staatslebens im Frieden mit der Welt werden alle, die die nationalsozialistische Gewaltherrschaft aktiv unterstützt oder sich durch Verstöße gegen Grundsätze der Gerechtigkeit und Menschlichkeit oder durch eigensüchtige Ausnutzung der dadurch geschaffenen Zustände verantwortlich gemacht haben, von der Einflußnahme auf das öffentliche, wirtschaftliche und kulturelle Leben ausgeschlossen und zur Wiedergutmachung verpflichtet.
(2) Wer verantwortlich ist, wird zur Rechenschaft gezogen. Zugleich wird jedem Gelegenheit zur Rechtfertigung gegeben.
Artikel 2. (1) Die Beurteilung des Einzelnen erfolgt in gerechter Abwägung der individuellen Verantwortlichkeit und der tatsächlichen Gesamthaltung [...].
(2) Äußere Merkmale wie die Zugehörigkeit zur NSDAP, einer ihrer Gliederungen oder einer sonstigen Organisation sind nach diesem Gesetz für sich allein nicht entscheidend für den Grad der Verantwortlichkeit. Sie können zwar wichtige Beweise für die Gesamthaltung sein, können aber durch Gegenbeweise ganz oder teilweise entkräftet werden. Umgekehrt ist die Nichtzugehörigkeit für sich allein nicht entscheidend für den Ausschluß der Verantwortlichkeit.
Artikel 3. (1) Zur Aussonderung aller Verantwortlichen und zur Durchführung des Gesetzes wird ein Meldeverfahren eingerichtet.
(2) Jeder Deutsche über 18 Jahren hat einen Meldebogen auszufüllen und einzureichen. [...]"

---

[329] Abgedruckt u. a. in: Bayerisches GVBl. S. 146.

Artikel 4. Zur gerechten Beurteilung der Verantwortlichkeit und zur Heranziehung zu Sühnemaßnahmen werden folgende Gruppen gebildet:
1. Hauptschuldige
2. Belastete (Aktivisten, Militaristen, Nutznießer)
3. Minderbelastete (Bewährungsgruppe)
4. Mitläufer
5. Entlastete. […]"

Bis zum Herbst 1946 hatten in der amerikanischen Zone mehr als 1,6 Millionen Menschen den Fragebogen abgegeben, es fehlten aber häufig unbelastete Persönlichkeiten zur Besetzung der Spruchkammern und Auswertung der Bögen. Die Verfahren litten an fehlender Rechtsgleichheit und gerieten manchmal durch die Vorlage von Entlastungszeugnissen („Persilscheine") zur Farce. Zudem war wegen der Möglichkeit der Denunziation das Verfahren missbrauchsanfällig.

Ein hessischer Minister konstatierte 1946: „Das Befreiungsgesetz dient der Befreiung des deutschen Volkes von militaristischen und nationalsozialistischen Einflüssen. Es dient nicht dazu, Mietstreitigkeiten, persönliche Feindschaften oder sogar Ehekonflikte auszutragen. Es ist auch nicht dazu da, daß Geschäftskonkurrenten sich mit seiner Hilfe bekämpfen. Am allerwenigsten aber ist es dazu da, daß im innenpolitischen Kampf die eine Partei der anderen ihre führenden Köpfe und Kandidaten ‚abschießt'. Wenn die Denazifizierung dazu missbraucht wird, in der jungen Demokratie politische Gegner zu beseitigen, dann ist beides verloren, dann ist die Denazifizierung erledigt und die Demokratie auch."[330]

Ab 1947 kam es mit Billigung der Militärregierungen zu erheblichen Abmilderungen der Verfahren; Amnestieregelungen und viele faktische Verfahrensbeendigungen folgten. Mit dem Inkrafttreten des Grundgesetzes gingen die Entnazifizierungen auf die Länder der Bundesrepublik über und fanden dort meist ein stilles Ende, wenngleich sie nach Art. 139 GG nach wie vor möglich blieben.

f) Kriegsverbrecherprozesse

Von der Entnazifizierung zu unterscheiden war das Ziel der Bestrafung der Kriegsverbrecher (Potsdamer Protokoll III A. 5). Schon während des Krieges hatte es alliierte Pläne hierzu gegeben. Die Moskauer Außenministerkonferenz vom Oktober 1943 (USA, Großbritannien und UdSSR) benannte Verbrechen der SS, Gestapo und Wehrmacht insbesondere auf den Territorien der UdSSR, Frankreichs und Italiens. Die „deutschen Verbrecher", „deren Vergehen keine bestimmte örtliche Beschränkung haben"[331], müssten damit rechnen, durch gemeinsames Urteil der Verbündeten bestraft zu werden. Damit war etwas völlig Neues[332] vorgezeichnet: Eine internatio-

---

[330] Zitiert nach: Akten zur Vorgeschichte der Bundesrepublik Deutschland 1945–1949, hrsg. vom Bundesarchiv und Institut für Zeitgeschichte, Bd. 1, 1976, S. 782.
[331] Erklärung über deutsche Grausamkeiten im besetzten Europa, zitiert nach *Adolf M. Birke*, Nation ohne Haus. Deutschland 1945–1961. Siedler Deutsche Geschichte, 1994, S. 72.
[332] Zwar hatte Art. 227 des Versailler Vertrages von 1919 vorgesehen, den deutschen Kaiser Wilhelm II. „wegen schwerster Verletzungen des internationalen Sittengesetzes und der Heiligkeit der Verträge" vor einem internationalen Strafgerichtshof anzuklagen. Dazu kam es aber nicht, weil die Niederlande, in denen Wilhelm II. Zuflucht gefunden hatte, seine Auslieferung verweigerten.

nale Gerichtsbarkeit über Kriegsverbrechen. Am 8. August 1945 beschlossen die vier Siegermächte das „Statut für den Internationalen Militärgerichtshof in Nürnberg" und das „Abkommen über die Verfolgung und Bestrafung der Hauptkriegsverbrecher der europäischen Achse"[333]. Dem Militärgerichtshof gehörte je ein Richter jeder Siegermacht an; auch die Hauptankläger entstammten den Siegermächten. Drei Straftatbestände sollten anwendbar sein: ein neugeschaffener („Verbrechen gegen den Frieden" einschließlich Verschwörung gegen den Frieden) und zwei dem damals nichtkodifizierten Völkerstrafrecht bekannte, nämlich „Kriegsverbrechen" und „Verbrechen gegen die Menschlichkeit" (Art. 6 des Statuts).

913 Erst nach Beginn des Prozesses erging das die Straftatbestände normierende Kontrollratsgesetz Nr. 10[334] über die „Bestrafung von Personen, die sich Kriegsverbrechen, Verbrechen gegen den Frieden oder die Menschlichkeit schuldig gemacht haben". Später sollten auch deutsche Gerichte das Gesetz anwenden. Art. II 1. enthielt die „folgenden Tatbestände", die als „Verbrechen" bezeichnet wurden: a) Verbrechen gegen den Frieden, b) Kriegsverbrechen, c) Verbrechen gegen die Menschlichkeit und d) Zugehörigkeit zu Organisationen mit verbrecherischem Charakter. Artikel II 4. bestimmte: „a) Die Tatsache, daß jemand eine amtliche Stellung eingenommen hat, sei es die eines Staatsoberhauptes oder eines verantwortlichen Regierungsbeamten, befreit ihn nicht der Verantwortlichkeit für ein Verbrechen und ist kein Strafmilderungsgrund. b) Die Tatsache, daß jemand nach dem Befehl seiner Regierung oder eines Vorgesetzten gehandelt hat, befreit ihn nicht von der Verantwortlichkeit für ein Verbrechen; sie kann aber als strafmindernd berücksichtigt werden." Artikel II 5.: „In einem Strafverfahren oder einer Verhandlung wegen einer der vorbezeichneten Verbrechen kann sich der Angeklagte nicht auf Verjährung berufen, soweit die Zeitspanne vom 30. Januar 1933 bis zum 1. Juli 1945 in Frage kommt. Ebensowenig stellt eine vom Naziregime gewährte Immunität, Begnadigung oder Amnestie der Aburteilung oder Bestrafung im Wege."

Das Verfahrensrecht lehnte sich an das anglo-amerikanische Prozessrecht an. Die Nürnberger Prozesse – verhandelt wurde im Gebäude des Oberlandesgerichts – begannen am 30. November 1945 und endeten mit den Urteilsverkündungen am 30. September/1. Oktober 1946. Rechtsstaatlichen Bedenken unterlag das Verfahren deshalb, weil ausschließlich Richter der Siegermächte nach teils nach den Taten aufgestellten Tatbeständen urteilten (nulla poena sine lege). Befürworter der Verfahren hielten dem entgegen, dass sich die neuen Tatbestände auch und gerade in einem Krieg von selbst verstünden.

914 Gustav Radbruch bezeichnete das Kontrollratsgesetz Nr. 10 zwar als ein an sich in unzulässiger Weise rückwirkendes Gesetz, hielt dem aber Natur- und Vernunftrecht entgegen: „Sollte das deutsche Volk einschließlich der Täter so von allen guten Geistern verlassen sein, daß ihm etwa bei den Anstaltsmorden gar nie der Gedanke gekommen wäre, daß es sich hier trotz des gesetzesgleichen Führerbefehls um gesetzliches Unrecht handelte?"[335]

915 Das gegen die Angeklagten zusammengetragene und nach dem Prozess in 72 Bänden dokumentierte Beweismaterial war erdrückend. Die Tatsache, dass die deutschen Verteidiger auch russische Kriegsverbrechen zur Sprache bringen wollten

---

[333] Abgedruckt in American Journal of International Law 39 (1945), Suppl. pp. 257.
[334] Gesetz vom 20. Dezember 1945, Amtsblatt des Kontrollrats in Deutschland Nr. 3, S. 50–55, abrufbar unter https://d-nb.info/1026627176 (zuletzt abgerufen am 23.10.2022).
[335] *Gustav Radbruch*, Zur Diskussion über Verbrechen, in: SJZ 1947, Sp. 131 ff., 133.

(Einwand des tu quoque), führte fast zum Auszug des sowjetischen Richters; das Gericht wies die Einwände zurück. Am Ende folgte das Gericht nicht dem Hauptankläger der UdSSR, der für alle Angeklagten die Todesstrafe forderte, sondern wandte das Prinzip der individuellen Schuld an. Todesurteile verhängte es gegen Hermann Göring, Joachim von Ribbentrop (Reichsaußenminister von 1938–1945), Keitel, Kaltenbrunner, Rosenberg, Frank, Frick, Streicher, Sauckl, Jodl, Seyß-Inquart sowie in Abwesenheit Martin Bormann. Lebenslange Freiheitsstrafen erhielten Rudolf Heß (bis 1941 „Stellvertreter des Führers"), Funk und Raeder. Längere Freiheitsstrafen erhielten Dönitz, von Neurath und Albert Speer. Freigesprochen wurden Hjalmar Schacht (1924 bis 1929 und 1933 bis 1939 Reichsbankpräsident), Franz von Papen (Reichskanzler 1932, Vizekanzler 1933/34) und Hans Fritsche (nationalsozialistischer Publizist).

916 Hans Mayer[336] lobte am 2. Oktober 1946 die Nürnberger Prozesse: „Es wird Zeit, daß wir in Deutschland die Rechtsnatur des Völkerrechts erkennen und würdigen. Es wird Zeit, eine Etappe der Menschenentwicklung mitzuvollziehen, die wir bisher nicht mitgegangen waren. Das Wort von Kant, wonach das moralisch Böse dem langsamen Fortschritt des Guten, nämlich des Rechts, den Weg bahne, bestätigt sich auch hier. Die Rechtsentwicklung führte von der Selbsthilfe der Raubritter zur staatlichen Gerichtsbarkeit. […] Heute erleben wir den Vorgang, daß sich über der Gerichtsbarkeit der Staaten und Länder eine Weltjustiz aufbaut, die nach den geltenden Regeln des Völkerrechts urteilt. Der Müller von Sanssouci bedeutete eine Etappe der preußischen Rechtsentwicklung: Er machte dem absoluten Monarchen Friedrich von Preußen klar, daß es noch ein Kammergericht gebe, das der Willkür des Monarchen feste Grenzen setzte. Die Richter von Nürnberg bedeuten eine Etappe der Weltrechtsentwicklung, denn sie zeigten den internationalen Rechtsbrechern, den jetzigen und als Warnung allen künftigen, dass die Willkür der Staatsmänner und internationalen Abenteurer der Politik ihre Schranken findet im Völkerrecht und in den Gesetzen der Menschlichkeit. Hier liegt die zukunftweisende Bedeutung des Nürnberger Prozesses."[337]

917 Das war ebenso optimistisch wie prophetisch. Mehr als siebzig Jahre später sind wesentliche Entwicklungen zu einem allgemein anerkannten Völkerstrafrecht mit festumrissenen Straftatbeständen absolviert. Heute sind die Nürnberger Prinzipien und das in Nürnberg angewandte Recht „gesicherter Bestand des Völkergewohnheitsrechts"[338]. Nachdem bereits 1948 die Konvention über die Verhütung und Bestrafung des Völkermords[339] entstanden war, wurde die Entwicklung durch den Kalten Krieg weitgehend unterbrochen. In den 1990er Jahren gab es spezielle Ad-hoc-Tribunale, Internationale Strafgerichte als Teil der Vereinten Nationen, mit Blick auf die militärischen Konflikte im zerfallenden Jugoslawien und in Ruanda. Das Römische

---

[336] 1907–2001; Jurist und Verfasser der ersten Doktorarbeit über Rudolf Smend (Die Krisis der deutschen Staatslehre und die Staatsauffassung Rudolf Smends, 1930), 1933 emigriert, seit 1948 Literaturwissenschaftler an der Universität Leipzig, ab 1963 in Hannover und Tübingen. Lesenswert ist seine Autobiographie: Ein Deutscher auf Widerruf, Bd. 1, 1982, Bd. 2, 1984.
[337] *Hans Mayer*, Deutschland und die politische Humanität (Radioansprache). Abgedruckt in Die Zeit Nr. 14/1978, S. 41 f.
[338] *Gerhard Werle*, in: Münchener Kommentar zum Strafgesetzbuch, Bd. 8, 3. Aufl. 2017, Einleitung Völkerstrafgesetzbuch, Rn. 8.
[339] Vom 9. Dezember 1948, BGBl. 1954 II S. 730.

Statut[340] hat dann einen ständigen internationalen Strafgerichtshof (ICC) errichtet, der am 1. Juli 2002 seine Tätigkeit in Den Haag (Niederlande) aufnahm und für 123 Staaten zuständig ist. Nicht zu diesen Staaten gehören jedoch die USA, Russland, China, Indien, die Türkei und Israel. Das deutsche Völkerstrafgesetzbuch[341] hat das deutsche materielle Strafrecht in Einklang mit dem Römischen Statut gebracht. Art. 16 Abs. 2 S. 2 GG ermöglicht seit 2000 die Auslieferung Deutscher an einen internationalen Gerichtshof, sofern dieser rechtsstaatliche Grundsätze wahrt.

918   Zum Nürnberger Prozess gab es in der unmittelbaren Nachkriegszeit Nachfolgeprozesse. Rechtsgrundlagen der Verfahren in den vier Besatzungszonen war das Kontrollratsgesetz Nr. 10 über die „Bestrafung von Personen, die sich Kriegsverbrechen, Verbrechen gegen den Frieden oder die Menschlichkeit schuldig gemacht haben". Bis Mitte 1949 führten amerikanische Militärgerichte Prozesse gegen Militärs, Ärzte und Juristen, Wirtschaftsführer sowie führende Persönlichkeiten des NS-Staates und der NSDAP.

919   Auffallend ist der Unterschied des Vorgehens der Kriegsverbrecherprozesse seit 1946 zur Bewältigung von Kriegsschuldfragen im Versailler Vertrag von 1919 (oben Rn. 701). Während dieser pauschal einem im Krieg unterlegenen Staat die Verursachung des Krieges zuschrieb, bewegten sich die Nürnberger Prozesse im Rahmen des hergebrachten Strafrechts und fragten nach individueller Schuld – mit den genannten rechtsstaatlichen Problemen. Dabei flossen zum Teil juristisches Vorgehen und historische Thesen zusammen. In Nürnberg ließen sich die amerikanischen und französischen Ankläger von Historikern zuarbeiten, die den Nationalsozialismus als Kulmination einer verhängnisvollen deutschen Tradition deuteten.[342] Hier erschien erstmals die spätere These vom deutschen „Sonderweg" in der europäischen Geschichte.

2. Deutscher verfassungsrechtlicher Wiederaufbau – Neues aus Traditionsbeständen

920   Die Alliierten waren einerseits der festen Auffassung, ohne Anleitung könne die demokratische politische Neuorientierung zur Gewähr einer friedlichen Entwicklung in Deutschland nicht gelingen. Andererseits sollten die Deutschen die wesentlichen Schritte selbst gehen. Ein britischer Berater schrieb am 8. Mai 1945, es gehe bei der Umerziehung („reeducation") um mehr als Entnazifizierung, Entmilitarisierung und Bestrafung der Kriegsverbrecher. Es müsse vor allem an die positiven geistigen Traditionen Deutschlands angeknüpft werden.[343] Das traf auf eine Bevölkerung, die in großen Teilen mit politischen Fragen nichts zu tun haben wollte und auf die alltäglichen Überlebensfragen konzentriert war. Zugleich gab es jedoch viele, die das Ende

---

[340] Römisches Statut des Internationalen Strafgerichtshofs vom 7. Juli 1998, BGBl. 2002 II S. 1393; vgl. auch BT-Drs. 14/2682, S. 9 ff.
[341] Vom 30. Juni 2002, BGBl. I S. 2254.
[342] Aufschlussreich dazu *Kim Christian Priemel*, Cunning Passages: Historiography's Ways in and out of the Nuremberg Courtroom, in: Central European History 53 (2020), S. 785 ff.
[343] Vgl. *Adolf M. Birke*, Nation ohne Haus. Deutschland 1945–1961. Siedler Deutsche Geschichte, 1994, S. 82.

der NS-Zeit als Befreiung und Chance erlebten. Das waren zunächst vielfach Menschen der Geburtsjahrgänge 1880–1900, die die Wendungen des 20. Jahrhunderts bis zur Katastrophe der Jahre bis 1945 miterlebt und die NS-Zeit häufig in der äußeren oder „inneren" – ein Wort der Zeit – Emigration verbracht hatten. Eine Chance war das Jahr 1945 aber auch für die Generation der zwischen 1920 und 1930 Geborenen. Diese hatten ihre Schulzeit und Jahre der Ausbildung unter dem Einfluss des Nationalsozialismus durchlaufen. Bei den Jahrgängen bis 1927 kamen Erfahrungen in der Wehrmacht oder Waffen-SS hinzu. Das Kriegsende setzte diese jungen Erwachsenen frei.[344] Die NS-Vergangenheit war präsent und prägend, sie wurde aber lange vollständig „beschwiegen", damit es nicht zu inneren und äußeren Blockaden des Wiederaufbaues kam.[345] Die Jahre nach 1945 waren solche des kulturellen und politischen Aufbruchs; das Neue, das Deutschland seit 1933 in ideologischer Zwangsverengung nicht miterlebt hatte, war nachzuholen. Es blieb die bange Frage: Wird „das deutsche Volk […] die seelische Größe haben, in seinem Jammer und Elend, unter fremdem Druck und unter fremder Herrschaft mit sich selber abzurechnen?"[346]

a) Politische Parteien

Das politische Leben begann mit der Zulassung politischer Parteien in allen Besatzungszonen im Sommer/Herbst 1945.[347] Schon hier zeigten sich deutliche Unterschiede zwischen den westlichen und der sowjetischen Besatzungszone. Nur in dieser spielten die aus der UdSSR zurückgekehrten und streng geschulten kommunistischen Funktionäre, allen voran Walter Ulbricht[348], eine prägende Rolle. Die KPD war am 11. Juni 1945 die erste wiedergegründete und von der sowjetischen Besatzungsmacht zugelassene Partei. Eine entscheidende Zäsur war die Zwangsfusion der (östlichen) SPD mit der KPD zur „Sozialistischen Einheitspartei Deutschlands" (SED) im April 1946. Nur äußerlich bejahten die Kommunisten einen politischen Pluralismus, so dass auch „bürgerliche" Parteien entstanden, die seit 1948 und erst recht mit der Gründung der DDR keine Bedeutung für die politische Willensbildung mehr hatten („Blockparteien") und die führende Rolle der SED nicht antasten durften. Die Parteien in den Westzonen führten das seit dem 19. Jahrhundert überkommene deutsche Spektrum weiter, wenngleich mit charakteristischen Veränderungen. Hier widerstand die SPD unter ihrem strikt antikommunistischen Vorsitzenden Kurt Schumacher[349], der zehn Jahre im KZ gefangen gewesen war, einer vereinten

921

---

[344] *Helmut Schelsky*, Die skeptische Generation, 1957; *Dirk A. Moses*, The Forty-Fivers. A Generation between Fascism and Democracy, in: German Politics and Society 17 (1999), S. 94 ff.
[345] *Hermann Lübbe*, Vom Parteigenossen zum Bundesbürger, 2007.
[346] *Alfred Weber*, Abschied von der bisherigen Geschichte. Überwindung des Nihilismus?, 1946, S. 8.
[347] *Hermann Glaser*, 1945. Beginn einer Zukunft, 2005, S. 202 ff.
[348] 1893–1973. In der DDR Generalsekretär der SED und Vorsitzender des Staatsrates (1950–1971).
[349] 1895–1952. Schumacher war 1918 Mitglied des Arbeiter- und Soldatenrats in Berlin gewesen, später SPD-Abgeordneter in Württemberg und im Reichstag.

Linkspartei. Die SPD verstand sich als die führende Kraft im Nachkriegsdeutschland – und konnte dazu auch auf ihre mutige Ablehnung des Ermächtigungsgesetzes im März 1933 als einzige Reichstagsfraktion verweisen. Die KPD spielte unter freiheitlichen Bedingungen, also in den westlichen Zonen, keine Rolle (vgl. aber noch Rn. 1065).

922 In den politischen Leitsätzen der West-SPD vom Mai 1946 – einen Monat nach der Zwangsbildung der SED im Osten – hieß es:

„[…] Mit dem ‚Dritten Reich' war durch die Zerschlagung der politischen Kraft der arbeitenden Klasse die Demokratie außer Kurs gesetzt und durch das Fehlen demokratischer Willensbildung und Kontrolle die entscheidende Voraussetzung für eine europäische Katastrophe gegeben. Das Versagen des deutschen Bürgertums und jenes Teils der Arbeiterbewegung, der den klassenpolitischen Wert der Demokratie nicht erkannt hatte, bildet den historischen Schuldanteil des deutschen Volkes […]."[350]

923 Eine Neugründung war die CDU/CSU, die bewusst als politische Vertretung beider christlicher Konfessionen konzipiert war und die Beschränkung der Zentrumspartei auf den Katholizismus vermeiden wollte. Sie hatte mehrere Gründungsgruppen, in Berlin unter Jakob Kaiser[351], daneben in Stuttgart, Hamburg und München, vor allem aber in Köln unter Konrad Adenauer[352], der die neue Partei prägte und 1946 ihr Vorsitzender wurde. Unter seiner Leitung verband die CDU marktwirtschaftliche und soziale Elemente auf christlichem Fundament. Was Adenauer „zum Parteiführer prädestinierte, war – so paradox das klingen mag – auch sein hohes Alter. Es symbolisierte die Rückbindung an Weimar, das Überspringen und das Verdrängen des Dritten Reiches"[353]. Adenauer war fest davon überzeugt, dass die deutsche Teilung bereits 1945/46 faktisch vollzogen war und nur über die feste Bindung des westlichen Deutschland an die westlichen Siegermächte irgendwann überwunden werden könne. Das Bemühen um Einbindung in das westliche Bündnis und um europäische Integration bestimmte später seine Politik als erster Bundeskanzler von 1949 bis 1963.

924 Der Wiederaufbau des politischen Liberalismus verstand sich nach 1945 nicht von selbst. Erst 1948 kam es zur Gründung der FDP. Sie setzte sich zum Ziel, die seit dem Kaiserreich überkommene Differenzierung zwischen „Nationalliberalen" und „Fortschrittlichen" oder schlicht „Demokraten", in Weimar in Gestalt der DVP und der DDP, zu überwinden. Erster Vorsitzender der antiklerikalen (gegen Einflüsse der

---

[350] Zitiert nach *Heino Kaack*, Geschichte und Struktur des deutschen Parteiensystems, 1971, S. 163.

[351] 1888–1961, nach Gründung der Bundesrepublik 1949 bis 1957 Bundesminister für „gesamtdeutsche Fragen".

[352] 1876–1967. Von 1917 bis 1933 Kölner Oberbürgermeister und Mitglied des Preußischen Staatsrats. 1933 aus allen öffentlichen Ämtern entfernt, 1945 für kurze Zeit wieder Kölner Oberbürgermeister. Zu ihm *Hans-Peter Schwarz*, Adenauer, Bd. 1, Der Aufstieg 1876–1952, 1986; Bd. 2, Der Staatsmann 1952–1967, 1991.

[353] *Adolf M. Birke*, Nation ohne Haus. Deutschland 1945 bis 1961. Siedler Deutsche Geschichte, 1994, S. 110.

großen Kirchen auf die Politik gerichteten), wirtschaftsfreundlichen und sozialdemokratische Strömungen ablehnenden Partei wurde Theodor Heuß[354].

b) Kommunale Selbstverwaltung

Das Potsdamer Protokoll hatte den Wiederaufbau politischen und staatlichen Lebens nach demokratischen Grundsätzen in Aussicht gestellt, von „unten nach oben", mit der kommunalen Selbstverwaltung beginnend. Es begann 1945 mit der Einsetzung möglichst erfahrener und nationalsozialistisch unbelasteter Bürgermeister und Landräte in den Gemeinden, Städten und Landkreisen. Sie agierten unter den Weisungen der jeweiligen Besatzungsmacht. Die Kommunen hatten die elementaren und existenznotwendigen Verwaltungsaufgaben zu bewältigen: Zuteilung des knappen Wohnraums, Versorgung mit Lebensmitteln, Verhindern von Seuchen und Gewährleistung von öffentlicher Sicherheit und Ordnung. Das Kommunalrecht beruhte zunächst auf der Deutschen Gemeindeordnung von 1935, aus der das Führerprinzip entfernt wurde.[355] Dann entstanden in den vier Besatzungszonen neue Kommunalordnungen. Besonders prägnant war die der britischen Zone. Hier entstand in Anlehnung an das englische „Local Self Government" das Modell der kommunalen Doppelspitze von (ehrenamtlichem) Bürgermeister als dem Vorsitzenden des Gemeinderates und Hauptverwaltungsbeamtem (Stadtdirektor).[356]

925

Noch vor der Gründung der Bundesrepublik erarbeiteten 1948 die Innenminister der in den Westzonen neugegründeten Länder mit Vertretern der kommunalen Spitzenverbände einen Musterentwurf einer neuen Gemeindeordnung (Weinheimer Entwurf). Sein zentraler Gedanke war die Ablösung der überkommenen Unterscheidung der kommunalen Aufgaben in eigene (kommunale) und übertragene (staatliche) durch die Bereiche der (weisungs-)freien Aufgaben, der Pflichtaufgaben und der Pflichtaufgaben nach Weisung. Das findet sich heute in Baden-Württemberg, Brandenburg, Hessen, Nordrhein-Westfalen, Sachsen und Schleswig-Holstein.

926

c) Länderneubildung und Landesverfassungen

Der ursprüngliche Plan der Alliierten nach dem Potsdamer Protokoll lief darauf hinaus, koordiniert Länderverwaltungen und -regierungen aufzubauen; ein „Central German Government" sollte es auf absehbare Zeit nicht geben. Eine auf Koordination der Regionen gerichtete Zusammenarbeit scheiterte im Kontrollrat aber schon im Herbst 1945 an französischem Widerstand und daran, dass die UdSSR unter „demo-

927

---

[354] 1884–1963. Publizist und Reichstagsabgeordneter in der Weimarer Republik. 1949 bis 1959 erster Bundespräsident.

[355] Soweit es um das kommunale Haushaltsrecht und die wirtschaftliche Betätigung der Kommunen ging, blieb die Deutsche Gemeindeordnung bis weit in die ersten Jahrzehnte der Bundesrepublik hinein prägend.

[356] Die kommunale Doppelspitze gab es in Nordrhein-Westfalen bis 1999. Man sprach von „norddeutscher Ratsverfassung" mit monistischer Struktur, weil der Gemeinderat das einzige gemeindliche Organ war. Seit 1999 ist der jetzt direkt gewählte hauptamtliche Bürgermeister zweites Hauptorgan neben dem Rat (§§ 62, 65 Abs. 1. S. 1 GO NRW). Das Amt des Stadtdirektors gibt es nicht mehr.

kratischer" Entwicklung anderes verstand als die westlichen Siegermächte. Damit fand die Entwicklung in den einzelnen Besatzungszonen unterschiedlich statt.

aa) Die Westzonen

928 In der amerikanischen Zone gab es mit Bayern und Bremen zwei Gebiete, die sich mit überkommenen deutschen Ländern deckten. Schon im Mai 1945 setzten die Amerikaner in Bayern einen Ministerpräsidenten ein. Baden entstand in neuem Zuschnitt mit Teilen Württembergs. Aus den früheren hessischen Provinzen entstand das neue Land Hessen. Ende 1945 gab es in drei Ländern der amerikanischen Zone Ministerpräsidenten. Bremen folgte erst 1947. Die Militärregierung beauftragte die Ministerpräsidenten mit der Ausarbeitung von Verfassungen, im Juni 1946 fanden Wahlen zu Verfassunggebenden Versammlungen statt, die im Oktober 1946 Verfassungsentwürfe verabschiedeten, über die Volksabstimmungen stattfanden. Ende 1946 traten die Verfassungen nach Zustimmung des jeweiligen Militärgouverneurs in Kraft. In Bremen fungierte das Landesparlament (die Bürgerschaft) als Verfassunggebende Versammlung, hier trat die Landesverfassung im Oktober 1947 in Kraft.

929 In der französischen Zone entstanden die Länder Württemberg-Hohenzollern, Württemberg-Baden und aus früher bayerischen und preußischen Gebieten am 30. August 1946 das Land Rheinland-Pfalz. Das Saarland blieb mit eigenständigem Status außerhalb der Besatzungszone. Französische Pläne sahen auf längere Sicht einen Anschluss an Frankreich vor, zu dem es aber nicht kam. Insgesamt war die französische Politik darauf gerichtet, Deutschland zu dezentralisieren und auf Dauer zu schwächen.

930 Zur großangelegten Länderneugliederung vormals preußischer Gebiete kam es in der britischen Zone 1946, als sich das Scheitern einer von allen vier Besatzungsmächten getragenen Deutschlandpolitik abzeichnete. Es entstanden – neben Hamburg, das sein Gebiet aus der Bildung „Groß Hamburgs" (1937) behielt – die neuen Länder Schleswig-Holstein, Niedersachsen und Nordrhein-Westfalen. Das bis in die Weimarer Republik selbständige Lübeck wurde Schleswig-Holstein eingegliedert. In diesen Ländern gab es anstelle von Landesverfassungen Organisationsstatute. Endgültige Verfassungen entstanden erst nach Inkrafttreten des Grundgesetzes.

bb) Die sowjetische Besatzungszone

931 In der sowjetischen Besatzungszone entstanden die Länder Brandenburg, Mecklenburg[357], Sachsen, Sachsen-Anhalt und Thüringen. Die am 20. Oktober 1946 dort gewählten Landtage wurden mit der Ausarbeitung von Landesverfassungen beauftragt, die nach Volksabstimmungen zwischen Januar und März 1947 in Kraft traten.

---

[357] Einschließlich Vorpommern; ursprünglich hieß das Land Mecklenburg-Vorpommern. Das Wort Pommern war jedoch schnell verpönt, weil große Teile dieser ehemals preußischen Provinz mit der Provinzialhauptstadt Stettin „unter polnischer Verwaltung" standen und nach der Anerkennung der Oder-Neiße-Linie (nur) durch die DDR als Teile Polens anerkannt waren.

cc) Die neuen Landesverfassungen

Inhaltlich brachten die Verfassungen, insbesondere in ihren Präambeln, durchweg die entschiedene Abkehr vom Nationalsozialismus zum Ausdruck.

932

Verfassung des Freistaates Bayern vom 2. Dezember 1946 (GVBl. S. 333), Vorspruch:
„Angesichts des Trümmerfeldes, zu dem eine Staats- und Gesellschaftsordnung ohne Gott, ohne Gewissen und ohne Achtung vor der Würde des Menschen die Überlebenden des Zweiten Weltkriegs geführt hat, in dem festen Entschlusse, den kommenden deutschen Geschlechtern die Segnungen des Friedens, der Menschlichkeit und des Rechtes dauernd zu sichern, gibt sich das Bayerische Volk, eingedenk seiner mehr als tausendjährigen Geschichte, nachstehende demokratische Verfassung."

933

Verfassung des Landes Hessen vom 1. Dezember 1946 (GVOBl. S. 229), Vorspruch:
„In der Überzeugung, daß Deutschland nur als demokratisches Gemeinwesen eine Gegenwart und Zukunft haben kann, hat sich Hessen als Gliedstaat der Deutschen Republik diese Verfassung gegeben."

Bei der Staatsorganisation folgten alle Verfassungen dem parlamentarischen Regierungssystem und normierten umfassend rechtsstaatliche Garantien, zumeist auch eine Landesverfassungsgerichtsbarkeit. Sehr ausführlich sind in den vor dem Grundgesetz entstandenen Länderverfassungen die Grundrechtsteile. So waren etwa der bayerischen und der rheinland-pfälzischen Verfassung die religiösen Bezüge in Ehe und Familie, Schule und Hochschule besonders wichtig.

934

Art. 127 BayVerf: „Das eigene Recht der Religionsgemeinschaften und staatlich anerkannten weltanschaulichen Gemeinschaften auf einen angemessenen Einfluß bei der Erziehung der Kinder ihres Bekenntnisses oder ihrer Weltanschauung wird unbeschadet des Erziehungsrechtes der Eltern gewährleistet."

935

Art. 131 BayVerf: „(1) Die Schulen sollen nicht nur Wissen und Können vermitteln, sondern auch Herz und Charakter bilden.
(2) Oberste Bildungsziele sind Ehrfurcht vor Gott, Achtung vor religiöser Überzeugung und vor der Würde des Menschen, Selbstbeherrschung, Verantwortungsgefühl und Verantwortungsfreudigkeit, Hilfsbereitschaft, Aufgeschlossenheit für alles Wahre, Gute und Schöne und Verantwortungsbewusstsein für Natur und Umwelt. [...]"

Art. 41 Rh-Pf Verf: „(1) Die Kirchen sind anerkannte Einrichtungen für die Wahrung und Festigung der religiösen und sittlichen Grundlagen des menschlichen Lebens. Die Freiheit, Religionsgemeinschaften zu bilden, Religionsgemeinschaften zusammenzuschließen und sich zu öffentlichen gottesdienstlichen Handlungen zu vereinigen, ist gewährleistet. [...]"

Der konfessionelle Religionsunterricht in den öffentlichen Schulen wurde – mit Ausnahme Bremens und der Länder in der sowjetischen Zone – überall wieder eingeführt. Insbesondere in den Verfassungen Hessens und Bremens kam die Überzeugung vom Versagen der bisherigen Wirtschaftsordnung mit Folgen auch für die Stabilität des politischen Systems zum Ausdruck. Deshalb sollte die besondere soziale Verpflichtung wirtschaftlicher Aktivitäten festgestellt und notfalls auch erzwungen werden können.

936

Landesverfassung der Freien Hansestadt Bremen vom 21. Oktober 1947 (GBl. S. 251), Vorspruch.
„Erschüttert von der Vernichtung, die die autoritäre Regierung der Nationalsozialisten unter Mißachtung der persönlichen Freiheit und der Würde des Menschen in der jahrhundertealten Freien Hansestadt Bremen verursacht hat, sind die Bürger dieses Landes willens, eine

937

Ordnung des gesellschaftlichen Lebens zu schaffen, in der die soziale Gerechtigkeit, die Menschlichkeit und der Friede gepflegt werden, in der der wirtschaftlich Schwache vor Ausbeutung geschützt und allen Arbeitswilligen ein menschenwürdiges Dasein gesichert wird.
 Art. 38. Die Wirtschaft hat dem Wohle des ganzen Volkes und der Befriedigung seines Bedarfs zu dienen. […]
 Art. 39. Der Staat hat die Pflicht, die Wirtschaft zu fördern, eine sinnvolle Lenkung der Erzeugung, der Verarbeitung und des Warenverkehrs durch Gesetz zu schaffen, jedermann einen gerechten Anteil an dem wirtschaftlichen Ertrag aller Arbeit zu sichern und ihn vor Ausbeutung zu schützen. […]
 Art. 45 (1). Der Staat übt eine Aufsicht darüber aus, wie der Grundbesitz verteilt ist und wie er genutzt wird. Er hat das Fortbestehen und die Neubildung von übermäßig großem Grundbesitz zu verhindern. […]"

938 Sehr detailliert waren in der hessischen und der bremischen Verfassung die Möglichkeiten zur Sozialisierung (Überführung in Gemeineigentum) der Schlüsselindustrien geregelt (Art. 42–44 BremVerf, Art. 39–41 HessVerf). Die wirtschaftspolitischen Ordnungsvorstellungen deckten sich weitgehend mit den Vorstellungen der Alliierten, die davon ausgingen, der Aufstieg Hitlers sei entscheidend durch die Großindustrie gefördert worden, die auch sein Herrschaftssystem und die deutsche Kriegsführung gestützt habe. Die Amerikaner stellten sich aber entschieden gegen eine Verwirklichung der verfassungsrechtlich möglichen Überführung der Schlüsselindustrien und Dienstleistungsunternehmen wie Versicherungen und Banken in Gemeineigentum; die entsprechenden Verfassungsartikel liefen auch deshalb leer, weil schnell die Weichen in Richtung Marktwirtschaft gestellt wurden.

939 Auffallend war, dass die Verfassungen der Länder in der Besatzungszone der UdSSR in ihren Grundlinien mit den westlichen Verfassungen übereinstimmten. Keineswegs handelte es sich um Verfassungen sozialistischen Inhalts und Stils, wie dies auch in der späteren DDR erst mit der „Sozialistischen Verfassung" der Jahre 1968/74 der Fall sein sollte. Klassische rechtsstaatliche Elemente, Gewaltenteilung und Gewährleistung gerichtlichen Rechtsschutzes, waren aber schwächer ausgeprägt als im Westen. Wirtschaftliche Freiheiten spielten keine Rolle. Keine der östlichen Verfassungen bekannte sich – kaum überraschend – zu einer besonderen Rolle von Religion und Kirchen bei der Wiederherstellung des gesellschaftlichen Lebens; Religionsunterricht als Pflichtfach in der öffentlichen Schule gab es nicht.

IV. „Bizone", „Trizone" und der Auftrag zur Verfassunggebung im Zeichen der Auseinanderentwicklung von West und Ost

1. Das „Lange Telegramm" und der „Eiserne Vorhang"

940 Im Verlauf des Jahres 1946 gelangten die westlichen Besatzungsmächte, insbesondere die USA, zu der Einschätzung, dass es auf Dauer keine konstruktive Zusammenarbeit mit der UdSSR in Deutschland und Europa geben könne.

§ 24 Die Verfassungsentwicklung 1945–1949   375

941 Diese Einsicht des State Departments und des Weißen Hauses bereitete vor allem der Diplomat George F. Kennan³⁵⁸ vor. In seinem berühmten „Langen Telegramm" vom 22. Februar 1946³⁵⁹ erläuterte Kennan dem amerikanischen Finanzministerium grundsätzlich die Politik der UdSSR in Europa und Deutschland. Die UdSSR sei der Auffassung, es könne zwischen kapitalistischen und sozialistischen Staaten „no permanent peaceful existence" geben, sie sei darauf bedacht, ihren Macht- und Einflussbereich auszudehnen. Der Abschnitt 5 des „Langen Telegramms" resümierte: „In summary, we have here a political force committed fanatically to the belief that with US there can be no permanent modus vivendi, that it is desirable and necessary that the internal harmony of our society be disrupted, our traditional way of life be destroyed, the international authority of our state be broken, if Soviet power is to be secure." Gleichzeitig weiche die UdSSR zurück, wenn sie entschlossenen Widerstand spüre. Aus dieser Deutung eines scharfen Gegensatzes von West und Ost entwickelte Kennan später – und die offizielle amerikanische Politik schloss sich dem weitgehend an – das Konzept der notwendigen Eindämmung („Containment") der sowjetischen Kräfte.

942 Ein im März 1946 verfasstes zweites Telegramm Kennans befasste sich mit den Folgerungen für die Weiterentwicklung Deutschlands. Die faktische Hinnahme der Oder-Neiße-Linie als deutsche Ostgrenze durch die Westmächte habe eine gewaltige Westverschiebung der sowjetischen Einflusszone hingenommen. Ziel der UdSSR sei in ganz Deutschland der Aufbau einer antifaschistischen deutschen Republik als Vorstufe für einen deutschen sozialistischen Staat sowjetischen Typs. Für die USA gebe es zwei Möglichkeiten: Entweder Deutschland als Einheit der sowjetischen Sphäre zu überlassen oder aber nur den Osten Deutschlands den Sowjets zu belassen „und sich zu bemühen, die westlichen Zonen Deutschlands dadurch zu retten, dass man sie gegen östliche Durchdringung abschirmt und sie in ein politisches Muster Westeuropas und nicht in das eines vereinigten Deutschlands integriert."³⁶⁰ Das deckte sich mit der Einschätzung Winston Churchills, der ebenfalls 1946 vom „Eisernen Vorhang" sprach, der in der Mitte Europas niedergehe.³⁶¹ Der amerikanische

---

[358] 1904–2005. Diplomat und Historiker, Gesandter u. a. in Moskau (1933–1937), Berlin (1939, seit 1941 in Deutschland interniert, 1942 gegen deutsche Diplomaten in den USA ausgetauscht), erneut Moskau (1944–1946). Aufschlussreich *George F. Kennan*, Memoirs 1925–1950, 1967, dt. Memoiren eines Diplomaten, 1968.

[359] Abgedruckt in Department of State (ed.), Foreign Relations of the United States (FRUS), Vol. IV (1946), 1955, pp. 696 ff.; *George F. Kennan*, Memoiren eines Diplomaten, aaO, S. 535 ff. Text des Telegramms im Internet: http://www.ntanet.net/KENNAN.html (zuletzt abgerufen am 23.10.2022).

[360] Zitiert nach *Adolf M. Birke,* Nation ohne Haus. Deutschland 1945–1961. Siedler Deutsche Geschichte, 1994, S. 162.

[361] Am 5. März 1946 sagte Churchill – seit seiner Abwahl britischer Oppositionsführer – in einer Rede an einer amerikanischen Provinzuniversität in Anwesenheit Präsident Trumans: „From Stettin in the Baltic to Trieste in the Adriatic, an iron curtain has descended across the Continent. Behind that line lie all the capitals of the ancient states of Central and Eastern Europe. Warsaw, Berlin, Prague, Vienna, Budapest, Belgrad, Bucharest […] lie in what I must call the Soviet sphere, and all are subject in one form or another, not only to Soviet influence but to a very high and, in many cases,

Außenminister Byrnes griff die Beobachtung Churchills in seiner Stuttgarter Rede (6. September 1946) auf und kündigte ein weiteres Engagement Amerikas in Europa an (anders als dies nach dem Ersten Weltkrieg der Fall war) und bezeichnete als Ziel der amerikanischen Politik zu Deutschland den Zusammenschluss der Westzonen. Die weiteren Schritte suchten dies zu verwirklichen. Der bis 1989/90 andauernde „Kalte Krieg" begann.

2. Wirtschaftliche Zwänge als Motor der Westzonen-Kooperation

a) Das Vereinigte Wirtschaftsgebiet („Bizone")

943 Bereits am 1. Oktober 1946 unterzeichneten die USA und Großbritannien ein Verwaltungsabkommen über ein „Vereinigtes Wirtschaftsgebiet" ihrer Zonen, das am 1. Januar 1947 in Kraft trat.[362] In diesem Wirtschaftsgebiet entstand ein mit deutschen Vertretern aus beiden Zonen besetzter Verwaltungsrat, der für die Länder beider Zonen bindende Maßnahmen auf den Gebieten der Wirtschaft, Landwirtschaft und Ernährung, Finanzen, Verkehr, Post- und Fernmeldewesen erlassen konnte, die allerdings von den Parlamenten in Landesrecht umgesetzt werden mussten. Dieses umständliche Verfahren wurde im Juni 1947 vereinfacht; dem den Verwaltungsrat ablösenden „Wirtschaftsrat" mit Sitz in Frankfurt am Main, bestehend aus 52 von den Länderparlamenten gewählten Mitgliedern, kam eine unmittelbare Gesetzgebungszuständigkeit zumindest für den Haushalt und das Verkehrswesen der Bizone zu. Der Wirtschaftsrat wählte ein fünfköpfiges Direktorium, das einzelne Verwaltungszweige leitete (Finanzen, Wirtschaft, Post- und Fernmeldewesen, Landwirtschaft, Verkehr). Im Februar 1948 erhielt der Wirtschaftsrat weitere Zuständigkeiten, seine Mitgliederzahl verdoppelte sich. Ihm wurde als Vertretung der Länder ein Länderrat (Exekutivrat) zur Seite gestellt, in den jedes Land ein Mitglied entsandte. Damit nahm die Bizone staatsähnliche Züge an, wobei alle leitenden Maßnahmen nach wie vor der Genehmigung der Militärgouverneure bedurften: Der Wirtschaftsrat übte gesetzgebende Funktionen aus, das Direktorium (mit einem Oberdirektor und Direktoren für die einzelnen Sachbereiche, praktisch Minister) regierte; der Länder-

---

increasing measure of control from Moscow." *Winston S. Churchill*, The Sinews of Peace, zitiert nach https://www.nato.int/docu/speech/1946/s460305a_e.htm (zuletzt abgerufen am 23.10.2022). Das Bild des Eisernen Vorhangs knüpft an die Verwendung solcher Einrichtungen in Theatern aus Brandschutzgründen an. Es wurde seit dem Ersten Weltkrieg verwendet, um strikte politische und militärische Trennungen zu bezeichnen. Anfang 1945 hatte Joseph Goebbels den Begriff in ganz ähnlichem Zusammenhang wie Churchill benutzt: Nach einer deutschen Kapitulation würde sich in den von der UdSSR besetzten Gebieten „sofort ein eiserner Vorhang heruntersenken, hinter dem dann die Massenabschlachtung der Völker" begänne, *Joseph Goebbels*, Das Jahr 2000, in: Das Reich, 25. Februar 1945, S. 1 f. Zum Zusammenhang der Rede Churchills näher *Victor Sebestyen*, 1946. Das Jahr, in dem die Welt neu entstand, 2015, S. 221 ff.

[362] *Wolfgang Benz*, Von der Besatzungsherrschaft zur Bundesrepublik. Stationen einer Staatsgründung 1946–1949, 1984, S. 40 ff.; *Manfred Görtemaker*, Geschichte der Bundesrepublik Deutschland, 1999, S. 37 ff.

rat brachte die Interessen der einzelnen Länder ein. Es gab zudem ein Obergericht für das vereinigte Wirtschaftsgebiet mit Sitz in Köln (hervorgegangen aus dem Obersten Gericht für die britische Zone) und die „Bank Deutscher Länder".

944 In der kurzen Zeit seiner Existenz bis 1949 erließ der Wirtschaftsrat über 150 Gesetze mit weichenstellender Bedeutung für die Wirtschafts- und Sozialordnung der späteren Bundesrepublik. Sie betrafen insbesondere die dringend regelungsbedürftige Fortführung der Sozialversicherung, deren finanzielle Reserven während des Krieges geplündert worden waren, das Wirtschaftsrecht und das Arbeitsrecht.

945 Der Wirtschaftsrat ist heute fast vergessen, weil seine Tätigkeit von Spezialisten geprägt war und im Rückblick hinter die markanten politischen Weichenstellungen der unmittelbaren Nachkriegszeit und die Entscheidungen des ein Jahr später zusammentretenden Parlamentarischen Rates zurücktritt. Das wird der Bedeutung des Rates nicht gerecht, dessen Festlegungen zur Wirtschaft und zur sozialen Sicherung den Rahmen der späteren Entwicklungen zogen. Er war eine „Keimzelle"[363] der Bundesrepublik. Schon im Jahre 1948 wurde aber der Wirtschaftsrat wenig beachtet. Franz-Josef Strauß[364], der mit 33 Jahren Mitglied des Wirtschaftsrates wurde, hielt seine Erinnerungen fest: „Der Frankfurter Wirtschaftsrat tagte in einem provisorischen Sitzungssaal in einem Seitenflügel der Börse, der abends den städtischen Bühnen als Aufführungsraum diente. Der Oberbürgermeister von Frankfurt, Walter Kolb, hat aus seiner Geringschätzung für uns keinen Hehl gemacht. Wenn er einen Empfang gab oder wenn Aufführungen stattfanden, mußten wir unsere Sitzungen abbrechen. Irgendwie kamen wir uns vor wie unerwünschte Gäste, wie arme Verwandte. Auch von manchen Schwergewichten der Politik wurde der Wirtschaftsrat nicht wirklich ernst genommen, obwohl er neben dem Parlamentarischen Rat als Vorgänger des Bundestages zu sehen ist." Der Wirtschaftsrat sei ausschlaggebend gewesen, „was die eigentliche gesetzgeberische Tätigkeit für soziale, wirtschaftliche und finanzielle Bereiche betraf. Dennoch [...] hat man auf den Wirschaftrat ein wenig heruntergeschaut. So wurde im Frühjahr 1948 als Vorsitzender des Verwaltungsrates der farblos erscheinende Hermann Pünder gewählt, der unter Brüning Chef der Reichskanzlei gewesen war. Nicht selten ging, wenn Pünder redete, ein Gelächter durch die Reihen."[365]

946 Das bekannteste Mitglied des Wirtschaftsrats war der Direktor für Wirtschaft, Ludwig Erhard (1897–1977), der 1949 Wirtschaftsminister der Bundesrepublik wurde und in sämtlichen Kabinetten unter Bundeskanzler Adenauer dieses Amt bekleidete, bis er 1963 Adenauer als Kanzler nachfolgte und dies bis 1966 blieb. Erhard war ein ausgewiesener Wirtschaftsfachmann; von 1933 bis 1945 war er in industrienahen wirtschaftswissenschaftlichen Instituten tätig. Seit 1942 hatte er, teils in Kontakt mit Widerstandskreisen, aber auch mit den damals Regierenden, Pläne für eine Nachkriegswirtschaft entwickelt. Er galt als politisch unbelastet und war der engste deutsche Verbindungsmann der Alliierten bei der geheimen Vorbereitung der Währungsreform in den Westzonen, mit der am 20. Juni 1948 die Reichsmark grundsätzlich im Verhältnis 10:1 durch die neue Deutsche Mark ersetzt wurde. Erhardt war Anhänger einer innerhalb staatlicher Rahmensetzung freien Marktwirtschaft. Zusammen mit anderen entwickelte er das für die Bundesrepublik prägende Prinzip der „sozialen Marktwirtschaft". 1948 war sein Ziel die möglichst schnelle Aufhebung des staatlichen Zwangs- und Bewirtschaftungssystems mit Preisbindungen und dessen Ersetzung durch marktwirtschaftliche Selbststeuerung. Die Voraussetzungen schuf ein „Leitsätze-Gesetz" der Bizone vom 18. Juni 1948, dem Erhard die Aufgabe zuwies, „wieder zu freieren marktwirtschaftlicheren Formen

---

[363] *Wolfgang Benz*, Von der Besatzungsherrschaft zur Bundesrepublik, aaO, S. 116.
[364] 1915–1988. 1945 Landrat, 1949 Mitglied des Bundestages, 1953 bis 1962 Bundesminister, Bundesminister der Finanzen 1966–1969, 1978 bis 1988 bayerischer Ministerpräsident.
[365] *Franz-Josef Strauß*, Die Erinnerungen, 1989, S. 84–86.

zurückzufinden, den Zwang, der das einzelne Individuum, den Verbraucher, vom Konsumenten bis zum Produzenten hin täglich gepeinigt hatte, wieder aufzulösen und an die Stelle dieses Zwanges wieder die Verantwortung, das Verantwortungsbewusstsein, die Leistung und den Leistungswillen zu setzen."[366]

b) Der „Marshall-Plan"

947 Zur faktischen „Trizone" wurden die Westzonen durch die Einführung der D-Mark auch in der französischen Zone und den Wegfall der Reisebeschränkungen zwischen dieser Zone und der Bizone. Auch das 1948 angelaufene „European Recovery Program" (ERP) der USA („Marshall-Plan" nach dem damaligen US-Außenminister) – Kredite und vor allem Warenlieferungen im Umfang vom 12,4 Mrd. Dollar von 1948–1952 zur Stärkung der Wirtschaft in Europa – bezog die französische Zone ein. Die deutschen Westzonen importierten im Rahmen des ERP vor allem Treibstoffe, Medikamente und Nahrungsmittel. Die dafür erzielten Kaufpreise gelangten an die Ende 1948 in Frankfurt a. M. begründete „Kreditanstalt für Wiederaufbau" (KfW), die diese Mittel als günstige Kredite an die deutsche Wirtschaft ausreichte.

948 Die USA beschlossen die Währungsreform in den Westzonen und die Hilfen des Marshall-Plans nicht uneigennützig. Es ging darum, die Wirtschaft in Deutschland und Westeuropa nachhaltig zu beleben, um den halben Kontinent nicht zum Kostgänger der USA werden zu lassen; zugleich war das Ziel, den politischen Einfluss der UdSSR wirksam zurückzudrängen. Die UdSSR ihrerseits führte in ihrer Besatzungszone wenige Tage nach der Währungsreform im Westen eine eigene Deutsche Mark ein, die auch in ganz Berlin gelten sollte. Das hatte im Westteil Berlins angesichts der sich andeutenden Stärke der D-Mark keinerlei Aussicht auf Erfolg.

3. Die politischen Folgen: Auf dem Weg zur doppelten Staatlichkeit in Deutschland

a) Innerdeutsche Entfremdung

949 Währenddessen ging die politische Auseinanderentwicklung zwischen den Westzonen und der sowjetischen Besatzungszone weiter. Am 5. Juni 1947 scheiterte in München spektakulär eine Konferenz aller deutschen Ministerpräsidenten. Nach einleitenden Bekundungen der Zusammengehörigkeit gelang schon eine Einigung auf eine Tagesordnung nicht. Der Ministerpräsident Mecklenburg-Vorpommerns verlangte, als erstes über die „Bildung einer deutschen Zentralverwaltung durch Verständigung der demokratischen Parteien und Gewerkschaften zur Schaffung eines deutschen Einheitsstaates" zu verhandeln. Das lehnten die westlichen Ministerpräsidenten entsprechend einer Vorgabe der westlichen Alliierten ab, da ein „Einheitsstaat" nach den von George F. Kennan geprägten westlichen Vorstellungen einen deutschen Staat unter maßgeblichem Einfluss der UdSSR bedeuten müsste und dies

---

[366] Zitiert nach *Adolf M. Birke,* Nation ohne Haus. Deutschland 1945–1961. Siedler Deutsche Geschichte, 1994, S. 143.

dem Konzept der „Eindämmung" der UdSSR widersprach. Die Ministerpräsidenten aus der sowjetischen Zone reisten zurück, der bayerische Ministerpräsident Hans Ehard[367] erklärte, dieser Vorfall bedeute die „Spaltung Deutschlands"[368].

b) Das Ende der Kriegskoalition, Blockade Berlins

Zwischen den Siegermächten entwickelte sich ein „Kalter Krieg" um das richtige politische System und um Einflussbereiche in Deutschland und Europa. Die zu keinem Zeitpunkt reibungslose Zusammenarbeit der Kriegskoalition gegen Hitler war zu Ende. Die Londoner Sechs-Mächte-Konferenz (Februar bis Juni 1948), an der neben den westlichen Siegermächten die Benelux-Staaten (Belgien, Niederlande, Luxemburg) als westliche Nachbarn Deutschlands teilnahmen, beriet über die Möglichkeiten zur Gründung eines westdeutschen Teilstaates. Frankreich beharrte zunächst noch darauf, den Westteil Deutschlands schwach zu halten und allenfalls – zur Sicherheit Frankreichs – einen losen Bund der westdeutschen Länder zuzulassen. Die USA, die sich letztlich durchsetzten, wollten dagegen einen starken Weststaat als Bollwerk der westlichen Welt gegen sozialistische und von der UdSSR gesteuerte Satellitenstaaten im Osten. Das Abschlusskommuniqué, die „Londoner Empfehlung" vom 7. Juni 1948, stellte in Aussicht, im Westen Deutschlands eine Verfassunggebende Versammlung zur Ausarbeitung einer Vollverfassung einzuberufen. Nach diesem Paukenschlag verließ der sowjetische Vertreter demonstrativ den Alliierten Kontrollrat in Berlin.

950

Am 24. Juni 1948 begann die UdSSR die vollständige Blockade Berlins zum Westen. Sie sperrte die Zugangswege zu Wasser und zu Land und damit die Möglichkeit, Waren und vor allem Lebensmittel zu liefern, mit denen die Stadt sich nicht selbst versorgen konnte. Auch Stromlieferungen aus dem Kohlerevier um Bitterfeld wurden unterbrochen. Beides wurde mit „technischen Störungen" begründet, die sich nicht schnell beheben ließen. Die unerwartete Gegenreaktion war die westliche „Luftbrücke", über die bis zum Ende der Blockade am 12. Mai 1949 insgesamt 2,3 Mio. Tonnen an lebenswichtigen Gütern in einem beständigen Strom von Frachtflugzeugen, die von verschiedenen Flugplätzen der Westzonen starteten, in die Stadt gelangten und deren Überleben sicherten. Der Ost-West-Konflikt erreichte einen ersten Höhepunkt. Die USA waren entschlossen, der Kennan-Vorstellung entsprechend, die zur „Truman-Doktrin" geworden war, die UdSSR „zurückzudrängen". Die UdSSR hatte die Einsatz- und Risikobereitschaft der USA unterschätzt.

951

Der Berliner Oberbürgermeister (später Regierender Bürgermeister) Ernst Reuter hielt am 9. September 1948 am zerstörten Reichstagsgebäude, dicht an der Grenze zum sowjetischen Teil Berlins, vor 300.000 Zuhörern eine berühmte Durchhalterede: „Ihr Völker der Welt, ihr Völker in Amerika, in England, in Frankreich, in Italien! Schaut auf diese Stadt und erkennt, dass ihr diese Stadt und dieses Volk nicht preisgeben dürft und preisgeben könnt! [...] Wir haben unsere Pflicht getan, und wir werden unsere Pflicht weiter tun. Völker der Welt! Tut

952

---

[367] 1887–1980. Bayerischer Ministerpräsident (CSU) 1946–1954 und 1960–1962.
[368] Vgl. Bundesarchiv/Institut für Zeitgeschichte (Hrsg.), Akten zur Vorgeschichte der Bundesrepublik Deutschland 1945–1949, Bd. 2, 1978, S. 504.

auch ihr eure Pflicht und helft uns in der Zeit, die vor uns steht, nicht nur mit dem Dröhnen eurer Flugzeuge, nicht nur mit den Transportmöglichkeiten, die ihr hier herschafft, sondern mit dem standhaften und unzerstörbaren Einstehen für die gemeinsamen Ideale, die allein unsere Zukunft und die allein eure Zukunft sichern können! Völker der Welt, schaut auf Berlin! Und Volk von Berlin, sei dessen gewiß, diesen Kampf, den wollen, diesen Kampf, den werden wir gewinnen!"[369]

953 Die entschlossene Kraftanstrengung der Westmächte zur Versorgung Berlins aus der Luft war erstaunlich: „Mit der Luftbrücke erwiesen sich die westlichen Siegermächte als Schutzmächte. Die in aller Welt verhasste Reichshauptstadt hatte sich innerhalb von wenigen Jahren zu einer entschlossen verteidigten ‚Frontstadt der freien Welt' verwandelt – eine rasante Entwicklung, die auch den Nachdenklichsten überforderte und für das, was später Geschichtsaufarbeitung heißen sollte, wenig Raum ließ."[370]

4. Der kurze Weg zur langen Teilung: Frankfurter Dokumente, Herrenchiemsee und der Parlamentarische Rat

a) Die „Frankfurter Dokumente"

954 Schon das Ergebnis der Londoner Konferenz hatte die westdeutschen Ministerpräsidenten in Unruhe versetzt, weil sie die Zementierung der deutschen Teilung durch eine angeordnete westdeutsche Staatsgründung befürchteten. Die Besorgnis verstärkte sich, als die westlichen Militärgouverneure die Ministerpräsidenten der elf Länder der Westzonen (also ohne das Saarland) nach Frankfurt am Main in das IG-Farben-Haus[371] einbestellten und ihnen drei Dokumente („Frankfurter Dokumente")[372] zum weiteren Vorgehen entsprechend den Ergebnissen der Londoner Konferenz übergaben. Das Dokument I beauftragte die Ministerpräsidenten, eine Verfassunggebende Versammlung für den zu gründenden westdeutschen Staat einzuberufen und enthielt inhaltliche Vorgaben für die zu schaffende Verfassung.

955 Dokument I vom 1. Juli 1948
„In Übereinstimmung mit den Beschlüssen ihrer Regierungen autorisieren die Militärgouverneure der amerikanischen, britischen und französischen Besatzungszone in Deutschland die Ministerpräsidenten der Länder ihrer Zonen, eine Verfassunggebende Versammlung einzuberufen, die spätestens am 1. September 1948 zusammentreten sollte. Die Abgeordneten dieser Versammlung werden in jedem der bestehenden Länder nach den Verfahren und Richtlinien ausgewählt, die durch die gesetzgebende Körperschaft in jedem dieser Länder angenommen werden. Die Gesamtzahl der Abgeordneten zur Verfassunggebenden Versammlung

---

[369] Zitiert nach *Adolf M. Birke*, Nation ohne Haus. Deutschland 1945–1961. Siedler Deutsche Geschichte, 1994, S. 198.

[370] *Harald Jähner*, Wolfszeit. Deutschland und die Deutschen 1945–1955, 2019, S. 255.

[371] Dieses monumentale Gebäude, in den 1920er Jahren am Nordrand der Stadt errichtet, trug seinen Namen nach der dort ursprünglich residierenden Interessengemeinschaft (IG) der deutschen Chemieindustrie – ein Kartell der größten Unternehmen. Von 1945 bis 1990 residierten dort amerikanische Stellen, heute ist das Gebäude Hauptsitz der Universität Frankfurt.

[372] Abgedruckt in JöR n. F. 1 (1951), S. 1 ff.

wird bestimmt, indem die Gesamtzahl der Bevölkerung nach der letzten Volkszählung durch 750.000 oder eine ähnliche von den Ministerpräsidenten vorgeschlagene und von den Militärgouverneuren gebilligte Zahl geteilt wird. Die Anzahl der Abgeordneten von jedem Land wird im selben Verhältnis zur Gesamtzahl der Mitglieder der Verfassunggebenden Versammlung stehen wie seine Bevölkerung zur Gesamtbevölkerung der beteiligten Länder.

Die Verfassunggebende Versammlung wird eine demokratische Verfassung ausarbeiten, die für die beteiligten Länder eine Regierungsform des föderalistischen Typs schafft, die am besten geeignet ist, die gegenwärtig zerrissene deutsche Einheit schließlich wieder herzustellen, und die Rechte der beteiligten Länder schützt, eine angemessene Zentralinstanz schafft und Garantien der individuellen Rechte und Freiheiten enthält.

Wenn die Verfassung in der von der Verfassunggebenden Versammlung ausgearbeiteten Form mit diesen allgemeinen Grundsätzen nicht in Widerspruch steht, werden die Militärgouverneure ihre Vorlage zur Ratifizierung genehmigen. Die Verfassunggebende Versammlung wird daraufhin aufgelöst. Die Ratifizierung in jedem beteiligten Land erfolgt durch ein Referendum, das eine einfache Mehrheit der Abstimmenden in jedem Land erfordert, nach von jedem Land jeweils anzunehmenden Regeln und Verfahren. Sobald die Verfassung von zwei Dritteln der Länder ratifiziert ist, tritt sie in Kraft und ist für alle Länder bindend. Jede Abänderung der Verfassung muß künftig von einer gleichen Mehrheit der Länder ratifiziert werden. Innerhalb von 30 Tagen nach dem Inkrafttreten der Verfassung sollen die darin vorgesehenen Einrichtungen geschaffen sein."

956 Das Dokument II betraf mögliche Neugliederungen der 1946/1947 erst begründeten, aber teilweise nicht den historischen Überlieferungen entsprechenden Ländern.

957 Dokument II
„Die Ministerpräsidenten werden ersucht, die Grenzen der einzelnen Länder zu überprüfen, um zu entscheiden, welche Änderungen sie etwa vorzuschlagen wünschen. Solche Änderungen sollen den überlieferten Formen Rechnung tragen und möglichst die Schaffung von Ländern vermeiden, die im Vergleich mit den anderen Ländern entweder zu groß oder zu klein sind.

Wenn diese Empfehlungen von den Militärgouverneuren nicht mißbilligt werden, sollten sie der Bevölkerung der betroffenen Gebiete spätestens zu dem Zeitpunkt zur Annahme vorgelegt werden, zu dem die Mitglieder der Verfassunggebenden Versammlung gewählt werden. Bevor die Verfassunggebende Versammlung ihre Arbeit beendet, werden die Ministerpräsidenten die notwendigen Schritte für die Wahl der Landtage derjenigen Länder unternehmen, deren Grenzen geändert worden sind, so daß diese Landtage sowie die Landtage der Länder, deren Grenzen nicht geändert worden sind, in der Lage sein werden, die Wahlverfahren und Richtlinien für die Ratifizierung der Verfassung festzusetzen."

958 Dokument III betraf die Überlagerungen der Rechtsordnung des künftigen Weststaates durch westalliierte Befugnisse in Gestalt eines Besatzungsstatuts. Keinesfalls waren die Alliierten gewillt, dem zu gründenden Staat von Beginn an volle völkerrechtliche Souveränität zuzubilligen. Die Besatzungsfragen bedurften auch deshalb der Regelung, weil die Vier-Mächte-Zusammenarbeit im Kontrollrat seit 1948 faktisch beendet war.

959 Dokument III
„Die Schaffung einer verfassungsmäßigen deutschen Regierung macht eine sorgfältige Definition der Beziehungen zwischen dieser Regierung und den alliierten Behörden notwendig. Nach Ansicht der Militärgouverneure sollten sich diese Beziehungen auf den folgenden allgemeinen Grundsätzen aufbauen:

A. Die Militärgouverneure werden den deutschen Regierungen Befugnisse der Gesetzgebung, der Exekutive und der Rechtsprechung gewähren und sich selbst solche Zuständigkeiten vorbehalten, die nötig sind, um die Erfüllung des grundsätzlichen Zweckes der Besatzung sicherzustellen. Solche Zuständigkeiten sind diejenigen, welche nötig sind, um die Militärgouverneure in die Lage zu setzen:

a) Deutschlands auswärtige Beziehungen vorläufig wahrzunehmen und zu leiten.

b) Das Mindestmaß der notwendigen Kontrollen über den deutschen Außenhandel und über innerpolitische Richtlinien und Maßnahmen, die den Außenhandel nachteilig beeinflussen könnten, auszuüben, um zu gewährleisten, daß die Verpflichtungen, die die Besatzungsmächte in Bezug auf Deutschland eingegangen sind, geachtet werden, und daß die für Deutschland verfügbar gemachten Mittel zweckmäßig verwendet werden.

c) Vereinbarte oder noch zu vereinbarende Kontrollen, wie z. B. in Bezug auf die Internationale Ruhrbehörde, Reparationen, Stand der Industrie, Entkartellisierung und gewisse Formen wissenschaftlicher Forschung auszuüben.

d) Das Ansehen der Besatzungsstreitkräfte zu schützen und sowohl ihre Sicherheit als auch die Befriedigung ihrer Bedürfnisse innerhalb bestimmter zwischen den Militärgouverneuren vereinbarter Grenzen zu gewährleisten.

e) Die Beachtung der von ihnen gebilligten Verfassung zu sichern.

B. Die Militärgouverneure werden die Ausübung ihrer vollen Machtbefugnisse im Notfalle wieder übernehmen, wenn die Sicherheit bedroht ist und um nötigenfalls die Beachtung der Verfassungen und des Besatzungsstatutes zu sichern.

C. Die Militärgouverneure werden die oben erwähnten Kontrollen nach folgendem Verfahren ausüben:

a) Jede Verfassungsänderung ist den Militärgouverneuren zur Genehmigung vorzulegen.

b) Auf den oben in den Absätzen a bis e in Paragraph A erwähnten Gebieten werden die deutschen Behörden den Beschlüssen oder Anweisungen der Militärgouverneure Folge leisten.

c) Sofern nicht anders bestimmt, insbesondere bezüglich der Anwendung des vorangehenden Paragraphen b), treten alle Gesetze und Bestimmungen der Bundesregierung ohne weiteres innerhalb von 21 Tagen in Kraft, wenn sie nicht von den Militärgouverneuren verworfen werden.

Die Beobachtung, Beratung und Unterstützung der Bundesregierung und der Länderregierungen hinsichtlich der Demokratisierung des politischen Lebens, der sozialen Verhältnisse und der Erziehung wird zur besonderen Verantwortlichkeit der Militärgouverneure gehören. Dies soll jedoch keine Beschränkung der diesen Regierungen zugestandenen Vollmachten auf den Gebieten der Gesetzgebung, Exekutive und Rechtsprechung bedeuten.

Die Militärgouverneure ersuchen die Ministerpräsidenten, sich zu den vorstehenden Grundsätzen zu äußern. Die Militärgouverneure werden daraufhin diese allgemeinen Grundsätze mit von ihnen etwa genehmigten Abänderungen zur Verfassunggebenden Versammlung als Richtschnur zur Vorbereitung der Verfassung übermitteln und werden die von ihr etwa dazu vorgebrachten Äußerungen entgegennehmen. Wenn die Militärgouverneure ihre Zustimmung dazu aussprechen, die Verfassung den Ländern zu unterbreiten, werden sie gleichzeitig ein Besatzungsstatut veröffentlichen, das diese Grundsätze in ihrer endgültig abgeänderten Form enthält, damit sich die Bevölkerung der Länder im Klaren ist, daß sie die Verfassung im Rahmen dieses Besatzungsstatuts annimmt."

960 Schon protokollarisch betonte der Übergabeakt der drei Dokumente, dass die Alliierten Auftraggeber und die westlichen Ministerpräsidenten Beauftragte waren. Der französische Militärgouverneur verlas den vollständigen Text in scharfem Ton. Nicht erwartet wurde allerdings von den deutschen Zuhörern eine sofortige Reaktion oder gar eine vollständige Zustimmung.

b) Reaktionen der Ministerpräsidenten

Zur Beratung der Frankfurter Dokumente[373] zogen sich die Ministerpräsidenten vom 7. bis 10. Juli 1948 in das Koblenzer Hotel Rittersturz zurück. Einhellige Zustimmung fand bei ihnen die Perspektive, mehr an politischer Selbstbestimmung trotz des Besatzungsstatuts zu gewinnen. Zugleich wollten sie alles vermeiden, was auf eine Zementierung deutscher Spaltung hinauslaufen musste. Eine – wie im Dokument I verlangt – „Verfassunggebende Versammlung" zur Ausarbeitung einer „Verfassung" mit anschließender Volksabstimmung über diese stieß auf fast einhellige Ablehnung; die reguläre Staatsgründung im Westen müsse nach entsprechenden Schritten im Osten auf zwei deutsche Teilstaaten ohne gemeinsames Dach hinauslaufen, was es seit 1867 nicht mehr gegeben hatte. Was den deutschen Politikern in einer ersten Reaktion auf die Forderung der Alliierten vorschwebte, fasste Carlo Schmid[374] in die Formel der „Schaffung eines Zweckverbandes administrativer Qualität". Trotz des Autonomiezieles müsse alles vermieden werden, „was dem zu schaffenden Gebilde den Charakter eines Staates verleihen würde". Auch durch das einzuschlagende Verfahren müsse „zum Ausdruck kommen […], dass es sich lediglich um ein Provisorium handelt sowie um eine Institution, die ihre Entstehung lediglich dem augenblicklichen Stand der mit der gegenwärtigen Besetzung Deutschlands verbundenen Umstände"[375] verdanke. Die Position, die dann den Militärgouverneuren vorgetragen wurde, lautete: keine Vollverfassung, sondern eine provisorische staatliche Ordnung mit einem Organisationsstatut, für die erstmals das Wort Grundgesetz[376] in die Diskussion eingebracht wurde, keine Verfassunggebende Versammlung, sondern ein Verfassungs„rat", keine Volksabstimmung, sondern parlamentarische Beschlussfassung über das Organisationsstatut.

Es ging auch um das Schicksal des von den Westzonen weit entfernten Berlin; allen Beteiligten war klar, dass die Gründung eines Weststaates von vornherein Berlin, auch dessen westliche Zonen, wegen des besonderen Vier-Mächte-Status ausklammern musste. Hier allerdings ermunterte der Berliner Oberbürgermeister Ernst Reuter zum Weststaat: Ein starkes Westdeutschland werde Sogwirkung auf den Osten ausüben. „Wir benötigen unter allen Umständen eine politische und eine ökonomische Konsolidierung des Westens. Die Verarmung, die im Gegensatz zu den Westzonen in der Ostzone herrscht, ist uns in Berlin gegenwärtiger als Ihnen, weil wir sie sehen. Sie ist die wichtigste Waffe und die Voraussetzung dafür, um den Osten der Herrschaft der sowjetischen Besatzung eines Tages wieder entreißen zu können."[377]

---

[373] *Wolfgang Benz*, Von der Besatzungsherrschaft zur Bundesrepublik. Stationen einer Staatsgründung 1946–1949, 1984, S. 156 ff.; *Manfred Görtemaker*, Geschichte der Bundesrepublik Deutschland, 1999, S. 50 ff.
[374] 1896–1979, Politologe und Jurist, SPD-Politiker, Justizminister in Württemberg-Hohenzollern 1946–1949, 1948–1949 Vorsitzender des Hauptausschusses des Parlamentarischen Rates.
[375] Der Parlamentarische Rat 1948 bis 1949. Akten und Protokolle, Bd. 1, Vorgeschichte, bearb. von J. Wagner, 1975, S. 90, 143 f.
[376] Auch im Anklang an die „Leges fundamentales" im Alten Reich.
[377] Der Parlamentarische Rat 1948 bis 1949. Akten und Protokolle, Bd. 1, Vorgeschichte, bearb. von J. Wagner, 1975, S. 193 f.

384 Teil VI: Vom Ende des Ersten Weltkriegs bis zur Gegenwart

963 Die Militärgouverneure wollten zuerst die Position der deutschen Politiker nicht anerkennen. Insbesondere der amerikanische Militärgouverneur Clay wies darauf hin, dass es jetzt für die sowjetische Propaganda die Westalliierten seien, die auf einen Weststaat drängten, und äußerte sein Unverständnis, warum man nicht nach der Möglichkeit einer vollständigen Staatsgründung greifen wollte. Schließlich kamen die Westalliierten am 26. Juli 1948 der deutschen Position weitgehend entgegen, verlangten aber, die Bezeichnung Grundgesetz mit dem Zusatz „Vorläufige Verfassung" zu versehen. Der bayerische Ministerpräsident Hans Ehard fasste zusammen: „Wir müssen eine straffe Organisation der drei Westzonen haben. [...] Das, was wir hier schaffen, kann keine deutsche Verfassung sein, das, was wir hier machen, kann keine endgültige Verfassung sein, weil ja im Augenblick noch keine Klarheit besteht, welche Form, welchen Inhalt sie praktisch in Bezug auf die deutsche Souveränität haben kann. Aber wir müssen doch zu einer Konstruktion kommen, die zweierlei erreicht."[378] Man müsse zu „einer Art Westregierung" als organisatorischem Dach über den Ländern gelangen, geregelt durch eine vorläufige Verfassung.

964 Diese Kontroversen um die Vorläufigkeit waren für die weitere Entwicklung Deutschlands zweifellos wichtig. Etwas viel Wichtigeres, das ausweislich der zeitgenössischen Dokumente 1948/49 nicht allen damals Handelnden wirklich bewusst war, sollte aber nicht übersehen werden. Vor dem Hintergrund der eindrücklichen Erfahrungen des diktatorischen Unrechtsstaats und angesichts der beobachtenden Aufsicht der Westalliierten gab es erstmals in Deutschland die Chance, sich im uneingeschränkt positiven Sinn der politischen Kultur der Demokratie zuzuwenden. Der völlige Bruch der Staatlichkeit durch die bedingungslose Kapitulation befreite auch von Vorbelastungen. Diese Chance des Neuanfangs haben die im August 1948 einsetzenden Verfassungsberatungen genutzt.

V. Der Verfassungskonvent von Herrenchiemsee und der Parlamentarische Rat

1. Ein prägender Sachverständigenausschuss: der Verfassungskonvent von Herrenchiemsee

965 Im nächsten Schritt geschah etwas, was in den Frankfurter Dokumenten nicht vorgesehen war, aber in der Tradition deutscher verfassunggebender Prozesse kaum unerwartet sein konnte: Die Exekutiven der Länder schalteten sich ein, um die eigentlich parlamentarisch bestimmte Verfassunggebung mit ihren eigenen Vorstellungen zu kanalisieren. Der bayerische Ministerpräsident Hans Ehard lud Repräsentanten aller westdeutschen Länder und Berlins (Minister, Ministerialbeamte, Verfassungsjuristen) zu einem Verfassungskonvent in das Alte Schloss auf der Insel Herrenchiemsee[379] ein. In der idyllischen Abgeschiedenheit der Insel, für die Bedürfnisse des täglichen Lebens gemessen an den Verhältnissen des Jahres 1948 gut versorgt,

---

[378] Der Parlamentarische Rat 1948 bis 1949, Bd. 1, aaO, S. 224.
[379] Seit 1998 gibt es in den Tagungsräumen ein Museum zum Verfassungskonvent.

sollte möglichst ein vollständiger Verfassungsentwurf erarbeitet werden. Etwa dreißig Teilnehmer tagten hier vom 10. bis 25. August 1948. Trotz der kurzen Zeit gelang es ihnen, einen ausgearbeiteten Entwurf mit 149 Artikeln und einem begründenden Bericht vorzulegen. Mangels Legitimation zur Verfassungsberatung handelte es sich um ein unverbindliches Werk von Sachverständigen ohne jede rechtliche Bindung für den späteren Parlamentarischen Rat. Die Qualität des Entwurfs verschaffte ihm dennoch großen Einfluss auf das spätere Grundgesetz.

Den engeren Kreis des Konvents bildeten elf unmittelbar von den jeweiligen Ministerpräsidenten entsandte Berater, darunter Carlo Schmid, Adolf Süsterhenn[380] und für Berlin Otto Suhr[381]. Hinzu kamen zwanzig weitere Experten, darunter die Staatsrechtslehrer Theodor Maunz und Hans Nawiasky. Der bayerische Staatssekretär und Chef der Staatskanzlei Anton Pfeiffer leitete den Konvent. **966**

Die Existenz des Konvents verdankte sich zunächst einem gewissen Misstrauen der Regierungen gegenüber parlamentarischen (Verfassungs)Beratungen. Daneben ging es darum, Regelungen vorzuschlagen, die sich einerseits an Weimarer Errungenschaften und den Vorgaben der Alliierten orientierten, andererseits helfen sollten, Weimarer Schwächen zu vermeiden. Die krisenhaften Jahre der Weimarer Republik von 1930 bis 1933 lagen weniger als zwei Jahrzehnte zurück und standen allen Beteiligten mehr als deutlich vor Augen. Staatsorganisatorisch wurden alle späteren obersten Bundesorgane samt ihren Bezeichnungen, vom Bundestag bis zum Bundesverfassungsgericht, vorgeformt. Ein erster Schwerpunkt war sodann das parlamentarische Regierungssystem. Hier votierte der Konvent für ein möglichst einfaches Gegenüber und Miteinander von Parlament und Regierung (ohne Mitwirkung eines Präsidenten), das sowohl die Stabilität der Regierung als auch ihre jederzeitige Abhängigkeit von und Kontrolle durch das Parlament sichern sollte. Der Konvent griff das in Weimarer rechtspolitischen Überlegungen bereits entwickelte „konstruktive Misstrauensvotum" (später Art. 67 GG) auf. Er sprach sich entschieden für ein starkes Bundesverfassungsgericht aus, dessen Zuständigkeiten die Verfassungsbeschwerde umfassen sollte. **967**

Außer Streit stand – ganz unabhängig von der Vorgabe im Frankfurter Dokument Nr. 1 –, dass der zu gründende westdeutsche Teilstaat Bundesstaat sein sollte. Die seit 1946 begründeten Länder waren feste und irreversible politische Größen. Der Föderalismus galt nach dem Zentralismus der NS-Herrschaft als freiheitssicherndes Gegenbild zur staatlichen und gesellschaftlichen „Gleichschaltung".[382] Im Verhältnis von Bund und Ländern sollten gegenüber Weimar die Zuständigkeit der Länder gestärkt und Zuständigkeitsvermutungen für die Länder vorgesehen werden (im **968**

---

[380] 1905–1974. CDU-Politiker aus Rheinland-Pfalz, dem beim Verfassungskonvent und im späteren Parlamentarischen Rat insbesondere Fragen des Föderalismus (eine starke Betonung der Rechte der Länder) und die Hervorhebung der Bedeutung der christlichen Kirchen wichtig waren.
[381] 1894–1957. SPD-Politiker, Regierender Bürgermeister von Berlin (West) 1955–1957.
[382] *Franz Josef Hylander*, Universalismus und Föderalismus als Erbe und Aufgabe des christlichen Abendlandes und des deutschen Volkes, 1946; *Peter H. Merkl*, Die Entstehung der Bundesrepublik Deutschland, 1965, S. 37 ff., 49 ff., 78 ff.

Grundgesetz Art. 30, 70, 83). Bei der Vertretung der Länder auf Bundesebene gab es im Entwurf die Alternative Bundesrat (Vertreter der Landesregierungen als Ratsmitglieder) oder Senat (Vertreter der Länderparlamente als Mitglieder der Länderkammer). Es „bestand Einigkeit darüber, dass neben dem Parlament eine weitere Kammer bestehen soll, durch die im bundesstaatlichen Gefüge das Element Land zur Geltung kommt. Keine Einigkeit bestand darüber, ob diese Kammer ein Bundesrat sein soll, d. h. eine Kammer aus Mitgliedern der Länderregierungen, oder ein Senat, d. h. eine Kammer aus unabhängigen Einzelpersonen, die von den Landtagen gewählt sind."[383] Abweichend von der deutschen Verfassungsüberlieferung begann der Entwurf mit dem Grundrechtsteil. Art. 1 des Entwurfes lautet, rührend ungelenk und von tiefer Ernsthaftigkeit: „Der Staat ist um des Menschen willen da, nicht der Mensch um des Staates willen".

969 In den „unbestrittenen Hauptgedanken"[384] hielt der Schlussbericht des Konvents wesentliche Ergebnisse seiner Beratungen fest und ließ dabei die starke Prägung – in Fortführung und Abkehr – durch die Weimarer Verfassung erkennen:

970 „1) Es bestehen zwei Kammern. Eine davon ist ein echtes Parlament. Die andere gründet sich auf die Länder.
2) Die Bundesregierung ist vom Parlament abhängig, sofern es zur Regierungsbildung fähig ist. Das Vertrauen einer arbeitsfähigen Mehrheit ist unerläßlich und jederzeit ausreichend, einen Mann an die Spitze der Regierung zu bringen.
3) Eine arbeitsunfähige Mehrheit kann dagegen weder die Regierungsbildung vereitlen, noch eine bestehende Regierung stürzen. Der Ausweg einer Präsidialregierung wird dabei vermieden.
4) Neben der Regierung steht als neutrale Gewalt das Staatsoberhaupt. Die Funktion wird zunächst behelfsmäßig versehen. Nach Herstellung einer angemessenen völkerrechtlichen Handlungsfreiheit und nach Klärung des Verhältnisses zu den ostdeutschen Ländern wird sie mit der überwiegenden Meinung von einem Bundespräsidenten übernommen.
5) Notverordnungsrecht und Bundeszwang liegen bei der Bundesregierung und der Länderkammer, nicht beim Staatsoberhaupt.
6) Bei der Bundesaufsicht leistet die Bundesjustiz Hilfsstellung.
7) Die Vermutung spricht für Gesetzgebung, Verwaltung, Justiz, Finanzhoheit und Finanzierungspflicht der Länder.
8) Bund und Länder führen eine getrennte Finanzwirtschaft.
9) Es gibt kein Volksbegehren. Einen Volksentscheid gibt es nur bei Änderungen des Grundgesetzes.
10) Eine Änderung des Grundgesetzes, durch die die freiheitliche und demokratische Grundordnung beseitigt würde, ist unzulässig."

971 Am 31. August 1948 übergab der Verfassungskonvent seinen Bericht den Ministerpräsidenten. Deren ursprüngliche Absicht, den Bericht dem Parlamentarischen Rat zu überreichen, wurde nicht verwirklicht. Parlamentarier aller Parteien stellten die Unverbindlichkeit des Berichts fest. Konrad Adenauer betonte: „Die Ministerpräsi-

---

[383] Verfassungsausschuss der Ministerpräsidenten – Konferenz der westlichen Besatzungszonen. Bericht über den Verfassungskonvent aus Herrenchiemsee vom 10. bis 23. August 1948, 1948, S. 37 ff. (Zitat S. 37).
[384] Der Parlamentarische Rat. Akten und Protokolle. Bd. 2, Der Verfassungskonvent auf Herrenchiemsee, bearb. von Peter Bucher, 1981, S. 505 f.

denten haben keinen irgendwie gearteten Auftrag, dem Parlamentarischen Rat eine Verfassungsvorlage zu unterbreiten."[385] Der Bericht sei eine „wertvolle Materialsammlung".

2. Der Parlamentarische Rat

a) Beginn der Beratungen zum Grundgesetz

Zeitgleich zu den Beratungen auf Herrenchiemsee im August 1948 liefen die Vorbereitungen für den Parlamentarischen Rat. Seine konstituierende Sitzung fand am 1. September 1948 in Bonn statt. Warum unter den Bewerberstädten – unter ihnen Frankfurt a. M., Lübeck, Koblenz – Bonn den Zuschlag (durch Festlegung der Ministerpräsidenten) erhielt, lässt sich nur teilweise nachverfolgen. Es gab geeignete unbeschädigte Gebäude für Sitzungen mit größerer Teilnehmerzahl und Möglichkeiten zur Unterbringung der Delegierten und ihrer Mitarbeiter. Vor allem aber: Bonn lag linksrheinisch, und so hoffte man ein Zeichen gegen eine immer noch möglich erscheinende Abtrennung oder Besetzung linksrheinischer Gebiete durch Frankreich zu setzen.[386]

972

Die Eröffnungsfeier fand im naturwissenschaftlichen Museum Koenig an der heutigen Adenauerallee (damals Koblenzer Straße) statt. Carlo Schmid schildert sie so: „Wohl kaum hat je ein Staatsakt, der eine neue Phase der Geschichte eines großen Volkes einleiten sollte, in so skurriler Umgebung stattgefunden. In der Halle dieses in mächtigen Quadern hochgeführten Gebäudes standen wir unter den Länderfahnen – rings umgeben von ausgestopftem Getier aus aller Welt. Unter den Bären, Schimpansen, Gorillas und anderen Exemplaren exotischer Tierwelt kamen wir uns ein wenig verloren vor. Die bizarre Umgebung ließ bei uns trotz der Beethovenschen Musik, mit der die Feier eröffnet und beschlossen wurde, keine rechte Feierlichkeit aufkommen; gleichgültig war jedoch keinem von uns zumute."[387]

973

Die Sitzungen des Parlamentarischen Rates fanden in der Pädagogischen Akademie am Rhein statt – dem späteren Sitz des Bundestages. Der Rat hatte 65 Mitglieder, die von den Landesparlamenten nach Bevölkerungszahl und Parteienstärke gewählt worden waren, hinzukamen fünf Berliner Delegierte mit beratender Stimme. Zu den prominentesten Mitgliedern zählten Theodor Heuss, Konrad Adenauer, Carlo Schmid und Ernst Reuter. Auf die SPD und die CDU/CSU entfielen je 27 Delegierte, auf die FDP fünf, auf die KPD, DP und das Zentrum je zwei. Unter den Abgeordneten waren lediglich vier Frauen. Die meisten Mitglieder – hier gab es Anklänge an die

974

---

[385] Der Parlamentarische Rat, Bd. 2, aaO, Der Verfassungskonvent auf Herrenchiemsee, bearb. von Peter Bucher, 1981, S. CXXII.

[386] Eine Legende dürfte sein, Konrad Adenauer habe Bonn präferiert und durchgesetzt, weil sein Wohnort Rhöndorf nur etwa zehn Kilometer südlich von Bonn – rechtsrheinisch – lag. Belegt ist dagegen, dass sich Adenauer ab dem Oktober 1948 zielstrebig dafür einsetzte, Bonn auch zum (provisorischen) Regierungssitz zu bestimmen – gegen Ansprüche Frankfurts, das auf seine bedeutende Rolle in der Verfassungsgeschichte als Ort der Königswahl im Mittelalter und Tagungsort der Nationalversammlung von 1848 verweisen konnte.

[387] *Carlo Schmid*, Erinnerungen, 1979, S. 357.

Zusammensetzung der Frankfurter Nationalversammlung von 1848 – waren Juristen aus dem öffentlichen Dienst, Professoren und Richter.[388] Zum Vorsitzenden (Präsidenten) wählte der Rat Konrad Adenauer. Das wichtigste Beratungsgremium war der Hauptausschuss unter dem Vorsitz von Carlo Schmid mit 21 Mitgliedern. Er tagte bis zum Mai 1949 achtundfünfzigmal, das Plenum nur zwölfmal. Es gab weiterhin einen Redaktionsausschuss, der sich mit der sprachlichen Fassung und Widerspruchsfreiheit der beratenen Artikel befasste, und den wichtigen „Fünferausschuss", der bei strittigen Fragen versuchte, Kompromisse zu finden. Adenauer als Präsident des Rates nahm an den Sitzungen der Ausschüsse, in denen die eigentlichen Verfassungsberatungen stattfanden, nicht teil. Seine wichtigste Funktion lag in der Vermittlung und in Kontakten mit den Alliierten. „Allein Adenauer konnte im Namen des Ganzen auftreten, nachdem er gleich zu Beginn der Verfassungsberatungen im September 1948 durchgesetzt hatte, dass nicht, wie bisher, die Konferenz der Ministerpräsidenten, sondern der Parlamentarische Rat (und damit in erster Linie er selbst) von den alliierten Wünschen unterrichtet wurde und mit den Alliierten direkt"[389] über die Gestaltung des Grundgesetzes sprechen konnte.

b) Zielsetzungen

975 In den Beratungen waren die positiven Orientierungen und Vorbilder sowie die negativen Erfahrungen, von denen man sich absetzen wollte, deutlich erkennbar. Selbstverständlich war die scharfe Abkehr von der Diktatur der NS-Zeit mit ihrer Negation von Individualrechten, Rechtsstaatlichkeit und Demokratie. Als aktuelles Negativbild stand dem Rat das in der sowjetischen Zone sich herausbildende autoritäre System unter der alles verdrängenden Vorherrschaft der SED vor Augen. Aber auch die bedrohte und labile Demokratie Weimars bildete den insgesamt eher negativen Hintergrund für das, was der Rat jetzt besser machen wollte. Einigkeit bestand darin, eine „streitbare Demokratie" zu schaffen, die demokratische Freiheit und Selbstbestimmung mit – anders als in Weimar – möglichst großer Stabilität der Staatsorgane und der entschiedenen Abwehr der Gegner der Demokratie verbinden sollte. Positiv knüpfte der Parlamentarische Rat dagegen an die Verfassungsberatungen von 1848 und an die Leistungen der Weimarer Verfassung an. Zum ersten Mal in der deutschen Verfassungsgeschichte spielten aber auch ausdrücklich westliche Vorbilder, die Verfassung der USA, das parlamentarische Regierungssystem Großbritanniens, weiterhin auch die österreichische Gestaltung der Verfassungsgerichtsbarkeit im Jahre 1919, eine Rolle. Schließlich gab es die Vorgaben der Alliierten im Frankfurter Dokument I, eine „demokratische Verfassung" zu beraten, die „eine Regie-

---

[388] Allerdings: Im Vergleich zu 1848 und 1919 „fehlten die im engsten Sinne ‚professionellen' Staatsrechtler zwar nicht ganz, aber sie nahmen doch eher den Platz von externen Ratgebern ein", *Michael Stolleis*, Geschichte des öffentlichen Rechts in Deutschland, Bd. IV, 2012, S. 122 f. Das hing auch damit zusammen, dass die Staatsrechtslehre angesichts ihrer eigenen wenig ruhmreichen Rolle zwischen 1933 und 1945 recht still war.

[389] *Arnulf Baring*, Im Anfang war Adenauer. Die Entstehung der Kanzlerdemokratie, Ausgabe 1971, S. 9 f.

c) Streitpunkte: Föderalismus und Staatskirchenrecht

Es gab mehrere Streitpunkte in den Verhandlungen, bei denen die Kompromissfindung teilweise durch Interventionen der Alliierten noch erschwert wurde. Ganz zu Beginn ging es um den Grad der Staatlichkeit. Carlo Schmid seitens der SPD beharrte darauf, dass alles provisorisch und übergangshaft sein müsse, während Vertreter der CDU/CSU auf ein Grundgesetz für einen möglichst selbständigen Weststaat abzielten, der dann aus einer Position der Stärke heraus zur deutschen Wiedervereinigung gelangen sollte. Anfängliche Überlegungen der SPD, für das „Staatsfragment" Weststaat kein Staatsoberhaupt vorzusehen, wurden schnell fallengelassen.

976

Erhebliche Schwierigkeiten bereitete die Ausgestaltung der bundesstaatlichen Ordnung.[390] Vertreter der CDU/CSU setzten sich für starke Länder ein, während die SPD tendenziell eher die Notwendigkeit einer starken Zentralgewalt sah. Der Streit, ob die Länderkammer der Senatslösung – wonach ihre Mitglieder von den Länderparlamenten zu bestimmen wären – oder der Bundesratslösung – Mitglieder der Länderregierungen als Mitglieder der Länderkammer – folgen sollte, wurde der deutschen Verfassungstradition entsprechend im Sinne der Bundesratskonzeption aufgelöst. Fast unüberbrückbare Gegensätze gab es bei der Verteilung der Finanzkompetenzen. Hermann Höpker-Aschoff (FDP)[391] votierte für eine möglichst weitgehende Zentralisierung der Finanzkompetenzen, was nicht nur im Parlamentarischen Rat, sondern auch bei den Alliierten auf Widerstand stieß, die sich (auch) wegen dieser Frage am 22. November 1948 erstmals in die Verhandlungen des Parlamentarischen Rates einschalteten und eine stärkere Dezentralisierung forderten. Eine Einigung gelang dann im Februar 1949, wobei wichtige Fragen der Steuerverteilung ausdrücklich offen blieben, in der Sache aber die Möglichkeiten der Konzentration von Kompetenzen beim Bund angelegt blieben.

977

Art. 107 GG in der Fassung des Jahres 1949 brachte die Vorläufigkeit bei der vertikalen Verteilung der Steuererträge zum Ausdruck: „Die endgültige Verteilung der der konkurrierenden Gesetzgebung unterliegenden Steuern [insbes.: Einkommen-, Körperschaft- und Umsatzsteuer] auf Bund und Länder soll spätestens bis 31. Dezember 1952 erfolgen, und zwar durch Bundesgesetz, das der Zustimmung des Bundesrates bedarf. Dies gilt nicht für die Realsteuern [insbes.: Grundsteuer] und die Steuern mit örtlich bedingtem Wirkungskreis. Hierbei ist jedem Teil ein gesetzlicher Anspruch auf bestimmte Steuern oder Steueranteile entsprechend seinen Aufgaben einzuräumen." Die Frist wurde zweimal verlängert. Erst durch eine Verfassungsänderung im Jahre 1955 gelang die angestrebte Stabilität. Carlo Schmid kommentierte

978

---

[390] *Klaus Kröger*, Die Entstehung des Grundgesetzes, in: NJW 1989, S. 1318 ff., 1322 f.; *Stefan Oeter*, Integration und Subsidiarität im deutschen Bundesstaatsrecht, 1998, S. 127 ff.; *Alfred Ruhrmair*, Der Bundesrat zwischen Verfassungsauftrag, Politik und Länderinteressen, 2001, S. 24 ff.

[391] 1883–1954. Preußischer Finanzminister 1925–1931, 1951 bis 1954 erster Präsident des Bundesverfassungsgerichts. Zu ihm *Frank Spieker*, Hermann Höpker-Aschoff. Vater der Finanzverfassung, 2004.

die Schwierigkeit der Beratungen 1948/49 im Rückblick so: „Wer soll die Steuern beschließen? Wer soll kassieren, und wer soll das eingenommene Geld ausgeben können? Die extremen Föderalisten, die wollten, daß all das bei den Ländern liegt. Dann hätte es also eine bayerische Einkommensteuer gegeben, eine baden-württembergische, eine hamburgische, na ja, man kann sich vorstellen was draus geworden wäre. Sie kämpften für das Recht, Steueroasen zu machen, daß es Länder gibt, in denen die Steuern niedriger sind, damit die Industrie sich anhebt. […] Und dann noch der Kampf mit den Besatzungsmächten. Die wollten, daß der Bund der Kostgänger der Länder wird, und nicht die Länder Kostgänger des Bundes sind, wie das in Weimar der Fall war. Das ging immer wieder, immer wieder. Die Prinzipien waren verhältnismäßig leicht zu machen. Aber da, wo es ums Geld ging, da ging es ums ‚Eingemachte' […]."[392]

979 Ein weiterer Streitpunkt betraf – wie schon bei den Verfassungsberatungen der Jahre 1848 und 1919 – die miteinander verbundenen Themenkreise des Elternrechts, der Schule und der Beziehungen von Staat und Kirche. Hier wandten sich die Kirchen, insbesondere die katholischen Bischöfe, mit Eingaben an den Parlamentarischen Rat. Die katholischen Bischöfe setzten sich vor allem für die Konfessionsschule als öffentliche Regelschule und eine spezielle Verfassungsbestimmung zur Fortgeltung des im Sommer 1933 abgeschlossenen Reichskonkordats ein. Einzelne Mitglieder des Rates, insbesondere Adolf Süsterhenn, unterstützten dies und wollten zudem eine privilegierte Stellung der Kirchen unter den gesellschaftlichen Verbänden erreichen. Die gesamte „kulturelle Lebensordnung" sollte Kirche und Religion bevorzugt berücksichtigen. Das stieß auf den erbitterten Widerstand insbesondere von Seiten der SPD, aber auch der FDP, die sich für eine strikte Trennung von Staat und Kirche einsetzten. Neben der unstreitigen Gewährleistung der Religionsfreiheit im Grundrechtsteil (Art. 4 Abs. 1 u. 2 GG) bestand der Kompromiss darin, in einer in den Übergangs- und Schlussvorschriften fast versteckt platzierten Norm (Art. 140 GG) die wesentlichen Weimarer Verfassungsartikel zum Verhältnis von Staat und Kirche (Art. 136, 137, 138, 139, 141 WRV) dem Grundgesetz als „vollgültiges Verfassungsrecht"[393] zu inkorporieren. Keine Entscheidung traf das Grundgesetz für oder gegen die Konfessionsschule als Regelschule; dies blieb der Kulturhoheit der Länder überlassen. Allerdings sah der Parlamentarische Rat den Religionsunterricht in der öffentlichen Schule als ordentliches Lehrfach (Art. 7 Abs. 3 GG) für alle Länder mit Ausnahme Bremens (Art. 141 GG) vor. Dieses Religionsrecht kritisierte Rudolf Smend kurz nach Inkrafttreten des Grundgesetzes als „Verlegenheitslösung verfassunggebender Parlamentsarbeit"[394] – was der Dauerhaftigkeit des Kompromisses entgegen der Prognose Smends nicht entgegenstand. Er gilt noch heute.

980 Das Bundesverfassungsgericht beschrieb die Entstehungsgeschichte des grundgesetzlichen Religionsrechts so: „Die Inkorporation der Weimarer Kirchenartikel in das Grundgesetz durch Art. 140 GG ist das Ergebnis eines Verfassungskompromisses, der notwendig wurde, weil die aus der Mitte des Parlamentarischen Rates gemachten Vorschläge für eine Regelung

---

[392] *Carlo Schmid,* Interview vom 9. November 1979, zitiert nach Jürgen *Weber,* Die Gründung des neuen Staates, 1981, S. 64f.

[393] BVerfGE 19, 226 (236); 19, 206 (2018): „Bestandteil des Grundgesetzes"; BVerfGE 102, 370 (387).

[394] *Rudolf Smend,* Staat und Kirche nach dem Bonner Grundgesetz, in: Zeitschrift für evangelisches Kirchenrecht 1 (1951), S. 4 ff., 11.

des Verhältnisses von Staat und Kirche keine Mehrheit finden konnten. Der Grundsatzausschuß stimmte in seiner 24. Sitzung lediglich der Aufnahme der religiösen Koalitionsfreiheit in Art. 4 GG zu; weitergehende Bestimmungen billigte er nicht. […] Als Kompromißlösung wurde beschlossen, die Kirchenartikel der Weimarer Verfassung aufrechtzuerhalten. Über die einzelnen Bestimmungen fand mit Ausnahme einer Diskussion über Art. 138 WRV und über die Fortgeltung des Reichskonkordats keine Aussprache und Beratung statt."[395]

Damit waren die Versuche zur Installierung eines in besonderer Weise dem Christentum verpflichteten und religiöse Lebensordnungen privilegierenden Staates gescheitert. In gewisser Weise im Gegenzug dazu verzichteten die Vertreter der SPD darauf, normativ eine Wirtschaftsordnung unter starker Betonung sozialer Gerechtigkeit und Abkehr von kapitalistischen Elementen in das Grundgesetz aufzunehmen. „Das Grundgesetz, das sich in seinem ersten Abschnitt im Wesentlichen auf die klassischen Grundrechte beschränkt hat, enthält keine unmittelbare Festlegung und Gewährleistung einer bestimmten Wirtschaftsordnung. Anders als die Weimarer Reichsverfassung (Art. 151 ff.) normiert es auch nicht konkrete verfassungsrechtliche Grundsätze der Gestaltung des Wirtschaftslebens. Es überläßt dessen Ordnung vielmehr dem Gesetzgeber, der hierüber innerhalb der ihm durch das Grundgesetz gezogenen Grenzen frei zu entscheiden hat, ohne dazu einer weiteren als seiner allgemeinen demokratischen Legitimation zu bedürfen." Das Grundgesetz sei „wirtschaftspolitisch neutral"[396], der „Verfassunggeber [habe sich] nicht ausdrücklich für ein bestimmtes Wirtschaftssystem entschieden"[397].

d) Parlamentarisches Regierungssystem und „wehrhafte Demokratie"

An den Stellen, an denen das Grundgesetz bei der Gestaltung des politischen Systems bewusst über die Vorgängerverfassungen hinausging und Stabilität mit demokratischer Selbstbestimmung sowie der Festlegung von Grenzen des demokratischen Diskurses in Einklang zu bringen versuchte, bestand im Parlamentarischen Rat weitgehend Einigkeit. „Die Entscheidung für eine parlamentarische Demokratie bei der verfassungsrechtlichen Neugestaltung stand von Anbeginn außer Streit."[398] Nicht kontrovers waren auch die Möglichkeit der Grundrechtsverwirkung (Art. 18 GG), die erstmalige verfassungsrechtliche Anerkennung der politischen Parteien (Art. 21 GG) einschließlich Parteiverbotsverfahren, das parlamentarische Regierungssystem mit konstruktivem Misstrauensvotum (Art. 67 GG) und Vertrauensfrage (Art. 68 GG) unter weitgehendem Ausschluss des Staatsoberhaupts, dem nur Reservekompetenzen bei schwerwiegenden Störungen im Regierungssystem verblieben (Art. 63, 68 GG), und der Verzicht auf ein Selbstauflösungsrecht des Parlaments. Während die Weimarer Verfassung angesichts vielfältiger Partizipation des Staatsvolks und eines komplizierten Mit- und Gegeneinanders von Regierung, Parlament und Präsident

---
[395] BVerfGE 19, 206 (2018).
[396] Beide Zitate: BVerfGE 50, 290 (337 f.), unter Verweis auf BVerfGE 4, 7 (17 f.).
[397] BVerfGE 4, 7 (17 f.).
[398] *Horst Dreier*, in: Dreier (Hrsg.), Kommentar zum Grundgesetz, Bd. 2, 3. Aufl. 2015, Art. 20 (Demokratie) Rn. 18.

sich als demokratischste Verfassung der Welt titulieren konnte (vgl. oben Rn. 633), erhielt das Grundgesetz in Abkehr hiervon ein eher starres, die Beständigkeit der Regierung betonendes System. Das konstruktive Misstrauensvotum ist sogar als der „posthume Sieg geängstigter Demokraten über vergangene Geschichte"[399] bezeichnet worden. Innovativ war die Festlegung von Grenzen der Verfassungsänderung (Art. 79 Abs. 3 GG) und der Ausschluss von Verfassungsrecht außerhalb der Verfassungsurkunde (Art. 79 Abs. 1 GG). Sehr deutlich entschied sich der Rat, trotz der Erwähnung der Abstimmungen in Art. 20 Abs. 2 S. 2 GG, gegen direktdemokratische Elemente. Das abstimmende Volk sei unberechenbar und unzuverlässig.[400] Auf Vorschlag von Theodor Heuß erhielt der zu gründende Staat die Bezeichnung Bundesrepublik Deutschland.

e) Annahme des Grundgesetzes

983 Nach intensiven Beratungen, erschwert durch weitere Interventionen der Alliierten im April 1949, nahm das Plenum des Parlamentarischen Rates am 8. Mai 1949 um 23:55 Uhr das Grundgesetz mit 53 gegen zwölf Stimmen an. Sechs der acht Abgeordneten der CSU stimmten gegen das Grundgesetz, weil sie es für zu zentralistisch hielten. Daneben stimmten die je zwei Abgeordneten der DP, des Zentrums und der KPD gegen die Verfassung.

984 In der Präambel des Grundgesetzes in der Fassung von 1949 hielt der Parlamentarische Rat sein Selbstverständnis und seine Ziele fest:
„Im Bewußtsein seiner Verantwortung vor Gott und den Menschen,
von dem Willen beseelt, seine nationale und staatliche Einheit zu wahren und als gleichberechtigtes Glied in einem vereinten Europa dem Frieden der Welt zu dienen, hat das deutsche Volk
in den Ländern Baden, Bayern, Bremen, Hamburg, Hessen, Niedersachsen, Nordrhein-Westfalen, Rheinland-Pfalz, Schleswig-Holstein, Württemberg-Baden und Württemberg-Hohenzollern
um dem staatlichen Leben für eine Übergangszeit eine neue Ordnung zu geben,
kraft seiner verfassunggebenden Gewalt dieses Grundgesetz beschlossen.
Es hat auch für jene Deutschen gehandelt, denen mitzuwirken versagt war.
Das ganze Deutsche Volk bleibt aufgefordert, in freier Selbstbestimmung die Einheit und Freiheit Deutschlands zu vollenden."
Art. 146 GG in der Fassung des Jahres 1949 ergänzte: „Dieses Grundgesetz verliert seine Gültigkeit an dem Tage, an dem eine Verfassung in Kraft tritt, die von dem deutschen Volke in freier Entscheidung beschlossen worden ist."

---

[399] *Ernst-Wolfgang Böckenförde*, Bonn ist nicht Weimar, in: AöR 92 (1967), S. 253.

[400] Die Staatsrechtslehre teilte überwiegend diese Auffassung. Schon im Rückblick *Werner Weber*, Mittelbare und unmittelbare Demokratie, in: Wilhelm Wegener (Hrsg.), FS K. G. Hugelmann, Bd. 2, 1959, S. 765 ff., 770: „Erst recht konnte [im Parlamentarischen Rat] mit dem Hinweis auf die von Hitler veranlassten Plebiszite dargetan werden, daß auf den in unmittelbaren Volksabstimmungen aktualisierten Volkswillen kein Verlass sei." Dieser Bezug ist aufschlussreich. Vielleicht waren es doch weniger Weimarer Erfahrungen, sondern die gelenkten Plebiszite der NS-Zeit, die den Parlamentarischen Rat von der Implementierung direktdemokratischer Elemente zurückschrecken ließ.

In einer Entscheidung aus dem Jahre 1987 deutete das Bundesverfassungsgericht das gesamte Geschehen so: „Der Parlamentarische Rat hat das Grundgesetz nicht als Akt der Neugründung eines Staates verstanden; er wollte ‚dem staatlichen Leben für eine Übergangszeit eine neue Ordnung' geben, bis die ‚Einheit und Freiheit Deutschlands' in freier Selbstbestimmung vollendet sei (Präambel des Grundgesetzes). Präambel und Art. 146 GG fassen das gesamte Grundgesetz auf dieses Ziel hin ein: Der Verfassungsgeber hat dadurch den Willen zur staatlichen Einheit normiert, der wegen der zwischen den Besatzungsmächten ausgebrochenen politischen Spannungen ernsthafte Gefahr drohte. Es war *die* politische Grundentscheidung des Parlamentarischen Rates, nicht einen neuen (‚westdeutschen') Staat zu errichten, sondern das Grundgesetz als Reorganisation eines Teilbereichs des deutschen Staates – seiner Staatsgewalt, seines Staatsgebietes, seines Staatsvolkes – zu begreifen. Dieses Verständnis der politischen und gesellschaftlichen Identität der Bundesrepublik Deutschland liegt dem Grundgesetz zugrunde."[401] Diese pleonastischen Beschwörungen gaben eine mögliche, aber nicht zwingende Deutung der Präambel. Eine Staatsgründung war aber wohl beabsichtigt. Andernfalls wäre auch der neue Staatsname nicht erklärbar.

985

Immerhin stand diese Deutung in Einklang mit dem, was Carlo Schmid im Parlamentarischen Rat entwickelt hatte, um die fehlende Volksabstimmung über das Grundgesetz zu begründen: „Es ist ein alter und guter Brauch, daß eine Verfassung durch das Volk sanktioniert werden muß. Aber wir wollen ja hier keine Verfassung machen, sondern wir wollen ein Provisorium schaffen und haben nicht umsonst dieses Werk bescheiden ein Grundgesetz genannt. […] Wir haben doch nur einen Schuppen, einen Notbau, und einem Notbau gibt man nicht die Weihe, die dem festen Haus gebührt. Fälschen wir nicht den Charakter des Werkes, indem wir es zur Volksabstimmung stellen, bringen wir, indem wir ihm eine Sanktionierung minderen Gewichtes geben, zum Ausdruck, daß es keine Verfassung ist."[402]

986

VI. Das Inkrafttreten des „Bonner Grundgesetzes" und des Besatzungsstatuts

Mit dem Beschluss des Grundgesetzes war dieses noch nicht in Geltung. Es bedurfte nach den Frankfurter Dokumenten (samt Modifikation der Verfahrensschritte durch die Verhandlungen der Ministerpräsidenten mit den Militärgouverneuren) der Genehmigung durch die Besatzungsmächte und der Annahme seitens der Landesparlamente (Art. 144 Abs. 1, 145 GG).

987

---

[401] BVerfGE 77, 137 (150).
[402] Zitiert nach *Volker Neumann*, Volkswille. Das demokratische Prinzip in der Staatsrechtslehre vom Vormärz bis heute, 2020, S. 240.

1. Genehmigung mit Vorbehalten

988 Das Genehmigungsschreiben enthielt bedeutsame „Vorbehalte".

Genehmigungsschreiben der Militärgouverneure zum Grundgesetz vom 12. Mai 1949
„Sehr geehrter Herr Dr. Adenauer!
1) Das Grundgesetz, welches am 8. Mai durch den Parlamentarischen Rat verabschiedet wurde, hat unsere sorgfältige und eingehende Aufmerksamkeit gefunden. Nach unserer Ansicht vereint es deutsche demokratische Traditionen in glücklicher Weise mit den Begriffen einer repräsentativen Regierung und einer Rechtsordnung, welche die Welt nunmehr als für das Leben eines freien Volkes unerläßlich betrachtet.

2) Indem wir dazu zustimmen, daß diese Verfassung dem Deutschen Volk zur Ratifikation gemäß den Bestimmungen des Art. 144 (1) unterbreitet wird, sind wir überzeugt, daß Sie verstehen werden, daß wir verschiedene Vorbehalte machen müssen.

In erster Linie sind die dem Bund durch das Grundgesetz übertragenen Vollmachten ebenso wie die durch die Länder und örtlichen Verwaltungskörper ausgeübten Vollmachten den Bestimmungen des Besatzungsstatuts unterworfen, welches wir Ihnen bereits übermittelt haben und welches mit diesem Tage verkündet wird.

3) Zweitens ist klarzustellen, daß die in Art. 91 (2)[403] enthaltene Polizeigewalt nicht ausgeübt werden kann, bis sie durch die Besatzungsbehörden ausdrücklich genehmigt ist. [...]

4) Ein dritter Vorbehalt betrifft die Teilnahme Groß-Berlins am Bund. Wir interpretieren die Auswirkungen der Artikel 23 und 144 (2) des Grundgesetzes dahin, daß sie eine Annahme unseres früheren Wunsches bedeuten, demzufolge Berlin keine stimmberechtigte Mitgliedschaft im Bundestag oder Bundesrat erhalten und auch nicht von der Bundesregierung regiert werden kann, daß es jedoch eine kleine Anzahl Vertreter zur Teilnahme an den Sitzungen jener gesetzgebenden Körperschaften benennen darf.

5) Ein vierter Vorbehalt bezieht sich auf die Artikel 29 und 118 und die allgemeine Frage der Neuregelung der Ländergrenzen. Ausgenommen im Falle von Württemberg-Baden und Hohenzollern haben sich unsere Auffassungen in dieser Frage nicht geändert, seitdem wir diese Angelegenheit mit Ihnen am 2. März besprochen haben. Falls nicht die Hohen Kommissare einstimmig dahingehend übereinkommen, diese Auffassung zu ändern, werden die in diesen Artikeln vorgesehenen Vollmachten nicht ausgeübt werden können und die Grenzen aller Länder, ausgenommen Württemberg-Baden und Hohenzollern, werden so bleiben, wie sie jetzt festgelegt sind, bis zum Friedensschluß.

6) Fünftens sind wir der Auffassung, dass Artikel 84 (5) und Artikel 87 (3) dem Bund sehr weitgehende Vollmachten auf dem Gebiet der Verwaltung einräumen. Die hohen Kommissare werden der Ausübung dieser Befugnisse sorgfältige Aufmerksamkeit zuwenden müssen, um sicherzustellen, daß sie nicht zu einer übertriebenen Machtkonzentration führen.

7) In unserem Zusammentreffen mit Ihnen am 25. April haben wir Ihnen eine Formel vorgeschrieben, mit welcher wir in englischer Sprache die Bedeutung des Artikels 72 (2), (3) interpretieren. Diese Formel, welche Sie angenommen haben als Wiedergabe Ihrer Auffassung, lautet wie folgt:

---

[403] Art. 91 GG in der Fassung des Jahres 1949 lautete: „(1) Zur Abwehr einer drohenden Gefahr für den Bestand oder die freiheitliche demokratische Grundordnung des Bundes oder eines Landes kann ein Land die Polizeikräfte anderer Länder anfordern.

(2) Ist das Land, in dem die Gefahr droht, nicht selbst zur Bekämpfung der Gefahr bereit oder in der Lage, so kann die Bundesregierung die Polizei in diesem Lande und die Polizeikräfte anderer Länder ihren Weisungen unterstellen. Die Anordnung ist nach Beseitigung der Gefahr, im Übrigen jederzeit auf Verlangen des Bundesrates aufzuheben."

‚…weil die Aufrechterhaltung gesetzlicher oder wirtschaftlicher Einheit dies verlangt, um die wirtschaftlichen Interessen des Bundes zu fördern, oder um eine vernünftige Einheitlichkeit der wirtschaftlichen Lebensbedingungen für alle Menschen sicherzustellen.'
Wir möchten Ihnen zur Kenntnis bringen, daß die Hohen Kommissare diese Artikel entsprechend auslegen werden.

8) Um die Möglichkeit künftiger juristischer Kontroversen auszuschließen, möchten wir klarstellen, daß wir, als wir die Verfassungen der Länder billigten, vorgesehen haben, daß nichts in diesen Verfassungen als eine Einschränkung der Bestimmungen einer Bundesverfassung ausgelegt werden sollte; Konflikte zwischen den Länderverfassungen und der vorläufigen Bundesverfassung müssen deshalb zugunsten der letzteren gelöst werden.

9) Wir möchten, daß klar verstanden wird, daß nach Einberufung der in dem Grundgesetz vorgesehenen gesetzgebenden Körperschaften und nach Wahl des Präsidenten und der Wahl und Ernennung des Kanzlers und der Bundesminister in der dafür im Grundgesetz vorgesehenen Form die Regierung der Bundesrepublik Deutschland errichtet und das Besatzungsstatut in Kraft treten wird.

10) Nach Feststellung seiner Schlußaufgaben so, wie sie im Artikel 145 (1) festgelegt sind, wird der Parlamentarische Rat aufgelöst.

Wir möchten diese Gelegenheit wahrnehmen, um den Mitgliedern des Parlamentarischen Rates unsere Glückwünsche zu der erfolgreichen Fertigstellung einer schwierigen Aufgabe zum Ausdruck zu bringen, welche unter so schwierigen Umständen vollbracht wurde. Wir beglückwünschen Sie zu der offensichtlichen Sorgfalt und Gründlichkeit, mit welcher Sie Ihre Arbeit vollendet haben und zu Ihrer Hingabe zu den demokratischen Idealen, deren Verwirklichung wir alle anstreben."[404]

Das war ein ebenso erstaunliches wie bezeichnendes Dokument. Bei aller Höflichkeit dekretierte es durchgehend von oben herab, mit Bewertung und Lob wie für eine gelungene Seminararbeit (im Glückwunsch am Ende), mit der Betonung von Selbstverständlichkeiten (Nr. 9 und Nr. 10), als habe man es mit einem willigen, aber manchmal auch langsamen und widerspenstigen Schüler zu tun, schließlich sogar mit Interpretationsvorgaben zu einzelnen Bestimmungen des Grundgesetzes (Nr. 6 bis Nr. 8). Damit bewegten sich die alliierten Militärgouverneure in einem Zielkonflikt, der bereits alle Verfahrensschritte seit der Übergabe der Frankfurter Dokumente geprägt hatte: Einerseits wollten sie die demokratische Selbstbestimmung der Deutschen, die sie andererseits in Grenzen wiesen. Bedeutsam war die Klarstellung, dass Berlin nicht vom Bund regiert werden könne, Berlin (West) also wegen des Vier-Mächte-Status ganz Berlins nicht zum Geltungsbereich des Grundgesetzes gehörte (Nr. 4). Zwischen 1949 und 1990 bedurfte daher jedes Bundesgesetz der Übernahme durch ein Landesgesetz seitens des Berliner Abgeordnetenhauses. An der Willensbildung des Bundes im Bundestag und Bundesrat nahmen Berliner Vertreter bis zur deutschen Einigung nur beratend teil, im bundesstaatlichen Finanzausgleich galten für Berlin (West) Sonderregelungen, die auf eine Subventionierung durch den Bund hinausliefen.

---

[404] Zitiert nach *Klaus Stern,* Das Staatsrecht der Bundesrepublik Deutschland, Bd. V, Die geschichtlichen Grundlagen des Deutschen Staatsrechts, 2000, S. 1336 f.

2. Besatzungsstatut

990 Entsprechend dem Frankfurter Dokument III verkündeten die alliierten Militärgouverneure am 12. Mai 1949 das Besatzungsstatut,[405] das sie zur Ausübung von Staatsgewalt in der Bundesrepublik Deutschland berechtigte. Es überlagerte die gesamte deutsche Rechtsordnung mit Vorrang auch vor dem Grundgesetz.[406] Übergeben wurde das Statut erst nach der Konstituierung der Bundesrepublik am 12. September 1949. Bei der Übergabezeremonie sollte der gerade gewählte Bundeskanzler Adenauer nicht den Teppich betreten, auf dem die drei Militärgouverneure standen. Adenauer ignorierte diese Weisung.

991 Nr. 2 des Besatzungsstatuts benannte die Vorbehaltsbereiche:
„2. Um die Erreichung der Grundzüge der Besatzung sicherzustellen, wird die Zuständigkeit für die folgenden Gebiete, einschließlich des Rechts, von den Besatzungsbehörden benötigte Auskünfte und statistische Angaben anzufordern und deren Richtigkeit zu prüfen, ausdrücklich vorbehalten:
a) Die Entwaffnung und Entmilitarisierung einschließlich der damit in Beziehung stehenden Gebiete der wissenschaftlichen Forschung, Verbote und Beschränkungen der Industrie und der Zivilluftfahrt;
b) die Kontrolle über die Ruhr, die Restitutionen, Reparationen, Dekartellisierung, Dezentralisation, Ausschluss von Diskriminierungen in Handelsangelegenheiten, die ausländischen Interessen in Deutschland und die Ansprüche gegen Deutschland;
c) auswärtige Angelegenheiten einschließlich der von Deutschland oder in seinem Namen getroffenen internationalen Abkommen;
d) verschleppte Personen und die Aufnahme von Flüchtlingen;
e) der Schutz, das Prestige und die Sicherheit der alliierten Streitkräfte, Familienangehörigen, Angestellten und Vertreter, ihre Immunitäten und das Aufkommen für die Besatzungskosten und für ihre anderen Anforderungen;
f) die Beachtung des Grundgesetzes und der Länderverfassungen;
g) die Überwachung des Außenhandels und der Devisenwirtschaft;
h) die Überwachung innerer Maßnahmen, aber nur in dem Umfang, der erforderlich ist, um die Verwendung von Geldmitteln, Lebensmitteln und sonstigen Bedarfsgütern in der Weise sicherzustellen, daß Deutschlands Bedarf an ausländischer Unterstützung auf ein Mindestmaß herabgesetzt wird;
i) die Überwachung der Versorgung und Behandlung in deutschen Strafanstalten von Personen, die vor Gerichten oder Tribunalen der Besatzungsmächte oder Besatzungsbehörden angeklagt oder von ihnen verurteilt worden sind; die Überwachung der Vollstreckung von Strafurteilen gegen solche Personen und in Angelegenheiten ihrer Amnestierung, Begnadigung und Freilassung."

992 Darüber hinaus behielten sich die westlichen Besatzungsmächte die Ausübung weiterer Hoheitsrechte vor, wenn sie dies für „unerlässlich erachten" sollten „für die

---

[405] Amtsblatt der Hohen Alliierten Kommission in Deutschland, Nr. 1 vom 23. September 1949, S. 13 ff. Abgedruckt bei *Klaus Stern,* Das Staatsrecht der Bundesrepublik Deutschland, Bd. V, Die geschichtlichen Grundlagen des Deutschen Staatsrechts, 2000, S. 1388 ff.
[406] BVerfGE 2, 181 (201): „Der Einleitungssatz des Besatzungsstatuts beginnt mit den Worten: ‚In Ausübung der … beibehaltenen Obersten Gewalt'; die gesamte deutsche Rechtsordnung bleibt also vom Besatzungsstatut überlagert; auch das Grundgesetz ist nicht ‚besatzungsfest', sondern durch die im Besatzungsstatut verfügte Besatzungshoheit überlagert."

Sicherheit oder zur Aufrechterhaltung der demokratischen Ordnung in Deutschland" (Nr. 3). Schließlich bedurften Änderungen des Grundgesetzes der Genehmigung der Besatzungsmächte; Änderungen der Landesverfassungen und alle weiteren Bundes- und Landesgesetze traten erst drei Wochen nach Vorlage bei den Besatzungsmächten in Kraft, sofern diese die Gesetze nicht ablehnten (Nr. 6). Eine Revisionsklausel versprach, spätestens nach 18 Monaten die deutschen Zuständigkeiten zur Gesetzgebung, Verwaltung und Rechtsprechung zu erweitern, sofern die Erfahrungen der Zwischenzeit dem nicht entgegenstünden (Nr. 9).

Mit den vorbehaltenen Befugnissen blieb die Besatzungsmacht die oberste Gewalt in der Bundesrepublik und schloss (zunächst) deren völkerrechtliche Souveränität aus. Wie es weitergehen sollte, war 1949 offen und keineswegs allein der demokratischen Selbstbestimmung Westdeutschlands überlassen: „Die Zukunft lag in einem ungewissen Zwielicht. Je nachdem, aus welcher Perspektive man die Bundesrepublik betrachtete, konnte sie als souveräner Staat in spe, als Provisorium auf dem Weg zu einer Gesamtregelung zwischen den vier Deutschlandmächten oder als eine Art Protektorat mit einem starken Maß innerer Autonomie begriffen werden." Wegen der Revisionsklausel war der „künftige Gang der Dinge" nicht „determiniert"[407]. Die Abschaffung des Besatzungsstatuts gelang der Politik der Bundesrepublik unter Bundeskanzler Adenauer bis 1955. Damit war die Souveränität der Bundesrepublik fast vollständig hergestellt, es verblieb die seit 1945 bestehende Vier-Mächte-Verantwortung für Deutschland als Ganzes, die erst 1990 endete.

3. Annahme durch die Landtage

Nach der Genehmigung durch die westlichen Alliierten bedurfte das Grundgesetz der Annahme durch zwei Drittel der Landtage (Art. 144 Abs. 1 GG). Das geschah noch im Mai 1949. Allein der bayerische Landtag lehnte mit 101 Stimmen gegen 63 bei 9 Enthaltungen das Grundgesetz ab, weil die Länderrechte gegenüber dem Bund zu schwach seien; die Ablehnung geschah aber zu einem Zeitpunkt, als die Zustimmung der anderen Länder bereits vorlag, und war mit einem Beschluss verbunden, wonach die Verbindlichkeit des Grundgesetzes auch für Bayern außer Frage stehen sollte. Am 23. Mai 1949 trat das Plenum des Parlamentarischen Rates ein letztes Mal zusammen, um öffentlich die Annahme des Grundgesetzes festzustellen,[408] das Grundgesetz auszufertigen und noch am selben Tag im neuen Bundesgesetzblatt zu verkünden (Art. 145 Abs. 1 u. 3 GG).[409] Am 23. Mai 1949 um 24:00 Uhr[410] trat das Grundgesetz in Kraft (Art. 145 Abs. 2 GG).

---

[407] *Hans-Peter Schwarz*, Die Ära Adenauer. Gründerjahre der Republik 1949–1957, in: Karl Dietrich Bracher (Hrsg.), Geschichte der Bundesrepublik Deutschland, Bd. 2, 1981, S. 44 ff., 46 f.
[408] Die Ministerpräsidenten und Landtagspräsidenten waren anwesend und hatten das Original des Grundgesetzes unterzeichnet.
[409] BGBl. Nr. 1 S. 1.
[410] Oder am 24. Mai 1949, 0:00 Uhr, so BVerfGE 2, 124 (135); 4, 331 (339); vgl. *Othmar Jauernig*, Wann ist das Grundgesetz in Kraft getreten?, in: JZ 1989, S. 615 ff.

995 In kurzen Schlussworten würdigte Konrad Adenauer als Präsident des Parlamentarischen Rates dessen Werk. Er sei überzeugt (was im Widerspruch zu den gerade Adenauer bewussten Tatsachen stand), „dass wir durch unsere Arbeit einen wesentlichen Beitrag zur Wiedervereinigung des ganzen deutschen Volkes und auch zur Rückkehr unserer Kriegsgefangenen und Verschleppten leisten. Wir wünschen und hoffen, daß bald der Tag kommen möge, an dem das ganze deutsche Volk wieder vereint sein möge."[411] Bemerkenswert war, dass sowohl die Beratungen des Parlamentarischen Rates als auch das Inkrafttreten des Grundgesetzes relativ wenig Widerhall in der Bevölkerung fanden. Es war „auffällig, wie wenig die Bonner Beratungen selbst in Kontakt mit der öffentlichen Meinung standen und in welchem Grade sie den Charakter einer internen Angelegenheit der Ratsmitglieder, der Vorstände der maßgebenden Parteien und der Verhandlungen mit den Sprechern der Besatzungsmächte wahrten. Wohl selten ist eine europäisch-abendländische Verfassung unter so wenig Publizität zustande gekommen wie diese."[412] Das war völlig richtig. Die Bevölkerung war zumeist immer noch politikfern und mit materiellen Alltagssorgen befasst. Außerdem hielten viele das Grundgesetz tatsächlich für ein Provisorium, für einen Platzhalter bis zur nahen deutschen Einigung. Dass diese erst 40 Jahre später gelingen und das Grundgesetz in der Zwischenzeit eine ungewöhnliche Erfolgsgeschichte absolvieren sollte, konnte niemand wissen. Sehr viel stärker als die Tage und Wochen der Staatsgründung hatte die Bevölkerung die Währungsreform 1948, angesichts der unmittelbaren materiellen Bedeutung für jeden nicht überraschend, wahrgenommen. Mit Blick auf das kollektive Bewusstsein lässt sich daher mit Recht sagen, der 20. Juni 1948, der Tag der Währungsreform, war der „Urknall"[413] der Bundesrepublik, nicht der Tag des Inkrafttretens des Grundgesetzes.

996 Es ist wichtig, sich die gedämpfte Einschätzung des Grundgesetzes durch die Bevölkerung, die Politik und auch die Verfassungsjuristen im Jahre 1949 zu vergegenwärtigen. Siebzig Jahre später neigen wir dazu, ein gutes Stück der erfolgreichen, hochnormativen und anerkannten Verfassung an den Anfang zurückzuprojizieren, der aber viel bescheidener war. Zu Beginn der 1950er Jahre bezeichnete der deutsch-amerikanische Politikwissenschaftler Carl J. Friedrich die westdeutschen Nachkriegsereignisse und das Grundgesetz als „Negative Revolution"[414]. Wirklich tragend sei nicht „das Motiv einer positiven Begeisterung für eine schöne Zukunft" gewesen, sondern das „negative Absehen von einer unsauberen Vergangenheit"[415]. In der Tat enthielt das Grundgesetz eine klare Negation diktatorischer Systeme und autoritärer Verwandlungen der Demokratie (wie in den Jahren 1930–1932 geschehen). Trotz aller Unsicherheit über die Dauer des eigenen Geltens wandte es sich aber auch der Zukunft zu. Politisch war die Verständigung christlich-konservativer und sozialdemokratischer Kräfte für ein breites gesellschaftliches Fundament des neuen Staates wichtig. Verfassungsrechtlich gab es mit der Aufwertung der Grundrechte und ausgebauter Verfassungsgerichtsbarkeit Innovationen mit hohem Entwicklungspotential.

Sehr verhalten reagierte allerdings die Staatsrechtslehre, deren Elite in den 1920er Jahren so innovativ gewesen war. Vielleicht waren es die Erfahrungen der Jahre nach 1933, die von rechts- und staatstheoretischen Fragestellungen abhielten und die Disziplin im ersten Jahr-

---

[411] Zitiert nach *Konrad Adenauer*, Erinnerungen 1945–1963, Bd. 1, 1965, S. 176.
[412] *Werner Weber*, Weimarer Verfassung und Bonner Grundgesetz, in: ders., Spannungen und Kräfte im westdeutschen Verfassungssystem, 3. Aufl. 1970, S. 9 ff., 13.
[413] *Ulrich Herbert*, Geschichte Deutschlands im 20. Jahrhundert, 2014, S. 598.
[414] *Carl J. Friedrich*, Der Verfassungsstaat der Neuzeit, 1953, S. 171.
[415] *Carl J. Friedrich*, Der Verfassungsstaat der Neuzeit, aaO, S. 171.

zehnt des Grundgesetzes auf die Normauslegung konzentrierte. „Scheu vor dem Grundsätzlichen, Distanz zur Politik" waren, „ob überzeugend oder nicht, die Konsequenzen, die die Disziplin aus der Erfahrung des Nationalsozialismus ziehen wollte. Statt der offensiven Entwicklung einer Theorie des demokratischen Verfassungsstaats zog man sich ins juristische Handwerk zurück."[416]

4. Konstituierung der Bundesorgane

Mit dem Inkrafttreten des Grundgesetzes war die Bundesrepublik noch nicht handlungsfähig. Dazu mussten die Bundesorgane konstituiert werden. Am 14. August 1949 fanden die Wahlen zum ersten Bundestag statt, der am 7. September zusammentrat. Mit einer Stimme Mehrheit wählte der Bundestag Konrad Adenauer zum ersten Bundeskanzler. Am 12. September wurde Theodor Heuß zum ersten Bundespräsidenten gewählt. Die Bundesregierung konstituierte sich am 20. September 1949. Unter den obersten Bundesorganen war das Bundesverfassungsgericht das verspätete: Es begann erst am 7. September 1951 in Karlsruhe seine Tätigkeit. Bereits am 10. Mai 1949 hatte der Parlamentarische Rat Bonn zum Regierungssitz bestimmt.[417]

997

VII. Das Entstehen der „Deutschen Demokratischen Republik" (DDR)

1. Recht im Marxismus

„Der Ort der DDR in der deutschen Geschichte ist schwer zu bestimmen."[418] Der Grund liegt nicht in der lediglich vier Jahrzehnte (1949–1990) dauernden Existenz des zweiten deutschen Nachkriegsstaates, der mit der deutschen Einigung am 3. Oktober 1990 unterging. Abschnitte von solcher und kürzerer Dauer hat es wiederholt in der deutschen Verfassungsgeschichte gegeben. Ausschlaggebend ist etwas anderes. Ihrem Selbstverständnis nach verabschiedete sich die DDR von den verfassungsrechtlichen Traditionen Deutschlands und überhaupt den Grundprinzipien des Verfassungsstaates, wie er sich seit dem 18. Jahrhundert entwickelt hatte. Dennoch ist die DDR „einzufügen in das Kontinuum der deutschen Geschichte, und dies gilt gleichermaßen für ihre Rechtsgeschichte und die Geschichte ihrer Rechtswissenschaft"[419]. Der bewusste Traditionsbruch hinderte die DDR auch nicht, mit ihrer ganz anderen sozialistischen „Volksdemokratie" Vorbild für ganz Deutschland sein zu wollen.

998

---

[416] *Christoph Möllers*, Der vermisste Leviathan – Staatstheorie in der Bundesrepublik, 2008, S. 42.
[417] Das Grundgesetz in seiner Ursprungsfassung verzichtete auf die Festlegung von Regierungssitz oder gar Hauptstadt der Bundesrepublik. Erst seit 2006 bestimmt Art. 22 Abs. 1 S. 1 GG: „Die Hauptstadt der Bundesrepublik Deutschland ist Berlin."
[418] *Gerhard A. Ritter*, Über Deutschland, 1998, S. 141.
[419] *Michael Stolleis*, Sozialistische Gesetzlichkeit. Staats- und Verwaltungsrechtswissenschaft in der DDR, 2009, S. 9.

999 Das neue Modell ruhte auf einem marxistisch-leninistischen Gesellschafts-, Staats- und Rechtsverständnis. Darin galt das Recht, auch das Verfassungsrecht, als Instrument der Politik, als Mittel zur Verwirklichung der politischen und gesellschaftlichen Ziele der „Arbeiterklasse" und ihrer Vertretung, der Sozialistischen Einheitspartei SED. Recht war nicht der verbindliche, normative Rahmen, den die Politik zu beachten hat, Recht war der Politik untergeordnet, „Wachs in den Händen der Parteigewaltigen, die Worte des Gesetzes oft nur Fassade, über die verdrehende Methode der unbegrenzten Auslegung pervertiert oder ganz beiseitegeschoben"[420]. Das bedeutete im Verfassungsrecht: Es gab keine Gewaltenteilung, keine gerichtliche Kontrolle des Staatshandelns, keine subjektiv-öffentlichen Rechte (mit oder ohne Verfassungsrang), die gegen den Willen des Staates durchsetzbar waren; wegen des Gewaltenmonismus war letztlich auch eine effektive föderale Gliederung und kommunale Selbstverwaltung nicht möglich. Das dem westlichen Verfassungsdenken zentrale Rechtsstaatsprinzip ordneten führende DDR-Juristen und die offizielle Ideologie als politischen Kampfbegriff der bürgerlichen Klassen ein, erfunden, um ökonomische und politische Klasseninteressen abzusichern. Die Verwendung des Begriffs Verfassung war in der DDR Fassade, taktische Verstellung und, vor allem in der Entstehungsphase der DDR von 1946 bis 1949, Zugeständnis an „bürgerliche" Kräfte, da sich die Kommunisten darüber im Klaren waren, sich keineswegs auf ungeteilte oder auch nur Mehrheitszustimmung in der östlichen Besatzungszone/DDR stützen zu können. Die Herausbildung des „neuen Menschen" mit „neuem Bewusstsein" konnte nicht über Nacht geschehen.

1000 Gerade unter Juristen und in der Rechtswissenschaft gab es bürgerliche Bestände, die zunächst aus taktischen Gründen noch toleriert wurden.

1001 Bei der Ausbildung junger Juristen durfte dies aber keine Rolle spielen. Der universitäre Studienplan für die in der DDR verbliebenen Rechtsfakultäten von 1951 stellte fest: „Die juristischen Fakultäten haben Staatsfunktionäre auszubilden, die der Arbeiterklasse treu ergeben und fähig sind, die Ziele und Aufgaben der Arbeiter- und Bauernmacht auf höchstem wissenschaftlichen Niveau zu verwirklichen. Deshalb ist es erforderlich, alle Gebiete der Staats- und Rechtswissenschaft mit dem dialektischen und historischen Materialismus zu durchdringen und den Studenten die Gesetzmäßigkeit des Übergangs vom Kapitalismus zum Sozialismus in allen Ländern als den Hauptinhalt unserer Epoche zu vermitteln. Die Studenten müssen die juristischen Fakultäten als begeisterte und befähigte Kämpfer für die Sache der Arbeiterklasse und ihrer Verbündeten verlassen und bereit sein, ihre Kräfte vorbehaltlos für die erste deutsche Arbeiter- und Bauernmacht einzusetzen." Es gehe darum, „die bewusste sozialistische Umgestaltung aller gesellschaftlichen Verhältnisse voranzutreiben zu helfen"[421].

1002 Endgültig griff die Partei erst 1958 zu härteren Mitteln. Während der vom Zentralkomitee der SED einberufenen „Babelsberger Konferenz"[422] am 2. und 3. April

---

[420] *Adolf Laufs*, Rechtsentwicklungen in Deutschland, 4. Aufl. 1996, S. 432.
[421] Zitiert nach *Michael Stolleis*, Sozialistische Gesetzlichkeit. Staats- und Verwaltungsrechtswissenschaft in der DDR, 2009, S. 47 f.
[422] Sie fand in Potsdam-Babelsberg in der „Deutschen Akademie für Staats- und Rechtswissenschaft" statt. Dazu Jörn Eckert (Hrsg.), Die Babelsberger Konferenz vom 2./3. April 1958, 1993; aus der Sicht eines Teilnehmers *Hermann Klenner*, Voreingenommene Bemerkungen zu einer voreinge-

1958 referierte der Generalsekretär der SED Walter Ulbricht über die „Staatslehre des Marxismus-Leninismus und ihre Anwendung auf Deutschland"[423]. Ulbricht dekretierte, ein Weiterwirken „bürgerlicher Traditionen" und „Ideologien" dürfe es nicht geben, er wandte sich gegen den „bürgerlichen Rechtshorizont", gegen „abstrakt-normativistische" Rechtsanschauungen, Gewaltenteilung, Individualrechte und eine „Unterschätzung der Machtfrage" – Recht könne nur Ausdruck der Macht sein. Ulbrichts Kernsätze waren: „In Wahrheit aber schaffen die Beschlüsse der Partei die Grundlage für die Staats- und Rechtswissenschaft. Sie ergeben eine lückenlose Kette unserer ganzen gesellschaftlichen Entwicklung, die das Fundament ist, auf dem allein die Entwicklung unserer Staatsmacht und damit unseres Staats und Rechts erarbeitet werden kann."[424]

Recht war danach nur noch das Mittel zur Umsetzung des Parteiwillens. Der Konferenzteilnehmer Hermann Klenner kommentierte 35 Jahre später: „Die auch noch in einem schauderhaften Deutsch vorgetragenen Vorwürfe Ulbrichts [...] offenbaren ein derartiges Mißverhältnis zwischen Behauptung und Begründung, dass ihnen nur ein Ort extra muros jurisprudentiae zukommt. Sie sind ein Politikum, kein Szientifikum. Das hat sie umso gefährlicher gemacht."[425] Die westdeutsche Staats- und Rechtslehre hat sich, von nicht sehr zahlreichen Überblicksberichten abgesehen, praktisch nicht mit dem Staatsrecht der DDR befasst. **1003**

2. Von den „Volkskongressen" zur Gründung der DDR

Im Lichte der marxistischen Rechtsauffassung lässt sich die Entwicklung in der sowjetisch besetzten Zone seit 1946 bis zur Gründung der DDR im Oktober 1949 verstehen. Es war das – verdeckte – Ziel der Sowjetischen Militäradministration (SMAD) ab 1945, die politischen Verhältnisse in ihrer Besatzungszone Stück um Stück und zunächst mit Rücksichtnahme auf „bürgerliche Kräfte" dem sozialistischen System der UdSSR anzupassen, und dies mit der Perspektive der weiteren Erstreckung auf ganz Deutschland. Die propagierten Leitprinzipien waren „Antifaschismus", Entnazifizierung, Demokratisierung und „Entfeudalisierung", insbesondere durch Enteig- **1004**

---

nommenen Konferenz, in: Der Staat 31 (1992), S. 612 ff., 613: „In Babelsberg [...] ging es um die vollständige Funktionalisierung des Rechts und der Rechtswissenschaft durch die Machthabenden sowie, als deren Voraussetzung, um die Disziplinierung der Rechtswissenschaftler, was wiederum die Diffamierung der sich diesem Unterordnungsvorgang Widersetzenden nach sich ziehen musste." S. a. *Jan Schaefer*, 1958 – Schicksalsjahr der Rechtsentwicklung in beiden deutschen Teilstaaten. Das Lüth-Urteil und die Babelsberger Konferenz, in: JZ 2008, S. 703 ff.

[423] Verfasst hatte den Vortrag der führende Staatsrechtler der DDR, *Karl Polak* (1905–1963), der zur Zeit der Weimarer Republik in Heidelberg, München und Frankfurt studiert hatte und 1933 in Freiburg promoviert worden war. Als Jude durfte er das Zweite Juristische Staatsexamen im NS-Staat nicht ablegen. Er arbeitete als überzeugter Marxist bis 1945 in der UdSSR. Seit 1949 war er Professor für Staatslehre, Staats- und Völkerrecht an der Universität Leipzig. Zu ihm *Marcus Howe*, Karl Polak. Parteijurist unter Ulbricht, 2002.

[424] Zitiert nach *Hermann Klenner*, Voreingenommene Bemerkungen zu einer voreingenommenen Konferenz, in: Der Staat 31 (1992), S. 616 f.

[425] *Hermann Klenner*, Voreingenommene Bemerkungen zu einer voreingenommenen Konferenz, aaO, S. 616.

nung der östlich der Elbe gelegenen und traditionell großen landwirtschaftlichen Güter („Junkerland in Bauernhand").

a) „Volkskongresse"

1005 Wie in den westlichen Zonen ließ die UdSSR in ihrer Zone politische Parteien ab dem Juni 1945 zu. Es gab neben der KPD und der Ost-SPD, die am 21./22. April 1946 zur „Sozialistischen Einheitspartei Deutschlands" (SED) zwangsfusioniert wurden, insbesondere die CDU und die Liberaldemokratische Partei Deutschlands (LDPD). Die Parteien – und hier setzte der erste große Unterschied zum Westen an – bildeten eine „Einheitsfront der antifaschistisch-demokratischen Parteien", die sämtlich die „führende Rolle" der SED anerkennen mussten. Später war von der führenden SED und den „Blockparteien" die Rede.

1006 Die Vereinheitlichung unter der Lenkung sozialistischer Organisationen ergriff dann auch zielgerichtet die Gesellschaft. Es entstanden die Massenorganisationen, so der „Freie Deutsche Gewerkschaftsbund" (FDGB), ferner z. B. die Gesellschaft für Deutsch-Sowjetische Freundschaft (DSF), die Freie Deutsche Jugend (FDJ), der Demokratische Frauenbund Deutschlands (DFD) und die Vereinigung der gegenseitigen Bauernhilfe (VdgB). Hier zeigte sich der typische Grundzug totalitärer Systeme, nicht nur den politischen Bereich, sondern alle Lebensbereiche möglichst unter ihre Kontrolle zu bringen und zu lenken, individuelle Initiative und abweichende Meinungen zu marginalisieren oder zu unterdrücken.

1007 Nach Abschluss der Länderbildung auch in der sowjetischen Besatzungszone verschärfte sich seit 1947 die Methode der Blockpolitik. Die SED dominierte jetzt offen die Blockparteien und propagierte dies als „demokratischen Zentralismus". Zugleich änderte sich die sowjetische Deutschlandpolitik. Es setzte sich die Einsicht durch, dass die USA, anders als nach dem Ersten Weltkrieg, an ihrem europäischen und deutschen Engagement festhalten würden – wie dies auch die amerikanische Außenpolitik zu diesem Zeitpunkt ausdrücklich erklärte. Auch im Osten gab es erste Überlegungen in Richtung der Gründung eines Teilstaates. Den Weg dorthin bahnten von der UdSSR und der SED gelenkte „Volkskongresse".

Der „Volkskongreß für Einheit und gerechten Frieden" fand am 6./7. Dezember 1947 in Berlin unter Teilnahme einiger westdeutscher Vertreter[426] statt; er forderte noch eine – angesichts der Auseinanderentwicklung der Besatzungszonen unrealistische – gesamtdeutsche Regierung. Hier setzte die SED ein letztes Mal vor der Gründung der DDR das Ziel der nationalen Einheit zur Verstärkung ihrer Rolle ein.

b) Auf dem Weg zur DDR-Verfassung von 1949

1008 Am 17./18. März 1948 fand in Berlin auf Einladung der jetzt klar dominierenden SED der „2. Volkskongreß" statt. Er setzte einen „Deutschen Volksrat" ein, der wiederum einen „Verfassungsausschuss" bestimmte, der eine Verfassung für eine „Gesamtdeut-

---

[426] Von den 2215 „Delegierten" kamen 1551 aus der Sowjetischen Besatzungszone. 559 gehörten der SED an. Von einem gesamtdeutschen Kongress konnte entgegen dem proklamierten Anspruch nicht die Rede sein.

sche Demokratische Republik" ausarbeiten sollte – ein Vorhaben, das niemand im Westen unterstützen wollte, so dass im Frühjahr 1948 die Weichen in Richtung eines ostdeutschen Teilstaates gestellt wurden, der im Machtbereich der UdSSR zu verbleiben hatte. Im Oktober 1948 legte der „Verfassungsausschuss" einen Verfassungsentwurf vor, der im März 1949 die Zustimmung des „Volksrates" erhielt. Am 29. Mai 1949 trat ein „3. Deutscher Volkskongreß" zusammen. Gewählt wurde dieser Kongress auf der Grundlage einer „Einheitsliste" (SED und Blockparteien). Die interne Sitzverteilung innerhalb der Einheitsliste mit Mehrheit der SED stand schon vor der Wahl fest, die Wähler hatten nur die Möglichkeit, für oder gegen die Einheitsliste zu stimmen. Der Volkskongress billigte bereits am 30. Mai den unter Führung der SED ausgearbeiteten Verfassungsentwurf. Diskussionen und Beratungen über den Entwurf gab es nicht. Der Volkskongress war zu einer Art Vorparlament für einen ostdeutschen Teilstaat geworden. Am 27. September 1949 willigte Stalin auf Drängen der SED in die Gründung eines ostdeutschen Staates als Antwort auf die Gründung der Bundesrepublik ein; die SED erklärte zugleich, das Vorgehen im Westen habe die Einheit Deutschlands zerstört.[427]

1009 Der SED-Parteivorstand erklärte am 4. Oktober: „Im Ergebnis der Politik der imperialen Westmächte ist Deutschland zerrissen worden." In Westdeutschland herrsche ein „antidemokratisches, volksfeindliches Regime". Es belasse die Macht bei den Besatzungsbehörden und sei „äußerlich durch die pseudoparlamentarischen Formen der Bonner Verfassung maskiert", die nur eine „Ausführungsbestimmung zum Besatzungsstatut" sei. Demgegenüber seien die Entwicklungen in der sowjetischen Besatzungszone „friedliebend" und „demokratisch"[428].

1010 Am 7. Oktober 1949 konstituierte sich der „Deutsche Volksrat" als „Provisorische Volkskammer"; sie nahm die Verfassung der DDR an. Die Konstituierung der DDR wurde mit der Wahl Wilhelm Piecks zum Präsidenten und Otto Grotewohls[429] zum Ministerpräsidenten abgeschlossen (12. Oktober 1949). Parallel zur Alliierten Hohen Kommission im Westen konstituierte sich die sowjetische Kontrollkommission. Das Nebeneinander der Staatsgründungen in West und Ost, wobei der Osten bei allen Schritten dem Westen um einige Tage nachfolgte, lässt die Unterschiede deutlich hervortreten. Der entscheidende Akt in der sowjetischen Besatzungszone war nicht die formale Gründung der DDR, sondern die gesteuerte Umgestaltung der Macht-

---

[427] Wilhelm Pieck (1876–1960), KPD-Funktionär in der Weimarer Republik, einer der beiden Gründungsvorsitzenden der SED, von 1949 bis 1960 Präsident der DDR (ein Amt, das nach seinem Tod abgeschafft wurde), erklärte im September 1949, „daß sich das deutsche Volk niemals mit der Bonner Separatregierung abfindet und daher immer energischer die Forderung nach Schaffung einer Regierung des demokratischen Deutschlands erhebt", zitiert nach *Klaus Stern*, Das Staatsrecht der Bundesrepublik Deutschland, Bd. V, Die geschichtlichen Grundlagen des Deutschen Staatsrechts, 2000, S. 1617. Die Formulierung ließ offen, ob Pieck von einem Gesamtstaat oder „Oststaat" sprach. In der Sache konnte es aber nur um einen ostdeutschen Teilstaat gehen.
[428] Zitiert nach *Adolf M. Birke*, Nation ohne Haus. Deutschland 1949–1961. Siedler Deutsche Geschichte, 1994, S. 211.
[429] 1894–1964, Abgeordneter der SPD im Reichstag (1925–1933), während der NS-Zeit mehrfach in Haft, bei der Zwangsfusion von KPD und SPD seitens der SPD bestimmter zweiter Vorsitzender der SED neben Wilhelm Pieck.

verhältnisse zugunsten der SED seit (spätestens) 1947. Die DDR-Gründung schloss diesen Prozess ab. Es war ein zentralistischer Staat entstanden, den die SED innenpolitisch fast unbeschränkt leiten konnte. Seine Stabilität war militärisch durch die Truppen der UdSSR gesichert. Der neu errichtete Staatssicherheitsdienst erlaubte der SED-Führung die Überwachung der Gesellschaft und die Unterdrückung oppositioneller Bestrebungen.

3. Die DDR-Verfassung von 1949

a) Keine „sozialistische Verfassung"

1011 Die „Verfassung der Deutschen Demokratischen Republik"[430] war keine sozialistische Verfassung etwa nach dem Vorbild der Verfassung der UdSSR von 1936. Sie lehnte sich im Wortlaut stark an die Weimarer Verfassung an; insbesondere im Grundrechtsteil (Art. 6 ff. DDR-Verf 1949) gab es viele wörtliche Übernahmen (z. B. Art. 9 DDR-Verf 1949 – Meinungs- und Versammlungsfreiheit, Art. 22 – Eigentum und Erbrecht, Art. 41 ff. – Religionsfreiheit, Verhältnis von Staat und Kirche). Im Staatsorganisationsrecht fehlte dagegen vor allem ein volksgewählter Präsident mit starken Befugnissen; es gab kein Notverordnungsrecht, kein Recht zur Auflösung der Volkskammer. Die Gewaltenteilung war stark eingeschränkt zugunsten einer Machtkonzentration bei der Volkskammer (Art. 50 DDR-Verf 1949), die von der SED gesteuert wurde. Den Buchstaben nach gab es eine bundesstaatliche Gliederung (Art. 1 Abs. 1 u. 2 DDR-Verf 1949), tatsächlich aber gegenüber den zentralen Steuerungsinstanzen keine Selbständigkeit der Länder.

1012 Nach 1949 offenbarte sich immer stärker die mangelnde Normativität der Verfassung, die sich der politischen Linie unterzuordnen hatte. Die an sich gewährleisteten Grundrechte liefen im Konfliktfall leer und konnten nicht gegenüber der Staatsgewalt, notfalls gerichtlich, durchgesetzt werden. Das formal-legale Instrument zur Marginalisierung individueller Rechte einer autonomen Persönlichkeit war die Bestimmung des Art. 6 Abs. 2 DDR-Verf 1949 über „Boykotthetze" gegen „demokratische Einrichtungen und Organisationen", die Kritik an Staat und Partei zu unterdrücken und strafrechtlich zu verfolgen erlaubte. Grundrechte waren keine Abwehrrechte, sondern Rechte auf Übereinstimmung mit der Linie von Staat und Partei. Grundrechte als Abwehrrechte waren undenkbar, weil in der „sozialistischen Gesellschaft Staat und Volk, Gesellschaft und Individuum eins geworden seien"[431].

1013 Worum es in der Übergangsphase zur sozialistischen Ordnung gehen sollte, hatte bereits 1947 Karl Polak beschrieben: „Die rechtlichen, gesellschaftlichen und wirtschaftlichen Verhältnisse, unter denen wir leben, sind bürgerliche [...]. Wir befinden uns in der auf den ersten Blick paradox erscheinenden Lage, dass wir als Sozialisten für die Vollendung der bürgerlichen Demokratie kämpfen. Wir kämpfen dabei mit den bürgerlichen Parteien Hand in Hand

---

[430] Vom 7. Oktober 1949, GBl. DDR S. 5.

[431] *Michael Stolleis*, Sozialistische Gesetzlichkeit. Staats- und Verwaltungsrechtswissenschaft in der DDR, 2009, S. 56.

auf einer gemeinsamen bürgerlich-demokratischen Plattform. Aber die Einheitlichkeit der politischen Aktion darf die grundsätzlichen Unterschiede nicht verwischen." Es komme darauf an, im nächsten Schritt die Verwirklichung sozialistischer Ziele zu beginnen. Das Rechtssystem dürfe nicht nur an einzelnen Stellen „isoliert" reformiert werden. „Wir würden uns damit als Restaurateure der bürgerlichen Staatlichkeit erweisen [...]. In solcher Lage ist für uns Sozialisten die richtige Erkenntnis des gesellschaftlichen Wesens dieser Reformen und der schärfste Kampf gegen ihre Vertiefung ins Bürgerlich-Kapitalistische von entscheidender Bedeutung. Unsere politischen, sozialen und wirtschaftlichen Errungenschaften kämen schließlich nur den bürgerlichen Kräften zugute, wenn wir die in ihnen liegenden Entwicklungstendenzen nicht weitertreiben zu einer grundlegenden Umgestaltung des gesamten öffentlichen Lebens, zum Bruch der alten, bürokratischen, preußisch-junkerlichen Staatstradition und zur Eroberung der Staatsgewalt durch das Volk selbst. [...] Keine Verdeckung der Widersprüche zwischen dem alten Rechtsformalismus und unserer neuen demokratischen Staatlichkeit."[432] Deutlicher war 1969 ein Autorenkollektiv, das im Zusammenhang der damals neuen sozialistischen Verfassung von 1968 zurückblickte: „Die Gründung der Deutschen Demokratischen Republik als des ersten deutschen Arbeiter- und Bauern-Staates war der entscheidende politische Schritt des Übergangs zum planmäßigen Aufbau der Grundlagen des Sozialismus."[433]

Damit war die Verfassung im Grunde schon überwunden, als sie 1949 in Kraft trat. Auch akademischen Unterricht zur Verfassung gab es nicht, keine Verfassungsrechtsprechung, keine Diskussion in der Öffentlichkeit oder offizielle Versuche, die Verfassung der Gesellschaft nahezubringen. 1950 dekretierte das Politbüro der SED: „Die Herausgabe eines Kommentars zur Verfassung der DDR wird als nicht zweckmäßig erachtet."[434] Veränderungen im Machtgefüge zugunsten der SED wurden rechtlich nicht begleitet. 1952 wurden die Länder aufgelöst und eine neue Gliederung der DDR nach Bezirken und Kreisen eingeführt.[435] Kurze Zeit später folgte die interne Klarstellung der längst geübten Praxis, dass es keine kommunale Selbstverwaltung gab, sondern nur staatliche Verwaltung vor Ort.[436] Eine ministerielle Weisung schaffte 1958 die verfassungsrechtlich vorgesehenen (Art. 138 DDR-Verf 1949) Verwaltungsgerichte ab, die bis zu diesem Zeitpunkt kaum Wirksamkeit hatten entfalten können. Erst ab 1982 entstand erstmals eine vorsichtige und den Zusammenhang des sozialistischen Rechts betonende Diskussion über die Einführung von Rechtsschutzmöglichkeiten gegen Verwaltungsentscheidungen. Offizieller Widerhall oder gesetzliche Konsequenzen blieben auch im letzten Jahrzehnt der DDR aus, bis Ende 1988 das „Gesetz über die Zuständigkeit und das Verfahren der Gerichte zur Nach-

1014

---

[432] *Karl Polak*, Marxismus und Staatslehre, 1947, S. 38 f.
[433] Klaus Sorgenicht u. a. (Hrsg.), Verfassung der Deutschen Demokratischen Republik, Bd. I, 1969, S. 216.
[434] Zitiert nach *Michael Stolleis*, Sozialistische Gesetzlichkeit. Staats- und Verwaltungsrechtswissenschaft in der DDR, 2009, S. 22.
[435] Gesetz über die weitere Demokratisierung des Aufbaus und der Arbeitsweise der staatlichen Organe in den Ländern der Deutschen Demokratischen Republik vom 23. Juli 1952 (GBl. DDR S. 613).
[436] Gesetz über die örtlichen Organe der Staatsmacht vom 18. Januar 1957 (GBl. I DDR S. 65); Gesetz über die Rechte und Pflichten der Volkskammer gegenüber den örtlichen Volksvertretungen vom 18. Januar 1957 (GBl. I DDR S. 72).

prüfung von Verwaltungsakten" in Kraft trat und gleich in den Strudel des Untergangs der DDR geriet.[437]

b) Wesentliche Regelungen der DDR-Verfassung von 1949

1015 Verfassung der Deutschen Demokratischen Republik (vom 9. Oktober 1949, GBl. DDR S. 5)
„Von dem Willen erfüllt, die Freiheit und die Rechte des Menschen zur verbürgen, das Gemeinschafts- und Wirtschaftsleben in sozialer Gerechtigkeit zu gestalten, dem gesellschaftlichen Fortschritt zu dienen, die Freundschaft mit allen Völkern zu fördern und den Frieden zu sichern, hat sich das deutsche Volk diese Verfassung gegeben.
A. Grundlagen der Staatsgewalt
Art. 1 (1) Deutschland ist eine unteilbare demokratische Republik; sie baut sich auf den deutschen Ländern auf.
(2) Die Republik entscheidet alle Angelegenheiten, die für den Bestand und die Entwicklung des deutschen Volkes in seiner Gesamtheit wesentlich sind; alle übrigen Angelegenheiten werden grundsätzlich von den Ländern selbständig entschieden.
(3) Die Entscheidungen der Republik werden grundsätzlich von den Ländern ausgeführt.
(4) Es gibt nur eine deutsche Staatsangehörigkeit.
[...]
Art. 3 (1) Alle Staatsgewalt geht vom Volke aus.
(2) Jeder Bürger hat das Recht und die Pflicht zur Mitgestaltung in seiner Gemeinde, seinem Kreise, seinem Lande und in der Deutschen Demokratischen Republik.
(3) Das Mitbestimmungsrecht des Bürger wird wahrgenommen durch:
Teilnahme an Volksbegehren und Volksentscheiden;
Ausübung des aktiven und passiven Wahlrechts;
Übernahme öffentlicher Ämter in Verwaltung und Rechtsprechung.
(4) Jeder Bürger hat das Recht, Eingaben an die Volksvertretung zu richten.
(5) Die Staatsgewalt muss dem Wohl des Volkes, der Freiheit, dem Frieden und dem demokratischen Fortschritt dienen.
(6) Die im öffentlichen Dienst Tätigen sind Diener der Gesamtheit und nicht einer Partei. Ihre Tätigkeit wird von der Volksvertretung überwacht.
Art. 4 (1) Alle Maßnahmen der Staatsgewalt müssen den Grundsätzen entsprechen, die in der Verfassung zum Inhalt der Staatsgewalt erklärt sind. Über die Verfassungsmäßigkeit der Maßnahmen entscheidet die Volksvertretung gemäß Art. 66 dieser Verfassung. Gegen Maßnahmen, die den Beschlüssen der Volksvertretung widersprechen, hat jedermann das Recht und die Pflicht zum Widerstand.
(2) Jeder Bürger ist verpflichtet, im Sinne der Verfassung zu handeln und sie gegen ihre Feinde zu verteidigen.
[...]
B. Inhalt und Grenzen der Staatsgewalt
I. Rechte des Bürgers
Art. 6 (1) Alle Bürger sind vor dem Gesetz gleichberechtigt.
(2) Boykotthetze gegen demokratische Einrichtungen und Organisationen, Mordhetze gegen demokratische Politiker, Bekundung von Glaubens-, Rassen-, Völkerhass, militaristische Propaganda, sowie Kriegshetze und alle sonstigen Handlungen, die sich gegen die Gleichbe-

---

[437] Zur Diskussion vgl. etwa *Wolfgang Bernet*, Gerichtliche Nachprüfbarkeit von Verwaltungsakten für die DDR?, in: Bürger im Sozialistischen Recht, 1983, S. 48 ff., *ders.*, Staat-Bürger-Verhältnis und Verwaltungsrecht, 1989. In der Bundesrepublik kommentierte dies *Carl H. Ule*, Gesetzlichkeit in der Verwaltung durch Verwaltungsverfahren und gerichtliche Kontrolle in der DDR, in: DVBl. 1985, S. 1029 ff.

rechtigung richten, sind Verbrechen im Sinne des Strafgesetzbuches. Ausübung demokratischer Rechte im Sinne der Verfassung ist keine Boykotthetze.

(3) Wer wegen Begehung dieser Verbrechen bestraft ist, kann weder im öffentlichen Dienst, noch in leitenden Stellen im wirtschaftlichen und kulturellen Leben tätig sein. Er verliert das Recht, zu wählen und gewählt zu werden.
[…]
C. Aufbau der Staatsgewalt
I. Volksvertretung der Republik
Art. 50. Höchstes Organ der Republik ist die Volkskammer.
Art. 51 (1) Die Volkskammer besteht aus den Abgeordneten des deutschen Volkes.
(2) Die Abgeordneten werden in allgemeiner, gleicher, unmittelbarer und geheimer Wahl nach den Grundsätzen des Verhältniswahlrechts auf die Dauer von vier Jahren gewählt.
(3) Die Abgeordneten sind Vertreter des ganzen Volkes. Sie sind ihrem Gewissen unterworfen und an Aufträge nicht gebunden.
Art. 63. Zur Zuständigkeit der Volkskammer gehören:
die Bestimmung der Grundsätze der Regierungspolitik und ihrer Durchführung;
die Bestätigung, Überwachung und Abberufung der Regierung;
die Bestimmung der Grundsätze der Verwaltung und die Überwachung der gesamten Tätigkeit des Staates;
das Recht zur Gesetzgebung, soweit nicht ein Volksentscheid stattfindet;
die Beschlussfassung über den Staatshaushalt, den Wirtschaftsplan, Anleihen und Staatskredite der Republik und die Zustimmung zu Staatsverträgen; der Erlass von Amnestien;
die Wahl des Präsidenten der Republik gemeinsam mit der Länderkammer;
die Wahl der Mitglieder des Obersten Gerichtshofes der Republik und des Obersten Staatsanwalts der Republik sowie deren Abberufung.
[…]
Art. 66 (1) Die Volkskammer bildet für die Dauer der Wahlperiode einen Verfassungsausschuss, in dem alle Fraktionen entsprechend ihrer Stärke vertreten sind. Dem Verfassungsausschuss gehören ferner drei Mitglieder des Obersten Gerichtshofes der Republik sowie drei deutsche Staatsrechtslehrer an, die nicht Mitglieder der Volkskammer sein dürfen.
(2) Die Mitglieder des Verfassungsausschusses werden von der Volkskammer gewählt.
(3) Der Verfassungsausschuss prüft die Verfassungsmäßigkeit von Gesetzen. […]
II. Vertretung der Länder
Art. 71. Zur Vertretung der deutschen Länder wird eine Länderkammer gebildet. In der Länderkammer hat jedes Land für je 500.000 Einwohner einen Abgeordneten. Jedes Land hat mindestens einen Abgeordneten.
[…]
III. Gesetzgebung
Art. 81. Die Gesetze werden von der Volkskammer oder unmittelbar vom Volke durch Volksentscheid beschlossen.
[…]
(4) Regierung der Republik.
Art. 91. Die Regierung der Republik besteht aus dem Ministerpräsidenten und den Ministern.
[…]
V. Präsident der Republik
Art. 101 (1) Der Präsident der Republik wird in gemeinsamer Sitzung von Volkskammer und Länderkammer auf die Dauer von vier Jahren gewählt. Die gemeinsame Sitzung wird vom Präsidenten der Volkskammer einberufen und geleitet.
(2) Wählbar ist jeder Bürger nach Vollendung des 35. Lebensjahres.
[…]

VIII. Rechtspflege
Art. 126. Die ordentliche Gerichtsbarkeit wird durch den Obersten Gerichtshof der Republik und durch die Gerichte der Länder ausgeübt.
[…]."

1016 Neben diesem und gegen diesen Verfassungstext bildeten sich die eigentlich bedeutsamen Prinzipien politischer Herrschaft. Die SED beanspruchte die führende Rolle, weil sie allein in der Lage sei, die Gesetzmäßigkeiten der gesellschaftlichen Entwicklungen zu erkennen und Handlungsziele und erforderliche Maßnahmen daraus abzuleiten. Schon im Oktober 1949 legte eine parteiinterne Anweisung fest, dass vor einer Befassung der Volkskammer mit Gesetzen diese vom Politbüro (der Leitung der SED) zu billigen seien. Der „demokratische Zentralismus" sollte die führende Rolle der Arbeiterklasse und ihrer Partei in die politische Praxis umsetzen. Dazu gehörte die unbedingte Verbindlichkeit von Parteibeschlüssen und Beschlüssen höherer Organe für die unteren. Dieser Zentralismus verlangte die zentrale staatliche Leitung und Planung in allen Grundfragen der gesellschaftlichen Entwicklung. Das schloss jede Form der Gewaltenteilung aus. Wahlen, etwa zur Volkskammer, hatten den Charakter von Akklamationen, der Zustimmung zu den von der Partei nach den Grundsätzen des Marxismus-Leninismus festgelegten und von den staatlichen Organen beschlossenen Maßnahmen.

4. Die sozialistische Verfassung der DDR (1968/74)

a) Vorbereitungen

1017 Die Verfassung von 1949 und die Verfassungswirklichkeit der DDR entsprachen sich immer weniger. Erstmals Mitte der 1950er Jahre, nach dem gescheiterten Aufstand vom 17. Juni 1953 und der nachfolgend durch Repressionen gefestigten Macht der SED, gab es erste Überlegungen, SED-Herrschaft und Verfassungstext in Einklang zu bringen. Wegen der zu erwartenden öffentlichen Diskussionen nahm die Partei von diesem Vorhaben Abstand.

1018 Es folgten Phasen der Innenpolitik, die von unterschiedlichen, immer jedoch autoritär gesetzten Leitlinien geprägt waren, festgelegt durch Parteitagsbeschlüsse. Der unmittelbar nach dem 17. Juni 1953 proklamierte „Neue Kurs" brachte wenige Liberalisierungen, vor allem aber verstärkte Bemühungen, das ganze Leben in der DDR durch die Politik und ihr zugeordnete gesellschaftliche Organisationen zu bestimmen; es entstanden etwa durchgehend „Betriebskampfgruppen" der SED. Der fünfte Parteitag (1958) stellte fest, dass in der DDR „die Grundlagen des Sozialismus im wesentlichen geschaffen seien" und verkündete „zehn Gebote der sozialistischen Moral und Ethik". Der Bau der Mauer (1961) konsolidierte das Regime. Jetzt verstärkten sich die Anstrengungen, in allen Lebensbereichen, nicht zuletzt durch Rechtsetzung, die den beiden deutschen Staaten noch gemeinsamen Traditionen abzustreifen. Seit Mitte der 1960er Jahre ersetzte die DDR die formal noch geltenden (in der Anwendung aber bereits dem Sozialismus angepassten) älteren Kodifikationen, StGB, StPO, BGB, ZPO. Für die sozialistischen Unternehmen entstand ein neues Vertragsrecht. Zuletzt trat 1976 das ZGB (Zivilgesetzbuch) in Kraft.

Erst 1968 erhielt die DDR eine sozialistische, „volksdemokratische" Verfassung, die 1974 überarbeitet wurde. Sie bekannte sich zum Marxismus-Leninismus und stellte jedes Handeln des Staates, aber auch Rechte der Bürger unter den Vorbehalt der Übereinstimmung mit der Linie der Partei, die den „wahren" Volkswillen repräsentiere. Die sozialistische „Volksdemokratie" erübrigte den im Verfassungstext 1949 verbal noch präsenten Parlamentarismus.

1019

Am 1. Dezember 1967 hatte Walter Ulbricht die Einsetzung einer Verfassungskommission der Volkskammer unter seinem Vorsitz so erläutert: „Die Verfassung der Deutschen Demokratischen Republik vom 7. Oktober 1949 hat ihre Aufgabe erfüllt. […] Die Verfassung von 1949 hat unserem Volk geholfen, den Weg des Sozialismus zu beschreiten, die Grundlagen eines Lebens in Wohlstand, Sicherheit und Kultur für alle Bürger zu schaffen und die sozialistische Demokratie und Menschengemeinschaft zu entwickeln. […] Inzwischen hat die gesellschaftliche Entwicklung ein Stadium erreicht, in dem der entfaltete Aufbau der sozialistischen Gesellschaftsordnung zur Hauptaufgabe geworden ist. […] Gestützt auf das bisher Erreichte ist es nunmehr unsere Aufgabe, das entwickelte gesellschaftliche System des Sozialismus zu gestalten. […] Die entwickelte sozialistische Gesellschaft erhält durch die sozialistische Verfassung ein neues staatsrechtliches Fundament, das den Stand der erreichten Entwicklung erfaßt und uns zur Lösung der neuen Aufgaben befähigt."[438]

1020

b) Eine Verfassung für den „sozialistischen Staat deutscher Nation"

Anders als die Verfassung von 1949 gab die neue Verfassung den Anspruch, für das ganze deutsche Volk zu gelten, auf. 1972 erklärte Erich Honecker[439], die Bundesrepublik sei „imperialistisches Ausland"[440]. Jetzt ging es um den „sozialistischen Staat deutscher Nation" mit eigener DDR-Staatsbürgerschaft (Art. 19 Abs. 4 DDR-Verf 1968/74, anders noch Art. 1 Abs. 4 DDR-Verf 1949: „Es gibt nur eine deutsche Staatsangehörigkeit") als Bündnis der Werktätigen und verfassungsrechtlich um die „sozialistische Gesetzlichkeit".

1021

Die Verfassung der Deutschen Demokratischen Republik (1968/74)[441]

1022

„In Fortsetzung der revolutionären Tradition der deutschen Arbeiterklasse und gestützt auf die Befreiung vom Faschismus hat das Volk der Deutschen Demokratischen Republik in Übereinstimmung mit den Prozessen der geschichtlichen Entwicklung unserer Epoche sein Recht auf sozial-ökonomische, staatliche und nationale Selbstbestimmung verwirklicht und gestaltet die entwickelte sozialistische Gesellschaft.

Erfüllt von dem Willen, seine Geschicke frei zu bestimmen, unbeirrt auch weiter den Weg des Sozialismus und Kommunismus, des Friedens, der Demokratie und Völkerfreundschaft zu gehen, hat sich das Volk der Deutschen Demokratischen Republik diese sozialistische Verfassung gegeben.

Abschnitt I. Grundlagen der sozialistischen Gesellschafts- und Staatsordnung

---

[438] Zitiert nach Klaus Sorgenicht u. a. (Hrsg.), Verfassung der Deutschen Demokratischen Republik, Bd. I, 1969, S. 11 ff.
[439] 1912–1994, von 1971–1989 Erster Sekretär, später Generalsekretär des Zentralkomitees der SED.
[440] Vgl. *Dietmar Willoweit/Steffen Schlinker*, Deutsche Verfassungsgeschichte, 8. Aufl. 2019, § 46 Rn. 4.
[441] Vom 6. April 1968 (GBl. DDR I S. 199) und 7. Oktober 1974 (GBl. DDR I S. 432).

Art. 1. Die Deutsche Demokratische Republik ist ein sozialistischer Staat der Arbeiter und Bauern. Sie ist die politische Organisation der Werktätigen in Stadt und Land unter Führung der Arbeiterklasse und ihrer marxistisch-leninistischen Partei. [...]

Art. 2 (1) Alle politische Macht in der Deutschen Demokratischen Republik wird von den Werktätigen in Stadt und Land ausgeübt. Der Mensch steht im Mittelpunkt aller Bemühungen der sozialistischen Gesellschaft und ihres Staates. Die weitere Erhöhung des materiellen und kulturellen Lebensniveaus des Volkes auf der Grundlage eines hohen Entwicklungstempos der sozialistischen Produktion, der Erhöhung der Effektivität, des wirtschaftlich-technischen Fortschritts und des Wachstums der Arbeitsproduktivität ist die entscheidende Aufgabe der entwickelten sozialistischen Gesellschaft.

(2) Das feste Bündnis der Arbeiterklasse mit der Klasse der Genossenschaftsbauern, den Angehörigen der Intelligenz und den anderen Schichten des Volkes, das sozialistische Eigentum an Produktionsmitteln, die Lenkung und Planung der gesellschaftlichen Entwicklung nach den fortgeschrittensten Erkenntnissen der Wissenschaft bilden unantastbare Grundlagen der sozialistischen Gesellschaftsordnung.

(3) Die Ausbeutung des Menschen durch den Menschen ist für immer beseitigt. Was des Volkes Hände schaffen, ist des Volkes eigen. Das sozialistische Prinzip ‚Jeder nach seinen Fähigkeiten, jedem nach seiner Leistung' wird verwirklicht.

Art. 3 (1) Das Bündnis aller Kräfte des Volkes findet in der Nationalen Front der Deutschen Demokratischen Republik seinen organisierten Ausdruck.

(2) In der Nationalen Front der Deutschen Demokratischen Republik vereinigen die Parteien und Massenorganisationen alle Kräfte des Volkes zum gemeinsamen Handeln für die Entwicklung der sozialistischen Gesellschaft. Dadurch verwirklichen sie das Zusammenleben aller Bürger in der sozialistischen Gemeinschaft nach dem Grundsatz, daß jeder Verantwortung für das Ganze trägt."

1023 Warum für diese – teils kontrafaktischen – Bekenntnisse, Ziele und Ordnungsvorstellungen das Wort Verfassung noch Verwendung fand, erklärt die Entstehungsgeschichte nicht. Offenbar war das Grundwort Verfassung als Kurzbezeichnung für die normative Ordnung politischer Organisationen auch für sozialistische Rechtsvorstellungen so anziehend oder unausweichlich, dass sie es aufgriffen und mit neuem Inhalt füllten: statt freiheitlich demokratischer Selbstbestimmung, Gewaltenteilung und Grundrechten die Gleichordnung der politischen Organisation und der Gesellschaft im Sinne der Verwirklichung sozialistischer Vorstellungen samt der Möglichkeit, abweichende Auffassungen auszuschließen oder zu verfolgen. Von Bedeutung war sicher auch, dass die Sowjetunion mit ihrer Verfassung von 1937 den weiteren Gebrauch des Wortes vorgegeben hatte.

c) „Grundrechte" und „sozialistische Gesetzlichkeit"

1024 Bei den „Grundrechten und Grundpflichten der Bürger" (Art. 19 ff. DDR-Verf 1968/74) bedeutete dies:

„Art. 19 (1) Die Deutsche Demokratische Republik garantiert allen Bürgern die Ausübung ihrer Rechte und ihrer Mitwirkung an der Leitung der gesellschaftlichen Entwicklung. Sie gewährleistet die sozialistische Gesetzlichkeit und Rechtssicherheit.

(2) Achtung und Schutz der Würde und Freiheit der Persönlichkeit sind Gebot für alle staatlichen Organe, alle gesellschaftlichen Kräfte und jeden einzelnen Bürger.

(3) Frei von Ausbeutung, Unterdrückung und wirtschaftlicher Abhängigkeit hat jeder Bürger gleiche Rechte und vielfältige Möglichkeiten, seine Fähigkeiten in vollem Umfange zu ent-

wickeln und seine Kräfte aus freiem Entschluss zum Wohle der Gesellschaft und zu seinem eigenen Nutzen in der sozialistischen Gemeinschaft ungehindert zu entfalten. […]"

Der Rahmen der „sozialistischen Gemeinschaft", der nicht verlassen werden durfte, bezeichnete den Bereich der möglichen individuellen Entfaltung. Dem Grundrechtsträger war es danach verwehrt, seine Rechte kraft eigener Entscheidung mit selbstbestimmtem Inhalt zu füllen. Da es eine „Interessenharmonie"[442] zwischen den Einzelnen und der sozialistischen Gesellschaft gab, hatten Grundrechte letztlich die Funktion, zur Herausbildung einer „sozialistischen Persönlichkeit" (Art. 25 Abs. 3 S. 3 DDR-Verf 1968/74) beizutragen, nicht etwa, bürgerliche Residuen individueller Freiheit zu schützen.[443] Sozialistischen Grundrechten war eine gegenüber den bürgerlich-rechtsstaatlichen „genau umgekehrte Funktion" zugedacht. „Statt als Mittel zur Erhaltung individueller Freiheit zu fungieren, sollten sie zur Gewährleistung der Einheit des Kollektivs beitragen."[444]

In den Worten eines prominenten DDR-Juristen: „Der Grundrechtskatalog sozialistischer Verfassungen grenzt nicht die Freiheitssphäre des Bürgers von der Freiheitssphäre [!] des Staates ab. Die sozialistischen Grundrechte sind nicht Schranken, sondern Inhalt der Volksmacht, nicht Fessel, sondern Hebel der Persönlichkeitsentwicklung, nicht Grenze, sondern Werkzeug der als notwendig erkannten Freiheit."[445]

Die „sozialistische Gesetzlichkeit" hieß Übereinstimmung mit den Grundsätzen des Marxismus-Leninismus.

Art. 86 DDR-Verf 1968/74: „Die sozialistische Gesellschaft, die politische Macht des werktätigen Volkes, ihre Staats- und Rechtsordnung sind die grundlegenden Garantien für die Einhaltung und die Verwirklichung der Verfassung im Geiste der Gerechtigkeit, Gleichheit, Brüderlichkeit und Menschlichkeit."

Für die Meinungsfreiheit hieß dies etwa: „Für antisozialistische Hetze und Propaganda, im besonderen für die vom imperialistischen Gegner betriebene ideologische Diversion, kann es in der sozialistischen Gesellschaft keine Freiheiten geben, sind diese doch gegen die Freiheit gerichtet, die sich die Werktätigen im Sozialismus errungen haben. Angesichts der verstärkten Versuche der imperialistischen Kräfte, durch ideologische ‚Aufweichung' die sozialistische Ordnung zu untergraben, ist es verfassungsmäßige Pflicht, allen solchen Versuchen entschieden entgegenzutreten. Dies gilt für die Verbreitung antisozialistischer Ideologie, die angeblich im Namen der ‚Freiheit', ‚Demokratie' oder ‚Menschlichkeit' betrieben wird."[446]

Das einzige und offizielle DDR-Lehrbuch zur Rechtstheorie dekretierte mit Wirkung für alle Teile der Rechtsordnung: „Parteilichkeit und Gesetzlichkeit stehen

---

[442] Immerhin deutete das Wort Harmonie im Gegensatz zu dem in der stalinistischen Zeit üblichen Wort Interessenübereinstimmung an, dass es in Einzelfällen Divergenzen zwischen Staat und Einzelnen geben könne, vgl. *Georg Brunner*, Grundrechtstheorie im Marxismus-Leninismus, in: D. Merten/H.-J. Papier (Hrsg.), Handbuch der Grundrechte in Deutschland und Europa, Bd. I, 2004, § 13 Rn. 66. Zur Rechtsnatur der Grundrechte und Grundpflichten *Otto Luchterhandt*, Der verstaatlichte Mensch. Die Grundpflichten des Bürgers in der DDR, 1985, S. 67 ff.

[443] Dazu *Dietmar Willoweit/Steffen Schlinker*, Deutsche Verfassungsgeschichte, 8. Aufl. 2019, § 45 Rn. 8.

[444] Beide Zitate: *Ino Augsberg*, Theorien der Grund- und Menschenrechte, 2021, S. 83.

[445] *Hermann Klenner*, Studien über die Grundrechte, 1964, S. 90.

[446] Akademie für Staats und Rechtswissenschaft der DDR (Hrsg.), Staatsrecht der DDR, 2. Aufl. 1984, S. 194.

nicht in einem alternativen oder einander ergänzenden Verhältnis zueinander. Die sozialistische Gesetzlichkeit ist Ausdruck der Parteilichkeit."⁴⁴⁷ Es versteht sich, dass weder „Parteilichkeit" noch „Gesetzlichkeit" Berührungspunkte mit der Rechtsstaatlichkeit des überkommenen Verfassungsverständnisses hatten. Selbst die neue Verfassung – letztlich die Verfassung der Staatspartei – bedeutete und verlangte keine Selbstbindung des Systems an die von ihm gesetzten Normen. „Gesetzlichkeit" hieß Gesetzmäßigkeit im Sinne des klassischen Verfassungsdenkens nur dann, wenn die Norm mit dem Parteiwillen übereinstimmte. Stand die Norm zu ihm in Widerspruch, setzte sich der Parteiwille durch. Im Niedergang der DDR in den 1980er Jahren griffen weder Kritiker noch Verteidiger des Systems zu Appellen an die Verfassung oder beriefen sich auf sie; niemand traute der Verfassung eine richtungweisende oder gar die Staatsmacht begrenzende Funktion zu. Die hohe Bedeutung der Verfassung für die Politik und die Verfassungszentriertheit des politischen Diskurses überhaupt in der Bundesrepublik, beides vorangetrieben durch eine ausgreifende Rechtsprechung des Bundesverfassungsgerichts, war der DDR völlig unbekannt. Recht, Rechtsprechung und Rechtswissenschaft hatten untergeordnete Bedeutung. Praktisch ohne Spuren zu hinterlassen – und deshalb ganz anders als alle anderen vorausgegangenen Epochen der Verfassungsgeschichte – verabschiedete sich die DDR-Rechtsordnung im Jahre 1990.

1030 Michael Stolleis resümiert: „Die Genese und Funktionsweise einer Rechtsordnung, die 1945 in einer ‚Besatzungszone' begann und bis 1989 einen international anerkannten Staat des sozialistischen Lagers dienend begleitete, ist ein faszinierender Gegenstand der juristischen Zeitgeschichte. Diese kann sich des Stoffs annehmen und ihn so genau wie möglich zu ‚verstehen' versuchen. Kein Bezug zum geltenden Recht schiebt sich mehr störend dazwischen. Sie kann dabei überraschende menschliche Entdeckungen machen, über untergegangene Alternativen nachsinnen, die feindlichen deutschen Staaten und ihr Staats-, Verwaltungs- und Völkerrecht, ihre Rechts- und Staatstheorie noch einmal vermessen, die wechselseitigen Polemiken hören und erklären, gerade wegen des uns heute fremd gewordenen Tons. Nebenbei werden Korrekturen vor allem an lieb gewordenen westlichen Klischees stattfinden."⁴⁴⁸

§ 25 Die ersten Jahre der Bundesrepublik

1031 Seit 1949 entwickelten sich die Bundesrepublik und die DDR zu deutschen Teilstaaten, denen die Teilung zunehmend als Normalzustand erschien. Bis 1989 beobachteten, kritisierten und befehdeten sich Ost und West. Die andere Seite war jeweils die schlechtere. Es gab einen „geteilten Himmel"⁴⁴⁹ in Politik, Wirtschaft, Kultur und –

---

⁴⁴⁷ Institut für Theorie des Staates und des Rechts der Akademie der Wissenschaften der DDR (Hrsg.), Marxistisch-Leninistische Staats- und Rechtstheorie, 3. Aufl. 1980, S. 426.

⁴⁴⁸ *Michael Stolleis*, Sozialistische Gesetzlichkeit. Staats- und Verwaltungsrechtswissenschaft in der DDR, 2009, S. 166.

⁴⁴⁹ „Der geteilte Himmel" lautet der Titel einer in der DDR geschriebenen und dort 1963 gegen anfängliche offizielle Widerstände erschienenen Erzählung von Christa Wolf (1929–2011). Sie schildert die Entfremdung und Trennung eines Paares in der Zeit des Mauerbaus, das auch an den poli-

rechtsgeschichtlich ebenfalls bedeutsam – in den selbstgestalteten „identitätsstiftenden Geschichtsbildern"⁴⁵⁰ trotz gemeinsamer Sprache und Herkunftseinheit. Ein entschiedener Antikommunismus und das Bekenntnis zu sozialer Marktwirtschaft prägen die Bundesrepublik – Freiheit, soziale Sicherheit und wirtschaftliche Stabilität in Abgrenzung zu östlicher Zwangskollektivierung, Beschränkung der Freiheit und fehlendem Wohlstand.

I. Verfassungsfestigung in der frühen Bundesrepublik

1. Die Schritte bis zur Souveränität

Die Bundesrepublik durchschritt zwischen 1949 und 1955 einen schnellen Weg der Westintegration und der Gewinnung weitgehender Souveränität. Beides bildete den schützenden (und begrenzenden) Rahmen politisch-gesellschaftlicher Integration, für die ein neuer Stellenwert des Verfassungsrechts, insbesondere der Grundrechte, wichtig wurde.

1032

Die fehlenden Selbstbestimmungsbereiche der Bundesrepublik 1949, die „geknickte Souveränität" (Theodor Heuss), vor allem in der Außenpolitik, einschließlich des Außenhandels, aber auch in der Innenpolitik kraft vorbehaltener Eingriffsmöglichkeiten der Westalliierten, sahen die deutschen Politiker als Fessel, die möglichst schnell beseitigt werden müsse. Im Rückblick erscheinen die Schritte bis 1955, mit denen die Bundesregierung die Besatzungsherrschaft abbauen wollte, folgerichtig. Für die Handelnden war der letztendliche Erfolg keineswegs sicher. Adenauer verstand den „Weststaat von Anfang an als eine tragfähige politische Einheit, die nicht mehr zur Disposition gestellt werden durfte, und die es zu konsolidieren galt."⁴⁵¹ Andere zweifelten in dieser Zeit, ob dies der richtige Weg sein könne.

1033

a) Das „Petersberger Abkommen"

Im Petersberger Abkommen vom 24. November 1949⁴⁵² mit den Westalliierten erreichte die Bundesregierung zwar ein Ende der Demontagen (Nr. VIII) und eine Auf-

1034

---

tischen Umständen und unterschiedlichen Einstellungen zur DDR scheitert. Der Mann flieht, nachdem DDR-Wirtschaftsfunktionäre seine chemischen Erfindungen nicht aufgriffen, desillusioniert in den Westen. Der Mauerbau trennt das Paar endgültig, die Frau rekapituliert nach einem Selbstmordversuch die Ereignisse. „‚Den Himmel wenigstens können sie nicht zerteilen', sagte Manfred. ‚Doch', sagte Rita leise. ‚Der Himmel teilt sich zuallererst.'"

⁴⁵⁰ Michael Stolleis, Sozialistische Gesetzlichkeit. Staats- und Verwaltungsrechtswissenschaft in der DDR, 2009, S. 10.

⁴⁵¹ Adolf M. Birke, Nation ohne Haus. Deutschland 1945–1961. Siedler Deutsche Geschichte, 1994, S. 269.

⁴⁵² Abgedruckt in Bundesanzeiger 1 (1949), Nr. 28 vom 26. November 1949, S. 1. Benannt war das Abkommen nach dem südöstlich von Bonn gelegenen Petersberg. Auf dessen Gipfel im vormaligen Hotel Petersberg, das später zum Gästehaus der Bundesregierung wurde, hatten die Alliierten ihren Sitz, durchaus symbolisch in der Höhe über und mit Blick auf Bonn.

hebung einzelner Produktionsbeschränkungen, sie musste aber im Gegenzug dem Ruhrstatut und der Kontrollbehörde beitreten (Nr. II), die die Kohle- und Stahlindustrie des Ruhrgebiets internationaler Kontrolle unterstellt hatten. Während Adenauer einen Ansatzpunkt sah, die zunächst nicht gleichberechtigte deutsche Mitwirkung auszubauen, prägte in einer erregten Bundestagsdebatte über das Abkommen der SPD-Vorsitzende Kurt Schumacher in einem Zwischenruf zur Rede Adenauers das Wort vom „Bundeskanzler der Alliierten"[453], erbittert darüber, dass sozialdemokratische Vorstellungen der Verstaatlichung der Schwerindustrie in der Ruhrbehörde nicht zu verwirklichen waren. 1951 entstand aus der Ruhrbehörde die „Europäische Gemeinschaft für Kohle und Stahl" (EGKS, „Montanunion"), eine der Keimzellen der europäischen Integration, schon 1951 mit gleichberechtigter Teilhabe der Bundesrepublik. Der Bewegungsraum der deutschen Politik vergrößerte sich. Am 6. März 1951 war das Besatzungsstatut revidiert worden. Am 2. Mai trat die Bundesrepublik dem Europarat als Vollmitglied bei, am 9. Juli 1951 erklärten die Westmächte den Kriegszustand mit Deutschland für beendet.

b) Pläne zur „Wiederbewaffnung"

1035   Seit 1950 gab es zunächst geheime Pläne zur (Wieder)Bewaffnung der Bundesrepublik[454] – auch hier sah Adenauer einen Ansatzpunkt, die Bundesrepublik als (gleichberechtigten) Partner in das sich formierende westliche Militärbündnis einzubringen und an der Zurückdrängung „Sowjetrußlands" mitzuwirken. Die Planung verlief zweigleisig. Zum einen ging es um eine „Europäische Verteidigungsgemeinschaft" (EVG) mit Frankreich, zum anderen um einen Beitritt zum Nordatlantischen Verteidigungsbündnis (NATO). Als die Regierungspläne bekannt wurden, entstand der erste große innenpolitische Konflikt der Bundesrepublik; für viele war wenige Jahre nach 1945 eine militärisch bewaffnete Bundesrepublik undenkbar. Die Parolen der Gegner lauteten „Ohne mich" und „Nie wieder". In den Konflikt geriet auch das Bundesverfassungsgericht; die politischen Kontrahenten wollten es für ihre jeweiligen Ziele instrumentalisieren. Im Kern ging es in verschiedenen verfassungsgerichtlichen Verfahren im „Kampf um den Wehrbeitrag"[455] um die Frage, ob das Grundgesetz, das keine Normen zu Verteidigung und Militär enthielt, eine Aufstel-

---

[453] Die anschließenden Szenen im Bundestag – um 3 Uhr morgens – beschreibt *Carlo Schmid*, Erinnerungen, 1979, S. 455 f.: „Das Haus tobte. Präsident Köhler versuchte vergebens, sich Gehör zu verschaffen, die Abgeordneten erhoben sich gestikulierend und schreiend von ihren Sitzen. Unablässig schwang der Präsident die Glocke. Schließlich raffte er sich zu einem Ordnungsruf für Kurt Schumacher auf und bat den Bundeskanzler fortzufahren. [...] Abgeordnete der Koalition beantragten die Einberufung des Ältestenrates. Konrad Adenauer verließ die Rednertribüne."

[454] Obwohl die Bundesregierung im „Petersberger Abkommen" bekräftigt hatte, „mit allen ihr zur Verfügung stehenden Mitteln die Neubildung irgendwelcher Streitkräfte" zu verhindern.

Adenauer richtete 1950 eine im Bundeskanzleramt angesiedelte „Dienststelle" für Fragen der Wiederbewaffnung ein.

[455] Dokumentiert in: Veröffentlichungen des Instituts für Staatslehre und Politik e.V., Der Kampf um den Wehrbeitrag, Bd. I bis III, 1952–1958.

lung von Truppen erlaube. Durch kluge Selbstbehauptung als unabhängiges Gericht und Verfassungsorgan gewann das Gericht im Strudel der hochpolitischen Verfahren nachhaltig an Statur. In der Sache entscheiden musste es nicht. Die EVG scheiterte letztlich an der ausbleibenden Zustimmung der französischen Nationalversammlung.

1954 wurde das Grundgesetz geändert. Art. 73 Nr. 1 GG wurde um die ausschließliche Kompetenz des Bundes für die „Verteidigung" erweitert. Die Bundesrepublik trat der NATO bei, 1956 begann die Aufstellung der Bundeswehr, im gleichen Jahr wurde die Wehrpflicht eingeführt. Das militärische Konzept des Westens beruhte auf der These, im Falle eines sowjetischen Angriffs sei Westdeutschland die erste Kampfzone und müsse zum Schutz auch der nordatlantischen Staaten unter Mitwirkung deutscher Truppen verteidigt werden. Im Inneren sollte die neue Bundeswehr eine demokratische Grundhaltung einnehmen und kein „Staat im Staate" werden können. Die kritische Abwendung von den militärischen Traditionen gipfelte im Bild des „Staatsbürgers in Uniform". 1036

c) Die „Pariser Verträge"

Die entscheidenden Schritte zur völkerrechtlichen Emanzipation der Bundesrepublik enthielten die am 23. Oktober 1954 unterzeichneten „Pariser Verträge"[456] zwischen den Westalliierten und der Bundesrepublik Deutschland, die nach allseitiger Ratifizierung am 5. Mai 1955 in Kraft traten. Sie umfassten insgesamt elf Einzelverträge. 1037

Die größte Bedeutung hatte der „Vertrag über die Beziehungen zwischen der Bundesrepublik Deutschland und den Drei Mächten" („Deutschlandvertrag"), der die Souveränität des Weststaats begründete und alliierte Vorbehalte nur noch zur Vier-Mächte-Verantwortung für Deutschland als Ganzes und für bestimmte Notstandsfälle vorsah. Die wichtigsten Bestimmungen lauten: 1038
„Art. 1 (1) Die Bundesrepublik hat volle Macht über ihre inneren und äußeren Angelegenheiten, vorbehaltlich der Bestimmungen dieses Vertrages.
(2) Mit dem Inkrafttreten dieses Vertrages und der in Art. 8 aufgeführten Verträge (in diesem Vertrag als ‚Zusatzverträge' bezeichnet) werden die Drei Mächte das Besatzungsstatut aufheben und die Alliierte Hohe Kommission sowie die Dienststellen der Landeskommissare auflösen.
(3) Die Drei Mächte werden künftig ihre Beziehungen mit der Bundesrepublik durch Botschafter unterhalten, die in Angelegenheiten gemeinsam tätig werden, welche die Drei Mächte nach diesem Vertrage und den Zusatzverträgen als sie gemeinsam betreffend ansehen.
Art. 2 (1) Die Drei Mächte behalten im Hinblick auf die internationale Lage die bisher von ihnen ausgeübten oder innegehabten Rechte in Bezug auf (a) die Stationierung von Streitkräften in Deutschland und den Schutz von deren Sicherheit, (b) Berlin und (c) Deutschland als Ganzes einschließlich der Wiedervereinigung Deutschlands und einer friedensvertraglichen Regelung.
(2) Die Bundesrepublik wird sich ihrerseits jeder Maßnahme enthalten, welche diese Rechte beeinträchtigt, und wird mit den Drei Mächten zusammenwirken, um ihnen die Ausübung dieser Rechte zu erleichtern.

---
[456] BGBl. 1954 II S. 59.

Art. 3 (1) Die Bundesrepublik wird ihre Politik im Einklang mit den Prinzipien der Satzung der Vereinten Nationen und mit den im Statut des Europarates aufgestellten Zielen halten. [...]
Art. 4 (1) Die Aufgabe der von den Drei Mächten im Bundesgebiet stationierten Streitkräfte wird die Verteidigung der freien Welt sein, zu der die Bundesrepublik und Berlin gehören. [...]
Art. 7 (1) Die Bundesrepublik und die Drei Mächte sind darüber einig, daß ein wesentliches Ziel ihrer gemeinsamen Politik eine zwischen Deutschland und seinen ehemaligen Gegnern frei vereinbarte friedensvertragliche Regelung für ganz Deutschland ist, welche die Grundlage für einen dauerhaften Frieden bilden soll. Sie sind weiterhin darüber einig, daß die endgültige Festlegung der Grenzen Deutschlands bis zu dieser Regelung aufgeschoben werden muß.
(2) Bis zum Abschluß der friedensvertraglichen Regelung werden die Bundesrepublik und die Drei Mächte zusammenwirken, um mit friedlichen Mitteln ihr gemeinsames Ziel zu verwirklichen: ein wiedervereinigtes Deutschland, das eine freiheitlich-demokratische Verfassung ähnlich wie die Bundesrepublik besitzt und das in die Europäische Gemeinschaft integriert ist."

Das „Protokoll über die Beendigung des Besatzungsstatus"[457] vom 23. Oktober 1954 regelte die Einzelheiten zu Art. 1 Abs. 2 des Deutschlandvertrages.

d) Beitritt des Saarlandes

1039 Im unmittelbaren Vorfeld des Generalvertrages gelang eine Einigung über die Zukunft des Saargebietes. Frankreich stimmte der Durchführung einer Volksabstimmung über ein Saarstatut zu, mit dem eine Europäisierung des Saarlandes nach französischen Vorstellungen beabsichtigt war. In einer Volksabstimmung am 23. Oktober 1955 lehnte eine Zwei-Drittel-Mehrheit (67,7 Prozent) der Bevölkerung des Saarlandes für Frankreich überraschend das Statut ab und sprach sich für eine Zugehörigkeit zu Deutschland aus. Das Saarland trat mit Wirkung zum 1. Januar 1957 nach Art. 23 S. 2 GG (in der Fassung des Jahres 1949[458]) der Bundesrepublik bei.

2. Parlamentarismus und parlamentarisches Regierungssystem

a) Die Anfänge des Bundestages

1040 Der Parlamentarismus der frühen Bundesrepublik hatte, etwa bis zum Zeitpunkt der dritten Bundestagswahl 1957, mit zu erwartenden Schwierigkeiten zu kämpfen. Die äußeren Umstände der Bundestagsarbeit waren in der ersten Wahlperiode schwierig. Für 410 Abgeordnete gab es lediglich 50 Büros, die noch aufzubauende Bundestagsverwaltung konnte noch nicht viel Hilfe geben. Die Verkehrsverhältnisse waren schwierig. Von den 410 Abgeordneten des Jahres 1949 hatte nur eine knappe Hälfte parlamentarische Erfahrungen, 29 waren Mitglieder des Reichstags in der Weimarer Republik gewesen. Die damalige Fünfprozentklausel (erst 1953 erhielt sie ihre heuti-

---

[457] BGBl. 1954 II S. 213.

[458] Art. 23 GG lautete bis 1992: „Dieses Grundgesetz gilt zunächst im Gebiete der Länder Baden, Bayern, Bremen, Groß-Berlin, Hamburg, Hessen, Niedersachsen, Nordrhein-Westfalen, Rheinland-Pfalz, Schleswig-Holstein, Württemberg-Baden und Württemberg-Hohenzollern. In anderen Teilen Deutschlands ist es nach deren Beitritt in Kraft zu setzen." Baden, Württemberg-Baden und Württemberg-Hohenzollern waren schon 1952 im neuen Land Baden-Württemberg aufgegangen.

ge Gestalt) griff nur innerhalb eines Landes, wenn eine Partei kein Direktmandat erzielt hatte. Das brachte 1949 zwölf Parteien in den Bundestag, wobei allerdings gut 70 % Prozent der Wählerstimmen auf die CDU/CSU, die SPD und die FDP entfallen waren, die dann seit Ende der 1950er Jahre bis in die 1980er Jahre das parlamentarische Parteienspektrum im Bund monopolisierten. Die ersten Debattenjahre des Bundestages ließen manche Erinnerungen an Weimar aufkommen: „In turbulenten Debatten fehlte es nicht an beleidigenden Einwürfen und Lärmszenen, die sich in einigen Fällen sogar bis zu Schlägereien steigerten. Rechtsradikale und kommunistische Abgeordnete blieben sich dabei nach altbewährtem Weimarer Muster nichts schuldig. Aber auch Vertreter von Regierung und Opposition gingen hart miteinander ins Gericht […] Nie wieder sind Ordnungsrufe so zahlreich erteilt worden, wurde Abgeordneten das Wort so oft entzogen und kam es zur Aufhebung der Immunität von so vielen Volksvertretern wie im ersten Bundestag."[459] Dennoch lief die Gesetzgebungsmaschinerie schnell an. Es gab in der ersten Wahlperiode bis 1953 insgesamt 805 Gesetzentwürfe und 545 Gesetzesbeschlüsse. Die Zahl der Plenar- und Ausschusssitzungen war hoch.

b) „Kanzlerdemokratie"

Das parlamentarische Regierungssystem hatte in den Art. 63 ff. GG eine einfache, entwicklungsoffene und praktikable Grundlage erhalten, die in den 70 Jahren des Grundgesetzes an einer für das politische System entscheidenden Stelle für Stabilität[460] sorgte. Die Wahl des Bundeskanzlers durch das Parlament, ohne jede Mitwirkung des Bundespräsidenten (Art. 63 GG), verbunden mit den Instituten der Vertrauensfrage und des konstruktiven Misstrauensvotums (Art. 67, 68 GG) bei fehlender Selbstauflösungsmöglichkeit des Bundestages setzten die Eckpfeiler. Sie begünstigten indes die Regierung und vor allem den mit Richtlinienkompetenz (Art. 65 S. 1 GG) ausgestatteten Bundeskanzler, wenn sie denn einmal ins Amt gekommen waren. Die Möglichkeiten nutzte Bundeskanzler Adenauer, die alles überragende politische Figur der Jahre bis 1957 (danach verfiel seine Autorität als Kanzler bis zum erzwungenen Rücktritt 1963). Unter ihm bildeten sich Züge einer „Kanzlerdemokratie"[461]; über das „Petersberger Abkommen" verhandelte allein Adenauer im Herbst 1949 mit den Alliierten, gleiches galt für das Angebot eines westdeutschen Wehrbeitrags 1950. Die Ausarbeitung des Deutschlandvertrages ab 1952 geschah dagegen in enger Bindung an den Bundestag.

1041

---

[459] *Adolf M. Birke,* Nation ohne Haus. Deutschland 1945–1961. Siedler Deutsche Geschichte, 1994, S. 363.
[460] Diese betont – innerhalb eines Vergleichs zwischen dem Weimarer und dem grundgesetzlichen Regierungssystem – BVerfGE 62, 1 (40 f.) – Bundestagsauflösung I.
[461] Das Wort kam in der ersten Hälfte der 1950er Jahre auf. Ausführlich *Fritz René Allemann,* Bonn ist nicht Weimar, 1956, S. 327–352; *Theodor Eschenburg,* Zur politischen Praxis in der Bundesrepublik, Bd. 1, 2. Aufl. 1967; *Karl Dietrich Bracher,* Deutschland zwischen Demokratie und Diktatur, 1964, S. 124–133; zusammenfassend und kritisch *Anselm Doering-Manteuffel,* Strukturmerkmale der Kanzlerdemokratie, in: Der Staat 30 (1991), S. 1 ff.

1042 Während viele in der neuen „Kanzlerdemokratie" die Differenz zur Weimarer „Präsidialdemokratie" sehen, war der Sprung wohl tatsächlich kürzer. Selbstverständlich ist der Unterschied zu dem komplizierten Weimarer Machtdreieck (Regierung, Parlament, Präsident) nicht zu verkennen. Das Verbindende aber ist das Prä der Exekutive – und dies nicht nur in Krisenzeiten. Das Parlament kann in zentralen Fragen, wenn es ihm gelingt, der Regierung Leitplanken setzen, diese kontrollieren und als Forum der Öffentlichkeit politische Alternativen formulieren und präsentieren. Die entscheidende politische Steuerungsfunktion aber kam in Weimar und durchgehend in der Bundesrepublik der Regierung zu. Die starke Rolle der Exekutive ist das Kontinuum in der deutschen Verfassungsgeschichte. Eine spezifisch auf den Regierungschef zugeschnittene Regierungsweise entsteht dann, wenn diesem (oder dieser) das nötige Charisma und das nötige Durchsetzungsvermögen zukommt.[462] Hier kann die Demokratie auch für problematische autokratische Züge offen sein.

1043 Die Bezeichnung Kanzlerdemokratie sollte auch die erstaunliche und schnelle Stabilisierung des deutschen Weststaates erklären helfen. „Die Gemütslage der Nachkriegsgesellschaft, welche nach den Wirren des Krieges und der Trümmerzeit Sicherheit und Ordnung haben wollte, ermöglichte erst und benötigte zugleich eine Regierungsführung im Stil der Kanzlerdemokratie."[463]

1044 Eine kritische literarische Sicht auf den frühen Parlamentarismus der Bundesrepublik und die Wiederbewaffnungsdebatte enthält der 1953 erschienene Roman „Das Treibhaus" von Wolfgang Koeppen (1907–1996).[464] Im Mittelpunkt steht ein fiktiver Oppositionsabgeordneter, der, aus dem Exil während der NS-Zeit zurückgekehrt, sich „neue Grundlagen des politischen Lebens und der Demokratie" erhofft hatte. „Er wollte Jugendträume verwirklichen, er glaubte damals an eine Wandlung, doch bald sah er, wie töricht dieser Glaube war, die Menschen waren natürlich dieselben geblieben, sie dachten gar nicht daran, andere zu werden, weil die Regierungsform wechselte." Der Abgeordnete fühlte sich hilflos und mitschuldig. „Er reiste im Schutz der Immunität, denn er war nicht auf frischer Tat ertappt worden. [...] Er saß im Nibelungenexpreß. Es dunstete nach neuem Anstrich, nach Renovation und Restauration; es reiste sich gut mit der Deutschen Bundesbahn; und außen waren die Wagen blutrot lackiert." Im Zug denkt der Abgeordnete an eine bevorstehende Debatte des Bundestags zur Wiederbewaffnung, zu der er im Namen der Opposition sprechen soll: „Und Waffenlager? Waffenlager. [...] Man tauschte Noten aus. Man schloß Verträge. Man spielte wieder. Das alte Spiel? Das alte Spiel. Die Bundesrepublik spielte mit. Man korrespondierte mit den Amerikanern in Washington [...]. Der Kanzler saß an manchem runden Tisch. Gleichberechtigt? Gleichberechtigt. Was lag hinter ihm? Verteidigungslinien, Flüsse. Verteidigung am Rhein."[465] Die Regierung, die zu dem als Pazifisten bekannten Abgeordneten Kontakt aufnimmt, bietet ihm einen Botschafterposten in Südamerika an, um ihn rechtzeitig vor der Rede aus dem Bundestag zu entfernen. Aber auch der eigene Fraktionsvorsitzende Knurrewahn (hier wird kaum verhüllt Kurt

---

[462] *Karlheinz Niclauß*, Die Kanzlerdemokratie. Bonner Regierungspraxis von Konrad Adenauer bis Helmut Kohl, 1988; *Arnulf Baring*, Im Anfang war Adenauer. Die Entstehung der Kanzlerdemokratie, Ausgabe 1971.

[463] *Anselm Doering-Manteuffel*, Strukturmerkmale der Kanzlerdemokratie, in: Der Staat 30 (1991), S. 17.

[464] Dazu *Udo Wengst*, Ein Zerrbild der jungen Bonner Demokratie, Wolfgang Koeppens Roman „Das Treibhaus" (1953), in: Johannes Hürter/Jürgen Zurusky (Hrsg.), Epos Zeitgeschichte, 2010, S. 87 ff.

[465] *Wolfgang Koeppen*, Das Treibhaus, Ausgabe 1980, Zitate: S. 7, 24.

Schumacher geschildert) übt Druck auf den Abgeordneten aus. Knurrewahn „betrachtete seine schweigende Garde, Rundköpfe und Langschädel […]." Er „erwähnte die Bedenken und Befürchtungen seiner Partei […], er lenkte den Blick der Welt auf das geteilte Deutschland, auf die zwei kranken Zonen [=Staaten]. Die zusammenzuführen erste deutsche Aufgabe sei"[466]. Das war keine realistische Schilderung, sondern die grelle Beleuchtung eines Aspekts, nicht zur Sprache kommt der Aufbruch zu Neuem. Aber Koeppen schilderte einige Facetten des politischen Lebens im ,Treibhaus' – dem Bundestag oder Bonn insgesamt –, so „dass der Roman zum Verständnis der deutschen Politik in der Adenauer-Zeit fast unersetzlich ist"[467].

3. Der unvollendete Bundesstaat: Zentralismus mit dezentralen Elementen

a) Föderale Grundentscheidungen

Bei der Gestaltung des Bundesstaates hatte der Parlamentarische Rat manches aus der deutschen föderalen Tradition seit 1871 aufgenommen.[468] Kaum damit vereinbar war, dass die Alliierten, vor allem Frankreich, zugleich eine möglichst dezentrale Kompetenzverteilung verlangten. Das stieß bei süddeutschen Föderalisten auf Widerhall, die Mehrheit des Rates neigte aber einem gemäßigten Zentralismus zu. Das seit dem Kaiserreich überkommene Bauprinzip der vertikalen Zuständigkeitsverteilung nach den Staatsfunktionen, das im Ergebnis die Gesetzgebung ganz überwiegend dem Zentralstaat, die Ausführung der Gesetze samt Kostentragung den Ländern zuwies, setzte das Grundgesetz fort (Art. 70 ff., 83 ff. GG). Im Bundesrat (Art. 50 ff. GG) erhielten die Länder jedoch mit der neuen Kategorie der Zustimmungsgesetze stärkere Mitgestaltungsrechte bei der zentralen Gesetzgebung als sie der Reichsrat der Weimarer Republik hatte. Schon die Frühphase der Bundesrepublik war keineswegs von einer ausgeprägten Trennung der Zuständigkeiten und einem „separativen Föderalismus" gekennzeichnet. Die allgegenwärtige Verwiesenheit auf ebenen- und gewaltenübergreifende Zusammenarbeit prägte den bundesrepublikanischen Föderalismus ebenso wie seine Vorgänger von 1871 und 1919 von Beginn an.

b) Die vorläufige Finanzverfassung von 1949

Zum Finanzwesen bestand im Parlamentarischen Rat weitgehende Einigkeit, die Steuergesetzgebung zur Bewahrung eines einheitlichen Steuerrechts beim Bund zu konzentrieren (Art. 105 GG). Dann begannen die Kontroversen. Die liberalen und sozialdemokratischen Vertreter im Rat wollten, maßgeblich geprägt vom vormaligen preußischen Finanzminister Höpker-Aschoff, einen großen Steuerverbund, also eine gemeinsame Ertragsbeteiligung von Bund und Ländern an den Steuereinnahmen. Viele süddeutsche Vertreter der CDU/CSU hielten das für zu zentralistisch. Sie plä-

---

[466] *Wolfgang Koeppen*, Das Treibhaus, aaO, S. 160, 167.
[467] *Kurt Sontheimer*, Die Adenauer-Ära. Grundlegung der Bundesrepublik Deutschland, 4. Aufl. 2005, S. 30 f.
[468] Das Folgende im Anschluss an: *Stefan Korioth*, Autonomie, Kooperation, Solidarität – Konzepte und Interessen im deutschen Finanzföderalismus seit 1949, in: JZ 2019, S. 910 ff.

dierten für eine Zuordnung der Einnahmen einer bestimmten Steuer entweder zum Bund oder zu den Ländern (Trennsystem). Dem Geschick Höpker-Aschoffs entsprang die Lösung, die bis heute nachwirkt: eine eher zentralistische Finanzordnung mit dezentralen Einzelelementen und Verzierungen, die auch die Alliierten zufriedenstellen sollten. Die große und bis heute genutzte Erfindung des Grundgesetzes war die Trennung von Steuergesetzgebungs- und Steuerertragskompetenz.[469] Bei den Steuererträgen wurde formal ein Trennsystem, in der Sache ein Steuerverbund aus Einkommen- und Körperschaftsteuer geschaffen. Art. 106 Abs. 1 GG (1949) wies die Erträge kleinerer (Verbrauch)Steuern und vor allem der Umsatzsteuer dem Bund zu, Absatz 2 den Ländern neben den Verkehrsteuern vor allem die Erträge aus der Einkommen- und der Körperschaftsteuer. Der faktische Steuerverbund entstand aus der Inanspruchnahmekompetenz des Bundes nach Art. 106 Abs. 3 GG (1949), die der Bund durchgehend nutzte:

1047 „Der Bund kann durch Bundesgesetz, das der Zustimmung des Bundesrates bedarf, einen Teil der Einkommen- und Körperschaftsteuer zur Deckung seiner durch andere Einkünfte nicht gedeckten Ausgaben, insbesondere zur Deckung von Zuschüssen, welche Ländern zur Deckung von Ausgaben auf dem Gebiete des Schulwesens, des Gesundheitswesens und des Wohlfahrtswesens zu gewähren sind, in Anspruch nehmen."

1048 Es verblieb die Aufgabe des Ausgleichs der unterschiedlichen Finanz- und Steuerkraft der Länder, die besonders wichtig war, weil die Länder in den Nachkriegsjahren große strukturelle Unterschiede aufwiesen, bedingt durch regional unterschiedliche Industrialisierung und Kriegszerstörungen, aber auch unterschiedliche Belastungen mit Flüchtlingskosten. Mit Rücksicht auf die Alliierten wiederum verklausuliert äußerte sich dazu Art. 106 Abs. 4 GG (1949):

„Um die Leistungsfähigkeit auch der steuerschwachen Länder zu sichern und eine unterschiedliche Belastung der Länder mit Ausgaben auszugleichen, kann der Bund [auf der Grundlage eines Zustimmungsgesetzes] Zuschüsse gewähren und die Mittel hierfür bestimmten, den Ländern zufließenden Steuern entnehmen […]."

1049 Nur mit Kenntnis der Hintergründe erschließt sich, dass damit ein umverteilender horizontaler Länderfinanzausgleich gemeint war, der im Übrigen von Dauer war: Im Jahre 2019 wurde er nach über 70 Jahren ein letztes Mal durchgeführt. Seit 2020 ersetzt eine Finanzkraftangleichung der Länder durch zentral gelenkte Umsatzsteuerverteilung (vgl. Art. 107 Abs. 1 S. 4, Abs. 2 S. 1 bis 4 GG[470]) die bisherige horizontale Umverteilung, die auf Zuweisungen zwischen den Ländern beruhte. Mit dem horizontalen Ausgleich war 1949 ein Umverteilungsinstrument anerkannt, das Reformdiskussionen der Weimarer Jahre wegen der hohen auch finanzpsychologischen Anforderungen an die Ländersolidarität noch für undurchführbar gehalten hatten. Vor diesem Hintergrund überraschte es nicht, dass 1951 zwei zahlungspflichtige Länder, Hamburg und (das bis 1952 bestehende Land) Württemberg-Baden, das gerade errichtete Bundesverfassungsgericht mit der Behauptung anriefen, eine solche direkte

---

[469] Noch in Weimar galt das ungeschriebene Dogma: Steuerertragsberechtigt ist die Gebietskörperschaft, der die Gesetzgebung über die betreffende Steuer zusteht.

[470] I.d.F. des Gesetzes zur Änderung des Grundgesetzes vom 13. Juli 2017 (BGBl. I S. 2347).

Umverteilung zwischen den Ländern verstieße gegen das Bundesstaatsprinzip des Art. 20 Abs. 1 GG. Schon am 20. Februar 1952 beschied das Gericht die Antragsteller kühl und abschlägig mit einfachen Sätzen aus dem Lehrbuch des Föderalismus:

> „Das bundesstaatliche Prinzip begründet seinem Wesen nach nicht nur Rechte, sondern auch Pflichten. Eine dieser Pflichten besteht darin, dass die finanzstärkeren Länder den schwächeren in gewissen Grenzen Hilfe zu leisten haben. Diese Pflichtbeziehung führt nach der Natur der Sache zu einer gewissen Beschränkung der finanziellen Selbständigkeit der Länder. […] Ein Verstoß gegen das bundesstaatliche Prinzip könnte [nur] dann in Betracht kommen, wenn der im FAG [Finanzausgleichsgesetz] vorgesehene Ausgleich die Leistungsfähigkeit der gebenden Länder entscheidend schwächte oder zu einer Nivellierung der Länderfinanzen führte."[471]

1050

c) Die Finanzreform 1955

Wegen der Unsicherheiten über die weiteren Entwicklungen war die Finanzordnung des Jahres 1949 als zeitlich begrenzter Auftakt konzipiert. Art. 107 GG (1949) beauftragte den Bundesgesetzgeber, die „endgültige Verteilung" der Steuern bis zum 31. Dezember 1952 durch zustimmungsbedürftiges Gesetz zu regeln. Nach zweimaliger Fristverlängerung kam es 1955, befreit von betont föderalistischen Forderungen der Alliierten, zum großen Schritt der Änderung der Art. 106 und 107 GG.[472] Jetzt wurde die föderale Fassade ein Stück weit beseitigt und das verfassungsrechtlich deutlich gesagt, was bereits seit 1949 mittels der Inanspruchnahmekompetenz des Bundes praktiziert worden war: Art. 106 Abs. 3 GG (1955) verankerte den „kleinen" Steuerverbund von Bund und Ländern, der die Einkommen- und Körperschaftsteuer umfasste.[473] Der neugefasste Art. 107 GG (1955) schrieb nunmehr unmissverständlich einen vereinfachten, auf einen Einnahmenausgleich zurückgeführten Länderfinanzausgleich vor. Die Prinzipien der flächendeckend „annähernd gleichmäßigen öffentlichen Leistungen"[474] und der „wechselseitigen Ressourcenabhängigkeit"[475] von Bund und Ländern (sowie Gemeinden), die seither den grundgesetzlichen Bundestaat prägen, waren etabliert.

1051

II. Ausbau der Rechtsstaatlichkeit: „Rechtswegestaat", Grundrechtsschutz und das Bundesverfassungsgericht

Vor dem Hintergrund von Entrechtung und Missbrauch des Rechts in der NS-Zeit bestand im parlamentarischen Rat Einigkeit, die einzelnen Ausprägungen der Rechtsstaatlichkeit, insbesondere den Schutz des Einzelnen gegenüber der Staatsgewalt, besonders zu betonen und ein Bundesverfassungsgericht mit umfassenden Zu-

1052

---

[471] BVerfGE 1, 119 (131).
[472] § 1 Finanzverfassungsgesetz vom 23. Dezember 1955 (BGBl. I S. 817).
[473] Der „Große Steuerverbund" entstand 1969, als das Umsatzsteueraufkommen hinzukam.
[474] So später die Begründung zum Finanzreformgesetz vom 12. Mai 1969, BT-Drs. V/286, S. 11.
[475] *Gerhard Lehmbruch*, Parteienwettbewerb in Bundesstaat, 3. Aufl. 2000, S. 62.

ständigkeiten einzurichten. Niemand hat dabei aber erwartet oder erwarten können, dass das Bundesverfassungsgericht schnell eine überragende und allseits anerkannte Stellung der Streitschlichtung und Moderation innerhalb der demokratisch-rechtsstaatlichen Ordnung erobern würde.

1. Verrechtlichung

1053 Eine grundlegende Innovation ohne historisches Vorbild war die Rechtsschutzgarantie des Art. 19 Abs. 4 GG: „Wird jemand durch die öffentliche Gewalt in seinen Rechten verletzt, so steht ihm der Rechtsweg offen. Soweit eine andere Zuständigkeit nicht begründet ist, ist der ordentliche Rechtsweg gegeben." Dieses „formelle Hauptgrundrecht"[476] des lückenlosen Rechtsschutzes gegen die öffentliche Gewalt, „Schlußstein" im „Gewölbe des Rechtsstaats"[477], stand in engem Zusammenhang mit der Entscheidung des Parlamentarischen Rates, in das Grundgesetz einen – ebenfalls innovativen – Abschnitt über die Gerichtsbarkeit aufzunehmen (Art. 92 ff. GG).

1054 Diese innovativen Normen bildeten einen tragenden Pfeiler für das, was die Entwicklung des Verfassungsrechts und des öffentlichen Rechts nach 1949 charakterisierte: Die „gesteigerte Verrechtlichung und Justizialisierung"[478]. Der Rechtsstaat und die Rechtsschutzmöglichkeiten wurden stark ausgebaut. Das Verwaltungsrecht wie auch andere Teile der Rechtsordnung wurden als verfassungsabhängiges Gesetzesrecht verstanden. Es entstand die „ebenso bezeichnende wie folgenreiche Formel", dass „einzelne Gebiete der Rechtsordnung konkretisiertes Verfassungsrecht"[479] seien.

1055 Die nach Art. 96 Abs. 1 GG (1949)[480] für „das Gebiet der ordentlichen, der Verwaltungs-, der Finanz-, der Arbeits- und Sozialgerichtsbarkeit" vorgesehenen „oberen Bundesgerichte" nahmen ihre Arbeit auf. 1950 entstanden der Bundesgerichtshof mit Sitz in Karlsruhe und der Bundesfinanzhof in München, 1953 wurden das Bundesarbeitsgericht und das Bundessozialgericht in Kassel errichtet. Ebenfalls 1953 begann das Bundesverwaltungsgericht mit Sitz in Berlin (West) seine Tätigkeit.

2. Verfassungsgerichtsbarkeit

a) Grundentscheidung

1056 Bereits der Verfassungskonvent von Herrenchiemsee hatte eine starke Verfassungsgerichtsbarkeit vorgesehen, die auch im Parlamentarischen Rat unstreitig war.[481] We-

---

[476] *Friedrich Klein*, Tragweite der Generalklausel in Art. 19 Abs. 4 des Bonner Grundgesetzes, in: VVDStRL 8 (1950), S. 67 ff., 74.

[477] *Richard Thoma*, Über die Grundrechte im Grundgesetz für die Bundesrepublik Deutschland, in: Hermann Wandersleb (Hrsg.), Recht – Staat – Wirtschaft, Bd. 3, 1951, S. 9 ff., 9.

[478] *Rainer Wahl*, Zwei Phasen des öffentlichen Rechts nach 1949, in: *ders.*, Verfassungsstaat, Europäisierung, Internationalisierung, 2003, S. 411 ff., 414.

[479] *Rainer Wahl*, Zwei Phasen des öffentlichen Rechts nach 1949, aaO, S. 415.

[480] Jetzt – in veränderter Fassung – Art. 95 Abs. 1 GG.

[481] Zur Konzeption und Entstehung des Bundesverfassungsgerichts *Heinz Laufer*, Verfassungsgerichtsbarkeit und politischer Prozeß, 1965, S. 13–93.

gen des zu erwartenden politischen Gewichts der Verfassungsrechtsprechung ging es in den Beratungen zunächst um die Weichenstellung, ob dieses Gericht mit dem in Art. 92 und 95 GG (1949) vorgesehenen „Obersten Bundesgericht", das für die „Wahrung der Einheit des Bundesrechts" zuständig war – seit 1969 gibt es hierfür den „Gemeinsamen Senat" der obersten Bundesgerichte (Art. 95 Abs. 3 GG) – zusammengelegt werden oder ein eigenständiges Gericht sein sollte. Mit Art. 93, 94 GG entschied sich der Rat für ein eigenständiges Gericht (Trennungsmodell), auch deshalb, weil Richter wie der Präsident des Obersten Gerichtshofs für die britische Zone, Ernst Wolff, sich dagegen wandten, Streitigkeiten mit unmittelbar politischen Gegenständen und politischem Bezug einem ordentlichen Gericht zuzuweisen. Die Verfassungsbeschwerde fand in Art. 93 GG (1949), anders als in Art. 98 des Entwurfs von Herrenchiemsee[482], keine Aufnahme. Ob sie zu den Zuständigkeiten des Bundesverfassungsgerichts gehören sollte, blieb dem Gesetzgeber überlassen. Das im März 1951 verabschiedete Gesetz über das Bundesverfassungsgericht führte die Verfassungsbeschwerde ein. Erst seit 1969 ist sie auf Verfassungsebene in Art. 93 Abs. 1 Nr. 4a GG geregelt. Nach Wahl der – damals – 22 Richter (darunter eine Richterin) und der Bestimmung von Karlsruhe als Sitz des Gerichts („vorerst") konnte das Bundesverfassungsgericht als „verspätetes Verfassungsorgan"[483] am 7. September 1951 seine Arbeit aufnehmen.

b) Die Selbstfindung des Bundesverfassungsgerichts

Sein Beginn war mit großen Erwartungen, aber auch mit Befürchtungen verbunden. Die Weimarer Kontroverse, ob Rechtsprechung am Maßstab der Verfassung Judikative im klassischen Sinne sein könne, wirkte nach. Unklar war, welche Verbindlichkeit und Durchsetzungskraft die Entscheidungen gegenüber der Politik haben würden. Erstmals wurde aber auch, angesichts der in historischer und rechtsvergleichender Sicht einzigartigen Fülle der Zuständigkeiten des Bundesverfassungsgerichts, über Grenzen der Verfassungsgerichtsbarkeit diskutiert.[484] Das neu konzipierte Gericht, später als einzige wirkliche institutionelle Innovation des Grundgesetzes bezeichnet,[485] hatte jedenfalls in den Jahren nach 1951 seinen Standort und seine Funktion im Kreis der Gerichte und im Verhältnis zu den politischen Organen zu finden. Nach 1945 waren Verfassungsgerichte „im Ensemble der obersten Verfassungsorgane die *Newcomer par exellence*"[486]. Auch auf Akzeptanz in der Bevölkerung kam es an. Beides stellte sich schnell ein. Anlässlich des zehnjährigen Bestehens des Gerichts

1057

---

[482] Art. 98: „Das Bundesverfassungsgericht entscheidet [...] 8. über Beschwerden wegen Verletzung der durch dieses Grundgesetz gewährleisteten Grundrechte".
[483] *Reinhard Schiffers*, „Ein mächtiger Pfeiler im Bau der Bundesrepublik". Das Gesetz über das Bundesverfassungsgericht vom 12. März 1951, in: Vierteljahreshefte für Zeitgeschichte 32 (1984), S. 66 ff., 66.
[484] „Grenzen der Verfassungsgerichtsbarkeit" lautete ein Thema der Staatsrechtslehrertagung des Jahres 1950, vgl. *Erich Kaufmann* und *Martin Drath*, in: VVDStRL 9 (1952), S. 1 ff., S. 17 ff.
[485] Neben anderen etwa *Hans-Ulrich Wehler*, Deutsche Gesellschaftsgeschichte, Bd. 5, 2008, S. 6.
[486] *Rainer Wahl*, Das Bundesverfassungsgericht der Gründungsphase, in: Florian Meinel (Hrsg.),

bilanzierte der Festredner Rudolf Smend: „Das Grundgesetz gilt nunmehr praktisch so, wie das Bundesverfassungsgericht es auslegt, und die Literatur kommentiert es in diesem Sinne."[487] Das Bundesverfassungsgericht entscheide nicht nur einzelne Streitigkeiten, es trage in einzigartiger Weise zur „Gründung und Festigung" der Verfassung und zur „politischen Erziehung des Bürgers" bei.

1058 Zu seinem erfolgreichen Aufstieg und seiner überragenden Bedeutung für die Entwicklung und Festigung der Grundrechte und der Staatsstrukturen der Bundesrepublik[488] hat das Bundesverfassungsgericht in seinen ersten Jahren zwei Elemente selbst beigetragen. Erstens hat es, als im „Kampf um den Wehrbeitrag" verschiedene Verfahren zur Vereinbarkeit der geplanten Europäischen Verteidigungsgemeinschaft[489] mit dem Grundgesetz anhängig waren und die politischen Kontrahenten offen oder verdeckt auf das Gericht Einfluss zu nehmen versuchten – Justizminister Dehler sprach sogar davon, das Gericht sei „in erschütternder Weise vom Wege des Rechts abgekommen" –, zu einer ungewöhnlichen Maßnahme gegriffen. Außerhalb von Entscheidungsgründen hat es ein eigenständiges Dokument der Selbstvergewisserung und Abgrenzung mit durchgreifender Wirkung erarbeitet und den politischen Organen übermittelt. Dies war die „Status-Denkschrift"[490] vom 27. Juni 1952, verfasst im Namen beider Senate vom Richter des Bundesverfassungsgerichts Gerhard Leibholz. Hier heißt es, nachdem das Gericht sich schon zuvor in seinen Entscheidungen mehrfach als „Hüter der Verfassung"[491] bezeichnet hatte: „Das Bundesverfassungsgericht als der oberste Hüter der Verfassung ist nach Wortlaut und Sinn des Grundgesetzes und des Gesetzes über das Bundesverfassungsgericht zugleich ein mit höchster Autorität ausgestattetes Verfassungsorgan", als Gericht sei es „in eine ganz andere Ebene als alle anderen Gerichte gerückt". Das machte Eindruck und hatte praktische Konsequenzen. So beeilte sich der Gesetzgeber, der Eigenständigkeit des Gerichts auch mit haushaltsrechtlicher Eigenständigkeit Rechnung zu tragen.[492]

Verfassungsgerichtsbarkeit in der Bonner Republik, 2019, S. 27 ff., 31. Dazu auch *Justin Collings*, Democracy's Guardians. A History of the German Federal Constitutional Court, 2015, S. 1–62.

[487] *Rudolf Smend*, Das Bundesverfassungsgericht (1962), in: ders., Staatsrechtliche Abhandlungen und andere Aufsätze, 2. Aufl. 1968, S. 581 ff., 582, die folgenden Zitate S. 584, 586.

[488] *Michaela Hailbronner*, Rethinking the rise of the German Constitutional Court. From anti-Nazism to value formalism, in: International Journal of Constitutional Law 12 (2014), S. 626 ff.; *Edgar Wolfrum*, Die geglückte Demokratie, 2006, S. 57 ff.

[489] Sie scheiterte später an der Ablehnung durch die französische Nationalversammlung. Zu den innen- und außenpolitischen Kontroversen um die EVG *Arnulf Baring*, Außenpolitik in Adenauers Kanzlerdemokratie, 1969.

[490] Abgedruckt in JöR 6 (1957), S. 144 ff. Dazu etwa *Justin Collings*, Gerhard Leibholz und der Status des Bundesverfassungsgerichts. Karriere eines Berichts und seines Berichterstatters, in: Anna-Bettina Kaiser (Hrsg.), Der Parteienstaat. Zum Staatsverständnis von Gerhard Leibholz, 2013, S. 227 ff.

[491] BVerfGE 1, 184 (195, 197); 1, 396 (408); 2, 124 (129); später etwa BVerfGE 96, 133 (138): „Garant der Bundesverfassung".

[492] Ausführlich zur Festigung der Stellung des Gerichts *Richard Häussler*, Der Konflikt zwischen Bundesverfassungsgericht und politischer Führung. Ein Beitrag zu Geschichte und Rechtsstellung des Bundesverfassungsgerichts, 1994.

c) Zentrale frühe Urteile

Zum zweiten und neben der Selbstbestimmung des eigenen Status zeigte die Rechtsprechung des Gerichts Wirkung. Sie war nicht nur innovativ, was sich für ein neu geschaffenes Gericht in gewissem Grade von selbst versteht, das am Maßstab einer neuen Verfassung zu entscheiden hat. Sie pflegte vor allem von Beginn an auch einen Stil ausführlicher und damit diskutierbarer und kritisierbarer Begründungen. Sie gab im Rahmen der gesellschaftlichen Gesamtströmungen der 1950er Jahre vielfache Anstöße, obrigkeitsstaatliche Relikte abzustreifen und die politische Kultur nicht nur von der NS-Zeit abzusetzen, sondern auch die problematischen Seiten Weimars zu überwinden. Immer wieder betonte das Gericht die Bedeutung einer offenen, kontrovers diskutierenden, zugleich aber konsensbereiten Gesellschaft, immer wieder – beginnend im ersten Urteil überhaupt[493] – hob es den grundgesetzlichen Gegenentwurf zum NS-Staat und die Veränderungen gegenüber der Weimarer Verfassung hervor.

aa) Parteiverbotsverfahren

All dies zusammen spiegelte vielleicht ein allererstes Mal das erste und stilprägende Urteil in einem Parteiverbotsverfahren nach Art. 21 Abs. 2 GG, mit dem das Gericht am 23. Oktober 1952 die Verfassungswidrigkeit der „sozialistischen Reichspartei" (SRP) feststellte und diese auflöste. Die vor allem in Norddeutschland aktive Partei war personell und programmatisch kaum verhüllt eine Nachfolgeorganisation der NSDAP; in drei Landtagswahlen nach 1949 gelang es ihr, jeweils mehr als 10 Prozent der Stimmen zu erzielen. Nach dem Muster der Delegitimierung Weimars nach 1918 griff die Partei mit einigem Geschick die Legitimität der Bundesrepublik an. Der SRP galten die demokratischen Parteien als „Lizenzparteien" (Hitler hatte von „Systemparteien" gesprochen) aus der Gnade der Alliierten, die Bundesregierung nannte sie „Lizenzregime", diese bestehe aus „Erschöpfungspolitikern" (in Weimar hieß es: „Erfüllungspolitiker"), Politiker hießen generell „Lumpokraten" und „Landesverräter"[494]. 1945 habe nur die Wehrmacht, nicht die Reichsregierung unter Dönitz kapituliert, die daher – 1951 – rechtens noch im Amt sei.[495] Das Bundesverfassungsgericht zitierte aus Reden von SRP-Funktionären:

„Dieselben Männer und dieselben Parteien, die damals bis 1933 nicht in der Lage waren, die siebeneinhalb Mill. Arbeitslosen von der Straße zu bringen, und die somit schuld waren, daß es überhaupt zu einem 1933 kommen konnte, sind heute wieder dabei, das politische Leben zu gestalten … Wir brauchen keinen Klub der 75-Jährigen, keine alten Tattergreise … Wir brauchen keine Emigranten, die auf dem Gepäcktroß der Alliierten, nicht auf der Panzerspitze, als Nutznießer der Niederlage gekommen sind." Und: „Nicht Adenauer ist Deutschland, nicht Schumacher. Sie sind die Gestrandeten von gestern und gebärden sich als die Ret-

---

[493] BVerfGE 1, 14 (60) – zu Art. 80 GG: „bewußte Abkehr von der Praxis der Weimarer Zeit"; S. 33 ff.: zur Bedeutung des demokratischen Prinzips.
[494] Vgl. die Wiedergabe in BVerfGE 2, 1 (52).
[495] Auch dies wiedergegeben in BVerfGE 2, 1 (56).

ter von heute."⁴⁹⁶ Auf diesen Grundlagen rief die SRP offen zur Beseitigung der Bundesrepublik auf.

1062 Das Gericht machte sich nicht allein die Mühe, dieses verdrehte Geschichtsbild zurechtzurücken und die programmatische Übereinstimmung mit der NSDAP festzustellen.⁴⁹⁷ Es schrieb der jungen Bundesrepublik vor allem ins Stammbuch, was die unhintergehbaren Grundlagen und die Grundgedanken ihrer Demokratie seien:

1063 „In einem liberalen demokratischen Staate, wie er der deutschen Verfassungsentwicklung entspricht, ist dem einzelnen Bürger die Freiheit der politischen Meinung und die Freiheit des Zusammenschlusses auch zu Vereinigungen politischer Art als Grundrecht gewährleistet. Auf der anderen Seite liegt es im Wesen jeder Demokratie, dass die vom Volke ausgehende Staatsgewalt in Wahlen und Abstimmung ausgeübt wird. Dieser Volkswille kann jedoch wiederum in der Wirklichkeit des modernen demokratischen großen Staates nur in den Parteien als politischen Handlungseinheiten erscheinen. Beide Grundgedanken führen zu der grundsätzlichen Folgerung, dass der Bildung und Betätigung politischer Parteien keine Schranke gesetzt werden dürfe. Der deutsche Verfassungsgesetzgeber stand vor der Frage, ob er diese Folgerung rein durchführen könne oder ob er nicht vielmehr, belehrt durch die Erfahrungen der jüngsten Vergangenheit, hier gewisse Grenzen ziehen müsse. [...] Das Grundgesetz hat in Art. 21 versucht, dieser Problematik Herr zu werden. Es stellt auf der einen Seite den Grundsatz auf, daß die Gründung der Parteien frei ist. Auf der anderen Seite sieht es die Möglichkeit vor, die Tätigkeit ‚verfassungswidriger' Parteien zu verhindern. Um die Gefahr eines Missbrauchs dieser Möglichkeit zu bannen, überträgt es die Entscheidung über die Frage der Verfassungswidrigkeit dem Bundesverfassungsgericht und bemüht sich, die Voraussetzungen für eine solche Feststellung tatbestandsmäßig nach Möglichkeit zu bestimmen." Das Ziel des Schutzes der „freiheitlichen demokratischen Grundordnung" verbindet das Gericht mit „der im Grundgesetz getroffenen verfassungspolitischen Entscheidung [...], daß der Mensch in der Schöpfungsordnung einen eigenen selbständigen Wert besitzt und Freiheit und Gleichheit dauernde Grundwerte der staatlichen Einheit sind. Daher ist die Grundordnung eine wertgebundene Ordnung. Sie ist das Gegenteil des totalen Staates, der als ausschließliche Herrschaftsmacht Menschenwürde, Freiheit und Gleichheit ablehnt. [...] So läßt sich die freiheitliche demokratische Grundordnung als eine Ordnung bestimmen, die unter Ausschluß jeglicher Gewalt- und Willkürherrschaft eine rechtsstaatliche Herrschaftsordnung auf der Grundlage der Selbstbestimmung des Volkes nach dem Willen der jeweiligen Mehrheit und der Freiheit und Gleichheit darstellt. Zu den grundlegenden Prinzipien dieser Ordnung sind mindestens zu rechnen: Die Achtung vor den im Grundgesetz konkretisierten Menschenrechten, vor allem vor dem Recht der Persönlichkeit auf Leben und freie Entfaltung, die Volkssouveränität, die Gewaltenteilung, die Verantwortlichkeit der Regierung, die Gesetzmäßigkeit der Verwaltung, die Unabhängigkeit der Gerichte, das Mehrparteienprinzip und die Chancengleichheit für alle politischen Parteien mit dem Recht auf verfassungsmäßige Bildung und Ausübung einer Opposition."⁴⁹⁸

1064 Das war nicht nur ein normativer Baustein⁴⁹⁹ zur Beurteilung der Verfassungswidrigkeit einer Partei, den das Bundesverfassungsgericht bis zum bislang letzten Urteil

---

⁴⁹⁶ Zitiert von BVerfGE 2, 1 (56–60).

⁴⁹⁷ BVerfGE 2, 1 (69): „Die SRP ist in ihrem Programm, ihrer Vorstellungswelt und ihrem Gesamtstil der früheren NSDAP wesensverwandt."

⁴⁹⁸ BVerfGE 2, 1 (11–13).

⁴⁹⁹ In der Umschreibung der freiheitlichen demokratischen Grundordnung mit deutlichen Schwächen: Muss eine Partei alle vom Gericht aufgezählten neuen Elemente bekämpfen oder reicht die Feindschaft gegenüber einem oder mehreren? Gibt es eine Rangfolge der Elemente? Kaum hilfreich ist die Gleichstellung der freiheitlichen demokratischen Grundordnung mit den Schutzgütern

in einem Parteiverbotsverfahren im Jahre 2017 allein sprachlich variiert hat.[500] Es war zugleich, mit Erfahrungen der ersten Hälfte des 20. Jahrhunderts gesättigt, die Zusammenfassung der identitätsbestimmenden Grundlagen der Bundesrepublik, einfach fasslich wie ein Katechismus formuliert.

Wenige Tage nach dem Parteiverbotsantrag gegen die SRP stellte die Bundesregierung am 23. November 1951 einen weiteren Antrag, gerichtet auf Verbot der KPD. Mit diesem Verfahren tat sich das Bundesverfassungsgericht erheblich schwerer als mit dem Verbot der SRP.[501] Die Entscheidung, die das Verbot der KPD aussprach und mit mehr als 300 Seiten gut viermal umfangreicher als die SRP-Entscheidung war, ließ bis 1956 auf sich warten. „Die Richter zögerten, weil sie befürchteten, ein KPD-Verbot würde die Wiedervereinigung verhindern, weil dann gesamtdeutsche Wahlen nicht mehr möglich wären."[502] Und: „Die KPD war von einem anderen Kaliber als die SRP. Sie war im Zeitpunkt der Antragstellung in den meisten Landtagen und im Bundestag vertreten, hatte von allen deutschen politischen Gruppierungen den größten Blutzoll im Kampf gegen das NS-Regime erbracht, verfolgte ein weltanschaulich-politisches Programm, das cum grano salis dem politischen System einer der Hauptsiegermächte des 2. Weltkriegs glich, und hatte eine Schwesterpartei, die im anderen deutschen Staat Regierungspartei war."[503] Vermutlich hatten schließlich die Richter, die vielfach Gegner des NS-Regimes gewesen waren, Hemmungen, die KPD als Anti-NS-Partei gleichsam ein weiteres Mal zu verfolgen.[504] In der Sache gab es wenig Zweifel an der Unvereinbarkeit von Ideologie und Praxis der KPD mit der freiheitlichen demokratischen Grundordnung. Für das Bundesverfassungsgericht kam ein „politischer Gesamtstil der KPD" hinzu, „eine planmäßige Hetze, die auf Herabsetzung und Verächtlichmachung der Verfassungsordnung der Bundesrepublik" abziele. Deren „Ansehen soll geschmälert, das Vertrauen des Volkes in die von ihr aufgerichtete Wertordnung soll erschüttert werden."[505]

1065

---

des Art. 79 Abs. 3 GG, weil der Sozialstaat, die republikanische und föderale Ordnung, die im Wege der Verfassungsänderung nicht abgeschafft werden dürfen, nicht von der freiheitlichen demokratischen Ordnung erfasst werden.

[500] Als weiteres und einschränkendes Kriterium ist mit der Entscheidung aus dem Jahre 2017 hinzugetreten, dass eine verfassungswidrige Partei auf die Beeinträchtigung oder Beseitigung dieser Grundordnung „ausgehen" müsse, wobei es „konkreter Anhaltspunkte von Gewicht" bedürfe, „die einen Erfolg des gegen die freiheitliche demokratische Grundordnung oder den Bestand der Bundesrepublik Deutschland gerichteten Handelns zumindest möglich erscheinen lassen", sog. „Potentialität", BVerfGE 144, 20 (219, 225) – NPD-Verbotsverfahren.

[501] Kritisch zum gesamten Verfahren *Josef Foschepoth*, Verfassungswidrig! Das KPD-Verbot im Kalten Bürgerkrieg, 2017.

[502] *Uwe Wesel*, Rechtsgeschichte der Bundesrepublik Deutschland, 2019, S. 67. Solche Wahlen hatte die „Stalin-Note" vom 10. März 1952 auf dem Weg zu einem wiedervereinten, aber neutralen Deutschland vorgeschlagen. Die westorientierte Bundesregierung und die westlichen Alliierten gingen auf diesen Vorschlag der UdSSR nicht ein.

[503] *Volker Neumann*, Volkswille. Das demokratische Prinzip in der Staatsrechtslehre vom Vormärz bis heute, 2020, S. 312.

[504] *Michael Stolleis*, Geschichte des öffentlichen Rechts in Deutschland, Bd. 4, 2012, S. 311.

[505] BVerfGE 5, 85 (380 ff., 384).

bb) Notwendigkeit der Diskontinuität – das „G 131"

1066 Wie einem stillen Hineinragen der NS-Rechtsordnung durch Benennen der Vergangenheit statt Verschweigen[506] zu begegnen war, demonstrierte das Bundesverfassungsgericht gegen teils erbitterte Kritik mit seinem Urteil vom 17. Dezember 1953[507], in dem es ein Fortbestehen von zuvor begründeten Beamtenverhältnissen über den 8. Mai 1945 hinaus ablehnte. Es gab nach 1945 zahlreiche Beamte aus der NS-Zeit, die aus verschiedenen Gründen nicht weiterbeschäftigt worden waren. Art. 131 GG überließ es dem Gesetzgeber, die damit verbundenen Rechtsverhältnisse zu ordnen. Das war ein Prüfstein – über den Umgang mit belasteten Beamten hinaus ging es um das Selbstverständnis der Exekutive in der jungen Bundesrepublik und um „Vergangenheitsbewältigung" überhaupt. Das „Gesetz zur Regelung der Rechtsverhältnisse der unter Art. 131 des Grundgesetzes fallenden Personen"[508] („G 131") begründete einen Anspruch aller nicht wieder verwendeten Beamten auf Wiedereinstellung, mit Ausnahme von Mitgliedern der Gestapo und solchen Beamten, die von Entnazifizierungs-Spruchkammern als Hauptschuldige oder Belastete (vgl. oben Rn. 907 ff.) eingestuft worden waren. Das gab früheren NSDAP-Mitgliedern Ansprüche, auch solchen, die zu Unrecht aufgrund von „Persilscheinen" als unbelastet oder als „Mitläufer" eingestuft worden waren.

1067 Diese aus heutiger Sicht befremdlich wirkende Entscheidung des Gesetzgebers hatte auch Gründe auf ihrer Seite. Das G 131 „war eine große Geste Adenauers gegenüber den alten Nazis. Er wollte nicht eine Demokratie mit Millionen Ausgegrenzten aufbauen. Sein Programm hieß Integration statt Ausgrenzung. Und er war erfolgreich. Denn durch Integration und Wirtschaftswunder hatten die NS-Folgeparteien bald keine Chance mehr. [...]" Allerdings: „Das hatte auch negative Folgen. So entstand nämlich in Ministerien, Behörden und Justiz eine Art Schweigekolonne, die schwer Belastete schützte und die Verfolgung von NS-Verbrechen erheblich behinderte."[509]

1068 Dem Bundesgerichtshof gingen die gesetzlichen Rechte der Beamten nicht weit genug. Er hielt am Fortbestand aller Beamtenverhältnisse fest.[510] Der Große Zivilsenat beschloss am 6. Oktober 1952, das G 131 sei verfassungswidrig.[511] Die Beamtenverhältnisse seien am 8. Mai 1945 nicht erloschen, weil staatliche Systemwechsel die Beamtenverhältnisse nicht berührten. Das gehöre zu den hergebrachten Grundsätzen des Berufsbeamtentums. Die Ausgrenzung einzelner Gruppen belasteter Beamter verstieße gegen Art. 33 Abs. 5 GG. Prozessual war die Entscheidung eine Provokation, weil der Große Zivilsenat die Überprüfung des G 131 nicht nach Art. 100 Abs. 1 GG dem Bundesverfassungsgericht überließ. Inhaltlich war sie erstaunlich, weil sie einfach annahm, auch in der NS-Zeit habe es ein neutrales Beamtentum gegeben.

---

[506] Dazu *Norbert Frei*, Vergangenheitspolitik. Die Anfänge der Bundesrepublik und die NS-Vergangenheit, 1997, S. 69 ff.
[507] BVerfGE 3, 58.
[508] Vom 11. Mai 1951, BGBl. I S. 307.
[509] *Uwe Wesel*, Rechtsgeschichte der Bundesrepublik Deutschland, 2019, S. 53.
[510] BGHZ 2, 117 (121 ff.)
[511] BGHZ 6, 208.

Über Verstrickungen in die Diktatur dachte der Bundesgerichtshof nicht nach. Für ihn galt: „Staat ist Staat, Beamter ist und bleibt Beamter."⁵¹²

Das Bundesverfassungsgericht reagierte, als es sich in mehreren Verfassungsbeschwerdeverfahren mit der Frage zu befassen hatte, welchen verfassungsrechtlichen Bindungen der Gesetzgeber bei der Rechtsstellung der Beamten aus der NS-Zeit unterliege, gegenüber dem sich als „Höchstgericht"⁵¹³ verstehenden Bundesgerichtshof gelassen, stellte diesem gegenüber jedoch mit aller Deutlichkeit fest: „Alle Beamtenverhältnisse sind am 8. Mai 1945 erloschen." Und: „Die Geltung des Satzes, daß der Wechsel der Staatsform die Beamtenverhältnisse unberührt lasse, setzt voraus, daß es sich um echte Beamtenverhältnisse im traditionell-rechtsstaatlichen Sinne handelt, wie sie sich im Laufe des 19. und 20. Jahrhunderts in Deutschland entwickelt haben." Sodann: „Die durch das nationalsozialistische Beamtenrecht geschaffenen rechtserheblichen Tatsachen und Rechtszerstörungen lassen sich nicht als nur tatsächliche Behinderungen der Geltung des ‚wirklichen Rechts' beiseiteschieben und nachträglich ungeschehen machen. Aus Gründen der Rechtssicherheit können sie nur durch neue gesetzgeberische Maßnahmen beseitigt werden."⁵¹⁴ Das bedeutete: Eine Beamtenschaft, die sich der NS-Einheit von Staat und Partei und der absoluten Treue zum „Führer" Adolf Hitler als seine „Gefolgsleute" verschrieben hatte, konnte nach 1945 nicht weiterbestehen. Die Beamten der NS-Zeit waren nicht von Verfassungs wegen Beamte geblieben, als wäre nichts gewesen. Es konnte keine verfassungsfesten „wohlerworbenen Rechte" der früheren Beamten geben, an die der Gesetzgeber gebunden wäre. Der Gesetzgeber hatte zu entscheiden – und die großzügige Integrationsentscheidung Adenauers akzeptierte das Gericht. In der Entscheidungsbegründung gab das Bundesverfassungsgericht nicht allein eine konzise Darstellung des Abgleitens in den Unrechtsstaat seit 1933 und der Pervertierung der Beamtenverhältnisse. Es ließ sich nicht nehmen, ausführlich aus der kompromittierenden Literatur der NS-Zeit zu zitieren, die den Abschied von rechtsstaatlichen Grundsätzen begleitet und bejubelt hatte – immer wieder verwies das Gericht dabei neben anderen auf einschlägige Publikationen Ernst Rudolf Hubers. Das kam in den wenig auf Auseinandersetzung mit der jüngsten Vergangenheit bedachten 1950er Jahren einem Tabubruch gleich.⁵¹⁵

---

⁵¹² *Rainer Wahl*, Das Bundesverfassungsgericht in der Gründungsphase, in: Florian Meinel (Hrsg.), Verfassungsgerichtsbarkeit in der Bonner Republik, 2019, S. 27 ff., 41.
⁵¹³ Zum „Battle of Courts" zwischen BGH und BVerfG in der ersten Hälfte der 1950er Jahre *Justin Collings*, Democracy´s Guardians. A History of the German Federal Constitutional Court, 2015, S. 28 ff., 33.
⁵¹⁴ BVerfGE 3, 58, Leitsätze 4 bis 6. Zu dieser Entscheidung, den Parallelverfahren sowie der kontroversen und heftigen Diskussion *Frieder Günther*, Denken vom Staat her, 2004, S. 107 ff.
⁵¹⁵ Gegen heftige und fast einhellige Kritik hielt das BVerfG 1957 an seiner Auffassung fest, BVerfGE 6, 132 (150 f.) – Gestapo-Beschluss: „Die ursprünglich in parteipolitischer Neutralität allein zum Staate bestehenden Beamtenverhältnisse waren in der Tat zu einem weit vor dem 8. Mai 1945 liegenden Zeitpunkt beseitigt, d.h. zu Beamtenverhältnissen nationalsozialistischer Prägung umgestaltet worden."

cc) Grundrechte: Elfes, Lüth und mehr

1070 Heute präsenter ist die frühe Rechtsprechung des Bundesverfassungsgerichts zu den Grundrechten. Mit Nachdruck suchte das Gericht, Art. 1 Abs. 3 GG mit Leben erfüllend, Freiheit und Gleichheit und die Bedeutung der Grundrechte als „wertsetzende Grundentscheidungen" für alle Bereiche des Rechts und der Gesellschaft zu verankern. Dabei nutzte das Gericht den durch den weiten Wortlaut der Grundrechtsnormen eröffneten Spielraum. In einer frühen Zwischenbilanz der Rechtsprechung schrieb 1954 ein damaliger Verfassungsrichter: „Zumal das Grundgesetz, das im Drang der Eile unter dem Druck schwieriger Verhältnisse geschaffen wurde und für widerspruchsvolle Grundauffassungen vermittelnde Lösungen finden musste, enthält unvermeidlich Unklarheiten und Lücken. Daher ist eine weite und schöpferische Auslegung notwendig, die neben dem Wortlaut, Sinn und Zweck der einzelnen Bestimmungen, Geist und System des Grundgesetzes, die geschichtliche Entwicklung der Verfassungsprinzipien und Institutionen und die vergleichbare Ordnung anderer Verfassungen in Betracht zieht [...]."[516]

1071 Drei Entscheidungen sind bis heute besonders bedeutsam. Das Elfes-Urteil[517] interpretierte das Recht auf freie Entfaltung der Persönlichkeit (Art. 2 Abs. 1 GG) als Grundrecht der umfassend verstandenen allgemeinen Handlungsfreiheit, das als Auffangrundrecht eingreift, wenn kein besonderes Freiheitsrecht einschlägig ist, und so lückenlosen Grundrechtsschutz gegen jedes den Einzelnen belastende staatliche Handeln gewährt. Den aus dem Polizeirecht stammenden Verhältnismäßigkeitsgrundsatz importierte das Bundesverfassungsgericht als Rechtfertigungsvoraussetzung jeder Grundrechtsbeschränkung.[518] Schließlich erweiterte das Lüth-Urteil[519] die traditionelle Abwehrfunktion der Grundrechte um weitere Dimensionen.

1072 Das berühmte Lüth-Urteil vom 15. Januar 1958[520], „Klassiker des Gerichts schlechthin"[521], steht dabei über allem. Zum Ansehen des Gerichts im In- und Ausland hat es vielleicht mehr als alle anderen Entscheidungen beigetragen. Vielleicht hat es sogar das Gericht zu dem gemacht, was es heute ist.[522]

1073 Während die Grundrechte in der deutschen Tradition bis Weimar Abwehrrechte des Bürgers gegen die Verwaltung waren, setzte dem das Bundesverfassungsgericht ein neues und zusätzliches Verständnis zur Seite: „Ohne Zweifel sind die Grundrechte in erster Linie dazu bestimmt, die Freiheitssphäre des Einzelnen vor Eingriffen der öffentlichen Gewalt zu sichern; sie sind Abwehrrechte des Bürgers gegen den Staat. Das ergibt sich aus der geistesgeschichtli-

---

[516] *Julius Federer*, Die Rechtsprechung des Bundesverfassungsgerichts zum Grundgesetz für die Bundesrepublik Deutschland, in: JöR 3 (1954), S. 15 ff., 18.

[517] BVerfGE 6, 32. Als späteres Beispiel – mit ablehnendem Sondervotum des Richters Grimm – BVerfGE 80, 137 ff. – Grundrechtsschutz für das „Reiten im Walde".

[518] BVerfGE 7, 377– Apothekenurteil.

[519] BVerfGE 7, 198

[520] BVerfGE 7, 198.

[521] *Rainer Wahl*, Die objektiv-rechtliche Dimension der Grundrechte im internationalen Vergleich, in: Detlef Merten/Hans-Jürgen Papier (Hrsg.), Handbuch der Grundrechte in Deutschland und Europa. Bd. I, 2004, § 19 Rn. 3. Thomas Henne/Arne Riedlinger (Hrsg.), Das Lüth-Urteil aus (rechts-)historischer Sicht, 2005; *Dominik Rennert*, Die verdrängte Werttheorie und ihre Historisierung, in: Der Staat 53 (2014), S. 31 ff.

[522] So *Wilhelm Hennis*, Integration durch Verfassung, in: JZ 1999, S. 485 ff., 492.

chen Entwicklung der Grundrechtsidee wie aus den geschichtlichen Vorgängen, die zur Aufnahme von Grundrechten in die Verfassungen der einzelnen Staaten geführt haben. Diesen Sinn haben auch die Grundrechte des Grundgesetzes, das mit der Voranstellung des Grundrechtsabschnittes den Vorrang des Menschen und seiner Würde gegenüber der Macht des Staates betonen wollte. […] Ebenso richtig ist aber, daß das Grundgesetz, das keine wertneutrale Ordnung sein will (BVerfGE 2, 1 [12]; 5, 85 [134 ff., 197 ff.]; 6, 32 [40 f.]), in seinem Grundrechtsabschnitt auch eine objektive Wertordnung aufgerichtet hat und daß gerade hierin eine prinzipielle Verstärkung der Geltungskraft der Grundrechte zum Ausdruck kommt […]. Dieses Wertsystem, das seinen Mittelpunkt in der innerhalb der sozialen Gemeinschaft sich frei entfaltenden menschlichen Persönlichkeit und ihrer Würde findet, muß als verfassungsrechtliche Grundentscheidung für alle Bereiche des Rechts gelten; Gesetzgebung, Verwaltung und Rechtsprechung empfangen von ihm Richtlinien und Impulse."[523] In der Auseinandersetzung um eine Meinungsäußerung und einen Boykottaufruf Erich Lüths gegen den Filmregisseur Veit Harlan, der im Dritten Reich Propagandafilme wie „Jud Süß" gedreht hatte, betonte das Gericht die elementare Bedeutung der Kommunikationsgrundrechte für eine freiheitliche Gesellschaft: „Das Grundrecht auf freie Meinungsäußerung ist als unmittelbarster Ausdruck der menschlichen Persönlichkeit in der Gesellschaft eines der vornehmsten Menschenrechte überhaupt (un des droits les plus précieux de l'homme nach Art. 11 der Erklärung der Menschen- und Bürgerrechte von 1789). Für eine freiheitlich-demokratische Staatsordnung ist es schlechthin konstituierend, denn es ermöglicht erst die ständige geistige Auseinandersetzung, den Kampf der Meinungen, der ihr Lebenselement ist (BVerfGE 5, 85 [205]). Es ist in gewissem Sinne die Grundlage jeder Freiheit überhaupt, 'the matrix, the indispensable condition of nearly every other form of freedom' (Cardozo)."[524]

Die Betonung und Entfaltung des Charakters der Grundrechte als (auch) „objektive Werte", wobei die spätere Rechtsprechung den Wertbegriff vermeidet und die Grundrechte als „Elemente objektiver Ordnung" bezeichnet, war, neben dem Verhältnismäßigkeitsgrundsatz als „Leitregel allen staatlichen Handelns"[525], die folgenintensivste grundrechtliche Neuerung der Zeit nach 1945. Aus ihr leitete das Bundesverfassungsgericht bereits im Lüth-Urteil die Ausstrahlungswirkung der Grundrechte und deren mittelbare Drittwirkung ab. Später kamen Leistungs- und Teilhaberechte[526], grundrechtliche Schutzpflichten des Staates[527] und die Rolle der Grundrechte als Verfahrensgarantien[528] hinzu.

d) Die Autorität des Gerichts

Mit diesen und vielen weiteren Urteilen[529] hat das Bundesverfassungsgericht eine eigenständige Grundrechtstheorie und damit einen wichtigen Bestandteil der Verfassung entwickelt, im Bewusstsein der bundesrepublikanischen Gesellschaft veran-

---

[523] BVerfGE 7, 198 (204 f.).
[524] BVerfGE 7, 198 (208).
[525] BVerfGE 23, 127 (133).
[526] Seit BVerfGE 33, 303 ff. – Numerus-Clausus-Urteil.
[527] Seit BVerfGE 39, 1 ff. – 1. Abtreibungsurteil.
[528] Seit BVerfGE 53, 30 ff. – Atomrechtliches Genehmigungsverfahren. Zum Ganzen *Horst Dreier*, Dimensionen der Grundrechte. Von der Wertordnungsjudikatur zu den objektiv-rechtlichen Grundrechtsgehalten, in: *ders.*, Idee und Gestalt des freiheitlichen Verfassungsstaates, 2014, S. 185 ff.
[529] So etwa BVerfGE 2, 79 – EVG; 3, 225 – Art. 117 GG, Gleichberechtigung; 5, 85 – KPD; 6, 32

kert und Verfassungsgeschichte geschrieben. Das verstand sich nicht von selbst und war ein längerer Prozess. Die hohe Normativität des Grundgesetzes und die weitgespannten Zuständigkeiten des Bundesverfassungsgerichts waren zwar im Grundgesetz angelegt und gehörten zu den grundlegenden Vorstellungen der Verfassunggeber, sie mussten aber auch mit Leben erfüllt und durchgesetzt werden. Es ist ein wesentlicher Teil der Erfolgsgeschichte des Grundgesetzes, dass dies gelang. Das neue Leitbild des Bundesverfassungsgerichts, die Verfassung als prägend für die einfache Rechtsordnung anzusehen, hat dazu entscheidend beigetragen.

1076 Seit 1970 entstand das Konzept des „Verfassungspatriotismus"[530], die Verfassung sollte frühere Bezugspunkte kollektiver Integration und Identität ablösen, insbesondere – angesichts der deutschen Teilung – nationalstaatliche Vorstellungen. Das Grundgesetz begann den gesellschaftlichen Grundkonsens abzubilden, der Stolz auf die Verfassung wurde zur „einzig zulässigen, angemessenen, salonfähigen Manifestation nationalen Stolzes"[531]. Ohne Widerspruch blieb dies nicht; konservative Kritiker wie Ernst Forsthoff trauten der Bundesrepublik die Stärke wirklicher Staatlichkeit, die Voraussetzung der Identifikation der Bürger sei, nicht zu – damit verbunden war eine scharfe Kritik an der Rolle des Bundesverfassungsgerichts.[532] Dessen Verständnis der Verfassung als „Wertordnung" mit Ausstrahlung in alle Teile der Rechtsordnung löse die klassischen rechtsstaatlichen Funktionen der Verfassung auf[533] und führe zur „Tyrannei der Werte"[534].

1077 Ungeachtet dieser Zwischenrufe stieg das Bundesverfassungsgericht zum maßgeblichen Verfassungsinterpreten auf. Das hatte positiv die beständige Aufmerksamkeit für die Verfassung und eine effektive Rahmensetzung für die Politik zur Folge, zugleich litt die demokratische Kultur zuweilen an der zu starken Fixiertheit auf das Recht. Zu beobachten war auch, dass die Staatsrechtslehre ihren früheren Rang verlor. Im Bann des sich ausbreitenden „Verfassungsgerichtspositivismus"[535], der Ten-

---

– Elfes; 7, 377 – Apothekenurteil; 10, 59 – Stichentscheid; 12, 205 – Deutschland-Fernsehen; 20, 162 – Spiegel-Affäre.

[530] *Dolf Sternberger*, Unvergleichlich lebensvoll, aber stark gefährdet: Ist unsere Verfassung nicht demokratisch genug?, in: FAZ vom 27. Januar 1970, S. 11; *ders.*, Verfassungspatriotismus (1979), in: *ders.*, Schriften, Bd. 10, 1990, S. 13–16. Zur Entwicklung *Jan-Werner Müller*, Verfassungspatriotismus, 2010.

[531] *Justin Collings*, Verfassungspatriotismus und Verfassungsgedächtnis: Das Grundgesetz als deutscher Erinnerungsort, in: JZ 2019, S. 1109 ff., 1110.

[532] Einprägsam und zusammenfassend dazu die letzte Buchveröffentlichung von *Ernst Forsthoff*, Der Staat der Industriegesellschaft, 1971. In der modernen Industriegesellschaft sei der Staat als politisches Entscheidungszentrum nur noch Erinnerung – weil er durch soziale Vorsorge, angesichts von Verbänden und funktional bestimmten Organisationen keine Bewegungsmöglichkeiten mehr habe.

[533] *Ernst Forsthoff*, Die Umbildung des Verfassungsgesetzes, in: Hans Barion (Hrsg.), FS Carl Schmitt, 1959, S. 35 ff.; hiergegen *Alexander Hollerbach*, Auflösung der rechtsstaatlichen Verfassung?, in: AöR 85 (1960), S. 241 ff.

[534] *Carl Schmitt*, Die Tyrannei der Werte, in: Säkularisation und Utopie, Ernst Forsthoff zum 65. Geburtstag, 1967, S. 37 ff.

[535] *Bernhard Schlink*, Die Entthronung der Staatsrechtswissenschaft durch die Verfassungsge-

denz, Urteile des Bundesverfassungsgerichts mit dem geltenden Verfassungsrecht gleichzusetzen, blieb der Verfassungsrechtslehre die Aufgabe, Entscheidungen des Gerichts zu kommentieren, zu systematisieren und zu kritisieren.

Bernhard Schlink bilanzierte 1989: „Mit dem BVerfG beginnt für die Staatsrechtswissenschaft eine neue Epoche. Anders als die Wechsel von der Verfassung des Kaiserreichs zur Verfassung der Weimarer Republik und von dieser zum Grundgesetz schafft der Übergang von einer verfassungsgerichtsbarkeitslosen oder doch -kargen Zeit zu einem Alltag, in dem ein Verfassungsgericht zu allen Fragen des Verfassungslebens einläßliche Entscheidungen trifft, für die Arbeit der Staatsrechtswissenschaft völlig neu- und andersartige Voraussetzungen. Karlsruhe locuta, causa finita – das sprichwörtlich gewordene Aperçu bringt das Neu- und Andersartige in ein Bild, bei dem das BVerfG ex cathedra spricht und die Vertreter der entthronten Staatsrechtswissenschaft an seinen Stufen stehen. Es ist das Bild zum Begriff des Bundesverfassungsgerichtspositivismus."[536] Mit beißendem Spott attestierte Josef Isensee der Staatsrechtslehre, sie agiere „als Magd der Verfassungsgerichtsbarkeit [...], eine solche, die (frei nach Kant) ihr die Schleppe hinterherträgt, statt, wie es eigentlich ihres wissenschaftlichen Amtes wäre, ihr mit der Fackel vorauszuleuchten"[537].

1078

Die besondere Rolle des Bundesverfassungsgerichts hat zur Folge, dass erstmals in der deutschen Verfassungsgeschichte ein Gericht als Institution und seine Rechtsprechung prominenter Teil und Gegenstand der Verfassungsgeschichte sind.[538] 70 Jahre nach Einführung einer umfassenden Verfassungsgerichtsbarkeit in Deutschland ist, nicht zuletzt durch zeitgeschichtliche Einordnung und Unterscheidung verschiedener Phasen der Rechtsprechung, die gegenwärtige Einschätzung der Rolle des Bundesverfassungsgerichts häufig eine kritische. Verfassungsrechtsprechung ist angesichts der Flut an Entscheidungen, nicht zuletzt Kammerentscheidungen in Verfassungsbeschwerdeverfahren (§§ 93a ff. BVerfGG), etwas Alltägliches geworden; sie bewegt sich in Feldern des Nebeneinander und der Konkurrenz zu dem Europäischen Gesichtshof für Menschenrechte (EGMR) und mehr noch des Europäischen Gerichtshofes (EuGH). Vor allem aber ist das politisch-gesellschaftliche Umfeld des bundesverfassungsgerichtlichen Judizierens im 21. Jahrhundert ein anderes als kurz nach Inkrafttreten des Grundgesetzes. Die Übersichtlichkeit gesellschaftlicher Kon-

1079

---

richtsbarkeit, in: Der Staat 28 (1989), S. 161 ff. Dazu *Christoph Schönberger*, Bundesverfassungsgerichtspositivismus – Zu einer Erfolgsformel Bernhard Schlinks, in: Jakob Nolte u. a. (Hrsg.), Freundesgabe für Bernhard Schlink zum 70. Geburtstag, 2014, S. 41 ff.; *Stefan Korioth*, Der Befund „eines die Staatsrechtswissenschaft bestimmenden Bundesverfassungsgerichtspositivismus" – 1989 und 2014, in: Jakob Nolte u. a. (Hrsg.), Freundesgabe für Bernhard Schlink zum 70. Geburtstag, 2014, S. 31 ff.

[536] *Bernhard Schlink*, Die Entthronung der Staatsrechtswissenschaft durch die Verfassungsgerichtsbarkeit, aaO, S. 168. Vgl. auch *dens.*, Abschied von der Dogmatik – Verfassungsrechtsprechung und Verfassungsrechtswissenschaft im Wandel, in: JZ 2007, S. 157 ff.

[537] *Josef Isensee*, Bundesverfassungsgericht – quo vadis?, in: JZ 1996, S. 1085 ff., 1086; vgl. auch *Matthias Jestaedt*, Verfassungsgerichtspostivismus – Die Ohnmacht des Verfassungsgesetzgebers im verfassungsgerichtlichen Jurisdiktionsstaat, in: Otto Depenheuer u. a. (Hrsg.), Nomos und Ethos – Hommage anläßlich des 65. Geburtstages von Josef Isensee, 2002, S. 183 ff., 188 ff.

[538] Dazu etwa *Uwe Wesel*, Der Gang nach Karlsruhe, 2004; *Rolf Lamprecht*, Ich gehe bis nach Karlsruhe, 2011; *Gerd Roellecke*, Karlsruhe, in: Etienne Francois/Hagen Schulze (Hrsg.), Deutsche Erinnerungsorte, Bd. 2, 2003, S. 549 ff.; *Matthias Jestaedt/Oliver Lepsius/Christoph Möllers/Christoph Schönberger*, Das entgrenzte Gericht, 2011.

flikte, die früher der Dualismus der um die Regierung konkurrierenden Parteien und festgefügte gesellschaftliche Verbände herstellten, ist weggefallen. Viele sehen das Gericht in einer Krise. Tatsächlich ist in einer fragmentierten Gesellschaft die Konkretisierung der zumeist unbestimmten Verfassungsbegriffe schwieriger und voraussetzungsvoller geworden. Seit etwa 30 Jahren ist die große Zeit der Verfassungsgerichtsbarkeit vorbei.[539]

III. Die Europäische Integration

1. Die internationale Offenheit des Grundgesetzes

1080   Während es der Bundesrepublik lange Zeit, bis zum Ende der 1960er Jahre, nicht gelang, Fortschritte oder auch nur Annäherungen in den unterschiedlichen Positionen von Ost und West zur nationalen Frage zu erreichen, war das Vorhaben der europäischen Einigung, das die verfassungsrechtliche Entwicklung der Bundesrepublik maßgeblich mitprägte, erheblich erfolgreicher.

1081   Die Idee der europäischen Einigung reicht bis in die Zeit um den Ersten Weltkrieg zurück. Der spätere deutsche Außenminister Walther Rathenau hatte schon 1913 den Gedanken eines „gemeinsamen Wirtschaftsmarktes" in Europa entworfen, mit dem Ziel, die Gefahr militärischer Auseinandersetzungen zu bannen und den wirtschaftlichen Herausforderungen durch die USA zu begegnen. Rathenau meinte: „Der Kriegsgott unserer Tage heißt wirtschaftliche Macht."[540] Die Entwicklung von 1914 bis 1945 verlief anders, wenngleich die unbefriedigende Nachkriegsordnung der Pariser Friedensverträge 1919/20, insbesondere des Versailler Vertrages mit Deutschland, bei weitsichtigeren Politikern und Intellektuellen den Wunsch nach vertiefter, vertrauensvoller und friedenssichernder Zusammenarbeit aufkommen ließ. Erhofft wurde in der Zwischenkriegszeit, dies im Rahmen des weltweiten Völkerbundes erreichen zu können, dessen Gründung die USA angeregt hatten, ohne Mitglied zu werden. Der französische Außenminister Aristide Briand (1862–1932) entwickelte 1930 einen Europaplan, der Zusammenarbeit bei nationaler Souveränität ermöglichen sollte.[541] Viel Widerhall fand der Plan der „Vereinigten Staaten von Europa", getragen von der privaten paneuropäischen Union des Grafen Richard Coudenhove-Kalergi.[542] 1926 sprach Kurt Tucholsky vom „Haus Europa" und forderte ein „Europa ohne Grenzen", die „Vereinigten Staaten von Europa": „Es ist nicht wahr, daß man sich nicht in die Innenpolitik fremder Staaten mischen dürfe – eine Innenpolitik ohne Rückwirkung nach außen gibt es heute nicht mehr, wenn es sie je gegeben hat. So, wie kein Mieter das Recht hat, in seiner Wohnung Feuer anzuzünden, mit der Berufung auf die Heiligkeit des Heims, sowenig dürfen Staaten ohne Gefährdung des Friedens Innenpolitik auf eigene Faust machen, soweit diese den Frieden in Frage stellt. Wir wohnen nicht mehr in einzelnen Festungen des Mittelalters, wir wohnen in einem Haus. Und dieses Haus heißt Euro-

---

[539] *Karl-Heinz Ladeur*, Verfassungsgerichtsbarkeit in der Krise?, 2021, insbes. S. 70 ff.; *Matthias Jestaedt/Oliver Lepsius/Christoph Möllers/Christoph Schönberger*, Das entgrenzte Gericht. Eine kritische Bilanz nach 60 Jahren, 2011.

[540] Zitiert nach *Fritz Stern*, Walther Rathenau. Der Weg in die Politik, in: *ders.*, Verspielte Größe, 3. Aufl. 2005, S. 176 ff., 188.

[541] Abgedruckt in Anton Schäfer (Hrsg.), Die Verfassungsentwürfe zur Gründung einer Europäischen Union. Herausragende Dokumente von 1930 bis 2000, 2001, S. 30–39.

[542] Dazu *Gerhard Brunn*, Die europäische Einigung, 5. Aufl. 2020, S. 22 ff.

pa."⁵⁴³ Aussichten auf Verwirklichung hatten die Pläne und Forderungen nicht. In der Zwischenkriegszeit prägten die deutsch-französische Entfremdung („Erbfeindschaft"), die innenpolitischen Spannungen in vielen europäischen Staaten, schließlich die Wirtschaftskrise ab 1929 die Beziehungen der Völker. Der geschlossene souveräne Nationalstaat blieb in der ersten Hälfte des 20. Jahrhunderts der Grundbaustein der Staatenwelt und des Völkerrechts.

1082 Das Grundgesetz des Jahres 1949 hatte mit Art. 24 Abs. 1 GG eine normative Vorkehrung für eine wie auch immer zu gestaltende europäische Zusammenarbeit (und nicht allein diese) getroffen: „Der Bund kann durch Gesetz Hoheitsrechte auf zwischenstaatliche Einrichtungen übertragen." Damit öffnete sich das Grundgesetz „in einer für die deutsche Verfassungstradition – und nicht nur für sie – vorbildlosen Weise dem supranationalen und internationalen Bereich. Lange Zeit war es den Zeitgenossen nicht wirklich bewusst, dass das Grundgesetz von Anfang an eine internationale Dimension hatte, dass von Anfang an der neu verfasste Staat über sich hinauswies."⁵⁴⁴

1083 Ein Abgeordneter der CDU im Parlamentarischen Rat, Adolf Süsterhenn, zog dazu eine interessante gedankliche Linie. „Der Begriff des Reiches, wie er 1000 Jahre in der deutschen Geschichte gelebt hat, war der Begriff eines übernationalen, eines europäischen Gebildes. Es war die Bezeichnung für das christliche Abendland. Und wenn ich den Begriff ‚Reich' einmal in die moderne Sprache der gegenwärtigen Politik übersetzen wollte, müsste ich das, was man damals ‚Reich' genannt hat, heute europäische Union oder europäische Föderation nennen."⁵⁴⁵ Die Rückbindung der supranationalen europäischen Einigung an das christliche Abendland und die Reichsidee spielte nach 1949 nur ansatzweise eine Rolle. Eine zukünftige Union der europäischen Staaten und Völker beschäftigte viele.

1084 Art. 24 GG war 1949 ein Novum. Seine Aufnahme in das Grundgesetz ging vor allem auf Carlo Schmid zurück, der bereits in der zweiten Plenarsitzung des Parlamentarischen Rates (8. September 1948) ausführte: „Ich glaube, daß eine solche Bestimmung lebendig zum Ausdruck bringen würde, daß das deutsche Volk zumindest entschlossen ist, aus der nationalstaatlichen Phase seiner Geschichte in die übernationalstaatliche Phase einzutreten. Wir sollten uns [...] selbst die Tore in eine neu gegliederte überstaatliche politische Welt weit öffnen. [...] in dieser Zeit gibt es kein Problem mehr, das ausschließlich mit nationalen Mitteln gelöst werden könnte."⁵⁴⁶ Art. 24 GG ermöglichte diese Öffnung. Heute sind die Bezeichnungen entgrenzter Verfassungsstaat und offene Staatlichkeit⁵⁴⁷ geläufig. Für den besonders wichtigen Bereich der europäischen Integration gilt seit 1992 der völlig neugefasste Art. 23 GG.

---

⁵⁴³ *Kurt Tucholsky*, Deutsches Tempo, Ergänzungsband I der Gesammelten Werke, hrsg. von Mary Gerold-Tucholsky/Fritz J. Raddatz, 1985, S. 528.

⁵⁴⁴ *Rainer Wahl*, Internationalisierung des Staates, in: ders., Verfassungsstaat, Europäisierung, Internationalisierung, 2003, S. 17 ff., 17.

⁵⁴⁵ Der Parlamentarische Rat 1948–1948. Akten und Protokolle, Bd. 9, Plenum, bearb. von Wolfram Werner, 1996, S. 190.

⁵⁴⁶ Zitiert nach *Rainer Wahl*, Internationalisierung des Staates, in: ders., Verfassungsstaat, Europäisierung, Internationalisierung, 2003, S. 17 ff., S. 20 Fn. 13.

⁵⁴⁷ *Karl-Peter Sommermann*, Der entgrenzte Verfassungsstaat, in: Detlef Merten (Hrsg.), Der

2. Von der Europäischen Gemeinschaft für Kohle und Stahl zur Europäischen Wirtschaftsgemeinschaft

1085 Das Paradoxon aus französischer Sicht nach 1945, Deutschland einerseits kontrollieren zu wollen und andererseits in ein friedliches Europa hineinwachsen zu lassen, prägte den Umgang mit den gemeinsamen Interessen an der damals die wirtschaftliche Entwicklung bestimmenden Kohle- und Stahlindustrie. Der Weg der Koordination dieser Industrien führte über die Ruhrbehörde (Rn. 1034) und den Schumann-Plan zur Gründung der Europäischen Gemeinschaft für Kohle und Stahl (EGKS) am 18. April 1951.[548] Mitglieder waren neben Frankreich und Deutschland die Benelux-Staaten sowie Italien. Das grundlegend Neue war die „Hohe Behörde" mit der Befugnis, im Bereich der Montanindustrie gemeinsame Regelungen für alle Mitgliedstaaten zu treffen. Die Gemeinschaft war damit die erste „supranationale Organisation" (so Art. 9 EGKS-Vertrag) weltweit. Die gegenseitige Kontrolle und die Sicherstellung der Güter Kohle und Stahl begleitete Adenauer mit der Hoffnung, die Bundesrepublik auf diesem Weg als gleichberechtigten Partner in die Staatengemeinschaft zu führen. Und: „Da Bonn über nationale Souveränität noch nicht verfügte, bedeutete Supranationalität noch keinen Verzicht."[549] Das Scheitern der Europäischen Verteidigungsgemeinschaft 1954 belegte die Schwierigkeiten der umfassenden politischen Einigungsbestrebungen. Von nun an konzentrierte sich die Integration auf den Bereich der Wirtschaft, weil hier allseitige Vorteile zu erreichen waren. Am 25. März 1957 kam es in Rom zur Begründung eines Gemeinsamen Marktes durch Gründung der „Europäischen Wirtschaftsgemeinschaft" (EWG) und zur Gründung der „Europäischen Atomunion" (EAG) in den „Römischen Verträgen", die am 1. Januar 1958 in Kraft traten.

1086 Art. 2 des EWG-Vertrages vom 25. März 1957: „Aufgabe der Gemeinschaft ist es, durch die Errichtung eines Gemeinsamen Marktes und die schrittweise Annäherung der Wirtschaftspolitik der Mitgliedstaaten eine harmonische Entwicklung des Wirtschaftslebens innerhalb der Gemeinschaft, eine beständige und ausgewogene Wirtschaftsausweitung, eine größere Stabilität, eine beschleunigte Hebung der Lebenshaltung und engere Beziehungen zwischen den Staaten zu fördern, die in dieser Gemeinschaft zusammengeschlossen sind."
Art. 3 beschrieb in zeitlicher Reihenfolge die vorgesehenen Maßnahmen:
„a) die Abschaffung der Zölle und mengenmäßigen Beschränkungen bei der Ein- und Ausfuhr von Waren, sowie aller sonstigen Maßnahmen gleicher Wirkung zwischen den Mitgliedstaaten;
b) die Einführung eines Gemeinsamen Zolltarifs und einer gemeinsamen Handelspolitik gegenüber dritten Ländern;

Staat am Ende des 20. Jahrhunderts, 1998, S. 19 ff.; *Stephan Hobe*, Der offene Verfassungsstaat zwischen Souveränität und Interdependenz, 1998.

[548] Am 23. Juli 1952 trat der Vertrag in Kraft. Seine Geltungsdauer war auf 50 Jahre befristet; diese Gemeinschaft fand 2002 ihr Ende, die Regelungsmaterien gingen in den EG-Vertrag (jetzt Vertrag über die Arbeitsweise der Europäischen Union, AEUV) über.

[549] *Ludolf Herbst*, Option für den Westen, 1989, S. 86.

c) die Beseitigung der Hindernisse für den freien Personen-, Dienstleistungs- und Kapitalverkehr zwischen den Mitgliedstaaten,
[…]."
Der Vertrag sah folgende Organe vor, in denen die heutige institutionelle Gestalt der Europäischen Union bereits deutlich angelegt ist:
„Art. 4 (1) Die der Gemeinschaft zugewiesenen Aufgaben werden durch folgende Organe wahrgenommen:
– eine Versammlung [daraus entstand das heutige Europäische Parlament],
– einen Rat,
– eine Kommission,
– einen Gerichtshof.
Jedes Organ handelt nach Maßgabe der ihm in diesem Vertrag zugewiesenen Befugnisse.
(2) Der Rat und die Kommission werden von einem Wirtschafts- und Sozialausschuss mit beratender Aufgabe unterstützt."

3. Das Neue: Supranationalität

1087 Nur wenigen war zu diesem Zeitpunkt bewusst, dass nicht allein die Bestrebungen friedlicher und wohlstandsmehrender Zusammenarbeit einen deutlichen Schritt vorangekommen waren. Das verfassungspolitisch und -geschichtlich Bedeutsame war der Abschied vom geschlossenen Nationalstaat und der Beginn der Relativierung des nationalen Verfassungsrechts durch Übertragung klassischer staatlicher Hoheitsrechte auf eine supranationale Organisation mit der Befugnis, Rechtsakte mit unmittelbarer Geltung in den Mitgliedstaaten und mit Vorrang vor dem gesamten nationalen Recht zu erlassen. Die europäische Realität seither ist die des integrierten Staates. Das anfangs geringe Bewusstsein des Neuen spiegelte sich auch darin wider, dass es zwischen den 1950er und 1980er Jahren kaum Untersuchungen zur (Notwendigkeit der) demokratischen Legitimation der damaligen Gemeinschaft gab. Die Relativierung des nationalen Verfassungsrechts war das grundlegend Neue und (bis heute) weltweit Einzigartige der Wirtschaftsgemeinschaft, die seither die Integration Europas auf 27 Mitgliedstaaten und deutlich mehr Politikbereiche ausgedehnt hat. Nach wie vor ist jedoch das Verhältnis von Gemeinschaftsrecht (heute: Unionsrecht) und nationalem Recht der neuralgische Punkt von Recht und Politik.

1088 Der Europäische Gerichtshof hat zum Verhältnis des europäischen und nationalen Rechts recht schnell und deutlich Position bezogen. Das Gemeinschaftsrecht sei eine eigenständige, autonome Rechtsordnung. Es sei weder Teil des Völkerrechts noch beruhe es darauf, dass die Mitgliedstaaten einen auf seine Geltung gerichteten Rechtsanwendungsbefehl gegeben hätten.

1089 EuGH, RS 6/64, Slg. 1964, 1251 (1296), Rn. 8 (Costa/ENEL): „Zum Unterschied von gewöhnlichen internationalen Verträgen hat der EWG-Vertrag eine eigene Rechtsordnung geschaffen, die bei seinem Inkrafttreten in die Rechtsordnungen der Mitgliedstaaten aufgenommen worden und von ihren Gerichten anzuwenden ist. Denn durch die Gründung einer Gemeinschaft für unbegrenzte Zeit, die mit eigenen Organen, mit der Rechts- und Geschäftsfähigkeit, mit internationaler Handlungsfähigkeit und insbesondere mit echten, aus der Beschränkung der Zuständigkeit der Mitgliedstaaten oder der Übertragung von Hoheitsrechten der Mitgliedstaaten auf die Gemeinschaft herrührenden Hoheitsrechten ausgestattet ist, haben die Mitgliedstaaten, wenn auch auf einem begrenzten Gebiet, ihre Souveränitätsrechte beschränkt und so einen Rechtskörper geschaffen, der für ihre Angehörigen und sie selbst verbindlich ist." Ferner (Rn. 9): „Diese Aufnahme der Bestimmungen des Gemeinschaftsrechts in das Recht der einzelnen Mitgliedstaaten und, allgemeiner, Wortlaut und Geist des Vertrages haben zur Folge, dass es den Staaten unmöglich ist, gegen eine von ihnen auf der Grundlage der Gegenseitigkeit angenommene Rechtsordnung nachträglich einseitige Maßnahmen ins Feld zu führen." Zusammenfassend (Rn. 12): „Aus alledem folgt, dass dem vom Vertrag geschaffenen, somit aus einer autonomen Rechtsquelle fließenden Recht wegen dieser seiner Eigenständigkeit keine wie immer geartete innerstaatlichen Rechtsvorschriften vorgehen können, wenn ihm nicht sein Charakter als Gemeinschaftsrecht aberkannt und wenn nicht die Rechtsgrundlage der Gemeinschaft selbst in Frage gestellt werden soll."[550]

1090 Das Bundesverfassungsgericht akzeptiert seit jeher den Anwendungsvorrang des Gemeinschaftsrechts, begründet ihn aber (und das gilt bis heute für das gegenwärtige Unionsrecht) mit einer Ermächtigung im nationalen Recht, in Deutschland nach Art. 24 Abs. 1 GG (heute Art. 23 Abs. 1 S. 2 GG) und dem darauf beruhenden Integrationsgesetz.

1091 Art. 24 Abs. 1 GG öffne „die deutsche Rechtsordnung derart [...], dass der ausschließliche Herrschaftsanspruch der Bundesrepublik Deutschland im Geltungsbereich des Grundgesetzes zurückgenommen und der unmittelbaren Geltung und Anwendbarkeit eines Rechts aus anderer Quelle innerhalb des staatlichen Herrschaftsbereichs Raum gelassen wird."[551] Art. 24 Abs. 1 GG (jetzt Art. 23 Abs. 1 S. 2 GG) bedeute nicht allein, „dass die Übertragung von Hoheitsrechten auf zwischenstaatliche Einrichtungen überhaupt zulässig ist, sondern auch, dass die Hoheitsakte ihrer Organe vom ursprünglich ausschließlichen Hoheitsträger anzuerkennen sind."[552]

1092 Das belässt, und hier liegt die tiefe Differenz zum Europäischen Gerichtshof, nationale Vorbehalte, Grenzen der Integration, die Art. 23 Abs. 1 GG in der Fassung des Jahres 1993 in Anknüpfung an die damals vorliegende Rechtsprechung des Bundesverfassungsgerichts normiert hat. Die Gemeinschaft (heute Union) und ihr Recht haben sich danach nicht verselbständigt, sondern leiten sich von den Mitgliedstaaten ab, das mitgliedstaatliche Recht bleibt Schutzwall gegenüber Rechtsakten der Gemeinschaft (Union), wenn und soweit diese Rechtsakte nicht von den nationalen Integrationsgesetzen gedeckt sind. Zuletzt hat das Bundesverfassungsgericht die Vorbehaltsbereiche der nationalen Rechtsordnung – gegen teils entschiedenen Widerspruch der Europarechtslehre – in drei Bereichen präzisiert und konzentriert: Es gebe anhand des nationalen Verfassungsrechts eine Grundrechtskontrolle, die Ultravires-Kontrolle und die „Identitätskontrolle".

1093 „Die europäische Vereinigung auf der Grundlage einer Vertragsunion souveräner Staaten darf nicht so verwirklicht werden, dass in den Mitgliedstaaten kein ausreichender Raum zur politischen Gestaltung der wirtschaftlichen, kulturellen und sozialen Lebensverhältnisse mehr bleibt. Das gilt insbesondere für Sachbereiche, die die Lebensumstände der Bürger, vor allem ihren von den Grundrechten geschützten privaten Raum der Eigenverantwortung und

---

[550] Zur Bedeutung dieses Urteils als Beginn einer „Konstitutionalisierung" der Verträge *Dieter Grimm*, Die demokratischen Kosten der Konstitutionalisierung – Der Fall Europa, in: *ders.*, Europa ja – aber welches?, 3. Aufl. 2016, S. 95 ff., 104 ff.
[551] BVerfGE 37, 271 (280) – „Solange I".
[552] BVerfGE 31, 145 (174).

der persönlichen und sozialen Sicherheit prägen, sowie für solche politischen Entscheidungen, die in besonderer Weise auf kulturelle, historische und sprachliche Vorverständnisse angewiesen sind, und die sich im parteipolitisch und parlamentarisch organisierten Raum einer politischen Öffentlichkeit diskursiv entfalten." Das Bundesverfassungsgericht „prüft, ob Rechtsakte der europäischen Organe und Einrichtungen sich unter Wahrung des gemeinschafts- und unionsrechtlichen Subsidiaritätsprinzips [...] in den Grenzen der ihnen im Wege der begrenzten Einzelermächtigung eingeräumten Hoheitsrechte halten [...]. Darüber hinaus prüft das Bundesverfassungsgericht, ob der unantastbare Kerngehalt der Verfassungsidentität des Grundgesetzes nach Art. 23 Abs. 1 S. 3 in Verbindung mit Art. 79 Abs. 3 GG gewahrt ist [...]."[553] Dementsprechend bezeichnet das Bundesverfassungsgericht seit 1993 die Union als „Staatenverbund": „Der Begriff des Verbundes erfasst eine enge, auf Dauer angelegte Verbindung souverän bleibender Staaten, die auf vertraglicher Grundlage öffentliche Gewalt ausübt, deren Grundordnung jedoch allein der Verfügung der Mitgliedstaaten unterliegt und in der die Völker – das heißt die staatsangehörigen Bürger – der Mitgliedstaaten die Subjekte demokratischer Legitimation bleiben."[554]

Damit standen sich – lange Zeit kaum in ihrem Konfliktpotential gesehen[555] – eine „integrationistische" und eine „etatistische" Sicht der Europäischen Gemeinschaft und später der Europäischen Union gegenüber.[556] Das bereitete anfangs keine Probleme, weil die Kompetenzbereiche der Gemeinschaft auf rein wirtschaftliche Fragen, und hier besonders Handel und Landwirtschaft, bezogen waren. In der Bundesrepublik der 1950er und 1960er Jahre galt die Übertragung darauf bezogener Hoheitsrechte auf die Gemeinschaft als Ausweis der gleichberechtigten Kooperationsfähigkeit im Kreis der europäischen Staaten, als Fortschritt, nicht etwa als Bedrohung. Eine „Identität" des Nationalstaates, die es nach der heutigen Lesart jedenfalls des Bundesverfassungsgerichts zu wahren gelte, gab es damals im westdeutschen Teilstaat nicht. Dass mit der supranationalen Organisation und ihrem Recht eine neue Epoche auch des Verfassungsrechts begonnen hatte, wurde erst nach Gründung der Europäischen Union durch den Vertrag von Maastricht (1992) in vollem Umfang deutlich. Die Vergemeinschaftung der Währung und der Währungspolitik berührte einen besonders sensiblen Punkt. Gut ein Vierteljahrhundert nach Maastricht kam es 2020 zum ersten offenen Konflikt zwischen Bundesverfassungsgericht und Europäischem Gerichtshof. Er geht aber auf die bereits in den 1960er Jahren entstandene Grunddifferenz über den Geltungsgrund und den Charakter der Gemeinschaft zurück (dazu noch unten 1153 ff.).

1094

---

[553] BVerfGE 123, 267, Leitsätze 3 und 4.
[554] BVerfGE 123, 267 (348). Erläuternd auch *Paul Kirchhof*, Der europäische Staatenverbund, in: Armin von Bogdandy/Jürgen Bast (Hrsg.), Europäisches Verfassungsrecht, 2. Aufl. 2009, 1009 ff., 1019 f.
[555] Überhaupt war bis zum Ende der 1980er Jahre – vielleicht sogar bis zur Gründung der Europäischen Union durch den Vertrag von Maastricht 1992 – das Europarecht eine in der deutschen „Staats"rechtslehre eher esoterische Materie, mit der sich die allermeisten Verfassungsrechtler (und Politologen) nicht befassten, vgl. *Michael Stolleis*, Europa als Vorstellung und Arbeitsgebiet der westdeutschen Staatsrechtslehre nach 1945 (2010), in: ders., Ausgewählte Aufsätze und Beiträge, 2011, S. 739 ff.
[556] Zu den konkurrierenden Grundmodellen *Ulrich Haltern*, Europarecht II, 3. Aufl. 2017, S. 405 ff.

440 Teil VI: Vom Ende des Ersten Weltkriegs bis zur Gegenwart

§ 26 Deutschland bis zur nationalen Einigung 1990

I. Seit 1955: Neue Realitäten statt Wiedervereinigung

1. „Hallstein-Doktrin"

1095 Das Staatsziel Wiedervereinigung wurde in der Bundesrepublik rhetorisch und rituell beschworen. Der grundgesetzliche Auftrag trat zugleich seit 1955 in der praktischen Politik angesichts der Westintegration und der zunehmenden Entfremdung beider deutscher Staaten in allen Lebensbereichen immer weiter zurück und verblasste. Schon vor dem Bau der Berliner Mauer am 13. August 1961 und der militärischen Sicherung der innerdeutschen Grenze seitens der DDR, erst recht danach, herrschte im Westen Stillstand und Ratlosigkeit in der „Deutschen Frage". Die DDR galt nicht als Staat, schon die Bezeichnung DDR war verpönt. Man sprach stattdessen vom „Gebilde", von „Pankow" (dem Berliner Stadtteil, in dem zu dieser Zeit die politische Führung der DDR überwiegend wohnte) oder der „Zone". Nach der „Hallstein-Doktrin"[557], offizielle Leitlinie der westdeutschen Politik bis 1969, wollte die Bundesrepublik die Anerkennung der DDR in der Staatengemeinschaft durch die Androhung von Sanktionen verhindern. Die Bundesrepublik sei die einzig legitime Organisation des deutschen Volkes, ihr komme ein Alleinvertretungsanspruch für deutsche Angelegenheiten in der Welt zu. Diese starre Haltung war eine Sackgasse und fand zunehmend weniger Rückhalt auch bei den westlichen Alliierten. Vorsichtige Korrekturen zeichneten sich nach Bildung der ersten Großen Koalition unter Bundeskanzler Kurt Georg Kiesinger (CDU)[558] und Außenminister Willy Brandt (SPD)[559] am 1. Dezember 1966 ab.

1096 In einem Memorandum für Kiesinger hielt Brandt 1968 fest: „Die BRD darf in ihrer Ostpolitik nicht erlahmen. Das Thema der europäischen Sicherheit gewinnt dabei an zunehmender

---

[557] Benannt nach dem Staatssekretär im Auswärtigen Amt (1951–1958) Walter Hallstein (1901–1982), seit 1958 der erste Vorsitzende der Kommission der EWG. Erstmals in einer Regierungserklärung Konrad Adenauers vom 22. September 1955 hieß es: „Ich muß unzweideutig feststellen, dass die Bundesregierung auch künftig die Aufnahme diplomatischer Beziehungen mit der DDR durch dritte Staaten, mit denen sie offizielle Beziehungen unterhält, als einen unfreundlichen Akt ansehen würde, da er geeignet wäre, die Spaltung Deutschlands zu vertiefen." Verhandlungen des Deutschen Bundestages, 2. Wahlperiode, Stenographische Berichte, Bd. 26, S. 5643 ff., 5646.

[558] 1904–1988; Studium der Rechtswissenschaften in Berlin 1927–1931; in der NS-Zeit Rechtsanwalt und Mitarbeiter des Auswärtigen Amts, 1958–1966 Ministerpräsident von Baden-Württemberg. Wegen seiner Fähigkeit zum Ausgleich wurde Kiesinger „wandelnder Vermittlungsausschuss" genannt. Seine Kanzlerschaft war überschattet von Vorwürfen wegen seiner Mitgliedschaft in der NSDAP. Heute ist Kiesinger zu Unrecht fast vergessen. In der Zeit der ersten Großen Koalition gab es viele erfolgreiche Modernisierungen, etwa die grundlegende Reform des Föderalismus und des Strafrechts. Die Jahre 1966–1969 waren eine „Sattelzeit" für die nachfolgende erste Bundesregierung mit Kanzlerschaft der SPD.

[559] 1913–1992, während der NS-Zeit im Exil in Norwegen, 1957–1966 Regierender Bürgermeister von Berlin (West), 1966–1969 Außenminister, 1969–1974 Bundeskanzler.

Bedeutung. [...] Die Bundesregierung braucht dazu eine Politik, die unsere Interessen in die allgemeinen Bemühungen zur Entspannung zwischen Ost und West einordnet und uns befähigt, eigene Vorschläge auch auf dem Gebiet der Rüstungsbegrenzung und Abrüstung zu machen."[560]

2. Die „Neue Ostpolitik"

Eine stürmische Veränderung setzte mit der Bildung der Bundesregierung von SPD und FDP unter Bundeskanzler Brandt 1969 ein. Schon in seiner Regierungserklärung am 28. Oktober 1969 sprach Brandt von „zwei Staaten in Deutschland"[561]. Die neue Politik wollte die Realitäten anerkennen, ohne das Ziel der Wiedervereinigung aufzugeben – jetzt sollte es nicht durch wirtschaftliche und militärische Stärke verfolgt werden, sondern mit der neuen Formel „Wandel durch Annäherung"[562]. Die „Neue Ostpolitik"[563] erreichte ein erstes Ziel mit dem Vertrag zwischen der Bundesrepublik Deutschland und der Union der Sozialistischen Sowjetrepubliken (12. August 1970)[564], begleitet von einem Brief des deutschen Außenministers Walter Scheel an den sowjetischen Außenminister, wonach der Vertrag „nicht in Widerspruch zu dem politischen Ziel der Bundesrepublik Deutschland steht, auf einen Zustand des Friedens in Europa hinzuwirken, in dem das deutsche Volk in freier Selbstbestimmung seine Einheit wiedererlangt"[565]. Im Vertrag verpflichteten sich beide Staaten, den internationalen Frieden aufrechtzuerhalten und den europäischen Entspannungsprozess zu fördern. Es folgten Verträge mit Polen und der Tschechoslowakei.

1097

Problematischer und von heftigen innenpolitischen Kontroversen begleitet war die offizielle Kontaktaufnahme mit der DDR, die von den Botschaftern aller vier Alliierten unterstützt wurde. Vorgezogen wurde ein Vier-Mächte-Abkommen zu Berlin, das am 3. September 1971 unterzeichnet wurde und vor allem den freien zivilen Transitverkehr zwischen Berlin (West) und der Bundesrepublik sicherte. Auf dieser Grundlage schlossen die Bundesrepublik und die DDR ein entsprechendes Abkommen, das neben der Sicherung Berlins zugleich bekräftigte, dass Berlin (West) nicht von der Bundesrepublik regiert werde.

1098

---

560 Zitiert nach Karl Dietrich Bracher/Wolfgang Jäger u.a. (Hrsg.), Republik im Wandel 1969–1974. Die Ära Brandt, Geschichte der Bundesrepublik Deutschland, Bd. V/1, 1986, S. 164.
561 Verhandlungen des Deutschen Bundestages, 6. Wahlperiode, Bd. 71, S. 21C.
562 Die Formel geht zurück auf den langjährigen Berater Brandts, Egon Bahr (1922–2015). Selbstdarstellung in: *Egon Bahr*, Zu meiner Zeit, 1996, S. 29 ff.
563 *Peter Bender*, Die „Neue Ostpolitik" und ihre Folgen – vom Mauerbau bis zur Vereinigung, 4. Aufl. 1996, S. 29 ff.
564 BGBl. 1972 II S. 354 ff. Dazu *Helmut Steinberger*, Völkerrechtliche Aspekte des deutsch-sowjetischen Vertragswerkes vom 12. August 1970, in: Zeitschrift für ausländisches öffentliches Recht und Völkerrecht 1971, S. 63 ff.
565 Bulletins der Bundesregierung 1970, S. 1058.

3. Der „Grundlagenvertrag" zwischen der DDR und der Bundesrepublik

1099 Am 8. November 1972 wurde der „Vertrag über die Grundlagen der Beziehungen zwischen der Bundesrepublik Deutschland und der Deutschen Demokratischen Republik" in Bonn paraphiert. Das Zustimmungsgesetz beschloss der Bundestag am 6. Juni 1973[566] nach heftigen Auseinandersetzungen, ob der Vertrag das Ziel der Wiedervereinigung aufgebe oder ihm gerecht werde.

1100 Im Vertrag hieß es:
„Artikel 1. Die Bundesrepublik Deutschland und die Deutsche Demokratische Republik entwickeln normale gutnachbarliche Beziehungen zueinander auf der Grundlage der Gleichberechtigung.
Artikel 2. Die Bundesrepublik Deutschland und die Deutsche Demokratische Republik werden sich von den Zielen und Prinzipien leiten lassen, die in der Charta der Vereinten Nationen niedergelegt sind, insbesondere der souveränen Gleichheit aller Staaten, der Achtung der Unabhängigkeit, Selbständigkeit und territorialen Integrität, dem Selbstbestimmungsrecht, der Wahrung der Menschenrechte und der Nichtdiskriminierung.
Artikel 3. Entsprechend der Charta der Vereinten Nationen werden die Bundesrepublik Deutschland und die Deutsche Demokratische Republik ihre Streitfragen ausschließlich mit friedlichen Mitteln lösen und sich der Drohung mit Gewalt oder der Anwendung von Gewalt enthalten. Sie bekräftigen die Unverletzlichkeit der zwischen ihnen bestehenden Grenze jetzt und in der Zukunft und verpflichten sich zur uneingeschränkten Achtung ihrer territorialen Integrität.
Artikel 4. Die Bundesrepublik Deutschland und die Deutsche Demokratische Republik gehen davon aus, dass keiner der beiden Staaten den anderen international vertreten oder in seinem Namen handeln kann.
[…]
Artikel 6. Die Bundesrepublik Deutschland und die Deutsche Demokratische Republik gehen von dem Grundsatz aus, dass die Hoheitsgewalt jedes der beiden Staaten sich auf sein Staatsgebiet beschränkt. Sie respektieren die Unabhängigkeit und Selbständigkeit jedes der beiden Staaten in seinen inneren und äußeren Angelegenheiten.
[…]."

4. Wiedervereinigungsgebot und veränderte Realitäten

1101 Einen gegen das Vertragsgesetz gerichteten Normenkontrollantrag wies das Bundesverfassungsgericht im Juli 1973 zurück; der Grundlagenvertrag sei in der sich aus den Urteilsgründen „ergebenden Auslegung mit dem Grundgesetz vereinbar"[567]. In den Urteilsgründen versuchte das Gericht das Wiedervereinigungsgebot mit Handlungsspielräumen der Regierung zu versöhnen:

1102 „Kein Verfassungsorgan der Bundesrepublik Deutschland darf die Wiederherstellung der staatlichen Einheit als politisches Ziel aufgeben, alle Verfassungsorgane sind verpflichtet, in ihrer Politik auf die Erreichung dieses Zieles hinzuwirken – das schließt die Forderung ein, den Wiedervereinigungsanspruch im Inneren wachzuhalten und nach außen beharrlich zu

---
[566] BGBl. 1973 II S. 421.
[567] BVerfGE 36, 1 (3).

vertreten – und alles zu unterlassen, was die Wiedervereinigung vereiteln würde. Die Bundesregierung hat allerdings in eigener Verantwortung zu entscheiden, mit welchen politischen Mitteln und auf welchem politischen Wege sie das nach dem Grundgesetz rechtlich gebotene Ziel der Wiedervereinigung zu erreichen oder ihm wenigstens näher zu kommen versucht."[568] Auch wenn die DDR ein Staat sei – die Beziehungen zwischen beiden deutschen Staaten seien „staatsrechtliche"[569], nicht völkerrechtliche.

Eine Entscheidung aus dem Jahre 1987 – das Bundesverfassungsgericht bejahte, dass eine Einbürgerung in der DDR die deutsche Staatsangehörigkeit nach Art. 116 GG verschaffe[570] – bekräftigte dann noch einmal:

„Die Bundesrepublik Deutschland hat von Anbeginn an das Selbstbestimmungsrecht des ganzen deutschen Volkes geltend gemacht, nicht zuletzt im Zusammenhang mit dem Abschluß der sogenannten Ostverträge. In den Briefen zur deutschen Einheit, die der Sowjetregierung wie der DDR-Regierung bei Vertragsschluß jeweils übermittelt wurden, heißt es, daß diese Verträge nicht im Widerspruch zu dem politischen Ziel der Bundesrepublik Deutschland stehen, ,auf einen Zustand des Friedens in Europa hinzuwirken, in dem das deutsche Volk in freier Selbstbestimmung seine Einheit wiedererlangt'. Der Bundesaußenminister hat in seiner Rede vor der Generalversammlung der Vereinten Nationen am 27. September 1979 (Bulletin der Bundesregierung 1979, S. 1057), der Staatssekretär des Auswärtigen Amtes zum Abschluss des KSZE-Folgetreffens in Belgrad im März 1978 auf diesem Recht bestanden (Bull. 1978, S. 253); aus Anlaß des 25. Jahrestages des Inkrafttretens der Pariser Verträge vom 5. Mai 1955 haben die Außenminister der Bundesrepublik Deutschlands, Frankreichs, Großbritanniens und der USA in einem Briefwechsel versichert, dass es ihre Politik bleibe, ,auf einen Zustand des Friedens hinzuwirken, in dem das deutsche Volk in freier Selbstbestimmung seine Einheit wiedererlangt' (Bull. 1980, S. 417 f.) […]."[571]

Wer dies heute liest, muss sich den zeitgeschichtlichen Kontext der 1980er Jahre in der Bundesrepublik vergegenwärtigen, in denen es viele dem Wiedervereinigungsgebot gegenläufige Versuche gab, die deutsche Teilung und ihre Ursachen als Voraussetzung der spezifischen demokratischen Identität des Weststaats und nicht als unnatürlichen Zustand der Trennung zu begreifen. „Die vorbehaltlose Öffnung der Bundesrepublik gegenüber der politischen Kultur des Westens ist die große intellektuelle Leistung unserer Nachkriegszeit […]. Der einzige Patriotismus, der uns dem Westen nicht entfremdet, ist ein Verfassungspatriotismus. Eine in Überzeugungen verankerte Bindung an universalistische Verfassungsprinzipien hat sich leider in der Kulturnation der Deutschen erst nach – und durch – Auschwitz bilden können. […] Wer die Deutschen zu einer konventionellen Form ihrer nationalen Identität zurückrufen will, zerstört die einzige verlässliche Basis unserer Bindung an den Westen."[572]

---

[568] BVerfGE 36, 1 (17 f.).
[569] BVerfGE 36, 1 (26).
[570] BVerfGE 77, 137 (148 f.). Dazu *Sebastian Gehrig*, Deutsche Staatsangehörigkeit und „Deutschenfähigkeit": Das Teso-Urteil und die Debatten um Migration und bundesdeutsche Selbstbilder in den achtziger Jahren, in: Martin Löhnig (Hrsg.), Beginn der Gegenwart. Studien zur juristischen Zeitgeschichte der 1980er Jahre, 2021, S. 25 ff.
[571] BVerfGE 77, 137 (161 f.).
[572] *Jürgen Habermas*, Eine Art Schadensabwicklung, in: „Historikerstreit". Die Dokumentation der Kontroverse um die Einzigartigkeit der nationalsozialistischen Judenvernichtung, 1987, S. 62 ff., 75 f.

Andere nannten die Bundesrepublik eine „postnationale Demokratie unter Nationalstaaten"[573]. Die deutsche Einigung wenige Jahre später hat dies überholt, mitsamt der Auffassung, die Teilung sei die verdiente Sanktion für die Verbrechen der NS-Zeit – aber nicht ganz. Zum Identitätskern gehört nach wie vor die Bindung an universalistische Verfassungsprinzipien.

5. Reaktionen der DDR

1106 Auf den Versuch des „Wandels durch Annäherung" reagierte die DDR auf ihre Weise schroff ablehnend. Ihre Deutung des Grundlagenvertrags wich von der westlichen ab. Dieser Vertrag begründe völkerrechtliche Beziehungen zwischen zwei souveränen deutschen Staaten. Die Aufnahme der Bundesrepublik und der DDR in die Vereinten Nationen (18. September 1973) habe dies bestätigt. Von einem gemeinsamen völkerrechtlichen Dach über beiden deutschen Staaten in Gestalt eines (handlungsunfähigen) Völkerrechtssubjekts könne nicht die Rede sein.

1107 Die offizielle DDR-Geschichtsschreibung konstatierte: „Mit ihm [dem Grundlagenvertrag] fand der mehr als zwanzig Jahre lange Kampf der DDR um die Anerkennung der Ergebnisse des Zweiten Weltkriegs und der Nachkriegsentwicklung seinen Abschluß. Die revanchistische Politik des BRD-Imperialismus, die auf die Liquidierung des Sozialismus in der DDR hinauslief, war endgültig gescheitert."[574]

1108 Ohne Erörterung in der Volkskammer, ohne Ankündigung oder gar öffentliche Diskussionen änderte die DDR kurz nach dem Grundlagenvertrag am 7. Oktober 1974 ihre Verfassung aus dem Jahr 1968[575]. Aus der neuen Präambel und dem neugefassten Art. 6 DDR-Verf 1968/1974 ergab sich die Absage an die einheitliche deutsche Nation und das Ziel der Wiedervereinigung. Gleich zweimal erwähnte die Präambel das „Volk der DDR" und dann seine „staatliche und nationale Selbstbestimmung" in Gestalt der DDR; Art. 6 Abs. 2 DDR-Verf 1968/1974 betonte, die DDR sei „für immer und unwiderruflich mit der Union der Sozialistischen Sowjetrepubliken verbündet". Der als „für immer und unwiderruflich" umschriebene Zeitraum sollte am Ende 40 Jahre insgesamt und nur 16 Jahre nach dem Inkrafttreten dieses Bekenntnisses betragen.

---

[573] *Karl Dietrich Bracher*, Politik und Zeitgeist. Tendenzen der siebziger Jahre, in: ders./Wolfgang Jäger u. a. (Hrsg.), Republik im Wandel 1969–1974. Die Ära Brandt, Geschichte der Bundesrepublik Deutschland, Bd. V/1, 1986, S. 285 ff.

[574] Autorenkollektiv (Leitung *Rolf Badstübner*), Geschichte der Deutschen Demokratischen Republik, 4. Aufl. 1989, S. 316.

[575] GBl. DDR I S. 432. Zur Verfassungsänderung aus westlicher Sicht *Gottfried Zieger*, Familienrecht, interzonales Recht, interzonales Privatrecht, in: NJW 1975, S. 143 ff. Vgl. auch *ders.*, Die Haltung von SED und DDR zur Einheit Deutschlands, 1988.

II. Der Verfall der DDR seit 1976

Mit dem Grundlagenvertrag traten die deutsch-deutschen Beziehungen in eine Phase der Konsolidierung ein: Die staatliche Selbständigkeit der DDR war anerkannt, der Osten beschwor die „friedliche Koexistenz" trotz unterschiedlicher „Gesellschaftssysteme", die Bundesrepublik pflegte die rhetorische Erinnerung an eine immer unrealistischer scheinende Wiedervereinigung, ihre praktische Politik zielte auf „menschliche Erleichterungen" und ökonomische Hilfen an die DDR. Der Gipfel dieser Entwicklung schien mit dem Besuch des seit 1972 amtierenden Staatsratsvorsitzenden Erich Honecker in der Bundesrepublik vom 7. bis 11. September 1987 erreicht. Den Besuch bezeichnete die DDR als Zeichen der Vollendung der deutschen Teilung.

1109

Bundeskanzler Helmut Kohl sagte bei der Begrüßung des „Staatsgastes" am 7. September 1987 in Bonn allerdings etwas anderes: „Die Bundesregierung hält fest an der Einheit der Nation, und wir wollen, daß alle Deutschen in gemeinsamer Freiheit zueinander finden können. Diese Haltung hat im Grundlagenvertrag und im Brief zur Deutschen Einheit ihren Niederschlag gefunden. [...] Wir achten die bestehenden Grenzen, aber die Teilung wollen wir auf friedlichem Weg durch einen Prozeß der Verständigung überwinden."[576]

1110

Tatsächlich fand zu diesem Zeitpunkt bereits ein massiver und sich beschleunigender Niedergang der DDR statt, der so gut es ging verschleiert oder von den Herrschenden nicht wahrgenommen wurde. Schon in der ersten Hälfte der 1980er Jahre war internen Experten der DDR-Wirtschaft der wirtschaftliche und technologische Rückstand der DDR bewusst, der mit massiven Krisen des Staatshaushalts verbunden war. „Milliardenkredite" der Bundesrepublik milderten diese Krise ab, vermittelt 1983 insbesondere vom bayerischen Ministerpräsidenten Franz Josef Strauß. Unübersehbar waren der Verfall der Infrastruktur und massive Umweltschäden. Hilflos und mit Abschottung reagierte die DDR-Führung auf Veränderungen in der UdSSR in der Ära Michail Gorbatschows seit 1985, der seit 1986 für „Glasnost" (Transparenz, Offenheit) und „Perestroika" (Umbau, Reform) eintrat. Dies traf auf selbstbewusster werdende Bürgerbewegungen in der DDR, die Grundrechte unter Berufung auf die vertraglichen Verpflichtungen der DDR im Rahmen der „Konferenz für Sicherheit und Zusammenarbeit in Europa" (KSZE, Schlussakte von Helsinki, 1975) einforderten.[577] Umweltbewegungen und Initiativen im Umkreis der Kirchen, insbesondere „Friedensbewegungen" („Schwerter zu Pflugscharen"), die sich gegen das Wettrüsten in Ost und West engagierten,[578] verschafften sich zunehmend Gehör, auf verstärkte Repressionen der „Sicherheitsorgane" reagierten viele mit Ausreiseanträgen. Ein Auslöser für massive Proteste waren dann die offensichtlich gefälschten Wahlergebnisse bei den Kommunalwahlen in der DDR im Mai 1989.

1111

---

[576] Vgl. Auswärtiges Amt (Hrsg.), 40 Jahre Außenpolitik der Bundesrepublik Deutschland, 1989, S. 504.
[577] Das wurde im Westen genau beobachtet, so im Bericht über „Menschenrechte in den Staaten des Warschauer Paktes" (1988), BT-Drs. 11/1344.
[578] *Gerhard Besier*, Der SED-Staat und die Kirche, Bd. 3, 1969–1990, 1995, S. 456 ff.

1112 Als im Sommer 1989 in Ungarn der „Eiserne Vorhang" durchlässig wurde, flohen Tausende in den Westen, auch über die Botschaften in Prag und Warschau. Es entstanden weitere Bürgerrechtsgruppen wie „Demokratie jetzt" und „Demokratischer Aufbruch". Am 19. September 1989 beantragte, gestützt auf Art. 29 DDR-Verf 1968/1974 (Recht auf Versammlungsfreiheit), die oppositionelle Bewegung des „Neuen Forum" in der DDR ihre Zulassung als Vereinigung, was sofort abgelehnt wurde. Fast zeitgleich gründete sich die SPD der DDR, die „Blockparteien" stellten die Gemeinsamkeit mit der SED in Frage, deren Macht implodierte. Ende September reisten 10.000 Flüchtlinge, die sich in der bundesrepublikanischen Botschaft in Prag aufhielten, in Sonderzügen (der DDR-Reichsbahn) in den Westen. Der Weg führte über Dresden, was dort für tumultartige Zustände am Hauptbahnhof mit brutalen Polizeieinsätzen führte. Die Feiern zum vierzigsten Geburtstag der DDR-Gründung am 7. Oktober 1989 waren der erste Abgesang auf die DDR, der anwesende Gorbatschow ließ die SED-Führung wissen: „Wer zu spät kommt, den bestraft das Leben."[579] Auch wegen der von Woche zu Woche größer werdenden Montagsdemonstrationen, zuerst in Leipzig, wo sich am 9. Oktober 1989 70.000 Menschen versammelten, dann auch in anderen Städten der DDR, stürzte das Politbüro der SED am 17. Oktober 1989 Erich Honecker. An seine Stelle trat Egon Krenz, der eine „Wende" versprach – aber eine systemimmanente: „Es gibt keinen Grund, Erreichtes geringzuschätzen und in Frage zu stellen, nur weil noch nicht Erreichtes neue Fragen aufwirft. […] Der Sozialismus auf deutschem Boden steht nicht zur Disposition."[580] Das Volk, das auf den Straßen rief „Wir sind das Volk" und schon im November „Wir sind ein Volk" und „Deutschland, einig Vaterland", sah das anders. Die Forderung nach freien Wahlen, u. a. von 500.000 Demonstranten am 4. November 1989 in Berlin vorgebracht, führte das Wanken des Regimes herbei. Am 9. November 1989 öffnete sich die Mauer. Jetzt stellten die Montagsdemonstrationen den Führungsanspruch der SED offen in Frage.[581]

III. Die Schritte zur Wiedervereinigung

1. Die innerdeutschen Kontroversen und Schritte

1113 Der staunende Westen hatte bis hierher nur zugesehen. Mehr noch: Es stellte sich heraus, dass es in den Ministerien der Bonner Regierung keinerlei Überlegungen und Strategien für den Fall einer Umwälzung in der DDR gab. Von nun an bis zur Herstellung der Deutschen Einheit am 3. Oktober 1990 wurde, die außen- und innenpolitische Gunst der Stunde nutzend, improvisiert. Der Ablehnung einer Wiederverei-

---

[579] Vgl. *Michail Gorbatschow*, Erinnerungen, 1995, S. 935, wonach dieser Satz so nicht gesagt worden sei. Die Formulierung dürfte von dem sowjetischen Diplomaten Gennadi Gerassimow stammen.
[580] Rede vom 18. Oktober 1989, zitiert nach *Klaus Stern*, Das Staatsrecht der Bundesrepublik Deutschland, Bd. V, Die geschichtlichen Grundlagen des Deutschen Staatsrechts, 2000, S. 1738.
[581] *Dietmar Willoweit/Steffen Schlinker*, Deutsche Verfassungsgeschichte, 8. Aufl. 2019, § 47 Rn. 5.

nigung seitens der (Noch-)Machthaber in der DDR, vor allem Hans Modrow, den die Volkskammer am 12. November zum neuen Ministerratsvorsitzenden wählte, setzte Helmut Kohl am 28. November 1989 sein „Zehn-Punkte-Programm" entgegen:

„Erstens: Sofortige konkrete Hilfe für die Deutschen in der DDR auf humanitärem und medizinischem Gebiet und bei der Finanzierung ihrer neugewonnenen Reisefreiheit.

Zweitens: Verstärkte Zusammenarbeit mit der DDR in allen Bereichen, die den Menschen unmittelbar zugutekommen: Wirtschaft, Wissenschaft und Technik, Kultur, Umwelt, Kommunikation.

Drittens: Bei grundlegendem Wandel des politischen und gesellschaftlichen Systems Ausweitung unserer Hilfe und Zusammenarbeit in neuen Dimensionen.

[...]

Fünftens: Sobald auf der anderen Seite ein demokratisch legitimierter Partner zur Verfügung steht, Entwicklung konföderativer Strukturen.

Sechstens: Einbettung der künftigen Architektur Deutschlands in die künftige Architektur Gesamteuropas [...].

Zehntens: Organische Entwicklung zu einem Zustand, in dem das deutsche Volk in freier Selbstbestimmung seine Einheit wiedererlangt, wobei den Interessen aller Beteiligten Rechnung getragen und das friedvolle Zusammenleben in Europa garantiert wird."582

a) Handlungsoptionen: Konföderation, Einigung

Damit war, wenngleich noch vage und auch aus außenpolitischen Rücksichten vorsichtig, die rechtspolitische Option Wiedervereinigung genannt und vorhanden. Die unterschiedliche Terminologie, die zum Jahreswechsel 1989/90 aufkam, zeigte verschiedene Denkweisen dazu. Wer von „Wiedervereinigung" sprach, dachte an die Wiederherstellung staatlicher Einheit, wie sie vor Gründung der beiden deutschen Staaten bestanden und als Idee (und in Gestalt staatsrechtlicher Teilidentität der Bundesrepublik mit dem Deutschen Reich) fortgewirkt hatte – es ging um das Zusammenwachsen des nach 1945 unnatürlich Zerrissenen. Das Wort Einigung betonte stärker die Entwicklung der staatlichen Selbständigkeit der Bundesrepublik und der DDR seit 1949 und die bewusste und von zwei gleichberechtigten Partnern beschlossene Zusammenführung.

Die Möglichkeiten, die es im Herbst 1989 gab, lassen sich mit den allgemeinen Begriffen des Völkerrechts auflisten:

– Eine Konföderation (wie sie in Punkt 5 der Regierungserklärung Helmut Kohls vom 28. November 1989) angesprochen war, bedeutet die völkerrechtliche Verbindung souverän bleibender Staaten. So war etwa der Deutsche Bund von 1815 eine Konföderation. Dieser Weg letztlich begrenzter Zusammenarbeit erwies sich 1989 auch als Zwischenstadium zur deutschen Einheit als untauglich, weil die Entwicklung zur staatlichen Einheit drängte.

– Ein Beitritt bedeutet, dass ein Staat einen anderen aufnimmt. Das kann mit der Erstreckung des Geltungsbereichs der Verfassung oder mit einer neuen Verfassung verbunden werden. Der letztlich verwirklichte Weg über Art. 23 S. 3 GG a. F. war der Beitritt der DDR mit Erstreckung des Geltungsbereichs des Grundgesetzes.

---

582 Verhandlungen des Deutschen Bundestages, 11. Wahlperiode, Sten. Berichte, Bd. 151, S. 13510–13514.

– Eine Fusion ist die Verschmelzung zweier Staaten zu einer neuen staatlichen Einheit mit einer neuen Verfassung. Das setzt in etwa gleichstarke Partner voraus, was im Verhältnis Bundesrepublik/DDR 1989 angesichts des rapiden Legitimitätsverlusts der DDR nicht gegeben war.

b) Staatsrechtliche Umwälzung der DDR

1117   Zuerst aber veränderte sich die Staatsstruktur der DDR. Die Volkskammer strich am 1. Dezember 1989 im Wege der Verfassungsänderung aus Art. 1 Abs. 1 S. 2 DDR-Verf 1968/1974 die Worte „unter Führung der Arbeiterklasse und ihrer marxistisch-leninistischen Partei". Das beendete formal die bestimmende Rolle der SED; die Schaltstellen der staatlichen Macht waren aber immer noch mit Mitgliedern der umbenannten SED/PDS besetzt. Die jetzt eingerichteten „Runden Tische" brachten aber Vertreter der Macht und Oppositionelle ins Gespräch; der jetzt als Ministerpräsident (statt Staatsratsvorsitzender) bezeichnete Nachfolger von Krenz, Hans Modrow, nahm im Januar 1990 Oppositionelle in die Regierung („Ministerrat") auf. Das konnte ein Machtvakuum und die zunehmende ökonomische Krise der DDR nicht verhindern. Die regelmäßigen Massendemonstrationen standen seit Beginn des Jahres 1990 auch unter dem Motto „Wenn die D-Mark nicht zu uns kommt, gehen wir zur D-Mark".

1118   Der Versuch der Stabilisierung lag zunächst in der Festsetzung von Wahlen zur Volkskammer durch Gesetz vom 20. Februar 1990[583], Wahltermin war der 18. März. Viele erhofften auf diesem Wege eine neue Legitimation der DDR mit Blick auf anstehende Verhandlungen mit der Bundesrepublik und damit doch die Möglichkeit einer Fusion der beiden deutschen Staaten statt eines Beitritts der DDR. Überraschender Sieger der Wahl war die „Allianz für Deutschland", ein Parteienbündnis unter Führung der CDU. Gebildet wurde eine Regierung mit Einbeziehung der SPD unter Ministerpräsident Lothar de Maizière. Die Koalitionsvereinbarung vom 12. April 1990 benannte in der Präambel klar das Ziel der Einheit auf dem Wege des Art. 23 GG (in der Fassung von 1949), also des Beitritts:

1119   „Die besondere Lage in der DDR seit dem 9. November 1989 macht es zur Lösung der anstehenden Zukunftsaufgaben im Prozeß der Vereinigung beider Teile Deutschlands erforderlich, parteitaktische Interessen zurückzustellen und eine große Koalition für die Zeit des Zusammenwachsens beider deutscher Staaten zu bilden. Ziel der Koalition ist:
– Wohlstand und soziale Gerechtigkeit für alle Bürger der DDR zu sichern,
– Freiheit und Rechtsstaatlichkeit durchzusetzen,
– die Einheit Deutschlands nach Verhandlungen mit der BRD auf der Grundlage des Art. 23 GG zügig und verantwortungsvoll für die gesamte DDR gleichzeitig zu verwirklichen und damit einen Beitrag zur europäischen Friedensordnung zu leisten.
Bei der Ausarbeitung einer neuen Verfassung der DDR, oder, falls es nicht dazu kommt, bei der Veränderung des Grundgesetzes ist es das Verhandlungsziel der Regierung, die sozialen Sicherungsrechte als nicht einklagbare Individualrechte einzubringen. Das gilt vornehmlich

---

[583] Gbl. DDR I S. 60. Zu wählen waren 400 (!) Abgeordnete in „freier, allgemeiner, gleicher, direkter und geheimer Wahl" für vier (!) Jahre nach dem Verhältniswahlrecht.

für das Recht auf Arbeit, Wohnung und Bildung. Diese Rechte werden in der Form von Staatszielbestimmungen gewährleistet.
[…]
Voraussetzung für die Einheit ist die Schaffung kompatibler Länderstrukturen zur BRD, die Länderparlamente, Länderverfassungen, vorbereitende Maßnahmen für eine Länderkammer erforderlich machen. […]"[584]

In der Regierungserklärung Lothar de Maizières vom 19. April 1990 hieß es:

1120

„Zum ersten Mal seit vielen Jahrzehnten haben sich die Menschen in der DDR als Volk konstituiert. Die Wahlen, aus denen dieses Parlament hervorgegangen ist, waren Wahlen des Volkes. Zum ersten Mal trägt die Volkskammer ihren Namen zu Recht. […] Das Volk in der DDR konstituierte sich als Teil eines Volkes, das wieder zusammenwachsen soll." Die deutsche Einigung müsse so verlaufen, dass „die DDR-Bürger nicht das Gefühl bekommen, zweitklassige Bundesbürger zu werden. […] Tempo und Qualität [der Einigung] lassen sich am besten gewährleisten, wenn wir die Einheit über einen vertraglich zu vereinbarenden Weg gemäß Art. 23 des Grundgesetzes verwirklichen."[585]

Noch zu diesem Zeitpunkt hielten viele im Westen und Osten die Herstellung der Einheit auch im Wege des Beitritts für einen Prozess, der längere Zeit beanspruchen würde. Deshalb kam in der DDR die Frage nach einer neuen Verfassung auf. Einen Entwurf dazu gab es. Ihn hatte eine Arbeitsgruppe des „Zentralen Runden Tisches" zwischen Dezember 1989 und April 1990 unter Mitwirkung westdeutscher Staatsrechtslehrer erarbeitet.[586] Mit dem stark von linken und linksliberalen Vorstellungen geprägten Entwurf mochte sich die Volkskammer nicht befassen. Er war – trotz bedenkenswerter Vorschläge – schon überholt, als er im April 1990 vorgestellt wurde.

1121

Die von der Schriftstellerin Christa Wolf entworfene Präambel im Entwurf des Runden Tisches lautete:

1122

„Ausgehend von den humanistischen Traditionen, zu welchen die besten Frauen und Männer aller Schichten unseres Volkes beigetragen haben,
eingedenk der Verantwortung aller Deutschen für ihre Geschichte und deren Folgen,
gewillt, als friedliche gleichberechtigte Partner in der Gemeinschaft der Völker zu leben, am Einigungsprozeß Europas beteiligt, in dessen Verlauf auch das deutsche Volk seine staatliche Einheit schaffen wird, überzeugt, daß die Möglichkeit zu selbstbestimmtem verantwortlichem Handeln höchste Freiheit ist,
gründend auf der revolutionären Erneuerung,
entschlossen, ein demokratisches und solidarisches Gemeinwesen zu entwickeln, das Würde und Freiheit des Einzelnen sichert,
gleiches Recht für alle gewährleistet,
die Gleichstellung der Geschlechter verbürgt
und unsere natürliche Umwelt schützt,
geben sich die Bürgerinnen und Bürger der Deutschen Demokratischen Republik diese Verfassung."

---

[584] Zitiert nach Ingo von Münch (Hrsg.), Dokumente der Wiedervereinigung Deutschlands, 1991, S. 163 f.
[585] Zitiert nach Ingo von Münch (Hrsg.), Dokumente der Wiedervereinigung Deutschlands, aaO, S. 190 ff.
[586] Abgedruckt bei *Peter Häberle*, Der Entwurf der Arbeitsgruppe „Neue Verfassung in der DDR" des Runden Tisches (1990), in: JöR n. F. 39 (1990), S. 319 ff. Dazu ferner – aus der Sicht eines Mitwirkenden am Entwurf – *Bernhard Schlink*, Deutsch-deutsche Verfassungsentwicklungen im Jahre 1990, in: Der Staat 30 (1991), S. 163 ff.

1123 Die Volkskammer überlagerte, statt die Idee einer völlig neuen DDR-Verfassung aufzugreifen, die DDR-Verfassung von 1968/74 durch ein freiheitliche Verfassungsprinzipien verbürgendes Verfassungsgrundsätzegesetz.[587] Art. 1 Abs. 1 legte die Grundsätze des freiheitlichen, demokratischen, föderativen, sozialen und ökologisch orientierten Rechtsstaats mit kommunaler Selbstverwaltung fest. Art. 1 Abs. 2 bestimmte in Form einer pauschalen Entsozifizierung der sozialistischen Rechtsordnung: „Vorschriften der Verfassung und sonstige Rechtsvorschriften sind entsprechend diesem Verfassungsgesetz anzuwenden. Bestimmungen in Rechtsvorschriften, die den einzelnen oder Organe der staatlichen Gewalt auf die sozialistische Staats- und Rechtsordnung, auf das Prinzip des demokratischen Zentralismus, auf die sozialistische Gesetzlichkeit, das sozialistische Rechtsbewußtsein, oder die Anschauungen einzelner Bevölkerungsgruppen oder Parteien verpflichten, sind aufgehoben." Das war die rechtliche Summe der friedlichen Wende, es folgte die Abwicklung der DDR auf dem schnellen Weg zur Einheit.

c) Währungsunion und Beitritt

1124 Am 18. Mai 1990 legte der Vertrag zur Währungs-, Wirtschafts- und Sozialunion die Einführung der Deutschen Mark (DM) in der DDR zum 1. Juli 1990 fest und schuf damit die wirtschaftlich wichtigste Voraussetzung des Beitritts. Der politisch festgelegte Umtauschkurs betrug 1:1 (bei Krediten 2:1, ausländischen Konten 3:1, bei Sparkonten und Lebensversicherungen ca. 1,5:1). Das entsprach nicht dem realen Wertverhältnis. Er begünstigte Sparer und Verbraucher, bereitete aber für die stark angeschlagene DDR-Wirtschaft einen Schock vor, der für sie bei stark steigenden Personalkosten und wegbrechenden Märkten im devisenschwachen Ostblock einen „Kaltstart" in die Marktwirtschaft bedeutete.

d) Der „Einigungsvertrag"

1125 Eine Forderung der DDR-Regierung war es, möglichst breit die einigungsbedingten Rechtsfragen vertraglich zu lösen, nicht dagegen den Beitritt in Form eines Überleitungsgesetzes zu gestalten, wie dies 1957 im Fall des Saarlandes geschehen war, das die Rechtsordnung der Bundesrepublik pauschal übernommen hatte. Ende Mai 1990 begannen die Verhandlungen über einen „Einigungsvertrag", wobei sich beide Seiten über die Besonderheiten eines solchen Vertrages klar waren: Mit Inkrafttreten des Vertrages sollte ein Vertragspartner untergehen.

1126 Der Beginn der Vertragsverhandlungen beantwortete auch die bis zu diesem Zeitpunkt noch nicht endgültig geklärte Frage, ob sich die Wiedervereinigung unter Aktivierung des Art. 146 GG oder des Art. 23 GG (beide in der Fassung des Jahres 1949) vollziehen sollte. Der Weg des Art. 146 GG hätte bedeutet, Vereinigung und Erarbeitung einer neuen gesamtdeutschen Verfassung zu kombinieren – im Westen sahen manche hier die Chance, vom Grundgesetz abweichende Verfassungspositionen zu verwirklichen, etwa im Bereich der Sozial- und Wirtschaftsordnung, der Grundrechte und des Religionsrechts. Auch in der DDR hatte es ge-

---

[587] Vom 17. Juni 1990, GBl. DDR I S. 299.

gen die Regierungserklärung Lothar de Maizières, die sich im April 1990 für den Weg des Beitritts ausgesprochen hatte, insbesondere bei einzelnen Bürgerrechtsgruppen, die eine völlige Unterwerfung unter das westliche Gesellschafts- und Rechtssystem vorhersahen, Widerstand gegeben („Art. 23 GG – Kein Anschluß unter dieser Nummer"). Der Druck der Mehrheit im Osten, die möglichst schnell an den ökonomischen Segnungen des Westens teilhaben wollte, und die Befürchtungen im Westen, vom Grundgesetz Abschied nehmen zu sollen, überrollten die nachdenkliche Alternative einer gesamtdeutschen Verfassunggebung.[588]

Am 31. August 1990 wurde der „Vertrag zwischen der Bundesrepublik Deutschland und der Deutschen Demokratischen Republik über die Herstellung der Einheit Deutschlands" (Einigungsvertrag)[589] unterzeichnet. Bereits zuvor, am 23. August, hatte die Volkskammer in einem spontanen Beschluss den Beitritt der DDR zum Geltungsbereich des Grundgesetzes mit Wirkung zum 3. Oktober 1990 beschlossen; ihren 41. Geburtstag am 7. Oktober 1990 sollte die DDR nach dem Willen der Volkskammer nicht mehr erleben. Der Vertrag war ein in kürzester Zeit erarbeitetes – in den Verhandlungen gab es noch einmal zahlreiche Kontroversen über die Weitergeltung einzelner Bereiche des DDR-Rechts – bürokratisches Meisterwerk, mit dem Vorteil von Rechtsklarheit und Rechtssicherheit, mit dem Nachteil, die deutsche Einheit teils in kleine Münze zu verwandeln.

1127

Einige der wesentlichen Bestimmungen des Einigungsvertrages waren die folgenden:
„Artikel 1 (1) Mit dem Wirksamwerden des Beitritts der Deutschen Demokratischen Republik zur Bundesrepublik Deutschland gemäß Art. 23 des Grundgesetzes am 3. Oktober 1990 werden die Länder Brandenburg, Mecklenburg-Vorpommern, Sachsen, Sachsen-Anhalt und Thüringen Länder der Bundesrepublik Deutschland […].
(2) Die 23 Bezirke von Berlin bilden das Land Berlin.[590]
Artikel 2 (1) Hauptstadt Deutschlands ist Berlin. Die Frage des Sitzes von Parlament und Regierung wird nach der Herstellung der Einheit Deutschlands entschieden.[591]
(2) Der 3. Oktober ist als Tag der Deutschen Einheit gesetzlicher Feiertag.
Artikel 3. Mit dem Wirksamwerden des Beitritts tritt das Grundgesetz […] in den Ländern Brandenburg, Mecklenburg-Vorpommern, Sachsen, Sachsen-Anhalt und Thüringen sowie in dem Teil des Landes Berlin, in dem es bisher nicht galt, mit den sich aus Artikel 4 ergebenden Änderungen in Kraft, soweit in diesem Vertrag nichts Anderes bestimmt ist."
Art. 4 EV fasste die Präambel neu und hob Art. 23 GG auf, weil es keine weiteren Teile Deutschlands mehr gab, für die ein Beitritt möglich gewesen wäre. Die Stimmenverhältnisse im Bundesrat gemäß Art. 51 Abs. 2 GG wurden angepasst, um den einwohnerschwachen östlichen Ländern mehr Gewicht zu geben. Art. 135a GG regelte den Übergang von Verbindlichkeiten der DDR auf Bund, Länder und Gemeinden; Art. 143 erlaubte Abweichungen vom

1128

---

[588] Zur Diskussion *Josef Isensee*, Deutschlands aktuelle Verfassungslage. Staatseinheit und Verfassungskontinuität, in: VVDStRL 49 (1990), S. 39 ff.; *Christian Tomuschat*, Deutschlands aktuelle Verfassungslage. Wege zur deutschen Einheit, in: VVDStRL 49 (1990), S. 70 ff.; *Bernd Jeand'Heur*, Weitergeltung des Grundgesetzes oder Verabschiedung einer neuen Verfassung in einem vereinigten Deutschland?, in: DÖV 1990, S. 873 ff.

[589] Der Deutsche Bundestag und die Volkskammer beschlossen die Zustimmungsgesetze am 20. September 1990, BGBl. II. S. 885, 889; GBl. DDR I S. 1988.

[590] Damit bildeten die vereinten Teile Berlins als Stadtstaat – erstmals in der deutschen Verfassungsgeschichte – ein Land, das 16. der Bundesrepublik. Der Gebietsbestand Berlins entspricht im Wesentlichen dem des Groß-Berlin-Gesetzes von 1920.

[591] Der „Hauptstadtbeschluss" des Bundestags bestimmte am 20. Juni 1991 Berlin auch zum Sitz von Parlament und Regierung.

Grundgesetz in den neuen Ländern bis 1992 oder 1995. Schließlich wurde Art. 146 GG neu gefasst. Art. 5 EV beauftragte die Gesetzgebungsorgane, sich mit weiteren Verfassungsänderungen zu befassen.

1129 Art. 8 und 9 EV regelten das Inkrafttreten von Bundesrecht auf dem Gebiet der neuen Länder und die ausnahmsweise Fortgeltung von DDR-Recht. Das Erstrecken der Rechtsordnung der Bundesrepublik auf die östlichen Länder ohne Übergangszeit zeigte noch einmal den Charakter der Einigung, das fast völlige Verschwinden der sozialistischen Rechtsordnung zugunsten der westlichen. Notwendig war der harte Übergang, weil die Unvereinbarkeit des sozialistischen Rechts mit der westlichen Rechtsordnung ein gestuftes Inkrafttreten oder eine Rechtsangleichung zwischen Ost und West ausschloss.

1130 Die weiteren Artikel widmeten sich verschiedenen Sachbereichen und befassten sich mit der Treuhand-Anstalt als Trägerin der Privatisierung und Reorganisation der volkseigenen Betriebe (Art. 25 EV). Der den Vertrag abschließende Art. 45 Abs. 2 EV bestimmte: „Der Vertrag bleibt nach Wirksamwerden des Beitritts als Bundesrecht geltendes Recht." Dem Vertrag sind umfangreiche Anlagen zur Ordnung der Einzelfragen beigefügt.[592]

2. Der völkerrechtliche Rahmen

1131 Auf dem Weg zur deutschen Einheit waren die beiden deutschen Staaten nicht völlig frei. Zu beachten war der völkerrechtliche Rahmen, der sich aus der bis dahin bestehenden Verantwortung der vier Siegermächte des Zweiten Weltkriegs für Deutschland als Ganzes ergab. Die möglichen Spannungen zwischen Völkerrecht und Verfassungsrecht wurden vermieden, indem die innerdeutschen Schritte von Verhandlungen der Siegermächte mit den deutschen Staaten begleitet wurden. Dies war der „Zwei-Plus-Vier"-Prozess, der bereits am 13. Februar 1990 verabredet wurde und zum „Zwei-Plus-Vier-Vertrag"[593] führte, mit dem die Aufhebung der alliierten Vorbehaltsrechte vereinbart wurde.

§ 27 Verfassungsentwicklungen seit 1990

1132 Mit der Wiedervereinigung des Jahres 1990 war die Nachkriegszeit beendet. Es verschwanden die Teilung in zwei deutsche Staaten und die Trennung in zwei völlig unterschiedlich organisierte Gesellschaften.

---

[592] BGBl. II S. 905–1236.
[593] Vertrag über die abschließende Regelung in Bezug auf Deutschland vom 12. September 1990 (BGBl. II S. 1318); Erklärung zur Aussetzung der Wirksamkeit der Vier-Mächte-Rechte und -Verantwortlichkeiten vom 1. Oktober 1990 (BGBL. II S. 1331); Deutsch-sowjetisches Abkommen „Über einige überleitende Maßnahmen" vom 9. Oktober 1990 (BGBl. II S. 1654).

1133 Erstaunlich und bemerkenswert war: Anders als bei früheren Umwälzungen der politischen Gestalt Deutschlands war kein Krieg vorausgegangen. Der Westfälische Friede von 1648 hatte den Dreißigjährigen Krieg mit geschätzt acht Millionen Toten beendet. Der ersten deutschen staatlichen Einigung, der Reichsgründung von 1870/1871, war der Krieg mit Frankreich mit 250.000 Toten vorausgegangen. Die Gründung der Weimarer Republik folgte der Katastrophe des Ersten Weltkriegs mit acht Millionen Toten, vor der deutschen Teilung 1945/1949 lag der Zweite Weltkrieg mit 55 Millionen Toten.

1134 Bedeutsam blieben aber nach 1990 trotz der gewaltfreien Umwälzung hartnäckige Elemente der „Entfremdung" und ein „Ungleichgewicht"[594] zwischen Ost und West. Das wurde in der Euphorie des Wende- und Einigungsjahres unterschätzt, als die glückliche Lösung der deutschen Frage in „freier Selbstbestimmung", so die 1990 neu gefasste Präambel des Grundgesetzes, im Vordergrund stand. In den ersten Jahren nach 1990 waren die großen und kleinen Folgeprobleme zu lösen; es galt, die „innere Einigung" zu „vollenden". Zur gleichen Zeit veränderten sich der europäische Rahmen und die globalen Zusammenhänge, die beide stärker als jemals zuvor die seitherige deutsche Verfassungsentwicklung beeinflussten. Zu nennen sind die Gründung der Europäischen Union (1992), die zunehmenden internationalen Verflechtungen und Abhängigkeiten, für die seit Mitte der 1990er Jahre der – nicht neue – Begriff der Globalisierung steht, die Bedrohung durch den internationalen Terrorismus, nicht erst seit dem 11. September 2001, und etwas später die weltweite Finanz- und Wirtschaftskrise (2008/2009), die in Europa eine Staatsschulden- und Eurokrise verstärkte. Nicht zuletzt setzten nach 1990 globale Wanderungsbewegungen ein, insbesondere aus der arabischen Welt und Afrika nach Europa. Die damit verbundenen Rechtsfragen haben sich seit 1990 in Verfassungsdiskussionen und in Grundgesetzänderungen niedergeschlagen. Hinzu kamen innere Reformen, insbesondere im Bereich der bundesstaatlichen Ordnung und der inneren Sicherheit.

1135 In der ersten Hälfte der 1990er Jahre gab es zwei weltweit diskutierte Versuche, einen eher optimistischen und einen eher pessimistischen, die neue geopolitische Lage nach dem Zusammenbruch der UdSSR und dem Ende des Kalten Krieges zu deuten. Nur kurz fand die erstaunliche Proklamation eines „Endes der Geschichte"[595] Gehör. Natürlich war damit nicht der nahende Weltuntergang oder ein völliges Ausbleiben neuer Ereignisse gemeint. Nach der Implosion der sozialistischen Staaten sei der Verfassungsstaat westlicher Prägung, gekennzeichnet durch Demokratie, Rechtsstaatlichkeit, liberale Freiheitsrechte und Elemente des Ausgleichs ökonomischer Ungleichheit, als einziges überzeugendes und maßgebliches Modell der Staatlichkeit verblieben, wobei diese Beobachtung Mängel in der Umsetzung des Modells nicht leugnen wollte. Die eigentliche Pointe der These lag darin, dass damit tatsächlich ein Ende der bisherigen Geschichte, die durch Konkurrenz und Kriege getrieben worden sei, erreicht sei. Das stelle der Menschheit ganz neue Aufgaben, etwa die Sicherung der Innovationsfähigkeit, die bisher durch Konflikte und die Notwendigkeit, überlegen zu sein, getragen worden sei. Erstaunlich war in dieser These vom Ende der Geschichte die Vernachlässigung des chinesischen Modells, die Annahme, mit der Auflösung der Bipolarität des Kalten Krieges sei nur noch das westliche Modell verblieben. Und: Von einem Ende grundlegender Konflikte konnte tatsächlich nicht die Rede sein. Das war spätestens seit den Terroranschlägen vom

---

[594] *Peter Bender*, Zweimal Deutschland, 2007, S. 269.
[595] *Francis Fukuyama*, The End of History and the Last Man, 1992 (dt. 1993: Das Ende der Geschichte).

11. September 2001 offensichtlich. Die Jahre seit 2010, insbesondere seit der russischen Annexion der Krim 2014 und dem Überfall auf die Ukraine 2022, belegen, dass Krieg und Kampf, die Auseinandersetzung zwischen liberalen Verfassungsstaaten und autoritären Regimes, nicht verschwunden sind. Kurz nach Beginn des Ukrainekriegs sprach Francis Fukuyama von dem „Ende des Endes der Geschichte". Zugleich blieben liberale politische Systeme die einzigen, die auf lange Sicht Erfolg versprächen. Die ebenfalls in den 1990er Jahren entstandene These vom neuen „Kampf der Kulturen"[596] war im Rückblick näher an der Wirklichkeit: Nach dem Ende des Kalten Krieges sollten danach nicht mehr Ideologien die Weltordnung bestimmen, sondern verschiedene Kulturen und Kulturkreise; insbesondere die westlichen Werte des Zusammenlebens würden keineswegs global anerkannt. Das erwies sich als vielfach zutreffend. Hinzu kamen unerwartete innere Funktions-, Akzeptanz- und Legitimationsprobleme des liberalen Verfassungsstaates.[597] Sie bestimmen die ersten Dekaden des 21. Jahrhunderts – auch in Deutschland, wenngleich sich hier die Verfassungsordnung als robuster erwies als in vielen anderen Staaten, in denen demokratische Entscheidungsstrukturen im Zuge eines fatalen Reizes des Autoritären durch semiautoritäre ersetzt wurden, in Europa etwa in Ungarn und Polen.[598]

1136 Die Zeiten wurden unruhiger. Die Jahrzehnte seit 1990 brachten mehr Instabilität und Veränderungen hervor als die festgefügte, zwischen Ost und West zweigeteilte Nachkriegsordnung der Jahrzehnte zwischen 1945 und 1990. Es entstand, insbesondere durch die neue Rolle Chinas, eine multipolare Weltordnung. Seither „hat das wiedervereinigte, das ‚neue' Deutschland im Inneren, aber auch als globaler Akteur, Entwicklungen zurückgelegt, die zuvor undenkbar gewesen wären. Die Macht in der Mitte Europas wandelte sich auf fast allen Feldern."[599] Eines aber blieb: Die Verfassungszentriertheit der politischen Kultur, wie die Bundesrepublik sie seit 1949 hervorgebracht und die sie geprägt hatte.

I. Auf dem Weg zur „inneren Einheit"

1. Verfassungsreform

1137 In einem gewissen Ausgleich dazu, dass die deutsche Einigung durch den Beitritt der DDR nach Art. 23 S. 2 GG a. F. zum Geltungsbereich des Grundgesetzes geschah, nicht durch Vereinigung der beiden Staaten mit Erarbeitung einer neuen Verfassung, wie von Art. 146 GG a. F. erwähnt, empfahl Art. 5 EV „den gesetzgebenden Körperschaften des vereinten Deutschlands, sich innerhalb von zwei Jahren mit den im Zusammenhang der deutschen Einigung aufgeworfenen Fragen zur Änderung oder Ergänzung des Grundgesetzes zu befassen". Erwähnt wurde „insbesondere" das

---

[596] *Samuel P. Huntington*, The Clash of Civilisations and the Remaking of World Order, 1996 (dt. 1996: Kampf der Kulturen. Die Neugestaltung der Weltpolitik im 21. Jahrhundert).

[597] Dazu *Colin Crouch*, Postdemokratie, 2008; *ders.*, Postdemokratie revisited, 2021; *Yascha Mounk*, Der Zerfall der Demokratie, 2018.

[598] *Peter M. Huber*, Europäische Verfassungs- und Rechtsstaatlichkeit in Bedrängnis, in: Der Staat 56 (2017), S. 389 ff.; Günter Frankenberg/Wilhelm Heitmeyer (Hrsg.), Treiber des Autoritären. Pfade und Entwicklungen zu Beginn des 21. Jahrhunderts, 2022.

[599] *Edgar Wolfrum*, Der Aufsteiger. Eine Geschichte Deutschlands von 1990 bis heute, 2020, S. 7.

"Verhältnis zwischen Bund und Ländern", die Möglichkeit einer vereinfachten „Neugliederung für den Raum Berlin/Brandenburg abweichend" von Art. 29 GG „durch Vereinbarung der beteiligten Länder", die „Aufnahme von Staatszielbestimmungen in das Grundgesetz" und die „Frage der Anwendung des Artikels 146 des Grundgesetzes und in deren Rahmen einer Volksabstimmung". Es ging, nach den unmittelbar die Einigung begleitenden Änderungen des Jahres 1990, um die Prüfung, ob das Grundgesetz weiterer Anpassungen bedürfe.

Bundestag und Bundesrat griffen die Empfehlung auf und setzten am 28./29. November 1991 eine 64 Mitglieder (je 32 Mitglieder des Bundestages und des Bundesrates) umfassende „Gemeinsame Verfassungskommission" ein, die 1993 ihre Vorschläge vorlegte.[600] Ausdrücklich ausgeklammert blieb in den Vorschlägen das Europaverfassungsrecht; mit diesem hatte sich die Kommission zwar befasst, der neue Europaartikel (Art. 23 GG) wurde aber schon 1992 im Zuge der Umsetzung des Vertrages von Maastricht beschlossen. Die Kommission beschäftigte sich nicht mit den Bund-Länder-Finanzbeziehungen – die volle Integration der östlichen Länder in den bundesstaatlichen Finanzausgleich seit 1995 gelang ohne Verfassungsänderung – und nicht mit dem Staatskirchenrecht, zu dem die Kommission keine Empfehlung abgeben mochte. Gerade der letzte Punkt spiegelte die Prägung der Kommission durch den Gegensatz der Kräfte, die möglichst wenig verändern wollten, und auf der anderen Seite denjenigen, die den Weg zu einer vollständig neuen Verfassung vorgezogen hätten. Die beharrenden Kräfte setzten sich durch. Dies betraf auch die in der Kommission intensiv beratene Frage, ob in das Grundgesetz Elemente direkter Demokratie eingefügt werden sollten.[601] Das konkrete Ergebnis der Kommissionsarbeit, intensiven Beratungen zum Trotz,[602] war mager und betraf zumeist technische Aspekte. Die Grundgesetzänderung vom 27. Oktober 1994[603] griff die wenigen und nicht grundlegenden Kommissionsvorschläge weitgehend auf. Sie stärkte zumindest in Details die Stellung der Länder (Änderung und Ergänzung der Art. 72, 74, 75, 76 Abs. 2 und 3, 77 Abs. 2a, 80 Abs. 3 und 4, 87 Abs. 2, 93 Abs. 1 Nr. 2a GG). Neu war das Staatsziel Umweltschutz (Art. 20a GG) und die Präzisierung der Gleichberechtigung von Mann und Frau sowie der Eingliederung Behinderter (Art. 3 Abs. 2 S. 2, Abs. 3 S. 2 GG). Die Sondervorschrift des Art. 118a GG zur erleichterten Neugliederung Berlins und Brandenburgs wurde sogleich genutzt, um eine Fusion der beiden Länder auf den Weg zu bringen. Diese scheiterte jedoch 1996, weil sie nicht die erforderliche Zustimmung der abstimmungsberechtigten Landesvölker fand.

Das Entscheidende des zeitlich von 1990 bis 1994 gestreckten Vorgangs vorsichtiger Verfassungsanpassung durch punktuelle Verfassungsänderungen nach Art. 79

---

[600] Einsetzungsbeschlüsse: Beschlussempfehlung des Bundestages, BT-Drs. 12/1520 vom 14. November 1991, S. 2, Änderungsantrag: BT-Drs. 12/1670 vom 28. November 1991; gleichlautender Beschluss des Bundesrates vom 29. November 1991, BR-Drs. 741/91. Abschlussbericht: BT-Drs. 12/6000 vom 5. November 1993.
[601] *Christopher Schwieger*, Volksgesetzgebung in Deutschland, 2005, S. 295 ff.
[602] Vgl. den Bericht in BT-Drs. 12/6000.
[603] BGBl. I S. 3146.

GG war, dass – in gewisser Parallele zur Entstehungsgeschichte 1948/49 – wiederum keine plebiszitäre Bestätigung des Grundgesetzes, nunmehr als gesamtdeutsche Verfassung, stattfand. Eine solche Zustimmung des Volkes hatten viele gefordert, auch und gerade nach der Erstreckung des Geltungsbereichs des Grundgesetzes aufgrund des Beitritts der DDR. Der saarländische Ministerpräsident Oskar Lafontaine (SPD) führte am 26. September 1990 im Bundestag aus: „Wir bleiben dabei: Eine Verfassung bedarf der Zustimmung des Volkes und ist nicht die Angelegenheit einer Minderheit in unserem Volk."[604] Das ist unzweifelhaft richtig, und dennoch zeigen sowohl 1949 als auch 1990, dass Akzeptanz und Zustimmung zu einer Verfassung sich auch anders als durch unmittelbare Ausübung der verfassunggebenden Gewalt oder plebiszitäre Billigung einstellen können.[605]

1140 Die verfassungsrechtlichen Schritte der deutschen Einheit führten eine Konstante der deutschen – und nicht nur der deutschen – Verfassungsgeschichte fort: Die Ausarbeitung einer Verfassung bleibt eben doch einer in Verfassungsfragen erfahrenen kleinen Gruppe vorbehalten, daneben spielen Einflüsse der Exekutive eine starke Rolle; das Volk dagegen wird nicht einmal zur förmlichen Billigung der Verfassung gerufen. Verfassungsplebiszite hat es auf zentralstaatlicher Ebene bei keiner deutschen Verfassung gegeben, weder 1848 noch 1871, 1919 und 1949. Die förmliche Einberufung einer Verfassunggebenden Versammlung durch Wahlen fand allein 1848 und 1919 statt. Auch vor diesem Hintergrund ist es wenig sinnvoll, ein Legitimitätsdefizit des Grundgesetzes zu behaupten.

2. Integration und Transformation

a) Innere Einheit

1141 Die komplexen Probleme der inneren Einigung waren (und sind teils bis heute) solche der vorrechtlichen Verfassungsvoraussetzungen, insbesondere Folgen des ganz eigenen gescheiterten Wegs der DDR, Gesellschaft und Staat abweichend von der Tradition des Verfassungsstaats aufbauen zu wollen. Vor diesem Hintergrund war der Systemwechsel im Osten Deutschlands im Jahre 1990 ohne Vorbild. „Der weiland real existierende Sozialismus hat zwar sein utopisches Endziel, die Verwirklichung der kommunistischen Gesellschaft, verfehlt, sein reales Zwischenziel jedoch weitgehend erreicht: die Vernichtung der bürgerlichen Gesellschaft. Damit konnten sich wesentliche Voraussetzungen des Verfassungsstaates nicht entfalten: Autonomie und Vielfalt der Lebensbereiche, Religion und staatsfreie Kultur, Privatrechtsgesell-

---

[604] Verhandlungen des Deutschen Bundestages, 11. WP 1990, Sten. Berichte, Bd. 154, S. 17811 A.
[605] So sprach *Josef Isensee*, Staatseinheit und Verfassungskontinuität, in: VVDStRL 49 (1990), S. 39 ff., 52, davon, dass das Grundgesetz kontinuierlich durch ein informelles „plébiscite de tous les jours" bestätigt und legitimiert sei. Kritisch *Volker Neumann*, Volkswille. Das demokratische Prinzip in der Staatsrechtslehre vom Vormärz bis heute, 2020, S. 243: Die Worte der Präambel, wonach das Volk seine Verfassung beschlossen hat, könnten nicht durch „nach zweifelhaften Kriterien ermittelte Erfolge und auch nicht durch demoskopische Meinungsumfragen ersetzt werden".

schaft, Marktwirtschaft. Die Kluft, die sich hier auftat, reicht tiefer und weiter als jede andere, die in den letzten zwei Jahrhunderten bei einem Systemwechsel zu überwinden war."[606] Die Politik vereinfachte; sie definierte und identifizierte die Aufgaben von Transformation und Integration sehr stark mit dem Ziel der „Angleichung der Lebensverhältnisse": Verbesserung der Infrastruktur in allen Bereichen, Angleichen der sozialen Sicherung, Herausbilden einer selbstbewussten Bürgergesellschaft. Mahnend hatte bereits Innenminister Wolfgang Schäuble vor dem Bundesrat am 21. September 1990 betont: „Jedermann weiß, daß die Einheit Deutschlands nicht mit dem 3. Oktober in dem Sinne vollendet ist, daß wir einheitliche Lebensverhältnisse haben, daß ein Großteil der Arbeit mit dem 3. Oktober erst beginnt. Ich denke, es ist wichtig, daß wir heute insbesondere auch den Mitbürgern in den fünf Ländern mit aller Klarheit sagen, daß das Ziel, einheitliche Lebensverhältnisse in ganz Deutschland zu erreichen, rasch erreicht werden muss, daß es aber nicht über Nacht erreicht werden kann, daß wir Monate, vielleicht auch Jahre brauchen werden […]."[607]

b) „Mauerschützen" und die Grenzen des Rechtsstaats

Neben dieser zukunftsgerichteten Aufgabe ging es darum, wie mit dem rechtlichen Erbe der DDR umzugehen sei. Gab es Bewahrenswertes oder war die DDR ein so umfassender „Unrechtsstaat", dass dies bei jeder Gelegenheit festgestellt und im Übrigen die DDR möglichst spur- und folgenlos zu verschwinden habe? Die Rede vom Unrechtsstaat polarisierte vor allem dann, wenn der siegreiche „Westen" über den „Osten" urteilte, im gesellschaftlichen Diskurs, aber auch dort, wo Funktionsträger der DDR sich für ihr Verhalten vor Gericht verantworten sollten. Eine Beurteilung oder Bewältigung der Vergangenheit durch Recht gelingt in solchen Situationen nicht, ein Rechtsstaat hat keine konsistenten Maßstäbe, Verhaltensweisen auf der Grundlage einer untergegangenen nicht-rechtsstaatlichen Rechtsordnung als rechtmäßig oder unrechtmäßig zu qualifizieren.

1142

Bis zum Fall der Mauer am 9. November 1989 waren an der innerdeutschen Grenze 264 Flüchtlinge von DDR-Grenztruppen getötet worden. Nach 1990 gab es Strafverfahren gegen „Mauerschützen" und diejenigen, die im Politbüro der SED und im Nationalen Verteidigungsrat der DDR die Hauptverantwortung für das Grenzregime getragen hatten. Das strafrechtliche Rückwirkungsverbot (Art. 103 Abs. 2 GG) verlangte die Anwendung des zur Tatzeit geltenden DDR-Rechts, das – zunächst ungeschrieben, später im Grenzgesetz enthalten – einen Rechtfertigungsgrund für Tötungshandlungen an der Grenze enthielt.[608] Diesem versagte aber der Bundesge-

1143

---

[606] *Josef Isensee/Paul Kirchhof*, Vorwort, in: Handbuch des Staatsrechts, Bd. IX, 2. Aufl. 1997, S. V.
[607] Verhandlungen des Bundesrates, Stenographische Berichte, 619. Sitzung vom 21. September 1990, S. 491 ff., 492.
[608] Nach § 27 Abs. 2 des Grenzgesetzes der DDR (vom 25. März 1982, GBl. DDR I S. 197) war die Anwendung der Schusswaffe „gerechtfertigt, um die unmittelbar bevorstehende Ausführung oder Fortsetzung einer Straftat zu verhindern, die sich den Umständen nach als ein Verbrechen darstellt". „Republikflucht" war eine Straftat, zumeist in Form eines Verbrechens.

richtshof die Wirkung. Zunächst argumentierte das Gericht,[609] die DDR habe sich in ihrer Verfassung und völkerrechtlich zur Geltung der Menschenrechte bekannt, so dass die Rechtfertigungsgründe „menschenrechtsfreundlich" auszulegen seien. Das überzeugte nicht, weil damit der DDR ein Widerspruch zwischen Rechtsordnung und Rechtsanwendung unterstellt wurde, während tatsächlich schon die Rechtsordnung weder rechtsstaatlich noch von der Anerkennung von Menschenrechten geprägt war. Etwas später begründete das Gericht die Strafbarkeit der Mauerschützen und Verantwortlichen mit der Radbruchschen Formel (zu ihr bereits oben Rn. 906).[610] Dem rechtfertigenden DDR-Gesetz sei die Anerkennung zu versagen, weil im Konflikt zwischen Rechtssicherheit (Gesetz) und Gerechtigkeit sich diese ausnahmsweise durchsetze, wenn „der Widerspruch des positiven Gesetzes zur Gerechtigkeit ein so unerträgliches Ausmaß erreicht, dass das Gesetz als ein ‚unrichtiges Recht' der Gerechtigkeit zu weichen" habe. Die Gerechtigkeitspostulate dieser Formel seien heute durch die völkerrechtlich anerkannten Menschenrechte konkretisiert. Ein Rechtfertigungsgrund, der die Tötung unbewaffneter Flüchtlinge erlaube und damit das Ausreiseverbot stärker gewichte als das Recht auf Leben, sei „wegen offensichtlichen, unerträglichen Verstoßes gegen elementare Gebote der Gerechtigkeit und gegen völkerrechtlich geschützte Menschenrechte unwirksam"[611]. Mit einer noch einmal anderen Begründung billigte dieses Ergebnis das Bundesverfassungsgericht.[612] Das Rückwirkungsverbot gelte zwar grundsätzlich „absolut", es müsse aber in der „ganz besonderen Situation" des Systemübergangs zum Rechtsstaat eine Relativierung erfahren. Ein Vertrauen auf die Straflosigkeit der Mauertaten sei nicht schützenswert, wenn es um schweres Unrecht, gemessen am Maßstab der in der Völkerrechtsgemeinschaft geltenden Menschenrechte, gehe.

1144   Problematisch ist an dieser Lösung, dass nach einem Systemwechsel die verbleibende rechtsstaatliche Ordnung in einseitiger Wendung doch den Maßstab zur Bewertung von Recht und Unrecht abgibt – zur Rechtsstaatlichkeit gehört aber andererseits gerade, dass Art. 103 Abs. 2 GG den Konflikt zwischen Gesetz und Gerechtigkeit im Bereich der Strafgewalt abschließend zu Gunsten des Gesetzes (und zu Gunsten des Täters) entschieden hat. Das Rechtsstaatsprinzip selbst ist also bei der Beurteilung überwundenen (Un-)Rechts ambivalent.[613] Das haben wohl auch die Gerichte so gesehen und ihr Ergebnis der Strafbarkeit wieder relativiert: Mauerschützen erhielten milde Strafen, meist zur Bewährung ausgesetzt, lediglich die Verantwortlichen im Hintergrund wurden schwerer bestraft.

---

[609] BGHSt 39, 1.
[610] BGHSt 40, 219; 40, 241; 41, 101.
[611] BGHSt 40, 219 (232); 40, 241 (244).
[612] BVerfGE 95, 96 (132 ff.).
[613] *Horst Dreier*, Gustav Radbruch und die Mauerschützen, in: JZ 1997, S. 421 ff.; *R. Grafe*, Deutsche Gerechtigkeit, 2004.

c) Folgenbeseitigung: Enteignungen in der SBZ und der DDR

Der Einsatz des Strafrechts sanktionierte wenig zufriedenstellend die Vergangenheit. Andere Bereiche der Systemtransformation hatten sich mit dem Ob und Wie eines Rückgängigmachens von DDR-Akten zu befassen, gleichsam einer „Geschichtsumkehr"[614] – die aber ebensowenig möglich ist wie eine eindeutige und widerspruchsfreie Anwendung rechtsstaatlicher Grundsätze auf den Systemwechsel. Es ging vor allem um Enteignungen zwischen 1945 und 1989, wobei zwei Zeiträume zu unterscheiden waren. Zwischen 1945 und 1949 gab es auf besatzungsrechtlicher (sowjetischer) Grundlage Enteignungen von Großgrundbesitz – auch, aber nicht nur des Grundeigentums von Anhängern des NS-Regimes, in jedem Fall ohne Rechtsschutz und Entschädigung. Vorbereitet wurde auf diesem Weg eine sozialistische Bodenordnung. In der DDR wurde vor allem Eigentum von „Republikflüchtlingen" entschädigungslos enteignet. DDR-Bürger erhielten die in Volkseigentum überführten Grundstücke, teils mit förmlichen Urkunden, teils ohne, aber jedenfalls ohne sachenrechtliche Akte. Sie bauten auf den Grundstücken selbstgenutzte Häuser, die wiederum nach DDR-Recht in ihrem persönlichen Eigentum standen. Im Zuge der Wiedervereinigung legte das im Einigungsvertrag – nach langem Zögern der DDR-Regierung – vorgezeichnete „Gesetz über offene Vermögensfragen"[615] eine entschädigungslose Restitutionsfestigkeit der Enteignungen in der Sowjetischen Besatzungszone fest, im Übrigen sollte das Prinzip „Rückgabe vor Entschädigung" gelten; „Alteigentümer" konnten – nach der Wiedereinführung des sachenrechtlichen Prinzips der Untrennbarkeit von Boden und Gebäude – Anträge auf Rückgabe von Gebäuden stellen, die von anderen Personen, häufig gutgläubig, genutzt wurden. Insgesamt gingen 2,2 Mio. Anträge ein, bis 2009 wurden 419.820 Grundstücke rückübertragen, in denen 1,6 Mio. Menschen wohnten. Auf allen Seiten hatten diese Übertragungen hohes Konfliktpotential – der „Alteigentümer" kam aus dem Westen, der (zumeist) gutgläubige DDR-Gebäudeeigentümer war „Neubürger" der Bundesrepublik. Verkomplizierend kam die Differenzierung zwischen den Jahren bis und nach 1949 hinzu.

Um dieser Unterscheidung eine verfassungsrechtliche Grundlage zu geben, kam 1990 Art. 143 Abs. 3 in das Grundgesetz. Bereits 1991 entschied das Bundesverfassungsgericht über Verfassungsbeschwerden solcher Alteigentümer, die zwischen 1945 und 1949 enteignet worden waren. Wegen der verfassungsrechtlichen Bestätigung des Restitutionsausschlusses in Art. 143 Abs. 3 GG war Art. 79 Abs. 3 GG der Prüfungsmaßstab, dessen Verletzung das Gericht ausschloss.[616] Die Enteignungen bis 1949 seien räumlich und zeitlich außerhalb des Geltungsbereichs des Grundgesetzes geschehen. Dieses verpflichte auch nicht zum – etwa sozialstaatlich geforderten – nachträglichen Ausgleich oder „Lastenausgleich" in Natur.[617] Bei der Be-

---

[614] *Jörg Menzel*, BVerfGE 84, 90 – Enteignungen 1949–1990 (Bodenreform), in: ders. (Hrsg.), Verfassungsrechtsprechung, 2000, S. 467 ff., 467.
[615] BGBl. II 1990 S. 1159. Zuvor Art. 41 EV – Regelung von Vermögensfragen.
[616] BVerfGE 84, 90 (121 ff.); ferner BVerfGE 94, 12; 112, 1.
[617] Bei dieser Weichenstellung zeigte sich das Gericht besonders beeindruckt von der im Verfah-

wältigung der Kriegsfolgen im weiteren Sinne habe der Gesetzgeber einen weiten Spielraum. Der in seinen Grundzügen durch Art. 79 Abs. 3 GG geschützte Gleichheitssatz des Art. 3 Abs. 1 GG verpflichte aber zur Festlegung von Ausgleichszahlungen in Geld. Dann räumte das Bundesverfassungsgericht ein, auf welche Schwierigkeiten der Versuch stößt, die Vergangenheit aufzurollen und dabei den unterschiedlichen Interessen gerecht zu werden: „Bei der Bemessung von Wiedergutmachungsleistungen darf der Gesetzgeber im Rahmen des ihm ohnehin zustehenden Gestaltungsraums auch darauf Rücksicht nehmen, welche finanziellen Möglichkeiten er unter Berücksichtigung der sonstigen Staatsaufgaben hat. Die für den Ausgleich von Kriegsfolgeschäden entwickelten Grundsätze gelten insoweit entsprechend [...]. Der Gesetzgeber darf danach das Gesamtvolumen der wiedergutzumachenden Schäden – zu denen nicht nur Schäden am Eigentum gehören – berücksichtigen. Bei der Gewichtung von Eigentumsschäden ist zu berücksichtigen, dass in der fraglichen Zeit auch andere Güter – etwa Leben, Gesundheit, Freiheit und berufliches Fortkommen – beeinträchtigt worden sind [...]. Darüber hinaus darf der Gesetzgeber aber auch auf die Erfüllung der neuen Aufgaben Bedacht nehmen, die sich aus dem Wiederaufbau in den neuen Bundesländern ergeben. Bei der Einschätzung der wirtschaftlichen und finanziellen Lage des Staates und der Gewichtung der einzelnen Staatsaufgaben kommt ihm dabei ein besonders weiter Beurteilungsspielraum zu [...]. Angesichts der desolaten wirtschaftlichen Lage in den neuen Bundesländern, deren Bereinigung schon nach dem derzeit absehbaren Stand Zuschüsse in Höhe eines dreistelligen Milliardenbetrages erfordert, besteht eine (originäre) verfassungsrechtliche Verpflichtung zu einer Wiedergutmachung, die wertmäßig einer Restitution gleichkäme, nicht. Allerdings muß der Gesetzgeber bei der gesamten Wiedergutmachungsregelung Art. 3 Abs. 1 GG beachten."[618]

1147 Das reflektiert die Besonderheit des Systemumbruchs 1990: Während 1919 und 1949 neue Verfassungen den Bruch mit dem Vergangenen dokumentierten, erstreckte der Beitritt den Geltungsbereich des weiterbestehenden Grundgesetzes und erweckte die Hoffnung, diese Verfassung könne nachträglich zur Bewertung von Akten der DDR herangezogen werden. Das musste den Rechtsstaat überfordern, der zwar die Vergangenheit nicht einfach vergessen kann, aber auch nicht in der Lage ist, die Vergangenheit umzuwerten und mit gleichheitsbezogenen neuen Rechtsfolgen zu verknüpfen. Der „nachfolgende" Rechtsstaat muss die normativen Maßstäbe – verfassungsrechtlich und gesetzlich – aufstellen, an denen die untergegangene Teilordnung zu messen ist; zugleich droht die rückwirkende Anwendung neuer Maßstäbe gegen ein Grundprinzip des Rechtsstaats zu verstoßen.[619]

---

ren seitens der Bundesregierung erhobenen Behauptung, die Sowjetunion habe die Bestandskraft der Enteignungen 1945–1949, vor allem im Zusammenhang der damaligen Bodenreform, zur Bedingung für ihre Zustimmung zur deutschen Einigung erhoben. Dem widersprachen später Politiker der früheren Sowjetunion, insbesondere Michail Gorbatschow.

[618] BVerfGE 84, 90 (130 f.).
[619] Vgl. die Beschreibung des Paradoxes bei *Hans-Jürgen Papier/Johannes Möller*, Die rechtsstaatliche Bewältigung von Regime-Unrecht nach 1945 und nach 1989, in: NJW 1999, S. 3289 ff.,

II. Das europäische Unionsrecht als neuer Konkurrent des nationalen Verfassungsrechts

1. Die „Einheitliche Europäische Akte" (1986)

Häufig wird behauptet, die Gründung der Europäischen Union im Jahre 1992 gehe im Wesentlichen auf die „Beruhigung französischer Bedenken gegen die neue deutsche Größe"[620] in Europa nach der Wiedervereinigung zurück. Das stimmt so nicht. Konkrete Pläne zur Unionsgründung, auch zu einer Wirtschafts- und Währungsunion, reichen weit in die 1980er Jahre zurück. Der markante Schritt war die am 1. Juli 1987 in Kraft getretene Einheitliche Europäische Akte (EEA)[621]. Sie traf zeitlich mit der „Süderweiterung" der damaligen Gemeinschaft zusammen (Aufnahme Griechenlands 1981, Spaniens und Portugals 1986). Die Einheitliche Europäische Akte enthielt die bis dahin tiefgreifendsten Änderungen der Europäischen Gründungsverträge aus den 1950er Jahren und fügte der Gemeinschaft den Bereich der „europäischen Zusammenarbeit zwischen den Unterzeichnerstaaten" (so die Präambel) hinzu. Nach vorausgegangenen zwei Jahrzehnten europäischer Stagnation („Eurosklerose") traf die Akte Vorkehrungen zur Vollendung des Binnenmarktes bis 1992; institutionell stärkte sie das Europäische Parlament sowie die Kommission und erweiterte die gemeinschaftlichen Zuständigkeitsbereiche um die Felder Umwelt, Forschung und Technik. Die noch nicht erreichte Europäische Union wurde ausdrücklich als weiteres Ziel benannt.[622] Auch Entwürfe für eine europäische Währungsunion wurden auf Anstoß des damaligen Kommissionspräsidenten Jacques Delors erarbeitet. In einer Rede vom Februar 1989 skizzierte der Vorstandssprecher der Deutschen Bank, Alfred Herrhausen, die Vorteile und den Rahmen einer Währungsunion: „Die Transaktionskosten, die bei der Koexistenz von zwölf unterschiedlichen Währungen anfallen, sind ein Hemmnis für die Wettbewerbsfähigkeit der Unternehmen."[623] Zugleich betonte Herrhausen die Notwendigkeit einer unabhängigen europäischen Zentralbank, die Preisstabilität gewährleisten und auf Staatsfinanzierung verzichten müsse – unschwer ist hier das Modell der wenige Jahre später verwirklichten Währungsunion zu erkennen.

1148

3289. Kritisch zur Regelung der Eigentumsfragen *Johannes Wasmuth*, Zur Verfassungswidrigkeit des Restitutionsausschlusses für Enteignungen auf besatzungsrechtlicher Grundlage, in: NJW 1993, S. 2476 ff.

620 *Uwe Wesel*, Rechtsgeschichte der Bundesrepublik Deutschland, 2019, S. 182.
621 Amtsblatt der Europäischen Gemeinschaften vom 29. Juni 1987, Nr. L 169/1; BGBl. II. 1986 S. 1102.
622 Art. 1 Abs. 1 EEA: „Die Europäischen Gemeinschaften und die Europäische Politische Zusammenarbeit verfolgen das Ziel, gemeinsam zu konkreten Schritten auf dem Weg zur Europäischen Union beizutragen."
623 Zitiert nach *Friederike Sattler*, Alfred Herrhausen, 2019, S. 605.

2. Die Gründung der Europäischen Union

1149 Kurz nach Inkrafttreten der Einheitlichen Europäischen Akte war mit der sich abzeichnenden und dann schnell verwirklichten deutschen Einheit und dem Zerfall des sowjetisch beherrschten Ostblocks der Zeitpunkt gekommen, die bisherige Wirtschaftsgemeinschaft in einem „großen Sprung" zur „eigenen Existenz"[624] und Union fortzuentwickeln. Die deutsche Einigung dehnte den Geltungsbereich der Gemeinschaften erstmals auf einen zuvor sozialistischen Staat aus. „Dieser in kürzester Zeit vollzogene Schritt wirkte ebenso wie die rasche Heranführung der postdiktatorischen ostmitteleuropäischen Staaten an Europa als starker Impuls zur Vertiefung" der Gemeinschaft. „Die Europäer standen vor der unverhofften Möglichkeit, die Einheit des Kontinents neu zu gestalten."[625] Am 7. Februar 1992 kam es in Maastricht zur Unterzeichnung des Vertrages über die Europäische Union[626], der am 1. November 1993, nach der Überprüfung des deutschen Zustimmungsgesetzes durch das Bundesverfassungsgericht,[627] in Kraft trat. Nach Art. A Abs. 2 EUV (Maastricht) stellte der Vertrag „eine neue Stufe bei der Verwirklichung einer immer engeren Union der Völker Europas dar, in der die Entscheidungen möglichst bürgernah getroffen werden".

1150 Der Vertrag schuf ein kompliziertes institutionelles Gefüge, meist als „Tempel" beschrieben, mit der Europäischen Union als Dach und den drei Säulen der Gemeinschaft, der Zusammenarbeit bei der Außen- und Sicherheitspolitik und der Zusammenarbeit bei der Innen- und Justizpolitik. Kern des Vertrages war die Schaffung einer Wirtschafts- und Währungsunion mit dem Euro als einheitlicher Währung. Nach Modifizierungen durch die Verträge von Amsterdam (1997) sowie Nizza (2000) und dem gescheiterten Versuch einer Europäischen Verfassung (2005) konsolidierte der Vertrag von Lissabon (2007)[628], der wiederum erst nach verfassungsgerichtlicher Billigung des deutschen Zustimmungsgesetzes in Kraft trat,[629] die Union. An die Stelle des Drei-Säulen-Modells ist die einheitliche Union getreten, in der allerdings nach wie vor zwischen unionalen Zuständigkeiten und Bereichen der Zusammenarbeit der Mitgliedstaaten unterschieden wird. Zugleich vergrößerte die Osterweiterung die Union von 15 auf 25 (2004), später 28, nach dem Brexit 27 Staaten.

1151 Die Entwicklung seit Maastricht hat die Stärken und Schwächen des supranationalen Staatenverbundes deutlich gezeigt. Seit ihrem Beginn umfasst die Wirtschafts- und Währungsunion einen sehr heterogenen Staatenraum. Die Unterschiede betreffen vor allem die wirtschaftliche Stärke, die Haushaltsdisziplin und die soziale Sicherung einschließlich deren Finanzierung. Der Euro mit der durch die Europäische Zentralbank (EZB) gesteuerten

---

[624] *Frank Schorkopf*, „Europas neue Ordnung" – eine plurale Union, in: NVwZ 2018, S. 9ff., 9.

[625] *Edgar Wolfrum*, Der Aufsteiger. Eine Geschichte Deutschlands von 1990 bis heute, 2020, S. 195.

[626] ABl. der Europäischen Gemeinschaften C 191 vom 29. Juli 1992; dazu das Gesetz zur Änderung des Grundgesetzes vom 21. Dezember 1992 (BGBl. I S. 2086) und das Gesetz vom 28. Dezember 1992 zum Vertrag vom 7. Februar 1992 über die Europäische Union (BGBl. II. S. 1251).

[627] BVerfGE 89, 155.

[628] ABl. Nr. C 306 S. 1; bereinigt ABL. 2008 C 111 S. 11.

[629] BVerfGE 123, 267.

Geldpolitik senkte langanhaltend die Kapitalmarktzinsen. Dies hatte Wirkung vor allem für schwächere und hochverschuldete Länder, denen weitere Verschuldung erleichtert wurde. Überwindbar wäre die Heterogenität nur durch eine weitergehende Vergemeinschaftung in Gestalt einer „Fiskalunion" (mit gemeinsamer Haushaltspolitik) und letztlich einer politischen Union, die auch die gemeinsame Gestaltung der Steuer- und Sozialpolitik umfassen müsste. Im institutionellen Rahmen der gegenwärtigen Union wäre dies nicht zu verwirklichen.

3. Unionsrecht und Verfassungsrecht

Was hat dies mit der deutschen Verfassungsgeschichte zu tun? Zum ersten Mal im Zeitalter der geschriebenen Verfassungen, das in Deutschland vor 200 Jahren begann, erhält die Verfassung als normative Grundordnung von Staat und Gesellschaft Konkurrenz. Die Europäische Union löst die Nationalstaaten nicht ab, sondern überlagert sie, beeinflusst sie und zwingt sie zur Vereinheitlichung von Lebensbereichen durch Flankierung der europäischen Rechtseinheit. Dazu setzt die Union im Rahmen ihrer Zuständigkeiten Rechtsakte mit unmittelbarer Wirkung in den Mitgliedstaaten und mit Anwendungsvorrang vor allem nationalen Recht, auch dem Verfassungsrecht. Mehr noch: Angesichts der Verflechtung der Rechtsordnungen verweist auch das Grundgesetz inzwischen an vielen Stellen auf das Unionsrecht, so in Art. 16a, 23, 28 Abs. 1 S. 3, 45, 50, 52 Abs. 3a, 88, 104a Abs. 6, 109 Abs. 2. Die nationale Verfassungsgerichtsbarkeit, insbesondere im Bereich der Grundrechte, muss sich mit europäischer Rechtsprechung auseinandersetzen und zu einem „Kooperationsverhältnis"[630] mit dieser finden.

1152

Der neue Standort auch des Verfassungsrechts blieb bis zur Einheitlichen Europäischen Akte weitgehend unbeachtet und eine Sache von Spezialisten, trotz früher Betonung der „Völkerrechtsfreundlichkeit"[631] und der „Europarechtsfreundlichkeit"[632] seit den 1990er Jahren. Mit der Vertiefung der Integration änderte sich dies. Seit dem Vertrag von Maastricht ist das Verhältnis zum supranationalen Recht einer der prominenten Gegenstände des Verfassungsrechts.[633] Bis heute, fast 70 Jahre nach den Gründungsverträgen, stehen sich dabei die Modelle der beständig von den Mitgliedstaaten abgeleiteten Union, ausgedrückt in den Zustimmungsgesetzen der nationalen Parlamente, und der eigenständigen, von den Mitgliedstaaten unabhängigen Union gegenüber. Es lässt sich von einem unionistischen (integrationistischen) und einem etatistischen Standpunkt sprechen (dazu bereits oben Rn. 1094).

1153

---

[630] *Jürgen Schwarze*, Das „Kooperationsverhältnis" des Bundesverfassungsgerichts mit dem Europäischen Gerichtshof, in: Peter Badura/Horst Dreier (Hrsg.), FS 50 Jahre Bundesverfassungsgericht, Bd. I, 2001, S. 223 ff., 223; *Wolfgang Kahl*, Optimierungspotenzial im „Kooperationsverhältnis" zwischen EuGH und BVerfG, in: NVwZ 2020, S. 843 ff.

[631] Z. B. BVerfGE 6, 309 (362 f.); 111, 307 (318).

[632] Zuletzt etwa BVerfGE 123, 267; 126, 286 (303).

[633] Von „zwei Phasen des öffentlichen Rechts nach 1949" spricht *Rainer Wahl*, in: *ders.*, Verfassungsstaat, Europäisierung, Internationalisierung, 2003, S. 411 ff.

a) Staat und Union nach dem Bundesverfassungsgericht

1154 Seit seinem Maastricht-Urteil ist das etatistisch argumentierende Bundesverfassungsgericht damit beschäftigt, die Grenzen der Integration und der nationalen Ermächtigung hierzu zu benennen, eingeschlossen die Möglichkeiten des nationalen Rechtsschutzes gegen europäische Rechtsakte. Das Maastricht-Urteil versteht die Union als „Staatenverbund"[634], dessen demokratische Legitimation sich von den nationalen Staatsvölkern ableite und vorrangig durch die demokratische Legitimation der nationalen Repräsentanten vermittelt werde. Die Übertragung von Hoheitsrechten auf die Union dürfe nicht zu einer „Entleerung" der Aufgaben und Befugnisse des nationalen Parlaments führen.

1155 Das rückt die Frage nach der demokratischen Legitimation in das Zentrum der Betrachtung des Verhältnisses von Union und Mitgliedstaat. „Zu dem gemäß Art. 79 Abs. 3 GG nicht antastbaren Gehalt des Demokratieprinzips gehört, daß die Wahrnehmung staatlicher Aufgaben und die Ausübung staatlicher Befugnisse sich auf das Staatsvolk zurückführen lassen und grundsätzlich ihm gegenüber verantwortet werden. [...] Wird die Bundesrepublik Deutschland Mitglied einer zu eigenem hoheitlichem Handeln befähigten Staatengemeinschaft und wird dieser Staatengemeinschaft die Wahrnehmung eigenständiger Hoheitsbefugnisse eingeräumt – beides wird durch das Grundgesetz für die Verwirklichung eines vereinten Europas ausdrücklich zugelassen (Art. 23 Abs. 1 GG) –, kann insoweit demokratische Legitimation nicht in gleicher Form hergestellt werden wie innerhalb einer durch die Staatsverfassung einheitlich und abschließend geregelten Staatsordnung. Werden supranationalen Organisationen Hoheitsrechte eingeräumt, verliert das vom Volk gewählte Repräsentationsorgan, der Deutsche Bundestag, und mit ihm der wahlberechtigte Bürger notwendig an Einfluß auf den politischen Willensbildungs- und Entscheidungsprozess."[635] Zwar gewinne der Mitgliedstaat – und mit ihm seine Bürger – auch Einflussmöglichkeiten auf die Willensbildung der Gemeinschaft. Im Fall des „Staatenverbundes" sei dies aber kein vollwertiger zweiter demokratischer Legitimationsweg. „Demokratie, soll sie nicht lediglich formales Zurechnungsprinzip bleiben, ist vom Vorhandensein bestimmter vorrechtlicher Voraussetzungen abhängig, wie einer ständigen freien Auseinandersetzung zwischen sich begegnenden sozialen Kräften, Interessen und Ideen, in der sich auch politische Ziele klären und wandeln [...] und aus der heraus eine öffentliche Meinung den politischen Willen vorformt. Dazu gehört auch, daß die Entscheidungsverfahren der Hoheitsgewalt ausübenden Organe und die jeweils verfolgten politischen Zielvorstellungen allgemein sichtbar und verstehbar sind, und ebenso, daß der wahlberechtigte Bürger mit der Hoheitsgewalt, der er unterworfen ist, in seiner Sprache kommunizieren kann."[636] Daran fehle es – noch – weitgehend in der Union. „Im Staatenverbund der Europäischen Union erfolgt mithin demokratische Legitimation notwendig durch die Rückkoppelung des Handelns

---

[634] BVerfGE 89, 155 (184).
[635] BVerfGE 89, 155 (182).
[636] BVerfGE 89, 155 (185).

europäischer Organe an die Parlamente der Mitgliedstaaten; hinzu tritt – im Maße des Zusammenwachsens der europäischen Nationen zunehmend – innerhalb des institutionellen Gefüges der Europäischen Union die Vermittlung demokratischer Legitimation durch das von den Bürgern der Mitgliedstaaten gewählte Europäische Parlament."[637] Noch aber sei die Union „primär gouvernemental bestimmt"[638].

Das Lissabon-Urteil (2009) hat aus diesem Verständnis der primär durch die Mitgliedstaaten vermittelten Legitimation ein ganzes Gerüst essenzieller Aufgaben abgeleitet, die nach dem Grundgesetz dem deutschen Staat verbleiben müssen: „Das Grundgesetz ermächtigt den Gesetzgeber zwar zu einer weitreichenden Übertragung von Hoheitsrechten auf die Europäische Union. Die Ermächtigung steht aber unter der Bedingung, dass dabei die souveräne Verfassungsstaatlichkeit auf der Grundlage eines Integrationsprogramms nach dem Prinzip der begrenzten Einzelermächtigung und unter Achtung der verfassungsrechtlichen Identität als Mitgliedstaaten gewahrt bleibt und zugleich die Mitgliedstaaten ihre Fähigkeit zu selbstverantwortlicher politischer und sozialer Gestaltung der Lebensverhältnisse nicht verlieren."[639] Aus Art. 23, der Präambel des Grundgesetzes und Art. 20, 79 Abs. 3 und 146 GG folge, dass es „für die europäische Integrationsgewalt kein eigenständiges Legitimationssubjekt geben" könne, „das sich unabgeleitet von fremdem Willen und somit aus eigenem Recht gleichsam auf höherer Ebene verfassen könnte."[640]

1156

In jedem Fall dem Mitgliedstaat verbleiben müssen bestimmte Bereiche: „Als besonders sensibel für die demokratische Selbstgestaltungsfähigkeit eines Verfassungsstaates gelten seit jeher Entscheidungen über das materielle und formelle Strafrecht (1), die Verfügung über das Gewaltmonopol polizeilich nach innen und militärisch nach außen (2), die fiskalischen Grundentscheidungen über Einnahmen und – gerade auch sozialpolitisch motivierte – Ausgaben der öffentlichen Hand (3), die sozialstaatliche Gestaltung von Lebensverhältnissen (4) sowie kulturell besonders bedeutsame Entscheidungen etwa im Familienrecht, Schul- und Bildungssystem oder über den Umgang mit religiösen Gemeinschaften."[641]

1157

Zugleich hat sich das Bundesverfassungsgericht die Befugnis zugesprochen, nach den Kriterien der Ultra-vires-Kontrolle[642] und der Wahrung der Verfassungsidenti-

1158

---

[637] BVerfGE 89, 155 (185 f.).
[638] BVerfGE 89, 155 (186).
[639] BVerfGE 123, 263 (347).
[640] BVerfGE 123, 267 (349).
[641] BVerfGE 123, 267 (359). Angesichts der Eurokrise und der europäischen Staatsschuldenkrise seit 2009 hob das Bundesverfassungsgericht in Folgeentscheidungen seither besonders das parlamentarische Budgetrecht als unverfügbaren Teil der grundgesetzlichen Demokratie hervor. Entscheidungen über die Verwendung der staatlichen Einnahmen betreffen zentrale Bereiche der Politik und bilden daher einen grundlegenden Teil demokratischer Selbstgestaltung im Verfassungsstaat, vgl. BVerfGE 129, 124 (177); 132, 195 (232); 135, 317 (399 f.); 142, 123 (195); 146, 216 (253 f.); BVerfG, Urteil vom 5. Mai 2020 (2 BvR 859/15 u. a.), Rn. 104. Dazu *Sven Simon*, Grenzen des Bundesverfassungsgerichts im europäischen Integrationsprozess, 2016, S. 176 ff.
[642] Sie wurden erstmals 1993 im Maastricht-Urteil entfaltet, BVerfGE 89, 155 (188, 209 f.); sodann BVerfGE 126, 286 f.; 129, 124 ff.; 131, 152 ff.; 132, 195 (287 ff.); 146, 216 ff.; 151, 202 ff. *Matthias Jestaedt*, Europäischer Richterdialog in Zeiten der Krise, in: Zeitschrift für Verwaltung 2020, S. 115 ff.

tät des Grundgesetzes zu prüfen, ob Integrationsschritte mit dem Grundgesetz vereinbar sind. Ein erstes Mal hat das Bundesverfassungsgericht in seinem Urteil vom 5. Mai 2020[643] auf der Grundlage dieses Gerüsts einen europäischen Hoheitsakt, im konkreten Fall ein Urteil des Europäischen Gerichtshofes, als ausbrechenden Hoheitsakt beanstandet. Der europäische Gerichtshof habe bei der Kontrolle eines Maßnahmenprogramms der Europäischen Zentralbank „Bedeutung und Tragweite des auch bei der Kompetenzverteilung zu beachtenden Grundsatzes der Verhältnismäßigkeit (Art. 5 I 2 und IV EUV) offensichtlich" verkannt; das europäische Urteil sei überdies wegen der „Ausklammerung tatsächlicher Wirkungen" einer Maßnahme „methodisch nicht mehr vertretbar". Das Urteil des EuGH überschreite „daher offenkundig das ihm in Art. 19 I 2 EUV erteilte Mandat und bewirke eine strukturell bedeutsame Kompetenzverschiebung zulasten der Mitgliedstaaten. Da es sich selbst als Ultra-vires-Akt darstellt, kommt ihm insoweit keine Bindungswirkung zu."[644]

b) Eigenständigkeit des Unionsrechts

1159 Dieser Paukenschlag hat den Gegensatz von unionistischer und etatistischer Sicht der Union auf die Spitze getrieben. Die tiefe Kluft zwischen der Konstruktion als autonomer Verbund oder als von den souveränen Mitgliedern geprägter Staatenverbund ist allerdings eine Sackgasse ohne Umkehrmöglichkeit – überwindbar nur durch Gründung eines europäischen Bundesstaates, der aber weder realistisch noch wirklich erwünscht ist.[645] Um die verfahrenen Positionen zu überwinden, wird es in Zukunft darauf ankommen, die Union und die Mitgliedstaaten als konkurrierende und demokratisch unterschiedlich legitimierte Träger von Hoheitsgewalt anzusehen, die miteinander, nebeneinander und unter Umständen auch gegeneinander tätig werden. Das verlangt insbesondere vom deutschen Verfassungsdenken, die Grundbegriffe Staat, Demokratie, Rechtsstaatlichkeit, Souveränität und Legitimation zu überdenken. Der Umgang des Bundesverfassungsgerichts mit ihnen wird sich als zu eng erweisen. Diese neuen Aufgaben sind umso schwieriger, als die nationale Identität vermutlich weniger klar ist als vom Bundesverfassungsgericht beschrieben und eine europäische Identität noch aussteht.

1160 Auf der Grundlage der Rechtsprechung des Bundesverfassungsgerichts steht die Union „zwischen Pest und Cholera, nämlich zwischen der Option, verfassungsmäßig, aber demokratisch defizitär zu sein (der derzeitige Zustand), und der Option, zwar (als europäischer

---

[643] BVerfGE 154, 17 ff. Zu den Voraussetzungen eines Ultra-vires-Akts BVerfGE 154, 17 (90 f.). Zustimmend *Frank Schorkopf*, Wer wandelt die Verfassung?, in: JZ 2020, S. 734 ff. Kritisch *Franz C. Mayer*, Der Ultra-vires-Akt, in: JZ 2020, S. 725 ff.

[644] BVerfGE 154, 17 (96).

[645] Außerdem erlaubt das Grundgesetz, insbesondere Art. 23, keine Weiterentwicklung der Union zu einem europäischen Bundesstaat, in dem die Mitglieder auf die Rolle einer zweiten, untergeordneten Staatsebene zurückgedrängt würden. Der Eintritt in einen europäischen Bundesstaat würde das „Selbstbestimmungsrecht des deutschen Volkes" im Sinne der „völkerrechtlichen Souveränität" aufgeben. Vgl. BVerfGE 123, 267 (347 f., 364).

Bundesstaat) demokratisch bedenkenfrei, aber dafür grundgesetzwidrig zu sein"⁶⁴⁶. Dieser Zustand wäre nur durch eine neue deutsche Verfassung zu überwinden, die gliedstaatliche Verfassung in einem europäischen Bundesstaat wäre.

Der Europarechtler Ulrich Haltern beschreibt dies so: Die Trennungen von Europa-, Völker- und Verfassungsrecht werden in Frage gestellt. „In Deutschland entwickelten sich daraus zwei komplementäre Richtungen. Das nationale Verfassungsrecht wurde internationalisiert, das internationale Recht verstärkt verfassungsförmig gedacht. Auf europäischer Seite wurde dieser Trend verstärkt. Brüsseler Majorisierung bedeutete ja auch, dass es einen europäischen Legitimationsanspruch geben musste, ‚uns' als europäische Bürger zu repräsentieren. Sichtbarster Ausdruck dieses Anspruchs war die Einführung einer Unionsbürgerschaft im Vertrag von Maastricht. Die Union bewegte sich zunehmend in einem Umfeld, in dem nationale Identität instabil und prekär zu werden drohte, ohne dass auf der anderen Seite ein kohärentes Europa-Identitätskonzept sichtbar wurde. Die Entscheidung über Inklusion/Exklusion als Pfeiler von Staatlichkeit wurde mitgliedstaatlicher Autonomie teilweise entzogen; Grenzen als Verortung staatlich organisierter politischer Gemeinschaft verloren zunehmend ihre Funktion; staatlicher Raum büßte verstärkt an Präzision und konstituierender Kraft ein. Dies galt zunächst nach innen; seit 2015 [dem Jahr der Flüchtlingskrise] galt es auch für alle sichtbar nach außen. Damit musste eine große Verunsicherung einhergehen, weil umgekehrt die Radizierung und Verortung der Union, die sich in immer neuen Erweiterungsrunden ausdehnte, uneinsichtig blieben. Zugleich wurden die Entscheidungen hierüber häufig in Gremien getroffen, denen Vertrauen, Zuspruch, Transparenz und möglicherweise Legitimität fehlten. Zusätzlich bediente sich die Union verstärkt aus dem Arsenal nationalstaatlicher kultureller Artefakte, indem sie sich etwa eine Flagge, eine Hymne, eine Währung, sogar eine Verfassung gab. Damit schienen Identitäten individueller, kollektiver und staatlicher Art zu erodieren, ohne dass das Integrationsprojekt in der Lage zu sein schien, solche Erosionen aufzufangen. Diese Identitätsverluste stellten die Rechtswissenschaft vor Herausforderungen. Das dadurch notwendig veränderte Selbstverständnis der deutschen Rechtswissenschaft […] schlägt sich […] nieder in der deutlich stärkeren Rolle von Interdisziplinarität, Internationalität und Grundlagenorientierung."⁶⁴⁷

Was aus dieser umfassenden inhaltlichen Irritation und Infragestellung der Verfassung (und der von Haltern angesprochenen Veränderung der auf sie bezogenen Verfassungsrechtslehre) entstehen wird, ist offen. Aber selbst wenn die Union scheitern würde, was trotz ihrer gegenwärtigen „Polykrise"⁶⁴⁸ (die weiterwirkende Staatsschulden- und Eurokrise, die Migrations- und Sicherheitskrise, der Brexit, schließlich die Rechtsstaatskrise in der Auseinandersetzung mit mitteleuropäischen Mitgliedstaaten der Union⁶⁴⁹) unwahrscheinlich ist, kehrte die alte ausschließliche Bezogenheit einer einheitlichen öffentlichen Gewalt auf ein geschlossenes Territorium nicht zurück.

---

⁶⁴⁶ *Matthias Jestaedt*, Warum in die Ferne schweifen, wenn der Maßstab liegt so nah?, in: Der Staat 48 (2009), S. 497 ff., 515.
⁶⁴⁷ *Ulrich Haltern*, Europarecht und ich, in: JöR N.F. 68 (2020), S. 439 ff., 452.
⁶⁴⁸ So Kommissionspräsident Juncker in einer Rede am 21. Juni 2016 in Athen (wenige Tage vor dem britischen Brexit-Referendum), abrufbar unter https://ec.europa.eu/commission/presscorner/detail/en/speech_16_2293 (zuletzt abgerufen am 23.10.2022).
⁶⁴⁹ *Claudio Franzius*, Der Kampf um Demokratie in Polen und Ungarn, in: DÖV 2018, S. 381 ff.

III. Föderalismus: auf dem Weg zu einem dezentralisierten Einheitsstaat

1. Zentralisierungstendenzen

1163 Der Staatscharakter der Länder, der nichtsouveränen Gebietskörperschaften oberhalb der kommunalen Ebene, unterscheidet den Bundesstaat vom dezentralisierten Einheitsstaat.[650] Das Grundgesetz fundiert und sichert die Organisationsform Bundesstaat (Art. 20 Abs. 1, 79 Abs. 3 GG). Das schließt ständige Veränderungen der normativen Gestalt und der Verfassungspraxis des Bundestaates allerdings nicht aus. Föderalismus ist ein dynamisches Staatsprinzip mit häufigen Verfassungsänderungen und Verschiebungen der Kräfteverteilung zwischen den beiden staatlichen Ebenen. Erkennbar ist dies im dauernden Miteinander, Nebeneinander und Gegeneinander von Bund und Ländern, bei der Erfüllung der öffentlichen Aufgaben wie auch bei der Ressourcenverteilung. Die föderale Entwicklung der letzten drei Jahrzehnte hat dabei die Länder zunehmend geschwächt, sowohl im Bestand der verfassungsrechtlich zugewiesenen Kompetenzen als auch in der politischen Praxis. Lediglich ihre Finanzausstattung, nicht selbstbestimmt, sondern letztlich vom Bund vorgegeben, hat sich tendenziell verbessert. Verschiedene Anläufe und Forderungen nach einem föderalen Kurswechsel, hin zu mehr Eigenständigkeit der Länder, blieben ohne nennenswerte Ergebnisse. Drei umfassende Verfassungsänderungen, 2006, 2009 und 2017, haben den offenbar unausweichlichen Trend zu einem dezentralisierten Einheitsstaat verstärkt, in dem die Länder sich von Staaten zu Verwaltungseinheiten mit Autonomiebereichen verwandeln.

1164 Zuletzt gab es Mitte der 1960er Jahre ein klares und verfassungsrechtlich dokumentiertes Leitbild des deutschen Bundesstaates: „Die bundesstaatliche Ordnung unterliegt dem Wandel der politischen, ökonomischen und sozialen Verhältnisse; sie kann deshalb nicht auf unabsehbare Zeit verfassungsrechtlich fixiert werden. [...] Es muss deshalb eine Form des Föderalismus entwickelt werden, die ein ausgewogenes und bewegliches System der Zusammenarbeit zwischen dem Bund und den Ländern ermöglicht. Der Föderalismus unserer Zeit kann deshalb nur ein kooperativer Föderalismus sein."[651] Dieser „kooperative Föderalismus", gleichsam die Übersetzung der konsensorientierten Gesellschaft in die Staatsorganisation, meinte einen „Stil des Miteinander von Bund und Ländern, welcher sich sowohl von übertriebener Betonung der Landesselbständigkeit [...] wie auch von massivem Drängen auf Zentralisierung [...] freihält. Man will das misstrauische Nebeneinander in ein möglichst harmonisches Miteinander überführen."[652] Es dauerte allerdings nicht lange, bis die Elemente des kooperativen Föderalismus, die die Verfassungsänderungen der Jahre 1967/69 in das Grundgesetz gebracht

---

[650] Zur Staatsqualität der Länder BVerfGE 1, 14 (34); 6, 309 (347); 34, 9 (19 f.); 72, 330 (388). Zum Folgenden auch *Stefan Korioth*, Der deutsche Föderalismus – auf dem Weg zu einem dezentralisierten Einheitsstaat?, in: Wolfgang Durner u. a. (Hrsg.), FS Hans-Jürgen Papier, 2013, S. 133 ff.

[651] Kommission für die Finanzreform, Gutachten über die Finanzreform in der Bundesrepublik Deutschland („Troeger-Gutachten"), 2. Aufl. 1966, Tz. 75 f. Dazu *Ulrich Scheuner*, Wandlungen im Föderalismus der Bundesrepublik Deutschland (1966), in: *ders.*, Gesammelte Schriften, 1978, S. 435 ff.

[652] *Gunter Kisker*, Kooperation im Bundesstaat, 1971, S. 1 f.

hatten – die damals neuen Gemeinschaftsaufgaben (Art. 91a, 91b a. F.), der um die Umsatzsteuer erweiterte große Steuerverbund (Art. 106 Abs. 3 GG) und die damals neuen Funktionen des Haushalts zur Steuerung der wirtschaftlichen Konjunktur (Art. 109 GG a. F.) – scharf kritisiert wurden. Anfang der 1980er Jahre gab es erste Forderungen, Solidarität und Kooperation durch eine verstärkte Selbständigkeit der Länder untereinander und im Verhältnis zum Bund abzulösen. Nach 1990, als gerade der an einer Gleichmäßigkeit der Lebensverhältnisse orientierte Föderalismus die Integration der neuen Länder, eingeschlossen die Finanzverteilung, ermöglicht hatte, übernahmen Ökonomen die Meinungsführung und forderten die Neuorganisation der Gebietskörperschaften nach einem Wettbewerbsmodell. In den 1990er Jahren auftretende Steuerungsschwierigkeiten der Politik wurden kurzerhand – und meist zu Unrecht – der bundesstaatlichen Organisation angelastet: „Die politischen Entscheidungsprozesse in Deutschland sind seit geraumer Zeit langsam, undurchsichtig und unberechenbar. [...] Eine wichtige Ursache für dieses Politikversagen sind die föderalen Entscheidungsstrukturen."[653] Der Föderalismus sei zur „Verfallsgeschichte" geworden und zeige eine „unaufhaltsame Erosion von Landeszuständigkeiten bei gleichzeitiger und kompensierender Zunahme des Verflechtungs- und Exekutivföderalismus"; „dieser kooperativ weichgespülte Föderalismus zeitigt zwischenzeitlich Wirkungen, die an die Substanz des Bundesstaatsprinzips gehen: der Verbundföderalismus lähmt mit zunehmend problematisch empfundenen Folgen die Handlungsfähigkeit des Bundes, der Exekutivföderalismus marginalisiert die Zuständigkeiten der Landesparlamente, und die eigene Staatlichkeit der Länder [...] zerbröselt langsam, aber scheinbar unaufhaltsam."[654]

2. Die „Föderalismusreformen" 2006 und 2009

Die Diagnose des Verlustes eigener Gestaltungsmöglichkeiten der Länder war zutreffend, überzogen dagegen die Vermutung, es sei der Bundesstaat, der politische Entscheidungen lähme. Bundestag und Bundesrat allerdings ließen sich von der Kritik beeindrucken und kündeten seit dem Jahr 2000 Verfassungsänderungen an. 2006 kam es zur ersten Stufe der sog. „Föderalismusreform"[655], die sich zum Ziel gesetzt hatte, die Kompetenzen von Bund und Ländern zu entflechten und beide Ebenen in ihrer Eigenstaatlichkeit zu stärken. Daraus wurde nicht viel. Beim Neuarrangement der Gesetzgebungskompetenzen gewann der Bund. Aus den vollständig abgeschafften Rahmenkompetenzen (Art. 75 GG a. F.) wurden Vollkompetenzen in Art. 74 GG, die Begrenzung der Erforderlichkeitsklausel in Art. 72 Abs. 2 GG räumte eine dem Bund zuvor zunehmend lästige Hürde eigener Gesetzgebung in allen wirklich wichtigen Bereichen aus dem Weg. Gestärkt wurden die legislativen Handlungsräume der Länder im Wesentlichen nur im öffentlichen Dienst und im Hochschulrecht. Die Ausfüllung der neuen Möglichkeiten setzt indes Ressourcen voraus, über die nur wenige Länder verfügen. Die Gemeinschaftsaufgaben und weitere Mischfinanzierungen (Art. 91a, 91b, 104b GG) ordnete die Reform in begrenzter Weise neu.

1165

---

[653] *Sachverständigenrat zur Begutachtung der gesamtwirtschaftlichen Entwicklung*, Jahresgutachten 2003/2004, 2003, S. 304.

[654] *Otto Depenheuer*, Verfassungsrechtliche Föderalismusreform, in: ZG 2005, S. 83 ff.

[655] Gesetz zur Änderung des Grundgesetzes vom 28. August 2006 BGBl. I S. 2034. Dazu *Ulrich Häde*, Zur Föderalismusreform in Deutschland, in: JZ 2006, S. 930 ff.; *Peter Selmer*, Die Föderalismus-Reform, in: JuS 2006, S. 1052 ff.

1166 Die zweite Stufe der Föderalismusreform (2009) nahm sich die Verteilung der Finanzkompetenzen, die 2006 ausgespart worden war, vor.[656] Ihr zentraler Punkt war die Einführung neuer Schuldenregeln (Art. 109 Abs. 3 GG), wobei, erstmals in der Geschichte des Bundesstaates seit 1871, die neuen Regeln der Bundesverfassung nicht nur für den Bund, sondern auch für die Länder verbindlich sind. Staatliche Eigenständigkeit der Länder würde verlangen, dass diese sich Kreditgrenzen als Ausdruck ihrer Verfassungs- und Budgethoheit selbst und ohne Vorgaben des Bundesrechts setzen. Es spiegelte das neue und verkleinerte Selbstverständnis der Länder wider, dass 13 von ihnen im Bundesrat dem Weg der für die Länder verbindlichen grundgesetzlichen Vorgaben zustimmten.

3. Neuer Finanzausgleich: die Verfassungsänderung 2017

1167 Die schon 2009 klar erkennbare Zentralisierung eines der wichtigsten Bereiche der föderalen Ordnung, der Finanzkompetenzen, setzte sich mit der nächsten großen Verfassungsänderung (2017) fort.[657] Ein Schwerpunkt war die Neuordnung des bundesstaatlichen Finanzausgleichs. Der seit Mitte der 1980er Jahre ständig zwischen finanzstarken und -schwachen Ländern strittige Länderfinanzausgleich (Art. 107 Abs. 2 S. 1 u. 2 GG), der die finanzstärkeren Länder in begrenztem Umfang zur Abgabe aus eigenen Steuereinnahmen an die schwächeren Länder verpflichtete, wurde mit Wirkung ab 2020 abgeschafft. Die Aufgabe der Annäherung der Pro-Kopf-Finanzkraft der Länder, ein zentraler und notwendiger Baustein des kooperativ-solidarischen Bundesstaates, weil das Bundesrecht allen Ländern einen gleichen Ausgabenstandard vorschreibt, verlegt der neu gefasste Art. 107 Abs. 1 S. 4, Abs. 2 S. 1 u. 2 GG in die horizontale Umsatzsteuerverteilung. Die frühere „Abgabe aus Eigenem", die die Selbständigkeit der Länder respektierte, fiel weg.

1168 Zunehmend flankieren zudem den Bund-Länder-Finanzausgleich, der den Gebietskörperschaften ungebundene Mittel zur Verwendung durch den jeweiligen Haushaltsgesetzgeber zuteilt, zweckgebundene vertikale Zuweisungen seitens des Bundes. Mit Geld steuert der Bund wichtige Bereiche der Aufgabenerfüllung von Ländern und Kommunen. Während es Hilfen des Bundes für besonders bedeutsame Investitionen der Länder schon seit 1949 gab (1969 im damaligen Art. 104a Abs. 4 GG geregelt und begrenzt, jetzt Art. 104b GG), stehen jetzt auch Mitfinanzierungsmög-

---

[656] Gesetz zur Änderung des Grundgesetzes vom 29. Juli 2009, BGBl. I S. 2248. Dazu *Stefan Korioth*, Das neue Staatsschuldenrecht – zur zweiten Stufe der Föderalismusreform, in: JZ 2009, S. 729 ff.; *Ulrich Häde*, Die Ergebnisse der zweiten Stufe der Föderalismusreform, in: AöR 2010, S. 541 ff.

[657] Gesetz zur Änderung des Grundgesetzes vom 13. Juli 2017, BGBl. I S. 2347. Dazu *Stefan Korioth*, Horizontale Steuerverteilung und umverteilender Finanzausgleich nach dem neuen Art. 107 GG: vom begrenzten Reformgrund über die konsequente Problemverdrängung zum verfehlten Umbau der föderalen Ordnung, in: ZG 2017, S. 289 ff.; *Thomas Lenk/Philipp Glinka*, Die Bund-Länder-Finanzbeziehungen – Zur Neuregelung und ihren Zukunftsperspektiven, in: Zeitschrift für Staats- und Europawissenschaften 15 (2017), S. 417 ff.

lichkeiten im Bereich der schulischen Bildung (Art. 104c GG), im sozialen Wohnungsbau (Art. 104d GG), bei der Grundsicherung für Arbeitsuchende (Art. 91e GG) und in steigendem Maße bei Geldleistungsgesetzen (Art. 104a Abs. 3 GG) offen.[658] Mitfinanzierung des Bundes ist mit Aufsicht und Kontrolle über die Länder und Kommunen verbunden. Der kooperative Bundesstaat, ursprünglich geprägt von freiwilliger Zusammenarbeit und begrenzten wechselseitigen Ingerenzmöglichkeiten, verändert seine Gestalt: Kooperation findet nach Maßgabe zentraler Steuerung und Kontrolle statt. Das geht mit einem Gewinn an effektiver Aufgabenerfüllung einher. Die Länder aber verkleinern sich – freiwillig, denn alle Verfassungsänderungen der letzten drei Jahrzehnte im Bereich der föderalen Ordnung haben problemlos die erforderlichen Zwei-Drittel-Mehrheiten im Bundesrat (Art. 79 Abs. 2 GG) gefunden. Das Ergebnis ist eine „substantielle Stärkung des Zentralstaats", ein „Verlust an (verfassungs-)politischen Einflussmöglichkeiten der Länder und eine noch deutlichere Unterordnung unter den Bund"[659].

Das ist auch mit Blick auf das demokratische Prinzip problematisch. Die Erweiterung zentralstaatlicher Entscheidungs-, Steuerungs- und Kontrollbereiche schwächt die eigenständigen Handlungsmöglichkeiten der Länder und der Kommunen. Völlig zutreffend ist ein politikwissenschaftlicher Kommentar, wonach es anzuraten sei, „etwaige weitere Eingriffe in das Bund-Länder-Verhältnis wesentlich besser und das heißt fundierter zu begründen als bislang"; die fortdauernden Zentralisierungen, die „schiere Hoffnung, mit zusätzlichen Kompetenzen, weiterem Personal und immer ausdifferenzierterer [Bundes]Gesetzgebung alles lösen zu können, was die Bevölkerung bedroht und das eigene politische Überleben sichert, reicht als Begründung für tiefgehende strukturelle Eingriffe in die bundesstaatliche Ordnung sicher nicht aus [...]"[660].

IV. Grundrechte: Freiheit als Sicherheit statt Freiheit durch Eingriffsabwehr

Die Geschichte der Grundrechte in den letzten drei Jahrzehnten ist zunächst eine Verlustliste grundrechtlicher Freiheiten, teils durch Textänderungen im Grundgesetz, vor allem aber durch neue Gesetze zum Schutz der „inneren Sicherheit". Die Gewährleistung von Sicherheit hat indes auch eine grundrechtliche Seite, jedenfalls seit der mit dem Lüth-Urteil (oben Rn. 1072 f.) angestoßenen Entwicklung neuer Grundrechtsfunktionen und der Etablierung grundrechtlicher Schutzpflichten (oben Rn. 1074). Der Schutz der Bürger, etwa bei terroristischen Bedrohungen oder erheblichen Gesundheitsgefahren folgt der Logik und Kehrseitenformel des Schutzes durch Eingriff.[661] Auffallend ist, dass das Bundesverfassungsgericht viele der ein-

---

[658] Die Liste der vertikal gebundenen Finanzströme ist noch länger: Sie finden sich auch in Art. 22 Abs. 1, Art. 91a und 91b, Art. 106 Abs. 8, Art. 106a S. 3, Art. 125c Abs. 2 S. 2, Art. 143d GG.
[659] *Peter M. Huber*, Der ungeliebte Bundesstaat, in: NVwZ 2019, S. 665 ff., 669.
[660] *Joachim Jens Hesse*, Die deutsche Politik vor der Bundestagswahl, in: Zeitschrift für Staats- und Europawissenschaften 15 (2017), S. 201 ff., 215.
[661] Zur insbesondere rechtsstaatlichen Problematik der Schutzpflicht als Eingriffstitel für den Staat *Rainer Wahl/Johannes Masing*, Schutz durch Eingriff, in: JZ 1990, S. 553 ff.

fachgesetzlichen Grundrechtsbeschränkungen verworfen oder zumindest in ihren Auswirkungen durch strenge Verhältnismäßigkeitsanforderungen begrenzt hat. Ungewöhnlich war auch, dass bei den beiden Verfassungsänderungen im Grundrechtsbereich, bei Art. 16a und Art. 13 GG, die Frage nach den zulässigen Grenzen der Verfassungsänderung nach Art. 79 Abs. 3 GG aufgeworfen wurde.

1. Art. 16a GG – das veränderte Asylrecht

1171   1993 wurde das Grundrecht auf Asyl geändert. Bis zu diesem Zeitpunkt war es in Art. 16 Abs. 2 S. 2 GG geregelt und bestand aus einem Satz: „Politisch Verfolgte genießen Asylrecht." Einen Gesetzesvorbehalt gab es nicht. Vor dem Hintergrund der Erfahrungen der NS-Zeit, als viele aus Deutschland Geflohene und Vertriebene auf Asylgewährung anderer Staaten angewiesen waren, verzichtete der Parlamentarische Rat ausdrücklich auf jede Einschränkung des Rechts. Als seit Mitte der 1980er Jahre die Zahl der Zufluchtsuchenden erstmals die damals als entscheidend angesehene Zahl von 100.000 Menschen jährlich überschritt und Asylbewerber angefeindet und bedroht wurden, entstand eine breite Diskussion über die Möglichkeiten und Grenzen des Asylrechts.[662] Nach schwieriger politischer Kompromissfindung gab der verfassungsändernde Gesetzgeber dem Asylgrundrecht in dem neuen Art. 16a GG eine vollständig veränderte Gestalt.[663] Der Satz des vorherigen Art. 16 Abs. 2 S. 2 GG wurde Art. 16a Abs. 1 GG, die Absätze 2 bis 5 normieren Einschränkungsmöglichkeiten, die erstmals auch mit den europäischen Grundlagen des Asylrechts verklammert werden sollten. Weitergehenden Vorschlägen, das Asylrecht ganz abzuschaffen oder vom subjektiven Recht mit Verfassungsrang in eine objektive Gewährleistung zu verwandeln, erteilte der verfassungsändernde Gesetzgeber eine Absage.

1172   Das erste Ziel der Asylrechtsreform war, die Zahl der Asylbewerber zu verringern; die Gesetzesmaterialien sprechen davon, „dass die Berufung auf das Asylrecht in erheblichem Umfang zu einem Mittel für eine unkontrollierte Zuwanderung aus wirtschaftlichen und anderen nicht durchgreifenden Gründen geworden"[664] sei. Das weitere Reformziel lag in der ausgewogeneren Verteilung der Flüchtlinge in Europa. Beides wurde letztlich nicht erreicht. Auf die tatsächlichen Fluchtursachen hat das deutsche Recht keinen Einfluss, eine europäische Koordinierung und Lastenverteilung in der Flüchtlingspolitik ist bis heute nicht gelungen. Kritisch zu sehen ist – abgesehen von der noch zu behandelnden ausufernden Regelungstechnik –, dass der neue Art. 16a GG zwar einerseits an dem subjektiven Recht auf Asyl festhält (Absatz

---

[662] *Michael Wollenschläger/Ulrich Becker*, Änderung des Grundrechts auf Asyl (Art. 16 II 2 GG)?, ZRP 1987, S. 326 ff.; *Hans-Jürgen Papier*, Rechtliche Möglichkeiten und Grenzen einer Änderung des Asylgrundrechts (Art. 16 II S. 2 GG), in: Der Staat 27 (1988), S. 33 ff.
[663] Gesetz vom 28. Juni 1993, BGBl. I S. 1002.
[664] BT-Drs. 12/4152, S. 3.

1), die nachfolgenden einschränkenden Absätze 2 bis 5 die gesamte Vorschrift aber zur „Grundrechtshinderungsvorschrift"[665] werden lassen.

Das Bundesverfassungsgericht hat 1996 die Vereinbarkeit des Art. 16a GG mit Art. 79 Abs. 3 GG bestätigt.[666] Seine frühere Betonung des engen Zusammenhangs zwischen Asylgrundrecht und Menschenwürde[667] hat es dabei fallengelassen und in lapidaren Formulierungen erkennen lassen, selbst an einer völligen Abschaffung des Asylgrundrechts sei der verfassungsändernde Gesetzgeber durch Art. 79 Abs. 3 i. V. m. Art. 1 Abs. 1 GG nicht gehindert. Was den Gewährleistungsgehalt des Art. 1 Abs. 1 GG ausmache, sei „eigenständig zu bestimmen"[668]. Offenbar meint das Gericht damit, eine Unabänderlichkeit des Asylrechts würde die deutsche Staatsgewalt dem Handeln fremder Staaten ausliefern; die Bundesrepublik müsse sich die Menschenrechtsverletzungen anderer Staaten nicht zurechnen lassen. Vielleicht lag in solchen Feststellungen auch der Beginn einer neuen Phase des Grundrechtsverständnisses, geprägt von der Macht der Tatsachen, die auf die Auslegung des Verfassungsrechts und auch die rechtspolitische Gestaltung der Grundrechtsnormen Einfluss nehmen.[669] Immerhin ließ sich der Asylkompromiss so deuten, dass der verfassungsändernde Gesetzgeber dem „Ruf des Volkes" folgte[670] und die Verfassung als Mittel der Bewältigung eines drängenden politischen Problems nutzte. Dazu ist die Verfassung als der Politik vorgegebenen Rahmenordnung zwar nicht der richtige Ort, aber was zur Verfassungsnorm hochgezont ist, gibt letztlich auch dem Bundesverfassungsgericht den Maßstab vor.

2. Art. 13 GG und der „Große Lauschangriff"

1998 folgte eine weitere in den Grundrechtsteil des Grundgesetzes aufgenommene Ermächtigung an den Gesetzgeber zu tiefgreifenden Grundrechtseinschränkungen. Sie ermöglichte den „Großen Lauschangriff" innerhalb des Grundrechts der Unverletzlichkeit der Wohnung nach Art. 13 GG. Neu eingefügt wurden die Absätze 3 bis 6, der bisherige Absatz 3 wurde Absatz 7.[671] Art. 13 Abs. 3 GG ermöglicht die akustische Wohnraumüberwachung zu Strafverfolgungszwecken (umgesetzt in Art. 100c und 100d StPO), Absatz 4 den Einsatz technischer Mittel, nicht nur in Form des Abhörens, um Wohnungen zur Abwehr dringender Gefahren für die öffentliche Sicherheit zu überwachen. Angesichts der Heimlichkeit der Eingriffe, die dem Überwachten selbst nachträglichen Rechtsschutz nicht oder nur mit großem zeitlichen Abstand zur Maßnahme ermöglichen, verpflichtet Art. 13 Abs. 6 GG die Bundesre-

---

[665] *Everhard Franßen*, Der neue Art. 16a GG als „Grundrechtshinderungsvorschrift", in: DVBl. 1993, S. 300 ff.
[666] BVerfGE 94, 49 (103 f.); 94, 115 ff.; 94, 166 ff.
[667] BVerfGE 54, 341 (357); 76, 143 (157 ff.); 80, 315 (333).
[668] BVerfGE 94, 49 (103).
[669] So *Christian Tomuschat*, Asylrecht in der Schieflage, in: EuGRZ 1996, S. 381 ff.
[670] So *Andreas Voßkuhle*, „Grundrechtspolitik" und Asylkompromiss, in: DÖV 1994, S. 53 ff.
[671] Gesetz zur Änderung des Grundgesetzes vom 26. März 1998, BGBl. I S. 610.

gierung und die Landesregierungen zu jährlichen Berichten an die Parlamente über die Fälle der Wohnraumüberwachungen. Ein von jedem Parlament gewähltes Gremium übt auf der Grundlage dieser Berichte die parlamentarische Kontrolle aus.

1175 Hintergrund insbesondere des Großen Lauschangriffs in Art. 13 Abs. 3 GG waren kontroverse Diskussionen über geeignete und verfassungskonforme Mittel zur Bekämpfung der organisierten Kriminalität. Diese Kontroversen waren mit der Verfassungsänderung nicht beendet – eine unausweichliche Nebenfolge, wenn politische Streitfragen durch eine Verfassungsänderung gelöst werden sollen. Auf Verfassungsbeschwerden unmittelbar gegen Art. 13 Abs. 3 bis 6 GG und die ausgestaltenden Normen der Strafprozessordnung entschied das Bundesverfassungsgericht 2004 zunächst, dass die Verfassungsänderung mit Art. 79 Abs. 3 GG vereinbar sei. „Art. 79 Abs. 3 GG ist eine eng auszulegende Ausnahmevorschrift, die den verfassungsändernden Gesetzgeber nicht hindert, die positivrechtlichen Ausprägungen dieser Grundsätze aus sachgerechten Gründen zu modifizieren […]. Das Bundesverfassungsgericht hat das Recht des verfassungsändernden Gesetzgebers zu respektieren, einzelne Grundrechte zu ändern, einzuschränken oder sogar aufzuheben, sofern er die in Art. 1 und 20 GG niedergelegten Grundsätze nicht berührt. […] Was im Rahmen einzelner Grundrechte zum Gewährleistungsinhalt des Art. 1 Abs. 1 GG gehört, ist durch Auslegung der Grundrechtsnorm eigenständig zu bestimmen."[672] Die Heimlichkeit der Grundrechtsbeschränkung bedeute für sich keine pauschale Verletzung der Menschenwürde, zu einer solchen könne aber die Art und Weise der konkreten Wohnraumüberwachung führen: „Zur Entfaltung der Persönlichkeit im Kernbereich privater Lebensgestaltung gehört die Möglichkeit, innere Vorgänge wie Empfindungen und Gefühle sowie Überlegungen, Ansichten und Erlebnisse höchstpersönlicher Art zum Ausdruck zu bringen, und zwar ohne Angst, dass staatliche Stellen dies überwachen." Dazu benötige der Einzelne einen absolut geschützten auch räumlichen Freiraum, der „nicht durch Abwägung mit dem Strafverfolgungsinteresse nach Maßgabe des Verhältnismäßigkeitsgrundsatzes relativiert werden" dürfe.[673] Folglich müssten die einfachgesetzliche Ausgestaltung der akustischen Wohnraumüberwachung und die Durchführung im Einzelfall sicherstellen, dass es nicht zu einer Verletzung des Art. 1 Abs. 1 GG komme. Höchstpersönliche Gespräche dürften nicht mitgeschnitten werden, sei dies doch geschehen, müssten sie gelöscht werden und dürften im Strafverfahren nicht verwertet werden. Und: „Die heimliche Überwachung des nichtöffentlich gesprochenen Wortes in Wohnungen betrifft nicht nur den Einzelnen, sondern kann sich auch auf die Kommunikation der Gesellschaft insgesamt auswirken. Von der Möglichkeit zur akustischen Wohnraumüberwachung können Einschüchterungseffekte ausgehen, denen insbesondere auch der Unverdächtige ausgesetzt ist, weil auch er nach den gesetzlichen Regelungen jederzeit und ohne sein Wissen von der Ermittlungsmaßnahme betroffen sein kann. Allein die

---

[672] BVerfGE 109, 279 (310).
[673] BVerfGE 109, 279 (313 f.): „Die Privatwohnung ist als ‚letztes Refugium' ein Mittel zur Wahrung der Menschenwürde."

Befürchtung einer Überwachung kann aber schon zu einer Befangenheit in der Kommunikation führen."⁶⁷⁴

Ein Sondervotum zu dieser Entscheidung, das bereits Art. 13 Abs. 3 GG für unvereinbar mit Art. 79 Abs. 3 GG hielt, wies auf die problematischen Tendenzen zur Relativierung des Grundrechtsschutzes angesichts neuer Sicherheitsbedrohungen und neuer technischer Mittel hin: „Inzwischen scheint man sich an den Gedanken gewöhnt zu haben, dass mit den mittlerweile entwickelten technischen Möglichkeiten auch deren grenzenloser Einsatz hinzunehmen ist. Wenn aber bereits die persönliche Intimsphäre, manifestiert in den eigenen vier Wänden, kein Tabu mehr ist, vor dem das Sicherheitsbedürfnis Halt zu machen hat, stellt sich auch verfassungsrechtlich die Frage, ob das Menschenbild, das eine solche Vorgehensweise erzeugt, noch einer freiheitlich-demokratischen Demokratie entspricht. Umso mehr ist Art. 79 Abs. 3 GG streng und unnachgiebig auszulegen, um heute nicht mehr den Anfängen, sondern einem bitteren Ende zu wehren."⁶⁷⁵

3. Bedrängte grundrechtliche Freiheit

Mit diesen durch Wohnraumüberwachung der Menschenwürde drohenden Beschränkungen war der Grundton der gravierendsten grundrechtlichen Probleme zwischen Sicherheit und Freiheit angeschlagen. In kaum einer Phase der Geltung des Grundgesetzes gab es so häufig Anlass, die Vereinbarkeit staatlichen Handelns mit Art. 1 Abs. 1 GG zu prüfen wie in den Jahren seit 1995, als zahlreiche Gesetze zum Schutz vor organisierter Kriminalität und internationalem Terrorismus – letzteres verstärkt seit dem 11. September 2001 – Freiheit in Bedrängnis brachten.

Das Bundesverfassungsgericht hat die Entwicklung in der Entscheidung zum Großen Lauschangriff zutreffend so beschrieben: „Die Menschenwürde ist tragendes Konstitutionsprinzip und oberster Verfassungswert […]. Anknüpfend an die Erfahrungen in der Zeit des Nationalsozialismus standen in der Rechtsprechung zunächst Erscheinungen wie Misshandlung, Verfolgung und Diskriminierung im Zentrum der Überlegungen. Es ging insbesondere, wie das Bundesverfassungsgericht in einer seiner ersten Entscheidungen formulierte, um den Schutz vor ‚Erniedrigung, Brandmarkung, Verfolgung, Ächtung usw.' (vgl. BVerfGE 1, 97 [104]). Später wurde die Menschenwürdegarantie im Hinblick auf neue Gefährdungen maßgebend, so in den 1980er Jahren für den Missbrauch der Erhebung und Verwertung von Daten (vgl. BVerfGE 65,1). Im Zusammenhang der Aufarbeitung des Unrechts aus der Deutschen Demokratischen Republik wurde die Verletzung von Grundsätzen der Menschlichkeit unter anderem bei der Beschaffung und Weitergabe von Informationen zum Gegenstand der Rechtsprechung (vgl. BVerfGE 93, 213 [243]). Gegenwärtig bestimmen insbesondere Fragen des Schutzes der personalen Identität und der psychisch-sozialen Integrität die Auseinandersetzungen um den Menschenwürdegehalt."⁶⁷⁶

Der internationale Terrorismus der Jahre seit 2000, besonders manifest in den Anschlägen in New York 2001, 2005 in London, 2015 in Paris, 2016 in Brüssel, Nizza und

---

⁶⁷⁴ BVerfGE 109, 279 (354).
⁶⁷⁵ BVerfGE 109, 279 (391) – Sondervotum *Jaeger/Hohmann-Dennhardt*.
⁶⁷⁶ BVerfGE 109, 279 (312).

Berlin, unterscheidet sich vom RAF-Terrorismus in der Bundesrepublik der 1970/80er Jahre nicht nur durch die grenzüberschreitende Vernetzung und die Anonymität der zumeist islamistischen Terroristen und potenziellen Täter („Schläfer"). Anders als in den 1970/80er Jahren waren Ziel nicht besonders prominente Personen, der neue Terrorismus richtet sich wahllos gegen Menschen an öffentlichen Plätzen, in Verkehrsmitteln und auf Märkten. Sein erklärtes Ziel ist die Destabilisierung der freiheitlichen westlichen Gesellschaften. Die Reaktion war in Deutschland wie in den anderen betroffenen Staaten die scharfe Ausweitung der staatlichen Sicherheitsbefugnisse. Das hatte zwei Seiten. Zum einen sollte die Freiheit durch Sicherheit gewährleistet werden. Zum anderen entwickelte sich der Rechtsstaat in Teilen zum Präventionsstaat; die Eignung und Verhältnismäßigkeit der Maßnahmen waren zu Recht umstritten. Die Deutschen „Sicherheitspakete" der Jahre 2001 und 2002 gingen an die Grenze des Rechtsstaats – und veränderten durchaus das „Menschenbild" der freiheitlichen Ordnung, wie 1998 im Sondervotum zur Entscheidung des Bundesverfassungsgerichts in Sachen des Großen Lauschangriffs (oben Rn. 1176) befürchtet.

1180 Das Bundesverfassungsgericht setzte dem Gesetzgeber in einer Reihe von Entscheidungen Grenzen. Es verwarf eine Bestimmung des Luftsicherheitsgesetzes von 2005, die bei einer terroristischen Entführung eines Flugzeugs, das möglicherweise als Waffe benutzt werden soll, als letztes Abwehrmittel den Abschuss des Flugzeugs ermöglichen sollte: „Die Ermächtigung der Streitkräfte, gemäß § 14 Abs. 3 des Luftsicherheitsgesetzes durch unmittelbare Einwirkung mit Waffengewalt ein Luftfahrzeug abzuschießen, das gegen das Leben von Menschen eingesetzt werden soll, ist mit dem Recht auf Leben nach Art. 2 Abs. 2 S. 1 GG in Verbindung mit der Menschenwürdegarantie des Art. 1 Abs. 1 GG nicht vereinbar, soweit davon tatunbeteiligte Menschen an Bord des Luftfahrzeugs betroffen werden."[677] 2008 etablierte das Gericht gegenüber dem „Staatstrojaner", der heimlich Computer ausspähen sollte, das aus dem allgemeinen Persönlichkeitsrecht (Art. 2 Abs. 1 i.V.m. Art. 1 Abs. 1 GG) abgeleitete „Grundrecht auf Gewährleistung der Vertraulichkeit und Integrität informationstechnischer Systeme"[678]. Das begrenzte die Möglichkeiten der Vorratsdatenspeicherung[679] und Befugnisse des Bundeskriminalamtes zum Einsatz heimlicher Überwachungsmaßnahmen (Wohnraumüberwachung, Online-Durchsuchungen, Telekommunikationsüberwachung, Telekommunikationsverbindungsdatenüberwachungen und Überwachungen von Wohnungen mit besonderen Mitteln der Datenerhebung).[680]

1181 Bemerkenswert ist, dass im Lichte der über den Abwehrgehalt hinaus entwickelten Grundrechtsfunktionen sowohl die Gegner als auch die Befürworter erweiterter Sicherheitsbefugnisse sich auf den Schutz von Grundrechten berufen (können). Auf der einen Seite geht es um die Freiheit von staatlichen Eingriffen, auf der anderen Seite um den Schutz grundrechtlicher Gü-

---

[677] BVerfGE 115, 118.
[678] BVerfGE 120, 274.
[679] BVerfGE 125, 260.
[680] BVerfGE 141, 220.

ter angesichts etwa terroristischer Bedrohungen.[681] Einem vergleichbaren Schema folgen die staatlichen Maßnahmen zur Abwehr von Gesundheitsgefahren im Zuge der Covid-19-Pandemie.[682] Was dem Schutze der Gesundheit dienen soll, begrenzt elementare Grundrechte wie etwa die Berufs-, Religions-, und Versammlungsfreiheit. Sowohl bei den Sicherheitsgesetzen als auch bei den Corona-Maßnahmen war häufig die Verhältnismäßigkeit der Grundrechtseinschränkung zweifelhaft.

V. Der veränderte Stellenwert und Stil der Verfassungsnormen – Abstieg oder Wandel der Verfassung?

Die Verfassungsänderungen der letzten Jahrzehnte brachten Normen zunehmender Detailliertheit und teilweise sogar mit zeitlicher Begrenzung in das Grundgesetz, die nach langem Ringen gefundene politische Kompromisse ausführlichst formulieren. Ein erstes Mal geschah dies zu Ende der 1960er Jahre in Gestalt der Notstands- und veränderten Wehrverfassung[683] (insbesondere Art. 12a, 53a, 80a, 115a-115l GG). Während es dann in den 1970er Jahren nur wenige und im gesamten Jahrzehnt zwischen 1980 und 1990 lediglich eine kleine Grundgesetzänderung gab,[684] folgten von 1990 bis 2020 nicht weniger als 29 zumeist textlich umfangreiche Verfassungsänderungen. Die Eigenart des „monströsen Wortlauts"[685] wiesen erstmals der 1992 eingefügte Art. 23 GG, sodann der 1993 in das Grundgesetz aufgenommene Art. 16a in den Absätzen 2 bis 5 auf; diese Eigenart begleitet alle Verfassungsänderungen seither. Die neuen Normen enthalten in der Sache zumeist einfaches Recht und haben in der Verfassung „nichts zu suchen"[686]. Die Eigenschaft der beliebig umfangreichen Verfassungsnormen belegen zuletzt der 2020 eingefügte Art. 143h und der erweiterte Art. 104a Abs. 3 GG[687]. Art. 143h GG galt nur vom 1. Juli bis zum 31. Dezember 2020. Beide Vorschriften haben spezifische, durch die Corona-Krise bedingte Handlungsmöglichkeiten zum Inhalt. Art. 143h GG erlaubte dem Bund und den Ländern in der zweiten Jahreshälfte 2020 die Kompensation gemeindlicher Gewerbesteuerausfälle infolge der Corona-Pandemie und eröffnet dazu einen vertikalen Finanzstrom zu

1182

---

[681] Prägnant dazu *Ino Augsberg*, Theorien der Grund- und Menschenrechte, 2021, S. 10 ff.
[682] Hierzu *Anna Katharina Mangold*, Relationale Freiheit. Grundrechte in der Pandemie, in: VVDStRL 80 (2021), S. 7 ff.
[683] 17. Gesetz zur Änderung des Grundgesetzes vom 24. Juni 1968 (BGBl. I S. 709).
[684] Das 35. Gesetz zur Änderung des Grundgesetzes vom 21. Dezember 1983 (BGBl. I S. 1481) änderte Art. 21 Abs. 1 S. 4 GG.
[685] *Andreas Voßkuhle*, Verfassungsstil und Verfassungsfunktion, in: AöR 119 (1994), S. 35 ff., 36.
[686] *Hans-Peter Schneider*, 50 Jahre Grundgesetz – Vom westdeutschen Provisorium zur gesamtdeutschen Verfassung, in: NJW 1999, S. 1497 ff., 1504, mit dem Zusatz (zu Art. 23, 16a und 13 Abs. 3–6 GG): „Hier findet sich inzwischen eine fast schon groteske Mischung aus modifizierten Verfassungsnormen, Völkerrecht, Verwaltungsanweisungen, Verfahrensbestimmungen, Prozessvorschriften und ausländer- bzw. polizeirechtlichen Regelungen, die bestenfalls in einem Gesetz, besser noch in Rechtsverordnungen oder Verwaltungsvorschriften hätten untergebracht werden müssen."
[687] Gesetz zur Änderung des Grundgesetzes (Art. 104a und 143h) vom 29. September 2020 (BGBl. I S. 2048).

den Gemeinden, der nach der allgemeinen föderalen Systematik des Grundgesetzes gerade nicht vorgesehen ist. Art. 104a Abs. 3 S. 3 GG durchbricht im Zusammenhang der Grundsicherung für Arbeitsuchende („Hartz IV") den Grundsatz, dass im Fall einer Kostenbeteiligung des Bundes bei Geldleistungsgesetzen ab einer Quote von 50 v. H. Bundesauftragsverwaltung stattfindet: „Bei der Gewährung von Leistungen für Unterkunft und Heizung auf dem Gebiet der Grundsicherung für Arbeitsuchende wird das Gesetz im Auftrag des Bundes ausgeführt, wenn der Bund Dreiviertel der Ausgaben oder mehr trägt". Das hat mit Verfassungsrecht nichts zu tun.

1183 Auch wenn nicht alle neuen Verfassungsnormen seit 1990 sich so weit von der Abstraktheit und Dauerhaftigkeit klassischer Verfassungsbestimmungen entfernen wie die beiden letztgenannten Normen, so ist dennoch der Wandel der Verfassung von der möglichst dauerhaften Rahmenordnung für die politische Gestaltung zu dem alltäglichen Gegenstand und dem Ort, an dem politische Einigungen und schnelle Lösungen von speziellen Alltagsproblemen abgelegt werden, offensichtlich. Das Ideal der rechtsstaatlichen Verfassung wird verlassen, das auf weite, prinzipienhafte und neuen Situationen gegenüber offene Grundrechtsnormen sowie knappe allgemeine Kompetenzvorschriften im Organisationsrecht zielt. Dem lag bislang die Verfassungsvorstellung zugrunde, gerade durch „das Unbestimmte […] Anpassungsfähigkeit" zu ermöglichen. „Das Sinnvariable wirkt integrierend, weil es eine Vielzahl von Erwartungen zu sammeln vermag."[688] Auf dieser Grundlage war die Arbeitsteilung zwischen Verfassung und Gesetz deutlich umrissen: Die Verfassung regelt den Grundsatz, den Rahmen, das Gesetz sodann die Einzelheiten.[689] Die neuen Verfassungsnormen setzen dagegen auf die Integration durch unmittelbare Fixierung der kleinteiligen Lösung im Verfassungstext, die gerade nicht entwicklungsoffen ist. Nur angemerkt sei in diesem Zusammenhang die sprachlich häufig fragwürdige Qualität der neuen Verfassungsnormen.[690]

1184 Damit stehen im heutigen Grundgesetz – sowohl im Grundrechtsteil als auch im Organisationsrecht – die überkommenen Rahmennormen und die neuen Vorschriften, die Lageberichte zu aktuellen politischen und gesellschaftlichen Fragen sind, nebeneinander. Gründe für den veränderten Stil und Stellenwert der neuen Normen werden seit längerem thematisiert. Der Hauptgrund ist die Versuchung, das Verfassungsrecht politisch zu instrumentalisieren[691] und streitige Fragen, zu denen ein

---

[688] *Josef Isensee*, Verfassungsgarantien ethischer Grundwerte und gesellschaftlicher Konsens, in: NJW 1977, S. 545 ff., 549.

[689] So etwa die Regelungsvorbehalte in Art. 21 Abs. 5 (früher mit gleichem Wortlaut Absatz 3), Art. 38 Abs. 2, Art. 41 Abs. 3, Art. 48 Abs. 3 S. 3, Art. 94 Abs. 2 GG.

[690] Ein Beispiel für viele entstammt der 2009 neugefassten Schuldenbremse des Grundgesetzes (Art. 109 Abs. 3 GG). Satz 2 sagt: „Bund und Länder können Regelungen zur im Auf- und Abschwung symmetrischen Berücksichtigung der Auswirkungen einer von der Normallage abweichenden konjunkturellen Entwicklung sowie eine Ausnahmeregelung für Naturkatastrophen oder außergewöhnliche Notsituationen, die sich der Kontrolle des Staates entziehen und die staatliche Finanzlage erheblich beeinträchtigen, vorsehen."

[691] *Gerd Roellecke*, Brauchen wir ein neues Grundgesetz?, in: NJW 1991, S. 2441 ff., 2447, dort im Zusammenhang der Überlegungen, eine vollständig neue Verfassung nach der deutschen Einigung

Kompromiss mühsam erreicht wurde – vom Asylrecht bis zum bundesstaatlichen Finanzausgleich – in der Verfassung möglichst außer Streit zu stellen;[692] solche Kompromisse können ja nur auf dem Weg und mit den Mehrheiten des Art. 79 GG wieder aus der Verfassung entfernt werden. Während in der alten Bundesrepublik bis 1990 zwei große politisch-ideologische Lager bestanden, die sich innerhalb der Verfassung entfalten und, im Streitfall unterstützt von zumeist vermittelnden Entscheidungen des Bundesverfassungsgerichts, sich auf die Suche nach Kompromisslösungen begeben konnten, ist die Situation heute viel zerklüfteter und unübersichtlicher. Wenn doch für kontroverse Fragen Lösungen gefunden werden können, sollen sie auch dann in die Verfassung gebracht werden, wenn sie fragmentarisch, unsystematisch und in ihrem zeitlichen Geltungsbereich eher begrenzt sind, was besonders deutlich etwa für die 2017 beschlossene neue bundesstaatliche Finanzordnung gilt.[693] Die so entstehenden Teilkomplexe der Verfassung ähneln einem Blog, der bei Bedarf fortgeschrieben werden kann oder muss. Jedenfalls in Deutschland ist damit gegenwärtig Verfassungsrecht viel leichter verfügbar und änderbar als zu allen anderen Zeiten der geschriebenen Verfassung, auch den ersten vier Jahrzehnten des Grundgesetzes. Das ist vermutlich auch eine Folge der Ausstrahlungswirkung der Verfassung, insbesondere der Grundrechte, in alle Teile der Rechtsordnung. Was angestrahlt wird, strahlt zurück. Der Unterschied zwischen Verfassung und Gesetz verringert sich. Zugleich reagiert der politische Prozess mit neuen Verfassungstexten auf ausgreifende und unliebsame Verfassungsrechtsprechung – neue ausführliche Verfassungsnormen binden als neue Maßstäbe auch das Bundesverfassungsgericht.

Besonders deutlich war dies bei der Einfügung des Art. 91e GG im Jahre 2010.[694] Kurz zuvor hatte das Bundesverfassungsgericht „Arbeitsgemeinschaften", gebildet von der Bundesagentur für Arbeit und kommunalen Stellen zum Vollzug der 2005 eingeführten Grundsicherung für Arbeitsuchende (SGB II, „Hartz IV"), wegen Verstoßes gegen das Verbot ebenenübergreifender gemeinschaftlicher Verwaltung im Bundesstaat verworfen.[695] Art. 91e Abs. 1 GG erlaubt sie jetzt im speziellen Fall des SGB II: „Bei der Ausführung von Bundesgesetzen auf dem Gebiet der Grundsicherung für Arbeitsuchende wirken Bund und Länder oder die nach Landesrecht zuständigen Gemeinden und Gemeindeverbände in der Regel in gemeinsamen Einrichtungen zusammen." Was auf den ersten Blick wie eine Brüskierung des Bundesverfassungsgerichts wirken mag, ist im Kern eine legitime Begrenzung des Gerichts durch den verfassungsändernden Gesetzgeber und eine logische Folge einerseits der detaillierten Verfas-

1185

---

zu schaffen: „Die Politisierung der Verfassunggebung durch die politischen Parteien ist keine Vermutung, sondern eine Beschreibung des Ist-Zustandes."

692 Zu Verfassungsnormen als Ergebnis eines „politischen Kuhhandels" *Hans-Peter Schneider*, 50 Jahre Grundgesetz – Vom westdeutschen Provisorium zur gesamtdeutschen Verfassung, in: NJW 1999, S. 1497 ff., 1505.

693 Die 2017 entstandene, kurios-verwirrte Norm des Art. 143f GG ermöglicht im Bereich der Finanzverteilung ab 2030 ein seltsames Verfahren, von dem ab 2020 geltenden Finanzausgleich wieder Abschied zu nehmen.

694 Gesetz zur Änderung des Grundgesetzes vom 21. Juli 2010 (BGBl. I S. 944).

695 BVerfGE 119, 331. Dazu *Peter M. Huber*, Das Verbot der Mischverwaltung – de constitutione lata et ferenda, in: DÖV 2008, S. 845 ff.; *Stefan Korioth*, Leistungsträgerschaft und Kostentragung bei der Grundsicherung für Arbeitsuchende (SGB II) aus einer Hand zwischen reformiertem Grundgesetz und Bundesverfassungsgericht, in: DVBl. 2008, S. 812 ff.

sungstexte, andererseits der ausgreifenden Verfassungsrechtsprechung. Das Gericht hat nicht immer der Versuchung widerstanden (das gilt nicht für das gerade erwähnte Urteil zur Mischverwaltung), den Gesetzgeber an enge Vorgaben zu binden und damit dessen Gestaltungsraum zu verkleinern.

1186 In den veränderten Funktionen des Verfassungsrechts scheint auf, dass es „modernes Recht" ist, „also jederzeit änderbar, von begrenzter Reichweite und autonom. […] Begrenzte Reichweite bedeutet, dass eine Verfassung nicht die Gesellschaft ordnet, sondern nur das politische System ausdifferenziert."[696] Vielleicht hat damit die Verfassung eine neue Entwicklungsstufe betreten.

1187 Während darüber noch kein Urteil möglich ist, lässt sich jedenfalls die bisherige Entwicklung so zusammenfassen: Die Prinzipien und wesentlichen Elemente der Verfassung fanden ihre zunächst theoretische Herausarbeitung im 18. Jahrhundert. Sie prägten die „Gerechtigkeitsvorstellungen des Bürgertums. Sie lagen der Kritik an der bestehenden Ordnung zugrunde"[697]. Praktisch umgesetzt wurden diese Forderungen in Form der geschriebenen Verfassung am Ende des 18. Jahrhunderts in den USA und Frankreich – in den USA als Mittel zur rechtlichen Begründung eines neuen Staates und einer neuen Gesellschaft, in Frankreich als stärker politische Proklamation zur Überwindung des überlebten absolutistischen Systems. Das „Recht besaß die Fähigkeit, die Ordnungsvorstellungen von dem historischen Moment ihrer Durchsetzung und dem Konsens der Beteiligten abzulösen, auf Dauer zu stellen und verbindlich zu machen. Das Produkt war die moderne Verfassung, ein Novum, das es bisher in der Geschichte nicht gegeben hatte und das schnell außerordentliche Anziehungskraft auch außerhalb der Ursprungsländer entwickelte."[698] Das 19. Jahrhundert war – nicht nur in Deutschland – eine Art Zwischenphase, in der sich verschiedene Möglichkeiten der Verfassung zwischen Monarchie und Volkssouveränität als Spiegel der politischen Machtverhältnisse ausprägten. Nachdem die geschriebene Verfassung einmal in der Welt war, konnte ihre Form auch für andere Ziele eingesetzt werden als in den Ursprungsländern USA und Frankreich.[699] Die Weimarer Verfassung sodann und das Grundgesetz 1949 waren Versuche, die tragenden Grundsätze und Errungenschaften des alten Bemühens um die Formierung und Begrenzung öffentlicher Gewalt und die Garantien fundamentaler Rechte im Staat-Bürger-Verhältnis auszuformulieren.[700]

1188 Vermutlich war sodann die zweite Hälfte des 20. Jahrhunderts in Deutschland die Zeit der stärksten Etablierung der Verfassung mit ihren Funktionen der Legitimierung und Limitierung staatlicher Gewalt. Diese Aufgaben sind zu Beginn des 21. Jahrhunderts nicht etwa verabschiedet. Immer stärker aber gerät die Verfassung

---

[696] *Gerd Roellecke*, Brauchen wir ein neues Grundgesetz?, in: NJW 1991, S. 2441 ff., 2448.

[697] *Dieter Grimm*, Verfassungsbilanz – ein Resümee, in: Thomas Vesting/Stefan Korioth (Hrsg.), Der Eigenwert des Verfassungsrechts, 2011, S. 379 ff., S. 381.

[698] *Dieter Grimm*, Verfassungsbilanz – ein Resümee, aaO, S. 382.

[699] *Dieter Grimm*, Deutsche Verfassungsgeschichte 1776–1866, 1988, S. 58.

[700] *Rainer Wahl*, Die Rolle staatlicher Verfassungen angesichts der Europäisierung und der Internationalisierung, in: Thomas Vesting/Stefan Korioth (Hrsg.), Der Eigenwert des Verfassungsrechts, 2011, S. 355 ff., 373.

in die Rolle einer Teilordnung. Als rechtliche Grundordnung wird sie bedrängt und relativiert von supra- und internationalen Konkurrenten, insbesondere dem Primärrecht der Europäischen Union, das die Exklusivität der staatlichen Gewalt auf dem staatlichen Territorium beendet hat. Innerstaatlich wird die Verfassung zum Gestaltungsinstrument, dessen vom Gesetz verschiedene Funktion verschwimmt. Der in Deutschland bis in die Zeit der Weimarer Verfassung fehlende, jetzt in Art. 20 Abs. 3, Art. 1 Abs. 3 GG anerkannte Vorrang der Verfassung vor allem innerstaatlichen Recht wird genutzt, um speziellen Ordnungskonzepten für einzelne Bereiche besondere Bedeutung zu geben. Das ist kein Verfall,[701] sondern eine Veränderung, die genauso unsicher ist wie die Vergangenheit: „History is that certainty produced at the point where the imperfections of memory meet the inadequacies of documentation."[702]

---

[701] Anders *Hartmut Maurer*, Verfassungsänderung im Parteienstaat, in: Karl-Hermann Kästner u.a. (Hrsg.), FS Martin Heckel, 1999, S. 821 ff., 827 ff., der die Arbeitsteilung zwischen Verfassung und Gesetz aus Art. 79 GG herleiten will: Die Ermächtigung zur Verfassungsänderung sei verlassen, wenn Detailregelungen in das Grundgesetz aufgenommen würden. „Die verfassungsrechtliche Hochzonung stellt in diesen Fällen einen Formenmißbrauch dar, der […] unzulässig und rechtswidrig (verfassungswidrig) ist" (S. 835).

[702] *Julian Barnes*, The Sense of an Ending, 2011, S. 17.

Stichwortverzeichnis

Abdankung der Monarchien (1918) 598 ff.
Absolutismus 131, 184 f.
– aufgeklärter Absolutismus 193 ff.
– Princeps legibus solutus 184 f.
– Umsetzungen 189 ff.
Adenauer 923, 990, 995, 997, 1041
Alliierter Kontrollrat (1945) 897 f.
Annahme des Grundgesetzes (1949) 982 ff., 994 ff.
Arbeiter- und Soldatenräte 598
Aufhebung nationalsozialistischer Gesetze 904 ff.
Aufklärung, Zeitalter der 193 f.
Augsburger Bekenntnis (Confessio Augustana) 106
Augsburger Religionsfrieden (Reichsabschied) 108 ff., 123

Babelsberger Konferenz (1958) 1002 f.
Baseler Friede (1795) 166
Beamtentum 160, 1066 f.
Bedingungslose Kapitulation (1945) 882 ff.
Berlin-Blockade (1948/49) 950 ff.
Berliner Erklärung (5. Juni 1945) 886 f.
Besatzungsstatut (1949) 990 ff.
Besatzungszone (nach 1945) 890 ff., 1130
Besonderes Gewaltverhältnis 316
Bismarck 367 ff., 468 f., 480 f., 513, 553, 575
„Bizone" 943 ff.
– Verwaltungsrat 943
– Wirtschaftsrat 943 ff.
Boykotthetze (Art. 6 Abs. 2 DDR-Verf 1949) 1012
Brandenburg-Preußen 146 ff.
Budgetrecht
– fehlendes parlamentarisches bis 1850 356 ff.
– „Lückentheorie" (Preußischer Budgetkonflikt) 369

– Preußischer Budgetkonflikt (1862–1866) 360 ff.
– Preußische Verfassung (1850) 356 ff.
Bulle „Unam sanctam" (1302) 77
Bundespräsident 982
Bundesrat
– Grundgesetz 976 ff.
– Kaiserreich von 1871 520 ff.
– Weimarer Verfassung (Reichsrat) 651 ff.
Bundesrepublik Deutschland
– Beitritt des Saarlandes 1039
– Entstehung 954 ff.
– Erste Jahre 1031 ff.
– Konstituierung 997 ff.
– „Neue Ostpolitik" (seit 1968) 1097 ff.
– „Wiederbewaffnung" 1035 f.
– Wiedergewinnung der Souveränität 1037 ff.
– Wiedervereinigung 1989/1990 1113 ff.
Bundesverfassungsgericht
– Asylrechts-Entscheidungen (1996) 1184
– Entscheidungen zu „offenen Vermögensfragen" 1145 ff.
– G-131-Urteil 1016
– Grundentscheidung der Verfassungsgebung 1056
– „Lissabon"-Urteil (2009) 1156 ff.
– Lüth-Urteil 1173 ff.
– „Maastricht"-Urteil (1993) 1154 ff.
– „Mauerschützen"-Entscheidung 1142 ff.
– Parteiverbotsverfahren 1060 ff.
– „Status-Denkschrift" (1952) 1056
– Teso-Entscheidung 1103 f.
– Ultra-vires-Kontrolle 1158
– Urteile zu Sicherheitsgesetzen seit 2004 1175 ff.
„Bündischer Bundesstaat" (im Kaiserreich) 532 ff.

Bürgertum im 19. Jahrhundert 253 ff., 266, 334, 398 ff. 466

CDU/CSU
- Adenauer 923, 990, 995, 997, 1041
- Gründung 923

Cuius regio, eius religio 109

„Daily-Telegraph-Affäre" (1908) 579
DDR → Deutsche Demokratische Republik
DDR-Verfassung von 1949 1011 ff.
„Demagogenverfolgung" (Deutscher Bund) 390 f.
Demokratie
- Amerika 236 ff.
- Defizit in der EU 1160
- Französische Revolution 239 ff.
- Grundgesetz 975
- Revolution von 1848 434 ff.
- wehrhafte 982
- Weimarer Republik 633
Deutsche Bundesakte (1815) 376 ff.
Deutsche Demokratische Republik
- Babelsberger Konferenz 1002 f.
- Entstehen 998 ff., 1004 ff.
- Marxistisch-leninistisches Staats- und Rechtsverständnis 999 ff.
- „sozialistische Gesetzlichkeit" 1024 ff.
- Staatsrechtliche Umwälzung 1989/1190 1117 ff.
- Verfall seit 1976 1110 ff.
- Verfassung vom 7. Oktober 1949 1011 ff.
- Verfassung von 1968/1974 1017 ff.
- Verfassungsentwurf des „Runden Tisches" (1990) 1121 f.
- Volkskammer 1990 1118 ff.
Deutsche Reichsarbeitsfront (1933) 832 ff.
Deutscher Bund (1815–1866)
- 1848/1850 454 f.
- Begründung 283 ff., 288 ff.
- Entwicklung nach 1815 374 ff.
- Homogenitätsvorgaben 382
- Kompetenzen und Organe 380 ff.
- Monarchisches Prinzip 290, 300 ff., 518 f.
- nach 1850 455 ff.
- Staatenbündischer Charakter 376 ff.
- Zweck 288, 379
Deutsches Reich
- von 1871 480 ff.

- Fortbestand 1918/1919 829
- Fortbestand nach 1945 891 ff.
„Doppelstaat" (NS-Staat, Ernst Fraenkel) 877 f.
Drei-Klassen-Wahlrecht (Preußen 1849–1918) 339 ff.
Dreißigjähriger Krieg 120

„Einigungsvertrag" (Bundesrepublik/DDR, 1990) 1125 ff.
„Eiserner Vorhang" 941
„Ende der Geschichte" (Francis Fukuyama) 1135
Enteignungen/Bodenreformen (SBZ/DDR) 1145 ff.
„Entnazifizierung" 907 ff.
Erfurter Union 461
Erklärung der Menschen- und Bürgerrechte (1789) 242 ff.
„Ermächtigungsgesetz" (Gesetz zur Bekämpfung der Not von Volk und Reich vom 24. März 1933) 779 ff.
Erster Weltkrieg 583 ff.
- „Burgfrieden" 592 ff.
- Kriegserklärungen 583 ff.
- Kriegswirtschaft 587
- Kriegsziele 588
- Waffenstillstand (9./11. November 1918) 601
Europäische Integration
- Art. 24 Abs. 1 GG 1082
- Einheitliche Europäische Akte 1148
- Europäische Gemeinschaft für Kohle und Stahl (EKGS) 1085 f.
- Europäische Union 1149 ff.
- Europäische Wirtschaftsgemeinschaft 1085 f.
- „Integrationistische" und „Etatistische" Deutung 1094
- „Römische Verträge" (1957) 1085
- Supranationalität 1087
- Vorrang und unmittelbare Geltung des Gemeinschafts-(Unions-)Rechts 1088 ff., 1152 ff.
„Ewiger Landfriede" 1495 90 ff.

FDP (Gründung) 924
Finanzordnung
- Entwicklung bis 1850 351 ff.

- Finanzreform (1955) 1051
- Neuere Entwicklungen 1167 f.
- Reichsverfassung (1871) 528 ff.
- vorläufige Finanzverfassung (1949) 1048 ff.
- Weimarer Verfassung 659 ff.

Föderalismus
- Bundesverfassungsgericht 1050
- Neuere Entwicklungen 1163 ff.
- Parlamentarischer Rat 1045
- Paulskirchenverfassung 446 f.
- Verfassungskonvent von Herrenchiemsee 977 f.
- Weimarer Verfassung (Zentralismus statt Föderalismus) 651 ff.

„Frankfurter Dokumente" (1948) 954 ff.
Französische Nationalversammlung (1789) 241
Französische Revolution 239 ff.
Fränkisches Reich 22 ff.
Friede von Campo Formio (1797) 166
Friede von Luneville (1801) 166
Frühkonstitutionalismus 292 ff.
„Führer und Reichskanzler" (Hitler) 827 ff.

„Gemeinsame Verfassungskommission" (1991–1993) 1138 f.
Genehmigungsschritte zum Grundgesetz (1949) 989 ff.
Gesellschaftsvertrag (Rousseau) 217 ff.
Gesetz gegen die Neubildung von Parteien (vom 14. Juli 1933) 822
Gesetz über Maßnahmen der Staatsnotwehr (vom 3. Juli 1934) 826
Gesetz zur Befreiung von Nationalismus und Militarismus vom 5. März 1946 908 ff.
Gesetzesvorbehalt (19. Jh.) 131 ff., 313 ff.
Gesetzgebungsverfahren
- Im Konstitutionalismus des 19. Jh. 319 ff.
- Reichsverfassung von 1871 516
- Weimarer Verfassung 638 f.

Gewaltenteilung
- John Locke 213
- Konstitutionalismus (19. Jh.) 300 ff.
- Montesquieu 214 ff.
- Weimarer Verfassung 645 ff.

Goldene Bulle 64 ff.

„Göttinger Sieben" (Hannoverscher Verfassungskonflikt) 329 ff.
Grundgesetz (vom 23. Mai 1949)
- Annahme 984 ff., 994 ff.
- Bundesstaatliche Ordnung 1045 ff.
- Bundesverfassungsgericht 1056 ff.
- Entstehung 972 ff.
- Finanzreform 1955 1050
- Finanzreform 2017 1167
- Finanzverfassung 1949 1046 ff.
- Föderalismusreformen seit 2006 1163 ff.
- „Kanzlerdemokratie" 1042 ff.
- Novellierungen seit 1990 1132 ff.
- Parlamentarisches Regierungssystem 1040 ff.
- Wiedervereinigungsgebot 1101 ff.

„Grundlagenvertrag" (1972, Bundesrepublik Deutschland/DDR) 1009 ff., 1106 ff.
Grundrechte
- DDR-Verfassungen 1012, 1024
- Erklärung der Menschen- und Bürgerrechte (1789) 242 ff.
- Grundgesetz 975 ff.
- im Konstitutionalismus des 19. Jh. 317 ff.
- Paulskirchenverfassung 428 ff.
- Preußische Verfassung von 1850 343 ff.
- Weimarer Verfassung 682 ff.

„Gute Polizey" 140 f.

„Hallstein-Doktrin" 1095 f.
Hambacher Fest (1832) 393
Hannoverscher Verfassungskonflikt (1837) 327 ff.
Hegemonie Preußens 526 ff.
Heiliges Römisches Reich Deutscher Nation
- Ende 1806 170 f.
- Föderalismus 124 f.
- Goldene Bulle 64 ff.
- Hoftage 58
- Lehenswesen 53 ff.
- Kaiser und Papst 34 ff., 51 ff., 76 ff.
- Kaiserwürde 74 ff.
- Königsamt 52 ff., 55
- Königswahl 29, 61 ff.
- Ordungsgefüge 56 f.
- als Ordnungsvorstellung 19 ff., 43 ff.
- Reichsbild des 19. Jahrhunderts 49
- Reichsstände 126
- Reichstag 58 ff., 102 ff., 163 f.

- Reichsreform 87 ff.
- Sacerdotium et Regnum 35 ff.
- Staufische Reichsreform 38 ff.
- Städte 80 ff.
- und Territorien 124 ff., 140 ff.
- Verfall 137 ff., 163 ff.

Hitler
- „Führer und Reichskanzler" 827 ff.
- „Legale Revolution" 755 ff., 790 ff.
- „Legalitätseid" 767 f.

„Honoratiorenparlament" (Paulskirchenversammlung) 418

Ius emigrandi 109
Ius reformandi 109, 167

Kabinettsjustiz 204 f.
Kaiser
- Deutscher (Kaiserreich 1871) 510
- der Deutschen (Frankfurter Paulskirchenverfassung) 435 ff.
- des Heiligen Römischen Reichs Deutscher Nation 23 ff., 74 ff.

Kaiser und Papst im Mittelalter 34 ff.
- Bußgang nach Canossa 36
- Investiturstreit 36 f.
- Bulle „Unam sanctam" (1302) 77
- Kaiser als Verteidiger der Kirche 75
- Papstwahldekret (1059) 36
- Spiritualia und Temporalia 36
- Wormser Konkordat 36, 76
- Zwei-Schwerter-Lehre 35

Kaiserreich (1871–1918)
- Bewertung 603 ff.
- Einführung des parlamentarischen Regierungssystems 581 f.
- Interventionsstaat 550 ff.
- „Kulturkampf" 537
- Obrigkeitsstaatliche Züge 603 ff.
- Parlamentarisierung 574 ff., 596
- Rechtscharakter 532 ff.
- Rechtsvereinheitlichung 535 f.
- Sozialversicherung 561 ff.

„Kampf der Kulturen" (Samuel Huntington) 1135
Karlsbader Beschlüsse (1819, Deutscher Bund) 391 ff.
„Kleindeutsche" Lösung 463
Kriegsverbrecherprozesse (nach 1945) 912 ff.

Kodifikationen im 18. Jahrhundert 200 f.
Kommunale Selbstverwaltung
- Deutsche Gemeindeordnung (1935) 925
- Neubegründung nach 1945 925 ff.
- Preußische Städteordnung (1808) 267 ff.
- „Weinheimer Entwurf" (1948) 926

Konferenz für Sicherheit und Zusammenarbeit in Europa (KSZE, Schlussakte von Helsinki) 1111
Konstitutionalismus (19. Jh.) 249 ff.
- nationales Verfassungsproblem 279 ff.
- und Preußischer Budgetkonflikt 360 ff., 372
- Verfassungsproblem 249 ff.

Konstitutionelle Monarchie (im 19. Jh.) 300 ff.
Konstitutioneller Gesetzesbegriff 313 ff.
KPD
- DDR: Zwangsfusion mit der SPD zur SED 921
- Entstehung 611
- Unterdrückung durch die NSDAP 770 ff.
- Verbotsverfahren (BVerfG) 1065

Kriegsschuldartikel (Art. 231 Versailler Vertrag, 1919) 701, 800
„Kulturkampf" (1871–1888) 537 ff.
Kurfürsten 64 ff.

Landesherrschaft 173
Landeshoheit 174 f.
Landesverfassungen (nach 1945) 932 ff.
Landstände 142, 145 f.
Landständische Verfassungen 289 ff.
Landtage
- Aufhebung 1934 819
- Annahme des Grundgesetzes 1949 994
- Entmachtung 1934 814 f.
- im Konstitutionalismus 310 ff.
- im Ständestaat 179 ff.

„Langes Telegramm" (George F. Kennan) 941
Länderneubildungen nach 1945 927 ff.
„Legale Revolution" (1933) 755 ff., 790 ff.
„Legalitätseid" Hitlers 767 f.
Legitimität
- demokratische vs. monarchische (19. Jh.) 374, 449, 499
- der EU 1154 ff., 1159 f.
- dynastische 286

– „völkische Idee" 794
Lehenswesen 52 ff.
Lex fundamentalis 66 f., 94, 122, 167
Luther 96 ff.

„Marshall-Plan" 947
Matrikularbeiträge (im Kaiserreich) 529
„Mauerschützen" 1141 ff.
Mediatisierung (Reichsdeputationshauptschluss) 167
Ministerverantwortlichkeit im 19. Jh. 322 ff., 350
Monarchie 52 ff., 184 ff., 300 ff., 434 ff., 510, 575 ff., 598 ff.
Monarchisches Prinzip 290, 300 ff., 518 f.

Nationalversammlung
– 1848/49 (Paulskirche) 413 ff., 416 ff.
– 1919 (Weimar) 618 ff.
– Französische Revolution (1789) 241
Norddeutscher Bund (1866–1871)
– Begründung 468 ff.
– Rechtsvereinheitlichung 477 ff.
– Verfassung 474 ff.
Notstandsbefugnisse (Weimarer Verfassung) 667 ff.
NS-Gesetze
– „Ermächtigungsgesetz" (Gesetz zur Bekämpfung der Not von Volk und Reich vom 24. März 1933) 779 ff.
– Gesetz gegen die Neubildung von Parteien (vom 14. Juli 1933) 822
– Gesetz über Maßnahmen der Staatsnotwehr (vom 3. Juli 1934) 826
– „Reichstagsbrandverordnung" (Verordnung des Reichspräsidenten zum Schutze von Volk und Staat vom 28. Februar 1933) 773 ff.
– „Schubladenverordnung" (Verordnung des Reichspräsidenten zum Schutze des deutschen Volkes vom 4. Februar 1933) 771 ff.
NS-Herrschaft
– Antisemitismus 852 ff.
– „Doppelstaat" (Ernst Fraenkel) 877 f.
– Einheit von Staat und Partei 845 f.
– Ende der Länderstaatlichkeit 812 ff.
– Festigung 1933/35
– Führerprinzip 839 ff.

– Gestapo 860 f.
– Justiz 867 ff.
– Kirchen im Nationalsozialismus 835 ff.
– Polizei 853 ff.
– SA (Sturmabteilung) 823 ff.
– Sonderbehörde 864 ff.
– SS (Schutzstaffel) 862 ff.
– „Volksgemeinschaft" 847 ff.
– Volksgerichtshof 875 ff.
– Völkermord 856 ff.
NSDAP 760 ff.
Nürnberger Prozesse 912 ff.

Österreich
– im 18. Jh. 145 f.
– preußisch-österreichischer Konflikt (19. Jh.) 461 ff.

„Pariser Verträge" (23. Oktober 1954) 1037 ff.
Parlamentarischer Rat (1948/49) 972 ff.
Paulskirchenverfassung → Reichsverfassung von 1848/49
Personenverbandsstaat 176
„Persönliches Regiment" (Wilhelms II.) 575 ff.
„Petersberger Abkommen" (24. November 1949) 1034
Plebiszitäre Demokratie (Weimarer Verfassung) 637 ff.
Politische Herrschaft 45 ff.
– Früh- und Hochmittelalter
– Herausbildung der Staatsgewalt 186 ff.
– Legitimation 187
– Legitimität 287
Politische Parteien
– Auflösung in der NS-Zeit 821 f.
– in der DDR 1989 1131
– Parteiverbote (Weimarer Republik) 755 ff.
– Preußen nach 1850 360 ff.
– Sozialdemokratie 555 ff.
– Weimarer Republik 634 ff., 756 ff.
– Wiederzulassung nach 1945 921 ff.
„Potsdamer Abkommen" (Mitteilung über die Dreimächtekonferenz von Berlin) 901 ff.
Potsdamer Konferenz (1945) 898 ff.
Preußen
– Ära der Restauration 1815–1848 335 ff.

- Auflösung (1946) 902 f.
- Friederizianisches 162 ff., 195 ff.
- „Hegemonie" im Kaiserreich 526 ff.
- Königreich (1701) 155 f.
- Reformen 1807–1815 257 ff., 333 ff.
- Verfassung von 1848 337 ff.
- Verfassung von 1850 342 ff.
- Verwaltungsreform 18. Jahrhundert 157 ff.

„Preußenschlag" (1932) 743 ff.
Preußische Reformen 1807–1815 257 ff., 333 ff.
- Bauernbefreiung 260 ff.
- Bildungsreform 273 ff.
- Gemeindereform, Selbstverwaltung 266 ff.
- Gewerbefreiheit 263
- Heeresreform 271 ff.
- Verwaltungsreform 264

Preußisches Allgemeines Landrecht (1794) 201 ff., 208 ff.
Proklamation der Republik (9. November 1918) 610
„Provisorische Zentralgewalt" (1848) 423 ff.

„Radbruchsche Formel" 906, 1143
Rat der Volksbeauftragten (1918/19) 613 f.
Räterepublik 615 ff.
Rechtsstaatlichkeit
- Grundgesetz 1052 ff.
- Nürnberger Prozesse (Bedenken) 913 f.
- im deutschen Konstitutionalismus 400 ff.
- in der DDR 1029
- Paulskirchenverfassung 444 f.
- Weimarer Verfassung 665 f.

Reformation 95 ff.
Reichsdeputationshauptschluss (1803) 166 ff.
Reichsgericht 535, 678
Reichsgründung 1870/1871 480 ff.
- Kaiserproklamation (18. Januar 1871) 485 ff.
- Rechtscharakter des Kaiserreichs 492 ff., 531 ff.
- Reichsverfassung vom 16. April 1871
- Vertragliche Grundlage 480 ff.

Reichskammergericht 91
Reichskanzler
- im nationalsozialistischen Staat 827 ff.
- Verfassung von 1871 509
- Weimarer Republik 645 ff.

Reichskonkordat 575, 835
Reichspräsident (Weimarer Verfassung) 667 ff.
„Reichsreform" (Weimarer Republik) 663 f.
„Reichstagsbrandverordnung" (Verordnung des Reichspräsidenten zum Schutze von Volk und Staat vom 28. Februar 1933) 773 ff.

Reichsverfassung von 1848/49 398 ff.
- Föderalismus 446 ff.
- „Grundrechte des deutschen Volkes" 428 ff.
- Nationalversammlung 416 ff.
- Scheitern 448 ff.
- Staatsorganisationsrecht 434 ff.
- Vorparlament 409 ff.
- Wahlen zur Nationalversammlung 413 ff.

Reichsverfassung vom 16. April 1871 382 ff.
- Bundesstaatlichkeit 506 f., 520 ff.
- Fehlende Grundrechte 500 ff.
- Fehlende Reichsregierung 509 ff.
- Fehlendes parlamentarisches Regierungssystem 517
- Finanzordnung 528 ff.
- Kaiser 510
- Präambel 498 f.
- Reichstag 511 ff.

Religionsfreiheit
- Ansätze im Augsburger Religionsfrieden 109
- Deutscher Bund 382
- Parlamentarischer Rat 979
- Preußische Verfassung (1850) 346
- Preußisches Allgemeines Landrecht 208 ff.
- Weimarer Verfassung 684, 696

Renaissance 129
Repräsentation
- im 18. Jh. 239 f.
- im 19. Jh. 251, 268 f., 298, 306 ff., 334
- im Mittelalter 63

Repräsentativverfassungen (19. Jh.) 289 ff.
Reservatum ecclesiasticum 109, 117
Revolution
- 1848 405 ff.
- als Grundlage der Weimarer Verfassung 630
- Begriff 226
- Frankreich 1789 239 ff.

– Frankreich 1848 407
– Grundgesetz als „negative Revolution" 996
– „legale Revolution" (1933) 790 ff.
– Nordamerika bis 1776 227, 230 ff.
– „von oben" 333
Richterliches Prüfungsrecht (Weimarer Republik) 677 f.
„Rumpfparlament" (1849) 454

Sächsische Könige 29 ff.
– Heinrich I. 29
– Heinrich II. 34
– Otto der Große 30 ff.
„Schubladenverordnung" (Verordnung des Reichspräsidenten zum Schutze des Deutschen Volkes vom 4. Februar 1933) 771 ff.
Säkularisation 115, 167 f.
Säkularisierung 115
Souveränität 131 f., 135 f., 141, 300 ff., 533, 1032 ff.
Sozialdemokratie, SPD
– DDR 921 ff., 1005, 1022
– Deutsches Reich von 1871 555 ff.
– Nationalsozialismus 789, 821
– Parlamentarischer Rat 974
„Soziale Frage" (19. Jh.) 403 f., 555 ff.
„Sozialistengesetz" (1878) 557 ff.
Sozialversicherung 561 ff., 944
Staatsgerichtshof für das Deutsche Reich (Weimarer Republik) 675 ff.
Staatstheorie
– im 16./17. Jh. 128 ff.
– im 18. Jh. 212 ff.
Städte im Mittelalter 80 ff.
Ständestaat 178 ff.
„Stellvertretergesetz" (1878) 569 ff.
Steuerbewilligungsrecht 351 ff.

„Tag von Potsdam" (21. März 1933) 791
Territorialstaaten 140 ff.
Territorien 124 ff., 140 ff., 172 ff.
„Trizone" 947 ff.

Ultra-vires-Kontrolle 1158
Unabhängigkeitserklärung, Nordamerika 1776 232 f.
US-Verfassung 234 ff.

Verfassung
– Eigenschaften der geschriebenen Verfassung 222
– geschriebene 1, 220 ff.
– Nordamerika 228 ff.
– Ordnung politischer Herrschaft 2 f.
– Veränderter Stellenwert im 21. Jahrhundert 1182 ff.
Verfassung des Deutschen Reichs vom 11. August 1919
– Beratungen der Nationalversammlung 624 ff.
– Finanzverfassung 659 ff.
– Föderalismus 651 ff.
– Grundprinzipien (Republik, demokratisches Prinzip, Staatsorgane, parlamentarisches Regierungssystem, Rechtsstaatsprinzip) 645 ff.
– Grundrechte und Grundpflichten 682 ff.
– Konstruktionsfehler 796 f.
– Reichspräsident 667 ff.
– Scheitern 795 ff.
– Verfassungsentwürfe 621 ff.
– Verhältnis von Staat und Kirche 695 ff.
– Vorgeschichte 610 ff.
Verfassungsentwurf von Herrenchiemsee (1948) 967 ff.
Verfassungsgeschichte
– Europäische 12
– Gegenstand 1 ff.
– als Gegenstand der Geschichtswissenschaft 5 ff.
– als Gegenstand der Rechtswissenschaft 7 ff.
– im juristischen Studium 11
– Methoden 1 ff.
Verfassungskonvent von Herrenchiemsee (1948) 965 ff.
Verfassungsversprechen in Preußen 251
Versailler Vertrag (1919) 700 ff., 800
Vertragstheorie des Staates 131 ff., 217 ff.
Virginia Bill of Rights 231
Volkssouveränität 185, 218, 235, 240 ff., 434, 630, 634
„Vormärz" 386 ff.

Wahlrecht
– 19. Jh. 270, 310, 339, 414, 468, 512
– DDR-Verfassung (1949) 1015

– Weimarer Verfassung 619
Wahlsystem
– im Mittelalter 61 ff.
– Mehrheitswahlrecht (Kaiserreich) 512 ff.
– Verhältniswahlrecht (Weimarer Republik) 636
Wartburgfest (1817) 387 f.
Währungsreform 946, 948, 995
Währungsunion (Bundesrepublik/DDR, 1990) 1124 f.
Weimarer Republik
– Ernennung Hitlers zum Reichskanzler 740
– Fehlender gesellschaftlicher Konsens 802 ff.
– Inflation 709 f.
– Krisenjahre 1919–1923 513 ff.
– Politische Morde 706 ff.
– Präsidiales Regierungssystem, „Präsidialkabinette" 717 ff.
– Reichspräsidentenwahl 1925 713 ff.
– Reichspräsidentenwahl 1932 733
– Reichsreform 663 f.
– Republik mit Vorbehalten 808 f.
– Richterliches Prüfungsrecht 667 f.
– Scheitern 795 ff.
– Staatsrechtslehre in der Weimarer Republik 806 f.
– Staatsstreichspläne 1932 742
– Versailler Vertrag (1919) 700 ff.
– Wirtschaftliche Erholung 711 ff.
Weimarer Verfassung → Verfassung des Deutschen Reichs vom 11. August 1919
Wiedervereinigung (1989/1990) 1113 ff.
Wiener Schlussakte (1820) 383 ff.
Westfälischer Frieden (1648) 116 ff., 121 ff.

Zentrumspartei 549, 624, 720, 722 f., 752, 784
Zollverein 395 ff.
Zweikammersystem (im 19. Jh.) 308 ff.
„Zwei-Plus-Vier-Vertrag" (1990) 889

Lesen, was man wissen muss!

MOHR SIEBECK LEHRBUCH

Öffentliches Recht

BADURA
Wirtschaftsverfassung und
Wirtschaftsverwaltung

CLASSEN
Religionsrecht

SCHILLING
Internationaler
Menschenrechtsschutz

SCHLADEBACH
Luftrecht

SCHMIDT
Kommunalrecht

SCHMOECKEL/MAETSCHKE
Rechtsgeschichte
der Wirtschaft

STEIN/FRANK
Staatsrecht

THÜSING
Kirchliches Arbeitsrecht

MENZEL/MÜLLER-TERPITZ (HG.)
Verfassungsrechtsprechung

MENZEL/PIERLINGS/HOFFMANN (HG.)
Völkerrechtsprechung

Im Buchhandel und unter
www.mohrsiebeck.com